גדולות

GENESIS

VOLUME THREE

VAYESHEV
MIKEITZ
VAYIGASH
VAYECHI

A NEW ENGLISH TRANSLATION

TRANSLATION OF TEXT, RASHI,

AND OTHER COMMENTARIES BY

Rabbi A. J. Rosenberg

THE JUDAICA PRESS
New York • 1994

ISBN 1-880582-10-4

Library of Congress Cataloging-in-Publication Data

Bible. O.T. Genesis. Hebrew. 1994.
   Genesis : a new English translation / translation of text, Rashi,
and other commentaries by A. J. Rosenberg
     p. cm. — ([Mikra 'ot gedolot])
   English and Hebrew.
   Title on added t.p. : Be-reshit.
   Includes bibliographical references.
   Contents: v. 1. Bereshith, Noach, Lech lecha, Vayera.
            v. 2. Chayei Sarah, Toledoth, Vayetze, Vayishlach
            v. 3. Vayeshev, Mikeitz, Vayigash, Vayechi
   ISBN 1–880582–10–4
   1. Bible. O.T. Genesis—Commentaries. I. Rosenberg, A. J.
II. Bible. O.T. Genesis. English. Rosenberg. 1994.
III. Title: Bereshit. IV. Series: Bible. O.T. Hebrew. 1980.
BS1233.R68 1993
222' .11044

                                  93-1547

Manufactured in the United States of America

CONTENTS

We dedicate this book and
the entire Judaica Press Books of the Bible
series to the Publisher of the Judaica Press

Jack Goldman ע"ה

יעקב דוד בן שמחה מרדכי גאלדמאן

נפטר לעולמו כ"ז ניסן תשנ"ד
April 8, 1994

Unfortunately he was not given the privilege of seeing the completion of this project in his lifetime. His memory, though, will always serve as an inspiration in our work, and this series will serve as an eternal *zechuth* and memorial for his soul.

May his kindness,
his commitment to Torah and his love of life
be an inspiration to us all.

RABBI MOSES FEINSTEIN
455 F. D. R. DRIVE
New York 2, N. Y.
OREGON 7-1222

משה פיינשטיין
ר"מ תפארת ירושלים
בנוא יארק

בע"ה

הנה ידוע ומפורסם טובא בשער בת רבים ספרי הוצאת יודאיקא פרעסס על תנ"ך שכבר יצא לאור על ספרי יהושע ושמואל ועכשיו בחסדי השי"ת סדרו לדפוס ג"כ על ספר שופטים והוא כולל הפירושים המקובלים בתנ"ך הנקוב בשם מקראות גדולות ועל זה הוסיפו תרגום אנגלית שהוא השפה המדוברת במדינה זו על פסוקי תנ"ך וגם תרגום לפרש"י מלה במלה עם הוספות פירושים באנגלית הנצרכים להבנת פשוטו של קרא והכל נערך ע"י תלמידי היקר הרב הגאון ר' אברהם יוסף ראזענבערג שליט"א שהוא אומן גדול במלאכת התרגום, והרבה עמל השקיע בכל פרט ופרט בדקדוק גדול, וסידר את הכל בקצור כדי להקל על הלומדים שיוכלו לעיין בנקל ואפריון נמטיה למנהל יודאיקא פרעסס מהור"ר יעקב דוד גאלדמאן שליט"א שזכה ומזכה את הרבים בלימוד התנ"ך שמעורר לומדיה לאהבה וליראה את שמו הגדול ולהאמין בו ובעבדיו הנביאים שהוא יסוד ושורש בעבודתו יתברך ואמינא לפעלא טבא יישר ויתברכו כל העוסקים בכל ברכות התורה וחכמינו ז"ל בברוך אשר יקים את דברי התורה הזאת.

ועז באתי עה"ח ביום ה' [illegible]

משה פיינשטיין

PREFACE

This book, volume 3 of Genesis, is the third volume of the Judaica Books
of the Bible series. The Prophets and the Hagiographa have already been
published and enjoy a wide readership. As in the earlier series, we have
translated the text into modern, idiomatic English, except in instances where
accuracy would suffer. In such cases, we have rendered the text literally. As in
our previous volumes, our translation of the text is based mainly on *Rashi*'s
commentary, traditionally accepted as the most authoritative. We have,
therefore, translated *Rashi* verbatim, drawing attention to variant readings from
a number of manuscripts, specifically the Oxford manuscripts, as in *Perushei
Rashi al HaTorah*, Mossad Harav Kook, Jerusalem 5743 (1983), and early
editions of the Chumash with *Rashi*, specifically the Rome edition dating from
approximately 5230 (1470), the Reggio di Calabria edition of 5235 (1475), and
the Guadalajara edition of 5236 (1476), as in *The Pentateuch with Rashi
Hashalem*, Ariel, Jerusalem 5746 (1986).

In order to help the reader follow *Rashi*, we have italicized the verbatim
translation of the *Rashi* text. Any additions that paraphrase the text, make the
language flow better, or elaborate on a point, we have inserted between square
brackets [ ]. Consequently, anything in brackets is an editorial note. Any
insertions added not to paraphrase, but simply to explain or clarify the text,
appear in parentheses ( ).

Occasionally, segments of the original Hebrew *Rashi* text, as it appears in the
Mikraoth Gedoloth, are either bracketed or enclosed in parentheses. These are
generally parts that do not appear in all editions of *Rashi*, and can actually be
later additions. Sometimes they represent editiorial comments of a printer or a
copyist from an earlier edition of *Rashi*. We have presented them in their
totality, in italics with their parentheses or brackets, just as the *Rashi* text itself.
They are fully noted as either variations of the *Rashi* text or as editiorial
comments, as the case may be.

To facilitate the study of *Rashi*'s commentary, we quote many super-
commentaries, including *Sifthei Chachamim*, which is found on the Hebrew
page. However, we have not limited ourselves to that commentary, but have
gone to the sources of *Sifthei Chachamim*, namely *Mizrachi*, *Gur Aryeh*,
Levush, *Nachalath Ya'akov*, and *Ho'il Moshe*. We have also drawn from *Be'er
Basadeh*, *Imrei Shefer*, *The Pentateuch with Rashi Hashelm*, *Be'er Yitzchak*, and

Sefer Hazikkaron. The exact sources of *Rashi*'s commentary throughout the Talmudic and midrashic literature are also given. Very often, we quote these sources in their entirety to clarify *Rashi*'s meaning. Since this book is not an original commentary, but rather a presentation of scholarship from throughout the ages, every comment is attributed. Although *Rashi*'s commentary on the Chumash has already been translated several times, we believe that our edition will afford the student more insights into *Rashi*'s commentary.

In addition to *Rashi*, we have given special attention to the *targumim*, the Aramaic translations, viz. *Targum Onkelos, Targum Jonathan ben Uzziel,* and *Targum Yerushalmi.* We have also drawn from all the other classic commentaries found in the *Mikraoth Gedoloth*: *Ramban, Ibn Ezra, Rashbam, Sforno, Da'ath Zekenim, Ohr Hachayim,* and *Keli Yekar.* These commentaries are not quoted in their entirety, but various pertinent points, which clarify the text, have been culled from them. In this way, the student who is not prepared to delve into the intricacies of all these commentaries can benefit from many interesting and enlightening excerpts. We even quote from the latest commentaries in the *Mikraoth Gedoloth*, viz. *Ohr Hachayim* and *Keli Yekar,* which have enjoyed great popularity for many years and shed light on various apparent irregularities in the wording of the text. Although our principal aim is to clarify the commentaries that appear in the *Mikraoth Gedoloth*, we occasionally quote other classic commentaries when they illuminate difficult points in the text. In addition other midrashim and commentaries are quoted, many from sources previously never used before in *any* English translation of the Chumash.

All the haftaroth have been included, according to both the Ashkenazic and the Sephardic traditions, and we have newly translated the text as well as the commentary of *Malbim* and sometimes various other commentaries. This work is not meant to be exhaustive, and should be considered the beginning, rather than the end, of a student's study of the Chumash.

I would like to thank Toba Ehrlich, A. Hendin and Varda Breslau for their discriminating editing and careful proofreading of my work on the three volumes of Genesis.

With the help of God, we have been able to acquaint the public with the wealth of knowledge found in the commentaries on the Book of Genesis, and we pray that we may be able to complete the entire Chumash in this manner.

Unfortunately, our publisher, Mr. Jack Goldman ז״ל, was not given the privilege of seeing the completion of this project in his lifetime. His memory, though, will always serve as an inspiration in our work, and these sets—the Judaica Books of the Prophets and Hagiographa and the Judaica Books of the Bible—will serve as an eternal *zechuth* and memorial for his soul.

A. J. R.

INTRODUCTION

The final three *parshioth* of Genesis, revolve around the selling of Joseph, what brought it about and what resulted from it. The Book concludes with Joseph's death, the precursor of the Egyptian bondage.

THE CAUSE OF THE SELLING OF JOSEPH

Why did Joseph's brothers sell him? Was it simply a case of envy and jealousy? Can we suspect the progenitors of the tribes of Israel of committing such a heinous crime? In fact, the sale of Joseph was a relatively mild sin since the brothers had originally planned to kill him. Only after they had been dissuaded from this did they decide on the more moderate plot of selling him.

Sforno and *Ohr Hachayim* state that his brothers believed that with Joseph's tales, he intended to kill them. They believed that their father would curse them and bring about their death (as had happened to Rachel when Jacob had unwittingly cursed her). The brothers may also have thought that when Joseph came toward them, he was plotting to cause them to sin, and thus, God would punish them. They mistakenly thought that they were permitted to kill Joseph because they believed (in error) that just as one is permitted to kill a person who pursues him with the intent to kill, one can kill a person trying to cause one to sin.

As it appears from *Abarbanel*, the brothers left their father, ostensibly to pasture their father's sheep, but actually to defend themselves against Joseph. They reasoned that in their absence, Joseph would not be able to spy on them and bear tales to their father. They decided on the city of Shechem so that if Joseph came to them and they killed him, they could blame his death on the hostile inhabitants of Shechem and its environs. When they saw Joseph coming, they feared he had come to try to rule over them, i.e., to dominate them, as he had predicted in his dreams (Gen. 37:5-9).

Abarbanel comments that the brothers thought Joseph had never dreamed what he said he had. They suspected that he had invented the dreams for his own aggrandizement. Reuben, however, gave Joseph the benefit of the doubt. He believed that the dreams may have been divinely inspired, and hence portents of Joseph's greatness. Consequently, he was afraid to lay a hand on him. His brothers, however, refused to listen to Reuben or to abandon their plan. Reuben tried to convince them at least not to kill Joseph directly, for if he was telling the truth, they would be shedding innocent blood. Reuben suggested instead that they cast him into a pit. He reasoned that by doing so they could determine the validity of his dreams. If Joseph's dreams were indeed divinely inspired, God would miraculously rescue him. If his dreams were not true, he would die there. Accordingly, this would be a test. The Torah testifies that Reuben's real plan was to save Joseph, as we learn when the narrative unfolds. Since Reuben had sinned by rearranging his father's bed, he hoped to rectify this sin by rescuing Joseph.

THE RESULTS OF THE SELLING OF JOSEPH

The final result of the sale of Joseph was the family's descent to Egypt, which developed into the Egyptian exile. In regard to this, the Talmud (*Shab.* 10b) states: A parent should never treat one child differently from his other children. In the end it was because of the weight of two *selas* of wool that Jacob had given to Joseph (i.e., Jacob's gift to Joseph of the woolen jacket) that had caused his brothers to envy him. This was the matter that had ultimately resulted in our forefathers' descent to Egypt.

The Tosafists question this, on the grounds that the exile had in fact already been predestined in the "covenant between the parts," in Genesis 15:13, when God said to Abraham, "You shall surely know that your seed will be strangers in a land that is not theirs, and they will enslave them and oppress them, for four hundred years." The Tosafists comment that, indeed, the Israelites would have been exiled and enslaved, but the slavery would not have lasted as long as it did, and would have commenced later. The span of four hundred years was intended for their exile, *not* for their slavery, and that had already commenced with the birth of Isaac, when Abraham sojourned in the land of the Philistines.

Another far-reaching result of the selling of Joseph was the tragic, heart-rending episode of the עֲשָׂרָה הֲרוּגֵי מַלְכוּת, the ten martyrs — the ten sages who were executed by the Roman Emperor Hadrian (as recorded in *Midrash Eileh Ezkerah* (*Otzar Midrashim*, pp. 440-450) and *Midrash Shir Hashirim* (Wertheimer, pp. 9-23) and made famous by the *paytanim* (liturgical poets) in the Yom Kippur *piyut* (liturgical poem), entitled אֵלֶּה אֶזְכְּרָה, and in the *kinah* recited on Tish'ah B'Av, entitled אַרְזֵי הַלְּבָנוֹן). Hadrian executed these sages after he read the Bible and came to the section of וְאֵלֶּה הַמִּשְׁפָּטִים and found: "And he who steals a man and sells him shall surely be put to death" (Exod. 21:16). He decided to avenge Joseph's kidnapping on the ten sages. Under the pretext of fulfilling this obligation, he summoned the ten sages and confronted them with this verse. Although Hadrian obviously had no interest in avenging Joseph, Heaven had not yet exacted punishment for that sin, and it had to be atoned for by later generations.

Zeror Hamor comments on what Joseph said to his brothers as he finally revealed himself to them. Joseph said, "But now, do not be sad" (Gen. 45:5), implying they should not be sad *since you see me in a high position and amidst great honor.* Then when Joseph said "let it not trouble you that you sold me," he implied that *although selling your brother is disgraceful, you did not send me here, you actually did nothing, but God, to Whom all deeds are attributed did everything.* This is the meaning of "and God sent me before you." Joseph said, "But *now,* do not be sad," to let his brothers know that the sale *was* disgraceful, and they did deserve severe punishment, and they should in fact be sad. Therefore, he said to them, "But *now,* do not be sad," meaning that, although *now* you will not be sorrowful, later you *will* be. Here Joseph is alluding to the episode of the ten martyrs, who suffered for the brothers' sin, and, as our Rabbis said, "The ten martyrs died for their sin, and so there are ten in every generation." (*Midrash Mishlei* 1:13) *Rabbenu Bechaye* on Gen. 38:1 also writes that the sin of the sale of Joseph could be expiated only through the reincarnation of Joseph's ten brothers into the ten martyrs.

JOSEPH'S LONG RETICENCE WITH HIS BROTHERS

Another puzzling issue in this part of Genesis is why, when Joseph finally became viceroy, he did not inform Jacob of his whereabouts, but allowed his father to continue to believe that he was dead. And when his brothers came to Egypt, why did Joseph wait to reveal himself to them until Benjamin arrived?

Several commentators address this problem. *Ramban* on Gen. 42:9 comments that Joseph understood that his two dreams had been divinely inspired, and that they had to be fulfilled. In his first dream, only his brothers prostrated themselves before him. In his second dream, his father and Bilhah, represented by the sun and the moon, also prostrated themselves before him. Joseph realized that if he were to inform his father of his position and whereabouts, the entire family would come down together, and the first dream would not be fulfilled. Joseph, therefore, made sure that first Benjamin would come to him with his brothers, to fulfill the first dream, and then his father and the rest of the family would come to fulfill the second dream. When Benjamin arrived, Joseph wanted to test his brothers to determine whether they still harbored a grudge against him. Perhaps they also envied Benjamin because his father loved him so much, just as they had envied Joseph, or perhaps Benjamin realized that they were guilty of foul play against Joseph, and there was strife between them. Therefore, Joseph did not want Benjamin to leave Jacob before he tested his brothers, for perhaps they would harm Benjamin on their way home.

It was also because Joseph awaited the fulfillment of his dreams that, when he was put in charge of Potiphar's house, he did not dispatch a message to his father. He could easily have done so at that time, and Jacob would gladly have ransomed him. Joseph, however, realized that the dreams would not be realized in the land of Canaan, for his brothers and father would never subjugate themselves to him there. Therefore, he waited until his rise in Egypt. And then, particularly when he heard Pharaoh's dream, it became clear to him that his family would come to Egypt and all his dreams would be fulfilled.

We find a similar view in *Minchah Chadashah* by Rabbi Meir Kalv. Rabbi Kalv explains that in the first dream, the sheaves prostrated themselves to Joseph's sheaf, and not to him personally. To Joseph, that meant that his brothers would prostrate themselves to him, but *not* know that the person to whom they were prostrating themselves was indeed their brother Joseph. In the second dream, the sun, the moon, and eleven stars prostrated themselves to Joseph directly. This meant that his brothers and his father would prostrate themselves before him, knowing his identity. Therefore, Joseph did not disclose his identity until his brothers had prostrated themselves before him.

JACOB'S BLESSINGS

In the final *parsha* of Genesis, Jacob is in Egypt and he is dying. Before he dies, he blesses his sons — praising those who deserve praise and rebuking those who deserve rebuke. He also maps out the future of each tribe, mainly through the era of the First Temple, although some read his blessings as a prediction through the Second Temple or even to the coming of the Messiah.

Jacob rebukes Reuben for rearranging his bed. He strips him of the birthright, the priesthood, and the crown, giving the priesthood and the crown to Levi and Judah, respectively.

Next, he condemns Simeon and Levi for their massacre of the inhabitants of Shechem. He curses their wrath and decrees that their descendants be scattered in Israel. The Levites were to travel around to receive tithes from the people, and the tribe of Simeon were to be scribes and teachers, who would also travel from place to place to perform their duties.

Judah is the royal tribe from which the Messiah will descend, Zebulun the sailors, and Issachar the scholars. He predicts Samson's heroism and Dan's function as the rear guard of the camp. He predicts Gad's troops going forth to assist the Israelites in their battle against the peoples of Canaan. He also predicts Asher's abundant olive oil, Naphtali's participation in the war with the Canaanites under Deborah and Barak, and the sweet fruits that will grow in their territory. Then Jacob praises Joseph for his exemplary conduct in Egypt and relates how God rewarded him with his royal position. He blesses Joseph with the blessings of the heavens and the deep, and concludes with general blessings for Joseph and for the other tribes.

With the deaths of Jacob and Joseph, the time of trouble and slavery in Egypt begins. Although the Egyptians did not actually enslave the Hebrews, their attitude toward them changed, and the Hebrews realized that they had become second-class citizens.

OUTLINE

Vayeshev וישב

I. Joseph (37:1-36)
- A. Jacob gives Joseph a fine woolen coat and his brothers are jealous (37:1-4)
- B. Joseph's dreams (37:5-11)
- C. Joseph's brothers sell him into slavery (37:12-36)

II. Judah and Tamar (38:1-30)
- A. Judah marries Shua's daughter, who bears three sons—Er, Onan and Shelah (38:1-5)
- B. After the deaths of his sons Er and Onan, Judah promises Shelah to Tamar (38:6-11)
- C. Judah consorts with Tamar at the crossroads (38:12-26)
- D. Birth of Perez and Zerah (38:13-30)

III. Joseph in Egypt (39:1-23)
- A. Joseph prospers in Potiphar's household (39:1-6)
- B. Joseph refuses to sin with Potiphar's wife (39:7-23)

IV. Joseph in prison (40:1-23)
- A. Joseph interprets the cupbearer's dream (40:1-15)
- B. Joseph interprets the baker's dream (40:15-23)

Mikeitz מקץ

I. The years of plenty and the years of famine (41:1-57)
- A. Pharaoh's dreams (41:1-13)
- B. Joseph interprets Pharaoh's dreams (41:14-36)
- C. Joseph is appointed supervisor over Egypt (41:37-46)
- D. Years of plenty and of famine; births of Manasseh and Ephraim, Joseph's sons (41:47-57)

II. Joseph and his brothers in Egypt (42:1-38)
- A. Jacob sends his sons to Egypt to buy grain (42:1-5)
- B. Joseph meets with his brothers and demands Benjamin, and Jacob refuses (42:6-28)
- C. The brothers return to Jacob (42:29-36)
- D. Reuben pledges his two sons for Benjamin, and Jacob refuses (42:37-38)

III. Jacob's sons return to Egypt (43:1-34)
- A. Jacob sends his sons to Egypt again, this time accompanied by Benjamin (43:1-14)
- B. Joseph makes a feast for them (43:15-34)

וישב

מקץ

ויגש

ויחי

●

מקראות גדולות

●

VAYESHEV

MIKEITZ

VAYIGASH

VAYECHI

וְהָיָה קֹדֶשׁ וְיָרְשׁוּ בֵּית יַעֲקֹב אֵת מוֹרָשֵׁיהֶם׃ וְהָיָה בֵית־יַעֲקֹב אֵשׁ וּבֵית יוֹסֵף לֶהָבָה
וּבֵית עֵשָׂו לְקַשׁ וְדָלְקוּ בָהֶם וַאֲכָלוּם וְלֹא־יִהְיֶה שָׂרִיד לְבֵית עֵשָׂו כִּי יְהוָה דִּבֵּר׃
וְיָרְשׁוּ הַנֶּגֶב אֶת־הַר עֵשָׂו וְהַשְּׁפֵלָה אֶת־פְּלִשְׁתִּים וְיָרְשׁוּ אֶת־שְׂדֵה אֶפְרַיִם וְאֵת שְׂדֵה

פירוש מהגאון מלבים

מציאותם לגמרי: ובהר ציון אחר שכמה אומות שהיו ממחריבי הארץ יכלו ויאבד זכרם אז תהיה פליטה בהר ציון ונדחי ישראל יתקבצו שם מעט מעט, (כמ"ש בפי' ישעיה סס"ה על בטרם תחיל ילדה): והיה קדש ובית יעקב יירשו את ירושתם: והיה, ואז תהיה מלחמת גוג ומגוג, ואז יהיה בית יעקב אש הבוער מקרוב, ובית יוסף יהיה כלהבה הבוער מרחוק יותר מן האש, כי משיח בן יוסף יעשה חיל אז, או מפני שעשרת השבטים לא יהיו עדיין כולם בא"י ויהיו עוד מרחוק, ובית עשו יהיה כקש אשר בהריחו אש יאכל קש אחד את חבירו כן יאבדו זא"ז במלחמת גוג כאשר התבאר ביחזקאל ל"ח עד שלא יהיה שריד לבית עשו: וירשו הנגב את הר עשו, בלד הדרומי של א"י יקחו ירושה את הר עשו, שהיה מדרום לא"י ועתה תתרחב א"י בלד דרום כמו שבארתי ביחזקאל סי' מ"ז שארץ אדום ועמון ומואב יכנסו בגבול הארץ, ובלד השפלה יירשו את פלשתים, שהוא במערב א"י, שערי פלשתים היו בשפלה כמבואר ביהושע סי' ט"ו, וירשו את שדה אפרים בלד מזרח תתרחב הגבול בעבר הירדן הלאה, וזה קרא שדה אפרים שהשדה ימלין כל מה שהוא חוץ לישוב, ועבר הירדן היה מגביל נגד אפרים כמבואר ביהושע סי' ט"ז ומבואר (שמואל ב' י"ח) שיער אפרים נמשך עד לעבר הירדן המזרחי, ששם לחמו אנשי

אבן עזרא

ורבי משה אמר על מי חזקיהו ורבי ישועה אמר על בית שני: ובית יוסף. הטעם כפול. והזכיר יוסף כנגד יעקב ויוסף: וירשו. אנשי הנגב שם מקום או נגב ארץ ישראל והיושבים בשפלה כמו בערבה בהר ובשפלה ובנגב ובנימין ירש את

בראשית לז וישב

אונקלוס

לז א וַיֵּשֶׁב יַעֲקֹב בְּאֶרֶץ מְגוּרֵי אָבִיו
בְּאֶרֶץ כְּנָעַן׃ ב אֵלֶּה ׀ תֹּלְדוֹת

א וִיתֵיב יַעֲקֹב בְּאַרְעָא
תּוֹתָבוּת אֲבוּהִי
בְּאַרְעָא דִּכְנָעַן: ב אִלֵּין

תו"א וישב יעקב. סנהד' קו: אלה תולדות. ברכות נה סוטה לו במרא קכג.

שפתי חכמים

א דק"ל דהי"ל לכתוב מקודם ואלה תולדות יעקב ואח"כ וישב יעקב כמו שמלינו גבי עשו דחשיב מקודם תולדותיו ואח"כ היכן נתיישבו. ומתרץ אחר שכתב וכו' כלומר שלא בא הכתוב למנות תולדותיו של יעקב אלא בא לפרש ישובו וישוב תולדותיו היאך נתיישבו שהרי גם בפרשתו של עשו מפרש ישובו וישוב תולדותיו שהרי כתיב וישב עשו בהר שעיר הרי ישובו ואח"כ מפ' תולדותיו כדכתיב ואלה תולדות עשו וגו' ואח"כ מפ' ישובי בניו ואלה שמות אלופי עשו למשפחותם למקומותם וגו' אלה אלופי אדום במושבותם וזהו שנקט אחר שכ' לך ישובי עשו ר"ל שגם בפרשתו מפ' ישובו וישובי תולדותיו א"כ כאן גבי יעקב ג"כ מפרש ישובו וישובי תולדותיו והיינו הא דכתיב וישב יעקב הרי ישובו ואח"כ כתיב ואלה תולדות יעקב ר"ל ואלה ישובי של תולדות יעקב גם הם כמו ישובי תולדות עשו והתחיל לספר המקרים שקרו להם עד בואם שם תחלת המקרים יוסף בן י"ז שנה נמכר למצרים ונשתעבדו שם וילאו וכך וכך הירע להם עד

רש"י

(א) וישב יעקב וגו'. אחר שכתב לך ישובי עשו ותולדותיו בדרך א קצרה שלא היו ספונים וחשובים לפרש היאך נתיישבו וסדר מלחמותיהם איך הורישו את החורי פירש לך ישובי יעקב ותולדותיו בדרך ארוכה כל גלגולי סבתם לפי שהם חשובים לפני המקום להאריך בהם וכן אתה מוצא בעשרה דורות שמאדם ועד נח פלוני הוליד פלוני וכשבא לנח האריך בו וכן בעשרה דורות שמנח ועד אברהם קצר בהם ומשהגיע אצל אברהם האריך בו משל למרגליות שנפלה בין החול אדם ממשמש בחול וכוברו בכברה עד שמוצא את המרגליות ומשמצאה הוא משליך את הצרורות מידו ונוטל המרגלית (ד"א וישב יעקב הפשתני הזה נכנסו גמליו טעונים פשתן הפחמי תמה אנה יכנס כל הפשתן הזה היה פיקח אחד משיב לו נילוץ אחד יוצא ממפוח שלך ששורף את כולו כך יעקב ראה כל האלופים הכתובים למעלה תמה ואמר מי יכול לכבוש את כולן מה כתיב למטה אלה תולדות יעקב יוסף וכתיב והיה בית יעקב אש ובית יוסף להבה ובית עשו לקש נילוץ יוצא מיוסף שמכלה ושורף את כולם. ברש"י ישן): (ב) אלה תולדות יעקב.

רמב"ן

(א) טעם וישב יעקב בארץ מגורי אביו. כי אמר שאלופי עשו ישבו בארץ אחוזתם כלומר הארץ שלקחו להם לאחוזת עולם אבל יעקב ישב גר כאביו בארץ לא להם אלא לכנען והכונה להגיד כי הם בוחרים לגור בארץ הנבחרת ושיקיים בהם כי גר יהיה זרעך בארץ לא להם ולא בעשו כי ביעקב לבדו יקרא להם זרע: (ב) אלה תולדות יעקב. ואלה של תולדות יעקב אלה ישוביהן וגלגוליהן עד שבאו לכלל ישוב סבה ראשונה יוסף בן

אבן עזרא

(א) וישב הזכיר שאלופי עשו ישבו בהר שעיר ויעקב ישב בארץ הנבחרת והטעם אלה תולדות יעקב אלו המאורעות שאירעו לו והמקרים שבאו עליו. מגזרת מה

כלי יקר

וישב יעקב בארץ מגורי אביו בארץ כנען. הי' לו לומר וישב יעקב בארץ ישיבת אביו או ויגר יעקב בארץ מגורי אביו. ועוד בארץ כנען ל"ל אלא לפי שמאשים את יעקב על שביקש לישב בעה"ז ישיבה של קבע להיות כתושב בעה"ז במקום מגורי אביו כי אביו לא כן עשה אלא הי' בעה"ז כגר וכאורח נטה ללון לפי שאמר לו הקב"ה גור בארץ הזאת הזכיר לשון גור כי רלה ה' שלא יבקש ישיבה של קבע בעה"ז כי אין לומר שלכך הזכיר לשון גור לפי שהי' בחוצו פעם דר בארץ לא לו וסדר בארץ נכריה נקרא גר. ע"ז אמר בארץ כנען ובאותו ארץ היה ילחק תושב כי שלו היא שכן אמר אברהם גר תושב אנכי עמכם אם תרלו הריני גר ואם לאו אטלנה מן הדין כו'

אור החיים

וישב יעקב וגו'. צל"ד למה הוצרך לומר פסוק זה שהלא כבר אמר בפ' הקודמת ויבא יעקב וגו' היא הברון אשר גר שם אברהם וילחק וכל עוד שלא יודיע הכ' שילא יודע אני כי שם קנה ישיבתו עוד צל"ד למה כפל לומר ארץ מגורי אביו בארץ כנען ואם ליחד המקום הי' לו לומר בחברון ואם להודיע כי הוא ארץ מגורי אביו הלא

37

1. Jacob dwelt in the land of his father's sojournings, in the land of Canaan. 2. These are the generations

1. Jacob dwelt—*Scripture described Esau's settlements and his generations,* [but only] *briefly, because they were not distinguished nor important enough to elaborate on* [in detail] *how they settled and the order of their wars,* [or] *how they drove out the Horites.* [In contrast] *it* (Scripture) *elaborates at length on the settlements of Jacob and his generations, and all the events that brought these about, since they were* [considered] *important* [enough] *to the Omnipresent to dwell upon at length. Similarly, you find regarding the ten generations from Adam to Noah: So-and-so begot so-and-so, but when it* (Scripture) *reached Noah, it dwelt upon him at length. Likewise, with the ten generations from Noah to Abraham, it dealt* [only] *briefly with them, but when it reached Abraham, it dwelt upon him at length. This can be compared to a pearl that falls into the sand: A person searches in the sand and sifts it with a sieve until he finds the pearl, and when he finds it, he casts the pebbles from his hand and keeps the pearl. (Another interpretation of "Jacob dwelt"—The camels of a flax dealer* [once] *entered* [a town]*, laden with flax. The blacksmith wondered, "Where will all this flax go?" One clever fellow answered him, "One spark will come out of your bellows, which will burn it all." So did Jacob see all the chieftains* [of Esau] *mentioned above* (36:15-19, 40-43). *He wondered and said, "Who can conquer them all?" What is written below? "These are the generations of Jacob: Joseph"* (verse 2), *only, and it is written: "And the house of Jacob shall be fire, and the house of Joseph a flame, and the house of Esau shall become stubble"* (Obadiah 1:18). *One spark will emerge from Joseph, which will destroy and consume them all. From an old Rashi)*—[*Rashi* from *Tanchuma Vayeshev* 1]

The sequence of this narrative presents a problem. Since the Torah relates in the preceding chapter first the generations of Esau and then how they settled, it is logical that here the generations of Jacob and how *they* settled should be recounted. Therefore, this chapter should have commenced: These are the generations of Jacob: Reuben, Simeon, Levi, and Judah, etc. To reconcile this, *Rashi* tells us that the Torah does indeed tell us first about Jacob's settlement and then about the settlement of his generations, just as it first described Esau's settlement and then that of his descendants. Hence, "Jacob dwelt," and further: "These are the generations of Jacob," meaning that these are the travels and wanderings of the generations of Jacob: first Joseph was sold into slavery in Egypt, then the Israelites were enslaved there, and finally they emerged.—[*Sifthei Chachamim*]

[Accordingly, verse 2 is explained to mean: These are the *travels* of the generations of Jacob, because the generations themselves are not mentioned here, but only later on (46:8-26). It follows, therefore, that verse 2 does not actually refer to the generations but rather refers to the travels of the generations. Hence, *Rashi's* interpretation of verse 2 is related to his first interpretation of verse 1, which explains the verse as referring to the travels, rather than to the generations. Consequently, the second interpretation interrupts the sequence. This is a further indication that the old *Rashi* text is an interpolation of a later author.]

Rashbam explains that the Torah contrasts Jacob with Esau. Whereas Esau traveled from Canaan to Seir, Jacob settled in Canaan with his father in the land of his sojournings, for he had the birthright. *Ibn Ezra* also writes: Since Scripture mentioned above that the chieftains of Esau dwelt in the land of Seir, it states here that Jacob dwelt in the chosen land.

Ramban explains similarly, that Scripture notes that the chieftains dwelt in the land of their inheritance—in the land that they took for themselves as a perpetual inheritance—but Jacob lived as a stranger in a land that did not belong to him but rather belonged to Canaan. He opted to live in the chosen land so that the prophecy, "that your seed will be strangers in a land that is not theirs," should be fulfilled through him and *not* through Esau.

2. **These are the generations of Jacob**—*And these are those of the generations of Jacob. These are their settlements and their wanderings until they came to settle. The first cause* [of their wanderings]: *when Joseph was seventeen years old, etc. Through this* [the events that unfolded], *they wandered and descended to Egypt. This is according to the plain explanation of the verse, putting everything in its proper perspective. The Midrash Aggadah, however, interprets* [the passage as follows]: *Scripture bases the generations of Jacob on Joseph because of many things: one is that, with his entire being, Jacob served Laban only for Rachel* [and Rachel bore Joseph]. *In addition, Joseph's features resembled his* (Jacob's), *and whatever happened to Jacob happened to Joseph. This one* (Jacob) *was hated, and that one* (Joseph) *was hated. This one—his brother* (Esau) *sought to kill him, and that one—his brothers sought to kill him, and likewise many* [other similarities related] *in Genesis Rabbah (84:6). It is further expounded upon* [as follows]: *"dwelt"* (verse 1)—*When Jacob sought to dwell in tranquility, the troubles of Joseph sprang upon him. The righteous seek to dwell in tranquility. Said the Holy One, blessed be He, "What is prepared for the righteous in the world to come is not sufficient for them, but they seek* [also] *to dwell in tranquility in this world!"*—[*Rashi* from *Tanchuma* ms. 3. See *Tanchuma Buber* p. 128, fn. 3]

Ibn Ezra explains: These are the *happenings* of Jacob. Both *Rashbam* and *Ramban* reject this interpretation. *Rashbam* maintains that this is never

שֹׁמְרוֹן וּבִנְיָמִן אֶת־הַגִּלְעָד: וְגָלֻת הַחֵל־הַזֶּה לִבְנֵי יִשְׂרָאֵל אֲשֶׁר־כְּנַעֲנִים עַד־צָרְפַת וְגָלֻת יְרוּשָׁלַםִ אֲשֶׁר בִּסְפָרַד יִרְשׁוּ אֵת עָרֵי הַנֶּגֶב: וְעָלוּ מוֹשִׁעִים בְּהַר צִיּוֹן לִשְׁפֹּט אֶת־הַר עֵשָׂו וְהָיְתָה לַיהוָה הַמְּלוּכָה:

אבן עזרא

הגלעד מעבר לירדן: וגלות. אמר ר' משה הגלות שהחלו לגלות ור' מרינוס אמר כי החל כמו ויאבל חיל וחומה והטעם כי תתפש המדינה ונהרג שבתוכה גם הבורחים לא נמלטו דרך מעטים שהיו בחיל: אשר כנענים. שמענו מפי גדולים כי ארץ אלמני"ה הם הכנענים שברחו מפני ישראל בבואם אל הארץ גם ככה צרפת היא פרנסיה ותרגם יונתן בן עוזיאל ספרד אספמיא וזו היא גלות טיטוס וזאת הנבואה לעתיד לא כאשר אמר רבי משה כי אז נפזרו מהבית הראשון: ועלו מושיעים. הם שופטי ישראל לשפוט השרידים בהר עשו אז תהיה לשם המלוכה בגלוי כדרך והיה ה' למלך על כל הארץ שהוא לעתיד:

פירוש מהגאון מלבים

דוד עם אנשי אבשלום עיי"ש. ובנימין יורש את הגלעד, מבואר ביחזקאל שבנימין ירש אז בצד צפון לירושלים של עכשיו, ונחלתם תתפשט במזרח בעבר הירדן והגלעד יפול בחלקם: וגלות החל הזה, התבאר ביחזקאל סי' מ"ז שבני דן הם יירשו לעתיד את צור וצידון שיתוסף לא"י, ובני דן הם גלו קודם כל השבטים כי הם ישבו חוץ לא"י, ע"כ קראם גלות החל, הם יירשו אשר לכנענים שהם צור וצידון כמ"ש ה' צוה אל כנען (ישעיה כ"ג) שכיון על צור, עד צרפתה אשר לצידון (מלכים כ"א). וגלות ירושלים ירשו את ערי הנגב שהם חלק יהודה ובנימין, שיירשו במקומם, כמו שהתבאר ביחזקאל סי' מ"ז מ"ח שיהודה ובנימין יקחו מנגב לא"י והם היו גולי ירושלים, והתישבו אח"כ בספרד: ועלו מושיעים, ואז תתחיל מלחמת גוג ומגוג ויתגלו שני המשיחים בן יוסף ובן דוד ושבעה רועים שיושיעו את ישראל, והם יעלו לשפוט את הר עשו, ואז והיתה לה' המלוכה ויקבלו כולם את עול מלכות שמים במהרה בימינו:

יונתן בן עוזיאל

לז א וישב. וִיתֵיב יַעֲקֹב בִּשְׁלֵוְתָא בְּאַרְעָא תּוֹתָבוּת אֲבוּי בְּאַרְעָא דִכְנָעַן: ב אִלֵּין זַרְעִית

בעל הטורים

וישב. זש"ה הסיר ה' משפטיך פנה אויבך משל לשדה שנקצרה והזורה מפריש התבן והמוץ ומשליכן והתבואה נשארת במקומה דכתיב בעשו וילך אל ארץ אבל יעקב כתיב ביה וישב יעקב: מגורי. ב' במס' הכא ואידך מגורי אל חרב אע"פ שהי"ל מגורי אל חרב ישב לו בישיבה משל לאחד שראה כת של כלבים ורצו לנשכו וישב בישיבה כך ישב לו יעקב בין עשו ואלופיו: מגורי אביו. בגימ' זה חברון: וישב יעקב בארץ מגורי אביו. בגימ' וישב לקיים מצות כבוד אמר בשכר הכבוד זכה עשו לכל הכבוד הזה: מגורי יו"ד כפופה כמין כ"ף אמר מה שזכה עשו לכל הכבוד הזה בשכר הכיבוד ואע"פ שברכני אבא ביו"ד ברכות הולכתי לשלוח יו"ד דברים כדכתיב עזים מאתים וגו' אלך ואכוף עצמי ואכבד את אבי בחברון:

רשב"ם

(א) **וישב** יעקב. עשו הלך אל ארץ אחרת מפני יעקב אחיו אבל יעקב ישב אצל אביו בארץ מגוריו כי לו משפט הבכורה: (ב) אלה תולדות יעקב. ישכילו ויבינו אוהבי שכל מה שלימדונו רבותינו כי אין מקרא יוצא מידי פשוטו. אף כי עיקרה של תורה באה ללמדנו ולהודיענו ברמיזות הפשט וההגדות וההלכות והדינין ועל ידי אריכות הלשון ועל ידי שלשים ושתים מידות של ר' אליעזר בנו של ר' יוסי הגלילי וע"י שלש עשרה מידות של ר' ישמעאל והראשונים מתוך חסידות' נתעסקו לנטות אחרי הדרשות שהן עיקר ומתוך כך לא הורגלו בעומק פשוטו של מקרא. ולפי שאמרו חכמים אל תרבו בניכם בהגיון. וגם אמרו העוסק במקרא מדה ואינה מדה העוסק בתלמוד אין לך מדה גדולה מזו ומתוך כך לא הורגלו כל כך בפשוטן של מקראות וכדאמרינן במסכת שבת הוינא בר תמני סרי שנין וגרסינן כולה תלמודא ולא הוה ידענא דאין מקרא יוצא מידי פשוטו. וגם רבינו שלמה אבי אמי מאיר עיני גולה שפירש תורה נביאים וכתובים נתן לב לפרש פשוטו של מקרא. ואף אני שמואל ב"ר מאיר חתנו זצ"ל נתווכחתי עמו ולפניו והודה לי שאילו היה לו פנאי היה צריך לעשות פירושים אחרים לפי הפשטות המתחדשים בכל יום. ועתה יראו המשכילים מה שפירשו הראשונים. אלה תולדות יעקב. אלה

אור החיים

כבר אמר בפרשה הקודמת אשר גר שם אברהם ויצחק אכן להיות שקדם לו' בפרשה הקודמת והודיע כי עשו אחיו ירש את הר שעיר מכח זכות אביו חל על הכתוב להודיע ירושת יעקב ואמר וישב וגו' נתכוין להודיע מדת טובו שלא התנהג בארץ אלא בגרות הגם שראה עשו ירש ירושתו והאדון דקדק לומר אליו שנתן לו בייחוד את הארץ וכמו שפירשתי בפ' הקודמת בפסוק לך אתננה אעפ"כ לא עשה בו רושם והיה מתגורר בארץ בגרות כמו שהיה אביו בארץ כנען פי' שהיה מתנהג בה כארץ לא לו אלא ארץ כנען. או יאמר הגם שהוא ארץ כנען הנתונה לו מורשה אעפ"כ היה גר בה עד שנתגלגלו הדברים ע"י תולדות יוסף והוא אומרו אלה תולדות יעקב יוסף וגו' ונמכר למצרים וירדו אבותינו למצרים והעלה אותם המבטיח לקיים הבטחתו אל הארץ וירשו נחלתם:

אלה תולדות. רבותינו ז"ל אמרו כ"מ שנאמר אלה וגו' וכאן פסל תולדות עשו ואם לזה כיון לא היה צריך כי כבר נפסל עשו והיוצא מפסול פסול עוד צל"ד אומרו תולדות יעקב יוסף והיכן הם עשרה שבטים ורז"ל מהם

כלי יקר

כו' א"כ גם יצחק היה תושב בארץ כנען כי ירושה הוא לו ומהו זה שאמר לו הקב"ה גור בארץ אלא ודאי שעל גרות העולם הזה אמר לו כן שלא יבקש לו ישיבה של שלוה אפילו בארץ שלו כי אם כמדייר בי דיירא ויעקב לא למד ממנו לעשות כן ע"כ קפצה עליו רוגזו של יוסף. ד"א שכבר נאמר לאברהם כי גר יהיה זרעך וגם יעקב יש לו חלק בפריעת חוב זה והוא בקש ישיבה של שלוה במקו' מגורי אביו כי משנולד יצחק התחיל הגירות ואברהם ויצחק היו מחזיקים את עצמם כגרים והיו נדים ומטולטלים ממסע למסע ולא היו קונין נחלת שדה וכרם והכל עשו כדי לשלם מהרה חוב כי גר יהי' זרעך בשנאת עשו שהלך לו אל ארץ שעיר קאמר אין לי חלק במתנה של ארץ הזאת ולא בפריעת החוב כמו שפי' רש"י סוף פר' וישלח על פסוק וילך אל ארץ אבל יעקב היה בארץ כנען ורצה לקבל חלק במתנת הארץ ולא רצה לשלם חוב כי גר יהי' זרעך ע"כ קפצה עליו רוגזו של יוסף לכך נאמר בארץ כנען ואלו לא בטלה מיעקב ישיבה של מנוחה לא היו ימים אלו עולים לו למספר ד' מאות שנה והי' מתאחר הקץ בהכרח:

אלה תולדות יעקב יוסף. דרז"ל שהיה יוסף דומה ליעקב בכל קורותיו ודומה כאילו הי' יוסף עיקר תולדותיו ומדרש זה סובר שרצה יעקב לתקן מה שלא כבד את אביו כל הימים הללו ע"כ נתיישב בארץ מגורי אביו וחשב כי בזה יתוקן גם העבר ובקש לישב בשלוה על כן קפצה עליו רוגזו של יוסף לקבל עונש גם על הימים שלא היה אביו מכובד ממנו שהוא עיקר זרעו כמספר הימים ההם יהיה יעקב בלתי מכובד ממנו שהוא עיקר תולדות שלו לכך נאמר אלה תולדות יעקב יוסף ומ"ש קפצה עליו רוגזו של יוסף מהו לשון קפצה היה לו לומר בא לידו עניינו של יוסף ומהו לשון רוגזו ולמה ייחס הרוגז ליוסף והקרוב אלי לומר בזה שרוגזו של יוסף היינו חטאו של יוסף אשר בו הרגיז לאלהים במה שהביא דבתם רעה על אחיו איך שקוראין לאחיהם

ספורנו

(א) וישב יעקב בארץ מגורי אביו בארץ כנען. באותו החלק מארץ כנען שדר בו אביו כענין אשר גר שם אברהם ויצחק: (ב) אלה תולדות יעקב. מאורעיו וילדי יום עליו אחר שישב שם כי מאז שיצא מבית אביו היו עניניו כמו קורות אבותינו בגלות

יַעֲקֹב יוֹסֵף בֶּן־שְׁבַע־עֶשְׂרֵה שָׁנָה הָיָה רֹעֶה אֶת־אֶחָיו בַּצֹּאן וְהוּא נַעַר אֶת־בְּנֵי בִלְהָה וְאֶת־בְּנֵי זִלְפָּה נְשֵׁי

תּוֹלְדַת יַעֲקֹב יוֹסֵף בַּר שְׁבַע עַשְׂרֵי שְׁנִין הֲוָה רָעֵי עִם אֲחוֹהִי בְּעָנָא וְהוּא רְבֵי עִם בְּנֵי בִלְהָה וְעִם בְּנֵי זִלְפָּה נְשֵׁי אֲבוּהִי

רש"י

ואלה של תולדות ב יעקב אלה ישוביהם וגלגוליהם ג עד שבאו לכלל ישוב. סבה ראשונה יוסף בן שבע עשרה וגו' ע"י זה נתגלגלו וירדו למצרים. זהו אחר ישוב פשוטו של מקרא להיות דבר דבור על אופניו. ומ"א דורש תלה הכ' תולדות יעקב ד ביוסף מפני כמה דברים אחת שכל עצמו של יעקב לא עבד אצל לבן אלא ברחל ה ושהיה זיו איקונין ו של יוסף דומה לו וכל מה שאירע ליעקב אירע ליוסף ז זה נשטם וזה נשטם זה אחיו מבקש להרגו וזה אחיו מבקשים להרגו וכן הרבה בב"ר. ועוד נדרש בו ח וישב ביקש יעקב לישב בשלוה קפץ עליו רוגזו של יוסף ט צדיקים מבקשים לישב בשלוה אמר הקב"ה לא דיין לצדיקים מה שמתוקן להם לעוה"ב אלא שמבקשים לישב בשלוה בעוה"ז: **והוא נער**. שהיה עושה מעשה נערות י מתקן בשערו ממשמש בעיניו כדי י שיהיה נראה יפה: **את בני בלהה**. כלומר ורגיל אצל בני בלהה ב לפי שהיו אחיו מבזין אותן

שפתי חכמים

בואם לארץ טשבת: ב זה הפי' קאי אדלעיל וה"פ דק"ל כיון שפי' נמיל הפסוק בא לפרש ישובו של יעקב וישובי תולדותיו א"כ היכן מלינו שפי' ישובי תולדותיו והא כתיב אלה תולדות יעקב יוסף בן י"ז שנה וגו' ועז"פ ואלה של תולדות יעקב וזה ל' רש"י והיינו מליין על הפסוק לכך כתיב ואלה ולא אלה כל' הפ' כלו' אלה גלגולי וסבות ישובי התולדות של יעקב דהיינו השבטים יוסף בן י"ז שנה וגו' וע"י יוסף באו למצרים ואח"כ יצאו משם ובאו לא"י ואע"פ שמלינו כיוצא בזה באלה תולדות יצחק שהתחיל הכתוב באלה תולדות יצחק והתחיל במקרים שקרו לו קודם לידתם ולא הוקשה זה לרש"י י"ל דעיקר קושיית רש"י הכא דהתחיל בישובי יעקב ואח"כ כתב אלה תולדות יעקב וגו' היל"ל להפך: ג מפני שאין ישוב של תולדותיו נזכרים בתורה רק של ב' שבטים ואלי לכן נקט רש"י וגלגוליהם: ד ר"ל שלא בא לפרש אלא תולדות של יעקב ולא ישובי תולדותיו. ומה שכתב אלה תולדות יעקב יוסף לומר שכל תולדותיו נקרא ע"ש יוסף שהרי מפני חבתו של רחל שיוליד בן מרחל עבד ז' שנים הראשונים ואח"כ רימה אותו ונתן לו את לאה והוליד ממנה בנים ואח"כ נתנה לו רחל בלהה שפחתה לאשה כיון שראתה שאין לה בנים והוליד גם מבלהה בנים ואח"כ נתנה לו לאה גם זלפה שפחתה לאשה וגם ממנה הוליד בנים ואח"כ ילדה רחל את יוסף ומיד כשנולד יוסף אמר יעקב ללבן לחזור אל מקום אבותיו וא"כ נמצא שכל תולדותיו כא היו אלא בשבת יוסף הנולד מרחל: ה וא"ת והא בנימין נמי בא מרחל ולמה נקט יוסף. וי"ל מ"מ עיקר עבודתו לא היה אלא בשביל יוסף כמו שנ' לעיל ויהי כאשר ילדה רחל את יוסף ויאמר יעקב שלחני וגו' כדפירשתי לעיל: ו והא דלא נקט רש"י קלסתר פנים כמו שנקט לעיל בפ' תולדות גבי יצחק משום דרש"י דייק שהיה דומה לו מדכתיב זקנים כדפירש"י בסמיך לכך נקט זיו איקונין דזקנים נוטריקו"ן זיו איקונין וק"ל: ז כאלו אמר התולדות שהכל מעידים עליהן שהן של יעקב הוא יוסף כמו שפירש"י לעיל גבי ואלה תולדות יצחק בן אברהם או משום שהוא נכדו אירע לו מה שאירע ליעקב ומפני זה ידעו הכל שהוא בנו: ח דק"ל למה לא כתיב ויחי יעקב בארץ וגו': ט (נח"י) אע"ג דבכ"מ שמפרש הרב כן הוא משום שכתוב חסר כמו והוא ישב פתח האהל או ולוט ישב וכו' משא"כ הכא שאין מקום לדרוש ביקש י"ל דמדכתיב אח"כ אלה תולדות יעקב יוסף שאין לו קשר עם וישב יעקב או הל"ל אלה תולדות יעקב ראובן וכו' ע"כ בא לפרש שאלה תולדות יעקב יוסף גרמו שלא נתקיימה המחשבה של וישב וכו' ומ"ש קפץ עליו רוגזו פי' המחלוקות וריב שלו כמו אל תרגזו שתרגומו אל תתגצון: י דאל"כ והוא נער ל"ל: ב (נח"י) דא"א לפרש שהוא עניין אחד שהיה עושה מעשה נערות

רמב"ן

י"ז שנה על ידי זה נתגלגלו וירדו למצרים זהו ישוב פשוטו של מקרא להיות דבר דבור על אופניו לשון רש"י ואין לשון לתולדות שיהיה על הישוב. ור"א אמר אלה המאורעות שאירעו לו והקורות שבאו עליו כטעם מה ילד יום ואין אדם מוליד קורותיו רק לימים מיוחסים שיולידום ואולי יאמר אלה תולדות הימים של יעקב. והנכון בעיני כי אלה תולדות יעקב יוסף ואחיו אשר יזכור ואחז הכתוב דרך קצרה בשמותם שכבר הזכירם למעלה אבל אמר אלה תולדות יעקב יוסף ואחיו אשר אירע להם ככה ואפשר ג"כ שירמוז אלה את כל הנזכרים בספר הזה בשבעים נפש ירדו אבותיך מצרימה כי כאשר הזכיר באלה תולדות עשו

אבן עזרא

ילד יוס: (ב) והוא נער את בני בלהה ואת בני זלפה. בעבור היותו קטן שמוהו בני השפחות שמש להם כי אם ישרת אחיו בני הגבירה לא היה דבר רע וזאת היא דבתם רעה. וטעם אחר מן האחי דרש הוא כי הכתוב לא הזכיר

אור החיים

אמרו כי יכוין לומר שהוא העיקר ומהם אומרו כי כמו שאירע לזה אירע לזה זה נולד מהול וזה נולד מהול וזה מהדרש ויראה כוונת הכתוב היא ע"ד אומר' ז"ל בקש יעקב אבינו לישב בשלוה קפץ עליו רוגזו של יוסף והוא אומרו אלה תולדותיו של יעקב פי' מה שעבר עליו מהרוגז שהכתוב בא להודיע מכירת יוסף וצערו של יעקב הוא יעקב הגורם במה שביקש לישב דכתיב וישב יעקב ובזה תולדותיו הם אלה יוסף בן וגו' ונתגלגלו הדברים כי האדם גורם לעצמו את כל אשר תבאנה עליו כי אין דבר רע בא מהאדון הטוב לכל ובפרט לידידו יעקב וכיוצא בו עוד ירצה להודיע שהגם שעברו כמה מאורעות רעות על יעקב מיום היותו נרדף מעשו ולבן עמום התלאות (לא) יחשבו כלם כאין בערך מאורע זה של יוסף והוא אומרו אלה פסל מאורעות שעברו עליו כי כולם כאין יחשבו על יעקב הרגשותיהם. עוד יתבאר ע"ד אומר' ז"ל ראוי היה יוסף להעמיד י"ב שבטים כיעקב אלא ע"י מעשה פוטיפר ויפוזו זרועי ידיו עשרה המה הצדיקים יצאו מעשרה אצבעותיו ולא נשארו לו אלא ב' אפרים ומנשה והוא שרמז כאן באומרו אלה תולדות וגו' פסל פרט א' מהי"ב שלא היה בעולם מטעם הנזכר. עוד יתבאר ע"ד אומרו בספר תהלים בני יעקב ויוסף סלה ואמרו ז"ל שטעם שיחס בני יעקב ליעקב וליוסף להיות שיוסף זנם בשני רעב ופרנסם נקראו על שמו ע"כ והוא עצמו שרמז כאן באומרו אלה תולדות יעקב יוסף פי' באמצעות יוסף היה קיום לכל תולדותיו או ירצה עז"ה תולדות יעקב וגם יוסף והרבה מקראות מדברים כן דכתיב ראובן שמעון וכאלו אמר ושמעון גם כאן כאלו אמר ויוסף ונתן הכתוב טעם לקריאת שם כולם עליו במה שגמר אומר בן שבע עשרה וגו' ונתגלגלו הדברים וירד מצרימה ועלה לגדולה והוצרכו אחיו אליו ופרנסם ואת טפם ולטעם זה יקראו על שמו כי הוא הזן ומפרנס לכלן:
בן שבע עשרה. טעם שהוצרך לספור שני יוסף נתכוין להודיע אומרם ז"ל במסכת ברכות לעולם יצפה אדם להלום טוב עד כ"ב שנה וכו' וא"כ אם לא היה מודיע הכתוב בן י"ז שנה לא היינו יודעים זה. עוד ירצה ע"ד אומר' בגמ' האי דעדיפנא מחבראי דנסיבנא בשיתסר וכו' הרי כי בשיתסר לא יתגבר החומר ויצר הרע על האדם כמו בשיבסר והוא

מה

of Jacob: when Joseph was seventeen years old, being a shepherd, he was with his brothers with the flocks, and he was a lad, [and was] with the sons of Bilhah and with the sons of Zilpah,

the meaning of תֹלְדוֹת; in all other places, it refers to the generations, the sons and the grandsons. Here too, first the Torah enumerates Jacob's sons (Gen. 35:23-26) and states that they were born in Padan-aram, and that Jacob returned to his father in Hebron, just as it tells of the children of Esau. Now the Torah recounts the generations of Jacob—his sons and grandsons—which equaled seventy, and how they were born. It begins with Joseph, seventeen years old and envied by his brothers, who sell him as a slave. Because of this, Judah left his brothers, and had children in Chezib and in Adulam, and they were named Shelah, Perez, and Zerah. Through this sale, Joseph was sold to Egypt, where he had two sons named Manasseh and Ephraim. Joseph then sent for his father and his household, until they numbered seventy. Moses had to write all this as an introduction to his rebuke of the Israelites before his death, which contains the sentence, "With seventy souls your forefathers descended to Egypt" (Deut. 10:22).

Ramban maintains that what happens to a person cannot be referred to as his generations, since he does not produce them, but they are the generations of his days, so to speak. Here, Scripture refers to Joseph and his brothers with a brief expression ("the generations of Jacob"), alluding to the entire family.

Ramban suggests also that the Torah alludes to the seventy souls that descended to Egypt, enumerated below, for just as Scripture enumerates all the descendants of Esau who lived until the writing of the Torah, so does it enumerate the generations of Jacob, his sons, his grandsons, and all his descendants.

was seventeen years old— Scripture tells us this to inform us that Joseph was separated from his father for twenty-two years. He was thirty years old when he stood before Pharaoh, making thirteen years that he was away. Add to this the seven years of plenty and the two years of famine, as the Torah states: "[...for it is two years now that the famine has been in the midst of the land,] and another five years will come when there will be neither plowing nor harvest" (Gen. 45:6) [following which, Jacob came to Egypt].— [*Rashbam*]

See *Rashi* on verse 33, where he explains Joseph's twenty-two-year separation from Jacob. *Ohr Hachayim* suggests two reasons that Joseph's age was given here. One is that, as explained above, since we are told Joseph's age here, we can figure out that he was separated from his family for twenty-two years. From here also the Talmud (*Ber.* 55b) deduces that a person should anticipate the fulfillment of a good dream for twenty-two years. Since

Joseph, at seventeen, dreamed that he would rule over his brothers, and that dream was fulfilled twenty-two years later, we learn that one should not despair of the fulfillment of one's dreams, but should continue hoping for their fulfillment for twenty-two years.

The other reason *Ohr Hachayim* gives for Joseph's age being noted here is that according to the Talmud the evil inclination and the inclination to the physical are not as powerful at age sixteen as they are at age seventeen; therefore the Sages recommend early marriage, preferably at sixteen. One of the Sages declared, (*Kid.* 29b) "The reason I am superior to my colleagues is that I married at sixteen." The Torah tells us here that because Joseph was seventeen, he was tempted to provoke his brothers and to antagonize them by bringing evil tales about them to their father.

Derech Pikudecha derives from here the Rabbinic maxim that one should marry at eighteen (*Avoth* 5:21). Since Joseph was seventeen and had not yet wed, this proves that the obligation to wed does not commence until age eighteen.

Rabbenu Avraham ben haRambam points out that the Torah does not mean that Joseph *began* to work as a shepherd at age seventeen, but that he *continued* to be a shepherd at that age, just as he had previously.

being a shepherd, he was with his brothers—the sons of Leah. It was customary to refer to them as his brothers rather than the sons of the handmaids.—[*Rashbam*]

According to *Midrash Hagadol*: he was *guiding* his brothers, teaching us that he gave them good advice. Another explanation: Joseph would learn a halachah from his father and teach it to his brothers, guiding them in halachic matters just as a shepherd leads the flock.

and he was a lad—*He behaved childishly, fixing his hair and touching up his eyes so that he would appear handsome.*—[*Rashi* from *Gen. Rabbah* 84:7]

with the sons of Bilhah—*That is to say, he was frequently with the sons of Bilhah, because his* [other] *brothers would demean them, while he acted friendly toward them.*—[*Rashi* from *Tanchuma Vayeshev* 7]

Onkelos renders: he was raised with the sons of Bilhah and Zilpah, his father's wives.

Redak also explains that Joseph was raised with the sons of Bilhah and Zilpah, who were, in fact, his father's wives, for the Torah states that Rachel and Leah each gave her handmaid, respectively, to Jacob "as a wife" (Gen. 30:3, 9).

Ramban also states that Bilhah and Zilpah were actually Jacob's wives. They are referred to as handmaids only when juxtaposed with Rachel and Leah.

Midrash Hagadol states: he was raised with Bilhah's sons and with Zilpah's sons, who kissed and hugged him.

יַעֲקב יוסֵף בַּר שַׁבְסְרֵי שְׁנִין הֲוָה בְּמִיפְּקֵיהּ מִן בֵּית מֶדְרְשָׁא וְהוּא טְלֵה מִתְרַבֵּי עִם בְּנֵי בִלְהָה וְעִם בְּנֵי זִלְפָּה נְשַׁיָא דְאָבוּי וְאַיְתֵי יוסֵף יַת טִיבֵיהוֹן בִּישׁ דְחֶמְנוּן דְאָכְלִין בִּשְׂרָא דְתָלִישׁ מִן חֵיוָא

פי' יונתן

(ב) טלה. כמו טליא תרגום של נער מתרבי נתגדל : טיבהון ביש. פי' דבתהון רעה וכן ת"י דיבת הארץ טיב ביש וכן ומוליא דבה ומפיק טיבא :

רשב"ם

המקראו' ומאורעו' שאירעו ליעקב והנה זה הבל הוא. כי כל אלה תולדו' האמורים בתורה ובכתובים יש מהם שמפרש בני האדם ויש מהם רבים שמפרשים בני בנים. כאשר פירשתי באלה תולדות נח. למעלה בפ' בראשית כתיב ויהי נח בן חמש מאות שנה ויולד נח את שם את חם ואת יפת. ואחרי כן מפרש כי העולם חמאו ונח מצא חן ואחרי כן מפרש אלה תולדות נח בני בניו היאך כי שלשה בנים היה לו וצווה הקב"ה להכניסם בתיבה י"ב חדש ובצאתם ויולדו להם בנים אחר המבול עד שעולים לשבעים בנים שהיו שבעים אומות כדכתיב מאלה נפרדו וגו' וכן בעשו פ' ראשונה מפרש בני עשו שנולדו לו במקום אביו ואחרי כן וילך אל ארץ וגו' וישב לו בהר שעיר וכל הפרשה וכתיב אלה תולדות עשו אבי אדום בהר שעיר. וכל פרשה שנייה זאת בבני עשו וכשם שמצינו בעשו שפי' שבניו נולדו במגורי אביו קודם שהלך אל ארץ מפני יעקב ובני בניו נולדו בהר שעיר כן ביעקב למעלה כתיב ויהיו בני יעקב שנים עשר וגו'. ומפ' לבסוף אלה בני יעקב אשר ילדו לו בפדן ארם ויבא אל יצחק אביו וגו' הרי פירש בניו של יעקב והיכן נולדו כאשר עשה בבני עשו ועת' כותב אלה תולדות יעקב בני בניו שהיו שבעים והיאך נולדו. כיצד יוסף היה בן שבע עשרה שנה ונתקנאו בו אחיו ומתוך כך ירד יהודה מאת אחיו והיה לו בניה בכזיב ובעדולם שלה ופרץ וזרח ונתגלגל הדבר שיוסף הורד מצריםה ונולדו לו במצרימה מנשה ואפרים ושלח יוסף בשביל אביו וביתו עד שהיו שבעים וכל זה היה צריך משה רבינו לכתוב שעל זה הוכיחם בשבעים נפש ירדו אבותיך וגו' : בן שבע עשרה שנה. להודיעך כי עשרים ושתים שנה נעלם מאביו יעקב שהרי בן שלשים שנה היה בעמדו לפני פרעה ושבע שנים השובע ושני שנים של רעב ואז בא אביו כדכתיב ועוד חמש שנים אשר אין חריש וקציר : היה רועה את אחיו בצאן. בני לאה לפי דרך ארץ קרא אחיו ולא בני השפחות : והוא נער את בני בלהה וגו' נערותו ורגילותו ומשתאיו היו עם בני בלהה ובני זלפה ומתוך כך התחילו אחיו בני לאה לשנוא אותו : את אחיו. עם אחיו רועה ובשמחת נערותו הי' נבדל מהם ורגיל עם בני השפחות ולא עמהם כמו נער. כדכתיב כי נער ישראל. וכתיב יקומו נא הנערים וישחקו לפנינו. הולך ומונה כל מיני ענינים שגרמו לשנוא אותו. וגם ויבא

רמב"ן

בנים ובני בנים מלכים ואלופים כל אשר היו בהם עד זמן התורה כן ימנה התולדות יעקב בניו ובני בניו וכל זרעו רק יזכיר בהם הפרטים בתולדותם : והוא נער את בני בלהה. שהיה עושה מעשה נערות ממשמש בעיניו ומתקן בשערו. את בני בלהה כלומר ורגיל את בני בלהה לפי שהיו אחיו מבזין אותן והוא מקרבן : את דבתם רעה. כל רעה שהיה רואה באחיו בני לאה היה מגיד לאביו לשון רש"י ואם כן למה לא הצילוהו בני השפחות שהיה אוהב אותם ומקרבן ומגיד לאביו על האחיו בבזיונם אם נאמר שייראו מן האחים והנה הם ד' וראובן עמהם ויוסף עצמו ותגבר ידם עליהם ואף כי לא יבאו עמהם במלחמה ועוד נראה בכתוב כי כלם הסכימו במכירתו. אבל לדעת רבותינו בב"ר על כלם היה מוציא הדבה. והנכון בעיני כי זה הכתוב שב לבאר מה שהזכיר ושיעורו יוסף והוא נער בן שבע עשרה שנה היה רועה בצאן את אחיו את בני בלהה ואת בני זלפה נשי אביו ודומה לו בסדר הזה ויחלמו חלום שניהם בלילה אחד איש כפתרון חלומו המשקה והאופה אשר למלך מצרים אשר אסורים בבית הסוהר שב לפרש שניהם אשר הזכיר ושיעורו ויחלמו חלום שניהם המשקה והאופה אשר למלך מצרים אשר אסורים בבית הסוהר איש כפתרון חלומו וכן רבים או שיהיה והוא מושך אחר עמו ומשפטו והוא נער והוא את בני בלהה ואת בני זלפה נשי אביו יאמר כי הוא נער והוא עם בני בלהה ועם בני זלפה נשי אביו תמיד לא יפרד מהם בעבו' נערותו כי להם צוה אביהם שישמרוהו וישרתוהו לא לבני הגבירות והוא מביא מהם דבה רעה אל אביהם ולכן ישנאוהו אלה הארבעה האחים ואחר כן אמר כי אביו אהבו ויראו אחיו האחרים כי אותו אהב אביהם יותר מכלם ויקנאו בו וישנאוהו נמצא שנוי מכלם בני הגבירות יקנאו בו למען יאהב אותו מהם והם בני גבירה כמהו ובני השפחות אשר לא יקנאו בזה למעלתו עליהם ישנאו בו בעבור היותו מביא דבתם אל אביהם. וטעם דבתם רעה להפליג כי כל דבה רעה היא. ועל דעת רש"י יתכן שתהיה דבה טובה ומביא דבה הוא אשר יראה יגיד אבל מוציא דבה הוא כסיל האומר שקר ועל דרך הפשט איננו קשה שיקראנו נער והוא בן שבע עשרה שנה כי בעבור היותו קטן מכלם יקראנו כן לומר כי לא היה מתחזק כאחיו ויצטרך להיותו עם בני בלהה וזלפה מפני נערותו וכתיב ברחבעם בן שלמה ורחבעם היה נער ורך ולא התחזק לפניהם והוא בן ארבעים ואחת שנה במלכו. וכן השלום לנער לאבשלום ובנימין ברדתו למצרים גדול ממנו יקראו נער פעמים רבים. ואונקלוס תרגם והוא נער והוא מרבי עם בני בלהה יאמר כי מיום היותו נער הוא עמהם הם גדלוהו כאב והם ישרתוהו וגם נכון הוא. ועל דרך שפירשתי כי הכתוב יספר כי מאלה יביא הדבה ולבני הגבירות בקנאתם. וטעם נשי אביו. כי נשיו היו שלקחם לנשים ולא יקרא אותם הכתוב שפחות רק בהיותם עם רחל ולאה שהן גבירות להם וכן וישם את השפחות ואת ילדיהן לומר כי בעבור היותן שפחות לרחל וללאה שם אותן

אור החיים

מה שהוצרך הכתוב להודיע כי יוסף היה בן שבע עשרה שנה כי באמצעות הגעת הזמן היה בו כח תגבורת אנושי' להתגרות באחיו ולהביא דבתם רעה וגו' ועיין בסמוך : היה רועה וגו'. קשה הול"ל היה רועה הצאן את אחיו כי לא לאחיו היה רועה עוד צל"ד הכוונה באומרו והוא נער וגו' ורז"ל אמרו היה עושה מעשה נערות ולדבריהם למה את בני בלהה ופרש"י והיה רגיל את בני בלהה והוא פי' רחוק עוד צל"ד אומרו נשי אביו מי לא ידע כי הם נשי אביו עוד צל"ד אומר ויבא את דבתם וגו' מה היא דבתם רעה ועל מי סמך עליו הכתוב להבין את הדברים ולא בא הכתוב לסתום אלא לפרש. אכן כוונת הכתוב הוא עז"ה היה רועה את אחיו בענין הצאן פי' בדרך אכילת צאן ואומרו והוא נער פי' מזמן היותו נער והוא מתגורר ומתחבר עם בני בלהה ואו' נשי אביו פי' לחושבם בגדר נשי אביו ואין הפרש ממנו אליהם ובזה לא קשה שקורא אותו נער והוא בן י"ז שנה כי חוזר אל זמן הקודם וממולא דבר אתה למד מאומ' רועה את אחיו בדין הצאן הא למדת שנחשדו אללו בפרט זה ומאומרו את בני בלהה וגו' נשי אביו הא למדת כי הוא היה חושב כן ולא זולתו ומעתה כשאמר הכתוב ויבא יוסף את דבתם רעה אל אביהם הוא על פרטי' הנרמזי' בסמוך והוא שאמרו ז"ל ברוח קדשם שאמר עליהם שהיו אוכלים אבר מן החי והוא הנרמז בצאן וגם אומרו שהי' מזלזלים בבני השפחות הוא הנרמז באומרו נשי אביו כי לא מחשבותיו מחשבותם ומזה יצא להם לזלזל בהם ואולי כי גם מטעם זה יצא חשד עריות כשיהיה נחשבים בעיניהם

כלי יקר

עבדים עד שהי' הדין נותן שלעבד נמכר יוסף וא"כ אף אם לא היה יעקב מבקש לישב בשלוה מכל מקום היה עונש זה ראוי לבא על יוסף אלא שיוסף בן שבע עשרה שנה היה ולא היה בר עונשין עדיין בב"ד שלמעלה ולפי שנתחבר לרגזו וחטאו של יוסף גם מה שבקש יעקב לישב בשלוה על כן מיהר ה' ועשה ליוסף בר עונשין קודם זמנו וזהו לשון קפלה עליו כי כל קפיצה מורה על דבר שראוי לבא על כל פנים וממהר לבא קודם זמנו כך חפץ ה' להביא עונש על יוסף קודם זמנו כדי לבטל ישיבתו של יעקב והא והא גרמה כי עונש של יוסף לבד לא יספיק כי לא הי' בר עונשין וישיבתו של יעקב לבד גם כן לא יספיק להביא בעבור זה עונש על יוסף שלא חטא. ורש"י מביא משל למרגליות שנפלה בין החול כו' המשיל בית עשו לחול ובית יעקב אל המרגליות על דרך שמפיק בויקרא רבה עשו בש נפשות היו לו והכתוב קורא אותם נפשות לשון רבים לפי שעובדים לאלהות הרבה יעקב שבעים נפשות היו לו והכתוב קורא אותם נפש לפי שעובדים לאל אחד עכ"ל. ומלך בהם עובדים לאלהות הרבה על כן מלויים בהם תמיד המריבה ואין בהסכמה אחת מלך רבוי הדעות ואין מתאחדים ומתחברים כחול זה שאינו מתחבר זה לזה. אבל ישראל מלך שעובדים לאל אחד השלום מתווך ביניהם והרי הם כמרגליות החרוזים בחוט שדבוקים זה בזה על ידי החוט שמחברם כי כחוט השני שפתותיך שפתי דעת ותורה המרבים שלום בעולם כחוט זה החורז המרגליות :

ספורנו

א' ומאז שחזר אל ארץ מגורי אביו היו קורותיו כמו שקרה לאבותינו בבית שני והורבנו וגלותו וגאולתו לקץ הימין : היה רועה את אחיו בצאן. היה מנהיג ומורה אותם במלאכת מרעה הצאן : והוא נער. ומפני נערותו חטא להביא דבת אחיו כי לא נסה ולא התבונן לאחרית דבר אע"פ שהיה אז משכיל מאד ושהיה אחר כך מורה לזקני הדור כאמרו וזקניו יחכם וזה כאמרם ז"ל

אָבִיו וַיָּבֵא יוֹסֵף אֶת־דִּבָּתָם רָעָה
אֶל־אֲבִיהֶם: ג וְיִשְׂרָאֵל אָהַב אֶת־
יוֹסֵף מִכָּל־בָּנָיו כִּי־בֶן־זְקֻנִים הוּא לוֹ
וְעָשָׂה לוֹ כְּתֹנֶת פַּסִּים: ד וַיִּרְאוּ אֶחָיו

תו"א ויבא יוסף. סנהדרין קו.

וְאַיְתִי יוֹסֵף יָת דִּבְּהוֹן
בִּישָׁא לַאֲבוּהוֹן:
ג וְיִשְׂרָאֵל רְחֵים יָת יוֹסֵף
מִכָּל בְּנוֹהִי אֲרֵי בַר חַכִּים
הוּא לֵיהּ וַעֲבַד לֵיהּ
כִּתּוּנָא דְפַסֵּי: ד וַחֲזוֹ
אֲחוֹהִי אֲרֵי יָתֵיהּ רְחִים

רש"י

והוא מקרבן: את דבתם רעה. כל רעה שהיה רואה ל באחיו בני לאה מ היה מגיד לאביו שהיו אוכלין אבר מן החי ומזלזלין בבני השפחות לקרותן עבדים וחשודים על העריות נ ובשלשתן לקה. על אבר מן החי וישחטו שעיר עזים במכירתו ולא ם אכלוהו חי ועל דבה שספר עליהם שקורין לאחיהם עבדים לעבד נמכר יוסף. ועל העריות שספר עליהם ותשא אשת אדוניו וגו': דבתם. כל לשון דבה פרלי"ן בלעז (ריידעריא. בערײדען) כל מה שהיה יכול לדבר בהם רעה היה מספר: דבה. לשון (שיר ז) דובב שפתי ישנים: (ג) בן זקונים. שנולד לו לעת זקנתו ע ואונקלוס תרגם בר חכים הוא ליה פ כל מה שלמד משם ועבר מסר לו. ד"א שהיה זיו איקונין שלו דומה לו: פסים. (שבת) י) לשון כלי מלת כמו כרפס ותכלת וכמו כתונת

שפתי חכמים

אבל בני בלהה וכי חון להם לא היה עושה אלא וכו': ל דייק מדלא כתיב ויוליא יוסף דבתם כמו שכתוב גבי מרגלים ויוליאו דבת הארץ לזה כתב היה רואה ר"ל שלדעתו אמת היה לכך כתיב כאן ויבא ר"ל שהביא הדברים כהוייתן בפני אביו כאשר ראה ולא היה אומר דבר מה שלא ראה אבל גבי מרגלים כתיב ויוציאו ר"ל שהיו מוליאי' דברים שקרים מלבן: מ הע"פ דבקרא סתם כתיב את אחיו י"ל דכיון שיוסף היה מקרב את בני השפחות ואם היו רשעים בעיניו איך היה מקרבן ועוד שהוא היה אוהב שלהן בודאי לא היה הדבה עליהן: נ וקשה דהיאך יתכן לומר שבני יעקב יהיו חשודין על זאת ואי ה"ו אמת הוא למה נענש יוסף על זה. וי"ל דודאי לא היו חשודין על זה אלא שיוסף היה טועה בדבר לכך נענש שהיה לו לעיין בדבר על מה שחשדן על אמ"ה שהיה רואה אותן שאכלו מבהמה שנשחטה ועדיין מפרכסת דמותר לאכלה דכיון שנשחטה שחיטה מתירה והוא סבר שכ"ז שמפרכסת עדיין הוי אמ"ה או שהיה רואה שאוכלין בן פקועה שמותר בשחיטת אמו ואפילו שהוא שור גדול וא"ל שחיטה מן הדין אלא מפני מראית עין והוא היה סבור שאמ"ה הוא כיון דלריך שחיטה משום מראית עין ועל מה שזלזלו בבני השפחות ה"פ מפני שהיו קוראין לבני בלהה וזלפ' בני השפחות וכוונתם היה שהיו משועבדי' לרחל ולאה וזה אמת הוא שהיו בני השפחות שהרי גם הפסוק קראם כן אבל הוא היה סובר מדקרו להו בני השפחות כוונתם שנולדו קודם שנשתחררו א"כ בניהם של שפחות היינו עבדים כנענים ומה שהיה חושדן על העריות ה"פ דקי"ל אין משתמשין באשה ור"ל שאדם אחר אסור להשתמש בא"א ויוסף היה רואה שהיו משתמשין בעסקי משא ומתן עמהן לכך חשדן על העריות אבל טעות היה בידו דהא דאמרי' אין משתמשין באשה היינו דוקא דברים של חבה כגון רחיצת פניו ידיו ורגלי' והצעת המטה אבל שאר דברים שאינן של חבה או לישא וליתן עמהם מותר. וא"ת מנ"ל לרש"י שהיה חושדן על כל הג' דברים. וי"ל דרש"י בעצמו מתרץ קושיא זו כיון שמצינו דבשלשתן לקה. ועי"ל דילפינן רעה רעה לג"ש כתיב הכא דבתם רעה וכתיב לקמן חיה רעה אכלתהו מה להלן אמ"ה דחיה דורסת ואוכלת כשהוא חי אף כאן אבר מן החי ועבדים ילפינן מדכתיב בפ' משפטים אם רעה בעיני אדוניה מה רעה דלהלן קאי על עבדות אף כאן עבדות. ועריות ילפינן מדכתיב לקמן גבי יוסף ואיך אעשה הרעה הגדולה הזאת מה רעה דלהלן קאי על עריות אף כאן קאי על עריות: ס כלו' דלא הי"ל למכתב כלל וישחטו דהא לא היו אוכלין אותו אלא לומר לך אע"פ שלא היו רולין לאוכלו אפ"ה שחטו אותו: ע וא"ת והא בנימין נולד לו יותר לעת זקנתו מיוסף וי"ל משום דכל בניו של יעקב נולדו לו מיד זה אחר זה דהא בז' שנים נולדו כולם הון מבנימין שהפסיק בו זמן ארוך והיו העולם סבורין שלא יוליד ממנה עוד בן והיו קורין ליוסף בן זקונים ואפי' אחר שנולד בנימין קראו אותו בן זקונים מתוך שהורגלו בו: פ דלפי' ראשון קשה מנ"מ אם נולד לעת זקנתו או בימי ילדותו לכן אמר ואונקלוס תרגם וכו'

כלי יקר

ויבא יוסף את דבתם רעה אל אביהם. בכל המקרא לא מלינו לשון הבאה אלא הדבה כי אם לשון הולאה ואע"פ שאמרו המפרשים שלשון הולאה שייך בדבה של שקר כמו שאמר ומוליא דבה הוא כסיל וכן ויוליאו את דבת הארץ ולשון הבאה שייך בדבר שהיא אמת מ"מ אין הלשון מדוקדק כאן כי מדקאמר דבתם ש"מ שהדבה מיוחסת אל האחים כאילו האחים הם הבעלי דבה. ועוד קשה אל אביהם אל אביו מבעי ליה. ועוד קשה להלן נאמר וישכב את בלהה פילגש אביו קראה פילגש וכאן נאמר והוא נער את בני בלהה ואת בני זלפה נשי אביו קראן הכתוב נשים ממש אלא ודאי שכל האחים בני הגבירות הי' מזלזלים בבני השפחות לקרות אמותם פלגשים ושפחות ואת בניהן קראו עבדים ויוסף לבד היה מתחבר אל בני בלהה וזלפה כי אמר שהם נשי אביו ממש ומטעם זה זלזל ראובן בבלהה בחשבו שהיא פילגש ואינה אשתו על כן בלבל ילועו ומכאן ראי' ברורה שכל בני הגבירה הוליאו דבה על בני השפחות לקרותם עבדים וע"ז נאמר ויבא יוסף את דבתם רעה אותה דבה רעה שהוליאו אחיו על בני השפחות הביא אל אביהם של בני בלהה וזלפה כי הי' להם לחוש לכבוד אביהם שלא לקרות לבניו עבדים וחשב כי אביהם יתבע עלבונם. וזהו שנאמר ובטרם יקרב אליהם ויתנכלו אותו להמיתו כי רלו להמיתו מרחוק ע"י חץ הממית בטרם יקרב אליה' מדה כנגד מדה כי הוא שנח בהם חץ לשונו הממית אף מרחוק על כן רלו גם הם להמיתו מרחוק על ידי חליס וז"ש וישטמוהו בעלי חיליס הם אחיו שרלו לשלוח בו חליס ואף על פי שגם הוא ספר עליהם לשון הרע מכל מקום וחשב באיתן קשתו כי הוא דרך קשתו ויכוננה באיתן בלדק ובמשפט שהרי מותר לומר לשון הרע על בעלי המחלוקת ואחיו התחילו במחלוקת במה שזלזלו בבני השפחות. ובמדרש אמרו על פסוק ובטרם יקרב אליהם שהיסו בו את הכלבים. וטעמו של דבר לפי שחשבוהו למוליא דבה ובעל ל' הרע ואמרו רבותינו זכרונם לברכה במסכת פסחים כל המספר לשון הרע ראוי להשליכו לכלבים שנאמר לא תשא שמע שוא וסמיך ליה לכלב תשליכון אותו. וטעמו של דבר שכל המספר לשון הרע אף הוא ככלב המנבח וחורץ בלשונו ולפיכך ישראל במלרים שלא היה בהם לשון הרע כתיב ולכל בני ישראל לא יחרץ כלב לשונו מדה כנגד מדה וז"ש נלכה דותינה לבקש לו נכלי דתות על פי התורה אשר יורוך להשליך לכלבים כל מספר לשון הרע. וי"א שלכך שיסו בו הכלבים שיאכלו ממנו אבר מן החי לשלם לו מה שאמר עליהם איך שאכלו אבר מן החי. ובסמוך יתבאר פסוק ובטרם יקרב עליהם בדרך אחר. ורש"י פי' שיוסף הגיד איך שאכלו אבר מן החי והיו חשודין על העריות והיו מזלזלין בבני השפחות ונראה ליתן קלת סמך לדבריו לפי שנאמר היה רועה את אחיו בלאן למה לי וכי סד"א שהיה רועה עופות או דגים. אלא לפי שמלינו לשון רועה בד' ענייניס. א' סתם רעיית לאן. ב' בגינוי עריות שנאמר ורועה זונות יאבד הון. ג' לשון רועה שייך בבעלי השררה והנהגת העם כמ"ש רועה ישראל האזינה. ד' שייך ל' רועה בהולך לרעות את עלמו ואוכל מן הלאן כמ"ש הלא הלאן ירעו הרועים וכמו שפי' רש"י נקוד על את. ומדקאמר שיוסף הי' רועה את אחיו בלאן משמע שאחיו היו רועים בכל ד' דברים ששייך בהם לשון רועה אבל הוא לא היה בהסכמתם כי אם בלאן לבד דאל"כ לערבינהו וליתנינהו יוסף ואחיו היו רועים בלאן אלא ודאי שלשון את משמע לשון עם ולכן הוליא את יוסף מן הכלל לומר לך שהוא לא הסכים עמהם כי אם על רעיית הלאן בלבד אבל אחיו רעו בכולם כי הי מינייהו מפקת למעט כי לא בא הכתוב לסתום אלא לפ' ומכאן מלא רש"י סמך לשלשתן כי חשודין על העריות היינו רועה זונות. ואכלו אבר מן החי שהלאן רעו אותם והמה הלכו לרעות את עלמן מן הלאן לאכול אכילה של איסור והיינו אבר מן החי שנאסר לבני נח אבל שאר טרפות לא נאסרו להם עדיין והנה זה דבר הלמד מעניינו מה רעיה של זנות או של שררה של איסור אף רעיה זו מן הלאן הי' של איסור וקורין לבני השפחות עבדים כדי להשתרר עליהם להיות עליהם רועים ומנהיגים לומר אנחנו בני הגבירות ואתם עבדים לנו. ולכך נאמר אל אביהם לומר לך שבכולם היה להם לחוש לכבוד אביהם כי מה שקראו לאחיהם עבדים היה להם לחוש לכבוד אביהם כמבואר למעלה. והעוסק בזנות

his father's wives; and Joseph brought evil tales about them to their father. 3. And Israel loved Joseph more than all his sons, because he was a son of his old age; and he made him a fine woolen coat. 4. And his brothers saw

his father's wives—for they were equal to the Matriarchs.—[*Midrash Hagadol*]

Rashbam explains that his youthful play, his habitual company, and his feasts were usually with the sons of Bilhah and Zilpah. For this reason, his brothers, the sons of Leah, began to hate him. During his work in the pasture he stayed with the sons of Leah, but when he was enjoying himself in child's play, he left them and associated only with the sons of the handmaids. *Rashbam* explains that Scripture proceeds to tell us the reasons Joseph's brothers hated him so much. First, they resented Joseph's association with the sons of the handmaids rather than with them. Moreover, Joseph told his father that while Leah's sons demeaned the sons of the handmaids, *he* was friendly with them.

Ibn Ezra, as explained by *Ralbag*, renders the verse as follows: and he was a servant with the sons of Bilhah and with the sons of Zilpah, etc. When Joseph was seventeen years old, his brothers envied him because he was their father's favorite. Therefore, they made him the servant of the sons of Bilhah and Zilpah. This was considered an extreme degradation, since they were the sons of the handmaids, and Joseph reported this to his father. Had they made him their own servant, it would

not have been so degrading since, after all, they were Leah's sons and he was younger than they.

evil tales about them—*Any evil he saw in his brothers, the sons of Leah, he would tell his father:* 1) *that they ate limbs from living animals,* 2) *that they demeaned the sons of the handmaids by calling them slaves, and* 3) *that they were suspected of illicit sexual relationships. For these three* [tales] *he was punished: For* [the report that his brothers ate] *limbs from living animals, "they slaughtered a kid"* (Gen. 37:31) *when they sold him, and did not eat it alive. For the report that he told about them that they called their brothers slaves, "Joseph was sold as a slave"* (Ps. 105:17), *and concerning the illicit sexual relationships that he told about them, "his master's wife lifted her eyes, etc."* (Gen. 39:7).—[*Rashi* from *Yerushalmi Peah* 1:1, *Gen. Rabbah* 84:7]

tales about them—Heb. דִּבָּתָם. *Every expression of* דִּבָּה *denotes parlediz in Old French, gossip, slander. Whatever evil he could tell about them he told.* דִּבָּה *is an expression of "making the lips of the sleeping speak* (דּוֹבֵב)."—[*Rashi*]

The obvious question here is whether Joseph's brothers were in fact guilty of these sins. We cannot believe that they actually committed such heinous crimes. On the other hand, if they were innocent, why did

Joseph tell such lies about them? Many solutions have been offered, some partial, some complete. A fascinating solution is found in *Shelah*. He writes that the brothers were studying the kabbalistic treatise *Sefer Yezirah*, authored by Abraham and transmitted to Isaac, who in turn transmitted it to Jacob. The Talmud (*Sanh.* 65b) cites instances of rabbis who created animals and manlike creatures by reciting various names of God detailed in this treatise. Having learned this wisdom from Jacob, the sons created animals. Since these animals were not born of other animals but were created miraculously, they did not require ritual slaughter. Therefore, limbs could be torn from them and eaten. Joseph, who was not privy to their activity, thought that they were tearing limbs from normal animals and eating them. He therefore told his father that they were eating limbs from live animals.

When the sons of the handmaids approached their brothers and requested to be taught this wisdom, they were rebuked and told that they were slaves. The sons of Leah did not mean to demean them, but only to inform them that they could not be admitted to this discipline because of their humble lineage, for only people of high lineage were permitted to engage in it.

Leah's sons would also create women and stroll with them. Joseph thought that they were real humans and that his brothers were conducting affairs with the women of the land.

Ohr Hachayim comments: We find later that the sons of the handmaids also participated in selling Joseph. Either he brought bad reports about them also, or they wished to gain favor with their brothers.

Ramban's view is that Joseph brought evil tales about the sons of the handmaids, mentioned previously in the verse. Since he was a son of one of the Matriarchs, they realized that he deserved a more honored position than they, so they did not envy him, but hated him because of his tales. His other brothers, the sons of Leah, however, hated him out of envy, since he was one of the youngest, yet their father favored him more than he favored them.

3. **And Israel loved, etc.**—All this caused envy.—[*Rashbam*]

Scripture prefaces the reason the older brothers harbored hatred toward their younger brother. Although Joseph brought evil tales about them to their father, no harm resulted therefrom, for the brothers argued with him and scolded him, and their envy was thus mitigated. But, since Jacob loved Joseph more than he loved all of them together, and publicized his love by giving Joseph a fine woolen coat, this informs us that they knew of Jacob's love, and their father was aware that they knew it. Therefore, when their hatred set in, there was no hope of rectifying it and making peace. This is the meaning of the following verse: "so they hated him"—because he brought evil tales about them. And "they could not speak with him peacefully"—because they saw that Jacob loved Joseph more than all of

חַיָּיא יַת אוּדְנַיָּיא וְיַת דִּנְבַיָּיא וְאָתָא וְתַנֵי לְוַת אֲבוּהוֹן: ג וְיִשְׂרָאֵל רְחִים יַת יוֹסֵף מִכָּל בְּנוֹי אֲרוּם אִיקוֹנֵי דְיוֹסֵף
דָּמַיִין לְאִיקוֹנִין דִּילֵיהּ וְעָבַד לֵיהּ פַּרְגוּד מְצוּיָיר: ג פַּרְגוּד מְצוּיָיר:
ד וְחָמוּן אָחוּי אֲרוּם יָתֵיהּ רְחַם אֲבוּהוֹן מִכָּל אָחוּי וְנָטְרוּ לֵיהּ בְּבִי וְלָא צָבַן לְמַלָּלָא עִמֵּיהּ שְׁלָם:

פי' יונתן

אודנייא דנביא. פי' האזנים והזנב ושמעתי שכן דרך הרועים בארץ ישמעאל לחתוך אוזן חנב הבהמה כשהיא חולה כדי שתחזור לבריאותה וכן הם עשו לרפואה ויוסף לא ידע כלום מרפואה זו וסבר שאכילה חתכו: ואתא ותני. פי' ובא וספר אל אביו דיבה זו ולדרכנו אתי שפיר טעות יוסף ולא נכירא פירוש המפרשים שכתבו שטעה בדין ח"ו לעבותי טועה:

פי' ירושלמי

(ג) פרגוד מצוייר. פי' מלבוש מצוייר ונמצא בשקלים נכנס בפרגוד ע"ב:

בעל הטורים

דבתם רעה. בגי' שהם אכלו באבר מן החי. דבתם בגי' מות מלמד שלא"ר הורג ג'. נער בגי' שוטה זש"ה ומוליא דבה הוא כסיל: בן זקנים. זקנים כתי' שמסר לו כל מה שקבל מזקנים שהם שם ועבר: בן זקנים הוא לו. ס"ת אמון שמסר לו סתרי תורה שנאמר כה ואהי' אצלו אמון ואהיה שעשועים זקנים בגי' עולה כ"ז שמסר לו רזי תורה ובגי' זר ע"ש עטרת זקנים בני בנים. זקנים. נוטריקון זרעים קדשים נשים ישועות מועד. פסים נוטריקון פוטיפר סוחרים ישמעאלים מדיינים: פסים. עולה בגי' קן רמז לו שעל ידו ירדו למצרים וישתעבדו בניו והקב"ה יחסר מנין קן מן השיעבוד ורמז לו שימסור לו הקן ורמז שימלוך פ' שנים ממנין סי"ם שהוא מנין שנותיו. ד"א פסים ל' פסו תמו שעל ידו מת קודם לאחיו: פסים שגרם פיוסים בינו לבין אחיו. פסים בגי' פס יד לו. ועשה לו כתונת פסים. בגי' משקל שני סלעים מילת. זהו שאמרו בפ"ק דשבת בשביל שני סלעים מילת

רשב"ם

יוסף את דבתם רעה. את דבתם של אחיו רעה. במדרש אגדה לפי פירושם שאמר לאביו כך מבזים הם בני השפחות אבל אני מכבדם ואני רגיל אצלם. פשטנים אחרים לא עמדו על העיקר: (ג) וישראל אהב וגו'. כל זה גרם הקנאה: בן זקונים. כי אחרון היה לי"א בנים אבל בנימין לא נולד אחרי בן עד זמן ארוכה והרבה קודם שנולד בנימין היה לו בן זקונים והתחיל לאוהבו:

דעת זקנים מבעלי התוספות

(ג) כתנת פסים. סביבות פס ידו. והנה אנחנו מאלמים אלומים וכענין בהלם עלה לגדולה כדכתיב וילביש יוסף בר

אבן עזרא

מאחיו חוץ מבני השפחות (ג) כי בן זקונים הוא. כמשמעו כי הולידו והוא בן תשעים ואחת שנה גם כן אחיו בנימין קראו וילד זקונים ואחר אלה שניהם לא נולד לו: פסים

רמב"ן

לפניהן. וכן וישכב את בלהה פלגש אביו שאלו היתה גברת לא יעשה כן. ויתכן כי בחיי רחל ולאה יקרא אותן שפחות ופלגשים ועתה מתו ולקחום לנשים: (ג) כי בן זקונים הוא לו. שנולד לו בעת זקנתו. ואונקלוס תרגם בר חכים הוא ליה שכל מה שלמד משם ועבר מסר לו. דבר אחר שהיה זיו איקונין שלו דומה לו לשון רש"י. וכן אמר ר"א כי בן זקונים שהולידו לזקוניו והוא בן תשעים ואחת שנה וגם אהיו בנימין קראו ילד זקונים קטן ואיננו נכון בעיני כי הכתוב אמר שאהב את יוסף מכל בניו בעבור שהוא בן זקונים וגם כל בניו נולד לו בזקוניו והנה יששכר וזבולון אינם גדולים מיוסף רק בשנה או שנתים. והנראה בעיני כי מנהג הזקנים שיקחו אחד מבניהם הקטנים להיות עמו לשרתו

אור החיים

כשפחות ולא במדרגת נשים והשב יוסף כי כוונתם של האחים כדעת הרמב"ם בדין הבא על שפחתו סתם שהולד עבד עד שיפרש בפי' שבא עליה לשם אישות ומעתה כשאחיו מזלזלים בבני השפחות גילה דעתם כי מן הסתם הולד עבד והשפחות אין להם משפט אשת אב אלא כמפותת אביו ואנוסתו שהיו מותרו' להם להזקק להם וחשדם שישכבו הנשים עמהם ואין רע לסברתם ולסברת יוסף איפסקא הלכה כדעת הרי"ף שהבועל סתם עשאה בת חורין והולד כשר ודין נשי אביו להם ועל פרט זה ג"כ נתכוין באומרו דבתם רעה וכענש יוסף על הדבר איך יחשוב בצדיקי' שיטעו בדבר שהלא גם לדעת רמב"ם יודה באדם צדיק כיעקב כי מן הסתם לשם אישות בעל ועוד שבפי' אתמר כשנתנום רחל ולאה כדי שיהיו בהזקת משוחררים נתנום ומן הסתם ידעו השבטים בדבר וטעם שמלינו השבטים שהיו יחד בעצה אחת במכירת יוסף ובכללם היו גם בני השפחות אולי שגם בהם דבר פרט איסור אבר מן החי או אפשר שנשאו פנים לשפה בני הגבירה והסכימו לעצתם במכירתו הגם שהיה לבם שלם עמו: וישראל אהב וגו'. הקדים לתת טעם למשטמת' של אחים לאה קטן ואמר וישראל וגו' פי' כי הגם שיוסף הוציא דבת אחיו אף על פי כן לא היה דבר רע יוציא כי היו האחים מתווכחי' עמו ומוכיחים אותו וסרה קנאתם אלא לגד כי נוסף דבר זה שאהבו ישראל וכו' מכל אחיו פי' יותר מכלן יחד גם פרסם האהבה והודיעה להם במה שעשה לו כתונת פסים והרי זה מגיד שידעו וידע אביהן שידעו והוא אומרו ויראו אחיו כי וגו' ומעתה בבוא השנאה לא היה לה תקו' לתקן ולשים שלום והוא אומרו וישנאו אותו פי' ממה שקדם מעשיו שהביא דבתם רעה ולא יכלו וגו' לגד רואם כי הוא אהוב מכלן לאביו אין מליאות להתווכה עמו כי דבריו ילדקו ולא דבריהם וכיון שאינם יכולין להעמידו בתוכחת מגולה שיכלם

כלי יקר

בזנות מחלל גם כן כבוד אביו כמ"ש את אביה היא מחללת ולאייה ממה שארז"ל שעל ידי שנראה ליוסף דמות דיוקנו של יעקב היה ניצול מן אשת פוטיפר. ואכילת אבר מן החי מוליד אכזריות בגוף האדם ובזה פוגם כבוד אביו כי נראה כאילו הי' האכזריות קנין דבוק בו מצד התולד' כמו שיתבאר בע"ה פר' ראה בפסוק לא תאכלנו למען ייטב לך ולבניך אחריך כי הדם מוליד אכזריות ומתפשט גם לבניו. על כן לא נאמר אל אביו וכתיב אל אביהם נומר לך שבלשון נוגעים בכבוד אביהם:

וישראל אהב את יוסף מכל בניו כי בן זקונים הוא לו. אע"פ שנאמר והוא נער את בני בלהה שהי' עושה מעשה נערות כמותם מ"מ אהבו יעקב לפי שבהיותו אצלו היה מתנהג את עצמו כזקן ורגיל ופרקו נאה ולא ידע הנהגתו שעם אחיו על כן כי בן זקנים הוא לו במעלת לו הורה שדוקא לו היה בן זקונים ולא לאחיו לפי שבהיותו אצלם עשה מעשה נערות כמותם ובהיותו אצל אביו הזקן היה עושה מעשה זקנה ואולי לא רצה לשנות מן המנהג וידע להתנהג עם הנערים ועם הזקנים לכך נאמר הוא לו. ד"א שכל מה שלמד מן שם ועבר מסר לו ולמה לא מסר לכל בניו מה שלמד אלא ודאי לפי שכל בניו מאסו בחכמות ולא נתחברו אל יעקב לשמוע ממנו אבל יוסף בן זקנים הוא לו שתמיד הוא פנה לו ליעקב ונכסף לשמוע מפיו מה שלמד משם ועבר על כן אהבו. ותרגומו בר חכים הוא לו כי בישישים חכמה ז"ש שהיה זיו איקונין דומה לו כי הכמת אדם תאיר פניו. ויש רמז כאן למה שארז"ל נענו כלם ואמרו תלמוד גדול שמביא לידי מעשה כך הזכיר כאן שלימות של יוסף בפסוק היה רועה את אחיו בצאן למעט כל מיני רעייה האסורים ואעפ"כ לא אהבו כי אם מצד כי בן זקנים הוא לו בר חכים כי גדול התלמוד כאמור:

ועשה לו כתונת פסים. נראין הדברים אחר שכבר בלבל ראובן יצוע אביו נטלה ממנו הבכורה ועכשיו מסרה ליוסף ועל שם זה עשה לו כתנת פסים לפי שהעבוד' בבכורות והיה הבכור כהן לאל עליון על כן עשה לכבוד ולתפארת כתונת זה דומה לבגדי כהונה שהי' בהם כתנת תשבץ ואולי שעל זה נאמר כי בן זקונים הוא לו כאילו הי' הוא הזקן והבכור שבכל בניו לכך נאמר לו כי באמת לא היה זקן שבכולן ויורה על זה הכפל שאמרו המלוך תמלוך עלינו אם משל תמשול בנו כי הבכור נוטל פי שנים בכל אשר ימלא ואף לו המלוכה כמ"ש ראובן בכורי אתה יתר שאת ויתר עז היינו מלכות ויתבאר זה בסמוך בפסוק מה בצע:

ספורנו

ז"ל ולא בדרדקי עצה. ויבא יוסף את דבתם רעה, באמרו לאביו שאחיו היו טועים ומפסידים בבלי דעת כראוי במלאכת המקנה שהית' אז עקר השתדלות' בקניי' עושר ונכסי': (ג) ועשה לו כתונת פסים. לאות שיהיה הוא המנהיג בבית ובשדה. כענין והלבשתיו כהנתך וכאמרם ז"ל (בבא קמא) בגדול אחי כי היכי דלשהמען מיליה: (ד) ויראו אחיו כי אותו אהב אביהם. ובזה טעה יעקב

לשנות

them, and there was no way of debating with Joseph, for their father would always accept his word. Since they could not stop Joseph nor convince him to be ashamed of what he had done and repent, and he would not retract his tales, there was no opportunity for a dialogue that would make peace.

a son of his old age—Heb. בֶּן־ זְקֻנִים, *for he was born to him in his old age* (*Pirké d'Rabbi Eliezer*, ch. 38). *Onkelos rendered: for he was a wise son to him. Whatever he had learned from Shem and Eber he gave over to him. Another explanation: for his* (Joseph's) *features* (זִיו אִיקוֹנִין) *resembled his own* (those of Jacob).— [*Rashi* from *Gen. Rabbah* 84:8]

Pirké d'Rabbi Eliezer questions the simple meaning of this expression, since Benjamin was born after Joseph and was thus the youngest. Therefore, Benjamin should have occupied the honored position. Its conclusion is that since Jacob envisioned prophetically that Joseph would someday become a king, he loved him as one loves a son born in one's old age. This interpretation is given by *Redal. Rashbam* explains simply that since Benjamin was born long after Joseph, Joseph had already gained his father's favor as a son of his old age, and he remained in that position. *Ma'aseh Hashem* explains that Jacob favored Joseph over Benjamin because Benjamin's birth was the cause of Rachel's death.

Ibn Ezra writes that Joseph was born when Jacob was ninety-one years old, but that Benjamin was also called יֶלֶד זְקֻנִים (Gen. 44:20). *Ramban* notes that the other

brothers were also born when Jacob was old. He explains that it was customary for elderly fathers to choose one of their young children to serve them. Jacob chose Joseph for this task. Therefore, he became very attached to him, and he loved him more than his other children.

Onkelos interprets זְקֻנִים as deriving from זָקֵן, *elder*, used in the sense of a wise man, as in *Kiddushin* 32b. The word לוֹ, *to him*, indicates that he transferred to him the lessons he had learned from Shem and Eber.—[*Mizrachi*] Rashi and other commentators on *Genesis Rabbah*, however, explain that זְקֻנִים equals זְקֵנִים, *elders*, meaning that he gave over to him what he had learned from the elders, Shem and Eber. [Accordingly, its meaning is not related to that of *Targum Onkelos*.]

Another interpretation is that he had learned in the academies of two elders: Isaac and Jacob.—[*Rabbenu Ephraim*, quoted by *Tos. Hashalem*; *Torah Shelemah*]

Midrash Tanchuma explains that Joseph was destined to sustain his father in Egypt in his old age.

Keli Yekar explains that although Joseph behaved childishly in the presence of Bilhah's sons and Zilpah's sons, in his father's presence he behaved as an elderly man, hence the expression, כִּי־בֶן־זְקֻנִים הוּא לוֹ, *for he was a son of old age to him*, indicating that only to him was he a son of old age, but not to his brothers. In their presence, he did childish things just as they did. Perhaps he did not wish to deviate from the custom of his company.

Therefore, among his young bro-
thers, he behaved youthfully, and
with his elderly father, he behaved as
an older man.

fine woolen—Heb. פַּסִּים, *a term
meaning fine woolen garments, like
"green wool* (כַּרְפַּס) *and blue wool"
*(Esther 1:6), and like the fine woolen
coat* (כְּתֹנֶת הַפַּסִּים) *of Tamar and
Amnon* (II Sam. 13:18). *The Midrash
Aggadah, however, explains that it
was called* פַּסִּים *because of his
(Joseph's) troubles, namely, that he
was sold to Potiphar* (פּוֹטִיפַר), *to the
merchants* (סוֹחֲרִים), *to the Ishma-
elites* (יִשְׁמְעֵאלִים), *and to the Midi-
anites* (מִדְיָנִים).—[*Rashi from Gen.
Rabbah* 84:8]

Redak explains פַּסִּים as *stripes.*
The coat was composed of stripes of
various hues. This is the origin of the
usual English translation, *a coat of
many colors.*

It is also interpreted as a coat
whose sleeves reached the palms of
his hands, or a coat made of such
thin, fine material that it could be
held in the palm of his hand.—[*Gen.
Rabbah* 84:8]

According to *Rashi* (*Shab.* 10b),
in the name of Rabbi Isaac Halevi, it
was a coat whose sleeves were
embroidered with wool only around
the palms of his hands, but not
throughout the entire coat.—
[*Tosafoth Hashalem*]

Jonathan ben Uzziel renders: an
ornamented tunic.

Keli Yekar explains that since
Reuben had disarranged his father's

bed, his birthright was taken away,
and now it was given to Joseph.
Because of this, Jacob made him the
fine woolen coat, because the divine
service was then performed by the
firstborn, who served as a priest to
the Most High God. Therefore, Jacob
made Joseph a coat "for honor and
glory" after the fashion of the
priestly garments later used in the
Tabernacle and in the Temple. He
was then called a בֶּן-זְקֻנִים, *son of old
age*, meaning that although he was
one of the youngest, he was attired
like the eldest and behaved like the
eldest. Hence the word לֹו, *to him,*
which means that *to Jacob* he was
like the eldest son, because he
possessed the birthright.

Midreshei Hatorah explains that
since Joseph served Jacob in his old
age and always learned with him, as
Scripture states, "he was a son of his
old age," Jacob made him a fine
woolen coat. This coat indicated that
Joseph was his servant, just as nobles
grant their servants special insignia,
either special garb or a scepter which
they hold in their hands. Moreover,
Jacob did this so that Joseph would
not be mistaken for one of the sons
of the handmaids, with whom Joseph
constantly associated. Therefore, his
brothers hated him. The sons of the
handmaids hated him because he was
given this coat to be distinguished
from them. The sons of Leah hated
him because they were envious that
Jacob favored him over them because
he was Rachel's son.

כִּי־אֹתוֹ אָהַב אֲבִיהֶם מִכָּל־אֶחָיו
וַיִּשְׂנְאוּ אֹתוֹ וְלֹא יָכְלוּ דַּבְּרוֹ לְשָׁלֹם׃
ה וַיַּחֲלֹם יוֹסֵף חֲלוֹם וַיַּגֵּד לְאֶחָיו וַיּוֹסִפוּ
עוֹד שְׂנֹא אֹתוֹ׃ ו וַיֹּאמֶר אֲלֵיהֶם
שִׁמְעוּ־נָא הַחֲלוֹם הַזֶּה אֲשֶׁר
חָלָמְתִּי׃ ז וְהִנֵּה אֲנַחְנוּ מְאַלְּמִים
אֲלֻמִּים בְּתוֹךְ הַשָּׂדֶה וְהִנֵּה קָמָה
אֲלֻמָּתִי וְגַם־נִצָּבָה וְהִנֵּה תְסֻבֶּינָה
אֲלֻמֹּתֵיכֶם וַתִּשְׁתַּחֲוֶיןָ לַאֲלֻמָּתִי׃
ח וַיֹּאמְרוּ לוֹ אֶחָיו הֲמָלֹךְ תִּמְלֹךְ עָלֵינוּ
אִם־מָשׁוֹל תִּמְשֹׁל בָּנוּ וַיּוֹסִפוּ עוֹד

אונקלוס

אבוהון מכל אחוהי וסנו
יתיה ולא צבן למללא
עמיה שלם: ה וחלם יוסף
חלמא וחוי לאחוהי
ואוסיפו עוד למסני יתיה:
ו ואמר להון שמעו כען
חלמא הדין די חלמית:
ז והא אנחנא מאסרין
אסרין בגו חקלא והא
קמת אסרתי ואף
אזדקיפת והא מסתחרן
אסרתכון וסגדן לאסרתי:
ח ואמרו ליה אחוהי
המלכו את מדמי למלך
עלנא או שולטן את
סביר למשלט בנא

רשב"ם

פסים. מעיל: (ח) ועל דבריו. ויבא יוסף את דבתם רעה:

רמב"ן

והוא נשען על ידו תמיד לא יפרד ממנו והוא נקרא לו בן זקוניו בעבור שישרתו לזקוניו והנה לקח יעקב את יוסף לדבר הזה והיה עמו תמיד ועל כן לא ילך עם הצאן ברעותם במקום רחוק. ואונקלוס שאמר בר חכים. ירצה לומר שהיה בן דעת וחכם בעיני אביו וטעמו כטעם זקנים ותרגם בילד זקונים בר סבתין כי לא אמר הכתוב בכאן כי בן זקונים היה אבל אמר הוא לו שהיה בן בעיניו. וזאת כונתם באמרם כל מה שלמד משם ועבר מסר לו לומר שמסר לו חכמות וסתרי תורה ומצאו משכיל ובעל סוד בהם כאלו היה זקן ורב ימים: (ז) קמה אלומתי וגם נצבה והנה תסבינה אלמתיכם. ענין החלום באלומות כי הראוהו שעל ידי אלומות ותבואה ישתחוו לו. וענין תסובינה. כי יקיפו אותו במלך עתיד לכידור אשר עבדיו יחנו סביב לו: (ח) המלוך תמלוך עלינו אם משול תמשול בנו. פירש רבי אברהם אנחנו נשימך מלך עלינו או אתה תמשול בנו בחזקה. ויותר נכון לפרש דעת אונקלוס התהיה מלך עלינו או שלטון מושל בנו כי לשניהם

אבן עזרא

כתונת מרוקמת. פסים כמו פס ידא בלשון ארמית: דברו. כמו דבר לו אפילו לשלום: (ז) מאלמים מגזרת אלומים ונמלא בלשון נקבה נושא אלומותיו: תסובינה. מפעלי הכפל. ודגשות הבי"ת לבלוע הבי"ת: (ח) המלוך תמלוך או משול תמשול. אנחנו נשימך מלך או אתה תמשול

כלי יקר

ולא יכלו דברו לשלום. יכולין היו אבל אינן רשאים כדי שלא יתאמתו כל דברי דבה שהביא עליהם ויאמר אביו כי מתוך שנאה דבר כל זה על כן לא היו רשאים לדבר בפני אביהם בדברים המביאי' לידי שלום לכך נאמר לשלום:

והנה קמה אלומתי וגם נצבה. רמז שמתחילה ימשול עליהם ואח"כ ימלוך לפי שאין מלך בלא רבוי עם ועכשיו היו מתי מספר ועל מי ימלוך אבל לשון ממשלה שייך גם על מתי מספר. לכך אמר והנה קמה אלמתי רמז לזמן קימה כי יקום למשול כי לשון קימה מדבר בהתחלת הענין כאשר יקום איש על רעהו למשול בו. וגם נצבה רמז למלכות כי אז יהיה לו מלב ישוב ואך לו המלוכה ואמר בדרך לא זו אף זו לומר שלא זו ממשלה שיהיה לי אלא אפילו מלכות יהיה לי. והם הפכו הענין ואמרו המלוך תמלוך עלינו אם משול תמשול בנו כי לא זו מלכות שלא יהיה לך כי אפילו ממשלה בעלמא לא יהי' לך בנו:

ויוסיפו עוד שנא אותו. נזכרו שלשה שנאות כאן כי מתחילה שנאוהו על הבאת הדבה ומאז והלאה לא רצו לדבר עמו כמ"ש ולא יכלו דברו לשלום. ואח"כ ויחלום יוסף חלום ויגד לאחיו לא הגיד להם עדיין נוסח החלום שהרי לא נאמר ויגד אותו לאחיו

אור החיים

על אשר עשהו ולא ישוב עוד בדבר הזה אין מציאות לחזור בו והוא אומרו ולא יכלו דברו בקושי לשלום פירוש לעשות באמצעות זה שלום:

ויחלום יוסף וגו'. צל"ד למה היה יוסף מגדיל השנאה במה שהיה מספר חלומות גדולתו מגידות ומה גם אחר יודעו כי הוא שנאוי בעיניהם כאומר' ז"ל בפסוק ויאמר לו הנני שמסר עצמו למיתה ואולי כי נתכוון להודיע אותם כי מן השמים העלוהו למעלה ומעשה יעקב היא בהסכמת עליונים ומזה יחדלו משנוא אותו או יכוון להודיעם כי עדיין יצטרכו אליו ויבואו וישתחוו לו ואולי כי ביודעם כן ירחיקו השנאה לבל ינקום מהם לעת יפלו לפניו כי

ספורנו

לשנות לבן בין הבנים בענין שיכירו אחיו את האהבה אשר בלבו: (שבת פרק במה מדליקין): ולא יכלו דברו לשלום: אע"פ שהיו צריכים לדבר עמו בענין הנהגת הבית ומרעה הצאן בהיותו מנהיג במצות אביו לא יכלו לדבר עמו לשלום וריעות כמנהג האחים: (ה) ויגד לאחיו. גם זה עשה מחסרון העצה כנער: שמעו נא החלום הזה. לא די שספר החלום כי גם אמר להם שמעו נא כלומ' הבינו את הוראת החלום ובזה הוסיף להטיל איבת אחיו עליו כמו שאמרו המלוך תמלוך עלינו: (ו) וגם נצבה. הורה שתהיה ממשלתו קיימת זמן ארוך וכן היה כי אמנם מלך שמונים

אבי עזר

(ד) (דברו כמו דבר לו לשלום) דברי הרב ודברי רש"י עולים בקנה אחת דאף דלא שייך כינוי בפעל עומד. אולם במקור שהוא קרוב לשם. שייך כינוי אף בעומדים כמו בהתהבכך עם אחזיהו. בהתפללו בעד רעהו. וז"ש רש"י לדבר עמו כאלו נכתב מקיר עם בכל"ם ומלה אללו. ולדעתי אפשר לפרש. לא יכלו אחיו לסבול דבריו של יוסף. אפי' כשדבר עמהם שלום. וקאי דברו אפעול. כמו לא יכילו גוים זעמו כלאיתי הכיל וכן סובל דברי מקור חיים. ודברי באר רחובות בדברי רש"י רחוקים מפשט. ועיין דברי הרב בפ' וישלח בפסוק כי חרפה היא לנו:

ויאמר

שְׂנֹ֣א אֹת֔וֹ עַל־חֲלֹמֹתָ֖יו וְעַל־דְּבָרָֽיו׃
ט וַיַּחֲלֹ֥ם עוֹד֙ חֲל֣וֹם אַחֵ֔ר וַיְסַפֵּ֥ר אֹת֖וֹ
לְאֶחָ֑יו וַיֹּ֗אמֶר הִנֵּ֨ה חָלַ֤מְתִּי חֲלוֹם֙
ע֔וֹד וְהִנֵּ֤ה הַשֶּׁ֙מֶשׁ֙ וְהַיָּרֵ֔חַ וְאַחַ֤ד
עָשָׂר֙ כּֽוֹכָבִ֔ים מִֽשְׁתַּחֲוִ֖ים לִֽי׃ י וַיְסַפֵּ֣ר
אֶל־אָבִיו֮ וְאֶל־אֶחָיו֒ וַיִּגְעַר־בּ֣וֹ אָבִ֔יו
וַיֹּ֣אמֶר ל֔וֹ מָ֛ה הַחֲל֥וֹם הַזֶּ֖ה אֲשֶׁ֣ר
חָלָ֑מְתָּ הֲב֣וֹא נָב֗וֹא אֲנִי֙ וְאִמְּךָ֣ וְאַחֶ֔יךָ
לְהִשְׁתַּחֲוֺ֥ת לְךָ֖ אָֽרְצָה׃ יא וַיְקַנְאוּ־
ב֖וֹ אֶחָ֑יו וְאָבִ֖יו שָׁמַ֥ר אֶת־הַדָּבָֽר׃
שני יב וַיֵּלְכ֖וּ אֶחָ֑יו לִרְע֛וֹת אֶׄתׄ־צֹ֥אן נקוד על את
אֲבִיהֶ֖ם בִּשְׁכֶֽם׃ יג וַיֹּ֨אמֶר יִשְׂרָאֵ֜ל
אֶל־יוֹסֵ֗ף הֲל֤וֹא אַחֶ֙יךָ֙ רֹעִ֣ים בִּשְׁכֶ֔ם
לְכָ֖ה וְאֶשְׁלָחֲךָ֣ אֲלֵיהֶ֑ם וַיֹּ֥אמֶר ל֖וֹ
הִנֵּֽנִי׃ יד וַיֹּ֨אמֶר ל֜וֹ לֶךְ־נָ֨א רְאֵ֜ה אֶת־
שְׁל֤וֹם אַחֶ֙יךָ֙ וְאֶת־שְׁל֣וֹם הַצֹּ֔אן

אונקלוס

וְאוֹסִיפוּ עוֹד לְמִסְנֵיהּ יָתֵיהּ עַל חֶלְמוֹהִי וְעַל פִּתְגָמוֹהִי׃ ט וַחֲלַם עוֹד חֶלְמָא אוֹחֲרָנָא וְאִשְׁתָּעֵי יָתֵיהּ לַאֲחוֹהִי וַאֲמַר הָא חֲלָמִית חֶלְמָא עוֹד וְהָא שִׁמְשָׁא וְסִיהֲרָא וְחַד עֲשַׂר כּוֹכְבַיָּא סָגְדִין לִי׃ י וְאִשְׁתָּעֵי לַאֲבוּהִי וְלַאֲחוֹהִי וּנְזַף בֵּיהּ אֲבוּהִי וַאֲמַר לֵיהּ מָה חֶלְמָא הָדֵין דִּי חֲלֵימְתָּא הֲמֵיתֵי נֵיתֵי אֲנָא וְאִמָּךְ וְאַחָךְ לְמִסְגַּד לָךְ עַל אַרְעָא׃ יא וְקַנִּיאוּ בֵיהּ אֲחוֹהִי וַאֲבוּהִי נְטַר יַת פִּתְגָמָא׃ יב וַאֲזַלוּ אֲחוֹהִי לְמִרְעֵי יַת עָנָא דַאֲבוּהוֹן בִּשְׁכֶם׃ יג וַאֲמַר יִשְׂרָאֵל לְיוֹסֵף הֲלָא אֲחוּךְ רָעַן בִּשְׁכֶם אִיתָא וְאֶשְׁלְחִינָךְ לְוַתְהוֹן וַאֲמַר לֵיהּ הָא אֲנָא׃ יד וַאֲמַר לֵיהּ אֱזַל כְּעַן חֲזֵי יַת שְׁלָם אַחָךְ וְיַת שְׁלַם עָנָא

תו"א והנה השמש. ברכות נה: הבוא נבוא אני. ברכות לד. מגילה כב. שבועות יו. לך נא ראה. חולין לא. עקידה שער עד:

רש"י

לאביהם: (י) ויספר אל אביו ואל אחיו. לאחר שספר אותו לאחיו חזר וספרו ר לאביו בפניהם: ויגער בו. לפי שהיה מטיל ש שנאה עליו: הבוא נבוא. והלא אמך כבר מתה (ב"ר) והוא לא היה יודע שהדברים מגיעין לבלהה ת שגדלתו כאמו (ב"ר) ורבותינו למדו מכאן א שאין חלום בלא דברים בטלים ויעקב נתכוון להוציא הדבר מלב ב בניו שלא יקנאוהו לכך אמר לו הבוא נבוא וגו' כשם שא"א באמך כך השאר הוא בטל (ב"ר): (יא) שמר את הדבר. היה ממתין ומצפה מתי יבא וכן (ישעיה כו) שומר אמונים וכן (איוב יד) לא תשמור על חטאתי לא תמתין: (יב) לרעות את צאן. נקוד על את שלא הלכו ג אלא לרעות את עצמן (ב"ר): (יג) הנני. לשון ענוה

וזריזות

שפתי חכמים

בזקיפה וק"ל: ר וקשה למה בחלום הראשון לא ספר אותו לאביו וי"ל שיוסף היה יודע כי רוב החלומות הולכים אחר הפה וכיון שאחיו פתרו אותו לטובה מש"ה לא רצה לספר אותו לאביו אבל בחלום השני שלא פתרו לו אחיו כלומר שלא רצו לפתור אותו לטובה כי גם הם הרגישו הדבר דמ"ה אמר חלומותיו כדי שיפתרו לו לטובה הולך לספר אותו לאביו כדי לפתור לו וכן עשה וגער בו כדי שלא יטילו אחיו שנאה עליו. מהרש"ל: ש ר"ל יוסף היה מטיל שנאה על עצמו לכך גער בו ולא משום שהוקשה בעיניו אם החלום יהיה אמת שהרי אחריו כתיב ואביו שמר את הדבר: ת הקשה הרא"ם מנ"ל דלמא לעולם היה יודע והא דקא מתמה היינו כדפירש"י לעיל שלא יטילו שנאה עליו. וע"ק למה גבי הדברים מגיעים לבלהה אמרו שיעקב לא היה יודע זה שאילו הי' יודע זה לא היה אומר והלא אמך מתה כי הי"ל לחוש שמא ירגישו בניו ואלו לגבי אין חלום בלא דברים בטלים לא פחד שמא ידעו גם בניו שאין חלום בלא דברים בטלים ויאמרו שאין דברי יעקב אלא דרך תחבולה בעלמא. ותירץ מהרש"ל דא"כ דהיה יעקב יודע שהדברים מגיעים לבלהה בודאי גם בניו היו יודעים מפני שזה תלוי בסברא וא"כ מה הוציא מלבם במה שאמר הבוא נבוא וגו' ומ"ש אח"כ ואביו שמר את הדבר ר"ל שהיה קבלה בידו שאין חלום בלא דברים בטלים וזה היה קבלה בידו ובניו לא ידעו הקבלה: א רל"ת למה קא מתמה יעקב ואמר הבוא נבוא וגו' וכי לא ידע זה שאין חלום בלא דברים בטלים אלא להוציא וכו': ב שהם סוברים שפי' אמך אינו נופל אלא על אמו ממש אלא שאין חלום וכו': ג פי' דאי לא הי' נקוד על את היה את דבוק לצאן והוי פירושו לרעות את הצאן אבל עכשיו דנקוד על את א"כ הוי כאלו אינו נכתב לגמרי את וא"כ לא הוי לרעות דבוק לתיבה שלאחריו והוי פי' שלכו לרעות היינו את עצמן ולאן אביהם בשכם מלתא באפי נפשיה הוא ואי לא הוי נכתב לגמרי מלת את לא היה מוכיח מיניה מידי דודאי יכולין למימר לרעות את עצמן אבל מ"מ יותר סברא הוא לומר דדבוק הוא להדדי דכולה חדא מילתא הוא אע"פ שלא כתיב את הוה אמרינן דמקרא קצר הוא אבל השתא דכתיב את ונקוד עליו כאלו הוא נמחק לומר לך דלא דביקות הוא אלא שני דברים הן דאל"כ למה נקוד עליו:

וא"ת

ה וַחֲלַם יוסף חֵילְמָא וְתַנֵי לְאָחוּהִי וְאוֹסִיפוּ לְמִנְטַר תּוּב לֵיהּ בָּבוּ׃ ו וַאֲמַר לְהוֹן שְׁמְעוּ כְּדוֹן חֶלְמָא הָדֵין
דִי חֲלֵימִית׃ ז וְהָא אֲנַחְנָא מְפָרְכִין פֵּירוּכִין בְּגוֹ חַקְלָא וְהָא קָמַת פּוּרְכָתִי ז מְפָרְכִין פֵּירוּכִין׃
וְאוּף אִזְדְקִיפַת וְהָא מִתְחַוְרָן פּוּרְכָתֵיכוֹן וְגַחְנוֹן לְפוּרְכָתִי׃ ח וַאֲמָרוּ לֵיהּ אָחוּהִי הַלְמִמְלָךְ אַנְתְּ מְדַמֵּי

פי׳ יונתן

(ז) מפרכין פירוכין. הוא ענין קשירה שקשרו שבלי תבואה וכן ת״א מאסרין אסרין וק״ל׃

בעל הטורים

שהוסיף יעקב ליוסף יותר משאר אחיו נתגלגל הדבר וירדו אבותינו למצרים׃ אותו אהב אביהם מכל אחיו. בגי׳ שגלה סוד לו בלבד ולא להם. לשלם. חסר ו׳ שולה ת׳ שגרם לת׳ של שיעבוד. ד״א קרי כאן לשלם שמלמו לו גמולו׃ נלבה. ב׳ במס׳ הכא ואידך בים נתיבות נלבה לומר שעי״ז החלום הליב ביתן של ישראל שבלכלם בשני רעבון׃ ותשתחוין ב׳ במס׳ הכא ואידך ותגשן השפחות ותשתחוין לומר שאע״פ שלא ראה בחלום הראשון אלא רמז להשתחויות י״א אחיו אעפ״כ כל בית אביו השתחוו לו כדכתיב ותגשן השפחות הנה וילדיהן׃

רש״י

הפסים דתמר ואמנון. ומ״א על שם לרותיו צ שנמכר לפוטיפר ולסוחרים ולישמעאלים ולמדינים׃ (ד) ולא יכלו דברו לשלום. מתוך גנותם למדנו שבחם שלא דברו אחת בפה ואחת בלב׃ דברו. לדבר עמו׃ (ז) מאלמים אלומים. כתרגומו מאסרין אסרין עמרין וכן (תהלים קכו) נושא אלומותיו וכמוהו בלשון משנה והאלומות נוטל ומכריז׃ קמה אלומתי. נזקפה׃ וגם נצבה. לעמוד על עמדה ק בזקיפה׃ (ח) ועל דבריו. על דבתם רעה שהיה מביא

שפתי חכמים

ועדיין קשה הל״ל בן זקנותו מאי זקונים אלא בא לומר שהיה זיו איקונין וכו׳. מהרש״ל. צ לפי׳ א׳ ק׳ למנ״מ אמר קרא שעשה לו כתונת פסים. אי משום להורות שאל ישנה אדם לבן בין הבנים שהרי בשביל ב׳ סלעים שהיה כתונת של יוסף יותר שוה היו מתקנאים בו אחיו. דאין זה משמעות הקרא דהא לא כתיב ויראו אחיו כי עשה לו כתנת פסים אלא ודאי בשביל חלומותיו ודבריו היו מתקנאים בו לכן מביא מדרש אגדה כו׳ מהרש״ל. ור״ל פסים נוטריקו״ן ׳פוטיפרע ׳סוחרים ׳ישמעלים ׳מדינים ול״ל לפי זאת האגדה שחסר וי״ו ממלת סוחרים בפסוק ויעברו אנשים מדינים סוחרים שלריך להיות וסוחרים ואף שנעלם בקרא מכירת יוסף לסוחרים דהא נעלם נמי מכירתו למדינים דאל״כ סוחרים ל״ל׃ ק [ממ״ש] כוונתו לפרש חילוק בין קמה לנלבה שלכאורה הוא כפול שהוא ענין אחד לכ״פ קמה ר״ל נזקפה משכיבתה לפי שעה וגם נלבה לעמוד תמיד כן על עמדה

אור החיים

השבטים יכופו ראשם לגזירת אל עליון ולמלבייא או יכוין לקרב הלבבות יחד והוא ע״ד אומר׳ בפרק הרואה כי כל החלומות הולכים אחר הפה ואמרו עוד שילך אצל מרחמי ליה ויפתרנו לו ויוסף חשב שבספרו חלומותיו להם ידונו בעלמן כי לבו שלם עמהם כמשפט האחים האהובים ולצד שקדמה שנאה וקנאה ננעלו שערי האהבה בלבם והיו דנים הכל להשתוררות עליהם וכו׳׃

ויחלום יוסף וגו׳. הכתוב יעיד עליו כי חלם לשלול חשד שהיה בודה מלבו שחלם להשתרר עליהם גם בחלום ב׳ הודיע הכתוב ויחלום להלדיק דברי יוסף׃

ויגד לאחיו. פי׳ שחלם חלום טוב שבזה היו בעיניהם קשים כנגידים ולא הזכיר הכתוב החלום כי הוא שאמר בסמוך שמעו נא ואין לומר שהיה חלום אחר שא״כ למה לא הודיעו הכתוב ואם לצד שלא נתקיים למה יספר הכתוב חלום שוא ידבר ואם להודיע סיבת השנאה הנה יספיק הקודם בשני החלומות אלא ודאי שהוא החלום שאמר בסמוך ומתחלה אמר להם סתם חלום מעלה חלמתי ולצד שלא היו רולים לשמוע לו חלומו לצד שנאתם הפסיק בסיפור והיה מחלה פניהם לשמוע לו ואמר שמעו נא וגו׳׃

שמעו נא החלום. טעם אומרו נא למה שפירשתי שלא היו רולים לשמוע אמר להם נא ל׳ בקשה או ירלה ע״ד אומר׳ ז״ל כי עיקר פתרון החלום הוא דוקא ביומו ולא ביום אחר לזה מתענין תענית חלום אפילו בשבת ואינו נדחה ליום אחר לזה אמר נא פי׳ עתה ולא תאחרו לזמן אחר כדי שיתקיים גם יכוין לומר להם לבל יחשבו אותו כי כבר הלך לרחמיו וידידיו וספר להם החלום ופתרונו לטובה הגידו וכפ״ז בטלה מחשבתו הטובה שחשב לקרב לבבות אחיו כמו שפי׳ בפ׳ שלפני זה כי אין הוכחה שבחזקת אוהבים הם כי כבר קדם עיקר הפתרון ופתרוהו לטובה אות לזה לא חש לבוא אללם שהגם שיפתרוהו לרעה כבר נתקיים כפתרון הראשון לזה אמר נא וא״ת והלא אמרו בהרואה אמר רבי בנאה פעם א׳ חלמתי חלום אחד והלכתי אצל כ״ב פותרי חלום שהיו בירושלים ומה שפתר לי זה לא פתר לי זה וכולם נתקיימו בי ע״כ אולי דוקא שאין הפתרונים סותרים אבל אם הם סותרים אין פותר שני מוליא מפתרון ראשון וחש יוסף שידונו אותו בזה ואמר שמעו נא פי׳ עתה הוא מספר הדבר ולא קודם ספרו לזולת׃

החלום הזה. אומרו ה״א הידיעה להיות שכבר הגיד להם שחלם חלם ולא פירוש החלום וחזר לומר שמעו נא החלום הזה שהגדתי לכם שחלמתי׃

והנה אנחנו וגו׳. אמר ג׳ פעמים והנה דע כי החלום אשר יהי׳ מראה הנבואה והודעה מהמודיעים שלפני ה׳ האות והמופת הוא אם יהי׳ החלום לחולם בהיר ולהיר כיום יאיר שיהי׳ הדבר בעיניו כאלו הוא בהקיץ ממש בא האות והמופת להודיע כי מחזה שדי יחזה כי החלומות אשר לעירים ישחקו בו יהיה בלבול הרעיון והגזמת הכדמה ע״כ ספר יוסף ואמר והנה בכל פרט שכל דבר שהראוהו היה ברור בעיני שכלו כאילו היה רואהו עתה שהוא בהקיץ בהשלמת דעתו ואין זה אלא חלום לודק׃

והנה אנחנו וגו׳. הראוהו בחלום האלומות הם חבילות חבילות של מלות שעושים כולם יחד והראוהו שחבילתו יותר מתקוממת מכולן במעשה שעבר עליו עם אשת פוטיפר וגם נלבה שהיה שליט ונילב על כל ארץ מלרים ועוד שכל האלומות של האחים מוכנעים ומושפלים לפני זכותו של יוסף כי הוא דבר המעמיד לכולן וזן ופרנס אותם ונתכוון להודיעם זה אולי יסירו שנאתם ביודעם הדברים׃

ויאמרו לו אחיו וגו׳. טעם כפל המלוך אם משול להיות כי יש בפי׳ החלום ב׳ דרכים הא׳ מלכות ממש והב׳ ממשלה והנה המלכות היא בגדר ספק בפתרון אבל הממשלה בגדר מוחלט לזה השיבוהו על ספק מלכות ועל החלט ממשלה כנגד מלכות אמרו המלוך המסתפק אתה למלוך אפילו בגדר ספק וכנגד החלט ממשלה אמרו אם משול ולזה תרגם אונקלוס במלכות את מדמי ובממשלה את סבור וטעם כפל המלוך תמלוך ולא הספיק לומר התמלוך עלינו התמשול בנו נתכוונו לו׳ ב׳ תמיהות האחת על המלכות מלך עלמה אפי׳ לא יהיה מלך אלא על פינת העמים דבר גדול הוא ולא די זה אלא תמלוך עלינו שכבר באה להם הקבלה כי יהודה מלך על כולם ואיך יבא החזיון להפך קבלה אמיתית וגם אומרו המשול יתכוונו אל הדרך עלמו. עוד יכוונו לומר בכפל הדברים עז״ה להיות שאתה חושב למלוך לזה בא החלום שתמלוך וגו׳ כמו כן המשול וגו׳ והכונה בזה רעיונך על משכבך סליקו׃

ויוסיפו עוד וגו׳. לפי מה שפירשתי שלא היה אלא חלום אחד טעם אומרו על חלומותיו לשון רבים להיות

שהיו

dreams, the gates of love were locked, and they judged the entire incident as indicating his desire to make himself a ruler over them.— [*Ohr Hachayim*]

And Joseph dreamed a dream— Scripture testifies that Joseph actually dreamed a dream. He did not fabricate it in order to make himself a ruler over his brothers. For the same reason, Scripture tells us that he dreamed a second dream.—[*Ohr Hachayim*]

and told his brothers—What did he tell his brothers? This cannot refer to the narration of the dream, because that is mentioned in the following verse. We might say that the text means that he had another dream, which he told his brothers. This, however, is unlikely, because if that dream had come true, Scripture would have told us its contents. If it did not come true, there is no reason to mention it at all. It is sufficient that we know that they hated him because of his two dreams. I therefore believe that this verse means that Joseph told his brothers that he dreamed a favorable dream. Because of their hatred toward him, they refused to listen. Therefore, he begged them, "Please listen, etc."—[*Ohr Hachayim*]

6. **Listen now**—Heb. שִׁמְעוּ-נָא. This translation follows *Targum Onkelos*. *Ohr Hachayim*, however, renders: please listen. Since they were unwilling to listen, Joseph had to beg them to do so, as is explained on the preceding verse. *Ohr Hachayim* suggests that it may also be rendered: listen now. This follows

the Rabbinic maxim that the most efficacious interpretation of a dream is given on that very day. For this reason, if a person has a puzzling dream, he must fast a *ta'anith chalom*, a *dream fast*, on that very day—even if it falls on the Sabbath—it is not postponed for the morrow. Therefore, Joseph begged them, "Listen *now* to the dream that I have dreamed" and do not delay it for another time, so that it will be fulfilled.

7. **binding sheaves**—Heb. מְאַלְּמִים אֲלֻמִּים, *as the Targum renders:* מְאַסְּרִין אֱסָרִין, *sheaves, and likewise, "carrying his sheaves* (אֲלֻמֹּתָיו)*"* (Ps. 126:6). *The same is found in the Mishnah: "But* [if one finds] *large sheaves* (וְהָאֲלֻמּוֹת), *one must take* [them] *and announce* [them]*"* (*Baba Mezia* 22b).—[*Rashi*] [The context of these two references demonstrates that אֲלֻמּוֹת are sheaves.]

my sheaf arose—*It stood erect.—* [*Rashi*]

and also stood upright—*It remained standing erect in its place.—*[*Rashi*]

Behold,...and behold,...and behold—The repetition alludes to the clarity of everything he saw, as if it had happened while he was awake, His dream was unlike the dreams of young people, which are usually replete with fantasy and confusion. This clarity indicated that it was a "vision of the Almighty," and was indeed a true dream.—[*Ohr Hachayim*]

8. **Will you reign over us**—Will we make you king over us?—[*Ibn Ezra*]

that their father loved him more than all his brothers, so they hated him, and they could not speak with him peacefully. 5. And Joseph dreamed a dream and told his brothers, and they continued to hate him. 6. And he said to them, "Listen now to this dream, which I have dreamed: 7. Behold, we were binding sheaves in the midst of the field, and behold, my sheaf arose and also stood upright, and behold, your sheaves encircled [it] and prostrated themselves to my sheaf." 8. So his brothers said to him, "Will you reign over us, or will you govern us?" And they continued further

4. **more than all his brothers**—together.—[*Ohr Hachayim*]

and they could not speak with him peacefully—*From what is stated to their discredit, we may learn something to their credit, that they did not say one thing with their mouth and think differently in their heart.*—[*Rashi* from *Gen. Rabbah* 84:9]

speak with him—Heb. דַּבְּרוֹ, [the equivalent of] לְדַבֵּר עִמּוֹ, *to speak with him.*—[*Rashi* from *Targum Onkelos*]

peacefully—but could only quarrel with him.—[*Redak*] *Abarbanel* renders: they could not speak with him even to reply to his greeting of peace. I.e., if he greeted them and asked how they fared, they would not answer him with even a weak reply. This appears to be *Ibn Ezra's* interpretation as well, as understood by *Mekor Chayim.*

5. **And Joseph dreamed a dream**—Since Joseph knew that his brothers hated him, why did he magnify their hatred by relating to them his dreams, which foretold his grandeur? The Rabbis state that the brothers hated him so intensely that

when Jacob sent him to see them in Shechem, he risked his life. Perhaps he recounted to them his dreams to inform them that he would be given grandeur by a Heavenly decree, and thus his father's favoritism had divine sanction. He assumed that this would cause them to stop hating him. It is also possible that he wished to let them know that ultimately they would need him, and would come and prostrate themselves before him. Therefore, they should stop hating him now lest he take revenge when they would fall before him, for he knew that his brothers would yield to the decree of the Most High God. It is also possible that he told them his dream in order to unite them and bring them together. This follows the Talmudic maxim (*Ber.* 55b): All dreams follow the mouth [of the interpreter]. The Talmud states further that when a person has a dream, he should go to a friend for an interpretation. Thus, Joseph thought that by sharing his dreams with his brothers, they would realize that he was sincere. However, since their hatred and envy had preceded the

to hate him on account of his dreams and on account of his words.
9. And he again dreamed another dream, and he related it to his
brothers, and he said, "Behold, I have dreamed another dream, and
behold, the sun, the moon, and eleven stars were prostrating
themselves to me." 10. And he told [it] to his father and to his
brothers, and his father rebuked him and said to him, "What is this
dream that you have dreamed? Will we come—I, your mother, and
your brothers—to prostrate ourselves to you to the ground?"
11. So his brothers envied him, but his father awaited the matter.
12. And his brothers went to pasture their father's flocks in
Shechem. 13. And Israel said to Joseph, "Are your brothers not
pasturing in Shechem? Come, and I will send you to them." And
he said to him, "Here I am." 14. So he said to him, "Go now and
see to your brothers' welfare and the welfare of the flocks,

or will you govern us—against our will?—[*Ibn Ezra*]

Ramban prefers *Onkelos*'s rendering, which translates מלך as *king* and מָשׁוֹל as *ruler*, i.e., a subordinate to the king, for occasionally one must prostrate himself to both of them. Therefore, the sheaves prostrating themselves to Joseph's sheaf could represent subordination to either a king or a ruler.

From here, the Sages deduced that dreams follow their interpretation. Because the brothers said הֲמָלֹךְ תִּמְלֹךְ, this was a hint that two kings would descend from Joseph: Jeroboam and Jehu. Because they said מָשׁוֹל תִּמְשֹׁל, this intimated that two judges would descend from him: Joshua and Gideon.—[*Midrash Hagadol*] [I.e., the double expressions allude to the duality of the kings and the judges. This appears to follow *Ramban*'s interpretation.]

and on account of his words—*Because of the evil tales that he would bring to their father.*—[*Rashi*]

10. **And he told [it] to his father and to his brothers**—*After he told it to his brothers, he told it again to his father in their presence.*—[*Rashi*]

Maharshal notes that Joseph did not recount his first dream to Jacob, perhaps because his brothers interpreted it favorably, making it unnecessary to repeat it to his father. When he told his brothers the second dream, however, they were silent and did not interpret it. Therefore, he told it to his father so that *he* would interpret it.—[*Sifthei Chachamim*]

his father rebuked him—*because he was bringing hatred upon himself.*—[*Rashi*] But not because he begrudged Joseph the grandeur portended in the dream.—[*Sifthei Chachamim*] his brothers went to pasture [themselves]; their father's flocks were in Shechem. Had the word אֶת been completely omitted, we would simply judge this an elliptical verse, and nevertheless connect צֹאן with לִרְעוֹת. Since it is written yet dotted, however, it is to be explained as if it were written and deleted, and thus is meant to separate לִרְעוֹת from צֹאן. The result is that we interpret the verse to mean that the brothers went to "pasture" themselves while their father's flocks were in Shechem.— [Sifthei Chachamim]

Rashi on Genesis Rabbah explains that they went to eat and drink. Midrash Lekach Tov explains that they went to eat the flocks. Midrash Sechel Tov adds that Jacob had many servants, and it was unnecessary for his sons to pasture the flocks. Therefore, this verse can mean only that they went to "pasture" themselves by eating the kids and the lambs of the flocks.

Some commentators (Tos. Hashalem, Riva quoting Rabbenu Eliakim, Mesiach Illmim) explain that the expression "to pasture themselves" is a portent of the impending famine, when Jacob and his household were destined to go down to Egypt for food. They were able to obtain food in Egypt only because Jacob's sons had gone to Shechem to pasture their father's flocks—from this trip, the selling of Joseph came about, which indirectly enabled them to obtain food. Consequently, they went to Shechem with the subconscious intention to "pasture themselves," meaning to obtain food to sustain themselves during the famine. Poetically, the sons of Jacob are referred to as "the flocks of God." Hence, they went to pasture the flocks of their Father in Heaven.

The Zohar interprets the word אֶת with the dots over it as follows:

Rabbi Simeon said: The dots on the top of the particle eth in this sentence indicate that the Shechinah accompanied them because they were a band of ten (see Avoth 3:6). (They were only ten because Joseph was not with them, and Benjamin remained at home on account of his tender age.) Hence, when they sold Joseph they were in the company of the Shechinah. Furthermore, they associated the Shechinah with them in their oath (not to reveal what happened to Joseph); and until Joseph's fate became known, the Shechinah did not rest on Jacob. The proof that the Shechinah accompanied the brethren is found in the verse of the Psalms that speaks of "the tribes of God, testimony to Israel" (122:4), a title which shows that they were all righteous and devout, constituting the support of the whole world, both on high and below.

13. **And Israel said to Joseph, "Are your brothers not pasturing in Shechem? Come and I will send you..."**—Why did Jacob send Joseph to his brothers? Did he not know that they hated him? Ibn Ezra answers: since they went to pasture in a dangerous place, where they had slain the people of Shechem, Jacob said to Joseph, "The danger that your brothers will punish you is uncertain, but it is certain that the Shechemites

467b   GENESIS 37 VAYESHEV

will kill them if they find them. It is better to risk the uncertainty than suffer the certainty. Go tell them that they should return lest the Shechemites attack them with the sword."—[*Tosafoth* in *Hadar Zekenim*]

Targum Jonathan paraphrases: It came about after a time, that Israel said to Joseph, "Are your brothers not pasturing in Shechem? Perhaps the Hivvites will come and smite them because they smote Hamor and Shechem and the inhabitants of the city. Come, and I will send you to them." And he (Joseph) said to him, "Here I am."

The *Zohar* also asks this question [i.e., why Jacob would send Joseph to his brothers if he suspected they might harm him], and replies: He did *not* suspect them, for he knew that they were all righteous...But the Holy One, blessed be He, caused all this to come about to fulfill the decree of the "covenant between the parts" [namely, that the Israelites would be "strangers in a land that is not theirs, etc." (Gen. 15:13ff.)].—[*Zohar* vol. 1, p. 183b]

Sefer Hayashar states: And it came to pass when Jacob's sons were pasturing in Shechem on that day, that they tarried, and the time for gathering in the cattle arrived, but they did not return. Jacob saw that his sons tarried in Shechem, and he said to himself, "Perhaps the people of Shechem have risen up to wage war against them. Therefore, they are late today—behold, they have not yet come home." So he called his son

Joseph and commanded him...

Rashbam also states: Are your brothers not pasturing in Shechem?—a perilous place, for the brothers had slain the inhabitants. I heard this from *Rabbi Joseph Kara*, and it pleased me.

"Here I am."—*An expression of modesty and eagerness. He went with alacrity to fulfill his father's command although he knew that his brothers hated him.*—[*Rashi* from *Mechilta Beshallach*, second treatise, introduction]

14. **from...Hebron**—*But is not Hebron on a mountain? It is stated: "And they ascended in the south, and he came as far as Hebron"* (Num. 13:22). *But* [it is to be understood that he sent him] *from the deep counsel of the righteous man who is buried in Hebron* (i.e., Abraham), *to fulfill what was said to Abraham "between the parts"* (Gen. 15:13).—[*Rashi* from *Gen. Rabbah* 84:13]

Keli Yekar questions the expression "deep counsel." Who gave this counsel, and what was its depth? He suggests that the Midrash alludes to what the Sages stated (*Gen. Rabbah* 44:21) that the Holy One, blessed be He, said to Abraham: "Which do you prefer—that your children should be judged in *Gehinnom* or that they should be subjected to the gentile kingdoms?" Abraham chose the latter. Consequently, Abraham's advice to choose subjugation to the kingdoms instead of the depths of *Gehinnom* is called "deep counsel." We can then understand why God exiles Israel when they sin and does

וְהֲשִׁבֵנִי דָּבָר וַיִּשְׁלָחֵהוּ מֵעֵמֶק
חֶבְרוֹן וַיָּבֹא שְׁכֶמָה׃ טו וַיִּמְצָאֵהוּ
אִישׁ וְהִנֵּה תֹעֶה בַּשָּׂדֶה וַיִּשְׁאָלֵהוּ
הָאִישׁ לֵאמֹר מַה־תְּבַקֵּשׁ׃ טז וַיֹּאמֶר
אֶת־אַחַי אָנֹכִי מְבַקֵּשׁ הַגִּידָה־נָּא
לִי אֵיפֹה הֵם רֹעִים׃ יז וַיֹּאמֶר הָאִישׁ
נָסְעוּ מִזֶּה כִּי שָׁמַעְתִּי אֹמְרִים נֵלְכָה
דֹּתָיְנָה וַיֵּלֶךְ יוֹסֵף אַחַר אֶחָיו וַיִּמְצָאֵם

וַאֲתֵיב לִי פִּתְגָמָא
וְשַׁלְחֵיהּ מִמֵּישַׁר חֶבְרוֹן
וַאֲתָא לִשְׁכֶם׃ טו וְאַשְׁכְּחֵיהּ
גַּבְרָא וְהָא תָעֵי בְּחַקְלָא
וּשְׁאֵלֵיהּ גַּבְרָא לְמֵימַר
מָה אַתְּ בָּעֵי׃ טז וַאֲמַר
יָת אַחַי אֲנָא בָּעֵי חֲוִי כְעַן
לִי אֵיכָה אִנּוּן רָעַן׃
יז וַאֲמַר גַּבְרָא נְטַלוּ מִכָּא
אֲרֵי שְׁמָעִית דְּאָמְרִין
נֵיזֵיל לְדוֹתָן וַאֲזַל יוֹסֵף
בָּתַר אֲחוֹהִי וְאַשְׁכְּחִינוּן

תו"א וישלחהו מעמק חברון. סוטה יא: איפה הם. בתרא טו.

רמב"ן

פלגשים לא ר"ל לבד מנשי בני יעקב ופלגשיו הנה כתוב נשי אביו ורחוק הוא שיהיה הירח רמז לפלגשו אבל ענין החלום כי השמש רמז ליעקב והירח רמז לבני ביתו וכל נשיו שבהן היו תולדותיו וירמוז כי כל תולדותיו ישתחוו לו בפני עצמן והם כל ע' נפש יוצאי ירכו כי כלם השתחוו בבואם אליו וי"א כוכבים אלו אחיו אשר השתחוו לו בפני עצמן טרם בא אביהם כדכתיב ויבא יוסף הביתה ויביאו לו את המנחה אשר בידם הביתה וישתחוו לו אפים ארצה: (יד) וישלחהו מעמק חברון. יזכיר הכתוב המקום שלחו משם לומר כי היה מרחק רב ביניהם ולכן עשו עמו רעה כי רחוקים היו מאביהם ולהגיד כי יוסף לכבוד אביו נתאמץ ללכת אחריהם אל מקום רחוק ולא אמר איך אלך והם שונאים אותי ולרבותינו עוד בזה מדרש להשלים עצה עמוקה של חבר הנאה הקבור בחברון: (טו) וימצאהו איש והנה תועה בשדה. יאמר כי הוא תועה מן הדרך ולא היה יודע אנה ילך ונכנס בשדה כי במקום המרעה היה מבקש אותם. ויאריך הכתוב בזה להגיד כי סבות רבות באו אליו שהיה ראוי לחזור לו אבל הכל סבל לכבוד אביו ולהודיענו עוד כי הגזרה אמת והחריצות שקר כי זמן לו הקב"ה מורה דרך שלא מדעתו להביאו בידם. ולזה נתכוונו רבותינו באמרם כי האישים האלה הם מלאכים שלא על חנם היה כל הספור הזה אלא להודיענו כי עצת ה' היא תקום: (יז) נסעו מזה. הסיעו עצמן מן האחוה. נלכה דותינה לבקש לך נכלי רשת שימיתוך בהם. ולפי פשוטו שם מקום הוא ואין מקרא יוצא מידי פשוטו לשון ר' שלמה. ואין הכונה לרבותינו שיפרש לו האיש נסעו מזה מן האחוה והלכו לעורר

כלי יקר

אלא שהתחיל לדבר עמהם ואמר להם שמעו כי חלום חלמתי מיד ויוסיפו עוד שנוא אותו כי התחיל לדבר עמהם במקום שהם לא רצו לדבר עמו ולפי ששנאה זו היתה בלב ולא הרגיש בה יוסף ע"כ אמר דרך בקשה שמעו נא החלום הזה וגו' אז פתחו פיהם בע"כ ואמרו המלוך תמלוך עלינו לפיכך ויוסיפו עוד שנא אותו על חלומותיו לא זו שנאוהו על חלומותיו אלא אפי' על דבריו שנאוהו כי רצה לדבר עמהם בע"כ וי"א על דבריו כי כל החלומות הולכים אחר הפה ר"ל ממה שהאדם מדבר קודם שישן מזה הממין בא לו החלום כי בא החלום ברוב ענין וקול כסיל ברוב דברים כי ההבלים שהכסיל משמיע בהם קולו המה גורמים לו רוב חלומות של הבל ע"כ חשבו במסתמא קודם השינה היה יוסף מדבר או מהרהר בלבו כי הוא ראוי למלוכה על כן בא לו זה החלום לכך שנאוהו על דברים שבפה או על דברים שבלב:

וישלחהו מעמק חברון. פי' רש"י מעצה עמוקה של אותו צדיק הקבור בחברון. לשון עצה ול' עמוקה צריכין ביאור כי מי יען זאת העצה ומה עומק יש בה והקרוב אלי לומר בזה לפי שאמרו רז"ל אמר הקב"ה לאברהם במה תרצה וידונו בניך בגיהנם או במלכיות ואברה' בירר לו המלכיות א"כ זאת העצה היעוצה אשר יען אברהם לברר המלכיות במקום הגיהנם הנקרא שאול עמוקה כי בזה מתורץ כשישראל חוטאים למה אין הקב"ה דן אותם על הרעה ולמה יגלם לארצות העמים אלא לפי שהמלכיות במקום הגיהנם העמוק ע"כ הדין להגלותם מאיגרא רמה לבירא עמיקתא כי א"י גבוה מכל הארצות ובערכו כל הארצות עמוקים זה"ש רדה אלי אל תעמוד כי בלכתם למצרים הלכו דרך ירידה ליורד לשאול עמוק וזה מועד להם במקום שאול עמוקה זהו שאמר מעצה עמוקה של אותו צדיק כי הוא יען לבחור בעמק ארצות העמים כאמור:

וימצאהו איש והנה תועה בשדה. זה גבריאל מדקאמר וימצאהו איש ש"מ שזה האיש היה מבקש את יוסף ומחזר אחריו והוא מלאך אבל יוסף לא מצא וסי' בדעתו להזכירו שיהיה נשמר מן אחיו כי ראה אותו שהלך בשדה תועה בדעתו כי הלך לשלום ואין

אור החיים

הוא בסוף שישוב בשלוה אל אביו:

והגם שהיו אחיו שונאים אותו ושכיח היזיקא סובר יעקב כדעת רבנן שחולקי' עם פלימו בפסחים דף ח' וז"ל תניא חור שבין ישראל לארמאי בודק עד מקום שידו מגע' פלימו אומר כל עצמו אינו בודק מפני הסכנה ופריך והאמר רבי אלעזר שלוחי מצוה אינם ניזוקים ומשני היכי דשכיח היזיקא שאני וכו' ע"כ וחכמים שחולקים עם פלימו סוברי' שיש לחלק בין מציאות שלפנינו למציאות שמואל כי שם שכיח ודאי היזיקא כי ישמע שאול שמושח את דוד למלך במקומו ואין לך שכיח היזיקא כזו משא"כ חשש שמא הגוי יעליל עליו אינו קרוי שכיח היזיקא וממנה נשמע למה שלפנינו שאחיו לא היו ודאי שכיח היזיקא כי לא יעלה על דעת יעקב שכ"כ ישנאוהו בגדר שלא יציל מידם שליחות מצוה וגם ההוא דסולם רעוע שאמרו בקידושין שכיח הזיקא הוא יותר מבדיקת חור שבין יהודי לגוי וממציאות האחים שאינם חשודים כ"כ להרע לאחיהם ואולי גם לסברת פלימו י"ל שאינו חשוב שכיח הזיקא במציאות זה של בני יעקב ושליחות מצוה מצלת מן הנזק:

ואם תאמר א"כ למה היה מה שהיה לעבד נמכר יוסף י"ל שנזק שתכליתו הטבה ומעלה גדולה אינו חשוב נזק.

ועוד טעם יש בדבר והוא כי יעקב ע"ה דקדק בדבריו. בשליחות הלא אחיך רועים בשכם לכה ואשלחך אליהם הרי גילה דעתו בפי' כי שליחותו היא לשכם וכשהלך יוסף ולא מצאם בשכם והלך לחזור אחריהם במקום אחר הרי הוא שליח עצמו כי אביו לא שלחו ללכת למקום אחר ע"כ היה מה שהיה ויעקב נתכוון במה שיחד לו המקום שצפה ברוה"ק כי למקום אחר יקראנו אסון כאשר קרהו ובדרך שכם לא תמצאהו רעה ויוסף מ"ה חשב כי מה שאמר לו אביו שכם היה מורה מקום לו ואין הדברים בדיוק וה' גילגל גלגולים לעשות אשר זמם לעשות:

ויבא שכמה. מקום אשר שלחו אביו שמה ולא מצאם והיה מחזר אחריהם ולא הוצרך לומר הדבר כי הדבר מובן מאומרו

and bring me back word." So he sent him from the valley of Hebron, and he came to Shechem. 15. Then a man found him, and behold, he was straying in the field, and the man asked him, saying, "What are you looking for?" 16. And he said, "I am looking for my brothers. Tell me now, where are they pasturing?" 17. And the man said, "They have traveled away from here, for I overheard them say, 'Let us go to Dothan.' " So Joseph went after his brothers, and he found them

not punish them in their own land. The reason is that since subjugation to the kingdoms is a punishment in lieu of descending into the depths of *Gehinnom*, they are exiled from the land of Israel, which is higher than all other lands, to lower lands, similar to the way one descends into the grave. This is a substitute for the depths of *Gehinnom*. Thus what *Rashi* means by the deep counsel of Abraham is that Abraham would rather his children be exiled from the land of Israel into the depths of other lands than descend into the depths of *Gehinnom*.

Ramban comments that Jacob sent Joseph far away. Since the brothers were a great distance from their father, they had no qualms about committing their evil deed.

and he came to Shechem—*a place destined for misfortune. There the tribes sinned, there Dinah was violated, there the kingdom of the house of David was divided, as it is said: "And Rehoboam went to She-chem"* (I Kings 12:1).—[*Rashi* from *Sanh.* 102a]

The sin of the tribes was the selling of Joseph. The brothers are known as the tribes because they

were the progenitors of the tribes of Israel. Although they sold him in Dothan, this was a suburb of Shechem, and it is considered as if they had sold him in Shechem. It is also possible that, according to the *derash* that *Rashi* brings on verse 17, Dothan is not a place name, but means that the brothers were plotting to find legal pretexts by which to kill him (see below).—[*Rashi* on *Sanh.* 102a]

Rashbam comments that he came to Shechem and did not find his brothers.

15. Then a man found him— *This is* [the angel] *Gabriel, as it is said: "And the man Gabriel"* (Dan. 9:21).—[*Rashi* from *Tanchuma Vayeshev* 2]

Had this been a mortal, Joseph would have asked him, "Do you know where my brothers are pasturing?" Since he asked him with certainty, "Tell me now, where are they pasturing?" this was surely an angel. Since he was called שׁיאִ, the Rabbis deduce that this was the angel called שׁיאִ elsewhere, namely the archangel Gabriel.—[*Mizrachi*] *Gur Aryeh* explains that the entire narrative appears superfluous, for what does it matter whether he was straying and was directed by a passerby or whether he found his brothers immediately? The answer is that the Torah wishes to tell us that God sent His agent to direct him to his brothers so that he would fall into their hands. *Gur Aryeh* states further that Scripture could have stated, "Then a man found him, and behold, he was straying in the field, and he asked him, saying, 'What are you looking for?'" The repetition of הָאִישׁ alludes to the one called אִישׁ elsewhere in the *Tanach*.

Ramban comments that the lengthy narrative is meant to tell us that Joseph had many reasons to return home, but suffered through everything in honor of his father. Also, it comes to teach us that the Divine decree is true, and man's industry is false, for God sent him a guide without his knowledge, to bring him into their hands. This is what the Rabbis meant when they said that he was directed by angels, for this entire episode would be superfluous, except that it comes to teach us that "the counsel of the Lord—it will stand" (Prov. 19:21).

Rashbam states that the Torah wishes to describe Joseph's character, showing that although he knew that his brothers envied him, he did not try to return home. Instead, he sought them out as his father had commanded: "and bring me back word."

and behold, he was straying in the field—He wandered off the road and did not know where to go. He went into a field because he sought them in a place of pasture.—[*Ramban*]

17. **They have traveled away from here**—*They removed themselves from brotherhood.*—[*Rashi*]

[*Rashi*'s source is an obscure midrash. See *Pentateuch with Rashi Hashalem*, vol. 1, fn. 43. This *derash* is based on the numerical value of זֶה, which is 12, meaning that they no longer wished to be twelve brothers, but desired to be rid of Joseph.— [*Da'ath Zekenim*] Rashi writes (*Sotah* 13b) that since Joseph called them brothers, the man hinted to him that they had *removed* themselves from *this* title, for they no longer considered him a brother. Accordingly, this *derash* is based on the literal meaning of זֶה, which is *this*. The Rome edition also has these as two distinct interpretations.

'Let us go to Dothan.'—Heb. נֵלְכָה דֹתָיְנָה, *to seek regarding you legal pretexts* (נִכְלֵי דָתוֹת), *by which they could put you to death. According to its simple meaning, however, it is a place-name, and a Biblical verse never loses its simple sense.*—[*Rashi*] *Rashbam* also states: according to the simple meaning of the verse it is the name of the city, and it is also mentioned in Judges (sic). [It is actually found in II Kings 6:13.]

[*Rashi* appears to derive this *derash* from the word נֵלְכָה, which he interprets as a transposition of נִכְלֵי, meaning *plots*, and דֹתָיְנָה as derived from דָתוֹת, which means *laws*. *Rashi* on *Sotah* 13b, however, explains: they stole him from Shechem—as it is written (verse 14): "So he sent him from the valley of Hebron, and he came to Shechem." And there (in Shechem) they were pasturing, for

גַלוּתָא דְמִצְרַיִם וְקָם וְאָתָא יוֹסֵף לְשְׁכֶם : טו וְאַשְׁכְּחֵיהּ גַבְרִיאֵל בִּדְמוּת גַבְרָא וְהָא טָעֵי בְחַקְלָא וְשָׁאֲלֵיהּ גַבְרָא לְמֵימַר מָה אַנְתְּ בָּעֵי : טז וַאֲמַר יַת אָחוּי אֲנָא בָּעֵי חֲוִי כְדוֹן לִי אֵיכָן אִינוּן רָעָן : יז וַאֲמַר גַבְרָא נַטְלַן מִיכַּן אֲרוּם שְׁמָעִית מִבָּתַר פַּרְגוֹדָא דְהָא אִשְׁתְּרֵי מִן יוֹמָא דֵין שַׁעֲבּוּד מִצְרָאֵי וְאִתְאֲמַר לְהוֹם בִּנְבוּאָה דְחִוָּאֵי בָּעַן לְמִסְדְרָא. עִמְהוֹן סִדְרָא קְרָבָא בְּגִין כֵּן הֲווּ אָמְרִין נֵיזַל לְדוֹתָן וַאֲזַל יוֹסֵף בָּתַר אָחוּי

פי' יונתן

(יז) מבתר פרגודא. פי' ששמע מאחורי הפרגוד ודייק זה דה"ל לקצר ולומר הלכו דותינה ולמה האריך לומר מה שלא שאלו אלא ששמע מאחורי הפרגוד וזה שמעתי וק"ל:

בעל הטורים

טוב בשעה שיוכל לראות: והשיבני דבר. נלגלה בו רוה"ק שסופו לחזור אליו: עמק. בגי' כד"ו שעי"ז נשתעבדו כד"ו שנים. וליוהו עד חברון א"ל אבא חזור בך. א"ל כתיב ידינו לא שפכה את הדם הזה שלא פטרוהו בלא לויה ובזה נפטר ממנו ומתוך כך זכרו ושייכו דכתיב וירא את העגלות אשר שלח יוסף. וזהו שאמרו אל יפטר אדם מחבירו אלא מתוך ד"ת שמתוך כך זוכרהו: תועה. ג' במס' הכא ואידך חמורו תועה ואידך אדם תועה מדרך השכל. לומר לך שתעה וילא מאת הדרך ונכנס בשדות לבקש. אי חמורו תועה ואמרי' כ"ש אבידת גופו שאם ראה חבירו שתעה בדרך שלריך להשיבו ואחיו לא חשו לאבידת גופו ע"כ תעו מדרך השכל: וישאלהו האיש. בגי' מלאך גבריאל שאלו: איפה הם רעים. כתיב חסר למז פה התחילו ברעה בימי ירבעם שהמליכוהו בשכם: וימלאם בדותן. שם לימד יהודה עליו זכות ועל כן זכה שמלכו מזרעו שנים כמנין דהן

רשב"ם

אחרי שראה בחנתו מלאה דם כמו שנהרד יצחק על יעקב בשביל שמצא שער בחלקת צווארו: (יג) הלא אחיך רועים בשכם במקום סכנה שהרגו אנשי המקום. זה שמעתי מר' יוסף קרא חברינו והנאה לי: (יד) ויבא שכמה. ולא מצאם: (טו) וימצאהו איש והנה תעה וגו'. להגיד חשיבותו של יוסף נכתב זה שלא רצה לחזור לאביו כשלא מצאם בשכם אלא בקשם עד שמצאם ואע"פ שהיה יודע שמתקנאים בו הלך ובקשם כמו שאמר לו אביו והשיבני דבר: (יז) בדתן. לפי הפשט שם העיר וגם בשופטים היא נזכרת:

רש"י

וזריזות ד נזדרז למלות אביו ואף ע"פ שהיה יודע באחיו ששונאין אותו: (יד) מעמק חברון. והלא חברון ה בהר שנאמר (במדבר יג) ויעלו בנגב ויבא עד חברון אלא (ב"ר) מעלה עמוקה של אותו לדיק הקבור בחברון לקיים מה שנאמר לאברהם בין הבתרים (לעיל טו) כי גר יהיה זרעך: ויבא שכמה. (סוטה יא) מקום מוכן לפורענות ו שם קלקלו השבטים שם ענו את דינה שם נחלקה מלכות בית דוד שנאמר (מ"א יב) וילך רחבעם שכמה: (טו) וימצאהו איש. (תנחומא) זה ז גבריאל שנאמר (דניאל ט) והאיש גבריאל: (יז) נסעו מזה. (תנחומא) הסיעו עלמן ח מן האחוה: נלכה דותינה. לבקש לך נכלי דתות ט שימיתוך

שפתי חכמים

ד וא"ת ולמה לא פי' כן גבי אברהם אברהם משה משה וי"ל דהא אין שייך לומר הנני בל' ענוה דהא כבר דבר עמו כדכתיב ויאמר ישראל אל יוסף הלא וגו': ה כתב רא"ם נ"ל שאין זו ראייה שחברון הית' בהר שאם מפני שכתב בה ל' עלייה דלמא כתב ל' עלייה מפני שא"י גבוה מכל הארלות כדפרש"י בפסוק מהרו ועלו אל אבי אלא נ"ל דראייתם הוא כיון שהקלוהו לבית הקברות ואין מקלין לביה"ק אלא מקום טרשין כמ"ש בשלהי כתובות ומקום טרשין אינו אלא בהר עכ"ל א"נ מדכתיב ויעלו ויתורו וגו' וכתיב בתריה ויעלו בנגב ויבא עד חברון למה כפל וכתב ויעלו תרי זימני הי"ל ויעלו בנגב ויתורו את הארץ ממדבר לין עד רחוב לבא חמת ויבא עד חברון וגו'. אלא להכי כתיב עוד ויעלו בנגב ויבא עד חברון דהאי ויעלו קאי על חברון שהיתה יושבת בהר ודו"ק נ"ל: ו דאל"כ ויבא שמה מבע"ל שהרי כבר כתיב רועים בשכ' אלא שכם הידוע. מהרש"ל דלא הל"ל אלא וישלחהו מעמק חברון וימלאהו אלא וכו': ז מדלא אמר יוסף לאיש הידעת את אחי איפה הם רועים רק אמר הגידה נא לי

ש"מ שהיה מלאך ומדכתיב איש ש"מ שהוא גבריאל ולא אחר [ג"א] דאל"כ שהיה מלאך ל"ל כל הסיפור שהיה תועה בדרך מה לי אם הלך בתחלה אצלם בלא תעות הדרך או לא אלא שהי' מלאך והקב"ה שלחו להגיעו אל אחיו כדי לקיים גזירתו דאל"כ היה חוזר מאחר כיון שלא מצא אותם: ח דק"ל מה ענין תשובה זו על שאלתו דהא יוסף לא בקש אלא שיגיד לו איפה הם והמלאך השיב לו נסעו מזה ועוד הא יוסף נמי היה יודע שנסעו מזה כיון שלא מצאן שם לכ"פ הסיעו עצמן מן האחוה פי' ורוצין להרגך ואל תלך לשם. ומנ"ל לרש"י לפרש כן י"ל זה בגימ' י"ב וה"פ נסעו מי"ב ר"ל אינם רוצים שיהיו י"ב ורוצין להרגך ולא יהיו אלא י"א דהיינו נסעו מז"ה. א"נ הוכחת רש"י ממלת זה כלומר נסעו מזה שאתה אומר את אחי אנכי מבקש אבל הם נסעו מן האחוה: ט דק"ל כיון שא"ל המלאך נסעו

דעת זקנים מבעלי התוספות

(ט) וימלאהו איש והנה תועה בשדה. כאן רמז לו גבריאל השלשה גליות ת' של גליות מצרים. ע' של גלות בבל. ה' של גלות אדום לסוף ה' אלפים יכלה במהרה בימינו. מפי מורי אבי ז"ל וכיולא בדבר שמעתי מר' בנימין גוז"ל מפרש על ואחר עד עתה דכתיב גבי יעקב דהיינו איחור הג' גליות שפירשתי: (יז) נסעו מזה שאמרו שאינם חפלים להיות שנים עשר שבטים מכאן ואלך זה בגימ' י"ב:

אבן עזרא

לו הנני. אעשה כדבריך: (טו) וימלאהו איש. דרך הפשט אחד מעוברי דרך: (טז) איפה הם רועים. אם תדע: (יז) דתינה. ביו"ד גם בלא יו"ד והמקום אחד:

רמב"ן

עליך דינין ותרעומות שאם כן היה נמנע ללכת ולא היה מסכן בעצמו. אבל הכונה להם כי האיש גבריאל אשר הגיד לו הגיד אמת ואמר לשון משמש לשני פנים ושניהם אמת והוא לא הבין הנסתר בו והלך אחר הנגלה ממנו וילך אחר אחיו וימצאם בדותן כאשר אמר לו. ודרשו זה מפני שהאיש הזה הוא מלאך ואם כן

יודע הוא אנה הם ולמה לא אמר הנם בדותן ואמד כמסתפק ששמע מהם שילכו משם ואינו יודע אנה הם עתה ולכן יעשו מדרש במאמרו: כי שמעתי אומרים. שמעתי אותם שהיו אומרים נלכה דותינה וכן ורבקה שומעת היתה שומעה ויתכן שיאמר

אור החיים

מאומרו וימלאהו איש והנה תועה אחר שבא שכמה: הגידה נא וגו'. נל"ד במה ידע כי שואלו יודע איה מקום כבודם לומ' אליו בפשיטות הגידה נא ואולי כי דייק דברי השואל באומרו לאמר מה תבקש כי תיבת לאמר מיותרת נתכוון לומר כששאל אותו כי הוא יאמר אליו מבוקשו כי זולת זה אין מקום לשאלת איש נכרי אשר לא אחיו הוא לבקש לדעת מה הוא מבקש אלא שנתכוון לומר כי שואלו להגיד לו דבר נעלם ממנו ולזה השיבו את אחי אנכי מבקש ויבא דבריך עתה להגיד לי איפה הם רועים: נסעו מזה כי שמעתי וגו'. נל"ד לאיזה ענין הוצרך לומר נסעו מזה ולא הספיק אומרו שמעתי אומרים נלכה וגו' ורז"ל דרשו כי הגיד לו שנסעו מהאחוה והלכו לבקש נכלי דתות שימיתוהו בהם ולדבריהם קשה למה לא נרתע יוסף לחזור לאחוריו שאין לך שכיח היזיקא כזה וא"ו היה כמתחייב בנפשו להסתכן בעצמו ואולי כי יוסף לא הבין דברי האיש כמו שפי' רש"י ז"ל ורז"ל פירשו כן אחר שנתגל' מה שעשו האחים משא"כ יוסף הבין הדברים כפשוטן עז"ה נסעו מזה פי' מכל המחוז ההיא ואין לו לבקש עוד באותו מחוז והטעם כי שמעתי אומרים נלכה ומזה ידע כי עקרו דירתם מכל המקום ההוא ולא היה יכול לומר הלכו דותינ'

ספורנו

מעבדיו: וישלחהו מעמק חברון. ללוותו עד העמק: (טו) תועה בשדה. הולך אנה ואנה למצוא מקום מרעיתם: מה תבקש. שאינך הולך על דרך א' ביושר: (טז) איפה הם רועים. באיזה חלק מזה המקום: (יז) נסעו מזה אין ספק שנסעו מזה המרעה ואין לבקשם באחד מחלקיו: כי שמעתי אומרים. והטעם שאמרתי שבודאי נסעו הוא כי שמעתי אומרים נלכה לא שראיתים נוסעים

בְּדֹתָן: יח וַיִּרְאוּ אֹתוֹ מֵרָחֹק וּבְטֶרֶם
יִקְרַב אֲלֵיהֶם וַיִּתְנַכְּלוּ אֹתוֹ לַהֲמִיתוֹ:
יט וַיֹּאמְרוּ אִישׁ אֶל־אָחִיו הִנֵּה בַּעַל
הַחֲלֹמוֹת הַלָּזֶה בָּא: כ וְעַתָּה ׀ לְכוּ
וְנַהַרְגֵהוּ וְנַשְׁלִכֵהוּ בְּאַחַד הַבֹּרוֹת
וְאָמַרְנוּ חַיָּה רָעָה אֲכָלָתְהוּ וְנִרְאֶה
מַה־יִּהְיוּ חֲלֹמֹתָיו: כא וַיִּשְׁמַע רְאוּבֵן
וַיַּצִּלֵהוּ מִיָּדָם וַיֹּאמֶר לֹא נַכֶּנּוּ נָפֶשׁ:
כב וַיֹּאמֶר אֲלֵהֶם ׀ רְאוּבֵן אַל־תִּשְׁפְּכוּ־
דָם הַשְׁלִיכוּ אֹתוֹ אֶל־הַבּוֹר הַזֶּה
אֲשֶׁר בַּמִּדְבָּר וְיָד אַל־תִּשְׁלְחוּ־בוֹ

בְּדוֹתָן: יח וַחֲזוֹ יָתֵיהּ
מֵרָחִיק וְעַד לָא קְרִיב
לְוָתְהוֹן וְחַשִׁיבוּ עֲלוֹהִי
לְמִקְטְלֵיהּ: יט וַאֲמַרוּ גְּבַר
לַאֲחוּהִי הָא מָרֵי חֶלְמַיָּא
דֵּיכִי אָתֵי: כ וּכְעַן אִיתוֹ
וְנִקְטְלִינֵיהּ וּנְרַמְינֵיהּ בְּחַד
מִן גּוּבַיָּא וְנֵימַר חַיְתָא
בִישְׁתָא אֲכַלְתֵּיהּ וְנֶחֱזֵי
מָה יְהֵי בְּסוֹף חֶלְמוֹהִי:
כא וּשְׁמַע רְאוּבֵן וְשֵׁיזְבֵיהּ
מִידֵיהוֹן וַאֲמַר לָא
נִקְטְלִינֵיהּ נְפַשׁ: כב וַאֲמַר
לְהוֹן רְאוּבֵן לָא תֵישְׁדוּן
דְּמָא רְמוֹ יָתֵיהּ לְגוּבָּא
הָדֵין דִּי בְּמַדְבְּרָא וִידָא
לָא תוֹשְׁטוּן בֵּיהּ בְּדִיל

תו"א וישמע ראובן ברכות ז:

רש"י

בהם ולפי פשוטו שם מקום הוא ואין מקרא יוצא מידי פשוטו: (יח) ויתנכלו. נתמלאו נכלים וערמומיות: אתו כמו אתו עמו כלו' י אליו: (כ) ונראה מה יהיו חלומותיו. א"ר יצחק מקרא זה אומר דרשני רוח הקודש אומרת כן הם אומרים ונהרגהו והכתוב מסיים ונראה מה יהיו חלומותיו נראה דבר מי יקום או שלכם או שלי. וא"א שיאמרו הם ונראה מה יהיו חלומותיו שמכיון שיהרגוהו בטלו חלומותיו: (כא) לא נכנו נפש. מכת נפש כ זו

שפתי חכמים

מזה כלו' נסעו מן האחוה מאי כי שמעתי אומרים וגו' והא כל כי נתינת טעם וראיה הוא והכא מאי ראיה איכא ולכ"פ נכלי דתות איך יהרגוך: י דק"ל דאין הל' של אותו בחול"ם נופל על ויתנכלו שהוא ל' מתפעל שעניינו נתמלאו נכלים ואיננו דבק למלת אותו בשלמא אי הוה כתי' ויכלו הוה שפיר ל' אותו אבל על הל' של ויתנכלו אינו נופל הל' אותו אלא אליו ועז"פ אותו כמו אתו בחיר"ק ר"ל אם הולכין אחר המסורה א"כ אז הוה קרינן אתו בחיר"ק דהא כתיב חסר וי"ו א"כ כיון שמצינו אותנו שהוא כמו אתנו א"כ אותו נמי כמו אתו ואתו היינו עמו ועמו כלומר אליו פי' התרגום של אליו עמו כדפירש"י בפ' חיי שרה א"כ הוי כאלו נאמר אליו רא"ם. ומהרש"ל פי' לפי שק"ל דאותו מיותר ולא הול"ל אלא ויתנכלו להמיתו אלא ר"ל כמו אתו פי' עמו שגם יוסף היה בדעתו שיהרגוהו ועדיין בא להורות לך דל"ת שהוא והם היה דעתם להרוג את אדם אחר לכך אמר אליו כלו' ליוסף שהוא והם היה דעתם להרוג את יוסף עכ"ל. ויש עוד גירסות אחרות: כ [מהרמ"ש] דהל"כ קשה דמלת נכנו שמוסב על יוסף אין לו חיבור

רמב"ן

נסעו חרועים מזה כי שמעתי אנשים אומרים נלכה דותינה אולי הם אחיך דבר עמו כמסתיר פנים מן הענין: (יח) ויתנכלו אותו להמיתו. היו חושבים להמית אותו בנכליהם אשר יתנכלו בטרם יקרב אליהם ולא יצטרכו לשפוך דמו בידיהם. וכך אמרו בב"ר גשסה בו את הכלבים ואולי עשו כן ולא עלתה בידם וכאשר ראו כי קרב אליהם ולא יכלו להמיתו בנכליהם אמרו איש אל אחיו הנה בא אלינו ועתה נהרגהו אנחנו: (כ) ונראה מה יהיו חלומותיו. מליצה דרך לעג נראה אחרי מותו אם נשתחוה לו. והנכון בעיני כי אמרו עתה נראה מה יהיו חלומותיו כי אם יצילוהו מידינו מלוך ימלוך עלינו אבל רבותינו אמרו רוח הקדש אומרת נראה מה יהי' חלומותיו כלו' דבר מי יקום ממני ומהם: (כב) אל תשפכו דם. אמר להם הנה הייתי סובל לכם כאשר חשבתם להמית אותו בנכליכם כי גם אני שנאתיו ורציתי שיומת ע"י אחרים. אבל אתם אל תהיו שופכים דם בידיכם חלילה לכם והכונה לראובן בכל זה היתה להצילו להשיבו אל אביו והכתוב ספר מה שאמר להם ראובן ושמעו אליו אבל דברים אחרים אמר

כלי יקר

שלום לאחיו עמו וא"כ ודאי זה מלאך שידע מה שבלבו דאם לא כן מאין ידע איזו אדם אחר שהוא הולך כתועה שמא זה דרכו כי בלי ספק שהלך באיזו דרך או שביל. ומדרשו שטעה בענין השדה הנאמר בקין והבל כי יוסף היה לו לשים אל לבו מה שקרה להבל עם קין שמצד הקנאה הרג איש את אחיו ויוסף סבר בשנאה קין שהרג את אחיו היינו לפי שנאמר ויהי בהיותם בשדה על עסקי שדה כי אמר שדה דאת קאים עליה דידי הוא א"כ היה סבה לדבר הבל אחי למה יהרגוני חנם כי קנאת כתונת פסים אינה דומה לקנאת שדה זה"ש והנה תועה בשדה כי שדה זה הנאמר אצל קין הטעהו ולא ידע שטבע הקנאה מחייבת שעל דבר מועט יקום איש על רעהו ורצחו נפש:

אור החיים

שלא ידע בבירור שהלכו לדותן אלא מדבריהם וספר סדרן של דברים ולצד שהי' בדעתו של יוסף כי זה האיש הוא מעוברי דרך ולא מלאך ה' הבין הדברים כפשוטן וכפ"ז יבא על נכון מה שאמר הכתוב וילך יוסף אחר אחיו וימצאם בדותן שהיל"ל וילך יוסף אחר אחיו לדותן וימצאם ולפי מה שפירשתי יבא ע"כ שלא החליט לו המלאך שהלכו לדותן אלא שנסעו מהמקום ההוא לזה היה מבקש לדרכו במקומו' אחרים וימצאם בדותן והבן ודרשת רבותי' במקומה עומד' כי התורה הודיע' שדבר אליו המלאך ורמז סוד דבר. עוד ירצה אומרו אחר אחיו פי' כי יוסף דרש דברי המגיד כדרשת רז"ל והבין ג"כ הדברים כפשטן והכריע הפי' שאין כוונתו לו' אליו שנסעו מן האחוה אלא כי עודם אחיו וריעיו והוא אומרו אחר אחיו פי' אחר העמדתם במצב אחיו ופי' דברי המגיד כפשטן כמו שפי' למעלה וא"ת א"כ מה הועיל המלאך בהודעה זו כיון שלא נשמר יוסף ואולי כי נתכוון להרבות

in Dothan. 18. And they saw him from afar, and when he had not yet drawn near to them, they plotted against him to put him to death. 19. So they said one to the other, "Behold, that dreamer is coming. 20. So now, let us kill him, and we will cast him into one of the pits, and we will say, 'A wild beast devoured him,' and we will see what will become of his dreams." 21. But Reuben heard, and he saved him from their hand[s], and he said, "Let us not deal him a deadly blow." 22. And Reuben said to them, "Do not shed blood! Cast him into this pit, which is in the desert, but do not lay a hand upon him,"

Dothan is not [the name of] a place, and what Scripture then says, "And the man said, 'They have traveled away from here, etc.'" means that the man said to him, "You say, 'I am looking for my brothers,' but they have removed themselves from this brotherhood, and they do not consider themselves your brothers, for I overheard them saying, 'Let us go and seek laws and ordinances on how to put him to death if he comes to us.'"

Here, *Rashi* does not mention נִכְלִי. From this also, it appears that *Rashi* explains the *derash* to mean that Dothan is not the name of a place and that the brothers never left Shechem. In *Sanhedrin* 102a, he also states that, according to the *derash*, Dothan was not the name of a place. Consequently, the brothers stole him from Shechem. He also suggests the possibility that Dothan was indeed a place, but was a suburb of Shechem. Therefore, even according to the simple meaning of the verse, it is considered that he was stolen from Shechem.]

Ramban explains that Gabriel did not tell Joseph directly that his brothers were plotting to kill him, for then Joseph would not have gone to seek them. Instead, Gabriel spoke to him with words bearing two meanings, an apparent meaning and a hidden meaning. Joseph grasped only the apparent meaning and went to seek his brothers.

18. And they saw him from afar—With a distant heart, for they were far from any feeling of brotherhood.—[*Zeror Hamor*]

they plotted—Heb. וַיִּתְנַכְּלוּ. *They were filled with plots and cunning.*—[*Rashi*] The use of the reflexive (הִתְפַּעֵל) conjugation is puzzling. The usual form would be נִכְלוּ. Therefore, *Rashi* explains that they became full of plots and cunning. *Sforno* explains that the reflexive denotes that the brothers believed that Joseph was plotting to kill *them*.

against him—Heb. אֹתוֹ, *similar to* אִתּוֹ *or* עִמּוֹ, *i.e.* אֵלָיו, *to him.*—[*Rashi*]

Usually, אֹתוֹ denotes the direct object of a transitive verb. In this case, however, since it follows the reflexive, it cannot be a direct object. Therefore, *Rashi* reasons that the word is the equivalent of אֹתוֹ, and he illustrates how he arrives at this conclusion. He first reasons that אֹתוֹ is the equivalent of אִתּוֹ, which appears in Lev. 5:23: "that was entrusted to him (אִתּוֹ)," meaning "that it was given into his hand." It is also like עִמּוֹ, which appears in Esther 6:3: "Nothing was done to him (עִמּוֹ)." Both these forms, although usually meaning *with him*, sometimes bear the connotation of אֵלָיו, *to him*. The same applies to אֹתוֹ in this verse.—[*Gra*, quoted by *Kol Eliyahu* and *Divré Eliyahu*]

to put him to death—Since they were righteous men, why would they want to kill him? They reasoned that since Joseph told their father that they ate limbs from living animals and that they were suspected of illicit sexual relationships, both of which were capital sins, he was seeking to have them put to death. He was thus classified as a pursuer, and the law is that if someone comes to kill you, you may try to kill him first.—[*Tosafoth Hashalem*]

20. **and we will see what will become of his dreams**—*Rabbi Isaac said, This verse says: "Expound on me."* [I.e., this verse demands a midrashic interpretation.] *The Holy Spirit says thus: They* (the brothers) *say, "Let us kill him," but the verse concludes: "and we will see what will become of his dreams." Let us see whose word will stand up, yours or Mine. It is impossible that they* (the brothers) *are saying, "and we will see what will become of his dreams," because, since they will kill him, his*

dreams will come to nought.—[*Rashi* from *Tan. Buber, Vayeshev* 13]

Ramban explains this clause according to its simple meaning, viz. that the brothers said, "and we will see what will be of his dreams." Either they meant it sarcastically, or they meant that if he is saved, this will prove that his dreams will come about, and he will indeed reign.

Ohr Hachayim explains that they also wished to prove that his dreams were merely the result of his fantasies. They would kill him, and their success would prove that his dreams were either a fabrication or a figment of his imagination.

21. **But Reuben heard**—Some Rabbis of the Midrash (*Gen. Rabbah* 84:15) assert that Reuben had gone to serve his father on that day and heard the plan when he arrived. Others render: And Reuben understood. He understood that since he was the firsborn, he would be blamed. Still others explain that he understood that he was indebted to Joseph for including him with his brothers as the eleven stars. He thought that he had been rejected because of his sin with Bilhah.

"Let us not deal him a deadly blow."—Heb. לֹא נַכֶּנּוּ נָפֶשׁ. Literally, let us not smite him the soul. [This is equivalent to] מַכַּת נֶפֶשׁ, [let us not deal him] *a deadly blow, which means death.*—[*Rashi* from *Targum Onkelos*]

22. **Do not shed blood!**—Reuben told his brothers that he would agree to have Joseph killed, because he too hated him, but he would not countenance killing him directly.—[*Ramban*]

אַשְׁכְּחִינוּן בְּדוֹתָן: יח וַחֲמוֹן יָתֵיהּ מְרַחִיק וְעַד לָא קָרִיב לְוָתְהוֹם וְאִתְיַעֲטוּ עֲלוֹי לְמִקְטְלֵיהּ:
יט וַאֲמַרוּ שִׁמְעוֹן וְלֵוִי דַהֲווּ אַחִין בְּעֵיטָתָא גְּבַר לְאָחוּי הָא מָרֵי חֶלְמַיָא דֵיכִי אָתֵי: כ וּכְדוּן אָתוּ וְנִקְטְלִינֵיהּ
נִרְמִינֵיהּ בְּחַד מִן גוּבַיָא וְנֵימַר חַיְיתָא בִּישְׁתָּא אַכְלָתֵיהּ וְנִחְמֵי מָה יְהִי פְּשַׁר חֶלְמוֹי: כא וּשְׁמַע רְאוּבֵן
שֵׁיזְבֵיהּ מִן יְדֵיהוֹן וַאֲמַר לָא נִקְטְלִינֵהּ דְלָא נִתְחַיֵּיב בְּאַדְמֵיהּ: כב וַאֲמַר לְהוֹם רְ׳ וּבֵן לָא תִשְׁדוּן אֲדַם זַכַּאי

בעל הטורים

מדוד עד לדקיסו: וכטרס. ג׳ במס׳ הכא ואידך וכטרס יתעפו עליכס. וכטרס תלא מרחס שבעון זס נתגלגלו סגליות ונתעפו עליסס וכטרס תלא מרחס כדאית׳ במדרש שנולד יוסף מהול:
בן תבת נא. הבה נתחכמה. וכן ראה אנכי נותן לפניכם היום:

רשב״ם

(יח) ויתנכלו אותו. נתמלאו נכליות וערמומיות עליו כמו וארור נוכל. בנכליהם אשר נכלו: (יט) הלזה. כל הלזה כשרואים אותו מרחוק וכן מי האיש הלזה צ״ל בלע״ז אבל הזה ציש״ם בלע״ז כמו הסן הרע הזה כשהוא בקרוב: (כ) לכו ונהרגהו. ל׳ הזמנת בני אדם. וכן לכו ונמכרנו לישמעאלים. (כא) ויצלהו מידם. שלא נהרג: (כב) השליכו אותו אל הבור הזה אשר במדבר. מקום

אבן עזרא

(יח) ויתנכלו. חשבו מחשבה רעה. וכן וארור נוכל:
(כא) לא נכנו נפש. כמו ומשרתו יהושע בן נון נער שפי׳ משרתו שירות נער כי לא היה בימים ההם נער. וכן לא

רמב״ן

להם מתחלה שלא קבלו ממנו כמו שאמר להם הלא דברתי אליכם לאמר אל תחטאו בילד ולא שמעתם וכאשר ראה שלא שמעו לעזבו אמר להם א״כ אל השפכו דם בידיכם ולא אמר דמו כי הראה עצמו שלא יאמר כן לאהבתו רק שלא יהיו שופכים דם לימד אותם שאין עונש הגורם כעונש השופך דם בידיו: וטעם אל

חבור הזה אשר במדבר. לאמר הנה הבור הזה עמוק ולא יוכל לצאת ממנו והוא במדבר ואם יצעק אין מושיע לו כי אין עובר

אור החיים

להרבות שכרו כשילך אחר האחוה כאשר כן עשה ובזה ג״כ לא יקשה איך המלאך יגרום לבטל את אשר ה׳ חשב לעשות להוריד יוסף למצרים לסיבות ידועות גדולות ונפלאות אלא שידע שאין דבריו מבטלין הענין אלא יש בהם הרווחת זכות של יוסף ואולי כי באמצעות דבר זה השלים ה׳ גדישת סאה גדולה וכבוד אשר השיג אח״כ במצרים:
ויראו אותו וגו׳ צל״ד אומרו ובטרם וגו׳ אם הוא גזירה למה שלפניו עז״ה ויראו אותו מרחוק בטרם יקרב אליהם או הוא התחלת הודע׳ למה שלאחריו עז״ה בטרם יקרב וגו׳ התנכלו אליו וגו׳ ולכל צד קשה אם נמשך למה שלפניו היל״ל בטרם יקרב ואם הוא נמשך למה שלאחריו היל״ל ובטרם וגו׳ התנכלו ואולי כי נתכוון בתום׳ וא״ו להוסיף הרחקה פי׳ שלא תאמר שהריחוק הוא שעדיין לא קרב אליהם אלא ובטרם יקרב ראוהו מופלג בריחוק. עוד ירצה עז״ה ויראו אותו מרחוק פירוש מריחוק הלבבות שלא ראוהו כראיית אחים לאח ה׳ אלא כאים מרחוק מהם ובטר׳ יקרב וגו׳ פירוש ראיה זו היתה גם כן טרם וגו׳ ואם לא היה אומר ובטרם בתו׳ וא״ו היה נשמע כי הוא זה פירוש מרחוק שאמר לזה אמר בתו׳ וא״ו לו׳ כי הוא דבר אחר ויש עוד ליישב הכ׳ באופן אחר אלא שנראה כי זה נודק יותר:
ועתה לכו וגו׳. פי׳ לכו שקודם שיגיע הוא אצלם הם ילכו לקראתו ולזה דקדק לומר ועתה באותו עת עצמו לכו וטעם לצד הזריזות והמהירות אשר לא יכלו לסבול עד שיגיע אליהם ולזה תמצא שלא עכבו בהגיעו אצלם אלא תיכף ומיד כאשר בא עשו מה שעשו ואו׳ ונהרגהו ע״ד אומרם ז״ל עשרה בני אדם שהרגו אדם א׳ אם כולם יחד פטורים לזה נתחכמו ואמרו ונהרגהו יחד שבזה יהיו פטורי׳ מדיני אדם ואומר ונשליכהו וגו׳ ואמרנו פירו׳ שכשנשליכהו בבורות מן הסתם הולדה וברדלס המצויי׳ בבורות יאכלוהו ובזה נוכל לומר חיה רעה אכלתהו לא שיאמרו חיה רעה הרגתהו ובזה אין מוציאין מפיהם דבר שקר. וא״ת על מי סמכו שבטי יה להרוג את הנפש ומה גם נפש צדיק אחיהם והגם שיעצו להרוג אותו בדרך שאינם חייבין כמו שכתבנו אעפי״כ אינן פטורים מדיני שמים וה׳ יבוא במשפט:
אולי שהאחים דנו בו דין עד זומם כי מצינו שהוא הביא דבתם רעה אל אביהם ואמר דברים שיתחייבו מיתה על עדותו שהוא אמר שאכלו אבר מן החי גם אמר שהם בעלי עריות ועל כל אחד מהם בני נח מתחייבים מיתה וכן נח נהרג ע״פ עד א׳ בלא עדים ולא התראה ועל עדות הקרובים ג״כ אשר ע״כ דנו בו משפט עד זומם ופטורים הם מדיני שמים אלא דלצד דיני אדם אינם פטורים כי אין להם הזמה לזה נתחכמו להמיתו כולן יחד שבזה אין חיוב לכולן כמו שכתבנו אבל לדין השמים הם פטורים מטעם שידעו נאמנה הוא ביקש להורגם וכל זה הוא סיבת הסיבות לעשות ה׳ אשר זמם ואולי שרמזו בדבריהם שיעשו תשובה לבסוף ואין לך דבר שעומד בפני התשובה והוא אומרו ועתה ואמרו ז״ל אין ועתה אלא תשוב׳ וזה דרך דרש:
ונראה מה יהיו וגו׳. נתכוונו להוכיח כי דבר שקר בחלומותיו או לצד כי רעיונותיו על משכבו סליקו והראיה כשיהרגוהו זה לך האות כי היה בודה מלבו או רעיונו וכו׳:
ויצילהו מידם. פי׳ לפי שהאדם בעל בחירה ורצון ויכול להרוג מי שלא נתחייב מיתה משא״כ חיות רעות לא יפגעו באדם אם לא יתחייב מיתה לשמים והוא אומרו ויצילהו מידם פי׳ מיד הבחירה ובזה סתר אומרו ונראה מה יהיו חלומותיו וגו׳ כי הבחירה תבטל הדבר ואין ראיה אם יהרגוהו כי שקר דבר.
לא נכנו נפש. פי׳ להדיא אלא נהי׳ גורמי׳ לו מיתה והוא אומרו אח״כ אל תשפכו דם השליכו וגו׳ זו היתה טענתו להם והוא טעמו כמום עמו שהוא להצילו להשיבו אל אביו כי ידע נאמנ׳ כי חית השדה השלמה לו ולא ירעו ולא ישחיתו הנחשים והעקרבים בזרע יעקב גם לא יעכבו

ספורנו

נוסעים: אחר אחיו. אע״פ שלא מצאם בשכם כדבר אביו טרח יותר ממה שצוה להשיג רצון אביו: (יח) ויתנכלו אותו להמיתו. הנה לשון נכל יורה על המצאה להרע כמו אשר נכלו לכם. אמר שחשבו את יוסף בלבם נוכל להמית ושבא אליהם לא לדרוש שלומם אלא למצוא עליהם עלילה או להחטיאם כדי שיקללם אביהם או יענישם האל ית׳ וישאר הוא לבדו ברוך מבנים ול׳ התפעל יורה על ציור הדבר בנפש כמו אתה מתנקש בנפשי מצייר בלבבך מוקש על נפשי ולשון להמיתו שימית הוא את אחיו כמו לעשותכם אותם לעברך בברית. ובזה הודיע מה היה למו בהיות כלם צדיקים גמורים עד שהיו שמותם לפני ה׳ לזכרון איך נעדרו לב יחדו להרוג את אחיהם או למכרו ולא נחמו על הרעה כי גם כשאמרו אבל אשמים אנחנו על אחינו לא אמרו שתהיה אשמתם על מכירתו או מיתתו אלא על אכזריותם בהתחננו. והנה הגיד הכתוב כי ציירו בלבם וחשבו את יוסף לנוכל ומתנקש בנפשם להמיתם בעולם הזה או בעולם הבא או בשניה׳ והתורה אמר׳ הבא להרגך כו׳: (יט) הנה בעל החלומות שספר לנו את החלומות להקציפנו כדי שנתקומם עליו ונתחטא לאל ית׳ או לאבינו או לשניהם ונאבד: (כ) ועתה לכו. הזדרזו והסכימו להרגו: ואמרנו חיה רעה אכלתהו. פן יקצוף ויקלל אותנו: ונראה מה יהיו חלומותיו. החלומות שספר שהיו מורים שיעלה לגדולה וימלוך עלינו הנה אז נראה שיהיו חלומות שקר כי יעלו בתוהו ויאבדו בלי קיום: (כא) ויצילהו מידם. במניעת הפעל הפתאומי המוליד מעוות לא יוכל לתקון שיפול בכמוהו גם הצדיק לפעמים כענין ראובן עם בלהה כאמרו פחז כמים: (כב) ויד אל תשלחו בו. להתאכזר כאמרו מרשעים יצא רשע וידי לא תהיה בך:

למען

לְמַעַן הַצִּיל אֹתוֹ מִיָּדָם לַהֲשִׁיבוֹ אֶל־אָבִיו׃ שלישי כג וַיְהִי כַּאֲשֶׁר־בָּא יוֹסֵף אֶל־אֶחָיו וַיַּפְשִׁיטוּ אֶת־יוֹסֵף אֶת־כֻּתָּנְתּוֹ אֶת־כְּתֹנֶת הַפַּסִּים אֲשֶׁר עָלָיו׃ כד וַיִּקָּחֻהוּ וַיַּשְׁלִכוּ אֹתוֹ הַבֹּרָה וְהַבּוֹר רֵק אֵין בּוֹ מָיִם׃ כה וַיֵּשְׁבוּ לֶאֱכָל־לֶחֶם וַיִּשְׂאוּ עֵינֵיהֶם וַיִּרְאוּ וְהִנֵּה אֹרְחַת יִשְׁמְעֵאלִים בָּאָה מִגִּלְעָד וּגְמַלֵּיהֶם נֹשְׂאִים נְכֹאת וּצְרִי וָלֹט הוֹלְכִים לְהוֹרִיד מִצְרָיְמָה׃

אונקלוס

לְשֵׁיזָבָא יָתֵיהּ מִידֵיהוֹן לַאֲתָבוּתֵיהּ לְוָת אֲבוּהִי׃ כג וַהֲוָה כַּד אֲתָא יוֹסֵף לְוָת אֲחוּהִי וְאַשְׁלַחוּ יָת יוֹסֵף יָת כִּתּוּנֵיהּ יָת כִּתּוּנָא דְפַסֵּי דִי עֲלוֹהִי׃ כד וְנַסְבוּהִי וּרְמוֹ יָתֵיהּ לְגוּבָּא וְגוּבָּא רֵיקָן לֵית בֵּיהּ מַיָּא׃ כה וְאַסְחַרוּ לְמֵיכַל לַחְמָא וּזְקַפוּ עֵינֵיהוֹן וַחֲזוֹ וְהָא שְׁיָרַת עַרְבָאֵי אָתְיָא מִגִּלְעָד וְגַמְלֵיהוֹן טְעִינִין שְׁעַף וּקְטַף וּלְטוֹם אָזְלִין

תולדות אהרן

והבור רק אין. חגיגה ג שבת כב:

שפתי חכמים

כלום למלת נפש שאחריו ל"פ דס"ל כאלו נכתב מכת נפש וק"ל: ל דק"ל היאך יתכן לומר שראובן עצמו אמר שישליכו אותו בבור כדי שהוא ישיב אותו אל אביו דא"כ לא היו מניחין את ראובן להצילו. ועוד דאי קאי על ראובן הל"ל למען אציל ולמה כתב למען הציל. כתב הרא"ם לא שמעתי למה הוצרך לכתוב זה כי ידוע הוא מעצמו שאין זה מדברי ראובן וכו': מ וקשה מנ"ל שבשביל כך היה רוצה להציל אותו דלמא חסיד גדול היה ולא הי' רוצה להכות נפש. וי"ל דכתיב לקמן בפרשת ויחי בברכות שבירך יעקב את בניו שבירך את יהודה שאמר מה בצע ולמה לא בירך את ראובן שהיה רוצה להצילו מכל וכל והיה בדעתו לשובו אל אביו ואדרבה יהודה היה נותן עצה למכור אותו אלא ודאי ראובן לא היה כוונתו לשם שמים כי אם שלא יתלו הסרחון בו כלומר אתה בכור וכו'. מהרש"ל: נ כתב מהרש"ל פי' הרא"ם שהכל א' הוא שלא היה עליו אלא כתונת א' של פסים וכן אמר הכתוב את כתנתו ואיזה זה כתונת פסים שעליו דאין לומ' שהי"ל ב' כתונת זה ע"ג זה דאין נקרא כתונת אלא זה שע"ג בשרו אבל לא נ"ל אלא שהי"ל ב' כתונת זעג"ז א' ע"ג בשרו משום הזיעה שלא יקלקל את כתונת הפסים וגם הפשיטו שניהם כא' שהיו אוחזין בתחתונה והיו מפשיטין שניהם כאחד ולכך אמר אשר עליו ר"ל הכתונת הפסים אשר על האחר והטעם שהיו אוחזין בתחתונה כדי להראות לו שלא על מה שהוסיף לו אביו כתונת הפסים עשו זאת אלא בשביל דבתו רעה ובשביל חלומותיו עכ"ל: ס רש"י דייק מדכתיב

רש"י

היא מיתה: (כב) **למען הציל אותו.** רוח הקודש מעידה על ראובן ל שלא אמר זאת אלא להציל אותו שיבא הוא ויעלנו משם אמר אני בכור מ וגדול שבכולן לא יתלה הסרחון אלא בי: (כג) **את כתנתו.** זה חלוק: **את כתונת הפסים.** הוא שהוסיף לו אביו נ יותר על אחיו (ב"ר): (כד) **והבור רק אין בו מים.** ממשמע שנאמר והבור רק איני יודע שאין בו מים מה ת"ל אין בו מים. מים אין בו אבל ס נחשים ועקרבים יש בו (ב"ר שבת כב): (כה) **ארחת.** כתרגומו שיירת על שם הולכי ארח: **וגמליהם נושאים וגו'.** למה פרסם הכתוב את משאם להודיע מתן שכרן של צדיקים שאין דרכן של ערביים לשאת אלא נפט ועטרן שריחן רע ולזה נזדמנו בשמים שלא יוזק מריח רע: **נכאת.** כל כנוסי בשמים הרבה קרוי נכאת וכן (מ"ב כ) ויראם את כל בית נכתה מרקחת בשמיו

רמב"ן

עליו: (כד) וספר הכתוב כי היה רק ואין בו מים. שאם היה בו מים לא יטביעו אותו שכבר נמנעו משפוך דמו וכתב רש"י ממשמע שנאמר והבור רק אינני יודע שאין בו מים מה ת"ל אין בו מים מים אין בו אבל נחשים ועקרבים יש בו לשון רש"י מדברי רבותינו. וא"כ היו נחשים ועקרבים בחורי הבור או שהיה עמוק ולא ידעו בהם שאלו היו רואים אותם ולא יזיקו ליוסף היה הדבר ברור להם שנעשה לו נס גדול ושהוא צדיק גמור וידעו כי זכותו תצילנו מכל רע ואיך יגעו במשיח השם אשר הוא חפץ בו ומצילו וכענין שנא' אלהי שלח מלאכיא וסגר פום אריותא ולא חבלוני כל קבל די קדמוהי זכו אשתכחת לי אבל הם לא ידעו בדבר. וע"ד הפשט יאמר והבור רק אין בו מים כלל שגם אם היו בו מים מעט יקרא רק וכן כי מת אתה ולא תחיה כלל בשום פנים והכל ביאור ותיזוק: (כה) והנה אורחת ישמעאלים באה מגלעד. כאשר נשאו עיניהם וראו מרחוק אנשים באים מדרך גלעד הכירו כי אורחת ישמעאלים היא בגמלים וידעו כי למצרים ילכו כי מגלעד יובא הצרי והנכאות ולמצרים היה דרכם להוליך אותו. ולכן אמר להם יהודה הנה האנשים האלה מארץ מרחק והולכים אל ארץ רחוקה נמכרנו להם כי לא יודע הדבר. וכאשר קרבו להם מצאו כי היו בעלי סחורה אשר להם הנכאת והצרי אנשים מדינים סוחרים ששכרו הגמלים מהישמעאלים וימכרו את יוסף למדינים שקנו אותו לסחור בו לסחורה כי אורחת הישמעאלים משכירי הגמלים לא יקנו הם סחורה לעצמם ואמר וימכרו את יוסף לישמעאלים כי להם מסרו אותו שהם מוליכים הסחורה למצרים. וזה טעם מיד הישמעאלים אשר הורידוהו שמה כי היה בידם אבל המדינים היו בעליו והם סחרו בו והוא שאמר והמדנים מכרו אותו אל מצרים וכל מעשה בכתוב פעם יספר אותו כמושל

כלי יקר

את כתנתו את כתונת הפסים אשר עליו. פירש"י כתנתו זה חלוק ולמה זה הפשיטו כתנתו ואולי יוסף בלכתו אל אחיו היה מתירא פן יגזלו אחיו ממנו את כתונת הפסים ע"כ עשה מעשה נערות והלך ותפר וחיבר את כתונת הפסים אל סתם חלוקו כי אמר כנסתמא לא יליגוהו ערום וכולי האי לא חשדם ע"כ הפשיטו המה גם את חלוקו אגב כתנת הפסים ויסי' את פירושו כמו עס. וי"א שיוסף הפליך כתונתיו והלבים כתונת הפסים על גופו ממש וסתם חלוקו הלבים למעלה כדי להעלים מן אחיו הכתונת פסים לכן נאמר את כתנתו

אור החיים

שם למות ברעב וכמו שכן תמצא שתכף וישב ראובן אל הבור שחזר אליו להוציאו מהבור:

ויפשיטו

in order to save him from from their hand[s], to return him to his father. 23. Now it came to pass when Joseph came to his brothers, that they stripped Joseph of his shirt, of the fine woolen coat which was upon him. 24. And they took him and cast him into the pit; now the pit was empty—there was no water in it. 25. And they sat down to eat a meal, and they lifted their eyes and saw, and behold, a caravan of Ishmaelites was coming from Gilead, and their camels were carrying spices, balm, and lotus, going to take [it] down to Egypt.

to save him—*The Holy Spirit testifies for Reuben that he said this only to save him, so that he would* [be able to] *come and take him out of there. He said, "I am the firstborn and the eldest of them all. The sin will be attributed only to me."*— [*Rashi* from *Gen. Rabbah* 84:15]

23. **that they stripped Joseph of his shirt**—*This is the shirt.*—[*Rashi*]

of the fine woolen coat which was upon him—*This is what his father gave to him, more than his brothers.*—[*Rashi* from *Gen. Rabbah* 84:16]

Mizrachi explains that both expressions refer to a single shirt, which Joseph wore on his body. It was, however, different from the shirts of his brothers insofar as it was made of fine wool, or, as explained above, of a many-colored fabric, or of thin material. See above on verse 3. The brothers stripped him of it out of vengeance for the superior status he enjoyed with his father. *Mizrachi* wonders, however, at the apparently superfluous phrase "that was on him." *Gur Aryeh* and others therefore explain that these were two distinct garments, an ordinary shirt, which he

wore to clothe his body, and the tunic, or fine woolen coat, which he wore as a status symbol. The latter he wore over his shirt, so as not to soil it with perspiration. The brothers stripped him of both these garments. They grasped the undershirt first and then pulled off the coat, which he wore over it. This was to demonstrate that they did not wish to vent their anger upon him because of their envy of his coat, but because of his dreams and the tales he told about them.— [*Sifthei Chachamim* quoting *Maharshal*] *Be'er Basadeh* also explains that there were two garments. Since they all wore shirts, it is appropriate to refer to the shirt as "his shirt" to distinguish it from those of his brothers. Concerning the fine woolen coat, however, it would be inappropriate to refer to it as "his woolen coat." There was no need to distinguish it since his brothers did not each have one. It is therefore referred to as "the fine woolen coat which was upon him," by which he was distinguished from his brothers.

Ohr Hachayim also explains that Joseph wore two garments, a shirt and the fine woolen coat. They wished to strip him only of his fine woolen coat, which represented his exalted status. However, in their anger, they inadvertently stripped him of his shirt also. Thus, the verse is to be rendered: they stripped Joseph of his shirt *with* the woolen coat, which was over it.

24. now the pit was empty— there was no water in it—*Since it says: "now the pit was empty," do I not know that there was no water in it? For what purpose did the Torah write, "there was no water in it"? [To inform us that] there was no water in it, but there were snakes and scorpions in it.*—[*Rashi* from *Shab.* 22a, *Chag.* 3a]

Ramban conjectures that the snakes and scorpions were in holes in the pit, or that it was a very deep pit, so that the brothers did not see the snakes and were consequently unaware of their existence. Had they seen them and then witnessed Joseph miraculously emerge from the pit unscathed, they would surely have realized that he was a very righteous man, and they would not have pursued their plans to sell him as a slave.

25. a caravan—Heb. אֹרְחַת, *as the Targum renders:* שְׁיָרַת, [called אֹרְחַת] *because of those who travel on the way (*אֹרַח*).*—[*Rashi*]

and their camels were carrying, etc.—*Why did Scripture publicize their burden? To let you know the reward of the righteous, for it is customary for Arabs to carry only naphtha and tar, whose odor is foul, but for this one* (Joseph) *it was arranged* [that they should be carrying] *spices, so that he should not be afflicted by a foul odor.*— [*Mechilta Beshallach,* treatise 2, section 5]

spices—Heb. נְכֹאת. *Any collection of many spices is called* נְכֹאת. *Similarly, "and he showed them his entire storeroom of spices (*בֵּית נְכֹתֹה*)" (II Kings 20:13), the compounding of his spices. Onkelos, however, renders it as a word meaning wax.*—[*Rashi*]

Be'er Basadeh maintains that *Onkelos* does not mean wax, but his translation שְׁעָף means *theriac,* as in *Aruch* [not found in extant editions. *Ramban* on Exod. 30:34 identifies it as anointing oil]. He conjectures that this is a copyist's error, and should read: *Targum Yerushalmi, however, renders it as a word meaning wax.* Or: *Genesis Rabbah* (91:11), *however, renders it as a word meaning wax.*

balm—Heb. וּצְרִי, *a sap that drips from balsam trees, and this is* נָטָף, *sap, which is enumerated with the ingredients of the incense* [used in the Temple] (Exod. 30:34-38).— [*Rashi*]

and lotus—Heb. וָלֹט. *This is called* לוֹטִיתָא *in the language of the Mishnah (Shevi'ith 7:6). Our Sages defined it as a root of an herb, called aristolochie, birthwort, in Tractate Niddah (8a).*—[*Rashi*]

Be'er Basadeh maintains that this comment of *Rashi* is erroneous. The word לוֹטִיתָא is found nowhere in the Mishnah. In the Mishnah, we find לוֹטָם. In Tractate *Niddah,* we find no more explanation than in Tractate *Shevi'ith.* The Gemara merely quotes

טלוקו יתיה לגובא הדין דבמדברא ויד דקטולין לא תושטון ביה בגין לשיזבא יתיה מידיהון לאתבותיה
לות אבוי : כג והוה כד אתא יוסף לות אחוהי ואשלחו ית יוסף ית פרגודיה ית פרגוד מצייר דעלוי :
כד ונסבו יתיה וטלקו יתיה לגובא וגובא סריק לית ביה מוי ברם חיוין ועקרבין הוו ביה :
כה וחזרו למיכל לחמא וזקפו עיניהון וחמון והא סיעא דערבאין אתיא כה סיעה דסרקיין :

פי' יונתן

(כב) טלוקו ככר פירשתי ל' השלכה בפר' : (כד) וגובא סרק וכן אילן סרק

פי' ירושלמי

(כה) סיעה דסרקיין פירוש חבורת ישמעאלים :

בעל הטורים

כתנתו . ב' במס' הכא ואידך קרוע את כתנתו גבי שאול לומר שגם בכאן קרעו כתנתו תעליו למהר הדבר : ויקחהו . כתיב חסר וי"ו שלא לקחו אלא א' והוא שמעון וע"כ ויקח מאתם את שמעון : רק . ב' במס' הכא ואידך כי לא דבר רק הוא שלא היה הבור ריקן שהרי היו בו נחשים ועקרבים מים אין בו אבל יש בו נחשים ועקרבים ועוד גמרינן אין בו מים דהכא ממאי דכתיב נחש שרף ועקרב

רשב"ם

שאין בני אדם מצויין שם וימות מאליו : למען הציל . הפסוק מעיד על ראובן כי להצילו נתכוון כמו שמוכיח סופו : (כג) את כתנת הפסים . י"א לא הזכירה אלא לרמוז לך שהיא גרמה תחילת השנאה . וזה אינו אלא לפי שהוא אומר לפניו וישלחו את כתנת הפסים להטעותו שיחשוב בלבו כי חיה רעה אכלתהו . כמו שאמ' ויכיר' ויאמר כתונת בני לכך הוא מזכירה כאן : (כד) אין בו מים . שאם היה בו מים לא היו משליכין אותו שם שא"כ היו מטביעין אותו וממיתין אותו בידם והם אמרו ויד אל תשלחו בו וידינו אל תהי בו לגרום לו

רש"י

ואונקלוס תרגם לשון שעוה : וצרי . שרף הנוטף מעצי הקטף והוא נטף הנמנה עם סמני הקטורת : ולט . לוטיתא שמו בל' משנה ורבותינו פירשו שרש עשב ושמו אשטרולוזיא"ה

שפתי חכמים

הבור רק ואי הוה בו דבר כגון עלים ואבנים אין זה נקרא רק בשלמא אי היו בו נחשים ועקרבים א"ש דכתיב רק דנחשים ועקרבים דרכן ליכנס בחורין ובסדקין והוה כאלו רק אבל מ"מ היו בו וילפינן ג"ש כתיב הכא אשר אין בו מים ובפ' עקב כתיב נחש שרף ועקרב וצמאון אשר אין מים מה אין מים דנאמר להלן מיירי שיש בו נחשים ועקרבים אף הכא מיירי שיש בו נחשים ועקרבים [ממ"ש] ול"כ דל"ל דאין בו מים לדיוקא דעלים ואבנים היו בו דמ"מ בזה אלא בא להורות הא שאר דברי מזיקים היו בו ואפ"ה השליכוהו בו וק"ל וא"ל כיון דנחשים ועקרבים יש בו א"כ הצלת ראובן אינה הצלה שימיתוהו הנחשים והעקרבים י"ל שהם לא ידעו מזה אלא שהיו סבורים שאין בו אפילו נחשים ועקרבים דאל"כ איך רצו למכור אותו כיון

דעת זקנים מבעלי התוספות

(כד) והבור רק אין בו מים. פירש"י מים אין בו אבל נחשים ועקרבים יש בו . פי' דרק ואין הוי מיעוט אחר מיעוט ואין מא"מ אלא לרבות לומר שהיה בו שום דבר . וא"ת ומנא ליה דנחשים הוי אימא אבנים יש בו . י"ל מדכתיב רק משמע דבר שלפעמים היה מתר קן ממנו :

אבן עזרא

נכנו מכת נפש להוציא נפשו : (כג) ויפשיטו . פועל יוצא לשני פועלים שאמרו לו שיפשיט אותה בעצמו . והכתנת בלשון הקדש החלוק הדבק לעור והנה הערימוהו והשליכוהו ערום אל הבור : (כה) וישבו לאכל לחם . התשעה אחים : ארחת ישמעאלים . כאשר אמר המתרגם בעבור שהיא הולכת ארחות : נכאת . אמר ר' משה הכהן ז"ל הספרדי שפי' נכאת דבר נחמד . וכן ויראם את בית נכותה . כי הוי"ו והאל"ף יתחלפו שהם האותיות הנח : וצרי . מלאנוהו במקרא בשוא נח תחת הצדי ובקמץ חטף . הצרי אין בגלעד . גם בחולם שמן ודבש וצרי . והגאון פי' אותו כי הוא הנעשה משבעים וחמשה עקרים ואחרים אמרו כי הוא פרי או שמן האילן שהובא מיריחו אל מצרים על דעת יוסף בן גוריון. ורבי ישמעאל אמר שהוא שרף ואנחנו נסמוך על דעתו : ולוט. אמר הגאון שהוא הפרי הנקרא כן בלשון

רמב"ן

המצוה בו ופעם כשליח שיעשנו בידו כענין שנ' את כל מעשה ה' הגדול אשר עשה וכתוב אחר אשר עשה משה לעיני כל ישראל וכן אמר ותשלם כל המלאכה אשר עשה המלך שלמה וחירם עשאה כדכתיב ויבא אל המלך שלמה ויעש את כל מלאכתו וביוסף עצמו אמר את כל אשר עושים שם הוא היה עושה נותן המעשה למצוה בו ולעושה אותו ור"א אמר כי המדיני' יקראו ישמעאלים כאשר אמר הכתוב על מלכי מדין כי ישמעאלים הם ואיננו כאשר חשב כי הכתוב שאמר כי נזמי זהב להם כי ישמעאלים הם ירמוז על בני קדם שהמלחמה ההיא להם היתה דכתיב וכל מדין ועמלק ובני קדם נאספו יחדיו ובני קדם הם ישמעאלים כי על כל בני הפלגשים אשר לאברהם אמר וישלחם מעל יצחק בנו בעודנו חי קדמה אל ארץ קדם. ג"כ יתכן שיהיו המלכים ישמעאלים והם מלכו על מדין כי למה יקראו מדין על שם ישמעאל אחיהם. והנכון בפשט הכתוב ביוסף מה שאמרנו בו אבל רבותינו אמרו שנמכר

אור החיים

ויפשיטו את יוסף וגו' . לפי פשט הכתוב או' כתנתו היא החלוק כתונת הפסים היא לבוש העליון שעשה לו אביו ולפ"ז היה להקדים הפשטת לבוש העליון שהוא כתונת הפסים ולהבין כוונת הכתוב יש לדקדק עוד למה לא אמר ואת כתונת הפסים אכן כוונת הכתוב היא שהאחים לעולם לא רצו להפשיטו לחלוטין ולהניחו ערום אלא להסיר מעליו כתונת הפסים שבה היתה הקנאה בו ומודיעו הכ' כי כשהסירו כתונת הפסים ברוב הכעס והשנאה לא דקדקו להסיר אותה במתון ובנחת רוח אלא בשנאה גדולה ובכ"כ אכזריות עד שהסירו עמה גם הכתונת שהיא החלוק וזה הוא שיעור הכתוב ויפשיטו את יוסף פירוש לא נשאר כ"א גופו של יוסף ערום כי הסירו את כותנתו שהיא החלוק עם כתונת הפסים כשהסירו מעליו בלא כוונה ואו' אשר עליו

כלי יקר

כתנתו כי מתחילה הפשיטו סתם כתנת שלמעלה ואחר כך את כתונת הפסים אשר עליו על גופו ממש ולא מעל דמעל :

והבור רק אין בו מים . אבל נחשים ועקרבים יש בו ימצאו לפס סיפר בזה כי חשבו את מכיא דבתם לבעל לשון הרע ומצינו שבעלי הלשון נדונים בנחשים כמ"ש וידבר העם באלהים ובמשה וכתי' וישלח ה' בהם את הנחשים יבא הנחש שחטא בלשונו וסיפר לשון הרע על בוראו ויפרע מבעלי הלשון כפירש"י שמה שהלשון נופל על הלשון וכתיב אם ישוך הנחש בלא לחש ומה יתרון לבעל הלשון וכתיב ופורץ גדר ישכנו נחש זה הלשון הפורץ שני גדרים אחת של בשר ואחת של עצם ויצא לחוץ ידבר על כן הגיד לנו הכתוב שהיו בבור נחשים לומר יבא הנחש שחטא בלשונו על עסקי עריות כי בעבור שראה את אדם וחוה עסוקים בתשמיש על כן נתאוה לה ויפרע מן יוסף שספר על אחיו איך שהם חשודים על העריות :

אבי עזר

(כה) [וצרי. מלאנו במקרא בשוא נח וכו'] וכן מצינו בקמץ חטף מעט צרי בפ' מקץ . וכן חלי דברים כ"ח ואף שאין לדי"ק צרי מאותיות הגרון . נקרא כן להודיע שהוא קמץ קטן . אבל במקום דאין לטעות . כמו גזי נזרך . שנכתב דגש אחריו בזי"ן . או במקום שבא אחריו שוא נח . כמו קרבן . אז אין לטעות בקמץ גדול. ואין צורך לנקד שוא אצלם . כן מבואר בכד"ק :

ספורנו

למען הציל. להעלותו אחר כך : (כה) וישבו לאכל לחם. שלא היה כל זה בעיניהם תקלה או מכשול שימנעם מלקבוע סעודתם כמו שהיה ראוי לצדיקים כמותם כשאירעה תקלה על ידם כמו שעשו ישראל אחר שהרגו את שבט בנימין כאמרו וישבו עד הערב לפני האלהים וישאו קולם ויבכו בכי גדול ויאמרו למה ה' אלהי ישראל היתה זאת בישראל כו'. וכן דריוש כשהשליך את דניאל בגוב אריות דכתיב ובת טות ודחון לא הנעל קדמוהי. וזה קרה להם מפני שחשבו את יוסף לרודף שכל הקודם להרגו זכה כשאין דרך להציל הנרדף בזולת זה : הולכים להוריד מצרימה. שהיו בעלי הגמלים ולא היו הם בעלי הסחורה ולכן הורדת הסחורה שם היתה לגמר מלאכתם:

כו וַיֹּאמֶר יְהוּדָה אֶל־אֶחָיו מַה־בֶּצַע
כִּי נַהֲרֹג אֶת־אָחִינוּ וְכִסִּינוּ אֶת־דָּמוֹ׃
כז לְכוּ וְנִמְכְּרֶנּוּ לַיִּשְׁמְעֵאלִים וְיָדֵנוּ
אַל־תְּהִי־בוֹ כִּי־אָחִינוּ בְשָׂרֵנוּ הוּא
וַיִּשְׁמְעוּ אֶחָיו׃ כח וַיַּעַבְרוּ אֲנָשִׁים
מִדְיָנִים סֹחֲרִים וַיִּמְשְׁכוּ וַיַּעֲלוּ אֶת־
יוֹסֵף מִן־הַבּוֹר וַיִּמְכְּרוּ אֶת־יוֹסֵף
לַיִּשְׁמְעֵאלִים בְּעֶשְׂרִים כָּסֶף וַיָּבִיאוּ

אונקלוס

לְאַחְתָא לְמִצְרָיִם׃ כו וַאֲמַר
יְהוּדָה לַאֲחוֹהִי מַה מָמוֹן
נִתְהַנֵי לָנָא אֲרֵי נִקְטוֹל
יַת אֲחוּנָא וּנְכַסֵי יַת
דְּמֵיהּ׃ כז אִיתוּ וּנְזַבְּנִנֵיהּ
לַעַרְבָאֵי וִידָנָא לָא תְּהִי
בֵיהּ אֲרֵי אֲחוּנָא בִסְרָנָא
הוּא וְקַבִּילוּ מִנֵיהּ
אֲחוֹהִי׃ כח וַעֲבָרוּ גַבְרֵי
מִדְיָנָאֵי תַּגָרֵי וּנְגִידוּ
וְאַסִיקוּ יַת יוֹסֵף מִן גוּבָא
וְזַבִּינוּ יַת יוֹסֵף לְעַרְבָאֵי
בְּעַסְרִין כְּסַף וְאַיְתִיאוּ יַת

תו"א ויאמר יהודה אל אחיו סנהדרין ו:

שפתי חכמים

שראו הנס שעשה לו הקב"ה שלא הזיקו ולא המיתו אותו. רא"ם: ע אבל לא תפרשהו ל' גזילה: פ רלל"ת הא לאו היה ועוף הי' ועוד הא השליכוהו אל הבור ואין כאן דם שצריך לכסותו: צ דייק מדכתיב וימשכו ויעלו את יוסף מן הבור וימכרו ואי היו המדינים היאך היו רשאים למוכרו והא עדיין לא היה שלהם ועוד דאי המדינים משכו אותו מן הבור בלא ידיעת האחים ומכרו אותו א"כ מאי זה דכתיב אני יוסף אחיכם אשר מכרתם אותי הנה והא הם לא מכרו אותו. ועוד למה לי למכתב לכו ונמכרנו לישמעאלים והא לא מכרו אותו אלא וימשכו קאי על בני יעקב והם מכרוהו לישמעאלים וישמעאלים למדינים ואין להקשות מנ"ל לרש"י דישמעאלים מכרוהו למדינים דלמא מכרו אותו למדנים שהם אומה אחרת כדכתיב ואת מדן ואת מדין דא"כ למנ"מ הזכיר הכתוב ויעברו אנשים מדינים סוחרים אע"כ לענין מכירת יוסף הזכיר הכתוב שישמעאלים מכרו אותו למדינים ומדינים למדנים ומדנים לפוטיפר וק"ל כ"ל. אבל הרא"ם כתב שמדינים ומדנים א' הוא ולעיל גבי כתונת פסים הזכיר נמי סוחרים היינו לפי האגדה וכאן פירש לפי פשוטו שמדינים וסוחרים א' הם וסיי' אבל קשה מפסוק ויקנהו פוטיפר וגו' מיד הישמעאלים י"ל אע"פ שנמכר פעמים רבות אבל עדיין לא נתנו לישמעאלים מחיר כספם שנתנו בעדו ומכח זה היה עוד ביד הישמעאלים רק ריוח יותר על כספם לא היה של ישמעאלים אלא של מדינים ומכח זה כשאר עדיין ביד הישמעאלים וק"ל. כ"ל: ק הא דדחיק רש"י לפרש כן וכן לפי ד"א עסוק היה בשקו וכו' דלמא הלך לו לעסקיו י"ל דאי הלך לדבר הרשות היאך רשאי לו לילך הא ידע שאחיו מבקשים להמית את יוסף ולמה לא ירא כשילך לו שימיתו אותו אלא צ"ל שלדבר מצוה הלך שהגיע יומו וכו' וקשה א"כ מהו וישב סול"ל ויבא ל"פ ד"א ל' תשובה וטעם אחרון לבד לא יתכן דא"כ הי"ל להמתין עד יום אחר בשביל יוסף ל"פ שהגיע יומו וכו' ולא היה יכול להמתין מהרש"ל: ר דייק מדכתיב הכא וישב ראובן אל הבור ונאמר גבי מרדכי וישב

רש"י

במס' נדה (דף ה): (כו) מה בצע. מה ממון ע כתרגומו: וכסינו את דמו. ונעלים את פ מיתתו: (כז) וישמעו. וקבילו מני' וכל שמיע' שהיא קבלת דברי' כגון זה וכגון וישמע יעקב אל אביו נעש' וכשמע מתורגם נקבל וכל שהוא שמיעת האוזן כגון וישמעו את קול ה' אלהים מתהלך בגן ורבקה שומעת וישמע ישראל שמעתי את תלונות כולן מתורגם ושמע ושמעת ושמע שמיע קדמי: (כח) ויעברו אנשים מדינים. זו היא שיירא אחרת והודיעך הכתו' שנמכר פעמים הרבה: וימשכו בני יעקב את יוסף מן הבור וימכרוהו צ לישמעאלי' והישמעאלים למדינים והמדינים למצרים: וישב ראובן. ובמכירתו לא היה שם שהגיע יומו לילך ולשמש ק את אביו ד"א עסוק הי' בשקו ר ובתעניתו על שבלבל יצועי אביו:

רמב"ן

פעמים רבות: (כו) וכסינו את דמו. ונעלים את מיתתו לשון רש"י. וכן אמר אונקלוס ונכסי על דמיה. והנכון שהוא כפשוטו כי המנהג ברוצחי מסתרים להרוג הנרצח ולקברו ולכסות דמו בעפר כענין שנא' ויטמנהו בחול. ולכך אמר להם הנה אנחנו הורגים את אחינו ומכסים את דמו בעפר כי כן יחשב לנו והנה ראובן למד להם שלא ישפכו דם בידם אבל ישליכוהו בבור וימות שם שאין עונש הגורם כעונש השופך דם ובא יהודה עתה ואמר גם יחשב לנו לרציחה כאלו אנחנו הרגנוהו וכן הדבר באמת וכענין שאמר הכתוב ואותו הרגת בחרב בני עמון ודינא רבה דינא

אבן עזרא

ישמעאל בתוספת בי"ת ואולי כן הוא: (כו) מה בלע. מה תועלת. וקרוב מטעם חפץ. וכן מה בלע בדמי: (כז) אחינו בשרנו הוא. כמו בשרנו כי מבשר אחד היינו: (כח) ויעברו. וכאשר עברו עליהם הישמעאלים הסוחרים כי המדינים יקראו ישמעאלים וכן אמר על מלכי מדין כי

אור החיים

נתכוון להגדיל הדבר כי כתונת הפסים היא היתה מלבוש העליון והסירו כל הבגדים וגם החלוק כולם יחד עמה מרוב הכעס והשנאה:

ויעברו אנשים מדינים וגו'. צל"ד למה הזכיר עברת אנשים מדיני' אחר שלא היה המכר אלא לישמעאלי' כאומרו וימכרו את יוסף לישמעאלים וכן מוכח מהכתובים למעלה והנה אורחת ישמעאלים וגו' לכו ונמכרנו לישמעאלים א"כ סיפר ויעברו אנשים מדינים לא נודע כוונתו. עוד רואני שאמר עוד הכ' אחרי זה והמדנים מכרו אותו וגו' א"כ מוכח כי למדנים מכרוהו וכתוב ראשון מכחישו. עוד אמר הכתוב אח"כ ויוסף הורד מצרימה ויקנהו פוטיפר מיד הישמעאלים הרי העמיד המכר שהיה לישמעאלים כאמור בתחילת הענין ולא למדנים ורז"ל אמרו מלמד שנמכר מכירות הרבה ואין מתיישבים פשטי הכתובים בזו והבן והנכון הוא כי פי' של דברים היא עז"ה כי מתחילה הודיע הכתוב והנה אורחת ישמעאלים וגו' ודברי יהודה שאמר לכו ונמכרנו לישמעאלים ולהיות שאורחת ישמעאלים זה אינם סוחרים להתגר בכל מין קנין זולת במה שהיו נושאים ואין מציאות שיקנו את יוסף אשר ע"כ הזמין ה' אנשים מדינים סוחרים פי' שמכירים כל מין סחורה אשר תזדמן לקנותה להרויח ותדע כי הסוחר אינו בעל הכיס אלא בעל הידיע' וההכר ובעל הכיס יקנה על פיו כמו שידוע זה בפינות גדולות בעולם ובאמצעות אלו הסוחרים נגמר הדבר של המכר לישמעאלים והוא שאמר הכתוב ויעברו אנשים

26. And Judah said to his brothers, "What is the gain if we slay our brother and cover up his blood? 27. Come, let us sell him to the Ishmaelites, but our hand shall not be upon him, for he is our brother, our flesh." And his brothers hearkened. 28. Then Midianite men, merchants, passed by, and they pulled and lifted Joseph from the pit, and they sold Joseph to the Ishmaelites for twenty silver [pieces], and they brought

the Mishnah. He believes that "our Sages" refers to *Rashi*'s mentors, not to the Sages of the Talmud.

going to take [it] down to Egypt—This is the simple meaning of the passage. *Zeror Hamor*, however, offers a unique interpretation: This caravan of Ishmaelites was going past because it was Providentially sent to go to take Joseph down to Egypt.

26. **What is the gain**—*What money* [will we profit]*? As the Targum renders.*—[*Rashi*]

Ibn Ezra and *Sforno* render: Of what avail is it?

A unique interpretation is offered by *Rabbenu Ephraim* (*Tos. Hashalem*); *Midrash Rabbi David Hanagid*; and *Tanchuma Buber*, p. 139: The letters of בֶּצַע correspond to בֹּקֶר, *morning*, צָהֳרַיִם, *noon*, and עֶרֶב, *evening*, the times the Patriarchs established for prayer. Judah said to his brothers, "How will we pray in the morning, the afternoon and the evening if we slay our brother and cover up his blood?" In addition, these letters are the second letters of the names of the Patriarchs אַבְרָהָם, יִצְחָק, and יַעֲקֹב. This signifies the brothers' rank as second to that of the Patriarchs. This is what Judah said to

his brothers, "How can we maintain our status as second to the Patriarchs if we slay our brother and cover up his blood?"

and cover up his blood—*And conceal his death.*—[*Rashi*]

Ramban interprets the verse literally. He writes that assassins who murder in secret customarily bury their victim and cover up the blood with earth. Judah admonished his brothers against leaving Joseph in the pit to perish. He asserts that indirectly causing him to die is tantamount to killing him and covering up his blood. Indeed, that is so, as Nathan the prophet reproves David: "and you have slain him with the sword of the children of Ammon" (II Sam. 12:9). The only difference between direct murder and indirect murder is the severity of the punishment (*Kidd.* 43a). [What the punishment is is obscure, because it is inflicted by Heaven.]

27. **And...hearkened**—Heb. וַיִּשְׁמְעוּ, [which the *Targum* renders:] וְקַבִּילוּ מִינֵהּ, *and they accepted from him. Every instance of* שְׁמִיעָה *that signifies acceptance, such as this one and such as "And Jacob listened* (וַיִּשְׁמַע) *to his father" (Gen. 28:7), "We will do, and we will listen* (וְנִשְׁמָע)" *(Exod. 24:7), is translated* נְקַבֵּל. *Every instance that*

means the hearing of the ear, [however,] such as "And they heard (וַיִּשְׁמְעוּ) the voice of the Lord God going in the garden" (Gen. 3:8), "But Rebecca overheard (שׁמַעַת)" (ibid. 27:5), "and Israel heard (וַיִּשְׁמַע) [of it]" (ibid. 35:22), "I have heard (שָׁמַעְתִּי) the complaints" (Exod. 16:12), are all rendered [respectively]: וְשָׁמַע, וּשְׁמַעַת, וְשָׁמְעוּ, שְׁמִיעַ קְדָמַי.—[Rashi]

28. Then Midianite men, merchants, passed by—This is another caravan, and Scripture informs you that he was sold many times.—[Rashi from Tanchuma Buber, Vayeshev 13]

and they pulled—The sons of Jacob [pulled] Joseph out the pit and sold him to the Ishmaelites, and the Ishmaelites to the Midianites, and the Midianites to Egypt.—[Rashi from Midrash Asarah Harugei Malchuth]

Ramban explains that when the brothers saw the caravan of the Ishmaelites in the distance, they decided to sell Joseph to them so that he would be carried far off and their act would not become known. When the caravan drew near, they realized that the camels were laden with merchandise belonging to Midianite merchants, who had rented the camels from the Ishmaelites. They therefore sold Joseph to the Midianites, for the Ishmaelites were not merchants and thus did not buy merchandise. It was thus the Midianites who sold him into Egypt.

Rashbam offers an original interpretation, viz. that the brothers did not sell Joseph, but the Midianites pulled him from the pit and sold him to the Ishmaelites, who sold him into Egypt. The brothers were considered guilty because they were instrumental in his being sold.

Sefer Hayashar relates that when Joseph was in the pit with the snakes and scorpions, he was frightened, and he cried out, pleading with his brothers to release him. They distanced themselves from the pit and his cries, and discussed whether to kill him or return him to their father. In the midst of their discussion, they saw a caravan of Ishmaelites coming from Gilead on their way to Egypt. Judah suggested that they sell him to the Ishmaelites. Meanwhile, another caravan came along, this time of Midianites. Thinking that the pit was a cistern, they approached it and saw a comely youth in it, weeping and wailing. They pulled him out and went on their way. When Joseph's brothers saw him in the Midianites' hands they warned them to release their slave. They refused, and a battle ensued. Out of fear of Simeon, the Midianites surrendered and agreed to pay twenty silver coins for Joseph.

The brothers thus sold Joseph to the Midianites. Because they were afraid that Joseph had been kidnapped, they in turn sold him to the Ishmaelites, who treated him cruelly and took him to Egypt. When they arrived there, they met four Medanites, to whom they sold Joseph. Potiphar purchased him from the Medanites only after the Ishmaelites testified that he was their slave and that they had sold him to the Medanites. This reconciles all the conflicting verses about the sale of Joseph, including 37:36 and 39:1.

מִגִלְעָד וּגְמַלֵיהוֹן טְעוּנִין שַׁעֲוָה וּשְׂרַף קְטַף וּלְטוֹם מְטַיְלִין לְאַחָתָא לְמִצְרַיִם: כו וַאֲמַר יְהוּדָה לַאֲחוֹהִי מַה הֲנָיַית מָמוֹן יְהִי לָן אֲרוּם נִקְטוֹל יַת אֲחוּנָא וּנְכַסֵי עַל דְמֵיהּ: כז אִיתוּ וּנְזַבְּנִינֵיהּ לַעֲרָבָאִין וִידָנָא לָא תְהֵי בֵיהּ לְמִקְטְלֵיהּ אֲרוּם אֲחוּנָא בִשְׂרָנָא הוּא וְקַבִּילוּ אֲחוֹי: כח וְעָבְרוּ גַבְרֵי מִדְיָנָאֵי מָרֵי פְרַקְמַטְיָא וּנְגִידוּ וְאַסִיקוּ יַת יוֹסֵף מִן גוּבָא וְזַבִּינוּ יַת יוֹסֵף לַעֲרָבָאִין בְעֶשְׂרִין מְעִין דִכְסַף וְזַבְּנוּ מִנְהוֹן סַנְדְלִין וְאַיְיתִיוּ יַת

פי' יונתן

טוֹלן ל' ריקות: (כה) ושרף קטף ל' המשנה שרף הנוטף מעלי הקטף: (כח) וזבינו מנהון סנדלין פי' קנו מנעלי' לרגליה' דכתיב על מכרם בכסף לדיק

בעל הטורים

ולמאון אשר אין מים: מה בלע. ב' במס' הכא ואידך מה בלע בדמי וזהו מה בלע בדמי אם אהרוג את אחי: וימשכו. ב' במס' הכא ואידך וימשכו ויעלו את ירמיהו שנפרע מירמיהו מה שעשו ליוסף: בעשרים כסף. שהוסיף לו אביו משקל שני סלעים מילת ומכרוהו בכ' סלעים שהגיע לכל א' שני סלעים. ד"א דמי עבד הם ל' סלעים והם שמכרוהו בסתר הולרכו לזלזל בו שליש ד"א שכן ערך מבן ה'

רשב"ם

מיתה: (כח) ויעברו אנשים מדינים. ובתוך שהיו יושבים לאכול לחם ורחוקים היו קצת מן הבור לבלתי אכול על הדם ומסתינים היו לישמעאלים שראו וקודם שבאו הישמעאלים עברו אנשים מדינים אחרים דרך שם וראוהו בבור ומשכוהו ומכרוהו המדינים לישמעאלים וי"ל שהאחים לא ידעו ואע"פ שכתוב אשר מכרתם אותי מצריםה י"ל שהגרמת מעשיהם סייעה במכירתו. זה נראה לי לפי עומק דרך פשוטו של מקרא כי ויעברו אנשים מדינים משמע ע"י מקרה והם מכרוהו לישמעאלים. ואף אם באתה לומר וימכרו את יוסף

דעת זקנים מבעלי התוספות

(כח) וימשכו ויעלו. מתחלה מכרוהו כשהיה בבור בעשרים כסף בלבד מפני שהוריקו פניו מפחד הנחשים ומיד וימשכו עד חלי הבור ומיד חזר לו תואר יפיו שנצול מן הנחשים וכשראוהו אחיו יפה כבתחלה לא רצו לתתו בעשרים כסף ואמרו להחזירו לבור ונתנו להם הישמעאלים בפשרה מנעלים יותר וזה שאמר הכתוב על מכרם בכסף לדיק ואביון בעבור נעלים וגו'. ומיד ויעלו את יוסף מן הבור לגמרי: וימכרו את יוסף לישמעאלים. פירש"י שאחיו מכרוהו לישמעאלים וישמעאלים למדינים והמדינים למצרים. ולפי זה יש לפרש הפרשה כן וישאו עיניהם ויראו והנה אורחת ישמעאלים באה ובתוך כך ויעברו אנשים וגו' ולפיכך הזכירם הכתוב כאן כדי שלא תתמה כשתגיע להפסיק והמדנים מכרו אותו אל מצרים מאין בא ליד המדנים ומי מכרו להם והודיעך כאן שכך היה המעש' שבתוך כך שאחיו דברו ביניהם למכרו לישמעאלים עברו אנשים מדינים וימשכו אחיו את יוסף מן הבור ומכרוהו לישמעאלים וכל זה ראו המדינים ואח"כ קנוהו המדנים מידם כי היו טוענין בשבילנו הוליאוהו מן הבור כדי למכרו לנו ולפיכך מכרוהו להם והם מכרוהו לפוטיפר. וא"ת למה נכתב כאן והמדנים מכרו היה לו לכתוב והמדינים. פי' רשב"ם בפי' חומש שלו מדנים ומדינים וישמעאלים אומה אחת אף כי מדן ומדין וישמעאלים אחים היו וקשיא דלעיל הביא רש"י וז"ל מדרש אגדה פסים על שם לרותיו שנמכר ארבעה פעמים. ולפי זה לא מלינו שהי' מכור רק שלשה פעמים. לכן נ"ל כן וישאו עיניהם ויראו והנה ארחת ישמעאלים וגו' והיו מדברים ביניהם לכו ונמכרנו לישמעאלים הבאים אללנו וטרם באו הישמעאלים אליהם ויעברו אנשים מדינים סוחרים ומכרוהו אליהן בעודו בבור בעבור נעלים בספק אם חי אם מת ובעודם מושכים אותו מן הבור הישמעאלים באו אליהם וימשכו המדנים את יוסף מן הבור וימלאוהו חי וימכרו לישמעאלים וישמעאלים למדנים והמדנים למצרים הרי כאן ארבעה מכירות והא דכתיב לקמן ויקנהו פוטיפר מיד הישמעאלים. כך היה המעשה כי כאשר ראהו פוטיפר תמה אמר גרומני מוכר כושי ואין כושי מוכר גרומני פי' גרומני אדם יפה ולכן אמר ודאי אין זה עבד תנו לי ערב שלא גנבתם אותו ובאו הישמעאלים שמכרוהו להם וערבוהו ולזה כתיב מיד הישמעאלים לפי שהם ערבוהו: בעשרים כסף. וא"ת איך אדם יפה כיוסף לא נמכר כי אם במעט כזה. י"ל שנמכר בעשרים כסף לכל אחד ואחד מאחיו. ובפרקי ר' אליעזר פריך הכי ומשני שהוריקו פניו מאימת נחשים ועקרבים. וי"א בעשרים כסף זקוקים כסף שהרי

אור החיים

אנשים מדינים סוחרים ובאמלעותם מכרו יוסף לישמעאלים כי זולתם לא היו הישמעאלים קונים והנה כיון שבין שניהם המדנים והישמעאלים היה המכר הרי יש למדנים חלק בריוח לצד כי הם הקונים ולישמעאלים חלק בריוח לצד כי הם בעלי כיסים אשר נתנו עשרים כסף ולזה אמר והמדנים מכרו אותו אל מצרים וגו' כי לצד שהיה להם הלק בו וגם הם היודעים הערך הם היו המוכרים לא הישמעאלים כי אינם בקיאים בשיעור שווי אבל גופו של יוסף היה ביד הישמעאלים כי הם העקרים שנתנו בו כספם ולזה אמר ויקנהו פוטיפר מיד הישמעאלים דקדק לומר מיד כי בידם היה שהורידוהו שמה ואין מליאות לקנותו פוטיפר זולת ממי שהיה בידו וגם לא היו ישמעאלים יכולין למוכרו הם לבדם מבלי המדנים מלבד טעם שהם הבקיאין בשווי וידעו כמה שיעורו גם לצד שיש הלק בריוה לריך שיסכימו הם על המכר ולזה אמר הכתוב שהמדנים מכרו ולקחו מיד הישמעאלים ובזה נתישב הכתובים כפתור ופרח ודברי רז"ל שאמרו שנמכר פעמים רבות זה דרך דרש ואולי כי להיות שהיו חלקים הרבה בלקיחתו יחשב מכירות רבות ופשט הכ' הוא כמו שכתבתי והדרשה תדרש:

וימכרו את יוסף. אולי שאחר שהפילוהו כ"כ וביזוהו בערום ובהשלכתו לבור נח קלת רוגזם ונתרלו בעלת יהודה וכנגד מה שאמרו ונראה מה יהיו חלומותיו שנראה שהיו מבקשים אופן לשלול בההלט היות הדבר אולי שחשבו כי באמלעות פחיתות זה שמכרוהו הרי הוא מוחלט

כלי יקר

מה בצע כי נהרג את אחינו וכסינו את דמו. בכל מקום שנזכר במקרא לשון בלע מדבר בהנאת ממון וכאן מהיכא תיתי שיהי' להם הנאת ממון בדבר ההריגה ע"כ נראה לומר שכל עיקר הקנאה היתה על הבכורה כי הרגישו האחים בכתונת הפסים שיתן לו הבכורה כמבואר למעלה ולפי שמשפט הבכור ליקח פי שנים ע"כ הלכו לרעות לאן אביהם לשכם מקום מוכן לפורענות וסכנה מפני האומות אשר סביבות שכם פן יגזלו לאנם ובקרם מחמת שבני יעקב לקחו לאנם ובקרם כשבאו על שכם ולא הקפידו האחים אף אם יקומו עליהם אויבים ויקחו כל המרעה באמרם אם הקטן שבנו יקח פי שנים גם לנו גם לו לא יהי' והיו מתיאשים שיפסיד כל אחד חלקו כדי שיפסיד יוסף שני חלקים כמעשה של סנגאי והמדן שבאו לפני שלמה. וכאשר הלכו לשכם הרגיש יעקב בתחבולתם ושלח את יוסף לאמר לך ראה את שלום אחיך ואת שלום הלאן מן האויבים אשר סביבותם ויוסף אמר את אחי אנכי מבקש ואין אני חושש אל הלאן וע"כ אמר הלא אחיך רועים בשכם ולשון הלא כך משמע הלא מקום זה מסוכן ומוכן לפורענות ולא אמר רועים בלאן נוכל לומר שהם רועים את עלמם ואינם חוששין אל הלאן מן הטעם שנתבאר למעלה ומה שאמרו לכו ונהרגהו נראה לפרש שחשבוהו להולך רכיל וכל הולך רכיל גורם ש"ד כמ"ש הולכי רכיל היו בך למען שפך דם ועוד אמרו רז"ל לה"ר תלתא קטיל כו' ע"כ נאמר ובטרם יקרב אליהם ויתנכלו אותו להמיתו לפי שסבא להרגך השכם להרגו זה"ש ובטרם יקרב הוא אליהם להרגם התנכלו להמיתו קודם וטרם יקרב הוא אליהם זה"ש ועתה לכו ונהרגהו מה ועתה אלא עתה סיכף ומיד בטרם יקרב הוא אלינו וזה פי' יקר. ולמעלה בארנו פסוק זה בדרך אחר בפסוק ויבא יוסף את דבתם. וישמע ראובן ויצילהו מידם. לפי שהי' מתירא פן יתלו כל הסרחון בו כדי שתשוב אליו הבכורה שניטלה ממנו ונתנה ליוסף. ויאמר יהודה מה בלע של ממון יהי' לנו כי נהרג את אחינו וכסינו

ספורנו

(כו) מה בצע. מה תועלת. כי אמנם הנקמה תכוין לאחד משתים אם נשלם לעושי הרע והנה בזה כי נהרוג את אחינו נשלם רעה גם לעצמנו כי יכאב לבנו על מיתתו ועל אכזריותינו נגדו. ואם להפחיד את הנשארים שישמעו וייראו מלהזיק אותנו. הנה גם זה המין מהתועלת לא נשיג כי נעלים את מיתתו: וכסינו את דמו. בשביל כבודנו ובשביל יראת אבינו: (כז) לכו ונמכרנו. ונשלם לו מדה כנגד מדה שיהיה עבד תמורת מה שחשב להשתרר עלינו: (כח) מדינים סוחרים. בעלי סחורת גמלי הישמעאלים: וימכרו את יוסף לישמעאלים. לישמעאלים עשו את המכר בעד המדינים הסוחרים ולא רצו לדבר עם הסוחרים פן יכירום בשבתם לפעמי' בעירות למכור אבל דברו עם בעלי הגמלים שאינם מתעכבים בעירות אבל עוברים בהם דרך העבר' בלבד ועל ידם עשו המכר אבל הקונים היו המדינים סוחרים כאמרו והמדנים מכרו אותו אל מצרים. וכן קרה לאבותינו בבית שני שמכרו קצתם את קצתם ביד הרומיים בפרט כשצרו מלכי בית חשמונאי זה על זה כמו שהיה הענין במכירת יוסף שנתגלגל

אֶת־יוֹסֵף מִצְרָיְמָה: כט וַיָּשָׁב רְאוּבֵן
אֶל־הַבּוֹר וְהִנֵּה אֵין־יוֹסֵף בַּבּוֹר
וַיִּקְרַע אֶת־בְּגָדָיו: ל וַיָּשָׁב אֶל־אֶחָיו
וַיֹּאמַר הַיֶּלֶד אֵינֶנּוּ וַאֲנִי אָנָה אֲנִי־
בָא: לא וַיִּקְחוּ אֶת־כְּתֹנֶת יוֹסֵף
וַיִּשְׁחֲטוּ שְׂעִיר עִזִּים וַיִּטְבְּלוּ אֶת־
הַכְּתֹנֶת בַּדָּם: לב וַיְשַׁלְּחוּ אֶת־כְּתֹנֶת
הַפַּסִּים וַיָּבִיאוּ אֶל־אֲבִיהֶם וַיֹּאמְרוּ
זֹאת מָצָאנוּ הַכֶּר־נָא הַכְּתֹנֶת בִּנְךָ
הִוא אִם־לֹא: לג וַיַּכִּירָהּ וַיֹּאמֶר כְּתֹנֶת
בְּנִי חַיָּה רָעָה אֲכָלָתְהוּ טָרֹף טֹרַף
יוֹסֵף: לד וַיִּקְרַע יַעֲקֹב שִׂמְלֹתָיו וַיָּשֶׂם
שַׂק בְּמָתְנָיו וַיִּתְאַבֵּל עַל־בְּנוֹ יָמִים
רַבִּים: לה וַיָּקֻמוּ כָל־בָּנָיו וְכָל־בְּנֹתָיו

אונקלוס

יוֹסֵף לְמִצְרָיִם: כט וְתָב
רְאוּבֵן לְגוּבָּא וְהָא לֵית
יוֹסֵף בְּגוּבָּא וּבְזַע יַת
לְבוּשׁוֹהִי: ל וְתָב לְוָת
אֲחוֹהִי וַאֲמַר עוּלֵימָא
לֵיתוֹהִי וַאֲנָא לְאָן אֲנָא
אָתֵי: לא וּנְסִיבוּ יַת כִּתּוּנָא
דְיוֹסֵף וּנְכִיסוּ צְפִיר בַּר
עִזֵּי וּטְבַלוּ יַת כִּתּוּנָא
בִּדְמָא: לב וְשַׁלַּחוּ יַת
כִּתּוּנָא דְפַסֵּי וְאַיְתִיאוּ
לְוָת אֲבוּהוֹן וַאֲמָרוּ דָא
אַשְׁכַּחְנָא אִשְׁתְּמוֹדַע כְּעַן
הֲכִתּוּנָא דִבְרָךְ הִיא אִם
לָא: לג וְאִשְׁתְּמוֹדְעַהּ
וַאֲמַר כִּתּוּנָא דִבְרִי
חַיְתָא בִישְׁתָא אֲכָלְתֵּיהּ
מִקְטַל קְטִיל יוֹסֵף:
לד וּבְזַע יַעֲקֹב לְבוּשׁוֹהִי
וַאֲסַר שַׂקָּא בְּחַרְצֵיהּ
וְאִתְאַבַּל עַל בְּרֵיהּ יוֹמִין
סַגִּיאִין: לה וְקָמוּ כָל

תו"א וישחטו שעיר. זבחים פח: ויטבלו את. ערכין נח: הכר נא סוטה י:

רש"י

(ל) אנה אני בא. אנה אברח מצערו של אבא: (לא) שעיר עזים. דמו דומה לשל אדם: (לב) הכתנת. זה שמה וכשהיא דבוקה לתיבה אחרת כגון כתנת יוסף כתנת פסים כתנת בד נקוד כתנת: (לג) ויאמר כתנת בני. ת היא זו: חיה רעה אכלתהו. נצנצה בו רוח הקדש (ב"ר) סופו שתתגרה בו אשת פוטיפר א ולמה לא גלה לו הקב"ה לפי שהחרימו וקללו את כל מי שיגלה ושתפו להקב"ה ב עמהם (תנחומא) אבל יצחק היה יודע שהוא חי אמר היאך אגלה והקב"ה אינו רוצה לגלות לו: (לד) ימים רבים. כ"ב שנה ג משפירש ממנו עד שירד יעקב למצרים שנאמר יוסף בן שבע עשרה שנה וגו' ובן שלשים שנה היה בעמדו לפני פרעה ושבע שני השובע ושנתים הרעב כשבא יעקב למצרים הרי כ"ב שנה כנגד כ"ב שנה שלא קיים יעקב ד כבוד אב ואם (מגילה טז) כ' שנה שהיה בבית לבן וב' שנה בדרך בשובו מבית לבן שנה וחצי בסכות וששה חדשים בבית אל וזהו שאמר ללבן זה לי עשרים שנה בביתך לי הן עלי הן וסופי ללקות כנגדן: (לה) וכל בנתיו. רבי יהודה אומר אחיות תאומות נולדו עם כל שבט ושבט ה ונשאום. רבי נחמיה אומר כנעניות היו אלא מהו וכל

שפתי חכמים

מרדכי אל שער המלך מה להלן בשק ובתענית ה"נ כאן. ונ"ל דהא דעשה תשובה היינו בצנעה מ"מ לא היה בשעת מכירה דאל"כ היו דברי רש"י סותרים אהדדי דהא בפ' וזאת הברכה פי' וזאת ליהודה כיון שהודה יהודה על מעשה תמר הודה נמי ראובן על מעשה בלהה ועשה תשובה אלא מתחלה עשה בצנעה ואח"כ עשה בפרהסיא: ש דאל"כ וכי מפני שהילד איננו נפסק לו המקום ולא נשאר לו מקום לברוח בשו ונ"ל דר"ל אנה אני בא לבקשו א"כ ואני מיותר אלא ה"ק מאחר שהילד איננו אני צריך לברוח מפני צער אבא ואנה אברח: ת והרי היא מקרא קצר כי בזולת היא זו אין לו מובן: א דאל"כ לא הו"ל למכתב אלא טרוף טורף יוסף וע"ק מנא ידע שחיה רעה טרפתהו דלמא לסטים הרגוהו. ב בודאי לא היה מוכרח לכך אלא בעצמו הי' מסכים עמהם מפני כמה דברים חדא כדי שיתקיים כי גר יהיה זרעך דאי היה יודע יעקב לא הורד למצרים כי היה פודה את יוסף בכל ממון שבעולם. ועוד דאי היה יודע יעקב היה מקלל אותם למחות את שמם ואז יכלה זרעו של ישראל והקב"ה רצה שיפרו וירבו ולכ"פ בסמוך והקב"ה לא היה רוצה לגלות לו משמע שלא הי' מוכרח לכך ואם רצה היה מגלה אלא שהקב"ה הסכים עמהם כדי שיתקיים הגזירה של ועבדום וענו אותם. ועי"ל כדפירש"י בסמוך ימים רבים כ"ב שנה כו' וקשה מנ"מ אם כ"ב שנה או יותר הוא א"ו דקשה לרש"י למה לא הגיד לו הקב"ה ליעקב ולמה היה מצערו כ"ב שנה אלא משום זה היה עונש כנגד כ"ב שנה שלא קיים כיבוד אב ואם שאם הגיד לו הקב"ה היה יעקב מתפלל והיה מבטל מה שנגזר עליו שיהיה בצער כ"ב שנה והקב"ה רצה לשלם לו על שביטל כיבוד אב ואם לכך הסכים עמהם בחרם כדי שלא יהיו רשאים לגלות דחרם הוא כמו שבועה וכשהקב"ה נשבע אין התפלה מבטלת כדפירש"י בפ' חקת לכן לא תביאו בשבועה וכו' נשבע בקפיצה כדי שלא ירבו בתפלה על כך ה"נ החרם הוא כמו שבועה לכך הסכים עמהם: ג [נח"י] כתב מהרי"ק שורש נ"ז דהולך הרב להביא זה אע"פ שאינו קרוב לפשוטו כדי ליתן טעם למה הסכים הקב"ה עם החרם ולא גילה ליעקב לפי שנגזר על יעקב להצטער כ"ב שנה ע"כ. ד וא"ת למה נענש על כך והא יצחק ורבקה ציוו לו לילך לשם וליקח אשה [קל"מ] ותי' רבינו בחיי בפ' תולדות שי"ל כי דעתם היה שיקח לאה ויחזור מיד אבל הוא נתן עיניו ברחל מחמת יופיה ואמר אעבדך ז' שנים ברחל וא"כ כל הזמן שעבד היה ברצונו. ה ר"ל כל א' נשא התאומה שנולדה עם אחיו והיתה אחותו מן האב ולא מן האם דלבני נח אחותו מן האב

Joseph to Egypt. 29. And Reuben returned to the pit, and behold, Joseph was not in the pit; so he rent his garments. 30. And he returned to his brothers and said, "The boy is gone! And I—where will I go?" 31. And they took Joseph's coat, and they slaughtered a kid, and they dipped the coat in the blood. 32. And they sent the fine woolen coat, and they brought [it] to their father, and they said, "We have found this; now recognize whether it is your son's coat or not." 33. He recognized it, and he said, "[It is] my son's coat; a wild beast has devoured him; Joseph has surely been torn up." 34. And Jacob rent his garments, and he put sackcloth on his loins, and he mourned for his son many days. 35. And all his sons and all his daughters arose

29. **And Reuben returned**—*But when he* (Joseph) *was sold, he* (Reuben) *was not there, for his day to go and serve his father had arrived* (*Gen. Rabbah* 84:15). *Another explanation: He was busy with his sackcloth and his fasting for disarranging his father's bed* (*Pesikta d'Rav Kahana* ch. 25. See Gen. 35:2).—[*Rashi*]

30. **"...where will I go?"**—*Where will I flee from Father's pain?*—[*Rashi*]

Since Reuben was the firstborn, his father would impose upon him the burden of searching the world over to find Joseph. If Joseph were dead, he could bring his body to his father and show him that a wild beast had devoured him, but now that he was not there, where could he go to search for him? Because of this, the brothers devised the plan to slaughter the kid and dip the coat into its blood, to remove Reuben's complaint.—[*Ohr Hachayim*]

31. **and they slaughtered a kid**—*Its blood resembles that of a human.*—[*Rashi* from *Gen. Rabbah* 84:19, *Targum Jonathan*]

the coat—Heb. הַכְּתֹנֶת. *This is its name.* [I.e. this is the absolute state.] *But when it is connected to another word* [i.e. in the construct state], *as in "Joseph's coat"* (כְּתֹנֶת יוֹסֵף), *"a fine woolen coat* (כְּתֹנֶת פַּסִּים)*"* (above, verse 3), [and] *"a linen shirt* (כְּתֹנֶת בַּד)*"* (Lev. 16:4), *it is vowelized* כְּתֹנֶת.—[*Rashi*]

32. **And they sent the fine woolen coat, and they brought [it]**—If they sent it through others, they did not bring it themselves. *Ramban* explains this verse in various ways: 1) They brought it through messengers. 2) Their messengers brought it to Jacob, for the brothers sent it while they were still in Dothan, and the messengers said to Jacob, "We have found this; now recognize whether it is your son's coat or not." 3) They sent it to Hebron, to the house of one

of them, and when they returned, they brought it to their father, and said to him, "We have found this." All this was to feign ignorance of the matter, so that their father would not suspect them of murdering Joseph, since he was privy to their envy of him. Others explain וַיְשַׁלְּחוּ to mean that they pierced it with a sword, called שֶׁלַח, to tear it in many places, to try to imitate the tooth marks of wild animals.

Targum Jonathan renders: And they sent by the hand of Bilhah's and Zilpah's sons the ornamented tunic, and they brought it to their father...

33. and he said, "[It is] my son's coat..."—*It is* [my son's coat].— [*Rashi* from *targumim*]

a wild beast has devoured him— [This means that] *the Holy Spirit flickered within him: Potiphar's wife will ultimately provoke him (Gen. Rabbah 84:19). Now why did the Holy One, blessed be He, not reveal it* (the truth) *to him? Because they* (the brothers) *excommunicated and cursed anyone who would reveal* [it], *and they included the Holy One, blessed be He, with them, but Isaac, however, knew that he was alive* [but] *he said, "How can I reveal it if the Holy One, blessed be He, does not wish to reveal it to him?"*— [*Rashi* from *Tanchuma Miketz*]

Joseph has surely been torn up— Heb. טָרֹף טֹרַף. The double expression implies that [Jacob thought that] the beast tore him up and killed him and then carried him off to his den. Therefore, he despaired of locating Joseph's remains. Otherwise, why did Jacob not search for his remains in

order to perform the rite of burial? For this reason, the brothers dealt cunningly and said, "We have found this," signifying only this, without bones. Thus, Jacob deduced that a wild beast had carried off his body, and he did not burden them to search after his bones.—[*Ohr Hachayim*]

34. many days—*Twenty-two years from the time he* (Joseph) *left him until Jacob went down to Egypt, as it is said: "Joseph was seventeen years old, etc."* (verse 2), *and he was 30 years old when he stood before Pharaoh, and the seven years of plenty, "For this is already two years of the famine"* (Gen. 45:6) *when Jacob came to Egypt. Here are 22 years corresponding to the 22 years that Jacob did not fulfill* [the mitzvah] *to honor his father and mother: 20 years that he was in Laban's house, and two years that he was on the road when he returned from Laban's house, one and a half years in Succoth and six months in Beth-el. This is what he* [meant when he] *said to Laban, "This is twenty years for me in your house"* (Gen. 31:41). *They are for me, upon me, and I will ultimately suffer* [for twenty years], *corresponding to them.*—[*Rashi* from *Gen. Rabbah 84:20, Meg. 16b-17a*]

35. and all his daughters—*Rabbi Judah says: Twin sisters were born with every tribe, and they married them. Rabbi Nehemiah says: They were Canaanite women. But what is the meaning of "and all his daughters"? A person does not hesitate to call his son-in-law his son and his daughter-in-law his daughter.*— [*Rashi* from *Gen. Rabbah 84:21*]

יוֹסֵף לְמִצְרָיִם: כט וְתָב רְאוּבֵן לְגוּבָּא אֲרוּם לָא הֲוָה עִמְּהוֹן לְמִסְעוֹד כַּד זַבְּנוּהִי דַהֲוָה יָתִיב בְּצוֹמָא עַל דְבַלְבֵּל מַצַּע אָבוּי וַאֲזַל וְיָתֵיב בֵּינֵי טַוְורַיָא לְמֶהְדוֹר לְגוּבָּא לְאַסְקוּתֵיהּ לְאָבוּי מָאִים יִסַב לֵיהּ אַפִּין וְכֵיוָן דְתָב וַחֲמָא וְהָא לֵית יוֹסֵף בְּגוּבָּא וּבְזַע יַת לְבוּשׁוֹי: ל וְתַב לְוַת אַחוֹי וַאֲמַר טַלְיָא לֵיתוֹהִי וַאֲנָא לְהָן אֲנָא אָתֵי וְהֵיכְדֵין נֶחֱמֵי סְבַר אַפּוֹי דְאַבָּא: לא וּנְסָבוּ יַת פַּרְגוֹדָא דְיוֹסֵף וּנְכָסוּ צְפִיר בַּר עִיזֵי אֲרוּם אַדְמֵיהּ דָמֵי לִדְגַבְרָא וּטְבָלוּ יַת פַּרְגוֹדָא בְּאַדְמָא: לב וְשַׁדָּרוּ בְּיַד בְּנֵי זִלְפָּה וּבְיַד בְּנֵי בִלְהָה יַת פַּרְגוֹד מְצַיַּיר וְאַיְיתוֹהִי לְוַת אֲבוּהוֹן וַאֲמָרוּ הָא אַשְׁכַּחְנָא אִשְׁתְּמוֹדַע כְּדוֹן הֲפַרְגוֹדָא דִבְרָךְ הִיא אִין לָא: לג וְאִשְׁתְּמוֹדְעָהּ וַאֲמַר פַּרְגוֹד דִבְרִי הִיא לָא חֵיוַת בָּרָא אֲכַלְתֵּיהּ וְלָא עַל יַד בְּנֵי נָשָׁא אִתְקְטֵיל אֱלָא חָמֵי אֲנָא בְּרוּחַ קוּדְשָׁא דְאִיתְּתָא בִּישְׁתָּא קַיְימָא לְקִבְלֵיהּ: לד וּבְזַע יַעֲקֹב לְבוּשׁוֹי וַאֲסַר שַׂקָּא בְּחַרְצוֹי וְאִתְאַבַּל עַל בְּרֵיהּ יוֹמִין סַגִּיאִין: לה וְקָמוּ כָּל

לג וְחַכֵּם יָתָהּ וַאֲמַר פַּרְגוֹד דִבְרִי הִיא לָא חֵיוַת בָּרָא אֲכָלַת יָתֵיהּ וְלָא מִתְקְטַל בְּרִי יוֹסֵף בְּרַם חָמֵי אֲנָא בְּרוּחַ בֵּית קוּדְשָׁא הֵיךְ אִיתָא בִּישָׁא קַיְימָא לְקִיבְלֵיהּ:

פי' יונתן

ואביון בעבור נעלים בעמוס ב' ו': (כט) יתיב בצומא וכו' דיוקו כרש"י וכו': מאים יסב ליה אפין פי' סבר ראובן להעלות יוסף כדי שישא לו אביו פנים ומחול לו. (לב) ביד בני זלפה וכו' כדי שלא יבין יעקב שהרי הם היו אוהבי יוסף וק"ל. (לג) דאיתא בישתא קיימא לקבליה פי' אשה רעה נגדו כדפירש"י

בעל הטורים

עד בן כ' עשרים סלעים · ואני אנה אני בא שאמר לא יועיל הסרחון אלא בי ויאמר קנאתי לבכורה שנתנה לו: הכר נא ב'

רשב"ם

לישמעאלים כי אחין מכרוהו אם כן צריך לומר שהם ציוו למדינים סוחרים למושכו מן הבור ואח"כ מכרוהו לישמעאלים: (ל) אנה אני בא. למה באתי אל הבור: (לב) וישלחו. על ידי בני אדם שלא יגידו מי השולחים אלא

דעת זקנים מבעלי התוספות

חשבון אותיות כסף עולה ק"ם אסתרלינ"ש בזקוק שקירין מאר"ק כלומר שהם י"ג דינר' וס' אסתרלינגש: (כט) וישב ראובן אל הבור. פירש"י שהיה עסוק בשקו ובתעניתו על בלבול יצועי אביו. ותימה דהמס' מכות מסיק מי גרם לראובן שיודה יהודה וגו' מכלל דלא הודה ראובן עד לאחר שהודה יהודה על מעשה דתמר שהיה אחר מכירת יוסף. וי"ל דלא הודה בפרהסיא עד שהודה יהודה אבל בצנעה חזר בתשובה והיה לובש שק: (לב) וישלחו את כתנת הפסים. פי' על ידי שליח ויביאו אז השלוחים אל אביהם ויש אומר גררוה כמו מעבור בשלח וכמו שלחיך פרדס ויביאו הן עצמן אל אביהן כדי שיהא להן אמתלא לומר טרוף טורף: הכר נא וגו'. יהודה אמרו ולכך נפרע ממנו בלשון זה על מעשה דתמר דכתיב הכר נא למי החותמת: (לה) וכל בנותיו. ר' יהודה אומר תאומות נולדו עם השבטים ונשאום ר' נחמיה

אבן עזרא

ישמעאלים הם: (ל) ואני אנה אני בא. הזכיר אני ב' פעמים והאחד רב רק דרך הלשון כך: (לג) טרף טרף.

רמב"ן

זוטא איכא בינייהו ושניהם אמרו אמת: (לב) וישלחו את כתונת הפסים ויביאו אל אביהם. בצווי או ויביאו השלוחים המביאים כי שלחו אותה ועודם בדותן ואמרו זאת מצאנו הכר נא או ששלחוה אל חברון לבית האחד מהן וכבואם הכניסוה לפני אביהם ואמרו לו זאת מצאנו וכל זה להתנכר בענין כי אם שתקו היה חושד אותם לאמר אתם הרגתם אותו כי ידע קנאתם בו. ויש מפרשים וישלחו שתקעו בו השלח לקרעה במקומות רבים כדמות שני חיות מלשון בשלח יעבורו. וטעם הפסים כי שלחו אותה שיכירנה בפסים אשר עשה לו: (לה) וכל בנותיו. בתו ובת

אור החיים

לעבד יוסף כי הקונהו ראשון הרי הוא לעבד לו ומן הנמנע לצאת מתחת ידי זולת במכר אחר לזולת ומעתה קנה שם עבדות עולם והוא אומרו לעבד נמכר יוסף והרי הוא מוחלט החלט גמור מהשגות לבן חורין וא"ל מעלות לגדולה:

וישב ראובן וגו'. צ"ל מה טענת ראובן אל אחיו באומרו ואני אנה וגו' הלא גם לעצתו היה יוסף אבוד בבור והגם שאמר הכתוב למען הציל וגו' להשיבו אל אביו זה היה בלבו לא בפיו אל אחיו והראיה שאמר יהודה מה בצע כי נהרוג את אחינו וגו' אחר שהי' בבור הא למדת כי השלכתו בבור היתה להריגה וכמו שפרשנו למעלה ומעתה מה מענה בלשונו הילד וגו' ואני וגו'. אכן כוונת ראובן הוא לצד היותו הוא הבכור אותו יטריח אביו ללכת לחפש אחריו מסוף העולם ועד סופו ואם היה בבור הי' מביאו מת מהחיות שבבור והיה משיב לאביו הנה הוא מת חיה רעה אכלתהו משא"כ עתה אנה ילך מרוחות העולם לבקשו והוא אומרו ואני אנה אני בא ולזה נתחכמו וישחטו שעיר עזים וגו' בזה סלקה לה תרעומת ראובן:

טרוף טורף. נתכוון לומר כי ב' טריפות נטרף הא' שטרפתו חיה והרגתו והב' שטרפה גופו למעונתה שבזה נתיאש לבקש אחר עצמותיו לקוברם וזולת זה היה קשה למה לא השתדל יעקב לחפש אחר עצמות יוסף לקיים בהם מצות קבורה והם האחים נתחכמו ואמרו זאת מצאנו פי' לבדה בלא עצמות עמה ומזה הרגיש כי החי' גוררתו למעונת' ולזה לא הטריחם לחפש עוד אחר עצמותיו:

ויקומו כל בניו וגו'. לא הוזכר כאן דברי נחמה ונראה שכוונת הכתוב היא כי כשראו בניו כ"כ אבילות ושק

כלי יקר

את דמו בשלמא אם היה לנו רשות לפרסם הדבר הי' כאן בצע ממון כי מאחר שנלקחה הבכורה מן ראובן א"כ בכור נסתלק ויוסף מת א"כ יחזור חלק של הבכור לכל האחים בשוה. אבל עכשיו שמחמת צער של אבא אין לנו רשות לפרסם הדבר וכל הימים יהי' בספק שמא יוסף חי ונאבד או לארץ רחוקה נמכר א"כ אפי' אחרי מות אביהם יהי' חלקו מונח בב"ד עד שיודע מה הי' לו ועלינו להביא ראיה שנהרג מפני שכבר אמרנו בפני אבינו שלא נהרג וא"כ אין כאן בצע ממון לכו ונמכרנו לישמעאלים ואז יהי' לנו בצע ממון כי שם יהי' עבד עולם וא"כ מה שקנה עבד קנה רבו ובודאי אבינו יעבור נחלתו מכל וכל כי מה הנאה יהי' לו אם ינחילנו ויבא רבו ויקח כל אשר לו ובענין המכירה לישמעאלים ולמדיינים נראה שכך פירושו כי האחים לא רצו למכרו כ"א לישמעאלים לבד כי אמרו בישמעאל הוא אחי יצחק ומצד הקורבה ירחם עליו ואולי בעל ישמעאל אמרו כי אחינו בשרינו הוא מל' כי אנשים אחים אנחנו. אך שישמעאלים אלו לא רצו לקנותו כי לא היו סוחרים וכל זמן שלא הי' להם סוחר שיחזור ויקנה מהם תיכף מיד ליד לא רצו לקנותו וכאשר אח"כ עברו אנשים מדינים סוחרים אז ראו הישמעאלים כי יש להם סוחרים שיחזרו ויקנו מהם אז נתרצו לקנות זה"ש וימשכו ויעלו את יוסף מן הבור וימכרו את יוסף לישמעאלים. וממילא שמעי' שהישמעאלים מכרוהו למדינים בלא רצון האחים או בלא ידיעתם והמדנים חזרו ומכרו לפוטיפר כו' וכאשר שב ראובן אל הבור והילד איננו אמר ואני אנה אני בא כ"א מחמת חלק הבכורה הרגתם את יוסף א"כ שמא גם לי תעשו כן שלא תחזור לי הבכורה ואני אנה אני בא כי אנה מפניכם אברח ויכול להיות שמחמת יראה זו רצה ראובן להצילו מעיקרא:

חיה רעה אכלתהו. רמז לכל השבטי' שנמשלו לחיות אריה ואילה ונחש והכתיב כללם ואומר מה אמך לביאה בין האריות ד"א חיה רעה זו הדבה שהביא איך שאחיו אכלו אבר מן החי זו הדבה רעה הרמוזה בחיה היא אכלתהו כי רצו להראות שאין הדבר כן אלא וישחטו שעיר עזים וכל זה מרוח הקודש שנגלה בו כי גם לפירש"י שפי' חיה רעה על אשת פוטיפר רוח ה' דבר בו והנה עדיין ענין אשת פוטיפר לא

אבי עזר

(לג) (טרף. פועל שלא נזכר שם וכו') והזו"ס משלים הדגש. והוא מבנין פוקד הדגש. הנה מצאנו פה מקור מקל עם פועל הדגש. יחדיו ידבקו. מצינו כמה פעמים כן בתנ"ך. וכן סקל יסקל ירה יירה:

ספורנו

שנתגלגל הדבר וירדו אבותינו למצרי' כדבריה' ז"ל: (לב) וישלחו את כתונת הפסים. העבירוה בשלח כדי שתהי' נראית קרועה על ידי חיות רעות: (לד) וישם שק במתניו. אזור של מין אריגה

לְנַחֲמוֹ וַיְמָאֵן לְהִתְנַחֵם וַיֹּאמֶר כִּי־
אֵרֵד אֶל־בְּנִי אָבֵל שְׁאֹלָה וַיֵּבְךְּ אֹתוֹ
אָבִיו׃ לו וְהַמְּדָנִים מָכְרוּ אֹתוֹ אֶל־
מִצְרָיִם לְפוֹטִיפַר סְרִיס פַּרְעֹה שַׂר
הַטַּבָּחִים׃ פ רביעי לח א וַיְהִי בָּעֵת
הַהִוא וַיֵּרֶד יְהוּדָה מֵאֵת אֶחָיו וַיֵּט
עַד־אִישׁ עֲדֻלָּמִי וּשְׁמוֹ חִירָה׃ ב וַיַּרְא־
שָׁם יְהוּדָה בַּת־אִישׁ כְּנַעֲנִי וּשְׁמוֹ

בְּנוֹהִי וְכָל בְּנָתֵיהּ
לְנַחָמוּתֵיהּ וְסָרֵיב לְקַבָּלָא
תַּנְחוּמִין וַאֲמַר אֲרֵי
אֵיחוֹת עַל בְּרִי כַּד
אֲבִילָא לִשְׁאוֹל וּבְכָא
יָתֵיהּ אֲבוּהִי׃ לו וּמְדִינָאֵי
זַבִּינוּ יָתֵיהּ לְמִצְרַיִם
לְפוֹטִיפַר רַבָּא דְפַרְעֹה
רַב קָטוֹלַיָּא׃ א וַהֲוָה
בְּעִדָּנָא הַהִיא וּנְחַת
יְהוּדָה מִלְּוָת אֲחוֹהִי וּסְטָא
עַד גַּבְרָא עֲדֻלָּמָאָה
וּשְׁמֵיהּ חִירָה׃ ב וַחֲזָא
תַמָּן יְהוּדָה בַּר גְּבַר

תו"א ויהי בעת סוטה יג סנהדרין קב: וירא שם. פסחים נ:

רש"י

בנותיו כלותיו שאין אדם נמנע מלקרוא לחתנו בנו ולכלתו בתו: **וימאן להתנחם.** (ב"ר) אין אדם מקבל תנחומין על החי וסבור שמת ו שעל המת נגזרה גזירה שישתכח מן הלב ולא על החי: **ארד אל בני.** ז כמו על בני והרבה אל משמשין בלשון על (ש"ב כא) אל שאול ואל בית הדמים (ש"א ד) אל הלקח ארון האלהים ואל (מות) חמיה ואישה: **אבל שאלה.** כפשוטו לשון קבר הוא באבלי אקבר ולא אתנחם כל ימי ח ומדרשו גיהנם סימן זה הי' מסור בידי מפי הגבורה אם לא ימות א' מבני בחיי מובטח אני ט שאיני רואה גיהנם: **ויבך אתו אביו.** יצחק היה בוכה מפני צרתו של יעקב אבל לא היה מתאבל י שהיה יודע שהוא חי׃ (לו) **הטבחים.** שוחטי בהמות כ המלך: (א) **ויהי בעת ההוא.** למה נסמכה פרשה זו לכאן והפסיק בפרשתו של יוסף ללמד שהורידוהו אחיו מגדולתו כשראו בצרת אביהם אמרו אתה אמרת למכרו אלו אמרת להשיבו היינו שומעים לך: **ויט.** מאת אחיו: **עד איש עדלמי** נשתתף עמו

שפתי חכמים

כאב לא הוי ערוה: ו שמעתי להקשות וכי יעקב לא היה יודע שאין מקבלין תנחומין על החי וסבור שהוא מת וא"כ למה היה מתאבל על יוסף הא היה יודע שהוא חי י"ל דהא שאחז"ל דאין מקבלין תנחומין על החי וסבור שהוא מת דבר זה לא למדו אלא מיעקב כיון דגזירה היא שהמת נשכח מן הלב ומקבלין תנחומין עליו ויעקב לא קבל ש"מ דאין מקבלין תנחומין על החי וכו' וא"כ דיעקב לא ידע זה ומהרש"ל פי' כשאדם מצער את עצמו אינו יודע שהוא מצער עצמו יותר מדאי שהוא סבור שכל הצער הזה אינו נחשב לכלום: ז פי' בעבור בני שלא ילדק לפרשו אצל או לו כמו ואבימלך הלך אליו מגרר וכמו ויאמר אליו אני ה': ח פי' שאבלותי זאת תתקיים כי עד שאקבר ולא שאהיה אבל בקבר כי אין שם לא אבילות ולא שמחה: ט כי שאולה הוא א' מז' שמות שיש לגיהנם. [ג"א] הטעם הוא כי דין האדם בגיהנם י"ב חודש ואם כל בניו קיימים שהם כנגד י"ב חדשי השנה שהוא דין האדם בגיהנם אז אין הגיהנם שולט בו: י דק"ל דלא הי"ל לכתוב אלא ויבך אותו כמו שכתוב לעיל כל בניו וכל בנותיו לנחמו. וע"ק למה נאמר ויבך ולא נאמר ויתאבל כמ"ש לעיל ויתאבל על בנו ועז"פ זה יצחק וגבי יצחק לא יתכן לכתוב ויתאבל דהוא לא היה מתאבל דיודע היה שיוסף חי וא"ל מנא ידע זה ושמא י"ל שהקב"ה גילה לו שלא יצער את עצמו לפי שלא החרימו רק שלא לגלות ליעקב: כ דאם הזמין לו טבחי צרי ולוט שלא יוזק מריח רע

אור החיים

במתניו ימים רבים אמרו זה יעשהו אדם שמת לו בנו יחידו או אפילו אינו יחידו אם היו לו בנים מועטים יקפיד על חסרון מהמועט לזה נתחכמו לעשות דבר שבאמצעותיו יתנחם מעצמו והוא שנתקבצו יחד כל בניו אחד עשר בנים ואחד עשר בנות ובניהם ובנותם רבים הם והלכו ועמדו אצלו ותהי' זאת נחמתו כי מי שיש לו כ"כ בנים ובנות אין ראוי לו להצטער כ"כ על בן קטן אם נעדר מן הבנים והוא אומרו ויקומו כל בניו וכל בנותיו יחד וקימה זו של כולן יחד היא לנחמו כשיראה כי רבו בניו ובנותיו ואעפ"כ לא הועיל לו דבר זה וימאן להתנחם ויאמר הטעם כי ארד אל בני פי' בגדר שאין לי אלא הוא מיוחד כי אין כדי בכל בניו ובנותיו להתנחם עליו כי אהבו מכל אחיו לטעם הידוע בדברי הזוהר עוד ירצה באומרו וימאן וגו' כי ארד וגו' פי' הגם שרא' שמאן לנחם לא למד מזה שיוסף חי ואין מקבלין תנחומין על החי כי אמר טעם מניעות הנחמה לצד טעם כי ארד אל בני ואמרו ז"ל סימן היה מסור בידו וכו' ע"כ:

כלי יקר

הי' ואיך יאמר אכלתהו לשון עבר ועוד מה ענין זה לכאן אלא הנכון הוא כמו שכתבתי:

וימאן להתנחם. פירש"י דוקא על המת נגזרה גזירה שישתכח מן הלב ולא על החי שהוא סבור שמת וטעמו של דבר הוא שעיקר התנחומין הוא כשיתן החי אל לבו שזה המת זכה לרב טוב הצפון לצדיקים וכי הוא נעתק מן עולם השפל אל אור הנצחי כמ"ש כי טוב יום בחצריך מאלף וגו' ויעקב ראה ברוח הקודש שיוסף אינו בג"ע ע"כ וימאן להתנחם ונתן טעם לדבר כי ארד אל בני אבל שאולה ורז"ל אמרו שאמר זה על שהי' מובטח שלא יראה הוא פני גיהנם כל זמן שלא ימות א' מבניו וק' על זה דהל"ל כי ארד אבל שאולה כי מדקאמר אל בני משמע שגם בנו בשאול הגיהנם ומהיכן למד יעקב לומר כן אלא ודאי לפי שראה שאין בנו בג"ע אז חשב שודאי הוא בגיהנם וגם אני ארד אליו שם ע"כ וימאן להתנחם אפילו על בנו לבד. ויש מקשים א"כ למה לא הרגיש יעקב בזה שהוא חי ונראה שלא קשה מידי גם לפי פשוטו כי יעקב תלה הדבר בראית ראיית פני הגיהנם שהיא לנגד עיניו תמיד כי סימן נמסר לו שכל זמן שלא ימות אחד מבניו בחייו לא יראה פני גיהנם זהו שאמר כי ארד אל בני אבל שאולה. ומ"מ פסוק נשכחתי כמת מלב משמע מת ממש ע"כ פירש"י הטעם שהוא לפי האמת ולא הטעם שהוא לפי דמיונו של יעקב:

ויבך אותו. פי' כשאמר דבריו חזר לבכות עליו ודקדק לומר אביו לשלול כל בניו וכל וגו' שלא בכו בהזכרתו כי אם אביו ורז"ל אמרו שהוא יצחק אביו של יעקב והוא דרש: וירד יהודה מאת וגו'. רז"ל אמרו שהורידוהו אחיו מגדולתו והגאון ראב"ע אמר כי טעמו כי הבא מפאת צפון של עולם לדרומו הוא יורד ע"כ דבריו נודקים אם לא היה אומר הכתוב תיבת מאת אחיו שמורה באצבע כי הירידה היתה מאחיו עוד אומרו ויט עד איש וגו' ולדברי רז"ל יבא הכתוב ע"כ

to console him, but he refused to be consoled, for he said, "Because I will descend on account of my son as a mourner to the grave"; and his father wept for him. 36. And the Medanites sold him to Egypt, to Potiphar, Pharaoh's chamberlain, chief of the slaughterers.

38

1. Now it came about at that time that Judah was demoted by his brothers, and he turned away until [he came] to an Adullamite man, named Hirah. 2. And there Judah saw the daughter of a merchant named

Da'ath Zekenim questions *Rabbi Nehemiah*'s view. They point out that although we find below (38:2) that Judah married the daughter of a כְּנַעֲנִי, *Onkelos* renders: תַּגְרָא, *merchant*, because Abraham and Isaac were strictly against intermarriage with the Canaanites. How then did Jacob's sons marry Canaanite women? The answer is that *Onkelos* follows *Rabbi Judah*, but, according to *Rabbi Nehemiah*, they indeed married Canaanite women. They ask further: since the Patriarchs kept the entire Torah before it was given, how could they have married their sisters? Their answer: it was not yet obligatory, they did not always practice the mitzvahs of the Torah.

Tosafoth Hashalem asks: even prior to the giving of the Torah, was not incest prohibited to the sons of Noah? In fact they were prohibited only from marrying their sisters from the same mother, *not* from marrying sisters from the same father. However, this is inconsistent with the midrash that states that Simeon

married Dinah, who was his full sister, from both the same father and mother. Therefore, they conclude that, according to that midrash, the sons of Noah were prohibited only from adultery with married women, not from marrying close relatives.

Targum Jonathan renders simply: and all his sons and all his sons' wives.

arose to console him—The Torah does not tell us what words of consolation they offered him. It appears that they reasoned that Jacob's intense mourning would be appropriate for a person who had lost an only son, or who had just a few sons, and lost every one of them, but for the father of such a large family it was inappropriate to carry on in such a manner for the loss of one young son. Therefore, they all arose together to show him that he already had a large family. That itself should console him.—[*Ohr Hachayim*]

but he refused to be consoled—*No one accepts consolation for a* *person who is really alive but believed to be dead, for it is decreed that a dead person should be forgotten from the heart, but not a living person.*—[*Rashi* from *Gen. Rabbah* 84:21, *Pes.* 54b]

Commentators note that since Jacob probably knew that one does not accept consolation for a person who is really alive but believed to be dead, he should have realized that since he would not accept consolation, Joseph was still alive. Then why did Jacob still believe that Joseph was dead?

Sifthei Chachamim replies that Jacob did *not* know that one does not accept consolation for a living person whom he believes to be dead. So he did not understand why he could not accept consolation for Joseph. We, however, are able to deduce the following from Jacob's experience. Since there is a divine decree that the dead should be forgotten, yet Jacob refused to be consoled, and since we know that Joseph is still alive, we infer that a person does not accept consolation for someone *believed* to be dead, who is not really dead.

Sifthei Chachamim quotes *Maharshal*, who replies that when a person grieves, he never realizes that he is grieving too much, because he thinks that for the magnitude of the loss he has suffered, this grief is little. Consequently, Jacob did not realize that he had not accepted consolation, for he believed that his grief had subsided as a result of the consolation offered him.

Keli Yekar explains that although Jacob knew that one does not accept consolation for someone believed to be dead, he thought that his refusal to accept consolation for Joseph was due to his belief that he was destined for *Gehinnom*, and was no proof that Joseph was still alive.

I will descend on account of my son—Heb. אֶל-בְּנִי. *There are many instances of* אֶל *that serve as an expression of* עַל, *"on account of,"* e.g. *"on account of (*אֶל*) Saul and on account of (*וְאֶל*) the bloody house"* (II Sam. 21:1); *"because (*אֶל*) the Ark of God had been taken and because of (*וְאֶל*) (the death of)* (sic) *her father-in-law and her husband"* (I Sam. 4:21).—[*Rashi*]

as a mourner to the grave—Heb. שְׁאֹלָה. *According to its simple meaning, it is a term denoting the grave. In my mourning I will be buried, and I will not be consoled all my days* (*Targum Jonathan ben Uzziel*). [According to] *its midrashic interpretation, however,* [שְׁאוֹל *means*] *Gehinnom. This sign was given into my hand from God, that if none of my sons dies within my lifetime, I am assured that I will not see the face of Gehinnom.*—[*Rashi* from *Tanchuma Vayigash* 9, *Mid. Yelammedenu*]

and his father wept for him—*This refers to Isaac. He was weeping over Jacob's distress, but he did not mourn* [for Joseph]*, for he knew that he was alive.*—[*Rashi* from *Gen. Rabbah* 84:21] See on verse 33.

36. **And the Medanites**—According to the simple meaning, the Medanites, Midianites, and the Ishmaelites were brothers. Therefore, the Torah says that the Medanites sold him and the Ishmaelites brought him down there [to Egypt].—[*Rashbam*]

בְּנוֹי וְכָל נְשֵׁי בְנוֹי וַאֲזַלוּ לְמִנַחֲמָא לֵיהּ וְסָרִיב לְקַבָּלָא תַּנְחוּמִין וַאֲמַר אֲרוּם אֵיחוּת לְוַת בְּרִי כַּד אֲבֵילְנָא לְבֵי קְבוּרְתָּא וּבְכָא יָתֵיהּ בְּרַם יִצְחָק אֲבוּי : לו וּמִדְיָנָאֵי זַבִּינוּ יָתֵיהּ לְמִצְרַיִם לְפוֹטִיפַר רַבָּא דְפַרְעֹה רַב סַפּוּקְלַטוֹרְיָא : א וַהֲוָה בְּעִידָנָא הַהוּא וּנְחַת יְהוּדָה מִנִּכְסוֹי וְאִתְפְּרַשׁ מִן אֲחוֹי וּסְטָא לְוַת גַּבְרָא עֲדוּלָמָאָה וּשְׁמֵיהּ חִירָה : ב וַחֲמָא תַמָּן יְהוּדָה בְּרַת גְּבַר תַּגָּר וּשְׁמֵיהּ

לו לְפוֹטִיפַר שַׁלִּיטָא דְפַרְעֹה רַב סַפּוּקְלַטְרְיָא :

פי' יונתן

נגלה בו רוח הקודש כו' : (לה) ברם יצחק אבוי פי' יצחק בכה מפני צערו של יעקב ולא בשביל יוסף שהרי גלוי לפניו שהיה חי וכן אי' ברש"י וק"ל (א) ונחת מנכסוי דייק מדכתיב וירד ענין עוני וירידה שנעשה בירידה מנכסיו :

בעל הטורים

כמס' הכא ואידך הכר נא למי החותמת והפתילים בל' שרימה יסוד'

רשב"ם

שאמרו זאת מצאנו : (לה) כי ארד. לא אנחם אלא ארד אל בני אבל שאולה : ויבך אותו אביו. כלומר זמן מרובה. ולפי שהוא מיותר דרשו חכמים אביו יצחק אף כי היה יודע שלא נהרג : (לו) והמדנים מכרו אותו. אל (מדיני) מצרים מדן ומדין וישמעאלים אחים היו ומדן וישמעאלים אחד הם לפי הפשט לכך הוא אומר כי מדנים (מדינים) מכרוהו וישמעאלים הורידוהו שמה כי שניהם אחד הם לפי הפשט : (ב) כנעני. כתרגומו תגרא. כמו כנעניא

דעת זקנים מבעלי התוספות

אומר כנעניות היו אלא מהו וכל בנותיו כלותיו כי דרך אדם לקרא לכלתו בתו. וקשיא דבת איש כנעני מתרגמינן בת גבר תגרא דהיך אפשר אברהם לוה לאליעזר לא תקח אשה לבני מבנות הכנעני ויצחק לוה ליעקב לא תקח אשה לבני מבנות הכנעני וילך יהודה וישא כנעניה אלא מהו בת איש כנעני גבר תגרא. וי"ל דהסיא אליבא דר' יהודה דאמר תאומות נולדו עם השבטים וגו' וכן נראה מדכתיב ושאול בן הכנעניה מכלל שהאחרות לא היו כנעניות. אבל אליבא דר' נחמיה לא נצטרך לתרגם בת איש כנעני גבר תגרא אלא כנעני ממש. מיהו קשיא אליבא דר' יהודה מדאמרינן קיים א"א אפילו ערובי תבשילין גם מצות יבום היו מקיימין כדכתיב בא אל אשת אחיך ויבם אותה וא"כ האיך השבטים נשאו אחיותיהם וגם יעקב היאך נשא שתי אחיות בחייהן. וי"ל כי מאחר שלא נצטוו על התורה אע"פ שידועה ברוח הקדש גם שהיו רוצין היו מקיימין ומה שהיו רוצין היו מניחין. והא דאמרינן בערבי פסחים שבסעודה של צדיקים לעתיד לבא נותנים כוס של ברכה לבכך ליעקב והוא א מר לא אברך מפני שנשאתי שתי אחיות בחייהן אלמא דשלא כהוגן עשה. א"ל דמ"מ הואיל ועתידה תורה איבא קלת מוגם בדבר ואפ"ה נשאן אע"ג דאיכא קלת עונש לפי שלא היה רוצה אלא מן הלדקניות ולא מצא בדור לדקניות כמותן וגם אחת מהן לא היתה להוליד לבדה כל השנים עשר שבטים : ויבך אותו אביו. פירש"י יצחק היה בוכה מצרתו של יעקב אבל לא היה מתאבל כי היה יודע שהוא חי ולא רצה לגלות ליעקב מפני כבוד השכינה כדפרי' לעיל לענין מי שהחרים ושתפו להקב"ה עמהן שלא לגלות הדבר ואע"פ שכתוב מגיד דבריו ליעקב לא הגיד מפני החרם וכשירדו למצרים ומצאוהו חי אז התירו החרם ושרתה עליו שכינה כדכתיב ותחי רוח יעקב אביהם. מכלל דעד השתא לא שרתה עליו שכינה : (א) וירד יהודה. דרשו רז"ל הורידוהו מגדולתו מפני המכירה. והקשה ר' אברהם בעז"ל כי

אבן עזרא

פועל שלא נזכר שם פועלו ובא כן בעבור הרי"ש שלא ידגש וכן ומורק ושוטף : (לה) ויבך אותו אביו. קדמונינו דרשוהו על יצחק. ובאמת כי לא מת יצחק עד שהיה יוסף בן כ"ט שנה. ויש אומרים כי הנבואה נסתלקה משניהם בעבור אבלם. ועדותם דבר אלישע : וכל בנותיו. בתו ובת בנו : ומלת שאולה. כמו מטה. והטעם הקבר. ופה טעה המתרגם לתועים שתרגם שאולה גיהנם. והנה כי לא שאול תודך. ואליעזר שאול הנך הפך אם אסק שמים שם אתה ערום שאול נגדו ורבים אחרים : (לו) שר הטבחים. תמצא זה הלשון על הרג ועל בישול ודברי המתרגם ארמי נכונים : (א) ויהי בעת ההוא. אין זאת העת כאשר נמכר יוסף רק קודם המכרו. וכמוהו משם נסעו הגדגדה. בעת ההוא הבדיל ה' את שבט הלוי. ושבט לוי נבחר בשנה השנית ונסעו אל גדגד בשנת הארבעים ובמקומו אפרשנו. ולמה הזכיר הכתוב זאת הפרשה במקום הזה והיה ראוי להיות אחר והמדנים מכרו אותו פרשת ויוסף הורד מצרימה להפריש בין מעשה יוסף בדבר אשת אדוניו למעשה אחיו. והוצרכתי לפי' הזה בעבור שאין מיום שנמכר יוסף עד יום רדת אבותינו במצרים רק כ"ב שנה והנה נולד אונן שהוא שני לבני יהודה וגדל עד שהי' לו זרע וזה לא ימצא פחות מי"ב שנה ועוד וירבו הימים גם הרתה תמר והולידה פרץ והוא בא אל מצרים ויש לו שני בנים. ואל יקשה עליך דבר בצלאל כי בגעתי אל מקומו אפרשנו : (ב) איש כנעני. יש אומרים סוחר. כמו

רמב"ן

בנו. ויתכן שיכנם בכלל הזה גם כלותיו עמהן כי בכלל הבנות יקראו גם הכלות כן או כמאמר חכמים אין אדם נמנע מלקרוא לכלותיו בנותיו. וכן אמרה נעמי לכלותיה לכנה שובנה בנותי אל בנותי לכי בתי ואיננו רק דרך חבה בלבד כמו הלא שמעת בתי : (לו) שר הטבחים. שוחטי בהמות המלך לשון רש"י וכן וירם הטבח לרקחות ולטבחות אבל יותר קרוב דעת אונקלוס בעבור היות בית הסהר בביתו ומצינו טביחה להריגת האנשים הכינו לפניו מטבח. טבחת ולא חמלת. וראי' לדבר הכתוב בדניאל לאריוך רב טבחיא די מלכא די נפק לקטלא לחכימי בבל : (ב) בת איש כנעני. אמר אונקלוס תגרא כלו' איש סוחר שבא לגור בארץ בסחורתו. ודעתו לומר כי בני יעקב ישתמרו מלישא כנעניות כאשר צוה אביהם יצחק גם אברהם וכן הזכירו במסכת פסחים והיו נשיהם מצריות עמוניות מואביות ומיוחסי בני ישמעאל ובני קטורה ולכך יחד הכתוב על שאול בן שמעון ושאול בן הכנענית כי הוא לבדו בהם וגם שם דרשו שהיא דינה שנבעלה לכנעני. ורבותינו נחלקו בדבר אמרו רבי יהודה אומר תאומות נולדו עם השבטים ונשאום רבי נחמיה אומר כנעניות היו. ויתכן שלא הקפיד רבי נחמיה בייחוסן שלא נתכוון אלא לומר שנשאו מנשי ארץ כנען אבל היו מן הגרים והתושבים הבאי' מכל הארצות או עמוניות ומואביות ומיתר העמים כי לא נתכוון רק לחלוק על רבי יהודה שלא נשאו אחיותיה' שאחותו מן האם אסורה לבני נח. ולדעת רבי יהודה יצטרכו בני לאה לשאת תאומות ששה האחרים והם ישאו שלהם או שלא יודה ר' נחמיה בתאומות כלל כי לא היתה לו בת זולתי דינה כמשמעו' הכתוב. ועל דרך סברא איננו נכון שישאו כלם כנעניות שיהי' בנוחלי הארץ מזרע כנען העבד הארור כמו מזרעו של אברהם והכתוב צוה להחרימו ולא תהיה לו שארית ופליטה. ועכ"פ זה האיש

אור החיים

ע"כ כי וירד לשון ירידה יכוון ותיבת ויט אילטריך לגופו : בת איש כנעני. פירוש סוחר והגאון הראב"ע כתב ויתכן שהוא כמשמעו ואני אומר כי לא יתכן שידבקו בני יעקב בדבר שהקפידו עליו אבותיהם שלשתן יחד וכאומרם בפסחים פ"ג והכ' שמר את הדבר כמה שדקדק לומר בת איש כנעני פי' אביה כנעני ולא היא כנענית ובאיזה אופן יהיה הדבר אם לא שתאמר סוחר ואלו הי' כנעני ממש ומודיע הכתוב כי עשה יהודה דבר בלתי הגון כן הי' לו לו' וירא שם בת כנענית או אשה כנענית וסם אביה שוע ואין בזה תוספות תיבה על המכתב אשר כ' ולענין גילוי מלתא

אבי עזר

(לה) (ויבך אותו אביו) כבר פרשתי בפסוק לספוד לשרה דעת הארכיולוטי בזה עיין שם :

ספורנו

אריגה נקרא שק שממנו היו עושים השקים לעביו : (לה) וימאן להתנחם. מאן לשמוע דברי תנחומין כדי שלא להעביר דאגה מלבו : ויאמר כי ארד אל בני אבל שאולה. קבל עליו אבלות לכל ימיו מפני שאירע' התקלה על ידו ששלח את יוסף אל אחיו : ויבך אותו אביו. יצחק בכה על שקבל עליו בנו אבלות לכל ימיו ובכן לא תשרה עליו שכינה : (לו) והמדנים מכרו אותו : (א) ויהי בעת ההיא. באותו הזמן שנמכר יוסף למצרים בסבת עצת יהודה שאמר למכרו ולא אמר להשיבו ושכל את אביו חל על יהודה פרי מעלליו והוליד שני בני מות ונשאר שכול משניהם :

והיה

[*Rashbam* probably means that these three nations intermarried and were therefore called by any of these three names.] See on verse 28.

chief of the slaughterers—*Those who slaughter the king's animals.*—[*Rashi*]

Although the Egyptians worshipped sheep, they did not worship cattle, but slaughtered them for food. It is also possible that they worshipped them only during the month of Nissan, which is under the sign of the lamb.—[*Tosafoth Hashalem*]

According to the *targumim, Ibn Ezra, Ramban, Redak, Chizkuni,* and *Rabbenu Bechaye,* however, this title means "chief executioner."

38

1. **Now it came about at that time**—*Why was this section placed here, where it interrupts the section dealing with Joseph? To teach us that his* (Judah's) *brothers demoted him from his high position when they saw their father's distress. They said, "You told* [us] *to sell him. Had you told* [us] *to return him, we would have obeyed you."*—[*Rashi* from *Tanchuma Buber, Vayeshev* 8] [Hence, Judah's going away is closely related to the selling of Joseph.]

Ibn Ezra contends that whenever one travels from north to south, it is referred to as descending. Therefore, the Rabbinic interpretation of this verse to mean that Judah was demoted is a *derash,* but not the simple meaning of the text. *Ohr Hachayim* defends the Rabbinic interpretation by pointing out that according to *Ibn Ezra,* the words מֵאֵת אֶחָיו are superfluous.

Tosafoth Hashalem quotes many exegetes who explain that Judah left Jacob so as not to witness his grief over Joseph's disappearance, for which he was responsible.

and he turned away—*from his brothers.*—[*Rashi*]

to an Adullamite man—*He entered into a partnership with him.*—[*Rashi*]

Ibn Ezra maintains that this incident took place prior to the selling of Joseph, and the phrase "at that time" does not mean *exactly* at the same time. *Ibn Ezra* gives an example of a similar expression in Deut. 10:7f: "From there they traveled to Gudgod...At that time, the Lord separated the tribe of the Levites." Now the Levites were selected during the second year of the Israelites' travels in the desert, and they traveled to Gudgod in the fortieth year.

Scripture relates this account here only to contrast the narrative of Joseph, who overcame his temptation, with that of Judah, who did not.

Ibn Ezra proves this chronology from the fact that 22 years had elapsed from the time Joseph was sold until our ancestors descended to Egypt (see above on verse 34). During this time, Onan, Judah's second son, grew up until he was capable of having children, which was not less than 12 years. After his death "many days passed" until Tamar conceived by Judah and bore Perez, who later descended to Egypt with two sons (Gen 46:12). All this adds up to at least 25 years.

Da'ath Zekenim reconciles this

difficulty with the view that Judah left his brothers after Joseph was sold.

Da'ath Zekenim suggests that in the early days, males could impregnate females at the young age of seven, and the "many days" that passed after Onan's death were until Shelah became nine, which even today can constitute maturity as regards the ability to have sexual intercourse. Since Judah did not marry her to Shelah at this point, Tamar sensed that Judah did not intend to have Shelah perform the rite of the levirate.

Hirah—*Tosafoth Hashalem* quotes several commentators who assert that this Hirah was the progenitor of Hiram the king of Tyre, who entered a pact with King Solomon and assisted him in the construction of the Temple. In *Gen. Rabbah* 85:4 there is a view that Hirah and Hiram were actually one man who lived almost five hundred years. See *Yalkut Shimoni*, ed. Mossad Harav Kook.

2. **merchant**—Heb. כְּנַעֲנִי. [*Onkelos* renders:] תַּגְרָא, *a merchant*.—[*Rashi* from *Gen. Rabbah* 85:4] *Ibn Ezra* interprets כְּנַעֲנִי literally, as we find in the Sabbioneta edition of *Targum Onkelos*. *Rashi*, however, rejects this interpretation because Abraham and Isaac were very strict concerning intermarriage with the Canaanites. Although *Rabbi Nehemiah* states that Jacob's sons in fact married Canaanite women (see on Gen. 37:35),

this could mean that the women's fathers were of a nation other than Canaan, and they therefore did not trace their lineage to Canaan. In this verse, however, the Torah states specifically that the woman was בַּת אִישׁ כְּנַעֲנִי-. If we interpret this literally, her father was a Canaanite. In that case, she would be a true Canaanitess. Therefore, [to reject this possibility,] *Rashi* interprets כְּנַעֲנִי with *Onkelos* as *merchant*.—[*Sifthei Chachamim*]

Ramban explains: even if we believe that the progenitors of the tribes married Canaanite women, it would be unnecessary to specify that Shua was a Canaanite since all the people around were Canaanites. They were all Perizzites or Jebusites, who were descended from Canaan. Scripture should have written: "And there, Judah took a wife named..." Therefore, we must say that Shua was a *merchant* who had come from another country to do business, and because he was not a Canaanite but a merchant from another land, Judah married his daughter.

Ohr Hachayim argues that if Judah's father-in-law was a Canaanite, Judah's wife would not be called "the daughter of a Canaanite man," but "a Canaanitess." Consequently, we must say that he was not a Canaanite but a merchant, which she was not. Therefore, she is called "the daughter of a merchant."

According to *Sefer Hayashar*, her name was Illith.

שׁוּעַ וַיִּקָּחֶהָ וַיָּבֹא אֵלֶיהָ׃ ג וַתַּהַר
וַתֵּלֶד בֵּן וַיִּקְרָא אֶת־שְׁמוֹ עֵר׃
ד וַתַּהַר עוֹד וַתֵּלֶד בֵּן וַתִּקְרָא אֶת־
שְׁמוֹ אוֹנָן׃ ה וַתֹּסֶף עוֹד וַתֵּלֶד בֵּן
וַתִּקְרָא אֶת־שְׁמוֹ שֵׁלָה וְהָיָה בִכְזִיב
בְּלִדְתָּהּ אֹתוֹ׃ ו וַיִּקַּח יְהוּדָה אִשָּׁה
לְעֵר בְּכוֹרוֹ וּשְׁמָהּ תָּמָר׃ ז וַיְהִי עֵר
בְּכוֹר יְהוּדָה רַע בְּעֵינֵי יְהוָה וַיְמִתֵהוּ
יְהוָה׃ ח וַיֹּאמֶר יְהוּדָה לְאוֹנָן בֹּא אֶל־
אֵשֶׁת אָחִיךָ וְיַבֵּם אֹתָהּ וְהָקֵם זֶרַע
לְאָחִיךָ׃ ט וַיֵּדַע אוֹנָן כִּי לֹּא לוֹ יִהְיֶה
הַזָּרַע וְהָיָה אִם־בָּא אֶל־אֵשֶׁת אָחִיו
וְשִׁחֵת אַרְצָה לְבִלְתִּי נְתָן־זֶרַע
לְאָחִיו׃ י וַיֵּרַע בְּעֵינֵי יְהוָה אֲשֶׁר
עָשָׂה וַיָּמֶת גַּם־אֹתוֹ׃ יא וַיֹּאמֶר יְהוּדָה

תַּגָּרָא וּשְׁמַהּ שׁוּעַ וּנְסַבַהּ
וְעָאל לְוָתַהּ׃ ג וְעַדִּיאַת
וִילִידַת בַּר וּקְרָא יָת
שְׁמֵיהּ עֵר׃ ד וְעַדִּיאַת
עוֹד וִילִידַת בַּר וּקְרַת
יָת שְׁמֵיהּ אוֹנָן׃ ה וְאוֹסִיפַת
עוֹד וִילִידַת בַּר וּקְרַת
יָת שְׁמֵיהּ שֵׁלָה וַהֲוָה
בִּכְזִיב כַּד יְלִידַת יָתֵיהּ׃
ו וּנְסֵיב יְהוּדָה אִתְּתָא
לְעֵר בּוּכְרֵיהּ וּשְׁמַהּ
תָּמָר׃ ז וַהֲוָה עֵר בּוּכְרָא
דִיהוּדָה בִּישׁ קֳדָם יְיָ
וְאַמְתֵּיהּ יְיָ׃ ח וַאֲמַר
יְהוּדָה לְאוֹנָן עוּל לְוָת
אִתַּת אָחוּךְ וְיַבֵּם יָתַהּ
וַאֲקֵים זַרְעָא לְאָחוּךְ׃
ט וִידַע אוֹנָן אֲרֵי לָא עַל
שְׁמֵיהּ מִתְקְרֵי זַרְעָא
וַהֲוָה כַּד עָלֵיל לְוָת אִתַּת
אָחוּהִי וּמְחַבֵּיל אוֹרְחֵיהּ
עַל אַרְעָא בְּדִיל דְּלָא
לְקַיָּמָא זַרְעָא לַאֲחוּהִי׃
י וּבְאֵישׁ קֳדָם יְיָ דִּי עֲבַד
וַאֲמִית אַף יָתֵיהּ׃ יא וַאֲמַר

תו"א והיה אם בא. יבמות לד. וירע בעיני ה'. נדה יג: וימת גם אותו. יבמות סד:

רמב"ן

תגר כי למה יצטרך הכתוב לאמר כי הוא כנעני ביחוסו וכל אנשי הארץ ההיא כנענים הם מן הפריזי ומן היבוסי ואחיהם כי לכנען יתיחסו כלם ועדולם בארץ כנען היא והראוי היה שיאמר ויקח שם יהודה אשה ושמה כך כאשר הזכיר שמות הנשים כתמר ונשי עשו וזולתן אבל פי' בו שהוא תגר שאיננו מן הארץ שהית' לחוי או לאמורי וזה טעם וירא שם יהודה בת איש כנעני כי בעבור אביה נשאה והכתו' שאמר בני יהודה ער ואונן ושלה שלש' נולדו לו מבת שוע הכנענית בעבור היותה בת איש הכנעני תקרא כן כי האיש ההוא יקרא להם הסוחר כי הוא ידוע ומובהק בסחורתו אשר בעבורה גר שם. ור"א אמר כי בעבור היות האשה הזאת כנענית ועבר על דעת אבותיו היו בניה רעים ומתו. וכלן הזכירו הכתוב ושאול בן הכנענית כי לא הוצרך שם להזכיר כן בשלה וא"כ יהיה טעם וירא שם יהודה כלומר שראה אותה וחשק בה כענין וירא אשה בתמנתה דשמשון. ובפ' ויהי יעקב כתב רש"י ז"ל וישאו אותו בניו ולא בני בניו שכך צום אל יטענו במטתו אחד מבניהם לפי שהם מבנות כנען ויהיה זה לפי ששאול בן שמעון ושלה בן יהודה היו מבנות כנען ולכן יוציא את כלם אבל בנוסחאות שלנו בב"ר מצינו בכלן א' מבני בניכם שיש בהם מבנות כנען וכן תמר היתה בת אחת מן הגרים בארץ לא בת איש כנעני ביחוסו כי חלילה שיהיה אדוננו דוד ומשיח צדקנו שיגלה לנו במהרה מזרע כנען העבד המקולל ורבותינו אמרו בתמר שהיתה בתו של שם והוא כהן לאל עליון: (ג) ויקרא את שמו ער. יהודה קרא לבנו ער מל' עורדה את גבורתך ואשתו קראה שם השני אונן ולא ספר הכתוב למה ויתכן שתקש בלדתה כי דרך נשים לקרא שם בניהם על זה כאם יעבץ שקראה שמו יעבץ לומר כי ילדתו בעצב וגם כן עשתה עטרה [צ"ע] אם אונן והוא מל' ויהי העם כמתאוננים מה יתאונן אדם חי כמו בן אוני דרחל ויהודה לא הקפיד לשנות שמו כיעקב אביו ובב"ר אמרו ער שהוער מן העולם ולא שהיתה זאת כוונת יהודה אבל דרשו כי השמות יורו על העתיד: (ה) ותקרא את שמו שלה והיה בכזיב בלדתה אותו. כתב רש"י אומר אני על שפסקה מלדת נקרא כזיב לשון היו תהיה לי כמו אכזב שאל"כ מה בא ללמדנו ולא ידעתי למה יקרא שם המקום על זה ואין במאורע ההוא כל חדש כי די לה שתלד שלשה בנים ובעת לדתה לא נודע אם פסקה או תוליד אחרי כן רק בעת מותה נודע הדבר. ויש אומרים כי היה דרכם שיקרא האב שם הבכור ותקרא האם שם השני על כן הראשון ויקרא את שמו והשני ותקרא ואמר בשלישי ותקרא כי יהודה היה בכזיב בלדתה אותו ואיננו שם שיקרא לו שם ואין בזה טעם או ריח. ודעת ר"א שספר הכתוב אנה נולדו ואמר בלדתה אותו כאלו אמר בלדתה אותם כי במקום אחד נולדו כלם ועל דעתי שלה לשון דבר הפוסק והכוזב וכן לא תשלה אותי אמר בו התרגום לא תכדב פתגמך באמתך ואולי יתיחס ללשון שגגה שלו וכי השוגג כוזב במחשבתו ואמר הכתוב כי קראתו שלה על שם המקום כי היה בכזיב בלדתה אותו כדוך והיה הנערה וזה מאמרם בב"ר פסקת: (ז) ויהי ער בכור יהודה רע בעיני י"י. לא הזכיר הכתוב פשעו כאשר עשה באחיו אבל אמר כי בחטאו מת להודיע שלא היה זה בעונש יהודה על מכירת יוסף כי ההצלה עמדה על המכירה ולא היה בבית האבות שכול זולתי זה שהיה רע בעיני השם כי זרע צדיקים יבורך וע"כ היה יעקב מתאבל על בנו ימים רבים וימאן להתנחם שהיה הדבר בעיניו עונש גדול לו מלבד אהבתו אותה: (ח) ויבם אותה והקם זרע לאחיך. הבן יקרא על שם המת לשון רש"י ואין זה אמת כי

במצות

Shua, and he took her and came to her. 3 And she conceived and bore a son, and he named him Er. 4. And she conceived again and bore a son, and she named him Onan. 5. Once again she bore a son, and she named him Shelah, and he (Judah) was in Chezib when she gave birth to him. 6. And Judah took a wife for Er, his firstborn, named Tamar. 7. Now Er, Judah's firstborn, was evil in the eyes of the Lord, and the Lord put him to death. 8. So Judah said to Onan, "Come to your brother's wife and perform the rite of the levirate, and raise up progeny for your brother." 9. Now Onan knew that the progeny would not be his, and it came about, when he came to his brother's wife, he wasted [his semen] on the ground, in order not to give seed to his brother. 10. Now what he did was evil in the eyes of the Lord, and He put him to death also. 11. Then Judah said

3. **Er**—This name is derived from the expression: "Arouse (עוֹרְרָה) Your might" (Ps. 80:3). *Genesis Rabbah* 85:4 explains that he was named Er because he *was emptied* (הוּעַר) out of the world. The Rabbis take names as a portent of future events, but this was surely not Judah's intention when he named his son Er.—[*Ramban*]

Jonathan ben Uzziel appears to be following the view of the midrash. However, he paraphrases the verse as follows: he named him Er because he was destined to die *childless* (עֲרִירִי).

4. **Onan**—This name connotes mourning or complaining. *Ramban* conjectures that Judah's wife suffered a difficult childbirth, and therefore called her son Onan in commemoration of this delivery, when she complained of her lot. *Gen. Rabbah* 85:4, following the interpretation that these names are portents of the future, explains that the name

Onan hints that he would bring mourning upon himself. *Targum Jonathan* paraphrases: she named him Onan because his father was destined to mourn over him.

5. **and he (Judah) was in Chezib**—*The name of the place. I say, however, that it was called Chezib because she stopped giving birth;* [this is] *an expression similar to* "You are to me as a failing spring (אַכְזָב)" (Jer. 15:18); *"whose water does not fail (יְכַזְּבוּ)"* (Isa. 58:11). *Otherwise, what does Scripture intend to tell us? Moreover, in Genesis Rabbah (85:4) I saw: And she named him Shelah...She stopped* [bearing].—[*Rashi*]

Ramban rejects *Rashi*'s theory for two reasons: first, it was not unusual that after bearing three children, a woman would cease giving birth, and that the family would commemorate this moment by the naming of a place.

Second, until a woman dies, it is not known whether she will bear any more children. *Ramban* theorizes that the midrash means that Shelah and Chezib are both expressions of deceiving or failing. Therefore, since the third son was born in Chezib, he was named Shelah, a name bearing the same meaning as that of his birthplace. He renders: and *it* was in Chezib, meaning that the event of the birth took place in Chezib.

Targum Jonathan ben Uzziel paraphrases: and she named him Shelah because her husband had deceived (שְׁלִי) her, and he was in Paskath (the Aramaic name for Chezib, which also means deception) when she gave birth to him.

7. was evil in the eyes of the Lord—[His evil was] *like the evil of Onan, viz. that he wasted his semen, as it is written in connection with Onan: "and He put him to death also," meaning that, as Er's death, so was Onan's death. Now, why should Er waste his semen? So that she* (Tamar) *would not become pregnant and her beauty be impaired.*—[*Rashi* from *Yev.* 34b]

Onan's reason is given in verse 9, but Er's reason is not given.— [*Sifthei Chachamim*]

8. and raise up progeny—*The son shall be called by the name of the deceased.*—[*Rashi* from *Targum Jonathan ben Uzziel*]

Ramban understands *Rashi* to mean that the child is to be named after the deceased. To this *Ramban* objects, on the grounds that since people are very happy to name their children after their deceased

relatives, Onan would not have avoided impregnating Tamar because he would have to name his son after Er. Moreover, *Ramban* points out that the brother who performs *yibbum* [levirate] is not obligated to name his son after his deceased brother. He therefore notes that the reasons the levirate marriage is beneficial for the deceased is one of the mysteries of the Torah. Before the Torah was given, the levirate was practiced by any close relative, as we find here that Tamar sought to have children from Judah, her father-in-law. After the Torah was given, and incest was prohibited, the practice of *yibbum* was limited to the paternal brother of the deceased, as delineated in Deuteronomy 25:5-10.

Abarbanel explains that this alludes to the belief in *gilgul*, reincarnation. If a person fails to accomplish his mission in this world, his soul is returned to this world in another body, fathered by a close kinsman. The closer that kinsman is to the deceased's original body, the more likely he will succeed in his second stay in this material world. See also *Zohar*, vol. 1, p. 187b.

Nachalath Ya'akov contests *Ramban*'s understanding of *Rashi*. He maintains that *Rashi* means that the progeny of this union would be counted as progeny of the deceased. Therefore, since Onan knew definitely that his children would be counted as those of his brother Er, he refused to impregnate Tamar.— [*Sifthei Chachamim*]

9. he wasted [his semen] on the ground—*He practiced coitus*

שוע ונגיירה ועל לוותה : ג ואתעברת וילידת בר וקרת ית שמיה ער ארום בלא וולד עתיד לממת :
ד ואתעברת תוב וילידת בר וקרת ית שמיה אונן ארום ברם עלוי עתיד אבוי לאתאבלא :
ה ואוסיפת תוב וילידת בר וקרת ית שמיה שלה ארום שלי יתה בעלה והוה בפסקת ה נהוה דפסקא :
כד ילידת יתיה : ו ונסיב יהודה איתא לער בוכריה ברת שם רבא ושמה תמר : ז והוה ער בוכרא
דיהודה ביש קדם יי על דלא הוה יהיב זרעיה לאנתתיה ותקיף רוגזא דיי עליה וקטליה יי :
ח ואמר יהודה לאונן עול לות אתת אחוך ויבם יתה ואקים זרעא על שמא דאחוך : ט וידע אונן ארום
לא על שמיה איקרון בנין והוה כד הוה עליל לות אנתתיה דאחוי הוה מחבל עובדוי על ארעא דלא
למקמה בנין על שמיה דאחוי : י ובאיש קדם יי מה דעבד וקטע אוף ית יומוי : יא ואמר יהודה לתמר

פי' יונתן

(ה) שלי יתה פי' בכת אותה לי' שול תשלו ודייק מדכתיב בכזיב בלדתה ר"ל שלא היה בעלה אצלה זמן הרוך וכן מה שמתרגם ירושלמי דפסקא הוא כתרגום של שם העיר כזיב וכדפרש"י .

רשב"ם

נכבדי ארץ . בנען בידו מאזני מרמה . כי מבנות כנען היו נזהרים : (ה) והיה בכזיב . יהודה ושם נולד לו בן : (ט) כי לא לו יהיה הזרע . ומקפידים היו בכך : נתן זרע . חטף קמץ . שכל תיבת מלאפו"ם שטעמה באות אחרונה והיבה שסמוכה לה טעמה באות ראשונה הרי הם במקף והמלאפו"ם נהפך לחטף קמץ ובן ארך אפים וגדל חסד . ואם שלש אלה לא יעשה לה . אבל את שלש הערים כלאפו"ם הוא : (י) גם אותו . דרשו חכמים כי בעון כזה מת

רש"י

(ב) כנעני . ל תגרא (ב"ר) : והיה בכזיב . (פסחים ג) (ב"ר) שם המקום ואומר אני ע"ש שפסקה מלדת נקרא כזיב ל' (ירמיה יח) היו תהיה לי כמו אכזב (ישעיה נח) אשר לא יכזבו מימיו דאל"כ מה בא להודיענו ובב"ר ראיתי והקרא שמו שלה וגו' פסקת : (ז) רע בעיני ה'. כרעתו של אונן משחית זרעו שנאמר באונן וימת גם אותו כמיתתו של ער מיתתו של אונן ולמה היה ער משחית זרעו מ כדי שלא תתעבר ויכחיש יפיה : (ח) והקם זרע . הבן יקרא נ ע"ש המת : (ט) ושחת ארצה . דש מבפנים

שפתי חכמים

של זפת וכו' כ"ש שלא יביא אותו לידי הורג נפשות שהוא מאוס יותר . והתרגום ס"ל אע"פ דהיה ממונה על ההורגים מאוידי מיתה הוא עצמו לא הרגם : ל וא"ת מנ"ל לרש"י דלמא כנעני ממש . וי"ל דזה אינו דהא מצינו שאברהם לא היה רוצה להשיא ליצחק כנענית וכן יצחק היה מצוה ליעקב שיהא נזהר בהם ובודאי היו בניו ג"כ נזהרין בזה . וא"ת והא לעיל פרש"י ר' נחמיה אמר כנעניות היו ש"מ שהיו נושאין כנעניות . וי"ל דלעיל מיירי כגון אותה ההרת שבא על כנענית דאותה בת אינה כנענית דהולכין אחר האב אבל כאן א"א לפרש כן דהא כתיב איש כנעני משמע שהאיש היה כנעני וק"ל : מ בשלמא מה שהי' אונן משחית כוני שמפרש הפסוק הטעם דהבן נקרא ע"ש אחיו המת וזה לא היה רוצה לעשות : נ [נה"י] הארך שם לסתור דברי הרמב"ן

דעת זקנים מבעלי התוספות

לא תמצא מן המכירה עד שירדו למצרים כי אם כ"ב שנה שהרי יוסף במכירתו היה בן י"ז שנה ובן שלשים היה בעמדו לפני פרעה הרי מן המכירה עד כאן שלשה עשר שנים ושבעה דשובע ושנים דרעב הרי כ"ב שנה ובאותו שנה ירדו למצרים תמצא אותה יהודה בת איש כנעני עד שירדו למצרים תמצא יותר שהרי חשוב שנה ללידת ער ושנה ללידת אונן הרי שלש שנים וכתיב כי ראתה כי גדל שלה משמע שהיה בן י"ג שנה הרי י"ו שנה ללידת פרץ הרי י"ז ואפי' כי נאמר שלא היה פרץ כי אם בן שבעה שנים כשהוליד חצרון ושנה מלידת חמול שהוא היה מיורדי מצרים הרי מ"מ תמצא כ"ה שנים אלמא כהי וירד קודם מכירה הוא . וי"ל דהאי כי גדל שלה נענין ביאה איתמר כי כבר היה בן ט' שנים . וכדתנן במס' נדרים בן תשעה ויום אחד שבא על יבמתו קנאה . ואמרינן בסנהדרין שהיו הראשונים מולידים בני ז' שנים : (ה) והקרא שמו שלה והיה בכזיב וגו'. פי' על כן קראה שמו שלה על שפסקה מלדת כי לשון שלה ולשון כזיב אחד שהרי כתיב אחד אומר אל תכזב בשפחתך וכתוב אחר אל תשלה כי וכזיב לשון הפסקה הוא כמו וכמוצא מים אשר לא יכזבו מימיו . ומפי מורי ז"ל שמעתי כי

אבן עזרא

כנען בידו מאזני מרמה ועם תוספות יו"ד ולא יהיה כנעני עוד . ויתכן להיות כמשמעו . והכמינו ז"ל אמרו כי וירד יהודה שירד מגדולתו . וזה דרך דרש כי הבא מפאת לפון של עולם לדרומו הוא יורד ואנשי המחקר יבינו כי זה אמת : (ה) בכזיב. שם מקום : (ח) ויבם אותה . טעמו אחר שאתה יבמה הראה היבום וזהו בא אל אשת אחיך . וכפרשת כי ישבו אחים יחדיו אאריך מעט אם השם יאריך ימי עד הגיעי שם : (ט) כי לא לו יהיה הזרע . לא יקרא בשמו . כטעם והיה הבכור אשר תלד : ושחת ארצה. היה משחית זרע הקרי ושופך לחוץ בארץ . ואתמה מבן תמים המזרחי שפי' ושחת ארצה שעשה לה שלא כדרך הנשים בעבור שלא תהר והנה שחת הארץ שלה . כי עליו היא יושבת בארץ וזה פי' שגעון והלילה חלילה להתגאל זרע הקדש בטנוף הטנוף : נתן זרע · כמו השלם :

רמב"ן

במצות התור' נאמר ג"כ יקום על שם אחיו המת ולא ימחה שמו מישראל ואין היבם מצווה לקרא לבנו כשם אחיו המת ואמר בועז וגם את רות המואביה אשת מחלון קניתי לי לאשה להקים שם המת על נחלתו ולא יכרת שם המת מעם אחיו ומשער מקומו ותקראנה אותו עובד לא מחלון ועוד שאמר וידע אונן כי לא לו יהי' הזרע ומה הרעה אשר תבא עליו עד כי השחי' זרעו מפניה אם יקרא שם בנו כשם אחיו המת ורוב בני האדם מתאוים לעשות כן ולא אמר הכתוב ויאמר אונן אבל אמר וידע אונן כי לא לו יהיה הזרע כי ידיעה ברורה היתה לו בזה שלא יהיה לו הזרע אבל הענין סוד גדול מסודות התורה בתולדת האדם ונכר הוא לעיני רואים אשר נתן להם השם עינים לראות ואזנים לשמוע והיו החכמים הקדמונים קודם התורה יודעים כי יש תועלת גדולה ביבום האח והוא הראוי להיות קודם בו ואחריו הקרוב במשפחה כי כל שארו הקרוב אליו ממשפחתו אשר הוא יורש נחלה יגיע ממנו תועלת והיו נוהגים לישא אשת המת . האח או האב או הקרוב מן המשפחה ולא היינו יודעים אם היה המנהג קדמון לפני יהודה. ובב"ר אמרו כי יהודה התחיל במצות יבום תחלה כי כאשר קבל הסוד מאבותיו נזדרז להקים אותו וכאשר באתה התורה ואסרה אשת קצת הקרובים רצה הקב"ה להתיר איסור אשת האח מפני היבום ולא רצו שידחה מפני איסור אשת אחי האב והבן וזולתם . כי באח הרגל הדבר ותועלת קרובה ולא בהם כמו שהזכרתי והנה נחשב לאכזריות גדולה באח כאשר לא יחפוץ ליבם וקוראים אותו בית חלוץ הנעל כי עתה חלוץ מהם וראוי הוא

אור החיים

כזה נאמר לשתוק ולכתוב ודאי : ויקחה . פי' כדין ליקוחי אשה :

אבי עזר

(ח) ויבם אותה וגו' בפ' כי תצא מביא סרב ויבום נגד מכחישי תורתנו . לומר מצות יבם אינו אלא בקרובים ולא באחים . ואמרו הכתוב אמר ויבמה וזה אות כי איננה יבמה אלא בשם . כמו שבה יבמתך . והשיגם סרב מזה הפסוק . שנאמר ויבם אותה והוא יבמה : והוא פעל גזור משם . כמו ושברו מן שבר : (ט) (נתן זרע כמו השלם) היינו כמו השלמים . שנכתב לבלתי שמור מלותיו . והנכון נתון כחולם . וכשביל מקף בא קמן חטף . אף שדקך המכריס

ספורנו

(ה) והיה בכזיב . והטעם שקראתו שלה לשון אל תשלה שהוא שם בלתי נאות מפני שיהודה היה אז בכזיב ותוחלתה נכזבה מראות פני אישה בעת לדתה והוא אם היה שם לא היה מסכים בקריאת שם בלתי נאות : ויהי ער רע בעיני ה' . בלתי רע לבריות : (ט) כי לא לו יהיה הזרע . ידע שלא היה הוא לבדו הזוכה בכל אותה המצוה שהרי בקדושי אחיו יקיים הזרע ונמצא אחיו זוכה במקצתה : לבלתי נתן זרע לאחיו . שלא יזכה אחיו על ידו שיושג התכלית

לְתָמָר כַּלָּתוֹ שְׁבִי אַלְמָנָה בֵית־
אָבִיךְ עַד־יִגְדַּל שֵׁלָה בְנִי כִּי אָמַר
פֶּן־יָמוּת גַּם־הוּא כְּאֶחָיו וַתֵּלֶךְ תָּמָר
וַתֵּשֶׁב בֵּית אָבִיהָ׃ יב וַיִּרְבּוּ הַיָּמִים
וַתָּמָת בַּת־שׁוּעַ אֵשֶׁת־יְהוּדָה וַיִּנָּחֶם
יְהוּדָה וַיַּעַל עַל־גֹּזְזֵי צֹאנוֹ הוּא וְחִירָה
רֵעֵהוּ הָעֲדֻלָּמִי תִּמְנָתָה׃ יג וַיֻּגַּד
לְתָמָר לֵאמֹר הִנֵּה חָמִיךְ עֹלֶה
תִמְנָתָה לָגֹז צֹאנוֹ׃ יד וַתָּסַר בִּגְדֵי
אַלְמְנוּתָהּ מֵעָלֶיהָ וַתְּכַס בַּצָּעִיף
וַתִּתְעַלָּף וַתֵּשֶׁב בְּפֶתַח עֵינַיִם אֲשֶׁר
עַל־דֶּרֶךְ תִּמְנָתָה כִּי רָאֲתָה כִּי־גָדַל
שֵׁלָה וְהִוא לֹא־נִתְּנָה לוֹ לְאִשָּׁה׃
טו וַיִּרְאֶהָ יְהוּדָה וַיַּחְשְׁבֶהָ לְזוֹנָה כִּי
כִסְּתָה פָּנֶיהָ׃ טז וַיֵּט אֵלֶיהָ אֶל־

יְהוּדָה לְתָמָר כַּלְּתֵיהּ
תְּבִי אַרְמְלָא בֵּית אֲבוּיִךְ
עַד דְּיִרְבֵּי שֵׁלָה בְּרִי אֲרֵי
אֲמַר דִּלְמָא יְמוּת אַף
הוּא כַּאֲחוֹהִי וַאֲזַלַת תָּמָר
וִיתֵיבַת בֵּית אֲבוּהָא׃
יב וּסְגִיאוּ יוֹמַיָּא וּמִיתַת
בַּת שׁוּעַ אִתַּת יְהוּדָה
וְאִתְנַחַם יְהוּדָה וּסְלֵיק
עַל גָּזְזֵי עָנֵיהּ הוּא וְחִירָה
רַחֲמֵיהּ עֲדֻלָּמָאָה
לְתִמְנָת׃ יג וְאִתְחֲוָא לְתָמָר
לְמֵימַר הָא חֲמוּיִךְ סָלֵיק
לְתִמְנָת לְמִגַּז עָנֵיהּ׃
יד וְאַעְדִּיאַת לְבוּשֵׁי
אַרְמְלוּתַהּ מִנַּהּ
וְאִתְכַּסִּיאַת בְּעִיפָא
וְאִתְקַנַּת וִיתֵיבַת
בְּפָרָשׁוּת עֵינִין דִּי עַל
אוֹרַח תִּמְנָת אֲרֵי חֲזָת
אֲרֵי רְבָא שֵׁלָה וְהִיא לָא
אִתְיְהִיבַת לֵיהּ לְאִתּוּ׃
טו וַחֲזָאַהּ יְהוּדָה וְחַשְׁבַהּ
כִּנְפָקַת בָּרָא אֲרֵי כַסִּיאַת
אַפַּהָא׃ טז וּסְטָא לְוָתַהּ

תו"א ותמת בת. סוטה יג. ותשב בפתח. שם י ספר סוכר פ' אחרי מות ופ' ויקהל: וירחה יהודה: מגילה י בוטה י:

רמב"ן

שתעשה המצוה הזאת בחליצת הנעל והכמי ישראל הקדמונים מדעתם הענין הנכבד הזה הנהיגו לפנים בישראל לעשות המעש' הזה בכל יורשי הנחלה באותם שלא יהיה בהם איסור השאר וקראו אותה גאולה וזהו ענין בועז וטעם נעמי והשכנות והמשכיל יבין: (יא) וטעם שבי אלמנה בית אביך. שתנהגי אלמנותיך שם עד יגדל שלה רמז לה התאבלי ולבשי בגדי אבל ואל תסוכי שמן כאשה חגרת שק על בעל נעוריה עד שיגדל שלה וייבם אותך כי כן המנהג במתיבמת כי היוצאת וחפצה להנשא לאיש זר לובשת בגדי אבל ימים מעט כפי המנהג ומתנחמת ולובשת שנים. ותכס בצעיף ותתעלף. עד שתנשא לאיש: כי אמר. כלומר היה דוחה אותה בקש שלא היה בדעתו להשיאה לו כי אמר פן ימות גם הוא כאחיו כי מוחזקת היא זו שימותי אנשיה לשון רש"י. ולא ידעתי למה יתבייש יהודה המושל בדורו מן האשה הזאת ולא יאמר אליה לכי לשלום מביתי ולמה יטעה אותה והיא אסורה לשלה כמו שאמרו בנשואין בתרי זמני הויא חזקה ועוד כי בהיותו מקפיד על זנוניה לחייב אותה שריפה נראה שהיה הפץ בה להיותה בביתו ורחוק הוא שלא שמע יהודה כי בניו חטאו לו וישלחם ביד פשעם ואין לתמר בהם חטא. והנכון בעיני שהיה שלה ראוי ליבם אבל לא רצה אביו שייבם אותה ועודנו נער פן יחטא בה כאחיו אשר מתו בנעוריהם כי נערים היו אין לאחד מהם שתים עשרה שנה וכאשר יגדל וישמע למוסר אביו או יתננה לו לאשה וכאשר המתינה ימים רבים וראתה כי גדל שלה בעיניה והוא עודנו נער לאביו כי אין לו עשר שנים והיה ממתין לו עוד אז מהרה תמר ברוב

אבן עזרא

(יא) שבי אלמנה בית אביך. בחסרון בי"ת קודם בי"ת כמו הנמצא בית ה': (יב) וינחם יהודה. פי' אחר שקבל תנחומין עלה על גזזי צאנו. על תחת אל: (יד) ותכס. פועל יוצא וטעמו ותכס עצמה: ותתעלף. טעמו שהסתיר' פניה וכן ויתעלף. הסתיר פניו בבגדיו. וקרוב מהם מעולפת ספירים: בפתח עינים. שם מקום. ויש אומרים כי שני מעיינות מים היו בדרך ויש להם כדמות פתח ומשם יעבור יהודה בשובו אל מקומו: (טו) כי כסתה פניה. פי' ותתעלף. והמפרש כי כסתה פניה במיני

ספורנו

התכלית המכוון בקדושיו: (יא) שבי אלמנה. המתיני באלמנות כמו ימים רבים תשבי לי: פן ימות גם הוא כאחיו. פן ישגה ביופיה בילדותו כמו שעשו אחיו וימות: (יב) ותמת בת שוע. והיה לו להכניס את כלתו לביתו תחת אשתו כמו שעשה אברהם באמרו ויביאה יצחק האהלה שרה אמו ולכן נואשה תמר שיכניסה להיות עוד כלתו: (יד) בפתח עינים. בהתחלת שתי מסלות כי המסלה תקרא עין כמו על העין בדרך שור: אשר על דרך תמנתה. כדי שלא ימלט יהודה מלפגוש בה בבואו מתמנת: כי ראתה כי גדל שלה. וחשבה שכאשר יראנה יהודה בזולת בגדי אלמנותה וישאל

אבי עזר

להסר אות מן המקור. כמו ביום תת ה'. כנגנת אל הקודש: (יד) (ותכס. פועל יוצא וכו') אל תאמר שהבנין מכריח שרב אומר בסוף יוצא. כי מליט בנין כבד והפעיל גם המה אינם יוצאים כתמידות. כמו בהקטותה ותקח בלדתה. אבל הענין מכריח לזה:

to his daughter-in-law Tamar, "Remain as a widow in your father's house until my son Shelah grows up," for he said, "Lest he too die, like his brothers." So Tamar went, and she remained in her father's house. 12. Many days passed, and Shua's daughter, Judah's wife, died; and Judah was consoled, and he went up [to watch] over his sheepshearers—he and Hirah, his Adullamite friend—to Timnah. 13. And it was told to Tamar, saying, "Behold, your father-in-law is going up to Timnah to shear his sheep." 14. So she took off her widow's garb, covered [her head] with a veil and covered her face, and she sat down at the crossroads that were on the way to Timnah, for she saw that Shelah had grown up, but as for her—she was not given to him for a wife. 15. When Judah saw her, he thought she was a harlot, because she covered her face. 16. So he turned aside toward her to

interruptus.—[*Rashi* from *Gen. Rabbah* 85:5]

11. for he said, etc.—*Meaning that he dismissed her with a straw* (with a lame excuse), *for he did not intend to marry her to him* (Shelah). —[*Rashi*]

for he said, "Lest he too die..." —*This is a woman whose husbands presumably die young.*—[*Rashi* from *Yev.* 64b]

[Obviously, Judah was unaware of the reason for his sons' deaths.]

This statement is based on the Talmudic ruling that if a woman loses two husbands, she may not remarry. According to one view, this is because it is bad luck to marry her, and according to another view, that sexual contact with her has deadly results. Such a woman is known as a *katlanith*, a woman who causes death. Judah believed Tamar to be such a woman, and therefore he did not wish to allow Shelah to marry her.

Ramban objects to this view, because if that were the case, Judah, who was a ruler, would have sent her away and told her that he did not wish to have her in his household. Moreover, since he sentenced her to death for her suspected promiscuity, he must have considered her bound to Shelah. It is also improbable that Judah was unaware of his sons' evil deeds. Therefore, *Ramban* concludes that he indeed knew what his sons had done, but he believed it was their youth that had led them to sin, since they were not even twelve years old. [See commentary on verse 10.] He planned to wait for Shelah to mature under his care and direction, and then have him perform the rite of the levirate with Tamar. Tamar, however, saw that Shelah had already matured, yet she had not been given to him as a wife. Therefore, she sought other means of attaching herself to Judah's family.

12. Shua's daughter, Judah's wife, died—and Judah should have taken his daughter-in-law into his house, as Abraham did, as Scripture states: "And Isaac brought her to the tent [like] Sarah his mother" (24:67). Since he did not do so, Tamar despaired of ever becoming his daughter-in-law again.—[*Sforno*]

and Judah was consoled—I.e., after Judah had been consoled over his bereavement, he went up to his sheepshearers.—[*Ibn Ezra*] It was an ancient custom to gather friends and rejoice at the time of the sheep-shearing, as we find in the incidents of Absalom (II Sam. 13:23) and Nabal (I Sam. 25:2). Therefore, Judah went up to the sheepshearing only after he had been consoled over the loss of his wife.—[*Rabbenu Avraham ben HaRambam*]

Ramban explains: during his mourning period, in order to console himself for his loss, he constantly went up to his sheepshearers to take his mind off the loss of his wife and to put it instead to the task of sheep-shearing.

and he went up [to watch] over his sheepshearers—*He went up to Timnah to stand over his sheep-shearers* [i.e. to oversee them].—[*Rashi*] *Ibn Ezra* renders: and he went up *to* his sheepshearers.

13. And it was told to Tamar—that he went up every day; so one day she waited for him. It is also possible that Judah was an esteemed person in that land, and when he sheared his sheep, a large multitude

would assemble, and he would make a royal feast attended by the poor, who would be notified prior to his coming.—[*Ramban*]

is going up to Timnah—*In connection with Samson, however, Scripture says* (Jud. 14:1): "And Samson went down to Timnah." It was situated on a mountain slope, so that they would go up to it from here and go down to it from there.—[*Rashi* from *Sotah* 10a]

14. covered—her head with a veil, unlike the customary attire of widows.—[*Rashbam*]

and covered her face—Heb. וַתִּתְעַלָּף. *She covered her face so that he would not recognize her.*—[*Rashi*, followed by *Ibn Ezra* and *Rashbam*] *Targum Onkelos* renders: and she adorned herself. *Targum Jonathan* renders: and she enwrapped herself.

Similar to *Ramban*'s view, *Rabbenu Maimon*, *Rambam*'s father, held that in ancient times, if the brother of the deceased did not marry his widow, the father or another of his close kinsmen would do so. Therefore, Tamar seized this opportunity to trick Judah into being intimate with her. When she had accomplished her aim, she went away, and Judah later believed that she was pregnant by a stranger.—[*Rabbenu Avraham ben HaRambam*]

at the crossroads—Heb. בְּפֶתַח עֵינַיִם, lit., *at the opening of the eyes. At the crossroads, on the road to Timnah. Our Sages, however, explained it midrashically to mean, at the entrance* (פֶּתַח) [to the residence] *of our father Abraham, which all eyes* (עֵינַיִם) *looked forward to see.*—[*Rashi* from *Sotah* 10a]

בלתיה תיבי ארמלא בית אבוייך עד דירבי שלה ברי ארום אמר דלמא ימות אף הוא כאחוי ואזלת תמר ויתבת בית אבוהא: יב וסגו יומיא ומיתת בת שוע איתת יהודה ואתנחם יהודה וסליק על גוזזי עניה הוא וחירה רחמיה עדולמאה לתמנת: יג ואיתני לתמר למימר הא חמויך סליק לתמנת למיגז עניה: יד ואעדת לבושי ארמלותה מינה וכסיית ברדידא ואעטפת ויתיבת בפרשת ארחין דכל עיינין מסתכלין תמן דעל שבילא דתמנת ארום חמת ארום רבא שלה והיא לא אתיהיבת ליה לאנתו:

טו וחמיה יהודה והוה מדמה באנפוי כנפקת ברא

טו ארום צמצמת אפהא:

ארום כעיסת אפין הות בביתיה דיהודה ולא הוה יהודה רחים יתה: טז וסטא לוותה לארחא ואמר

פי' יונתן

(יד) ברדידא פי' לעיף. דכל עיינין מסתכלין עיין ברש"י: (טו) ארום כעיסת. הגאון מוהר"ד הגיה ולא רחים (נ"ל ולא חכים) ופי' מדכסתה פניה לכן לא חכים פי' לא הכיר ובאמת קשה על זה והרי בן נח אינו מצווה על כלתו והמזרחי מיישב זה אבל הת"י לא ס"ל הכי אלא פי' שלכן כסתה את פניה בשביל שהיה לה פנים זועפות ולא היה יהודה אוהב אותה והוו כעיסת לשון כעס. ולא רחים ולא הכהה וזהו דלא ידע יהודה כי היא כלתו דאלו ידע לא בא עליה שהיה

רשב"ם

על שהיה משחית זרעו שלא תתעבר ותכחיש יופיה: (יד) ותתכס. ראשה: בצעיף. שאין זה דרך אלמנות: ותתעלף. כסתה פניה שלא יכירנה יהודה: בפתח עינים. בשער של פרשת דרכים שהכל עוברים ונראים לעינים דרך שם והמפרש שם עיר טועה. שהרי כתוב לפנינו היא בעינים ואלו היה שם עיר היה לו לו' בעינים הבי"ת חט"ף (שו"א) שלא מצינו שיאמר בבית אל ביריחו בירושלים (בקמץ): (טו) כי כסתה פניה. עכשיו לפי הפשט כדכתיב

בעל הטורים

את אביו באותו ל' נפרע ממנו: בפתח עינים אשר. ס"ת רמ"ח כמנין אברהם שאמרה יהי רצון שאזכה לזרע אברהם: כי גדל. ג' במסור' הכא ואידך עד כי גדל מאוד. כי גדל הכהן מאד. בשביל שראתה כי גדל שלה גדל הכהן שלה ובזכות זה יצא ממנה מלכות בית דוד שהיה הולך וגדל עד כי גדל מאד: ויחשבה. ג' במסורה עמ"ש בפ' לך לך: לזונה ב' במס' ויחשבה לזונה איכה היתה לזונה מה אמר בבזיון ולבסוף

רש"י

וזורה מבחוץ (ב"ר): (יא) כי אמר וגו'. כלומר דוחה היה אותה בקש שלא היה בדעתו להשיאה לו: כי אמר פן ימות. מוחזקת היא זו שימותו אנשיה (יבמות לד): (יב) ויעל על גוזזי צאנו. ויעל תמנתה לעמוד על גוזזי צאנו: (יג) עולה המנתה. ובשמשון הוא אומר (שופטים יד) וירד שמשון וגו' תמנתה ע בשפוע ההר היתה יושבת עולין לה מכאן ויורדין לה מכאן: (יד) ותתעלף. כסתה פניה פ שלא יכיר בה: ותשב בפתח עינים. בפתיחת עינים בפרשת דרכים צ שעל דרך תמנתה (סוטה י) ורבותינו דרשו בפתחו של אברהם אבינו ק שכל עינים מצפות לראותו: כי ראתה כי גדל שלה וגו'. לפיכך הפקירה עצמה אצל יהודה שהיתה מתאוה ר להעמיד ממנו בנים: (טו) ויחשבה לזונה. לפי שיושבת ש בפרשת דרכים: כי כסתה פניה. ולא יכול לראותה ולהכירה. ומדרש רבותינו כי כסתה פניה כשהיתה בבית חמיה היתה צנועה ת לפיכך לא חשדה: (טז) ויט אליה אל הדרך. מדרך

שפתי חכמים

והרא"ם ע"ש. וה"פ הבן יהא נקרא על שם המת כאלו המת הוא אביו וז"ש הקם זרע לאחיך ולא שם לאחיך דלא שמא גרים ע"ב: ס דק"ל דהפסוק סותר עצמו דמתחלה כתיב עד יגדל שלה בני משמע שהיה בדעתו ליתנה לשלה ואח"כ כתיב כי אמר פן ימות וגו' משמע שלא רצה ליתנה לו ועוד האי כי מאי נתינת טעם הוא אבל מעלה שאמר שהוחזקה לקטלנית איך אפשר שיתננה לו אחר שיגדל וע"ז פ' דוחה היה אותה בקש ר"ל מ"ש עד כי יגדל שלה בני דוחה היה אותה שלא היה בדעתו להשיאו לה ומ"ש כי אמר פן ימות הוא נתינת טעם ע"ז למה לא היה בדעתו וכו' ומפרש כי אמר פן ימות וכו': ע ואע"ג דלעיל כתיב ויעל ופרש"י דויעל דבוק עם תמנתה א"כ למה לא פי' זה לעיל י"ל דלמא ויעל קאי על גוזזי צאנו כלו' עלה לכל מקום שהיו שם הרועים לעמוד על גוזזי צאנו וק"ל: פ מדכתיב בסמוך כי כסתה פניה דמשמע שהכל הוזכר זה למעלה: צ לפי ששני דרכים מתפשטות זה לכאן וזה לכאן צריך לפתוח עינים להתבונן באיזה דרך ילך והיינו פתח עינים פתיחת עינים: ק פי' בקברו של אברהם אבינו והתפללה שיזדמן לה איש מזרע אברהם כדי להעמיד בנים ממנו והוא מאמר רז"ל בפ"ק דסוטה: ר שהרי אח"כ הזכיר ולבשה בגדי אלמנותה ואם בשביל זנות היתה עושה לא היתה חוזרת ולובשת בגדי אלמנותה. מהרש"ל: ש דק"ל מה נתינת טעם לזה וכי בשביל שכסתה פניה תהיה זונה אדרבה צנועה היא כיון שכסתה את פניה ל"פ לפי שיושבת וכו' ואח"כ אמר כי כסתה פניה ומפני זה לא הכירה שאלו הכירה לא היה חשבה לזונה וא"ת יהודה איך בא על הזונה הא האבות והביאס קיימו וקבלו עליהם התורה וא"כ היאך עבר על לאו דלא תהי' קדשה. והרא"ם תי' אפשר שקדשה בכסף או בשטר והגדי היה לפיום בעלמא. א"נ י"ל דקידש אותה בביאה ולשם קידושין בא אליה והא דאמר בגמ' חליף עלי מאן דמקדש בביאה היינו בעדים אבל בינו לבינה מותר והכא לאו עדים היו אלא רעהו שהוא כנפשו או שלא בפניו היה וז"ש הכתוב הבה נא ופירש"י הכיני עצמך ודעתך כלו' להתקדש לי בביאה א"נ ס"ל דלאו לא תהיה קדשה בישראל וישראלית נאמר דכותית היתה אסורה אלא מדרבנן: ת [דב"ע] דהל"ל הוה ליה להכירה בשעת הדבור ובשעת התשמיש כי ודאי לאחר קן גלתה פניה לכך אמר ונ"ר

דעת זקנים מבעלי התוספות

כך היה מנהגם שהיה קורא שם לבנו ראשון והיא קוראה שם לבנו שני. וא"כ מן הדין היה לו ליהודה לקרוא שם לשלישי. והיא קראה לו שם כדכתיב ותקרא לכך הוצרך לומר שהיה יהודה בכזיב בלדת אותו ולא היה באותו מעמד לקרוא לו שם וכזיב שם מקום: (יד) בפתח עינים. שנתנה פתח לדבריה כדאית' במס' סוטה שאמרה יתומה אני פנויה אני פי' כשנשאתי לבניו ואיני כלתו: (טו) ויחשבה לזונה. וכי מה איכפת ליה אלא בקש לילך לו נשאה עיניה למרום ואמרה רבון העולמים וכי לא אני זוכה להוציא חכם מגופו של צדיק זה מיד שלח לו הקב"ה מיכאל והחזירו כתיב הכא ויט אליה וכתיב ותט לפני מה התם על ידי מלאך הכא נמי על ידי מלאך:

רמב"ן

תאותה להוליד מזרע הקדש ועשתה המעשה הזה: (יב) ויעל על גוזזי צאנו. היה עולה שם תמיד להתנחם שישים לבו בצאן וישכח רישו והוגד לתמר (בו) כי הוא עולה שם בכל יום תמיד וארבה לו באחד הימים או שהיה יהודה גדול בארץ והיו מתקבצי' לו שם לעשות משתה בעת הגיזה כמשתה המלך והיו העניים הולכים שם והוגד להם טרם עלותו: (טו) ויחשבה לזונה. לפי שיושבת בפרשה דרכים: כי כסתה פניה. ולא יכול לראותה ומד"ר כי כסתה פניה כשהיתה בביתו היתה צנועה לפיכך לא חשדה לשון רש"י ופשוטו של הרב יתכן כי דרך הזונה לישב בפתח עינים כדכתיב וישבה לפתח ביתה על כסא מרומי קרת לקרוא לעוברי דרך. ואמר כי כסתה פניה ולא הכירה אבל מדרש רבותינו שכסתה פניה בבית חמיה לומר שהצניעה עצמה ממנו בביתו ולא ראה פניה מעולם ואיך יכירה. והנכון עוד לפי הפשט שיאמר שחשבה לזונה בעבור שתכסה הפנים כי אחרי כן אמר כי לא ידע כי כלתו היא. והטעם כי דרך הזונה לשבת בפתח עינים מעולפת הצעיף מכסה קצת השער וקצת הפנים ומשקרת בעינים ושפתים ומגלה הגרון והצואר כי בעבור שתעיז פניה ותאמר לו ותחזק בו ונשקה לו תכסה קצת הפנים ועוד כי הקדשות היושבות על דרך בעבור שתזוננה גם מן הקרובים יכסו פניהם וכן יעשו הקדשים גם היום בארצותם ובשובם לעיר לא נודעו ושנינו שלש שבכות הן של ילדה טמא' מדרס ושל זקנה טמאה טמא מת ושל יוצאת חוץ טהורה מכלם

אור החיים

כי ראתה וגו' והיא וגו'. צל"ד למה הוצרך לומר והיא ולא הספיק לומר ולא נתנה וגו' והדבר מובן שעליה הוא אומר ואולי כי ב' דברים אמר הכתוב האחד כי ראתה כי גדל שלה והדבר מובן שלא נתקיים מאמר חמיה שאמר עד כי יגדל וגו' כי עודנה בבית אביה והב' והיא לא נתנה וגו' פירוש שראתה ברוח הקודש שאינו ראוי שתנתן היא לו לאשה ולזה עמדה ועשתה והצליחה ולא ולמד מה יצא ממנה לעולם מגיס באוהל תבורך:

הוציאוה

Since the road branched off at that point, the traveler had to open his eyes and concentrate on taking the correct road. Therefore, the crossroads are called "the opening of the eyes."—[*Sifthei Chachamim*]

Our Sages explain that this was the entrance to Abraham's tent, where all wayfarers were welcome. Hence, they would all look for that location.—[*Rashi* on *Sotah* ad loc.; *Midrash Hagadol*]

Mizrachi, followed by *Sifthei Chachamim*, believes this to be the entrance to Abraham's tomb, where Tamar prayed that she would meet a man who was descended from him, so that she could bear children of the seed of Abraham.

Ibn Ezra interprets this expression as a place name, as is one of the interpretations offered by the Talmud (loc. cit.). He quotes others who render: at the entrance of the fountains. On the way to Timnah there were two fountains, with an entrance between them. *Rashbam* rejects *Ibn Ezra*'s former interpretation because in verse 21, the place is referred to as בָעֵינַיִם, with a "kamatz" under the "veth," which denotes the definite article. If this were the name of a place, the definite article would be inappropriate. He prefers "the gate of the eyes," a gate from which all passersby are visible.

for she saw that Shelah had grown up, etc.—*Therefore, she made herself available to Judah, for she longed to bear sons from him.*—[*Rashi*] See *Gen. Rabbah* 85:2. Since immediately after her union with Judah, she again donned her widow's

garb, this proves that she had not intended to play the harlot, but only to conceive from Judah.—[*Maharshal* quoted by *Sifthei Chachamim*]

for she saw that Shelah had grown up, but as for her—she was not given to him for a wife—*Ohr Hachayim* notes that the word וְהִוא, translated "but as for her," appears superfluous. The text could have read: "for she saw that Shelah had grown up, but she was not given to him for a wife." The verb alone includes the pronoun. It is quite clear that Tamar is meant. *Ohr Hachayim* therefore suggests that the text gives two reasons for Tamar's act. The first reason was that Tamar saw that Shelah had grown up, and it was obvious that her father-in-law's promise was not being kept, for she was still in her father's house. The second reason was that she saw with the Holy Spirit that Shelah was not fit for her to be given to him for a wife. Therefore, she decided to consort with Judah himself, and she succeeded in becoming the mother of the royal house of David.

[Thus, the word וְהִוא is meant for emphasis. This is apparent also from the cantillation sign, the זָקֵף גָדוֹל over that word, which indicates a pause.]

15. he thought she was a harlot—*because she was sitting at the crossroads.*—[*Rashi*]

It was customary for harlots to sit at the crossroads, as in Proverbs 9:14-15: "She sits at the entrance of her house on a chair on the heights of the city, to call the passersby, who are going straight on their ways."—[*Ramban*] *Bereishith Rabbathi* states

(p. 180): for so was the custom in the land of the Amorites, that when a woman prepared herself for harlotry, she would sit at the crossroads for seven days, so that all would know about her. Therefore, he believed her to be a harlot.

because she covered her face— *and he could not see her and recognize her. Our Sages' midrashic interpretation is: because she had covered her face when she had stayed in her father-in-law's house and she was modest. Therefore, he did not suspect her.*—[*Rashi* from *Sotah* 10b]

Ramban explains this to mean that while Tamar was in his house, she had always covered her face, and he therefore did not recognize her because he had never seen her face. *Ramban* states further that the simple meaning is that Judah believed her to be a harlot because it was customary for a harlot to sit at the crossroads, with a veil covering part of her hair and part of her face while she flirted with her eyes and lips and exposed her neck and throat. Since she would speak to a passerby in an impudent manner "and would seize him and kiss him," she covered part of her face [so as not to be recognized]. Moreover, because the harlots sitting by the road would have intimacies with their relatives, they covered their faces as do the male prostitutes in our countries, so that when they returned to the city, they would not be recognized.

For another interpretation, see below. 16. **So he turned aside toward her to the road—***From the road he was following, he turned aside to the road where she was. In Old French, destorner, to turn aside.*—[*Rashi*]

הַדֶּרֶךְ וַיֹּאמֶר הָבָה־נָּא אָבוֹא אֵלַיִךְ
כִּי לֹא יָדַע כִּי כַלָּתוֹ הִוא וַתֹּאמֶר
מַה־תִּתֶּן־לִי כִּי תָבוֹא אֵלָי: יז וַיֹּאמֶר
אָנֹכִי אֲשַׁלַּח גְּדִי־עִזִּים מִן־הַצֹּאן
וַתֹּאמֶר אִם־תִּתֵּן עֵרָבוֹן עַד שָׁלְחֶךָ:
יח וַיֹּאמֶר מָה הָעֵרָבוֹן אֲשֶׁר אֶתֶּן־לָּךְ
וַתֹּאמֶר חֹתָמְךָ וּפְתִילֶךָ וּמַטְּךָ אֲשֶׁר
בְּיָדֶךָ וַיִּתֶּן־לָהּ וַיָּבֹא אֵלֶיהָ וַתַּהַר לוֹ:
יט וַתָּקָם וַתֵּלֶךְ וַתָּסַר צְעִיפָהּ מֵעָלֶיהָ
וַתִּלְבַּשׁ בִּגְדֵי אַלְמְנוּתָהּ: כ וַיִּשְׁלַח
יְהוּדָה אֶת־גְּדִי הָעִזִּים בְּיַד רֵעֵהוּ
הָעֲדֻלָּמִי לָקַחַת הָעֵרָבוֹן מִיַּד
הָאִשָּׁה וְלֹא מְצָאָהּ: כא וַיִּשְׁאַל אֶת־
אַנְשֵׁי מְקֹמָהּ לֵאמֹר אַיֵּה הַקְּדֵשָׁה
הִוא בָעֵינַיִם עַל־הַדָּרֶךְ וַיֹּאמְרוּ לֹא־
הָיְתָה בָזֶה קְדֵשָׁה: כב וַיָּשָׁב אֶל־
יְהוּדָה וַיֹּאמֶר לֹא מְצָאתִיהָ וְגַם
אַנְשֵׁי הַמָּקוֹם אָמְרוּ לֹא־הָיְתָה בָזֶה
קְדֵשָׁה: כג וַיֹּאמֶר יְהוּדָה תִּקַּח־לָהּ
פֶּן נִהְיֶה לָבוּז הִנֵּה שָׁלַחְתִּי הַגְּדִי

לְאָרְחָא וַאֲמַר הַבִי כְעַן
אֵיעוֹל לְוָתִיךְ אֲרֵי לָא יְדַע
אֲרֵי כַלְּתֵיהּ הִיא וַאֲמַרַת
מַה תִּתֵּן לִי אֲרֵי תֵיעוֹל
לְוָתִי: יז וַאֲמַר אֲנָא
אֲשַׁלַּח גַּדְיָא בַּר עִזֵּי מִן
עָנָא וַאֲמַרַת אִם תִּתֵּן
מַשְׁכּוֹנָא עַד דְּתִשְׁלַח:
יח וַאֲמַר מָה מַשְׁכּוֹנָא דִּי
אֶתֵּן לִיךְ וַאֲמַרַת עִזְקְתָךְ
וְשׁוֹשִׁיפָךְ וְחוּטְרָךְ דִּי
בִידָךְ וִיהַב לַהּ וְעַאל
לְוָתַהּ וְעַדִּיאַת לֵיהּ:
יט וְקָמַת וַאֲזָלַת וְאַעְדִּיאַת
צְעִיפָה מִנַּהּ וּלְבִישַׁת
לְבוּשֵׁי אַרְמְלוּתַהּ:
כ וְשַׁדַּר יְהוּדָה יָת גַּדְיָא
בַּר עִזֵּי בְּיַד רַחֲמֵיהּ
עֲדֻלָּמָאָה לְמִיסַּב
מַשְׁכּוֹנָא מִידָא דְאִתְּתָא
וְלָא אַשְׁכְּחַהּ: כא וּשְׁאֵיל
יָת אֱנָשֵׁי אַתְרַהּ לְמֵימַר
אָן מְקַדֶּשְׁתָּא דְהִיא
בְעֵינַיִן עַל אוֹרְחָא וַאֲמָרוּ
לֵית הָכָא מְקַדֶּשְׁתָּא:
כב וְתָב לְוָת יְהוּדָה וַאֲמַר
לָא אַשְׁכַּחִיתַהּ וְאַף אֱנָשֵׁי
אַתְרָא אֲמָרוּ לֵית הָכָא
מְקַדֶּשְׁתָּא: כג וַאֲמַר
יְהוּדָה תִּסַּב לַהּ דִּילְמָא
נְהֵי לְחוּךְ הָא שַׁדָּרִית

תולדות אהרן

וישלח יהודה את גדי העזים. חולין קיג

שפתי חכמים

כו': א דק"ל למה מתרגם התרגום על חותמך עזקתך דהיינו הטבעת והא חותם כתיב ועז"פ טבעת שאתה חותם בה ולמה שמתרגם נמי על פתילך שושיפך דהיינו שמלתך והא פתילך כתיב ועז"פ ושמלתך שאתה מתכסה בה ר"ל גבי פתיל דכתיב גבי ציצית כתיב ביה אשר תכסה וא"כ ה"נ כשושף שאתה מתכסה וכו': ב פי' דק"ל למה כתיב ותהר לו הול"ל ממנו כמו צדקה ממני ופירש"י ממני נתעברה אלא לו ר"ל שדומה לו במידותיו וכו' ואין להקשות מנין דגבורים וצדיקים י"ל דכי מינייהו מפקת: ג דק"ל דהא כבר נתן לה למה כתיב תקח לה ופי' יהיה שלה: ד ולא בשביל שינית לה הערבון יהא זה בזיון

רש"י

שהיה בה נטה אל הדרך אשר היא בה ובל' לע"ז דשטורני"ר (אבלענקען): הבה נא. הכיני עצמך ודעתך לכך. כל לשון הבה לשון הזמנה הוא חוץ ממקום שיש לתרגמו בלשון נתינה ואף אותן של הזמנה קרובים ללשון נתינה הם: (יז) ערבון. משכון: (יח) חתמך ופתילך. עזקתך ושושיפך טבעת שאתה חותם בה ושמלתך א שאתה מתכסה בה: ותהר לו. גבורים כיוצא בו ב צדיקים כיוצא בו: (כא) הקדשה. מקודשת ומזומנת לזנות: (כג) תקח לה. ג יהיה שלה מה שבידה: פן נהיה לבוז. אם תבקשנה עוד ד יתפרסם הדבר ויהיה גנאי כי מה עלי לעשות עוד לאמת

the road, and he said, "Get ready now, I will come to you," for he did not know that she was his daughter-in-law, and she said, "What will you give me that you should come to me?" 17. And he said, "I will send a kid from the herd," and she said, "[Only] if you give me a pledge until you send [it]." 18. So he said, "What is the pledge that I should give you?" And she said, "Your signet, your cloak, and the staff that is in your hand." So he gave them to her, and he came to her, and she conceived his likeness. 19. Then she arose and went away, and she took off her veil, and she donned her widow's garb. 20. And Judah sent the kid by the hand of his Adullamite friend to take the pledge from the woman's hand, but he did not find her. 21. So he asked the people of the place, saying, "Where is the harlot who was at the crossroads on the way?" and they said, "No harlot was here." 22. So he returned to Judah, and he said, "I have not found her, and the people of the place also said, 'No harlot was here.'" 23. So Judah said, "Let her take [them] for herself, lest we become a laughingstock. Behold, I sent this kid,

"Get ready now..."—*Prepare yourself and your mind for this. Every expression of* הָבָה *signifies preparation, except where it can be translated as an expression of giving, and even those instances [of* הבה] *meaning preparation are close to an expression of giving.*—[*Rashi*]

17. **a pledge**—Heb. עֵרָבוֹן, *security.*—[*Rashi from Targum Onkelos*]

18. **Your signet, your cloak**—Heb. חֹתָמְךָ וּפְתִילֶךָ. [*Onkelos renders:*] עִזְקָתָךְ וְשׁוֹשִׁיפָךְ. *Your ring, with which you seal, and your cloak, with which you cover yourself.*—[*Rashi*]

Ramban objects to this interpretation of פְּתִילֶךָ *for several reasons: 1) it is unlikely that Judah would give*

away his cloak and walk away without an outer garment; 2) the word פְּתִיל means a string, not a garment; 3) it appears in verse 25 in the plural. He therefore deduces that it was either a narrow kerchief worn on his head or strings carried in his hand that were woven in the design of his insignia, the same design that appeared on his signet ring, possibly the form of a lion. The staff was a scepter, held by rulers.

Rashbam defines פְּתִיל *as a girdle. These three items he was willing to give as a pledge because they were not articles of apparel [i.e., not essential articles of apparel].*

and she conceived his likeness—

lit., "and she conceived to him." *Mighty men like him, righteous men like him.*—[*Rashi* from *Gen. Rabbah* 85:9]

Since the verse reads לוֹ rather than מִמֶּנּוּ, as in verse 26, the Rabbis understood it to mean that she conceived his likeness, mighty men like him, righteous men like him.—[*Sifthei Chachamim*]

21. the harlot—Heb. הַקְּדֵשָׁה, *prepared* (מְקֻדֶּשֶׁת) *and ready for harlotry.*—[*Rashi*] A woman ready to accept any man who comes along is called קְדֵשָׁה.—[*Rashbam*]

Rabbenu Meyuchas interprets the word קְדֵשָׁה to mean "a woman who has renounced her sanctity." This is one of the instances in which a Hebrew root has two opposite meanings. It means sanctity and it also means the opposite of sanctity.

23. Let her take [them] for herself—*Let her keep what she has.*—[*Rashi*]

lest we become a laughing-stock—*If you seek her further, the matter will become known, and it will be a disgrace, for what more am I required to do to keep my word?*—[*Rashi*]

What I am obligated to do in order to pay my debt, I have already attempted to do according to my ability, and I have thereby fulfilled my obligation. I have not failed to do what I promised, and I have not delayed the payment beyond the time that I promised. The only other reason to seek her is to retrieve my pledge, but it is better that she keep it rather than reveal what is more proper to conceal.—[*Rabbenu Avraham ben HaRambam*]

Behold, I sent this kid—*Since Judah had deceived his father with the kid in whose blood he immersed Joseph's coat, he too was deceived with a kid.*—[*Rashi* from *Gen. Rabbah* 85:9]

This apparently unbecoming behavior for the progenitor of the most prominent of the tribes of Israel can be explained in several ways:

1) *Rambam, Hil. Ishuth* 1:4 states: Prior to the giving of the Torah, a man could meet a woman in the street. If they were both willing, he would pay her a fee and be intimate with her at the crossroads, and then go away. The woman was called *kedeshah.*

On this, *Maggid Mishneh* comments: This is obvious, and the episode of Judah and Tamar proves it.

2) When Judah saw her, he paid no attention, but since she covered her face, he reasoned: If she were a harlot, why would she cover her face? *Rabbi Johanan* said: He wished to continue on his way, but the Holy One, blessed be He, made the angel in charge of desire appear before him and say, "Where are you going, Judah? From where are kings to arise? From where are redeemers to arise?" So he turned toward her despite himself and against his will.—[*Gen. Rabbah* 85:8] According to the Midrash, the verse is to be interpreted as follows: When Judah saw her, he thought she was a harlot. When she covered her face, he turned to her to the road.

הבי כדון איעול לותיך ארום לא ידע ארום כלתיה היא ואמרת מה תתן לי ארום תיעול לותי: יז ואמר
אנא אשדר גידי בר עיזי מן ענא ואמרת אין תתן משכונא עד דתשדר: יח ואמר מה משכונא דאתן
ליך ואמרת סיטומתך וחוטייך וחוטרך דבידך ויהב לה ועל לותה ואתעברת ליה: יט וקמת ואזלת
ועדת רדידה מנה ולבישת לבושי ארמלותה: יט רדידה:
כ ושדר יהודה ית גידי בר עזי ביד רחמיה עדולמאה למסב משכונא מידא דאיתתא ולא אשכחה:
כא ושאל ית אינשי אתרה למימר האן מטעיתא דהיא בסכות עיינין על אורחא ואמרו לא הות הכא
מטעיתא: כב ותב לות יהודה ואמר לא אשכחיתה ואוף אינשי אתרא אמרו לא הות הכא מטעיתא:
כג ואמר יהודה תסב לה משכוניא דילמא נהוי לגחוך הא שדרית ית גדיא הדין ואנת לא אשכחתה:

בעל הטורים

בכבוד אף ירושלים סופה בכבוד כדכתיב ולכבוד אהיה בתוכה וזהו זאת קומתך דמתה לתמר: ופתילך תפליך. הפתילים התפילין: ומטך. ב' במס' הכא ואידך ומטך אשר הכית בו את היאור. נלמד שזה המטה שנתן בידה הוא המטה שהכה בו את היאור ונעשו בו כל הנסים: מלאה. ב' במס' הכא ואידך ואם בשדה מלאה לומר בשביל שבשדה מלאה תחלה ועתה חזרה לביתה ע"כ לא מלאה: לבוז. ב' במס'. פן נהיה לבוז. ונעוה לב יהיה לבוז. בשביל שעוות לב הביאו לומר הכר נא הכתונת בנך היא היה לבוז שאמרה לו הכר נא לפני

רשב"ם

ותתעלף: (יז) עד שלחך. רפי שתשלח שלוחך שיביא הגדי וגם יש רגיל לומר ל' רפי בשליחות דורון כדכתיב מנחה היא שלוחה אני שלחתי את הגדי: (יח) חותמך. טבעתך: פתילך. אזור. ומטך. שלשה כלים הללו מזומנים לתת כי אינו מלבוש: (כא) הקדשה. מיועדת ומזומנת לכל באים כדכתיב וגם קדש היה בארץ. ולא תהיה קדשה מבנות ישראל: (כג) תקח לה. מה שבידה. כי לא אשלח עוד אליה פן נהיה לבוז לחזור אחר

דעת זקנים מבעלי התוספות

(יז) ותאמר אם תתן ערבון. י"מ שבא עליה בקידושין וכן מפרשי' מה תתן לי כי תבוא אלי כלומר במה תקדשני ויאמר אנכי אשלח גדי עזים וגו', והאמר אם תתן ערבון וגו' ויאמר וגו' ותאמר חותמך ופתילך וגו'. פי' טבעתך שאתה חותם בה וקדשה בטבעת. ותימה לה"ר משה וכי מה הועילו הקידושין והרי צריכים עדים ואפי' שניהם מודים כדאי' במס' קדושין. וי"ל דמסתמא אדם חשוב כיהודה לא היה יוצא לדרך בלא שנים רעהו ואחר עמו כמו תלמיד חכם וקדשה בפניהם. וא"ת והיכי היאך הועילו הקדושין והלא לא מסר לה הטבעת אלא בתורת משכון והמקדש בקדושין קדשה בפרוטה והניח משכון עליה אינה מקודשת. וי"ל שהקנה לה הטבעת באותה שעה לגמרי אמנם לאחר מכן התנה עמה באם שולח גדי עזים שתחזיר לו הטבעת כנ"ל:

אבן עזרא

לבעונין והביא ראיה מבתו הבל הוא. כי אין מביאין ראי' מן השוטים. גם נכון הוא מה שדרשו רז"ל שהיתה צנועה בבית חמיה: (יח) חותמך. מרב תאותו נתן ג' דברים ערבון על דבר קל. ופי' קדשה כפסוק לא יהיה קדש אפרשהו: (כג) תקח לה. עזוב אותה ותקח הערבון: פן נהיה לבוז. ללעג שנתתי חותם ופתיל ומטה ערבון על דבר קל כזה: ואני הנה שלחתי את הגדי הזה ואתה לא

רמב"ן

יוצאת חוץ היא הזונה נפקת ברא ונותנת שבכה על קצת הראש לא שתשכב עליה ותהיה טמאה מדרס ולא לכסות בה ראשה ותטמא טמא מת אבל לקשור קווצותיה ולהיותם מתחת השבכה נראין ואינן נראין ולכך טהורה מכולם: (יח) חותמך ופתילך. עזקתך ושושיפך טבעת שאתה חותם בה ושמלתך שאתה מתכסה בה לשון רש"י ואיננו נכון שיתן שמלתו וילך ערום ממנה ואיך תקרא השמלה פתיל. ואיך יאמר הכתוב והפתילים בלשון רבים ואם תאמר כי על שם פתילי הציצית תקרא השמלה וחלילה שיקיים יהודה מצות ציצית ויזלזל בו לתת אותו לזונה ואולי היה בידו סודר קטן אשר יעטוף בו קצת הראש לפעמים ויקרא פתיל בעבור שהוא קצר כפתיל והוא תרגום שושיפא ולא תמצא לאונקלוס בכל שמלה שבתורה שיתרגם אותה שושיפא אבל לשון כסות ומלבוש תרגם בכלם מלבד ופרשו השמלה שאומר בו ויפרשון שושיפא לפי שהוא הסודר הידוע בתלמוד שיודעו בו הבתולים וכן תרגום יונתן בן עוזיאל המעטפות שושיפא שהם סודרים קטנים יעטפו בהם הראש ויפרשו אותם הנכבדים על המגבעות והפארים אשר על ראשם וזה המנהג עודנו היום בארצות המזרח. ויתכן עוד כי היה ליהודה חותם כצורת אריה או צורה אחרת ידוע במושלים והיו בידו פתילים שבהם כצורה ההיא לתייר בה והמטה היה בידו כמשפט שלים ונגש כענין שכתוב מטה עז שבט למשול וכתיב לא יסור שבט מיהודה ואלה

כלי יקר

חותמך ופתילך ומטך. כפי הפשט נראה ליתן טעם למה נתן ערבון דוקא ג' אלו וזה לפי שכוונתו היתה לשם זנות והי' מבזה חותם את ברית קודש אשר בבשרו כי הבועל ארמית נמשכה ערלתו והי' מבזה גם מטה מושלים אשר בידו אשר בו יהיה רועה ומנהיג אשר נצטווה שלא ירבה לו נשים כי לא יתכן שרועה ישראל יהי' רועה זונות והי' מבזה גם מצות ציצית המצילין מן העבירות כמעש' ההוא ששכר זונה בעד ארבע מאות זוז וניצול ע"י מצות ציצית וזה לא ניצול ובזה מיושב מה הגיד לנו הכתוב בזה שנתן ג' אלה למשכון לפי שבא לתרץ למה לא זכר באות ברית קודש ובמטה מושלים אשר בידו ובציצית שבבגדיו אלא לפי שנתן שלשתן ערבון והיו מבוזים בעיניו ע"כ לא זכר בחותם שבבשרו לפי שנתן מידו את החותם שבידו ע"כ לא הי' לו דבר המזכירו בחותם שבבשרו וגם המטה אשר בידו נתן מידו גם פתילך היינו הציצית נתן לה ע"כ לא הי' לו דבר שיצילו מן הזנות. ומדרשו הוא לפי שכל מה שאירע לאבות הי' סי' לבנים אע"פ שהאבות לא נתכוונו לזה כך בספור זה פרט לך ענינים הנעשים במעשה ההוא להודיע את אשר יקרה לבנים באחרית הימים. יען כי היוצא מביאה זו היה שממנה נולד הגואל לשה פזורה ישראל להציל מהם הצפיר והשעיר מלך יון ושאר מלכי האומות דמסגי בריש' בהגלותם כנגדי זה כדאי' בגמ' למה עיזי מסגי ברישא ומסיק כברייתו של עולם דברישא חשוכא והדר נהורא ובלי ספק שאלה זו היתה על דרך הרמז למה האומות קודמין לישראל בהגלותם ומתרץ כברייתו של עולם שמתחלה שימש החושך ואח"כ האור כך האומות ההולכים בחושך תשמישם בעה"ז תחילה ואח"כ שימש אור ישראל ואין כאן מקומו להאריך מזה. וז"ש כאן מה תתן לי מה יהיה תכלית ביאה זו והשיב אנכי אשלח גדי עזים היינו מלכי האומות העזים מן הצאן שה פזורה ישראל על ידי הגואל שיולד מביאה זו. ומה הערבון במה יהיו בטוחים ביש' כך ושלה חותם ומטה ופתיל רמז לשלשה דברים ממושכנים כל זמן שישראל בגלות. משכון ראשון הוא חותמו של הקב"ה דהיינו שם של יה אשר חתם ה' על השבטים הראובני השמעוני כמו שפירש"י פ' פנחס ומה שקדמה ה"א ליו"ד במלת החנוכי לפי שכך המדה בכל חותם שבטבעתו של הקב"ה החקוק שם יה כסדרו ואחר שנחתם על השבטים נתהפכו האותיות כדרך כל חותם שנאמר תתהפך כחומר חותם וחותם זה ממושכן כי בכל מקום שגלו שכינה עמהם ושם של יה דהיינו החותם אינו יכול להיות במלואו עד שיגאלו הבנים ויהיו מסובים על שלחן אביהם שבשמים שנאמר כי יד על כס יה משכון שני היינו אל"ף של כסא שנאמר כי יד על כס יה כי אין

ספורנו

וישאל מדוע ככה עשתה תשיבהו כי בא מועד להסירם שהרי אמר לה שבי אלמנה עד יגדל שלה והנה אז כבר גדל שלה: (טז) כי לא ידע כי כלתו היא. גם אחר שנטה אליה אל הדרך לא הכירה שאם היה מכירה היה מדבר בה בשביל בנו ולאל יתברך נתכנו עלילות שרצה שיהיה זרעה מיהודה שהיה יותר שלם ורצוי משלה וממנה יהיה משיח צדקנו: מה תתן לי. התחילה לדבר כדי שיכירה כי לא היתה מכונת לשום אתנן בלי ספק אבל היתה כונתה להקים זרע מיהודה ובכן לקחה ערבון לא להנות בו אלא לעדות ואם היה נותן לה אתנן לא היתה מקבלת כי לא היה אז עמה שרית לזכות את נפשה: (יז) אם תתן ערבון. אם תתן אז אעשה מה שצוית באמרך הבה נא אבא אליך: (יח) ופתילך. צמיד פתיל עליו כמו סודר שבמתניו שמנהג חכמים ובחרה באלה הכלים המורים הגדולה והגבורה כחותם ושבט המושל והאזור כאמרו אזור נא כגבר חלציך וזה עשתה כדי שתתהרהר במעלת יהודה וגדולתו: (יט) ותלבש בגדי אלמנותה. שלא היה עם לבבה להנשא אחרי שהשיגה את הזרע המכוון: (כב) וגם אנשי המקום אמרו. כמשחקים וקיקלון על כבודך: (כג) הנה שלחתי. ולא שקרתי באמנתי:

וגם

הַזֶּה וְאַתָּה לֹא מְצָאתָהּ: כד וַיְהִי
כְּמִשְׁלֹשׁ חֳדָשִׁים וַיֻּגַּד לִיהוּדָה
לֵאמֹר זָנְתָה תָּמָר כַּלָּתֶךָ וְגַם הִנֵּה
הָרָה לִזְנוּנִים וַיֹּאמֶר יְהוּדָה הוֹצִיאוּהָ
וְתִשָּׂרֵף: כה הִוא מוּצֵאת וְהִיא
שָׁלְחָה אֶל--חָמִיהָ לֵאמֹר לְאִישׁ
אֲשֶׁר־אֵלֶּה לּוֹ אָנֹכִי הָרָה וַתֹּאמֶר
הַכֶּר־נָא לְמִי הַחֹתֶמֶת וְהַפְּתִילִים

גַּדְיָא הָדֵין וְאַתְּ לָא אַשְׁכַּחְתַּהּ: כד וַהֲוָה כְּתַלְתוּת יַרְחַיָּא וְאִתְחֲוָא לִיהוּדָה לְמֵימַר זַנִּיאַת תָּמָר כַּלְּתָךְ וְאַף הָא מְעַדְּיָא מִזְּנוּתָא וַאֲמַר יְהוּדָה אַפְּקוּהָא וְתִתּוֹקַד: כה הִיא מִתַּפְּקָא וְהִיא שְׁלַחַת לְוָת חֲמוּהָא לְמֵימַר לִגְבַר דִּי אִלֵּין דִּילֵיהּ מִנֵּיהּ אֲנָא מְעַדְּיָא וַאֲמַרַת אִשְׁתְּמוֹדַע כְּעַן דְּמַן עִזְקְתָא וְשׁוֹשִׁפָא

תו"א ויהי כמשלש. נדה מג: ויאמר יהודה. ע"ז לו: הוא מוצאת. ברכות מג כתובות סז סוטה י מגילה כה: והיא שלחה אל חמיה. סוטה שם:

רש"י

ה לאמת דברי: הנה שלחתי הגדי הזה. לפי שרמה יהודה את אביו בגדי עזים שהטביל כתנת יוסף בדמו רמוהו גם אותו בגדי עזים (ב"ר): (כד) כמשלש חדשים. (נדה מג) רובו של ראשון ורובו של ו אחרון ואמצעי שלם ז ול' כמשלש חדשים כהשלש החדשים כמו (אסתר ט) ומשלוח מנות משלוח ידים וכן תרגם אונקלוס כתלתות ירחיא: הרה לזנונים. שם דבר מעוברת ח כמו אשה הרה וכמו ברה כחמה: ותשרף. אמר אפרים מקשאה משום רבי מאיר בתו של שם היתה ט שהוא כהן לפיכך דנוה י בשריפה: (כה) הוא מוצאת. לישרף: והיא שלחה אל חמיה. לא רצתה להלבין פניו ולומר ממך אני מעוברת אלא לאיש אשר אלה לו אמרה אם יודה מעצמו יודה ואם לאו ישרפוני ואל אלבין פניו. מכאן אמרו נוח לו לאדם כ שיפילוהו לכבשן האש ואל ילבין פני חבירו ברבים: הכר נא. אין נא אלא לשון בקשה הכר נא בוראך ואל תאבד ל שלש נפשות:

שפתי חכמים

לאמת: ה רצונו לפרש מה שכתוב הנה שלחתי מה טעם הוא אשלמשלה ומפרש דה"ק א"ת בשביל נוכלה אני לכך שהרי אמרתי שאשלח לה גדי עזים כי מה עלי וכו' הנה שלחתי וגו' והוכחה להוסיף כי מה עלי לעשות קודם הנה שלחתי מפני שבזולת זה אין טעם דיקות שמאמר תקח לה למאמר הנה שלחתי וק"ל: ו אע"פ שהולד אינו ניכר אלא עד ג' חדשים דהוא שליש של ימי עבורה מ"מ היכא דילדה לט' אבל תמר ילדה לז' חדשים מדכתיב ויהי בעת לדתה ולא כתיב וימלאו ימיה כמו גבי רבקה וכדפירש"י בפ' תולדות לכך היה הולד ניכר קודם ג' חדשים: ז וא"ת מנ"ל לרש"י דלמא איפכא הראשון והשני שלם והאחרון לא היה שלם או הראשון לא היה שלם והשני והשלישי היו שלמים. וי"ל דא"כ לא יהיה רק ב' חדשים ועשרה ימים שהרי מונדם ה' לא יהיה רק עשרה ימים שהוא שליש של חדש וזה אינו נקרא חדש כיון שהוא מיעוט של חדש וקרא קאמר כמשלש חדשים כלומר ג' חדשים שלמים. והרא"ם פי' דאפשר שאין העובר ניכר בשליש ימי עבור רק שרוב ראשון ואמצעי שלם ורוב שלישי כג' חדשים שלמים דרובו ככולו משום דחדשים גורמים: ח ר"ל לפי שמצאנו הרה לשון עתיד כמו הנך הרה וילדת בן והכא לא שייך למימר הכי שהוא ל' עתיד דמי יאמר להם שהיא עתידה להיות הרה לכ"פ שהוא שם דבר: ט ל"ד בתו דהא שם הכיר נח כשהיה יעקב נ' שנה ועתה הוא יותר מבן ק"י שנה אלא ממשפחתו: י וא"ת למה חייבה בשריפה הא לאו נשואה היתה וגם לא מאורסה היתה ובת כהן אינה בשריפה אלא כשהיא נשואה או ארוסה ומה שהיתה זקוקה ליבם לאו בת מיתה היתה אלא לאו דלא תהיה אשת המת החוצה וי"ל דלכך דנוה במיתה כדי לקיים על הבריות שלא יפרצו הדור ויקלקלו וכיון דדנוה במיתה דנוה בשריפה דהא מצינו בשאר מקום דבת כהן דינה בשריפה וזה ג"כ דעת רש"י שפי' לפיכך דנוה בשרפ' וכמו שפי' הרא"ם. ומהרש"ל כתב וקשה והלא פנויה היתה וי"ל דשומרת יבם היתה: כ וא"ת מנלן דלמא מה שאמר לא היתה מודה משום דעדיין לא הפילוה לאש ולא היה אש בוער אבל אם היה האש בוער היתה מודה וי"ל דפי' ר"ת בתוס' פ' הזהב מדכתיב היא מוצאת חסר א' שהוא מג' וילת אש בליון א"כ ש"מ שהאש היה בוער ואפ"ה לא היתה מודה לכך פי' מכאן אמרו וכו': ל היא לא היתה יודעת שג' נפשות היו אלא רש"י נקט זה לפי האמת שהיו ג' אבל היא לא אמרה רק שתי נפשות. ופי' מהרש"ל דהוכחת רש"י הוא מדכתיב הכר נא וגו' ולמה כתב נא באמצע ה"ל למכתב או בתחלה או בסוף ולכן מדקדק רש"י מתחלה אמרה הכר שאני הרה ממך ועוד אמרה נא כלומר ועוד בקשה אחרת שלא תאבד

רמב"ן

נתן בידה: (כד) ויאמר יהודה הוציאוה ותשרף. אמר אפרים מקשאה תלמידו של ר' מאיר משום ר' מאיר תמר בתו של שם היתה שהוא כהן לפיכך דנוה בשריפה זה כתב רש"י ולא פירש ואני לא ידעתי הדין הזה שבת כהן אינה חייבת שריפה אלא

כלי יקר

השם שלם ואין הכסא שלם עד לעתיד והיינו פתילך תכלית כי תכלת דומה לים וים דומה לרקיע ורקיע דומה לכסא הכבוד וא"כ התכלת שבציצית מזכיר הכסא הכבוד וחוט הפתיל ערבון רמז להיות הכסא קלת ממושכן ולעתיד יהי' השם שלם והכסא שלם שנאמר אוה למושב לו כי אותיות אוה נמלאים השם והכסא. ד"א פתילך רמז למה שנא' בשם וקנין פתילים במשכן ובכל כליו ונתמשכנו כלם כדאיתא במדרש אלה פקודי המשכן משכן שנתמשכן שני פעמים בעונם של ישראל כו'. ומטך היינו משכן וי"ו אליהו כי לולת הוי"ו כלולת המטה ואמרו רז"ל שנכתב ה' פעמים אליה חסר וי"ו וחמשה פעמים כתוב יעקב מלא ביו"ו כי אליהו נתן אותו משכון ליעקב שיבא ויגאל את בניו ואולי שלכך לקח למשכון וי"ו רמז למטה ושבט נושכים שביד יהודה שיהיו ממושכן כל ימי השמה. הו רמז לוי"ו של שם הגדול הממושכנת כי בעה"ז אין נשתמשי' כ"א בשם של י"ה וי"א שנתן לו אליהו הקיעת כפו שיאהלם והמשה האצבעות של הכף דומם לחמשה ווי"ן וכל אלו הדברים ברורים למבין וכבוד ה' הסתר דבר ישמע חכם ויוסיף לקח:

אור החיים

הוציאוה ותשרף. הטעם משום דב"ד של שם גזרו על זנות עם האומות כאומרם בע"ז דף ל"ו ומשמע אפי' אין שם איסור ערוה לא האסורה לבני נח ולא האסור' לישראל אעפ"כ גזרו עליה ואולי כי מסורת היתה בידם לגזור גזירות ולהרוג העובר על הגזירה ולזה כשידעו כי עמו היו הדברים נפטר' כי הגזירה היתה על זנות גוי דוק' ואין בה ג"כ איסור ערוה כי כלתו מותרת לבן נח ולפי דבריהם שאמרו ולא יסף לדעתה שלא פסק ממנה עוד הרי זה מגיד כי האב היה מיבם לכלתו:

ויהי

but you did not find her." 24. Now it came about after nearly three months, that it was told to Judah, saying, "Your daughter-in-law Tamar has played the harlot, and behold, she is pregnant from harlotry." So Judah said, "Bring her out, and let her be burned." 25. She was taken out, and she sent to her father-in-law, saying, "From the man to whom these belong I am pregnant," and she said, "Please recognize—whose signet ring, cloak,

24. Now it came about after nearly three months—Heb. כְּמִשְׁלָשׁ חֳדָשִׁים. *The greater part of the first, the greater part of the third, and the complete middle one. The expression כְּמִשְׁלָשׁ חֳדָשִׁים means, "upon the tripling of the months," like "sending portions (מִשְׁלוֹחַ מָנוֹת)" (Esther 9:19) [and] "shall they stretch forth their hand (מִשְׁלוֹחַ יָדָם)" (Isa. 11:14) (lit., the stretching forth of their hand). And so did Onkelos render: כְּתַלְתּוּת יַרְחַיָּא, at the tripling of the months.*—[Rashi from Gen. Rabbah 85:10]

she is pregnant from harlotry—Heb. הָרָה. *This is an adjective, "pregnant," like "a pregnant (הָרָה) woman" (Exod. 21:22), and like "clear (בָּרָה) as the sun" (Song 6:10).*—[Rashi]

הָרָה could be the past tense of a verb, meaning: *she has conceived.* The absence of the pronoun lends support to this theory—since the subject of the verb זָנְתָה could be the subject of this verb as well. *Rashi,* however, insists that the word is an adjective, because if it were a verb it would be הָרְתָה, the fem. third person past of הרה, like זָנְתָה, appearing above in this verse. The word הָרָה, however, is an adjective, stemming from the root הרר, just as בָּרָה stems

from the root ברר.—[*Mizrachi, Sefer Hazikkaron*]

and let her be burned—*Ephraim Miksha'ah said in the name of Rabbi Meir: She was the daughter of Shem, who was a priest. Therefore, they sentenced her to be burned.*—[Rashi from Gen. Rabbah 85:10]

Ephraim Miksha'ah was a disciple of *Rabbi Meir. Rashi,* in his commentary to *Genesis Rabbah,* theorizes that he was called *Miksha'ah* either because he was fond of bringing up difficulties (קֻשְׁיוֹת) in the halachoth, or because he was a watchman of a cucumber field (מִקְשָׁה). *Ephraim* alludes to the midrashic identity of Malchizedek, king of Salem, mentioned in Genesis 14:18, as Shem, the son of Noah. He is described as "a priest to the Most High God." He alludes also to Leviticus 21:9: "And the daughter of a priest, should she profane herself by playing the harlot, she profanes her father; with fire she shall be burned." Since Tamar was the daughter of a priest and she played the harlot, she was liable to death by burning.

Ramban points out a problem with this reasoning. The daughter of a priest is liable to be burned only if she fornicates when attached to a husband, which means according to some, if she is betrothed, and according to others, if she is married, as is delineated in *Sanhedrin* 51b. A woman waiting for her brother-in-law to marry her is not in this category; if she is the daughter of an Israelite or priest and fornicates while waiting for her brother-in-law, she is liable only to lashes, but does not incur the death penalty. You may think that since Tamar was a Noachide, she was liable to death for any infraction of the Noachide laws, which is indeed the accepted halachah. Since she was bound to Shelah by dint of the levirate, she was deemed a married woman, and the liability to capital punishment applied to her. *Ramban*, however, rejects this theory because we find in *Gen. Rabbah* (loc. cit.) that Judah instituted the mitzvah of *yibbum*, the levirate marriage. It is also noted in *Sanhedrin* 58a that the Noachides are not bound by the mitzvah of *yibbum*.

Ramban therefore concludes that Judah sentenced her to death because he was a ruler over the land, and consequently, a daughter-in-law who commits adultery against him is not judged as an ordinary person, but as one showing contempt for the throne. Therefore, Judah had the right to decree upon Tamar whatever he saw fit. He sentenced her to death because of the honor of the throne. He chose death by burning because of the honor of her father's priest-

hood, not because this ruling would apply to commoners. According to the simple meaning of the passage, *Ramban* suggests that their law was similar to that of certain provinces in Spain, where the husband of an adulteress was given the right to sentence his erring wife to death. Since she was designated to be married to Shelah, she was deemed a married woman according to their statutes.

This appears to be *Rashbam*'s interpretation as well.

Da'ath Zekenim note that Tamar could not be executed without prior warning. They quote *Rabbi Joseph of Israel*, who replies that since that generation was unrestrained in its immoral behavior, the Sanhedrin had the right to punish without halachic prerequisites.

Ba'al Haturim quotes *Rabbi Judah Hechasid*, who explains that Judah did not really intend to burn Tamar to death, but merely to brand her as a harlot by burning a sign on her face. When he learned that he was the cause of her pregnancy, and she therefore was not a harlot, he retracted his verdict.

25. **She was taken out**—*to be burned*—[*Rashi* from *targumim*]

and she sent to her father-in-law—*She did not want to embarrass him and say, "From you I am pregnant," but, "From the man to whom these belong." She said, "If he confesses by himself, let him confess, and if not, let them burn me, but*

כד והוה בזמן תלת ירחין אשתמודעא דמעברא היא ואיתני ליהודה למימר זניית תמר כלתך ואוף הא מעברא לזנו ואמר יהודה הלא בת כהן היא הנפקוהא ותתוקד: כה תמר מתאפקא לאיתוקדא ובעת תלת משכוניא ולא אשכחתנון תלת עינהא לשמי מרומא וכן אמרת בבעו ברחמין מן קדמך יי עני יתי בהדא שעתא אננקי ואנהר עייני ואשכח תלת סהדי ואנא מקיימא לך מן חרציי תלתא קדישייא דמקדשין שמך ונחתין לאתון נורא בבקעת דורא ביה שעתא רמז קודשא בריך הוא למיכאל ואנהר עיינה ואשכחתנון נסיבת יתהון וטלקת יתהון קמי ריגלי דיינייא ואמרת גברא דאלין משכוניא דידיה מיניה אנא מעברא ואף על גב דאנא יקדא לית אנא מפרסמא ליה ברם מרי עלמא יתן בלבביה דיכיר יתהום וישיזיב יתי מן דינא רבא הדין וכיון דחמא יתהום יהודה אכר יתהום בכן אמר בלבביה טב לי בהית בעלמא הדין דהוא עלם עביר ולא נבהית באנפי אבהתי צדיקיא בעלמא דאתי טב לי יקוד בעלמא הדין באישא טפיא ולא ניקד בעלמא דאתי באישא אכלא אישא דמיכלא קביל מיכלא הוא לפום דאמרית ליעקב אבא אכר כדון פרגודא דברך לפום כן צרכית למשמע בבי דינא למן אינון סיטומתא וחוטיא וחוטריא האלין:

כה תמר נפקת למיתוקדא בנורא ובעת תלתא סהדי ולא אשכחת יתהון תלת עיינא למרומא ואמרת בבעו ברחמי מן קדמך יי את הוא יי אלהים דעני לעייקיא בשעת עקתהון עני יתי בהדא שעתא דהוא שעת אננקי ואנא מקימנא לך תלתא צדיקין בבקעת דורא חנניה מישאל ועזריה בה בשעתא שמע מימריה דיי קל צלותה ואמר למיכאל חות והב יתהון להנהרין עיניה כד הוה חמת יתהון נסיבת יתהון וטלקת יתהון קדם רגלוי דדייניא ואמרת להון גברא דאילין דידיה מניה אנא מעברא אף על גב דיקידה לית אנא מפרסיא ליה ברם רחיצא אנא ברבון כל עלמיא יי דהוא סהיד ביני וביניה דיהב בלביה דגברא דאלין דידיה דיחכים למן עזקתיה ושושיפא וחוטרא האילין:

פי' יונתן

פונה' מאי היתה אלו ודוק: (כה) ובעת תלת משכוניא בקשה ג' משכונותיו ולא יכולה למצוא נשאה עיניה למרום והאירו ומצאתם ודייק זה ממלת מוצאת ל' מציאה וכן הוא במדרש היא מוצאת כד"א או מצא אבידה: בכית פי' להתבייש מלבון בשם וככר פי' כבראשית ולא יתבוששו ולא ידעו מה היה בהתח':

דהוא עלם עביר. פי' בהוא עולם עובר כמפורש': בלא' טפי' פי' אש העוה"ז שהיא כבה כי תרגום לא תכבה לא תטפי: מיכלא קביל מיכלא מדה כנגד מדה: הכא אכר כדון וכו' פי' לפי שאמרו ליעקב הכר הכתונת בנך הוא וכו': ולפום כן צרכי' וכו' פי' בשביל כן מדה כנגד מדה הולרכת למשמע בב"ד למי החותמת וגו' וי"מ דכאן משמע שיהוד' הביא הכתונת ובעצמו מתרגם והדרו ביד בני בלהה חלפה שכן כתיב ויביאו וי"ל ע"ז מי שיש בידו למחות ואינו מוחה הכל

רשב"ם

הקדשות: (כד) זנתה תמר כלתך. וא"ת מי יודע אם אמת שזינתה תדע שהרי גם הרה היא כבר: ותשרף. לפי הפשט כך היה מנהגם מאחר שזקוקת ליבם: (כה) היא מוצאת. לאחר שהוציאוה שלחה הערבון ועדיין לא רצתה

בעל הטורים

החותמת: ויאמר יהודה הוציאוה ותשרף. הוא ר"ת שם בן ד' מלמד שהקב"ה זימן לה הסימנין שנאבדו ממנה: הוציאוה תשרף. פרש"י לפי שבתו של שם היתה ובת כהן שזינתה בשריפ' והקשה הרמב"ן דמה של' בת כהן שזנתה בשריפה היינו ארוסה או נשואה אבל שומרת יבם אפי' כהנת אינה אלא בלאו וכ"ת מפני שהיה יבום בבני נח ואזהרתן זו היא מיתתן הא מוכח בסנהדרין שאין יבום נוהג בבני נח כלל. וע"ק דכל מיתה האמורה בבני נח אינה אלא סייף ועוד מה שאמר לדקה ממני כ"ש שהיה לה להתחייב ופי' הוא בשביל שהיה קצין ומושל בארץ והכלה אשר תזנה עליו אינה נידונית כמשפט שאר נשים הזונות אך כמבזה את המלכות וע"כ אמר הוציאוה ותשרף כי באו לפניו לעשות לה את כל אשר יצוה והוא חייב אותה מיתה למעלת המלכות. וע"ד הפשט שהיה המשפט אשר תזנה תחת אישה שמוסרי' אותה לבעלה והוא דן אותה לחיים או למות כרצונו והנה תמר היתה מיועדת לשלה בנו והיא להם כא"א בנימוסיהם. ור"י החסיד פי' לא דן אותה יהודה לשריפה אלא שישרפו לה רושם בין פניה לסימן שהיא זונה וכאשר ידע יהודה שהיה ממנו ולא היתה זונה לא עשו לה דבר. עוד מקשים על מ"ש יהודה הוציאוה ותשרף והלא יהוד' מלך היה ומלך לא דן ולא דנין אותו ועוד בדיני נפשות מתחילין מן הצד ועוד שהלך היה דן על כלתו ומתרצים שיצחק ויעקב ויהודה דנוה והתחילו ביהודה מן הצד. ובמדרש שם בעצמו דנה וא"א להיות שדקדק בחשבון שנות דור ודור תמצא שמת כבר ומ"ש בע"ז פנוי הבא על הפנויה בית דינו של שם גזרו מפני מעשה דתמר לא שהיה קיים אלא כל בית דינו אחריו נקראו על שמו: היא מוצאת. קרי חסר אלף לומר לך שאמרים אפי' אם יליתו בה את האור לא תודה: הכר נא למי החותמת ס"ת

דעת זקנים מבעלי התוספות

(כד) זנתה תמר כלתך. למה הולרך לומר אחר כן וגם הנה הרה לזנונים ושמא י"ל שלא היו דנין באותה פרק בזנות בלא הריון. ד"א שלא היו דנין אלא כשמזנה לשני בני אדם: הוציאוה ותשרף. אמר אפרים מקשאה תמר בתו של שם היתה שהיה כהן ובת כהן שזינתה היא בשריפה. ותימה שלא היו עדים והתראה בדבר. ותירץ הר' יוסף מארץ ישראל דדור פרוץ היה לכך חייבוה כדי לעשות סייג לתורה כדאמרינן בסנהדרין פרק נגמר הדין תניא ר' אלי' ב"י אומר ב"ד מכין ועונשין שלא מן הדין וכו' וכן יהושע שהרג עכן ומסיק תלמודא דלא עשה כה מעשה אלא כדי לרדות ישראל. ומיהו קשיא כיון דבתו של שם היתה א"כ מאי האי דכתיב לעיל שבי אלמנה בית אביך והרי כשתחשוב שנותיו של שם תמצא שכבר מת. וגהם במס' סוטה משמע הכי דמסיק דאמרה לו יתומה אני פנויה אני. וצ"ל דבית אביה קרי כמו לאחר מיתת אביה:

אבן עזרא

מלאתה. וזה אות כי תקח לה הערבון: (כד) כמשלש חדשים. בתוס' מ"ס קודם שלש וכימים בתוספת מ"ס אחר שלש: (כה) היא מוצאת. היה ראוי להיות כמו מודעת

רמב"ן

בזנות עם זיקת הבעל ארוסה או נשואה כמו שמפורש בגמרא סנהדרין אבל בת כהן שומרת יבם שזינתה אינה במיתה כלל ובין בת ישראל ובין בת כהן אינה אלא ללאו גרידא. וא"ת שהיה היבום נוהג בבני נח והיה להם בכלל אשת איש ואזהרה שלהם זו היא מיתתם והלא הם אומרים שיהודה התחיל במצות יבום תחלה וכן בגמ' סנהדרין מוכיח שאין יבמת בבני נח חייבת כלל ונראה לי שהיה יהודה קצין שוטר ומושל בארץ והכלה אשר תזנה עליו איננה נדונת כמשפט שאר האנשים אך כמבזה את המלכות ועל כן כתיב ויאמר יהודה הוציאוה ותשרף כי באו לפניו לעשות בה ככל אשר יצוה והוא חייב אותה מיתה למעלת המלכות ושפט אותה כמחללת את אביה לכבוד כהונתו לא שיהיה דין הדיוטות כן. ועל דרך הפשט יתכן שהיה משפטם כנהוג היום במקצת ארצות ספרד שהאשה אשר תזנה תחת אישה מוסרין אותה לבעלה והוא דן אותה למיתה או לחיים כרצונו והנה היתה מיועדת לשלה בנו והיא להם כאשת איש

אבי עזר

(כה) (היא מוצאת וגו') כי תמיד נכתב מקום מושב הנח תחת תנועה גדולה. לכן נכתב מניח הה' בליכי. ומפני טעם זה חשבוהו לזר. כמוצאת שלום דינו כמוצאת. וכן לאינה. משפטו לאינה כסג"ל הלדיק:

ספורנו

(כד) וגם הנה הרה. ולא השתדלה לכסות קלון לכבודך: (כה) היא מוצאת והיא שלחה. שלא נפל לבה מהשתדל לזכות את עצמה אע"פ שהיו מוציאים אותה להשרף כי היה לבה כלב הארי: לאיש אשר אלה לו. אע"פ שהיתה באותה סכנה לא רצתה להלבין פניו כאמרם ז"ל נוח לו לאדם שיפיל עצמו לתוך כבשן האש ואל ילבין פני חבירו ברבים מנלן מתמר:

צדקה

וְהַמַּטֶּה הָאֵלֶּה׃ כו וַיַּכֵּר יְהוּדָה
וַיֹּאמֶר צָדְקָה מִמֶּנִּי כִּי־עַל־כֵּן לֹא־
נְתַתִּיהָ לְשֵׁלָה בְנִי וְלֹא־יָסַף עוֹד
לְדַעְתָּהּ׃ כז וַיְהִי בְּעֵת לִדְתָּהּ וְהִנֵּה
תְאוֹמִים בְּבִטְנָהּ׃ כח וַיְהִי בְלִדְתָּהּ
וַיִּתֶּן־יָד וַתִּקַּח הַמְיַלֶּדֶת וַתִּקְשֹׁר
עַל־יָדוֹ שָׁנִי לֵאמֹר זֶה יָצָא רִאשֹׁנָה׃
כט וַיְהִי כְּמֵשִׁיב יָדוֹ וְהִנֵּה יָצָא אָחִיו
וַתֹּאמֶר מַה־פָּרַצְתָּ עָלֶיךָ פָּרֶץ
וַיִּקְרָא שְׁמוֹ פָּרֶץ׃ ל וְאַחַר יָצָא אָחִיו

אונקלוס

וְחוּטְרָא הָאִלֵּין׃
כו וְאִשְׁתְּמוֹדַע יְהוּדָה
וַאֲמַר זַכָּאָה מִנִּי מְעַדְיָא
אֲרֵי עַל כֵּן לָא יְהַבְתַּהּ
לְשֵׁלָה בְרִי וְלָא אוֹסִיף
עוֹד לְמִידְעַהּ׃ כז וַהֲוָה
בְּעִדַּן מֵילְדַהּ וְהָא
תְיוֹמִין בִּמְעַהָא׃ כח וַהֲוָה
בְּמֵילְדַהּ וִיהַב יְדָא
וּנְסֵיבַת חָיְתָא וּקְטַרַת
עַל יְדֵיהּ זְהוֹרִיתָא
לְמֵימַר דֵּין נְפַק קַדְמָאָה׃
כט וַהֲוָה כַּד אֲתֵיב יְדֵיהּ
וְהָא נְפַק אֲחוּהִי וַאֲמָרַת
מָה תְּקוֹף סַגִּי עֲלָךְ
לְמִתְקַף וּקְרָא שְׁמֵיהּ
פָּרֶץ׃ ל וּבָתַר כֵּן נְפַק

תו"א הכר נא. שם : ויכר יהודה. שם ודף ז מכות כג : ולא יסף עוד לדעתה. סוטה י :

רש"י

(כו) צדקה. מ בדבריה: ממני. היא מעוברת ורז"ל דרשו שילאה בת קול ואמרה ממני ומאתי ילאו הדברים לפי שהית' לנועה בבית חמיה גזרתי שילאו ממנה מלכי' ומשבט יהודה גזרתי להעמיד מלכים בישראל: כי על כן לא נתתיה. כי בדין עשתה על אשר לא נ נתתיה לשלה בני: ולא יסף עוד. יש אומרים לא הוסיף ויש אומרים לא ם פסק (וחבירו גבי אלדד ומידד ולא יספו ומתרגמינן ולא פסקו): (כז) בעת לדתה. וברבקה הוא אומר וימלאו ימיה ללדת להלן למלאים וכאן לחסרים: והנה תאומים. מלא ולהלן תומים חסר לפי שהאחד רשע אבל אלו שניהם לדיקים: (כח) ויתן יד. הוליא האחד ידו לחוץ ולאחר שקשרה ע על ידו השני החזירה: (כט) פרצת. חזקת

שפתי חכמים

הנפש שיתירה כלומר שתודה לדברי שלא תאבד שלשה נפשות עכ"ל: מ דק"ל דלדקה ממני משמע שהיא היתה לדקת יותר ממנו ומכ"מ בזה כאן אם היא יותר לדקת או לא: [גש"י] לדקה בדבריה ולא לדקה במעשה הזנות דהא קרא אמר ולא ידע כי כלתו היא משמע הא אם ידע לא היה בא עליה ומאחר שהיא ידעה איך התירה עצמה לו ואשינויי דחיקי לא סמכינן מ"מ לדקה בדבריה שאני מכיר שהסימנים הם שלי ומסתמא ממני היא מעוברת כמו שאמרו לא היתה בזה קדשה וגם שהשבון כמשלש חדשים מוכיח מאי אמרת שמא גם אחרים באו עליה ונתעברה מהם זה הוא ספק והסימנים הם ודאי: נ דכי ע"כ ל"ל בחד סגי: ם ה"פ מ"ד לא הוסיף סבר דעתו של יהודה לא היה בילא עליה אלא כדי להקים זרע על שם המת וכיון שקיים לא בא עליה עוד. ומ"ד לא פסק כיון שראה יהודה שמתאוים להוליד בנים ממנו והיה כוונתה לש"ש לכך לא פסק מלדעתה: ע מלת ויתן יד משמע שהעובר כיון לתת לה יד לכך אמר הוליא ומפני שלא פי' המקרא מי נתן יד ולא אמר המוליא או הנותן לכך אמר הא' שפירושו הא'

אבן עזרא

זאת לולי העלם האל"ף כמשפטה: (כו) כי על כן לא נתתיה. כמו כי על כן ראיתי פניך. כטעם חכמינו הואיל ולא נתתיה. או טעמו עשתה כן כי לא נתתיה: לדעתה. לשכב עמה: (כח) ויתן יד. האחד מהם ולא נזכר שמו כי עוד לא נקרא. גם אלה במעשה פלא שנבקעו השליות יחד והשיב זה ידו וילא אחיו: (כט) מה פרלת. כאדם שיפרוץ גדר וילא ממנו והנה יש עליך משפט זה הפרץ. ואחרים אמרו שהוא כמו ופרלת. והגאון אמר כי מה פרלת כמשמעו

רמב"ן

בנימוסיהם: (כו) צדקה ממני. בדבריה ממני היא מעוברת ורבותינו דרשו שיצאה בת קול ואמרה ממני ומאתי יצאו הדברי' לשון רש"י. והנכון שהוא כמו צדיקים וטובים ממנו ויאמר אל דוד צדיק אתה ממני כי אתה גמלתני הטובה ואני גמלתיך הרעה צדקה בעשיה יותר ממני כי היא הצדקת ואני החוטא אליה שלא נתתיה לשלה בני. והטעם כי שלה הוא היבם ואם לא יחפוץ לקחת את יבמתו אביו הוא הגואל אחריו כאשר פירשתי למעלה בדין היבום: ולא יסף עוד לדעתה. אחרי שקיים זרע לבניו לא רצה להיות עמה עוד אע"פ שהיה ברצונו כי איננה אסורה עליו והיתה אשתו כמשפט היבמים וזה טעם האומר לא פסק כתיב הכא ולא יסף וכתיב התם קול גדול ולא יסף: (כט) מה פרצת עליך פרץ. חזקת עליך חוזק ל' רש"י וענין פרץ בכל מקום נתיצת הגדר ועברו. מן פרוץ גדרו. למה פרצת גדריה. ולשונם פרצה קוראה לגנב אבל יאמרו בלשון הקדש על כל עובר גבול הדבר ופרצת ימה וקדמה ויפרוץ האיש מאד מאד ולכן אמר בכאן בהיות הראשון כמשיב ידו והוא מהר לצאת מה פרצת פרץ גדול בגדר למהר לצאת קודם ממנו. ואמר עליך כי היה הגדר עליו והוא כלוא בתוכו כלומר מה פרצת עליך פרץ גדול בגדר ויצאת ממנו. ור"א אמר מה פרצת כאדם הפורץ גדר ויצא ממנו והנה יש עליך משפט זה הפרץ ואין בזה טעם ובמדרשו של רבי נחוניא בן הקנה יזכיר סוד בשם אלה הילודים אמרו איקרי זרח על שם החמה שהיא זורחת תמיד. ופרץ על שם הלבנה הנפרצת לעתים ונבנית לעתים והרי פרץ הוא הבכור וחמה גדולה מן הלבנה לא קשיא דהא כתיב ויתן יד וכתיב ואחרי כן יצא אחיו והנה לדעתם היה שם הלבנה לפרץ מפני מלכות בית דוד והיו תאומים

ספורנו

(כו) צדקה ממני. אע"פ שהיא באה אלי במרמה ואני לא ראיתיה כלל כי שלחתי הגדי מכל מקום היא צדקה במרמתה שהיתה לתכלית טוב ורצוי לאל ית' שהיא קיום הזרע לא להנאת עצמה שהרי חזרה לאלמנותה תיכף יותר ממה שצדקתי אני בקיום אמונתי שהיתה הכונה בו לכבודי ולהשיג ערבוני שהוא תכלית נפסד וגרוע כאמרם ז"ל גדולה עבירה לשמה ממצוה שלא לשמה: (כז) והנה תאומים בבטנה. קודם לדתה הכירו שהם תאומים לפיכך קשרה המילדת שני להכיר הראשון: (כט) ויהי כמשיב ידו. היה כמו משיב ידו לא משיב באמת כי לא בפעולת הולד נעשה כן רק בפעולת הכח הדוחה

and staff are these?" 26. Then Judah recognized [them], and he said, "She is right, [it is] from me, because I did not give her to my son Shelah." But he no longer continued to be intimate with her. 27. And it came about at the time she was giving birth, that behold, there were twins in her womb. 28. And it came about when she gave birth, that he (the infant) stretched out his hand. So the midwife took and bound a crimson thread on his hand, saying, "This one came out first." 29. And it came about, as he was drawing back his hand, behold, his brother emerged, and she said, "With what strength you have strengthened yourself!" And he (Judah) named him Perez. 30. Afterwards, his brother emerged,

I will not embarrass him." From this they (our Rabbis) *said, "It is better for a person to be cast into a fiery furnace than to embarrass his fellow in public."*—[*Rashi* from *Sotah* 10b]

Please recognize—Heb. נָא הַכֶּר-נָא. נָא *is only an expression of supplication. "Please recognize your Creator and do not destroy three souls."*—[*Rashi* from *Sotah* 10b, *Gen. Rabbah* 85:11]

The commentators question whether it was because Tamar actually knew that she was in fact pregnant with twins that she begged Judah to spare *three* souls. *Mizrachi,* followed by *Sifthei Chachamim* believes that she did not know. She said, "Do not destroy two souls," but *Rashi* made it "three souls," because the fact was that she was pregnant with twins. *Divré David* and *Maskil l'David* believe that she knew prophetically that she would bear twins. *Gen. Rabbah* 85:10 states that she tapped her stomach and said, "I am laden with kings; I am laden with redeemers." Unlike Rebecca, who suffered with an unusually painful pregnancy, Tamar's was perfectly normal. Therefore, she did not make it known that she was carrying twins until she gave birth.

Imrei Shefer believes that although she did not actually know that she was pregnant with twins, she felt it intuitively, as one prophesies without realizing it. See on Gen. 38:5. Had she not known intuitively that she was carrying twins, she would not have said, "Please recognize—whose signet ring, cloak, and staff are these?" but "whose is this pledge?" She enumerated the three items of the pledge to allude to the three souls that she begged him to save (i.e., her soul and the souls of her twins).

Nachalath Ya'akov states that she actually physically felt that she was pregnant with twins.

26. **She is right**—*in what she said.*—[*Rashi*]

from me—*she is pregnant (Targum Onkelos). Our Sages, however, explained this midrashically to mean that a "bath-kol" came forth and* *declared, "From Me and from within Me these matters have emerged. Since she was modest in her father-in-law's house, I decreed that kings should be descended from her, and from the tribe of Judah I [already] decreed to raise up kings in Israel."* —[*Rashi* from *Sotah* 10b]

[Therefore, the royal line could be descended only from the union of Judah and Tamar. Since Judah could not have been certain that she was pregnant from him, because she could have been intimate with another man, the Rabbis do not wish to attribute this statement to Judah but to the *bath-kol*. In *Makkoth* 23b, however, this reasoning is refuted because a person takes into consideration only what he sees, not what he does not see. Therefore, this *derash* is based purely on tradition.]

Rashbam renders: She is more righteous than I. He explains: She fulfilled the condition that I demanded of her. She stayed as a widow in her father's house. I, however, did not keep my part of the bargain. I did not give my son Shelah to her as a husband.

Ohr Hachayim also renders the verse in this manner. He explains, however, that, since Shem's tribunal had enacted a prohibition against cohabiting promiscuously with a heathen (*A.Z.* 36a), Judah was guilty of cohabiting with a woman he believed to be a heathen. Tamar, however, knew that Judah was not a heathen. Therefore, she was more righteous than he. Nevertheless, Judah was not punished when he confessed that he had been intimate with her

because, although he had intended to commit a sin, he had not actually sinned, since Tamar was not a heathen. This is analogous to one who attempts to eat a piece of prohibited fat and inadvertently eats a piece of permissible fat. Why did Judah cohabit with a woman he believed to be a heathen? It was all part of God's plan to bring forth the house of David from Judah and Tamar, as is explained above, that angels forced Judah to return to Tamar and not to pass her by.

Rabbenu Meyuchas combines both interpretations: She is more righteous than I, and she is pregnant from me. Tamar did not sin. She approached me because I did not give her to my son Shelah. I, however, did sin, because I propositioned her believing that she was a harlot.

because I did not give her to my son Shelah—*For she did this justifiably, because I did not give her to my son Shelah.*—[*Rashi* from *Bereishith Rabbathi*] The expression עַל-כֵּן means: "for a just reason." Otherwise, עַל-כֵּן is superfluous.—[*Sifthei Chachamim*]

But he no longer continued—Heb. וְלֹא-יָסַף. *Some say: he did not continue* [to know her] (*Targum Onkelos*), *and others say: he did not cease* (*Sotah* 10b). *(A similar instance is found in connection with Eldad and Medad* (Num. 11:25), [where the verse reads:] וְלֹא יָסָפוּ, *they did not continue, which the Targum renders:* וְלֹא פָּסְקוּ, *they did not cease).*—[*Rashi*]

[Note that the parenthetic material does not appear in the first three printed editions of *Rashi*. It is unlikely

כו ואמר יהודה ואמר זכיא היא תמר מיני אתעברת וברת קלא נפלת משמיא ואמרת דמן קדמי הוה פתגמא ואשתזבו תרויהום מן דינא ואמר בגין דלא יהבתה לשלה ברי אירע יתי כדון ולא אוסף תוב למידעה במשכבא: כז והוה בעידן מילדה והא תיומין במעהא: כח והוה במולדה ופשט יולדא ית ידיה ונסיבת חייתא וקטרת על ידיה חוט זהורי למימר דין נפק בקדמיתא: כט והוה כד אתיב יולדא ית ידיה והא נפק אחוי ואמרת מה תקוף סגי תקיפתא ועלך אית למיתקוף דאנת עתיד למחסן מלכוותא וקרת שמיה פרץ: ל ובתר כדין נפק אחוי דעל ידיה קטיר חוט זהורי וקרת שמיה זרח:

כו וחכם יהודה תלתא סהדוי וקם על ריגלוי ואמר בבעו מנכון אחי ואנשי בייתיה דאבא קבילו מני במכילא דאינש מכיל בה מתכיל ליה בין מכילא טבא בין מכילא בישא וטובוי דכל אינש דמגלי עובדוי על דנסיבת פרגודא דיוסף אחי ואצבעית יתה באידמא דצפירא וקריבית יתה קדם ריגלי דאבא ואמר ליה חכים כען הפרגוד דברך הוא דא אי לא מכילא לקביל מכילא סדרין לקביל סדרין טב לי בהית בעלמא הדין ולא בהית לעלמא דאתי טב לי יקד באישא טפיא ולית אנא יקיד באישא אכלא אישא זכאי היא תמר כלתי בדינא מני היא מעברא חס לה לתמר כלתי לית היא מעברא בנין דזנו בגין כדין לא אסבית יתה לשלה ברי ברת קלא נפקת מן שמיא ואמרת תריכון זכון בדינא מן קדם יי הות פתגמא ולא אוסיף תוב למיחכום יתה:

פי' יונתן

פ"ע: (כו) ואשתזבו תרויכון. פירוש אלו לא הודה יהודה היתה תמר נשרפת בכ"ד בשה"ו ויהוד' שגרס שריפ' לה מדלא הוד' היה לו עונש אחר בעה"ב

בעל הטורים

תילא שאמרה לו תילא את השם ותודה: מה פרצת. רמז שהמלך פורץ גדר לעשות לו דרך ואין ממחין בידו. פרץ בא"ת ב"ש עולה

רשב"ם

לגלות אלא לאיש אשר אלה לו: (כו) צדקה ממני. יותר ממני שאני צויתיה לישבת בית אביה עד יגדל שלה היא השלים' תנאי שצויתיה אבל אני לא השלמתי לה תנאי שהתניתי לה כי לא נתתיה לשלה בני וכן על צדקו נפשו מאלהים. יותר מאלהים. וכן בשאול ויאמר אל דוד צדיק אתה ממני. יותר ממני: ולא יסף. ולא הוסיף שאם אתה מפרשו ולא פסק היה לו לכתוב ולא

דעת זקנים מבעלי התוספות

(כו) ויאמר צדקה ממני. לא כמדת הקדוש ברוך הוא מדת בשר ודם אדם בא לפני הדיין אם הוא מודה בפשעו הורגו אבל הקב"ה ומודה ועוזב ירוחם. ועיד שרא' ראובן שיהודה הודה עמד הוא והודה על בלבול יצועי אביו. וזה שאמר אליפז לאיוב אשר חכמים יגידו ולא כחדו מאבותם אלו יהודה וראובן ולפיכך להם לבדם נתנה הארץ ולא עבר זר בתוכם. וזהו כשברכם משה רבינו ע"ה שאין הפסקה ביניהם שנא' יחי ראובן ואל ימות וכו' וזאת ליהודה ויאמר שמע הרי לא עבר זר בתוכם: צדקה ממני. פי' כתרגומו ממני הרה ותימ' דאדרבא זנות גדול הוא לזנות מחמיה. וי"ל שכך היה דרכן כי כאשר לא היה אחים למת היה הקרוב יותר מייבם וה"ק צדקה ממני כי על כן לא נתתיה לשלה בני ועלי היה ליבם שלא ראיתי שיעשה שלה היבום ובשעה שאמר יהודה צדקה ממני אמר לו הקב"ה אתה הצלת ארבע נפשות ג' מאש ואחד מן הבור חייך שאציל בניך אחד מן הבור ושלשה מן האש שנא' ויהיו בהם מבני יהודה דניאל חנניה מישאל ועזריה מבני הזקים לא נאמר אלא מבני יהודה. דניאל מן הבור חנניה מישאל ועזריה מן האש. ד"א צדקה ממני ממני היא הרה ובקידושין באתי עליה כדפרי' לעיל ולא בזנות. וקשה להרב משה הרי אין קידושין תופסין בכלתו ולפי מאי דמסיק בגמ' סוטה יתומה אני ניחא אני וגם שם פירש"י יתומה אני וקדושי בכך אין קדושין כי אפי' ממאנת בו עתה ונמצא שלא היתה כלתו. ולהא ניחא נמי דברי המפרשים ולא יסף עוד לדעתה לא פסק מלבא עליה. וכ"ל דכך פיטה אתיא כמאן דאמר אפילו בנה מורכב על כתפה יכולה למאן: ד"א צדקה ממני אפי' אם היתה מעוברת לא נתחייבה כדין בת כהן דהיא דינו של שם גזרו דוקא על עכו"ם הבא על בת ישראל ולא על ישראל הבא על בת

אור החיים

צדקה ממני. לפי מה שכתבנו למעלה כי מה שפסקו דינה לשריפה היה לצד שבית דינו של שם גזרו על זנות הגוי ואחר שנתגלה שעם יהוד' זנתה היא יותר צדקת מיהוד' כי יהודה לא ידע כי כלתו היא ובהזקת גויה היתה ובא עליה ועבר על גזירת בית דינו של שם והוא אומר צדק' ממני וזה הוא שיעור הכתוב צדקה בדבריה וממילא צדקה בדינה ועוד לה שהיא יותר ממני בצדקתה מטעם שכתבתי ולא נתחייב יהודה על הודאתו שבא עליה בהזקת גויה כיון שכפי האמת לא גויה היתה ודבר זה דומה למתכוין לאכול חתיכת חלב ועלה בידו חתיכת שומן וא"ת סוף כל סוף בשעת מעשה שבחזקת גוי' בא עליה למה עבר על גזירת ב"ד לזה כבר תרצו רז"ל כי מה' מצעדי גבר ותקן עלילות להוציא לאור תעלומות וצא ולמד מה שפירשנו בפ' ויחי בפ' גור ארי' וגו': כי על כן לא נתתיה וגו'. פי' לפי מה שאמר צדקה יותר ממני גמר או' כי גם לא עשתה פריצות כי טעמה על אשר לא נתתיה לשלה בני ראתה כי אבד' תקותה לזה עשתה הדבר הזה. או ירצה לומר כי הוא הגורם לה לעשות כן לצד שלא נתנה לשלה והוא אומרו צדקה היא במעשיה וממני פי' מצדי אני הייתי סיבה לה כי לא נתתיה וגו': על ידו שני לאמר. פי' נגלה במילדת רוה"ק ועשתה ולא ידעה מה עשתה היא קשרה על ידו שני וזה רומז כי הוא שני לא ראשון אבל היא אמרה כי זה יצא ראשון והוא אומרו לאמר זה יצא ראשון פי' היא אמרה כן אבל כפי האמת להיפך יגיד שם הסימן כי יש אם למסורת: מה פרצת וגו'. פי' כי להיות שיד הראשון תעיד כי הוא הקרוב לצאת קודם אחיו ואף עפ"כ דחפו זה לראשון וסתר העמדתו קודם לו זה יגיד הדרגה גדולה והוא אומרו מה פרצת ע"ד או' מה רבו מעשיך וגו' ואומר עליך פרץ מפרשת דבריה מה היא הפרצה שעשה ואמרה עליך פרץ פי' כי הנותן יד יגיד כי הוא בא עליו בהזרעה כי הנכנס אחרון בזרע יוצא ראשון ואם כן הוא בא עליו ופרץ גדרו

כלי יקר

ויהי כמשיב ידו. ארבע ידות כתובים כאן כנגד ארבע תרומות שמעל עכן שיצא ממנו רמז דבר זה כאן להורות שבעבור שיצא ממנו עכן ע"כ לא יצלח למלוכה כי מלך במשפט יעמיד ארץ ואיש תרומות יהרסנה כ"א ישה אחר הבצע יבא לידי קבלת שוחד ע"כ השיב אחור ידו כדי שלא יהיה לו הבכורה והמלוכה. והנה מקום אתי לפרש ארבע ידות אלו שיש בהם רמז על איש חומד ממון ואינו נפטר מן העולם וחצי תאותו בידו יש בידו מנה מתאוה מאתים כו' והנה כל אדם יש לו שתי ידים אשר בהם עמל וטרח להשיג מלא הפנים בכחו ועולם ידו כפי אשר תשיג ידו וא"כ כל אשר בכחו מושג משתי ידיו ואם אינו מסתפק במה שחננו אלהים מלא חפנים הרי הוא חומד עוד מלא חפנים דהיינו כדי מלאכת ארבע ידים כפל מן המושג בשתי ידיו והוא בעלם השיעור של בעל המנה ההומד מאתים דהיינו כפל מכדי המושג לו כבר משתי ידיו וכל חומד ממון אינו בעל צדקה ע"כ לא יצלח למלוכה לפי שארז"ל שבזכות שעשה דוד משפט לזה וצדקה לזה הי' יואב מצליח במלחמה ע"כ נאמר אצל יהודה ידיו רב לו יריבו לו מבעי ליה כי ידיו שתים במשמע ורב לשון יחיד אלא שהורה שלא היה חומד ממון של שתי ידים הנוספים כי שתי ידיו רב לו די לו כי רב הוא משמש לשון די כמו רב לך אל תוסף ורמז שהיה די לו בעמל שתי ידיו כי לא בקש עוד על שנים לפיכך עזר מצריו תהיה כי הסתפקות זה סבה אל הצדקה אשר בזכות' אויבים נופלים לפניו ולאיים מיושב וכמ"ש טוב איש חונן ומלוה וגו' סמוך לבו לא יירא עד אשר יראה בצריו וכן מסיק בב"ק פ"ק שהעוסק בגמילות חסדים אויביו נופלים לפניו חללים לכך נאמר שבזכות שידיו רב לו עמל המושג משתי ידיו רב לו ואינו מבקש מותרות ואז הוא בעל צדקה ע"כ עזר מצריו תהיה וזה נאמר על יהודה הבא מפרץ. אבל זרח לא היו ידיו רב לו אלא בקש עמל ארבע ידות והמד ממון שאינו ראוי לו כמו שנאמר אצל עכן ואחמדם ואקחם ע"כ הושב אחור ימינו כמשיב ידו כי לא לו יהיה משפט הבכירה והמלוכה כי כל מלך צריך לנצחון האויבים והוא לאו בר הכי כאמור:

that *Rashi* would compare this passage to the one dealing with Eldad and Medad, rather than to the passage dealing with the giving of the Torah (Deut. 5:19), since the latter passage is quoted by the Talmud in this context.]

Several reasons have been given for both views presented by *Rashi*. For the former view, that Judah was no longer intimate with Tamar, the following reasons are offered:

1) Since he had already ensured that his deceased children would have progeny, he no longer wished to live with her, although she was legally his wife.—[*Mizrachi*, followed by *Sifthei Chachamim*]

2) Because of their close relationship, that she was his daughter-in-law, he did not wish to live with her. Although she offered herself to him, this was only to fulfill the rite of the levirate, but after the first intimacy, he did not wish to rely on this leniency to live with his daughter-in-law.—[*Gur Aryeh*]

3) Since he was first intimate with her without knowing who she was, in a shameful way, believing her to be a harlot, he did not want to continue his relationship with her, because it would be tantamount to a relationship with a harlot. [Although it was not an actual relationship with a harlot, Judah was at a high spiritual level and felt uneasy with it.]—[*Redak*]

For the latter view, that Judah continued to live with Tamar and did not cease to be intimate with her, the following reasons are given:

1) Since he knew that she was a righteous woman and that she had offered herself to him with the purest intentions, he did not separate from her.—[*Mizrachi*, quoting *Rashi* on *Sotah* 10b]

2) Once Tamar was permitted to Judah for the sake of the levirate, she was completely permitted to him.—[*Gur Aryeh*] [According to this view, Judah relied on this leniency because once she was permitted to him, she became his wife, and that permissibility remained. This is always the case with *yibbum*.]

Midreshei Hatorah explains this passage in a unique manner: and he (Judah) no longer continued to investigate Tamar. He did not entertain the possibility that she had conceived by someone else and that she had retained the pledge in order to pretend that he was the father of her child. Had that been the case, she would have immediately displayed the pledge and announced that it belonged to Judah. Since she was willing to be burned rather than expose him, he was convinced of her sincerity.

27. **at the time she was giving birth**—*But concerning Rebecca, Scripture states: "And her days to give birth were completed"* (Gen. 25:24). *In the latter instance, the months were complete, but here they were short of full term.*—[*Rashi from Gen. Rabbah* 85:13]

behold, there were twins—*This is written with the full spelling* (תְאוֹמִים); *in the other instance,* [with Rebecca,] *it is written defectively* (תוֹמִם), *because one* [child, Esau,] *was wicked, but these* [twins] *were* *both righteous.*—[*Rashi* from *Gen. Rabbah* 85:13]

28. that he (the infant) stretched out his hand—*One of them stretched his hand to the outside, and after she* (the midwife) *bound the crimson thread on it, he drew it back.*—[*Rashi*]

So the midwife took and bound a crimson thread—This sentence is transposed. It means: So the midwife took a crimson thread and bound it...—[*Tosafoth Hashalem*]

"This one came out first."—It was customary for the midwife officiating at the birth of twins to designate the firstborn. Although neither twin was Judah's firstborn, since Er and Onan [and Shelah] had preceded them, and thus neither one would inherit a double share of his father's estate, it was customary in those days for the husband to designate land for the *kethubah* of each of his wives, and her firstborn would inherit a double share of that land. Also, the first from the womb had to be redeemed from the priest (see Ex. 13:2).—[*Tosafoth Hashalem*]

Rabbenu Avraham ben HaRam-bam quotes *Rav Samuel ben Chofni Gaon*, who states that the midwife erred in this designation, since the fetus who thrust forth his hand is not yet considered as being born. Birth is not counted until the greater part of the forehead has emerged from the womb (*Bech.* 46b).

29. you have strengthened yourself—Heb. פָּרַצְתָּ, *with what strength you have strengthened yourself!*—[*Rashi* from *Targum Onkelos*] *Ramban* explains: What a breach you have made for yourself! Anything that oversteps its boundary is known as פּוֹרֵץ גָּדֵר. When the first child drew back his hand, and the second one hurriedly emerged, the midwife said, "What a great breach you have made in the fence to hurry out before your brother!" [Indeed, the Talmud (*Yeb.* 76b) states that Saul knew that the permanent king of Israel would be descended from Perez because a king may make a breach in a fence (פּוֹרֵץ גָּדֵר) to make a way for himself, and no one may stop him. This shows that Perez's act at the time of his birth was a portent of the kingly role of his progeny.]

אשר על־ידו השני ויקרא שמו
זרח: ס חמישי לט א ויוסף הורד
מצרימה ויקנהו פוטיפר סריס
פרעה שר הטבחים איש מצרי מיד
הישמעאלים אשר הורדהו שמה:
ב ויהי יהוה את־יוסף ויהי איש
מצליח ויהי בבית אדניו המצרי:
ג וירא אדניו כי־יהוה אתו וכל אשר־
הוא עשה יהוה מצליח בידו:
ד וימצא יוסף חן בעיניו וישרת אתו
ויפקדהו על־ביתו וכל־יש־לו נתן
בידו: ה ויהי מאז הפקיד אתו בביתו
ועל כל־אשר יש־לו ויברך יהוה
את־בית המצרי בגלל יוסף ויהי
ברכת יהוה בכל־אשר יש־לו
בבית ובשדה: ו ויעזב כל־אשר־לו
ביד יוסף ולא־ידע אתו מאומה כי

אונקלוס

אחוהי די על ידיה זהוריתא
וקרא שמיה זרח:
א ויוסף איתחת למצרים
וזבניה פוטיפר רבא
דפרעה רב קטוליא
גברא מצראה מיד
ערבאי די אחתוהי
תמן: ב והוה מימרא
דיי בסעדיה דיוסף והוה
גבר מצלח והוה בבית
רבוניה מצראה: ג וחזא
רבוניה ארי מימרא דיי
בסעדיה וכל די הוא
עבד יי מצלח בידיה:
ד ואשכח יוסף רחמין
בעינוהי ושמש יתיה
ומניה על ביתיה וכל
דאית ליה מסר בידיה:
ה והוה מעידן דמני
יתיה בביתיה ועל כל
די אית ליה ובריך יי ית
בית מצראה בדיל יוסף
והוה ברכתא דיי בכל
די אית ליה בביתא
ובחקלא: ו ושבק כל די
ליה בידא דיוסף ולא

תו"א ויוסף הורד. סוטה יג: ויברך ה' את. ברכות מב סנהדרין לט:

בעל הטורים

י"ד והוא בגימ' דוד: הורד ב' במס' ויוסף הורד. הורד שאול לומר שהקו[ף] בגלות כנגד גיסים: הורידוהו. ב' במסורה הורידוהו שמה הורידוהו אלו גבי בנימין בשביל שגרם יהודה ליוסף שהורידוהו שמה

רש"י

עליך הוא: (ל) אשר על ידו השני. ארבע ידות כתובות כאן כנגד ארבע חרמים שמעל עכן שיצא ממנו. ויש אומרים כנגד ד' דברים שלקח פ אדרת שנער ושני התיכות כסף של מאתים שקלים ולשון זהב (ב"ר): ויקרא שמו זרח. ע"ש זריחת צ מראית השני: (א) ויוסף הורד. חוזר לענין ראשון אלא שהפסיק בו כדי לסמוך ק ירידתו של יהודה למכירתו של יוסף לומר לך שבשבילו הורידוהו מגדולתו. ועוד כדי לסמוך מעשה אשתו של פוטיפר למעשה תמר ר לומר לך מה זו לשם שמים אף זו לש"ש שראתה באצטרולוגין שלה שעתידה להעמיד בנים ממנו ואינה יודעת אם ממנה אם מבתה: (ג) כי ה' אתו. שם שמים שגור בפיו (ב"ר) (ד) וכל יש לו. הרי לשון קצר חסר אשר: (ו) ולא ידע אתו מאומה. לא היה

שפתי חכמים

מעניהם ומפני שלא יתכן לומר כמשיב ידו א"כ שהחזיר' לכן הוסיף ולאחר שקברה וכו': פ ד' דברים שלקח עכן ומה הן אדרת שנער אחד וב' אתיכות כסף של ר' שקלים הרי ג' ול' זהב הרי ד': [נח"י] הרא"ם הקשה דבסנהדרין ד' מ"ג איכא מ"ד שמעל בג' חרמים ואיכא מ"ד שמעל בה' ד' בימי משה וא' בימי יהושע אלמא בין למ"ד זה ובין למ"ד זה אינן ד' ותי' שהוא דב"ר לא קיימי אלא באותן ד' שהיו בימי משה ע"כ ולא נהירא דהא בב"ר קחשיב הד' חרמים חרמו של עמלק חרמו של סיחון ועוג וחרמו של יריחו וחרמו של מדין ע"כ וא"כ קחשיב ג' בימי משה וא' בימי יהושע וע"ש התי' באריכות ובעל סידורי אגדות הגיה שם בגמרא ר' יוחנן אמר ד' חרמות וכו': צ דומיא דשם פרץ שהיה משום מעשה שהיה: ק [ג"א] דא"ל"כ הרי בכל כתיב והמדינים מכרו אותו אלא שהפסיק וכו': ר וא"ת למה לא פי' זה הטעם לעיל גבי בתחלת הפרשה למה הפסיק בפרשתו של יהודה ולא פי' שם אלא שהורידוהו מגדולתו ולא פי' ועוד כדי לסמוך וכו' וי"ל דלעיל ה"א מגליה דתמר היתה כוונתה לשם שמים אבל עכשיו הוכיח רש"י מן הפסוק לדקה ממני שכוונתה היה לש"ש לכך מפ' פה הטעם. [קל"מ] דאי מטעם ראשון לחוד לא ה"ל להפסיק אלא עד וירבו הימים שהוא מעשה אחר וגם היה לו להפסיק עניינו של יוסף ותי' כדי לסמוך מעשה אשתו וכו'. ואי מטעם זה לחוד ס"ל להתחיל וירבו הימים ותמת וגו' בת יהודה וגו' ולמה התחיל בוירד יהודה אלא שהורידוהו לכך שם אלא בא ליתן טעם אלא על הסמיכות וירד למכירה

the one upon whose hand was the crimson thread, and he named him Zerah.

39

1. Now Joseph had been brought down to Egypt, and Potiphar, Pharaoh's chamberlain, chief of the slaughterers, an Egyptian man, purchased him from the Ishmaelites who had brought him down there. 2. The Lord was with Joseph, and he was a successful man, and he was in the house of his Egyptian master. 3. And his master saw that the Lord was with him, and whatever he (Joseph) did the Lord made prosper in his hand. 4. And Joseph found favor in his eyes, and he (Joseph) served him, and he (Potiphar) appointed him over his house, and all he had he gave into his hand. 5. Now it came to pass that since he had appointed him over his house and over all that he had, the Lord blessed the house of the Egyptian for Joseph's sake, and the blessing of the Lord was in all that he had, in the house and in the field. 6. So he left all that he had in Joseph's hand, and he knew nothing about what was with him except

30. **the one upon whose hand was the crimson thread**—*Four "hands" are written here, corresponding to the four "devoted things"* (charamim) *by which Achan, who was descended from him* (Zerah), *committed a trespass. Some say* [that they] *correspond to the four things that he took: a Babylonish garment, two pieces of silver weighing two hundred shekels, and a wedge of gold* (Jos. 7:21) (*Gen. Rabbah* 85:14).—[*Rashi*]

[The Rabbis state that Achan, in addition to violating the ban (*cherem*) that Joshua had pronounced on the spoils of Jericho, had also violated the bans placed by Moses on the spoils of Amalek (Num. 21:2), on Sihon and Og (Deut. 3:6), and on the spoils of Midian, which were sanctified for the sanctuary (Num. 31:48-54). Whatever could be used for the Sanctuary was to be used for it. Everything else was to be destroyed.]

and he named him Zerah—*because of the shining appearance* (זריחת) *of the crimson.*—[*Rashi*]

Although we have accounted for Judah's intimacy with Tamar, who appeared in the guise of a harlot, it was still not honorable for Judah to have sons born out of wedlock.

Redak accounts for this as characteristic of the humble beginnings of the house of David: David's descent from Ruth the Moabitess, and Solomon from Bath-sheba. All this was ordained by God, since the tribe of Judah was destined to reign over Israel, and their humble beginnings would always remind them not be haughty.

Rabbi Judah Hechasid writes that Tamar was actually Judah's predestined mate, and he would have been able to marry her from the first. Since Judah was instrumental in the selling of Joseph, however, and Joseph was thus prevented from marrying until he was thirty, and was incarcerated because of a woman (Potiphar's wife), Judah was also prevented from marrying and became involved with a woman in an inappropriate manner, measure for measure.—[*Encyclopedia of Biblical Interpretation*]

The Kabbalists, quoted in *Zoth Nechamathi*, assert that Satan would surely seek to prevent such a great phenomenon as the establishment of the house of David, from which the Messiah will ultimately emerge, and he would bring accusations before the Heavenly Tribunal. Therefore, he must be bribed to be prevented from bringing these accusations. That bribe is that the progenitors of the Messiah be conceived in an unusual manner, bordering on the illicit. Hence the birth of Moab from Lot's daughter, fathered by Lot; the birth of Perez from Tamar, fathered by Judah in a promiscuous manner; Ruth's encounter with Boaz, which appeared to be a clandestine

rendezvous with a harlot; Boaz's marriage to Ruth, who was a Moabitess, and thus believed to be unfit to marry a Jew (Deut. 23:4); and finally, David's birth under suspicious circumstances, see introduction to Ruth, Judaica Press Books of the Hagiographa, p. xii.

39

1. **Now Joseph had been brought down to Egypt**—[Scripture] *returns to the previous topic, which it had interrupted in order to juxtapose the demotion of Judah with the selling of Joseph, to imply that because of him* (Joseph), *they* (his brothers) *demoted him* (Judah) *from his high position; and also to juxtapose the incident of Potiphar's wife with the incident of Tamar, to tell you that just as that one* [the incident of Tamar] *was meant for the sake of heaven, so too this one* [the incident of Potiphar's wife] *was meant for the sake of heaven. For she saw through her astrology that she was destined to raise children from him* (Joseph), *but she did not know whether* [they would be] *from her or from her daughter.*—[*Rashi* from *Gen. Rabbah* 85:2] See Gen. 41:45 where it is stated that Joseph married Asenath, the daughter of Potiphera, who is identified as Potiphar.

2. **The Lord was with Joseph**—The Torah tells us two things: a) that the Lord was with Joseph, and thus he had a Providential, supernatural blessing, and b) **he was a successful man**—in a natural way, although there were hindrances to these two types of success:

א וְיוֹסֵף אִיתָּחַת לְמִצְרַיִם וְזַבְנֵיהּ פּוּטִיפַר עַל דְחַמְיֵיהּ שַׁפִּיר בְּגִין לְמֶעְבַּד עִמֵּיהּ מִשְׁכְּבֵיהּ דְכוּרָא וּמִן יַד
אִתְגְּזַר עֲלוֹי וְיָבִישׁוּ שַׁעֲבְזוֹי וְאִסְתְּרַס וְהוּא רַבָּאֵי דְפַרְעֹה רַב סַפּוּקְלַטוֹרְיָא גְּבַר מִצְרָאֵי בְּעַרְבְנוּתָא מִן
עַרְבָאֵי דְאַחֲתוּהִי לְתַמָּן : ב וַהֲוָה מֵימְרָא דַיְיָ בְּסַעֲדָא דְיוֹסֵף וַהֲוָה גְּבַר מַצְלַח וַהֲוָה בְּבֵית רִבּוֹנֵיהּ מִצְרָאֵי :
ג וַחֲמָא רִבּוֹנֵיהּ אֲרוּם מֵימְרָא דַיְיָ הֲוָה בְּסַעֲדֵיהּ וְכָל דְהוּא עָבִיד יְיָ מַצְלַח בִּידֵיהּ : ד וְאַשְׁכַּח יוֹסֵף רַחֲמִין
בְּעֵינוֹי וְשַׁמֵּשׁ יָתֵיהּ וּמַנְיֵיהּ אַפִּטְרוֹפּוֹס עַל בֵּיתֵיהּ וְכָל דְאִית לֵיהּ מְסַר בִּידֵיהּ : ד וּמַנֵּי יָתֵיהּ אַפִּיטְרוֹפּוֹס :
ה וַהֲוָה מֵעִדָּן דְמַנְיֵיהּ אַפִּטְרוֹפּוֹס עַל בֵּיתֵיהּ וְעַל כָּל דְאִית לֵיהּ וּבָרִיךְ יְיָ יַת בֵּית מִצְרָאֵי בְּגִין זְכוּתֵיהּ
דְיוֹסֵף וַהֲוָת בִּרְכְתָא דַיְיָ בְּכָל מַה דְאִית לֵיהּ בְּבֵיתָא וּבְחַקְלָא : ו וּשְׁבַק כָּל דְאִית לֵיהּ בִּידָא דְיוֹסֵף וְלָא

פי' יונתן

ועכשיו שהודה נילולו שניהם זו מדין עוה"ז וזה מדין עוה"ב וק"ל : (א) למעביד עמיה משכב דכורא לכך קנאו וכן הוא בסוטה פ"ק ע"ג. שעבזוי פי' נפיכתו כיליו : בערבנותא מן ערבאי דיק מדנאמר מיד הישמעאלים ולפיל נאמר והמדנים מכרו וגו' אלא לפי שלא רלה פוטיפר לקנותו שחשדו שגנבוהו ואם היה עבד מדסיה יפה תואר לכך כורך להעמיד המדינים נערבים שלא יתבענו

רשב"ם

יסף (נ"א יסוף) עוד לדעתה : (ל) זרח בשביל השני שהוא אדום. וזרח לשון אדמומית הוא כדכתיב והצרעת זרחה במצחו וכן כל זריחת שמש בבקר ובערב אדום הוא וכתיב ויהי בבקר והשמש זרחה על המים ויראו מואב מנגד את המים אדומים כדם. וכן בבבא בתרא בהמוכר את הספינה. האי שמשא סומקתא היא והאי דלא סמקא אלא בפניא ורמש' משום דנהורין לא בריא בשביל מאור היום הגדול : (א) שר הטבחים. על ירו נידונין הנרצחים והאסורים בבית הסוהר שלו : (ו) ולא ידע אתו מאומה. בבית : כי אם הלחם אשר הוא אוכל. לא היה מעיין ומביט כלל בכל צרכי ביתו מהיכן בא לו עד שעה שרואה את מאכלו על השלחן ואוכלו. כל מיני מאכל קורא אותו לחם כדכתיב עבד לחם רב. וכן כי לפני לחמי אנחתי תבוא. מאכלי. לא ידע אתו

דעת זקנים מבעלי התוספות

ישראל. וכן איתמר בע"ז פרק אין מעמידין זנות בית דינו של שם גזרו וכו' : (א) ויוסף הורד מצרימה. וקודם ירידתו של יוסף ירד יהודה להתקיים גואל אחרון זה מלך המשיח שילא מפרץ שנא' וירד יהודה וגו' הורד ירד לא נאמר אלא הורד לקיים גזרת המקום לגלגל הדבר להוריד אבותינו למצרים משל לפרה שרצו להכניסה למקולין ולא רצתה מה עשו לקחו ולדה והכניסוהו לשם בפניה אף היא רצתה מיד ונכנסה אחריו כך כשהורד יוסף נכנסו אחיו לקיים גזרת המקום ב"ה : (ב) ויהי ה' את יוסף. מדרש לא כמדת הקב"ה מדת ב"ו מדת ב"ו כל זמן שאוהבו בגדולה הוא מצוי אצלו תמיד ירד מגדולתו הוא משליכו אחר גוו. והקב"ה אינו כן כי היה עמו בגדולתו ובירידתו בבית המצרי היה עמו ובשהיה ראש ומשנה למלך גם שם היה עמו שנא' ויהי ה' את יוסף וכן בבית הסהר ויהי ה' את יוסף ויט אליו חסד. וכמו כן מדת יוסף אינו כשאר בני אדם שהרי אדם עני ירא את אלהים אבל העשיר אינו ירא אבל יוסף בבית אדונתו אמר ואיך אעשה הרעה הגדולה וגו' וכשהיה מלך אמר את האלהים אני ירא. ד"א ויהי ה' את יוסף משל לאדם שהיו לו עשרה בנים בעשר מדינות הניחם כלם והלך לו אצל הקטן לפי שהיה אין כח וצריך סיוע יותר מכולם. ועוד משל לאדם שיש לו עשרה המורים טעונין יין ברשות הרבים נכנס אחד מהם בבית עכו"ם הניח כל חמוריו והלך אחר אותו שנכנס בבית העכו"ם כדי שלא יתנסך היין כך הקב"ה היה עם יוסף בבית המצרי כדי שלא ילמד ממעשיו : (ה) בכל אשר יש לו בבית ובשדה. בבית בימי החורף ובשדה בימי הקיץ. וכן אומר בסדר עולם שלא היה יוסף עבד בבית אדוניו כי אם שנה אחת בית ושדה. ושנים עשר שנים היה בבית הסהר : (ו) כי אם הלחם אשר הוא אוכל וגו'. בפרשת ויהי מקץ כי לא יוכלון המצרים לאכול וגו' ולקמן כשאמר ולא חשך ממני מאומה כי אם אותך וגו' לא חשש להזכיר הלחם :

אבן עזרא

רק עליך פרץ מגזרת ויפרץ לרב : (ו) ולא ידע אתו מאומה כי אם הלחם. יש אומרים שהוא כנוי לשכיבת אשתו וזה רחוק. ועוד כי אדוני יוסף סרים היה. והנכון בעיני שכל אשר לו היה בידו חוץ מן הלחם שלא היה אפילו נוגע בו בעבור היותו עברי כי הנה מפורש כי לא יוכלו המצרים לאכול את העברים לחם. כי פוטיפר ידע שיוסף עברי

רמב"ן

כי הלבנה מותאמת בחמה והנה פרץ תאום לזרח הנותן יד והוא בכור בכח עליון כמו שאמר גם אני בכור אתנהו וזהו מאמרם בקדוש החודש דוד מלך ישראל חי וקים והמשכיליבין : (ג) כי ה' אתו. שם שמים שגור בפיו לשון רש"י ואינו נראה אבל וירא אדוניו כי ה' עמו כי יצליחו מעשיו בכל עת יותר מכל אדם וידע כי מאת אלהים היא לו. וכן ראה ראינו כי היה ה' עמך : (ד) וימצא חן בעיניו. ושמו משרת לעצמו ופקיד על ביתו : וכל יש לו נתן בידו. להיות פקיד ונגיד על כל אשר לו בבית ובשדה ולרבותינו בו מדרש אמרו מלחש ונכנס מלחש ויצא אמר לו מזוג רותחין והא רותחין מזוג פושרין והא פושרין מה יוסף תבן בעפריים הרשין במצרים עד היכן עד שראה שכינה עומדת על גביו הה"ד וירא אדוניו כי ה' אתו והענין כי בעבור היות אדניו מצרי לא ידע את ה' אמר כי בראותו הצלחתו הגדולה היה הרשש כי דרך כשפים הוא כאשר בבני ארצו עד שראה שנראית לו במראה שהיה מאת עליון בחלום או בהקיץ בעמוד ענן וכיוצא בו לכבוד הצדיק : (ו) כיאם הלחם אשר הוא אוכל לשון נקיה כדברי רבותינו ור"א אמר כי כל אשר לו היה ביד יוסף חוץ מן הלחם אשר הוא אוכל

אור החיים

ולא ראשון והוא אומר עליך פרץ והכן וכפ"ז פרץ ראשון בהזרעה וראשון בלידה כי לו המלוכה נסוכה תכון עולם : ויהי בבית אדוניו וגו'. הנה יסדר הכתוב הדרגות המעלות אשר העלה ה' אותו כי מקודם כשקנאו נתנו לעבוד עבודת עבדים העובדי' עבודת חוץ כי הגדולים לא יעמידו לשרת בבתיהם אלא אשר יהיה איש ראוי ומצליח ולזה נוה ה' אתו את ההצלחה וכזה הי' בבית אדוניו המצרי מאומרי הכי' והוא אומרו ויהי בבית אדוניו ולא בשאר עבודות ועוד לו מדרגה אחרת כשראה אדוניו וגו' וישרת אותו פי' יחדו לשרת אותו ביחוד שבזה יהיה חשוב ולא יחיי' חיי נער כחיי העבדים השפלים ועוד לו ויפקדהו על ביתו ה"ז קנה מעלה על כל קנין אדונו ועוד לו ויעזוב את כל

כלי יקר

ויהי ה' את יוסף ויהי איש מצליח ויהי בבית אדוניו המצרי. הזכיר שלשה פעמים ויהי לפי שיוסף עלה שלשה מדריגות בזו אחר זו ואחר כך נתן לו גם כן אדוניו ג' מיני ממשלה כפי תוספת הצלחה שראה בו לפיכך הוסיף לו ממשלה פעמים ושלש. כי מתחלה ויהי ה' את יוסף אהו לבד ועדיין לא נתפשט' הצלחתו לזולתו. ואח"כ ויהי איש מצליח לזולתו כי מצליח לשון מפעיל שגרם הצלחה גם לאדוניו עד שהיה ה' גם עם אדוניו ואח"כ ויהי בבית אדוניו ויהי ה' גם בבני ביתו של אדוניו וכל כך דבקה ההצלחה לרגלי יוסף עד שמן יוסף נתפשטה אל אדוניו ומן אדוניו אל שאר בני ביתו שהיו דרים אצל אדוניו נמצא שגם אדוניו הי' מצליח לאחרים וירא אדוניו כי ה' אתו היינו אתו ממש על זה השיעור המופלג עד שכל אשר הוא עושה ר"ל מה שהאדון עושה ה' מצליח בידו כי ממנו נתפשטה ההצלחה גם לבני ביתו כי ה' גם אתו עם האדון לפיכך וימצא יוסף חן בעיניו ויפקידהו על ביתו עשה אותו פקיד על כל בני ביתו יען כי מן יוסף באה לכם ההצלחה. וכל אשר יש לו לאדון נתן בידו כי מן יוסף באה ההצלחה אל כל אשר יש לו ויהי מאז וגו' הזכיר ג' מיני ממשלה שנתן לו בזה אחר זה כי מאז הייתי כראשית הצלחתו כשדבקה השכינה והצלחה במעשה ידי יוסף לבד בפעם הזאת הפקיד אותו בביתו אבל לא על ביתו כי לא נתן לו עדיין ממשלה על כל בני ביתו רק היה פקיד בביתו על מעשה ידי עצמו. עוד מעט כי ראה אדונו שממנו נתפשטה ההצלחה אליו עד שהיה ה' אתו עם האדון אז עשאו פקיד על כל אשר יש לו וזה חלוקה שניה ועל חלוקה ג' אמר ויברך

ספורנו

הדוחה שדחהאת אחיו לחוץ והוסג אחור זה עם ידו : (א) ויוסף הורד. בזמן אחד בעצמו ירד יהודה מאת אחיו וקרה לו כל מה שכתב למעלה ובאותו הזמן בעצמו יוסף הורד : מיד הישמעאלים. שהיו בעלי הגמלים הנושאים והם בעצמם היו סרסורים : (ב) ויהי ה' את יוסף. להצילו מהמתקוממים עליו : ויהי איש מצליח. משיג כל תכלית מכוון ממנו : ויהי בבית אדוניו המצרי. עובד לשרת בחדר אדניו ולשון היה כמו עמד כמו והיה שם ויהיו שם כאשר צוני ה' : (ד) וישרת אותו. בדברים הצריכים לגופו : (ו) ויעזב כל אשר לו. בלי שיצטרך לכוין חשבון : ויהי יוסף יפה תאר ויפה מראה. אחר שהפקיד אותו באופן זה על הפך שהיה

he was in the house of his Egyptian master—Since Joseph was in the house of his master, it was his master who was perceived as the successful one, not Joseph. Also, a supernatural blessing should not have come upon him, since he was in the house of a pagan Egyptian.—[Malbim]

and he was in the house of his Egyptian master—He stood in his master's inner chamber to serve him.—[Sforno]

3. that the Lord was with him—*The name of Heaven was frequently in his mouth.*—[Rashi from Tanchuma Vayeshev 8]

The *Tanchuma* reads as follows: Did the wicked Potiphar actually see that the Holy One, blessed be He, was with (Joseph)? [No.] So what is the meaning of "that the Lord was with him"? It means that the name of the Holy One, blessed be He, did not move from his mouth. He (Joseph) would enter to serve him (Potiphar) and he would whisper, "Lord of the Universe, You are my Trust, You are my Patron. Favor me with grace, kindness, and mercy, in Your eyes, in the eyes of those who behold me and in the eyes of my master Potiphar." Potiphar asked him, "What are you whispering? Are you casting a magic spell upon me?" He replied, "No, I am but praying that I should find favor in your eyes." Therefore, it is written: "And his master saw that the Lord was with him."

Ramban explains that since Joseph was unusually prosperous, his master discerned that the Lord was with him. *Genesis Rabbah* (86:5) states that

when Potiphar commanded him to pour him a hot drink, it immediately became hot while still in Jospeh's hands. Potiphar suspected Joseph of witchcraft, then common in Egypt. He continued to suspect him until he saw the *Shechinah* standing over him. [Apparently, *Genesis Rabbah*, unlike *Tanchuma*, believes that in honor of Joseph, Potiphar was indeed privileged to perceive the *Shechinah*. Note also that the reference to *Genesis Rabbah*, appearing in parentheses in the *Rashi* text, is erroneous.]

Malbim explains as follows:

And his master saw that the Lord was with him—He did not pay attention to Joseph's natural success, but only to his Providential success—and he saw that the Lord was with him. There is a way of telling whether someone is a natural success or has been specially blessed. If he has engaged in enterprises that normally bring success, then there is no indication that he has been divinely blessed. If, however, he has engaged in enterprises that usually do not bring success, and he is nevertheless successful, this is an indication that God is with him. Potiphar saw that God was with Joseph, because

whatever he (Joseph) did the Lord made prosper in his hand—even things that did not naturally bring success.—[Malbim]

4. And Joseph found favor—Through his success, Joseph found favor in his eyes, and from then on—

he (Joseph) served him—Joseph was no longer a slave who had to do manual labor, he became a servant required to do only light work. And then he did not have to serve the other members of the house, but he served only Potiphar, and afterwards—

and he (Potiphar) appointed him over his house—Usually there were two appointees over the house, one in charge of income and another in charge of expenditures. These two offices were assigned to two separate individuals in order to ensure that no one would steal. In Joseph's case, however, Potiphar appointed him alone over his entire house, to be in charge of both income and expenditures.

and all he had—meaning the income and the storehouses, he gave into Joseph's hand.—[*Malbim*]

and all he had—Heb. וְכָל־יֶשׁ-לוֹ. *This is elliptical. The word* אֲשֶׁר *is missing. [It should read:* וְכָל־אֲשֶׁר יֶשׁ-לוֹ.]—[*Rashi from targumim*]

he gave into his hand—Potiphar appointed him overseer and officer over all that he had in the house and in the field.—[*Ramban*]

5. **Now it came to pass that since he had appointed him over his house…**—Wherever the righteous go, the Shechinah goes with them. When Isaac went down to Gerar, a blessing accompanied him, as it is said: "And Isaac sowed in that land, and he found in that year a hundredfold, and the Lord blessed him" (Gen. 26:12). When Jacob went to Laban, a blessing accompanied him, as it is said: "and the Lord blessed you upon my arrival" (ibid. 30:30). When Joseph went down to Potiphar, a blessing accompanied him, as it is said: "the Lord blessed the house of the Egyptian for Joseph's

sake."—[*Gen. Rabbah* 73:8]

in the house and in the field—He spent twelve months there, six months in the house and six months in the field.—[*Yalkut Shim'oni* from *Seder Olam*, ch. 2.] *Da'ath Zekenim* elaborates that Joseph was in the house during the six winter months and in the field during the six months of summer.

Malbim explains:

Now it came to pass that since he had appointed him over his house and over all that he had—it was considered as if everything was under Joseph's jurisdiction. Then—

the Lord blessed the house of the Egyptian—Although the house of the Egyptian was unfit for a Providential blessing, God blessed it—

for Joseph's sake—because it was deemed Joseph's house, since he was completely in charge of it. Not only did God bestow a blessing upon what Joseph was doing now, but—

the blessing of the Lord was in all that he had—even on the possessions he had from before.

in the house—meaning the expenditures,

and in the field—meaning the income.

6. **and he knew nothing about what was with him**—*He did not pay attention to anything.*—[*Rashi*] *Midrash Tanchuma* states: As soon as his master saw this [that whatever Joseph did the Lord made prosper], he gave him all the keys [to his property], and he did not know anything of his own affairs, and so Joseph said, "Behold, with me my master knows nothing about anything in the house" (verse 8).

אִם־הַלֶּחֶם אֲשֶׁר־הוּא אוֹכֵל וַיְהִי
יוֹסֵף יְפֵה־תֹאַר וִיפֵה מַרְאֶה׃ ששי
ז וַיְהִי אַחַר הַדְּבָרִים הָאֵלֶּה וַתִּשָּׂא
אֵשֶׁת־אֲדֹנָיו אֶת־עֵינֶיהָ אֶל־יוֹסֵף
וַתֹּאמֶר שִׁכְבָה עִמִּי׃ ח וַיְמָאֵן ׀ וַיֹּאמֶר
אֶל־אֵשֶׁת אֲדֹנָיו הֵן אֲדֹנִי לֹא־יָדַע
אִתִּי מַה־בַּבָּיִת וְכֹל אֲשֶׁר־יֶשׁ־לוֹ נָתַן
בְּיָדִי׃ ט אֵינֶנּוּ גָדוֹל בַּבַּיִת הַזֶּה מִמֶּנִּי
וְלֹא־חָשַׂךְ מִמֶּנִּי מְאוּמָה כִּי אִם־
אוֹתָךְ בַּאֲשֶׁר אַתְּ־אִשְׁתּוֹ וְאֵיךְ
אֶעֱשֶׂה הָרָעָה הַגְּדֹלָה הַזֹּאת
וְחָטָאתִי לֵאלֹהִים׃ י וַיְהִי כְּדַבְּרָהּ
אֶל־יוֹסֵף יוֹם ׀ יוֹם וְלֹא־שָׁמַע אֵלֶיהָ
לִשְׁכַּב אֶצְלָהּ לִהְיוֹת עִמָּהּ׃ יא וַיְהִי
כְּהַיּוֹם הַזֶּה וַיָּבֹא הַבַּיְתָה לַעֲשׂוֹת
מְלַאכְתּוֹ וְאֵין אִישׁ מֵאַנְשֵׁי הַבַּיִת
שָׁם בַּבָּיִת׃ יב וַתִּתְפְּשֵׂהוּ בְּבִגְדוֹ

יָדַע עִמֵּיהּ מִדַּעַם אֱלָהֵין
לַחְמָא דִּי הוּא אָכֵיל
וַהֲוָה יוֹסֵף שַׁפִּיר בְּרֵיוָא
וְיָאֵי בְּחֶזְוָא: ז וַהֲוָה
בָּתַר פִּתְגָּמַיָּא הָאִלֵּין
וּזְקָפַת אִתַּת רִבּוֹנֵיהּ יָת
עֵינָהָא בְּיוֹסֵף וַאֲמָרַת
שְׁכוּב עִמִּי: ח וְסָרֵיב
וַאֲמַר לְאִתַּת רִבּוֹנֵיהּ הָא
רִבּוֹנִי לָא יָדַע עִמִּי מָה
בְּבֵיתָא וְכֹל דִּי אִית לֵיהּ
מְסַר בִּידִי: ט לֵית רַב
בְּבֵיתָא הָדֵין מִנִּי וְלָא
מְנַע מִנִּי מִדַּעַם אֱלָהֵין
יָתִיךְ בְּדִיל דִּי אַתְּ אִתְּתֵיהּ
וְאֵיכְדֵין אַעְבֵּיד בִּישְׁתָא
רַבְּתָא הָדָא וְאֵיחוֹב קֳדָם
יְיָ: י וַהֲוָה כַּד מַלֵּילַת
עִם יוֹסֵף יוֹם יוֹם וְלָא
קַבֵּיל מִנַּהּ לְמִשְׁכַּב לְוָתַהּ
לְמֶהֱוֵי עִמַּהּ: יא וַהֲוָה
כְּיוֹמָא הָדֵין וְעָאל
לְבֵיתָא לְמִבְדַּק בִּכְתָבֵי
חוּשְׁבְּנֵיהּ וְלֵית אֱנָשׁ
מֵאֱנָשֵׁי בֵיתָא תַּמָּן
בְּבֵיתָא: יב וַאֲחַדְתֵּיהּ

תו"א ותשא אשת. נזיר כג הוריות י: אינני גדול. עקידה שער כג. ואיך אעשה פרקין טו: וחטאתי לאלהים. סנהדרין קט: ולא שמע אליה לשכב אצלה. יומא לה סוטה ג ע"א כ. ויבא הביתה שבת פט סוטה לו: ותתפשהו סוטה שם:

כלי יקר

ה' את בית המצרי בגלל יוסף ויהי ברכת ה' בכל אשר יש לו בבית ובשדה ולפנים לא היתה בשדה כ"א בבית ע"כ ויעזוב כל אשר לו ביד יוסף וגו' ועל חלוקה שלישית זו כבר אמר ויפקדהו על ביתו שהשליטו על כולם. ד"א ויהי בבית אדוניו המצרי היה דרכו להיות יושב אהלים כי כל איש מוצלח יש לו אוהבים רבים ודרכו לילך בסעודות ושמחות וזה מחמת לצער של אביו לא הלך אנה ואנה והיה תמיד בבית אדוניו ולא הלך אחר אחוזת מרעיו ע"כ הפקידו אדוניו על ביתו ואעפ"י שהיה בביתו מ"מ בירך ה' לרגלו אפילו מה שבשדה אעפ"י שלא דרכו שם רגליו ובראותו גודל הצלחתו על כן ויעזוב כל אשר לו ביד יוסף:

כי אם הלחם אשר הוא אוכל. פירש"י היא אשתו כמ"ש ולא חשך ממני מאומה כ"א אותך באשר את אשתו וקרא לאשתו בכנוי לחם כי כמו שהלחם משביע לכל חי יותר מן כל דבר הזן כך בעילות של היתר משביעים אותו אבר לאפוקי בעילות של איסור אינן משביעים כמרז"ל אבר קטן מרעיבו רעב ומרז"ל שניטל טעם ביאה וניתן לעוברי עבירה כי אין יצרו תוקפו כ"א בדבר איסור ולכך אמרו רז"ל כל הבא על אשה זונה לסוף מבקש ככר לחם ואינו מוצא שנא' כי בעד אשה זונה עד ככר לחם וענשו מדה כנגד מדה לפי שעזב את אשתו שנקראת לחם ודבק בזונה שאינה לחמו ע"כ יחסר לחמו.
וי"א לחם זה הוא לחם ממש כי תועבה למצרים לאכול לחם את העברים ולפי זה יובן ג"כ מה שנאמר ולא ידע אתו מאומה שקאי על יוסף

אור החיים

אשר לו וגו' ועוד לו שלא ידע אתו וגו' שלא היה יודע הנכנסים והיוצאים ונעשה הוא שליט פירוש מיירדומ"ץ בלע"ז בכל קנין המצרי:

באשר את אשתו. פי' לא שחשך אותך ממני בלו לנו אלא לצד שאת אשתו הוא הדבר המחשיך אותך ממני או לשלול צד המעלה: **ואיך אעשה וגו'.** פי' כי בזה אני מפסיד כל הטוב המושג אצלי ועוד אני מחסיר עצמי ממקור הנשמות כי דבר זה אסור היא גם לבני נח והוא אומר וחטאתי לאלהים ועוד ירצה כי אין לה לטעון כי תסתיר הדבר ולא ידע אדונו ונמצא עומד במצבו באין מחסור לזה אמר וחטאתי לאלהים והוא שעשאני במצב זה וממנו לא יסתר דבר ונמצא מפסיד מצבי הטוב:

ותתפשהו וגו' לאמר וגו'. פי' התורה מגדת כוונתה בתפיסת הבגד שכוונתה לאמר וגו' אבל היא

the bread that he ate; and Joseph had handsome features and a beautiful complexion. 7. Now it came to pass after these events that his master's wife lifted up her eyes to Joseph, and she said, "Lie with me." 8. But he refused, and he said to his master's wife, "Behold, with me my master knows nothing about anything in the house, and all he has he has given into my hand. 9. In this house, there is no one greater than I, and he has not withheld anything from me except you, insofar as you are his wife. Now how can I commit this great evil, and sin against God?" 10. Now it came about when she spoke to Joseph day in and day out, that he did not obey her, to lie beside her [and] to be with her. 11. And it came about on a certain day, that he came to the house to do his work, and none of the people of the house were there in the house. 12. So she grabbed him by his garment,

except the bread—*That is his wife, but* [Scripture] *speaks euphemistically.*—[*Rashi* from *Gen. Rabbah* 86:6]

Ibn Ezra considers this interpretation farfetched. Moreover, he suggests that Joseph's master was a eunuch. He explains instead that since Joseph was a Hebrew, he was not permitted even to *touch* the food eaten by the Egyptians. Indeed, we find below: "for the Egyptians cannot eat bread with the Hebrews, for it is an abomination for the Egyptians" (Gen. 43:32). Potiphar knew that Joseph was a Hebrew, as did his wife, who said, "Look! He brought us a Hebrew man" (verse 14).

Rashbam explains that Potiphar did not inspect the details of anything Joseph did in conducting the affairs of the household. He saw only the finished products, such as the food that Joseph placed on the table.

and Joseph had handsome

features—*As soon as Joseph found himself* [in the position of] *ruler, he began eating and drinking and curling his hair. Said the Holy One, blessed be He: "Your father is mourning and you curl your hair! I will incite the bear against you." Immediately afterwards his master's wife lifted up her eyes.*—[*Rashi* from *Tanchuma Vayeshev* 8]

7. **his master's wife lifted up her eyes, etc.**—*Wherever it says* אַחַר, *it means immediately following.*—[*Rashi* from *Gen. Rabbah* 44:5]

[*Rashi* combines these two midrashim. Since the episode of Potiphar's wife commences with וַיְהִי אַחַר הַדְּבָרִים הָאֵלֶּה, the use of the word אַחַר, rather than אַחֲרֵי, denotes proximity in time, and means that the episode occurred immediately after the previously mentioned incident. Consequently, *Rashi* connects the two incidents as cause and effect:

because Joseph began to beautify himself, the "bear" was incited against him. The "bear" is obviously Potiphar's wife, already referred to by *Rashi* (Gen. 37:33) as "a wild beast."]

Ibn Ezra explains that Joseph had appealing features and a nice complexion like his mother. Indeed, *Genesis Rabbah* 86:6 comments: Throw a stick into the air and it falls back to its source. Thus, it is written: "Rachel had beautiful features and a beautiful complexion." (Gen. 29:17) It appears that Joseph too was endowed with beauty.

Ramban and *Sforno* explain that because of Joseph's handsome appearance, Potiphar's wife "lifted her eyes to Joseph." This would accord with the account given in *Sefer Hayashar*, that Potiphar's wife, Zelichah, could not take her eyes off Joseph because of his handsome appearance. She attempted to seduce him, but he refused even to look at her. She grew so infatuated with him that she became ill.

Once, when ladies came to visit her, they said to her, "Why are you so sick and emaciated when you are not deprived of anything? You are the wife of a high dignitary, who is greatly honored by the king. Do you lack anything that your heart desires?"

Zelichah replied, "Today you will know what brought me to this condition." Then she ordered her maids to serve lunch, which they did, and she made a feast for the women, and they all ate in Zelichah's house. During this feast, she served them *ethrogim* and gave each a knife with which to peel them. Zelichah had

Joseph attired in his best finery and brought into the room. When they saw Joseph enter the room, they were so overwhelmed by his beauty that they could not take their eyes off him, and inadvertently they cut their hands with the knives, and blood ran over their dresses. When Zelichah noticed what had happened, she said, "What have you done? I gave you *ethrogim* to eat, and now you have cut your hands!" When the women saw what had happened, they replied, "That slave, whom you have in the house, aroused us, and we could not take our eyes off of him because of his beauty." Zelichah said to them, "This happened to you the instant that you saw him, and you could not resist him. How do you think I feel when I see him every day? Is it any wonder that I have become ill?" The same appears in brief in *Midrash Tanchuma, Vayeshev* 5.

8. **But he refused, and he said to his master's wife**—Scripture recounts that he refused to comply with her wishes although she was his master's wife and he feared her, for he feared God more.—[*Ramban*]

The Hebrew word for "he refused" is וַיְמָאֵן. It is punctuated with an unusual cantillation sign, known as שַׁלְשֶׁלֶת, lit. *chain*. This is chanted with a long, drawn-out note, signifying that Joseph refused many times, refusal after refusal.—[*Mid. Sechel Tov*]

Another interpretation: She said to him, "We will bind you with iron chains." He replied, "The Lord sets loose the bound."—[*Tosafoth Hashalem* from *Rabbenu Ephraim*]

ידע עמיה מדעם אלהן אנתתיה דשכיב גבה והוה יוסף שפיר בריוא ויאי בחזוא: ז והוה בתר פתגמיא האלין וזקפת איתת רבוניה ית עינה ביוסף ואמרת שכוב עמי: ח וסריב למקרביא לגבה ואמר לאיתת רבוניה הא רבוני לא ידע עמי מדעם מה בביתא וכל דאית ליה מסר בידי: ט לייתיה רב בביתא הדין מיני ולא מנע מיני מדעם אלהין יתך מן בגלל דאנת אינתתיה ואיכדין אעביד בישתא רבתא הדא ואיחוב קדם יי: י והוה כדי מלילת עם יוסף יומא דין ויום מחרא ולא קביל מינה למשכוב גבה למהוי מתחייב עמה ביום דינא רבא לעלמא דאתי: יא והוה ביומא הדין ועל לביתא למיבחוש בפנקסי חושבניה ולית אנש מאינשי ביתא תמן בביתא: יב ואחדתיה בלבושיה למימר שכוב עמי ושבקיה

פי' יונתן

אוס אדם וכן הוא ברבה פ' פ"ו: (יא) למיבחוש בפנקסיה פירוש לחפש וכדתרגם אונקלוס ודיוקו דאי היה מלאכה ממש למ: חשיב גמ' בפ' במה טומנין

בעל הטורים

למצרים הולך גם הוא לסוריד בנימין שמה: וכל יש לו נתן בידו. סופי תיבות לשונו מלמד שבא גבריאל ולמד לו ע' ל' ולכך הצליח בידו: כי אם הלחם אשר הוא אוכל. בגי' היא אשתו: להיות עמה. בגי' לתוך גיהנם:

רשב"ם

שכל צרכי ביתו לא היה רוא' רק בשעת אכילה: (ט) ולא חשך ממני. שלהיות שלים על הכל כי אם אותך: (י) להיות עמה. נזהר היה אפילו להתיחד עמה עד שאירע מעש' שנשאר יחידי בעל כרחו לעשות מלאכ' צורכי הבית כדרכו ואירע באותו יום שלא נותר איש בבית ומדרש אגדה שהלכו לראות גילוס נהר

רש"י

טתן לבו לכלום: כי אם הלחם. היא אשתו ש אלא שדבר בלשון נקיה: ויהי יוסף יפה תואר. כיון שראה עצמו ת מושל התחיל אוכל ושותה ומסלסל בשערו (ב"ר) אמר הקב"ה אביך מתאבל ואתה מסלסל בשערך אני מגרה בך את א הדוב. מיד (ז) ותשא אשת אדוניו וגו'. כל מקום שנאמר אחר סמוך: (ס) וחטאתי לאלהים. בני נח נצטוו על העריות: (י) לשכב אצלה. אפילו ב בלא תשמיש: להיות עמה. לעוה"ב: (יא) ויהי כהיום הזה. כלומר ויהי כאשר הגיע יום מיוחד (תנחומא) יום צחוק יום איד שלהם שהלכו כולם לבית ע"א אמרה אין לי יום הגון להזקק ליוסף כהיום הזה אמרה להם חולה אני ואיני יכולה לילך: לעשות מלאכתו. רב ושמואל חד אמר מלאכתו ממש וחד אמר לעשות צרכיו עמה ג אלא שנראית לו דמות דיוקנו ד של אביו וכו' כדאיתא במס'

שפתי חכמים

למכירה כתב הכוא טעמא להוד אבל כאן בא ליתן טעם על ההפסקות כולן נכ"א כ' הטעמים: ש וא"ת דלמא להם ממש הוא וי"ל דרש"י דייק מדכתיב בדבריו של יוסף ולא חשך ממני מאומה כי אם אותך משמע דכל דבר הפקיד בידו חוץ מאשתו לכך נ"ל דלחם הוא אשתו: ת דהל"ל עם ענין זה לכאן. [גח"י] ק"ל דבכל מקום ויהי פירושו שנתהוה מעשיו לא קודם לכן ויוסף משעת לידתו היה יפה תואר ומשתמא גם יפה מראה וע"ז תי' כיון שראה עצמו מושל ולא משה זה קודם לכן: א מדכתיב לעיל היה רעה אכלתהו והייט דקאי על אשתו של פוטיפרע כדפירש"י לעיל לכך קרי לה בל' היה. ומה שכינה אותה בשם דוב כי מה הדוב הזה אין לו מנוחה כי תמיד מנענע את עצמו כך אשת פוטיפרע לא היה לה מנוחה כי היתה מחזרת אחר יוסף להכשל לו: ב דהל"כ למה לא כתיב לשכב עמה כמאמר שכבה עמי [גח"י] קשה דאם לשכב אצלה אפי' בלא תשמיש מאי זה דקאמר להיות עמה לעוה"ב על מה יענש. ואפשר דה"ק ולא שמע אליה לשכב אצלה אפי' בלא תשמיש שהיה מתיירא שמא יתגבר יצרו עליו נמצא עמה ויורד בגיהנם: ג פי' שם בתוספות מדכתיב ויבא הביתה שהוא מל' ביאה דסל"ל ויהי כהיום ואין איש וגו'. ד תוספות בשם רבי משה הדרשן מדכתיב ואין איש מאנשי הבית שם בבית משמע

דעת זקנים מבעלי התוספות

(יב) ותתפשהו בבגדו. מדרש אלמלא שכתוב באשה לבה אסורים ידיה היתה תופשת אדם בשוק שהרי בלנועות שבאומות כתיב כאן ותתפשהו בבגדו לאמר שכבה עמי ושנים עשר חדש היתה מתגרה בו שנאמר ויהי כדברה אל יוסף יום יום ואין יום אלא שנים עשר חדש שנא' מיום ליום ומחדש לחדש שנים עשר וכשהיא באה לדבר היה מרכין ראשו וכובש פניו בקרקע והיא עשתה לו מעשה של ברזל פתח זקנו שלא יוכל להכריס שנאמ' ענו בכבל רגלו ברזל באה נפשו אמרה לו למה אין אתה שומע לי ולא אשת איש אני ואין איש יודע בנו אמר לה אפילו השטיות שלהם אסורות לנו נשואות לא כל שכן משל לעכו"ם שאמר לישראל בא לאכול עמי ואני מאכילך יפה בשר חזיר שמן

אבן עזרא

הוא וכן אשתו אומרם ראו הביא לנו איש עברי: (ז) ויהי יוסף יפה תאר. כאמו: לשכב אצלה. אפי' לשכב במקום קרוב ממנה או להיות עמה לדבר שיחות: (יא) ויהי כהיום הזה. משטע אחד מהיום שהחלה לדבר לו שכבה עמי או מהדש אחד או אחר שנה תמימה והוא הנכון בעיני: לעשות מלאכתו. מלאכת הבית או הממון כי פקיד היה על

רמב"ן

שלא היה אפילו נוגע בו בעבור היותו עברי כי כן היה משפט המצרים את העברים שלא יגעו במאכלם כי תועבה היא למצרים ואפשר שהוא כן. או יהיה פי' הכתוב כי לא ידע אדוניו את יוסף מאומה שיקח מכל אשר לו רק את הלחם לבדו אשר יאכל יוסף לא לשאר הגאות כאשר יעשו הבחורים ולא לאסוף לו עושר ונכסי' כענין שנאמר ולא מצאתי בו מאומה מיום נפלו עד היום הזה: ולא ידע אתו מה בבית. ענין אחר שלא ישגיח לדעת מה אתו בבית כי לא ידע אתו מאומה לשון שולל ומה בבית יקום: ויהי יוסף יפה תואר ויפה מראה. הזכיר זה בכאן לומר כי בעבור יפיו נשאה אשת אדוניו אליו את עיניה ורש"י כתב כי בעבור שראה עצמו מושל התחיל אוכל ושותה ומסלסל בשערו וכו': (ח) וימאן ויאמר אל אשת אדוניו. ספר הכתוב כי מאן לעשות כרצונ' אע"פ שהיא גברתו אשת אדוניו והוא ירא ממנה כי היה ירא את השם יותר וזה טעם אל אשת אדוניו: (ט) וחטאתי לאלהים. בני נח נצטוו על העריות לשון רש"י ונכון הוא רק בעבור חסרון דעת הנשים הקדים אליה כי הדבר בגידה באדוניו אשר בוטח בו ואחרי כן אמר כי יש בענין עוד חטא לאלהים. ויתכן לפרש וחטאתי לאלהים בבגידה הזאת כי רעת גדולה הוא שיהיה בה לי חטא לפני האלהים כי עיניו בנאמני ארץ ולא לפניו בוגד יבא ודברו אמת רק לא הזכיר אסור הערוה כי דבר עמה כדרך הנשים: וטעם לשכב אצלה. כדברי רבי אברהם אפילו שישכב אצלה בסמוך

כלי יקר

יוסף כי אף על פי שעזב כל אשר לו ביד יוסף והיה יוסף יכול לאכול מכל מיני מעדנים ומי ימחה בו שהרי הכל היה בידו מ"מ לא ידע יוסף אתו מאומה שלא נהנה מכל פת בג אדוניו כ"א הלחם אשר הוא אוכל פת במלח לבד אכל כדרכה של תורה ואעפ"כ ויהי יוסף יפה תואר ויפה מראה כבראשונה וזיו אפוי לא אשתני כמו שקרה לדניאל וחביריו ובזה מתורץ מה שמקשים וכי עכשיו נעשה יפה תואר ומראה והלא כבר היה לעולמים כן אלא שלרבותא נקט כאן שלא נשתנה מתמת שלא רצה להתגאל בפת בג אדוניו:
לשכב אצלה להיות עמה. פירש"י לשכב אצלה אפי' בלא תשמיש כי אולי יש חילוק בין אצלה לעמה ומכל מקום היא תמיה זה דאל"כ מי בקש זאת מידו ואולי יש סמך לזה ממה שנאמר ויהי כדברה אליו יום יום ולא פירש מה דברה אלא ודאי כך פירושו כי מתחלה אמרה שכבה עמי ממש וימאן וגו' ואח"כ בקשה לפחות לשכב אצלה בלא תשמיש ואם תירא שמא קריבה זו תביא לידי מעשה על זה אמרה הרי יום עכשיו ואין דרך העולם לשמש ביום ולא שמע אליה ואח"כ בקשה לפחות יתיחד עמה בחדר כי אין לחוש למעשה כי יום הוא כאמור זה"ש כדברה אליו יום יום שבאלה שני שאלות בזו אחר זו ותלתה שניהם ביום. ולא שמע אליה לשאלה ראשונה לשכב אצלה

ספורנו

שהיה מתחלה שהיה עובד בעבודה קשה כאמרו הסירותי מסבל שכמו כו': (ז) ותשא אשת אדניו בשביל יופיו שאמר למעלה: (ט) כי אם אותך באשר את אשתו. בענין האשות בלבד חשך אותך ממני: הרעה הגדולה הזאת. לשלם רעה תחת טובה: להיות עמה. ביתוד: (יא) כהיום הזה שנתנה עיניה והתאותה לו: ויבא הביתה. נכנס להדר שלא ידע שהיתה היא שם: שם בבית

Malbim notes that the expression וַיְמָאֵן, *he refused*, differs from לֹא אָבָה, *he was unwilling.* The latter denotes unwillingness in the heart, whereas the former denotes a verbal refusal. Even though he may have desired to commit the sin, he overcame his temptation and refused to do it.

9. **In this house, there is no one greater than I**—*Midreshei Hatorah* explains this verse in a unique manner: Even my master has no authority over me in the house, because he has implicit trust in me. How can I rebel against him in any way, especially to commit such a grave evil? He has not withheld from me any of the maid-servants or anything in the house. How can I *not* be on guard against con-sorting with you? In addition to sinning against him by committing this serious evil, I would be sinning against God, Whom I fear. Even if my deed is not discovered, and I am not tried for it, I would still have committed a sin that calls for the death penalty, both in the hands of Heaven and in the hands of man. I would also have sinned against my intellect, which despises evil, especially immorality.

Another interpretation in *Midreshai Hatorah*:

insofar as you are his wife—I am responsible for all your necessities, insofar as I supervise your food, drink, jewelry, and cosmetics. He has not withheld anything from me except you in matters that relate to your status as his wife. So how can I do this great evil…?

and sin against God—*The sons of Noah were commanded against immorality.*—[*Rashi* from *Sanh.* 56a]

Ramban explains that Joseph told Potiphar's wife that consorting with her would be treachery against his master, who had entrusted his entire household to him; in addition to committing this treachery, he would be defying God's command. Alterna-tively, it is possible that Joseph meant that he would sin against God by betraying his master, and he did not reveal to her anything about the Noachide laws because he spoke to her as one speaks to a woman. [In those days, women were not educated, and Potiphar's wife was probably not acquainted with theology.]

10. **to lie beside her**—*even without intercourse.*—[*Rashi, Ibn Ezra* from *Gen. Rabbah* 87:6]

to be with her—*in the World to Come.*—[*Rashi* from *Gen. Rabbah* 87:6]

Ibn Ezra explains: to be with her—to engage in conversation. *Rashbam* explains that Joseph was careful not to be alone with her, until an incident occurred when he was accidentally left alone with her. This occurred one day when he had come to the house to do the household chores, as he was accustomed to doing, and "none of the people of the house were there in the house."

11. **And it came about on a certain day**—*That is to say that a special day arrived, a day of rejoicing, a religious festival when they* (the household) *all went to the temple of their idols. She said, "I have no more fitting day to consort with Joseph than today." So she said to them, "I am ill, and I cannot go."*—[*Rashi* from *Sotah* 36b] In

Gen. Rabbah 87:7, *Rabbi Judah* says that this was the day of the Festival of the Nile, while *Rabbi Nehemiah* says that a theatrical performance was being presented. The former view appears also in *Sefer Hayashar* and *Rashbam.* This was the day that the Nile overflowed its banks, and a great celebration took place, accompanied by music and dancing. The Pharaoh and all his dignitaries also came to witness the celebration.

to do his work—[There is a controversy between] *Rav and Shmuel.* One said: *his actual work, and the other said: to perform his needs with her, but his father's image appeared, etc., as is stated in Sotah* (36b).—[*Rashi*]

According to the latter's interpretation, after Potiphar's wife's persistent devices to tempt him, Joseph was ready to relent and sin with her, until he envisioned his father's image in the window and realized that a son of Jacob could not stoop so low as to commit the sin of adultery. [Glosses of *Mahari Katz* to *Paneach Raza*]

Raza d'Meir explains Joseph's rationalization according to *Midrash Tanchuma,* which relates that Potiphar's wife threatened to torture Joseph, or imprison him, or blind him, and do all sorts of other horrible things to him unless he succumbed to her wishes and lay with her.

Since this was before the giving of the Torah, Joseph had the status of a Noachide, and the Noachide laws do not require one to sacrifice one's life in order to avoid transgressing any of the seven Noachide commandments. This ruling applies not only to sacrificing one's life, but also to undergoing torture, and surely it applies to the amputation of any limb or the destruction of any organ. Consequently, when Potiphar's wife propositioned him, at first Joseph refused vehemently. After she threatened him with torture and bodily injury, however, he decided to succumb to her wishes and entered the house with that thought in mind. When he beheld an apparition of his father in the window, however, he changed his mind and decided to resist her advances.

Since the Torah states that "none of the people of the house were there in the house," the implication is that someone who was not of the people of the house was indeed in the house.—[*Zohar,* vol. 1, p. 222a; *Tos. Sotah* 36b, in the name of *Rabbi Moshe Hadarshan*]

לֵאמֹר שִׁכְבָה עִמִּי וַיַּעֲזֹב בִּגְדוֹ בְּיָדָהּ
וַיָּנָס וַיֵּצֵא הַחוּצָה: יג וַיְהִי כִּרְאוֹתָהּ
כִּי־עָזַב בִּגְדוֹ בְּיָדָהּ וַיָּנָס הַחוּצָה:
יד וַתִּקְרָא לְאַנְשֵׁי בֵיתָהּ וַתֹּאמֶר
לָהֶם לֵאמֹר רְאוּ הֵבִיא לָנוּ אִישׁ
עִבְרִי לְצַחֶק בָּנוּ בָּא אֵלַי לִשְׁכַּב
עִמִּי וָאֶקְרָא בְּקוֹל גָּדוֹל: טו וַיְהִי
כְשָׁמְעוֹ כִּי־הֲרִימֹתִי קוֹלִי וָאֶקְרָא
וַיַּעֲזֹב בִּגְדוֹ אֶצְלִי וַיָּנָס וַיֵּצֵא הַחוּצָה:
טז וַתַּנַּח בִּגְדוֹ אֶצְלָהּ עַד־בּוֹא אֲדֹנָיו
אֶל־בֵּיתוֹ: יז וַתְּדַבֵּר אֵלָיו כַּדְּבָרִים
הָאֵלֶּה לֵאמֹר בָּא אֵלַי הָעֶבֶד
הָעִבְרִי אֲשֶׁר־הֵבֵאתָ לָּנוּ לְצַחֶק בִּי:
יח וַיְהִי כַּהֲרִימִי קוֹלִי וָאֶקְרָא וַיַּעֲזֹב
בִּגְדוֹ אֶצְלִי וַיָּנָס הַחוּצָה: יט וַיְהִי
כִשְׁמֹעַ אֲדֹנָיו אֶת־דִּבְרֵי אִשְׁתּוֹ
אֲשֶׁר דִּבְּרָה אֵלָיו לֵאמֹר כַּדְּבָרִים
הָאֵלֶּה עָשָׂה לִי עַבְדֶּךָ וַיִּחַר אַפּוֹ:

בִּלְבוּשֵׁיהּ לְמֵימַר שְׁכוּב
עִמִּי וְשַׁבְקֵיהּ לִלְבוּשֵׁיהּ
בִּידַהּ וַעֲרַק וּנְפַק לְשׁוּקָא:
יג וַהֲוָה כַּד חֲזָת אֲרֵי
שַׁבְקֵיהּ לִלְבוּשֵׁיהּ בִּידַהּ
וַעֲרַק לְשׁוּקָא: יד וּקְרַת
לֶאֱנָשֵׁי בֵיתַהּ וַאֲמָרַת
לְהוֹן לְמֵימַר חֲזוֹ אַיְתִי
לָנָא גְּבַר עִבְרָאָה
לְחַיָּכָא בָנָא עַאל לְוָתִי
לְמִשְׁכַּב עִמִּי וּקְרֵית
בְּקָלָא רָמָא: טו וַהֲוָה
כַּד שְׁמַע אֲרֵי אֲרֵימִית
קָלִי וּקְרֵית וְשַׁבְקֵיהּ
לִלְבוּשֵׁיהּ לְוָתִי וַעֲרַק
וּנְפַק לְשׁוּקָא:
טז וְאַחְתְּתֵיהּ לִלְבוּשֵׁיהּ
לְוָתַהּ עַד דְּעָאל רִבּוֹנֵיהּ
לְבֵיתֵיהּ: יז וּמַלֵּילַת עִמֵּיהּ
כְּפִתְגָמַיָּא הָאִלֵּין לְמֵימַר
עַאל לְוָתִי עַבְדָּא עִבְרָאָה
דִּי אַיְתֵיתָא לָנָא לְחַיָּכָא
בִי: יח וַהֲוָה כַּד אֲרֵימִית
קָלִי וּקְרֵית וְשַׁבְקֵיהּ
לִלְבוּשֵׁיהּ לְוָתִי וַעֲרַק
לְשׁוּקָא: יט וַהֲוָה כַּד שְׁמַע
רִבּוֹנֵיהּ יָת פִּתְגָּמֵי אִתְּתֵיהּ
דִּי מַלֵּילַת עִמֵּיהּ לְמֵימַר
כְּפִתְגָמַיָּא הָאִלֵּין עֲבַד
לִי עַבְדָּךְ וּתְקֵיף רוּגְזֵיהּ:

רש"י

סוטה (דף לו): (יד) **ראו הביא לנו**. הרי זה לשון קצרה הביא לנו ולא פירש מי הביאו ועל בעלה אומרת כן: **עברי**. (ב"ר) מעבר הנהר ה מבני עבר (ס"א מעבר הנהר): **אדוניו**. של יוסף: **בא אלי**. לצחק בי העבד העברי ו אשר הבאת לנו: (יט) **ויהי כשמוע אדוניו וגו'**. בשעת תשמיש אמרה לו כן וזהו שאמרה כדברים

שפתי חכמים

דאיש מאנשי הבית לא היה בבית אבל איש אחר היה בבית ופ"כ צריך לומר דיעקב היה כדמשמע בפ' ויחי בפירש"י וק"ל: ה [ג"א] אע"ג דלעיל פ' לך לך בפסוק ויגד לאברם העברי פירש"י שבא מעבר הנהר לבד ולא פי' מבני בניו של עבר י"ל כיון שאברהם עצמו בא משם די לו במה שבא מעבר הנהר אבל בזרעו לא די זה שהם לא באו מעבר הנהר איצטריכו שניהם וכן במה שהם מבני עבר לא די דלמה יתייחסו לעבר ולא לשם: ו ר"ל דרש"י מהפך הפסוק דכתיב בא אלי העבד העברי אשר הבאת לנו לצחק בי דאי כדכתיב אינו

אבן עזרא

הכל. ודרש ואין איש דברי יחיד: (יד) **הביא לנו**. בעלי: (יט) **ויחר אפו**. ואע"פ כן לא הרגו כי בספק היה הדבר

רמב"ן

היא בבגדה והוא בבגדו או להיות עמה לדבר שיחות כי לא מצאנו אצלה על המשגל רק עמה או אותה. **שכבה עמי**. אם שכוב ישכב איש אותה. והנשים תשכבנה: (יב) **ויעזוב בגדו בידה**. לכבוד גברתו לא רצה להוציאו מידה בכחו הגדול ממנה והסיר אותו מעליו כי היה בגד שיתעטף בו כמעיל וצניף והיא בראותה כי הניח בגדו בידה פחדה פן יגלה עליה לבני הבית או לאדוניו והקדימתו אליהם לאמר כי הפשיט בגדו לשכב עמה ובראותו כי הרימותי קולי נבהל לברוח חה טעם ויהי כראותה כי עזב בגדו ולכן לא תגיד היא ויעזוב בגדו בידי רק אמרה לאנשי ביתה ולבעלה ויעזב בגדו אצלי: (יח) **וטעם ראו הביא לנו איש עברי**. כי העברים שנואי המצרים המה ולא יוכלו לאכול אתם לחם כי תועבה היא להם ולא יקנו מהם רק לכורמים וליוגבים ולא יבאו בביתם ולכן אמרה הנה עשה שבט רעה להביא בביתנו עבדי ועשאו

saying, "Lie with me!" But he left his garment in her hand and fled and went outside. 13. Now it happened, when she saw that he had left his garment in her hand and had fled outside, 14. that she called to the people of her house, and she spoke to them, saying, "Look! He brought us a Hebrew man to mock us. He came to me to lie with me, but I called loudly. 15. And it happened that when he heard that I raised my voice and called out, he left his garment beside me, and he fled and went outside." 16. So she left his garment beside her, until his master came home. 17. And she told him the same thing, saying, "The Hebrew slave that you brought to us came to me to mock me. 18. And it happened when I raised my voice and called out, that he left his garment beside me and fled outside." 19. Now it came about when his master heard his wife's report that she spoke to him, saying, "Your slave did such things to me," that his wrath burned.

12. **saying, "Lie with me!"**— According to *Ohr Hachayim*, the Torah tells us what she *intended* when she grabbed his garment, namely that she meant for him to lie with her, but she did not say so. She merely stretched out her hand to compel him to do it.

Midrash Lekach Tov states that Joseph's outer garment was open in the front, where it could be closed with loops and clasps, the equivalent of our buttons. She grabbed him from the rear, and he unbuttoned the garment in order to escape. Consequently, she was able to remove it. *Sefer Hayashar* says that she tore it off him from the front when he was facing her, so that he would not be able to get away. In fact, on these grounds, Joseph was acquitted by the judges and the priests before whom

Potiphar brought him to be tried. They ruled that since the tear was in the front of the garment, that proved that she had attempted to pull him toward her, and he had resisted and fled.

But he left his garment in her hand—Out of courtesy to his mistress, he did not wish to wrest it from her hand with his superior strength. So he took it off, for it was a garment that one wears like a robe or a headdress [and it was thus easy to remove]. When she noticed that he had left the garment in her hand, she feared that he would inform on her to household members or to her husband. She therefore "beat him to the punch" by telling them that he had begun to disrobe in order to lie with her, but when she raised her voice and cried out, he became confused and fled. Because of the discrepancy between what really happened and her report, the Torah first states: "But he left his garment in her hand," which was the truth. She did not admit this, however, because it would have incriminated her. She therefore said, "He left his garment beside me," thus supporting her version of the story.—[Ramban]

14. **that she called to the people of her house**—But Scripture stated above that no one was there. *Redak* replies that she shouted so loudly that they heard her over their celebration and came running in response to her cries.

"Look! He brought us..."—Heb. הֵבִיא [without a noun or pronoun. Although the pronoun is sometimes absent, the antecedent is usually clear, whereas here there is no antecedent.] *This is an elliptical expression: "He brought us," but* [Scripture] *does not specify who brought him; she was referring to her husband.*—[Rashi] *Ibn Ezra* also explains the verse in this manner.

Hebrew—Heb. עִבְרִי, *from the other side of the river* (עֵבֶר הַנָּהָר), *from the sons of Eber* (Gen. Rabbah 42:8). (*Other editions: from the other side of the river.*)—[Rashi] [According to the first version, Joseph was called עִבְרִי for two reasons. In the other editions, however, no mention is made of Joseph's lineage from Eber. He was called עִבְרִי only because his ancestors had originated from the other side of the Euphrates River. Early editions, however, coincide with our reading.]

16. **his master**—[The master] *of Joseph.*—[Rashi] I.e., not the master or the owner of the garment.—[Mizrachi]

17. **came to me**—*to mock me; the Hebrew slave that you brought to us.*—[Rashi]

The verse could mean: The Hebrew slave that you brought to us to mock me came to me. Lest we think that it means that Potiphar brought him to mock his wife, *Rashi* transposes the verse to clarify that it means: The Hebrew slave that you brought to us came to me to mock me.—[Sifthei Chachamim] [Although when Potiphar's wife spoke to the members of her household she said, "Look! He brought us a Hebrew man to mock me," she would not have had the audacity to say that directly to her husband.]

19. **Now it came about when his master heard, etc.**—*During intercourse she told him this, and that is the meaning of "Your slave did such things to me,"* [meaning] *such acts of intimacy.*—[Rashi from Gen. Rabbah 87:9]

Ramban strongly questions this interpretation because Potiphar was a eunuch. He had married in his youth, but when he took Joseph for sodomy, he became ill and remained impotent. Moreover, if he was capable of having intercourse, and Zelichah told Potiphar that Joseph had been intimate with her, she would become repugnant to him, and he would not wish to have further relations with her. *Ramban* therefore concludes that the Midrash is not to be taken literally, but it means that while Potiphar was caressing her, she told him that Joseph had done the same to her.

Ramban proceeds to explain the passage according to its simple

ללבושיה בידה ואפק לשוקא: יג והוה כדי חמת ארום שבק ללבושיה בידה ואפק לשוקא:
יד ורמת הלבונא דביעתא בדרגשא וקרת לאנשי ביתה ואמרת חמון שכבת זרעא דאטיל דין דאייתי
ריבונכון לנא גבר עבראי למגחוך בנא על לותי למשכוב עמי וקרית בקלא רמא: טו והוה כד שמע
ארום ארימית קלי וקרית ושבק ית לבושיה לותי ואפק לשוקא: טז ואנחת לבושיה גבה עד דעל
רבוניה לביתיה: יז ומלילת ליה כפתגמיא האלין למימר על לותי עבדא עבראי דאייתיתא לנא למגחוך
בי: יח והוה כד ארימית קלי וקרית ושבקיה ללבושיה לותי ועריק לשוקא: יח והוה כד ארעימית קלי:
יט והוה כדי שמע רבוניה ית פתגמי אנתתיה דמלילת עמיה למימר כפתגמיא האלין עבד לי עבדך

פי' יונתן

במנין ל"ס מלאכות הכתובים בתורה הלא מ' מלאכות כתוב בתורה לכן תרגומו שאינה מלאכה ממש ודוק: (יד) הלבונא דביעתא פירוש לובן הבילה מראיש
כשכבת זרע: בדרגשא במטה ודייק מדכתיב ראו מה:

בעל הטורים

בבגדו. ב' במס' עיין בס' משפטים · הרימותי ב' במס' עיין בס' לך לך:

רשב"ם

מצרים שעלה על כל גדותיו: (יד) ואקרא בקול גדול. לפי שאתם החוקים

דעת זקנים מבעלי התוספות

אמר לו ריקה אפילו בשר שחוטה שלכם אסור לנו בשר חזיר לא כ"ש כיון שראתה כך אמרה לו אם אינך שומע לי הריני חונקך בית
האסורים אמר לה ה' מתיר אסורים הריני מעוורת עיניך אמר לה ה' פוקח עורים הריני כורפת קומתך אמר לה ה' זוקף כפופים הריני
משיאך לכל הבריות ה' אוהב צדיקים הריני מוכר' אותך בארץ רחוקה ה' שומר את גרים כיון שראתה כך אמרה לאחבשו בבית האסורין
ולאמנה הכותלין שדנוהו לזכות כמו שמפרש בפ' ויגש בעז"ה היו דנין אותו בכל אלו. (טו) וינס ויצא החוצה. אמר לו הקב"ה בזכות וינס.
בחייך שהים ינוס מפני ארון שלך זהו שאמר הכתוב הים ראה וינס מה ראה ארונו של יוסף (יט) כדברים האלה וגו'. פירש"י בשעת
תשמיש אמר' לו כן. ותימה להרב משה דבמס' סוטה פריך כתיב פוטיפר וכתיב פוטיפרע בתחלה נקרא פוטיפר וכשקנה יוסף קנהו
למשכב זכור ונסתרס ונקרא פוטיפרע אלמא לא היה משמש מטתו וי"ל בשעת תשמיש לאו דוקא אלא בשעה שעוסק בענייני התשמיש. ועוד
י"ל שלא נסתרס לגמרי אך כשהיה רוצה להזדקק עם יוסף היה מסתרס. ור' אברהם פי' כי יש מיני סירוס סרים חמה וסרים לגה
סרים לגה צריך סירוס גדול ואינו יכול להזדקק לזכר כי אם לנקבה שהיא חמה יותר ופוטיפר סרים לגה היה:

רמב"ן

ועשאו פקיד ונגיד וראוי לו שיצחק בנו כענין שנאמר מפנק מנוער עבדו וגו' וזה טעם אשר הביאת לנו הבאוש בביתה היתה קשה בעיניהם ואמרה הביא לי על בעלה ולא הזכירתו לכבודו או בדרך מוסר לנשים או בעבו: שהמביא ידוע ונכן בספר איוב במקומות רבים ידבר על השם הנכבד בסתם בעבור דעתם שעליו ידברו וכן יאמר אל אבנר מדוע באת אל פילגש אבי לא יזכיר האומר ולא דבר בו כלל בעבור היותו ידוע שהוא איש בשת: (יט) ויהי כשמוע אדוניו. בשעת תשמיש אמרה לו כדברים האלה עשה לי עבדך עניני תשמיש כאלה רש"י. וכך אמרו בב"ר ר' אבהו אמר בשעת תשמיש ואני תמה כי אדוני יוסף סרים היה ואשתו בנעוריו נשאה והם דרשו סרים פרעה מלמד שלא לקחו אלא לתשמיש וסרסו הקב"ה בגופו ועוד כי איך תפגום את עצמה ותמאס בעיני בעלה לאמר לו כי זנתה באונס או ברצון וראוי היה שיהרגנה כי למה לא צעקה מתחלה

ויברח כאשר עשתה בסוף והנה לאנשי ביתה אמרה בא אלי לשכב עמי לא ששכב אלא שבא לעשות כן וצעקתי ויברח וכ"ש שתסתיר הדבר מבעלה ואם תאמר כדי שיחר אפו ויהרגהו ודי חיוב מיתה לעבד שיבוא לאנוס אשת השר אדוניו ואפש' שרצו לפר' כדברים האלה עניני תשמיש בגלוי ערוה ומשמוש ידים לא תשמיש ממש והיה אדוניו סרים בגופו שבא אליו חולי שלא יתאוה כענין השחוף ועל דרך הפשט אין צורך כי אין הכף לדמיון בדבר אחר ופתרונו הדברים האלה וכמוהו ותגד לבית אמה כדברים האלה וכן ובדברו עמי כדברים האלה נתתי פני ארצה וכן רבים או יאמר כי בשמוע אדוניו את דברי אשתו שאמר' לו עשה לי עבדך כדברים האלה שהעדתי מיד לאנשי הבית חרה אפו. ויתכן ששמוש הכף בזה להפלגה וכן למה ידבר אדוני כדברים האלה והקראנה אותי כאלה והנה מאהבת אדוניו את יוסף לא הרגו או שהיה גם מאת השם או שנסתפק בדבריה מדעתו צדקת יוסף וכן אמר בב"ר א"ל ידע

אור החיים

לא אמריה כלום אלא שלחה ידה לתופסו להכריחו קום עשה: ותקרא לאנשי וגו'. לצד שידעה לדק יוסף בעיני אדונו ולא יאמין לדבריה לזה נתכוונה ותקרא להם שהם יאמרו כבוא אדוני יוסף והוא אומרו לאמר ובערה בם אש הקנאה להעיד והוא אומרו ראו הביא לנו וגו' לצחק בנו שתפתם בצרתם כי גם עליהם גדלו והוא איש נכרי תא ירצה באומרו ראו כי יעידו על הדברים כי כן ראו והוא אומרו לאמר וראו גם נתחכמה להתרעם נגד הבעל שיבזה אם ילין טובה עליו תאמר אף זו מן התוכחות עליך תלונתי: והדבר אליו וגו' לאמר. פי' אומרו לאמר כי כן יאמרו אנשי הבית עדים בדבר ולזה תמלא שלא חרה אפו על יוסף אלא על מה שנתנה חוזק לדבריה מהודעות הזולת והיא אומרו כשמוע אדוניו וגו' לאמר כדברים וגו' כי לא היה צריך הכתוב לומר אלא כשמוע אדוניו דברי אשתו אלא נתכוין לומר שלא חרה אפו אלא כשמוע שיש מגידים על הדברים והוא אומרו לאמר כדברים וגו' עוד יתבאר בסמוך לאמר כדברים וגו'. פי' לא שהאמין בה כי כדבריה כן היה אלא לצד שאמרה אשתו כן עשה תנועה קטנה ולזה לא יסרו ולא עשה לו דבר כמשפט הנעשה לעבד הנותן עיניו באשת אדונו.

כלי יקר

בלא תשמיש וגם לא לשאלה שהיה לסיות עמה בחדר אחד ויהי כהיום הזה בעלומו של יוכ שלא היה ירא פן תבקש ממנו המעשה כי כבר אמרה שאין דרכם לשמש ביום לפיכך ויבא הביתה לעשות מלאכתו אע"פ שלא רלה אפילו להתיחד עמה היינו בהיותו בטל מתלאכה אבל עכשיו שהלך לעשות מלאכתו חשב יוסף שלא תבקש ממנו דבר כדי שלא יתבטל ממלאכת הבית כי בעלה ישנה בם. לאמר למה לא זרזת את העבד על המלאכה ואפ"ה ותתפשהו בבגדו וחזרה לשאלה הראשו' לאמר שכבי עמי ממש:
וינס ויצא החוצה. לא נאמר וינס כהולם לפי שההולך ברחובות קריה במרולה מרגישין בו העולם למה ירוץ ועל מה הוא רץ ע"כ לא הלך במנוסה כ"א בבית עלמו ובשלא מן הפתח ילא כדרכו בלא מרולה ודרז"ל הים ראה וינס מה ראה ראה ארונו של יוסף שנאמר בו וינס וילא החולה לפי שאחז"ל אע"פ שארבע מיתות ב"ד בטלו דין ארבע מיתות לא בטלו מי שנתחייב חנק או טובע בנהר או מת בסרונכי. וידוע שהבא על אשת איש מיתתו בחנק ומטעם זה הי' משפט דור המבול בטביעת המים בעבור הזנות וכתיב על זאת יתפלל כל חסיד אליך לעת מצוא אחז"ל זו אשה וסמיך ליה רק לשטף מים רבים אליו לא יגיעו לפיכך יוסף שהי' גדור מעריות שנאמר וינס וילא החולה הי' כדאי להציל את ישראל מן שטף מי הים וז"ש הים

ספורנו

בבית. באותו החדר: (יב) וינס. מן החדר פן יגבר עליו יצר הרע: ויצא החוצה. בהיותו חוץ מן החדר יצא לאטו בלתי תנועת ניסה שלא ישאלוהו מה לך כי תנוס ומי רודפך אבל היא שראתה שיצא מן החדר בתנועת ניסה יראה שמא עשה כך חוץ לחדר וישאלוהו והגיד לפיכך: (יד) ותקרא לאנשי ביתה. לזכות את עצמה אמנם כאשר ראתה שחוץ לחדר לא רץ וזה ראו גם אנשו

ביתה אמרה להם וינס ויצא החוצה כמו שהיה באמת אבל לבעלה שלא ראה הדבר אמרה וינס החוצה להורות שעשה תנועת הניסה גם בחוץ להמלט מאנשי ביתה וזה לאמת ענין השקר שלה: לצחק בנו. בעניני צחוק שמתוכם נכר שבא אלי לשכב עמי: (יט) ויחר אפו על שהתרעמה מפני שהביא לה איש עברי לצחק בה כי אמנם לא חרה אפו על יוסף בזה שהאמין יותר לדברי יוסף אבל נתנו

כ ויקח אדני יוסף אתו ויתנהו אל-
בית הסהר מקום אשר-אסורי
המלך אסורים ויהי-שם בבית
הסהר: כא ויהי יהוה את-יוסף ויט
אליו חסד ויתן חנו בעיני שר בית-
הסהר: כב ויתן שר בית-הסהר ביד-
יוסף את כל-האסירם אשר בבית
הסהר ואת כל-אשר עשים שם הוא
היה עשה: כג אין שר בית-הסהר
ראה את-כל-מאומה בידו באשר
יהוה אתו ואשר-הוא עשה יהוה
מצליח: פ שביעי מ א ויהי אחר
הדברים האלה חטאו משקה מלך-
מצרים והאפה לאדניהם למלך
מצרים: ב ויקצף פרעה על שני
סריסיו על שר המשקים ועל שר
האופים: ג ויתן אתם במשמר בית
שר הטבחים אל-בית הסהר מקום
אשר יוסף אסור שם: ד ויפקד שר

אונקלוס

כ ודבר רבוניה דיוסף
יתיה ויהביה בבית
אסירי אתרא די אסירי
דמלכא אסירין והוה תמן
בבית אסירי: כא והוה
מימרא דיי בסעדיה
דיוסף ונגד ליה חסדא
ויהביה לרחמין בעיני
רב בית אסירי: כב ויהב
רב בית אסירי בידא
דיוסף ית כל אסיריא די
בבית אסירי וית כל די
עבדין תמן במימריה
הוה מתעביד: כג לית
רב בית אסירי חזי ית
כל סורחן בידיה
בדמימרא דיי בסעדיה
ודי הוא עבד יי מצלח:
א והוה בתר פתגמיא
האלין סרחו שקיא מלכא
דמצרים ונחתומא
לרבוניהון למלכא
דמצרים: ב ורגז פרעה
על תרין רברבנוהי על
רב שקי ועל רב נחתומי:
ג ויהב יתהון במטרת
בית רב קטוליא בבית
אסירי אתרא די יוסף
אסיר תמן: ד ומני רב

רשב"ם

ססני שאילן לא הרימותי קולי היה שובב עמי בעל ברחי: (ד) ויפקד שר הטבחים. מינהו על כל צרכי האסורים שם:

כלי יקר

רלה וינס שרלה מנוסתו של יוסף מפני לשת לדוניו ע"כ רלוי הוא שלא ישטפו מי הים לרונו של יוסף ולגבו נלולו כל נושאי לרונו וכל ישראל בהלכו לחרי לרוט ונטבעו המצרים שטופי זימ' ויכול להיות שמאמר וילא החולה הייט חוץ ללגטגינות שלו דוגמת ויולא לותו החול' שנאמר בלברהם כך ילא יוסף חוץ למערכה עד שלא היה כח ביד המערכה לשלוט בו ולדרבא הוא שליט בדברים הטבעיים והמה נשו לקולו וזהו ענין קריעת ים סוף מפני לרונו של יוסף:

חטאו משקה מלך מצרים והאופה. מתחלה קרא לותם משקה ולופה ולח"כ נאמר ויקלוף פרעה על שני סריסיו על שר המשקים ועל שר האופים וי"ל שמנהג העולם הוא שכל שר יש לו משרתים למטה ממנו המשרתי' למלך בכל עת והמה בעלמם ישרתוהו לפרקים

אור החיים

ויהי ה' לת יוסף ויט וגו'. פי' כי בהשרלת שכינה על הלדם יושפע הנסמך מהמשרה שכינתו ממה שבו וידוע הול חן המקום ב"ה כי הול מקור החן והול לו' ויהי ה' לת יוסף ובזה ויט לליו הסד פי' ממילא ולומרו ויתן הנו להיות כי לא תרגים בחי' הרע במתק החן לזה הולרך ה' להרכיב בעין שר בית הסוהר למלעי לערב לליו חן לדיק והול לומרו ויתן חנו בעיני וגו' והבן:

הוא היה עושה. תרגום פי' על מימריה ולדבריו לא ידבר הכ' לחות ויאמר בפי' על פיו היו עושים ולולי שנתכוין הכתוב בשנותו לת טעמו להודיע ג"כ שהגם שהיה הול המנהיג לא היה מתנהג בשררה ומונע עלמו מהשמיש דבר לשר היו עושים שם האסורים לללא ידו כיד כולן שוה וזה יגיד מזג טבעו כי טוב הול ומלא חן ושכל טוב בעיני ה' ולדם: והנם

20. So Joseph's master took him and put him into prison, the place where the king's prisoners were imprisoned, and he was there in the prison. 21. The Lord was with Joseph, and He extended charisma to him, and He gave him favor in the eyes of the warden of the prison. 22. So the warden of the prison delivered all the prisoners who were in the prison into Joseph's hand, and whatever they did there, he [was the one who] did it. 23. The warden of the prison did not inspect anything [that was] in his (Joseph's) hand, for the Lord was with him, and whatever he did the Lord made prosper.

40

1. Now it came about after these events that the cupbearer of the king of Egypt and the baker sinned against their master, against the king of Egypt. 2. And Pharaoh became incensed at his two chamberlains, at the chief cupbearer and at the chief baker. 3. And he placed them in the prison of the house of the chief of the slaughterers, into the prison, the place where Joseph was imprisoned. 4. And the chief of the slaughterers appointed

meaning, namely that the "kaff" of כַּדְּבָרִים הָאֵלֶּה, which usually means "like," is not necessarily used to compare one thing to another. It means merely "these things," and then she described the matter to him. It may also mean that she gave the identical report to him that she had given to the members of her household. This expression may also convey exaggeration, meaning: such terrible things he did to me. [For these allegations, Joseph could have been executed.]

Since Potiphar loved Joseph, however, he did not have him executed. It is also possible that it was

miraculous that he was not executed, or that Potiphar doubted his wife's allegations. Indeed, *Gen. Rabbah* 87:10 states that Potiphar said to Joseph, "I know that you are innocent, but [I must send you to prison] lest a stigma fall upon my children."

That is, if people believed that his wife had made lewd advances to Joseph, then perhaps she had done this with other men, and thus some of their children could have been fathered by others.—[*Mattenoth Kehunnah*]

Yalkut Shimoni quotes *Midrash Avkir*, which states that Potiphar's daughter Asenath secretly swore to her father that Joseph was innocent of any crime. *Sefer Hayashar* states that a young child miraculously began to speak before Potiphar's household and related the entire incident.

20. **So Joseph's master took him**—According to *Genesis Rabbah* (87:10 quoted above) the verse means that Potiphar persuaded Joseph to go to prison in order to save his children from embarrassment.

prison—Heb. בֵּית-הַסֹּהַר. *Ibn Ezra* questions whether this is a Hebrew or Egyptian term. Since the text defines it as "the place where the king's prisoners were imprisoned," it would appear that it is not a Hebrew word. Cf. Esther 3:7: "the *pur*—that is, the lot." *Ramban* disagrees, because according to him, the text here simply specifies in which prison Joseph was incarcerated. Because this was the prison where the king's prisoners were kept, the two officers of Pharaoh were held there with Joseph (see below, 40:1-3). It is also possible that the king's slaves and servants who had sinned against the king were imprisoned there, whereas common criminals were imprisoned elsewhere. Joseph was given preferential treatment because of his master's affection for him. *Ramban* proceeds to quote grammarians who define בֵּית הַסֹּהַר- as a structure with a moon-shaped dome, like אַגַּן הַסַּהַר in Song of Songs 7:3. *Ramban*, however, believes that it was an underground dungeon, with a small skylight. The word סֹהַר resembles צֹהַר, *window*. Both are derived from the same root. The different spelling is meant to distinguish צֹהַר, which connotes an abundance of light, from סֹהַר, which

connotes minimal light.

21. **and He extended charisma to him**—Heb. חֶסֶד. [It means] *that he was well-liked by all who saw him, an expression of "a beautiful and charismatic (וַחֲסוּדָה) bride" in the Mishnah* (Derech Eretz Rabbah, ch. 6)—[*Rashi* from a midrash quoted by *Yalkut Shimoni*, vol. 2, 1053.]

22. **he [was the one who] did it**—*As the Targum renders: by his command it was done.*—[*Rashi*] *Targum Jonathan* renders: he would command to do it.

23. **since the Lord was with him**—Heb. בַּאֲשֶׁר. *Because the Lord was with him.*—[*Rashi*]

This could also be translated: in that which the Lord was with him. This would mean, however, that only in certain things was the Lord with him, but in other things the Lord was not with him, and in these "other" things the warden *did* inspect what Joseph was doing. In order to avoid this misinterpretation, *Rashi* clarifies the verse to mean: because the Lord was with him.—[*Mesiach Illemim*]

40

1. **Now it came about after these events**—*Because that cursed woman* (Potiphar's wife) *had accustomed the people to talk* [badly] *about the righteous man* (Joseph), *therefore the Holy One, blessed be He, brought to them* [the Egyptians] *the sin of these* [men], *so that they would turn* [their attention] *to them* [the two chamberlains] *and not to him* (Joseph), *and also so that relief would come to the righteous man through them.*—[*Rashi* from Gen. Rabbah 88:1, 88:3]

וּתְקֵיף רוּגְזֵיהּ: כ וּנְסֵיב עֵטָתָא רִבּוֹנֵיהּ דְיוֹסֵף מִן כּוּמְרַנַיָא דְבַדְקַן דְחַלְבּוּנָא הוּא וְלָא קְטַל יָתֵיהּ וְיַהֲבֵיהּ בְּבֵי אֲסִירֵי אֲתַר דַאֲסִירֵי מַלְכָּא אֲסִירִין וַהֲוָה תַמָן בְּבֵית אֲסִירֵי: כ בְּבֵית חֲבוּשָׁה: כא וַהֲוָה מֵימְרָא דַיְיָ בְּסַעֲדֵיהּ דְיוֹסֵף וּנְגַד עֲלֵיהּ חִיסְדָא וִיהַב רַחֲמוּתֵיהּ בְּעֵינֵי רַב בֵּית אֲסִירֵי: כב וּמַנֵי רַב בֵּית אֲסִירֵי בְּיַד יוֹסֵף יַת כָּל אֲסִירַיָא דִבְבֵית אֲסִירֵי וְיַת כָּל דְעָבְדִין תַּמָן הוּא מְפַקֵד לְמֶעֱבַד: כג לֵית צְרוֹךְ לְרַב בֵּית אֲסִירֵי לְמִנְטַר יַת יוֹסֵף כְּאוֹרַח כָּל אֲסִירַיָא אֲרוּם לָא חָמֵי יַת כָּל סוּרְחָן בִּידֵיהּ בְּגִין דְמֵימַר דַיְיָ הֲוָה בְּסַעֲדֵיהּ וּדְהוּא עֲבִיד יְיָ מַצְלַח: א וַהֲוָה בָּתַר פִּתְגָמַיָא הָאִלֵין וְאִתְחַוָא לְמֵימַר סָרְחוּ רַב מְזוּגַיָא דְמַלְכָּא דְמִצְרַיִם וְרַב נַחְתוֹמַיָא וְאִתְיַעֲטוּ לְמִירְמֵי סַמָא דְמוֹתָא בְּמֵיכְלֵיהּ וּבְמַשְׁקְיֵיהּ לְמִקְטַל לְרִיבּוֹנְהוֹם לְמַלְכָּא דְמִצְרָיִם: ב וּכְנַס פַּרְעֹה כַּד שָׁמַע עַל תְּרֵין רַבְרְבָנוֹי עַל רַב שָׁקֵי וְעַל רַב נַחְתוֹמֵי: ג וִיהַב יַתְהוֹם בְּמַטְרָא בֵּי רַב סְפוּקְלַטוֹרַיָא לְבֵית אֲסִירֵי אַתְרָא דְיוֹסֵף אֲסִיר תַּמָן: ד וּמַנֵי רַב סְפוּקְלַטוֹרַיָא

בעל הטורים

אשר אסורי המלך אסורים. אסורי כתיב ואסירי ק' מלמד שי' שנים היה אסור על שהוליא דבה על י' אחיו ועוד ב' שנים על שאמר לשר המשקים כי אם זכרתני: אסורים. ג' במס' ב' גבי יוסף וא' ה' מתיר אסורים וזהו שאחז"ל שאמרה לו אשתו של פוטיפר הרי חובשך בבית האסורים אמר לה ה' מתיר אסורים: ואשר הוא עושה ה' מצליח. ולא כתיב מצליח בידו כמו למעל' לפי שבכאן היה בבית האסורי' ולא הי"ל עסק בידו כמו למעלה שהיה בבית אדוניו ומתעסק בשל אדוניו: לאדוניהם למלך מצרים, ב' במס' הכא ואידך האומרות לאדוניהם הביאה ונשתה מה להלן על עסקי שתיה אף כאן על עסקי שתיה כמו שדרז"ל

פי' יונתן

(כ) מטחא מן כומרני' פירוש לקח עלה מהכומרים דק"ל למה לא הרגו מיד: דבדקן דחלבונה הוא דיש לו בדיקה ש"ו דוחה מן האור וגוזן ביצה סוגד מהאור כדאיתא בהנזקין: (כג) סורחן מפורסם לכל דרדקי שנמצא עון בלשון

רש"י

האלה עשה לי עבדך עניני תשמיש כאלה: (כא) ויט אליו חסד. שהיה מקובל לכל רואיו ל' כלה נאה וחסודה שבמשנ': (כב) הוא היה עושה. כתרגומו במימריה ז הוה מתעביד (כג) באשר ה' אתו. בשביל ח שה' אתו: (א) אחר הדברים האלה. לפי שהרגילה אותה ארורה את הצדיק בפי כולם לדבר בו הביא להם הקב"ה סורחנם של אלו שיפנו אליהם ולא אליו ועוד שתבוא הרווחה לצדיק על ידיהם: חטאו. זה נמצא זבוב בפיילי פוטירין ט שלו וזה נמצא צרור י בגלוסקין שלו: והאופה. את פת המלך ואין ל' אפייה אלא בפת ובלעז פיסטו"ר: (ד) ויפקד שר

שפתי חכמים

מיושב דסוף לא הביא אותו כדי לגחך בה: ז ר"ל שהיה לו עבדים תחתיו והוא היה אומר להם שיעשו והיינו במימריה הוה מתעביד לא שהיה עושה מה שהיו הם צריכין לעשות דא"כ היה משרת שלהם ומאי ויתן חנו בעיני שר בית הסוהר: ח שלא יתכן לפ' הבי"ת כמשמעו כי אחריו כתיב ואשר הוא עושה ה' מצליח בידו שפירושו וכל אשר הוא עושה ה' מצליח לא שיש מהן שה' אתו ויש מהן שאין ה' אתו: ט פיילי כוס בל' תרגום ואח"כ פי' מלת פיילי בל' יון כוס פוטירין: י וא"ת דלמא איפכא היה י"ל דעל כרחך צ"ל דכך הוה המעשה דאי איפכא היה המעשה א"כ הוה קשה למה נתלה זה וזה לא

אבן עזרא

אצלו: (כא) בית הסהר. לא נדע אם הוא לשון הקדש או לשון מצרים בעבור שפירש אחריו ואמר מה הוא. כמו האחשתרנים שהוא לשון פרס ופירש שהם בני הרמכים: (כב) ואת כל אשר עושים. יש אומרים כי הי' מתעסק באומנות שיחיה ממנו כאשר היו עושים האסורים והקרוב אלי כפירושו כל אשר היו צריכים כאילו היה הוא העושה כי פקיד היה עליהם והפסוק הבא אחריו לעד: (א) חטאו. חטא מוסר המלוכה. בעבור שלא ישתנה סמ"ך סריסיו הוא לאות כי היה הרי"ש ראוי להדגש ונקמץ הסמ"ך בקמ"ץ גדול להסרון הדגש: (ג) במשמר בית שר הטבחים. מקום שיהיו שם נשמרים בעבור שלא יברחו: (ד) ויפקד שר הטבחים. והנה כאשר הושמו אלה הסריסים בבית שר הטבחים פקד את יוסף. והטעם זכר דבריו והביאו אל ביתו ושמהו בבור הוא המשמר וזאת דעת המדקדק הגדול. ולפי דעתי שבית הסהר הי' בבית שר הטבחים ושם היה יוסף. והעד מקום אשר יוסף אסור שם. וצוה שר הטבחים להיות יוסף אתם לשרת אותם. כי מעלה גדולה היתה להם בבית פרעה

רמב"ן

אנא דלית הוא מינך אלא שלא לערב פסולת בבני: (כ) ויתנהו אל בית הסוהר מקום אשר אסירי המלך אסורים שם. אמר ר"א כי הכתוב יפרש שבית הסוהר הוא מקום אשר אסירי המלך אסורי' שם ולכך אמר כי הוא שם מצרי כי דרך הכתוב לפרש ל' נכריה כמו הפיל פור הוא הגורל ולא אמר כלום. אבל ויתנהו אל בית הסוהר הידוע למלך שהוא מקום אשר יאסרו שם אסירי המלך לומר כי היה זה סבה שיכנסו עמו המשקה והאופה. ויתכן כי טעם אסירי המלך עבדיו ומשרתיו החוטאים לו במשפט המלוכה כי שאר האסורים לעם ביד השופטים והשוטרים בבית סוהר אחר ינתנו. וספר הכתוב ששמו שם יוסף מאהבת אדניו אותו והכל סבה מאת ה'. ובעלי הלשון יפרשו סהר כיפה עגולה מלשון אגן הסהר ולפי דעתי שהוא הבור בית בנוי תחת הקרקע ולו פתח קטן מלמעלה יכניסו בו האסורים וממנו להם אורה והוא מלשון סיהרא בארמית כאשר אמר צוהר תעשה לתבה מלשון צהרים ושנו בהם זה לרוב אורו וזה למיעוט: (ב) על שני סריסיו. היו אלה השרים שניהם סריסים כי היו שרי המשקים והאופים גם בבית הנשים אשר למלך והמלכים יסרסו אותם ודעת אונקלוס כי סריסים שרים וגדולים אמר בפוטיפר רבא דפרעה ועל תרין

כלי יקר

הפקיס בסעודה גדולה דרך כבוד וחטא זה לא חטאו השרים כ"א משרתיהם המשקה והאופה ומ"מ הי' עיקר הקלף על השרים שהושיבו הדיוטים כאלו שלא נזהרו בכבוד המלך. ומה שנאמר אצל החלום המשקה והאופה ולא הזכיר לשון שר לפי שלא בא להורות כ"א מהות החלום כל א' מעניינו זה מעניני משקה וזה מעניני אפיה. ול"נ לישב ע"ד שמלינו בב"ר פליגי רבנן ור' אביתר רבנן אמרי זה נמלא זבוב בכוס שלו וזה נמלא צרור בגלוסקא שלו ור' אביתר אמר בקשו להזדווג לבתו של מלך כו' ורש"י הסכים לדברי רבנן ונראה שראייתו ממה שנאמ' משקה ואופה ולא הזכיר לשון שר להורות שלא הי' חטאתם תלוי בשררתם וחטא זה שבקשו להזדווג לבתו תלוי בלי ספק במה שהיו שרים ונכבדים ע"כ בקשו נשלוח יד במלך ולהזדווג לבתו מצד שגבה לבם עד להשחית. לכן קראם סתם משקה ואופה

אבי עזר

א) (בעבור שלא ישתנו סמך סריסיו וכו') יסוד מסוד משקל שפ"א הפעל בקמץ בעלם. ואינו לתשלום הדגש. כמו נדיב מיד פתיל. נשתנו בסמיכות ובכינים. כמו נדיבי נדיבים למידים. כל הקמן שהוא לתשלום הדגש. כמו פרין סרים לא נשתנו לעולם בסמיכות ובכנויים. ועתה תבין דברי הרב: (ד) (ויפקוד שר טבחים וכו'). דעת המדקדק שתיבת ויפקוד יש לו הוראת זכירה. שר הטבחים אשר יושב לאשונה בכל דת ומשפט זכר ע"י מעשה שני סריסים את מעשה יוסף שמרד גם כן באדוניו. ויצא הדת לישב ביתו בבור והוא המשמר. ולהטעם כי יוסף הובא בבית אסור הסריסים ויפה השיג הרב עליו. מטעם שמשמע בקרא שיוסף היה כבר בבית שר הטבחים. וגם הסריסים יושבים שם מקדם. ומלת ויפקוד הוא לשון מנוי ושררה לשרת לפני הסריסים האלה. כי חשובים

ספורנו

נתנו בבית הסהר להראות שהאמין לה לכבודה ונשתמש ביוסף בבית הסהר כאבירו ויפקוד שר הטבחים את יוסף אתם: (א) חטאו משקה מלך מצרים והאופה. עבדי שר המשקי' ועבדי שר האופי': (ב) ויקצוף פרעה על שני סריסיו. שלא השגיחו על עבדיהם: המשקה והאופה אשר אסורים. חלמו כמו משקה ואופה לא כמו

and the baker—*of the king's bread. The expression of baking* (אֲפִיָה) *applies only to bread, pesto(u)r or pistor in Old French, kneader, baker.*—[Rashi]

Ibn Ezra also explains that they both had infringed on the royal code of etiquette. *Targum Jonathan*, however, paraphrases this verse as follows: It came about after these events, that it was reported that the cupbearer and the baker of the king of Egypt sinned, that they plotted to poison the food and drink in order to assassinate their master, the king of Egypt. Ultimately it was discovered that the cupbearer was not involved in the plot. See *Targum Jonathan* on verse 21. Another view, found in *Genesis Rabbah*, is that they attempted to violate Pharaoh's daughter.

sinned—[Regarding] *this one* (the cupbearer)—*a fly was found in his goblet, and* [concerning] *that one* (the baker)—*a pebble was found in his bread.*—[*Rashi* from *Gen. Rabbah* 88:2] This translation follows *Mizrachi* and *Sifthei Chachamim*. *Rashi* on *Gen. Rabbah* and *Aruch* render: A fly was found in his goblet of aromatic wine. This wine was drunk after the bath.

While Joseph was confined in prison in the land of Egypt, at that time, Pharaoh's officers, the chief cupbearer and the chief baker, were standing before Pharaoh. The chief cupbearer brought wine and served it to the king, and the chief baker served bread to the king. The king drank the wine and ate the bread, he and all his servants and his courtiers and those who ate at his table. While they were eating and drinking, and the chief cupbearer and the chief baker were sitting with them, Pharaoh's courtiers discovered many flies in the wine that the chief cupbearer had served and also natron crystals in the bread prepared by the chief baker. When Pharaoh saw this, he ordered that they be tortured and imprisoned.—[*Sefer Hayashar.*]

The cupbearer was later absolved of negligence because a fly could have accidentally fallen into the cup of wine without his knowledge. Therefore, he was ultimately released from prison and restored to his previous position. The baker, however, was guilty of negligence and executed, since it was his responsibility to sweep the oven clean and sift the flour thoroughly. If he had done so the pebble would not have found its way into the dough, because pebbles do not fly in the air. Had the opposite occurred—had the pebble been discovered in the wine and the fly in the bread—we would have no way of accounting for the release of the cupbearer and the execution of the baker. From their fate the Rabbis deduce that a fly was found in the wine and a pebble in the bread.—[*Mizrachi, Gur Aryeh, Sifthei Chachamim*]

against the king of Egypt—Why are these words added? To teach us that they did not behave toward him with the respect due to the king of Egypt.—[*Midrash Lekach Tov, Midrash Sechel Tov*]

2. at the chief cupbearer and at the chief baker—In verse 1, these two chamberlains are referred to merely as the cupbearer and the baker. *Redak* explains that the Torah changes the expression to inform us that the aforementioned cupbearer and baker who were imprisoned with Joseph were not ordinary servants, but were the *chief* cupbearer and the *chief* baker.

Sforno explains that the ones who had sinned against Pharaoh were indeed ordinary servants, the cupbearer who served the king's wine and the baker who baked the king's bread. Pharaoh, however, vented his wrath upon the chief cupbearer and the chief baker because they were held responsible for their subordinates. Therefore, the two chiefs were confined in the prison. This interpretation is also found in *Midrash Sechel Tov*.

Don Isaac Abarbanel elaborates on this matter, explaining that it was customary for the chief cupbearer and the chief baker to personally serve the king only on special occasions; on ordinary days they would appoint servants to serve the king. It was their duty to ensure that the appointees were skillful and honest men, who would execute their tasks properly. If they had appointed unreliable people, who performed their duties improperly, the king would punish the chiefs.

In *Meg.* 13b, the Rabbis comment: The Holy One, blessed be He, caused the master to become angry at his servants in order to do the will of a righteous man, namely Joseph, as it is said: "And there was with us a Hebrew lad" (41:12).

Similarly, the Holy One, blessed be He, had caused servants to be angry at their master in order to perform a miracle for a righteous man, namely Mordecai, as it is said: "And the matter became known to Mordecai" (Esther 2:22).

3. **in the prison**—Heb. בְּמִשְׁמַר, lit., in the watch, in the place where they were under guard, so that they could not escape.—[Ibn Ezra]

the place where Joseph was imprisoned—All this happened only because of Joseph.—[*Midrash Lekach Tov, Midrash Sechel Tov*]

4. **And the chief of the slaughterers appointed, etc.**—*to be with them.*—[*Rashi*] He commanded Joseph to be with them and serve them because, being high courtiers, they deserved great honor.—[*Ibn Ezra*] [Since Joseph was favored by the prison warden, as above (39:21ff), he was chosen to personally serve them.]

הַטַּבָּחִים אֶת־יוֹסֵף אִתָּם וַיְשָׁרֶת
אֹתָם וַיִּהְיוּ יָמִים בְּמִשְׁמָר׃ ה וַיַּחַלְמוּ
חֲלוֹם שְׁנֵיהֶם אִישׁ חֲלֹמוֹ בְּלַיְלָה
אֶחָד אִישׁ כְּפִתְרוֹן חֲלֹמוֹ הַמַּשְׁקֶה
וְהָאֹפֶה אֲשֶׁר לְמֶלֶךְ מִצְרַיִם אֲשֶׁר
אֲסוּרִים בְּבֵית הַסֹּהַר׃ ו וַיָּבֹא אֲלֵיהֶם
יוֹסֵף בַּבֹּקֶר וַיַּרְא אֹתָם וְהִנָּם זֹעֲפִים׃
ז וַיִּשְׁאַל אֶת־סְרִיסֵי פַרְעֹה אֲשֶׁר אִתּוֹ
בְמִשְׁמַר בֵּית אֲדֹנָיו לֵאמֹר מַדּוּעַ
פְּנֵיכֶם רָעִים הַיּוֹם׃ ח וַיֹּאמְרוּ אֵלָיו
חֲלוֹם חָלַמְנוּ וּפֹתֵר אֵין אֹתוֹ וַיֹּאמֶר
אֲלֵהֶם יוֹסֵף הֲלוֹא לֵאלֹהִים פִּתְרֹנִים
סַפְּרוּ־נָא לִי׃ ט וַיְסַפֵּר שַׂר־הַמַּשְׁקִים
אֶת־חֲלֹמוֹ לְיוֹסֵף וַיֹּאמֶר לוֹ בַּחֲלוֹמִי
וְהִנֵּה־גֶפֶן לְפָנָי׃ י וּבַגֶּפֶן שְׁלֹשָׁה
שָׂרִיגִם וְהִוא כְפֹרַחַת עָלְתָה נִצָּהּ

קָטוֹלַיָּא יָת יוֹסֵף עִמְּהוֹן
וְשַׁמֵּישׁ יָתְהוֹן וַהֲווֹ יוֹמִין
בְּמַטְּרָא׃ ה וַחֲלַמוּ חֶלְמָא
תַּרְוֵיהוֹן גְּבַר חֶלְמֵיהּ
בְּלֵילְיָא חַד גְּבַר כְּפֻשְׁרַן
חֶלְמֵיהּ שָׁקְיָא וְנַחְתּוֹמָא
דִּי לְמַלְכָּא דְמִצְרַיִם דִּי
אֲסִירִין בְּבֵית אֲסִירֵי׃
ו וַאֲתָא לְוָתְהוֹן יוֹסֵף
בְּצַפְרָא וַחֲזָא יָתְהוֹן וְהָא
אִנּוּן נְסִיסִין׃ ז וּשְׁאֵיל
יָת רַבְרְבֵי פַרְעֹה דִּי
עִמֵּיהּ בְּמַטְּרַת בֵּית
רִבּוֹנֵיהּ לְמֵימַר מָה דֵּין
אַפֵּיכוֹן בִּישִׁין יוֹמָא דֵין׃
ח וַאֲמַרוּ לֵיהּ חֶלְמָא
חֲלַמְנָא וּפָשַׁר לֵית לֵיהּ
וַאֲמַר לְהוֹן יוֹסֵף הֲלָא מִן
קֳדָם יְיָ פֻּשְׁרַן חֶלְמַיָּא
אִשְׁתָּעוּ כְעַן לִי׃ ט וְאִשְׁתְּעִי
רַב שָׁקֵי יָת חֶלְמֵיהּ לְיוֹסֵף
וַאֲמַר לֵיהּ בְּחֶלְמִי וְהָא
גוּפְנָא קֳדָמָי׃ י וּבְגוּפְנָא
תְּלָתָא שִׁבְשִׁין וְהִיא כַּד
אַפְרַחַת אַפֵּיקַת לַבְלְבִין

תו"א ובגפן שלשה שריגם. חולין צב ס' הזוהר פרשת ויחי ופרשת דברים והוא כפרחת. חולין שם:

אור החיים

והנם זועפים. טעם זעיפת פני שניהם ע"פ דבריהם ז"ל שכל אחד חלם גם פתרון חלום חבירו לזה שה"מ היה זועף למה שראה בפתרון חבירו כי רע הוא ירא גם לנפשו ונבהל ושה"א הגם שחלם פתרון חבירו לטובה עכ"ז להיותו מוכן לפורענות מזלו מגידו ולבו לא נכון עמו:

וישאל וגו'. צריך לדעת למה הוצרך לומר אשר אתו במשמר גם למה הוצרך לומר בבית אדוניו. ונראה כי יתן הכתוב טעם לשאלת יוסף לב' שרים מדוע פניכם כי אין זה מהלכות דרך ארץ לבקש לדעת מחשבות הגדולים והוא אומרו וישאל יוסף את סריסי פרעה פי' הגם שהוא יוסף כידוע הוא עבד והם סריסי המלך אעפ"כ שאלם והטעם הוא אשר אתו במשמר יש בזה ב' טעמים הא' כי להיותם עמו במשמר הם כי זעפם עמו הוא והב' כי לצד שהם אתו במשמר כל הפנים שוים וכולן יקראו אסורים ולצד זה לא חש לגדולתם ועוד שהיו בבית אדוניו ואפשר כי נוגע זעף זה לאדונו ושאל משפט עבד נאמן לאדונו לפקח בעניניו ולזה שאלם לאמר אליו מדוע וגו' דקדק לומר היום כי אין לומר שפניהם רעים לצד אוכרם בבית משמר כי דבר זה איננו הדש והיה להם להיות כן גם מאתמול גם משלשום:

ויאמרו וגו' ופותר אין אותו. פי' אין פותר במציאות לפותרו בשום אופן וזה היפך מהאמור בפרעה ואין פותר אותו פי' שהיו פותרין אלא לא פתרו את החלום פתרון המתקבל: **הלא לאלהים פתרונים.** ר"ל כי הוא יפתור ונתחכם שלא יחשבוהו כי מתגדל בדבר ואמר כי ה' יש לו פותרי חלומות הרבה והוא א' מהם והוא או' ספרו נא לי וגו'. עוד נתכוין באומרו פתרונים ל' רבי' ע"ד אומר' בהרואה כי כ"ד פותרי חלומות היו בירושלים ופתרו חלום של רב בנאה ומה שפתר זה לא פתר זה וכולם נתקיימו ע"כ וזה הוא או' לאלהים פתרונים פי' שימצא לחלום הרבה פתרונים וכולם צודקים ודקדק לומר תיבת נא לב' טעמים הא' כי פתרון החלום לא יצדיק אלא אם יפתרנו ביומו ולא לאחר זמן כי כל דבר החלום יכונו יהדיו ביומו וכמו כן תמצא שאין מתענין תענית חלום אלא ביומו ואפילו בשבת לזה אמר ספרו נא לי פירוש עתה לשלול שלא יאחר עד יום או יומים אחר שיוסר עלבון נפשם וטעם ב' ע"ד אומרם ז"ל כי החלומות הולכים אחר הפה ולזה חש יוסף שיקדימו לספר חלומותיו לזולת מבלעדיו ויתקיים פתרון הזולת לזה אמר ספרו נא פי'

Joseph [to be] with them, and he served them, and they were a
year in prison. 5. Now both of them dreamed a dream, each one
his dream on the same night, each man according to the interpretation
of his dream, the cupbearer and the baker of the king of Egypt,
who were confined in the prison. 6. And Joseph came to them in
the morning, and he saw them and behold, they were troubled. 7. And
he asked Pharaoh's chamberlains who were with him in the prison
of his master's house, saying, "Why are your faces sad today?"
8. And they said to him, "We have dreamed a dream, and there is
no interpreter for it." Joseph said to them, "Don't interpretations
belong to God? Tell [them] to me now." 9. So the chief cupbearer
related his dream to Joseph, and he said to him, "In my dream,
behold, a vine is before me. 10. And on the vine are three tendrils,
and it seemed to be blossoming, and its buds came out;

**and they were a year in pri-
son**—Heb. יָמִים, *twelve months.*—
[*Rashi*] *Rashbam* points out that in
several places in the *Chumash*, the
word יָמִים means a year, rather than
days. See Gen. 24:55, Lev. 25:29.
[These references are already found
in *Kethuboth* 57a, b.]

5. **Now both of them dreamed a
dream**—Heb. וַיַּחַלְמוּ חֲלוֹם שְׁנֵיהֶם, *and
both of them dreamed a dream. This
is its simple meaning, but its
midrashic meaning is that each
dreamed both dreams, meaning that
each dreamed his own dream and the
interpretation of his companion's
dream. That is the meaning of what
is stated: "Now the chief baker saw
that he had interpreted well" (verse
16).*—[*Rashi from Gen. Rabbah*
88:4, *Ber.* 55b]

**each man according to the
interpretation of his dream**—*Each
one dreamed a dream similar to the*

*interpretation destined to befall
them.*—[*Rashi*]

Ramban rejects this explanation,
because later the chief cupbearer
reported Joseph's talent to Pharaoh,
using this identical expression (Gen
41:11). If, as *Rashi* says, the dream
resembled its interpretation, Joseph's
wisdom would not have been excep-
tional. *Ramban* therefore prefers *Ibn
Ezra*'s explanation, that each one
dreamed a dream that came true
according to the interpretation given
for it. It was not a meaningless dream
brought about by fantasy and imagi-
nation. *Rashbam* also explains the
passage in this manner. *Hakethav
Vehakkabbalah* explains this passage
in support of the midrashic expla-
nation: each one's dream was like an
interpretation, meaning that each one
dreamed the interpretation of his
companion's dream. *Midrash Hagadol*
explains this passage in conjunction

with the Rabbinic maxim that all dreams come true as they are interpreted. Hence, each one's dream came true *because* it was interpreted.

6. **And Joseph came to them in the morning**—From here we learn that Joseph served in his master's house at night.—[*Midrash Hagadol*]

troubled—Heb. זֹעֲפִים, *sad, similar to "sad and upset* (וְזָעֵף)" (I Kings 20:43); *"I will bear the fury* (זַעַף) *of the Lord"* (Micah 7:9).—[*Rashi from Targum Onkelos*] *Ibn Ezra* renders: storming. He conjectures that the two chamberlains were in the upper story the prison, while Joseph was in the dungeon below. In the morning, Joseph would go up to serve them. That morning, he heard noise from upstairs and went up to investigate its cause.—[*Netter* and *Yahel Ohr*]

According to the midrashic explanation of the dreams of the two chamberlains, the chief cupbearer was troubled because he had dreamed about the fate of the chief baker and feared that he was destined to suffer the same fate. The chief baker was troubled because he knew intuitively that he was headed for disaster. The literal translation of מַזָּלוֹ יַגִּיד לוֹ is "his soul told him." Despite the fact that he dreamed the interpretation of the cupbearer's dream, he was troubled.—[*Ohr Hachayim*]

7. **And he asked Pharaoh's chamberlains**—Although Joseph was a slave and they were the king's chamberlains, he did not hesitate to ask them the cause of their sadness, either because he feared that they

were angry with him and wished to know why, or because, since they were in prison together, they were considered equal, as it is stated, "who were with him in the prison." Moreover, he feared that their anger might concern his master, as it is stated, "his master's house."—[*Ohr Hachayim*]

Sforno explains that Joseph asked them why they were troubled, since he had been appointed to serve them. Otherwise, he would not have intruded on their personal affairs.

Ramban comments that the Torah wants to praise Joseph, showing that despite the high position of the two courtiers, Joseph did not hesitate to ask what troubled them and then share his opinion. He relied on his wisdom, although he knew full well that if the chief baker were to be exonerated, he would surely have Joseph hanged.

8. **and there is no interpreter for it**—Nowhere in the world is there anyone who can interpret this dream. Concerning Pharaoh's dreams, however, Scripture states: "and no one could interpret them for Pharaoh" (Gen. 41:8), meaning that there were indeed people who could interpret the dreams, but their interpretations were unacceptable to Pharaoh.—[*Ohr Hachayim*]

Rashbam renders: and no one interprets it.

Don't interpretations belong to God?—Someone can have the ability to interpret dreams only because he is created in the image of God [and has contact with the Divine]. Although I

יַת יוֹסֵף עִמְהוֹן וְשַׁמֵּשׁ יַתְהוֹם וַהֲווֹ יוֹמִין בְּבֵית מַטְרָא : ה וַחֲלָמוּ חֵילְמָא תְּרֵיהוֹן גְּבַר חַלְמֵיהּ בְּלֵילְיָא חַד
גְּבַר חֶלְמֵיהּ וּפוּשְׁרָן חֵילְמָא דְחַבְרֵיהּ מְזוּגָא וְנַחְתּוֹמָא דִּי לְמַלְכָּא דְמִצְרַיִם דַּאֲסִירִין בְּבֵית אֲסִירֵי : ו וַאֲתָא
לְוַתְהוֹן יוֹסֵף בְּצַפְרָא וַחֲמָא יַתְהוֹם וְהָא אִינוּן כְּנִיסִין : ז וּשְׁאַל יַת רַבְרְבֵי פַרְעֹה דְעִמֵּיהּ בְּמַטְרַת בֵּיתָא
דְרִבּוֹנֵיהּ לְמֵימַר מָדֵין סְבַר אַפֵּיכוֹן בִּישׁ יוֹמָא דֵין מִכָּל יוֹמַיָא דַהֲוֵיתוּן הָכָא : ח וַאֲמָרוּ לֵיהּ חֵילְמָא חֲלֵימְנָא
וּפְשַׁר לֵית לֵיהּ וַאֲמַר לְהוֹן יוֹסֵף הֲלָא מִן קֳדָם יְיָ פּוּשְׁרַן חֶלְמַיָא אִשְׁתְּעוּ כְּדוֹן לִי : ט וְאִשְׁתְּעֵי רַב מְזוּנַיָא
יַת חֶלְמֵיהּ לְיוֹסֵף וַאֲמַר לֵיהּ חָמֵי הֲוֵית בְּחֶלְמִי וְהָא גוּפְנָא קֳדָמָי : י וּבְגוּפְנָא תְּלָתֵי מְצוּגַיָא וְהוּא כְּדִי

פי' יונתן

ססרחון בדרז"ל וכן כאן לא מצא בו שום עון וחטא ודייק מאין רואה את כל מאומה בידו אלא שראהו איש אמיתי לכן לא צריך לשמרו וק"ל: (י) מצוגיא בחומש של הר"י וערטו' מלאתי מוגה מליניא בגון פי' דקלים קטנים וכן הוא בערוך :

בעל הטורים

שנמלא זבוב בכוס שלו : זעפים ב' במס' הכא ואידך ולמה יראה את פניכם זועפים מה התם על עסקי אכילה בשביל שלא רלו לאכול היו פניהם זועפים אף הכא זועפים פניהם על עסקי אכילה זה נמלא זבוב וכו' : ספרו. ג' הכא ואידך ספרו בגוים את כבודו חד בתהלים וחד בד"ה שעל הסיפור שספרו ספרו בגוים כבוד יוסף ששבחוהו לפני פרעה : שריגם. כתיב חסר בגי' אבות העולם דהיכא מ"ד

רשב"ם

ויהיו ימים. שנה שלימה כדכתיב ימים תהיה גאולתו · וכן ימים או עשור : (ה) איש חלומו. חלום הראוי לפתרון הנרא' שהוא עיקר ולא חלום של הבלים : (ח) ופותר אין אותו. כמו ואין פותר אותו. וכן ביחזקאל ועושים אינם אותם : (י) כפורחת עלתה נצה. שכן המנהג ויצץ ציץ ויגמול שקדים :

רש"י

הטבחים וגו' : להיות כ אתם : ויהיו ימים במשמר. ל י"ב חדש : (ה) ויחלמו חלום שניהם. ויחלמו שניהם חלום מ זה פשוטו ומדרשו כ"א חלם חלום נ שניהם שחלם את חלומו ופתרון חבירו וזו שנאמר וירא שר האופים כי טוב פתר. איש כפתרון חלומו. כל אחד חלם חלום הדומה לפתרון העתיד לבא עליהם : (ו) זעפים. עצבים כמו (מ"א כ) סר וזעף (מיכה ז) זעף ה' אשא : (י) שריגים. זמורות ארוכות שקורין וידי"ן : והיא כפרחת. דומה לפורחת ם והיא כפורחת נדמה לי בחלומי

שפתי חכמים

נתנה בשלמא אי נמצא בשר המשקים זבוב אתי שפיר דלא נתלה דאנוס הוא דאינו יכול לשמור את עלמו מזבוב שנפל לכוס פתאום אבל נאיפה שנמצא צרור בגלוסקין שלו פושע הוא דהיה לו לכבד התנור יפה שלא ישאר בו צרור : כ ר"ל דמקרא משמע ויפקד שר הטבחים את יוסף אתם שהיה ממנה אותן ג"כ על דבר ואי הוה כתיב בתחלה שהיה ממנה שר המשקים ושר האופה על דבר היה נופל עליו ויפקד שר הטבחים את יוסף אתם אבל השתא שאינו כן מאי אתם לכן פי' להיות אתם וכו' : ל דייק מדכתיב בפ' בהר ימים תהיה גאולתו ימים ימים לג"ש. ואין לומר דלמא שני ימים מתם היו במשמר ובליל שני חלמו החלום א"כ למה ליה ליוסף לומר בעוד שלשת ימים לא הול"ל רק אחר שלשה ימים : מ פי' שכל א' משניהם ראה חלום ולא שכל אחד ראה חלום של שניהם דהיינו חלומו וחלום הבירו : נ חלום של שניהם אך במקום שהיה נהם לומר שחלם חלום חבירו אמרו פתרון חלום הבירו וא"ל מנ"ל דקאי הפתרון דלמא כמשמעו דכל אחד חלם חלום שלו וחלום חבירו. י"ל מדכתיב בתריה איש חלומו בלילה אחד ולעיל כתיב חלום שניהם בשני חלומות חלמו נהם א"כ סתרי קראי אהדדי אע"כ צ"ל חלום שלו ופתרון חבירו וזהו שכ' איש חלומו כפתרון חלום הבירו פי' חלום הדומה לדבר העתיד לבא עליהם ולא כפי המובן שגם הפתרון ראה בחלום א"כ מה פתר יוסף : ס פי' כ"ף של כפורחת היא כ"ף הדמיון ולא

אבן עזרא

כי שרים היו : (ב) ויחלמו. כטעם איש כפתרון חלומו כי ראה כל אחד בחלומו מהו פתרון חלומו לעתיד ומה שאירע לו : (ו) זועפים. מתרעשים כטעם ויעמד הים מזעפו : ויבא אליהם. יתכן שבלילה היה לן בבור : (ח) וטעם הלא לאלהים פתרונים. כי פתרון החלומות לשם הוא. כי הוא יודע העתיד והראה בחלום מה יהי' למי שירצה. ואם אני אפתר אותו לטוב או לרע לא יועיל ולא יזיק ואחר שהדבר כן ולשם פתרון כל החלומות. אל תחושו שתספרו חלומותיכם לי. וכל החלומות הולכים אחר הפה דברי יחיד הם : (י) עלתה נצה. כמו הנצו הרמונים : הבשילו אשכלותיה. הפך הבוסר וכמוהו כי בשל קציר ואם

רמב"ן

רברבנוהי וכן ת"י והיו סריסים בהיכל מלך בבל : (ה) איש כפתרון חלומו. ל' פתרון חלומות הוא המקרה אשר יקרנו לעתיד ויקרא המודיע אותו העתיד פותר וע"ל דעת רבים כי פתרון הוא פירוש וטעם איש כפתרון חלומו כאו"א חלם חלום שדומה לפתרון העתיד לבא אליו זה ל' רש"י ומה טעם שיאמר שר המשקים לפרעה חלמנו חלום הדומה לפתרון שימעם בזה חכמת הפותר ואולי לא יהיה כן חלום פרעה ולא ידענו יוסף ור"א אמר שראה כל אחד בחלומו מה שהיה פתרון חלומו כל מה שאירע לו בעתיד לומר שהיה חלום אמת לא בא ברוב ענין שלא יתקיים רק המקצת והוא הנכון : (ז) וישאל את סריסי פרעה אשר אתו במשמר בית אדוניו. היה ראוי שיאמר הכתוב וישאל אותם לאמר אבל האריך כי רצה לספר בשבח יוסף שהיה נער עבד ושאל לשני שרים גדולים והם בבית אדוניו אשר שנא אותו והיה כל אחד יכול לצוות לשאת את ראשו מעליו ולא פחד מהם מלשאול אותם ולאמר להם דעתו בפתרון כי בטח בחכמתו שאלו נמלט שר האופים הי' תולה אותו וטעם ופותר אין אותו אין מודיע העתיד ממנו. ויתכן ששלחו לקצת החרטומים בבקר או שהיו אנשים עמהם בבית הסוהר ואין פותר אותו או שאמרו ואין בעולם פותר אותו כפי דעתנו כי נעלם הוא מאד : הלא לאלהים פתרונים. פי' ר"א כי יאמר כי המקרים העתידים לבא בחלומות לאלהים הם כי הוא לבדו המחלי' והמודיע העתיד והוא העושה שלום ובורא רע ואין בדבורי לכם תועלת או הפסד וזה אמר שלא יענישהו אם תבא להם רעה או כדי שיספרו אותם אליו ולא יבזוהו ואם כן אין למלת הלא בזה טעם ואולי יהיה פירושו כמו הנה יאמר הנה לאלהים לבדו הפתרונים ולא לאדם הפותר. והנכון בעיני כי אמר הלא לאלהים פתרונים בכל החלומות הנעלמים והסתומים והוא יכול להודיע פתרון חלומכם ואם היא נעלם בעיניכם : (ה) ספרו נא לי. אולי יישר בעיניו לגלות סודות אלי : (י) והוא כפורחת עלתה נצה, דומה לפורחת והיא כפורחת נדמה לי בחלומי כאלו

אור החיים

פי' עתה ספרו לי כדי להקדים פתרונו והגם שאמרו שם בפ' הרואה כ"ד פותרי חלומות היו בירושלים וכולן פתרו חלומו של רב בנאה וכמו שכתבנו בסמוך אומר אני כי דוקא אם לא יהיו הפתרונים סותרין זא"ז אבל אם היו סותרין כמו שתאמר ראשון יאמר כי יוציאוהו מהמשמר לגדולה ושני
יאמר שם ישב עד מות אין מתקיים אלא ראשון ולזה אמר יוסף ספרו עתה שבזה יבטח כי יתקיים פתרונו :
בחלומי. פי' להיות שחלם פתרון חלום חבירו כאומרם ז"ל לזה אמר בחלומי פי' אשר חלמתי לעצמי :

כלי יקר

בין כשעת זכירת החטא בין בזכירת החלום וטעם אחד לשניהם להורות שהטאם הי' על עסקי משקה ואפיה ולא הי' חטא התלוי בברכת' וכן בחלום קראם כן להורות שהחלום הי' מעסקי משקה ואפיה. ומטעם זה נאמר חטאו משקה מלך מצרים והאופה וק' לערבינהו ולתניגהו חטאו משקה והאופה למה הכנים מלך מצרים בין הדבקים

ספורנו

שרים מצוי' לעבדיהם וזה בהיותם אסורי' ולבם חלל בקרבם בלתי מהרהר בשום שררה : (ז) סריסי פרעה אשר אתו במשמר בית אדוניו. בשביל שהפקיד אותם אדוניו בידו כאמרו ויפקוד שר הטבחים את יוסף אתם כי לולא זה לא היה ראוי ליוסף לחקור על מחשבותיהם : (ח) הלא לאלהים פתרונים. הנה חכמת הפתרון היא באדם מצד מה שהוא בצלם אלהים ולזה יתכן שתהי'

גם

הִבְשִׁילוּ אַשְׁכְּלֹתֶיהָ עֲנָבִים׃ יא וְכוֹס
פַּרְעֹה בְּיָדִי וָאֶקַּח אֶת־הָעֲנָבִים
וָאֶשְׂחַט אֹתָם אֶל־כּוֹס פַּרְעֹה וָאֶתֵּן
אֶת־הַכּוֹס עַל־כַּף פַּרְעֹה׃ יב וַיֹּאמֶר
לוֹ יוֹסֵף זֶה פִּתְרֹנוֹ שְׁלֹשֶׁת הַשָּׂרִגִים
שְׁלֹשֶׁת יָמִים הֵם׃ יג בְּעוֹד ׀ שְׁלֹשֶׁת
יָמִים יִשָּׂא פַרְעֹה אֶת־רֹאשֶׁךָ
וַהֲשִׁיבְךָ עַל־כַּנֶּךָ וְנָתַתָּ כוֹס־פַּרְעֹה
בְּיָדוֹ כַּמִּשְׁפָּט הָרִאשׁוֹן אֲשֶׁר הָיִיתָ
מַשְׁקֵהוּ׃ יד כִּי אִם־זְכַרְתַּנִי אִתְּךָ
כַּאֲשֶׁר יִיטַב לָךְ וְעָשִׂיתָ־נָּא עִמָּדִי
חָסֶד וְהִזְכַּרְתַּנִי אֶל־פַּרְעֹה

וְאַנְיַצַת נֵץ בַּשִּׁילוּ
אַתְכְּלָהָא הֲווֹ עִנְבִין׃
יא וְכָסָא דְפַרְעֹה בִּידִי
וּנְסֵיבִית יָת עִנְבַיָּא
וַעֲצָרִית יָתְהוֹן לְכָסָא
דְפַרְעֹה וִיהָבִית יָת כָּסָא
עַל יְדָא דְפַרְעֹה׃ יב וַאֲמַר
לֵיהּ יוֹסֵף דֵּין פּוּשְׁרָנֵיהּ
תְּלָתָא שִׁבְשִׁין תְּלָתָא
יוֹמִין אִנּוּן׃ יג בְּסוֹף
תְּלָתָא יוֹמִין יִדְכְּרִינָךְ
פַּרְעֹה וִיתִיבִנָּךְ עַל
שִׁמּוּשָׁךְ וְתִתֵּן כָּסָא
דְפַרְעֹה בִּידֵיהּ כְּהִלְכְתָא
קַדְמָאָה דִּי הֲוֵיתָא מַשְׁקֵי
לֵיהּ׃ יד אֱלָהֵין תִּדְכְּרִינַנִי
עִמָּךְ כַּד יוֹטַב לָךְ וְתַעֲבֵיד
כְּעַן עִמִּי טֵיבוּ וְתִדְכַּר
עֲלַי קֳדָם פַּרְעֹה וְתַפְּקִינַנִי
מִן בֵּית אֲסִירֵי הָדֵין׃

תו"א וכוס פרעה בידי ואקח. סוטה ט חולין צב:

רש"י

כאלו היא פורחת ע ואחר הפרח עלתה נצה פ ונעשה סמדר אשפני"ר בלעז (אופטהון אדר אויפשלעסען איינער בלומא) ואח"כ הבשילו והיא כד אפרחת אפיקת לבלבין ע"כ תרגו' של פורחת. נץ גדול מפרח כדכתיב (ישעיה יח) ובוסר גומל יהיה נצה וכתיב (במדבר יז) ויוצא פרח והדר ויצץ ציץ: (יא) ואשחט. כתרגומו ועצרית והרבה יש בלשון משנה: (יב) שלשת ימים הם. סימן הם לך צ לשלשת ימים. ויש מדרשי אגדה הרבה (חולין צב): (יג) ישא פרעה את ראשך. ל' חשבון כשיפקוד שאר עבדיו לשרת לפניו בסעודה ימנה אותך עמהם: כנך. בסיס שלך ומושבך: (יד) כי אם זכרתני אתך. אשר אם זכרתני אתך ק מאחר שייטב לך כפתרוני: ועשית נא עמדי חסד.

שפתי חכמים

כ"ף כאשר כי לא תמצא כ"ף כזאת כי אם על המקור ולא על הפועל ופי' ויהי כמשיב ידו כדמות משיב ידו ופי' שלא הי"ל כוונה בזה רק מפני שהוציא ידו ואח"כ קשרו בחוט השני והכניסה מיד ונראה כאלו היה זה בכוונה לכך הוצאת היד בשם נתינ' והכנסה בשם השבה והתרגום שתרגם כד אפרחת תרגם הענין ולא המלות והראיה שתרגם פורחת בינוני אפרחת שהוא ל' פועל עבר. עכ"ל הרא"ם: ע כלומר שנראה לו בחלומו שהיתה פורחת ממש כפריחת הגפן בלי שום שינוי ודמיון: פ כלומר ולא שראה הכל ביחד כמובן מן הכתוב דאין מראין לו לאדם פיל דקאי בקופא דמחטא: צ לא שהם עצמם שלשת ימים כמובן מן הקרא: ק ר"ל שפרעה ישא את ראשך והיית כל כך חשוב עד אשר אם זכרתני תוכל אתה להוציאני ויהיה מלת כי במקום כאשר משום דכי משמש בד' לשונות והאחד מהם אם והוא אשר

אור החיים

כי אם זכרתני וגו'. אולי שהתנה עליו שלא יתקיים הפתרון הטוב אלא בתנאי אם זכרתני וטעם יוסף ששם בטחונו בו לצד כי ראה חלומו יגיד בשורה טובה כי ישראל נמשלו לגפן כאומרו והנה גפן לפני וגו' ואם לא בא החלום אלא לדבר הנוגע לשר המשקים היה די להם להראות שנותן הכוס על כף פרעה אלא ודאי הראהו על יוסף שהוא הגפן שהיה לפניו שם בבית הסוהר ואומר והיא כפורחת פי' שתפריח ותעלה הגפן נצה פי' יתעלה ממדרגה למדרגה והוא שהודיע מכלל הפתרון ואמר לו כי אם זכרתני וגו' ואחר האמת כן היה שע"י נתעלה יוסף וסבר יוסף שיפרש לו הדבר הנאמר לו בחלום וגילה לו סודו וטעם שנענש יוסף כי טעה בחושבו כי מרצונו של שר המשקים תהיה מעלת יוסף ולא כן הוא שאמת כי ה' יעשה דבר על ידו אבל לא לרצונו וכמו שכן הי' שע"כ דבר אל פרעה ושם

כלי יקר

אלא וודאי להורות שכל אחד חטא בענין בפני עצמו זה בזבוב וזה בצרור וכפי הנראה בפשיעת הצרור גדול מפשיעת הזבוב כי זבוב אונסא וצרור פשיעותא ע"כ נאמר משקה מלך מצרים כי אילו עשה זה לאדם אחר לא הי' נקרא פושע כי קרוב לאונס הדבר אך למלך הוא פשיעה כי בכבוד המלך צריך לדקדק ביותר. אבל חטא האופה הי' גדול מנשוא אפי' אם הי' עושה כן לאדם אחר שאינו מלך לכך נאמר סתם והאופה ולא אמר אופה מלך מצרים ופרעה קצף על שר המשקים הזכיר לשון שררה אצל הקצף כי כמו שהקב"ה מדקדק עם הצדיקים כחוט השערה יותר ממה שמדקדק עם אדם אחר כך שרים אצל מלך היותם שרים וקרובים למלך ביותר הי' להם להזהר בכבוד המלך ואלו היו הדיוטים לא יצא עליהם הקצף כל כך וזה פי' יקר: וכוס פרעה בידי. בב"ר אמרו מכאן תקנו חכמים ארבע כוסות בפסח כנגד ד' פעמים כוס שנזכרו כאן. ויש לתמוה מה הראה הקב"ה לשר המשקים בזה ומה ענין ד' כוסות של פסח לחלומו של שר המשקים ונראה לומר כי ידוע ששתיית הכוס מורה על התשועה מאיזו צרה כמ"ש כוס ישועות אשא וארבע כוסות של פסח יוכיחו. וכן שבוי סבבוהו ארבע משפחות הרעות שנזכרו בספר ירמיה כה אתנו. ובמראה החלום שהודיעו הדבר לשר המשקים כדי שיתבשר יוסף כדבר לא שישים בטחונו בו:

כי

[then] its clusters ripened into grapes. 11. And Pharaoh's cup was
in my hand, and I took the grapes and squeezed them into
Pharaoh's cup, and I placed the cup on Pharaoh's palm." 12. And
Joseph said to him, "This is its meaning: the three tendrils are
three days. 13. In another three days, Pharaoh will number you
[with the other officers], and he will restore you to your position,
and you will place Pharaoh's cup into his hand, according to
[your] previous custom, when you were his cupbearer. 14. But
remember me when things go well with you, and please do me a
favor and mention me to Pharaoh,

am a slave, and I am imprisoned in
this dungeon, perhaps I have this
ability. Consequently, you may be
mistaken when you say, "there is no
interpreter for it."—[*Sforno*]

10. **tendrils**—Heb. שָׂרִיגִם, *long
branches, known* [in Old French] *as
vidiz, vine-shoots.*—[*Rashi*]

**and it seemed to be blos-
soming**—Heb. וְהִוא כְּפֹרַחַת, *meaning
it resembled blossoming.* וְהִוא כְּפֹרַחַת
—*It seemed to me in my dream as if it
were blossoming, and after the
blossom, its buds came up, and they
became tiny grapes, aspanir in Old
French, and afterwards they ripened.*
[*Onkelos* renders וְהִוא כְּפֹרַחַת:] *"and it
was as if blossoming, it brought forth
blossoms"; until here is the Targum
for* פֹרַחַת. [The word] נֵץ [denotes a
stage of grapes] *larger than* פֶּרַח, *the
blossom, as it is written: "and the
buds* (נִצָּה) *turn into ripening grapes"*
(Isa. 18:5), *and it is also written: "had
blossomed* (וַיֹּצֵא פֶרַח)*," and after-
wards, "it had put forth a bud* (וַיָּצֵץ
צִיץ)*"* (Num. 17:23).—[*Rashi*]

11. **and squeezed**—Heb. וָאֶשְׂחַט,
as the Targum renders: וַעֲצָרִית. *There

are many instances* [of this word] *in
the language of the Mishnah.*—
[*Rashi*]

12. **are three days**—*For you they
symbolize three days, and there are
many midrashic interpretations
(Chullin 92a, Gen. Rabbah 88:5,
targumim).*—[*Rashi*]

Since Joseph knew that three days
later would be Pharaoh's birthday, he
interpreted the three tendrils as three
days, rather than three months or
three years.—[*Paneach Raza*]

13. **Pharaoh will number you**—
Heb. יִשָּׂא פַרְעֹה אֶת-רֹאשֶׁךָ, lit. will
raise your head, *an expression of
numbering. When he counts the rest
of his servants to serve him at the
feast, he will count you along with
them.*—[*Rashi*] The *targumim*
render: Pharaoh will remember you.

Midrash Sechel Tov suggests a
novel interpretation: it was then
customary when a person was to be
tried for a capital crime, to be present
at the trial. If he was vindicated, he
would be placed on a platform before
all assembled, to demonstrate his
innocence. That is the meaning of

"raising the head."

your position—Heb. כַּנֶּךָ, *your base and your seat.*—[*Rashi*]

and you will place Pharaoh's cup into his hand, according to [your] previous custom—before you were promoted to be the chief cupbearer.—[*Sforno*]

when you were his cupbearer—when you personally handed him the cup of wine. Pharaoh will reinstate you to this position to demonstrate that he is receiving you in a friendly manner.—[*Sforno, Midrash Sechel Tov*] *Midreshei Hatorah* explains that Pharaoh was to make him his personal cupbearer to demonstrate that he trusted no one else to give him his wine.

14. **But remember me**—*But keep me in mind, since it will go well with you as I have interpreted.*—[*Rashi*]

when things go well with you—Joseph did not want the chief cupbearer to mention him immediately, for it is not customary to grant favors to a released prisoner immediately. Therefore Joseph said, "When things go well with you," i.e., when you have completely returned to your previous status, and you have influence in the court of the king.—[*Paneach Raza*]

and please do me a favor—Heb. נָא. נָא *is only an expression of pleading.*—[*Rashi*]

Ohr Hachayim suggests that Joseph stipulated that his interpretation would be realized only if the cupbearer would keep Joseph in mind. Joseph relied on him because he perceived that the dream was a portent of favorable

tidings. For Israel is likened to a vine, and if the dream had occurred only for the chief cupbearer's benefit, it would have shown only the cupbearer placing the cup on Pharaoh's palm. The vine would have been superfluous. Joseph deduced that the vine represented himself, who stood before the chief cupbearer in the prison. The blossoming and budding vine indicated that he would be elevated step by step, and he told this to the cupbearer as part of the interpretation. In fact, this is what happened—through the cupbearer Joseph was elevated. Joseph thought that the cupbearer would recount to Pharaoh the complete interpretation, and thus he was to be elevated; therefore, Joseph revealed to him his secret. As we learn further, Joseph was punished for his reliance on the chief cupbearer. That was because Joseph thought that the cupbearer would assist him of his own accord, and he thus relied on the cupbearer. The truth was that Joseph's salvation would indeed come through the chief cupbearer, but *not* of the latter's own accord. As it happened, it was against his will that he spoke to Pharaoh and recounted his experience with Joseph in prison. The vision of the vine was meant to inform Joseph of his impending salvation, not to imply that he should put his trust in the chief cupbearer.

Rashbam explains: I am so confident that you will find favor in Pharaoh's eyes that if you mention me to Pharaoh, you will surely take me out of this house, for I have not committed any crime, as have the other prisoners. Moreover, [even prior

אַפְרַחַת אַפִּיקַת לַבְלוֹבְהָא וּמִן יַד בְּשָׁלוּ סְגוּלְיָהָא הֲווּ עֲנָבִין: יא חָמֵי הֲוֵית עַד דִּיהֲבִין כַּסָּא דְפַרְעֹה בִּידִי וּנְסֵיבִית יַת עִנְבַיָּא וְעַצְרִית יַתְהוֹן לְכַסָּא דְפַרְעֹה וִיהָבִית יַת כַּסָּא עַל יְדָא דְפַרְעֹה: יב וַאֲמַר לֵיהּ יוֹסֵף דֵּין סוֹף פּוּשְׁרָנָא דְחֶלְמָא תְּלָתֵי מְצוּגַיָא תְּלָתֵי אַבְהַת עָלְמָא אִינוּן אַבְרָהָם יִצְחָק וְיַעֲקֹב דְּמִן בְּנֵי בְנֵיהוֹן עֲתִידִין לְמִשְׁתַּעְבְּדָא לְמִצְרַיִם בְּטִינָא וּבְלִיבְנָא וּבְכָל פּוּלְחָנָהָא בְּאַנְפֵּי בָרָא וּמִן בָּתַר כְּדוּן מִתְפָּרְקִין עַל יַד תְּלַת רַעְיָין וְדִי אֲמַרְתְּ נְסֵיבִית יַת עִינְבַיָּא וְעַצְרִית יַתְהוֹם לְכַסָּא דְפַרְעֹה וִיהָבִית יַת כַּסָּא לִידָא דְפַרְעֹה הוּא פַּיָּלָא דְרוּגְזָא דַעֲתִיד פַּרְעֹה שָׁתֵי בְּעִקְבָא וְאַתְּ רַב מְזוּגַיָא תְּקַבֵּל אֲגַר טַב עַל חֶלְמָךְ טַב דְּחֶלַמְתָּא וּפוּשְׁרָנֵיהּ דֵּין הוּא לָךְ תְּלָתֵי מְצוּגַיָּא תְּלָתָא יוֹמִין הִינוּן לְפוּרְקָנָךְ: יג בְּסוֹף תְּלָתֵי יוֹמִין יֵיעוֹל קֳדָם פַּרְעֹה דוּכְרָנָךְ וְיָרִים יַת רֵישָׁךְ בִּיקָר וִיתֵבִינָךְ עַל שִׁמּוּשָׁךְ וְתִתֵּן כַּסָּא דְפַרְעֹה בִּידֵיהּ כְּהִלְכָתָא קַדְמָאָה דַהֲוֵית מְזוּגֵיהּ: יד שְׁבַק יוֹסֵף יַת רוּחְצָנֵיהּ דִּלְעֵיל וְנָקַט רוּחְצָנֵיהּ דְּבַר נָשׁ וַאֲמַר לְרַב מְזוּגַיָא אֱלָהֵן תִּדְכְּרִינַנִי עִמָּךְ כַּד יֵיטַב לָךְ וְתַעֲבֵד כְּדוּן עִמִּי טֵיבוּ וְתִידְכַּר עֲלַי קֳדָם פַּרְעֹה וּתְהַנְפְּקִינַנִי

יב וַאֲמַר לֵיהּ יוֹסֵף דֵּין הוּא פִּתְרוֹנֵיהּ דְחֵילְמָא תְּלָתָא שַׁרְבִּיטַיָא אִינוּן תְּלָתָא אַבְהָתֵי עָלְמָא אַבְרָהָם יִצְחָק וְיַעֲקֹב דְּמִן בְּנֵי בְנֵיהוֹן עֲתִידִין לְמִשְׁתַּעְבְּדָא בְּאַרְעָא דְמִצְרַיִם נַעֲתִידִין לְמִתְפָּרְקָא עַל יְדֵי תְּלָתָא פַּרְנָסִין מְהֵימְנִין וְאִינוּן מְתִילִין כִּסְגוֹלַיָּא וְדִי אָמְרַת נְסֵיבִית יַת עִינְבַיָא יַעֲצְרִית יַתְהוֹן בְּכַסָּא דְפַרְעֹה וִיהָבִית יַת כַּסָּא לְגוֹ כַּף יְדוֹהִי דְפַרְעֹה הוּא כַּסָּא דְפוּרְעָנוּתָא דְפַרְעֹה עָתִיד לְמִשְׁתֵּי בְּעִיקְבָא. וְאַתְּ רַב מְזוּגַיָא לָא מוֹבְדִין אַגְרָךְ דִּי חֲלַמְתְּ חִילְמָא טָבָא הָדֵין בְּרַם פִּתְרוֹנֵיהּ דְּחֶלְמָא לָא הֲוָה יוֹסֵף אָמַר לֵיהּ וּמִן בָּתַר דֵּין פָּתַר לֵיהּ יוֹסֵף הֵיךְ מַה דַהֲוָה שַׁפַּר בְּאַפּוֹי וַאֲמַר לֵיהּ יוֹסֵף תְּלָתָא שַׁרְבִּיטַיָּא תְּלָתָא יוֹמִין אִינוּן:

פי' יונתן

(יב) על יד תלת רעיין מוכרחני לפרש על משה אהרן ומרים: פיילא דרוגזא כמו כוס התרעלה: (יג) רישך ביקר פי' שיגשא ראשך בכבוד גדול: כעיקבא. בסוף: (יד) שבק ית רוחצניה פי' הניח בטחונו של מעלה וכן נדרש עליו ודבר שפתים אך למחסור:

רשב"ם

(יא) ואשחט. כתרגומו: (יג) ישא פרעה את ראשך. כמו שא את ראש כל עדת וגו' ימנה אותך פרעה בתוך עבדיו: והשיבך. כדי להשיבך על כנך. וכן כתיב וישא את ראש שר המשקים בתוך עבדיו. אבל והשיבך ה' מצרים פירושו וישיב אותך: (יד) כי אם זכרתני אתך. כלומר כל כך אני בטוח שתשא חן בעיני פרעה שאם תזכרני וגו' ידעתי כי תוכל להוציאני מן הבית
חות שהרי לא פשעתי כאן כלום כשאר אסירים. וגם לא מן הדין אני עבד כי גונבתי וגו' וגם פה לא עשיתי מאומה וגו' ואיני חייב לא עבודה ולא בית

דעת זקנים מבעלי התוספות

(יד) כי אם זכרתני אתך וגו' והזכרתני. שמעתי מפי מורי אבי זלה"ה כי אם זכרתני אתה בעצמך והזכרתני ע"י שליח והיינו דכתיב בסוף הפרשה ולא זכר שר המשקים היא עצמו לא הזכירו וישכחהו אף ע"י שליח:

אבן עזרא

הם שני בניניס: (יא) ואשחט אותס כמו שוחטי הילדים ולא כאשר פי' הגאון: (יב) פתרונו. פירושו. ולא מצאנו מלת פתרון כי אם עם החלום. יש שואלים מאין ידע יוסף כי שלשה שריגים הם ימים ולא חדשים או שנים. ויתכן יום הלדת את פרעה כמו היום שנולד בו. כי הנה היום יש מלכים שיעשו משתה ביום תקופת שנתם ויקראו לכל עבדיהם ויתנו להם מתנות או יתכן שהגבירה היתה הרה והראשון קרוב אלי: (יג) ישא פרעה את ראשך. ירים. הנכון שהוא בדרך מספר והעד וישא את ראש שר המשקים ואת ראש שר האופים בתוך עבדיו וכפ' כי תשא אפרש זה: כנך. משמרתך הראשונה ומכונתך ומתכונתך. ויתכן להיותו

רמב"ן

היא פורחת ואחר הפרח עלתה נצה נעשו סמדר [וא"ת*] [ואח"כ] הבשילו והיא כד אפרחת אפיקת לבלבין. עד כאן תרגום של פורחת ל' רש"י. ואיננו נכון שאם היה מדבר כמדמה מפני שהם דברי חלום הי' אומר והנה כגפן לפני ובגפן שלש' שריגים והכ"ף הזו אינה בחלום שר האופים ולא בחלום פרעה ולמה ידמה בזה יותר מכל האחרים אבל יאמר בכולם והנה הדמיון שטעמו באלו אבל פירושו והיא כפורחת עלתה נצה שראה בחלומו הגפן כי מיד שפורחת עלתה נצה והבשילו אשכלותיה ענבים וזה להורות כי ממהר האלהים לעשותו. ובזה הכיר יוסף כי שלשת השריגים שלשת ימים הם ולא חדשים או שנים וחשב בדעתו כי ביום אחד ישא ראש שניהם או בעבור כי בלילה אחד חלמו ואין צריך לדברי ר"א שאמר שהיה יוסף יודע יום הולדת את פרעה ובזאת הכ"ף במקומות רבים ויהי כמשיב ידו כבא אברם וכעת מותה ותדכרנה הנצבות וכן רבים ואונקלוס שאמר והיא כד אפרחת אפיקת לבלבין תרגום עלתה שהעלתה לולבי נפנים הוציאם פרחו והעלת' לולבין גדולים והנצו והבשילו אשכלותי' ענבים כי לא יבא לו לשון עלהה בנץ כי איננו עולה: (יד) כי אם זכרתני אתך. אם תזכרני כאשר ייטב לך תעשה אתה עמדי חסד ואמת ותזכרני אל פרעה ואם יהיה נא לשון בקשה יאמר כי אם זכרתני ועשית

*אולי היה לרמב"ן הגי' כרש"י ואונקלוס תרגום

כלי יקר

אמר ה' אשר לחרב לחרב ואשר למות למות ואשר לרעב לרעב ואשר לשבי לשבי. ובב"ר א"ר יוחנן כל המאוחר בפסוק קשה משלפניו כו' עד שבי כולהו איתנהו בי' כי בידו של אדונו לייסרו בחרב ולהמיתו ולהרעיבו ולענותו בענין בית הסהר ונמלא שכל שבוי שבבית הבור כשיולא מבית האסורים דין הוא שישתה ארבע כוסות של ישועה כי מאחר שבשבי כולהו איתנהו בי' א"כ ביליאתו משם מבית הסהר הוא נילול מארבעתן ע"כ נזכר בשר המשקים ארבע פעמים לשון כוס כי הראה לו בחלום שילא מן בית הבור ויהי' נילול מארבע רעות אלו ויהי' ראוי לשתות ארבע כוסות של ישועה. וא"כ יפה למדו רז"ל מכאן שבפסח חייב כל אדם לשתות ארבע כוסות כי ישראל היו גם כן שבויים במלרים והשבי כולהו איתנהו ביה על כן דין הוא שישהו ארבע כוסות של ישועה כנגד הגלה מארבעתן כי לא את אב תינו בלבד גאל הקב"ה ממלרים כי אף אותנו גאל עמהם וזה פי' יקר. ומכאן שפט יוסף בשכלו ששר המשקים ילא מבית הסהר ויושב על כנו אבל שר האופים לא ראה בו דבר המורה על גאולתו ועל פדות נפשו. ואולי זהו כוונת רז"ל במה שדרשו מסכת חולין פרק גיד הנשה ובגפן שלשה שריגים שלשה שרי גוים כו' או אברהם ילחק ויעקב כו' ונדרש בכמה פנים שונות על הגלחתן של ישראל ומה הראו לשר

אבי עזר

השה בבית פרעה. או ל' ליווי: (יא) (ואשחט אותם. כמו שוחטי הילדים) דעת הרב שחיטת שחיטה הוא שם המושאל לענבים. כמו שהושאל לילדים. כי ספיר גזרתם בנויה על בקר ולאן. וכיון שהושאל לענבים שם בישול. הושאל ג"כ אליה שם שחיטה. או אפשר דדעת הרב כמלת ואשחט מל' סחיטה. וכן שוחטי הילדים לפי דעת חכמינו ז"ל. המפרשים חפרו בעמק לפרש דברי הרב בדרכים רחוקים. והנלע"ד כתבתי: (יב) (יש שואלים מאין ידע יוסף וכו' כמדומה לי אבר השומע קושיא זאת ושותק. לא יקבל שכר על שתיקותו. כי אלהים אבר הוא פלא ליה בתדילא. הוא גלה לו רזא דנא. הלא לאלהים פתרונים. ומנא ידע רב נחמן מולי מחזיק בפלך המבואר בסנהדרין מ"ח אב"א סוד ה' ליראיו וכו'. ואמת מרוב פשיטתו לא כתב תשובתו בחבורו. מה השיב לשואלים לו: (יג) (ישא פרעה את וגו') דהיינו ימנה ויספור אותו בתוך שאר משרתיו החשובים. וכן משמע המקרא בסיפור בני אדם בל' נשיאות בכל מקום. ולדעתי אפשר

ספורנו

גם בי אע"פ שאני עתה עבד ובבית האסורים ומפני זה אפשר שלא צדקתם במה שאמרתם ופותר אין אותו: (יג) כמשפט הראשון. קודם שעלית להיות שר: אשר היית משקהו. אתה בעצמך וזה יעשה עתה להראות ולהודיע שהוא מקבל אותך בסבר פנים יפות: (יד) כי אם זכרתני אתך. וזה יורה שכל כך תהיה חבתו עמך שאם תזכירני כאשר ייטב לך שתמצא שעה הגונה לזה: והזכרתני אל פרעה. המכיר אותי כשהייתי בבית

וְהוֹצֵאתַנִי מִן־הַבַּיִת הַזֶּה׃ טו כִּי־גֻנֹּב
גֻּנַּבְתִּי מֵאֶרֶץ הָעִבְרִים וְגַם־פֹּה לֹא־
עָשִׂיתִי מְאוּמָה כִּי־שָׂמוּ אֹתִי בַּבּוֹר׃
טז וַיַּרְא שַׂר־הָאֹפִים כִּי טוֹב פָּתָר
וַיֹּאמֶר אֶל־יוֹסֵף אַף־אֲנִי בַּחֲלוֹמִי
וְהִנֵּה שְׁלֹשָׁה סַלֵּי חֹרִי עַל־רֹאשִׁי׃
יז וּבַסַּל הָעֶלְיוֹן מִכֹּל מַאֲכַל פַּרְעֹה
מַעֲשֵׂה אֹפֶה וְהָעוֹף אֹכֵל אֹתָם מִן־
הַסַּל מֵעַל רֹאשִׁי׃ יח וַיַּעַן יוֹסֵף וַיֹּאמֶר
זֶה פִּתְרֹנוֹ שְׁלֹשֶׁת הַסַּלִּים שְׁלֹשֶׁת
יָמִים הֵם׃ יט בְּעוֹד ׀ שְׁלֹשֶׁת יָמִים יִשָּׂא
פַרְעֹה אֶת־רֹאשְׁךָ מֵעָלֶיךָ וְתָלָה
אוֹתְךָ עַל־עֵץ וְאָכַל הָעוֹף אֶת־
בְּשָׂרְךָ מֵעָלֶיךָ׃ מפטיר כ וַיְהִי ׀ בַּיּוֹם
הַשְּׁלִישִׁי יוֹם הֻלֶּדֶת אֶת־פַּרְעֹה
וַיַּעַשׂ מִשְׁתֶּה לְכָל־עֲבָדָיו וַיִּשָּׂא
אֶת־רֹאשׁ ׀ שַׂר הַמַּשְׁקִים וְאֶת־רֹאשׁ
שַׂר הָאֹפִים בְּתוֹךְ עֲבָדָיו׃ כא וַיָּשֶׁב
אֶת־שַׂר הַמַּשְׁקִים עַל־מַשְׁקֵהוּ

טו אֲרֵי מִגְנַב גְּנִיבְנָא
מֵאַרְעָא עִבְרָאֵי וְאַף הָכָא
לָא עֲבָדִית מִדַּעַם אֲרֵי
מַנִּיאוּ יָתִי בְּבֵית אֲסִירֵי׃
טז וַחֲזָא רַב נַחְתּוֹמֵי אֲרֵי
יָאוּת פְּשַׁר וַאֲמַר לְיוֹסֵף
אַף אֲנָא בְּחֶלְמִי וְהָא
תְּלָתָא סַלִּין דְּחִירוּ עַל
רֵישִׁי׃ יז וּבְסַלָּא עִלָּאָה
מִכֹּל מֵיכְלָא דְּפַרְעֹה
עוֹבַד נַחְתּוֹם וְעוֹפָא אָכִיל
יָתְהוֹן מִן סַלָּא מֵעִלָּוֵי
רֵישִׁי׃ יח וַאֲתֵיב יוֹסֵף
וַאֲמַר דֵּין פּוּשְׁרָנֵיהּ תְּלָתָא
סַלִּין תְּלָתָא יוֹמִין אִנּוּן׃
יט בְּסוֹף תְּלָתָא יוֹמִין
יַעְדֵּי פַרְעֹה יָת רֵישָׁךְ
מִנָּךְ וְיִצְלוֹב יָתָךְ עַל
צְלִיבָא וְיֵיכוֹל עוֹפָא יָת
בִּסְרָךְ מִנָּךְ׃ כ וַהֲוָה
בְּיוֹמָא תְּלִיתָאָה יוֹם
בֵּית וַלְדָא דְפַרְעֹה וַעֲבַד
מִשְׁתְּיָא לְכָל עַבְדוֹהִי
וְאִדְּכַר יָת רֵישׁ רַב שָׁקֵי
וְיָת רֵישׁ רַב נַחְתּוֹמֵי
בְּגוֹ עַבְדוֹהִי׃ כא וַאֲתֵיב
יָת רַב שָׁקֵי עַל שַׁקְיוּתֵיהּ

רשב"ם

האסורים להיות אסור כאן: (טז) כי טוב פתר. ניכרין דברי אמת: סלי חורי. מנוקבים. כמו חורי עפר ובשים. ואורגים חורי. לפיכך יכול היה העוף לאכול דרך נקבי אריגת הסל: (יט) ישא פרעה את ראשך. ממש מעליך. וזה אינו נשיאה של חשבון אלא של זקיפת תלייה:

תו"א ויראו שר האפים כי. ברכות נה:

שפתי חכמים / רש"י

והוסיף הרב מאחר שייטב לך מפני שאין מדרך המושל שיזכירהו מיד בעת שייטיב לו רק אח"כ בעת שעומד ומספרת לפניו: ר פי' יום הליד' אין כאן אלא לשון בקשה: סלי חורי. סלים של נצרים קלופים חורין חורין ובמקומנו יש הרבה ודרך מוכרי פת
כסנין שקורין אובלי"ש (היפפען קוכען) לתתם באותן סלים: (כ) יום הלדת את פרעה. יום לידתו וקורין לו יום
גינוסיא ר ולשון הולדת לפי שאין הולד נולד אלא על ידי אחרים שהחיה מילדת את האשה ועל כן החיה נקראת
מילדת וכן (יחזקאל טז) ומולדותיך ביום הולדת אותך וכן (ויקרא יג) אחרי הוכבס את הנגע שכיבוסו על ידי אחרים:
וישא את ראש וגו'. מנאם עם שאר עבדיו שהיה מונה המשרתים שישרתו לו בסעודתו וזכר את אלו בתוכם כמו

כלי יקר / אור החיים

המשקה בזה אלא שכל אלו סיבת גאולתן של ישראל מבית השבי וגאולה ראשונה של יוסף היתה על ידי שר המשקים ועל ידו זכה יוסף לכל היעודים ההם וק"ל:

כי גונב גנבתי. טעם כפל גונב וגו' לאמר כי שני גניבות נעשו בו גניבת הגוף וגניבת דעת הקונים שחשבו שהוא עבד שבזה קנו אותו מהם לזה אמר גניבה ב"פ ומעתה הנה
הוא לעצמו ואין גופו קנוי ללוקח ואולי כי נתכוין יוסף לסתור נימוס מצרים שאין עבד מולך ולא לובש וכו' ולגד
בראה

and you will get me out of this house. 15. For I was stolen from the land of the Hebrews, and here too, I have done nothing, for which they have put me into the dungeon." 16. Now the chief baker saw that he had interpreted well. So he said to Joseph, "Me too! In my dream, behold, there were three wicker baskets on my head. 17. And in the topmost basket were all kinds of Pharaoh's food, the work of a baker, and the birds were eating them from the basket atop my head." 18. And Joseph replied and said, "This is its meaning: the three baskets represent three days. 19. In another three days, Pharaoh will remove your head from you and hang you on a gallows, and the birds will eat your flesh off you." 20. Now it came about on the third day, Pharaoh's birthday, that Pharaoh made a feast for all his servants, and he counted the chief cupbearer and chief baker among his servants. 21. And he restored the chief cupbearer to his [position as] cupbearer,

to being incarcerated,] I was made a slave for no reason.

15. For I was stolen...and here too, I have done nothing, etc.— Therefore, I deserve neither slavery nor imprisonment.—[*Rashbam*]

the land of the Hebrews—I was stolen from my father's house, which is in the land of the Hebrews. Since the family of the Hebrews, viz. the Patriarchs, was well known in the land of Canaan, the land was known as the land of the Hebrews.—[*Redak*]

16. Now the chief baker saw that he had interpreted well.—This follows *Targum Onkelos.* See *Rashi* on verse 5, that the chief baker had also dreamed the interpretation of the chief cupbearer's dream. Therefore, he knew that Joseph had interpreted it correctly. *Ohr Hachayim* also explains the verse in this manner, adding:

"unlike the chief cupbearer, who could not confirm Joseph's interpretation with certainty, because he had not yet heard Joseph's interpretation of the chief baker's dream."

Redak explains that the chief baker understood [from the symbolism of the dream] that Joseph's interpretation matched the chief cupbearer's dream.

Rashbam writes: True words are easily recognized.

Another interpretation, given by *Ramban*, *Sforno*, and *Redak*, is that the chief baker saw that Joseph had interpreted the chief cupbearer's dream *favorably.* Therefore, he expected him to interpret *his* dream similarly. He believed, as the Rabbis state, that all dreams come true according to how they have been interpreted. Joseph, however, interpreted the dreams as he deemed appropriate, according to their contents.

Paneach Raza explains that since Joseph had predicted the fulfillment of the dream after only a short period, the chief baker recognized him as a true interpreter of dreams, for deceivers postpone the fulfillment of a dream until the distant future to hide their fabrication.

wicker baskets—Heb. סַלֵּי חֹרִי, *baskets of peeled willows, made with many holes* (חוֹרִין חוֹרִין). *In our country* (France) *there are many* [such baskets], *and it is the custom of the venders of hollow wafers, known as o(u)blies, to put them into such baskets.*—[*Rashi*]

Rashbam also defines סַלֵּי חֹרִי likewise, adding that it was through the basket's holes that the birds were able to eat. *Targum Jonathan, Ibn Ezra* quoting *Saadia Gaon*, and *Ramban* define סַלֵּי חֹרִי as baskets of white bread.

Redak quotes *Talmud Yerushalmi* (*Bezah* 2:6), which defines חֹרִי as cakes baked on the hearth (חֲרָרוֹת). In the two lower baskets were cakes, and in the uppermost basket were all sorts of pastries.

According to *Gen. Rabbah* 88:6, there were actually four baskets. The three lower ones contained white bread, and the uppermost one contained all sorts of pastries. These baskets represented the four exiles Israel was destined to experience. The lower three baskets represented the exiles of Babylonia, Media, and Greece, and the uppermost basket represented the fourth exile, that of the wicked kingdom (Rome), which exacted tribute from all nations. Thus upon hearing the dream, Joseph said to the baker, "You brought me unfavorable tidings. Now I will bring you unfavorable tidings."

Ohr Hachayim states that the nations of the world were compared to birds, as in the covenant between the parts: "And the birds of prey descended upon the carcasses" (Gen. 15:11). Israel is likened to bread, as in Ps. 14:4: "Those who devoured My people ate bread." In addition he notes that the expression "on my head" alludes to Israel, for Israel is superior to all the nations. He points out that in the chief cupbearer's dream no mention was made of Pharaoh drinking the wine, only that the cup was placed on his palm to honor him. In the chief baker's dream, however, he saw the birds eating the bread out of the basket. Hence the evil portent for Israel and for the chief baker.

20. **Pharaoh's birthday**—Heb. יוֹם הֻלֶּדֶת, *the day of his birth, and it is called "ginusia" day* [in Greek]. *The expression* הֻלֶּדֶת [the "hoph'al," which is the passive of the "hiph'il," the causative] *is used because the fetus is born only through* [the assistance of] *others, for the midwife assists the woman in giving birth. It is for this reason that the midwife is called* מְיַלֶּדֶת, [one who causes to deliver], *and likewise, "And as for your birth* (מוֹלְדוֹתַיִךְ), *on the day you were born* (הוּלֶּדֶת אוֹתָךְ)" (Ezek. 16:4), *and similarly, "after the mark was washed* (הֻכַּבֵּס)" (Lev. 13:55), *for the washing is done by others.*—[*Rashi* from *Gen. Rabbah* 88:6]

he counted, etc.—Heb. וַיִּשָׂא אֶת רֹאשׁ-. *He counted them with the*

מן בית אסירי הדין: טו ארום מגנב אתגניבית מן ארעא דעיבראי ואוף הכא לא עבדית מדעם ביש ארום שויאו יתי בבית אסירי: טז וחמא רב נחתומי ארום יאות פשר דהוא חמא פושרן חילמא דחבריה ושרי למללא בלשון רוגזא ואמר ליוסף אוף אנא הוית חמי בחלמי והא תלתא סלין דפיתא נקיא על רישי: יז ובסלא עלאה מכל תפנוקי מיכל פרעה עובד נחתום ועופא אכיל יתהום מן סלא מעילוי רישי:
יח ואתיב יוסף ואמר דין הוא פושרניה תלתא סליא תלתי שעבודיא הינון דעתידין לבית ישראל למשתעבדא ואנת רב נחתומי תקביל אגר ביש על חלמך ביש דחלמתא דפשר ליה יוסף ית מה דשפר בעינוי ואמר ליה דין לך פושרניה תלתא סליא תלת יומין הינון לקטלך: יט בסוף תלתא יומין יעדי פרעה בסייפא ית רישך מעילוי גופך ויצלוב יתך על קיסא וייכול עופא ית בישרך מינך: כ והוה ביום תליתאי יום גנוסא דפרעה ועבד שירו לכל עבדוי ורומם ית ריש רב מזוגיא וית ריש רב נחתומיא בגו עבדוי: כא ואתיב ית רב מזוגיה על מזגיה דאשתכח דלא הוה בעיטא ההוא ויהב כסא על ידא

טז והא תלתא סלין דריפתא קקבטין על רישי:
יח נאמר ליה תלת סליא אינון תלתא שיעבודיא תקיפיא דעתידין מערעא לבית ישראל בארעא דמצרים בטינא ובליבניא ובכל פולחנא דאפי ברא עתיד פרעה מלכא דמצרים למהוי גזר גזירין בישן על ישראל ורמי בניהון בנהרא ברם פרעה יוביד וחילותיה ישתיצון ובני ישראל יפקון פריקין בריש גלי. ואת רב נחתומא תקבל פורענות די חלימית חילמא בישא הדין ופתרוני דחילמא לא הוה יוסף ידיע ליה ומן בתר כן פתר ליה יוסף היך מה שפר באפוי נאמר ליה יוסף דין הוא פתרוניה דחילמא תלת סליא תלת יומין אינון:

פי׳ יונתן

(טז) ושרי למללא בל׳ רוגזא דייק מדכתיב אף לשון רוגז הוא וכן הוא עפ״י המדרש ג׳ פתחו באף וכן איתא בזוהר: (יח) תלתא שעבודיא פי׳ ג׳ עבודות שנשתעבדו במצרים בחומר ובלבנים ובכל עבודה בשדה: (כ) יום גינוסיא פי׳ יום היתום שלו והוא שנולד בו או נעשה מלך בו ביום:

פי׳ ירושלמי

(טז) דריפתא קקבטין פי׳ בערוך לחם שהוא חם ור״ל לחם בסל שאוכלים אותם החורים שהם השרים:

אבן עזרא

מן גזירת כן וכמוהו ועמד על כנו: (טו) אמר, העברים. אפרשנו בפסוק כי תקנה עבד עברי. ואחר כל חלום במקרא מלת הנה טעמה כאילו: (טז) סלי חורי. אמר הגאון שהוא לחם לבן כמו חורי יהודה: (יט) בעוד. בטרם עוד וטעמו לא יעבור עוד כך זמן עד שיהיה זה: ישא פרעה את ראשך מעליך. ישאנו ממקומו וטעמו יסירנו. או ירימנו על עץ: (כ) הלדת. שם הפועל מהבנין שלא נזכר שם פועלו: (כא) על משקהו. שם. כי אשר היית משקהו פועל:

רמב״ן

בחסדך חסד עמדי תזכרני אל פרעה וטעם אתך שתזכרני לעשות עמי כטוב אשר ייטב לך שיצאת מבית הסוהר או יהיה פירוש שתזכרני בלבך כאלו אני עמך והזכירה אל פרעה שיהלל אותו אליו לאמר הנה בבית שר הטבחים עבד יפה לפני מלכים יתיצב והנכון עוד בעיני שיאמר אם תזכרני להיות אתך כאשר ייטב לך ותשוב למעלתך ותחפוץ לעשות עמי החסד הזה תזכרני אל פרעה לאמר בפניו זכרתי נער שהיה משרת לי בבית הסוהר תנהו אלי להיות לי משרת והוצאתני מן הבית הזה כי חטא גדול הוא על המעמידים אותי בכאן. או יהיה טעם והזכרתני אל פרעה כי ראה אותו פרעה בהיותו עבד לשר שלו ופקיד על כל אשר לו משרת לפניו ואם תזכרני לפניו תוציאני מכאן כי אין בי עון אשר חטא. וראוי למלך שיצילני מיד עושקי כי כל דבר לא יכחד ממנו אם יחפוץ. וטעם מארץ העברים מארץ חברון אשר גרו שם אברהם יצחק ויעקב כי אברהם שהיה ראש היחס הנקרא אברם העברי כי היה מעבר הנהר וגדול שמו בגוים כי נתקיים בו ואגדלה שמך ועל כן נקראו כל זרעו העברים והם עצמם יחזיקו את שמם כן שלא יתערבו בעמי הארצות הכנענים והוחזק השם הזה בכל זרע ישראל לעולם וזה טעם הביא לנו איש עברי אנכי ולא רצה שיחזוקוהו ככנעני והנה ארץ מגוריהם קראה ארץ העברים כלומר הארץ אשר העברים שם או שנקרא שמה כן כי הם גדולי הארץ ואציליה כמו שנאמר נשיא אלהים אתה בתוכנו וכתיב אל תגעו במשיחי: (טז) כי טוב פתר. אמר אונקלוס כי יפה פתר וכן טוב טעם ודעת למדני וכן כי טובות הנה. יפות והטעם לאמר כן כי האיש הזה מבזה על יוסף חושב בו שלא ידע לפתור אותו לעולם ולא יגיד לו החלום אם לא בראותו כי פתר לחברו יפה וכהוגן או יאמר וירא שר האופים כי לטובה פתר לו ושמח והגיד חלומו שהיה מצטער בו יותר מחברו: סלי חורי.

אור החיים

מראה בחלום כי יעלה לגדולה אמר להסיר טעות הנשמע כי הוא עבד ואפשר שלא הקפיד ה׳ על דבר זה כי צריך אדם להרי׳ מכשולו ולא הקפיד ה׳ אלא על אומרו זכרתני וגו׳ ואומרו וגם פה פי׳ בעיר הזאת לא עשיתי מאומה וכהוכחה שהוכיחו מהשמלה כאומר׳ ז״ל כי בדקו שמלת המרשעת ומצאו שקר בימינה ואת זה שילם יוסף לכהני פרעה שבדקו השמלה והוציאו מעליו לה״ר לזה נתן להם חקם במושלם אשר קצב להם פרעה כי זולת זה היה חושב עליהם מחשבות כי על פיך ישק כל עמי אמר אליו פרעה:
וירא שר האופים כי טוב. פי׳ הוא שחלם פתרון שר המשקים ראה כי טוב פתר ופי׳ ע״כ והוא עד וראה משא״כ שר המשקים אפשר שלא יצדיק ודאי כי הוא זה הפתרון או ירצה עז״ה כי טוב דבר לו בפתרונו וכאלו אמר כי פתר טוב ולא רע וחשב שאולי גם אותו יבשר בשורה טובה ותקותו מפח נפש כי הראוהו הגלות של ישראל אשר יאכלו העמים הנמשלים לעופות כאו׳ וירד העיט על הפגרים את ישראל הרמוזים ללחם דכתיב אוכלי עמי אכלו לחם גם רמז באו׳ על ראשי כי ישראל הם עליונים על כל העמים ותמצא שבחלום שר המשקים לא הזכיר ששתה פרעה את הכוס אלא נתינתו בידו לכבוד ולמעלה משא״כ חלום שר האופים שהגיד אכילת העופות מן הסל:
זה פתרונו. טעם אומרו כן בפתרונו החלומו׳ נתכוין להשליט הדיבור של הפתרון על המחשבה שבזה החלומות הולכים אחר הפה כי המחשבה מתהפכת כפי הדיבור השולט עליה

אבי עזר

אפשר לפרש כן פסוק ויהי מתיו מספר. ודלא כפירש הרב שם: (טו) (ואחר כל חלום במקרא מלת והנה וכו׳). ואף כי מלת הנה בכל מקום התחלות הענין. כמו שכתבו הרב בהרבה מקומו׳. אולם אם כן הוא הוי למכתב הנה בחלומי. וכיון שנכתב בחלומי והנה לכן מפרש הרב דמשמע כאלו. וכמו מלת כעין בל׳ הגמרא. ובל׳ המקרא כעין הבדולח. כמו שכ׳ אהל יוסף הרואה בחלום אינו רואה ממש. אלא דומה לו כאלו רואה. ומצאתי ראי׳ גם׳ מאזנים. שכתב טעם על שנאמר בשיר השירים אם תמצאו את דודי. ולא נאמר אם תמצאון. ואמר אולי עשה זה שלמה. בעבור שהוא משל. ואיכם בנות

ספורנו

שר הטבחים: והוצאתני. הנה תוציאני בלי ספק: (טו) כי גנוב גנבתי וגם פה לא עשיתי מאומה. והטעם שיוציאני בלי ספק כדברך כי אמנם ימצא שלא היה עבדותי ולא מאסרי בסבת חטא שנמצא עלי: (טז) כי טוב פתר. והיה מקוה שיפתור גם בעדו לטוב שהחלומות הולכים אחר הפה כדבריהם ז״ל כאשר פתר להם יוסף:

וַיִּתֵּ֥ן הַכּ֖וֹס עַל־כַּ֥ף פַּרְעֹֽה׃ כב וְאֵ֛ת
שַׂ֥ר הָאֹפִ֖ים תָּלָ֑ה כַּאֲשֶׁ֛ר פָּתַ֥ר לָהֶ֖ם
יוֹסֵֽף׃ כג וְלֹֽא־זָכַ֧ר שַֽׂר־הַמַּשְׁקִ֛ים
אֶת־יוֹסֵ֖ף וַיִּשְׁכָּחֵֽהוּ׃ פפפ

וִיהַב כָּסָא עַל יְדָא
דְפַרְעֹה: כב וְיָת רַב
נַחְתּוֹמֵי צְלַב כְּמָא דִי
פְשַׁר לְהוֹן יוֹסֵף: כג וְלָא
דְכַר רַב שָׁקֵי יָת יוֹסֵף
וְאַנְשְׁיֵהּ: פ פ פ

ק"ב יב"ק סימן. ומפטירין בתרי עשר בעמוס סימן ב כה אמר ה':

שפתי חכמים

כל' יון: ש קל"מ דאל"כ מנ"מ דכתיב ולא זכר. אם כן לומר שלא עשה עמו חסד זה נכתב כבר ויהי מקץ שנתים אלא לומר שסבה שיתה מאת הש"י שלא הזכירו עד אחר שתי שנים מפני שתלה בטחונו בשר המשקים (נח"י) מבואר הוא בב"ר פ"ז אתה מוצא שלא היה יוסף ראוי להיות בבית האסורים אלא עשר שנים מפני שהוציא דבה על עשרה אחיו וע"י שאמר לשר המשקים וכו':

חסלת פרשת וישב

רש"י

שאו את ראש ל' מנין: (כג) ולא זכר שר המשקים. בו ביום: וישכחהו. לאחר מכאן מפני שתלה בו יוסף לזכרו ש הוזקק להיות אסור שתי שנים שנאמר (תהלים מ) אשרי הגבר אשר שם ה' מבטחו ולא פנה אל רהבים ולא בטח על מצרים הקרוים רהב:

חסלת פרשת וישב

רמב"ן

סלים של נצרים קלופים עשויים חורים חורים זה לשון רש"י והגאון רב סעדיה פירש סלי לחם לבן כלחם המלך מלשון ולא עתה פניו יחורו מן הארמית שתאמר ללבן חיור והוא הנכון כי היה בכל הסלים מלחם המלך ובסל העליון מכל מיני מאכל פרעה שהיה מעשה אופה ולשון רבותינו במשנה פתין גריצים וחיורי ואמר בירושלמי רבנין שמעין לה מן הדא והנה שלשה סלי חורי על ראשי: חסלת פרשת וישב

אבן עזרא

(כג) ולא זכר שר המשקים. לא הזכירו בפה אל פרעה. כן ומשא ה' לא תזכירו עוד. זכר את ושתי: וישכחהו. בלב:

חסלת פרשת וישב

אבי עזר

בגות ממש: (כ) (ולא זכר שר המשקים וגו') דקשה לרב איך שייך מלת את בפועל עומד. לכן מפרש לא הזכיר בפה של פרעה והוא יוצא. כמו זכר את ושתי. בית הסוהר. הוצאת השם לדעתי הוא ל' הקודש. כמו שדרך אגן הסהר. ונאמר כן על דבר המקיף וכמהו שם זה על הסהר. שאי אפשר להמלט ממנה שמוקף מכל צד. ואשר כ' שניב בעבור שפירש אחריו וגו'. לא להודיע לנו הוראת שם בית הסוהר. רק להודיע לנו שנגע הדבר אל דתי המלך. ולא עשה כן מלבו להושיבו אללו כשבי:

הפטרת וישב בעמוס סימן ב'.

כֹּה אָמַר יְהֹוָה עַל־שְׁלֹשָׁה פִּשְׁעֵי יִשְׂרָאֵל וְעַל־אַרְבָּעָה לֹא אֲשִׁיבֶנּוּ עַל־מִכְרָם בַּכֶּסֶף
צַדִּיק וְאֶבְיוֹן בַּעֲבוּר נַעֲלָיִם׃ הַשֹּׁאֲפִים עַל־עֲפַר־אֶרֶץ בְּרֹאשׁ דַּלִּים וְדֶרֶךְ עֲנָוִים
יַטּוּ וְאִישׁ וְאָבִיו יֵלְכוּ אֶל־הַנַּעֲרָה לְמַעַן חַלֵּל אֶת־שֵׁם קָדְשִׁי׃ וְעַל־בְּגָדִים חֲבֻלִים יַטּוּ
אֵצֶל כָּל־מִזְבֵּחַ וְיֵין עֲנוּשִׁים יִשְׁתּוּ בֵּית אֱלֹהֵיהֶם׃ וְאָנֹכִי הִשְׁמַדְתִּי אֶת־הָאֱמֹרִי מִפְּנֵיהֶם

פירוש מהגאון מלבים

כה אמר ה' על שלשה פשעי ישראל שהם עשרת השבטים שחטאו בע"ז וג"ע וש"ד, ועל ארבעה החטא הרביעי שיה הוספה על כל הג' פשעים, שבכ"א הוסיפו לעשות את החטא בגודל האיכות והכמות וערבו עמו חטאים אחרים, הנה בחטא ש"ד הוסיפו מה שמכרו בכסף צדיק שע"י כסף שלקחו מכרו את הצדיק בדינו להריגה, אם השופטים ע"י שוחד ואם עדי שקר שהעידו עליו חטא מות ע"י שלקחו כסף, ולא בכסף הרבה כי גם מכרו אביון להריגה בעבור נעלים, בעד זוג מנעלים העידו עליו עדות שקר והשופטים דנוהו בעד שוחד מנעלים למיתה: השואפים, ומי שכר העדי שקר ונתן שוחד, זה עשו אלה ששואפים ותאבים על עפר ארץ, לקחת עפר ארץ של הדל, ר"ל מעט כברת ארץ שיש לו, וזה יקחו בראש דלים, עם ראשם של הדלים, שע"י שיכרתו ראשו ויהרגוהו יקחו עפר ארצו ולכן ישכרו עליו עדי ודייני שקר, ועי"ז דרך ענוים יטו, יטו את דרכם לדונם משפט מות ולרצחם, כי ש"ד קל בעיניהם, ובענין ג"ע איש ואביו ילכו אל הנערה המאורסה, שזה מורה על רוב הפרצה מאד והעדר הבושת בפני ההורים בזה למען חלל את שם קדשי: ועל, ובענין ע"ז על בגדים חבולים יטו אצל כל מזבח, יאכלו בגדי העניים ויקדישו אותם למזבח הבעל לפרוש אותם אצל המזבח ולהסב עליהם באכלם מזבחי אליליהם וכן היין שישתו בבית ע"ז לכבוד האלילים (כמ"ש אשר חלב זבחימו יאכלו ישתו יין נסיכם) הוא יין ענושים, שיקחו ממון מאת הצדיקים הענושים מהם בעונש ממון לשתות ממנו יין לע"ז, באופן שעם חטא ע"ז מעורב חטא גזל ושוד עניים ואנקת אביונים: ואנכי הנה ה' בטובו הכין הכנות שלא יטמאו בשקוצים אלה שהם ע"ז וג"ע, והיה בזה שתי הכנות, א] שהשמיד את האמורי מפניהם, שזה היה כדי שלא ילמדו ישראל מהם לעשות כתועבות האלה, כמ"ש בריש פרשת עריות כמעשה א"מ וכו' וכמעשה ארץ כנען לא תעשו, ומפרש בספרא

אבן עזרא

ג.ה. על מכרם. על השופטים ידבר והעד צדיק בריבו בהשפטו והנו נחשב כאילו מכרוהו: השואפים. הטעם תשאפו מתי תסחבו ראש דלים על עפר ארץ ודי להם שפלותם: ודרך ענוים יטו. מני אורח ישר שהוא אורחם עד שהסירו הענוות מישראל עד שלא יבוש ללכת איש עם אביו עם [צ"ל אל] נערה ידועה: ועל. ולקחת חבול מהאביון יטו משפט וזה יעשו בפרהסיא במקום התחברם למזבח הבעל וככה ויין ענושים ישתו שיענשו מי שאין עליו עונש והם שותים: ואנכי. כתוב כי השם פוקד עון הארץ על כן גזר להכחידם כי חקותיהם ללכת איש ואביו לזנות והזכיר האמורי כי הוא חזק מהשבעה וככה כי לא שלם עון האמורי עד הנה והנה משה הרג שני מלכי האמורי המזרחיים ויהושע אמר לתת אותנו ביד האמורי המערבי והנה

and he placed the cup on Pharaoh's palm. 22. And the chief baker he hanged, as Joseph had interpreted to them. 23. But the chief cupbearer did not remember Joseph, and he forgot him.

rest of his servants, for he was counting the servants who would serve him in his feast, and he remembered these among them. [וַיִּשָּׂא אֶת-רֹאשׁ is] similar to "*Take the count* (שְׂאוּ אֶת-רֹאשׁ)" (Num. 1:2), *an expression of counting.*—[*Rashi*]

23. **But the chief cupbearer did not remember**—*on that day.*—[*Rashi*]

and he forgot him—*afterwards. Because Joseph relied on him to remember him, he was compelled to be confined for two years, as it is said: "Praiseworthy is the man who made the Lord his trust and did not turn to the haughty* (רְהָבִים)*" (Ps. 40:5). He did not turn to the Egyptians, who are called* רַהַב, *haughty.*—[*Rashi* from *Gen. Rabbah*

HAFTARAH VAYESHEV
If Parashath Vayeshev falls on the first Sabbath of Chanukah, the Haftarah is Zechariah 2:14-4:7.
AMOS 2:6-3:8

2:6. So says the Lord: For three transgressions of Israel, and for four I will not reverse it: Because they sold the innocent for money and the needy for a pair of shoes. 7. Those who long for the dust of the earth with the heads of the poor, and they pervert the way of the humble, and a man and his father consort with a maiden, in order to profane My holy Name. 8. And on clothes taken in pledge they recline beside every altar, and wine of those fined they drink in the house of their gods. 9. Yet I destroyed the Amorite from before them,

Unless otherwise specified, the commentary on the Haftarah is that of Malbim.

2:6. So says the Lord: For three transgressions of Israel—meaning the Ten Tribes, who sinned with idolatry, immorality, and bloodshed.

and for four I will not reverse it—The fourth sin was in addition to

each of these three transgressions, for each sin the people continued to commit with great intensity, and with each sin they combined other sins. The sin of bloodshed they intensified to the extent that

they sold the innocent for money—Through the money they received, they sold an innocent

89:3] See *Targum Jonathan, Rashi, Redak,* and *Ibn Ezra* on Ps. 87:4, Isa. 30:7, and 51:9. The Guadalajara edition quotes these verses and adds that the heavenly prince of Egypt was named Rahab. This appears also in *Zohar,* vol. 2, 172b. The Midrash means that Joseph trusted in God for the entire initial ten years that he was in prison. During that time, he did not turn to any Egyptian. Only after this time did Joseph resort to asking the chief cupbearer for help, and he was punished.—[*Kethav Sofer*]

Paneach Raza explains that the chief cupbearer did not mention Joseph to Pharaoh immediately, as per Joseph's instructions (see above on verse 14). Then later, when he was back in Pharaoh's good graces, he forgot about Joseph. *Paneach Raza* suggests also that the chief cupbearer failed to mention Joseph not out of wickedness, but because he simply forgot him. Alternatively, he pretended to forget him until the matter sank into the distant past, and then he indeed forgot him.

HAFTARAH VAYESHEV

whose height was like the height of cedars, and who was as strong as oaks, and I destroyed his fruit from above and his roots from below. 10. And I brought you up from the land of Egypt, and I led you in the desert forty years, to inherit the land of the Amorite. 11. And I raised up some of your sons as prophets and some of your youths as Nazirites. Does this also not exist, O children of Israel?

person to be executed. "They" refers either to the judges who accepted bribes to convict him, or to the false witnesses who testified that he had committed a capital crime. They did this because they had received money. Not large sums of money, however, for they sold

the needy—to be slain

for a pair of shoes—The witnesses testified against him falsely and condemned him to death for the paltry bribe of a pair of shoes. Now, who hires the witnesses and bribes the judges?

7. **Those who long for the dust of the earth**—for the small plot of ground that the poor man owns, which they take

with the heads of the poor—By decapitating and thereby killing him, they take the dust of his land. [How do they effect his decapitation?] They hire witnesses and bribe judges, and thereby

they pervert the way of the humble—They cause the judges to declare that the humble have perverted their way, and [then] the judges sentence them to death. The judges commit this sin because they treat the sin of murder very lightly. As far as

דפַרְעֹה: כב וְיַת רַב נַחְתּוֹמֵי צְלַב דְיָעַט לְמִקְטְלֵיהּ הֵיכְמָא דְפָשַׁר לְהוֹם יוֹסֵף: כג וּבְגִין דְשָׁבַק יוֹסֵף חִסְדָא דִלְעֵיל וְאִתְרְחִיץ בְּרַב מְזוֹגַיָא בִּבְשַׂר עָבִיד בְּגִין כֵּן לָא אִידְכַּר רַב מְזוֹגַיָא יַת יוֹסֵף וְאַנְשְׁיֵיהּ עַד זְמַן דִי מְטָא קִיצָא מִן קֳדָם יְיָ לְמִתְפַּרְקָא:

פ פ פ

כג שְׁבַק יוֹסֵף חִסְדָא דִלְעֵיל בְּחִסְדָא דִלְרַע וְחִסְדָא דִלְוֵי יָתֵיהּ מִבֵּיְיתֵיהּ דְאָבוּי וְאִתְרְחַץ בְּרַב מְזוֹגַיָיא בִּבְשַׂר עָבִיד וּבְשַׂר טָעֵם כַּסָא דְמוֹתָא וְלָא אִידְכַּר כְּתָבָא דִכְתִיב וּמְפָרֵשׁ לִיט יְהֵוֵי גַבְרָא דִי יִתְרְחִיץ בְּבִישְׂרָא וְיִשַׁוֵי בִּישְׂרָא רַחֲצוּתֵיהּ וּבְרִיךְ יְהֵוֵי גַבְרָא דִי יִתְרְחֵיץ בְּשֵׁם מֵימְרֵיהּ דַיְיָ וִיהֵי מֵימְרֵיהּ דַיְיָ רוּחְצָנֵיהּ. מִן בְּגִין כֵּן לָא אִדְכַּר רַב מְזוֹגַיָא יַת יוֹסֵף וְאַנְשֵׁי יָתֵיהּ עַד זְמַן דִמְטָא קִצֵּיהּ לְמִתְפַּרְקָא:

פי' ירושלמי

(כג) שבק וכו' פי' הניח החסד של מעלה בחסד של מטה וכו': בבשר עביד פי' בבשר נברא: ובשר טעם כסא פי' של מיתה ור"ל בכן אדם או כיש גורסין בשר עביר פי' אדם שהוא בשר העובר והוא נפסד:

בעל הטורים

אלו האבות: ולא זכר. ג' במסו' הכא ואידך ולא זכר יואש המלך את החסד. ולא זכר הדום רגליו. שר המשקים היה כפוי טובה ולא זכר הטובה שעשה לו יוסף וכן היה יואש כפוי טובה ולא זכר הטובה שעשה לו יהוידע הכהן והרג לזכריה בנו ועל זה נהרגו כמה נפשות מישראל שהיה דמו תוסס עד שנחרב הבית וזהו ולא זכר הדום רגליו ביום אפו:

רשב"ם

(כג) ולא זכר שר המשקים את יוסף. מיד בצאתו כמו שביקש ממנו יוסף כי אם זכרתני אתך: וישכחהו. זמן מרובה אחרי כן. עד שעה שהקב"ה עשה ליוסף נסים והוצרך להזכירו:

אור החיים

ודוקא אם יאמר זה פתרונו שבזה משליט הדיבור וכמו כן תמצא שדבר בדרך זה בפתרון חלום פרעה כאשר אבאר שם בע"ה:

ולא זכר שר המשקים וגו'. פי' הגם שלא שכחו בתחלה לא זכר שמו כאשר צוה עליו יוסף דכתיב זכרתני ועוד מודיע הכתוב ששכחו גם מלבו והכוונה בזה כי לצד שהחליט שלא לזוכרו נשכח מלבו כ"א הי' בלבו ובדעתו לצד א' לזוכרו באמצעות זה היה קצת נזכר אלא לצד החלט הדבר נשכח ממנו ואולי ירמוז עוד וישכחהו שהיה משכיחו מלבו ומדעתו עת עלות על זכרונו עד עת קץ שפקד ה' את יוסף ויזכרהו ואולי שירמוז באומ' וישכחהו עז"ה וישכח הוא אבל הקדוש ב"ה לא שכחו ויזכרהו לטובה ויהי מקץ וגו' ואז שר המשקים זכר אותו בעל כרחו:

כלי יקר

ולא זכר שר המשקים את יוסף וישכחהו. כי עבירה גוררת עבירה כראשונה אף ע"פ שעלה יוסף בזכרונו מכל מקום לא זכרו בפני פרעה לטובה וזה גרם לו שלבסוף שכחו לגמרי ואפילו בזכרונו לא עלה ועל אלו שני עבירות אמר את חטאי אני מזכיר היום היינו שני חטאים אלו מה שחטא ליוסף ולפרעה. ורז"ל אמרו שיוסף חטא בזה שתלה בטחונו בשר המשקים ואמר שני פעמים ל' זכירה כ"א זכרתני וגו' והזכרתני וכנגדם נענש בכפל השכחה' ולא זכר שר המשקים את יוסף וישכחהו. ועל צד הרמז יכול לומר כי בזמן שאמר יוסף אם זכרתני והוא לשון תנאי כאילו אמר אם זכרתני יש תקוה ואם לא אבדה התקוה נמצא ששני תיבות אלו כוללים עיקר העון. ע"כ כנגדם יצא בת קול ואמר תשכח כי תשכח עולה למספר אם זכרתני ועל כן ניתן הדין שיהיה אסור עוד שתי שנים כי ימות השנה שס"ה ימים שני פעמים שס"ה עולה תש"ל כמספר תשכח ועל כן הדין נותן שיהיה אסור עוד שנתים ימים כי מקץ שנתים ימים מורה שהיו שנים שלמים מיום ליום כדי למלאות מספר תשכח ועוד שני ימים הנוספים כנגד שני תיבות אלו שאמר והזכרתני והוצאתני וזה יותר מחוור ממה שאמרו קצת' ששתי שנים אלו כנגד שתי תיבות אלו וקשה למה דוקא שנים ולא חדשים או ימים ולהנחתינו יהיו באמת שני ימים כנגדם ויתבאר זה עוד בסמוך פ' מקץ בעה"י: חסלת פרשת וישב

הפטרת וישב

אֲשֶׁר כְּגֹבַהּ אֲרָזִים גָּבְהוֹ וְחָסֹן הוּא כָּאַלּוֹנִים וָאַשְׁמִיד פִּרְיוֹ מִמַּעַל וְשָׁרָשָׁיו מִתָּחַת: וְאָנֹכִי הֶעֱלֵיתִי אֶתְכֶם מֵאֶרֶץ מִצְרָיִם וָאוֹלֵךְ אֶתְכֶם בַּמִּדְבָּר אַרְבָּעִים שָׁנָה לָרֶשֶׁת אֶת־אֶרֶץ הָאֱמֹרִי: וָאָקִים מִבְּנֵיכֶם לִנְבִיאִים וּמִבַּחוּרֵיכֶם לִנְזִרִים הַאַף אֵין־זֹאת בְּנֵי יִשְׂרָאֵל

אבן עזרא

ממנו יפחד: ואנכי. הטעם שהולכתי אתכם ארבעים שנה עד שתלמדו חוקותיו ואחר כן תירשו האמורי: ואקים. גם שמתי רוחי על בניכם והתנבאו ללמדכם חוקותי והזכיר הבנים כי אם יתנבא הזקן החכם אין לתמוה. ומבחוריכם שהולדתם לאהוב התענוג והשמחה קדשתים להוכיחכם ול'קדשכם: האף אין זאת. [האם] תוכלו לכחש כי לא עשיתי זאת ובעבור כי השלים

פירוש מהגאון מלבים

בספרא (סי' קל"א) שהמצרים וביהוד מקום שגרו שם ישראל. וכן האמוריים וביהוד מקומות שכבשום ישראל היו מקולקלים בכל התועבות האלה, ולכן הוציאם ממצרים והשמיד את האמוריים שלא ילמדו ישראל ממעשיהם, וכמ"ש בתו"כ שהזמין לדור החייב שיבואו ישראל ויפרעו מהם כמ"ש בפי' שם. וא"כ איך תתעבו אתם בתועבות אלה אשר מפני זה השמדתי את האמורי, ולא תאמר שהאמורי נשמד בדרך הטבעי וע"י כיבוש שהיו ישראל חזקים מהם, לא כן כי היה כגובה ארזים גבהו במלוכה ושלטנות, וחסון הוא באלונים מצד הכח והגבורה וגם הגובה מציין השר שלהם והמזל שלהם היה גבוה ומוצלח בעת ההוא והוא בעצמו הוא חסון ותקיף והיה לו מבצרי מעוזים וגבורי חיל, וההשמדה עצמה היתה ג"כ למעלה מדרך הטבע, כי ואשמיד פריו ממעל ושרשיו מתחת שנמחו הפירות והשרשים ואבד כל זכר למו: ואנכי, וגם לתכלית זה העליתי אתכם מארץ מצרים ואולך אתכם במדבר ארבעים שנה, שמפני שהיה בלבם מחשבת פיגול אשר למדו מן המצריים ולא היה יכול להביאם תכף לרשת את ארץ האמורי שהיה מתירא פן ישובו לעשות כתועבות מצרים כמ"ש כי אתם ידעתם את אשר ישבתם בארץ מצרים ותראו את שקוציהם וכו' לכן הניעם ארבעים שנה במדבר, עד שמתו הדור הקודם במדבר והדור החדש ראו מעשי ה' והשגחתו ונצרפו ונזקקו במדבר (כמ"ש באגרות השלום דרוש ב' על פסוק אלה מסעי ב"י), וא"כ הלא הכינותי הכנות לבל תטמאו בע"ז ובג"ע ותועבות מצרים וכנען: ואקום, ההכנה השנית עשיתי לזה, שלתקן שלא תהיו נמשכים אחרי ע"ז, הקימותי מבניכם לנביאים, שהנביא היה דבוק ברוח ה' בלא אמצעי וע"י שראו הנבואה שרויה ביניהם ידעו שה' משגיח עליהם בלי אמצעי, ולא היו צריכים לדרוש אל המתים והאמנים לדעת מהם עתידות, כמ"ש לא ימצא בך מעביר בנו ובתו באש קוסם קסמים וכו' כי הגוים אשר אתה יורש אותם אל מעוננים ואל קוסמים ישמעו ואתה לא כן נתן לך ה' אלהיך נביא מקרבך מאחיך וכו', ולמען יפריש אותם מג"ע הקימותי מבחוריכם לנזירים,

שתכלית

immorality is concerned,

a man and his father consort with a maiden—With a betrothed maiden. This illustrates the licentiousness of the generation and its impudence, that they commit such an act in the presence of their parents, **in order to profane My holy Name**.

8. Regarding idolatry, **on clothes taken in pledge they recline beside every altar**—They take the clothing of the poor as a pledge, they devote it to the altar of Baal, and then they spread it out and recline on it beside the altar when they partake of the flesh of sacrifices to their idols. Likewise,

wine of those fined they drink in the house of their gods—The wine that they drink in pagan temples in honor of their gods (as is stated in Deut. 32:38: "the fat of whose sacrifices they eat, they drink the wine of their libations") was purchased through levied fines. They would fine the innocent and take their money to buy wine for idolatrous practices, thereby combining the sin of idolatry with the sin of robbing the poor and oppressing the needy.

9. **Yet I**—Behold, the Lord, in His goodness, completed preparations for the people so that they would not be contaminated with the abominations of idolatry and immorality. These preparations are two: The first is that He

destroyed the Amorite from before them—so that the Israelites would not learn these abominations from them. How can you commit these abominations, for which I destroyed the Amorites? Do not say

that the Amorites were destroyed because the Israelite conquerors were physically superior to them. This is not true, for the Amorites'

height was like the height of cedars—in their political power, and they were

as strong as oaks—in strength and might. "Height" also represents the power of their heavenly prince, who prospered at that time. The Amorites themselves were strong and powerful, with sturdy fortresses and mighty warriors. Their destruction was therefore clearly supernatural, for

I destroyed his fruit from above and his roots from below—The fruit and roots were completely obliterated, leaving no trace.

10. **And I**—For this very reason,

brought you up from the land of Egypt, and I led you in the desert forty years—because you still harbored the impure thoughts you had learned from the Egyptians, and I could not bring you immediately

to inherit the land of the Amorite—God feared that the Israelites would revert to the abominations of the Egyptians, as it is written: "For you know how we dwelt in the land of Egypt...There you saw their abominations and their depravities, wood and stone, silver and gold that is with them" (Deut. 29:15f). Therefore, He made them wander in the desert until the first generation had died, and the next generation had witnessed God's deeds and His Providence, and was purified and refined. From this we learn that He made preparations for them, to

prevent them from becoming conta-
minated with the abominations of
Egypt and Canaan.

11. **And I raised up**—The second
preparation that I made for this, to
make sure that the people would not
become attracted to idolatry, was that

**I raised up some of your sons as
prophets**—For the prophet cleaved to
the spirit of God without recourse to
an intermediary. Since the people saw
that prophecy was restored among
them, they knew that God watched
over them directly, and they did not
find it necessary to inquire of the dead
or of sun images (believed to be
oracles) to learn about the future, as it
is written: "There shall not be found
among you anyone who makes his son
or daughter pass through fire, no
soothsayer, diviner [of favorable
times], interpreter of omens, or
sorcerers...For these nations, whom
you are going to dispossess, hearken to
soothsayers and to interpreters of
auspicious times; but as for you, the
Lord your God has not given you thus.
A prophet from your midst, from your
brothers, like me, will the Lord your

God raise up..." (Deut. 18:14-18).

In order to separate them from
immorality, I raised up

**some of your youths as
Nazirites**—for the ultimate goal of
the Nazirite vow is separation from
illicit sexual relations, as the Rabbis
say: Why was the section dealing
with the Nazir (Num. 6) juxtaposed
with the section dealing with the
sotah, the woman suspected of
adultery (ibid. 5:11-31)? This teaches
us that whoever witnesses a *sotah* in
her state of degradation should utter
a Nazirite vow, and abstain from
drinking wine.

**Does this also not exist, O
children of Israel?**—Is it not true
that not only have you failed to keep
My commandments, and have sinned
by committing idolatry and immoral
acts, but that you have also destroyed
the safeguards that would prevent
you from committing these sins?
This destruction goes so far that
among you there are neither prophets
nor Nazirites, through whom
morality and faith in God are spread
among the people, because

נְאֻם־יְהוָה׃ וַתַּשְׁקוּ אֶת־הַנְּזִרִים יָיִן וְעַל־הַנְּבִיאִים צִוִּיתֶם לֵאמֹר לֹא תִּנָּבְאוּ׃ הִנֵּה
אָנֹכִי מֵעִיק תַּחְתֵּיכֶם כַּאֲשֶׁר תָּעִיק הָעֲגָלָה הַמְלֵאָה לָהּ עָמִיר׃ וְאָבַד מָנוֹס מִקָּל וְחָזָק
לֹא־יְאַמֵּץ כֹּחוֹ וְגִבּוֹר לֹא־יְמַלֵּט נַפְשׁוֹ׃ וְתֹפֵשׂ הַקֶּשֶׁת לֹא יַעֲמֹד וְקַל בְּרַגְלָיו לֹא יְמַלֵּט
וְרֹכֵב הַסּוּס לֹא יְמַלֵּט נַפְשׁוֹ׃ וְאַמִּיץ לִבּוֹ בַּגִּבּוֹרִים עָרוֹם יָנוּס בַּיּוֹם־הַהוּא נְאֻם־יְהוָה׃
שִׁמְעוּ אֶת־הַדָּבָר הַזֶּה אֲשֶׁר דִּבֶּר יְהוָה עֲלֵיכֶם בְּנֵי יִשְׂרָאֵל עַל כָּל־הַמִּשְׁפָּחָה אֲשֶׁר
הֶעֱלֵיתִי מֵאֶרֶץ מִצְרַיִם לֵאמֹר׃ רַק אֶתְכֶם יָדַעְתִּי מִכֹּל מִשְׁפְּחוֹת הָאֲדָמָה עַל־כֵּן אֶפְקֹד
עֲלֵיכֶם אֵת כָּל־עֲוֹנֹתֵיכֶם׃ הֲיֵלְכוּ שְׁנַיִם יַחְדָּו בִּלְתִּי אִם־נוֹעָדוּ׃ הֲיִשְׁאַג אַרְיֵה בַּיַּעַר

פירוש מהגאון מלבים

שתכלית הנזירות הוא להפרש מעריות, כמ"ש למה נסמכה פ' סוטה אצל פ' נזיר שכל הרואה סוטה בקלקולה יזיר א"ע מן היין. **האף אין זאת בני ישראל**, ר"ל הלא לא לבד שלא שמרתם מצותי והטאתם בע"ז וג"ע, האף ההכנות שישמרו אתכם מחטאים אלה תבטלו? עד **שגם זאת אין** ביניכם לא נביאים ולא נזירים, שעל ידם יתפשט באומה האמונה בה' והפרישות מעריות? כי: **ותשקו את הנזירים יין** שלא ימצא איש יורה דרך הפרישות, **ועל הנביאים צויתם לאמר לא תנבאו** כדי שלא ימצא רוח קדשי בישראל ולא דורש האמונה האמתיית ומזהיר על ע"ז, לכן: **הנה אנכי מעיק תחתיכם**. כמו שבעגלה שהיא מלאה עמיר עושים מעקה סביבה שלא יפלו העמרים מתוכה והעמרים נדחקים ומצומצמים בעגלה ע"י המעקה בל יוכלו ליפול מתוכה, כן אסובב אתכם בל תוכלו לצאת ממקומכם להמלט מחרב אויב: **ואבד**, לא תוכלו לא לברוח כי **יאבד מנוס מקל**, ולא לעמוד במלחמה נגד האויב כי גם החזק בטבע **לא יאמץ כחו**, לא ישאר כחו בחזקתו כי יפול בו רפיון בכחו ומורך לב ולא יוכל להלחם, וגם הגבור לא לבד שלא יוכל להלחם לנצח את האויב, כי גם לא תועיל לו גבורתו **שימלט נפשו** עכ"פ ושיציל א"ע מן המות ע"י המלטה בגבורתו: **ותופש**, והנה שלפעמים יעמדו המורים בקשת לעכב בפני האויב מעט זמן עד שבתוך כך ינוס הקל ברגליו, אבל עתה **תופש הקשת לא יעמד** כלל רק יברח תכף, ועי"כ **קל ברגליו לא ימלט**, ר"ל שהתופש קשת לא ימלט ע"י עמידתו נגד האויב את הקל ברגליו, שיהיה לו זמן לברוח, כי לא יעמוד כלל. וגם **רוכב הסוס לא ימלט נפשו**, הגם שלהם הניסה קלה יותר: **ואמיץ לבו בגבורים**, וגם אם ימצא בין הגבורים אחד שלבו אמיץ יותר מכולם, לא יועיל לו אמצות לבו רק מה **שערום ינום ביום ההוא** ויציל את נפשו ע"י ניסה לא על ידי מלחמה ולא שימלט ממונו ובגדיו: **שמעו וכו' אשר העליתי מארץ מצרים**, ועי"כ קניתי אתכם להלקי שלא תהיו תחת הברים העליונים ומערכת השמים כי השגחתי דבוקה בכם, ועי"כ: **רק אתכם ידעתי מכל משפחות האדמה**, לא נמצא משפחה אחרת מן האדמה שתהיה ידיעתי והשגחתי דבוקה בם כמוכם, כי כולם נתונים תחת סדרי הטבע והנהגת צבא השמים וע"כ אינם מצווים על השיתוף, כמ"ש אשר חלק ה' לכל העמים תחת השמים ואתכם לקח ה' ויוציא אתכם מכור הברזל ממצרים להיות לו לעם נחלה, ע"כ **אפקד עליכם את כל עונותיכם**, אחר שאתם מצווים על היחוד ושלא לשתף עם עבודתי עבודת נכר ולכם נתנה תורה ומצות: **הילכו** הפסוקים (ג—ח) הם הוצעה והקדמה וראשי דברים להנבואות שיבואו מן פסוק ט' עד סוף קאפיטל ד'. אמר (הקדמה אחת) שידעו שענשם אינו מקרה רק השגחה, כי הילכו שניהם יחדו בלתי אם

אבן עזרא

בדברי הנזירים החל מהם כמשפט הלשון: ותשקו. הכרחתם אותם עד שנטמאו ושתו יין: הנה. הגאון אמר כי מלת מעיק מן הפועלים העומדים זה דרך משל שאין כח לסבול וחכמי ספרד אומרים כי הוא פועל יוצא והנה מעיק מגזרת עקת רשע והנה כמו מציק ותחתיכם, במקומכם והטעם שתהיו כבדים ולא תוכלו לברוח, על כן אחריו ואבד מנום מקל: [לא] יאמץ כחו. במחשבתו ומאכלי כלי המלחמה: ותפש. טעם לא יעמד כי הכל יפחד לגעת אליו: וקל ברגליו. ורוכב לאות כי הקל הוא הסוס וכתוב על קל נרכב. ואמיץ לבו. זהו שמחשבתו שינצח ולא יוכל איש להזיקו והפך זה הירא ורך הלבב ירא מהכל ורך הלב להשחית: ערום. שיכבדו עליו בגדיו בברחו: רק אתכם. כאומר ידעתי מכאוביכם והצלתי אתכם ותחת שתעבדוני מרדתם בי על כן אפקוד והנכון כדרך בקרובי אקדש וככה דרך המלכים לכעוס על עבדיהם העומדים לפניהם שידעו מנהגם יותר מן הכפריים: הילכו. הזכיר למעלה ועל הנביאים צויתם לאמר לא תנבאו והנה אפקד עליכם אודיעכם זאת ביד נביאי אולי תשובו אלי ולולא שנודעתי לנביא וגליתי סודי לו להוכיחכם לא היה מתנבא מלבו כי איך ידע מה שאני עתיד לעשות וככה אין דברו דרך מקרה וראו היתכן להיות שילכו שנים אנשים ברגע אחד למקום אחד בעבור דבר אחד אם לא נועד זה עם זה וכאשר תראו שהיה אמת דבר הנביא דעו כי אני שלחתיו ואיך ייכל למרות את פי שלא ינבא כי אתם אומרים להם לא תנבאו: הישאג. משל אחר היש בנהג באריה שישאג [אם לא] רק על

בראשית מא מקץ

מא א וַיְהִי מִקֵּץ שְׁנָתַיִם יָמִים וּפַרְעֹה

תו"א ויהי מקץ שנתים ימים נזיר ה:

אונקלוס

א וַהֲוָה מִסּוֹף תַּרְתֵּין שְׁנִין וּפַרְעֹה חָלֵם וְהָא

רש"י

(א) ויהי מקץ. כתרגומו מסוף וכל ל' קץ א סוף הוא:

שפתי חכמים

א דבר שסוף דל' קץ כתרגומו מסוף הוא אבל קשה ימים דכתיב בקרא ל"ל בשלמא אי לשון מקץ לאו לשון סוף הוא אלא ל' מקלת כמו מקלה אחיו מש"ה לריך קרא למכתב ימים לומר שתי שנים שלימות היו מיום ליום ולא מקלת שתי שנים אבל כיון דמקץ ל' סוף הוא א"כ ימים דכתיב בקרא למה לי ומפ' דה"א מקץ ל' מקלת הוא וה"א דכל ל' קץ נמי ל' מקלת הוא אלא היכא שהוא מוכח מן המקרא שהוא ל' סוף להכי

אבן עזרא

(א) ויהי מקץ. לא פי' הכתוב תחלת זה החשבון. וכן ויהי מקץ ארבעים שנה. וכן ובעוד ששים וחמש שנה

says the Lord. 12. And you caused the Nazirites to drink wine, and the prophets you commanded, saying, "Prophesy not." 13. Behold I will confine you, as the wagon that is full of sheaves confines [them]. 14. And flight shall fail the swift, and the strong shall not exert his strength, and the mighty shall not save himself. 15. The archer shall not stand, and he shall not enable the fleet-footed to escape, and the horseman shall not save his [own] life. 16. And the brave among the mighty shall flee naked on that day, says the Lord. **3**:1. Hear this word that the Lord has spoken concerning you, O children of Israel, concerning all the family that I brought up from the land of Egypt, saying, 2. Only you have I known of all the families of the earth; therefore, I will visit upon you all your iniquities. 3. Do two walk together unless they have agreed?

4. Does a lion roar in the forest

---

12. you caused the Nazirites to drink wine—so that there would be no one to preach morality,

and the prophets you commanded, saying, "Prophesy not."—So that My holy spirit would not be found in Israel, and thus no one would preach the true faith and admonish the people against worshipping idols.

13. Behold I will confine you—Just as a wagon full of sheaves has a rail constructed around it to prevent the sheaves from falling out, so will I confine you so that you will be unable to leave your place and escape the enemy's sword. Therefore, you will neither be able to flee, because

14. flight shall fail the swift—nor

GENESIS 41 MIKEITZ

1. It came to pass at the end of two full years, that Pharaoh

---

1. It came to pass—Heb. וַיְהִי. According to Talmudic and midrashic literature, וַיְהִי often heralds pain and calamity (see Meg. 10b).

Ohr Hachayim enumerates the various calamities alluded to here. 1) The exile to Egypt had now begun to unfold. Although the exile had been decreed many years previously, it was *not* decreed that they would be

in Egypt, "the iron crucible" (Deut. 4:20, I Kings 8:51). The *Tosafists* write (*Shab.* 10b) that the slavery could have been less severe, and *Ra'avad* writes (in glosses to *Hil. Teshuvah* 6:5) that the Egyptians increased the severity of the slavery and the affliction beyond what was originally decreed by God upon Israel. 2) God grieved, so to speak, over the resist the enemy in battle, for also

the strong—physically

shall not exert his strength—He will not retain his physical strength, for he will feel weak and cowardly, and he will be unable to do battle. So too,

the mighty—will not only be unable to defeat the enemy, but he

shall not save himself—from death by exerting his strength to flee.

15. **The archer shall not stand**—Although sometimes archers stand to hold back the enemy for a short time, thereby enabling the swift to flee, in this case the archer will not resist at all, but will flee immediately. Consequently,

he shall not enable the fleet-footed to escape—The archer shall not enable the fleet-footed to escape by his stand against the enemy, for he will not resist at all. Also,

the horseman shall not save his [own] life—although flight is much easier for horsemen than for foot soldiers.

16. **And the brave among the mighty**—Even if among the mighty one who is braver than the rest is found, his bravery will not avail him except to the extent that he

shall flee naked on that day—and save himself through flight, rather than through battle, but he will be unable to save his possessions or his clothing.

3:1 **Hear this word...that I brought up from the land of Egypt**—Through this redemption I acquired you to be My share, so that you would not be under the jurisdiction of the heavenly princes

or the constellations, for My Providence is attached to you. Consequently,

2. **Only you have I known of all the families of the earth**—There is no other family on earth to whom My knowledge and My Providence are attached as strongly as they are to you, for all other families are under the plan of nature and the guidance of the host of heaven. Consequently, they are not prohibited from worshipping other forces in conjunction with their worship of God.

therefore, I will visit upon you all your iniquities—because you have been commanded to preserve the unity of God and not incorporate any strange worship with His, and because you were given the Torah and its commandments. [Hence, you are responsible for your infractions.]

Rashi renders:

Only you have I known—Heb. יָדַעְתִּי, lit., I knew. *Rashi* renders, "Only you did I love." *I loved you, but you rebelled against Me; therefore ...But our Sages expounded on it in a different manner in Tractate Abodah Zarah* (4a).—[*Rashi*] The Sages explain this verse with an allegory of a person who had two debtors, one a friend and one an enemy. From his friend he tries to collect little by little and from his enemy he tries to collect the entire debt at once. *Alshich* depicts it very graphically: To his friend he says, "You pay me a *maneh* a day, and by the end of the year, the debt will be paid up and you will not feel it." To his enemy he says, "I will only accept payment for the entire debt all at once at the end of the year." When the time arrives, he presses his enemy and tortures him, but the enemy cannot pay even half the debt. So is it with Israel and the nations of the world. Although they both sin, God requites Israel little by little with sufferings until they pay up the entire debt. On the other hand, with the nations of the world, God leaves everything for the end of the time, and they are destroyed, unable to endure even half the punishment. *Rashi* on *Abodah Zarah* 4a explains that God punishes Israel in this world so that they will be exonerated on the Day of Judgment. The nations of the world, however, He does not punish in this world so that they will not have a share in the world to come.

Ibn Ezra and *Redak* explain that, since Israel is closer to God than the other nations, being His nation and witnessing His wonders and miracles, God is stricter with them than with the other nations. They give the example of a king who is stricter with the servants who stand before him to serve him and who are familiar with the procedures of his court, than he ever is with villagers, who are totally unfamiliar with it.

Malbim explains that the following verses (3-8) introduce the prophecies that follow (3:9-4:13). In the first introductory verse the prophet declares that they should know that their punishment is not random, but a result of divine administration:

3. **Do two walk together unless they have agreed?**—If two people walk together on one path for the same purpose, they have surely agreed upon the meeting, and it is not

a coincidence. This introduces what follows in verses 3:9-11: since many diverse nations have joined together to battle against Israel, their action is surely not coincidental. Rather, God has appointed and prepared them for this purpose, and His spirit has gathered them together.

Ibn Ezra explains:

"Do two walk together unless they have agreed?"—He mentioned above, "And the prophets you commanded saying, 'Prophesy not.'" Here he says: Before I visit upon you, I will let you know this through My prophets, and perhaps you will return to Me. Had I not made Myself known to the prophet, and had I not revealed My secret to him to admonish you, he would not prophesy out of his own imagination, for how would he know what I am destined to do? Hence, his words are not coincidental. Now look—Is it possible for two people to go to the same place at the same moment for the same thing unless they had previously agreed to do so? When you see that the words of the prophet are realized, you will know that I sent him. How can he disobey Me by not prophesying, for you say to him, "Prophesy not"?

Do two walk together—After you rebelled against Me, look what happened to you—no one dares to step out of the city unless they have agreed to walk together on the same road so that they can stand up together against the enemy, should he attack them.—[*Redak*]

The second introductory verse is:

4. **Does a lion roar in the forest if it has no prey?**—When a lion

וְטֶרֶף אֵין לוֹ הֲיִתֵּן כְּפִיר קוֹלוֹ מִמְּעֹנָתוֹ בִּלְתִּי אִם־לָכָד: הֲתִפֹּל צִפּוֹר עַל־פַּח הָאָרֶץ
וּמוֹקֵשׁ אֵין לָהּ הֲיַעֲלֶה־פַּח מִן־הָאֲדָמָה וְלָכוֹד לֹא יִלְכּוֹד: אִם־יִתָּקַע שׁוֹפָר בְּעִיר וְעָם
לֹא יֶחֱרָדוּ אִם־תִּהְיֶה רָעָה בְּעִיר וַיהוָה לֹא עָשָׂה: כִּי לֹא יַעֲשֶׂה אֲדֹנָי יֱהוִה דָּבָר
כִּי אִם־גָּלָה סוֹדוֹ אֶל־עֲבָדָיו הַנְּבִיאִים: אַרְיֵה שָׁאָג מִי לֹא יִירָא אֲדֹנָי יֱהוִה דִּבֶּר
מִי לֹא יִנָּבֵא:

אבן עזרא

טרף: ואני שאגתי חנם, ועוד הראיתם אריה שעלה מסובכו בתתו קולו על טרף שיוכל להמלט מידו כי פחדו יעמידנו אם כן איך תוכלו להמלט מגזירתו: התפול. והנה משל אחר עוף השמים שאין ממשלת לאדם לעוף לתפשו, התפיל הצפור על פח שהוא בארץ אם איננו [האדם] למוקש [לו] והנה הטעם כי האדם יוכל בתחבולותיו ובערמותיו להפיל הצפור שהוא למעלה ממנו והנה אני למעלה מכם ואתם למטה בידי ואין לכם חכמה נגדי איך תוכלו להנצל מהמוקש שגזרתי שתתפשו בו והמוקש הוא האויב שאצוה לבוא עליכם ואל תחשבו כי אחרי בואו יעלה מעליכם עד הנקמו מכם וזהו היעלה פח והטעם אני אעמידנו להצר לכם: אם. כבר הזכיר יחזקאל דבר הצופה כי הנביא דומה לו והטעם איך לא תחרדו כדברי הנביא או תחשבו כי יש רעה באה לעיר אם אני לא גזרתי להיותה וזהו וה׳ לא עשה כי גם השם לא יעשה רעה עד שיגלה סודו להודיעכם על יד הנביא אולי תשובו מדרכיכם הרעים על דרך רגע אדבר על גוי וממלכה והנה משאגת האריה יחרד כל שומע ואף כי כאשר אתן קולי ואדבר אל הנביא איך לא יפחד ממני למלאות אשר צויתיו:

פירוש מהגאון מלבים

אם נועדו, ששני אנשים שוים שילכו הליכה אחת ביחד לתכלית אחד בודאי הוזמנו לכך ואינו מקרה, וזה הוצעה למה שיאמר בפסוק ט׳ י׳ י״א, שאחר שכמה אומות שונות התחברו להלחם על ישראל אינו מקרה, רק ה׳ יעדם והזמינם לכך ורוחו הוא קבצם: הישאג, (הקדמה שניה), האריה כששואג ביער בודאי יש לו טרף ולא ישאג בחנם, וזה הוצעה למה שיאמר בפסוק י״ב, שמלך אשור ששואג עליהם יטרף טרף אדם יאכל ואין מציל מידו, וכבר מבואר בספרי הטבע שהאריה כשהוא נער לימים שהוא במעמד הכפיר לא יצא לחוץ על טרפו רק ישב בסוכה למו ארב לאכול החיות העוברים עליו, ועז״א היתן כפיר קולו ממעונתו, עד שהזקין ונקרא אריה שאז יתרחק ממעונתו לטרף טרף, ועז״א הישאג אריה ביער, והמליצה, שבין מה ששאג עליהם אשור בארצם, ובין מה שלכד מהם במעונתו בעת שילח אליו הושע בן אלה ויעצרהו בבית כלא שנלכד מאתו כנלכד מן הכפיר כי אז בא אל גבול אשור, בשני אלה אין מידו מציל: התפול, (הקדמה שלישית) כשתפול צפור המעופף במרום אל פח המונח בארץ, הכי אפשר שמוקש אין לה, כי בתוך הפח נמצא מוקש שבו ילוד את הצפור, וכן התעלה פח מן האדמה ולכוד לא ילכוד כשאנו רואים שהפח עולה, בודאי לכד איזה דבר, וזה הוצעה אל מה שיאמר מפסוק י״ג והילך, שמה שנלכדו ישראל ביד מלך אשור היה לו סבה שזה היה להם למוקש, כמו שיבואר שם: היתקע (הקדמה רביעית), אם יתקע שופר בעיר שהשופר הוא סימן שחרב באה על הארץ או שאר צרות הבאות, הכי אפשר שעם לא יחרדו הלא ודאי יחרדו ויפחדו מן הצרה הבאה ויבקשו תחבולות להנצל ממנה, וזה הוצעה אל מה שיאמר בסי׳ ד׳ מן פסוק ד׳ עד סוף הפרשה, שה׳ תקע בשופר ע״י נביאיו להזהירם מן הצרות המתרגשות לבא עליהם שהם רעב וארבה ודבר והרג והם לא חרדו ולא שבו אל ה׳, שע״י כן ינצלו מן הצרה, והם תלו כל הרעות במקרה ועי״ז מסיב אם תהיה רעה בעיר וה׳ לא עשה, ואחר שכל הרעות יוצאות מגזרת ה׳ מדוע העם לא שב עד המכהו: כי, ר״ל וכל תאמרו שלכן לא שבו מפני שכבר נגזרה גזרה וחשבו שלא יועילו בתשובתם, ע״ז משיב שהגם שה׳ דובר דבר וגוזר גזרה לא יעשה ה׳ דבר הרעה להוציאו תיכף אל המעשה כי אם גלה סודו אל עבדיו הנביאים ושולחם להזהיר את העם שישובו ממעשיהם ויבטלו הגזרה כדי שלא יבא לידי מעשה, והנביא בודאי יעשה שליחותו וילך להזהיר את העם, כי: אריה, גם אם אריה שאג מי לא יירא, הגם ששאגתו הוא רק שאגת בע״ח, וכ״ש אם ה׳ אלהים דבר מי לא ינבא הלא ודאי יחרדו הנביאים וינבאו ויזהירו את העם, ומדוע לא שבו בתשובה, ועפ״ז אמר ג״כ במליצתו שאם יתקע שופר בעיר והעם לא יחרדו ולא יפחדו מקול השופר להזהר ולשוב ולעצור בעד הרעה, אז אם אח״כ תהיה רעה בעיר ותבוא עליהם הגזרה לא ה׳ עשה, לא יתיחס הדבר אל ה׳ כי הם עצמם הסבו להם את הרעה, כי ה׳ לא יעשה דבר כי אם גלה סודו אל הנביאים ויזהיר תחלה את העם על ידי הנביאים, וכשהם לא הוזהרו לא יתיחס המעשה אליו רק אל העם עצמם שהסבו להם את הרעה:

בראשית מא מקץ

א ויהי נַהֲוָה מִסוֹף תַּרְתֵּין שְׁנִין עָאל דּוּכְרָנָא דְיוֹסֵף קֳדָם מֵימְרָא דַייָ וּפַרְעֹה הֲוָה חָלֵים וְהָא קָאֵי עַל

בעל הטורים

ויהי מקץ. נאמר כאן מקץ ונאמר באברהם מקץ עשר שנים מה להלן עשר אף כאן לסוף עשר שנים ופי׳ ויהי מקץ דהיינו לסוף

רשב״ם

(א) ויהי מקץ שנתים ימים שתי שנים שלמות כדכתיב ימים תהיה גאולתו. ואם לא יגאל עד מלאת לו שנה תמימה. וכן ימים או עשור. וכן

דעת זקנים מבעלי התוספות

(א) ויהי מקץ. פרש״י לשון סוף כתרגומו. ולכך הולך לפרש כן לפי שמצינו מקץ שהוא תחלה דכתיב בירמיה מקץ שבע שנים תשלחו חפשי

אור החיים

ויהי מקץ. טעם אומרו ל׳ נער כי עתה ותחיל לסובב סיבת גלות מצרים והגם שהגלו׳ כבר נגזרה גזירתו משנים

כלי יקר

ויהי מקץ שנתים ימים. לפי שלא פירש במקרא מתי התחילו שתי שנים אלו על כן אז״ל שבשתי שנים אלו הוזקק לסיום

ספורנו

(א) ויהי מקץ. ופרעה חולם. בהיותו חולם עניני רעיוניו חלם ג״כ שהיה עומד על שפת היאור כאמרם רז״ל בשם שאי

if it has no prey? Does a young lion give forth its voice from its den unless it has caught [something]? 5. Does a bird fall upon a snare on the ground if there is nothing to trap it? Does a trap rise up from the earth and not catch [anything]? 6. Is a *shofar* sounded in a city and the people do not quake? Does evil befall a city, when the Lord has not caused it? 7. For the Lord God does nothing unless He reveals His secret to His servants, the prophets. 8. If a lion roars, who does not fear? If the Lord God has spoken, who does not prophesy?

roars in the forest, it has surely [caught] prey, for it will not roar for nothing. This introduces verse 12: the king of Assyria, who roars at them, will devour human prey, and no one will rescue the victims from his hands. Zoological studies have revealed that a young lion does not go out to catch its prey, but stays in its den and waits for beasts passing by. This is the meaning of

Does a young lion give forth its voice from its den?—Until a lion matures it remains in its den awaiting its prey, and when it catches an animal, it gives forth its voice. Then,

when it is older, it travels far away from its den to catch prey. Concerning this, the prophet says: **Does a lion roar in the forest...?**

The allegory represents Assyria, which attacked Israel both in their land and in Assyria itself, when Hoshea the son of Elah went forth to visit Shalmanesser, King of Assyria, and the latter confined him in prison (II Kings 17:4). He was caught as if by a young lion, for he went within the boundary of Assyria [symbolic of the den]. In these two cases, no one could rescue Israel from Assyria.

GENESIS 41 MIKETZ

impending famine. 3) Joseph suffered pain from remaining in prison for an additional two years after the release of the chief cupbearer. He would have been released immediately following the cupbearer's release were it not for the two requests Joseph had made of him, for which he was punished (cf. above, 40:23).

Accordingly, *Ohr Hachayim* notes that we may explain the verse: It came to pass that because of the evil

inclination, known as קץ, there were two years. See our Commentary Digest on Gen. 6:13, regarding the spirit of destruction known as "the end of all flesh."

Ohr Hachayim writes that we also learn from this that the two years are counted from the time of the cupbearer's dream, at which point Joseph should have been remembered favorably and released from prison. Since he said זְכַרְתַּנִי and וְהִזְכַּרְתַּנִי

Ibn Ezra explains:

Does a lion roar in the forest—Is it customary for a lion to roar unless it has prey? Have I roared in vain? Moreover, have you ever seen a lion ascending from his den after he lets out a cry for his prey that the prey can escape his clutches? If so, how can you escape My decree?

Redak explains:

Does a lion roar in the forest— this is an allegory: just as the lion does not roar in the forest unless he has prey, (for other beasts will hear him and freeze in their places from fear, allowing the lion to come and prey upon them), neither will the enemy return empty-handed, without having slain or captured some of you.

Does a young lion, etc.—This is a repetition of the beginning of the verse.

Malbim continues:

The third introductory verse is:

5. **Does a bird**—flying in the air **fall upon a snare**—lying **on the ground if there is nothing to trap it?**—Is it possible that there is no snare to trap the bird? Likewise, **Does a trap rise up from the earth and not catch [anything]?**— When we see a trap rising, it has surely caught something. This introduces what will be stated in 3:13 and further, declaring that Israel's falling under Assyrian control indeed had a cause (as is explained further, beginning with verse 13), which became a snare to them.

Ibn Ezra comments:

Does a bird fall—This is another analogy, that of birds in the sky, over which a person does not rule and has

no way to catch. Yet, will a bird fall into a net if there is no snare? The meaning is that a man, with cunning, can bring down a bird that is above him. Behold, I am above you and you are below Me, and you have no cunning to oppose Me. How can you escape the snare which I have decreed upon you to catch you? The snare is the enemy whom I will command to attack you. Do you think that after his arrival, he will leave you before wreaking vengeance upon you? That is the meaning of: **Does a trap rise up from the earth and not catch [anything]?** The intention is that I will put him up to oppress you.

Does a bird fall, etc.—This is another allegory representing the enemy who will not return empty-handed.—[*Redak*]

Redak explains:

[6] **Is a *shofar* sounded in the city**—As *Jonathan* renders: Will a *shofar* be sounded in the city other than in its time? I.e., a *shofar* is often sounded in the city, and the people do not quake, e.g., when it is to announce joyous occasions or for music, or to summon the populace to discuss communal affairs. Therefore, he paraphrases: other than in its time. When it is sounded to warn the people of the approaching enemy, how can the people not quake when they hear it? Similarly, how do you not quake when you hear the words of the prophet whom I send to you?

Does evil befall a city when the Lord has not caused it—How do you think that evil will befall your city, which the Lord has not done, since the prophet predicted it prior to its occurrence? Since you see the words of the prophet being fulfilled, how do you refrain from returning to Me?—[Redak]

Malbim continues:

The fourth introductory verse is:

6. **Is a** *shofar* **sounded in a city**—Since the *shofar* blast warns of an attacking army or some other impending calamity, is it possible that it will be sounded,

and the people do not quake?—They surely quake in fright at the prospect of an impending calamity, and they will seek ways of avoiding it. This verse introduces chapter 4:4-13. The Lord sounded the *shofar* through His prophets, to warn the people of the calamities about to come upon them, namely famine, locusts, pestilence, and the sword. They did not quake or return to God, so as to be saved from their troubles, however. Instead, they attributed everything to chance. To this the prophet replies,

Does evil befall a city, when the Lord has not caused it?—Now, since all these troubles result from divine decrees, why do the people not return to the One Who smites them?

7. **For**—Lest you say that they did not repent because the decree had already been issued, and they believed that their repentance would be of no avail, the prophet replies that although the Lord speaks and decrees, **the Lord God does nothing**—

harmful to bring about the fulfillment of the evil decree

unless He reveals His secret to His servants, the prophets—and sends them to warn the people to repent of their deeds and thereby nullify the decree, so that it will not be realized. The prophet will surely carry out his mission and go to warn the people, for

8. **If a lion roars, who does not fear?**—although it is only the roar of an animal. Surely,

If the Lord God has spoken, who does not prophesy?—The prophets will surely prophesy and warn the people. Since they must have done so, why did the people not repent? [Returning to verse 6.] By the same token, the prophet says that if a *shofar* is sounded and the people do not quake in fear at the sound of it, and do not take heed and repent, thereby preventing the fulfillment of the evil decree, then—

Should—afterwards

evil befall a city—and the decree *does* come upon them,

the Lord has not caused it—The matter will not be attributed to God, for the people will have brought the evil upon themselves. The Lord does nothing unless He reveals His secret to His servants, the prophets, and if the people do not take heed, the result cannot be attributed to Him but only to the people themselves, who brought the evil upon themselves.

חֹלֵם וְהִנֵּה עֹמֵד עַל־הַיְאֹר׃
ב וְהִנֵּה מִן־הַיְאֹר עֹלֹת שֶׁבַע פָּרוֹת

אונקלוס: קָאֵים עַל נַהֲרָא׃ ב וְהָא
מִן נַהֲרָא סָלְקָן שְׁבַע
תּוֹרָן שַׁפִּירָן לְמֶחֱזֵי

רש"י

על היאור. כל שאר נהרות אינם קרוים יאורים ב חוץ מנילוס מפני שכל הארץ עשויין יאורים

שפתי חכמים

כתב הקרא הכא ימים ללמד שהוא לשון סוף ולא מקצת ומעתה כל ל' קץ סוף הוא וזהו שנקט רש"י וכן כל לשון קץ סוף הוא כלומר כיון דמוכח הכא דמקץ לשון סוף אנו למדין מהכא דכל ל' קץ סוף הוא דקץ קץ ג"ש ודו"ק כ"ל. ודלא כהרא"ם שכתב דמ"ה נקט כל לשון קץ סוף משא"כ מלת קצה שפעמים מתפרש סוף כמו מקצה שלש שנים ופעם קצה כמו כרוב א' מקצה ופעם קצת כמו ומקצה אחיו. ואף שכתב כמה פעמים קודם זה בכמה מקומות אין זה קושיא כי כמוהו רבים עכ"ל. וליכא לאקשויי מקרא דמקץ ז' שנים תעשה שמטה שפירושו מתחלת השנה השביעית כדכתיב והשביעית תשמטנה דקרא מקץ ז' שנים תעשה שמטה בהשמטת כספים מיירי והשמטת כספים אינה משמטת אלא בסופה. רא"ם וק"ל: ב דק"ל למה כתיב על היאור בה"א הידיעה א"ו ה"פ היאור הידוע הנזכר לעיל וקאי על הד' נהרות שכתובים בפ' בראשית וא"כ למה לא כתיב בכאן נהר כמ"ש שם א"ו אי הוה כתיב נהר לא הייתי יודע על איזה נהר קאי שד' נהרות כתובים שם לכך כתיב היאור כלומר

רמב"ן

(א) על היאור. כל שאר נהרות אינם קרוים יאורים חוץ מנילוס מפני שכל הארץ עשוי' יאורים יאורים בידי אדם ונילוס עולה בתוכם ל' רש"י אבל אונקלוס תרגם יאור נהרא רק תרגם על יאוריה' על אריתיהון כי הוצרך שם להבדיל ביניהם מפני שהזכיר על נהרות' ועל יאוריהם והנה כלם יקראו לדעתם יאורים. הגדולי' נקראים נהרות ויאורים. ואלו העשוים חפירות ארוכות בידי אדם גם הם יקראו יאורים ומצינו כי חדקל נקרא יאור כמו שכתוב ואני הייתי על יד הנהר הגדול הוא חדקל והנה איש אחד לבוש הבדים וכתיב והנה שנים אחרים עומדים אחד הנה לשפת היאור ואחד הנה לשפת היאור ויאמר לאיש לבוש הבדים אשר ממעל למימי היאור ולדעתי כדברי אונקלוס כן הוא כי יאור ונהר לשון אחד ושניהם לשון אורה. וכן הגשם נקרא אור שנאמר הן פרש עליו אורו יפיץ ענן אורו וכמו שאמר ר' יוחנן כל אורה האמורה באליהו בירידת הגשמים הכתוב מדבר ואולי בעבור שהגשמים בסבת המאורות והנהרו' יעשו מהם יתיחסו אל האבות: (ב) והנה מן היאור עולות. בעבור כי ארץ מצרים תשתה מן היאור וממנו

כלי יקר

אסור בבית הסהר יותר מן הנגזר עליו מפני שתלה בטחונו בשר המשקים שנאמר אשרי הגבר אשר שם ה' מבטחו ולא פנה אל רהבים אל המצרים שנקראו רהב. ויש להקשות מהו זה שאמר אשר שם ה' מבטחו הוה ליה למימר אשר שם בה' מבטחו. כמ"ש ברוך הגבר אשר יבטח בה' והיה ה' מבטחו ומלבד הכפל שבפסוק זה צריך הלשון ג"כ תיקון כמ"ש והיה ה' מבטחו ועוד קשה למה קרא למצרים רהבים ולא קראם בשם המפורסם. והקרוב אלי לומר בזה שבנוהג שבעולם שאדם שיש לו איזו מעל' ביתר שאת על חבירו אינו זוכר את חבירו הקטן מערכו ובל ישא את שמו על שפתיו מצד רום לבבו. וזו היא טענת הפילוסופים על הש"י לאמר שלגודל רוממותו יתברך אינו משגיח בשפלים בכל מה שתחת גלגל הירח ולבטל דיעה נפסדת זו נאמר אל תרבו תדברו גבוה גבוה יצא עתק מפיכם כי אל דיעות ה' ולו נתכנו עלילות ר"ל אל תדברו שמצד שהקב"ה גבוה מעל כל גבוהים אין לו ידיעה בפרטי מעשיו כי אל דעות ה' שיש לו ידיעה בכולם ולו נתכנו כל עלילות מעשה איש. וכדי לאמת דבר זה שהקב"ה שוכן את דכא ושפל רוח צירף הקב"ה בשמו הגדול יתברך ארבע אותיות שמספרם מועט יותר מכל האותיות שבאלפ"א בית"א כשתכתוב יו"ד ה"א וא"ו ה"א הסתכל בכל האותיות כשתכתבם במלואם לא תמצא שום אות שיעלה למספר מועט כמו אלו וכן א"ר יוחנן כל מקום שאתה מוצא גדולתו של הקב"ה שם אתה מוצא ענותנותו כו' מן הכתובים שנאמר סולו לרוכב בערבות ביה שמו ר"ל שבחוהו ביה שמו כי עם היותו רוכב בערבות גבוה מכל אעפ"כ יה שמו שהם האותיות הקטנים במספר והתיבה רק בעלת שני אותיות דהיינו המועט בצירוף האותיות וכל זה מופת על ענותנותו יתברך. ולפי זה מהות השם הגדול הוא מופת ובטחון לתחתונים שהקב"ה זוכרם ומשגיח בהם שלא יהיה פתחון פה אל המערער לומר שלגודל רוממותו יתברך עזב ה' את הארץ ולא כמדת הקב"ה מדת ב"ו כי מדת ב"ו שאינו משגיח וזוכר את מי שהוא למטה ממנו במדריגה על שני הנחות אלו נאמר פסוק זה על הנחה ראשונה שיבטח בה' אמר אשרי הגבר אשר שם ה' מבטחו כי מהות השם הגדול וקטנותו הוא מבטחו שהש"י מתחבר לשפלי' לכך לא נאמר בה' כי ה' דהיינו מהות השם הוא מבטחו ועל זה אמר ברוך הגבר אשר יבטח בה' ובמה יהיה בטוח על זה אמר והיה ה' מבטחו מהות השם הוא מבטחו. ועל הנחה שניה שלא לבטוח באדם כי רום לבבו מביאו לידי שכחה ע"ד ורם לבבך ושכחת את ה'. אמר ולא פנה אל רהבים כי רהב הוא לשון רום לב וגסות רוח כי אין לפנות פני מבטחו אל ב"ו כי מצד רהבו וגסות רוחו אינו פונה אל הבוטח אליו כמ"ש ולא זכר שר המשקים את יוסף מצד שנעשה שר המשקים והושב על כנו ונעשה שר וחשוב על כן לא זכר את יוסף כי הי' בעינו נבזה ושפל אנשים ע"כ קרא למצרים רהבים. ומה שנגזר על יוסף להיות אסור שתי שנים לפי שחטא זה הוא כפול כמ"ש ארור הגבר אשר יבטח באדם ושם בשר זרועו ומן ה' יסור לבו לפיכך נגזר שנה אחת כנגד הבטחון באדם כי זמן השכחה שנה כמת המשתכח מלב אחר שנה. ועוד שנה אחת

אור החיים

קדמוניות הלא אמרו רבותינו כי לא נגזר שיהיה במצרים שהוא כור הברזל וכמו שכתבו התוס' במס' שבת וכמו שכ' הרא"ד כי המצרים הוסיפו לצער יותר ממה שאמר הכתוב ועבדום וענו וגו'. עוד אמר לשון צער לצד בשורת רעב כי הקב"ה כביכול לו צר בצר' עולמו ולא ולמד ממה שדרשו ז"ל בפסוק ולא קרב זה אל זה וגו' עוד ירמוז לצערו של אותו צדיק שיתעכב עד שחלמו ב' שנים אחר חלומו של שר המשקים כי אז היה לו לצאת כאו' ז"ל וז"ל בשביל שאמר כי אם זכרתני והזכרתני ניתוספו ב' שנים הרי שהוסיפו לו ב' שנים בצער ותמצא שאמרו ז"ל ויהי מקץ קץ שם לחושך ולפ"ז יכוין עז"ה ויהי מסיבת קץ שהוא יצר הרע שנקרא קץ כל בשר והוא סיב' לצערו של צדיק שנתים ימים ובזה הרווחנו ג"כ תחלת זה החשבון של שנתים שהוא לחלומו של שר המשקים שהיה זמן זכירת יוסף לטובה וטעם ב' שנים בשביל שאמר זכרתני והזכרתני כנגד כל זכירה מנע ה' זכרונו בר"ה שהוא זמן הזכרון עוד ירמוז באומרו מקץ שנתים לו' שהי' בזמן עצמו שחלמו שר המשקים ושר האופים שהוא זמן שהחלום יגיד דבר צודק ולא ידבר שוא:

ופרעה חולם. הנה לצד שהיא תחלת ההודעה הי' צ"ל חולם פרעה או ויחלום פרעה אכן הכתוב מוסב על ענין ראשון שספר בפרש' שקדמה חלומו של שר המשקים לענייננו הוסיף לומר ופרעה ג"כ חולם והכוונה בזה כי אם שר המשקים לא רצה לזוכרו ע"י חלומו עשה ה' שגם פרעה יחלום ובזה נתחייב בע"כ לזוכרו ושיעור הכתוב הוא עז"ה ולא זכר שר המשקים ויהי מקץ וגו' ופרעה גם הוא חולם וגו' וידבר שר המשקים בע"כ לאמר וגו' ושם אתנו וגו' ויפתר לנו וגו' עוד אפשר שיכוין לו' כי שנתים ימים ופרעה חולם בתמידות חלום זה אלא שלא הי' יודע שחלם ולסוף שנתים חלם ולא שכח. עוד ירצה באומרו ופרעה חולם לומר שגם פרעה עצמו הרגיש בחלומו כי הי' חולם חלום לצד ראותו דברים מופלאים כאשר אבאר הרגיש כי אין זה מהדברים ההווים בעולם ואין זה אלא חלום והכוונת הכ' בהודעה זו היא להגיד סימני החלום אשר יצטדק והוא כאשר ירגיש האדם בחלום כי הוא שלם בדעתו להבחין דבר עד שיסכיל לדעת דברים שלא יתכן היות בהקיץ וירגיש כי הוא חולם זה יגיד כי אין חלומו בלבול הדע' וערבוב השכל ורוחות יתעללו בו אלא מודיעי' אותו עליוני' למעל' עתידות: מן היאור עולות וגו'. היל"ל עולות שבע פרות מן היאור כי מן הראוי יזכור העולה ואח"כ מקום שעולה משם
ואולי

was dreaming, and behold, he was standing by the Nile. 2. And
behold, from the Nile were coming up seven cows,

(Gen. 40:14), however, God did not
remember him favorably on Rosh
Hashanah, which is also known as
the Day of Remembrance. The fact
that Pharaoh dreamed his dream on
precisely the same day of the year as
the cupbearer and the baker (whose
dreams came true) hints that this was
a time of year that dreams were
meaningful and not mere fantasies.
[Joseph was released from prison on
Rosh Hashanah, as is stated in *R.H.*
10b, *Mid. Ps.* 81:1.]

It came to pass at the end—Heb.
מִקֵּץ. *The Targum renders:* מִסּוֹף, *at
the end, and every expression of* קֵץ
means end.—[*Rashi*]

מִקֵּץ sometimes denotes the begin-
ning of the last year in a series, as in
"At the end of (מִקֵּץ) seven years you
shall let go every man his Hebrew
brother who has been sold to you"
(Jer. 34:14), which means that the
slave is actually to be freed at the end
of six years, following Exodus 21:2.
Therefore, *Rashi* specifies that here it
means at the very end of the
specified period, *not* before.—
[*Da'ath Zekenim*] Rashi clarifies this
here because in his final comment to
the preceding chapter, he stated that
because Joseph had relied on the
chief cupbearer to bring about his
release, he was sentenced by God to
remain in prison for two more years.
Therefore, *Rashi* states that מִקֵּץ
means at the very end.—[*Gur Aryeh*]

Gen. Rabbah 89:1 sees this as a
parallel to "He made an end to
darkness" (Job 28:3). God designated

how many years Joseph was to spend
in darkness in the prison. As soon as
the end arrived, Pharaoh dreamed a
dream.

Beth Halevi explains that all that
occurs in the world follows a
sequence of cause and result. For
instance, when someone purchases
merchandise and sells it at a huge
profit, it is reasonable to assume that
the purchase of the merchandise was
the cause of the person's profit, and
the profit was the result of the
purchase. In reality, however, the
opposite is true. The purchase did not
bring about the profit, instead it is
God's decree that this person earn a
certain sum of money that brought it
about. For the decree to be realized,
the person was given the idea to buy
the merchandise. Consequently, the
profit was the cause, and the
purchase of the merchandise was the
result. Here also, in the case of
Joseph, it is reasonable to assume
that Pharaoh's dream was the cause
of Joseph's release from prison. The
truth is, however, that it was just the
opposite. The time had arrived for
Joseph to be released from prison.
This was the cause. The result was
that Pharaoh dreamed a dream.
Hence, the verse is to be rendered as
follows: It came to pass at the end of
two full years, when Joseph's prison
term was up, that Pharaoh was
dreaming. The cause was that it was
the end of two years, and the result
was that Pharaoh dreamed a dream.
To bring out this idea, the Midrash

idea, the Midrash quotes the verse, "He made an end to darkness," meaning that, as soon as the end arrived, Pharaoh dreamed a dream.

Zeror Hamor explains similarly: Since Scripture states above: "But the chief cupbearer did not remember Joseph, and he forgot him" (40:23), it wishes to delineate the time of remembrance and the time of forgetting. A person remembers something in the first year, and after the second year, he often forgets it completely. That is the meaning of "But the chief cupbearer did not remember Joseph" in the first year, "and he forgot him" in the second year. Therefore, Scripture continues: "It came to pass at the end of two full years," the two years alluded to above, "that Pharaoh was dreaming," meaning that God remembered him. This expression indicates that "the eye of the Lord is to those who fear Him" (Ps. 33:18) to see the time predestined for their redemption, and He does not forget them for even one moment. This is similar to "And it came to pass at the end of four hundred and thirty years, on that very day, it came to pass that all the hosts of the Lord went out of the land of Egypt" (Exod. 12:41). At that very hour and on that very minute, God remembered him. The term מִקֵּץ also denotes that this was the end of all of Joseph's troubles, that until now, he was sunk in the pit of exile and captivity, like one sitting in darkness. This is the meaning of "He made an end to darkness," and He searches out every predestined end.

at the end of two full years— Without the word יָמִים, we could

interpret the passage to mean one year and one day. With the inclusion of the word יָמִים, however, it means two whole years.—[*Rashbam*]

According to *Ibn Ezra*, the text does not specify the beginning of this period. It may have started with the release of the chief cupbearer or with Joseph's imprisonment.

According to *Genesis Rabbah* 89:3, these two years were added to Joseph's imprisonment, after the initial ten years that he was imprisoned. Joseph was sold at the age of seventeen, and he was in Potiphar's house for one year, making him eighteen. When he was released from prison, he was thirty. Hence, he was in prison for twelve years.—[*Tosafoth Hashalem*]

Tosafoth Hashalem also quotes a commentator who explains that the two years are counted from the time of Pharaoh's dream. For a full two years, Pharaoh had been searching for an interpreter.

Paneach Raza renders: It came to pass at the end of two years *from the days*, meaning from the three days mentioned above.

Rabbenu Avraham ben HaRambam explains that יָמִים refers to the sun, the luminary that governs the day. Hence: It came to pass at the end of two *solar* years. The solar year is 365¼ days, as opposed to the lunar year, which is 354 days.

that Pharaoh was dreaming— Among other dreams he had, he also dreamed that he was standing on the bank of the Nile.—[*Sforno*]

Ohr Hachayim comments: Since this is the beginning of a new section,

נַהֲרָא: ב וְהָא מִן נַהֲרָא סַלְקָן שְׁבַע תּוֹרָתֵי שַׁפִּירָן לְמֵיחֲמֵי וּפַטִּימָן

ב נַהֲוָאָה רַעְיָין בְּגוֹ גוֹמַיָא:

פי' יונתן

(ב) ורעיין בגו גומיא פי' שהיו רועים במקום קנה וסוף כי כן ת"י של קנה וסוף גמי ויותר הי' נכון להיות כמו אגמי'.

בעל הטורים

עשר ועוד שנתים: ויהי מקץ שנתים ימים ופרעה חלם. בגימ' עשר שנים: שבע פרות ע"ש עגלה יפיפיה מצרים ולמה ז' ע"ש מצרים לודים ענמים להבים נפתוחים פתרוסים כסלוחים שהם ז' וז' עממים

רשב"ם

למועדה מימים ימימה בפסח מדבר שהוא משנה לשנה שלימה. אבל מקץ שנתים. בלא ימים היה משמע מקץ שנה ויום אחד כדכתיב בן שנתו בתוך השנה קורהו בן שנתו: (ב) והנה מן היאור עולות.

דעת זקנים מבעלי התוספות

גבי עבד עברי. והתם תחלת שבע' קאמר דהא כתיב בהור' שש שנים יעבוד והו לא אבל מקץ שבע שנים תשע' שמטה אין להביא ראיה דהא אילטריך מקץ למימר דאין שביעית משמטת אלא בסופה כנ"ל ופרע' חולם לא כמדת הקב"ה מדת בשר ודם ב"ו מכה באזמל ומרפא ברטיה אבל הקב"ה מכה באזמל ומרפא באזמל יוסף הוכה ע"י חלום שחלם על אחיו ונתרפא על ידי חלום פרע' והיינו שיסד הפייט ממכות עצמן מתקן רטיה: (ב) והנה מן היאור. לפי שהרעב והשבע בא ע"י המים שמשקה השדות ומגדיל התבואות:

כלי יקר

כנגד ומן ה' יסור לבו. ויתכן לפרש עוד פסוק והיה ה' מבטחו לפי שכמה מדריגות יש במדת הבטחון זכרם רבינו בחיי בפרשה זו ומדריגה אחרונה היא הבוטח בה' בלא סבה שלא יחשוב לומר הקב"ה יעשה לי דבר זה על ידי סבה זו לפי שאין האדם יודע איזו סבה לטובתו כי אולי יחשוב אדם שדבר זה סבה למציאת מבוקשו ויכול להיות שהוא הפך מן כאשר זמם ע"כ נאמר בטח אליו והוא יעשה ר"ל הקב"ה יעשה הסבות אשר יראו טוב בעיני הש"י ולא אתה תבחר בהם ואילו נאמר בכל מקום בטח בה' הייתי אומר שיתלה הבטחון באיזו סבה על כן נאמר והי' ה' מבטחו ר"ל השם עצמו מבטחו בזולת סבה. ומזה המין הי' בטחונו של יוסף שבלי ספק בטח בה' זולת שתלה הסבה בשר המשקים ע"כ הראו לו מן השמים שאין זה סיבת גאולתו מה שחשב הוא כ"א עצת ה' היא תקום:

והנה עומד על היאור. ופרעה אמר על שפת היאור. בחלומו ראה שבע פרות אחרות עולות אחריהן מן היאור ופרעה לא הזכיר מן היאור. בחלומו נאמר ותעמודנה אצל הפרות ופרעה לא הזכיר זה וכפי הפשט לא הזכיר זה כדי שלא יבין יוסף שלא היו נראין רעות כ"א בשעה שעמדו אצל הטובות אבל כשלא עמדו אצליהם לא היו נראין רעות כל כך לפי שלא היו רעות כ"א בערך הטובות ע"כ לא הזכיר פרעה זה כדי שיבין שהיו רעות מצד עצמם וכדי לחזק הענין אמר במקום זה לא ראיתי כהנה בכל ארץ מצרים לרוע כי זה מורה שנראו רעות גם מצד עצמם וכן פתר יוסף זה באמרו ונשכח כל השבע שלא תאמר שלא יהי' רעב ממש אלא למי שזוכר שני השבע ורואה כנגדם ההעדר בשני הרעב אבל למי שאינו זוכר שני השבע לא יהי' בעיניו הרעב גדול כל כך ע"כ אמר ונשכח כל השבע לפי שהיו שני רעב רעים מצד עצמם אפי' בעיני מי שאינו זוכר שני השבע. פרעה ראה יפות מראה ובריאות בשר וליוסף אמר כי ראה בריאות בשר ויפות תואר ויש בזה שני שנויים דהיינו שנוי הלשון ממראה לתאר והיפך הלשון לזכור בריאות בשר בתחל' וכן נמצאו הרבה שינויים בסיפור חלומו ממה שראה. ואומר אני ליישב כולם בהצעה אחת לקוחה מדברי המפרשים שפרעה הי' מחזיק את היאור לאלוה ועי"כ לא רצה לומר הנני עומד על היאור כי רצה לחלק כבוד לאלוהו ובזה יתורצו כל השנויים הנזכרים כי מטעם זה לא רצה לומר שהפרות הרעות עלו מן היאור כי לא רצה לייחס שום דבר רע לאלוהו בחשבו כי הוא מושל על הטובות לבד וממנו לא יצא דבר רע ואולי חשב שיש אלוה אחר מושל על הרעות כדעת המאנ"י שהביא בעקיד' פ' ואתחנן ואולי שעל זה אמר פרעה ראו כי רעה נגד פניכם שהמושל על הרעות נגד פניכם וזה"ש אל תרבו תדברו גבוה גבוה לומר ששני גבוהים יש א' מושל על הטובות וא' על הרעות לכך אמר מיד ה' ממית ומחיה מוריש ומעשיר ר"ל פועל כל ההפכי' והכל יוצא מאתו ית' וכן נא' ראו כי אני אני הוא וגו' אני אמית ואחיה מחצתי ואני ארפא וכפל אני אני דוגמת כפל גבוה גבוה. והנה מטעם זה לא אמר פרעה ותעמודנ' אצל הפרות ותאכלנה לפי שהי' משמע מזה כאילו עשו מלחמה ביניהם עד כי הגדיל המושל על הרעות ע"כ ותאכלנה הפרות הרעות את הטובות כי לשון ותעמודנה מורה שלא באו לכתחלה להכנס בתוך הרעות כדי להשביע' ולבטל רעבונם שהרי עמדו אצלם א"כ הי' דעתם לעמוד זולת שגברו עליהם הרעות ובלעו אותם בעל כרחם וזה גנאי לאלוהו שלא הי' בו כח להציל את הטובות המושפעות מאתו. ע"כ שינה פרעה ואמר ותבאנה אל קרבנה ורצה בזה שמעצמם מרצונם הטוב נכנסו אל תוך הרעות להשביע רעבונם וכל זה ממדת טובו של אלהות שלו שרצה להיטיב ולתקן הרעות וא"כ לא באו לכתחלה כ"א כדי לבא אל קרבנה ולא כדי לעמוד שמה על כן לא אמר ותעמוד' אצל הפרות והעיד שלא הועיל כלום כי לא נודע כי באו אל קרבנה ומראיהן רע כבתחלה לפי שהיו בתכלית הרוע וע"כ הוצרך להעיד לא ראיתי כהנה בכל ארץ מצרים לרוע. וי"א שהזכיר זה שלא יאמר שקודם הלילה ראה פרות רעות כאילו והי' מתפעל מראיית חידוש כזה ע"כ בא לו חלום זה כי כך המנהג שמה שאדם רואה דבר חידוש ביום ומהרהר בו נראה אליו בחלום ע"כ אמר לא ראיתי כהנה בכל ארץ מצרים לרוע וזה מופת שהחלום זה מן החלומות הצודקים. והנה ענין יפות מראה ותואר י"א שלא ידקדק זה בבהמות כי אם במין האנושי על כן שינ' ממראה תואר ועל כן פירוש רש"י שהוא סי' לבריות. ולי נראה שאין הדבר כן שהרי הפסוק אמר כן שהראו לו יפות מראה אם כן ודאי שייך הוא גם בבהמות ועוד וכי מראין לאדם דבר שאינו בנמצא כגון פילא דעייל בקופא דמחטא אלא ודאי ששייך גם בבהמות והוא כשכל אבריה מליאות בשר ואינה כחוש' זה יפוי מראה שלה ובריאות בשר הוא פירוש על יפות מראה כי זולת זה במה יודע איפה מה הבשר בפנים בריא או חולה אם לא על יפוי מראה שלה המעיד ע' בריאות הבשר שבפנים. והתאר הוא ענין אחר שאינו תלוי בבריאת הבשר כמו שפירש"י על פסוק ורחל הית' יפת תאר ויפת מראה כי ענינו צורת הפרצוף דרך משל אם אין החוטם עקום או ארוך מן הראוי להיות וכן העינים והשפתים וכיוצא בהם. והנה פסוק זה אומר שראה מן היאור עולות שבע פרות יפות מראה ובריאות בשר וזה דבר טבעי אע"פ שאין ביאור כח אלהי מ"מ פעולתו הטבעי היא שהמים משקים הארץ וגורמים להצמיח חציר לבהמה עד שיהיו דשנים ורעננים אבל אין ביאור כח לעשותם יפות תואר בחוטם ועינים ופה שיהיו ישרים ולא עקומים ולא גדולים או קטנים מן הראוי להיות כי זהו פועל אלהי אשר עשה את כל ברואיו ישרים בתוארם. ופרעה לכבוד אלוהו לסברתו הנבער' שחשב שיש ביאור כח אלהי על כן יחס זה כחו לאלוהו לומר שעלו מן היאור בריאות בשר ויפות תואר לומר לך לא זו שהעלה בריאות בשר שזה אינו חידוש כל כך כי כל הימים יכולין לעשות זה בטבעם אלא אפי' יפות תואר גרם גם כן היאור כי הוא ברא אם על תכונה זו לפי דעתו על כן הקדים בסיפור זה בריאות בשר ליפות תואר דרך לא זו אף זו והלל הרעות הפך הדברים ואמר דלות ורעות תואר ודקות בשר לומר לא זו שהיו רעות תואר ומראיהן משונה כי זה אין בו כל כך נפקותא והעדר הפעול' אינו חידוש כל כך אלא אפי' רקות בשר כנגד הטבע ויש בו נפקותא. וראיה ברורה לדברינו מה שאמר פרעה ותאכלנה הפרות הרקות והרעות את שבע פרות הראשונות הבריאות למה לא הזכיר ענין התאר בשום אחד מהם לא בטובות ולא ברעות אלא ודאי לפי שאינו מעלה ומוריד לענין הבריאות והאכיל' כי לא היו רעבים ביותר מצד היותם רעות תואר כ"א מצד היותם רעות מראה דהיינו כחושים גם לא אכלו את הטובות מצד היותם יפות תואר כ"א מצד היותם בריאות בשר דהיינו יפות מראה ומ"ש ותאכלנה הפרות ולא אמר שבע הפרות לפי ששבע שני הרעב לא היו רצופים שהרי משבא יעקב אחר שנתים פסק הרעב וחזר במותו כמו שיתבאר לקמן פ' ויחי בגורן האטד בעז"ה. ומה שהוסיף לשון נצומות בשבלים לפי שאין דומה שמיעה לראי' כי פרעה ראה שבלים דקות ויש לפעמים שבלים דקות שיש בהם גרגרים דקים ופרעה ראה אותם בעיניו שהיו רקים ולא היו בהם גרגרים כלל. והי' מתירא שמא יוסף יטעה בלבין דקות כי לא ראה אותם זולת מה ששמע מן פרעה על כן פירש לו נצומות אני ראיתי שלא הי' בהם כי אם המוץ ובזה יתורצו כל הספיקות שנתחבטו בהם רוב המפרשים והוא דבר יקר. ויתר עניני החלום יתבארו בסמוך בעז"ה:

והנה מן היאור עולות שבע פרות וגו'. לפי שבריאות הפרות תלוי בבריאות הבריות כי מרעה אחד לבריות ולפרות בזמן שכלה לבהמה מן השדה כלה גם לאדם כי מתחלה ונתת לבהמתך ואח"כ ואכלת ושבעת ועוד שאם אין הבהמה בריא' וטובה מי יחרוש בבקרים ויפות מראה יכול להיות שקאי על עיני הפרות שהיו להם עינים יפות וזה סימן לבריות שיהיו עיניהם יפים זה לזה כי בזמן שעין בריה צרה בחברתה נראה הדבר בעיניהם אם הוא רואה את חבירו בעינים שוחקות או בעינים זעומות דהיינו רעות מראה. והנה שבע פרות אחרות קרא' אחרות לפי שנאמר השם גבולך שלום חלב חטים ישביעך וכד משלם שערי מכדא נקים ואתא תיגרא וכל אחד נעשה אחר לחבירו חלק לבם ואינן נאחדים ומטעם זה נאמר בשבלים הטובות עולות בקנה אחד המורה על האחדות וממילא נשמע שברעות אין אחדות וכן בפרות הזכיר אחרות ברעות וממילא נשמע שבטובות אין אחרות אלא אחדות. ד"א לכך קראן אחרות לפי שכל שנה ושנה היתה קללת' מרובה משל חברתה כי הרעב הולך וגובר על כן הית' כל שנה כשנה אחרת אבל שני הטובה כולם שוים לטובה. ד"א לפי שהם ימי צער על כן נראו ימים רבים אבל השני' הטובות הן כימים אחדים באהב' בתענוגים:

ותעמודנה

it should have said: חָלַם פַּרְעֹה or וַיַּחֲלֹם פַּרְעֹה, meaning: Pharaoh dreamed. The expression וּפַרְעֹה חֹלֵם, *and Pharaoh was dreaming*, connects this verse to the preceding section,.which deals with the chief cupbearer's dream. Scripture states that Pharaoh, too, was dreaming: Since the chief cupbearer did not mention Joseph to Pharaoh, as he should have, God made Pharaoh dream, and through Pharaoh's dream, the chief cupbearer would then mention Joseph. Hence, the sense of the text is: And the chief cupbearer did not mention Joseph, but he forgot him....It came to pass at the end ...and Pharaoh, too, was dreaming ...and the chief cupbearer spoke, saying, "...And there with us was ...and he interpreted for us..."

Alternatively, Scripture means that for two years Pharaoh constantly dreamed this dream, but he was not aware of it. At the end of two years, he dreamed it again and did not forget it.

Another interpretation: Scripture means that Pharaoh himself also realized at the time that he was dreaming. Since he saw wondrous things he realized that such things do not happen in reality, but that it was simply a dream. Scripture wishes to inform us of the signs of a dream that will be fulfilled—when a person realizes during a dream that his senses are fully discriminating, to the point that he recognizes what could not occur if he were awake, and he thus realizes that he is dreaming— this reveals that the dream is not one of confusion and imagination, but is,

rather, a divine message of what is in store for the future.—[*Ohr Hachayim*]

Zeror Hamor explains that this expression hints that, although Pharaoh did not deserve this dream, it came about because Joseph's light had now commenced to shine. The verse reads literally: "It came to pass at the end of two full years, *and* Pharaoh was dreaming," just as Joseph had dreamed. For this reason, it says, "and Pharaoh was dreaming," not just, "Pharaoh was dreaming," to indicate that this dream was meant to complete Joseph's dreams, and to complete God's statement: "You shall surely know that your seed will be strangers in a land that is not theirs" (Gen. 15:13), and as the Rabbis state: Jacob should have descended to Egypt in irons, but because of his merit and the merit of Joseph, he descended there with great honor (*Shab.* 89b). Therefore, in Joseph's merit, God revealed His secrets to the wicked Pharaoh, to complete the counsel of His messenger who dreamed, "and behold, we were binding sheaves," and "behold, the sun and the moon, etc." Just as Joseph dreamed two dreams concerning one matter, so did Pharaoh dream two dreams concerning one matter, and they were indeed one dream.

by the Nile—Heb. עַל-הַיְאֹר, lit., by the canal. *No other rivers are called* יְאוֹרִים *except the Nile, because the entire land is covered with many man-made canals* (יְאוֹרִים יְאוֹרִים), *and the Nile rises in their midst and waters them, for it does not usually rain in Egypt as it does in other* *countries.*—[*Rashi*]

Ramban, however, notes that *Onkelos* renders נַהֲרָא, *river*. In Exodus 7:19, he renders יְאֹרֵיהֶם as אֲרִתֵּיהוֹן, *their canals*. This is to differentiate between יְאֹרֵיהֶם and נַהֲרֹתָם. In other instances, any river may be called either נָהָר or יְאֹר. *Ramban* favors *Onkelos* over *Rashi* because in Daniel 10:4f, the Tigris is referred to as נָהָר and in 12:5f, it is referred to as יְאֹר. Both terms are related to אוֹרָה, *light*, נָהָר to the Aramaic נְהוֹרָא, sometimes used in reference to rain, as Rabbi Johanan states in *Genesis Rabbah* 26:7: Every incidence of אוֹרָה in Elihu's address in Job 36-37 means rain.

The translation *"by the Nile"* follows *Rabbenu Avraham ben HaRambam*. He bases this on Pharaoh's narration of his dream (verse 17), in which he states, "In my dream, behold I was standing on the bank of the Nile." *Genesis Rabbah* (89:4), however, renders "on the Nile," illustrating that the wicked man stands over his god to protect it, unlike the righteous, whose God stands over him to protect him, as we find in Jacob's dream (Gen. 28:13). Pharaoh did not report his dream exactly as it appeared because he was ashamed to admit that he pictured himself standing over the Nile, which was his god.

2. **And behold, from the Nile were coming up**—It is customary for cattle to drink together and then come up and pasture in the marshland.—[*Rashbam*] [In other words,

the cows did not actually emerge from the Nile, but came up from *the bank* of the Nile, where they had gone to drink.]

Ohr Hachayim finds a problem with the sequence. It should read: And behold, seven cows...were coming up from the Nile. He answers that the phrase "from the Nile" would appear after the verb, and it would mean that the cows passed through the Nile and then went up. [I.e., "from the Nile" indicates only their physical location, that they were once in the Nile, and then emerged.] The position of the phrase, as it actually reads, denotes that the cows were created out of the Nile. This phenomenon convinced Pharaoh that what he saw was a dream, not reality. Joseph, however, understood that the vision portended periods of plenty and famine, both of which result from the Nile: If the Nile rises, there is plenty; if it does not, there is famine. Therefore, Pharaoh was shown in his dream that the cows were created from the Nile.

This interpretation corresponds to that of *Ramban*, who explains: Since all Egypt drinks from the Nile, Pharaoh saw the cows emerge from it. The cows represented plowing, and the ears of grain represented harvest. He saw that the Nile rose only slightly, and [thus] there would be no plowing, and what little vegetation was planted in moist places would be blasted by the east wind. This was symbolized by the ears of grain blasted by the east wind.

יְפוֹת מַרְאֶה וּבְרִיאֹת בָּשָׂר וַתִּרְעֶינָה
בָּאָחוּ׃ ג וְהִנֵּה שֶׁבַע פָּרוֹת אֲחֵרוֹת
עֹלוֹת אַחֲרֵיהֶן מִן־הַיְאֹר רָעוֹת
מַרְאֶה וְדַקּוֹת בָּשָׂר וַתַּעֲמֹדְנָה אֵצֶל
הַפָּרוֹת עַל־שְׂפַת הַיְאֹר׃ ד וַתֹּאכַלְנָה
הַפָּרוֹת רָעוֹת הַמַּרְאֶה וְדַקֹּת
הַבָּשָׂר אֵת שֶׁבַע הַפָּרוֹת יְפֹת
הַמַּרְאֶה וְהַבְּרִיאֹת וַיִּיקַץ פַּרְעֹה׃
ה וַיִּישָׁן וַיַּחֲלֹם שֵׁנִית וְהִנֵּה׀ שֶׁבַע
שִׁבֳּלִים עֹלוֹת בְּקָנֶה אֶחָד בְּרִיאוֹת
וְטֹבוֹת׃ ו וְהִנֵּה שֶׁבַע שִׁבֳּלִים דַּקּוֹת
וּשְׁדוּפֹת קָדִים צֹמְחוֹת אַחֲרֵיהֶן׃
ז וַתִּבְלַעְנָה הַשִּׁבֳּלִים הַדַּקּוֹת אֵת
שֶׁבַע הַשִּׁבֳּלִים הַבְּרִיאוֹת
וְהַמְּלֵאוֹת וַיִּיקַץ פַּרְעֹה וְהִנֵּה חֲלוֹם׃

ופטימן בשר ורעין
באחוא׃ ג והא שבע
תורן אוחרנין סלקן
בתריהן מן נהרא בישן
למחזי וחסירן בשר וקמא
לקבליהן דתורתא על
כיף נהרא׃ ד ואכלן
תורתא דבישן למחזי
וחסירן בשר ית שבע
תורתא דשפירן למחזי
ופטימתא ואתער פרעה׃
ה ודמוך וחלם תנינות
והא שבע שבלין סלקן
בקניא חד פטימן וטבן׃
ו והא שבע שבלין לקין
ושקיפין קדום צמחן
בתריהן׃ ז ובלעו
שבליא לקיתא ית שבע
שבליא פטימתא
ומליתא ואיתער פרעה

בעל הטורים

מארץ כנען יתפרנסו ממצרים: בקנה א' ג' במס' הכא ב' ואידך גבי מנורה שהשובע הוא אור לעול' ולכך ראה בטובות בקנה אחד ובשדופות לא ראה בקנה א':

תו"א וייקץ פרעה עקידה שער כה

רמב"ן

להם השובע והרעב ראה אותן עולות מן היאור והפרות סימן לחרישה והשבלים סי' לקציר כמו שאמר אשר אין חריש וקציר ראה כי היאור לא יעלה רק מעט ואין חריש ואשר יזרעו מעט במקומו' הלחים יבא קדים רוח ה' וישדופאותם כאשר ראה אותם שדופות קדים והנראה ממשמע הכתובים כי היה השובע בארץ מצרים לבדה כאשר נאמר שבע גדול בכל ארץ מצרים וכן אשר היה בארץ מצרים אבל הרעב הי' בכל הארצות וכן פתר יוסף. וקמו שבע שני רעב אחריהן ולא הזכיר בארץ מצרים ועל כן לא יכלו בשאר הארצות לקבוץ אוכל ואפילו אם שמעו הענין כי היה מפורסם מאד. ואולי בחלום רמז בזה במה שהזכיר ותרענה באחו: כי שם היה מרעיהן ומעמדן אבל הרעות אחרי אכלן את הטובות תתהלכנה בארץ ולא ידע פרעה עד אנה הלכו: באחו. אגם כמו ישגא אחו ל' רש"י ואיננו נכון כי אחו שם העשב הגדל כמו היגאה גומה בלא ביצה ישגא אחו בלי מים עודנו באבו לא יקטף והנה איננו האגם ואולי ירצה לומר שיקרא העשב הנעשה באגמי' על שם האגם והנכון שיהיה אחו לשון כולל הדשא והעשב הנעשה על שפת הנהרות והאגמים ויהיה בי"ת באחו כמו לחמו בלחמי ושתו ביין מסכתי כי על שפת היאור היו רועות כמו שאמר אצל הפרות על שפת היאור ואולם הוא מלשון אחוה בעבור היות מיני העשבים רבים גדילים יחד: (ג) ותעמדנה אצל הפרות.

כלי יקר

ותעמודנה אצל הפרות. הורה שהפרות היו כל כך רעות וכחושות
עד שכמעט לא היה בהם כח לעמוד על רגליהם ומה שעמדו היינו לפי שהיו אצל הפרות הטובות שהחזיקו בידם וזה סימן שלא היה לבריות תקומ' ועמיד' בשני הרעב אם לא מצד היותם אצל השנים הטובות סמוכות להם על כן היה סעד וסמך לשני הרעב מן שני השובע וכמ"ש ותאכלנ' הפרות הרעות לרמז ששני הרעב יאכלו מן תבואת שני השבע. ויישן ויחלום שנית. לא נאמר ויחלום עוד אלא שנית להורות שחלום אחד הוא ונשנ' פעמי': והנה שבע שבלים עולות בקנה אחד ואצל הרעות לא נאמר בקנה אחד לפי ששבע שני השובע

אור החיים

ואולי שיכוין לו' כי כל הוייתן היתה מן היאור ולזה הקדים המהווה ואח"כ המתהווה ממנו ולזה אם הי' אומר והנה שבע פרות עולות מן היאור יהי' הנשמע כי הפרות עברו דרך היאור ועלו ממנו ולא מהיאור נמצאו לז"א מן היאור עולות שבע פרות לומר שממנו נמצאו ומזה הרגיש ג"כ כי הוא חולם הלום וכמו שפי' בפ' ופרעה חולם וטעם שהראוהו מראה זה להגיד כי מהיאור עצמו יתהוו ב' הדמיונות והוא שפתר יוסף שהם שבע שני שבע ושבע שני רעב ושניהם הם
מתהוים מהיאור עצמו אם יעלה או לא יעלה ולזה ראה בחלום כי הפרות הוויתן היתה מהיאור:
עולות אחריהן מן היאור. פי' על אופן שכתבנו שכל מציאותם מן היאור הי' והגם שלא אמר מן היאור עולות כמו
שאמר בראשונות סמך על אומרו תיבת אחריהן שהוא כסדר הראשון שמהיאור הוא התחלת הוויתן:
וייקץ וגו' והנה חלום. אולי כי בחלום השבלים לא הכיר בו בחלומו כי היה חולם והי' חושב שהי' בהקיץ
לרוב

of handsome appearance and robust flesh, and they pastured in the marshland. 3. And behold, seven other cows were coming up after them from the Nile, of ugly appearance and lean of flesh, and they stood beside the cows [which were] on the Nile bank. 4. And the cows of ugly appearance and lean of flesh devoured the seven cows that were of handsome appearance and healthy; then Pharaoh awoke. 5. And he fell asleep and dreamed again, and behold, seven ears of grain were growing on one stalk, healthy and good. 6. And behold, seven ears of grain, thin and beaten by the east wind, were growing up after them. 7. And the thin ears of grain swallowed up the seven healthy and full ears of grain; then Pharaoh awoke, and behold, a dream.

of handsome appearance—This was a symbol of the days of plenty, when creatures appear handsome to one another, for no one envies his fellow.—[Rashi from Gen. Rabbah 89:4]

in the marshland—Heb. בָּאָחוּ, in the marsh, maresc in Old French, like "Can the reed-grass (אָחוּ) grow..." (Job 8:11).—[Rashi]

Ramban contests Rashi's parallel, noting that in the verse quoted from Job, אָחוּ means "reed-grass," not "marsh," unless we say that the grass was given its name because it grows in a marsh. Ramban asserts that אָחוּ denotes any grass that grows on the banks of rivers or in swamps. It is probably derived from אָח, brother, so called because many of these grasses grow in clumps, creating an appearance of "brotherhood."

According to Aruch Completum, this is also the definition given by Targum Jonathan. Cf. The Pentateuch with Rashi Hashalem.

Rabbenu Avraham ben Ha-Rambam identifies it as aspasta, a type of grass or cattle fodder.

Rashi's interpretation apparently originates from Machbereth Menachem (p. 20), which identifies אָחוּ as "the places covered with herbage and vegetation which exude moisture because of the presence of canals and pools." See also Rashi to Hos. 13:15. His interpretation is accepted by Rashbam, Redak, Rabbenu Meyuchas, and Heidenheim.

Onkelos renders: וְרַעְיָן בְּאַחֲוָא, and they pastured in brotherhood, alluding to the midrashic interpretation (Gen. Rabbah 89:4): When there is plenty, there is love and brotherhood in the world.—[Nefesh Hager]

3. **were coming up after them from the Nile**—Regarding the lean cows, the text does not read: "from the Nile were coming up," as in the case of the fat cows. Apparently, it relies on the preceding verse to indicate

that the lean cows, too, were created from the Nile.—[*Ohr Hachayim*]

and lean of flesh—Heb. וְדַקּוֹת, *tenves in Old French, a term meaning thin.*—[*Rashi*]

4. **devoured**—*A sign that all the joy of the plenty will be forgotten during the days of the famine.*—[*Rashi*]

then Pharaoh awoke—and immediately fell asleep again. Between one sleep and another, dreams usually change to a different topic, and the dreamer does not realize that he is dreaming until he awakens completely. "Then Pharaoh awoke"—finally—"and behold, a dream" (verse 7). Until then, however, he was unaware of it.—[*Rashbam*]

5. **on one stalk**—Heb. בְּקָנֶה אֶחָד, *tudel, tuiel, or tue(i)l, in Old French, stalk.*—[*Rashi*] This is a sign of plenty: for each kernel, seven ears of grain.—[*Rashbam*] [He probably means that each sown kernel produced a stalk upon which grew seven ears of grain.]

healthy—Heb. בְּרִיאוֹת, *sains in French, healthy.*—[*Rashi*]

6. **and beaten**—Heb. וּשְׁדוּפֹת *hasled(e)s in Old French, hâlés in modern French, burnt up, parched;* וּשְׁקִיפָן קִדוּם [*in Targum Onkelos*], *beaten, an expression similar to* מַשְׁקוֹף, *lintel, which is constantly beaten by the door, which knocks against it.*—[*Rashi*]

Berliner notes that the French, which means "burnt up," or "parched," does not coincide with Rashi's interpretation, which is "beaten." [The Yiddish translation,

אויסגעשלאגען, *is erroneous.] He postulates that Rashi, or someone else who interpolated the French, stated that* שְׁדוּפָת *means "burnt up" or "parched." He then quotes Onkelos, who renders* וּשְׁקִיפָן, *beaten. In fact, Berliner quotes the Ixar edition, which reads: According to the Targum…[Note that the French does not appear in any of the three earliest editions of Rashi.]*

the east wind—Heb. קָדִים, *the east wind, called bise in French.*—[*Rashi*] Early editions read: *the southeast wind.*

7. **swallowed up**—They grew until they covered the other ones. This expression is similar to "when the holy objects are completely wrapped (כְּבַלַּע אֶת-הַקֹּדֶשׁ)" (Num. 4:20). This cannot be interpreted literally, that they swallowed them up, because in a dream a person is not actually shown an elephant entering the eye of a needle (*Ber.* 55b). This is its midrashic interpretation. According to its simple meaning, however, it is a term denoting actual swallowing. This is what Scripture states at the end: "and Pharaoh awoke, and behold, a dream." Pharaoh said, "Cows eating one another is possible, but ears of grain swallowing one another is surely a dream!"—[*Da'ath Zekenim*]

healthy—Heb. בְּרִיאוֹת, *sains in French, healthy.*—[*Rashi*]

and behold, a dream—*And behold, a whole dream was completed before him, and it required interpreters.*—[*Rashi*]

Scripture states "and behold, a dream" only after the second dream, but not after the first, because the

בִּשְׂרָא וְרַעְיָין בְּגוֹי גוּמַיָא: ג וְהָא שְׁבַע תּוֹרָתִי חוֹרָנְיָן סַלְקָן מִן נַהֲרָא בִּישָׁן לְמִיחְמֵי וַחֲסְכָן בְּבִשְׂרֵיהוֹן וְקָמַן לְקִבְלֵיהוֹן דְּתוֹרָתֵי עַל כֵּיף נַהֲרָא: ד וְאָכְלָא תּוֹרָתֵי דְּבִישָׁן לְמֵיחְמֵי וַחֲסִירָן בְּבִשְׂרֵהוֹן יַת שְׁבַע תּוֹרָתֵי דְּשַׁפִּירָן לְמֶחֱמֵי וּפַטִּימָתָא וְאִתְּעַר פַּרְעֹה מִדִּמְכֵיהּ: ה וּדְמִיךְ וַחֲמָא חֶלְמָא תִּנְיָנוּת וְהָא שִׁבְעָה תּוּבְלֵי סָלְקָן בְּקַנְיָא חַד פַּטִּימָן וְטָבָן: ו וְהָא שִׁבְעָה תּוּבְלֵי לַקְיָין וּשְׁקִיפָן קִידּוּם צָמְחָן בַּתְרֵיהֶן: ז וּבְלָעַן תּוּבְלַיָּיא לַקְיָיתָא יַת שְׁבַע תּוּבְלַיָּיא פַּטִּימָתָא וּמַלְיָתָא וְאִיתְּעַר פַּרְעֹה וְהָא הֲוָה חֵילְמָא׃

פי' יונתן

(ג) וחסכן בבשרהון יש גורסים חסרים ובמתורגמן משמע ותסכן וכן ת"א בפ' ז:

רשב"ם

דרך ארץ לשתות הבהמות ביחד וחוזרות ועולות ורועות באחו: באחו. מקום עשבים כדכתיב ישגא אחו בלי מים: (ד) וייקץ פרעה. ויישן מיד ויחלום וגו' בין שינת כעם לשינה שנייה רגיל חלום להתחלף לעניין אחר ועדיין אינו נותן לב להבין שזה חלום הוא עד שנגמרה שינתו וניעור לגמרי ואז וייקץ פרעה לבסוף והנה חלום אבל עד עתה לא ידע: (ה) בקנה אחד. זהו סימן לשובע לכל גרעין שבע שבלים: (ו) והנה חלום. כמו והנה היא לאה. אבל עד עתה

רש"י

יאורים בידי אדם ג ונילוס עולה בתוכם ומשקה אותם לפי שאין גשמים יורדין במצרים תדיר כשאר ארצות: (ב) יפות מראה. סימן הוא לימי השובע ד שהבריות נראות יפות זו לזו שאין עין בריה צרה בחברתה: באחו. באגם מרי"שק בלעז (זומפף) כמו ישגא אחו: (ג) ודקות בשר. טינב"ש בלעז (לארע דין) לשון ה דק: (ד) ותאכלנה. סימן שתהא כל שמחת השובע נשכחת ו בימי הרעב: (ה) בקנה אחד. ז טואיד"ל בלעז: בריאות. שיי"ש ח בלעז: (ו) ושדופת. השליי"דש בלעז (אויסגעשלאגען) ושקיפן ט קדוס הבוטות ל' משקוף החבוט תמיד ע"י הדלת המכה עליו: קדים. רוח מזרחית שקורין י ביש"א (רויהער ווינד): (ז) הבריאות. שייג"ש בלעז: והנה חלום. והנה נשלם חלום שלם לפניו ב והוצרך לפותרים:

שפתי חכמים

סנהר שעשוי יאורים והוא נילוס ונילוס היינו פישון הנזכר בפרשת בראשית וכדפירש"י שם וכל שאר נהרות דנקט רש"י קאי אשאר ג' נהרות הכתובים שם: ג דק"ל כיון דקאי אאחד מד' נהרות הנזכרים בבראשית למה לא הזכיר אותו בשמו המיוחד אלא לפי שעשוי יאורים יאורים ע"י בני אדם לכן קראו בשם יאור וכל שאר נהרות אינם עשוים כן: ד דק"ל למה לא פתר יוסף את זה למה היו הפרות יפות מראה שפתר רק בריאות בשר ולא טוב המראה ורוע המראה ומתרץ כיון שמצינו שפתר דשבע פרות הטובות הם סימן לשבע ימי השובע א"כ ה"ה בזה הפתרון נמי פתר יוסף דיפות מראה סי' הוא לימי השובע והפתרון קאי נמי על זה דבימי השובע נראות הבריות יפות אלו לאלו דהיינו יפות מראה כלומר שמקבל זה את זה בסבר פנים יפות ונותן לו די מחסורו אשר יחסר לו: ה דק"ל דהיאך שייך לומר דק אבהמה ואבשר דהכי ה"ל למיכתב כיחוש בשר ומז"פ טינב"ש בלעז כלומר דהא בל' לעז קורין לבהמה כחושה טינב"ש ואע"פ שטינב"ש הוא ל' דק אפ"ה קורין לבהמה כחושה טינב"ש א"כ בל' עברי נמי קורין לבהמה כחושה דקות בשר ול' דק דנקט רש"י קאי אטינב"ש בלעז: ו דק"ל דותאכלנה הפרות יש לפרש בשתי פירושים. הא' שתהא כל שמחת השובע נשכחת בימי הרעב. והשני שהוא סימן שיהא לבריות מאכל בימי הרעב וזה סימן טוב הוא ועז"פ הוא סימן שתהא וכו'. וזה הפי' אמת דהא מצינו לקמן בהדיא שיוסף פתר אותו כן. ומהרש"ל פי' דקשה לרש"י למה אמר ותאכלנה הל"ל ותבלענה כי אין לשון אכילה שייך לומר על ב"ח זה את זה לכך מפרש סימן וכו' עכ"ל: ז ר"ל כמו בל' לעז קורין לקש של שבלים טואד"ל שהוא נמי שם קנה של ען וא"כ בל' עברי נמי כן הוא: ח דק"ל דאין שייך לומר בריאו' אשבלים אלא דוקא אבעלי חיים כגון לעיל גבי פרות ומתרץ דהא בלעז קורין לשבלים טובות שייי"ש שהוא בל"א פרי"ש א"כ ה"ה בלשון עברי שייך ל' בריאות גבי שניהם: ט ר"ל דשדפון היינו חולי של שדפון ולא שייך אלא גבי אדם אבל לא גבי תבואה ומתרץ דבלשון לעז קורין לו שלייד"ש אע"פ שהוא חולי אדם א"כ ה"ה בל' עברי. אבל אונקלוס לא תרגם דשדופות הוא לשון שדפון אלא שקיפן שהוא ל' אבטה כך פי' הרא"ם וכתב עליו מהרש"ל ואין נ"ל דהא בפר' תצא פירש"י בהדיא על שדפון שהוא מכת תבואה וי"ל שיש חילוק בין שדפון ובין שדופים שהרי רש"י מביא ב' לשונות של לעז שהכא פי' בענין אחר ממה שפי' התם וא"ל שהכא פי' על הרוח דהא פי' התם פירוש אחר על רוח: י דק"ל דכאן משמע שרוח מזרחית רע הוא וכמ"א אמרינן דרוח מזרחית הוא טוב יותר מכל הרוחות וסי' ברכה הוא לעולם נ"פ וכו' ר"ל דלרוח מזרחית יש ג' ריחות ואותו רוח שקורין ביש"א הוא רע: כ כי בפעם ראשון חשב ליישן עוד דלמא יחלום עוד כאשר אירע באמת אבל בהקיץ השני שהיה קרוב לבוקר שלא ישן עוד אז נשלם החלום ונצטרך לפותרים (נח"י) ומפני שמלת

דעת זקנים מבעלי התוספות

(ג) ותבלענה השבלים. פי' גדלו עד שכסו האחרות מל' כבלע את הקדש. אבל אין לפרש לשון בליעה ממש דאין מראין לו לאדם דעי"ל

אבן עזרא

שנה. ויהי בשלשים שנה. ויתכן להיות שזה החשבון ליציאת שר המשקים מבית הסהר. או לשבת יוסף שם. וטעם ימים. כבר בארתיו. ופרעה חלם. היה חולם. וכן ורבקה שומעת: (ב) באחו. י"א עמק שבו למחים. וי"א שהוא שם למח. הבי"ת נוסף כבי"ת השביעני במרורי' ועל שני הפירושים כי הוא בין אחים יפריא הוא ואחיו בן אמו: (ה) שבלים. לשון רבות נקבות ואם הוא כמ"ס. כמו נשים ופלגשים: שדופות. שהרע שדפון מרוח מזרחית. כי נקרא מזרח קדם בעבור צאת השמש בתחלה. וטעם

רמב"ן

בצדן וקרוב להן והוא סימן שלא יהא הפסק בין שני השבע ושני הרעב ואע"פ שלא ספר זה ליוסף ואולי המראה והספור היו שוים והכתוב לא יחוש כאשר הוסיף בספור ולא נודע כי באו אל קרבנה וכן עולות בקנה אחד סימן שתהיינה שבע שנים רצופות: (ד) ותאכלנה הפרות. על דעתי הוא סימן שיאכלו שני הרעב את שנות השבע ומזה למד יוסף לאמר לפרעה ויקבצו את כל אוכל השנים הטובות והיה האוכל לפקדון לארץ לשבע שני הרעב כי ראה שהפרות והשבלים הטובות תבואנה אל קרב הרעות ואיננה עצה כי הליועץ למלך נתנוהו רק בפתרון החלום אמר כן. ונשכח כל השבע ולא ידע השבע פתרון ולא נודע כי באו אל קרבנה ומראיהן רע כי ראה שלא היו באכילתן בריאות וטובות רק היו להן למחיה אלו לא אכלו אותן היו מתות בכחשיהן ולא כדברי רש"י שאמר ונשכה כל השבע הוא פתרון הבליעה: (ו) צומחות אחריהן. לא שראה אותן צומחות שלא ראה אלא שבלים עשויות אבל הוא כאלו אמר צמחו אחריהן ואחז זה הלשון להודיע שמיד שראה הטובות ראה הרעות שעלו אחריהן כי במין התכיפה ראה בכולן: וטעם ויקץ פרעה וגו'. הנה חלום שלם לשון רש"י ולפי דעתי ירמוז כי עמד על מטתו מקיץ מחשב בחלומו אולי יראה

אבי עזר

(א) (ופרעה חולם. היה חולם) תמלא פירושו בפ' וירא בפ' והנה איל אחר נאחז: (ב) (ותרענה באחו וגו') כי גם אחים יפריא סביל שני הפרושים: ה (שבלים. לשון רבות נקבות וכו') כי לא מלאנו נפרד שבול. רק שבולה. או שבולת. כן דעת הרב. ולי נראה שהוא לשון רבים זכרים. והא דלא מצינו הנפרד. אין ראיה. כי כבר ידוע לנו שיש בלמחים ובאילנות זכרים ונקבות. כאשר הזכירו חכמי באטניק ע"כ אומר אני דשבלים לשון זכרים. ולא דמי לנשים פילגשים: ז (וטעם המלאות כמו הבריאות) דקשה לרב האיך נופל ה"א הדעת על דבר שלא הוזכר בתחלה. כי לא הוזכר לעיל רק בריאות וטובות. על כן מפרש בריאות ומלאות חד הוראה להם. אבל לפי דעתי שתי הוראות להם. כי בריאות מורה. שלא אכלם עש וחגב. ומלאות מורה שיש להם גרעונים הרבה. וכן עמא דבר. לכן לא מסתפינא להפוך הגירסא לגרום וטעם הבריאות כמו המלאות. כי לא מצינו במקרא הוראת בריאות על למח אדמה רק על בעלי חי. כמו בריא אולם. ובריאי בשר. הבריאה תזבחו. שם בריה. לכן

ספורנו

שאי אפשר לבר בלא תבן כך אי אפשר לחלום בלא דברים בטלים: (ג) ותעמודנה אצל הפרות. קודם שתאכלנה אותנה להורות שיהיו הרעב והשבע יחדו באיזה זמן כענין ויהי רעב בכל הארצות ובכל ארץ מצרים היה לחם: (ז) והנה חלום. הרגיש שהכל היה חלום אחד בעצמו שהיה נראה לו בחלומו השני שהיה באותו המעמד בעצמו של חלומו הראשון וכך פירש הוא אחר כך באמרו

מפרש

ח וַיְהִי בַבֹּקֶר וַתִּפָּעֶם רוּחוֹ וַיִּשְׁלַח
וַיִּקְרָא אֶת־כָּל־חַרְטֻמֵּי מִצְרַיִם וְאֶת־
כָּל־חֲכָמֶיהָ וַיְסַפֵּר פַּרְעֹה לָהֶם אֶת־
חֲלֹמוֹ וְאֵין־פּוֹתֵר אוֹתָם לְפַרְעֹה׃
ט וַיְדַבֵּר שַׂר הַמַּשְׁקִים אֶת־פַּרְעֹה
לֵאמֹר אֶת־חֲטָאַי אֲנִי מַזְכִּיר הַיּוֹם׃
י פַּרְעֹה קָצַף עַל־עֲבָדָיו וַיִּתֵּן אֹתִי
בְּמִשְׁמַר בֵּית שַׂר הַטַּבָּחִים אֹתִי
וְאֵת שַׂר הָאֹפִים׃ יא וַנַּחַלְמָה חֲלוֹם
בְּלַיְלָה אֶחָד אֲנִי וָהוּא אִישׁ כְּפִתְרוֹן
חֲלֹמוֹ חָלָמְנוּ׃ יב וְשָׁם אִתָּנוּ נַעַר
עִבְרִי עֶבֶד לְשַׂר הַטַּבָּחִים וַנְּסַפֶּר־
לוֹ וַיִּפְתָּר־לָנוּ אֶת־חֲלֹמֹתֵינוּ אִישׁ

אונקלוס

וְהָא חֶלְמָא : ח וַהֲוָה
בְּצַפְרָא וּמִטַּרְפָא רוּחֵיהּ
וּשְׁלַח וּקְרָא יַת כָּל חָרָשֵׁי
מִצְרַיִם וְיַת כָּל חַכִּימָהָא
וְאִשְׁתָּעֵי פַּרְעֹה לְהוֹן יַת
חֶלְמֵיהּ וְלֵית דְּפָשַׁר
יַתְהוֹן לְפַרְעֹה : ט וּמַלֵּיל
רַב שָׁקֵי עִם פַּרְעֹה לְמֵימָר
יַת סוּרְחָנַי אֲנָא מַדְכַּר
יוֹמָא דֵין : י פַּרְעֹה רְגַז
עַל עַבְדוֹהִי וִיהַב יָתִי
בְּמַטְּרַת בֵּית רַב
קָטוֹלַיָּא יָתִי וְיַת רַב
נַחְתּוֹמֵי : יא וַחֲלַמְנָא
חֶלְמָא בְּלֵילְיָא חַד אֲנָא
וְהוּא גְּבַר כְּפוּשְׁרָן
חֶלְמֵיהּ חֲלַמְנָא : יב וְתַמָּן
עִמָּנָא עוּלֵים עִבְרָאָה
עַבְדָּא לְרַב קָטוֹלַיָּא
וְאִשְׁתָּעֵינָא לֵיהּ וּפְשַׁר
לָנָא יַת חֶלְמָנָא גְּבַר

הו"א אני מזכיר עקידה שער לא : ושם אתנו נער מגילה יג איש כחלומו ברכות נה

רש"י

(ח) ותפעם רוחו. ומטרפא רוחיה מקשקשת בתוכו כפעמון ל ובנבוכדנצר הוא אומר (דניאל ב) ותתפעם רוחו לפי שהיו שם שתי פעימות שכחת החלום והעלמת פתרונו (ב"ר): חרטמי. הנחרים בטימי מתים ששואלים בעצמות (טימי הן עצמות בלשון ארמי מ ובמשנה בית שהוא מלא טמיא מלא עצמות): ואין פותר אותם לפרעה. פותרים היו אותם אבל לא לפרעה שלא היה קולן נכנס באזניו ולא היה לו קורת רוח בפתרונם נ שהיו אומרים שבע בנות אתה מוליד שבע בנות אתה קובר (ב"ר): (יא) איש כפתרון חלומו. חלום הראוי לפתרון שנפתר לנו ודומה לו: (יב) נער עברי עבד. ארורים הרשעים שאין טובתם שלמה מזכירו בלשון בזיון. נער. שוטה ס ואין ראוי לגדולה. עברי. אפילו לשוננו ע אינו מכיר. עבד. וכתיב בנימוסי מצרים פ שאין עבד מולך ולא לובש בגדי שרים. (ס"א שרים וכן גרס רא"ס): איש כחלומו

אור החיים

לרוב בהירות הדבר והכרו בלא בלבול כדרך החולם אלא אחר שעמד משנתו אז הכיר למפרע כי היה חולם והוא אומרו וייקץ פרעה והנה מצא עצמו כי חלום היו הדברים ולא בהקיץ:

ואין פותר אותם וגו'. אמר אותם לצד שהי' ב' חלומות והגם שאמר הכתוב לשון יחיד את חלומו כשבא להודיע כי לא מצא פותר דקדק לומר אותם שכל ב' החלומות אין פותר להם ואומרו לפרעה ללא צורך נראה לומר

שפתי חכמים

דהנה מורה על הזמן לומר שעכשיו הוא כך ולא קודם לכן והכא ליכא לפרש והנה חלום נגמר לאחר הקיצה דהא גם קודם הקיצה נגמר החלום כשראה השבלים בלעו האחרים וכו'. ול"נ לפרש כשבא חלום הראשון אע"פ שלדעת פרעה אפשר שהיה נגמר מ"מ לפי האמת אינו נגמר כמ"ש ועל השנות החלום פעמים כי נכון הדבר וגו' ע"ש: ל פי' ותפעם הוא מל' פעמון שהיה מקשקש כפעמון כלו' כמו הענבל המקשקש בתוך הזוג: מ י"ל דלכך צריך לפרש מתחלה בל' ארמי משום שר"ל חרטמי הם ב' תיבות חר מל' נחירים טומי מל' טימי ויש לפרשו מל' נחירים של אף שהיו נותנים העצם של מת בנחירים של אף והיה מדבר וגם לפרשו שהוא ל' חום מל' והעצמות יחרו שהיו נותנין העצמות תחת בית השחי ומחממין אותו והיה מדבר על ידי כשוף: נ אבל כשאמר לו יוסף שיהיה רעב בארץ היה לו קורת רוח לפי שאמר שלכך הראה לו הקב"ה כדי לעשות תקנה למדינה שלא ימותו ברעב (מהרש"ל עקידה) שחלומות המלכים אינם דברים פרטיים רק דברים כוללים כל מלכותו או כל העולם כחלומותיו של נבוכדנצר לכך לא היה לו קורת רוח: ס ר"ל נער בגימ' שוטה: ע (נח"י) וכ"ש באר לשונות וכתוב בנימוסי מצרים שצריך שהמושל יהא מכיר ע' לשון עי' סוטה דף ל"ו: פ דעבד נמי מיותר דכיון שאמר ושם אתנו נער עברי ובודאי שלא היה בבית הסוהר שום נער עברי כי אם יוסף וא"כ

כלי יקר

היו רצופים בזה אחר זה על כן עלו בקנה אחד המצרפם. אבל ז' שני הרעב לא היו רצופים כי אחר שנתים ימים כשבא יעקב פסק הרעב וחזר במותו על כן לא נאמר בקנה אחד. ועוד שזה מורה על ריבוי התבואה שאפי' קנה אחד יצמיח שבע שבלים וטובות ותרתי לטיבות'. והרעות הי' בהם תרתי לריעות' שצמחו אחד אחד ועוד שהיו שדופות קדים: וייקץ פרעה והנה חלום. כי גם הוא הבין שחלום אחד הוא: ויהי בבקר וגו'. מהרי"א כתב שחלומו של בקר צודק' ביותר על כן תפעם רוחו כי הרגיש שיש בהם ממש:

ויספר פרעה להם את חלומו ואין פותר אותם לפרעה. חלומו משמע חלום אחד מדלא קאמר חלומותיו ואין פותר אותם שנים במשמע מדלא קאמר אותו. ונראה לפרש לפירש"י שאמרו לו שבע בנות אתה קובר וקשה לי למה לא הזכיר רש"י גם מה שנזכר בב"ר שאמרו לו שבע אפרכיות אתה כובש שבע ימרדו בך. על כן

תכוב

8. Now it came to pass in the morning that his spirit was troubled; so he sent and called all the necromancers of Egypt and all its sages, and Pharaoh related to them his dream, but no one interpreted them for Pharaoh. 9. Now the chief cupbearer spoke with Pharaoh, saying, "I call to mind my faults today. 10. Pharaoh was angry with his servants, and he put me in prison, in the house of the chief slaughterer, me and the chief baker. 11. And we dreamed a dream on the same night, I and he; each one according to the interpretation of his dream, we dreamed. 12. And there with us was a Hebrew lad, a slave of the chief slaughterer, and we told him, and he interpreted our dreams for us; [for] each [of us], he interpreted

first was not yet a complete dream.— [*Tosafoth Hashalem*]

8. that his spirit was troubled— Heb. וַתִּפָּעֶם [*Onkelos* renders:] *that his spirit was agitated, knocking within him like a bell* (כְּפַעֲמוֹן) (*Tanchuma Buber, Mikeitz* 4). *Concerning Nebuchadnezzar, however, Scripture says: "and his spirit was agitated* (וַתִּתְפָּעֶם)*"* (Dan. 2:1). *There were two* [reasons for this] *agitation: forgetting the dream and ignorance of its interpretation.*— [*Rashi* from *Tanchuma Mikeitz* 2]

According to *Sefer Hazikkaron*, there is actually no difference in meaning between וַתִּפָּעֶם and וַתִּתְפָּעֶם. The Midrash derives the idea that Nebuchadnezzar was troubled because he had forgotten the dream which we can base on the deviation from the usual verb form. See below.

Since Nebuchadnezzar's dream concerned events far off in the future, he was unable to determine whether the interpretation was correct. He

could confirm the wisdom of the interpreter only if the latter could know the details of the dream without being told. In the case of Pharaoh, however, since the dream was to be realized shortly, he could confirm the wisdom of the interpreter by the interpretation alone.—[*Da'ath Zekenim*]

Accordingly, Nebuchadnezzar did, in fact, remember his dream. He pretended to have forgotten it only in order to test the interpreters. This is found in *Midrash Tanchuma*.

Heidenheim, bases this on the grammatical form of the verb. He explains that the *hithpa'el* conjugation often expresses *to make oneself, to conduct oneself as such, to show oneself, to imagine oneself, or to affect to be* of a certain character. An example of this is "There is one who feigns riches (מִתְעַשֵּׁר) but has nothing; one who feigns poverty (מִתְרוֹשֵׁשׁ) but has great wealth" (Prov. 13:7). Here, too, וַתִּתְפָּעֶם means that Nebuchadnezzar *pretended* to have a troubled spirit because he had forgotten his dream. However, since the word וַתִּתְפָּעֶם is accented on the next to last syllable similar to the *niph'al* conjugation, the Rabbis deduce that Nebuchadnezzar experienced two troublings of his spirit, one that was real and one that was feigned. The real one was his inability to interpret the dream, and the feigned one was his having forgotten the dream.

the necromancers—Heb. חַרְטֻמֵי, *those who would arouse themselves* (נֶחֱרִים) *with the bones* (טִימֵי) *of the dead, so that they would* [be able to] *inquire of the bones.* ([The word] טִימֵי *means "bones" in Aramaic. In the Mishnah* (*Oholoth* 17:3)*, we find: A house that was full of "timia," meaning "full of bones."*)— [*Rashi*] The word נֶחֱרִים has been interpreted in various ways in addition to our interpretation, namely: they would warm the bones with their bodies; they would insert the bones into their nostrils (נְחִירִים); they would incite the bones [to answer their questions]; they would shout at the bones until they were hoarse (נִחַר). See *Pentateuch with Rashi Hashalem.*

The *targumim* render: sorcerers. *Ibn Ezra* conjectures that this is an Aramaic or Egyptian word referring to the astrologers, who were well-versed in the significance of the constellations. *Karnei Ohr* explains that חַרְטֻמִּים were hieroglyphists, who recorded their words of wisdom with picture symbols (hieroglyphs). The root of the word is חרט, *to engrave.* *Hirsch* also interprets חַרְטֹם to mean *hieroglyphist,* commenting that

"these individuals, who are constantly engaged in the interpretation of symbols, would be those who would most logically be expected to interpret a dream." *Heidenheim* also quotes this interpretation, adding that the savants used hieroglyphics as a secret code to keep their knowledge from the common people. He also quotes *Rav Saadiah Gaon,* who interprets חַרְטֹם as derived from חוֹר אָטוּם, *closed-up hole.* The magicians would bore a hole in a tree and insert a piece of papyrus upon which magic symbols were inscribed. They would then close up the hole, and the tree was then believed to be an oracle, which would tell them what they wanted to know.

his dream—The singular is used because, in reality, it was one dream.—[*Keli Yekar*]

but no one interpreted them—Although this was really one dream, as stated earlier in the verse, the text wishes to tell us that there was no interpreter for even one of the components.—[*Ramban, Ohr Hachayim*]

but no one interpreted them for Pharaoh—*They did interpret them, but not for Pharaoh, for their voice did not reach his ears, and he had no satisfaction from their interpretation, for they said, "You will beget seven daughters, and you will bury seven daughters."*—[*Rashi from Gen. Rabbah* 89:6] *Gur Aryeh* asks why Pharaoh rejected the interpretation of the necromancers.

Gur Aryeh replies that if someone has a troubled spirit, it is because he has had a dream that requires an

ח וַהֲוָה בְּצַפְרָא וּמִטַּרְפָא רוּחֵיהּ וְשָׁדַר וּקְרָא יַת כָּל חַרְשֵׁי מִצְרָאֵי וְיַת כָּל חַכִּימָהָא וְאִישְׁתָּעֵי פַּרְעֹה לְהוֹם יַת חֶלְמַיָא וְלָא הֲוָה אֶפְשַׁר לִגְבַר דִּי יִפְשַׁר יָתֵיהּ אֲרוּם מִן קֳדָם יְיָ אִסְתַּקַּף מִן בִּגְלַל דִּי מְטָא זִמְנֵיהּ דְּיוֹסֵף לְמִיפַּק מִן בֵּית אֲסִירֵי: ט וּמַלֵּיל רַב מְזוּגַיָא קֳדָם פַּרְעֹה לְמֵימַר יַת סוּרְחָנִי אֲנָא מַדְכַּר יוֹמָא דֵין: י מִן קֳדָם יְיָ אִתְגַּלְגַּל דְּפַרְעֹה רְגִיז עַל עַבְדוֹי וִיהַב יָתִי בְּמַטְּרָא בֵּי רַב סַפּוּקְלַטוֹרַיָא יָתִי וְיַת רַב נַחְתּוֹמַיָא: יא וַחֲלַמְנָא חֶילְמָא בְּלֵילְיָא חָד אֲנָא וְהוּא גְּבַר חֵילְמֵיהּ וּפוּשְׁרָן חֶלְמָא דְחַבְרֵיהּ חֲלַמְנָא: יב וְתַמָן עִמָּנָא טַלְיָא עִבְרָאֵי עַבְדָּא לְרַב סַפּוּקְלַטוֹרַיָא וְאִשְׁתָּעֵינָא לֵיהּ וּפְשַׁר לָנָא יַת חֵילְמָנָא גְּבַר הֵי

פי' יונתן

(ח) אסתקף דקשה ליה למה באמת לא פתרו וכי לא הוה אפשר לפתרו או למה לא נכנסו דבריהם באזני פרעה אלא מה' הי' בשביל יוסף שהגיע זמנו לצאת לכן מנע הקב"ה הפתרון מהם : אסתקף לשון עילה הוא :

רשב"ם

היה סבור שראה ממש ולא חלום : (ח) ותפעם רוחו . נתחלפה דעתו מרישש"א בלע"ז וחשב לבקר ולדעת הפתרון וכן בדניאל ויאמר המלך חלום חלמתי ותפעם רוחי לדעת את החלום : ואין פותר אותם . דברים המתיישבים לפרעה : (י) פרעה קצף על עבדיו . כל פרעה בלשון מצרים מלך . וכן כל מלכי מצרים נקראים ושל פלשתים אבימלך אפילו בימי דוד בשנותו את טעמו לפני אבימלך . ושל ירושלים מלכי צדק ביהושע אדני צדק מלך שלם . ובימי דוד על דבריתי אני מבפיח שתהיה מלכי צדק מלך ירושלים . ושל עמלק אגג . בימי משה וירום מאגג מלכו . ובימי שאול אגג מלך עמלק . אף כאן פרעה לשון מלכות כי בשמו של מלך אין אומרים לפניו [דוד] (פרעה) קצף על עבדיו . אלא כך אמר לפניו ארוני קצף על עבדיו . וכן לפנינו אני פרעה . אני אהיה המלך לבדי כדכתיב רק הכסא אגדל ממך . לכן נקרא יוסף אברך . אבי המלך . ובספר לקח טוב פירש כמותי : יב) איש כחלומו פתר . כמשמעות חלומו פתר וגם

דעת זקנים מבעלי התוספות

פילא בקופא דמחטא זהו מדרש אבל לפי הפשט הוא לשון בליעה ממש והיינו דקאמר בסוף וייקץ פרעה והנה חלום אמר פרע' מה שהפרות אוכלות זו את זו יכול להיות אבל בליעת השבלים זה ודאי חלום הוא : (ח) ותפעם רוחו . פרש"י אבל גבי נבוכדנצר כתיב ותתפעם רוחו לפי שהיו שתי פעימות ששכח החלום והפתרון וכאן לא שכח כי אם הפתרון ואע"ג דכתיב בנבוכדנצר חלום חלמתי ותפעם רוחי התם מבבאו החרטומים לפניו ולא הי' שם כי אם פעימה אחת שאלו הי' החלום ידוע יהא הפתרון ידוע להם ולפיכך שכח זה החלום והפתרון . וזה שלא שכח כי אם הפתרון לפי שחלום נבוכדנצר הי' לזמן מרובה ואלמלא שאמר לו דניאל החלום לא הי' מאמינו מן הפתרון . אבל חלום פרעה לאלתר הי' והאמין בו . ומה שלוה נבוכדנצר להרוג החרטומים כדכתיב ואמר להובדא לכל חכימי בבל . ופרעה לא אמר כן לפי שאמרו לו החרטומים לנבוכדנצר היאך אתה סבור שנאמר לך החלום וכי נביאים אנחנו דכתיב מלתא די מלכא שאיל יקירא היא כלו' לריך נבואה כדכתיב ודבר ה' הי' יקר בימים ההם ואחרן לא איתוהי קרי ביה ואהרן כלו' אהרן איננו שנושא אורים ותומים להגיד הנעלמים אמר להם נבוכדנצר הזכרתני אורים ותומים ובעלתכם הכהנים שנושאים אותם אבדתם מן העולם חייכם שתאבדו מן העולם ולכך לוה לאובדא יתהון : (י) ויתן אותי במשמר וגו' אותי ואת שר האופים . אותי אותי למה . שמעתי מפי הרב יהודה הכהן שכך אמר לפרע' לא תהא סבור שהבין מתוך תפיסתי שהי' לי להגלל יותר משר האופים כי מעולם לא הקלו בתפיסתי יותר מתפיסת שר האופים כל הימים היינו אני ושר האופים

אבן עזרא

המלאות כמו הבריאות : (ח) ותפעס רוחו . מבנין נפעל כמו נפעמתי ולא אדבר . וי"א שהכל מן גזרת הולם פעס . והטעם שהרוח דומה לגוף המוכה : חרטומי . מלה מרובעת ויתכן להיות ארמית או מצרית . והם חכמי התולדות : ואת כל חכמיה . במזלות ופתרון חלומות : (ט) את חטאי . אע"פ שאזכיר הטאי : (י) פרעה קצף על עבדיו . לפי דעתי כי אין פרעה שם עצם רק שם תאר . והוא מלשון מצרים כמו הירס בלור . גם היום יקרא כל מלך גדול על ישמעאל נגיד המאמינים על כן מצאנו פרעה בימי אברהם ובימי יוסף ומת פרעה וקם פרעה . וכן בימי ירמיהו . הלא תראה הכתוב יפרש מה טעם פרעה כי הוא מלך מצרים ושעד תפרע שהוא שם העצם . וכן פרעה נכה כי נכה שם העצם . ואל יקשה עליך דרש כשא שלמה כי לא לקחו מלך מצרים . ועד שני שאמר שר המשקים פרעה קצף . וכן אמר יוסף אלהים יענה את שלום פרעה . הראה את פרעה . יעשה פרעה . ואין מדרך המוסר להזכיר עם המלכים שם העצם : (י) אותי ואת שר האופים . אמר אותי פעם שנית . כי כן דרך הלשון כמו ואני אנה אני בא : (יא) איש כפתרון

רמב"ן

עוד דבר פעם שלישית וכאשר עמד בבקר ולא חלם עוד נפעם רוחו וזה טעם ויהי בבקר ותפעם רוחו אבל בנבוכדנצר אמר ותתפעם רוחו ושנתו נהיתה עליו כי גם בלילה לא שכב לבו והזכי' וייקץ פרעה מן הענין הנזכר בספר השינה כי הלום שיחלום אהריו חלום אחר מענין אחר בשנתו איננו מתקיים על כן אמר כי כאשר הקיץ נהיה החלום וחשב בו עד הבקר אולי ישתלש חלומו כאשר נשנה והנה פרעה עצמו הכיר כי ענין אחד הוא ולכך הזכיר והנה חלום וכך אמר חלום חלמתי ופותר אין איתו ולא הזכיר חלומות וזה טעם וארא בחלומי אבל הכתוב הזכיר ואין פותר אותם לפרעה לומר שאין פותר אפילו האחד מהם: (יב) איש כחלומו . לפי החלום וקרוב לענינו לשון רש"י ויותר נכון שיאמר כי לכל אחד מכנו פתר כאשר הי' אמתת חלומו העתיד לבא לו כי כאשר פתר כן היה לנו וכן איש אשר כברכתו ברך אותם כברכה הבאה אליו . ועל דעתי אין צורך אבל אמר איש את חלומו פתר לנו ויהי כאשר פתר לכל אחד כן בא והגיע אלינו הגיד כי היו חלומות שונים ולהם פתרונים שונים כאשר יפרש שלא יחשב שחלום אחד חלמו שניהם ופתרון אחד להם . וכן לדעתי איש

אור החיים

שיכוין הכתוב באומרו לפרעה כי דבר ידוע הוא כי שם פרעה אינו שם העצם אלא שם המלכות ולזה תמצא שדבר אליו שר המשקים פרעה קצף וגו' ואין מהמוסר שיזכיר שם המלך בפניו כסדר זה אלא ודאי שהוא שם המלוכה וכן אמרו ז"ל ומעתה בא לתת טעם למה לא נתקבל פתרונם אלו כי לצד שהחלום הי' למלך ואמרו הז"ל כי חלומות המלכים יגידו דברים הנוגעים לכללות המלכות והדעת כן נותנת והם לא היו פותרים פתרון שנוגע למלכות אלא פתרונם של הדיוטות ורז"ל אמרו לפרעה שלא הי' מתקבל פתרונם לו ודבריהם היו נשמעים אם הי' אומר ואין פותר וגו' לו :

וידבר שר וגו' לאמר וגו'. טעם אומר לאמר גם אומרו את ולא אמר אל ואולי שלא דבר אליו לנוכח אלא לחכמי מצרים לאמר לפרעה ולזה תמצא שכל דבריו הם דרך נסתר לא לנוכח פרעה קצף ויתן לשון נסתר עוד ירצה באומרו לאמר את חטאי עז"ה שלא תחשוב שאני זוכר את אשר עבר עלי מיסורי המלך אלא אדרבא אני אומר פחיתותי וגרעוני כי אני הוא החוטא והוא אומרו לאמר את הטאי וגו' ודקדק לומר היום כי הוא עת הצורך כי זולת זה הי' מעלים זכרון מעשיו הפחותים גם בזה נתן טעם למה שלא הודיע הדבר מקודם כחיוב המוטל על קרובי המלך להודיע דבר חדש כזה כי לא היה להזכיר עוד שגיונו ואמר חטאו לשון רבים לומר כי חשוב בעיניו את אשר כבר עשהו להטאים רבים או אולי שנתכוין לרמוז גם להטא זה שמנע ההודעה עד עתה לזה אמר ל' רבים הטאי :

אבי עזר

מפרש הרב . דמלת בריא נופל בלמח כמו שלמים בלי מחסור . וקרוב ללשון מלאות כמו כסף מלא . הורא͏תו שלם בלי סיג ובלי מחסור . וכן

ספורנו

וארא בחלומי : (ח) ואין פותר אותם . מפני שחשבו שהם שנים טעו בפתרון כי בחלק הראשון ממנו הית' הסבה הפיעל' והחומרי' בלבד שהן הפרות חורשות והיאור המשקה ובחלק השני הית' הסבה הצוריית והתכליתיית בלבד והם השבלים: (ט) את חטאי אני מזכיר. לא כמתרעם על שנתת אותי בבית הסהר כי בחטאי היה

interpretation. Consequently, as long as Pharaoh's spirit was still troubled, he knew that the interpreters had not yet hit upon the true interpretation of the dreams.

Alternatively, Pharaoh felt that if he would beget seven daughters and then bury them, he would be in the same position as when he started, and thus there would be no reason for him to feel troubled. Pharaoh believed that he would feel troubled only because of a premonition of something new, not because of something that would return to its previous state. [Indeed, if he had had seven daughters and had buried them all, he would feel troubled, but he did not feel that a subconscious premonition of such an occurrence would trouble his spirit.] For this reason, when Joseph interpreted Pharaoh's dreams, he made sure to tell him what he could do to offset the famine. [This plan was the new thing conveyed to Pharaoh in his dreams, and not knowing the solution to his dreams had troubled him.]—[Gur Aryeh]

Another solution offered is that Pharaoh had dreamt a dream and its interpretation, but he had forgotten the interpretation and had to be reminded of it. Therefore, he was dissatisfied with any interpretation except the one he had seen in his dream.—[Tosafoth Hashalem]

Tosafoth Hashalem writes further that Pharaoh dreamed in Hebrew. [This probably means that there was a narrator, narrating the dream in Hebrew.] The ba'al hachalom, the angel in charge of dreams, gave Pharaoh a Hebrew inscription, which was unintelligible to the sorcerers and necromancers. Had they been familiar with the Hebrew language, they would have been able to read the inscription and interpret the dream.

Since the Rabbis say (Gen. Rabbah 89:10) all dreams come true according to the interpretation given for them, why did Pharaoh not accept other interpretations? He should have realized that whatever the necromancers and sorcerers said would come true. The answer is that dreams come true according to their interpretation only if that interpretation is acceptable to the dreamer. If the dreamer feels uncomfortable with the interpretation, that interpretation has no efficacy.—[Tosafoth Hashalem]

Ohr Hachayim explains that Pharaoh here is not a proper noun but the title given to all Egyptian monarchs, as will be discussed on verse 10. Consequently, the word "Pharaoh" signifies the kingdom. Pharaoh felt that because he as king had dreamed the dreams, they were surely portents of what was going to befall the entire kingdom. Since the interpretations given to him by the necromancers did not relate to the kingdom in general, he knew that he had not yet heard the true interpretation. If the verse meant only that the interpretations were unacceptable to Pharaoh, as Rashi quotes from the Midrash, it should have read: "but no one interpreted them for him." The repetition of the proper noun denotes Pharaoh as the monarch.

9. **with Pharaoh, saying**—The cupbearer did not speak directly to

Pharaoh, but told Pharaoh's courtiers to relay his narrative to Pharaoh. Perhaps for this reason he speaks in the third person.—[*Ohr Hachayim*]

I call to mind my faults today—I relate this story although I must thereby call to mind my faults.—[*Rashbam*]

Alternatively: the cupbearer means, do not think that I remember being mistreated by Pharaoh; it was entirely my fault that I was imprisoned. He may also have meant that his neglect to mention Joseph until now was a fault.—[*Ohr Hachayim*] [*Ohr Hachayim* bases his conjecture on the plural form of חֲטָאַי, *my sins*.]

According to *Gen. Rabbah* 89:7, the cupbearer's two sins were that he sinned: 1) against Pharaoh by not coming forward with his recommendation of a dream interpreter until Pharaoh had almost died in frustration; and 2) against Joseph by not remembering him and assisting him in gaining release from prison.

10. **Pharaoh was angry with his servants**—As explained above, *Pharaoh* was the title given to all Egyptian kings. Had it been a proper name, it would have been a breach of etiquette to mention the king's name in his presence. Similarly, all Amalekite kings were known as Agag, and all Philistine kings were known as Abimelech. Hence, the verse means: My lord was angry with his servants.—[*Rashbam, Ibn Ezra, Lekach Tov*]

11. **each one according to the interpretation of his dream**—*A dream fit for the interpretation that was interpreted for us and similar to it.*—[*Rashi*] [I.e., a dream for which the interpretation given was appropriate, and which was similar to that interpretation.]

12. **a Hebrew lad, a slave**—*Cursed are the wicked, for their favors are incomplete. He mentions him with expressions of contempt:*

a lad—*a fool, unfit for a high position;*

a Hebrew—*he does not even understand our language;*

a slave—*and in the statutes of Egypt it is written that a slave may neither reign nor wear princely raiment.*—[*Rashi* from *Gen. Rabbah* 89:7]

Rashi on *Genesis Rabbah* notes that the Hebrew word for lad (נַעַר) has a numerical value of 320, equal to that of שׁוֹטֶה, *fool*. This explanation is followed by *Devek Tov* and *Sifthei Chachamim. Mattenoth Kehunnah* remarks that to draw this parallel is unnecessary. He refers us to *Num. Rabbah* 14:6: "a lad," meaning that he was a fool, as it is said: "Foolishness is bound in a child's heart" (Prov. 22:15). [It is highly unlikely that the chief cupbearer spoke Hebrew and had in mind the numerical value of the words he used. It is more likely that he meant that Joseph was young and had childish ideas.]

a Hebrew—Joseph did not deny his nationality.—[*Moshav Zekenim*]

כַּחֲלֹמוֹ פָּתָר׃ יג וַיְהִי כַּאֲשֶׁר פָּתַר־
לָנוּ כֵּן הָיָה אֹתִי הֵשִׁיב עַל־כַּנִּי וְאֹתוֹ
תָלָה׃ יד וַיִּשְׁלַח פַּרְעֹה וַיִּקְרָא אֶת־
יוֹסֵף וַיְרִיצֻהוּ מִן־הַבּוֹר וַיְגַלַּח וַיְחַלֵּף
שִׂמְלֹתָיו וַיָּבֹא אֶל־פַּרְעֹה׃ שני
טו וַיֹּאמֶר פַּרְעֹה אֶל־יוֹסֵף חֲלוֹם
חָלַמְתִּי וּפֹתֵר אֵין אֹתוֹ וַאֲנִי שָׁמַעְתִּי
עָלֶיךָ לֵאמֹר תִּשְׁמַע חֲלוֹם לִפְתֹּר
אֹתוֹ׃ טז וַיַּעַן יוֹסֵף אֶת־פַּרְעֹה לֵאמֹר
בִּלְעָדָי אֱלֹהִים יַעֲנֶה אֶת־שְׁלוֹם
פַּרְעֹה׃ יז וַיְדַבֵּר פַּרְעֹה אֶל־יוֹסֵף
בַּחֲלֹמִי הִנְנִי עֹמֵד עַל־שְׂפַת הַיְאֹר׃
יח וְהִנֵּה מִן־הַיְאֹר עֹלֹת שֶׁבַע פָּרוֹת
בְּרִיאוֹת בָּשָׂר וִיפֹת תֹּאַר וַתִּרְעֶינָה
בָּאָחוּ׃ יט וְהִנֵּה שֶׁבַע־פָּרוֹת אֲחֵרוֹת
עֹלוֹת אַחֲרֵיהֶן דַּלּוֹת וְרָעוֹת תֹּאַר
מְאֹד וְרַקּוֹת בָּשָׂר לֹא־רָאִיתִי כָהֵנָּה

כְּחֶלְמֵיהּ פְּשַׁר׃ יג וַהֲוָה
כְּמָא דִי פְשַׁר לָנָא כֵּן
הֲוָה יָתִי אֲתֵיב עַל שִׁמּוּשִׁי
וְיָתֵיהּ צְלָב׃ יד וּשְׁלַח
פַּרְעֹה וּקְרָא יָת יוֹסֵף
וְאַרְהֲטוּהִי מִן בֵּית אֲסִירֵי
וְסַפַּר וְשַׁנִּי כְסוּתֵיהּ וְעַאל
לְוָת פַּרְעֹה׃ טו וַאֲמַר
פַּרְעֹה לְיוֹסֵף חֶלְמָא
חֲלֵימִית וּפָשַׁר לֵית לֵיהּ
וַאֲנָא שִׁמְעֵית עֲלָךְ
לְמֵימַר דְּאַתְּ שָׁמַע חֶלְמָא
וּמְפַשַּׁר יָתֵיהּ׃ טז וַאֲתֵיב
יוֹסֵף יָת פַּרְעֹה לְמֵימַר
לָא מִן חוּכְמְתִי אֱלָהֵין
מִן קֳדָם יְיָ יִתְּתַב יָת
שְׁלָמָא דְפַרְעֹה׃ יז וּמַלֵּיל
פַּרְעֹה עִם יוֹסֵף בְּחֶלְמִי
הָא אֲנָא קָאֵים עַל כֵּיף
נַהֲרָא׃ יח וְהָא מִן נַהֲרָא
סָלְקָן שְׁבַע תּוֹרָן פַּטִּימָן
בְּשַׂר וְשַׁפִּירָן לְמֶחֱזֵי וְרַעְיָן
בְּאַחֲוָא׃ יט וְהָא שְׁבַע
תּוֹרָן אוֹחֲרָנְיָן סָלְקָן
בַּתְרֵיהֶן חֲסִיכָן וּבִישָׁן
לְמֶחֱזֵי לַחֲדָא וַחֲסִירָן
בְּשַׂר לָא חֲזֵיתִי דִכְוָתְהוֹן

תולדות אהרן

ויהי כאשר פתר לנו שם: ויגלח ויחלף שם נו.

רש"י

לפי החלום וקרוב לענינו: (יג) השיב על כני. פרעה הנזכר למעלה כמו שאמר פרעה קצף על עבדיו הרי מקרא קצר לשון ולא פירש מי השיב לפי שאין צריך לפרש מי השיב מי שבידו להשיב והוא פרעה וכן דרך כל מקראות קצרים

כלי יקר

קרוב בעיני לפרש כי רצה לתקן שינוי לשון זה כי פרעה ספר להם חלומו כי לדעתו היה נראה׳ שהכל חלום אחד והיה נעלם מעיניו ענין השנות החלום על כן אמר ואין פותר אותם לפרעה שלא יוכלו לפתור אותם ר״ל מדוע נראה אליו הדבר פעמים ובפנים שונות זהו הדבר שלא יכלו לפתור לו ד״א החרטומים נתנו לו טעם על השנות החלום לפי שהבנות יש מהם שני תועליות א׳ הוא שתכלית׳ לשם פריה ורבי׳ לבעליהן התועלת השני הוא שהם מצילין את בעליהם מן החטא כי מטעם זה נמשלה האשה אל הלחם כמו שבארנו למעלה ס׳ וישב בפסוק כי אם הלחם אשר הוא אוכל לפי שאבר קטן באדם משביעו רעב ודווקא בביא׳ של עביר׳ כי עיקר טעם ביאה לעוברי עבירה על כן ילרו מרעיבו אבל אשתו משביעו כלחם זה המשביע וע״ש ענין זה חשבו החרטומים וודאי שני חלומות אלו ענינם אחד ולמה בא החלום ברוב ענין אלא ודאי שיולד שבע בנות וישיאם לאנשים ויהיו פרים ורבים וזהו הוראות לשון שבע פרות על שם שפרות ורבות. ויהיו לבעליהן כלחם זה העשוי מן השבלים וזהו ענין שבע שבלים ולפי זה השיבו לראות אך שאין פותר אותם אותן שני תועליות לפרעה כי היה קשה לו למה הכל׳ ה׳ כזאת דווקא לפרעה הלא הרב׳ בני אדם מולידי בנות

אור החיים

ופותר אין אותו. פי׳ שהיו לו פותרים אלא שלא היה צודק החלום ע״פ הפותרים והוא אומרו ופותר אין אותו והכוונה בזה שיפתור פתרון שיצטדק עם החלום: ואני שמעתי וגו׳. צל״ד אומרו לאמר עוד אומרו תשמע פשיטא שלא יפתור קודם שישמע והיל״ל שמעתי עליך פותר חלום אכן הכוונה היא שנתחכם פרעה להייב יוסף לפתור חלום מבלי תת אמתלאות ובא בטענה לומר כי הוא יוסף פיו העידו כי הוא פותר חלומות ומעתה לא ימנע מחלוקה או יפתור חלומו של פרעה או יתחייב על אשר רימה בני אדם שהוא פותר ואין בפיהו נכונה והוא אומרו ואני שמעתי עליך לאמר פי׳ שאתה אומר תשמע חלום

according to his dream. 13. And it came to pass that just as he had interpreted, so it was; me he restored to my position, and him he hanged." 14. So Pharaoh sent and called Joseph, and they rushed him from the dungeon, and he shaved and changed his clothes, and he [then] came to Pharaoh. 15. And Pharaoh said to Joseph, "I have dreamed a dream, and there is no interpreter for it, but I have heard it said of you [that] you understand a dream, to interpret it." 16. And Joseph replied to Pharaoh, saying, "Not I; God will give an answer [that will bring] peace to Pharaoh." 17. And Pharaoh said to Joseph, "In my dream, behold, I was standing on the bank of the Nile. 18. And behold, seven cows of robust flesh and handsome form were ascending from the Nile, and they pastured in the marshland. 19. And behold, seven other cows were ascending after them, emaciated and of very ugly form and with meager flesh; I have not seen such

[for] each [of us]...according to his dream—*According to the dream and close to its contents.*—[*Rashi* from *Ber.* 55b]

Alternatively, he interpreted for each one his dream.—[*Ramban*]

13. **me he restored to my position**—["He" refers to] *Pharaoh, mentioned above, as he said, "Pharaoh was angry with his servants"* (verse 10). *Hence, the verse is elliptical: it did not specify who restored, because it is not necessary to specify who restored, [for it could only be] the one who has the power to restore, namely Pharaoh. This is customary for all elliptical verses. Concerning the one who is to do [the thing], they leave the matter unspecified.*—[*Rashi*]

Ibn Ezra comments: Some say that Joseph, with his speech [i.e.,

with his interpretation], restored the cupbearer to his position and hanged the baker.

14. **and they rushed him**—I.e., Pharaoh's messengers rushed him from the dungeon.—[*Ibn Ezra*]

from the dungeon—Heb. מִן-הַבּוֹר, lit., from the pit. *From the prison, which was made like a sort of pit, and so every* [instance of] בּוֹר *in the Scriptures is an expression of "pit." Even if there is no water in it, it is called* בּוֹר, *fosse in Old French, a pit.*—[*Rashi*] According to *Rashi*, בּוֹר denotes an excavation in the earth, regardless of whether it contains water or not. According to *Ibn Janach* (*Sefer Hashorashim*, p. 60), there are two kinds of בּוֹר, one a pit and another one a well, which constantly refills when water is drawn from it. *Redak* is of the opinion

(*Sefer Hashorashim*, p. 37) that בּוֹר is a cistern, into which rain water is gathered. Its usage, in the sense of "dungeon" or "grave" as in Ps. 30:4, is due to the fact that these resemble a cistern, and it is a borrowed term.

and he shaved—*in honor of the throne.*—[*Rashi* from *Gen. Rabbah* 89:9]

He was not yet certain that he would be released, because it was possible that he would be unable to interpret Pharaoh's dream. Therefore, he had no occasion to celebrate, and the only reason he had his hair cut was to honor the throne, because it was considered a breach of etiquette to appear before the king with uncut hair.—[*Sifthei Chachamim*]

Ibn Ezra observes that the subject of וַיְגַלַּח is "and he cut his hair," although the barber is not mentioned.—[*Ibn Ezra*]

15. **you understand a dream, to interpret it**—Heb. תִּשְׁמַע. *You listen to and understand a dream, to interpret it.*

you understand—Heb. תִּשְׁמַע. *An expression of understanding and listening, similar to "Joseph understood* (שָׁמַע)*"* (Gen. 42:23); *and* "*whose language you will not understand* (תִּשְׁמַע)*"* (Deut. 28:49), *antandras in Old French, you understand.*—[*Rashi*] [See *The Pentateuch with Rashi Hashalem*, fn. 27, where in the Reggio edition, the wording is "listening and understanding," which follows its logical sequence as well as the sequence in *Rashi*'s previous comment. In the Guadalajara edition, this entire comment is missing.]

Rashbam and *Redak* concur with *Rashi*.

16. **Not I**—Heb. בִּלְעָדָי. *The wisdom is not mine, but God will answer. He will put an answer into my mouth that will bring peace to Pharaoh.*—[*Rashi* from *Targum Onkelos*]

Ibn Ezra explains that בִּלְעָדָי is a combination of two words, בַּל עָדָי, *it does not extend to me.* He interprets the sense of the verse as follows: Even without my interpretation, God will give an answer that will bring peace to Pharaoh. Another interpretation: I am not the interpreter, but it is God Who will always give an answer that will bring peace to Pharaoh.

19. **emaciated**—Heb. דַּלּוֹת, *similar to "Why are you becoming so thin* (דַּל)*"* (II Sam. 13:4), *referring to Amnon.*—[*Rashi*]

and with meager flesh—Heb. וְרַקּוֹת בָּשָׂר. *Every expression of* רַקּוֹת *in Scripture means "lacking flesh," and in Old French* [it is] *bloses, deprived (deficient).*—[*Rashi*]

Rashi wishes to distinguish between רַקּוֹת and רֵקוֹת (verse 27), used in connection with the ears of grain. There is, however, a problem with *Rashi*, namely that the word does not appear elsewhere in Scripture, unless we consider "your temple (רַקָּתֵךְ) is like a split pomegranate" (Song of Songs 4:3), and "into his temple (בְּרַקָּתוֹ)" (Jud. 4:21), where this term is used to denote "temple" because of the meager flesh found on that part of the body.—[*Sefer Hazikkaron*]

כְּפוּשְׁרַן חֵילְמֵיהּ פָּשַׁר : יג וַהֲוָה הֵיכְמָא דְפָשַׁר לָנָא כְּדֵין הֲוָה יָתִי אוֹתִיב בְּמִילֵיהּ עַל סֵדֶר שִׁימוּשִׁי וְיָתֵיהּ צְלָב : יד וּשְׁדַר פַּרְעֹה וּקְרָא יַת יוֹסֵף וְדִילוּגֵיהּ מִן בֵּית אֲסִירֵי וְסַפֵּר וְשַׁנִּי כְּסוּתֵיהּ וְעָל לְוַת פַּרְעֹה : טו וַאֲמַר פַּרְעֹה לְיוֹסֵף חֶלְמָא חֲלֵימִית וּמְפַשַּׁר לֵית יָתֵיהּ וַאֲנָא שְׁמָעִית עֲלָךְ לְמֵימָר אִין אַנְתְּ שְׁמַע חִילְמָא אַנְתְּ פָּשַׁר לֵיהּ : טז וַאֲתֵיב יוֹסֵף יַת פַּרְעֹה לְמֵימָר בַּר מִינִי לָא אִית גְּבַר דְּפָשַׁר חֶלְמִין בְּרַם מִן קֳדָם יְיָ יְהוּתַב שְׁלָמָא דְפַרְעֹה : יז וּמַלֵּיל פַּרְעֹה עִם יוֹסֵף לְמֵימָר חָמֵי הֲוֵית בְּחֶלְמִי הָא אֲנָא קָאֵי עַל כֵּיף נַהֲרָא : יח וְהָנֵה מִן נַהֲרָא סַלְקָן שְׁבַע תּוֹרָתֵי פַּטִּימָן בְּשַׂר וְשַׁפִּירָן לְמֶחְמֵי וְרַעְיָין בְּגוֹ גוּמַיָא : יט וְהָא שְׁבַע תּוֹרָתֵי חוֹרָנִין סָלְקָן בַּתְרֵיהֶן חֲשִׁיכָן וּבִישָׁן לְמֶחְמֵי לַחֲדָא וְחַסְיַין בְּבִישְׂרֵהוֹן לָא חָמֵית דִכְוָתְהוֹן בְּכָל

פי' יונתן

(יג) אותיב במילי' פי' יוסף השיב אותו בדבריו שאמר הישב ורוב החלומות הולכים אחר הפה ולא פ"ל כרש"י שהוא קאי אפרעה ולסברתו אינו מקרא קצר כי קאי אהפותר ודוק נ"ל : (יט) ותסיין הגאון מהר"ר מייבב ואומר שהוא לשון קשה כמו לא בחוסן לשון משנה ולשון מקרא החסון לנעורת בירמי' שהוא ענין קשה וגם כאן פרות רעות וקשות וק"ל : שבע ענין אינון מבשרין פי' הם מבשרים ואומרים ל' בשורה :

בעל הטורים

כאשר פתר בגימטרי' שהחלומות הולכים אחר הפה : כהנה. ב' במסורה הכא ואידך ואם מעט ואוסיפה לך כהנה שאומר הכתוב

רשב"ם

כמו שפתר לנו כן הי':(יג) ויהי כאשר פתר וגו' אותי השיב על כני :(טו) תשמע חלום. תבין חלום ויודע לפותרו : (טז) בלעדי. אינו תלוי בי אלא הקב"ה

רש"י

על מי שעליו לעשות הם סותמים את הדבר : (יד) מן הבור. מן בית הסוהר צ שהוא עשוי כמין גומא ק וכן כל בור שבמקרא ל' גומא ואף אם אין בו מים ר קרוי בור פוס"י בלעז (איינע גרובע): ויגלח. מפני ש כבוד המלכות (ב"ר) : (טו) תשמע חלום לפתור אותו. תאזין ותבין חלום לפתור אותו : תשמע. לשון הבנה והאזנה כמו שומע יוסף אשר לא תשמע לשונו אנטינדר"א בלעז (פערשטעהען): (טז) בלעדי. אין החכמה משלי ת אלא אלהים יענה יתן עניה בפי לשלום פרעה: (יט) דלות. א כחושות כמו (ש"ב יג) מדוע אתה ככה דל לאמנון : ורקות בשר. כל לשון רקות שבמקרא הסרי ב בשר ובלעז בלוא"ש (לארע

שפתי חכמים

למג"מ קאמר שהוא עבד לשר הטבחים אלא ודאי לדרשא : צ גבי כי שמו אותי בבור היה אפשר לומר שהוא בור ממש אלא שא"כ נתנוהו בבית הסוהר אבל הכא לריך לפרש כן דלא תימא אחר שילא שר המשקים מבית הסוהר שמו אותו שנית בבור ל"פ שבור הוא בית הסוהר מדכתיב ויריצהו מן הבור ובבור אין שייך ל' ריצה כ"א משיכה כדכתיב וימשכו את יוסף מן הבור : ק פי' דלמעלה כתיב ששמוהו בבית הסוהר וכאן כתיב ויריצהו מן הבור לכ"פ שהוא עשוי וכו' מהרש"ל: ר (נח"י) דאל"כ היו בגדים לחים ופשיטא שהיה לריך להחליפם גם בלא כבוד המלכות ולמה הולרך לומר ויחלף שמלותיו ל"פ בור הוא בית הסוהר א"כ לא היה בו מים ולמה החליף שמלותיו אלא משום כבוד המלכות : ש דאי משום שמהה הא לא ידע עדיין איך דינו ילא שעדיין לא בא לפני פרעה ומי יודע אם יכול לפתור אותו או לא : ת דה"א לפ' כאן כמו בלעדי אשר אכלו הנערים דפירושו חוץ מה שאכלו דהיאך שייך לומר חוץ מאלהים יענה כו' וגם א"ל שפירושו אלא אלהים שהרי דעתו של יוסף לפתור לו חלומו אלא ה"פ בלעדי הם ב' תיבות בל עדי ועדי פי' משלי כמו שמפ' ואזיל : א ולא מל' עוני : ב פי' משום דאמרינן כל אכין ורקין מיעוטין הן ורקות

דעת זקנים מבעלי התוספות

ביחד : (יד) ויחלף שמלותיו. מכאן רמז למה שאמרו רז"ל בר"ה ילא יוסף מבית האסורים שהרי ויחלף שמלותיו בגימטריא בחד בתשרי. וקשיא לי כי מלאתי שמלתיו חסר ו' אם לא נאמר יש אם למקרא : (יט) ודקות בשר. פי' דדקות ורקות אותו שכתוב רעות הוא רקות

אבן עזרא

חלומו. כבר פירשתיו : (יג) אותי השיב. פרעה. וי"א שהוא בדבור השיב ותלה. או בפתרון : (יד) ויריצהו. שלוחי פרעה : ויגלח. המגלח : (טז) בלעדי. מלה אחת מורכבת משתי מלות. והטעם שב אל תשמע חלום לפתור אותו. אמר יוסף בלעדי פתרוני יענה אלהים את שלום פרעה. וי"א כי טעמו בעבור שאמר לו כי אתה פותר חלום אמר בלעדי הוא הפותר והוא אלהים שיענה את שלום המלך. וטעם יענה שימליא תמיד. וכן כי האלהים מענה בשמחת לבו. וכן הארץ תענה והוא קרוב ממשמעו. הוסיף דלות ותחת מראה אמר תאר. כי זה קרוב מזה :

אור החיים

לפתור אותו כמו שכן הי' אחר האמת שאמר לשר המשקים ושר האופים ספרו נא לי וגו' ומן הסתם שר המשקים הודיע הדברים כמות שהם לפרעה או פרעה בחן כי לא יגידו שריו חלומו לנער עברי עבד אם לא ששאל הוא להגידו ומעתה יתחייב לפתור חלומו של פרעה ללדק דבריו :

ויען יוסף לאמר וגו'. פי' השיבו למה שטען בתיבת לאמר כי הוא או' לשמוע חלום לפתור בלעדי לא היו כן הדברים ומה שאמר הוא כי אלהים ימליא פתרונים לחלומות על יד בני אדם כמו שמלינו שכן אמר יוסף לשר המשקים ושר האופים הלא לאלהים פתרונים פי' לא יחסרו הפתרוני' ואמר ספרו לי אולי ימלא פתרון ולעולם אינו מייחד עלמו

כלי יקר

בנות ולמה לא הרא' להם ה' כזה זה"ש שלא היה קולן נכנסים באזניו ר"ל למה השמיע ה' לאזניו דוקא כזה ולא לזולתו בשלמא לפתרונו של יוסף אתי שפיר כי המלך בידו סיפק לעשותו ולתקן פרלת הרעב זה"ש ואין פותר אותם לפרעה שלא יכלו לפתור למה הרא' ה' שני תועליות אלו לפרעה דווק' ולא הראה כן לזולתו כי בכל משיא בתו נמלאו שני תועליות אלו ומה נשתנ' פרעה מזולתו. אך לפי מדרש הרבתי שאמרו לו שני פתרונים הבנות והאפרכיות נראה לפרש שהבינו שהשבלים מרמזים על הבנות ע"ד קראן לו ויאכל לחם כי אם הלחם אשר הוא אוכל והפרו' רמז לכבישת האפרכיות כמ"ש בכור שורו הדר לו וקרני ראם קרניו בהם עמים ינגח כי הפרות בזמן שהם בריאות וטובות יש בקרניהם כח הנגיח' ואף על פי שהפרים כחם גדול מן הפרות מכל

אבי עזר

משמע מדברי המכלול שכתב וז"ל בריאות כהבירו על דרך השאלה. כלומר מלאות וטובות עכ"ל: (יג) (ויש אומרים שהוא בדבור השיב וכו') כן תרגם יונתן ויתי אותיב במלי על סדר שימושי. רק לרב קשה דלא מלינו הוראת השיב. רק במי שמשיב דבר או אבידה. או שב אל העיר. אבל לא מלינו כן באיש אשר דיבר טוב על חבירו. במה שאין בידו לעשות. וביותר יש להפליא על תיבת ואותו תלה. לכן דחק הרב לפרש או בפתרון כי אם יכנם דברי הפותר בעיני בעל החלום דומה לו כאלו הוא השיב אותו על כנו. ועיין פ' תולדות פסוק הן גביר שמתיו לך: (טז) (בלעדי. מלה מורכבת משתי מלות וכו') ומסייעא לי' דברי ר' חייא בירושלמי פ' כילד מברכין וז"ל. סובתי כל עליך. מה בל עליך אינו מביא לעולם טובה מבלעדיך כמה דכתיב ובלעדיך לא ירים איש את ידו :

ספורנו

היה : (יד) ויריצוהו מן הבור. כדרך כל תשועת ה' שנעשית כמו רגע כאמרו כי קרובה ישועתי לבא וכאמרו לו עמי שומע לי וכך היה ענין מצרים כאמרו כי גורשו ממצרים כאמרם ז"ל שלא הספיק בצקן של אבותינו להחמיץ וכו'. וכן אמר לעשות לעתיד כאמרו ופתאום יבא אל היכלו האדון וכו' : ויחלף שמלותיו. כי אין לבא אל שער המלך בלבוש שק: (טו) תשמע חלום לפתור אותו. שתבין ענין החלום לפתור אותו כפי חכמת הפתרון ולא תפתור במקרה: (טז) בלעדי אע"פ שאמרת ופותר אין אותו כאלו אני יחיד בזאת החכמה אני חושב שיש בלי ספק פותר בלעדי: אלהים יענה. יעשה שאענה בפתרוני את שלום פרעה. דבר שיהי' שלום פרעה שהחלומות הולכים אחר הפה: (יט) לא ראיתי כהנה. לא קרה זה ע"ד רעיונך על משכבך סליקו :

ולא

בְּכָל־אֶרֶץ מִצְרַיִם לָרֹעַ׃ כ וַתֹּאכַלְנָה
הַפָּרוֹת הָרַקּוֹת וְהָרָעוֹת אֵת שֶׁבַע
הַפָּרוֹת הָרִאשֹׁנוֹת הַבְּרִיאֹת׃
כא וַתָּבֹאנָה אֶל־קִרְבֶּנָה וְלֹא נוֹדַע
כִּי־בָאוּ אֶל־קִרְבֶּנָה וּמַרְאֵיהֶן רַע
כַּאֲשֶׁר בַּתְּחִלָּה וָאִיקָץ׃ כב וָאֵרֶא
בַּחֲלֹמִי וְהִנֵּה ׀ שֶׁבַע שִׁבֳּלִים עֹלֹת
בְּקָנֶה אֶחָד מְלֵאֹת וְטֹבוֹת׃ כג וְהִנֵּה
שֶׁבַע שִׁבֳּלִים צְנֻמוֹת דַּקּוֹת שְׁדֻפוֹת
קָדִים צֹמְחוֹת אַחֲרֵיהֶם׃ כד וַתִּבְלַעְןָ
הַשִּׁבֳּלִים הַדַּקֹּת אֵת שֶׁבַע
הַשִּׁבֳּלִים הַטֹּבוֹת וָאֹמַר אֶל־
הַחַרְטֻמִּים וְאֵין מַגִּיד לִי׃ כה וַיֹּאמֶר
יוֹסֵף אֶל־פַּרְעֹה חֲלוֹם פַּרְעֹה אֶחָד
הוּא אֵת אֲשֶׁר הָאֱלֹהִים עֹשֶׂה הִגִּיד
לְפַרְעֹה׃ כו שֶׁבַע פָּרֹת הַטֹּבֹת שֶׁבַע
שָׁנִים הֵנָּה וְשֶׁבַע הַשִּׁבֳּלִים הַטֹּבֹת
שֶׁבַע שָׁנִים הֵנָּה חֲלוֹם אֶחָד הוּא׃
כז וְשֶׁבַע הַפָּרוֹת הָרַקּוֹת וְהָרָעֹת
הָעֹלֹת אַחֲרֵיהֶן שֶׁבַע שָׁנִים הֵנָּה
וְשֶׁבַע הַשִּׁבֳּלִים הָרֵקוֹת שְׁדֻפוֹת
הַקָּדִים יִהְיוּ שֶׁבַע שְׁנֵי רָעָב׃ כח הוּא
הַדָּבָר אֲשֶׁר דִּבַּרְתִּי אֶל־פַּרְעֹה

בְּכָל אַרְעָא דְמִצְרַיִם
לְבִישׁוּ׃ כ וַאֲכַלָא תּוֹרָתָא
חֲסִיכָתָא וּבִישָׁתָא יָת
שְׁבַע תּוֹרָתָא קַדְמָיָתָא
פַּטִּימָתָא׃ כא וְעָלָּן לִמְעֵיהֶן
וְלָא אִתְיְדַע אֲרֵי עָלּוּ
לִמְעֵיהֶן וּמֶחֱזֵיהֶן בִּישׁ כַּד
בְּקַדְמֵיתָא וְאִתְּעָרִית׃
כב וַחֲזֵית בְּחֶלְמִי וְהָא
שְׁבַע שֻׁבְלִין סָלְקָן בְּקַנְיָא
חַד מַלְיָן וְטָבָן׃ כג וְהָא
שְׁבַע שֻׁבְלִין נָצָן לָקְיָן
שְׁקִיפָן קִדּוּם צָמְחָן
בַּתְרֵיהֶן׃ כד וּבְלָעוּ
שֻׁבְלַיָּא לַקְיָתָא יָת שְׁבַע
שֻׁבְלַיָּא טָבָתָא וַאֲמָרִית
לְחָרָשַׁיָּא וְלֵית דִּמְחַוֵּי לִי׃
כה וַאֲמַר יוֹסֵף לְפַרְעֹה
חֶלְמָא דְפַרְעֹה חַד הוּא
יָת דִּי יְיָ עָתִיד לְמֶעְבַּד
חַוִּי לְפַרְעֹה׃ כו שְׁבַע
תּוֹרָתָא טָבָתָא שְׁבַע שְׁנִין
אִנּוּן וּשְׁבַע שֻׁבְלַיָּא
טָבָתָא שְׁבַע שְׁנִין אִנּוּן
חֶלְמָא חַד הוּא׃ כז וּשְׁבַע
תּוֹרָתָא חֲסִיכָתָא
וּבִישָׁתָא דְּסָלִיקָא
בַּתְרֵיהֶן שְׁבַע שְׁנִין אִנּוּן
וּשְׁבַע שֻׁבְלַיָּא לַקְיָתָא
דִּשְׁקִיפָן קִדּוּם יֶהֶוְיָן
שְׁבַע שְׁנֵי כַפְנָא׃ כח הוּא
פִּתְגָּמָא דִּי מַלֵּלִית עִם

רשב"ם

יודיעני לפתור חלומך: **(כא) ולא נודע כי** באו אל קרבנה. כך אמר פרעה עכשיו ליוסף. עתה אני זכור כי בשעת החלום נדמה כאילו לא באו אל קרבנה. אבל למעלה לא היה ראוי לכתוב אלא ראית האכילה שראה שזו אוכלת זו אבל מה שחשב פרעה בלבו על מה שהיה תמיה שמראיתן רע כבתחלה לא היה ראוי לכתוב: (כג) צנומות. פתרונו לפי ענינו ואין לו חבר במקרא. ויש לומר כי לשון צונמא שבתלמוד הוא קשים באבן בלא ליחלוח:

רמב"ן

כברכתו ברך שלא ברך אותם ברכה שוה לכולם אלא ברכה מיוחדת לכל א' כאשר פירש ואמר לו: (כג) צנומות דקות. צנומא בלשון ארמי סלע הרי הן כעץ בלא לחלוח וקשות כסלע ותרגומו נצן לקיין נצן אין בהן אלא הנץ לפי שנתרוקנו מן הזרע לשון

ugly ones throughout the entire land of Egypt. 20. And the meager and ugly cows devoured the first seven healthy cows. 21. And they went inside them, but it was not known that they had gone inside of them, for their appearance was as ugly as in the beginning; then I awoke. 22. Then I saw in my dream, and behold, seven ears of grain were growing on one stalk, full and good. 23. And behold, seven ears of grain, hardened, thin, and beaten by the east wind, were growing up after them. 24. And the thin ears of grain swallowed up the seven good ears of grain; I told the necromancers, but no one tells me [its meaning]." 25. And Joseph said to Pharaoh, "Pharaoh's dream is one; what God is doing He has told Pharaoh. 26. The seven good cows are seven years, and the seven good ears of grain are seven years; it is one dream. 27. And the seven meager and ugly cows coming up after them are seven years, and the seven empty ears of grain, beaten by the east wind, will be seven years of famine. 28. It is this matter that I have spoken to Pharaoh;

21. but it was not known that they had gone inside of them— This is what Pharaoh told Joseph now. "I remember now that at the time of the dream, it did not appear that they had gone inside them." In verse 4 it was appropriate to write only that he saw the lean cows devouring the fat cows; it was inappropriate to write what Pharaoh thought, that he was surprised that the cows' appearance remained as ugly as at first. [Now, however, in Pharaoh's retelling of his dream to Joseph, he also recounts his thoughts and his impressions at the time of the dream.]—[*Rashbam*]

23. hardened—Heb. צְנֻמוֹת. [The word] צוּנְמָא *in Aramaic means "rock." They were like wood, with-*out moisture and hard as a rock. The Targum (Onkelos) renders: נָצָן לָקְיָן; נָצָן means that nothing was left but the [withered] blossom (הַנֵץ) because they were emptied out of seed. [לָקְיָן means "beaten."]—[*Rashi*] Ramban disagrees on the grounds that Pharaoh did not see budding stalks of grain, but grain that had already finished growing and had been blasted by the east wind. He explains צְנֻמוֹת to mean "crumbled." He interprets the Targum also in that manner. The ears of grain were dried out, and in some places the kernels were missing. Therefore, Joseph said "empty," whereas Pharaoh said "crumbled." [Hence, the ears were not budding but were already ripe, and the two descriptions coincide.]

24. **but no one tells me [its meaning]**—Among themselves they interpreted my dreams as portents of evil, but they would not tell me what they thought.—[*Midreshei Hatorah*] Cf. Comm. Digest on verse 8.

25. **And Joseph said to Pharaoh, "Pharaoh's dream is one**—Although the two dreams were separated by a period of wakefulness and were distinguished by different figures in each dream, they are, nevertheless, one dream. They have one meaning, as if they were one dream with similar figures.—[*Rabbenu Avraham ben haRambam*]

26. **seven years and...seven years**—*All of them are only* [a single period of] *seven. The reason the dream was repeated twice is that the matter* [the good years] *is ready, as he explained to him at the end. "And concerning the repetition of the dream to Pharaoh twice—that is because the matter is ready..."* (verse 32). *In connection with the seven good years it says, "He has told Pharaoh"* (verse 25), *because it was near, but in connection with the seven years of famine, it says, "He has shown Pharaoh"* (verse 28). *Since the matter was distant and far off, an expression of "showing a vision" is appropriate.*—[*Rashi*]

it is one dream—This is not a mere repetition of the statement made in verse 25, but an elaboration of that statement. The second dream depicting the ears of grain, which I will interpret as referring to seven years, will not be seven years in addition to the seven years depicted by the cows, totaling fourteen years of plenty and fourteen years of famine, but they are one dream, depicting only seven years of plenty and seven years of famine.— [*Rabbenu Avraham ben haRambam*]

27. **will be seven years of famine**—Since plenty in Egypt is common, Joseph mentioned first the portent of the years of famine, for that was a novelty, and that was the purpose of the dream. God, in His mercy, showed Pharaoh the famine to keep them alive for a great deliverance, [namely, that they would be forewarned of the famine and store food for that period]. This is the sense of "And the seven years of famine began, as Joseph had said" (verse 54), for the truth of Joseph's words was realized only with the years of famine.—[*Ramban*]

Da'ath Zekenim, based on *Gen. Rabbah* 89:9, interprets this as a prayer: if only they would be seven years of famine, for they should have been forty-two years: the seven years depicted in the dream by the cows, the seven years depicted by the ears of grain, the fourteen in Pharaoh's repetition of the dreams, and the fourteen in Joseph's interpretation. Through Joseph's prayer, they were reduced to seven years, and when Jacob arrived in Egypt, they were reduced to two. Hence, forty years of famine were missing. These came about in the time of Jeremiah, (sic) as it is written: "And I will make the land of Egypt desolate...forty years" (Ezek. 29:12). [It should read: in the time of Ezekiel, as it appears in *Gen. Rabbah.*]

אַרְעָא דְמִצְרַיִם לְבִישׁוּ: כ וַאֲכִילָן תּוֹרָתֵי חֲשִׁיכָתָא וּבִישְׁתָא יַת שְׁבַע תּוֹרָתֵי קַמְיָיתָא וּפַטִימָתָא:
כא וְעָלָא לִמְעֵיהֶן וְלָא אִשְׁתְּמוֹדַע אֲרוּם עָלַן לִמְעֵיהֶן וּמֶחְמֵיהֶן בִּישׁ הָא כִּדְבְקַדְמֵיתָא וְאִיתְעָרִית:
כב וַחֲמֵית בְּחֶלְמֵי וְהָא שְׁבַע תּוּבְלִין סַלְקָן בְּקַנְיָא חָד מַלְיָין וְטָבָן: כג וְהָא שְׁבַע תּוּבְלֵי נָצַן לַקְיָין שְׁקִיפָן
קִידוּם צָמְחָן בַּתְרֵיהֶן: כד וּבְלָעָן תּוּבְלַיָּא לַקְיָיתָא יַת שְׁבַע תּוּבְלַיָּא טַבְתָא וַאֲמָרִית לְחַרְשַׁיָּא וְלֵית
דִמְתַנֵי לִי: כה וַאֲמַר יוֹסֵף לְפַרְעֹה חֵילְמָא דְפַרְעֹה חַד הוּא מַה דַיְיָ עָתִיד לְמֶעְבַּד תָּנֵי לְפַרְעֹה:
כו שְׁבַע תּוֹרָתָן טַבְתָן שְׁבַע שְׁנַיָּיא אִינוּן מְבַשְּׂרָן וּשְׁבַע שׁוּבְלַיָּא טַבְתָא שְׁבַע שְׁנַיָּיא הָאִלֵּין אִינוּן מְבַשְּׂרָן
חֶלְמָא חַד הוּא: כז וּשְׁבַע תּוֹרָתָא כְּחִישְׁתָא וּבִשְׁתָא דְסַלְקָן בַּתְרֵיהֶן שְׁבַע שְׁנַיָּיא חוּרַנְיָיתָא אִינוּן מְבַשְּׂרָן
וּשְׁבַע תּוּבְלַיָּיא לַקְיָיתָא שְׁקִיפָן קִידוּם הֵם הָכִי מְבַשְּׂרָן דִיהֶוְיָין שְׁבַע שְׁנֵי כַפְנָא: כח הוּא פִּתְגָמָא דְמַלֵּילִית

רש"י

שוחק): (כג) צנמות. לונמא בל' ארמי סלע הרי הן כעץ בלי לחלוח וקשות כסלע ותרגומו נצן לקין נ נצן אין בהן אלא הקן לפי שנתרוקנו מן הזרע: (כו) שבע שנים ושבע שנים. כולן אינן אלא שבע ואשר נשנה החלום פעמים לפי שהדבר מזומן כמו שפירש לו בסוף ועל השנות

שפתי חכמים

דהכא נמי מיעוט הוא ומהו ממעט ממעט בשר אבל אין פירשו כמו ריק בליר"י ומעלומי הע"ן: ג וקשה נמה מביא התרגום והלא הביא התרגום של יבש כסלע וכ"ל דק"ל שפרעה אמר ליוסף שהשבלים לנומות ויוסף לא פירש ע"ז כלום אלא על רעות ודקות וגם בחלומו לעיל לא אמר לנומות אע"כ ל"ל שפרעה היה רולה לבדוק את יוסף אם אמת יפתור או לא וא"ל דבר שלא ראה מעולם ואמר אם יבין את זה יבין החלום לפתור ויוסף הבין את הדבר ולא פתר לו כלום ע"ז כך לריך אתה לפרש פשוטו של קרא. וקשה לרש"י ע"ז מהיכן ידע יוסף את זה וכי נביא היה לכך מביא התרגום הראשון של לנומות שהוא יבש כסלע ויוסף היה מבין זה מכח סברא שזה הדבר לא היה בחלומו כי אם היה זה לא היה קיום לעולם שיהא קללה כ"כ שיהא יבש כסלע אלא ל"ל שיהיה לו לחלוחית מעט ועדיין קשה מנלן שלנומות הוא לשון סלע דלמא הוא ל' נצן לקין ל"פ שבזה התרגום ג"כ משמע שאין

דעת זקנים מבעלי התוספות

והאחרים דקות וסימניך רק רע כדכתיב בפרשת בראשית: (כז) יהיו שבע שני רעב. יהיו לשון תפלה הוא שמן הדין הי' להיות מ"ב שנים רעב במלרים כילד שבע דפרות ושבע דשבלים דחלום. וכן בספור. וכן דהגדה מפי יוסף דפרות ושבע דשבלים הרי מ"ב. ועל ידי תפלת יוסף נחסרו עד שבעה בא יעקב ונחסרו עד ב' הרי מ' נחסרו ונפרעו להם בימי ירמיה דכתיב והיה מלרים לשמה מ' שנה:

אבן עזרא

(כא) ומראיהן. ומראה כל אחת מהן רע. ופה הוסיף לפרש חלומו שראה שבאו הפרות הטובות בקרב הרעות והיו כאשר היו בראשונה: (כג) לנומות. אין לו חבר במקרא וטעמו כמו רקות. וי"א שפירושו ללמים כי כן בלשון

רמב"ן

ל' רש"י והשבלים בעת שנתרוקנו מן הזרע אין בהן נקוכן פרעה לא ראה אותן בעת הנץ כי מלאות וטובות ודקות ושדופות קדים ראה אותן וכן צנומות שיהיה כמו סלועות מלשון צונמא אינו נכון והשבלים הדקות אינם קשות כסלע אבל פירוש צנומות פרורות לחתיכות הרבה והוא לשון רבותינו פת הצנומה בקערה מברכין עליה המוציא פת החתוכ' והוא הפת שאדם עושה ממנו חתיכות ונותן המרק עליו בקערה ואוכלו חתיכה חתיכה בלא בציעה אחרת והוא לשון התרגום ג"כ שאמר נצן לשון חתוך וחסרון מטה שאמרו הם ז"ל מליא במליא נצא בנצא לא הויא חזקה שקל מוליא ושדא בנצא הויא חזקה המקום שהוא גבוה ושלם העפר נקרא מוליא ושהוא חסר העפר ובו חסרון וגומא נקרא נצא אף כאן הפך מלאות צנומות ונצן הפך מליאן והענין כי לא היו השבלים מלאות הגרגרים אבל היה בהם מקובות חסרים אין בהם גרגרים ומקום אחד גבוה שבו הגרגרים שלקו והם רקים ולכך אמר יוסף במקום צנומות רקות כי היו בהם מקומות רקים אין בהם גרגרים כלל: (כז) יהיו שבע שני רעב. בעבור שתשבע

אור החיים

לומר כי הוא מפשר חלומות וכמו כן הוא אומר לו אלהים יענה וגו' הולרך לומר יענה שלום נתכוון לומר שלא יקפיד אם יהי' פתרון החלום מגיד רעתו כי מה' מענה דבר ולא יקפיד לו' כי החלומות הולכים אחר הפה ונתן טעם באו' שלום פרעה כי המלך ישתוה בדבר זה ולזה אם יגיד רע לא ממנו ילאו הדברים וכמו כן הוא אומרו עתה אלהים יענה את שלום פרעה. עוד ירלה באומרו אלהים יענה כי אין סדר אופן פתרונו כסדר פתרון בר הדיא וכיולא בו שיטה החלום לאשר יחפוץ אלא אמיתות משמעות הדברים ולזה אמר אלהים וגו':

את אשר האלהים וגו'. יתבאר ע"ד אומר' ז"ל ג' דברים הקב"ה מכריז עליהן והם שבע ורעב ופרנסה והוא או' את אשר האלהים עושה בכבודו שלא ע"י שליח הראה וגו' שבע אלו שני שבע רעב אלו שני רעב פרנס' ירא פרעה איש וגו' והגם שלא אמר לו מי זה האיש אעפ"כ אחר האמת תמך גורלו במה שמנע הפתרון מכל חכמיו וגילה לו את יוסף ע"י שה"מ שספר לו העובר עליו ונתגלגלו הדברים ונתגלה לו יוסף ויושיתהו על ארץ מלרים ואומר הגיד לפרעה פי' שיש סיפק בידו לעשות תיקון כמו שאמר לבסוף ירא פרעה וגו' וחמש וגו':

יהיו שבע שני רעב. טעם שלא אמר כן על שבע שני שבע לגד שגם בימים ההם היו שני שבע ואין דבר חדש כל כך

כלי יקר

מקום נקוט פרות לרבותא כי בזמן הללחתו אפילו החלש כנקוב' יאמר גבור אני וילא ובשעה המליד' יהי' תשוכחו של פרעה כנקיבה נשלא יהי' בידו כח כנגד שבע אפרכיות שימרדו בו. ומ"ש ואין פותר אותם לפי שפרעה הי' סבור שחלום אחד הוא על כן נאמר ויספר להם חלומו. והחרטומים חשבו ששני חלומות הם ופתרון על הבנות שיהי' קובר ושימרדו בו שבע אפרכיות ולא רלו להגיד בשורה רעה זו לכך נאמר ואין פותר אותם לפרעה דוקא אל פרעה עלמו לא רלו לפתור אבל בפני שאר עבדיו פתרוהו וגם עבדיו לא הגיד לו כלום מאותו פתרון על כן אמר פרעה ליוסף ואין מגיד לי ולא אמר ואין פותר לי אלא ודאי שראה עבדיו מתלחשים ויבן כי פתרו לפרעה ועל כן הי' קובל על כל בני ביתו לפני יוסף לאמר שמכולם אין מגיד לי מה שפתרו בפניהם החרטומים. ד"א לכך אמר ואין מגיד לי לפי שנבוכדנלר לא שכח החלום ואמר בפני חכמיו ששכח כדי לברר האמת כי מי שיאמר לו החלום ודאי נביא הוא ופתרונו אמת. אבל פרעה סיפר חלומו וא"כ במה יודע לו אם הפתרון אמת על כן הי' משנה בסיפור חלומו בכמה דברים ממה שראה וחשב מי שיגיד לו השינויים רוח ה' דיבר בו וכמו שסיפרו לפני יוסף כך ספרו גם לפני החרטומי' ואין מגיד לו השינויים על כן לא קבל פרעה פתרונם אבל יוסף הגיד לו כל השינויים ואמר לו לא ראית לנומות אלא דקות כו' כדאי' במדרש: יהיו שבע שני הרעב הוא הדבר אשר דברתי וגו'. יש כאן

אבי עזר

(כא) (ומראה כל אחת מהן רע) דהוה למכתב ומראיהן רעות. אולם הוא על דרך בנות לעדה עלי שור:

ספורנו

(כא) ולא נודע כי באו אל קרבנה. ע"ד ואכלתם ולא תשבעו באמרם ז"ל אינו דומה מי שיש לו פת בסלו למי שאין לו: (כד) ואין מגיד לי. שראה שכלם חשבו שהם שני חלומות ופתרו אותם על שני דברים והוא הכיר ששניהם היו חלום אחד כאמרו וארא בחלומי: (כה) חלום פרעה אחד הוא. ולפיכך טעו הפותרים: את אשר האלהים עושה הגיד לפרעה. לפיכך לא ידעו זה החרטמים כי לא נודע להם בלהטיהם אבל הגיד לפרעה בלבד: (כח) הוא הדבר. ענין הרעב הוא הדבר שאמרתי שהגיד לפרעה כדי שלא תכרת הארץ ברעב: הראה את פרעה. שני השבע

אֲשֶׁר הָאֱלֹהִים עֹשֶׂה הֶרְאָה אֶת־
פַּרְעֹה׃ כט הִנֵּה שֶׁבַע שָׁנִים בָּאוֹת
שָׂבָע גָּדוֹל בְּכָל־אֶרֶץ מִצְרָיִם׃
ל וְקָמוּ שֶׁבַע שְׁנֵי רָעָב אַחֲרֵיהֶן
וְנִשְׁכַּח כָּל־הַשָּׂבָע בְּאֶרֶץ מִצְרָיִם
וְכִלָּה הָרָעָב אֶת־הָאָרֶץ׃ לא וְלֹא־
יִוָּדַע הַשָּׂבָע בָּאָרֶץ מִפְּנֵי הָרָעָב
הַהוּא אַחֲרֵי־כֵן כִּי־כָבֵד הוּא מְאֹד׃
לב וְעַל הִשָּׁנוֹת הַחֲלוֹם אֶל־פַּרְעֹה
פַּעֲמָיִם כִּי־נָכוֹן הַדָּבָר מֵעִם
הָאֱלֹהִים וּמְמַהֵר הָאֱלֹהִים לַעֲשֹׂתוֹ׃
לג וְעַתָּה יֵרֶא פַרְעֹה אִישׁ נָבוֹן וְחָכָם
וִישִׁיתֵהוּ עַל־אֶרֶץ מִצְרָיִם׃ לד יַעֲשֶׂה
פַרְעֹה וְיַפְקֵד פְּקִדִים עַל־הָאָרֶץ
וְחִמֵּשׁ אֶת־אֶרֶץ מִצְרַיִם בְּשֶׁבַע שְׁנֵי

אונקלוס

פַּרְעֹה דִּי יְיָ עָתִיד
לְמֶעְבַּד אַחֲזֵי לְפַרְעֹה׃
כט הָא שְׁבַע שְׁנַיָּא אָתְיָן
שׂוֹבַע רַבָּא בְּכָל אַרְעָא
דְמִצְרָיִם׃ ל וִיקוּמוּן שְׁבַע
שְׁנֵי כַפְנָא בָּתְרֵיהֶן
וְיִתְנְשֵׁי כָּל שׂוֹבְעָא
בְּאַרְעָא דְמִצְרָיִם וִישֵׁיצֵי
כַּפְנָא יָת עַמָּא דְאַרְעָא׃
לא וְלָא יִתְיְדַע שׂוֹבְעָא
בְּאַרְעָא מִן קֳדָם כַּפְנָא
הַהוּא דִיהֵי בָּתַר כֵּן
אֲרֵי תַקִּיף הוּא לַחֲדָא׃
לב וְעַל דְּאִתְנֵי חֶלְמָא
לְפַרְעֹה תַּרְתֵּין זִמְנִין אֲרֵי
תַקִּין פִּתְגָמָא מִן קֳדָם
יְיָ וּמוֹחִי יְיָ לְמֶעְבְּדֵיהּ׃
לג וּכְעַן יֶחֱזֵי פַרְעֹה גְּבַר
סוּכְלְתָן וְחַכִּים וִימַנֵּינֵיהּ
עַל אַרְעָא דְמִצְרָיִם׃
לד יַעֲבֵיד פַּרְעֹה וִימַנֵּי
מְהֵימְנִין עַל אַרְעָא וִיזָרְזוּן
יָת אַרְעָא דְמִצְרָיִם
בְּשָׁבַע שְׁנֵי שׂוֹבְעָא׃

תו"א ועל השנות שם כג:

רש"י

ד החלום וגו'. בשבע שנים הטובות נאמר הגיד לפרעה לפי שהיה סמוך. ובשבע שני רעב נאמר הראה את פרעה לפי שהיה הדבר מופלג ורחוק נופל בו לשון מראה: (ל) ונשכח כל השבע. הוא פתרון הבליעה: (לא) ולא יודע השבע. הוא פתרון ולא נודע ה כי באו אל קרבנה: (לב) נכון. ו מזומן: (לד) וחמש. כתרגומו ויזרז ז וכן

שפתי חכמים

בו לחלומית כי גלן הוא לשון שאין בו אלא קן. מהרש"ל: ד דק"ל למה פתר יוסף שחלום אחד הוא כיון שחלם אותו ב"פ בפרות ובשבלים ודאי ב' חלומות הם וע"ז פי' ועל וכו': ה וא"ת ולמה לא פי' על ונשכח כל השבע הוא פתרון אכילת הפרות הטובות ולמה מפ' הבליעה דהיינו בליעת שבלים י"ל משום דל' ולא נודע ול' ולא יודע תרוייהו הם מל' הודעה מ"ה פי' על מלת ולא יודע הוא פתרון ולא נודע מה שא"כ מלת ונשכח שאין פירושו לשון הודעה מ"ה פי' על פתרון הבליעה וק"ל: ו ולא כמו אמת נכון הדבר שפירושו מכוון: ז לא שיקח החומש לפי שלא נזכר בעשייתו רק הקבוץ והוא הזירוז:

כלי יקר

ספק למה התחיל יוסף הפתרון בשני הרעב הי' לו להתחיל בפתרון שבע שני השבע הקודמים לשני הרעב ועוד קשה מהו שאמר הוא הדבר אשר דברתי כאילו הוכיח דבריו לקיים פתרונו ומה הוכח' יש כאן. ואומר אני שכך פירושו שיוסף ספק בשכלו שיהיו שני שבע ושני רעב לפי שראה ענין אכילה בפרות ובליע' בשבלים שאכלו ובלעו הרעות את הטובות ועיקר ההוכחה היתה מן השבלים דוקא כי מן אכילות הפרות לא יכול להוכיח כלום שמדבר בשני שובע ורעב כי אולי יתקיים החלום ממש ששבע פרות כחושות יאכלו שבע פרות שמנות. או שמא פתרונו ששבע אנשים רשעים דלים ורקים יאכלו את שבע צדיקים וטובים או ממונ' או את גופם כי זה בנמצא שרשע מכתיר את הצדיק וכמ"ש כבלע רשע צדיק ממנו. אמנם אחר שסיפר לו ענין בליעת השבלים הנה בליעה זו אי אפשר לה להתקיים כי השבלים בעלי נפש הצומחות אין בהם רוח חיים שיוכלו לבלוע האחת את חברתה ואף אם נאמר שהוא משל ודמיון מ"מ אין מראין לאדם דבר שאינו בנמצא כלל כמו שאין מראין לאדם פילא דעייל בקופא דמחטא ומזה ספק בשכלו שאין זה בליעה ממש אלא כליון של שבע שני הרעב שיכלו ויבלעו את שבע שני השבע. על כן התחיל יוסף בפתרון שבע שנים הרעים לומר כי המה יבלעו ויכחיתו

אור החיים

אלא שיתרבה השבע כאומרו שבע גדול שהחידוש הוא היות השבע גדול לזה לא אמר אלא דבר חדש מופלאים שהוא שני רעב. עוד נראה כי לצד שהשבע אינו אלא לצורך תיקון שני רעב כמו שגילה לבסוף שלוה ללקט תבואות שני שבע לשני רעב לזה לא הזכיר אלא שני הרעב כי הוא עיקר הודעת החלום אליו:

הנה שבע שנים וגו'. דקדק לומר בכל ארץ מצרים ב"פ ולא אמר בארץ סתם כמו שאמר בסמוך לומר כי השבע אינו אלא בארץ מצרים אבל הרעב הוא בכל העולם ולזה כשאמר וכלה הרעב לא אמר ארץ מצרים בלבד אלא

what God is about to do He has shown Pharaoh. 29. Behold, seven years are coming, great plenty throughout all the land of Egypt. 30. And seven years of famine will arise after them, and all the plenty will be forgotten in the land of Egypt, and the famine will destroy the land. 31. And the plenty will not be known because of that famine to follow, for it [will be] very severe. 32. And concerning the repetition of the dream to Pharaoh twice—that is because the matter is ready [to emanate] from God, and God is hastening to execute it. 33. So now, let Pharaoh seek out an understanding and wise man and appoint him over the land of Egypt. 34. Let Pharaoh do [this] and appoint officials over the land and prepare the land of Egypt during the seven years of

29. Behold, seven years are coming, great plenty throughout all the land of Egypt—The plenty will be only in the land of Egypt, but the famine will be throughout all the neighboring lands. Therefore, when Joseph states further, "and the famine will destroy the land" (verse 30), he does not specify "the land of Egypt," but he says "the land," meaning both the land of Egypt and other lands, as indeed came to pass, and as it is written: "Now the famine was over all the face of the land" (verse 56). Concerning the plenty, however, Scripture states: "And the seven years of the plenty that were in the land of Egypt were finished" (verse 53). This shows that the plenty was only in Egypt. Otherwise, the expression, "that was in the land of Egypt," would be superfluous. Now, how did Joseph know from Pharaoh's dream that this would be so? Pharaoh's description of the excruciatingly thin cows was proof that there would be

no plenty in any neighboring land, because, had there been plenty, the Egyptians would have been able to purchase food from other lands. Concerning the plenty, however, he had no indication that it was in other countries. [Therefore, Joseph assumed that the plenty was only in Egypt.]— [*Ohr Hachayim*]

30. and all the plenty will be forgotten—*This is the interpretation of the swallowing.*—[*Rashi*]

31. And the plenty will not be known—*This is the interpretation of "but it was not known that they had gone inside them"* (verse 21).— [*Rashi*]

32. ready—Heb. נָכוֹן, *ready.*— [*Rashi*]

33. So now, let Pharaoh seek out an understanding and wise man— Joseph told him that he would require a wise and understanding man to be appointed over all the land. This man would require subordinates, other officials to travel throughout the land

and collect all the food, for the ruler would be unable to accomplish this task alone. The man would have to be understanding, so that he would know how to sustain the people of the land of Egypt with bread to feed the children, and also be able to supply the nation with what it required and then to sell the surplus to other lands, in order to accumulate wealth and money for Pharaoh. Additionally, this man would have to be wise, with knowledge of how to preserve grain against decay, by mixing it with substances such as sawdust, mentioned by the Rabbis (*Shab.* 31a), quicksilver, which kills moths, and the like. Joseph described all this so that Pharaoh would choose him.—[*Ramban*]

Commentators ask why Joseph advised Pharaoh what to do in the years of plenty. Pharaoh had *not* asked him for advice, and it is discourteous to offer unsolicited advice particularly to royalty. *Rabbenu Avraham ben HaRambam* answers in the name of his grandfather, *Rabbenu Maimon*, that Joseph wished to prove the validity of his interpretation. Therefore, he said to Pharaoh, "This interpretation of mine is neither a theory nor a conjecture, but it is definitely true, and it is fitting that you act on it." *Rabbenu Avraham ben HaRambam* quotes his colleague, *Rabbenu Avraham hechasid*, who said that Joseph was so overcome with compassion for the people, that he wanted to make sure that Pharaoh would act on his interpretation of the dream and

appoint officials to collect the food and store it for the hunger years.

34. Let Pharaoh do [this] —Heb. יַעֲשֶׂה פַרְעֹה, i.e., "let Pharaoh do this plan," or "let Pharaoh acquire" [as is explained further].—[*Ibn Ezra*]

and appoint officials—Joseph used the plural, because he reasoned that if Pharaoh does not appoint him as the head of all of them, he may at least appoint him as *one* of the officials.—[*Tos. Hashalem*]

and prepare—Heb. וְחִמֵּשׁ, as the *Targum* renders: וִיזָרֵז, *and he shall prepare, and similarly, "and prepared* (וַחֲמֻשִׁים)*"* (Exod. 13:18).— [*Rashi*] [Note that *Rashi*'s reading of *Targum Onkelos* is וִיזָרֵז, in the singular, referring to the "understanding and wise man," mentioned in the preceding verse. Most editions of *Targum Onkelos* read: and *they* shall prepare, referring to the officials. The singular form in the Hebrew probably means that each one of the officials shall prepare.]

Targum Jonathan renders: and they shall take out one fifth. *Rashbam* also interprets that the officials were to collect a fifth of all the crops for the benefit of the king, who usually collects only a tenth, as in I Sam. 8:15: "And he will tithe your grain crops and your vineyards." Now Pharaoh would take double. Joseph ultimately instituted this practice, as is written: "on the land of Egypt, it belongs to Pharaoh to the one-fifth" (Gen. 47:26).

Ibn Ezra, following his second interpretation of יַעֲשֶׂה פַרְעֹה, renders: that he shall acquire a fifth.

עַם פַּרְעֹה מָה דַיְיָ עָתִיד לְמֶעְבַּד אַחְמֵי יַת פַּרְעֹה: כט הָא שְׁבַע שְׁנַיָּא אָתְיָין שׁוֹבְעָא רַבָּא בְּכָל אַרְעָא דְמִצְרָיִם: ל וִיקוּמוּן שְׁבַע שְׁנֵי כַפְנָא מִן בַּתְרֵיהוֹן וְיִתְנְשֵׁי כָּל שׁוֹבְעָא דַהֲוָה בְּאַרְעָא דְמִצְרָיִם וִישֵׁיצֵי כַפְנָא יַת דַיְירֵי אַרְעָא: לא וְלָא יִתְיְדַע שׁוֹבְעָא דַהֲוָה בְּאַרְעָא מִן כַּפְנָא הַהוּא דִיהֵי מִן בָּתַר כֵּן אֲרוּם תַּקִיף הוּא לַחֲדָא: לב וּמִן בְּגִין דְאִיתְנֵי חֶילְמָא לְפַרְעֹה תַּרְתֵּין זִמְנִין אֲרוּם תַּקִיף פִּתְגָמָא מִן קֳדָם יְיָ וּמוֹחֵי יְיָ לְמֶעְבְּדֵיהּ: לג וּכְדוֹן יֶחְמֵי פַרְעֹה גְבַר סוּכְלְתָן וְחַכִּים וִימַנֵּינֵיהּ עַל אַרְעָא דְמִצְרָיִם:

לד יַעֲבֵיד פַּרְעֹה וִימַנֵּי אַפּוֹטְרוֹפִּין עַל אַרְעָא וְיִפְקוּן חַד מִן חַמְשָׁא מִן כָּל עִיבּוּרָא דְאַרְעָא דְמִצְרָיִם

לד יַעֲבֵיד פַּרְעֹה וִימַנֵּי יָתֵיהּ אַפִּיטְרוֹפּוֹס עַל אַרְעָא חַד מִן חַמְשָׁא וִיפַלֵּיג בְּאַרְעָא דְמִצְרַיִם בְּשַׂבְעָתֵיהּ שְׁנֵי שַׂבְעָנָה:

פי' יונתן

(לד) חד מן חמשא הנית מלת וחמש כמשמעו שינתן חלק חמישי לאוצר המלך ולא ס"ל פכ"א ורש"י וכסברתו כן הירושלמי ושניהם לדבר אחד נתכוונו:

בעל הטורים

ומולא אני מר ממות את האשה וזהו ואוסיפה לך כהנה שאם היתה רעה לא ראיתי כהנה לרוע: שבע. ג' במסורת הכא ואידך וימלאו אסמיך שבע לומר לך שכל כך יהיה השובע שיתמלאו כל האולרות: ויפקד. ב' במס' הכא ואידך ויפקד המלך פקידים אחשורוש הפקיד פקידים לקבץ לו נשים ע"כ נתרושש כמו שדרשו חז"ל ויהם המלך אחשרש מס שנעשה רש והיינו דכתיב אל תתן לנשים חילך אבל יוסף הפקיד פקידים לקבץ בר על כן העשיר וליקט כל הכסף:

רשב"ם

(כח) אשר אלהים עושה. מה שעתיד לעשות הגיד לפרעה. כי על המלך תלויים תקנות המלכות: (כט) שבע גדול. בולו קמץ כי טעמו למטה ושם דבר הוא כמו דבר בקר רעב ומהם יאמר דברך בקרך וכו': (ל) ונשכח כל השבע. דוגמת ולא נודע כי באו אל קרבנה: (לב) ועל השנות החלום וגו'. אבל חלומות של יוסף אע"פ שנשנו באלומות ובכוכבים אילו היה בלילה אחד כאלה היו נמהרים: (לד) ויפקד פקידים וגו' וחמש. שהממונים יגבו חומש כל התבואות לצורך המלך אשר משפטו בשאר שנים לעשר כדכתיב בשמואל את שדותיכם יעשר עתה יטול פי שנים וכמו כן הנהיג יוסף לבסוף על אדמת מצרים לפרעה

אבן עזרא

ישמעאל: (כט) שבע גדול. שם כמו רעב. על כן יטעה האומר בתפלת שבת ובשובע כלכלתנו בוי"ו כי שובע שם הפועל הוא והנכון ובשבע כלכלתנו בלא וי"ו: (לא) וטעם ולא יודע השבע. ממראיהן רע כאשר בתחלה: (לב) ועל השנות. בנין נפעל מגזרת שנים וטעמו הפרות והשבלים גם הוא לעד כי הדבר נכון הוא ובעבור היות שני החלומות בלילה אחד לעד כי ממהר האלהים לעשותו: (לד) יעשה פרעה. זו הפעלה או יקנה. כמו עשה לי את החיל הזה:

רמב"ן

בארץ מצרים איננו חדוש גדול כי הוא כגן ה' הזכיר תחלה פתרון הרעות כי הוא החדוש ותועלת החלום כי האלהים ברחמיו הראה לפרעה הרעב להחיות לפלימ' גדולה. וזה טעם ותחילנה שבע שני הרעב לבא כאשר אמר יוסף כי לא נודע דברו רק בשנות הרעב: (לג) ועל השנות החלום אל פרעה פעמים. טעם השנות החלום שנשנה שני פעמים בלילה אחד כי היה אפשר שיראה בחלום אחד הפרות והשבלים להודיעו כי אין חריש וקציר ועשה ממנו שני חלומות באים זה אחר זה בלילה אחד ואין דרך החולמים כן להודיעו כי הדבר מזומן וממהר האלהים לעשותו. וזה טעם פעמים כי לא נשנה בפעם אחת ור"א מפרש כי השנות החלום בפרות ובשבלים לעד כי הדבר נכון וקיים אבל בעבור כי יהיה פעמים בלילה אחד לעד כי ממהר האלהים לעשותו ואם כן נאמר שהיה די בשבלים כי הוא המודיע הרעב: (לג) ירא פרעה איש נבון וחכם. אמר לו שיצטרך לאיש נבון וחכם שיהיה ממונה על כל הארץ ויפקד עוד פקידים תחתיו שילכו בארץ ויקבצו את כל

אור החיים

את הארץ בין ארץ מצרים בין שאר הארצות וכמו שכן היה דכתיב והרעב היה על פני כל הארץ ובשבע אמר הכתוב ותכלנה שבע שני השבע אשר הי' בארץ מצרים הרי זה מגיד כי לא היה שבע אלא בארץ מצרים שאל"כ לא היה צריך לומר אשר היה בארץ מצרים והודעת דבר זה ליוסף היתה ממה שראה כי הפרות היו כ"כ דקות ורעות מזה דן שאם הי' השובע בעולם לא הי' במצרים כ"כ בשבע שני הרעב כי יביאו לחם משאר הארצות אלא ודאי שהרעב הוא בכל העולם ובזה אין מפלט להם והשבע אין לו ממה להוכיח כי יהיה בכל הארצות:

ועל השנות וגו'. רמז לב' דברים על הכפל ועל השינוי שלא בא החלום ב' כחלום ראשון שבע פרות וגו' שאז יחשוב כי דמיון הראשון עשה רושם בדעתו ועלה על משכבו ב' פעמי' ולכן בא החלום בסדר חדש שבע שבלים וגו' הרי זה בא ללמד כי נכון הדבר ומעם האלהים בא אליו החלום ולא דמיון כוזב:

ואומרו וממהר אלהים וגו'. פי' מה שבא החלום כפול בלילה אחת ולא בב' זמנים מרוחקים לומר אליו שהזמן קרוב הוא ולא לזמנים רחוקים יגיד:

ועתה ירא וגו'. טעם יוסף שנעשה יועץ למלך והוא לא בקש ממנו אלא פתרון החלום כי בא לתת לו טעם אשר הראהו ה' את אשר הוא עושה כי הוא כדי שיפקד פקידים וגו'. עוד להיות שהראוהו בחלום שבלעו הפרות הדקות לפרות הבריאות זה יגיד כי יתפרנסו שני רעב משני שבע ולזה אמר ירא פרעה וגו':

איש נבון וחכם. לדעת אופן אוצרות התבואה לבל תרקב וזה מהתבונה וגו' וחכם שיודע כללות החכמות לדעת חכמת התשבורת וההנדסה והמספר והקדים נבון כי הוא דבר המעכב יותר כדי שתתקיים התבואה:

יעשה פרעה. כוונת הדברים הם כי השכיל יוסף שטעם החלום הוא לצד כי ה' מביא שבע שני שבע בשופע יותר על שאר השנים כדי שתהיה התבואה לשבע שני רעב וזולת הודעת החלום כשתבוא תבואת שנה ראשונה מרווחת או כשתבוא שנה שניה יתרשלו זורעי תבואה כי יאמרו הרי עשתה תבואה שנה ראשונה לשלש שנים וגם לצד הריבוי תזול התבואה ויתעצלו מטרוח בחריש' וזריע' ומכשיריה וגם הזורעים בשנה שניה כשיתברך יוסיפו עוד להתעצל מלזרוע עוד ומה גם בעבור שלש או ארבע שנים הן לא יעשה עבודה בשדה לזרוע ולחרוש אשר ע"כ הודיע אלהים כי מה שהוא נותן ביותר בשנים אלו הוא למזון שבע שני הרעב ולזה אמר לפרעה יעשה פרעה ויפקד וגו' פירוש שישתדל הוא במעשה זה וגם יעשה לאחרים כדי שלא יתעצל אדם בדבר זה בהכנת שבע שני השבע לזרוע בכל היכולת וחמש פי' יזרוס לבלתי התרשל מטעם ראות הדבר מרובה ביותר. או יאמר וחמש שיקח הוא מכולן חמישית לפרעה הגם שהמשפט הוא מעשר יקח בשנים אלו חמישית בשכר הודעת הדבר ממנו וגם שיעשה עמהם חסד שכל התבואה שתהי' לפרעה לא נשלח בה יד אלא תהי' עומדת לפרנסתם למוכרם להם בשני הרעב כאו' והיה האוכל לפקדון בזה רמז למ"ש כי לא ישלח יד בם גם שלא נמכור מהתבואה לזולת בשני רעב עד שיקדמו הם לקנות לצרכם וכמו שאפרש בפסוק שאחר זה:

ספורנו

השבע להודיעו במה יושיע את עמו מן הרעב: (לג) ועתה ירא פרעה. מאהר שהאל ית' הגיד הרעב העתיד למען תתור להושיע את עמך והראך השבע להודיעך במה תושיע ראוי לך למען לא תחטא לו שתראה איש נבון וחכם עיוני ומעשי בהנהגת המדינות שישים הוא לב לזה ומלכא לא להוי נזיק: (לד) יעשה פרעה ויפקד. ותעשה שזה הנבון שתבחר יפקד פקידים בכל עיר ועיר למען יכידוהו

הַשֹּׂבַע׃ לה וְיִקְבְּצוּ אֶת־כָּל־אֹכֶל
הַשָּׁנִים הַטֹּבֹת הַבָּאֹת הָאֵלֶּה
וְיִצְבְּרוּ־בָר תַּחַת יַד־פַּרְעֹה אֹכֶל
בֶּעָרִים וְשָׁמָרוּ׃ לו וְהָיָה הָאֹכֶל
לְפִקָּדוֹן לָאָרֶץ לְשֶׁבַע שְׁנֵי הָרָעָב
אֲשֶׁר תִּהְיֶיןָ בְּאֶרֶץ מִצְרָיִם וְלֹא־
תִכָּרֵת הָאָרֶץ בָּרָעָב׃ לז וַיִּיטַב
הַדָּבָר בְּעֵינֵי פַרְעֹה וּבְעֵינֵי כָּל־
עֲבָדָיו׃ לח וַיֹּאמֶר פַּרְעֹה אֶל־עֲבָדָיו
הֲנִמְצָא כָזֶה אִישׁ אֲשֶׁר רוּחַ אֱלֹהִים
בּוֹ׃ שלישי לט וַיֹּאמֶר פַּרְעֹה אֶל־יוֹסֵף
אַחֲרֵי הוֹדִיעַ אֱלֹהִים אוֹתְךָ אֶת־כָּל־
זֹאת אֵין־נָבוֹן וְחָכָם כָּמוֹךָ׃ מ אַתָּה
תִּהְיֶה עַל־בֵּיתִי וְעַל־פִּיךָ יִשַּׁק כָּל־
עַמִּי רַק הַכִּסֵּא אֶגְדַּל מִמֶּךָּ׃
מא וַיֹּאמֶר פַּרְעֹה אֶל־יוֹסֵף רְאֵה נָתַתִּי

אונקלוס

לה וְיִכְנְשׁוּן יָת כָּל עֲבוּר שְׁנַיָּא טָבָתָא דְאָתְיָן הָאִלֵּין וְיִצְבְּרוּן עֲבוּרָא תְּחוֹת יַד מְהֵימְנֵי פַרְעֹה עֲבוּרָא בְקִרְוַיָּא וְיִטְרוּן׃ לו וִיהֵא עֲבוּרָא גְנִיז לְעַמָּא דְאַרְעָא לִשְׁבַע שְׁנֵי כַפְנָא דִּי יְהֶוְיָן בְּאַרְעָא דְמִצְרָיִם וְלָא יִשְׁתֵּיצֵי עַמָּא דְאַרְעָא בְּכַפְנָא׃ לז וּשְׁפַר פִּתְגָמָא בְּעֵינֵי פַרְעֹה וּבְעֵינֵי כָּל עַבְדוֹהִי׃ לח וַאֲמַר פַּרְעֹה לְעַבְדוֹהִי הֲנִשְׁכַּח כְּדֵין גְּבַר דִּי רוּחַ נְבוּאָה מִן קֳדָם יְיָ בֵּיהּ׃ לט וַאֲמַר פַּרְעֹה לְיוֹסֵף בָּתַר דְּהוֹדַע יְיָ יָתָךְ יָת כָּל דֵּין לֵית סוּכְלְתָן וְחַכִּים כְּוָתָךְ׃ מ אַתְּ תְּהֵי מְמַנָּא עַל בֵּיתִי וְעַל מֵימְרָךְ יִתְּזַן כָּל עַמִּי לְחוֹד כּוּרְסֵי מַלְכוּתָא הָדֵין אֱהֵי יַקִּיר מִנָּךְ׃ מא וַאֲמַר פַּרְעֹה לְיוֹסֵף חֲזִי דְּמַנֵּיתִי יָתָךְ

על

רמב"ן

אוכל כי לא יוכל השליט ללכת בכל הארץ ואמר לו שיהיה נבון וחכם. נבון שידע לנהל עם ארץ מצרים בלחם לפי הטף מידו ולתת להם כדי חיותם וימכור המותר לארצות האחרו' לאסוף עושר וממון לפרע' וחכם שידע לקיים התבואה שלא תרקב שיערב עם כל מין דבר המקיים אותו בטבעו כגון חומטין שהזכירו רבותינו והכסף החי הממית הכנימה וכיוצא בהן ואמרו בבראשי' רבה ערב בהן עפר וקיסומיית דברים שמקיימין את התבואה ואמר יוסף כל זה בעבור שיבחרו אותו כי החכם עיניו בראשו (לו) והיה האוכל לפקדון לארץ אמר שיהיה האוכל פקדון ביד פקידי פרעה לצורך הארץ לשבע שני הרעב ולא יוציאו ממנו לדבר אחר שלא תכרת הארץ ברעב כאשר לא מתו הפרות בכחשיהן: (לח) וטעם הנמצא כזה. בעבור שהיה עברי והם שנואי נפש המצריים לא יאכלו מגעם ולא יתחברו עמהם כי טמאים הם אצלם על כן לא רצה למנותו משנה בלא רשותם ולכך אמר להם שלא ימצאו מצרי כמוהו כי רוח אלהים בו ואחרי שהודו אמר ליוסף אחרי הודיע אלהים אותך את כל זאת כי מאשר היה הפתרון טוב ונכון בעיני פרעה ובעיני עבדיו היה בעיניהם כאלו כבר בא הכל כמו שפתר להם ויתכן שירמוז את כל זאת גם למה שספר לו שר המשקים וכמוהו ויספר ללבן את כל הדברים האלה הברכות הנזכרות קודם לכן. אמר אחרי שהודיע אלהים אותך החכמה הגדולה הזאת לפתור כל החלומות הנעלמים והסתומים ולא יפול דבר

אבן עזרא

וחמש. שיקחו החומש: (לה) ויצברו בר. הפקידים וי"א כי טעם בר להיותו עם שבליו. והנכון בעיני שנקרא בר אחר מלאכת לזרות או להבר. והאומר כי אויר מצרים לא בעבור היאור ולא יעמד שם דגן ז' שנים. יוכל לערבו עם דברים שיעמידוהו: (לח) הנמצא כזה. בנין נפעל והוא פועל עבר כאומר הנמצא בעולם כזה. ויתכן להיות הנו"ן סימן המדברים הנמצא אנחנו כזה. דברי פרעה אל עבדיו: (מ) אתה תהיה. שר על ביתו: ישק. דגשות השי"ן לחסרון נו"ן נשק והוא כנגיד החיל. וי"א שהוא מגזרת נשיקה בדרך רחוקה: רק הכסא אגדל ממך. ידוע כי אגדל פועל עומד וטעמו לא תהיה לי גדולה ממך רק גדולת הכסא. ואין כי מנעורי גדלני כאב פועל יוצא. רק פירושו גדל עמי. ודרך אגדל ממך במקרא ידועה כמו נובלת עליה. ואתאבדי דרך: (מא) ראה נתתי אותך. שמתיך למעלה על כל

כלי יקר

וישמיתו את שבע שני השבע כי אי אפשר לפותרם בענין אחר והמה בנין אב על כל פרטי החלום מאמר שנראין הדברים שבכל חלום אחד הוא וכמו ששבע שבלים הרקות והרעות הם שבע שני רעב כך המלאות הם שבע שני שבע וכן הוא ענין הפרות ולפי שעיקר ההוכח' שעשה יוסף

plenty. 35. And let them collect all the food of these coming seven good years, and let them gather the grain under Pharaoh's hand, food in the cities, and keep it. 36. Thus the food will remain as a reserve for the land for the seven years of famine which will be in the land of Egypt, so that the land will not be destroyed by the famine." 37. The matter pleased Pharaoh and all his servants. 38. So Pharaoh said to his servants, "Will we find [anyone] like this, a man in whom there is the spirit of God?" 39. Then Pharaoh said to Joseph, "Since God has let you know all this, there is no one as understanding and wise as you. 40. You shall be [appointed] over my household, and through your command all my people shall be nourished; only [with] the throne will I be greater than you." 41. So Pharaoh said to Joseph, "Look, I have appointed

35. **And let them collect**—I.e., let them collect from the owners of the fields.—[*Rashbam*]

all the food—Heb. אֹכֶל. *This is a noun; therefore, its accent is on the "aleph," and it is vowelized with a "pattach katan," but* אוֹכֵל, *which is a verb, e.g., "for whoever eats* (אֹכֵל) *fat" (Lev. 7:25), is accented on the final syllable, on the "chaff," and is vowelized with a "kamatz katan."*—[*Rashi*]

In *Rashi*'s grammatical terminology, the "segol" was called a "pattach katan," and the "tzeirei" was called "kamatz katan."—[*Sifthei Chachamim*]

and let them gather—I.e., the officials.—[*Ibn Ezra*] This refers to the gathering of the grain in the custody of the caretakers of the storehouses.—[*Rashbam*]

the grain—Heb. בָּר. *Ibn Ezra* quotes commentators who define בָּר

as grain in ears, which is destined to be cleaned. They base this on the fact that, because of the Nile, the air in Egypt is moist, and grain that has already been winnowed and cleaned cannot keep for seven years. *Ibn Ezra*, however, believes that בָּר is grain that has already been cleansed of the chaff. This can be preserved by mixing it with substances that have preservative properties. [See above commentary on verse 33.]

under Pharaoh's hand—*In his custody and in his storehouses.*—[*Rashi*]

This collecting and gathering of food were administered as compulsory measures, as Scripture states: "and appoint officials...and let them gather the grain..."—[*Rashbam*]

food in the cities—So that they will be able to sell it in every city during the years of famine.—[*Rashbam*]

36. **Thus the food**—*The gathered* [food] *will be like any other reserve that is hidden away for the preservation of the land.*—[*Rashi*]

37. **The matter pleased Pharaoh and all his servants**—although Joseph sought his own benefit through his interpretation.—[*Tosafoth Hashalem* citing *Rabbenu Shimshon*]

38. **Will we find [anyone] like this**—Heb. הֲנִמְצָא כָזֶה [*Onkelos* renders:] הֲנִשְׁכַּח כְּדֵין, *will we find such as this? If we go and seek him, will we find* [anyone] *like him?*—[*Rashi* from *Gen. Rabbah* 90:1]

This could refer either to the type of person suggested by Joseph or to Joseph himself. See *Ramban, Levush Ha'orah* and *The Pentateuch with Rashi Hashalem.*

Pharaoh is addressing his servants; hence the first person plural.—[*Ibn Ezra*]

הֲנִמְצָא *is an interrogative expression, as is every "hey" used as a prefix and vowelized with a "chataf pattach."*—[*Rashi*]

Ibn Ezra suggests also that הֲנִמְצָא is the "niph'al," passive voice, present singular. Accordingly, we render: Is there found such a one?

The sequence of the wording indicates that there could not be found anyone of Joseph's kind, no one near his equal, not only that they could not find his equal.—[*Ohr Hachayim*]

in whom there is the spirit of God—in dream interpretation, and surely also in worldly matters.— [*Rashbam*]

39. **there is no one as under-standing and wise as you**—*To seek an understanding and wise man as you said, we will not* [be able to] *find anyone like you.*—[*Rashi*]

Pharaoh is not praising Joseph for his acuity—were that the case, he would have praised Joseph immediately upon hearing Joseph's interpretation of his dream. Instead, he was addressing Joseph's advice, namely to appoint an understanding and wise man.—[*Mizrachi*]

understanding—Who understands the future and foresees future events.—[*Rashbam*]

and wise—Who gathers wisdom from what he sees and hears.— [*Rashbam*]

There is no more understanding and wise man fit for executing this matter than you, for the spirit of God is in you, and that is superior to an understanding and wise man.—[*Ohr Hachayim*]

40. **shall be nourished**—Heb. יִשַּׁק [*Onkelos* renders:] יִתְּזָן, *shall be nourished, shall be sustained. All my people's necessities shall be provided through you, similar to "the steward of my household* (בֶּן-מֶשֶׁק)*"* (Gen. 15:2), *and "Arm yourselves* (נַשְּׁקוּ) *with purity"* (Ps. 2:12), *garnis(s)on in Old French, provision.* —[*Rashi*]

Rashbam explains: and by your command, all my people shall arm themselves to go forth to wage war against their enemies.

only [with] the throne—*That I will be called king.*—[*Rashi*]

the throne—*A term denoting the kingship, like "and make his throne greater than the throne of my lord,*

בְּשְׁבַע שְׁנֵי שׁוּבְעָא: לה וְיִכְנְשׁוּן יַת כָּל עִיבּוּר שְׁנַיָּא טַבְתָא דְאַתְיַין אִלֵין וְיִצְבְּרוּן עִיבּוּרָא תְּחוֹת
אַפִּיטְרוֹפִין דְפַרְעֹה וִישַׁוּוּן עִבּוּרָא בְּקִרְוַיָּא וְיִנְטְרוּן: לו וִיהֵי עִיבּוּרָא גְנִיז בְּמְעַרְתָּא בְּאַרְעָא לְמְזַן מִנֵּיהּ
בְּשָׁבַע שְׁנֵי כַפְנָא דִיתִיהֲוֵין בְּאַרַע דְמִצְרַיִם וְלָא יִשְׁתֵּיצֵי עַמָּא דְאַרְעָא בְּכַפְנָא: לז וּשְׁפַר פִּתְגָמָא קֳדָם
פַּרְעֹה וְקֳדָם כָּל עַבְדוֹי: לח וַאֲמַר פַּרְעֹה לְעַבְדוֹי הֲנִשְׁכַּח כְּדֵין גְּבַר דִי רוּחַ נְבוּאָה מִן קֳדָם יְיָ בֵּיהּ:
לט וַאֲמַר פַּרְעֹה לְיוֹסֵף בָּתַר דְאוֹדַע יְיָ יָתָךְ יַת כָּל דָא לֵית סוּכְלְתָן וְחַכִּים כְּוָותָךְ: מ אַנְתְּ תְּהֵי אַפִּיטְרוֹפוֹס
עַל בֵּיתִי וְעַל גְּזֵירַת מֵימַר פּוּמָךְ יִתְזִינוּן כָּל עַמִּי לְחוֹד כּוּרְסֵי מַלְכוּתָא אֱהֵא רַב מִינָךְ: מא וַאֲמַר פַּרְעֹה

בעל הטורים

ויקבצו ב' במס' דין ואידך ויקבצו את כל נערה זס"ה דגן ותירוש יוצבב בתולות: ישק. ב' על פיך ישק ואידך שפתים ישק משיב דברים נכוחים בשביל שהשיב דברים נכוחים זכה לומר פיך ישק כל עמי:

רשב"ם

לחומש: (לה) ויצברו בר תחת יד ממונה של פרעה וכל זה היה בעל ברחם של מצרים ולכך כ' ויפקד פקידים ויצברו שכן מצינו באחשורוש ויפקד המלך פקידי' בכל מדינו' מלכותו ויקבצו את כל נערה וגו' אל יד הגי וגו' ויקבצו היא הגבייה מבעלי השדו': ויצברו. היא האסיפה ע"י שומרי האוצרות וכן תמצא ביוסף ויקבוץ ויצבור אכל בערי' כי כל עיר ועיר יוכלו למכור בשני הרעב: (לח) אשר רוח אלהים בו. בפתרון חלומות וכ"ש בחכמת דרך ארץ: (לט) נבון. מבין עתידות ורואה הנולד וחכם קיבץ חכמות ממה שראה ושמע: (מ) ישק יזדרזו בכלי קרב של מלחמה לצאת על האויבים. לשון עיר מבצר. והנשק. נושקי רומי קשת: (מא) נתתי אותך. נותן אני אותך. בשעת נתינת טבעת

רש"י

וחמושים: (לה) את כל אכל. שם דבר הוא לפיכך טעמו באל"ף ונקוד בפתח קטן ח ואוכל שהוא פועל כגון כי כל אוכל חלב טעמו למטה בכ' ונקוד קמץ קטן: תחת יד פרעה. ברשותו ובאוצרותיו: (לו) והיה האכל. הצבור כשאר פקדון הגנוז ט לקיום י הארץ: (לח) הנמצא כזה. הנמצא ב כדין אם נלך ונבקשנו ל הנמצא כמוהו הנמצא ל' תמיהה וכן כל ה"א המשמשת בראש תיבה ונקודה בחטף פתח: (לט) אין נבון וחכם כמוך. לבקש איש נבון וחכם שאמרת מ לא נמצא כמוך: (מ) ישק. יתזן יתפרנס. כל צרכי עמי נ יהיו נעשים על ידך כמו (לעיל טו) ובן משק ביתי. וכמו (תהלים ב') נשקו בר גרגישו"ן בלעז (פערזארגען. פערזעהן): רק הכסא. שיהיו קורין לי מלך. כסא. לשון של המלוכה כמו (מלכים א א) ויגדל את כסאו מכסא אדוני המלך: (מא) נתתי אתך. מניתי יתך ס ואעפ"כ ל' נתינה הוא כמו ולתתך עליון בין לגדולה בין לשפלות נופל ל' נתינה עליו כמו (מלאכי ב) נתתי אתכם

שפתי חכמים

ח פתח קטן הוא סגול וקמץ קטן היא צירי: ט ר"ל מה שרולין להניח באולר הוא כשאר פקדון הגנוז ור"ל לא שיתנו לאיש אחר אלא יהיה גנוז כשאר פקדון כמו כסף וזהב: י ר"ל לא לאדמה אלא לבריות: כ לא כמו הנסיה כדבר הגדול הזה אי הנשמע כמוהו שפירושו שאין כדבר הגדול הזה בכל העולם כולו. דא"כ ה"ל לתרגם האשתכח כדין ומדתרגם הנשכח משמע אם נלך כו'. ויהיה הנו"ן נו"ן האית"ן מלשון עתיד ולא נו"ן הנפעל מל' עבר והוכחה התרגום דאי הוה פירושו שנמלא בכל העולם כדבר הזה קשה למג"מ אמר פרעה זה בשלמא אי פירושו אם נלך וכו' אתי שפיר דיוסף אמר לפרעה ועתה ירא פרעה איש נבון וחכם וגו' ואמר פרעה לעבדיו אם נלך ונבקשנו כלום נוכל למצוא כמותו לכך אנו לריכין לפקוד את יוסף על זה: ל ולהכי מביא התרגום לפרש הנמלא כזה ר"ל עתה אם נמלא כזה ולא שיהיה פי' מעולם שהרי היה אברהם ילחק ויעקב לכך לריך לפרש עתה וזה מבואר בתרגום יותר מבמקרא דבתרגום אם בא לומר אם נמלא כבר הל"ל אם אשתכח כדין אבל במקרא אין חילוק בין לשון עתיד בין ל' עבר שהוא מלת הנמלא וכו' והתרגום מדקדק ג"כ מן המקרא שזה אינו ל' עבר מדכתיב הנמלא כזה וגו' הול"ל הנמלא איש אשר רוח אלהים בו כזה אלא מ"ה אמר כזה בתחלה כדי שיהא מוסב איש אשר רוח אלהים על כזה כלומר שאין איש כזה ברוח אלהים וכו' וכל זה כדי להורות לנו שקאי על נלך ונבקשנו עתה ודו"ק. מהרש"ל: מ דאי לספר בשבחו של יוסף בא למה משבחו בפניו ועוד למה לא היה משבח אותו כבר כשספר לו חלומו א"ו זאת הוא תשובה למאמר יוסף שאמר ירא פרעה כלומר מאחר שרוח אלהי' בך שאתה יודע ענין הרעב וא"כ תדע ג"כ איך ומה לעשות בזה לאסוף התבואה: נ פי' כך תרגומו ופירושו יתפרנס והא דלא כתיב יתזן י"ל דהייתי אומר דלא מיכהו אלא על מזונות לכך כתיב ישק שפי' כל לרכי עמי וכו': ס דאם הוא נתינה ממש מאי על

אור החיים

לשבע שני הרעב אשר וגו'. פי' קודם כל דבר יהיה סיפוק הרמ"ל לפרנס רעבונם ואח"כ לשאר ארלות והוא אומר אחר סיפור רעב מלרים ולא תכרת הארץ וגו' כאן כלל כל הארץ:

הנמצא כזה וגו'. טעם שלא אמר הנמלא איש אשר וגו' כזה כי אז היה נשמע כי נמלא איש אשר בו רוח אלהים אלא שאינו בדומה ולא כך נתכוון לומר אלא שלא נמלא מין זה שיש בו רוח וגו' לא ממנו ולא מקלתו:

אין נבון וגו'. פי' אין נבון וחכם שיהיה ראוי לעשות דבר זה כמותך שאתה יש בך רוח אלהים כמו שאמר למעלה שהוא יותר מנבון וחכם:

כלי יקר

יוסף על כל הפתרון הי' מן שבע שבלים הרקות ומבליעתן שבלעו את הטובות. על כן אמר אחר שאמר יהיו שני רעב הוא הדבר אשר דברתי את אשר האלהים עושה הראה לפרעה כי בזה היתה דעתי חלוקה מן החרטומים כי המה פתרו החלום על הדברים שהקב"ה עושה ע"י שליח כגון כבישת האפרכיות הקב"ה עושה ע"י שליח וכן ענין הבנו' על ידי מלאך הממונה על ההריון וכל מה שנעשה ע"י שליח אינו נעש' כל כך במהירות כמו הדברים הנעשים ע"י הקב"ה בעלמו וענין הפרנס' הקב"ה עושה בעלמו לא ע"י שליח כי ד' מפתחות בידי הקב"ה וסימנם מפת"ח. משר פרנסה תחיה תיס. על כן אמר יוסף בפתח דבריו על מה שאמר פרעה ואין מגיד לי אמר יוסף חלום פרעה אחד הוא והולרך לתת טעם מיד על השנות החלום ואמר את אשר האלהים עושה הגיד לפרעה כי פתרונם מענין הדברים שהקב"ה עושה בעלמו לא ע"י שליח ע"כ נשנה החלום כי כל מה שנעשה ע"י הקב"ה נעשה במהירו' ואח"כ אמר יוסף דבר זה מפורש ביותר ואמרו ועל השנות החלום וגו' כי נכון הדבר מעם האלהים וממהר האלהים לעשותו. וע"כ אמר יוסף הוא הדבר אשר דברתי אשר האלהים עושה וגו' כבר הקדמתי לך לו' שחלום זה הוא מן הדברים שהקב"ה עוש' בעלמו אבל עדיין לא הוכחתי שיהי' כדברי שיהא כל הפתרון מענין שובע ופרנס' ומזון. אבל עכשיו שאני רואה ענין בליעת השבלים הרקות שאי אפשר לפתרו כ"א על ענין שבע שני רעב א"כ מכאן הוכחה לדברי והוא הדבר אשר דברתי שאת אשר האלהים עושה דהיינו עניני פרנסה הראה לפרעה כדי שיתקן ענין הרעב כי ספק בידו לעשות ופירוש זה יקר וברור. ומ"ש ועתה ירא פרעה הזכיר לשון ועתה לפי שממהר האלהים לעשותו ע"כ אמר ועתה היינו תיכף ומיד ירא פרעה ומה שהקשה הרמב"ן הליוען נתנו למלך כו' נראה לתרץ שזה מעין הפתרון שהרי הרחיק פתרון החרטומים בעבור שקשה לו למה הראה ה' דוקא לפרעה כזאת כמבואר למעל' ע"כ אמר בפתרונו שלכך הרא' ה' לפרע' דוקא כדי שירא' איש חכם ונבון לתקן פרל' זו:

אבי עזר

(מ) (ויש אומרים מגזרת נשיקה). כטעם לדק ושלום נשקו מי שיש לו קרבת גדול ומכחס על עמו כאב על בנו. יכונה בלשון נשיקה. וכן קחשיב בס' מחיר נתיב ישק בהוראת נשיקה: שם (אגדל ממך וכו'). וכן מנהג כל הספלים עומדים כמז לא יגורך רע. לא יגור עמך. על דרך אחיו הקטן יגדל ממנו. כי לא מלאכוהו יולא בקל: (מא) (ראה נתתי אותך). עיין ס' תולדות בפסוק הן גביר שמתיו לך. וכבר מלינו תיבת נתינה נופל בין לגדולה בין לשפלות. ולתתך עליון וגם נתתי אתכם נבזים ושפלים. כמו שמבואר היטב ברש"י:

ספורנו

יבירוהו לשר עליהם והיו לאחדי' בידו בכונה אחת ולא יהיו חלוקי דעות כענין וקמת ועלית אל המקום: (לז) וייטב הדבר. עצת יוסף ודרכיו: (מא) ראה נתתי אותך על כל ארץ מצרים. ראה והתבונן הישב להנהיג בתכלית הטוב כי דבר גדול נתתי בידך:

אֹתְךָ עַל כָּל־אֶרֶץ מִצְרָיִם׃ מב וַיָּסַר
פַּרְעֹה אֶת־טַבַּעְתּוֹ מֵעַל יָדוֹ וַיִּתֵּן
אֹתָהּ עַל־יַד יוֹסֵף וַיַּלְבֵּשׁ אֹתוֹ בִּגְדֵי־
שֵׁשׁ וַיָּשֶׂם רְבִד הַזָּהָב עַל־צַוָּארוֹ׃
מג וַיַּרְכֵּב אֹתוֹ בְּמִרְכֶּבֶת הַמִּשְׁנֶה
אֲשֶׁר־לוֹ וַיִּקְרְאוּ לְפָנָיו אַבְרֵךְ וְנָתוֹן
אֹתוֹ עַל כָּל־אֶרֶץ מִצְרָיִם׃ מד וַיֹּאמֶר
פַּרְעֹה אֶל־יוֹסֵף אֲנִי פַרְעֹה וּבִלְעָדֶיךָ
לֹא־יָרִים אִישׁ אֶת־יָדוֹ וְאֶת־רַגְלוֹ
בְּכָל־אֶרֶץ מִצְרָיִם׃ מה וַיִּקְרָא פַרְעֹה
שֵׁם־יוֹסֵף צָפְנַת פַּעְנֵחַ וַיִּתֶּן־לוֹ אֶת־
אָסְנַת בַּת־פּוֹטִי פֶרַע כֹּהֵן אֹן לְאִשָּׁה
וַיֵּצֵא יוֹסֵף עַל־אֶרֶץ מִצְרָיִם׃ מו וְיוֹסֵף
בֶּן־שְׁלֹשִׁים שָׁנָה בְּעָמְדוֹ לִפְנֵי

עַל כָּל אַרְעָא דְמִצְרָיִם׃
מב וְאַעְדִּי פַרְעֹה יָת
עִזְקְתֵיהּ מֵעַל יְדֵיהּ וִיהַב
יָתַהּ עַל יְדָא דְיוֹסֵף
וְאַלְבֵּישׁ יָתֵיהּ לְבוּשִׁין
דְבוּץ וְשַׁוִּי מְנִיכָא
דְדַהֲבָא עַל צַוְּרֵיהּ׃
מג וְאַרְכֵּיב יָתֵיהּ בִּרְתִיכָא
תִנְיֵיתָא דִי לֵיהּ וְאַכְרִיזוּ
קֳדָמוֹהִי דֵין אַבָּא
לְמַלְכָּא וּמַנֵּי יָתֵיהּ עַל
כָּל אַרְעָא דְמִצְרָיִם׃
מד וַאֲמַר פַּרְעֹה לְיוֹסֵף
אֲנָא פַרְעֹה וּבַר מִמֵּימְרָךְ
לָא יְרִים גְּבַר יָת יְדֵיהּ
לְמֵיחַד זֵין וְיָת רִגְלֵיהּ
לְמִרְכַּב עַל סוּסְיָא בְּכָל
אַרְעָא דְמִצְרָיִם׃ מה וּקְרָא
פַרְעֹה שׁוּם יוֹסֵף גַּבְרָא
דְמִטַמְּרָן גַּלְיָן לֵיהּ וִיהַב
לֵיהּ יָת אָסְנַת בַּת
פּוֹטִיפֶרַע רַבָּא דְאוֹן
לְאִתּוּ וּנְפַק יוֹסֵף שַׁלִּיט
עַל אַרְעָא דְמִצְרָיִם׃
מו וְיוֹסֵף בַּר תְּלָתִין שְׁנִין כַּד קָם קֳדָם פַּרְעֹה מַלְכָּא דְמִצְרָיִם וּנְפַק

תו"א ויקראו לפניו בתרא ד: ובלעדיך לא ירים איש את סוטה לו. ויוסף בן ברכות נה מגילה יז:

רש"י

נבזים ושפלים: (מב) **ויסר פרעה את טבעתו.** נתינת טבעת המלך היא אות למי שנותנה לו להיות שני לו לגדולה: **בגדי שש.** דבר חשיבות הוא ע במצרים: **רביד.** ענק ועל שהוא רצוף בטבעות קרוי רביד. וכן (משלי ז) רבדתי ערשי רצפתי ערשי מרצפות. בלשון משנה מוקף רובדין של אבן על הרובד שבעזרה פ והיא רצפה: (מג) **במרכבת המשנה.** השניה למרכבתו המהלכת אצל שלו: **אברך.** כתרגומו דין אבא למלכא צ רך בלשון ארמי מלך בהשותפין לא ריכא ולא בר ריכא. ובדברי אגדה (ספרי פרשת דברים) דרש ר' יהודה אברך זה יוסף שהוא אב בחכמה ורך בשני' אמר לו בן דורמסקית עד מתי אתה מעוות עלינו את הכתובים ק אין אברך אלא ל' ברכים שהכל היו נכנסין לפניו ויוצאין תחת ידו ר כענין שנאמר ונתון אותו וגו': (מד) **אני פרעה.** שיש יכולת בידי לגזור גזירה על מלכותי ואני גוזר שלא ירים איש את ידו: **ובלעדיך.** שלא ברשותך ד"א אני פרעה אני אהיה מלך ובלעדיך וגו' וזהו דוגמת רק הכסא: **את ידו ואת רגלו.** כתרגומו: (מה) **צפנת פענח.** מפרש הצפונות ואין לפענח דמיון במקרא: **פוטי פרע.** הוא פוטיפר ונקרא פוטי פרע ש על שנסתרס מאליו ת לפי שחמד את יוסף א למשכב

שפתי חכמים

אכן מצרים היה לו לומר בארץ מצרים ועוד הא כבר היה בארץ מצרי': ע דמצרים היו עובדין לנילוס ונילוס הוא פישון ולכך נקרא פישון משום שהוא מגדל פשתן כדפירש"י בפ' בראשית הילכך בגדי פשתן חשובין להן וק"ל. [דב"ט] ושנה בא אלי חכם מארץ ישראל ואמר לי שאין פירושו פשתן כי בגדי שש הוא דבר חשוב עשה מלבעונים הרבה ממשי והוא מלבוש שלובשין על כל הבגדים ואינו השש הנזכר במלאכת המשכן. ומשמעות דברי רש"י כדבריו שפי' דבר חשיבות הוא במצרים ואילו היה ר"ל שהוא פשתן לא ה"ל לפרש רק בגדי שש חשיבות הוא במצרים וגם בפ' תרומה פי' שש פשתן וכאן לא פי' שהוא פשתן רק שהוא דבר חשוב: פ ר"ל דכך נאמר שם על הרובד. והיא רצפה: צ זה חבר למלך: ק פי' לדידך צריך אתה לחלק את התיבה לשתי תיבות וזה דוחק. וא"ת למה לא פריך נמי אלעיל שתרגם דין אבא למלכא צריך נמי לפרש אב דהיינו אבא ורך היינו מלך כדפירש"י לעיל. וי"ל דלעיל לא צריך לחבר אליו תיבה אחרת אבל לפי' זה צריך לחבר אל אב בחכמה ואל רך צריך לחבר אליו בשנים וזה דוחק: ר וס"פ של אברך דהכל היו באין אליו ואומרים לו אברך לך: ש דייק מדכתיב ויקרא פרעה שם יוסף וגו' ויתן לו את אסנת וגו' ר"ל פרע' נתן ליוסף את אסנת ומנ"מ בזה וא"כ ע"כ צריך לו' דפוטיפרע הוא פוטיפר ויש נפקותא גדולה בזה שפרעה היה רוצה ליתן גדולה ליוסף ללובשו בגדי מלוכה ופרעה ירא כיון דעבד הוא לא יניחו לו גדולה זו ועוד בנימוסי מצרים כתיב אין עבד מולך ולא לובש בגדי שרים לכך רצה ליתן ליוסף בת אדוניו של יוסף דאם האדון נתן לעבדו אשה הוא משוחרר וכ"ש אם נותן לו בתו שהוא משוחרר א"כ ש"מ דפוטיפרע הוא פוטיפר וק"ל: ת והסירום נלמד מל' פרע ולא מל' פוטיפר כנ"ל: א וא"ת הא לעיל כתי' כדברי' האלה עשה לי עבדך ופירש"י שם בשעת תשמיש אמרה לו כך וי"ל דלא היה משמש עמה ממש אלא היה מגפף ומנשק ומש"ה נקט נמי רש"י ענייני תשמיש כאלה ולא תשמיש ממש. ועי"ל שהיה סריס בילים ולא סריס גיד כמו שפי' הרד"ק:

פי'

you over the entire land of Egypt." 42. And Pharaoh removed his ring from his hand and placed it on Joseph's hand, and he attired him [with] raiment of fine linen, and he placed the golden chain around his neck. 43. And he had him ride in his chariot of second rank, and they called out before him, "[This is] the king's patron," appointing him over the entire land of Egypt. 44. And Pharaoh said to Joseph, "I am Pharaoh, and besides you, no one may lift his hand or his foot in the entire land of Egypt." 45. And Pharaoh named Joseph Zaphenath-Pa'neach, and he gave him Asenath the daughter of Poti-phera, the governor of On, for a wife, and Joseph went forth over the land of Egypt. 46. And Joseph was thirty years old when he stood before

King [David]" (I Kings 1:37).—[Rashi]

41. **I have appointed you**—Heb. נָתַתִּי אֹתְךָ. [Onkelos renders:] מַנֵּיתִי יָתָךְ, I have appointed you. It is nevertheless an expression of placing (lit., giving), like "and to place you (לְתִתְּךָ) above" (Deut. 26:19). Whether for greatness or lowliness, the term נְתִינָה is appropriate, like "I, [too,] have made you (נָתַתִּי אֶתְכֶם) contemptible and low" (Mal. 2:9).—[Rashi]

Rashbam explains: I am appointing you. When Pharaoh placed the ring on Joseph's finger, he proclaimed him ruler.

42. **And Pharaoh removed his ring**—[The] giving [of] the king's ring is a sign to the one to whom it is given [that he is] to be second to him in greatness [rank].—[Rashi]

Ramban explains that the ring was the king's signet, with which he sealed royal edicts. By giving it to Joseph, he empowered Joseph to seal royal edicts.

raiment of fine linen—This is an item of value in Egypt.—[Rashi] Although it is not of value elsewhere.—[Mizrachi] Sifthei Chachamim quotes a scholar who came from the Holy Land, who asserted that שֵׁש in this case is not linen, but another material, "which is of value in Egypt." It is a garment made of silk of many colors and worn over other garments. Sifthei Chachamim agrees with that scholar, basing his opinion on Rashi's wording. If Rashi had understood שֵׁש as linen, since it is known in other places to mean linen, he would have stated merely, "It is of value in Egypt." Note, however, that the targumim identify it as בּוּץ, known to be linen. Ibn Ezra identifies it with the שֵׁש used in the construction of the Tabernacle, which was assuredly linen.

Da'ath Zekenim explains that although linen was common in Egypt, it was valuable because of its superior quality.

chain—Heb. רְבִד, *a chain, and because it consists of links placed in a row, it is called* רְבִד, *and similarly,* "*I have decked* (רָבַדְתִּי) *my couch*" (Prov. 7:16). *I have decked my couch with rows of ornaments. In the language of the Mishnah: "surrounded by rows* (רוֹבְדִין) *of stone*" (*Middoth* 1:8); "*on the row of stones* (רוֹבֵד) *in the forecourt*" (*Yoma* 43b), *which is the pavement.*—[*Rashi*]

43. **in his chariot of second rank**—Heb. מִרְכֶּבֶת הַמִּשְׁנֶה. *The one second to his chariot, which goes next to his.*—[*Rashi*] מִשְׁנֶה *is a noun denoting the second rank or something that is double, as* "*Zephaniah the priest of second rank* (כֹּהֵן הַמִּשְׁנֶה)" (Jer. 52:24), "*and the priests of the second rank* (כֹּהֲנֵי הַמִּשְׁנֶה)" (II Kings 23:4), *and other places. It is not an adjective. The king had two chariots, one that he usually used and one that he used only when necessary. Rashi explains on II Chron. 35:24, that when Josiah was mortally wounded, he was placed on his second chariot, which was used in times of necessity.*—[*Havanath Hamikra*]

Ibn Ezra and *Rashbam* both render הַמִּשְׁנֶה *as "the viceroy." Ibn Ezra explains that* מִרְכֶּבֶת הַמִּשְׁנֶה *was a wooden structure placed over four horses, in which the viceroy rode. Rashbam writes that it was a steed, either a horse or a mule, designated for the viceroy to ride upon.*

Sefer Hayashar states: They had Joseph ride in the king's second chariot, which went opposite the king's chariot. They had him ride on a very strong, large horse of the

king's horses, and they led him throughout the public squares of all the land of Egypt.

Tosafoth Hashalem brings the following interpretation:

In the beginning, it was customary to ride in chariots drawn by one horse. Joseph initiated the practice to have two horses, (hence the double chariot). Pharaoh added a third horse when he pursued the fleeing Israelites, as it is written: "and three-horse chariots over them all" (Exod. 14:7). Solomon added a fourth horse, as it is written: "A chariot that went up and left Egypt went for a price of six hundred silver [pieces], and a horse for one hundred fifty" (I Kings 10:29). (See *Rashi* ad loc.)—[*Imrei No'am, Hadar Zekenim*]

the king's patron—Heb. אַבְרֵךְ, *as the Targum renders: This is the patron of the king.* [The word] רֵךְ *in Aramaic means "king." In* [the chapter entitled] "*The partners*" (*Baba Bathra* 4a), *he* (Herod) *is neither a king* (רֵיכָא) *nor the son of a king* (בַּר רֵיכָא). [Thus,] רֵךְ *like rex in Latin, means king.*] *In the Aggadah* (*Sifré* Deut. 1), *Rabbi Judah expounded:* אַבְרֵךְ *refers to Joseph, who was a father* (אָב) *in wisdom, and tender* (רַךְ) *in years. Ben Durmaskith said to him, "How long will you pervert the Scriptures for us?* אַבְרֵךְ *is only a term denoting knees* (בִּרְכַּיִם), *for all would enter and exit under his hand, as the matter that is stated: "appointing him, etc."*—[*Rashi*] I.e., everyone would call out before him, "I will kneel and prostrate myself." *Ibn Janach interprets it as a command:*

לְיוֹסֵף חֲמֵי דְּמַנִּית יָתָךְ סַרְכָן עַל כָּל אַרְעָא דְמִצְרָיִם: מב וְאַעְדִּי פַּרְעֹה יַת עִזְקְתֵיהּ מֵעַל יְדֵיהּ וִיהַב יָתָהּ עַל יְדָא דְיוֹסֵף וְאַלְבִּישׁ יָתֵיהּ לְבוּשִׁין דְּבוּץ וְשַׁוִּי מָנִיכָא דְדַהֲבָא עַל צַוְורֵיהּ: מג וְאַרְכֵּיב יָתֵיהּ בִּרְתִיכָא תִּנְיֵיתָא דִלְפַרְעֹה וַהֲווֹ מְקַלְסִין לְקָדָמוֹי דֵּין אַבָּא לְמַלְכָּא רַב בְּחָכְמְתָא וְרַכִּיךְ בְּשָׁנַיָּא וּמַנֵּי יָתֵיהּ סַרְכָן עַל כָּל אַרְעָא דְמִצְרָיִם: מד וַאֲמַר פַּרְעֹה לְיוֹסֵף אֲנָא פַּרְעֹה מַלְכָּא וְאַנְתְּ אַלְקַפְטָא וּבַר מִמֵּימְרָךְ לָא יְרִים גְּבַר יְדֵיהּ לְמֵיסוּר זַיְינֵיהּ וְיַת רִיגְלֵיהּ לְמִרְכּוּב עַל סוּסְיָא בְּכָל אַרְעָא דְמִצְרָיִם: מה וּקְרָא פַרְעֹה שְׁמֵיהּ דְיוֹסֵף גַּבְרָא דִטְמִירָן מְפָרְסֵם וִיהַב לֵיהּ יַת אָסְנַת דִּילֵידַת דִּינָה לִשְׁכֶם וּרְבִיתָהּ אִיתַּת פּוֹטִיפֶרַע רַבָּא דְטָנִיס לְאִינְתּוּ וּנְפַק יוֹסֵף שַׁלִּיט עַל אַרְעָא דְמִצְרָיִם: מו וְיוֹסֵף בַּר תְּלָתִין שְׁנִין כַּד קָם קֳדָם פַּרְעֹה

מג נַהֲווֹ מְקַלְסִין קֳדָמוֹי וְאָמְרִין יְחִי אֲבוּי דְמַלְכָּא דְרַב בְּחוּכְמָא וְרַכִּיךְ בְּשָׁנַיָּא:

פי' יונתן

(מד) אלקפטא' ה"י של משנה למלך אלקפטא' וגם לשון גמרא ריש פ"ק דשבועות אלקפטא' וריש גלותא והם שרים ושלטונים: (מה) אסנת דילידת דינה וכו' דאל"כ היאך נשאה יוסף לקחת' לו לאשה' וק"ל: (מח) דבתחומי' תרגום של סביבותי': (נב) סיגופי מכאן משמע כאשר פירשנו כ"פ והוא פשוט:

בעל הטורים

צפנת פענח. נוטריקון צדיק פטפט נפש תאוה פוטיפר ענה נפשו חנם. ד"א צופה פודה נביא תומך פותר עניו נביא חוזה:

רשב"ם

ע"י יוסף אמר לו כך: (מב) בגדי שש. של מצרים חשובים כדכתיב שש ורקמה במצרים: רביד. לשון רבד הפרוש ופשוט על האדם. כמו מרבדים רבדתי ערשי: (מג) במרכבת המשנה. סוס או פרידה המיוחדת לרכוב עליה האיש משנה למלך אשר לו: אברך. הוא אב למלך כדאמרי' לא רכא ולא בר רכא. כלו' אב למלך. וזהו וישימני לאב לפרעה כי פרעה לשון מלך כמו שפרשתי למעלה אב שר לצורך המלך: (סד) אני פרעה. אני מלך וזהו רק הכסא אגדל ממך. לא ירים איש את ידו. לעשות שררה כמו שכתוב בירבעם אשר הרים יד במלך. רמה ידו ושררתו ע"י המלך שלמה כמ"ש עם ויפקד אותו לכל סבל בית יוסף: (מה) צפנת פענח. כתרגומו ולשון מצרים הוא. וכן היה דרכם לקרוא לאדם בשעת שממנים אותו על ביתם שם הראוי. וכן ויקרא משה להושע בן נון יהושע כשנעשה משרתו וכן ויקרא לדניאל בלטשצר. כדכתיב די שמיה בלטשצר כשם אלהי: פוטיפרע. אין זה פוטיפר לפי הפשט: כהן און. שר של אותה העיר כדכתיב ובני דוד כהנים היו שלטונים: (מו) בן שלשים. וראוי לשררה:

דעת זקנים מבעלי התוספות

(מב) וילבש אותו בגדי שש. פירש"י דבר חשיבות הוא במצרים. ויש מקשים על זה ממה שפי' בפ' בראשית על נהר פישון הוא נילוס ונקרא פישון על שם שמגדל פשתן מכלל דפשתן הי' מצוי במצרים וי"ל דודאי מגדל פשתן הי' וחשוב הוא יותר מכל הארצות ומתוך חשיבותו היה יקר וזהו שאמר רש"י ז"ל חשיבות הוא במצרים. ועוד י"ל דפשתן דקאמר התם היינו קנבוס כמו ותטמנם בפשתי העץ דפירש"י קנבוס ושש דהכא היינו כיתנא והוא לא הי' מצוי במצרים: וחמש את ארץ מצרים. לשון חומש לתת החמישית לפרע' ומשם התחיל כמפורש בפ' ויגש לקמיה פי' אפי' מלא קומץ הנשאר בגורן היו נוטלין ממנו חמישית: (מה) צפנת פענח. נוטריקון "צדיק "פטפט "נגד "תאותו "פוטיפר "ענה "נפשו "חנם: ויתן לו את אסנת. וא"ת יוסף שהי' מלך איך נשא בת הדיוט. וי"ל לפי שמתחלה הי' יוסף עבד לפוטיפר אמר בלבו אם לא אעשה רצונו לישא בתו יזלזלני וילשין אותי שהייתי עבדו אשאנה ויכבדני. ועוד י"ל שנשאה מפני שהית' מזרע יעקב כדפי' רש"י

אבן עזרא

ארץ מצרים: (מב) בגדי שש. מפורש בפרשת ויקחו לי תרומה: רביד הזהב. כמו מרבדים רבדתי ערשי: (מג) המשנה. מגזרת שנים. כי המלך כאחד ואחריו המשנה כמו שני לו. ואחריו השליש כמו שלישי: מרכבת. עץ בנויה על ארבעה סוסים. ומרכבת שלמה לעדה: אברך. כל אדם קורא לפניו אכרע ואשתחוה. וזו המלה מבנין הכבד הנוסף. ויברך על ברכיו מהקל וכלם מגזרת ברכים. ויאמר רבי יונה המדקדק הספרדי כי אברך שם הפועל והאל"ף תחת ה"א. כמו אשכם ושלוח. ולפי דעתי שאל"ף אשכם לשון המדבר: (מד) אני פרעה. אני לבדי המלך ואין אדם שיהיה ברשותו זולתך: וטעם רגלו. לו רשות ללכת או על דרך משל והוא הנכון: (מה) צפנת פענח. אם זו המלה מצרית לא ידענו פירושה. ואם היא מתורגמת לא ידענו שם יוסף. ויהי פירוש פענח כאשר תרגם המתרגם ארמית והיא מלה מרובעת: כהן און. עובד השם או עובד עו"ג כי אין כהן בכל המקרא כי אם משרת על דעתי: ויצא יוסף. יצא שמו. כטעם ויצא לך שם בגוים או יצא ועבר על כל מקום והכריזו עליו כדי שיכירוהו:

רמב"ן

מכל דבריך אין נבון וחכם בכל ענין כמוך וראוי אתה לנהוג שררת ומלכות ולהיות לי למשנה: (מב) ויסר פרעה את טבעתו מעל ידו. נתינת טבעת המלך היא אות למי שנותנה להיות שני לו לגדולה לשון רש"י והנכון שטבעת המלך היא חותמו כענין ותחתמו בטבעת המלך והנה נתן לו החותם להיות נגיד ומצוה בכל המלכות ויחתום בטבעת המלך כל אשר יחפוץ: (מג) במרכבת המשנה. השניה למרכבתו המהלכת אצל שלו לשון רש"י והנה הוא שם וכן כהני המשנה את משנה התורה הזאת והנכון כי משנה תאר כמו ואני אהיה לך למשנה כי מרדכי היהודי משנה למלך אחשורוש וכן כסף משנה תאר כמו כסף שני וכבר הביאו המדקדקים ראיה בהיות אלה כולם בסגול ומשנה התורה וכל השמות בצרי כמשפט הסמיכות והענין כי יש למלך מרכבת ידועה לו כמו שנאמר וסוס אשר רכב עליו המלך ואחרת ידועה למשנהו ואחריו לשליש: (מה) צפנת פענח. אמר ר' אברהם אם היא מלה מצרית לא ידענו פירושה ואם מתורגמת לא ידענו שם יוסף. ועל דעת הראשונים שאומרים המפענח נעלמים. יתכן שקרא לו שם נכבד כלשון ארצו כי שאל לו. או שהית המלך יודע שפת ארץ כנען הקרובה אליו וענינו צפונה מגלה. וכן בתו קראה שם משה רבינו כלשון עמו מן המים משיתיהו ואל תשתומם בעבור שקראוהו סופרי המצריים מוניוס כי ישנו השמות ללשון מובן או מורגל להם כאשר יעשה התרגום בקצתם כגון בין קדש ובין שור בין רקם ובין חגרא וכן בהרבה מן השמות ובקצתם לא ישנה דבר כאשר עשה בסיחון מלך חשבון ובעוג מלך הבשן וזולתם הרבה וזה לפי מה שהיו נקראים בלשון ארמית בדורו וכן עשו הנוצרים המעתיקים: בת פוטיפרע כהן און. הוא פוטיפר ונקרא פוטיפרע על שם שנסתרס מאליו לפי שלקח יוסף למשכב זכור לשון רש"י והוא מדרש רבותינו והוצרך ממנו רש"י לומר לך כי כל כהן משרת לאלהות חוץ מזה שהוא לשון גדולה שהרי שר הטבחים היה וכן כהן מדין. ואני אומר כי לדברי רבותינו היה פוטיפר שר לפרעה וכאשר נסתרס בגיפו והכירו בו

אור החיים

אברך ונתון וגו'. פי' ב' דברים אלו היו קורין לפניו להודיע ולהשמיע כי הוא השליט בארץ מצרים כמלך: אני פרעה ובלעדיך וגו'. פי' המלכות היא שלי כי פרעה שם מלכות יגיד ובלעדיך לא ירים וגו' פי' אחריו תהי' מעלתו שבלעדיו לא וגו' לזה אמר בתו' וא"ו להיות שקדם הזכרת מעלתו באו' אני פרעה כמו שפי':

אבי עזר

(מה) (צפנת פענח. אם זו המלה מצרית וכו'). הרב אתי לומר דבין כך ובין כך לא ידענו לפרש היטב. אם פרעה קרא אל יוסף כן בלשון מצרית. לא ידענו טעמו. ואם היא מתורגמת כמו אפרים הפרני אלהים. ראובן ראה בעני אם כן לא ידענו איך פתרון זה נופל על שם יוסף. ולא נוכל לומר דפתרון זה הוא על שם שפתר חלומות. על זה כתב הרב לא ידענו שם יוסף. כי הוה ליה למכתב ויקרא פרעה אל יוסף ומדכתיב את שם יוסף. משמע דשם יוסף מתורגם כך והנה מפרשי לאב"ע דחקו עצמם לפרש דבריו והבוחר יבחר:

ספורנו

(מג) ויקראו לפניו אברך. כמו הברך. כלומר כל איש יכרע על ברכיו כמו שהיו צועקי' לפני המלך לומר לעם כי לו תכרע כל ברך: ונתון אותו על כל ארץ מצרים שקבלו כלם שלטנותו כמנהג לכל שלטון חדש: (מה) ויצא יוסף על ארץ מצרים. יצא מלפני פרעה באופן מורה שהיה שליט על כל ארץ מצרים: (מו) ויעבור בכל ארץ מצרים. לפקוד הערים ולסדר עניניהם בענין וסבב

אין

"Kneel."—[*Ibn Ezra*]

Divré David explains that *Ben Durmaskith* objected to *Rabbi Judah*'s dividing the word in two. Accordingly, he would object to *Targum Onkelos* as well. *Imrei Shefer* explains that his objection was that the word does not indicate wisdom or years, and they are inserted arbitrarily. Accordingly, he would not object to *Onkelos*'s rendering, only to that of *Rabbi Judah*.

44. I am Pharaoh—*I have the power to enact a decree upon my kingdom, and I decree that no one should raise his hand, etc.*—[*Rashi*]

and besides you—[I.e.,] *without your permission. Another interpretation: I shall be the king, and besides you, etc. This is parallel to "only [with] the throne"* (verse 40).—[*Rashi* from *Gen. Rabbah* 90:2] [I.e., although I give you the exclusive power to raise your hand and foot, as explained below I am still the supreme ruler over the land.]

Ibn Ezra explains: I am the king, and no one but you will be under his own jurisdiction.

his hand or his foot—*As the Targum renders:* [no man shall raise his hand to bear arms or his foot to ride a horse.]—[*Rashi*]

Rashbam explains that no one would be permitted to govern except Joseph. We find a similar expression regarding Jeroboam: "he raised his hand through the king" (I Kings 11:27). His hand and his power to govern were raised through King Solomon, as stated there: "and he appointed him in charge of all the burdens of the House of Joseph" (ibid. verse 28).

Ibn Ezra interprets the verse figuratively. According to *Yahel Ohr*, his interpretation coincides with that of *Rashbam*.

Sefer Hayashar also explains this expression to mean that no one would be allowed to govern over Egypt except Joseph.

45. Zaphenath-Pa'neach—*He who explains hidden things, and Pa'neach has no parallel in Scripture.*—[*Rashi* from *Targum Onkelos*]

Ibn Ezra observes that if the name is Egyptian, we do not know its meaning. If it is Hebrew, we do not know what Joseph was called in Egyptian. *Rashbam* suggests that the name is Egyptian, and its meaning is as *Onkelos* renders. *Karnei Ohr*, too, believes that the name is Egyptian and says that it means "the savior of the generation," or "the savior of the world." *Ramban* explains that the name is Hebrew and that Pharaoh probably asked Joseph to translate "he who explains hidden things" into Hebrew.

Poti-phera—*He is Potiphar, but he was called Poti-phera because he became emasculated since he desired Joseph for homosexual relations.*—[*Rashi* from *Sotah* 13b]

According to the Talmud (ibid.), the angel Gabriel came and emasculated him.

There is a tradition that Asenath was actually the daughter of Dinah and Shechem. Jacob had hung an amulet bearing God's name around her neck and sent her away. The angel Michael brought her down to Egypt, to Poti-phera's house. Since, according to some commentators, Poti-phera's wife was barren, she adopted Asenath and raised her as her own daughter.—[*Pirké d'Rabbi Eliezer*, ch. 38; *Targum Jonathan* ad loc.] *Da'ath Zekenim* writes: When Joseph traveled throughout Egypt, every maiden who saw him cast a trinket or an item of jewelry at his feet. Asenath, too, cast her amulet at Joseph's feet. He ignored all the jewelry cast before him, but when he saw the amulet bearing God's name, he examined it and determined that the maiden who had cast it at his feet was of the seed of Jacob.

Sefer Hayashar states: And the king sent to Poti-phera the son of Ahiram, the *kohen* of On, Asenath his young daughter to Joseph for a wife. The damsel was beautiful, a virgin, and no man had been intimate with her, and Joseph took her for a wife.

the governor of On—Heb. כֹּהֵן אֹן. This translation follows *Targum Onkelos* and *Rashbam*. *Targum Jonathan* renders: רַבָּא דְטָנִיס, *the governor of Tanis*. Tanis is the translation of Zoan in *Targum Onkelos* on Num. 13:22, in *Targum Jonathan* on Isa. 19:11, 13, 30:4, Ezek. 30:14, and in the unnamed *Targum* on Ps. 78:12, 43. In *Targum Jonathan* on Exod. 1:11, it represents Pithom. *Aruch Completum* writes that Tanis is also the translation of On in the *Septuagint* and the Arabic translation of *Saadiah Gaon*. Tanis was a city in Lower Egypt. *Methur-*

geman quotes scholars who state that this was the ancient name of Egypt. He notes that it should not be confused with Tunis, which was known in ancient times as Carthage.

Ibn Ezra insists that the term כֹּהֵן means only "servant," and is used for a priest, either a priest of God or a pagan priest. *Ramban* also interprets the word in this manner. He theorizes that when Potiphar was emasculated, he was named Poti-phera, of which name he was ashamed because it exposed his condition. So he abdicated his office as chief slaughterer or chief executioner (cf. above, 37:36). He then entered a temple and became a priest, for so was the custom of dignitaries. Accordingly, On may have been the name of the deity in whose service he officiated.

and Joseph went forth over the land of Egypt—And Joseph went forth as ruler over the land of Egypt—[*targumim*] He went forth from Pharaoh's presence in a regal manner, indicating that he was the ruler over the entire land of Egypt.—[*Sforno*]

Ibn Ezra explains that his name went forth over the land of Egypt as the new ruler. He suggests further that Joseph himself went forth and passed through all the cities. In each one he was announced, so that the people would recognize him.

Hakethav Vehakkabbalah renders: and Joseph became exceptionally exalted over the land of Egypt. Here was a slave, a prisoner, a stranger from a foreign country, both he and

פַּרְעֹה מֶלֶךְ־מִצְרָיִם וַיֵּצֵא יוֹסֵף
מִלִּפְנֵי פַרְעֹה וַיַּעֲבֹר בְּכָל־אֶרֶץ
מִצְרָיִם: מז וַתַּעַשׂ הָאָרֶץ בְּשֶׁבַע שְׁנֵי
הַשָּׂבָע לִקְמָצִים: מח וַיִּקְבֹּץ אֶת־כָּל־
אֹכֶל ׀ שֶׁבַע שָׁנִים אֲשֶׁר הָיוּ בְּאֶרֶץ
מִצְרַיִם וַיִּתֶּן־אֹכֶל בֶּעָרִים אֹכֶל שְׂדֵה־
הָעִיר אֲשֶׁר סְבִיבֹתֶיהָ נָתַן בְּתוֹכָהּ:
מט וַיִּצְבֹּר יוֹסֵף בָּר כְּחוֹל הַיָּם הַרְבֵּה
מְאֹד עַד כִּי־חָדַל לִסְפֹּר כִּי־אֵין
מִסְפָּר: נ וּלְיוֹסֵף יֻלַּד שְׁנֵי בָנִים
בְּטֶרֶם תָּבוֹא שְׁנַת הָרָעָב אֲשֶׁר
יָלְדָה־לּוֹ אָסְנַת בַּת־פּוֹטִי פֶרַע כֹּהֵן
אוֹן: נא וַיִּקְרָא יוֹסֵף אֶת־שֵׁם הַבְּכוֹר
מְנַשֶּׁה כִּי־נַשַּׁנִי אֱלֹהִים אֶת־כָּל־
עֲמָלִי וְאֵת כָּל־בֵּית אָבִי: נב וְאֵת שֵׁם
הַשֵּׁנִי קָרָא אֶפְרָיִם כִּי־הִפְרַנִי

אונקלוס

יוֹסֵף מִן קֳדָם פַּרְעֹה
וַעֲבַר בְּכָל אַרְעָא
דְמִצְרָיִם: מז וּכְנַשׁוּ דַיָּרֵי
אַרְעָא בְּשֶׁבַע שְׁנֵי
שׂוֹבְעָא עֲבוּרָא לְאוֹצְרִין:
מח וּכְנַשׁ יַת כָּל עֲבוּר
שְׁבַע שְׁנַיָּא דִי הֲוָאָה
בְּאַרְעָא דְמִצְרַיִם וִיהַב
עֲבוּרָא בְּקִרְוַיָּא עֲבוּר
חֲקַל קַרְתָּא דִי בְסַחֲרָנָהָא
יְהַב בְּגַוַּהּ: מט וּכְנַשׁ יוֹסֵף
עֲבוּרָא כְּחָלָא דְיַמָּא סַגִּי
לַחֲדָא עַד דִי פְּסַק לְמִמְנֵי
אֲרֵי לֵית מִנְיָן: נ וּלְיוֹסֵף
אִתְיְלִידוּ תְּרֵין בְּנִין עַד
לָא עָאלַת שַׁתָּא דְכַפְנָא
דִי יְלֵידַת לֵיהּ אָסְנַת בַּת
פּוֹטִיפֶרַע רַבָּא דְאוֹן:
נא וּקְרָא יוֹסֵף יַת שׁוּם
בּוּכְרָא מְנַשֶּׁה אֲרֵי
אַנְשְׁיַנִי יְיָ יַת כָּל עֲמָלִי
וְיַת כָּל בֵּית אַבָּא:
נב וְיַת שׁוּם תִּנְיָנָא קְרָא
אֶפְרָיִם אֲרֵי אַפְשַׁנִי יְיָ

תולדות אהרן

וליוסף ילד תענית יא:

רמב"ן

וקראוהו פוטיפרע נתבייש בדבר פירש משרתו והכניס עצמו בבית עבודת כוכבים ונעשה כומר לעבודת כוכבים כי כן מנהג הנכבדים ואפשר שהיה און שם לאלהיו וכן כהן מדין כומר כמו שאמרו ביתרו שהיה מפטם עגלים לעבודת כוכבים והאמת כי לשון כהונה שרות אבל לא לאלהות בלבד כי הנה ובני דוד כהנים היו ובמקומו בדברי הימים ובני דוד הראשונים ליד המלך וכן מוליך כהנים שולל שהם משרתי המלך וכן יכהן פאר יתלבש פאר ככהן העובד שיעשו לו בגדים שלא כשאר העם לכבוד

אבן עזרא

(מח) את כל אוכל. אין פי' כל כי היו מתים ברעב. וכן וכל הארץ באו. רק טעמו שקבץ כל אשר יכול: (נא) כי נשני אלהים. טעמו כי אמר. ויאמר רבי יהודה המדקדק הראשון כי נשני על משקל חנני. ויאמר רבי משה

אור החיים

ויעבר בכל ארמ"צ. פי' לדעת שדותיה לדעת את אשר יכין עשות וגם אוצרותיה להכין מקומות הצריכין לאצור וההכנות כפי תבונותיו:

ויקבוץ את כל וגו'. לפי מה שפירשנו בפ' וחמש את וגו' שיטול החומש יהיה פי' אומרו ויקבוץ את כל אוכל פי' הנוגע להלק המלך כרשום בדברי יוסף ולכשנפרש אומרו וחמש ויורז אשר לפרש אומרו ויקבוץ את כל כפשוטו שהי' קונה כל התבואה שעשתה השנה ביותר על כל השנים כי לצד שהוא דבר יתר לזורעי אדמ' ימכרו הנותר:

עד כי חדל וגו'. פי' חדלו לספור אוצרי התבואה אשר ליוסף לצד כי אין מספר מהמביאין שלא היו סופרים לצד טורח שבת מדהבה ולא מדדו את אשר יביאו והגם שהיו מביאין חומש למה שפי' באומרו וחמש אעפ"כ היו מחלקים התבואה לה' חלקים ונותנים חלק אחד ולא היו יודעים כמה עולה להשבון המובא וזה הוא שיעור הכ' עד כי הדל סופרו של יוסף לספור כי אין מספר לתבואה מהמביאין ויצטרך לספור הפרט ולצרף החשבון לזה חדל לספור:

וליוסף יולד וגו'. קשר הכ' עם שלמעלה ממנו לומר השגת הטוב של יוסף בז' שני שבע כי מלבד כי צבר בר הרבה והצליח גם כי נזכר לטובה בבנים וקריאת שם בניו כן יגיד כי הוא שבע רצון כי נשהו ה' כל עמלו והפרהו ד' ופריה זו כוללת בנים ועושר וכבוד:

בטרם תבא שנת וגו'. במסכת תענית דרשו ז"ל מכאן שאסור

Pharaoh the king of Egypt, and Joseph went out from before Pharaoh and passed through the entire land of Egypt. 47. And in the seven years of plenty, [the inhabitants of] the land gathered [food] by handfuls. 48. And he collected all the food of the seven years that was in the land of Egypt, and he placed food in the cities, the food of the field surrounding the city, he put within it. 49. And Joseph gathered grain like the sand of the sea, in great abundance, until [one] stopped counting, because there was no number. 50. And to Joseph were born two sons before the year of the famine set in, whom Asenath the daughter of Poti-phera, the governor of On, bore to him. 51. And Joseph named the firstborn Manasseh, for "God has caused me to forget all my toil and all my father's house." 52. And the second one he named Ephraim, for "God has made me fruitful

his family unknown, an adherent of a different religion, who suddenly became exalted over the Egyptians as if he were king. The term וַיֵּצֵא denotes a remarkable deviation from the rules and customs of Egypt.

46. And Joseph was thirty years old—and fit to fill a governing position.—[*Rashbam*]

and passed through the entire land of Egypt—to become acquainted with its fields, and to determine what would be required in building and preparing sufficient storehouses to receive the grain.—[*Ohr Hachayim*]

47. And...[the inhabitants of] the land gathered—Heb. וַתַּעַשׂ הָאָרֶץ, lit., and the land made. [This is to be understood] *as the Targum renders: "And...the inhabitants of the land gathered." The language, however, does not lose its meaning of making.*—[*Rashi*]

by handfuls—Heb. לִקְמָצִים. *Handful over handful, hand over hand, they were storing it.*—[*Rashi*] *Mizrachi* explains that it means heap by heap. Each year of plenty, they gathered another heap of grain.

Onkelos renders: into storehouses. *Ramban* explains that קְמָצִים literally means "pits." The storehouses consisted of pits dug in the ground where the grain was stored.

Rashbam renders: And the land produced "by handfuls" during the seven years of plenty, meaning that each stalk bore a handful of ears of grain. Consequently, there was a large surplus.

48. And he collected—I.e., Joseph collected.—[*Ramban*]

all the food—This is not to be understood literally, because if he had collected all the food, the people would have died of hunger. It means that he collected all that he could.—[*Ibn Ezra*]

Ramban explains that Joseph collected it all, then rationed it out so that the people would not waste it.

Ohr Hachayim writes: If we interpret וְחִמֵּשׁ in verse 34 to mean "take out one fifth," this verse can be rendered very simply—he collected all the food to which the king was entitled, namely, a fifth of all the crops. Even if we explain וְחִמֵּשׁ to mean "prepare," however, we can explain this verse to mean that he collected the surplus that was produced over and above the normal yearly yield.

the food of the field surrounding the city, he put within it—*Because each land preserves its own produce, and they would put into the grain some of the soil of the place, and it would preserve the grain* [and prevent it] *from decaying. (It seems to me that this is the view of* Rabbi Nehemiah, *and it is not at all necessary to emend* Rashi, *as some wish to do.)*—[*Rashi from Gen. Rabbah 90:5*]

In *Gen. Rabbah*, the Sages explain this verse to mean that the Egyptians stored the produce of the surrounding fields in the cities they surrounded. The reason for this was that the land where it grew formed a natural preservative. *Rabbi Nehemiah* explained that they would store it in the capital city and put soil from whence it originated in with it, in order to preserve it. *Sifthei Chachamim* explains *Rashi* as representing these two divergent views. First *Rashi* explains the verse according to the Sages, that the grain was stored in cities near its place of origin, in order to preserve it, and then he explains it according to *Rabbi Nehemiah*, that they would put soil from its place of origin into the grain for that same reason. Another view is reflected by a copyist, who believes that *Rashi* quotes only *Rabbi Nehemiah*'s view. Since every land preserves its own produce, some soil from the produce's place of origin was placed in with it, but it was not necessarily stored in the cities the fields surrounded. [This is the parenthetic material in our edition of *Rashi*.]

49. **And Joseph gathered grain**—The shift from "food" to "grain" indicates that all types of food were stored during the seven years of plenty, not only grain, but also figs and raisins.—[*Ramban*]

until [one] stopped counting—*Until the one who counted stopped counting. This is an elliptical verse.* [The subject of חָדַל is missing.]—[*Rashi*]

Ramban explains that the text refers to Joseph: until Joseph stopped counting.

because there was no number—Heb. כִּי, *because there was no number, and here* כִּי *is used as an expression of "because."*—[*Rashi*] I.e., the one who counted spontaneously stopped counting because he realized that there was no number large enough to encompass the entire store of food.—[*Maharshal*, quoted by *Sifthei Chachamim*] [Here, *Rashi* alludes to the Talmudic maxim that כִּי has four usages. He quotes this maxim on Gen. 18:15.]

מַלְכָּא דְמִצְרַיִם וּנְפַק יוֹסֵף מִלְוַת פַּרְעֹה וַעֲבַר רַב וְשַׁלִּיט בְּכָל אַרְעָא דְמִצְרָיִם : מז וְאַצְלָחַת אַרְעָא דְכָל
תּוּבְלָא עֲבַד מְלֵי תְּרֵין קוּמְצִין בְּשַׁבַע שְׁנֵי שׁוּבְעָא עַד דִּימְלוּן כָּל אוֹצְרַיָא : מח וּכְנַשׁ יַת כָּל עִיבּוּר שְׁבַע
שְׁנֵי שׁוּבְעָא דַהֲווּ בְּאַרְעָא דְמִצְרַיִם וִיהַב עִיבוּרָא בְּקִרְוַיָא עִבּוּר חַקְלֵי קַרְתָּא דִבְחוּזְרָנָהָא כְּנַשׁ בְּגַוָּהּ :
חסר פסוק מ"ט : נ וּלְיוֹסֵף אִתְיְלִידוּ תְּרֵין בְּנִין עַד לָא עָלַת שַׁתָּא דְכַפְנָא דִילִידַת לֵיהּ אָסְנַת דְרִיבַת בְּבֵית
פּוֹטִיפֶרַע רַבָּא דְטָנִים : נא וּקְרָא יוֹסֵף יַת שׁוּם בּוּכְרָא מְנַשֶּׁה אֲרוּם אַנְשִׁיַנִי יְיָ יַת כָּל לֵיאוּתִי וְיַת כָּל
בֵּית אַבָּא : נב וְיַת שׁוּם תִּנְיַין קְרָא אֶפְרַיִם אֲרוּם אָמַר תַּקִּיף יָתִי יְיָ בְּאַרַע סִיגוּפִי וְהֵיכְדֵין עָתִיד לְמִתְקוֹף

בעל הטורים

וליוסף ב' במס' וליוסף יולד שני בנים בטרם וגו' ואידך וליוסף אמר מבורכת ה' ארלו כדאמריגן כל המשתף עלמו עם הלבור בלרתם זוכה ורואה בנחמות לבור : לכם תעשו בגימ' המילה תעשו שלום

רשב"ם

(מז) ותעש הארץ. הוציאה הרבה תבואה. כמו ועשת את התבואה לשלש השנים : לקמצים. בקנה אחר מלא קומץ שבלים ולכך היה השבע גדול : (נ) בטרם תבא שנת הרעב. ולפי שבא יעקב בתחלת ימי הרעב בשנה שניה ולסוף שבע עשרה שנה בשעת מותו אמר ליוסף שני בניך הנולדים לך עד באי אליך לי הם. אבל מולדתך אשר הולדת אחריהם אחרי באי אליך לך יהיו לכך פירשם כאן שאפרים ומנשה נולדו לפני שנות הרעב קודם שבא יעקב אבל אחרי כן הוליד בנים ובני בנים שנקראו על שם אחיהם בנחלתם כמו שאמר יעקב : (נא) נשני. מן נשש. כמו הנני אלהים מן חנן. הדגש תחת אות החסרת ואילו היה מגזרת לא תנשני נשיתי טובה שהוא מחטופי למ"ד פעל. היה לו לומר נשני. כמו עבדי רמני. האיש אשר כלני רמני מן רימה את רעהו.

רש"י

וכור (סוטה יג) : (מז) ותעש הארץ. כתרגומו ואין הלשון נעקר ב מלשון עשייה : לקמצים. קומץ על קומץ יד על יד היו אולרים : (מח) אכל שדה העיר אשר סביבותיה נתן בתוכה. שכל ארץ וארץ מעמדת פירותיה ג וכותנין בתבואה מעפר המקום ד ומעמיד את התבואה מלירקב, (נ"ל שהוא דעת רבי נחמיה וא"ל כלל להגיה ברש"י כאשר עלה בדעת קלתס) : (מט) עד כי חדל לספור. עד כי חדל לו הסופר ה לספור וה"ז מקרא קלר : כי אין מספר. לפי שאין מספר והרי כי משמש ו כלשון דהא : (נ) בטרם תבוא שנת הרעב. (תענית יא) מכאן שאסור לאדם לשמש מטתו ז בשני רעבון :

שפתי חכמים

ב פי' ותעש הארץ שעשתה אולרות ופירוש הארץ אנשי הארץ כמו ארץ כי תחטא : ג ר"ל דפסוק משמע שכל האוכל הגדל סביב העיר היה נותן בתוך אותה העיר ולא בעיר אחרת וטעמא מאי ועז"פ לפי שכל ארץ וארץ וכו' : ד י"א שהוא פירוש אחר וה"פ כל האוכל היו מוליכין אותו למלרים מקום שהיה יוסף שם והא דכתיב בקרא אוכל שדה העיר וגו' נתן בתוכה ה"פ שלריך ליתן מעפר שגדלה שם בתוכה אבל אה"כ היו מוליכין אותה למלרים : ה כי משמע ל' אשר כדפירש"י עד אשר חדל לו לסופר לספור : ו דחדל משמע שמעלמו חדל ולמה לא ספר יותר מפני כי אין מספר כלומר שהוא יודע שבודאי לא יהיה לו מספר שכל כך הרבה יהיה והדל מתחלה הסיפר לספור. מהרש"ל : ז ואע"ג דכתיב ויהי רעב בכל הארלות ובכל ארץ מלרים היה לחם

דעת זקנים מבעלי התוספות

בפ' וישלח דבת דינה היתה משכם ותלה לה יעקב אבינו קמיע בלוארה והשליכה והובאה למלרים ע"י גם כדפרישית וגדלה פוטיפר בביתו ולכך נקראת על שמו כמו שמלינו גבי משה רבינו ע"ה אלה בני בתיה וגו'. וכשעבר יוסף בכל ארץ מלרים ילאו כל הנשים לראות יפיו של יוסף כדכתיב בנות לעדה עלי שור וכל אחת זורקת לו חפץ או תכשיט וזו לא היה לה מה לזרוק וזרקה לו הקמיע שהיה בלוארה ועיין בו וראה שהיא מזרעו של יעקב ונשאה : (נ) בטרם תבא שנת הרעב. אמרינן במס' תענית מכאן שאסור לשמש מטתו בשני רעבון. ותמה היאך לוי שמש מטתו שהרי נולדה יוכבד בין החומות ואז היו שני רעבון כדכתיב כי זה שנתים הרעב. ואמר ר' יהודה חסיד דמה שאסור לשמש מטתו כגון נביא ששמע מפי הקב"ה שעתיד להיות רעב כגון יוסף שידע הדבר בבירור על ידי חלום פרעה אבל לוי שלא היה יודע הדבר בבירור לא היה נאסר לו. ויש מתרלין דלוי ויוסף פליגי בפלוגתא דתנאי דפליגי במסכת יבמות דאיכא מאן דאמר התם מלות פריה ורביה שני זכרים ואיכא מאן דאמר דלא קיים עד שיוליד זכר ונקבה. ולוי סבר כמ"ד עד שיוליד נקבה ג"כ ולפיכך שמש כי עדיין לא נולדה לו נקבה ואמרינן במס' תענית חשוכי בנים משמשין מטותיהן בשני רעבון כדי לקיים מלות פריה ורביה. ויוסף ס"ל כמ"ד שני זכרים ולפיכך לא רלה לשמש כי כבר קיים : (נב) קרא אפרים. על שם אביה אברהם ויצחק שנא' בהם אפר. אברהם

רמב"ן

ולתפארת וכן ומיודעיו וכהניו ראשי משרתיו : (מז) לקמצים. קומץ על קומץ יד על יד היו אוצרים לרש"י ות"א לאוצרים כי החפירות העשויות בארץ לאוצר או לדברים אחרים יקראו קמצים באחת הפחתים תרגום יונתן בחדא מן קומצאוכן כל פחת תרגם קמצא והוא קרוב מן חופר גומץ כי הגימ"ל תשמש בכאן כמו קו"ף כאשר תשמש כמו כ"ף באל יחסר המזג מן מסכה יינה יכנה אשר נטעה ימינך שהוא כמו גנה ויסכרו מעיינות תהום כמעם ויסגרו על ארץ מכורת' מכורותיך ומולדותיך וסכרתי את מצרים הכ"ף והגימ"ל בהם שוים וישתוו הקו"ף והכ"ף תמיד כמו קובע וכובע תקן משלים הרבה כמו מי תכן את רוח ה' ורבותינו אמרו מלשון קישוט יאמרו תכשיטים ותכשיט וכן ויציקו את ארון האלהים ויעל אביתר עד תום כל העם לעלות מן העיר אמר בו התרגום ואקימו ית ארונא עשאו כמו ויציגו וכענין שנאמר בו

ויביאו את ארון ה' ויציגו אותו במקומו מלשון אציגה נא עמך והצגתיו לפניך : (מח) ויקבץ את כל אוכל. יוסף הנזכר למעלה וגם אחרי כן ויצבור יוסף וכו' : כי חדל לספור יוסף הנזכר ואמר ר"א כי אין פירוש כל. כי ברעב היו מתים. וכן וכל הארץ באו מצרימה רק טעמו שקבץ כל אשר יכול. והנכון בעיני שקבץ את הכל אל תחת ידו והוא נתן להם ממנו בכל שנה כדי פרנסתם שלא יבזבזוהו והוא שאמר ויקבצו את כל אכל השנים הטובות ויצברו בר תחת יד פרעה ושמרו. ומפני שאמר ויקבצו את כל אוכל ואמר ויצברו בר וכן ויקבוץ את כל אוכל ויצבור יוסף בר יורה שקבצו כל הנאכל לאדם בר ולחם ומזון אפי' תאנים וצמוקים וכיוצא בהן ויצברו מהם הבר אל תחת יד פרעה והוא התבואה שהובאה ברחת ובמזרה לזרות ולהבר ויתן בערים כדי אכלם מכל הפירות והיה כל האוכל למשמרת לצורך שני הרעב שיקחו ממנו

אור החיים

שאסור לשמש מטתו בשני רעב ובהכרח לומר שדרשתם היא באם איכו ענין ליוסף שהרי הוא עדיין לא קיים פריה ורביה ואמרו גם בש"ס בפי' שחשוכי בנים משמשין מטותיהן בשני רעב ולא מלינו שהיו ליוסף בנים קודם אפרים ומנשה וכפי הדין אפי' בשבע שני רעב היה לו לשמש אלא שהכ' כדרש באם איכו ענין ומעתה לא קשה מה שהקשו התוס' שם מיוכבד שנולדה בין החומות ששמש לוי בשני רעב כי כשירדו אבותינו מלרימה היתה שנה שניה לשני רעב ונדחקו לומר

כלי יקר

בטרם תבא שנת הרעב. מכאן שאסור לשמש בשני רעבון ולפ"ז היה לו לומר וליוסף יולד שני בנים בשנת השובע ויש כדמות סמך לדברי בית שמאי שאומרים שאם יש לאדם שני בנים קיים מלות פריה ורביה ואם לא הגיד לנו הכתוב שיולדו לו שני בנים בטרם יבא שנת הרעב הייתי אומר שלכך קרא שם השני אפרים כי הפרני אלהים לפי שנולד בשנת הרעב שבכל העולם היו רעבים וליוסף היה בר ופירות לרוב אבל עכשיו שקראו אפרים קוד' שנת הרעב ודאי קראו כך לפי שאז

אבי עזר

(מח) (אין פירוש כל כי היו מתים ברעב וכו') וכמוהו כי חנני אלהים וכי יש לי כל. ואב לכולם ולרש אין כל. ונאמר אחריו כבשה אחת : (נא) (ויאמר ר' יהודה המדקדק וכו'). כי להוראת שכחה שני גזרות נשה ונשש. וכן הובאו בספר מאיר נתיב. ושמע מניה דעת ר' יהודה מכפולים. שקאמר על משקל חנני ודעת ר' משה כראה שהוא מנחי למ"ד ה"א על משקל כאשר לוני. נמלא דברי הרשב"ם

ספורנו

המצפה ועלה בית אל בענין שמואל : (מז) לקמצי'. בכל שבולת עשתה קמצים : (מט) אין מספר. לא היה עוד מספר נקרא בשם באופן שיצוייר בנפש : (נא) כי נשני אלהים. כענין לעתיד כאמרו

אֱלֹהִים בְּאֶרֶץ עָנְיִי׃ רביעי נג וַתִּכְלֶינָה
שֶׁבַע שְׁנֵי הַשָּׂבָע אֲשֶׁר הָיָה בְּאֶרֶץ
מִצְרָיִם׃ נד וַתְּחִלֶּינָה שֶׁבַע שְׁנֵי
הָרָעָב לָבוֹא כַּאֲשֶׁר אָמַר יוֹסֵף וַיְהִי
רָעָב בְּכָל־הָאֲרָצוֹת וּבְכָל־אֶרֶץ
מִצְרַיִם הָיָה לָחֶם׃ נה וַתִּרְעַב כָּל־
אֶרֶץ מִצְרַיִם וַיִּצְעַק הָעָם אֶל־פַּרְעֹה
לַלָּחֶם וַיֹּאמֶר פַּרְעֹה לְכָל־מִצְרַיִם
לְכוּ אֶל־יוֹסֵף אֲשֶׁר־יֹאמַר לָכֶם
תַּעֲשׂוּ׃ נו וְהָרָעָב הָיָה עַל כָּל־פְּנֵי
הָאָרֶץ וַיִּפְתַּח יוֹסֵף אֶת־כָּל־אֲשֶׁר
בָּהֶם וַיִּשְׁבֹּר לְמִצְרַיִם וַיֶּחֱזַק הָרָעָב
בְּאֶרֶץ מִצְרָיִם׃ נז וְכָל־הָאָרֶץ בָּאוּ
מִצְרַיְמָה לִשְׁבֹּר אֶל־יוֹסֵף כִּי־חָזַק
הָרָעָב בְּכָל־הָאָרֶץ׃ מב א וַיַּרְא
יַעֲקֹב כִּי יֶשׁ־שֶׁבֶר בְּמִצְרָיִם וַיֹּאמֶר

בְּאַרַע שִׁעְבּוּדִי׃
נג וּשְׁלִימוּ שְׁבַע שְׁנֵי
שׂוֹבְעָא דִּי הֲוָאָה
בְּאַרְעָא דְּמִצְרָיִם׃
נד וּשְׁרִיאָה שְׁבַע שְׁנֵי
כַפְנָא לְמֵיתֵי כְּמָא דִי
אֲמַר יוֹסֵף וַהֲוָה כַפְנָא
בְּכָל אַרְעָתָא וּבְכָל
אַרְעָא דְמִצְרַיִם הֲוָה
לַחְמָא׃ נה וּכְפִינַת כָּל
אַרְעָא דְמִצְרַיִם וּצְוַח
עַמָּא קֳדָם פַּרְעֹה עַל
לַחְמָא וַאֲמַר פַּרְעֹה לְכָל
מִצְרָאֵי אֱזִילוּ לְוָת יוֹסֵף
דִּי יֵימַר לְכוֹן תַּעְבְּדוּן׃
נו וְכַפְנָא הֲוָה עַל כָּל
אַפֵּי אַרְעָא וּפְתַח יוֹסֵף
יָת כָּל אוֹצְרַיָּא דִי בְהוֹן
עִבוּרָא וְזַבִּין לְמִצְרָאֵי
וּתְקֵיף כַּפְנָא בְּאַרְעָא
דְמִצְרָיִם׃ נז וְכָל דָּיְרֵי
אַרְעָא אֲתוֹ לְמִצְרַיִם
לְמִזְבַּן עִבוּרָא מִן יוֹסֵף
אֲרֵי תְקֵיף כַּפְנָא בְּכָל
אַרְעָא׃ א וַחֲזָא יַעֲקֹב
אֲרֵי אִית עִבוּר מִזְדַּבַּן
בְּמִצְרַיִם וַאֲמַר יַעֲקֹב

תו"א וכל הארץ באו מצרימה פסחים קיט יבמות יג. וירא יעקב כי יש שבר ס' הזוהר פ' אמור: ויאמר יעקב לבניו למה תענית י.

שפתי חכמים

צריך לפרש ויהי רעב בכל הארצות אפי' באוצרות אבל בכל ארץ מצרים היה לחם באוצרות והא דיצחק שימש מטתו בשנת רעבון בפ' תולדות פירשתי. כתב רא"ם ואף"ת והא לוי היה משמש מטתו בשנת רעבון דהא יוכבד נולדה לו בין החומות כדפירש"י בפ' ויגש ובאותו זמן רעב היה י"ל דחשוכי בנים מותר לשמש מטתו אפי' בשנת רעבון: ח דייק מדכתיב אשר יאמר לכם תעשו למה כתיב כל' אמירה ולא כתיב אשר ילוה א"ו אמירה היינו מילה כדכתיב גבי דוד שם אנכי על אמרתך והמפרשים הרבו בזה וע"ש: ט אבל העניים כובשין את פניהם לארץ ואין נושאין פניהם: י ר"ל שלא תאמר אע"ג שהוא ל' מכר מ"מ הוא נמי לשון דיגון וכיון דנכתב בל' שבר א"כ דוקא גבי תבואה שייך לכתוב ל' שבר גבי קנין כיון דלשון מכר ול' דגון שייך בתבואה אבל גבי יין או שאר משקים לא שייך לכתוב לשון שבר כיון

רש"י

(נה) ותרעב כל ארץ מצרים. (ב"ר) שהרקיבה תבואת' שאצרו חוץ משל יוסף: אשר יאמר לכם תעשו. לפי שהי' יוסף אומר להם שימולו ח וכשבאו אצל פרעה ואומרים כך הוא אומר לנו א"ל למה לא צברתם בר והלא הכריז לכם ששני הרעב באים אמרו לו אספנו הרבה והרקיבה אמר להם א"כ כל אשר יאמר לכם תעשו הרי גזר על התבואה והרקיבה מה אם יגזור עלינו ונמות: (נו) על כל פני הארץ. מי הם פני הארץ אלו ט העשירים (ב"ר): את כל אשר בהם. כתרגומו די בהון עיבורא: וישבור למצרים. שבר לשון מכר ולשון קנין הוא י כאן משמש לשון מכר. שברו לנו מעט אוכל לשון קנין. ואל תאמר אינו כי אם בתבואה שאף ביין וחלב מצינו (ישעיה נה) ולכו שברו בלא כסף ובלא מחיר יין וחלב: (נז) וכל הארץ באו מצרימה. אל יוסף לשבור ואם תדרשהו כסדרו היה צריך לכתוב לשבור מן יוסף: (א) וירא יעקב כי יש שבר במצרים. ומהיכן ראה והלא לא ראה אלא שמע שנאמר הנה שמעתי וגו' ומהו וירא ראה באספקלריא של קדש שעדיין יש לו שבר במצרים ולא היתה נבואה ממש

אור החיים

שמדת חסידות שנוי ולוי לא היה חסיד בדבר זה ואין
נראין דבריהם לא במה שאמרו מדת הסידות כי מכתוב

דרשו לה ולא במה שילא מדבריהם כי לוי לא היה חסיד
העידה עליו התורה לאיש חסידך כי הוא היה חסיד שבשבטי'
והנס

in the land of my affliction." 53. And the seven years of plenty that were in the land of Egypt were finished. 54. And the seven years of famine began, as Joseph had said, and there was famine in all the lands, but throughout the land of Egypt there was bread. 55. When the entire land of Egypt hungered, the people cried out to Pharaoh for bread, but Pharaoh said to all the Egyptians, "Go to Joseph; what he tells you, do." 56. Now the famine spread over all the face of the land, and Joseph opened all [the storehouses] in which there was [grain], and he sold [it] to the Egyptians, and the famine intensified in the land of Egypt. 57. And all [the inhabitants of] the land came to Egypt to Joseph to purchase, for the famine had intensified in the entire land.

42

1. Jacob saw that there was grain being sold in Egypt; so Jacob said

50. And to Joseph were born two sons—This is connected to the preceding verse, indicating that Joseph was not only successful in administrating the food collection in Egypt, he was also successful in his personal life, for two sons were born to him. Their names describe the blessings that were bestowed upon him—namely that God had caused him to forget all his toil, and that He had made him fruitful, which includes children, wealth, and honor.—[*Ohr Hachayim*]

before the year of the famine set in—*From here is derived that a person may not engage in marital relations during years of famine.*—[*Rashi* from *Ta'anith* 11a]

In fact, this ruling would not have applied to Joseph because he had not yet fulfilled the commandment of procreation. However, with this phrase, the Torah teaches us that a man who has already fulfilled the commandment of procreation is not permitted to engage in marital relations during years of famine.—[*Ohr Hachayim*]

54. And the seven years of famine began, as Joseph had said—The clause "as Joseph had said" is necessary because it was only when the famine arrived that Joseph's interpretation was confirmed. The Egyptians could have believed that seven years of plenty were a mere coincidence, but when the seven years of famine commenced, they realized that Joseph had interpreted Pharaoh's dreams correctly. [This is probably because plenty was not unusual in Egypt, which was constantly watered by the Nile. For this reason, famine was highly unusual.]

Alternatively, the clause "as Joseph had said" is meant to answer the question that someone may ask: namely, how is it possible to feel hunger immediately at the beginning of years of famine? Everyone's storehouse was full, and they would surely have food to eat, at least for a while. The answer is that Joseph had already predicted that "the plenty will not be known because of that famine afterwards," meaning that people would eat but not feel sated.—[Ohr Hachayim]

and there was famine in all the lands—around Egypt, not the distant lands, for what would the distant lands do if they were stricken by such a famine? They could not come to Egypt. Indeed, in *Gen. Rabbah* (90:6) we read: [The famine was felt] in Phoenicia, Arabia, and Palestine.—[Ramban]

55. **When the entire land of Egypt hungered**—*For their grain, which they had stored, had decayed, except that of Joseph.*—[Rashi from Mid. Tanchuma Mikeitz 7]

what he tells you, do—*Since Joseph had ordered them to circumcise themselves, and when they came to Pharaoh and said, "This is what he said to us," he (Pharaoh) said to them, "Why didn't you gather grain? Didn't he announce to you that years of famine were coming?" They replied, "We gathered much, but it rotted." He (Pharaoh) replied, "If so, do whatever he tells you. He issued a decree upon the grain, and it rotted. What if*

he issues a decree upon us and we die?"—[Rashi from Mid. Tanchuma Mikeitz 7, Gen. Rabbah 91:5]

56. **Now the famine spread over all the face of the land**—Heb. פְּנֵי הָאָרֶץ. *Who are the face of the land? These are the rich.*—[Rashi from Gen. Rabbah 91:5] *Tosafoth Hashalem* writes that until then only the poor suffered from hunger, while the rich had adequate food supplies. Now the rich did not have any food either. *Gen. Rabbah*, however, states that "the famine commenced only from the rich," meaning that the rich felt the famine first.

The rich are called "the face of the land" because when a person is rich, he shows a contented face to his friend, but when he is poor, he hides his face in shame.—[Gen. Rabbah 91:5]

all [the storehouses] in which there was—*As the Targum renders: in which there was grain.*—[Rashi]

and he sold [it] to the Egyptians—Heb. וַיִּשְׁבֹּר לְמִצְרָיִם. *The word* שֶׁבֶר *is* [sometimes] *an expression of selling and* [sometimes] *an expression of buying. Here it is used as an expression of selling. [In the verse] "Return, buy* (שִׁבְרוּ) *us a little food" (Gen. 43:2), it is an expression of buying. Do not say that it applies only to grain, for also with wine and milk we find: "and go buy* (שִׁבְרוּ) *without money and without a price, wine and milk" (Isa. 55:1).*—[Rashi]

and the famine intensified in the land of Egypt—Joseph did not open the storehouses immediately after the people cried out to Pharaoh, for people cry out when their food supply

בֵּית אַבָּא הָכָא בְּסִינוּפֵיהוּם : נג וּשְׁלִימַן שְׁבַע שְׁנֵי שׂוּבְעָא דַהֲוָאָה בְּאַרְעָא דְמִצְרָיִם : נד וּשְׁרִיאָן שְׁבַע שְׁנֵי כַפְנָא לְמֵיתֵי הֵיכְמָא דַאֲמַר יוֹסֵף וַהֲוָה כַפְנָא בְּכָל אַרְעָתָא וּבְכָל אַרְעָא דְמִצְרַיִם הֲוָה לַחְמָא : נה וּכְפֵינַת כָּל אַרְעָא דְמִצְרַיִם דְלָא הֲוַת מַפְקָא בַּר זַרְעָא וּצְוַח עַמָּא קֳדָם פַּרְעֹה בְּגִין לַחְמָא וַאֲמַר פַּרְעֹה לְכָל מִצְרָאֵי אִיזִילוּ לְוַת יוֹסֵף דְיֵימַר לְכוֹן תַּעַבְדוּן : נו וְכַפְנָא הֲוַת עַל כָּל אַנְפֵּי אַרְעָא וּפְתַח יוֹסֵף יַת כָּל אוֹצְרִין דִבְהוֹן עִיבוּרָא וְזַבִּין לְמִצְרָאֵי וּתְקֵף כַּפְנָא בְּאַרְעָא דְמִצְרָיִם : נז וְכָל דַיְירֵי אַרְעָא עָלוּ לְמִצְרַיִם לְמִיזְבַּן עִיבוּרָא מִן יוֹסֵף אֲרוּם תַּקִיף כַּפְנָא בְּכָל אַרְעָא : א וַחֲמָא יַעֲקֹב אֲרוּם עַלְלַיָא זַבְנִין וּמַיְיתָן

פי' יונתן

(נה) דלא הות מפקא בר זרעא דייק זה דכלא עתה ותחילנה ותכף התחלת הרעב מדוע לא הי' להם מתבואה ישנה אלא שזרעו ולא הוציא אפי' הזרע : (א) עלליא כבר כתבנו דתרגום של תבואה היא עללי' (דר"ל כותר תבואה) :

רשב"ם

כלנו. כלה ה' את חמתו : (נד) ובכל ארץ מצרים היה לחם. כי נתן יוסף אוכל בערים : (נו) וישבור לשון קנין מאכל ומשתה כדכתיב לכו שברו ואכלו בלא כסף ובלא מחיר יין וחלב : (נז) וכל הארץ. באו מצריםה. אל יוסף

דעת זקנים מבעלי התוספות

שנאמר והנני עפר ואפר. ילחק כאפר על גבי המזבח דאפרים משמע שתי אפרות. ולכך נקראו ישראל על שם אפרים שנא' הבן יקיר לי אפרים : (נג) ותכלינה על שם שהיו הבריות כלולות ביופי מתוך השבע ותחלנה על שם שהיו הבריות חולניות מפני הרעב. (א) וירא יעקב כי יש שבר במצרים. זש"ה עין רואה ואזן שומעת ה' עשה גם שניהם. מה ראה לומר כן וכי כל הגוף לא עשאו הקדוש ברוך הוא אלא כל האברים עתידין ליתן דין וחשבון חוץ מעין ואזן ולמה העין רואה שלא בטובתה וכן האזן מה שאין כן בשאר האברים וא"ל וירא יעקב בא ולמה יעקב אדם זקן ויושב בביתו ורואה מה יש במצרים ועשרת בניו יוצאין ונכנסין ואינן רואין. ואע"פ שיעקב ובניו נביאים היו קודש ויוסף לא היה רחוק מהם כי אם מהלך ארבעה או ה' ימים ולא היו יודעין היכן הוא וגם יוסף למה לא הודיע לאביו שהוא במצרים אלא שהטילו חרם ביניהם וגם שתפו להקב"ה וליוסף נמי השביעו שלא לגלות והכתוב מוכיח דכתיב הוציאו כל איש מעלי שלא רצה לגלות לזרים מפני השבועה. וי"א כי כשהיה עבד לא רצה להגיד לו כי יותר היה מצערו וכן כשהיה בבית הסהר וגם כשהיה מלך לא יאמין לו כי אפילו לבסוף כשספרו לו אחיו לא האמין כדכתיב ויפג לבו כי לא האמין להם ועוד אם היה מגיד לאביו היה ירא שמא ישמעו אחיו ויבהלו ויברחו זה לצפון וזה לדרום מרוב פחד שיירא שיהרגם ונמלא אביו מצטער עליהם וגורם צער גדול לאביו ולכך המתין עד שבאו אחיו אלו ונתגלה להם תחלה ופייסם בדברים ושאין בלבו עליהם ואמר להם לבשר לאביהם וכי הוא מושל בכל

אבן עזרא

הכהן הספרדי כי הפתח תחת הירק : (נד) ותחלינה. מבנין הקל פעל הכפל : בכל הארצות. סביבות מלכות מצרים : ויפתח יוסף את כל. האוצרות שהיו עמם : וישבר למצרים. פי' נתן שבר למצרים וטעמו קנין : (נז) לשבור אל יוסף. הפוך וכן הוא וכל הארץ באו מצרים אל יוסף

רמב"ן

כדי חיתם והנשאר בבר קיים באוצרות. ויתכן שנתן להם דמים כשער הזול מגנזי המלך ולכן היה הבר לפרעה ומכרו להם בשני הרעב כמו שכתוב וילקט יוסף את כל הכסף הנמצא בארץ מצרים או שלקחו המלך בחזקה כי אמר אני שמרתיו אבל אונקלוס תרגם אכל ובר בשוה : (נד) ויהי רעב בכל הארצות. אשר סביב ארץ מצרים כי מה יעשו הרחוקו' אם היה בהן רעב כזה וכך אמרו בב"ר בשלש ארצות בפינקיא ובערביא ובפלישטינא : (נו) וישבר למצרים ויחזק הרעב בארץ. יאמר כי לא פתח יוסף אשר בהם עד שחזק הרעב בארץ לא כאשר צעקו אל פרעה מיד כי העם צועקים כשיש להם מחיה מעט והוא רצה שלא ישאר להם כלום זה טעם והרעב היה על פני כל הארץ כי טרם פתחו אוצרותיו היה הרעב על פני כל הארץ ועוד חזר לבאר שלא מכר להם עד שחזק עליהם מאד או שיפליג הכתוב לומר שהיה רעב של

אור החיים

והגם שעל זרעו הוא אומר הענפים יגידו על השורש וקושית התוס' אינו קושיא כי דרשת הכמים היא באם אינו ענין ולוי לצד שהיה הסר נקבה לא נמנע מלשמש מטתו כהלכה ועוד לא אמרו איסור דבר זה אלא לצד לער ישראל ולא לצד לער האומות כי ירעבו כי לא מעלין ולא מורידין ואז לוי אין חיוב למנוע עלמו לצד לרת האומות כי יעקב היה לו תבואה כאומרם ז"ל ולא הי' שולח בניו לשבור בר אלא לצד מראית העין דכתיב למה תתראו והגם שאמרו ששלמו שערי מכדא זה הי' אחר שנה ראשונה אבל שנה ראשונה ודאי היה להם תבואה ולזה היה מותר לו לשמש ובשביל יוסף אין להם למנוע עלמן בשביל חשש רעב יחיד ויוסף אם לא הי' טעם שהי' חשוך בנים אפשר שהי' נמנע לצד חשש אביו ואחיו כי ירעבו והם רבים :

ותחלינה וגו'. כאשר אמר יוסף הוצרך לומר כאשר אמר יוסף שבזה נתאמתו דבריו בפתרון החלום יותר כי מקודם יאמר האומר כי מקרה היה שבאו שני השבע אבל כאשר שלמו שבע שני שבע והתחילו שני רעב אז לדקו דברי יוסף. או ירלה עז"ה ותחלינה שבע וגו' ותאמר איך ירגישו בהכר הרעב בתחילת שנת רעב אחר כל השבע וכל א' אולרותיו מלאות בר לא יוכר הרעב תכף לזה פי' הכ' כאשר אמר יוסף פי' שאמר להם ולא יודע השבע בארץ פי' יאכלו ולא ישבעו ודבר זה הוכר בהתחלת השנה : ויפתח יוסף את כל וגו'. טעם שפתח כל האולרות ולא הספיק בלריך נתכוון לבדוק בכולן לדעת את אשר יקדים למכור ואת אשר יוכל להתעכב יותר ולא יפסד עוד להיות שאוכל שדה העיר נתן סביבותיה לזה נתחכם ופתח כל האולרות שבכל מקום ומקום כדי שכל עיר ועיר תהיה סמוכה מה שלפניה ואינו דומה מי שיש לו פת בסלו וגם לא יצטרכו לטרוח להביא כולן ממקום אחד גם אולי נתכוון לפתוח כולן כדי כשיראו אנשי העיר כל הריבוי לא ירעבו כי הרעבון יכנס בלב אדם כשיראה שיש מחסור

כלי יקר

ילא ידי מלות פריה ורביה זה"ש כי הפרני אלהים אחר היות לי שני בניס כדברי ב"ש אמנס לדברי ב"ה שסוברים בן ובת דוקא אין לפרש כך ויכול להיות רמז מכאן למ"ש שלא יבעול אדם כשהוא רעב ולא כשהוא שבע ע"כ לא נא' בשנת השבע לפי שמדבר בזמן הממולע בין שובע לרעב :

כל אשר יאמר לכם תעשו. פירש"י בקש מהם שימולו טעמו של דבר הוא לפי שמלינו שהערלה נקראת חרפ' כמ"ש כי חרפה היא לנו לתת אחותינו לאיש אשר לו ערלה והרעב נקרא ג"כ חרפה שנא' ולא תקחו עוד חרפת רעב בגוים ע"כ חשב שבהסרת חרפת הערלה יותר מהם חרפת הרעב כי הסרת הערלה היא הסרת מותרות הדמים המסבבים העיפוש ורקיבת התבואה באם ג"כ מלד המותרות והפסולת שבתבואה הגורם הריקוב והעיפוש. וזכות ברית המילה הועיל גם לנח שנא' והקימותי בריתי אתך פירש"י על התבוא' והפירות שלא ירקבו. וכן השיב להם יוסף שימולו על מה שאמרו אספנו תבואה והרקיבה וזה מדה כנגד מדה שאם האדם מסיר מתוכו הפסולת שבו גם ה' יתן הטוב ויסיר הפסולת שבתוך התבואה ממש שאי אפשר לאדם להסירו. ורז"ל אמרו כל הבא על אשה זונה לסוף מבקש ככר לחם ואינו מולא שנא' כי בעד אשה זונה עד ככר לחם כי הבועל ארמית משכה ערלתיה. ועוד שהמילה תיקון השבר שלא ירבה במשגל והמלרים היו שטופי זימה ע"כ היו לריכין תיקון זה בשנת הרעב. ומטעם זה נאמר ביוסף ותשב באיתן קשתו שכבש ילרו באשת פוטיפר ע"כ משם רועה אבן ישראל כי זכה משם שתבואתו לא הרקיבה והיה רועה וזן אבן ישראל בזכות שלא היה רועה זונות :

אבי עזר

הכשכ"ס נפרכים מכל לד : (נז) [לשבור אל יוסף. הפוך]. וכן מזונות בלבד הלחם : (א) למה תתראו. למה תביטו זה אל זה וכל אחד מכם מצפה שילך חבירו ויתור כאמרם ז"ל קדירת דשותפי

ספורנו

כי נשכחו הצרות הראשונות : (נו) ויפתח יוסף את כל אשר בהם להראותם שהיה בידו כדי לפרנסם : ויחזק הרעב. גם בשאר

is low. Joseph wanted them to first have nothing left, however, and so he waited until the famine intensified in the land of Egypt before he opened the storehouses. Scripture first states that the famine was upon the entire face of the land, and then it explains that Joseph did not sell to them until the famine intensified. Alternatively, Scripture relates that the famine was so severe that it was accompanied by panic.—[*Ramban*] [This means that although there was nothing to eat, Joseph did not open the storehouses until the famine became so severe that the people became panicky.]

57. And all [the inhabitants of] the land came to Egypt—*to Joseph to purchase, but if you interpret it* (this verse) *according to its sequence, it should have been written: "to purchase from* (מִן) *Joseph." —* [*Rashi*] [Literally, the verse should be rendered: "And all [the inhabitants of] the land came to Egypt to purchase to Joseph." On this, *Rashi* comments: If we are to interpret the verse in the sequence in which it is written, it should have been written "to purchase *from* Joseph."] *Rashbam* and *Ibn Ezra* also interpret the verse in inverted order. The *targumim*, however, render: And all [the inhabitants of] the land came to Egypt to purchase *from* Joseph.

42

1. Jacob saw that there was grain being sold in Egypt—*From where did he see it? Is it not true that he did not see it, only that he heard of it, as it is said: "Behold, I have heard, etc." (verse 2)? What then is the meaning of "saw"? He saw with*

the divine "mirror" that he still had hope (שֶׂבֶר) *in Egypt, but it was not a real prophecy to explicitly inform him that this was Joseph.—*[*Rashi* from *Gen. Rabbah* 91:6]

In this verse, our translation follows *Targum Onkelos*, which is the simple meaning. *Targum Jonathan* paraphrases: And Jacob saw that travelers were buying and bringing grain from Egypt. The same is found in *Redak*, *Midrash Lekach Tov*, and *Midrash Sechel Tov*.

Ibn Ezra explains that since all sensations stem from one place (the brain), the senses are sometimes switched, similar to "Look, the fragrance of my son" (Gen. 27:27).

"Why do you appear satiated?" —Heb. לָמָּה תִּתְרָאוּ. *Why do you show yourselves before the sons of Ishmael and the sons of Esau as if you are satiated? For at that time they still had grain (Ta'anith 10b). (And it appears to me that it should be explained according to its simple meaning:* לָמָּה תִּתְרָאוּ—*Why should everyone stare at you and wonder at you that you are not seeking food for yourselves before what you have in your hands is depleted.) From others I heard that it* (תִּתְרָאוּ) *is an expression of emaciation.* [Thus:] *Why should you become emaciated because of the famine? Similar to this is "And he who emaciates [others]* (וּמַרְוֶה)—*he too will become emaciated* (יוֹרֶא)*" (Prov. 11:25).—* [*Rashi*]

According to the first interpretation, לָמָּה תִּתְרָאוּ stems from the root רוה, *to be satiated*, although it is spelled with an "alef" instead of a "vav." The "hithpa'el" conjugation denotes "showing to others." It may denote showing them a true condition, or it may indicate a false pretense. Thus, the first interpretation is: why do you show yourselves satiated? According to this interpretation, they were indeed satiated because they had food left. So it is explained by *Sefer Hazikkaron* and *Heidenheim.*

According to the second interpretation, the word תִּתְרָאוּ stems from ראה, *to see.* Why should you make others see you? Or why should you put yourself on display for others? [Note that this interpretation does not appear in the early editions of *Rashi* or in the Venice edition of 1524-1526, and it is not mentioned by *Ramban, Sefer Hazikkaron,* or *Mizrachi. Heidenheim* considers it an interpolation, for he believes that it does not accord with the sense of the "hithpa'el" conjugation, which would mean "why do you see yourselves," rather than "why do you show yourselves."]

The interpretation of "others" appears in *Tos. Ta'anith* 10b, as quoted from a midrash.

This interpretation may stem from the root רוה, *to be satiated,* according to which תִּתְרָאוּ means "why do you show yourselves to be satiated," in which the "hithpa'el" denotes a false display of satiety, as suggested by *Heidenheim.* It may also stem from the root ורה, meaning "emaciation"; thus, "why should you be emaciated?" as is the view of *Sefer Hazikkaron* and as is suggested by *Heidenheim.* Accordingly, the verse

quoted from Proverbs may be applied to both interpretations given by *Rashi,* not the parenthetical material. Following the Talmud, which is the first interpretation, that verse may be interpreted as it usually is: and he who sates others will himself become satiated as well. Following the interpretation of "others," Prov. 11:25 may be interpreted: and he who emaciates the poor will himself become emaciated as well. It may also be interpreted as: and he who satiates himself [only]—he too will become emaciated [like the others].

Ramban rejects the interpretation given by "others," and questions the first interpretation, which mentions the sons of Ishmael and Esau. *Ramban* asks: Why does the Talmud neglect to mention the Canaanites, in whose land Jacob was living? His reply: It is possible that the sons of Ishmael and Esau passed through Jacob's neighborhood on their way to and from Egypt to purchase food, and they would stop to eat in his house. [Perhaps *Ramban* means that only the Ishmaelites and the Edomites, who were related to the Hebrews, would come to eat but *not* the Canaanites.] See below on verse 2.

Ramban himself explains: Why are you still seen here? You should have traveled to Egypt immediately, as soon as you heard that food was available there.

Rashbam explains: Why are you showing off by staying home and appearing as if you have grain? [This resembles the interpretation offered by *Tanchuma Buber* p. 97: Do not

יַעֲקֹב לְבָנָיו לָמָּה תִּתְרָאוּ׃ ב וַיֹּאמֶר
הִנֵּה שָׁמַעְתִּי כִּי יֶשׁ־שֶׁבֶר בְּמִצְרָיִם
רְדוּ־שָׁמָּה וְשִׁבְרוּ־לָנוּ מִשָּׁם וְנִחְיֶה
וְלֹא נָמוּת׃ ג וַיֵּרְדוּ אֲחֵי־יוֹסֵף עֲשָׂרָה
לִשְׁבֹּר בָּר מִמִּצְרָיִם׃ ד וְאֶת־בִּנְיָמִין
אֲחִי יוֹסֵף לֹא־שָׁלַח יַעֲקֹב אֶת־אֶחָיו
כִּי אָמַר פֶּן־יִקְרָאֶנּוּ אָסוֹן׃ ה וַיָּבֹאוּ בְּנֵי
יִשְׂרָאֵל לִשְׁבֹּר בְּתוֹךְ הַבָּאִים כִּי־
הָיָה הָרָעָב בְּאֶרֶץ כְּנָעַן׃ ו וְיוֹסֵף
הוּא הַשַּׁלִּיט עַל־הָאָרֶץ הוּא
הַמַּשְׁבִּיר לְכָל־עַם הָאָרֶץ וַיָּבֹאוּ
אֲחֵי יוֹסֵף וַיִּשְׁתַּחֲווּ־לוֹ אַפַּיִם אָרְצָה׃
ז וַיַּרְא יוֹסֵף אֶת־אֶחָיו וַיַּכִּרֵם וַיִּתְנַכֵּר

לִבְנוֹהִי לְמָא תִתְחֲזוֹן׃
ב וַאֲמַר הָא שְׁמָעִית אֲרֵי
אִית עִבוּרָא מִזְדַּבַּן
בְּמִצְרָיִם חוּתוּ לְתַמָּן
וּזְבוּנוּ לָנָא מִתַּמָּן וְנֵיחֵי
וְלָא נְמוּת׃ ג וּנְחַתוּ אֲחֵי
יוֹסֵף עַשְׂרָא לְמִזְבַּן
עִבוּרָא מִמִּצְרָיִם׃ ד וְיָת
בִּנְיָמִין אֲחוּהִי דְיוֹסֵף לָא
שְׁלַח יַעֲקֹב עִם אֲחוֹהִי
אֲרֵי אֲמַר דִּלְמָא
יְעַרְעִנֵּיהּ מוֹתָא׃ ה וַאֲתוֹ
בְּנֵי יִשְׂרָאֵל לְמִזְבַּן
עִבוּרָא בְּגוֹ עָלַיָּא אֲרֵי
הֲוָה כַפְנָא בְּאַרְעָא
דִכְנָעַן׃ ו וְיוֹסֵף הוּא
דְשַׁלִּיט עַל אַרְעָא הוּא
מְזַבֵּין עִבוּרָא לְכָל עַמָּא
דְאַרְעָא וַאֲתוֹ אֲחֵי יוֹסֵף
וּסְגִידוּ לֵיהּ עַל אַפֵּיהוֹן
עַל אַרְעָא׃ ז וַחֲזָא יוֹסֵף
יָת אֲחוֹהִי וְאִשְׁתְּמוֹדְעִינוּן

תו"א הוא המשביר סנהדרין לב:

רש"י

להודיעו בפירוש שזה יוסף: למה תתראו. למה תראו עצמכם בפני בני ישמעאל ובני עשו כ כאלו אתם שבעים כי באותה שעה עדיין היה להם תבואה (תענית י) (ול"נ כפשוטו למה תתראו למה יהו הכל מסתכלין בכם ומתמיהים בכם שאין אתם מבקשים לכם אוכל בטרם שיכלה מה שבידכם). ומפי אחרים שמעתי שהוא לשון כחישה למה תהיו כחושים ברעב. ודומה לו (משלי יא) ומרוה ל גם הוא יורה: (ב) רדו שמה. ולא אמר לכו מ רמז למאתים ועשר שנים שנשתעבדו למצרים כמנין רד"ו: (ג) וירדו אחי יוסף ולא כתב בני יעקב מלמד שהיו מתחרטים במכירתו ונתנו לבם להתנהג עמו באחוה ולפדותו בכל ממון שיפסקו עליהם: עשרה. מה ת"ל והלא כתיב ואת בנימין אחי יוסף לא שלח אלא לענין האחוה היו חלוקין לעשרה שלא היתה אהבת כולם ושנאת כולם שוה לו אבל לענין לשבור בר כולם לב אחד להם (בב"ר): (ד) פן יקראנו אסון. ובבית לא יקראנו אסון אר"א בן יעקב מכאן שהשטן מקטרג בשעת הסכנה (ב"ר): (ה) בתוך הבאים. מטמינין עצמן שלא יכירום לפי שצוה להם אביהם שלא יתראו כולם בפתח א' אלא שיכנס כ"א בפתחו כדי שלא תשלוט בהם עין הרע שכולם נאים וכולם גבורים: (ו) וישתחוו לו אפים. נשתטחו לו על פניהם וכן כל השתחואה פשוט ידים ורגלים הוא (שבועות טז): (ז) ויתנכר אליהם. (בראשית רבה) נעשה להם כנכרי

שפתי חכמים

דאין שייך בהם ל' דגון ומפ' שאף ביין וכו': כ דאי אתם מראים עצמיכם בפניהם שאתם שבעים ויש לכם תבואה כיון שהם קרובים שלנו אזי יבואו אלינו לבקש ליתן להם אוכל לכך לכו וקנו אוכל כדי שיסברו שאין לנו אוכל אבל באמת בזמן הזה היה להם אוכל וכו' ולפי זה תתראו הוא ל' שביעה: ל ויתחלף האל"ף במלת תתראו בוי"ו שבשרש רוה וכמוהו רבים ופי' הקרא כן הוא מרוה תלמידו בעוה"ז גם הוא יורה בעוה"ב. וא"ת מאי ראייה זה לפי' אחרון שפי' שהוא ל' כחישה אדרבה הא מייתי ראיה שהוא לשון שביעה וי"ל דגם לפירוש האחרון הוא ראיה ויהי' תתראו כמו תתרוו והוא מלשון בלא שביעה כמו הולך ערירי ומפרש רש"י בלא בנים אע"פ שפירוש יורשי' היינו שיש לו בנים וכן ודשנו את המזבח דכתיב בפרשת במדבר שפי' דשן ואפ"ה מפרש רש"י ויטלו את הדשן וא"כ ה"נ כן הוא והוה כאלו כתב תתרוו דאל"ף מתחלף בוי"ו דאותיות אהו"י מתחלפין זה עם זה ואפשר דמרוה ג"כ יש לפרש מל' בלא שביעה ויהי' דומה ממש לתתראו ויהיה פי' הפסוק ומרוה כלומר מי שהוא בלא שביעה בעוה"ז גם הוא יהיה שבע לעוה"ב וק"ל: מ ל"ג ולא אמר לכו דמרדו לא שמעינן מידי דצריך לכתוב רדו כיון שא"י גבוה מכל הארצות וההולך מא"י למצרים שייך לכתוב רדו וכמ"ש הרא"ם וכן כתוב בכל הס' כולה ל' ירידה אלא ל"ג ליה. והכי קשה לרש"י למה צריך למכתב שמה דהא אח"כ כתיב משם וא"כ הל"ל רדו ושברו לנו משם וגו' אלא לכך כתיב שמה ר"ל רד"ו שנים יהיו שמה אבל בלא מלת שמה לא מצינן למדרש מידי. ועי"ל דגרסי' ליה וה"פ דק"ל למה כתיב רדו שהוא לשון ירידה הל"ל לשון מעליא לכו אע"פ שא"י גבוה מכל הארצות

רמב"ן

מהומה: (א) למה תתראו. אל תראו עצמכם שבעים לפני בני עשו וישמעאל באותה שעה עדיין היתה להם תבואה ומפי אחרים שמעתי שהוא לשון כחישה למה תהיו כחושים ברעב ודומה לו ומרוה גם הוא יורה לשון רש"י ודברים אחרים אין בהם ממשומה שאומר אל תראו עצמכם שבעים בפני בני ישמעאל ובני עשו לא הבינותי שאין בני ישמעאל ובני עשו עתה בארץ כנען ולמה לא יאמר שלא יראו את עצמן שבעים בפני בני ארץ כנען ואולי יהי בני ישמעאל ובני עשו באים מארץ אחוזתם אל יוסף לשבור והיו באים דרך ארץ כנען עוברים עליו ואמר להם שלא יראו עצמן שבעים בפניהם כי יתשדוהו שיש ליעקב תבואה ויבואו אליו לאכול

to his sons, "Why do you appear satiated?" 2. And he said, "Behold, I have heard that there is grain being sold in Egypt. Go down there and buy us [some] from there, so that we will live and not die." 3. So Joseph's ten brothers went down to buy grain from Egypt. 4. But Joseph's brother, Benjamin, Jacob did not send with his brothers, because, he said, "Lest misfortune befall him." 5. So the sons of Israel came to purchase among those who came, for the famine was in the land of Canaan. 6. Now Joseph was the ruler over the land; it was he who sold grain to the entire populace of the land, and Joseph's brothers came and prostrated themselves to him, with their faces to the ground. 7. And Joseph saw his brothers, and he recognized them, but he made himself a stranger

show yourselves, but walk discreetly.]

Targum Jonathan renders: Why are you afraid to go down to Egypt? He apparently derives תִּתְרָאוּ from the root ירא.

2. **I have heard**—from travelers. —[*Mid. Lekach Tov, Mid. Sechel Tov*]

Go down there—Heb. רְדוּ. *But he did not say, "Go* (לְכוּ)*." He alluded to the 210 years that they were enslaved in Egypt, according to the numerical value of* רְדוּ.—[*Rashi from Gen Rabbah 91:2, Tan. Mikeitz 8*]

so that we will live and not die—*Ramban* on verse 1 states that according to *Rashi*, this reason for Jacob's insistence that his sons go to Egypt to buy grain is in addition to his request that they should not appear sated to the sons of Ishmael and the sons of Esau. If they did not go to Egypt to purchase grain, they would in fact soon deplete their supply and starve. According to *Ramban* himself, who explains that

Jacob commanded them not to appear in Canaan, where there was famine, but to go to Egypt to buy food, this was the same reason as that presented in verse 1.

3. **So Joseph's...brothers went down**—*But Scripture did not write "the sons of Jacob." This teaches that they regretted selling him and decided to behave toward him in a brotherly manner and to ransom him for whatever amount of money would be demanded of them.*—[*Rashi from Gen. Rabbah 91:6, Tan. Mikeitz 8*]

ten—*Why is this written? Is it not written,* (verse 4) *"But Joseph's brother, Benjamin, Jacob did not send"?* [It is therefore obvious that they were only ten.] *But* [this is what it means:] *concerning brotherhood, they were divided into ten, for neither the love they all had for him* (Joseph) *nor the hate they all had for him was equal,* [hence, in the attitude of brotherhood, they were divided into ten.] *As concerning buying grain, they all* *were of one accord* (lit., one heart).—[*Rashi* from *Gen. Rabbah* 91:2]

4. "Lest misfortune befall him." —*And at home, could not misfortune befall him? Rabbi Eliezer ben Ya'akov said: From here* [we learn] *that Satan accuses* [a person] *at the time of danger.*—[*Rashi* from *Gen. Rabbah* 91:9]

The word אָסוֹן means death.—[*Ibn Ezra, targumim*] It means death from a plague, not from murder. Therefore, the Midrash notes that although robbers and murderers lurked on the roads, Benjamin was at no greater risk of dying of a plague while on the road than when he was at home. *Rabbi Eliezer ben Ya'akov* replies that one *is* more likely to die of a plague on the road than at home, because Satan accuses at the time of danger.—[*Be'er Mayim Chayim*]

5. among those who came—*They hid themselves* [in the crowd] *so that they would not be recognized, because their father had commanded them not to all appear at one entrance, but for each to enter through his own entrance, so that the evil eye would have no power over them, for they were all handsome and strong* [and thus would be envied].—[*Rashi* from *Tan. Mikeitz* 8, *Gen. Rabbah* 91:6]

6. Now Joseph was the ruler over the land; it was he who sold grain to the entire populace of the land—It is inappropriate for the ruler over the land, the viceroy to the king of Egypt, to sell every customer a *se'ah* or half a *se'ah* of grain. Because of this, our Sages said that

Joseph commanded his subordinates to close all the storehouses except one (*Gen. Rabbah* 91:6). [*Ramban* says since Joseph knew that his brothers would surely come to Egypt to purchase grain, he appointed officials over each entrance to the capital. The officials were to take the names and the fathers' names of all who came to purchase grain. The officials would then report this information to Joseph. When Joseph became aware that his brothers had arrived, he had all the storehouses closed except one. On this occasion, he personally sold the grain of that storehouse in order to meet his brothers.]

According to the simple meaning of the text, it is possible that people would come from all countries, and Joseph would question them and allocate a certain amount of each type of grain to each country. Then the officials would sell it. Since the brothers were the first to come from Canaan, they represented the entire country, and Joseph himself questioned them.—[*Ramban*]

Ohr Hachayim explains the verse as follows: Although Joseph was the ruler of the land, it was he who sold grain to the entire populace. The reason he did this he kept secret—it was that he wished to know when his brothers arrived.

Similarly, *Sforno* explains: And since Joseph, although he was the ruler over the land, himself sold the grain, his brothers were compelled to come directly to him and not to meet with his assistants.

עיבורא ממצרים ואמר יעקב לבנוי למא דין אתון דחלין למיחות למצרים: ג ואמר הא שמעית ארום
אית עיבורא מזדבן במצרים חותו תמן וזבונו לנא מן תמן ונחי ולא נמות: ג ונחתו אחי יוסף עשרה
למיזבון עיבורא ממצרים: ד וית בנימין אחוי דיוסף לא שדר יעקב עם אחוי ארום אמר הא הוא טליא
ומסתפינא דלמא יארעיניה מותא: ה ואתו בני ישראל כל חד בתרעא חד דלא ישלוט בהון עיינא בישא
כד ייעלון כחדא למזבון ביני כנענאי דעאלון למזבון ארום הות כפנא בארעא דכנען: ו ויוסף הוא הוה
שליט על ארעא וידע דאחוי עלין למזבון מני נטורין בתרעי קרתא למכתוב כל דעליל ביומא ההוא
שמיה ושם אבוי והוא הוה מזבן עיבורא לכל עמא דארעא ואתו אחי יוסף ובלשו בסרטייתא ובפלטייתא
ובבתי פונדקתא ולא אשכחוהו ועלו לביתיה וסגדו ליה על אפיהום על ארעא: ז וחמא יוסף ית אחוי

פי' יונתן

דחלין כוה מפרש תחרחו לשון מורח כמו חת ה' חלהיך תירח: (ו) מני נטורין וכו' פי' הושיב שומרים בשערי העיר ובלשון תרגום של תפוש וכלא: בסרטיית'

בעל הטורים

חותם למול: וישתחוו לו. בגימ' בכחן נתקיים החלום: ויכירם. ביקש לקבלם בסבר פנים יפות ובח המלחך שמלחו תוספ והזכירו מיד ויתנכר חליהם ולכך כתיב חח"כ ויכר לשון יחיד.

רשב"ם

לשבור: (א) למה תתראו. כמו לכה ונתראה פנים דאמציה שהגיס דעתו להראות גדולתו ליואש מלך ישראל. אף כאן למה תתראו בפני האנשים שיש לכם תבואה כל צרכבם שאתם מתעכבין כאן ואין לכם תבואה וכל העם יורדים מצרימה לקנות תבואה ואתם יושבים ומתראים כאילו יש לכם:

אבן עזרא

לשבור: (א) וירח יעקב. בעבור היות ההרגשות נחברות במקום חחד יחליפו זו בזו. כמו רחה ריח בני. ומתוק החור. וכן וירח יעקב. כי חחריו כתוב הנה שמעתי: למה תתרחו. חל תתרחו שיש לכם הון חו חל תהיו מריבים זה עם זה. כמו נתרחה פנים: (ב) ושברו. וקנו לנו שבר: (ד) חסון. מות: (ו) המשביר. מגזרת שבר וטעמו מוכר והוח פועל יוצח לשני פעולים: (ז) ויתנכר. מגזרת נכרי

רמב"ן

לאכול עמו לחם בביתו וא"כ מה שאמר ונחיה ולא נמות טעם אחר הוא הזהירם להיות נשמרים במעט אשר בידם ושילכו לקנות ממנו שלא ימותו כאשר יתום הלחם אשר בידם. והנכון למה תתראו במקום הזה כי היה לכם ליסע מיד כאשר שמעתם שיש שבר במצרים כי כבר בסכנה היו אם לא ימהרו לדבר וזה טעם ונחיה ולא נמות: (ו) הוא המשביר לכל עם הארץ. ואיננו ראוי שיהיה השליט על הארץ משנה למלך מצרים מוכר לכל אחד סאה או תרקב מן התבואה ולכן נתעוררו בזה רבותינו ואמרו שצוה לסתום כל האוצרות חוץ מאחד בעת ההיא ועל דרך הפשט יתכן שהיו באים לפניו מכל הארצות והוא שואל וחוקר עליהם ומצוה לפקידים תמכרו לאנשי עיר פלוני כך וכך תבואה ממין פלוני והוצרכו בני יעקב לבא לפניו בתוך הבאים מארץ כנען לצוות עליהם כמה ימכרו לארצם כי הם ראשונים לאשר באו מארץ כנען והם באו לפניו בעבור כולם: (ז) וירא יוסף את אחיו ויכירם.

אור החיים

וכשירחו כל חוצרות הנפתחות יתקרר חום הרעב שבלבם בוער וחעפ"כ מודיע הכתוב ויחזק הרעב ולח הועיל בהם לצד חוזק הרעב:

ונחיה ולח נמות. טעם הכפל נתכוון לומר כ"ח לח יעשו כך יתחייבו בנפשם בדין העליון ונמלחים מתים בעולם הזה ונידונים לעולם הבח ובהשתדלות' בדבר יחיו בעוה"ז ולח ימותו לעוה"ב חו ירלה עז"ה ונחיה חו לפחות ולח נמות והכונה היח שחם ישיגו לשבור ברבוי ושופע יחיו כדרך החיים וחם לח ישיגו המספיק ישיגו לפחות הצלת נפשות ממות ברעב: **אחי יוסף**. פי' נתנו דעתם על החחוה לפדותו: **עשרה** חולי הלכו כולן להשם הרגיל בשני רעב כי תרע עין חדם ברעהו ועל פת לחם יפשעו לגזול ולהרוג חיש חחיהו לזה הלכו כולם כדי שחיש חת חחיהו יעזרו וגם בנימין היו רוצים להוליכו עמם חלח שיעקב לח רצה והוח חומרו וחת בנימין לח שלח וגו' הח למדת שזולת טעם זה גם חותו היה שולח עמהם עוד נרחה שלח היה מוכר יוסף חלח דבר קצוב לכל חחד ונתחכם בזה לב' דברים ח' נגלה וח' נסתר הנגלה כדי שלח יתתגר חדם בתבוחה ויש בזה שבח לו ושבח לקונים שבח לו כדי שישתכר הוח בכל עליית השערים ושבח לקונים כי הוח לח יעלה השער ביותר וח' נסתר כדי שיבוחו כל החחים חלו כמו שכן היה כי בחו כולן לקנות כל חחד הקצוב:

ויבואו בני ישרחל וגו' כי היה הרעב וגו'. הולרך לחזור לומר כי הי' הרעב וגו' נתכוון לתת טעם להבחים שלח תחמר היכן הוזכרו הבחים לומר בתוכם לז"ח כי היה וגו' וישנם לבחים עוד נתכוון לומר שנתחכמו להחביח עלמם ובחו בתוך חותם שבחו לשבור מטעם שהי' הרעב בחרץ כנען שבזה לח יכנסו בחשד מרגלות שהחדם יוסף וזה שיעור הכ' ויבוחו בני ישרחל ודרך ביחתם היתה בתוך הבחים שביחתם היח כי היה הרעב וגו':

הוא השליט הוח וגו'. פי' הגם שהוח השליט וחין דרך שלטון להתטפל במכירת התבוחה ומה גם בכל כך טורח המופלח חע"פ כן הוח המשביר לכל עם החרץ וטעמו כמוס עמו להכיר ברדת חחיו:

וירא יוסף חת חחיו. פי' רחה חותם ברחית חחים והכיר חחוה להם חלח שחליהם הי' מתנכר והוח חומרו ויתנכר

כלי יקר

ויכירם ויתנכר אליהם וגו'. מה שחזר וחמר שנית ויכר יוסף חת חחיו לפי שההכרה לחבונה קחי על לורת פניהם שהיה מכיר מי המה וההכרה שניה קחי על עניני החחוה והרחמנות כפירש"י ובעקידה פי' מתחלה ויכירם ויתנכר מכיר וחינו מכיר וחחר שחמרו מחרץ כנען בחו חז הכירם הכרה גמורה כי החיו המה והרחב"ע פי' שמתחלה היה מסופק מי רחובן מי שמעון וחח"כ כחשר נתיישב בהם הכירם הכרה גמורה מי ומי ההולכים. והנה בענין דבור קשות ישתומם כל משכיל מה רחה יוסף על ככה ללער חת חביו וחת חחיו חנם ומה שפי' הרמב"ן שעשה כל זה כדי שיתקיימו החלומות כו' חם ירלה ה

אבי עזר

חדם כי יקריב הפוך. חדם מכם כי יקריב: (ב) [ושברו לנו. וקנו לנו שבר]. דעת הרב שהוח פעל שנגזר משם שבר. וחינו משמש חלח לשמו. ולח כן דעת רש"י. והדין עם רש"י. כמו שמליטו ולכו שברו בלח כסף ובלח מחיר יין וחלב. וחחר העיון נרחה לפרש דברי הרב. לפי שהוצחת שבר משמש מכירה וקנין כמו וישבור למצרים לכן פירש

ספורנו

דשותפי לא חמימא ולא קרירא וכן נתראה פנים שנראה זה אל זה: (ב) ונחיה. אע"פ שלא יהיה לשבע נשיג די מחיתנו ובאופן זה ולא נמות. ברעב: (ג) וירדו אחי יוסף עשרה. כילא היה המשביר מוכר לשום קונה אלא בעד בית א' ולא בעד רבים פן יעשה בו סחורה כמו שהוא המנהג בשני רעב: (ה) בתוך הבאים. שהיו הולכי' שם חבורות יחד להמלט מן השוללי' שרבו אז מפני הרעב:

(ו) הוא השליט על הארץ הוא המשביר. עם היותו השליט היה הוא בעצמו המוכר ולא היה מאמין בעבדיו כי אמנם היה הכסף רב מאד וראוי לפרעה כאמרו ויבא יוסף את הכסף ביתה פרעה ולכן לא היה שום בר נמכר לקונים בלתי חותמו או כתב ידו: ויבאו אחי יוסף וישתחוו לו. ולפי שעם היותו שליט היה הוא בעצמו המשביר הוצרכו אחי יוסף לבא אליו ולא לדבר אל עבדיו בלבד: (ז) ויכירם. שהם אחיו לא שהכיר אחד לאחד: ויתנכר אליהם. שנה טעמו ולא דבר בענוה כמנהגו: קשות. פן יכירוהו בקול

אֲלֵיהֶם וַיְדַבֵּר אִתָּם קָשׁוֹת וַיֹּאמֶר
אֲלֵהֶם מֵאַיִן בָּאתֶם וַיֹּאמְרוּ מֵאֶרֶץ
כְּנַעַן לִשְׁבָּר־אֹכֶל: ח וַיַּכֵּר יוֹסֵף אֶת־
אֶחָיו וְהֵם לֹא הִכִּרֻהוּ: ט וַיִּזְכֹּר יוֹסֵף
אֵת הַחֲלֹמוֹת אֲשֶׁר חָלַם לָהֶם
וַיֹּאמֶר אֲלֵהֶם מְרַגְּלִים אַתֶּם לִרְאוֹת
אֶת־עֶרְוַת הָאָרֶץ בָּאתֶם: י וַיֹּאמְרוּ
אֵלָיו לֹא אֲדֹנִי וַעֲבָדֶיךָ בָּאוּ לִשְׁבָּר־

וַחֲשִׁיב מַה דִּי יְמַלֵּל
עִמְּהוֹן וּמַלִּיל עִמְּהוֹן
קַשְׁיָן וַאֲמַר לְהוֹן מְנָן
אֲתֵיתוּן וַאֲמַרוּ מֵאַרְעָא
דִכְנַעַן לְמִזְבַּן עֲבוּרָא:
ח וְאִשְׁתְּמוֹדַע יוֹסֵף יָת
אֲחוֹהִי וְאִינוּן לָא
אִשְׁתְּמוֹדְעוּהִי: ט וּדְכַר
יוֹסֵף יָת חֶלְמַיָּא דִּי הֲוָה
חָלֵים לְהוֹן וַאֲמַר לְהוֹן
אַלִּילֵי אַתּוּן לְמֶחֱזֵי יָת
בִּדְקָא דְאַרְעָא אֲתֵיתוּן:
י וַאֲמָרוּ לֵיהּ לָא רִבּוֹנִי

תו"א ויכר יוסף יבמות פח כתובות כז מציעא לט:

רש"י

נ בדברים לדבר קשות (ב"ר): (ח) ויכר יוסף וגו'. לפי שהניחם חתומי זקן (ב"מ לט כתובות כז): והם לא הכרהו. שיצא מאצלם בלא חתימת זקן ועכשיו מצאוהו בחתימת זקן. ומ"א ויכר יוסף את אחיו כשנמסרו בידו הכיר שהם אחיו וריחם עליהם והם לא הכירוהו כשנפל בידם לנהוג בו אחוה: (ט) אשר חלם להם. עליהם וידע שנתקיימו שהרי השתחוו לו: ערות הארץ. גלוי הארץ מהיכן היא נוחה ליכבש. כמו (ויקרא כ) את מקורה הערה וכמו (יחזקאל יז) ערום ועריה. וכן כל ערוה שבמקרא ל' גילוי. ות"א בדקא דארעא כמו בדק הבית ם רעוע הבית אבל לא דקדק לפרשו אחר ל' המקרא: (י) לא אדני. לא תאמר כן ע שהרי עבדיך באו פ לשבר

שפתי חכמים

אפ"ה במדבר לנוכח לא שייך ל' ירידה אלא רמז וכו': נ פי' ויתנכר הראה עצמו נכרי: ס פי' סדק של ציר: ע הוצרך להוסיף מלות תאמר כן כיון שפסק עליהם שהם מרגלים לא תפול על זה כי אם מלת אל כמו שמצינו גבי חנה שחשבה עלי לשכורה והשיבה לו אל תתן אמתך לפני בת בליעל אבל מלת לא תפול כשהיא תשוב' על שאלה או בקשה. פ אין זה הוכחה כי יוסף אמר לא כי אלא לרגל הארץ באתם אלא ה"פ לא תאמר כן אלא הרי עבדיך וכו' והוא כמו אבל עבדיך

רמב"ן

מיד שראה אותם הכירם ופחד אולי יכירוהו ויתנכר אליהם ששם המצנפת על מצחו וקצת הפנים ושנה עצמו כמו שנאמר באשת ירבעם קומי נא והשתנית ולא ידעו כי אשת ירבעם את וכתיב ויהי כבואה והיא מתנכרה או יהיה ויתנכר בכאן שהתנכר להם בדבריו שדבר להם קשות ואמר להם בכעס כאילו לא יבא אדם לפניו לשבר מאין באתם לפני ויאמרו מארץ כנען לשבור אוכל וכאשר הזכירו לו זה אז נתברר לו שהם אחיו באמת וזה טעם ויכר יוסף פעם שנית כי נתוסף לו בהם היכר וידיעת אמת. ורש"י כתב נעשה להם כנכרי בדברים לדבר אתם קשות ועל דעתו יהיה ויתנכר לומר שדבר כאיש נכרי ואיננו נכון: (ח) והם לא הכירוהו. כלל ולא הוצרך עוד להתנכר אליהם ואמרו רבותינו בטעם ההכרה לפי שהניחם חתומי זקן והם לא הכירוהו שיצא

אבן עזרא

הראה שהוא נכרי: קשות. שם התאר והטעם מלת קשות. וכן יענה עזות: ויכרם. בתחלה הכיר שהם אחיו ואחר הסתכל בכל אחד והכירו וזהו ויכר יוסף את אחיו: (ט) ערות הארץ. בעבור היות המנהג להסתיר הערוה שהיא דבר מגונה על כן אמר דרך משל. או בעבור היות הערוה נסתרת כך אתם באים לראות סוד הארץ והוא הנכון

כלי יקר

בקיומם המה יתקיימו מעלמ' ויוסף מה פעל. והנראה לי בזה שמה שלא גלה לאביו עדיין כי הוא חי לפי שחשב אם הקב"ה לא גלה לו א"כ רצה הקב"ה בצערו כ"ב שנה מדה כנגד מדה ואיך יגלה הוא מה שכסה הקב"ה כי מצא בשכלו שנגזרה על אביו לצער כ"ב שנים שלא קיים מצות כבוד אביו ואחר שנשלמו אז נתוודע יוסף אל אחיו. ומה שציער את אחיו עשה כל זה למרק עונם במה שמכרו אחיהם וגדול עונם מנשוא וצריכין מירוק יסורין מדה כנגד מדה וקרוב לזה פי' מהרי"א והנני מוסיף על דבריו לפרש כל הפרטים והקורות. כי עלילה ראשונה של מרגלים אתם למרק העון שחשבו את יוסף למרגל ורכיל לראות ערות אחיהם כי בבואו אליהם דותינה כתיב ובטרם יקרב אליהם וגו' כי המה חשבו שרצונו להתקרב אליהם ולרגל מה יעשו אחיו כדי לחזור ולהביא איזו דבה לאביו עליהם וכל רכיל גורם לשפיכות דמים כמ"ש הולכי רכיל היו בך למען שפוך דם לפיכך בטרם יקרב אליהם להרוג אותם ויתנכלו המה להמיתו כי חשבו שבא להרגן השכם להרגו בטרם יקרב הוא אליך ולכן נאמר ויזכור את החלומות קודם שאמר אליהם מרגלים אתם לפי שנזכר שחלם לו והנה תסובנה אלמותיכם ולא פירש מה הסיבוב אלא ודאי שסופם לסיום בעלילת מרגלים כי כל מרגל הולך ומסבב את כל העיר לראות מהיכן היא נוחה ליכבש ורואים ממה שנכנסו בעשר' שערי העיר סחור סחור ועל ידי סבוב זה ישתחוו לאלומתו של יוסף כי יבואו בעלילת מרגלים אתם לראות ערות הארץ באתם ובזה נתמרק העון שחשבו את יוסף למרגל הבא לראות ערות מעשיהם. וכנגד מה שהשליכו את יוסף לבור ויאסוף אותם אל משמר פירש"י בית האסורים דהיינו בור כמ"ש ביוסף ויתנהו אל בית הסהר ויוסף אמר כי שמו אותי בבור. והוצרכו רש"י לפרש כן שאם היה בית המשמר באיזו חדר לא היה מדה כנגד מדה. לפיכך ויקח מאתם את שמעון כי הוא השליכו לבור. ואמרו דרך וידוי אבל אשמים אנחנו וגו' לפי ששמעו שאמר יוסף את האלהים אני ירא וגו' וראו האמת שכך הוא שהרי גמל חסד עמהם ושלח רעבון ביתם ולא עכב כי אם את שמעון א"כ אין לתלו' כל הקורות במושל עז ומעליל שהרי הוא ירא אלהים אלא ודאי שעונותם הטו אלה על כן היו מתודים אחר שאמר את האלהים אני ירא ולא קודם לכן כשנתן את כולם בתאסר לפי שאח"כ ראו עין בעין שבמדה שמדדו נמדד להם. ועלילת הגביע היתה כדי שעל ידו יהיו בחשש עבדות כמו שפסקו על עצמם הננו עבדים לאדוני כי בזה יתמרק העון שמכרו את יוסף לעבד וכשספרו כל הקורות ליעקב אמר אם כן אפוא זאת עשו מהו לשון איפוא אלא שאמר אם זאת האיפה היוצאת למדוד לכם באיפה ומידה בסאסאה בשלחה תריבנה ואיש במקרם כי אם בהשגחה זאת עשו קחו מזמרת הארץ בכליכם וגו' כדי לכפר על מה שמכרוהו לישמעאלים נושאים נכאת וצרי ולוט כך יביאו מנחה מן מינים אלו כדי שעל ידי מושל זה יתמרק כל העון ואעפ"י שיעקב לא ידע מן המכירה מ"מ רוח ה' דיבר בו להביא מנחה מן מינים אלו ואל שדי יתן לכם רחמים כי בזה יתמרק העון שלא נשאו רחמים לאחיהם בהתחננו אליהם:

ויאמר אליהם מרגלים אתם לראות את ערות הארץ באתם. נתקשו המפרשים בויכוח זה ובשנוי הלשון במה שהזכיר מרגלים וערות הארץ שניהם יחד ולפעמים מרגלים לבד ולפעמים יזכור ערות הארץ לבד שלא דבר הוא ובעקידה ומהרי"א תמצא דרך אחד

to them, and he spoke to them harshly, and he said to them, "Where do you come from?" And they said, "From the land of Canaan to purchase food." 8. Now Joseph recognized his brothers, but they did not recognize him. 9. And Joseph remembered the dreams that he had dreamed about them, and he said to them, "You are spies; you have come to see the nakedness of the land." 10. And they said to him, "No, my master, your servants have come to buy

and prostrated themselves to him, with their faces to the ground— Heb. וַיִּשְׁתַּחֲווּ. *They prostrated themselves to him on their faces, and so every* [expression of] הִשְׁתַּחֲוָאָה *means spreading out hands and feet.*— [*Rashi* from *Shev.* 16b]

7. and he recognized them—At first he recognized that they were his brothers, and later he recognized each individual, as in verse 8.—[*Ibn Ezra*]

but he made himself a stranger —*He behaved toward them like a stranger verbally, by speaking harshly.*—[*Rashi* from *Gen. Rabbah* 91:6, *Tan. Mikeitz* 8]

Ramban rejects *Rashi*'s interpretation on the grounds that a stranger does not always speak harshly. He interprets the text as indicating that Joseph concealed his identity so that they would not recognize him. He pulled his turban over his forehead and part of his face. He also spoke harshly, as if no one ever came there to buy food, and their request was therefore suspect. In this way they would not recognize him.—[*Mahari Avuhav*]

"Where do you come from?"— By asking them this question, he demonstrated that he did not know

them.—[*Rashbam*]

8. Now Joseph recognized, etc. —*Because he had left them* [when they were already] *full-bearded.*— [*Rashi* from *Yeb.* 88a, *Keth.* 27b, *B.M.* 39b, *Gen. Rabbah* 91:7, *Targum Jonathan*]

Although Issachar and Zebulun were not much older than Joseph, since he recognized his older brothers, he recognized them too. Moreover, knowing that they would come assisted him in recognizing them.—[*Ramban*]

but they did not recognize him—*Because when he left them, he was not full-bearded, and now they found him full-bearded. The Aggadic Midrash states: And Joseph recognized his brothers—when they were delivered into his hands, he recognized that they were his brothers, and he had compassion on them. But they did not recognize him when he fell into their hands, to behave toward him with brotherhood.*—[*Rashi* from *Yeb.* 88a, *Keth.* 27b, *B.M.* 39b, *Gen. Rabbah* 91:7, *Targum Jonathan*]

They also had difficulty recognizing him because they did not expect the brother they had sold to the Ishmaelites as a slave to reappear as the viceroy of Egypt, dressed in royal raiment.—[*Rashbam, Ramban*]

9. that he had dreamed about them—Heb. לָהֶם, lit., *to them*, [but here it means] *about them* (*Targum Jonathan*). *He knew that they* (his dreams) *had been fulfilled, for they* (his brothers) *had prostrated themselves to him.*—[*Rashi* from *Zohar*, vol. 1, p. 199b]

Ramban differs with *Rashi* and concludes that, on the contrary, Joseph realized that his dreams had not yet been fulfilled, because even in the first dream (Gen. 37:5-8), all eleven brothers were binding sheaves. As yet, only ten had prostrated themselves before him. Therefore, he insisted that they bring Benjamin to him in order that the first dream be fulfilled. Later, his father would come to fulfill the second dream (Gen. 37:9-11). Otherwise, Joseph would not have caused his father such anguish, but would have notified him immediately, as soon as he was appointed viceroy of Egypt.

Rabbenu Bechaye (on verse 3) quotes *Ramban* as writing that the first dream had been fulfilled when the ten brothers came down to Egypt and prostrated themselves before Joseph. The second dream was not fulfilled until Benjamin and Jacob came down to Egypt. [Apparently, this was a later edition of *Ramban*, in which he expresses his opinion that in the dream concerning the sheaves, there was no indication that eleven brothers were binding sheaves; perhaps there were only ten.]

the nakedness of the land—Heb. עֶרְוַת הָאָרֶץ, *the exposure of the land,*

from where it can be easily conquered, similar to "*he exposed* (הֶעֱרָה) *her fountain*" (Lev. 20:18), *and like* "*naked and bare* (וְעֶרְיָה)" (Ezek. 16:7), *and likewise, every* [expression of] עֶרְוָה *in the Scriptures is an expression of exposure. Onkelos,* [however,] *rendered:* בִּדְקָא דְּאַרְעָא, *as equivalent to* בֶּדֶק הַבַּיִת (II Kings 12:6), "*the weakness of the house,*" *but he was not precise in explaining it according to the language of the verse.*—[*Rashi*]

I.e., he translated it according to its sense, not according to its etymology.—[*Be'er Yitzchak*]

Rashbam explains עֶרְוָה as the breaches in the city's walls and places where the country could easily be conquered.

The general idea of both *Rashi* and *Rashbam* is that עֶרְוָה denotes a hidden thing which should be concealed, whether for reasons of decency or for any other reason.—[*Be'er Yitzchak*]

Since the brothers were all tall and, unlike others who came to buy food, did not separate from each other, Joseph accused them of being spies.—[*Rashbam*] Compare *Rashi* on verse 12.

10. No, my master—*Do not say that, but your servants have come to buy food.*—[*Rashi*]

Rashi does not mean that the fact that they have come to buy food is proof that they are not spies. Rather, he points out that the brothers beg Joseph not to accuse them of being spies, for the truth is that they have come merely to buy food.—[*Mizrachi, Sifthei Chachamim*]

ואשתמודעינון ואתעביד בעיניהום כחלונאי ומליל עמהום מילין קשיין ואמר להום מנן אתיתון ואמרו מארעא דכנען למזבן עיבורא: ח ואשתמודע יוסף ית אחוהי דכד אתפרש מנהום הוה להום רושם דקן ואינון לא אשתמודעוהי דלא הוה ליה רושם דקן וההוא שעתא אית ליה: ט ודכיר יוסף ית חלמייא דחלם עליהום נאמר להום אלילי אתון למחמי ית ערית מטעיתא דארעא אתיתון למחמי: י ואמרו

פי' יונתן

פירוש ברחובות ובשווקים של עיר: (ז) כחלונאי פי' כאיש זר תרגום של נכרי חילונאי וכן נמצא ברבה פרשת קדושים: (ח) רושם דקן פירוש חתימת זקן וכ"ה בב"מ פ' המפקיד: (ט) מטעית' פירוש זנות הארץ שתפשוהו בשוק של זונות:

בעל הטורים

ויתנכר בגי' על ידי האיש גבריאל: לא הכירוהו. ב' במס' הכא ואידך גבי איוב ויראו אותו מרחוק ולא הכירוהו מה התם לא הכירוהו בשביל שנשתנה מחמת היסורים אף כאן לא הכירוהו בשביל שנשתנה שהיה עבד ונעשה שר וגדול בכל הארץ ומיהו התם לא הכירוהו מרחוק אבל כשקרבו אליו הכירוהו והכא לא הכירוהו כלל שלא העלו על דעתם שיגיע יוסף למעלה כזו:

רשב"ם

(ז) מאין באתם. הראה להם שאינו מכירם. כי לא שאל להם למה באתם: (ח) והם לא הכירוהו. כי בא עתה לפניהם בחתימת זקן ועוד שראוהו מושל בכל המלכות בבגדי מלכות וגם מן הקול לא היו מכירים אותו כי ע"י מתורגמן היה מדבר עמהם כדכתיב כי המליץ בינותם: (ט) ערות. פרצות החומות ומאיזה מקום נוחה ליכבש. כדכתיב ערות יסוד. ערו ערו עד היסוד. ערות על יאור. ולפי שהיו בעלי קומה וכולם עשרה היו כל שעה ביחד ולא היו נפרדים אלו מאלו כשאר בני אדם הבאים משאר מקומות לשבור בר אמר להם מרגלים

רמב"ן

מאצלם בלא חתימת זקן ועכשיו מצאוהו בחתימת זקן והנה יששכר וזבולון אינם גדולים מיוסף רק מעט אבל כיון שהכיר את הגדולים הכיר את כלם ועוד היה מכירם מדעתו שיבאו שם והם לא הכירוהו שלא נתנו לבם שיהיה העבד אשר מכרו לישמעאלים הוא השליט על הארץ ואמר ר"א ויכירם בתחלה הכיר שהם אחיו ואחרי כן הסתכל בכל אחד והכירו: (ט) ויזכור יוסף את החלומות אשר חלם להם. עליהם וידע שנתקיימו שהרי השתחוו לו לשון רש"י. ולפי דעתי שהדבר בהיפך כי יאמר הכתוב כי בראות יוסף את אחיו משתחוים לו זכר כל החלומות אשר חלם להם וידע שלא נתקיים אחד מהם בפעם הזאת כי יודע בפתרונם כי כל אחיו ישתחוו לו בתחלה מן החלום הראשון והנה אנחנו מאלמים אלומים. כי אנחנו ירמוז לכל אחיו אחד עשר ופעם שנית ישתחוו לו השמש והירח ואחד עשר כוכבים מן החלום השני וכיון שלא ראה בנימין עמהם חשב זאת התחבולה שיעליל עליהם כדי שיביאו גם בנימין אחיו אליו לקיים החלום הראשון תחלה ועל כן לא רצה להגיד להם אני יוסף אחיכם ולאמר מהרו ועלו אל אבי וישלח העגלות כאשר עשה עמהם בפעם השניה כי היה אביו בא מיד בלא ספק ואחרי שנתקיים החלום הראשון הגיד להם לקיים החלום השני ולולי כן היה יוסף חוטא חטא גדול לצער את אביו ולהעמידו ימים רבים בשכול ואבל על שמעון ועליו ואף אם היה רצונו לצער את אחיו קצת איך לא יחמול על שיבת אביו אבל את הכל עשה יפה בעתו לקיים החלומו' כי ידע שיתקיימו באמת גם הענין השני שעשה להם בגביע לא שתהיה כוונתו לצער' אבל חשב אולי יש להם שנאה בבנימין שיקנאו אותו באהבת אביהם בקנאתם בו או שמא הרגיש בנימין שהיה ידם ביוסף ונולדה ביניהם קטטה ושנאה ועל כן לא רצה שילך עמהם בנימין אולי ישלחו בו ידם עד בדקו אותם באהבתו ולזה נתכוונו בו רבותינו בב"ר אמר רבי חייא בר' אבא כל הדברים שאתה קורא שדבר יהודה בפני אחיו עד שאתה מגיע ולא יכול יוסף להתאפק היה בו פיוס ליוסף פיוס לאחיו פיוס לבנימין. פיוס ליוסף ראה היאך נותן נפשו על בניה של רחל וכו' וכן אני אומר שכל הענינים האלה היו ביוסף מחכמתו בפתרון החלומו' כי יש לתמוה אחר שעמד יוסף במצרים ימים רבים והיה פקיד ונגיד בבית שר גדול במצרים איך לא שלח כתב אחד לאביו להודיעו ולנחמו כי מצרים קרוב לחברון כששה ימים ואלו היה מהלך שנה הי' ראוי להודיעו לכבוד אביו ויקר פדיון נפשו ויפדנו ברוב ממון אבל היה רואה השתחויות אחיו לו וגם אביו וכל זרעו אתו אי אפשר להיות בארצם. והיה מקוה להיותו שם במצרים כי בראותו הצלחתו הגדולה שם וכ"ש אחרי ששמע חלום פרעה שנתברר לו כי יבאו כלם שמה ויתקיימו כל חלמותיו: ויאמר אליהם מרגלים אתם. העלילה הזאת יצטרך להיות בה טעם או אמתלא כי מה עשו להיות אומר להם ככה וכל הארץ באו אליו והם בתוך הבאים כמו שאמר לשבור בתוך הבאים כי היה הרעב בארץ כנען. ואולי ראה אותם אנשי תואר ונכבדים לבושי מכלול כלם ואמר להם אין דרך אנשים נכבדים ככם לבא לשבור אוכל כי עבדים רבים לכם. ויתכן שהיו בתחלת הבאים מארץ כנען והוא טעם ויבאו בני ישראל לשבור בתוך הבאים כי היה הרעב בארץ כנען כי עתה באו משם הראשונים. ויאמר להם יוסף

אור החיים

ויתנכר אליהם פי' למה שהם אינם מכירים אותו לא יקפידו על דברו אליהם קשות כי הוא להם איש נכרי ועשה כן להביא בנימין כמו שגילה לבסוף גם לבחון בהם באמצעות המתגלגל לידע מחשבותם אליו באותו מצב ונתגלה לו כי מתחרטי' הם על אשר כבר עשוהו ולחטא יחשבוהו:

ויכר יוסף וגו'. פי' הגם שהוא הכירם לצד שהניחם בחתימת זקן ומטבע אנושי כשתולד הידיעה בלב א' מהשנים גם בלב השני יתעורר בחינת הזכרון כי הלבבו' יגידו סודות נעלמים כאומרם כמים הפנים לפנים כן לב האדם לאדם וידקדקו בעינים במלה בדיבור והידיעה הולכת וגדלת עד שישלים הבחון אעפ"כ מודיע הכתוב שהם לא הכירוהו והטעם לצד ראותו ברום המעלות החליטו הבחינה והרחיקו מלבם מחשוב דבר זה:

ויזכור יוסף וגו' ויאמר אליהם מרגלים וגו'. פי' לצד שזכר החלומות אשר חלם להם כפי האמת והם חשדוהו כי שקר בפיו ואומר מה שהוא מקוה להתגדל עליהם גם הוא נתכוון לכפר עונם ויאמר להם מרגלים אתם לראות וגו' ואין בפיכם נכונה:

ויאמרו לא אדני וגו'. פי' דבר זה אין מקום לחושדנו בו הגם שהיינו באים בלא סיבה ועוד עבדיך באו וגו' פי' סיבת ביאתנו הלא היא ידועה וגלויה:

כלי יקר

אחד לכל ספיקות כמנהגם כי דרך אחד לשיסתס על הרוב. והקרוב אלי לומר בזה שהיו כאן עלילות שני דברים כדרך שפי' בספר תולדות יצחק שיש שני מיני מרגלים. אחד הוא המרגל באנשי המלחמה מה הם עושים ומה הם מדברים ואנה ילכו. השני הוא המרגל באיזו מקום מהיכן העיר נוחה ליכבש. וכנגד הראשונה אמר מרגלים אתם וכנגד השניה אמר ערות הארץ באתם לראות. ועל פי דרך זה נראה לי ליישב כל השנוי' שבפסוקים אלו לפי ששני אלו כל אחת קשה משל חברתה כי יוסף הולך ליתן סבה וטעם לכל עלילה כי אמר שראה אותם מטמינים את עצמם בתוך הבאים אמר מרגלים אתם כי זה מופת חותך שאתם נחבאים בין האנשים לשמוע מה יספרו האנשים זה לזה על כן אתם מתפזרים בין אנשים הרבה כי זה ישמע כאן וזה במקום אחר וזה מופת גדול אשר אין פה להשיב עליו ואמר שראה אותם נכנסים בעשרה שערי העיר חשדם בערות הארץ באתם לראות אבל מ"מ אינו מופת גדול כל כך כמו הראשון כי יכולין אתם לתרץ ולומר שאין לכם שייכות זה עם זה וכל אחד בא מדרך אחר ויקרה מקרה שבתוך העיר נתוועדתם יחד כי אין זה רחוק שעשרה שלוחים יתוועדו יחד לשבר בר אבל ענין המרגלים אינו תלוי בזה כי אם"ל שכן הוא מ"מ מה שכל אחד מכם מטמין עצמו כגנב זה מופת שכל אחד מכם מרגל על כן אני אומר שתרוייהו איתנהו בכם והא' ראי' על חבירו ולא זו שמרגלים אתם אלא אפילו לראות בערות הארץ אתם חשודים אעפ"י שעל זה יש לכם התנצלות מ"מ מאחר שוודאי מרגלים אתם א"כ גם לראות ערות הארץ קרוב לוודאי:

ספורנו

בקול: (ח) ויכר יוסף את אחיו. אחד לאחד ואחר כך: ויזכור יוסף את החלומות אשר חלם להם. זכר להם את החלומות שבחלו' האלומות היו כלם משתחוים ושאלומתו קמה וגם נצבה שלא נפלה אחר שקמה. ולכן רצה שיבאו כלם ויבשרם ויתקיים בו ענין וגם נצבה: (ט) לראות את ערות הארץ באת'. לראות אם יש אתנו מזון מספיק לארצנו ולא באתם לקנות כי אין מנהג שאר הבאים שיהיו

עשרה

אֹכֶל׃ יא כֻּלָּנוּ בְּנֵי אִישׁ־אֶחָד נָחְנוּ
כֵּנִים אֲנַחְנוּ לֹא־־הָיוּ עֲבָדֶיךָ
מְרַגְּלִים׃ יב וַיֹּאמֶר אֲלֵהֶם לֹא כִּי־
עֶרְוַת הָאָרֶץ בָּאתֶם לִרְאוֹת׃
יג וַיֹּאמְרוּ שְׁנֵים עָשָׂר עֲבָדֶיךָ אַחִים ׀
אֲנַחְנוּ בְּנֵי אִישׁ־אֶחָד בְּאֶרֶץ כְּנָעַן
וְהִנֵּה הַקָּטֹן אֶת־אָבִינוּ הַיּוֹם וְהָאֶחָד
אֵינֶנּוּ׃ יד וַיֹּאמֶר אֲלֵהֶם יוֹסֵף הוּא
אֲשֶׁר דִּבַּרְתִּי אֲלֵכֶם לֵאמֹר מְרַגְּלִים
אַתֶּם׃ טו בְּזֹאת תִּבָּחֵנוּ חֵי פַרְעֹה
אִם־תֵּצְאוּ מִזֶּה כִּי אִם־בְּבוֹא אֲחִיכֶם

אונקלוס

וְעַבְדָּךְ אֲתוֹ לְמִזְבַּן
עֲבוּרָא. יא כּוּלָּנָא בְּנֵי
גַבְרָא חַד נַחְנָא כֵּינֵי
אֲנַחְנָא לָא הֲווֹ עַבְדָּךְ
אַלִּילֵי׃ יב וַאֲמַר לְהוֹן לָא
אֱלָהֵין בִּדְקָא דְאַרְעָא
אֲתֵיתוּן לְמֶחֱזֵי׃ יג וַאֲמָרוּ
תְּרֵי עֲשַׂר עַבְדָּךְ אַחִין
אֲנַחְנָא בְּנֵי גַבְרָא חַד
בְּאַרְעָא דִכְנָעַן וְהָא
זְעֵירָא עִם אֲבוּנָא יוֹמָא
דֵין וְחַד לֵיתוֹהִי׃ יד וַאֲמַר
לְהוֹן יוֹסֵף הוּא דִּי מַלֵּילִית
עִמְּכוֹן לְמֵימַר אַלִּילֵי
אַתּוּן׃ טו בְּדָא תִּתְבַּחֲנוּן
חַיֵּי פַרְעֹה אִם תִּפְּקוּן
מִכָּא אֱלָהֵין בְּמֵיתֵי

תו"א שנים עשר יבמות יז:

רש"י

אוכל: (יא) כלנו בני איש אחד נחנו נצנצה בהם רוח הקדש וכללוהו עמהם שאף הוא בן אביהם: כנים. אמתיים כמו (שמות י) כן דברת (במדבר כז) כן בנות צלפחד דוברות. (ישעיה טז) ועברתו לא כן בדיו: (יב) כי ערות הארץ באתם לראות. (ב"ר) שהרי נכנסתם בעשרה שערי העיר צ למה לא נכנסתם בשער א': (יג) ויאמרו שנים עשר עבדיך וגו'. ובשביל אותו א' שאיננו נתפזרנו בעיר לבקשו: (יד) הוא אשר דברתי. הדבר אשר דברתי שאתם מרגלים ק הוא האמת והנכון זהו לפי פשוטו. ומדרשו א"ל ואלו מצאתם אותו ויפסקו עליכם ממון הרבה תפדוהו. אמרו לו הן א"ל ואם יאמרו לכם שלא יחזירוהו בשום ממון מה תעשו אמרו לכך באנו להרוג או ליהרג. אמר להם הוא אשר דברתי אליכם להרוג בני העיר באתם מנחש אני בגביע שלי ששנים מכם החריבו כרך גדול של שכם: (טו) חי פרעה אם יחיה

שפתי חכמים

מ': צ שיוסף היה יודע שאחיו באין לשבר אוכל והיה מצוה לשומרי השער שכל מי שיבא לעיר יכתוב שמו ושם אביו ויבאו ויראו לו ובערב שומרי השער באו ובכל מקום הי' מוצא בזה ראובן בן יעקב ובזה שמעון בן יעקב ובזה הי' יודע שבעשר שערים נכנסו. וא"ת למה לא פירש"י זה לעיל גבי לראות את ערות הארץ וגו'. ויש לומר דבכאן מוכח שפיר מדכתיב אחר כך ויאמרו שנים עשר עבדיך וגו' מה ענין תשובה זו על מה שאמר להם מרגלים אתם אלא על כרחך צריך לומר שיוסף מתחל' אמר להם שהרי נכנסתם בי' שערי העיר והם השיבו לו לא כי אלא כולנו בני איש אחד וגו' והאחד איננו ובשביל אותו אחד נתפזרנו: ק דק"ל הוא אשר דברתי משמע דהם נמי אמרו שמרגלים הם ולכך קאמר יוסף הוא אשר דברתי ואין זה אמת כי הם אמרו לא מרגלים אנחנו ומתרץ דהוא היה ראוי לכתוב בסוף כלומר אשר דברתי וגו' מרגלים אתם הוא האמת. יש מקשין במה תפש אותם יוסף שהם מרגלים עד שאמר להם הוא הדבר וגו' וע"ק במאי תאמת זה שאם יביאו את בנימין שאינם מרגלים וי"ל דה"פ מתחל' אמר להם מרגלים אתם שהרי נכנסתם בי' שערי העיר כדפירש"י

אבן עזרא

בעיני· (יא) נחנו. בלא אל"ף והוא האמת: כנים. נאמנים. ויתכן להיותו מגזרת כן תעשה כאשר דברת

רמב"ן

מרגלים אתם כי מארץ כנען לא בא אלי אדם לשבור אוכל וזה טעם מאין באתם שאמר להם בתחלה: (יא) כלנו בני איש אחד נחנו. יתכן לפרש בטענה הזאת כי אמרו מפני היותנו אחים בני איש אחד ולא נפרד זה מזה כי כן רצון אבינו באנו כלנו כאחד לשבר אוכל ולא שלחנו אחד ממנו עם עבדיו. וכן היה הדבר כי למה ישלחם כלם אלא שאין רצונם להפרד זה מזה גם יתכן שעשו כן בעבור כובד הרעב שלא יגזלו מעבדיהם בדרך את השבר אשר יביאו ויתכן שאמרו לו כלנו בני איש אחד נחנו תוכל לחקור עליו כי הוא נודע בשערי' בכבוד עשרו ורוב בניו ואם תשאל ותחקור תדע כי כנים אנחנו ואנשי' צדיקים בני צדיק ולא מרגלי': וטעם לא היו עבדיך מרגלי'. כי כנים אנהנו מנעורינו בכל דברינו לא היו עבדיך מרגלי' מאז ועתה וכן לא היינו מרגלים מעול' ורבותינו נתעוררו במת

ספורנו

עשרה יחדיו שואלים: (יא) כלנו בני איש אחד נחנו. ואם היינו מרגלים היה במצות איזה מלך ולא יבחרו פקידיו כל המרגלים בני איש אחד אבל באנו יחדיו מפני שאנו אחים: כנים אנחנו. בכל עסקינו: לא היו עבדיך מרגלים. מעולם ואין ראוי לחשוד אותנו במרגלות עתה: (יב) לא. אין זה אמת שתהיו אחים: כי ערות הארץ באתם לראות. אבל נועצתם לומר שאתם אחים כדי לבא יחדיו ולראות ערות הארץ: (יג) שנים עשר עבדיך וכו'. הנה מה שאמרנו יתברר כי אמנם אבינו עודנו חי בארץ כנען ויגיד הוא ושכניו שהיינו י"ב בניו וחסר אחד והקטן נשאר לכלכל ובכל אלה הפרטים יתברר האמת אצלך: (יד) הוא אשר דברתי אליכם. אותו האחד שאתם אומרים שאיננו ואינכם מפרשים אנה הלך הוא שהלך בעצתכם להגיד מה שראיתם או שהסכמתם כדי לרגל כמו שאמרתי: (טו) בזאת תבחנו. שאם אינכם אחים לא יסכן הקטן את עצמו לבא עמכם לשקר ולהיות בן מות עמכם:

אבי עזר

סרב. דפה משמש לשון קנין: (יא) [נחנו בלא אל"ף. והוא האמת]. נראה כי אל"ף אנחנו נוסף מאותיות האמנתי"ו. ועיקר מלה זו נחנו ואף שיש לה שתי שורשות. כמו נחנו נעבור חלוצים. ואפשר שגם זה שורשא אמת יש לה. ועיין פ' מטות שם קאמר הרב בהדי' דאל"ף אנחנו נוסף:

את

food. 11. We are all sons of one man. We are honest. Your servants were never spies." 12. But he said to them, "No! But you have come to see the nakedness of the land." 13. And they said, "We, your servants, are twelve brothers, the sons of one man in the land of Canaan, and behold, the youngest is with our father today, and one is gone." 14. And Joseph said to them, "This is just what I have spoken to you, saying, 'You are spies.' 15. With this you shall be tested: By Pharaoh's life, you shall not leave this place unless your youngest brother comes

11. **We are all sons of one man**—*The Holy Spirit flickered within them, and they included him with them, for he too was the son of their father.*—[*Rashi* from *Gen. Rabbah* 91:7*]* The word, כֻּלָּנוּ, *we are all*, appears superfluous. It came out of their mouths prophetically, including the ruler to whom they were speaking.—[*Maharzav*]

It is for this reason that we go together, and not because we are plotting espionage.—[*Rashbam*]

If we were spies sent by a foreign ruler to spy out the land, he would not have sent brothers, but strangers. We stay together because we are brothers.—[*Da'ath Zekenim, Sforno, Ohr Hachayim*]

honest—Heb. כֵּנִים, *truthful, like* "*You have spoken truthfully* (כֵּן)" (Exod. 10:29); "*the daughters of Zelophehad speak truthfully* (כֵּן)" (Num. 27:7); "*[their haughtiness] and their conception are improper* (לֹא כֵן), [as are] *their branches*" (Isa. 16:6).— [*Rashi* from *Targum Onkelos*]

12. **But you have come to see the nakedness of the land**—*For you have entered by way of the ten gates*

of the city. Why did you not enter [together] *through one gate?*—[*Rashi* from *Gen. Rabbah* 91:7; *Tan. Buber, Mikeitz* 17]

Rashbam, following his interpretation of verse 11, explains: For if it is so, [that you are ten brothers,] why did not one of you stay with your father? He asked them this in order to determine whether Benjamin was still alive. They replied, "We, your servants, are twelve brothers, the sons of one man in the land of Canaan, and behold, the youngest *is* with our father today, and one is gone." [Thus, they informed him that one brother was indeed staying with their father.]

13. **And they said, "We, your servants…"**—*And for that one who is gone, we scattered in the city to seek him.*—[*Rashi* from *Tan. Buber, Mikeitz* 17]

and behold, the youngest is with our father today—He stayed home to serve our father.—[*Redak*]

Our statement that one brother has remained with our father validates our story, because that can be proven.—[*Ohr Hachayim*]

and one is gone—They used an ambiguous expression so that their story could not be disproven. If they said that he was dead, perhaps Joseph had survived the ordeal, had come down to Egypt, and had told the Egyptians his nationality. In that case, this ruler might identify that Hebrew slave with their "dead" brother and catch them in a lie. Indeed, we find that the chief cupbearer called Joseph a Hebrew lad, and Potiphar's wife called him a Hebrew man because the merchants had bought him from the Hebrews. However, he may not have mentioned his father's name. In any case, they ran the risk that he was known in Egypt. They therefore said that he was gone. If he was dead, he was surely gone, and if he was alive, then in any case, he was not at home with his father.—[Redak]

14. **This is just what I have spoken**—*The thing that I have spoken, namely, that you are spies, is true and correct. This is according to its simple interpretation. Its midrashic interpretation is, however: He said to them, "And if you find him* (Joseph)*, and they* (his owners) *demand a large ransom from you, will you ransom him?"* "Yes," they replied. He said to them, "And if they *say that they will not return him for any money, what will you do?"* They said, "For this we have come, to kill or be killed." He said to them, "That is [exactly] *what I said to you; you have come to slay the people of the city. I divine with my cup that two of you destroyed the large city of Shechem."*—[Rashi from Gen. Rabbah 91:7, Tan. Mikeitz 8]

Sforno explains: The brother who you say is gone, you do not say where he went—it is he whom you sent [to your commander] to report what you have seen or to report that you have agreed to spy. [Perhaps you haven't yet told this brother that you agreed to spy.]

Since you say that you are twelve brothers, why did one have to stay with his father? Could not your wives and children take care of him?—[Redak]

15. **By Pharaoh's life**—*If Pharaoh will live. When he swore falsely, he swore by Pharaoh's life.*—[Rashi from Gen. Rabbah 91:7, Tan. Buber, Mikeitz 17] [This oath was false because he released them three days later.]

you shall not leave this place—Heb. מִזֶּה, lit., *from this, from this place.*—[Rashi from Targum Onkelos]

ליה לא רבוני ועבדך אתן למזבן עיבורא: יא כלנא בני גברא חד נחנא מהימני אנחנא לא הוו עבדך אלילי: יב ואמר להון לא אלהן ערית מטעיית ארעא אתיתון למחמי: יג ואמרו תריסר עבדך אחין אנחנא בני גברא חד בארעא דכנען והא זעירא עם אבונא יומא דין וחד נפק מלוותן ולית אנחנא ידעין מה הוה בסיפיה: יד ואמר להום יוסף הוא דמלילית עמכון למימר אלילי אתון: טו בהדא סילא

בעל הטורים

בני איש אחד נחנו. ולא אמרו אנחנו רמז שא' ממנו חסר: נחנו. ג' במסורה הכא ואידך נחנו נעבור חלוצים. נחנו פשענו. וזהו שדרשו שאמרו נחנו להרוג כל העיר כאלו אם לא יתנוהו לנו וזהו בשביל שנחנו נעבור חלוצים להלחם אם לא יתנוהו לנו לפדותו לכך נחנו פשענו: מרגלים אתם. פי' ולא אני שיהושע שולח ממנו לא היה בעלת מרגלים והם אמרו לא היו עבדיך מרגלים פי' יהודה השיבו כי היה לאה המדברים גם ממני יצא כלב שלא היה בעלת המרגלים: לא היו. בגימ' כלב: והאחד איננו. וסמיך ליה ויאמר אליהם יוסף שהיה מכה בגביע ואומר אני מנחש ששמו יוסף: כי אם ככה. ככה עולה למנין י"א שלא תלאו מזה עד שיבאו י"א אחים:

רשב"ם

אתם: (יא) כולנו בני איש אחד נחנו לכך אנו הולכים יחד ולא בשביל עצת רעה כמרגלים: (יב) ויאמר אליהם לא כי ערות הארץ באתם לראות שאם כן איך לא נשאר אחד מכם את אביכם. כלומר אצלו ולדעת אם בניסין קיים אמר להם כן. והם השיבו שנים עשר עבדיך אנחנו וגו'. וכן כתוב לפנינו

שפתי חכמים

והשיבו לו בני איש אחד נחנו ואין איש שולח כל בניו כאחד לרגל שמא יתפסו ויהרגו כולם אמר להם א"כ כ"ש שמרגלים אתם כי אין ישלח אדם כל בניו ממנו ולא ישאר שנים או א' לשמשו א"ו מרגלים אתם ואביכם שלח אתכם לרגל את הארץ ומכח יראה שמא תתפסו לא רציתם להכנס בספק עד שאביכם הוכרח לשלוח את כלכם וגם כדי שתקחו עצה זמ"ז כי תשוע' ברוב יועץ ופ"ז השיבו שנים עשר עבדיך וגו' והנה אחד נשאר אצל אבינו לשמשו ואנחנו עשרה הלכנו לחקור ולדרוש אחר אחינו שנאבד ואין מי שימש' זה באמונה כאחיו ולשום נפשינו בכפינו להביא אותו אצל אביו ומפני זה נכנסנו ביו"ד שערים והשיב להם הוא מאחר שאתם אומרים שנאבד אחיכם זה כמה שנים ולא חקרתם אחריו אלא עכשיו בודאי שקר אתם דוברים אין זו כ"א לרגל את הארץ באתם וגם זה שקר שאמרתם שנשאר אחד מכם אצל אביו לשמשו לכן בזאת תבחנו אם יבא אחיכם עמכם אז יש להסתפק אם מרגלים אתם אבל אם לא יבא בודאי מרגלים אתם בלי

דעת זקנים מבעלי התוספות

ארץ מצרים: (יא) כלנו בני איש אחד. תימה מה תשובה היא שלא היו מרגלים. וי"ל שאלו היו מרגלים ששלחו אותם לרגל הארץ היו שולחים בני אדם שהם נכרים זה לזה ולא אחים. מהרב מאיר מלתמ"ס:

אור החיים

כולנו בני איש וגו'. פי' ובזה אין מקום לחשד ריגול כי המרגלים יבחרו להיות מענפים רבים וכמו כן תמצא במרגלים ששלח משה וגם ב' ששלח יהושע לא היו בני איש אחד כי כן דרך הנכון בענין זה ואומרו כנים אנחנו פי' אחר שמודיעים עצמם יוצדק כי הם כנים כי הוא הפך משפט המרגלים שלא יודיעו עצמם מעצמם:

לא היו עבדיך וגו'. אמרו ל' עבר פי' בביאתם לארץ כי עתה אחר שהרגיש בהם אינם צריכין לומר שאינם מרגלים כי ודאי שלא ירגלו עוד. או יכוונו לומר שאחר שאמרו טענותיהם לשלול הריגול בהם אין מציאות לסתור טענותם ולחושדם ברוגלים אלא אם כבר היו מרגלי' קודם ולזה אמרו לא היו עבדיך מרגלים קודם ולזה לא יכנסו עתה בחשד:

ויאמר אליהם לא כי וגו'. פי' לא יאמנו דבריכם כי מעשיכם מוכיחים שבאתם לראות ערות הארץ והטעם שנכנסו כל אחד בשער אחד כאומרם ז"ל שכל אחד מהשבטי' נכנס בשער א' וזה יגיד כי ערות הארץ באתם וגו':

ויאמרו שנים וגו'. פי' טעם שנכנסנו בסדר זה כי אנחנו שנים עשר והא' איננו לזה נתפרדנו וכל א' נכנס בשער אחד אולי ימצא אחד ממנו את האחד שאיננו ואומרו והנה הקטן את אבינו זה מופת חותך כי צדק יהגה חכם כי אמרו דבר שיוכל ליבחן:

הוא אשר דברתי. פי' שאין אני חוזר מדיבורי הראשון ועדיין הדיבור הראשון במקומו עומד ואומרו לאמר פי' עודנו אומר כן. או יאמר עז"ה טעם עצמו שאתם או' כי באת' לחפש אחר את האבוד הוא הדבר שנתכוונתי בדברי שאמרתי לכם מרגלים כוונתי היא כדרך שאמרתם בפיכם שבאתם לבקש דבר בעיר והוא ע"ד אמרם ז"ל שאמר להם ואם לא יתנוהו לכם מה תעשו וגו' יעש"ד וגדר זה הוא נכלל בגדר הריגול כל שהם יועצים נגד יושבי העיר ולדרך זה ידויק ע"כ אומרו תיבת לאמר והבן: **בזאת תבחנו.** פי' מתרצה בהבחנ' זו הגם שאינה מספקת למה שהוכיח מדבריהם שאמרו שבאו להוציא יוסף כמו שכתבתי. או ירצה שיודקו שבדרך רצון באו להוציא יוסף מיד הקונה אם יבא אחיכם הקטן ולבנו יבין את אשר יכוין:

כלי יקר

ויאמר אליו לא אדוני וגו' כולנו בני איש אחד נחנו. על כן היינו מתיראים מעין הרעה השולט ביותר כשרואין מספר אחים יפה תואר במקום אחד מאילו הי' כל אחד בן איש אחר וכן לוה לנו אבינו למה תתראו ומזה למדנו להטמין עצמינו בתוך הבאים וא"כ לא היו עבדיך מרגלים כי כל איש בחזקת כשרות הוא ומי שרוצה להוציאו מחזקתו עליו להביא ראיה ומאחר שאין לך ראיה אחרת כי אם ההטמנה בתוך הבאים והרי אנו מתרצים זה ואין לך ראיה וממילא נדחו גם דבריו של ערות הארץ באתם לראות ולא הוצרכו האחים לזכור זה כי גם יוסף הודה שטענת ערות הארץ באתם לראות תלוי בטענת מרגלים אתם וכשנדחית טענת מרגלים אתם א"כ ממילא נדחית גם טענת ערות הארץ:

ויאמר אליהם לא כי ערות הארץ באתם לראות. עתה אני אומר שערות הארץ באתם לראות הוא טענה בפני עצמה ואינ' תלוי עוד בטענת מרגלים אתם כי מתחל' עשיתי טענה זו טפיל אל טענת מרגלים אתם כי זולתה הייתי אומר שמא אין לכם שייכות זה עם זה ובמקרה נתוועדתם יחד תוך העיר. אבל עכשיו שבאתם לארץ ההטמנה ולומר שכולכם אחים ואתם מתיראים מן עין הרע א"כ אני רוא' שוויעוד שלכם אינו במקר' וא"כ למה נכנסתם בעשרה שערי העיר וודאי לפי שערות הארץ באתם לראות:

ויאמרו שנים עשר עבדיך אחים אנחנו וגו'. בזה נתנו התנצלות על שני הטענות כאחד. על מה שחשדם במרגלים אתם מאחר שהטמינו עצמם בתוך הבאים אמרו שנית אחים אנחנו והיינו מתייראים מן עין הרע. ועל מה שחשדם בערות הארץ באתם לראות אחר שנכנסו בעשר' שערי העיר אמרו והנה הקטן את אבינו היום והא' איננו ובעבור האחד שאיננו נתפזרנו בכל עשר' שערים לבקשו:

ויאמר יוסף הוא הדבר אשר דברתי מרגלים אתם. ונתחדש לי עכשיו מופת שני על זה כי קשה לי למה אין זה האח הקטן אתכם אלא וודאי שהיה פה עמכם והלך לו כי כבר שמע איזו חידוש במקום זה ושלחתם אותו אל משלחכם להגיד את אשר שמע כבר יאתם נשארתם פה לרגל עוד. ובזאת תבחנו שתביאו אחיכם הקטן הנה ואני אחקור עליו אם ראוהו כבר במקום זה או לא כ"א לא ראוהו כאן אז כנים דבריכם ואם לא תביאוהו חי פרעה כי מרגלים אתם כי אתם יראים פן יעידו עליו שראוהו כבר בעיר הזאת והלך לו לבדו. ולפי זה הדרך יתכן לפרש שהכל עלילה אחת ונתן עליה שני מופתים כי מתחיל' אמר מרגלים אתם מאחר שהטמנת' אתכם בתוך הבאים. ועוד נתן מופת שני שהרי ערות הארץ באתם לראות כי נכנסתם בעשר' שערי העיר: ויאמרו לא אדוני וגו' כלנו בני איש א' נחנו וגו'. ובזה תירצו ההטמנ' לומר כי אנו מתיראים מן עין הרע: ויאמר אליהם לא כי ערות הארץ באתם לראות. ומלת כי משמשת לשון דהא ואמר להם אע"ל שתרצתם ההטמנ' מ"מ איך תאמרו שאינכם מרגלים דהא ערות הארץ באתם לראות מהיכן העיר נוחה ליכבש: על כן חזרו לתרץ שניהם כלנו בני איש אחד נחנו לתרץ ההטמנ' והאחד איננו לתרץ הכניסה תוך עשרה שערי העיר: הוא הדבר אשר דברתי. כמבואר בדרך ראשון ופירוש זה מספיק יותר מן פי' העקיד' ומהרי"א בהיתר כל הספיקות ובענין הבהיב' באח הקטן. וי"א שלכך העליל עליהם מרגלים כי היה ירא פן יחקרו אחר המושל מי הוא ויתנכר להם כי הוא יוסף ונבון הוא:

הַקָּטֹן הֵנָּה׃ טז שִׁלְחוּ מִכֶּם אֶחָד
וְיִקַּח אֶת־אֲחִיכֶם וְאַתֶּם הֵאָסְרוּ
וְיִבָּחֲנוּ דִּבְרֵיכֶם הַאֱמֶת אִתְּכֶם וְאִם־
לֹא חֵי פַרְעֹה כִּי מְרַגְּלִים אַתֶּם׃
יז וַיֶּאֱסֹף אֹתָם אֶל־מִשְׁמָר שְׁלֹשֶׁת
יָמִים׃ יח וַיֹּאמֶר אֲלֵהֶם יוֹסֵף בַּיּוֹם
הַשְּׁלִישִׁי זֹאת עֲשׂוּ וִחְיוּ אֶת־
הָאֱלֹהִים אֲנִי יָרֵא׃ חמישי יט אִם־כֵּנִים
אַתֶּם אֲחִיכֶם אֶחָד יֵאָסֵר בְּבֵית
מִשְׁמַרְכֶם וְאַתֶּם לְכוּ הָבִיאוּ שֶׁבֶר
רַעֲבוֹן בָּתֵּיכֶם׃ כ וְאֶת־אֲחִיכֶם הַקָּטֹן
תָּבִיאוּ אֵלַי וְיֵאָמְנוּ דִבְרֵיכֶם וְלֹא
תָמוּתוּ וַיַּעֲשׂוּ־כֵן׃ כא וַיֹּאמְרוּ אִישׁ
אֶל־אָחִיו אֲבָל אֲשֵׁמִים ׀ אֲנַחְנוּ עַל־
אָחִינוּ אֲשֶׁר רָאִינוּ צָרַת נַפְשׁוֹ

אונקלוס

אֲחוּכוֹן זְעֵירָא הָכָא׃
טו שְׁלַחוּ מִנְּכוֹן חַד וִידַבַּר
יָת אֲחוּכוֹן וְאַתּוּן
תִּתְאַסְרוּן וְיִתְבַּחֲנוּן
פִּתְגָמֵיכוֹן הַקְשׁוֹט אַתּוּן
אָמְרִין וְאִם לָא חַיֵּי פַרְעֹה
אֲרֵי אַלָּלֵי אַתּוּן׃ יז וּכְנַשׁ
יָתְהוֹן לְבֵית מַטְּרָא
תְּלָתָא יוֹמִין׃ יח וַאֲמַר
לְהוֹן יוֹסֵף בְּיוֹמָא
תְּלִיתָאָה דָּא עֲבִידוּ
וְאִתְקַיָּמוּ מִן קֳדָם יְיָ אֲנָא
דָּחֵיל׃ יט אִם כֵּינֵי אַתּוּן
אֲחוּכוֹן חַד יִתְאֲסַר בְּבֵית
מַטַּרַתְכוֹן וְאַתּוּן אֱזִילוּ
אוֹבִילוּ עֲבוּרָא דַּחֲסִיר
בְּבָתֵּיכוֹן׃ כ וְיָת אֲחוּכוֹן
זְעֵירָא תַּיְתוֹן לְוָתִי
וְיִתְהֵימְנוּן פִּתְגָמֵיכוֹן וְלָא
תְמוּתוּן וַעֲבַדוּ כֵן׃
כא וַאֲמַרוּ גְּבַר לַאֲחוּהִי
בְּקוּשְׁטָא חַיָּבִין אֲנַחְנָא
עַל אֲחוּנָא דִּי חֲזֵינָא עָקַת
נַפְשֵׁיהּ כַּד הֲוָה מִתְחַנַּן

כלי יקר

שלחו מכם אחד. ואח"כ חזר ושלח את כולם חוץ מאחד כי רצה יוסף שירגישו בחטאם שחטאו באחיהם ויתודו עונם וכשאמר שלחו מכם אחד חשב שודאי ילך ראובן גדול שבאחים כי אליו משפט הבכור' גאולת לחירות ממקום המשמר ואולי יתלו האחים שלפי שלא היה לראובן חלק במכיר' ע"כ ניצול כי אפי' יהוד' היה לו חלק בזה שהרי בעבור זה הורידוהו האחים מגדולתו כמו שפירש"י על פסוק וירד יהוד' ואחר שהיו במאסר שלש' ימים חשב יוסף שכבר נתמרק עון זה על כן שלח את כולם חוץ מן שמעון כי הוא היה לו חלק גדול במכירתו יותר מן כולם כי מה שנ' ויאמרו איש אל אחיו לכו ונהרגהו שמעון אמר כן ללוי כמו שפי' רש"י על פסוק שמעון ולוי אחים ובודאי שמעון התחיל לדבר כן כי לוי לא היה מדבר בפני הגדול ממנו וכן פירש"י כאן וכל זה עש' כדי שיכירו בחטאם ויתודו:

אור החיים

שלחו מכם אחד וגו' והם לא עשו כן כי חששו לצרת אביהם על כלן. ועוד שידעו נאמנה שלא ישלח בנימין ולא ולמד כמה השתדלות עשו כולם יחד עד ששלהו בטענת כי יהודה ערב והוא יביאנו ואם יהודה וכל אחיו בבית כלא מה יהיה בטחונו של יעקב שישלח בנימין וערבו ערב צריך להוציאו מבית משמר או לעולם לא הי' בדעתם להפרד בשום אופן כי היו יראים על הפירוד לכל יהיה אשם להיותו לבדו ולא נתרצו לבסוף להניח אחד מהם אלא לצד שתלה להם הנסיון בזה כאשר אבאר בפסוק אם כנים וגו' ולא תמותו אז הוכרחו במעשיהם:

אם כנים אתם וגו'. יתבאר ע"ד אומרם ז"ל בירושלמי פ"ח דתרומות וז"ל תניא סיעת בני אדם המהלכים בדרך ופגעו בהם גוים ואמרו להם תנו לנו א' מכם ונהרוג אותו ואם לאו נהרוג כולכם אפילו כולם נהרגין לא ימסרו נפש אחת מישראל יחדו להם וכו' ימסרו וכו' ע"כ והוא אומרו אם כנים אתם פי' אתם יודעים בעצמיכם אם האמת אתכם אחיכם אחד פי' אחד מכם ולא יחדוהו להם יתבאר כי אין יראת מות לומר יהרגוהו כולם ולא ימסרוהו ולדייק הדבר נתכוון לומר שאם אינם כנים אין להם רשות במשפט להניח א' מהם כי כשלא יבחנו דבריהם משפט מרגל יש לו וכן מות הוא והרי הם כאלו מיחדים אותו מעכשיו למות ואין הדין כן אלא יהרגו כולם ולא ימסרו נפש אחד מהם ולא תקשה הלא מצינו כי הוא לקח שמעון וא"כ הוי כיחדוהו זה אינו כי אולי שהם ייחדו זה מהם או אפשר שאחר שהסכימו יחד לקחת א' מהם קדם הוא ובחר שמעון לטעם כי הוא זוגו של לוי ופרד הבילתם:

ויאמנו דבריכם ולא תמותו. פי' שאם לא יעשו זה יגיד כי אתם מרגלים ולזה אינם יכולין להניח אחד

ספורנו

(יח) את האלהים אני ירא. ולכן אניחכם להוליך לבתיכם די מחיתכם: (כ) ולא תמותו. כי גם בארץ כנען אוכל להמיתכם אם

here. 16. Send one of you and let him fetch your brother, and you will be imprisoned so that your words will be tested whether truth is with you, and if not, as Pharaoh lives, you are spies!" 17. And he put them in prison for three days. 18. On the third day, Joseph said to them: "Do this and live—I fear God. 19. If you are honest, your one brother will be confined in your prison, and you, go bring the grain for the hunger of your households. 20. And bring your youngest brother to me, so that your words may be verified, and you will not die." And they did so. 21. And they said to one another, "Indeed, we are guilty for our brother, that we witnessed the distress of his soul

16. **Send one of you, etc.**—But they did not do so because they feared for their father's distress over them all. Moreover, they knew that he would definitely not send Benjamin. This is proved by what actually happened later, how much persuasion Jacob required from all of them before he agreed to send Benjamin, and then he did so only because Judah argued that he would be a guarantor for him. If Judah and all his brothers in the house had meant nothing to Jacob, on what would Jacob rely to send Benjamin, and ensure his return?—[Ohr Hachayim]

and you will be imprisoned—Heb. הֵאָסְרוּ, lit., be imprisoned, like תֵּאָסְרוּ, you will be imprisoned.—[Ibn Ezra] [The grammatical form is the imperative, but that does not make sense in the passive voice, since you cannot command someone to be imprisoned. That depends on the one imprisoning him. Therefore it must be interpreted as the future tense.]

whether truth is with you—Heb.

הַאֱמֶת, if the truth is with you. The "hey" is vowelized with a "pattach," which is equivalent to an expression of wonderment.—[Rashi from Targum Onkelos] Sefer Hazikkaron finds Rashi's language difficult, because he should have written, "as in an interrogative expression," which it actually is. There is no wonder involved here.

whether truth is with you—as you say, "We are honest."—[Redak]

And if you do not bring him, [I swear] by Pharaoh's life, that you are spies.—[Rashi]

17. **prison**—Heb. מִשְׁמָר, lit., watch, [meaning] the prison.—[Rashi from Targum Onkelos]

He caused them pain without injuring them or taking their money.—[Redak]

Joseph did this to frighten his brothers and to make them believe that he was indeed a God-fearing person. [He wanted them to understand that] he was releasing them because of his fear of God, so that the members of their households would not die of hunger. This is the sense of "and you, go bring the grain for the hunger of your households" (verse 19).—[*Ramban*]

for three days—The Holy One, blessed be He, does not leave the righteous in distress for three days.—[*Gen. Rabbah* 91:7] [Therefore, they were released on the third day.]

19. **in your prison**—*In which you are now imprisoned.*—[*Rashi*]

I.e., the possessive does not denote that the prison was originally constructed for them.—[*Sifthei Chachamim*]

and you, go bring—*to your father's house.*—[*Rashi*]

the grain for the hunger of your households—*What you have purchased for the hunger of the members of your households.*—[*Rashi* from *Targum Jonathan ben Uzziel*] [*Rashi* apparently interprets שֶׁבֶר as *purchase*. See above on 41:56.]

Ibn Ezra transposes the verse and renders: and you, go bring to your houses what you have purchased for the famine.

20. **so that your words may be verified**—Heb. וְיֵאָמְנוּ, *let them be confirmed and fulfilled, like* "Amen, amen (אָמֵן אָמֵן)" (Num. 5:22), *and like* "may Your word now be verified (יֵאָמֶן)" (I Kings 8:26).—[*Rashi*]

and you will not die—For even in the land of Canaan, I can kill you if you do not come.—[*Sforno*]

If you do not return, this will reveal that you are spies. But you cannot leave Simeon since he will surely be executed. I know you have no right by Hebrew tradition to allow

one of you to be killed in order to save the others. Therefore, all of you are staying although all of you will be killed for espionage.

Alternatively, if you do as I say, you will not die of starvation, for you will be permitted to earn a livelihood in Egypt by conducting commerce in the land. [See on verse 34.]—[*Ohr Hachayim*]

21. **Indeed**—Heb. אֲבָל, *as the Targum renders*: בְּקוּשְׁטָא, *in truth. I* [also] *saw in Genesis Rabbah* (91:8): *It is the language of the Southerners;* בְּרַם *means* אֲבָל, *in truth.*—[*Rashi*]

The usual meaning of אֲבָל is "but," which denotes a contrast. Here, however, since there is no contrast, that interpretation is inappropriate. Therefore, *Rashi* explains that here it means "indeed" or "in truth," as *Onkelos* renders. *Genesis Rabbah* states that this usage was prevalent in the southern part of *Eretz Yisrael*. This was the territory of Judah, where people were meticulous in their use of the Hebrew language.—[*Mattenoth Kehunnah, Maharzav* on *Gen. Rabbah, Karnei Ohr, Yahel Ohr*]

Sefer Hazikkaron explains this comment of *Rashi* somewhat differently. *Rashi* quotes *Genesis Rabbah* to show that in Rome they used אֲבָל to mean "but," and so did our Sages use it in that sense. Only in several places in the Talmud is it used to mean "in truth." According to *Sefer Hazikkaron,* בְּרַם means "but." See *Aruch Completum* under אֲבָל and בְּרַם. There appears to be an inconsistency.

The Rome edition reads: אֲבָל, *as the Targum renders*: בְּקוּשְׁטָא, *in truth, and some say* בְּרַם. According

תתבחרון חיי דפרעה אין תפקון מיכא אלהן בדייתי אחוכון קלילא הכא: טו פטרו מנכון חד וידבר ית
אחוכון ואתון תתאסרון ויתבחרון פתגמיכון אין קושטא עמכון ואין לא חיי דפרעה ארום אלילי אתון:
יז וכנש יתהום לבית מטרא תלתא יומין: יח ואמר להום יוסף ביומא תליתאה דא עיבידו ואתקיימו מן
קדם יי אנא דחיל: יט אם מהמנין אתון אחוכון חד יתאסר בבית מטרתכון ואתון איזילו אובילו עיבורא
דזבנתון לכפיני בתיכון: כ וית אחוכון קלילא תייתון לוותי ויתהימינון פתגמיכון ולא תמותון ועבדו כן:
כא ואמרו גבר לאחוי בקושטא חייבין אנחנא על אחונא דחמינא אניקי דנפשיה כד הוה מפיים לנא ולא

בעל הטורים

אל משמר שלשת ימים. כנגד שלשה דברים שעשו לו ויפשיטו את

רשב"ם

שאול שאל האיש לנו ולמולדתנו: (כא) הצרה הזאת. מדה כנגד מדה אנחנ

רש"י

ר פרעה: אם תצאו מזה. מן המקום הזה: (טז) האמת אתכם. אם אמת יש אתכם. לפיכך ה"א נקוד פתח שהוא כמו בלשון תימה ואם לא תביאוהו חי פרעה ת כי מרגלים אתם: (יז) משמר. בית א האסורים: (יט) בבית משמרכם. שאתם אסורים בו ב עכשיו: ואתם לכו הביאו. אל בית אביכם: שבר רעבון בתיכם. מה שקניתם לרעבון ג אנשי בתיכם: (כ) ויאמנו דבריכם. יתאמתו ויתקיימו כמו (במדבר ה') אמן אמן ד וכמו (מ"א ח) יאמן נא דבריך: (כא) אבל. כתרגומו בקושטא.

שפתי חכמים

ספק מכל הטענות שיש לטעון כאשר הזכרתי ובזה יתיישבו כל הקושיות ודו"ק וקצת כעין זה מצאתי בשם מהרש"ל: ר פי' לפי פשוטו של קרא אין לו הבנה מ"ש הוסיף מלת אם ויהי' טעמו אם חי פרע' לא תצאו מזה ויהי' אם דקרא במקום לא כמו אם לדוד אכזב שר"ל לא אכזב ויחוייב מזה שאם תצאו לא יחי' ובאמת יצאו אלא כשהי' נשבע לשקר וכו': ש דק"ל דמל' האמת מור' שהוא הודה להם שהאמת אתם והוא סותר למאמר תבחנו שמורה שהוא מסופק בהם לפיכך הולרך לומר שזה הוא ה"א התימה כמו האם כן הוא: ת שא"א לומר ואם לא תבחנו חי פרע' וכו' שאף אם לא יבחנו לא יתחייב שהם מרגלים: א פי' ולא שהם שומרים עליהם דהא כתיב אחריו יאסר בבית משמרכם והא דלא פירש"י זה לעיל בפ' וישב שהמשמר הוא בית האסורים משום דלעיל כתיב בהדיא שהיא בית הסוהר דכתיב ויתן אותי במשמר וגו': ב שלא נחשב שהכינוי מור' שמתחל' כעס' בשבילם: ג ומלת שבר פה מורה על קיים לא כל מכר ומפני שהרעבון אינו לבתיהם הולרך להוסיף אנשי בתיכם: ד אין ויאמנו מל' אמונ' אלא כמו ואמרה האשה אמן וכו' שפי' אמת שאמר הכהן

אבן עזרא

או מגזרת כן בנות ללפחד כמו האמת: (טז) האסרו. תאסרו כמו ומות בהר: (יט) רעבון בתיכם. צורך בעבור הרעב. וטעמו הביאו אל בתיכם: (כא) אבל. כמו אבל

רמב"ן

שאמרנו ודרשו שנכנסו בי' פתחים כדרך מרגלים ולכך העליל עליהם וטענה נכונה הוא אבל לא הזכיר אותה הכתוב ועוד שאמרו לו בתחלה כלנו בני איש אחד נחנו והיא שמחייבת אותם ויתכן שמתחלה אמר להם נכנסו גם בי' פתחים ועכשיו אתם נועדים במקום אחד ונקשרים יחדיו אין זה רק דרך מרגלים ואמרו לו בעבור היותינו אחים נאספנו יחד ואמר להם לא כי ערות הארץ באתם לראות כי אם אתם אחים היה לכם ליכנס בפתח אחד כאשר אתם עתה יחדיו אז אמרו כי האחד איננו והלכו לבקשו והכתוב לא יחוש להאריך בטעם הטענות: (יז) ויאסף אותם אל משמר שלשת ימים. עשה כן להפחידם ושיאמינו בו כי את האלהים הוא ירא. ומפני מוראו יוציא אותם שלא ימותו אנשי ביתם ברעב וזה טעם ואתם לכו הביאו שבר רעבון בתיכם ועוד כי לא ישמעו להניח האחד רק להצלת כלם: (כא) אשר ראינו צרת נפשו בהתחננו אלינו. חשבו להם האכזריות לענש גדול יותר מן המכירת כי היה אחיהם בשרם מתחנן ומתנפל לפניהם ולא ירחמו והכתוב לא ספר זה שם או מפני שהדבר ידוע בטבע כי יתחנן אדם לאחיו בבואו לידם להרע לו וישביעם בחיי אביהם

אור החיים

מהם כי ודאי שימות ואין רשות להם לעשות כן אלא יהרגו כולם וגו' ומעתה יתחייבו מיתה על היותם מרגלים או ירצה לומר שלא ימותו ברעב כי ייטיב עמהם להמציא להם פרנסה והוא מה שאמרו לאביהם ואת הארץ תסחרו: ויאמרו וגו' אבל. תיבת אבל אין לה משמעות כאן

והמתרגם אמר בקושטא וגם עליה דן אנכי למה הולרכו לומר בקושטא. עוד למה האריכו לשון לומר אשר ראינו וגו' ולא אמרו סתם ועוד היה להם לומר אשר מכרטוהו שהוא תכלית העון ואולי שנתכוונו לומר להיות שלדדו בטעם לרה זו אם היא בשביל מכר יוסף ודאו טעם זה כפי מה שכתבתי למעלה שכפי הדין דנוהו להריגה וא"כ המכר שעשו לו הוא אדרבא מדת החסד ואם על שגרמו לרת אביהם אדרבא דבר זה יוסיף לו מכאוב ולא יעשה ה' יסורי עון לער אביהם בדבר שיגדל עוד לער על לערו ואשר ע"כ לא מלאו עון ואמרו אבל אשמים וגו' אשר ראינו וגומר פי' שעכ"פ היה להם לרחם עליו ברא‍ות אחיהם מתחנן על סכנת נפשו ונתאכזרו עליו ודבר זה מגונה ללדיקים לעשותו ע"כ באה וגו' או ירלה עז"ה לביות שראו כולם יחד באו למשמר חשבו בדעתם בשל מי הרעה להיות שמכר יוסף היה לאות בין עיניהם וכשבאו לתלות בו מלאו סתירה לדבר מלד ראובן שנתפס עמהם והוא לא היה בתוך המוכרים לזה הכריחו ואמרו אבל אשמים וגו' פי' הן אמת אם נא' שהלר' באה בעד המכר יקשה לנו ראובן לא מכר אבל אשמי' וגו' אשר ראינו לרת נפשו וגו' כשרלו לשלוח יד בו ובדבר זה היה ראובן שוה עמהם שהוא אמר השליכו אותו אל הבור ופשיטא כי יתחנן יוסף אליהם ביותר מהשליכו אל הבור לפחד הנפילה והבל הבור והנחשים ועקרבים גם למות שמה ברעב ובלמא ואין לך מיתה משונה כזו ויחנן קולו להם ולא שמעו לקול תחנתו ובזה יד ראובן עמהם והוא אומרו ע"כ באה אלינו פי' יחד את הלרה וכל זה כשנאמר כי דבריהם אלו היה כשהכניסם במשמר וטעם שסדר הכתוב דבריהם באחרונה הוא לגד שלא רלה להפסיק תוך כל דברי יוסף אבל אם נאמר שדבריהם אלו היו אחר שהסכימו לאסור אחד מהם והם יעלו לשלום כסדר הפ' לריך לתת טעם למה לא נתשררו לחוש לאשמת אחיהם עד עתה ואולי כי קודם לא הרגישו וחשבו כי אדם בעל בחירה ורלון להרע ולא עון יוסף גורם כי לדעתם מחויב היה להם כמו שפירשנו במקומו משא"כ כשאמר להם אחיכם א' יאסר וגו' ויעשו כן פי' יחדו הם א' מהם בזה נתעוררו מהנדמה כי הוא עון יוסף כמו שהם נתאכזרו על אחיהם לזה בא להם הלער בדרך זה שאסרו אחד מהם ביד איש נכרי וכבר רשמתי בכמה מקומות כי העון יוליד בדמותו בללמו בסוד או' תשלם לאיש כמעשהו וכמו כן הדברים כאן שהכאיב להם לבם בלרת אחיהם והוא אומר אבל פי' אם היה המקרה זה בדרך אחר לא היינו מלדיקים שעל סיבת יוסף באה אלינו אבל עתה ודאי אשמים אשר ראינו לרת נפשו בהתחננו. ועוד היה להם לאות כיון שנתייחד שמעון דכתיב ויקח מאתם את שמעון מזה ידעו כי דבר יוסף הוא הסיבה כי זה הוא היועץ עלה רעה על יוסף דכתיב ויאמרו איש אל אחיו ואמרי ז"ל שהם שמעון ולוי:

ויען

בהתחננו אלינו ולא שמענו על־
כן באה אלינו הצרה הזאת: כב ויען
ראובן אתם לאמר הלוא אמרתי
אליכם ׀ לאמר אל־תחטאו בילד
ולא שמעתם וגם־דמו הנה נדרש:
כג והם לא ידעו כי שמע יוסף כי
המליץ בינתם: כד ויסב מעליהם
ויבך וישב אלהם וידבר אלהם
ויקח מאתם את־שמעון ויאסר אתו
לעיניהם: כה ויצו יוסף וימלאו את־
כליהם בר ולהשיב כספיהם איש
אל־שקו ולתת להם צדה לדרך
ויעש להם כן: כו וישאו את־שברם
על־חמריהם וילכו משם: כז ויפתח
האחד את־שקו לתת מספוא
לחמרו במלון וירא את־כספו והנה־

אונקלוס

לנא ולא קבילנא מניה
על כן אתת לנא עקתא
הדא: כב ואתיב ראובן
יתהון למימר הלא
אמרית לכון למימר לא
תחטאון בעולימא ולא
קבילתון ואף דמיה הא
מתבעי: כג ואינון לא
ידעין ארי שמע יוסף
ארי מתורגמן הוה
ביניהון: כד ואסתחר
מלותהון ובכא ותב
לותהון ומליל עמהון
ודבר מלותהון ית שמעון
ואסר יתיה לעיניהון:
כה ופקיד יוסף ומלו ית
מניהון עבורא ולאתבא
כספיהן גבר לסקיה
ולמתן להון זודין לאורחא
ועבד להון כן: כו ונטלו
ית עבורהון על חמריהון
ואזלו מתמן: כז ופתח
חד ית סקיה למתן
כיסתא לחמריה בבית
מבתא וחזא ית כספיה

תו"א הם שמעון ס' הזוהר פ' אחרי מות.

כלי יקר

וגם דמו הנה נדרש. לשון גם נראה לפרש לפי שהאחים חשבו שיוסף היה חייב מית' בדין כי לשון הרע תלתא קטיל ויוסף הביא דבתם רע' ודומ' כאילו הרגם ועוד בא לרגל אותם בבואו דותינ' על כן בקשו נכלי דתות על פי התור' להמיתו בטרם יקרב הוא אליהם וימיתם כי הבא להרגך השכם להרגו ואם כן מצד שבקשו להרגו אין להם אשמ' לפי סברתם אך עיקר האשמ' היא מדת האכזריות שהית' בהם שלא שמעו בהתחננו אליהם כמו שאמרו אבל אשמים אנחנו על אחינו אשר ראינו צרת נפשו בהתחננו אלינו ולא שמענו על כן באה אלינו הצר' הזאת ולא הזכירו שבקשו להרגו לפי שחשבו שמצד בקשת ההריג' או המכיר' והשלכ' לבור אין עליהם אשמ': ויען אותם ראובן הלא אמרתי אל תחטאו בילד. מאחר שהוא ילד ואינו בר עונשין עדיין בב"ד של מעל' א"כ אין לו משפט מות וא"כ יש בידכם שני עבירות כי הקב"ה דורש מכם מדת האכזריות כי ע"כ אדון ומושל זה אינו שומע תחינתינו כי כולנו מדברים תחנונים והוא יענה עזות. ונוסף על זה גם דמו הנה נדרש שהרי המושל אמר ויאמנו דבריכם ולא תמותו ש"מ שאם לא יבא אחינו הרי אנחנו בני מות ומי יודע אם לעת כזאת יגיע אחינו הקטן אליו כי אולי יקרה מקר' שלא יוכל לבא אליו והרי אנו נדונין למות ובאמת אנחנו נקיים מעלילתו אין זה כ"א לפי שגם דמו הנה נדרש נוסף על דרישת מדת האכזריות מידינו:

אור החיים

ויען ראובן וגו'. צל"ד איך יוצדק לומר מענה על זה גם אומר לאמר ב"פ גם אומרו וגם דמו וגו' אכן הכוונה היא שבא להשיב למה שאמרו שהצרה באה על אשר לא רחמו על אחיהם בהתחננו וגו' ולטעם זה יכנס גם ראובן לזה ענה ואמר והוא אומרו ויען ראובן אותם לאמר כי הוא לא יחשבו לו עון על זה כי הלא אמרתי אליכם אל תחטאו בילד וגו' והגם שלא אמר להם כן בפי' אלא ויד אל תשלחו בו השליכו אותו וגו' עכ"ז כוונתי היתה לאמר לכם אל תחטאו בילד והוא אומרו לאמר אל תחטאו וכמו שהעיד הכ' באומרו להשיבו אל אביו וא"ת ועל מי סמך ראובן שיכירו אחיו כוונתו שכן היתה ואדרבה לדעתם עשו יותר רחמנות במכירתו מהניחו בבור כמו שכן אמר הכ' שא"ל יהודה לכו ונמכרנו וידינו אל תהי בו ומה תרעומת מתרעם ראובן באומרו הלא אמרתי וגו' כיון שכדבריו עשו והוסיפו לרחם כנזכר דע כי עיקר טענת ראובן היתה באומרו ויד אל תשלחו בו כמו שפירשתי שם שנתכוון להצילו מידי אדם שהוא בעל בחיר' ורצון זה הוא עיקר הכוונה וטענה זו צודקת ג"כ לבל ימכרוהו לנכרים שמעשיהם מעשה בחירי והמכר ג"כ מכניסו בגדר סכנת מות מהנכרים וגם שישנו בספק דבר רע ולא ולמד מה שאמרו ז"ל שקנה אותו פוטיפר למשכב זכור ועל זה נסתרס והוא אומרו אל תחטאו אתם בילד לעשות בו דבר אלא השליכוהו אל הבור וממה נפשך אם

when he begged us, and we did not listen. That is why this trouble has come upon us." 22. And Reuben answered them, saying, "Didn't I tell you, saying, 'Do not sin against the lad,' but you did not listen? Behold, his blood, too, is being demanded!" 23. They did not know that Joseph understood, for the interpreter was between them. 24. And he turned away from them and wept, then returned to them and spoke to them; and he took Simeon from among them and imprisoned him before their eyes. 25. And Joseph commanded, and they filled their vessels with grain, and [he commanded] to return their money into each one's sack, and to give them provisions for the journey, and he did so for them. 26. And they loaded their grain upon their donkeys, and they went away from there. 27. The one opened his sack to give fodder to his donkey at the lodging place, and he saw his money—there

to this edition, בְּרַם thus means "but." Otherwise, since we know of no other meaning for בְּרַם, there would be no difference between the two interpretations. If we interpret אֲבָל as "but," we must interpret the verse to mean that the brothers said to each other, "We are innocent of the accusation of espionage, *but* we are guilty for our brother..." See *Karnei Ohr.*

that we witnessed the distress of his soul when he begged us, and we did not listen—They deemed the cruelty a more serious sin than the selling, because their brother, their own flesh and blood, entreated them and prostrated himself before them, and they did not have any compassion. Scripture did not recount this because it is obvious that a person would entreat his brothers if he were to fall into their hands and they wished to harm him. He would appeal to them

by the God of their father and would do whatever he could to save himself from death. Alternatively, Scripture does not wish to dwell on the brothers' sin and is therefore brief; or it is the way of Scripture to be brief in one place and to discuss at length in another.—[*Ramban*]

Ohr Hachayim, in his explanation of אֲבָל as "but," points out that the brothers could not believe that they were being punished for selling Joseph *per se*. They thought that they were justified in selling Joseph since he was persecuting them by reporting to their father their supposedly evil deeds. Since Joseph gave his father reason to curse them, he was acting like someone pursuing another with the intent to kill him and thus he should really have been put to death. Hence, they had committed a kind act by selling him instead of killing him. Now they realized that they had really been cruel to him, and they were suffering just as they had made him suffer. Accordingly, they said, "We thought that we were not guilty of any sin, *but* we are guilty of being cruel to him."

Ohr Hachayim gives another interpretation: They attempted to discover the sin for which they were being punished. They felt that their punishment could not have been due to their sale of Joseph, because Reuben, who was innocent of the sale, was imprisoned with them. They therefore concluded that their punishment was for their cruelty, in which Reuben also had a part. In fact, Reuben was the one who suggested that they cast Joseph into the pit, terrifying him with the prospect of being injured by the fall, with the heat and putrid air in the pit, and the snakes and scorpions lurking in its cracks. Thus, they said, "We are not guilty of the sale, *but* we *are* guilty of our cruelty toward him."

Rabbenu Bechaye states that this is the way of the righteous. When they sin, they confess and justify the divine judgment upon themselves. With the wicked, it is just the opposite. They sin and then say that they have committed no sin.

Rabbenu Bechaye continues to comment that the brothers did not blame themselves for selling Joseph, but only for their callousness toward him when they ignored his pleas to spare him. This supports the view that the brothers did not sell Joseph, but in fact cast him into the pit, and he was then stolen by the Midianites, who were the actual sellers of Joseph

when they sold him to the Ishmaelites, who, in turn, sold him into Egypt. This is the view of *Rashbam* (above 37:28).

this trouble—We are being paid in kind. We cast him into a pit, and now we are confined in a dungeon, which is a "pit of captivity."— [*Rashbam*] See above on 40:15.

has come upon us—Heb. בָּאָה. *Its accent is on the "beth," because it is in the past tense,* [meaning] *that it has already come, and the Targum is* אֲתָת לָנָא [which is the past tense in Aramaic].—[*Rashi*] [Had the accent been on the "aleph," it would be the present tense and would mean: is coming upon us. See *Rashi* on *Gen.* 15:17, 29:6.]

22. **And Reuben answered them**—Originally, Joseph had planned to take Reuben, the eldest brother, since it is customary when a group commits a crime, that the oldest one be punished. When Joseph understood from their conversation that Reuben had said, "Do not sin against the lad," he did not wish to cause him any anguish and instead took Simeon, the next in age.— [*Chizkuni*]

his blood, too, is being demanded—*The use of the word* אֶת *or the word* גַּם *denotes inclusion. In this case it means "his blood and also the blood of his aged father."*—[*Rashi* from *Gen. Rabbah* 91:8]

Ramban says Reuben answered them, "I already told you at the time of the deed that you should not sin against Joseph because he was a child. He sinned against you because of his youth, and it would have been

קבילנא מניה בגין כן אתת לנא עקתא הדא : כב ענא יתהום ראובן ואמר הלא אמרית לכון למימר לא תיחטון בטליא ולא קבילתון מיני ואוף אדמיה הא מתבעי מינן : כג ואינון לא הוו ידעין ארום שמע הוה יוסף בלישן בית קודשא ארום הוה מנשה למתורגמן ביניהום : כד וחזר מלוותהום ובכא ותב לוותהום ומליל עמהון ודבר מלוותהום ית שמעון דיעט למקטליה וכפת יתיה קמיהון : כה ופקיד יוסף לעבדוי ומלן ית מניהון עיבורא ולאתבא כספיהון דגבר לגו שקיה ולמיתן להון זוודין לארחא ועבד להום כן : כו ונטלו ית עיבוריהון על חמריהון ואזלו מתמן : כז ופתח לוי דאשתאר בלחודיה משמעון חבריה ית

כג והינון לא הוו ידעין ארום הוה שמיעי יוסף בלשן בית קודשא ארום היך כמתורגמן הוה מנשה קאים ביניהון :

פי' יונתן

(כג) מנשה למתורגמן כדפירש"י ונראה שדיוקו דהא אפי' פרעה היודע ע' לשון לא ידע עברית א"כ איך ימלא זולתו היודעו אלא ודאי שהי' מנשה ולמדו מן אביו שהוא בכורו ולכן א"ש המליץ בה"א הידיעה' : (כה) ווודין פי' מזונות לשון גמרא

רשב"ם

השלכנוהו בבור והנה אנחנו נאסרים בבור השבי : (כג) כי שומע יוסף . מבין . כי עד עתה המליץ בינותם כאילו אינו מבין לשונם : (כד) את שמעון . להפרידו מלוי שלא יתייעצו בין שניהם לעשות תחבולה כאשר עשו בשכם :

רש"י

וראיתי בב"ר לישנא דרומאה הוא אבל כרס : באה אלינו . טעמו בבי"ת לפי שהוא בל' עבר שכבר באה ותרגומו אתת לנא : (כב) וגם דמו . אתין וגמין רבויין דמו וגם דם הזקן : (כג) והם לא ידעו כי שומע יוסף . מבין לשונם ובפניו היו מדברים כן : כי המליץ בינותם . כי כשהיו מדברים עמו היה המליץ ביניהם ה היודע ל' עברי ולשון מצרי והיה מליץ דבריהם ליוסף ודברי יוסף להם לכך היו סבורים שאין יוסף מכיר בלשון עברי . המליץ . זה מנשה בנו : (כד) ויסב מעליהם . נתרחק מעליהם שלא יראוהו בוכה : ויבך . לפי ששמע שהיו ו מתחרטין : את שמעון . (ב"ר) הוא השליכו לבור הוא שאמר ללוי ז הנה בעל החלומות הלזה בא . ד"א נתכוין יוסף להפרידו מלוי שמא יתיעצו שניהם להרוג אותו : ויאסור אותו לעיניהם . לא אסרו אלא לעיניהם ח וכיון שיצאו הוציאו והאכילו והשקהו (ב"ר) : (כז) ויפתח האחד . הוא לוי שנשאר יחיד ט משמעון בן זוגו : במלון . במקום שלנו י

שפתי חכמים

יתן ה' וגו' ועליו כתיב ואמר' האשה אמן ולא יפול בו לשון אמונה רק אמת יסי' זה שתסי' ירכה נופלת וכו' : ה ר"ל דבכל פעם כשדברו עמו קודם לכן היה מליץ ביניהם ועתה לא היה המליץ ביניהם והיו סבורים שיוסף אינו מבין לשה"ק : ו דק"ל למה בכה הי"ל לרגז עליהם כששמע שהם עצמם מתודים איך שלא טוב עשו לכ"פ מ"ה בכה משום ששמע שהיו מתחרטים מהרש"ל : ז דייק מדכתיב בפ' וישב ויאמרו איש אל אחיו הנה בעל החלומות וגו' וכתיב שמעון ולוי אחים כא"ס והא דכתיב לעיל ויקחהו דמשמע רבים וי"ל ויקחהו חסר וי"ו שאמצעי כתיב וקרינן ויקחהו בליר"י תחת השי"ת שהוא ל' יחיד : ח דאל"כ לעיניהם ל"ל : ט דאל"כ מאי האחד בה"א : י ולא הפרש במלון במקום המיוחד למלון לכל העוברים ושבים כיון דכתיב במלון בפת"ח

אבן עזרא

שרה אשתך כמו אכן : המליץ . מבאר מגזרת מליצה . ולקח שמעון כי כאשר יחטאו רבים הגדול שבהם בשנים יענש יותר . ועזב ראובן כי הוא הצילו . ויאמר ר' משה הכהן כי כסף וזהב לא ימלאו בלשון רבים והנה שכח כספיהם : וישאו את שברם . אשר קנו : (כז) ויפתח הא' . הא' מהן ויתכן להיות ראובן כי הוא הבכור כמו אחד בחשבון :

רמב"ן

ויעשה כל אשר יוכל להציל נפשו ממות או שירצה הכתוב לקצר בסורחנם או מדרך הכתובים שמקצרים במקום א' ומאריכים בו במקום אחר והנה ראובן ענה להם שכבר אמרתי אליכם בשעת מעשה שלא תחטאו בו כי ילד הוא ומפני נערותו חטא לכם וראוי לכם להעביר על חטאות נעיריו וגם עתה דמו הנה נדרש עם האכזריות אשר אתם אומרים או יהיה פירושו גם דמו אע"פ שלא הרגתם אותו ידרוש השם מכם דמו ונחשב לכם כאלו שפכתם דמו בהיותו נמכר לעבד עולם כי יתכן שמת בעבור היותו ילד שעשועים ולא נסה לעבוד ורבותינו דרשו דמו ודם הזקן : (כה) וטעם ולתת להם צדה לדרך . כדי שלא יאכלו בדרך מה שקנו והנה הודיע להם זה כי בידם נתן הצדה דרך חסד כדי שיוכלו להביא את האח כי אמר אין דעתי להרע לכם אם יאמנו דבריכם : (כז) ויפתח האחד את שקו . אחד מהם פתח את שקו במלון לתת ממנו מספא לחמורו והאחרים לא פתחו את שקיהם עד היותם עם אביהם כאשר אמר ויהי הם מריקים כי אולי היו האחרים לוקחים לחמוריהם תבן כי לא יאכלו כל משאם בדרך וזה האחד לא היה חמורו חזק והוצרך למספא ומצא כספו בפי אמתחתו וכתב רש"י כי אמתחת הוא השק ואונקלוס תרגום טוענא והנראה מדעתו שהיה לכל אחד שק גדול ושקים קטנים להשוות משאם וכלל המשא יקרא אמתחת. והנה אירע לאחד שמצא כספו בפי אותו השק שפתח ולא קרה לאחרים כן עד היותם מריקים את כלם. והקרוב אלי כי אמתחת שק גדול יש לו שני צדדים הנקרא בלשון תלמוד מתראתא ובפי אחד מן הצדדין הושם הכסף לכולם ואירע לא' שפתח הצד ההוא שהיה בו הכסף

אור החיים

אם הוא חייב מיתה תיות המלאכות שם יהרגוהו ואם לאו יהיה לאות החיים מה שאין דבר זה בשליחות ידי אדם ולא שמעתם פי' לא הבינותם דברי ומה שאמרו שהצרה באה על האכזריות ושלא קבלו התחננותו ולעולם בגוף המעשה לא עשו עולה לא כן הוא אלא גם דמו הנה נדרש כי חייבים הם בשליחות ידם בו ונתונים היו בסכנת מרגלים שהוא משפט מות ולצד זה ג"כ לא יכנס ראובן באשם עמהם כי הוא לא היה במכר ומעתה ראובן נלכד להיות עמהם לבד ובגמר הדרישה יתחייב המחוייב ויפטר הזכאי בדינו וגם למה שפי' באומרו אבל אשמים שהתעוררותם היתה לצד תפיסת שמעון לבד יהי' פי' הכתוב ג"כ בדרך זה : והם לא ידעו כי המליץ בינותם . פי' לצד שראו המליץ בינותם באשר דברים חשבו כי אינו שומע לשונם . (או) יאמר כי המליץ בינותם ואז לא היה להגיד לו : ויקח מאתם את שמעון . פי' הם יחדו אותו ולקחו או הוא ברר לעצמו וכמו שכתבתי בפ' אם כנים : ולהשיב כספיהם . טעם שלא דבר הכ' בשיעור שהתחיל לדבר וימלאו וגו' הי' לו ג"כ לומר וישיבו או היל"ל למלאות את וגו' ולהשיב ואולי כי הממלא לא ידע השבת הכסף והנאמן ביתו הוא השיב או לזה שיהיה המילוי בפרהסיא והשב' הכסף בהצנע עוד נתכוון להקדים לומר למלאות כליה' בר ואחר שמלאו וגו' הוסיף לומר להשיב וגו' ולתת להם צדה וגו' והכונה בזה כי לא ר"ל הכל יחד כדי שלא תהי' עין הממלא צרה במילוי : וישאו וגו' . את

אבי עזר

(כג) [והנה שכח כספיהם]. וכבר עמדו נגדו מדקדקים אחרונים.

ספורנו

אם לא תבאו : (כא) בהתחננו אלינו ולא שמענו . והיינו אכזרים נגד אחינו אע"פ שהשבנוהו לרודף היה לנו לרחם בהתחננו וכנגד מדת אכזריותינו זה האיש מתאכזר נגדנו : (כב) הלא אמרתי אליכם אל תחטאו בילד . שלא היה מתכוין להמיתכם בשעשה מה שעשה כאשר חשבתם אבל היו מעשיו באשר הוא ילד בלתי פועל לתכלית מכוין : וגם דמו הנה נדרש . אין החטא הנדרש עתה האכזריות בלבד כאשר חשבתם אבל גם דמו שחטאתם לשפוך דם נקי שלא היה בן מות כאשר חשבתם והנה בלי ספק מת בעבדותו : (כד) ויבך . כאשר ראה בצרתם : (כה) ולהשיב כספיהם . לא יפול לשון רבים על הכסף אבל יפול על

fitting for you to forgive him for this reason. Now, in addition to being held accountable for the sin of cruelty, for which you accept responsibility, his blood also is being demanded of us."

Alternatively, although you did not kill him, God demands his blood from you as if you had. This is because, due to his frailty from his pampered upbringing, he may in fact have died upon being sold as a slave.—[*Ramban*].

According to the *Zohar*, vol. 1, p. 185b, at the time Joseph was sold, Reuben had gone to serve his father. When he returned, because his brothers had pronounced a *cherem* (ban) on anyone who divulged Joseph's true fate, they did not inform him of the sale. Consequently, he believed it was possible that Joseph had been killed.

23. They did not know that Joseph understood—Heb. שֹׁמֵעַ, *understood their language, and they were speaking in this manner in his presence.*—[*Rashi* from *Tanchuma Buber Vayigash* 7]

for the interpreter was between them—*For whenever they spoke with him, the interpreter, who knew both Hebrew and Egyptian, was between them, and he would interpret their words for Joseph and Joseph's words for them. Therefore, they thought that Joseph did not understand Hebrew.*—[*Rashi* from *Targum Onkelos*]

He had an interpreter between them as if he did not understand their language.—[*Rashbam*]

Since Joseph always had an interpreter between them, they thought that he did not understand their language. At that moment, the interpreter was not there to translate what they were saying.—[*Ohr Hachayim*]

the interpreter—*This was his son Manasseh.*—[*Rashi* from *Gen. Rabbah* 91:8, *Targum Jonathan*, *Targum Yerushalmi*] Since even Pharaoh, who knew seventy languages, did not know Hebrew, they surely could not have found anyone else who knew it. Thus it could only have been Joseph's son, Manasseh, who had learned it from his father.—[*Perush Jonathan*]

24. And he turned away from them—Heb. וַיִּסֹּב. *He distanced himself from them so that they would not see him weeping.*—[*Rashi*]

Mizrachi explains that in this instance, the word וַיִּסֹּב does not denote turning around but distancing oneself. *Be'er Basadeh* maintains that it does denote turning around; in this he follows *Redak*, who groups all forms of the verb into one category. This does not indicate that he stood in the same place and turned away only his face, however, but that he turned and moved some distance away from them. This is evidenced by "and he returned to them," indicating that he had previously stood some distance from them.

and wept—*because he heard that they were remorseful.*—[*Rashi* from *Bereishith Rabbathi*, p. 204]

Bereishith Rabbathi reads as follows: "And he turned away from them and wept." Why? When Joseph heard that his brothers had searched through their deeds and had found no other sin but the punishment for selling him, and when he heard that they were remorseful and justified the divine judgment upon themselves, he realized and understood that it had been divinely decreed that his brothers sell him, and they did not do so out of hatred. Then he wept because he had caused them pain.

Simeon—*He* [was the one who] *had cast him into the pit. It was he who said to Levi, "Behold, that dreamer is coming"* (Gen. 37:19). *Another explanation: Joseph intended to separate him from Levi, lest the two of them take counsel to assassinate him.*—[*Rashi*] See below on Gen. 49:5.

and imprisoned him before their eyes—*He imprisoned him only before their eyes, but as soon as they left, he released him and gave him food and drink.*—[*Rashi* from *Gen. Rabbah* 91:8]

25. **And Joseph commanded**—his servants.—[*Targum Jonathan*]

and [he commanded] to return—[The wording of this verse is difficult. The two commands, one to fill the vessels with grain and one to return the money to the sacks, are separated by "and they filled their vessels with grain."] Perhaps the one who filled the sacks with grain was unaware that the money was being returned, because Joseph commanded his [staff] servants to fill the sacks, and his personal servant to return the money. [Note that the beginning of the verse, "and they filled," is in the plural, whereas the

end of the verse, "and he did so for them," is in the singular.] Or perhaps he openly commanded his servants to fill the sacks, and secretly told them to return the money. It is also possible that he did not issue both commands at once, so that the one who filled the sacks would not be stingy with the grain so as to leave plenty of room for the money.—[*Ohr Hachayim*]

and they filled their vessels with grain—without using a measure, and he also ordered the attendents to return their money into each one's sack. Therefore, their hearts sank, and they trembled. Joseph gave them provisions as an act of kindness. He demonstrated to them that if they were telling the truth he had no intention of harming them. To prove this he gave them provisions so that they could bring their brother.—[*Rabbenu Bechaye*]

26. **And they loaded their grain**—that they had purchased.—[*Ibn Ezra*]

and they went away from there—They tarried only long enough to load their donkeys, and then left immediately.—[*Ohr Hachayim*]

27. **The one opened**—*That was Levi, who was left alone, without Simeon, his companion.*—[*Rashi* from *Gen. Rabbah, Shitah Chadashah* on Jacob's blessing, *Targum Jonathan*] If Scripture did not mean to point out a particular one, it would have stated simply, "One opened..."—[*Sifthei Chachamim*]

הוא בפי אמתחתו: כח ויאמר אל־
אחיו הושב כספי וגם הנה
באמתחתי ויצא לבם ויחרדו איש
אל־אחיו לאמר מה־זאת עשה
אלהים לנו: כט ויבאו אל־יעקב
אביהם ארצה כנען ויגידו לו את
כל־הקרת אתם לאמר: ל דבר
האיש אדני הארץ אתנו קשות
ויתן אתנו כמרגלים את־הארץ:
לא ונאמר אליו כנים אנחנו לא היינו
מרגלים: לב שנים־עשר אנחנו אחים
בני אבינו האחד איננו והקטן היום
את־אבינו בארץ כנען: לג ויאמר
אלינו האיש אדני הארץ בזאת
אדע כי כנים אתם אחיכם האחד
הניחו אתי ואת־רעבון בתיכם קחו
ולכו: לד והביאו את־אחיכם הקטן
אלי ואדעה כי לא מרגלים אתם כי
כנים אתם את־אחיכם אתן לכם
ואת־הארץ תסחרו: לה ויהי הם
מריקים שקיהם והנה־איש צרור־
כספו בשקו ויראו את־צררות
כספיהם המה ואביהם ויראו:
לו ויאמר אלהם יעקב אביהם אתי

שכלתם

תו"א ויצא לבם סמנים ע. דבר הלוים מכום יא :

והא הוא בפום טוענה:
כח ואמר לאחוהי אתותב
כספי ואף הא בטועני
ונפק מדע לבהון ותוהו
גבר לאחוהי למימר
מה דא עבד יי לנא:
כט ואתו לות יעקב
אבוהון לארעא דכנען
וחויאו ליה ית כל דערע
יתהון למימר: ל מליל
גברא רבונא דארעא
עמנא קשין ויהב יתנא
כמאללי ית ארעא:
לא ואמרנא ליה כיוני
אנחנא לא הוינא אלילי:
לב תרי עשר אנחנא אחין
בני אבונא חד ליתוהי
וזעירא יומא דין עם
אבונא בארעא דכנען:
לג ואמר לנא גברא
רבונא דארעא בדא
אידע ארי כיוני אתון
אחוכון חד שבוקו לותי
וית עבורא דחסיר
בבתיכון סבו ואזילו:
לד ואיתו ית אחוכון
זעירא לותי ואידע ארי
לא אלילי אתון ארי כיוני
אתון ית אחוכון אתן
לכון וית ארעא תעבדון
בה סחורתא: לה והוה
אינון מריקין סקיהון והא
גברא צרר כספיה
בסקיה וחזו ית צררי
כספיהון אינון ואבוהון
ודחילו: לו ואמר להון
יעקב אבוהון יתי

רשב"ם

(כח) מה זאת עשה. מדה כנגד מדה יש כאן להוסיף לנו ממון על פרעון עונינו:
(לה) כספיהם. לפי שהסמ"ך מבלעת את החסף נדגשת הפ"א של כספיהם. וכן נסך נסכיהם:

it was, in the mouth of his sack. 28. And he said to his brothers, "My money has been returned, and indeed, here it is in my sack!" Their hearts sank, and trembling, they turned to one another, saying, "What is this that God has done to us?" 29. And they came to Jacob their father, to the land of Canaan, and they told him all that had befallen them, saying, 30. "The man, the lord of the land, spoke to us harshly, and he accused us of spying on the land. 31. And we said to him, 'We are honest; we were never spies. 32. We are twelve brothers, the sons of our father; one is gone, and today the youngest is with our father in the land of Canaan.' 33. And the man, the lord of the land, said to us, 'With this I will know that you are honest; leave one of your brothers with me, and [what is needed for] the hunger of your households, take and go. 34. And bring your youngest brother to me, so that I will know that you are not spies, that you are honest; [then] I will give you your brother, and you may travel around in the land.' " 35. And it came to pass that they were emptying their sacks and behold! Each one's bundle of money was in his sack; they saw the bundles of their money, they and their father, and they became frightened. 36. And their father Jacob said to them, "You have bereaved me—

Joseph is gone, and Simeon is gone, and you want to take Benjamin!
All these troubles have come upon me."

Ibn Ezra conjectures that it was
Reuben, the eldest son.

his sack—Heb. אַמְתַּחְתּוֹ. *That is a
sack.*—[*Rashi*] [I.e., אַמְתַּחַת is
synonymous with שַׂק.] *Redak* (*Sho-
rashim*, p. 203) explains that the root
of אַמְתַּחַת is מתח, *to stretch out.*
When the sack is empty, it is folded
up, but when it is filled, it is
stretched out, hence the noun אַמְתַּחַת.

Hakethav Vehakabbalah quotes a
commentary that distinguishes
between שַׂק and אַמְתַּחַת. The word שַׂק
denotes the large sack in which the
grain is deposited. The word אַמְתַּחַת,
however, denotes a small sack in
which the traveler keeps small
articles needed for his journey. In
this sack, he keeps his purse as well.
For safekeeping, they put this small
sack into the large sack. When it is
full and stretched out, it is called
אַמְתַּחַת. The author of *Hakethav
Vehakabbalah* differs. He holds that
שַׂק is a feed bag, which travelers
hang on the necks of their pack
animals in order to be able to feed
them while traveling in places where
no manger is found. These were
especially needed for donkeys,
whose fastidious eating habits are
recorded in the Talmud (*Shab.* 140b).
Donkeys refuse to eat the leftovers
of other species of animals. This bag is
called אַמְתַּחַת because it is stretched
out when hung on the animal's neck.
Since this bag is needed for feeding
the animals, it is sometimes hidden in
the large sack where the grain used

for fodder was kept. When the
donkey needed to be fed, the traveler
would fill the feed bag and hang it on
the animal's neck. If the money had
been found in the large sack of grain,
they would not have been surprised
because they would have assumed
that when attendants were busy
filling the sack with grain, they had
inadvertently left it there. But because
it was found in the feed bag, where
the attendants would never go, they
realized that it had been placed there
intentionally. Therefore, he said, "My
money has been returned, and indeed,
here it is in my feed bag!" Not only
was my money returned, but it is even
in the mouth of my feed bag. For this
reason, he did not just say, "My
money has been returned in my feed
bag!" but added the words, "and
indeed it is," to bring out the idea that
not only was the money returned, but
it was returned to his feed bag, which
the attendants had no business to
tamper with.

In his commentary on the *Chu-
mash, Redak* notes that only one of
the brothers found his money in the
mouth of his sack. The others
found it in their sacks, but in the
middle or at the bottom. Joseph had
planned this so that they would not
all find their money on their way
home and immediately return to
Egypt. He placed the money in the
mouth of Levi's sack in order to
cause them pain and worry on their
way home, but he knew they would

שִׁכַּלְתֶּם יוֹסֵף אֵינֶנּוּ וְשִׁמְעוֹן אֵינֶנּוּ וְאֶת־בִּנְיָמִן תִּקָּחוּ עָלַי הָיוּ כֻלָּנָה׃

אתכלתון יוסף ליתוהי ושמעון ליתוהי הכא וית בנימן תדברון עלי הואה

תו"א יוסף איננו תולין לה :

יונתן בן עוזיאל

שקיה למתן אספסתא לחמריה בבי מבתותא וחמא ית כספיה והא הוא בפום טוניה : כח ואמר לאחוהי
איתותב כספי ואוף הא בטוני ונפק מנדע לבהון ותווהו גבר לאחוהי למימר מה דא עבד יי ולא בחובא
דילנא : כט ואתו לות יעקב אבוהון לארעא דכנען ותניאו ליה ית כל דארע יתהום למימר :
ל מליל גברא רבונא דארעא עמנא מלין קשין ובזי יתן כמאללי ארעא : לא ואמרנא ליה מהימני אנן
לא הוינא אלילי : לב תריסר אנחנא אחין בני אבונא חד לית אנן ידעין מה הוה בסופיה וקלילא יומא
דין עם אבונא בארעא דכנען : לג ואמר לנא גברא ריבוני ארעא בדא אנדע ארום מהימני אתון אחוכון
חד שבוקי עמי וית דצריך לכפוני בתיכון סובו וטיילו : לד ואיתיאו ית אחוכון קלילא לותי ואנדע ארום
לא אלילי אתון אלא מהימני אתון ית אחוכון אתן לכון וית ארעא תתגרון בפרגמטיא : לה והוה כד
אינון מריקין דיסקייהון והא גבר קטר כספיה בדיסקייה וחמון ית קטרי כספיהון הינון ואבוהון ודחילו
על שמעון דשבקו תמן : לו ואמר להום יעקב
אבוהון יתי אתכלתון יוסף אמרתון חיותא בישתא
אכלתיה ושמעון אמרתון מלכא דארעא כפתיה
וית בנימין בעיין אתון למיסב עלי הואה צוקתא

ירושלמי

לו ואמר להון יעקב אבוהון יתי תכלתון יוסף מן שעא
דשלחית יתיה לותכון לית אנא ידע מה הוה בסופיה וית
בנימין אתון בעיין למיסב ועלי הינון למוקמא תרי
עשר שבטין :

בעל הטורים

כתנתו וישליכו וימכרו : עשה אלהים . ב' במסורה עמ"ש ר"פ יתרו : ולכו ג' במס' הכא ואידך גם צאנכם גם בקרכם קחו ולכו . ואור לכם ולכו מלמד שהרשה אותם להוליך צאן ובקר אע"פ שאין יוצאים ממצרים וזהו גם צאנכם גם בקרכם קחו ולכו . ואמר להם שלא יצאו אלא בכי טוב וזהו ואור לכם ולכו : כולנה . ב' במס' הכא ואידך ואת עלית על כולנה לומר שצערו על בנימין עלה על כל הצער שנצטער משמעון ויוסף לפי שהוחזק בו ג"פ ואמרי' תינוק אע"פ שאין ניחוש יש סימן ד"א כלנה כתיב חסר שעלי מוטל מזון נשותיהם שהם כלותי :

פי' יונתן

זודין קלילן : (כז) אספסתא מאכל בהמות : (לד) בפרגמטי' לשון גמרא ברכות ובכמה דוכתי פי' סחור' וכן ת"י בפ' עובר לסוחר ע"ש : (לה) דיסקייהון גם הוא לשון המורגל בדרז"ל : (לו) צוקת' פי' צרה וצוק' :

רש"י

בלילה : אמתחתו . הוא כ שק : (כח) וגם הנה באמתחתי . גם הכסף בו עם התבואה : מה זאת עשה אלהים לנו . להביאנו לידי עלילה זו ל שלא הושב אלא להתעולל עלינו : (לד) ואת הארץ תסחרו . מ תסובבו . וכל לשון סוחרים וסחורה על שם שמחזרים וסובבים אחר פרקמטיא : צרור כספו . קשר כספו : (לו) אתי שכלתם . מלמד שחשדן שמא הרגוהו או מכרוהו נ כיוסף :

שפתי חכמים

בספ"ח דא"כ הי"ל לכתוב תחלה ויבואו למלון ואח"כ ויפתח וגו במלון : כ והא דנקט רש"י הוא שק ולא נקט השק משום דק"ל דברא"ש הפ' כתיב ויפתח הא' את שקו ואח"כ כתיב והנה הוא בפי אמתחתו משמע דלא היה שק ועז"פ הוא השק ר"ל אמתחתו דהכא היינו שק דלעיל : ל ופי' מה זאת מה רעה היא זאת ולא טובה שהביאם להשבת הכסף דא"כ מאי ויחרדו : מ וא"ת והיכן מצינו שאמר להם יוסף כן וי"ל דכיון שיוסף אמר להם שהם מרגלים בודאי לא היה מניחן לילך בעיר כדי שלא ירגלו לכך אם יביאו את בנימין ולא יהיו חשודין בעיניו כמרגלים אז יהיו רשאין לילך ולסבב בעיר וזהו ויאמנו דבריכם ותסחרו מלשון סיבוב ולא מל' סחורה דא"כ מה זה לכאן : נ (רא"ם) תימה דהכא משמע שיעקב אבינו נודע לו עכשיו בעת שהיו מבקשים שירד בנימין עמהם שמכרו את יוסף וא"כ איך אמר להם אח"כ אתם ידעתם וגו' ואומר אך טרוף וגו'. (לד"ל) הקושיא מעיקרא ליתא כי לא מצינו שיעקב אמר לבניו אתם ידעתם וגו' רק יהודה אמר כן ליוסף בשם אביו ואפשר לומר שיהודה בדה זאת מלבו כדי שיכמרו רחמי יוסף עליו כשם שאמר ואחיו מת ופירש"י מפני היראה היה מוציא דבר שקר מפיו ה"נ באמרו אך טרוף טורף יוסף ולא ראיתיו וגו' שהרי יעקב אמר עכשיו לא ירד בני עמכם כי אחיו מת ולא אמר טורף כנ"ל :

אבן עזרא

(לג) ואת רעבון בתיכם . צורך : (לו) כלנה . כל הצרות האלה . וי"א כי פירוש תמית תענית . ואחרים אמרו שזאת תפלה לנגד השם וכלל הדבר אילו היה מדבר נכונה

רמב"ן

ולא לאחרים ונקרא אמתחת בעבור שימתח לצדדין : (לד) ואת הארץ תסחרו. שנו לו בדבר מפני השלום כדי שישמע אליהם לשלח אתם בנימין כי ברצונם מיד היו חוזרים לולי שאמר לא ילך בני עמכם. וכן אמרו לו אחיכם האחד הניחו אתי ולא הגידו לו מאסרם ולא מאסר שמעון ויתכן שאמר להם יוסף ואת הארץ תסחרו ולא ספרו הכתוב וטעמו שתביאו סחורה כרצונכם לקנות התבואה ולא אקח מכם סחורתכם כי איטיב לכם תחת בשתכם . וכן שאול שאל האיש לנו ולמולדתנו התנצלות לאביהם. או כאשר אמרו לו כלנו בני איש אחד נחנו אמר להם לא כי באמת ערות הארץ באהם לראות והגידו לי אם אביכם חי ואם יש לכם עוד אח כי אחקור עליכם ואדע מה אתם. ואז ענו שנים עשר אחים אנחנו בני איש אחד והוא בארץ כנען היום כי עודנו חי והקטן עמו והאחד איננו והוא מה שאמר יהודה אדוני שאל את עבדיו לאמר היש לכם אב או אח וכן במקומות רבים יקצר במעשה או בספור כאשר הזכרתי. ורש"י כתב תסחרו תסבבו וכל לשון סחורה וסוחרים על שם שמסבבים אחר פרקמטיא נראה שרצה הרב להזהר מזה שלא אמרו אלא שיהיו רשאים לסבוב הארץ ולשבור

אור החיים

וגו' וילכו . פי' שלא נתעכבו אלא שיעור שנשאו שברם ותכף הלכו שאל"כ לא היה צריך להודיעו שנשאו שברם וגו' :

ספורנו

על המטבעות : (כח) מה זאת עשה אלהים לנו . שנתן בלב זה עם היותו ירא אלהים שיעשה לנו זאת כדי לכבוש אותנו לעבדים בבואנו אליו כאמרם אחר כך ולקחת אותנו לעבדים וזה לשלם לנו מדה כנגד מדה על מכירת אחינו. והנה המכירה לא היתה מאתנו להרע אבל היתה מפני שחשבנוהו לרודף ובן מות ומה שלא הרגנוהו היה ע"צ החסד בהיותו אחינו : (לו) עלי היו כלנה . אין אחד מאלו המקרים באחד מבניכם אבל כולם בבני זה בלי ספק אינו כי אם בסבת מריבותיכם זה עם זה ואתם המשכלים

אותי

not return because of money found in a single sack.

at the lodging place—Heb. בַּמָּלוֹן. *In the place where they lodged at night.*—[*Rashi*] This does not mean an inn, a place designated for travelers to lodge, because if so, the text would read: And they came to *an inn*, and the one opened his sack.—[*Sifthei Chachamim*] [As it is, it means that they lodged on the way, not in any particularly designated place.]

28. **and indeed, here it is in my sack**—*The money is in it with the grain.*—[*Rashi*]

What is this that God has done to us—*to bring us to this accusation, for it* (the money) *was not returned except to accuse us falsely.*—[*Rashi*]

How evil is this thing that God has done to us to allow us to be falsely accused! We cannot explain: How good is this thing that God did to us, to have our money returned to us! If that were the case, their hearts would not have sunk, and they would not have trembled.—[*Mizrachi*]

Targum Jonathan ben Uzziel paraphrases: "What is this that God has done to us? And it is not because of our sins." In this vein, the Talmud (*Ta'anith* 9a) interprets this verse as parallel to "A man's folly perverts his way, but his heart is wroth with God" (Prov. 19:3).

Rashi (ad loc.) comments: Harm comes upon him because of his sin, because his folly perverts his way, and he commits sins for which he is punished. When trouble befalls him, however, his heart is wroth with the Holy One, blessed be He, and he questions the Divine standard of

justice: e.g., Joseph's brothers, who said, "What is this that God has done to us?"

Rabbenu Bechaye comments that אֱלֹהִים denotes the Divine standard of justice.

Maharsha (*Ta'anith* 9a): comments: Although they had confessed their sin, as it is stated, "And they said to one another, 'Indeed, we are guilty for our brother, that we witnessed the distress of his soul when he begged us, and we did not listen. That is why this trouble has come upon us' " (verse 21), nevertheless, from their use of the expression, "What is this, etc.," they indicated that they felt that God's judgment was unfair. *Sforno* explains: What is this that God has done to us—that He induced this one (Joseph) to force us into slavery—although he is a God-fearing man—when we came to him, as they said later, "and to take us for slaves" (43:18). This is payment in kind for selling our brother, but we didn't mean any harm. We did so only because we deemed him a pursuer, and thus we thought him liable to death. [See *Rashi* on Exodus 22:1, *Sanh* 73a] We did not kill him, however, out of kindness, because he is our brother.

Hakethav Vehakabbalah points out that the word זֹאת, *this*, is cantillated with a *tevir*, a note that separates a word from the following word. Therefore, he interprets the verse as follows: What is this that God has done to us? First they were surprised and astonished at the discovery of the money. They were then worried about the false

accusation leveled against them. Then
they said to each other, "What is
this?" After they thought the matter
through they realized that it could not
be a coincidence, but that God had
brought it upon them because of their
sins and now was paying them in
kind. In this way, they justified God's
judgment upon them just as they had
previously said, "Indeed, we are
guilty for our brother..." (verse 21).
They realized that, just as they had
suspected Joseph of spying on them,
and they had cast him into a pit, so
were they now accused of spying and
were cast into a dungeon. Since
Simeon was the initiator of the plot
against Joseph, he still languished in
prison. Now that Levi, who had been
a co-conspirator with Simeon, found
his money in his sack, they were
certain that this was a punishment for
selling Joseph. The Talmudic
interpretation quoted above was the
interpetation of *Resh Lakish*'s young
son, but *Rabbi Johanan* did not
correlate this verse with "A man's
folly perverts his way, but his heart is
wroth with God" (Prov. 19:3).

34. that you are honest—This
translation follows *Targum Onkelos*.
Targum Jonathan renders: *but you
are honest.*

**and you may travel around in
the land**—Heb. תִּסְחָרוּ, *you may go
around. Likewise, every expression
of merchants* (סוֹחֲרִים) *and commerce*
(סְחוֹרָה) *is based on the fact that they*
(the merchants) *travel around and
look for merchandise.*—[*Rashi*]

The *targumim*, however, render:
and you may conduct commerce in
the land.

35. bundle of money—Heb. צְרוֹר
כַּסְפּוֹ, *his bundle of money.*—[*Rashi*
from *Targum Jonathan ben Uzziel*]

36. You have bereaved me—
[This] *teaches* [us] *that he suspected
them—perhaps they had killed him
(Simeon) or sold him like Joseph.*—
[*Rashi*, as he explains in *Gen.
Rabbah* 91:9]

Jacob did not really know that
Joseph was still alive, but since he
realized that he was in constant
mourning for him, he guessed that
perhaps Joseph had been lost,
unbeknownst to his brothers, and was
alive in some faraway place. [See
above on 37:35.] When his sons took
Simeon and did not bring him back,
and Jacob learned that it was because
of them that Simeon was being
detained, it entered his mind that
perhaps Joseph too was still alive and
that they were also responsible for
his disappearance.—[*Tosafoth Ha-
shalem*]

You have bereaved—Heb.
שִׁכַּלְתֶּם. *Anyone who has lost his
children is called* שַׁכּוּל.—[*Rashi*]

**Joseph is gone, and Simeon is
gone**—*Rabbenu Avraham ben
HaRambam*, in the name of his
grandfather, and *Rav Samuel ben
Hofni Gaon* comment: Here Jacob
reveals his suspicion that his sons
had been involved in Joseph's
disappearance, just as they were now
involved in Simeon's detention in
Egypt.

**All these troubles have come
upon me**—Heb. עָלַי הָיוּ כֻלָּנָה. *Gra*
explains עָלַי as the initials of Esau
(עֵשָׂו), Laban (לָבָן), and Joseph (יוֹסֵף).
Jacob declares, "When I refused to

לז וַיֹּאמֶר רְאוּבֵן אֶל־אָבִיו לֵאמֹר
אֶת־שְׁנֵי בָנַי תָּמִית אִם־לֹא אֲבִיאֶנּוּ
אֵלֶיךָ תְּנָה אֹתוֹ עַל־יָדִי וַאֲנִי
אֲשִׁיבֶנּוּ אֵלֶיךָ׃ לח וַיֹּאמֶר לֹא־יֵרֵד בְּנִי
עִמָּכֶם כִּי־אָחִיו מֵת וְהוּא לְבַדּוֹ
נִשְׁאָר וּקְרָאָהוּ אָסוֹן בַּדֶּרֶךְ אֲשֶׁר
תֵּלְכוּ־בָהּ וְהוֹרַדְתֶּם אֶת־שֵׂיבָתִי
בְּיָגוֹן שְׁאוֹלָה׃ מג א וְהָרָעָב כָּבֵד
בָּאָרֶץ׃ ב וַיְהִי כַּאֲשֶׁר כִּלּוּ לֶאֱכֹל
אֶת־הַשֶּׁבֶר אֲשֶׁר הֵבִיאוּ מִמִּצְרָיִם
וַיֹּאמֶר אֲלֵיהֶם אֲבִיהֶם שֻׁבוּ שִׁבְרוּ־
לָנוּ מְעַט־אֹכֶל׃ ג וַיֹּאמֶר אֵלָיו יְהוּדָה
לֵאמֹר הָעֵד הֵעִד בָּנוּ הָאִישׁ לֵאמֹר
לֹא־תִרְאוּ פָנַי בִּלְתִּי אֲחִיכֶם אִתְּכֶם׃
ד אִם־יֶשְׁךָ מְשַׁלֵּחַ אֶת־אָחִינוּ אִתָּנוּ
נֵרְדָה וְנִשְׁבְּרָה לְךָ אֹכֶל׃ ה וְאִם־אֵינְךָ
מְשַׁלֵּחַ לֹא נֵרֵד כִּי־הָאִישׁ אָמַר
אֵלֵינוּ לֹא־תִרְאוּ פָנַי בִּלְתִּי אֲחִיכֶם
אִתְּכֶם׃ ו וַיֹּאמֶר יִשְׂרָאֵל לָמָה
הֲרֵעֹתֶם לִי לְהַגִּיד לָאִישׁ הַעוֹד לָכֶם
אָח׃ ז וַיֹּאמְרוּ שָׁאוֹל שָׁאַל־הָאִישׁ
לָנוּ וּלְמוֹלַדְתֵּנוּ לֵאמֹר הַעוֹד אֲבִיכֶם
חַי הֲיֵשׁ לָכֶם אָח וַנַּגֶּד־לוֹ עַל־פִּי

כּוּלְהֶן׃ לז וַאֲמַר רְאוּבֵן
לַאֲבוּהִי לְמֵימַר יָת תְּרֵין
בְּנַי תְּמִית אִם לָא אַיְתֵינֵיהּ
לָךְ הַב יָתֵיהּ עַל יְדִי
וַאֲנָא אֲתִיבִינֵּהּ לָךְ׃
לח וַאֲמַר לָא יֵיחוֹת בְּרִי
עִמְּכוֹן אֲרֵי אֲחוּהִי מִית
וְהוּא בִלְחוֹדוֹהִי אִשְׁתְּאַר
וִיעָרְעִנֵּיהּ מוֹתָא
בְּאוֹרְחָא דִּי תְהָכוּן בַּהּ
וְתַחֲתוּן יָת שֵׂיבְתִי
בִּדְווֹנָא לִשְׁאוֹל׃ א וְכַפְנָא
תַּקִּיף בְּאַרְעָא׃ ב וַהֲוָה
כַּד סַפִּיקוּ (שֵׁצִיאוּ)
לְמֵיכַל יָת עֲבוּרָא דִּי
אַיְתִיאוּ מִמִּצְרָיִם וַאֲמַר
לְהוֹן אֲבוּהוֹן תּוּבוּ זְבוּנוּ
לָנָא זְעֵיר עֲבוּרָא׃
ג וַאֲמַר לֵיהּ יְהוּדָה
לְמֵימַר אַסְהָדָא אַסְהֵיד
בָּנָא גַּבְרָא לְמֵימַר לָא
תֶחֱזוּן אַפֵּי אֱלָהֵין כַּד
אֲחוּכוֹן עִמְּכוֹן׃ ד אִם
אִיתָךְ מְשַׁלַּח יָת אֲחוּנָא
עִמָּנָא נֵיחוֹת וְנִזְבַּן לָךְ
עֲבוּרָא׃ ה וְאִם לֵיתָךְ
מְשַׁלַּח לָא נֵיחוֹת אֲרֵי
גַבְרָא אֲמַר לָנָא לָא
תֶחֱזוּן אַפֵּי אֱלָהֵין כַּד
אֲחוּכוֹן עִמְּכוֹן׃ ו וַאֲמַר
יִשְׂרָאֵל לְמָא אַבְאֵישְׁתּוּן
לִי לְחַוָּאָה לְגַבְרָא הַאִית
לְכוֹן אַחָא׃ ז וַאֲמָרוּ
מִשְׁאַל שְׁאֵיל גַּבְרָא לָנָא
וּלְיַלְדוּתָנָא לְמֵימַר הַעַד
כְּעַן אֲבוּכוֹן קַיָּים הַאִית
לְכוֹן אַחָא וְחַוֵּינָא לֵיהּ
עַל מֵימַר פִּתְגָמַיָּא הָאִלֵּין

תו"א תנה אותו על. בסרח קמץ: וקראהו אסון כתובה ל:

ספורנו

אותי: (לז) את שני בני תמית. קלל עתה את שני בני שימותו אם לא אביאנו כענין קללת רב לשמואל כאמרו (שבת פרק ח׳ שרצים) יהא רעוא דלא לוקמו ליה בני וכן הוה ליה׃ (לח) לא ירד בני. היחיד לו מאותה האם שהיתה עקרת הבית: (ב) שובו שברו לנו. כי חשב שהיו מבקשים להוליך עמם את בנימין כדי לאבדו כיוסף כמו שאמר להם אותי שכלתם לא שהיה הדבר כאשר

37. And Reuben spoke to his father, saying, "You may put my two sons to death if I don't bring him (Benjamin) to you. Put him into my hand[s] and I will return him to you." 38. But he (Jacob) said, "My son shall not go down with you, because his brother is dead, and he alone is left, and if misfortune befalls him on the way you are going, you will bring down my gray head in sorrow to the grave."

43

1. But the hunger was severe in the land. 2. And it came to pass, when they finished eating the grain that they had brought from Egypt, that their father said to them, "Go back [and] buy us a little food." 3. But Judah spoke to him, saying, "The man warned us repeatedly, saying, 'You shall not see my face if your brother is not with you.' 4. If you send our brother with us, we will go down and buy food for you. 5. But if you do not send [him], we will not go down, because the man said to us, 'You shall not see my face if your brother is not with you.' " 6. And Israel said, "Why have you harmed me, by telling the man that you have another brother?" 7. They said, "The man asked about us and about our family, saying, 'Is your father still alive? Do you have a brother?' And we told him according to

disguise myself as my brother Esau, fearing that my father would curse me, my mother told me, 'Your curse is עָלַי,' (Gen. 27:13). This alludes to Esau (עֵשָׂו), Laban (לָבָן), Joseph (יוֹסֵף)." Accordingly, Jacob questions how it was possible that he would have trouble from Simeon and Benjamin when his mother had told him that all his troubles would be from Esau, Laban, and Joseph.

37. You may put my two sons to death—He bound himself with a

curse, that if he did not bring Benjamin back, his father would be justified in pronouncing a curse on two of his sons that they should die.—[*Targum Jonathan, Ramban, Sforno*]

Although he had four sons (Gen. 46:9), he pronounced the curse on only two of them, as if to say, "I will risk two of my sons for one of yours." Although Jacob did not accept Reuben's guarantee, he accepted Judah's "because Judah prevailed over his brothers" (I Chron. 5:2). Moreover, Reuben had already betrayed his father [in his sin involving Bilhah in Gen. 35:22], and thus Jacob did not trust him. Generally, Judah's counsel was sound—to wait until there was no food in the house, when his father would be ready to listen.—[*Ramban*]

According to *Ohr Hachayim*, Reuben did not wish to risk all his sons because through them he had fulfilled the commandment of procreation, and he did not wish to lose the reward for this commandment. Judah, however, risked his share in the world to come (Gen. 43:9). Therefore, Jacob accepted his proposal.

38. My son shall not go down with you—*He did not accept Reuben's offer. He said, "This firstborn is a fool. He offers to kill his sons. Are they his sons and not my sons?"*—[*Rashi* from *Gen. Rabbah* 91:9]

and he alone is left—of his mother.—[*Targum Jonathan ben Uzziel*]

Jacob wishes to justify himself for caring more about Benjamin, whom he would not risk even in travel, than he cared about Simeon, who was imprisoned in Egypt and might be put to death. He states that the loss of Benjamin would be greater than the loss of Simeon because Benjamin's brother is dead, and he is the last remaining child of his mother, unlike any other of his brothers.—[*Ohr Hachayim*]

on the way you are going—He hinted to them that Joseph disap-

peared on the road from Hebron to Shechem, which they were accustomed to traversing. The same may happen to Benjamin.—[*Ohr Hachayim*]

43

2. when they finished eating—*Judah had said to them, "Wait for the old man until there is no more bread left in the house."*—[*Rashi* from *Tanchuma Mikeitz* 8, *Gen. Rabbah* 91:6]

Since it was Judah who spoke up when the famine had become acute and Jacob ordered his sons to purchase food in Egypt, it was probably also Judah who had advised them to be silent and wait for this occasion.—[*Sefer Hazikkaron, Mizrachi*] Otherwise, why did Judah not offer to guarantee Benjamin's safety immediately after Jacob rejected Reuben's offer (42:37-38)? *Rashi* therefore explains that although it appears on the surface that Judah made this offer spontaneously, after seeing no alternative, he actually had planned the timing, originally suggesting that they wait until the food supply was exhausted before speaking again to their father.—[*Gur Aryeh*]

when they finished—[*Onkelos* renders:] כַּד שְׁצִיאוּ, when they stopped. *(The one who renders: כַּד סַפִּיקוּ is in error. "When the camels had finished drinking" (Gen. 24:22) is rendered: כַּד סַפִּיקוּ, which means "when they had drunk their fill," [for] that was the end of their drinking. This instance of "when they had finished eating," however, means "when the food was depleted," and*

דְכוּלְהוֹן: לז וַאֲמַר רְאוּבֵן לְאָבוּי לְמֵימַר יַת תְּרֵין בְּנַיי תִּקְטוֹל בְּשַׁמְתָּא אִין לָא אַיְתִינֵיהּ לְוָותָךְ הַב יָתֵיהּ עַל יְדַיי וַאֲנָא אֲתִיבִינֵיהּ לָךְ: לח וַאֲמַר לָא יֵיחוֹת בְּרִי עִמְּכוֹן אֲרֵי אָחוּי מִית וְהוּא בִּלְחוֹדוֹי אִשְׁתְּאַר מִן אִמֵּיהּ וִיאַרְעִינֵיהּ מוֹתָא בְּאָרְחָא דְתַהֲכוּן בָּהּ וְתַחֲתוּן יַת סֵיבָתִי בִּדְווֹי לְבֵי קְבוּרְתָּא: א וְכַפְנָא תַּקִּיף בְּאַרְעָא: ב וַהֲוָה כַּד פְּסָקוּ לְמֵיכוֹל יַת עִיבוּרָא דְאַיְיתִיוּ מִמִּצְרַיִם וַאֲמַר לְהוֹן אֲבוּהוֹן תּוּבוּ זַבִּינוּ לָנָא קְלִילוּ עִיבוּרָא: ג וַאֲמַר לֵיהּ יְהוּדָה לְמֵימַר מְסַהֲדָא אַסְהִיד בְּנָא גַבְרָא לְמֵימַר לָא תֵיחְמוּן סְבַר אַפַּי בְּדְלֵית אֲחוּכוֹן זְעֵירָא עִמְּכוֹן: ד אִין אִיתָךְ מְשַׁדֵּר יַת אָחוּנָא עִמָּנָא נֵיחוֹת וְנִזְבּוֹן לָךְ עִבוּרָא: ה וְאִין לֵיתָךְ מְשַׁדֵּר לָא נֵיחוֹת אֲרוּם גַבְרָא אָמַר לָנָא לָא תֵיחְמוּן סְבַר אַפַּיי בְּדְלֵית אֲחוּכוֹן עִמְּכוֹן: ו וַאֲמַר יִשְׂרָאֵל לְמָא אַבְאֵישְׁתּוּן לִי לְחַוָּואָה לְגַבְרָא הַעַד כְּדוּן אִית לְכוֹן אָחָא: ז וַאֲמָרוּ מִשְׁאַל שְׁאֵיל

בעל הטורים

תמית. ב' במס' דין ואידך ופותה תמית קנאה דורש אותו במדרש בעדת קרח דכתיב בהו קנאה ויקנאו למשה במחנה אלו דתן ואבירם בשביל שאמר את שני בני תמית נתקיים בשני בניו והם דתן ואבירם. את שני בגימטריא הם דתן ואבירם: נרדה. ג' במס' הכא ואידך נרדה ונגלה שם שפתם נרדה אחר פלשתים לילה. שאמר אם ישך תשלח נרדה מיד ונרדה ביום ובלילה למכר הדבר כמו התם נרדה לילה וגם רמז למה שדרשו שירדו להרוג ארץ מצרים כדכתיב נרדה ונבלה שם שפתם: על פי ג' במס' ע"פ הדברים ע"פ שנים עדים שהולרכנו להגיד לו ע"פ הדברים האלה כאלו היו עדים בדבר:

פי' יונתן

(לז) תקטול בשמת' דייק דאלו הי' מיתה ממש איך יאמר ראובן דבר שאינו בחק הטבע להמית בידים את בני בניו לכן מתרגם בשמת' שכן הי' מנהג ראשונים לענוש בנידוי כמפורש' כן בדרז"ל:

רש"י

שבלתם. כל מי שבניו אבודים קרוי שכול: (לח) לא ירד בני עמכם. לא קבל דבריו ם של ראובן אמר בכור שוטה הוא זה הוא אומר להמית בניו וכי בניו הם ולא בני (ב"ר): (ב) כאשר כלו לאכול. יהודה אמר להם ע המתינו לזקן עד שתכלה פת מן הבית (ב"ר): כאשר כלו. כד שציאו (והמתרגם כד ספיקו טועה כאשר כלו הגמלים לשתות מתורגם כד ספיקו כששתו די ספוקם הוא גמר שתייתם. אבל זה כאשר כלו לאכול כאשר תם האוכל הוא ומתרגמינן כד שציאו): העד העיד. לשון התראה שסתם התראה מתרה בו בפני עדים. וכן (דברים לא) העידותי בכם (שמות יט) רד העד בעם. לא תראו פני בלתי אחיכם אתכם. לא תראוני בלא אחיכם פ אתכם ואונקלוס תרגם אלהין כד אחוכון עמכון ייַשב הדבר על אופנו ולא דקדק לתרגם צ אחר לשון המקרא: (ז) לנו ולמולדתנו. למשפחותינו ומדרשו אפילו עניני עריסותינו ק גלה לנו: ונגד לו. שיש לנו ר אב ואח: על פי הדברים האלה. ע"פ שאלותיו אשר שאל הוזקקנו (כ"א עלי) (י"מ ל' עלה שמדברים ביהידות וזהו עלי)

שפתי חכמים

ס לא משום שמא יקראהו אסון בדרך לא רצה שילך בנימין עמהם כמו שמפורש בקרא דא"כ כשאמר יהודה אנכי אערבנו וגו' למה לא טען הפחד של וקראהו אסון א"ו טענת וקראהו אסון אינו אלא דחייה בעלמא שלא רצה לביישו מה שאינו מקבל דבריו ומה שלא קבל דברים של ראובן י"ל שירא שיקח אותו אדוני הארץ במאסר כמו שלקח את שמעון ואין מידו מציל אבל כשלקח אותו יהודה על ידיו נתן אותו לילך כי ידע יעקב כיון שיהודה מכפנים ימסור את עצמו עליו עד שיציל אותו מידו: ע דאל"כ למה ענה יהודה לבדו על שובו שברו שזה נאמר לכולם אלא כו': פ דא"ל דפי' כמו כל בלתי שבמקרא שפירושו אלא דא"כ ה"ל למכתב נמי בלתי כאשר אחיכם אתכם לכך נ"ל דבלתי דכאן פי' בלא (מהרש"ל) שלא תאמר שכך פירושו שלא תראוני בלתי אחיכם לבד יראני לכ"פ שאינו כן רק שלא תראוני בלתי אחיכם אתכם: צ ר"ל שתירגם האי בלתי אלא שמגיה מלת כד שהוא כמו כאשר היינו מפני שלא דקדק אחר לשון המקרא דדוחק הוא להגיה תיבה בפסוק: ק ר"ל אפילו הקטנים השוכבים בעריסה מדכתיב ולמולדתנו שפירושו העריסות שהילדים מונחים בהם: ר שע"פ הדברים האלה פירוש ע"פ שאלותיו וא"כ ונגד לו כך וכך לפי שאלותיו שאילו היה פירוש ונגד לו

רמב"ן

בר כרצונם תמיד ולא פי' כן שבו וסחרוה ויסהרו אותה: (לז) את שני בני תמית. קבל עליו באלה להביאו אל אביו כי אמר לו את שני בני תמית בהיות ענשך עלי אם לא אשיבנו אליך והוא כענין מה שאמר יהודה וחטאתי לך כל הימים ואמר את שני בני והם

אור החיים

לאמר את שני בני וגו'. טעם אומרו לאמר במקום זה נתכוין לומר כי לא הוציא מפיו דבר זה כפי' משום קללה הכס אלא אמר דיבור שהמובן ממנו הוא זה ולא הוציא מפיו כפי' מיתת בניו ואמרו את שני פי' שני מהנמצאים כי ד' היה לו ואמר תמית תעניש ומצינו עונש כזה כאומרם ז"ל כפ' ובאהרן התאנף וגו' וטעם שלא רצה ראובן לחייב עצמו אלא בב' לצד כי הוא עונש עליון שיהי' חסר מצות פרי' ורביה לזה לא שעבד אלא דבר שאינו מזיקו לעולם הבא לזה נתחכם יהודה כשראה שלא נתרצה אביו לדברי ראובן ואמר וחטאתי לאבי כל הימים סכן עצמו גם בעולם עליון: תנה אותו על ידי. אולי כי בטוח היה להיותו נקי ובר מעון יוסף כי לא יארע לו דבר בלתי הגון לזה דקדק לומר תנה אותו ע"י ואני אשיבנו משא"כ שאר אחים כי הם אשמים במכירת יוסף:

כי אחיו וגו' והוא לבדו. פי' בא לתת טעם איך הוא הם על ספיקו של בנימין מודאי של שמעון האסור במשמר מצרים בערבון וכשלא יביאו בנימין הנה הוא מחויב מות לז"א כי לזה יש להקפיד כי אחיו מת מה שלא אירע כן לאחד משאר אחים ועוד אין חסרונו כחסרון שמעון כי הוא לבדו נשאר יחיד לאמו משא"כ שמעון כי ה' אחים יש לו ועוד ספק זה ספק מוכרע הוא והוא אומרו וקרהו אסון ולא אמר אם יקראוהו אסון וגו' דקדק לומר בדרך אשר תלכו בה רמז כי יוסף אחיו הלך בדרך שהם רגילים ללכת בה בתמידו' מהברון לשכם ואעפ"כ טרוף טורף וכמו כן זה יש לחוש לו לאסון אפילו בדרך אשר אתם הולכים בו בתמידות בלא שום חשש:

באשר כלו. אולי שהכונה היא שלא נשאר אלא שיעור המספיק לזמן הליכתם וביאתם ויאמר גם על זה כלו כי צריכין להביא עוד או לפי מה שאמרו ז"ל כי יעקב הכין תבואה לשני רעב היו אוכלים במשך הליכתם והזרתם מהמזומן אצלו ולזה דקדק הכ' לומר כלו השבר אשר הביאו ממצרים לומר אותו השבר כלו ולא כל השבר שהיה להם:

ויאמר אליו יהודה לאמר. אומרו תיבת לאמר פי' שאמר אליו יהודה הצעת דברים לאמר אליו התשובה וההצעה היא העד העיד וגו' והאמירה הוא אם ישך וגו' ונתכוין הכתוב בזה לשלול תשובה באופן אחר הנשמעת מההצעה הנזכר והוא כי לצד שהעיד וגו' בהכרח שיקחו בנימין וילכו בין לרצון בין שלא לרצון לזה אמר לאמר פי' הודעה זו גזירתה היא מה שיאמר אח"כ. או ירצה עז"ה לאמר העד וגו' פי' אמר לו זה והעיד עלינו עדים בהתראתו. עוד ירצה לומר השיבני על טענה זו אם יש לך תשובה להשיב לאדוני הארץ עוד ירצה שיש עוד לומר טעם אחר מלבד זה והוא סכנת שמעון הנתון בבית כלא לערב הוכחת דבר כי לא מרגלים: לא תראו פני וגו'.

נתכוון

we render: שֶׁצִיאוּ כַּד)—[*Rashi*]

[*Rashi* discovered two variant readings of *Targum Onkelos* on the clause כַּאֲשֶׁר כִּלּוּ. One is literal: כַּד שֶׁצִיאוּ, "*when they stopped.*" The other is כַּד סְפִיקוּ, "*when they had enough.*" The latter matches the *Targum* on the identical clause in Gen. 24:22, in connection with Eliezer's camels, which Rebecca had watered. *Rashi,* however, differentiates between them, pointing out that in this verse, Jacob and his sons did not stop eating the grain because they were satisfied but because they had none left. Therefore, he concludes in favor of the former reading. The latter reading, however, does appear in the Sabioneta edition and in other early editions of *Targum Onkelos.*

The parenthetic material appears in all early editions of *Rashi.* The parentheses, however, indicate that it did not appear in all manuscripts.]

3. **warned us repeatedly**—Heb. הָעֵד הֵעִד, an expression of warning, *since a warning is usually given in the presence of witnesses* (עֵדִים). *Similarly, "I warned* (הַעִדֹתִי) *your forefathers"* (Jer. 11:7); *"Go down, warn* (הָעֵד) *the people"* (Exod. 19:21).—[*Rashi*]

'You shall not see my face if your brother is not with you.'— Heb. בִּלְתִּי, lit., *without. You shall not see me without your brother* [being] *with you. Onkelos, however, renders: except when your brother is with you. He explained the verse according to its context, but he was not precise in translating it in accordance with the language of the verse.*—[*Rashi*]

Divré David explains that the word בִּלְתִּי can have two meanings: "except" and "not." If we explain it as "except," we must add the word "if" or "when." If we explain it as "not," no addition is necessary. Since *Onkelos* interprets it as "except," he had to add the word כַּד, *when.* As *Rashi* interprets it, however, it fits the verse without any addition.

Malbim explains: Judah told Jacob that they would be unable to descend to Egypt without Benjamin for two reasons: 1) The man warned us repeatedly that if we appear without our youngest brother, we will be punished. 2) In addition to the punishment, we will not be granted an audience with him. Therefore,

5. **But if you do not send [him], we will not go down**—If it were only for the punishment, we would go down and accept our punishment, but, since we will be unable to see him, they will not sell us any food. So there is no use going down.

6. **And Israel said**—The name Israel is used here to allude to the Jewish people in all the generations of their exile. Namely if they are being judged by their gentile masters, they should not volunteer information but only respond to what they are asked. This was Jacob's criticism, that they had volunteered information that had not been asked for.— [*Ha'amek Davar*]

7. **The man asked about us**— Even if he had not asked us about our families, we would have told him, because, in addition to addressing us harshly and questioning us, he also

spoke to us in a friendly manner, "Is your father still alive?" Such a question demands an answer even if we were not being judged by a ruler. How were we to know that this ruler had "something up his sleeve"?—[*Ha'amek Davar*]

about us and about our family—Heb. וּלְמוֹלַדְתֵּנוּ, *about our lineage* (*Targum Jonathan*). *Midrashically,* [it is explained:] *Even the matters* (עִנְיְנֵי) *of our cradles he revealed to us.*—[*Rashi* from *Gen. Rabbah* 91:10]

Another version: Even the wood (עֵצִי) *of our cradles he revealed to us.* [The following unattributed insert to *Rashi* appears in many *Mikraoth Gedoloth*.] (*Some commentators explain* (עֵצִי) *as an expression of counsel* (עֵצָה) *which is spoken in seclusion, and that is the meaning of* עֵצִי.)

The commentators quoted in this unattributed insert are *Yefeh To'ar* and *Nezer Hakodesh* on *Gen. Rabbah* and *Devek Tov* on *Rashi*. According to them, עֵצִי עֲרִיסוֹתֵינוּ means: the counsels we discussed in our bedrooms. The relation to מוֹלַדְתֵּנוּ is that this is the place where children are begotten, namely in the conjugal bed.

Rashi on *Gen. Rabbah, Mizrachi,* and *Mattenoth Kehunnah* define "the wood of our cradles," as "the infants lying in our cradles" those born (הַנוֹלָדִים) beside the cradle. *Tosafoth Hashalem* quotes *Rabbenu Eliakim*'s interpretation: he told us what kind of wood our cradles, in which we lay as infants, were made of. Conse-

quently, we deduced that he knew everything, and it would be impossible for us to hide anything from him. Therefore, we revealed that we had a brother.

Another explanation: he asked others about us and about our families, and he even told us about the infants resting in our cradles. [I.e., he knew all about our families.] Therefore, we were compelled to admit that we had a brother.—[*Tos. Hashalem*]

And we told him—*that we have a father and a brother.*—[*Rashi*]

according to these words—*According to his questions that he asked, we were compelled to answer.*—[*Rashi*]

Jacob argued that they should have realized that the ruler meant only that they should bring their brother. They replied that he had asked also about their father. "We definitely knew that he did not intend for us to bring our elderly father to be his slave. We thought, therefore, that just as he did not expect us to bring our father, he also did not mean for us to bring our brother." Hence the expression "his questions," referring to the two questions that he asked.—[*Divré David*]

Ha'amek Davar explains: According to these endearing and friendly words, we answered all his questions.

Akeidath Yitzchak explains that Judah was at a loss to answer his father. He therefore fabricated the story that Joseph asked them whether their father was living and whether they had a brother.

הַדְּבָרִים הָאֵלֶּה הֲיָדוֹעַ נֵדַע כִּי
יֹאמַר הוֹרִידוּ אֶת־אֲחִיכֶם: ח וַיֹּאמֶר
יְהוּדָה אֶל־יִשְׂרָאֵל אָבִיו שִׁלְחָה
הַנַּעַר אִתִּי וְנָקוּמָה וְנֵלֵכָה וְנִחְיֶה
וְלֹא נָמוּת גַּם־אֲנַחְנוּ גַם־אַתָּה גַּם־
טַפֵּנוּ: ט אָנֹכִי אֶעֶרְבֶנּוּ מִיָּדִי תְּבַקְשֶׁנּוּ
אִם־לֹא הֲבִיאֹתִיו אֵלֶיךָ וְהִצַּגְתִּיו
לְפָנֶיךָ וְחָטָאתִי לְךָ כָּל־הַיָּמִים: י כִּי
לוּלֵא הִתְמַהְמָהְנוּ כִּי־עַתָּה שַׁבְנוּ
זֶה פַעֲמָיִם: יא וַיֹּאמֶר אֲלֵהֶם יִשְׂרָאֵל

אונקלוס

הֲמִידַע הֲוֵינָא יָדְעִין אֲרֵי
יֵימַר אַחִיתוּ יַת אֲחוּכוֹן:
ח וַאֲמַר יְהוּדָה לְיִשְׂרָאֵל
אֲבוּהִי שְׁלַח עוּלֵימָא עִמִּי
וּנְקוּם וְנֵיזִיל וּנְחֵי וְלָא
נְמוּת אַף אֲנַחְנָא אַף אַתְּ
אַף טַפְלָנָא: ט אֲנָא
מְעָרַבְנָא בֵּיהּ מִן יְדִי
תִּבְעֵינֵיהּ אִם לָא אַיְתֵינֵיהּ
לָךְ וַאֲקִימִינֵיהּ קֳדָמָךְ
וְאֶהֱי חָטֵי לָךְ כָּל יוֹמַיָּא:
י אֲרֵי אִלּוּלָא פוֹן בְּדָא
אִתְעַכַּבְנָא אֲרֵי כְעַן
תַּבְנָא דְנַן תַּרְתֵּין זִמְנִין:
יא וַאֲמַר לְהוֹן יִשְׂרָאֵל

תו"א אנכי אערבנו בתרא קעג: אם לא מכות יא.

שפתי חכמים

ע"פ הדברים האלה שאלה היש לכם אח וכו' ונגד לו את הדברים האלה מבע"ל: ש דמדאמר ולא נמות פשיטא דנחיה וצ"ל למכתב ונחיה אלא וכו': ת דקשה לו מה מהדר ליה ולא נמות דהא משום

רש"י

להגיד: כי יאמר. אשר יאמר כי משמש בל' אם ואם משמש בל' אשר ה"ז שימוש אחד מד' לשונות שמשמש כי והוא אי שהרי כי זה כמו אם כמו עד אם דברתי דברי:

(ח) ונחיה נגלה בו רוה"ק ש ע"י הליכה זו תחי רוחך שנאמר ותחי רוח יעקב אביהם: ולא נמות. ברעב (ב"ר) בנימין ספק יתפש ספק לא יתפש ואנו כלנו מתים ת ברעב אם לא נלך מוטב שתניח את הספק ותתפוש את הודאי: (ט) והצגתיו לפניך. שלא אביאנו אליך מת כי אם חי: וחטאתי לך כל הימים. לעוה"ב: (י) לולא התמהמהנו.

כלי יקר

ונחיה ולא נמות. בכ"מ שנ' כפל כזה נדרש על העה"ב כמו שפירש"י ס' וזאת הברכ' יחי ראובן בעה"ז ואל ימות לעה"ב וכמבואר למעל' פרשת נח על פסוק לא אמות כי אחי' על כן צריך כפל זה ביאור גם כאן. והקרוב אלי לומר בזה כי אמר זה כלפי יעקב אביו וכלפי עצמו. לפי שיעקב נתבשר שאם לא ימות אחד מבניו בחייו לא יראה פני גיהנם ועל ידי שליחת בנימין נתגל' שיוסף חי ואז יחיה יעקב בעה"ז כמ"ש ותחי רוח יעקב אביהם ולא ימות גם לעה"ב כמ"ש אמות' הפעם פעם אחת ולא שתים. ורוח ה' דבר ביהוד' מה שאמר ונחיה בעה"ז ולא נמות לעה"ב גם אתה מן הטעם שנתבאר. אמנם גם אנחנו הית' הכוונ' על עצמו כי הוא קבל עליו אם לא הביאותיו אליך וחטאתי לאבי כל הימים דהיינו לעה"ב ע"כ אמר שיהיה בטוח שיביאנו וזה"ש שלחה הנער אתי ונקומ' ונלכה ונחיה בע"הז בזלעפות רעב כי לא יזיק לנו שנת הרעב ולא נמות לעה"ב מצד הנדוי שקבל עליו כי אמר בטוח אני שאביאנו אליך ומ"ש אנחנו וכלל כל האחים עמו לפי שאם הי' יוסף מת והיה יעקב רואה פני גיהנם אז כל האחים שהביאו את יעקב לידי מיד' זו לא היו בטוחים להנצל מראיית פני הגיהנם כי הגורם המכשול דין הוא שיכשל בו גם הוא. ומ"ש גם טפינו לפי שנאמר מונע בר יקבוהו לאום ודרשו רז"ל אפילו עוברין שבמעי אמם מקללין אותן כי אין לאום אלא עוברים שנא' ולאום מלאום יאמץ אף על פי שדרשו מונע בר על המונע הלכה מפי תלמיד מ"מ אין המקרא יוצא מידי פשוטו ומדבר בבר ממש כי המונע התבוא' אז הנשים רעבות וזה מזיק גם לעוברים שבמעיהם וכל שכן לטפם כי יאמרו לאמותם איה דגן ויין. ע"כ אמר יהוד' גם טפינו יחיו בעה"ז ולא ימותו לעה"ב כ"א על ידך ימנע מהם בר אזי יקללוך ויהיו בני מות לעה"ב כדין המקלל אביו כי בני בנים הרי הם כבנים ואע"פ שקטנים המה ואינן בני עונשים מ"מ צריך העון מירוק קצת להסיר פגם הנפש וחלודתה. ובדרך פשוטו אמר גם אנחנו כי חיי האדם קודמים לחיי אביו וחיי אביו קודמים לחיי הטף על כן סדרם על זה האופן גם אנחנו גם אתה גם טפינו:

אור החיים

נתכוון בזה לשלול טענה כי יאמר יעקב שיעשה הוכחות וראיות המספיקים לפני מלכים ויועצי ארץ להכיר כי אינם בגדר ספק מרגלים ובזה תמה טענת האיש החושד בהם לזה אמר העיד בנו לאמר לא תראו פני' שאינו מתרצה לראות פנינו זולת בביאת בנימין ומעתה אינם יכולים לעמוד לפניו בשום אופן ואיך ילכו לקנות התבואה ממנו ואולי כי לזה כפל יהודה דבר זה ב"פ כי תנאי זה של בנימין מעכב הגם שיוסר חשד המרגלות:

ונחיה ולא נמות. פי' נחי' חיים בלא צער ואומרו ולא נמות פי' ולפחות לא נמות הגם שיחיו חיי צער או ירצה באומרו ולא נמות לדייק בא אבל אם לא ילכו לא תאמר שיחסר להם חיות המספיק לבד אלא אפי' חיי צער לא יחיו אלא הם מעותדים למות. או ירצה שאם לא ילכו עתידים למות בעולם העליון כי יאמר ה' להם למה לא טרחו לחיי נפשם: גם אנחנו. אומרו גם פי' מלבד בנימין שאתה ירא עליו בהליכה זו יחיה וגם המה וזולת זה הנה הוא והם מתים ודאי ואינו מן הראוי שימותו כולן וגם בנימין משום ספק בנימין לו יהיה שספק סכנת בנימין מוכרע כאמור בטענת יעקב כמו שפרשתי בפסוק כי אחיו מת וגו' גם אתה אחרו הזכרת חיות אביהם לחיותם אפשר שנתכוונו לדבר כפי הדין שחיי אדם קודמין אפילו לחיי אביו. או אפשר שנתכוונו לדבר בדרך לא זו אף זו והוא העליון. או יאמר עז"ה לא הם לבד בהליכתם יחיו אלא גם אתה צריך לדבר כי אין לחם בכל הארץ זולת במצרים והוא מסוכן אם לא ילכו וגו' גם טפינו באחרונה כי בניו של אדם חביבין עליו מגופו ולך ולמד מדוד שאמר על אבשלום הגם שהי' רודף אביו מי יתן מותי וגו': אנכי אערבנו וגו' וחטאתי וגו' כל הימים. טעם אומרו כל הימים רז"ל אמרו עוה"ב שכולו ימים ובפ' הגוזלין אמר

these words. Could we have known that he would say, 'Bring your brother down'?" 8. And Judah said to Israel, his father, "Send the lad with me, and we will get up and go, and we will live and not die, both we and you and also our young children. 9. I will guarantee him; from my hand you can demand him. If I do not bring him to you and stand him up before you, I will have sinned against you forever. 10. For had we not tarried, by now we would have already returned twice." 11. So Israel,

that he would say—Heb. כִּי יֹאמַר. [This is equivalent to] אֲשֶׁר יֹאמַר, *that he would say.* כִּי *is used as an expression for* אִם, *and* אִם *is used as an expression for* אֲשֶׁר, *that. Hence, this is one of its four usages, for this* [כִּי] *is like* אִם, *as "until (עַד אִם) I have spoken my words" (24:33).—*[*Rashi after targumim*]

Rashi alludes to the popular Talmudic maxim: כִּי *has four meanings: if, but, perhaps, and because.*—[*R.H.* 3a] [*Rashi* quotes this on Gen. 18:15. Wherever the usage is unclear, *Rashi* explains how the word fits into one of these four definitions. All of *Rashi*'s observations in this field are discussed at length in *Munahei Rashi*, pp. 52f.]

8. **and we will live**—*The Holy Spirit flickered within him. Through this trip, your spirit will be revived, as it is said: "and the spirit of their father Jacob was revived" (Gen. 45:27).*—[*Rashi* from *Chemath Hachemdah*, quoted by *Torah Shelemah*]

Since the verse continues "and not die," the words "and we will live" are superfluous. Therefore, the Sages deduce that it denotes the revival of Jacob's spirit.—[*Sifthei Chachamim*]

The Pentateuch with Rashi Hashalem explains that if Judah had meant merely that they would not die of hunger, the negative clause, "and not die," would have sufficed. The positive clause, "and we will live," denotes additional life, namely the revival of Jacob's spirit. The Rabbis allude to the revival of Jacob's spirit in the wake of his discovery that Joseph was still alive.

and not die—*of hunger. As for Benjamin, we are not sure whether he will be seized or he will not be seized, but all of us will* [certainly] *die of hunger if we do not go. It would be better to leave the doubtful situation and seize the* [situation that is] *certain.*—[*Rashi* from *Tanchuma Mikeitz* 8]

Ohr Hachayim offers several interpretations for the double expression. 1) Judah is saying: We will live comfortably, and at least we will not die even if we are compelled to live a life of deprivation. 2) Judah said this to imply: If we do not go to Egypt, not only will we not have enough to live on a subsistence level, but we will actually die of starvation. 3) Judah is stating that if we do not go down to Egypt, we will surely die in the upper world, because God will punish us there for not caring for our own lives.

9. and stand him up before you—*That I will not bring him to you dead, but alive.*—[*Rashi*]

I will have sinned against you forever—*For the world to come.*—[*Rashi* from *Gen. Rabbah* 91:10]

10. had we not tarried—*because of you, we would have* [already] *returned with Simeon, and you would not have suffered all these days.*—[*Rashi*]

11. then—Heb. אֵפוֹא. *This is a redundant word, used for stylistic purposes in the Hebrew. If* [it is] *so,* [that] *I will be compelled to do* [this]—*that I will* [have to] *send him with you*—*I will have to search and seek where* [is the place that we can say,] *"Here is* (אַיֵּה פֹה) *a solution as well as advice to give you, and* [therefore] *I say, 'Do this.'"*—[*Rashi*]

See *Rashi* on Gen. 27:33, where it appears that there are two different interpretations of אֵפוֹא. The first one explains that this word is used merely for stylistic purposes, and the second argues that it is derived from אַיֵּה פֹה. Here *Rashi* combines them. *The Pentateuch with Rashi Hashalem* asserts that *Rashi* means that wherever אֵפוֹא is spelled with an "aleph," it is a redundant word, signifying that the verse can be understood without it. Its origin is אַיֵּה פֹה, *where here*, and the verse is to be understood according to its context.

some of the choice products of the land—Heb. מִזִּמְרַת הָאָרֶץ lit., from the song of the land. *Targumim render:* מִדְּמְשַׁבַּח בְּאַרְעָא, "*from what is praised in the land,*" about which everyone sings, [rejoicing] *that it came into the world.*—[*Rashi*]

wax—Heb. נְכֹאת, *wax.*—[*Rashi* from *Gen. Rabbah* 91:11, *Targum Onkelos*] Cf. *Rashi* above on 37:25.

pistachios—Heb. בָּטְנִים. *I do not know what they are. In the alphabetized dictionary of Rabbi Machir, I saw* [that they are] *pistachios, but I believe that they are* אֲפַרְסְקִים (mentioned in the Mishnah, *Kilayim* 1:4, and the Talmud, *Shabbath* 45a).—[*Rashi*] This interpretation of *Rashi* follows *The Pentateuch with Rashi Hashalem*.

The usual meaning of אֲפַרְסְקִים is "peaches." Therefore, many commentators believe that *Rashi* differs with *Rabbi Machir*. *Yosef Hallel* questions this text of *Rashi*, in which *Rashi* first states that he does not know what they are, and then says that he believes they are אֲפַרְסְקִים. *Yosef Hallel* therefore prefers the text of the Reggio edition, which reads: *pistachios and those similar to them, such as peaches* [whose pits resemble pistachios]. Both the *targumim* and the *Midrash Rabbah* explain that Jacob ordered them to take the oil of the בָּטְנִים. *Maskil l'David* sees this as proof of *Rabbi Machir's* contention, that they were nuts, from which oil is extracted, and were not peaches. *Ibn Ezra* also writes that some commentators assert that בָּטְנִים are a kind of nut.

גַּבְרָא לָנָא וּלְיִחוּסָנָא לְמֵימַר הַעַד כְּדוּן אֲבוּכוֹן קַיָּים הַאִית לְכוֹן אָחָא וּתְנֵינָא לֵיהּ עַל מֵימַר פִּתְגָּמַיָּא הָאִלֵּין הֲמִידַע הֲוֵינָא יָדְעִין דְּיֵימַר אַחִיתוּ יַת אֲחוּכוֹן: ח וַאֲמַר יְהוּדָה לְיִשְׂרָאֵל אֲבוּי שְׁדַר טַלְיָא עִמִּי וְנֵיקוּם וְנֵיזֵיל וְנֵיחֵי וְלָא נְמוּת אוּף אֲנַן אוּף אַנְתְּ אוּף טַפְלָנָא: ט אֲנָא מְעָרְבְנָא בֵּיהּ מִן יְדֵי תִּבְעִינֵיהּ אִין לָא אַיְתִינֵיהּ לְוָתָךְ וְאַקְימִינֵיהּ לְקָמָךְ וְנִתְחַיֵּיב קֳדָמָךְ כָּל יוֹמַיָּא: ט נֶהֱוֵי מְרַחִיק מִן מִשְׁאַל בִּשְׁלָמָא דְאַבָּא כָּל יוֹמַיָּא: י אֲרוּם אִילוּלֵי פוֹן שְׁהִינָא אֲרוּם כְּדוּן תַּבְנָא דְּנַן תַּרְתֵּין זִמְנִין: יא וַאֲמַר לְהוֹם יִשְׂרָאֵל אֲבוּהוֹם אִין כְּדוּן הוּא דָא עִיבִידוּ סְבוּ מִמַּה דִּמְשַׁבַּח בְּאַרְעָא וְהָבוּ בְּמָנֵיכוֹן וְאַחִיתוּ לְגַבְרָא דוֹרוֹנָא קְלִיל שְׁרַף קְטַף

בעל הטורים

לך כל הימים. בגימ' העולם הזה ולבא: כי עתה שבנו זה. ס"ת

יונתן

(ח) טליא פירוש נער: (יא) כל קליל בלשונו הוא ארגוס של קטן ומעט וכן

אבן עזרא

לא היה יעקב מחריש: (ח) גם אנחנו. דרך לשון הקדש

רמב"ן

היו ארבעה לאמר תחת האחד מבניך יהיה הכפל בבני. והנה יעקב לא בטח בראובן כאשר בטח ביהודה כיהודה גבר באחיו ועוד כי ראובן כבר פשע [צ"ל באביו] באחיו ולא יבטח בו והכלל כי היתה עצת יהודה טובה להגיעו לזקן עד שיכלה פת מן הבית

אור החיים

אמר רב יהודה נידוי על תנאי צריך התרה מנלן מיהודה דכתיב אם לא הביאותיו וגו' ואמר רבי שמואל בר נחמני אמר ר"י מ"ד יחי ראובן וגו' כל אותם מ' שנה שהיו ישראל במדבר היו עצמותיו של יהודה מתגלגלין עד שעמד משה וכו' ע"כ וא"ת דלמא עונשו של יהודה היה שלא כפל התנאי כתנאי בני גד וכו' שהמעשה קיים עכ"פ לזה ראיתי להגאון רא"ם שתירץ כי בדבר זה לא היה טועה יהודה וגם אביו אלא נידוי שעל תנאי שצריך התרה אפשר שיטעה יהודה וגם אביו לפי שלא נודע דין זה אלא ממקרה שקרה ליהודה וכו' מש"כ כפל התנאי שמבואר בתורה ודבריו כפלאו תמני ממ"נ אם לא היתה התורה כתבה ידועה לאבות א"כ מנין היו יודעים כי בני גד ובני ראובן שאלו עבר הירדן והתנה משה עמהם תנאי כפול ואם היו יודעים כל ההלכות הנשמעים מתורת משה למה תגרע הלכה זו שלא ידעו אותה ותמלא שאמרו במסכת סנהדרין שכל ההלכות נאמרו בסיני אלא שנשנית כל אחת במקומה כמו גיד הנשה שהגם שנאמרה בפ' וילא בענין יעקב בסיני נצטוו עליו אלא שנכתבה במקומה וכמו כן כל ההלכות וא"כ דין זה הנלמד מיהודה כמו כן נאמר בסיני ומעתה אין הפרש בין להיותם ההלכות נלמדים בסדר זה או בסדר זה ולכשנאמר שיעקב ידע הכל כמו שידע זה ידע זה ועוד גדולה מזו אני רואה כי דין זה דתנאי כפול במחלוקת שנו ליה כי ר' חנינא בן גמליאל סובר שאין צריך לכפול התנאי וטעם בני גד ובני ראובן לטעמים האמורים שם בגמ' מה שאין כן דין נידוי על תנאי הלכ' מוסכמ' היא ואין חולק עלי' ואם כן אדרבא יותר יש לתלות עונשו של יהודה לצד שלא כפל התנאי להיותו סובר כדעת רבי חנינא בן גמליאל וכמו כן סובר יעקב ולצד שאין הלכה כן היו עצמותיו מתגלגלים בארון ממה שנאמר כי נידוי על תנאי צריך התרה הלכה פשוטה וטעו בה יעקב ובניו והנכון הוא כי כוונת דברי רב יהודה שאמר נידוי על תנאי צריך התרה הוא עז"ה אם נידה על תנאי ולא כפל לומר ואם לא לא אהיה בנידוי זו הוא שצריך התרה אבל אם כפל ושלל אינו צריך התרה וכיוצא בה נ"כ אמר שם בש"ס אמר ר' אבהו קללת הכם אפילו על תנאי היא באה מנלן מעלי וכו' וא"ת מה צריך להשמיענו רב יהודה בזה משנה ערוכה היא כל תנאי שאינו כתנאי וכו' המעשה קיים זה אינו כי בנדרים ושבועות העיקר היא הלב כמאמר רע"ק שדרש האדם בשבועה שצריך לבו ופיו שוים וזולת זה אינו שבועה וה"ה נדרים ונדויי' ומעתה יאמר אדם כי בנידוי הגם שלא התנה תנאי כפול כיון שבלבו לא גמר לנדות אלא אם יהיה כן למה יתחייב בדבר שלא היה כן בלבו והתורה אמרה האדם בשבועה לזה הודיע רב יהודה שאם לא כפל הגם שעשאו נדוי על תנאי צריך התרה ואין הוכחה לדין זה אלא מיהודה וטעם דין זה כטעם דין קללת חכם האמור בסמוך ואין לנו אלא מה שגילה לנו הכתוב במעשה יהודה ובמעשה עלי גם מעשה יעקב שקלל עם אשר וגו' לא יחיה וכולן לא היה סתירת הדבר בכפל התנאי. ומ"ש הרא"ם כי נאמר הכפל ולא נכתב כבר דחינו הדברים ואין צורך להוסיף לדחותם שוב ראיתי להתו' שכתבו בפי' דברי רב יהודה שטעם נידוי יהודה שחל הגם שהוא על תנאי הוא לצד שלא היה בידו לקיימו ולכך חל גם על התנאי וכו' אבל שאר תנאים שבידו לקיימן כגון שמנדין את האדם שלא יעשה דבר ודאי לא חל הנידוי כלל עד כאן. והנה לדברי התוס' הגם שכפל המנדה התנאי אעפ"כ הל עליו לצד שאין בידו לקיימו וזה הפך מה שכתבנו ולא ידעתי מה יפרשו במימרת רבי אבהו הסמוכה לה שאמר קללת חכם אפילו על תנאי ומוכיח מעלי שאמר לשמואל כה יעשה וגו' אם תכחד והדבר היה בידו לומר לו תכף ומיד ובידו של שמואל לומר לו ויש ליישב ואל תקשה והלא דברי רב יהודה סתם נאמרו נידוי על תנאי ולא חלק בדבר שיכול לעשות לדבר וכו' כי סמך על ההוכח' דון ממנה כמוה וכמליאותה גם למה שפי' שכוונת רב יהודה הוא על הכפל לא חש עליך רב יהודה לטעות כי סמך על המלמד דעת ממנו ובו לא היה כפל. גם הצלתי בדברי התוס' וראיתי כי סוברים כנ"ל שמנדה על דבר שהוא בידו לעשותו הגם שלא התנה תנאי כפול אין צריך התרה ואם כן אם לא היה מטעם שחל הנידוי על יהודה שאין בידו לקיימו הגם שלא כפל התנאי אין המעשה קיים ואין צריך תנאי כפול ודלא כדברי הרא"ס נמצינו אומרים שני טעמים בדין המנדה על תנאי האחד לצד שלא כפל הוא שצריך התרה ומדין תנאי כפול והב' לצד שנידה על דבר שאינו ברשותו והוא דעת התוס' ונשאר לנו לדעת למה לא התיר יהודה נידויו וראיתי להראב"ד ז"ל בהשגותיו על רמב"ם בפ"ח מהלכות ת"ת השיג על מה שכתב הרמב"ם שם ת"ח שנידה לעצמו ואפילו נידה ע"ד חברו ואפילו ע"ד שחייב עליו נידוי ה"ז מתיר לעצמו ע"כ השיגו כי למה לא

אבי עזר

ואמרו שריבוי כספיהם קאי על צרורות. ובמקומותם תמלאם: (לו) [לא היה יעקב מחריש]. אם ראובן דבר נכונה. לא היה יעקב גוער בו לאמר לא ירד בני עמכם. ומחריש בינוני פועל מבנין הפעיל. כי מלינו שורש חדש יוצא. כמו בדיך מתים יחרישו לדעת רד"ק במכלול. ועיין בדברי הרב בתיבת ויפשיטו כתב הרב הערימו אותו. ומה גם כי לא מלינו יוצא מגת ערם. ואם איננה כן לא ידעתי פירושו. כי המפרשים אין אחד מהם גולה את אזני: (ח) [דרך לשון הקודש להוסיף גם] ולדעתי הוא על דרך כמוך כפרעה

ספורנו

כאשר ספרו: (ח) ונחיה. במזון: ולא נמות. על יד האיש אדוני הארץ שאמר לנו ויאמנו דבריכם ולא תמותו: (י) כי לולא התמהמהנו. והטעם שקבלתי עלי חטא עולם אם לא הביאותיו הוא מפני שדבר ברור אצלי שלול' התמהמהנו מאז שספרנו אליך דברי האיש או מאז שכלה השבר: כי עתה שבנו זה פעמים. שלא

אֲבִיהֶם אִם־כֵּן ׀ אֵפוֹא זֹאת עֲשׂוּ קְחוּ
מִזִּמְרַת הָאָרֶץ בִּכְלֵיכֶם וְהוֹרִידוּ
לָאִישׁ מִנְחָה מְעַט צֳרִי וּמְעַט דְּבַשׁ
נְכֹאת וָלֹט בָּטְנִים וּשְׁקֵדִים׃ יב וְכֶסֶף
מִשְׁנֶה קְחוּ בְיֶדְכֶם וְאֶת־הַכֶּסֶף
הַמּוּשָׁב בְּפִי אַמְתְּחֹתֵיכֶם תָּשִׁיבוּ
בְיֶדְכֶם אוּלַי מִשְׁגֶּה הוּא׃ יג וְאֶת־
אֲחִיכֶם קָחוּ וְקוּמוּ שׁוּבוּ אֶל־הָאִישׁ׃
יד וְאֵל שַׁדַּי יִתֵּן לָכֶם רַחֲמִים לִפְנֵי
הָאִישׁ וְשִׁלַּח לָכֶם אֶת־אֲחִיכֶם אַחֵר
וְאֶת־בִּנְיָמִין וַאֲנִי כַּאֲשֶׁר שָׁכֹלְתִּי
שָׁכָלְתִּי׃ טו וַיִּקְחוּ הָאֲנָשִׁים אֶת־
הַמִּנְחָה הַזֹּאת וּמִשְׁנֶה־כֶּסֶף לָקְחוּ
בְיָדָם וְאֶת־בִּנְיָמִן וַיָּקֻמוּ וַיֵּרְדוּ
מִצְרַיִם וַיַּעַמְדוּ לִפְנֵי יוֹסֵף׃ ששי
טז וַיַּרְא יוֹסֵף אִתָּם אֶת־בִּנְיָמִין
וַיֹּאמֶר לַאֲשֶׁר עַל־בֵּיתוֹ הָבֵא אֶת־
הָאֲנָשִׁים הַבָּיְתָה וּטְבֹחַ טֶבַח וְהָכֵן
כִּי אִתִּי יֹאכְלוּ הָאֲנָשִׁים בַּצָּהֳרָיִם׃

תו"א אם כן אפוא בתרא טו : וטבח טבח חולין פב :

אֲבוּהוֹן אִם כֵּן הוּא דָא
עֲבִידוּ סַבוּ מִדִּמְשַׁבַּח
בְּאַרְעָא בְּמָנֵיכוֹן וְאַחִיתוּ
לְגַבְרָא תִּקְרוּבְתָּא זְעֵיר
קְטַף וּזְעֵיר דְּבַשׁ שְׁעַף
וּלְטוֹם בּוּטְנִין וְשִׁגְדִּין:
יב וְכַסְפָּא עַל חַד תְּרֵין
סַבוּ בִּידְכוֹן וְיָת כַּסְפָּא
דְּאִתּוֹתַב בְּפוּם טוֹעֲנֵיכוֹן
תְּתִיבוּ בִּידְכוֹן דִּלְמָא שָׁלוּ
הֲוָת: יג וְיָת אֲחוּכוֹן
דְּבָרוּ וְקוּמוּ תּוּבוּ לְוָת
גַּבְרָא: יד וְאֵל שַׁדַּי יִתֵּן
לְכוֹן רַחֲמִין קֳדָם גַּבְרָא
וְיִפְטַר לְכוֹן יָת אֲחוּכוֹן
אוֹחֲרָנָא וְיָת בִּנְיָמִין וַאֲנָא
כְּמָא דִי אִתְכּוּלִית
תְּכוּלִית: טו וּנְסִיבוּ
גּוּבְרַיָּא יָת תִּקְרוּבְתָּא
הָדָא וְעַל חַד תְּרֵין
כַּסְפָּא נְסִיבוּ בִידֵיהוֹן
וְדַבָּרוּ יָת בִּנְיָמִן וְקָמוּ
וּנְחָתוּ לְמִצְרַיִם וְקָמוּ
קֳדָם יוֹסֵף: טז וַחֲזָא
יוֹסֵף עִמְּהוֹן יָת בִּנְיָמִין
וַאֲמַר לְדִי מְמַנָּא עַל
בֵּיתֵיהּ אָעֵיל יָת גּוּבְרַיָּא
לְבֵיתָא וְכוֹס נִכְסְתָא
וְאַתְקֵין אֲרֵי עִמִּי יֵיכְלוּן

רשב"ם

(יב) וכסף משנה. לקנות: אולי משגה הוא לסימן נתנוהו על פי האמתחות להכיר כל אחד איזה אמתחת שלו לפי חשבון הכסף ושכחוהו לחזור ולקחתו: (יד) כאשר שכלתי שכלתי. כמו וכאשר אבדתי אבדתי. כלומר על הספק אני שולחו כה שיארע יארע:

אור החיים

התיר יהודה לעצמו ועכ"ז קשה לי יעקב למה לא התירו ע"כ וראיתי להרשב"א שכתב כי מה שיכול הכס להתיר נידויו דוקא בדלא מחויב נידוי כההיא דמר זוטרא וכו' ולדרכו של רשב"א לא קשה אלא קושית יעקב למה לא התירו אבל יהודה אינו יכול אבל עכ"פ קשה היה לו ליהודה לקבץ ג' הדיוטות ולהתיר לו ואין בזה דין ע"ד חבירו שצריך מדעתו שהרי נסתלק חיובו שעבד עצמו להביאו לפניו ועוד היה לו להודיעו ופשיטא כי לא יחפוץ לצער את יהודה בנו ללא דבר והדברים פשוטים אללי כי עכ"פ אין קושיא על יעקב כי לכשנאמר שידע הדין שצריך התרה סמך כי יהודה יתיר ע"י אחרים אחיו וכיוצא בהם ואין קושיא על יעקב זולת על יהודה יש לנו לפקה לדעת טעמו . והנה לפי מה שהעליתי בפי' דברי רב יהודה שטעם ההתרה היא שלא כפל התנאי כפ"ז טעמו של יהודה הוא שהיה סובר כרחב"ג שאינו צריך כפל התנאי ובזה טעה אלא תקשה ולמה לא הוכיחו לרחב"ג מיהודה שנענש כי דברי רב יהודה למה שהעמדנו' בדין כפל התנאי הם דלא כרחב"ג ולסבר' התוס' שפירשו דברי ר"י כי טעם שצרי' התרת הנידוי הוא לצד שעשאו על דבר שאינו ברשותו בההכרה לומר שנעלם מעיני יהודה דין זה ויעקב הגם שנאמר שידעו תלה כי יהודה יתיר מעצמו :
שלום

their father, said to them, "If so, then do this: take some of the choice products of the land in your vessels, a little balm and a little honey, wax and lotus, pistachios and almonds. 12. And take double the money in your hand[s], and the money that was returned in the mouth of your sacks you shall return in your hand[s], perhaps it was an error. 13. And take your brother, and get up, go back to the man. 14. And may the Almighty God grant you compassion before the man, and he will release to you your other brother and Benjamin, and as for me—as I am bereaved, I am bereaved." 15. So the men took this gift, and they took double the money in their hand[s] and Benjamin, and they got up and went down to Egypt and stood before Joseph. 16. [When] Joseph saw Benjamin with them, he said to the overseer of his house, "Bring the men into the house and [give orders] to slaughter an animal and to prepare, for the men will eat with me at lunch."

12. And...double the money—*Twice as much as the first.*—[Rashi] *Ibn Ezra* renders: the second money.

take...in your hand[s]—*to purchase food, perhaps the price has risen.*—[Rashi]

perhaps it was an error—*Perhaps the one appointed over the house inadvertently forgot it.*—[Rashi]

Lest we think that Jacob meant that perhaps his sons had inadvertently forgotten to pay, *Rashi* clarifies the matter by stating that it could have been the official's error in forgetting the money. Had the brothers forgotten to pay, the official would surely have reminded them.—[*Mizrachi, Gur Aryeh*] Moreover, it is more likely that only one person had erred, rather than ten. Also, if Jacob's sons had not paid, it would

surely have been an error, because they would not have intentionally failed to pay. If it had been the official's error, however, it may have been intentional, as indeed it was.—[*Nachalath Ya'akov, Be'er Basadeh*]

The servants deposited the money as a sign in the openings of the sacks, so that each brother would recognize his sack according to the amount of money left in it. The brothers then forgot to return and take it.—[*Rashbam*] [As is related below 46:8-27, the sizes of the households differed. Therefore, the sums of money brought to purchase food also differed. Apparently, the servants were ordered to see that each customer received his own purchase.]

14. And may the Almighty God—*From now on, you lack nothing but prayer. Behold I am* *praying for you.*—[*Rashi* from *Gen. Rabbah* 91:11]

the Almighty God—Heb. שַׁדַּי אֵל, *Whose grant of mercy is sufficient* (שֶׁדַּי)*, and Who has sufficient power to grant, May He grant you compassion. This is its simple meaning* (*Zohar*, vol. 2, p. 257a)*. Its midrashic interpretation, however, is: May He Who said to His world,* "*Enough!*" (דִּי שֶׁאָמַר) *say to my troubles,* "*Enough!*" *for I have not enjoyed tranquility since my youth.* [I endured] *the trouble of Laban* (who tricked me and pursued me with the desire of killing me)*, the trouble of Esau* (who wanted to kill me)*, the trouble of Rachel* (who died in childbirth)*, the trouble of Dinah* (who was violated and kidnapped by Shechem)*, the trouble of Joseph* (who disappeared)*, the trouble of Simeon* (who is being detained by the ruler of Egypt)*, and the trouble of Benjamin* (whom he demands that I send to him) (*Tanchuma Mikeitz* 10).—[*Rashi*]

and he will release to you—Heb. וְשִׁלַּח. *He will release to you, as the Targum renders,* [meaning that] *he will release him from his bonds, an expression similar to "he shall let him out to freedom* (יִשְׁלְחֶנּוּ לַחָפְשִׁי)*"* (Exod. 21:26)*. It is, however, inappropriate to translate it as an expression of sending away because they were going there to him.*—[*Rashi*]

your...brother—*This is Simeon.* —[*Rashi*]

other—*The Holy Spirit* [of prophecy] *was cast into him to include Joseph.*—[*Rashi* from *Avoth d'Rabbi Nathan*, second version, ch. 43]

This source lists Jacob among those who prophesied without knowing that they were prophesying.

Ramban comments that the simple meaning is that Jacob was displeased with Simeon because of the incident of Shechem. Therefore, he did not refer to him by name, but called him "your other brother." *Ramban* quotes *Gen. Rabbah* (92:3), which states: **your...brother**—this is Joseph. **Other**—this is Simeon. He explains that Jacob prayed without mentioning the names of his sons, for perhaps Joseph was still living, and God would return Joseph to them.

and as for me—*until you return, I will possibly be bereaved.*—[*Rashi*]

Jacob had not completely despaired of seeing his sons again, as is evidenced by his prayer for their return. Therefore, *Rashi* explains that he said that he was *possibly* bereaved of his children.—[*Gur Aryeh*]

as I am bereaved—*of Joseph and Simeon,*

I am bereaved—*of Benjamin.*— [*Rashi*]

Ibn Ezra explains: Just as I am bereaved by Joseph's death, so do I think I am bereaved of all of them, meaning Simeon and Benjamin.

Targum Jonathan ben Uzziel paraphrases: and as for me, I have been informed by the Holy Spirit that if I am bereaved of Joseph, I will be bereaved of Simeon and Benjamin. This idea is more clearly expressed by *Targum Yerushalmi*, which paraphrases: and I, just as I am not bereaved of my son Joseph, neither will I be bereaved of Simeon or of Benjamin.

וקליף דבש שעוה ולטום משח דבוטנין ומשח דלוזין: יב וכספא על חד תרין סיבו בידיכון וית כספא דאיתותב בפום טועניכון תתובון בידיכון דילמא בשלו הוה: יג וית אחוכון דברו וקומו תובו לות גברא: יד ואל שדי יתן לכון רחמין קדם גברא ויפטור לכון ית אחוכון חורנא וית בנימין ואנא הא כבר אתבשרית ברוח קודשא ארום אין איתכלית על יוסף איתכל על שמעון ועל בנימין: טו ונסיבו גובריא ית דורונא הדא ועל חד תרין כספא נסיבו בידיהון ודברו ית בנימין ונחתו למצרים ואיתעתדו קדם יוסף: טז וחמא יוסף עמהון ית בנימין ואמר למנשה דממנא אפיטרופוס על ביתיה אעיל ית גובריא לביתא ופרע בית ניכסתא וסב גידא נשיא ואתקן תבשילא באפיהון ארום עמי

יב בכיפלא: יד נאנא היך מה די לא תכלית על יוסף ברי כן לא אוסיף למתכלא לא על שמעון ולא על בנימין:

בעל הטורים

פס בן ד' לומר שהשם מלוה לצדיקים: מעט צרי מעט דבש וגו' ו' מינים הביאו לו מנחה נגד ו' בני הגבירית כל א' מין א': ומשנה. ב' במס' ומשנה כסף ומשנה שברון. לומר לך ק"ו מה הכא שבשגגה בא הכסף ליד אחי יוסף באו לשלמו בכפלים כ"ש שעתידין העכו"ם לשלם כל הכסף שלקחו מישראל כפלי כפלים:

רש"י

על ידך כבר היינו שבים עם שמעון ולא נצטערת א כל הימים הללו: (יא) אפוא. כל לשון אפוא לשון יתר הוא לתקן המלה בלשון עברי א"כ אזדקק לעשות שאשלחנו עמכם צריך אני לחזור ולבקש איה פה תקנה ועצה להשיאכם ואומר אני זאת עשו: מזמרת הארץ. מתורגם מדמשבח בארעא שהכל מזמרים עליו כשהוא בא לעולם: נכאת. שעוה. ב"ר: בטנים. לא ידעתי מה הם ובפי' א' ב' של ר' מכיר ראיתי פושטציא"ס ודומה לי שהם אפרסקין (שפירזיכע): (יב) וכסף משנה. פי שנים כראשון: קחו בידכם. לשבור אוכל שמא ב הוקר השער: אולי משגה הוא. שמא הממונה על הבית שכחו שוגג: (יד) ואל שדי. מעתה אינכם חסרים כלום-אלא תפלה ג הריני מתפלל עליכם: ואל שדי. שדי בנתינת רחמיו וכדי היכולת בידו ליתן יתן לכם רחמים זהו פשוטו. ומדרשו מי שאמר לעולם די יאמר די לצרותי שלא שקטתי מנעורי צרת לבן צרת עשו צרת רחל צרת דינה צרת יוסף צרת שמעון צרת בנימין: ושלח לכם. ויפטר לכון כתרגומו יפטרנו מאסוריו ל' להפשי ישלחנו ואינו נופל בתרגום ל' וישלח שהרי לשם הם הולכים אצלו: את אחיכם. זה שמעון: אחר. רוה"ק נזרקה בו לרבות יוסף (ב"ר): ואני. עד שובכם אהיה ד שכול מספק: כאשר שכלתי. מיוסף ומשמעון: שכלתי. מבנימין: (טו) ואת בנימין. מתרגמינן ודברו ית בנימין לפי שאין לקיחת הכסף ולקיחת האדם שוה בלשון ארמי בדבר הנקח ביד מתרגמינן ונסיב ודבר הנקח בהנהגת דברים מתרגמינן ודבר: (טז) וטבוח טבח והכן. כמו ולטבוח טבח ולהכן ואין טבוח לשון צווי שהיה לו לומר ה וטבח: בצהרים. זה מתורגם בשירותא

פי' יונתן

ת"י בפ' נח ובכמה דוכתין: (יד) אין איתכלית פי' אם אשכל על יוסף אז אשכל גם עליהם וזה נתבשר ברוח הקודש גלוי קצת ולא בירור אמיתי כאשר חשבו קצתם להגיה לא איתכלי דהוה משמע שלא נשכל שזהו דעת רש"י שנגלה בו רוח הקודש אבל הוא כתב הא כבר אתבשרית ודוק: (טז) ופרע בית ניכסתא פי' גלה להם בית השחיטה כ"ה בחולין פ' גיד הנשה מ"ד טבוח פרע להם בית השחיטה והכן טול גיד הנשה וזהו גידא נשיא:

שפתי חכמים

הכי שולח אותם לקנות תבוא' ועז"פ בנימין ספק וכו' לכך אמר ולא נמות מהרש"ל: א דאל"כ מנ"מ אם היו שבים פעמים אע"כ עם שמעון היינו שבים והיית מרויח הצער שנצטערת עד הנה: ב אבל לא תפרש כסף שני חוץ מכסף המושב דא"כ הול"ל תחלה ואת הכסף המושב ואח"כ וכסף משנה וגו': ג פי' כך אמר יעקב לבניו אם הוא מעצמו מרגיז עליכם ומיצר אתכם א"כ הוא מצד הטבע תפייסוהו בפירות הללו שהן מזמרת הארץ ואם לא יתפייס בזה בודאי סבה הוא מאת השם ואז אין חסר אלא תפלה הריני מתפלל וכו'. מהרש"ל: ד לא שאני שכול מעתה דא"כ מאי ואל שדי יתן לכם רחמים וגו': ה על משקל שלח לך. שלח הצווי שהוא ציווי: ו פי' בשחרית אבל אין פירושו כשאר צהרים שבמקרא משום דדרך העולם לאכול ד' שעות על היום ואפי' ת"ח דרכם לאכול בתחלת שעה שש

דעת זקנים מבעלי התוספות

(יד) ואל שדי יתן לכם רחמים. מה ראה יעקב לברכם באל שדי ללמדך שכמה ייסורין באו על יעקב עד שהוא במעי אמו עשו עשה מריבה עמו שנאמר ויתרוצצו הבנים בקרבה ואמרו שהיו מריבין על נחלת שני עולמות. יצא לחוץ עשו בקש להרגו שנאמר על רדפו בחרב אחיו ברח מפניו לבית לבן ראה כמה צרות היו לו שם הייתי ביום אכלני חורב וכו' יצא מבית לבן רדף אחריו לבן נמלט ממנו בא עשו להורגו והפסיד כל אותו דורון שהביא לו נמלט ממנו באת עליו צרת דינה אחר כן צרת רחל אחר כל הצרות הללו בקש לישב בשלוה בנא'

אבן עזרא

להוסיף גם ראשון. כמו משל בנו גם אתה: (יא) זאת עשו. זאת העצה: מזמרת הארץ. כל דבר משובח. מגזרת זמירות: צרי ונכאת. כבר פירשתים: בטנים. אין לו ריע במקרא. וי"א אגוזים: (יב) משנה. שני: משנה. משמות בעלי הה"א. וטעם ואל שדי שיש לו כח לעשות כאלה: (יד) כאשר שכלתי. במות יוסף אחשב כי שכלתי

רמב"ן

כי אז ישמע והוא מה שאמר לו ונחיה ולא נמות גם אנחנו גם טפנו: (יד) ושלח לכם את אחיכם אחר ואת בנימין. נראה על דרך הפשט כי לא היה שמעון רצוי לאביו בעבור דבר שכם ולכך לא אמר את שמעון בני ואת בנימין. כי לא יזכרנו בשמו כאשר עזבו במצרים ימים רבים ואלו היה בביתו לחם לא שלח עדיין את בנימין ויניחנו במצרים. ורש"י כתב רוח הקדש נצנצה בו לרבות את יוסף. ובבראשית רבה גם כן אמרו ושלח לכם את אחיכם זה יוסף אחר זה שמעון. ונכון הוא כי נתן דעתו בעת התפלה להתפלל סתם גם על האחר אולי עודנו חי. ולשון אחר דרשו שם בבראשית רבה אמר רבי יהושע בן לוי פתר קריא בגליות ואל שדי יתן לכם רחמים לפני האיש זה הקב"ה שנאמר ה' איש מלחמה וכתיב יתן אותם לרחמים. ושלח לכם את אחיכם אלו השבטים. אחר ואת בנימין זה יהודה ובנימין. ואני כאשר שכלתי בחורבן ראשון שכלתי בחורבן שני. לא אשכל עוד זה לשונם ז"ל. והכונה

אבי עזר

כפרעה. כמוני כעמך. כי כן דרך הלשון לדמות שני דברים יחד. כאלו נאמר עמי כעמך ועמך כעמי. אתה כפרעה ופרעה כמוך. וכן משל בנו גם אתה וגו': (יד) [וטעם ואל שדי שיש לו וכו' ע' בדברי הרב תחלת פרשת וארא ופ' לך לך תמצא באר היטב משקלו. אבל

ספורנו

היה האיש מעכבנו כלל בהיותו ירא אלהים ולא יוסיף להרע עמנו כאשר ידע האמת: (יא) אם כן. אם הדבר כן כמו שאמרתם שהתגרה האיש בכם והוא ירא אלהים: איפוא. מן ההכרח ראוי שזאת תעשו: קחו מזמרת הארץ בכליכם מעט צרי. כי אמנם המנחה שתובל לאיש נבהל להון יצטרך שתהיה רבת הכמות להשביע עין ומזה המין היתה מנחת יעקב. אבל כאשר יובילוה לנדיב אשר כסף לא יחשוב ראוי שתהיה מעט אבל תהיה דבר נבחר מדברים הנמצאים על המעט והם בהיכלי מלך ומזה המין היתה המנחה הזאת ליוסף: והורידו לאיש מנחה. קודם שתלכו לראות פניו למען תראו איך יקבל המנחה ברצון. ובזה תדעו איך יקבל אתכם בסבר פנים יפות כאמרו לו חפץ ה' להמיתנו לא לקח מידינו עולה ומנחה. ואח"כ: (יג) וקומו שובו אל האיש. כי עכ"פ תכפרו פניו מצד מה במנחה ההולכת לפניכם כאמרו אבן חן השוחד בעיני בעליו וכו': (טו) ויעמדו לפני יוסף. קודם הבאת המנחה ולכן יראו כאשר הובאו בית יוסף: (טז) ויאמר לאשר על ביתו. ולא רצה לדבר לאחיו עד צאת מאתו כל הנצבים עליו כדי להאריך בספור עמהם: הבא האנשים הביתה. אל בית הדירה. כי היה אז בשער המלך או במקום אשר ישפוט שם: כי אתי יאכלו. לראות ענינם עם בנימין ולנסות אם יקנאו

יז וַיַּעַשׂ הָאִישׁ כַּאֲשֶׁר אָמַר יוֹסֵף
וַיָּבֵא הָאִישׁ אֶת־הָאֲנָשִׁים בֵּיתָה
יוֹסֵף׃ יח וַיִּירְאוּ הָאֲנָשִׁים כִּי הוּבְאוּ
בֵּית יוֹסֵף וַיֹּאמְרוּ עַל־דְּבַר הַכֶּסֶף
הַשָּׁב בְּאַמְתְּחֹתֵינוּ בַּתְּחִלָּה אֲנַחְנוּ
מוּבָאִים לְהִתְגֹּלֵל עָלֵינוּ וּלְהִתְנַפֵּל
עָלֵינוּ וְלָקַחַת אֹתָנוּ לַעֲבָדִים וְאֶת־
חֲמֹרֵינוּ׃ יט וַיִּגְּשׁוּ אֶל־הָאִישׁ אֲשֶׁר
עַל־בֵּית יוֹסֵף וַיְדַבְּרוּ אֵלָיו פֶּתַח
הַבָּיִת׃ כ וַיֹּאמְרוּ בִּי אֲדֹנִי יָרֹד יָרַדְנוּ
בַּתְּחִלָּה לִשְׁבָּר־אֹכֶל׃ כא וַיְהִי כִּי־
בָאנוּ אֶל־הַמָּלוֹן וַנִּפְתְּחָה אֶת־
אַמְתְּחֹתֵינוּ וְהִנֵּה כֶסֶף־אִישׁ בְּפִי
אַמְתַּחְתּוֹ כַּסְפֵּנוּ בְּמִשְׁקָלוֹ וַנָּשֶׁב
אֹתוֹ בְּיָדֵנוּ׃ כב וְכֶסֶף אַחֵר הוֹרַדְנוּ
בְיָדֵנוּ לִשְׁבָּר־אֹכֶל לֹא יָדַעְנוּ מִי־שָׂם
כַּסְפֵּנוּ בְּאַמְתְּחֹתֵינוּ׃ כג וַיֹּאמֶר שָׁלוֹם
לָכֶם אַל־תִּירָאוּ אֱלֹהֵיכֶם וֵאלֹהֵי
אֲבִיכֶם נָתַן לָכֶם מַטְמוֹן
בְּאַמְתְּחֹתֵיכֶם כַּסְפְּכֶם בָּא אֵלָי

גֻּבְרַיָּא בְשֵׁירוּתָא׃ יז וַעֲבַד
גַּבְרָא כְּמָא דִּי אֲמַר יוֹסֵף
וְאָעֵיל גַּבְרָא יָת גּוּבְרַיָּא
לְבֵית יוֹסֵף׃ יח וּדְחִילוּ
גֻּבְרַיָּא אֲרֵי אִתָּעֲלוּ לְבֵית
יוֹסֵף וַאֲמָרוּ עַל עֵיסַק
כַּסְפָּא דְּאִיתוּתַב
בְּטוֹעֲנַנָא בְּקַדְמֵיתָא
אֲנַחְנָא מִתְעֲלִין
לְאִתְרַבְרָבָא עֲלָנָא
וּלְאִסְתַּקָּפָא עֲלָנָא וּלְמִקְנֵי
יָתָנָא לְעַבְדִין וּלְמִדְבַּר
יַת חֲמָרָנָא׃ יט וּקְרִיבוּ
לְוַת גַּבְרָא דִּי מְמַנָּא עַל
בֵּית יוֹסֵף וּמַלִּילוּ עִמֵּיהּ
בִּתְרַע בֵּיתָא׃ כ וַאֲמָרוּ
בְּבָעוּ רִבּוֹנִי מֵיחַת
נְחַתְנָא בְּקַדְמֵיתָא
לְמִזְבַּן עִבוּרָא׃ כא וַהֲוָה
כַּד אֲתֵינָא לְבֵית מְבָתָא
וּפְתַחְנָא יַת טוֹעֲנַנָא וְהָא
כְּסַף גְּבַר בְּפוּם טוֹעֲנֵיהּ
כַּסְפָּנָא בְּמַתְקְלֵיהּ
וַאֲתֵיבְנָא יָתֵיהּ בִּידָנָא׃
כב וְכַסְפָּא אוּחֲרָנָא
אַחֲתְנָא בִּידָנָא לְמִזְבַּן
עִבוּרָא לָא יְדַעְנָא מַן
שַׁוִּי כַּסְפָּנָא בְּטוֹעֲנַנָא׃
כג וַאֲמַר שְׁלָם לְכוֹן לָא
תִדַּחֲלוּן אֱלָהֲכוֹן וֶאֱלָהָא
דַאֲבוּכוֹן יְהַב לְכוֹן סִימָן
בְּטוֹעֲנֵיכוֹן כַּסְפְּכוֹן אֲתָא

תולדות אהרן

כי אדני יבמות לו סנהדרין סד.

רמב"ן

בי ירידת יעקב למצרים ירמוז לגלותינו ביד אדום כמו שאפרש וראה הנביא הענין מתחלתו והתפלל סתם לשעה ולדורות והכתוב הזה כפי מדרשם יש לו סוד גדול כי אמר ואל שדי במדת הדין יתן לכם רחמי' שלפניו יעלה אתכם ממדת הדין למד"ר והמשכיל יבין: ואני כאשר שכולתי שכלתי. ואני עד שובכם אהיה שכול מס' כאשר שכלתי מיוסף ומשמעון שכלתי מבנימין ל' רש"י והנכון שהוא אומר לא תוכלו להוסיף עלי שכול כי כבר שכלתי יתנחם מכל הבא עלי ביתרון כאבו על יוסף וכמוהו וכאשר אבדתי אבדתי בלו' כבר אני אבוד' ואם ימיתני לא יוסי' עלי אבדון: (יח) להתגולל עלינו. מן ועמשא מתגולל בדם ושמלה מגולל' בדמי' כאד' שיהפוך מצד אל צד על חברו: ולהתנפל עלינו. כאדם שיתנפל ברצונו על חבירו מלוא קומתו ואנקלוס תרגם להתגולל לאיתרברבא עלנא שינשאו עלינו כשוא הים לגליו ולהתנפל לאיסתקפא לשום עלינו דברים שלא היו. כי הדבר שאינו יקרא נופל כמו לא נפל דבר אחד ותרגום עלילות דברים תסקופי מלין וכן ת"י תואנה תוסקפא: וטעם ולקחת אותנו לעבדים ואת חמורינו כי ידאגו על חמוריהם לאמר הנה יקחו גם את חמורינו עם אמתחותיהם ולא נוכל לשלוח לביתינו בר וימותו כולם ברעב: (כ) בי אדוני. לשון בעיא ותחנונים הוא ובלשון ארמית בייא בייא ל' רש"י וזה דבר זר מאד לסמכו אל מלת לשון פורסי ואינה דומה אליה כי בייא כולה מלה לא תשתנה ולא יאמר ממנה בי ועוד שהמלה ההיא אינה לשון בעיא ותחנונים כמו שאמר הרב אבל היא לשון צעקה ותרעומת על שבר ועל עוות דבר כגון מלת אבוי בלשון קדש והיא ידועה בלשון ערב ירגילו אותה בקינותיהם כולן בפתחות הבית

17. And the man did as Joseph had said, and the man brought the men into Joseph's house. 18. Now the men were frightened because they had been brought into Joseph's house, and they said, "On account of the money that came back in our sacks at first, we are brought, to roll upon us and to fall upon us and to take us as slaves and our donkeys [as well]." 19. So they drew near the man who was over Joseph's house, and they spoke to him at the entrance of the house. 20. And they said, "Please, my lord, we came down at first to purchase food. 21. And it came to pass when we came to the lodging place that we opened our sacks, and behold! each man's money was in the mouth of his sack, and we returned it in our hand[s]. 22. And we brought down other money in our hand[s] to purchase food. We do not know who put our money into our sacks." 23. And he said, "Peace to you; fear not. Your God and the God of your father gave you a treasure in your sacks; your money came to me."

Rashbam explains: I am sending him on a chance—whatever happens will happen.

15. So the men—Why are the brothers here referred to as "men," rather than as "brothers." According to its simple meaning, they concealed their identity as brothers and went like strangers. Kabbalistically, this is explained as an allusion to the Ten Martyrs, who were the reincarnations of Joseph's ten brothers. Therefore, starting with this verse, they are referred to as "men" ten times in this episode.—[*Rabbenu Bechaye*]

and Benjamin—*The Targum renders:* וּדְבָרוּ יָת בִּנְיָמִן, *and they led Benjamin away.* [I.e., Onkelos was not satisfied with the verb נְסִיבוּ, *they took*, but added another verb, וּדְבָרוּ, *and they led away.* [That is] *because* [the

expressions for] *taking money and taking a person are not the same in Aramaic. Regarding a thing "taken in the hand," we translate* וּנְסִיב, *but something taken by persuasion, we translate* וּדְבָר.—[*Rashi*]

16. and [give orders] to slaughter an animal and to prepare—Heb. וּטְבֹחַ טֶבַח וְהָכֵן, *like* וְלִטְבֹּחַ טֶבַח, *and* וּלְהָכֵן, *and* טְבֹחַ *is not the imperative, for* [if so,] *he would have said* וּטְבַח.—[*Rashi*]

He gave this order to his son Manasseh because Jacob's sons observed the law of *shechitah* (ritual slaughter).

and to prepare—by removing the fatty parts of the animal. This can also be explained to indicate that it was the eve of the Sabbath, and Joseph ordered his son to prepare the food for the Sabbath, as we find in *Gen. Rabbah*: 92:4: Preparation i.e., וְהָכֵן mentioned in the Torah refers only to preparation for the Sabbath. From here we learn that Joseph kept the Sabbath.—[*Rabbenu Bechaye*]

The Talmud (*Chullin* 91a) explains the word as: Open the neck of the animal to show them that it has been slaughtered in accordance with the laws of *shechitah*. Another explanation given is: Remove the גִּיד הַנָּשֶׁה, *the sciatic nerve*. This follows the view that the *gid hanasheh* was prohibited before the giving of the Torah.

Midrash Aggadah explains וְהָכֵן according to *gematria*, the numerical value of each letter. The "vav" stands for the six injuries that make an animal *carrion*. Even if it is subsequently slaughtered according to the ritual, it is deemed as if it had died by itself. The "hay" stands for the five things that render a *shechitah* invalid. "Kaff nun," which equal 70, stand for the 70 injuries and ailments that render an animal *treifah*, in which case the animal may not be eaten, although it does not impart any ritual contamination if it is slaughtered properly. The explanation of the "kaff" and the "nun" are also mentioned in *Zeror Hamor*, in the name of an obscure midash.

at lunch—Heb. בַּצָּהֳרָיִם. *This is translated* [by the *targumim*] as בְּשֵׁירוּתָא, *an Aramaic term denoting the first meal of the day. In Old French disner, lunch. There are many* [examples of this word] *in the Talmud: "he threw his meal* (שֵׁירוּתֵיה) *to a dog"* (*Ta'anith* 11b); *"he cut* [the bread] *for the entire meal* (שֵׁירוּתָא)*"* (*Ber.* 39b), *but every* [other] *translation of* צָהֳרַיִם *is* טִהֲרָא.—[*Rashi*]

The Rome edition reads explicitly: *but every other* [instance of] צָהֳרַיִם *is translated* טִהֲרָא. [This is clearer than our reading.]

18. **Now the men were frightened**—Heb. וַיִּירְאוּ. *It is written with two "yuds," and is translated* וּדְחִילוּ, *"were frightened."*—[*Rashi*]

[The root is ירא, which means "to fear." *Rashi* points out that the word is written with two "yuds," lest we confuse it with וַיִּרְאוּ, derived from the root ראה, which means "to see."]

because they had been brought into Joseph's house—*and it was not customary for others who came to purchase grain to lodge in Joseph's house, but in the inns in the city. So they were frightened that this was* [done] *only* [in order] *to put them in prison.*—[*Rashi*]

we are brought—*into this house.* —[*Rashi*]

to roll upon us—Heb. לְהִתְגֹּלֵל עָלֵינוּ. *So that the fabricated accusation regarding the money will roll upon us and fall upon us*, ["Rolling" denotes the plot, and "falling" the ultimate attack.] *Onkelos, however, rendered* וּלְהִתְנַפֵּל עָלֵינוּ as וּלְאִסְתַּקָּפָא עֲלָנָא, *which is an expression denoting "fabricating false accusations," just as the Targum renders* עֲלִילֹת דְּבָרִים *as "and he makes a false accusation against her"* (Deut. 22:14) [with the words] תַּסְקוֹפֵי מִלִּין. *He* (*Onkelos*) *does not translate it literally to conform to the language of the verse. But* לְהִתְגֹּלֵל, *which he* (*Onkelos*)

יֵיכְלוּן גוּבְרַיָא בְּאִישׁוּן שֵׁירוּתָא דְטִיהֲרָא: יז וַעֲבַד גַבְרָא הֵיכְמָא דַאֲמַר יוֹסֵף וְאָעִיל גַבְרָא יַת גוּבְרַיָא
לְבֵית יוֹסֵף: יח וּדְחִילוּ גוּבְרַיָא אֲרוּם אִיתְעֲלוּ לְבֵית יוֹסֵף נַאֲמָרוּ עַל עֵיסַק כַּסְפָּא דְתַב לְטוֹנַנָא בְּקַדְמֵיתָא
אֲנַן מִתְעֲלִין לְמִתְעַקְפָא עֲלָן וּלְמִדְיְינָא עֲלָן וּלְמִקְנֵי יָתָן לְעַבְדִין וּלְמִיסַב יַת חֲמָרָנָא: יט וּקְרִיבוּ לְוַת גַבְרָא
דִי מְמַנָא אַפִּיטְרוֹפוֹס עַל בֵּית יוֹסֵף וּמַלִילוּ עִמֵיהּ בִּתְרַע בֵּיתֵיהּ: כ נַאֲמָרוּ בְּמָטוּ מִינָךְ רִבּוֹנִי מֵיחַת נְחִיתְנָא
בְּקַדְמֵיתָא לְמִזְבַּן עִיבוּרָא: כא וַהֲוָה כַּד מַטִינָא לְבֵית מְבִתוּתָא וּפְתַחְנָא יַת טוֹנָנָא וְהָא כְּסַף גְבַר בְּפוּם
טוֹנֵיהּ כַּסְפָּנָא בְּמַתְקָלֵיהּ וְאָתֵיבְנָא יָתֵיהּ בִּידָנָא: כב וְכַסְפָּא חוֹרָנָא אָחִיתְנָא בִּידָנָא לְמִזְבּוֹן עִיבוּרָא לָא
יָדַעְנָא מַן שַׁוֵי כַסְפָּנָא בְּטוֹנָנָא: כג וַאֲמַר שְׁלָם לְכוֹן מִן רִבּוֹנִי לָא תִידַחֲלוּן אֱלָהֵיכוֹן וֵאלָהָא דַאֲבוּכוֹן יְהַב
לְכוֹן

פי׳ יונתן

(יח) למתעקפא הוא ל׳ דרז״ל הבא בעקיפין פי׳ במרמה:

רשב״ם

(יט) וידברו אליו פתח הבית. קודם שנכנסו: (כג) ואלהי אביכם. הכל אין

רש״י

שהוא לשון סעודה ראשונה בלשון ארמי ובלעז דיזנ״ר ויש הרבה בגמרא שדא לכלבא שירותיה. בלע אכולא שירותא (ברכות לט). אבל כל תרגום של צהרים טיהרא: (יח) וייראו האנשים. כתוב הוא בשני יודי״ן ותרגומו ודחילו: כי הובאו בית יוסף. ואין דרך שאר הבאים לשכור בר ללון בבית יוסף כי אם בפונדקאות שבעיר. וייראו שאין זה אלא לאספם אל משמר: אנחנו מובאים. אל תוך הבית הזה: להתגולל. להיות מתגלגלת עלינו עלילת הכסף ולהיותה נופלת עלינו. ואונקלוס שתרגם ולאסתקפא ז עלנא הוא לשון להתעולל כדמתרגמינן עלילות דברים תסקופי מילין. ולא תרגמו אחר לשון המקרא ולהתגולל שתרגם לאתרברבא ח הוא לשון (קהלת יב) גלת הזהב (נחום ב) והלב גלתה העלתה שהוא לשון מלכות: (כ) בי אדני. (יבמות לז סנהדרין סד) ל׳ בעיא ותחנונים הוא בלשון ארמי בייא בייא: ירד ירדנו. ירידה ט היא לנו (ב״ר) רגילים היינו לפרנס אחרים עכשיו אנו צריכים לך: (כג) אלהיכם. (תנחומא) בזכותכם כדאי ואלהי אביכם בזכות אביכם נתן לכם מטמון:

שפתי חכמים

כדאמרינן בגמ׳ דשבת: ז ר״ל על ולהתנפל תירגם כן: ח לאתרברבא פי׳ ל׳ אדנות וקשה והלא זה עד פירושו ועוד למה תירגם לאסתקפא שלא אחר ל׳ המקרא. וי״ל שמתחלה פירש על להתגולל לאתרברבא שהוא אחר לשון המקרא גלת הזהב ואז לא נופל עליו ל׳ ולהתנפל אם לא שפירושו לאסתקפא עלנא פי׳ להתעולל בשלמא אי הוה פי׳ של להתגולל ל׳ גלילת דבר כפשוטו אז היה נופל עליו ל׳ להתנפל שפיר אבל עכשיו שלהתגולל הוא ל׳ לאתרברבא צ״ל להתנפל ל׳ עלילות דברים מהרש״ל: ט דייק מדכתיב כפל ל׳ אבל לא דייק מדכתיב ל׳ ירידה ולא ל׳ הליכה כדפי׳ על רדו שמה ע״ש ואע״ג דדברה תורה כל׳ בני

דעת זקנים מבעלי התוספות

וישב יעקב מיד בא עליו צרת יוסף אחר כן צרת שמעון אחר כן צרת בנימין וכן הוא אומר לא שלותי ולא שקטתי ולא נחתי ויבא רוגז לפיכך אמר עכשיו מי שאמר לעולם די כשבראו יאמר לצרותי די: (יז) ויעש האיש כאשר אמר יוסף. אמרו רז״ל זה מנשה. ותימה דפרש״י במס׳ אבות ילפינן בן שלש עשרה למצות משמעון ולוי כי כשבאו על שכם לא היו כי אם בני י״ג כשתחשוב שנותיהם וכתיב בהו איש חרבו על ירכו וכשתחשוב שנותיו של מנשה תמצא שלא היה כי אם ט׳ שנים לכל היותר שהרי נולד בטרם תבא שנת הרעב ואפי׳ כי תאמר שנולד בתחלת שני השבע אע״פ כן לא היה כי אם בן תשעה שבעה דשבע וב׳ דרעב ואפ״ה קורא איש מהרב חיים שאמר משם הרב אליעזר אבי העזרי ול״ע:

אבן עזרא

מהכל: (יח) להתגולל. מגזרת בגלל הדבר: ולהתנפל. כאדם שיתנפל מעצמו על אחד ויאמר לו אתה הפלתני: (כ) בי. לשון בקשה. ולפי דעתי שהוא דרך קצרה. כמו כי אדני העון. והטעם עון במקום הזה כטעם גדול עוני מנשוא והטעם עשה בי מה שתרצה ותשמעני: (כג) נתן לכם מטמון. יתכן שהי׳ לאדם מטמון בביתו ושכחו כאשר שמו

רמב״ן

הבית ובלשון יון בייא הבי״ת רפה בשוא יאמרו אותה על הדוחק והצער ובב״ר בסדר בראשית מהו סלו לרוכב בערבות ביה שמו אין לך כל מקום ומקום שאין לו ממונה על בייא שלו אגריקום במדינה ממונה על בייא שלו אנרטום במדינה ממונה על בייא שלו. כך מי ממונה על בייא של עולמו הקב״ה. ר״ל שבכל מקום יש איש ממונה על הצעקה ועל העוות והקב״ה ממונה על צעקת העשוקים בעולם הצועקים בייא. ועוד לפנינו בפ׳ ויגש אליו אמר לו יהודה בייא אתה מעביר עלינו שכך אמרת לנו ואשימה עיני עליו זו היא השמת עין. ובפרשת ויהי בשלח שמא אני מעביר בייא על בריה ובפרשת וישמע יתרו נתמנה אדם ונטל טלית כל טורח ציבור עליו אם ראה אדם מעביר בייא על חברו או עובר עבירה ולא מיחה הוא נענש עליו. ובפרשת אשה כי תזריע צווח אנא בייא עליכון וכן במקומות הרבה ואונקלוס שתרגם בי אדני בבעו רבוני לא שהוציא מלת בי מן בעו אבל רדף הענין שהוא בא בכל מקום בענין הבקשה. ור״א אמר כי בי אדני דרך קצרה בלשון הקדש והוא כמו בי אדני המלך העון והטעם עשה בי מה שתרצה ותשמעני. וא״כ נכון הוא שיאמר אדם בי אחי או בי שמעני ולא מצאתי שתבא מלת בי רק עם אדני או עם השם הנכבד הנכתב באל״ף דלי״ת שגם הוא לשון אדון ולכן אני אומר שפי׳ בי בעצמי אתה אדון ומושל ובאו שני כנויים לחזוק כמו ולי אני עבדך בי אני אדני ודומה לזה כי בי בעזרך אני: (כג) נתן לכם מטמון באמתחותיכם. אמר ר׳ אברהם יתכן שהיה לאדם מטמון בבית ושכחו ויצא בגורלכם כי כספכם בא אלי והנה הם דברי נחומים כי איך יצא לכל אחד כספו במשקלו אבל כל דבר מכוסה יקרא מטמון. טמן עצל ידו בצלחת. יש לנו מטמונים בשדה. והנה אמר להם כי דרך החמרים לוקחי התבואה לשום כל אחד כספו בשקו והנה המשביר לקח מן הבאים שקיהם ומלא עשרה שקים שבר והכסף טמן תחת התבואה ובא אדניו וצוה אליו לשפכם אל כל בני יעקב כי רצה למהר לשלחם או מפני שלא בא הכסף אליו והנה לכל אחד בפי אמתחתו כספו במשקלו כי כל איש יביא בדמיו כסף שוה חמור לחם וזה יקרה תמיד בשוקים

אור החיים

שלום לכם וגו׳. אמר כן האיש מעצמו מבלי דעת כוונתו של יוסף מה היא ולדבריהם ז״ל שאמרו כי הוא מנשה יפה כח הבן מכח האב וידע כי יסכים על דבריו ואומרו אל תיראו לפי שהוכר בפניהם היראה שהיו יראים דכתיב וייראו האנשים: נתן לכם מטמון. פי׳ איזה אדם טמן שם הכסף וה׳ נתנו לכם ביאוש הבעלים ובני נח אינם מצווין על הכרזת אבידה ולחזק לבם הוציא אליהם את שמעון להראות כי שלום להם:

אבי עזר

כש״י בפ׳ הכ״ל דרך אחרת לו בפירוש תיבת שדי ואלי שתי דעות תלויים באשלי רברבי ובעלי סודות יכיחום: (כ) [וטעם עון במקום הזה] ודבריו פשוטים שחסר תיבת העון כמו באביגיל שמואל א׳ כ״ו ושם קאי על החטא וכאן על הטועה. כאשר כתב הרב כמה פעמים שגם הטועה נקרא עון. ובמגלת איכה ד׳ פירש הרב שכר רע כמו דפימא מזל רע ואינו רחוק שגם באביגיל נאמר על הטועה:

ספורנו

בו כשירבה משאת בנימין ממשאות כלם: (כא) כספנו במשקלו. באותם המטבעות עצמן לפיכך חשבנו שלא היה משגה ממעות

renders לְאִתְרַבְרְבָא, "to aggrandize himself," is an expression derived from "the golden bowl (גֻּלַּת)" (Eccl. 12:6); "And Huzzab the queen (גֻלְּתָה) was carried away" (Nahum 2:8), which denotes royalty. —[Rashi] Compare translation and commentaries on these two verses in Judaica Press Books of the Hagiographa and Books of the Prophets.

and to fall upon us—Like a person who accidently falls on someone and says, "You knocked me down."—[Ibn Ezra]

and our donkeys—laden with food for our starving households.—[Ramban]

19. **and they spoke to him at the entrance of the house**—prior to entering.—[Rashbam]

20. **Please, my lord**—Heb. בִּי, an expression of entreaty and supplication, in Aramaic: בְּיָיא בְּיָיא.—[Rashi]

Rashi bases this translation on Onkelos.

Ramban explains that in Gen. Rabbah (93:5) בִּי is a term denoting violence. Judah there complains to Joseph that he is committing violence against Benjamin. Here, too, the brothers complain to Joseph that he is acting unjustly by accusing them.

Ibn Ezra interprets it as elliptical for "In me (בִּי), my lord, is the iniquity." Ramban himself, independent of the Midrash, interprets it as an emphasis of the pronoun, as if to say, "By myself, by my life, you are my lord."

we came down—Heb. יָרֹד יָרַדְנוּ. This is a degradation for us. We were accustomed to sustaining others, but now we must rely on you.—[Rashi from Gen. Rabbah 92:3]

The derash is based on the double expression of יָרֹד יָרַדְנוּ.—[Mizrachi, Mid. Sechel Tov] Maskil l'David argues that since Rashi always explains the text according to its simple meaning, he would not expound on the double expression. Rather, the entire expression is superfluous here, because it is obvious that they came down from Canaan to Egypt to purchase food. Therefore, Rashi explains that they reasoned with the ruler that he should not think of them as being low-class or stingy people, either of whom would be suspected of not paying for their purchase. On the contrary, they said—We are wealthy, generous people, who are accustomed to sustaining others.

23. **Peace to you...**—The manager of the house volunteered this promise without knowledge of his master's intention. According to our Sages, who state that this manager was Manasseh, we can say that Joseph's son knew what his father meant, and knew that his father would go along with whatever Manasseh promised.

fear not—He saw on their faces that they were frightened, as in verse 18.—[Ohr Hachayim]

Your God—In your merit, and if your merit is insufficient, the God of your father, in the merit of your father, gave you a treasure.—[Rashi from Gen. Rabbah 92:4 according to Albeck's edition, Lekach Tov, Sechel Tov]

a treasure—It is possible that

someone had a treasure, and when he put his grain into the general storehouse he forgot it, and it fell into your lot, for your money came to me (and thus I was paid for the grain).—[*Ibn Ezra*] [*Ibn Ezra* probably alludes to the tax levied on the grain during the years of plenty.]

Ramban questions whether these words expressed only consolation. Indeed, it would be very rare for exactly the same amount of money to end up at the top of each sack. He explains rather that מַטְמוֹן does not necessarily mean treasure, but any hidden thing. It was customary for the donkey drivers who came to purchase grain to place their purchase money at the bottom of their empty sacks. Manasseh told the brothers that perhaps ten donkey drivers had come to purchase grain, and the grain seller had inadvertently filled up ten sacks with grain, thereby concealing the money in each sack.

Then, his superior had ordered him to pour that grain into the sacks belonging to Jacob's sons. He did this either because he wished to send the brothers away quickly or because he had not received the purchase money from the donkey drivers. Consequently, all of Jacob's sons found this money at the top of their sacks.

Rashbam writes: Everyone knew that Jacob's sons were accustomed to miracles. [Therefore, a treasure could have appeared without being accounted for.]

Ohr Hachayim explains: Somebody hid the money there, and the Lord gave it to you because that person despaired of recovering it. Noachides are not obligated to acknowledge the finding of lost articles.

To reassure the brothers, Manasseh brought Simeon out to them to show that he was at peace with them.

וַיּוֹצֵא אֲלֵהֶם אֶת־שִׁמְעוֹן׃ כד וַיָּבֵא
הָאִישׁ אֶת־הָאֲנָשִׁים בֵּיתָה יוֹסֵף
וַיִּתֶּן־מַיִם וַיִּרְחֲצוּ רַגְלֵיהֶם וַיִּתֵּן
מִסְפּוֹא לַחֲמֹרֵיהֶם׃ כה וַיָּכִינוּ אֶת־
הַמִּנְחָה עַד־בּוֹא יוֹסֵף בַּצָּהֳרָיִם
כִּי שָׁמְעוּ כִּי־שָׁם יֹאכְלוּ לָחֶם׃
כו וַיָּבֹא יוֹסֵף הַבַּיְתָה וַיָּבִיאוּ לוֹ אֶת־
הַמִּנְחָה אֲשֶׁר־בְּיָדָם הַבָּיְתָה
וַיִּשְׁתַּחֲווּ־לוֹ אָרְצָה׃ כז וַיִּשְׁאַל לָהֶם
לְשָׁלוֹם וַיֹּאמֶר הֲשָׁלוֹם אֲבִיכֶם הַזָּקֵן
אֲשֶׁר אֲמַרְתֶּם הַעוֹדֶנּוּ חָי׃ כח וַיֹּאמְרוּ
שָׁלוֹם לְעַבְדְּךָ לְאָבִינוּ עוֹדֶנּוּ חָי
וַיִּקְּדוּ וַיִּשְׁתַּחֲוֻ°׃ כט וַיִּשָּׂא עֵינָיו וַיַּרְא (°וישתחוו קרי)
אֶת־בִּנְיָמִין אָחִיו בֶּן־אִמּוֹ וַיֹּאמֶר
הֲזֶה אֲחִיכֶם הַקָּטֹן אֲשֶׁר אֲמַרְתֶּם
אֵלָי וַיֹּאמַר אֱלֹהִים יָחְנְךָ בְּנִי׃ שביעי
ל וַיְמַהֵר יוֹסֵף כִּי־נִכְמְרוּ רַחֲמָיו אֶל־
אָחִיו וַיְבַקֵּשׁ לִבְכּוֹת וַיָּבֹא הַחַדְרָה
וַיֵּבְךְּ שָׁמָּה׃ לא וַיִּרְחַץ פָּנָיו וַיֵּצֵא
וַיִּתְאַפַּק וַיֹּאמֶר שִׂימוּ לָחֶם׃
לב וַיָּשִׂימוּ לוֹ לְבַדּוֹ וְלָהֶם לְבַדָּם

לְוָתִי וְאַפֵּיק לְוָתְהוֹן יָת
שִׁמְעוֹן׃ כד וְאַעֵיל גַּבְרָא
יָת גּוּבְרַיָּא לְבֵית יוֹסֵף
וִיהַב מַיָּא וְאַסְחוּ רַגְלֵיהוֹן
וִיהַב כִּסְתָּא לַחֲמָרֵיהוֹן׃
כה וְאַתְקִינוּ יָת תִּקְרוּבְתָּא
עַד דְּעָאל יוֹסֵף בְּשֵׁירוּתָא
אֲרֵי שְׁמָעוּ אֲרֵי תַמָּן
יֵיכְלוּן לַחְמָא׃ כו וְעָאל
יוֹסֵף לְבֵיתָא וְאָעִילוּ לֵיהּ
יָת תִּקְרוּבְתָּא דִּי בִידֵיהוֹן
לְבֵיתָא וּסְגִידוּ לֵיהּ עַל
אַרְעָא׃ כז וּשְׁאֵיל לְהוֹן
לִשְׁלָם וַאֲמַר הֲשְׁלָם
לַאֲבוּכוֹן סָבָא דִּי
אֲמַרְתּוּן הַעַד כְּעַן קַיָּים׃
כח וַאֲמַרוּ שְׁלָם לְעַבְדָּךְ
לַאֲבוּנָא עַד כְּעַן קַיָּים
וּכְרָעוּ וּסְגִידוּ׃ כט וּזְקַף
עֵינוֹהִי וַחֲזָא יָת בִּנְיָמִין
אֲחוּהִי בַּר אִמֵּיהּ וַאֲמַר
הָדֵין אֲחוּכוֹן זְעֵירָא דִּי
אֲמַרְתּוּן לִי וַאֲמַר מִן
קֳדָם יְיָ יִתְרְחֵים עֲלָךְ
בְּרִי׃ ל וְאוֹחִי יוֹסֵף אֲרֵי
אִתְגּוֹלְלוּ רַחֲמוֹהִי עַל
אֲחוּהִי וּבְעָא לְמִבְכֵּי
וְעָאל לְאִדְּרוֹן בֵּית
מִשְׁכְּבָא וּבְכָא תַמָּן׃
לא וְאַסְחֵי אַפּוֹהִי וּנְפַק
וְאִתְחַסַּן וַאֲמַר שַׁוּוֹ
לַחְמָא׃ לב וְשַׁוִּיאוּ לֵיהּ
בִּלְחוֹדוֹהִי וּלְהוֹן

תולדות אהרן

את בנימין אחיו בן אמו בתרא קנג:

שפתי חכמים

אדם סילא דאיכא למדרש דרשינן רא"ם: י מדכתיב לעיל וישתחוו אפים

רש"י

(כד) ויבא האיש. הבאה אחר הבאה לפי שהיו דוחפים אותו חוץ עד שדברו אליו פתח הבית ומשאמר להם שלום לכם נמשכו ובאו אחריו: (כה) ויכינו. הזמינו עטרוהו בכלים נאים: (כו) הביתה. מפרוזדור לטרקלין (נראה דיוקו דרש"י מהביתה בתרא וביאו לו את המנחה אשר בידם הביתה דק"ל הלא כבר הובאו ביתו של יוסף אלא ע"כ צ"ל מפרוזדור לטרקלין ודוק): (כח) ויקדו וישתחוו. על שאלת שלום. קידה כפיפת קדקד י השתחוואה משתטח לארץ: (כט) אלהים יחנך בני. בשאר שבטים שמענו חנינה אשר חנן אלהים את עבדך ובנימין עדיין לא נולד לכך ברכו יוסף בחנינה: (ל) כי נכמרו

And he brought Simeon out to them. 24. Then the man brought the men (the brothers) into Joseph's house, and he gave [them] water, and they washed their feet, and he gave fodder to their donkeys. 25. And they prepared the gift until Joseph would come at lunchtime, for they heard that there they would eat bread. 26. And Joseph came home, and they brought him the gift that was in their hand[s], into the house, and they prostrated themselves to him to the ground. 27. He inquired after their welfare, and he said to them, "Is your elderly father, whom you mentioned, well? Is he still alive?" 28. And they said, "Your servant, our father, is well; he is still alive." And they bowed and prostrated themselves. 29. And he lifted his eyes and saw Benjamin, his brother, the son of his mother, and he said, "Is this your little brother, whom you told me about?" And he said, "May God favor you, my son." 30. And Joseph hastened, for his mercy was stirred toward his brother, and he wanted to weep; so he went into the room and wept there. 31. And he washed his face and came out, and he restrained himself and said, "Serve the food." 32. And they set for him separately and for them separately,

24. **Then the man brought**—*One bringing in after another bringing in* [they were brought inside twice], *because they* (the brothers) *pushed him* (the man) *outside until they spoke to him at the entrance of the house. As soon as he said to them, "Peace to you," they followed and entered after him.*—[*Rashi* from *Gen. Rabbah* 92:4]

Verse 17 reads: "and the man brought the men into Joseph's house." Consequently, this verse appears superfluous. Therefore, the Rabbis deduce that they were brought in twice.—[*Mid. Sechel Tov*]

25. **And they prepared**—Heb. וַיָּכִינוּ, *they prepared. They adorned it*

with beautiful vessels.—[*Rashi* from *Targum Onkelos*]

The Pentateuch with Rashi Hashalem explains that first *Rashi* wants to clarify that the word וַיָּכִינוּ means "to prepare," and *not* "to establish" or "to preserve," as it sometimes does.

Mizrachi and *Gur Aryeh* note that since the gift had already been been prepared, *Rashi* explains that the brothers added to its preparation by placing it inside beautiful vessels.

Rashbam explains that while in transit, the fruit was carried in sacks, and its beauty had become impaired. Therefore, they rearranged it to restore it to its original beauty.

26. **into the house**—*From the anteroom into the reception hall. (It appears that Rashi's deduction is from the second* הַבָּיְתָה, *"into the house": "and they brought him the gift that was in their hand[s] into the house." Now, had they not already been brought into Joseph's house? Therefore, we deduce that they brought it from the anteroom into the reception hall.)*—[*Rashi*] The copyist's comment coincides with *Tosafoth Hashalem*, which continues by suggesting that when Joseph entered, he probably entered the inner hall, where his brothers were to join him for lunch, and it was to that hall that they brought him the gift, which had been prepared in the anteroom.

27. **"Is your elderly father, whom you mentioned, well? Is he still alive?"**—*Da'ath Zekenim* understands this as referring to Isaac, their grandfather, known in Hebrew as אָב זָקֵן. *Gen. Rabbah* 92:5 explains that אֲבִיכֶם refers to Jacob, and הַזָּקֵן refers to Isaac. In either case, they replied, "Your servant, our father, is well; he is still alive." From this reply, Joseph could deduce that his grandfather, Isaac, was no longer living. They did not want to tell him explicitly that Isaac had passed away because it is improper to relate bad news even when asked. Others render: Is he still lively?—[*Tos. Hashalem*] *Ohr Hachayim* explains similarly: Is he still as alive as he was before? Otherwise, it would make no sense to first ask if his father was well and *then* inquire whether he was still alive.

28. **And they bowed and prostrated themselves**—*because of the greeting* [i.e. to acknowledge Joseph's greeting]. *Bowing* (קִידָה) *means inclining the head* (קָרְקֹד). הִשְׁתַּחֲוָאָה *means prostrating oneself to the ground.*—[*Rashi from Ber.* 34b]

Rashi's definitions do not conform completely to the Talmud, where קִידָה is defined as bowing with the face to the ground, and הִשְׁתַּחֲוָאָה as spreading out the hands and feet.

29. **the son of his mother**—He saw that he resembled his mother.—[*Mid. Lekach Tov*]

"Is this your little brother..."—When Joseph heard from them that they had a frail little brother, whose life would be endangered by traveling, he ostensibly expected to find a child of about ten years old. When he found Benjamin to be a robust, mature man, a father of ten children, he said to them sarcastically, "Is this your little brother, about whom you told me?" Meaning, obviously he can travel as well as any of you.—[*Abarbanel, Midreshei Hatorah*] See commentary on verse 30.

"May God favor you..."—*In connection with the other tribes, we heard* [them marked by] *favor—"with whom God has favored your servant"* (Gen. 33:5).

Benjamin, however, had not yet been born. Therefore, Joseph blessed him with favor.—[*Rashi from Gen. Rabbah* 92:5]

May the Lord bless you and guard you. You will suffer no harm either from my eyes or from my speech.—[*Abarbanel*]

לְכוֹן סִימָא בְּטוֹנֵיכוֹן כַּסְפֵּיכוֹן אֲתָא לְוָתִי וְאַפֵּיק לְוָותְהוֹן יַת שִׁמְעוֹן : כד וְאָעֵיל גַּבְרָא יַת גּוּבְרַיָּא לְבֵית יוֹסֵף וִיהַב מוֹי וּשְׁזִיגוּ רַגְלֵיהוֹן וִיהַב אַסְפַּסְתָּא לַחֲמוֹרֵיהוֹן : כה וְאַתְקִינִין יַת דּוֹרוֹנָא עַד מֵיעַל יוֹסֵף בְּשֵׁירוּתָא דְּטֵיהֲרָא אֲרוּם שְׁמָעוּ מִנֵּיהּ אֲרוּם תַּמָּן יִסְעֲדוּן לַחְמָא : כו וְעַל יוֹסֵף לְבֵיתָא וְאָעִילוּ לֵיהּ יַת דּוֹרוֹנָא דִי בִּידֵיהוֹן לְבֵיתָא וּסְגִידוּ לֵיהּ עַל אַרְעָא : כז וּשְׁאֵיל לְהוֹם לִשְׁלָם וַאֲמַר הֲשְׁלָם לַאֲבוּכוֹן סָבָא דַּאֲמַרְתּוּן לִי הַעוֹד כְּדוֹן קַיָּים : כח וַאֲמָרוּ שְׁלָם לְעַבְדָּךְ לַאֲבוּנָא עַד כְּדוֹן הוּא קַיָּים וְגָחֲנוּ וּסְגִידוּ : כט וּזְקַף יַת עֵינוֹי וַחֲמָא יַת בִּנְיָמִין אָחוּי בַּר אִמֵּיהּ וַאֲמַר הֲדֵין אֲחוּכוֹן זְעֵירָא דַּאֲמַרְתּוּן לִי וַאֲמַר מִן קֳדָם יְיָ יִתְרַחֵם עֲלָךְ בְּרִי : ל וְאוֹחִי יוֹסֵף אֲרוּם רְחִשׁוּ רַחֲמוֹי עַל אָחוּי וּבְעָא לְמִבְכֵּי וְעַל לְקִיטוֹנָא ל לְקִיטוֹנָה וְשָׁזֵיג : דְּבֵי מְדַמְּכָא וּבְכָא תַּמָּן : לא וּשְׁזַג אַפּוֹי מִן דִּמְעוֹן וּנְפַק וְאִזְדְּרֵז וַאֲמַר שַׁוּוּ לַחְמָא : לב וְשַׁוִּיוּ לֵיהּ בִּלְחוֹדוֹי

פי' יונתן

(כד) אספסת' הוא לשון גמ' בב"ב והוא מאכל בהמ' וכן תרגם אם יגעה שור על בלילו אורוא על אספסת' : (ל) רחשו רחמוי פי' כמו רחש לבי וכן

בעל הטורים

יחנך בני. ב' במס' הכא ואידך חנון יחנך לקול זעקך. זהו שיש במדרש שאלו כמה בנים יש לך ואת שמם וא"ל שכולם קרא שמותם ע"ש הצרות שאירעו לאחיו וזהו לקול זעקך שא"ל שהיה מצטער על אחיו מיד נכמרו רחמיו וא"ל אלהים יחנך בני: ויתאפק. ב' במסרה הכא ואידך ויתאפק המן ויבא אל ביתו. מה הכא תחלה צער וסופו שמחה כשהודיעם שהוא יוסף אף שם תחלה צער וסופו שמחה

רשב"ם

יודעים שלומדים בניסים היו : (כה) ויכינו את המנחה. כי בדרך בשקים הוכחש יופי הפירות : (לב) כי תועבה. מאוס ובזוי היה למצרים לאכול עם אנשי עבר הנהר כי נבזים היו בעיניהם ואנשי מצרים גסי רוח היו כדכתיב קראתי לזאת [רהב] הם שבת. וכן כי תועבת מצרים כל רועה צאן. מבוזים היו בעיניהם הרועים כי הצאן היה מאוס בעיניהם. כדכתיב הן נזבח את תועבת מצרים לעיניהם ולא יסקלונו. דבר המשוקץ למצרים ומאוס נזבח לעיניהם לצורינו ולא יבזו אותנו לסוקלנו באבנים דרך בזיון

רש"י

נכמרו רחמיו. שאלו יש לך אח מאם אמר לו אח היה לי ואיני יודע היכן הוא יש לך בנים א"ל יש לי עשרה א"ל ומה שמם אמר לו בלע ובכר וגו' אמר לו מה טיבן של שמות הללו א"ל כולם על שם אחי והצרות אשר מצאוהו. בלע שנבלע בין האומות. בכר שהיה בכור לאמי. אשבל ששבאו אל. גרא שנתגייר באכסניא. ונעמן שהיה נעים ביותר. אחי וראש אחי היה וראשי היה. מפים מפי אבי למד. וחפים שלא ראה חופתי ולא ראיתי אני חופתו. וארד שירד לבין האומות כדאית' במס' סוטה מיד נכמרו רחמיו : נכמרו. נתחממו ובלשון משנה (ב"מ עד) על הכומר של זיתים ובלשון ארמי (פסחים נח) משום מכמר בשרא ובמקרא עורנו כתנור נכמרו נתחממו ונקמטו קמטים קמטים מפני זלעפות רעב. כן דרך כל עור כשמחממין אותו נקמט ונתכווץ : (לא) ויתאפק. נתאמץ והוא ל' (איוב יב) ומזיח

דעת זקנים מבעלי התוספות

(כז) השלום אביכם הזקן אשר אמרתם העודנו חי. הוא היה שואל מיצחק זקנו והם השיבו לו מיעקב לעבדך לאבינו עודנו חי. אבל יצחק אינו חי ולא רצו להשיבו בפשיטות יצחק מת שאין משיבין על הקלקלה כמו שמצינו בריש פסחים אייבו קיים אימא קיימת :

אבן עזרא

באוצר ויצא בגורלכם כי כספכם בא אלי : (כד) ביתה יוסף. כמשפט הלשון אל בית יוסף : (כז) השלום אביכם הזקן. שם תחת שם התאר והיא דרך קצרה כאילו אמר השלום לאביכם. וכן אתה שלום : (כח) ויקדו. שמו הקדקד בארץ וכבר השתחוו : (כט) אלהים יחנך. אין לו משקל. אולי השתנה כן בעבור אות הגרון : (ל) כי נכמרו. בערו

אור החיים

ויבא האיש האנשים וגו'. אמר כן פ"ב להיות כי בפעם ראשונה נפסקה הכניסה כי נתעכבו ועמדו פתח הבית פי' קודם שיכנסו לבית והגם שאמר ויבא האיש וגו' ביתה יוסף הוא ע"ד או' וילך חרנה שהכוונה היא ללכת לחרן ולעולם עדיין לא נכנסו וטעם שרצו לדבר עמו קודם על הכסף לדעת ביאתם למה אם לטוב אם לרע לדעת מה יעשה ישראל ואחר תשובתו אליהם הוצרך פ"ב לומר ויבא האיש ביתה יוסף פי' בית החשיבות שלו :

ויביאו לו וגו' הביתה וגו'. פי' לחדר המיוחד לו והם היו בחדר אחר בבית עצמו והודיע הכ' שנכנסו אצלו למקום שהי' בו להכנים המנחה :

וישאל להם לשלום. פי' מתחילה שאל בשלומם כי הוא מהמוסר להקדים לשאול שלום את אשר לפניו והוא אומר להם לשלום ואח"כ שאל על אשר איננו שם השלום אביכם וגו' : **השלום אביכם הזקן וגו'.** קשה איך ידקדק לשאול השלום קודם שאלת העודנו חי ואם הכונה בשאלת השלום הוא מה שפי' באומרו העודנו חי למה כפל גם בתשובת האחים קשה שאמרו שלום וגו' עודנו חי אחר שאמרו שלום מה חידוש באומרם עודנו חי ואולי שנתכוון לומר אם ככוחו אז כחו עתה או הוחלש לצד הזקנה והוא מה שדקדק לומר עודנו פי' כמות שהיה מזמן הקודם ולזה נתחכם ג"כ לסדר שאלת שלום קודם שאלת עודנו חי להבין כוונתו כמו שפי' וכפ"ז שאלת העודנו חי אינה נכללת בשאלת השלום לו כי גם על אדם שהזקין ואפסו

אבי עזר

(כז) [השלום אביכם הזקן וגו'] כי שלם בלא וי"ו מורה על שלימות הגוף ובריאות. כמו ויבא יעקב שלם. אבל שלום עם וי"ו מורה על שלום מאויביו ומפגע רע ועיין קדושין ס"ט בעל מום דעבודתו פסולה מניין וגו' אמר קרא את בריתי שלם והא שלום כתיב וי"ו דשלום קטיעה ואם נשאל על שלימות גופו שייך שפיר אם שלם אביו בבריאות. אבל על שלום מאויביו שהוא דבר שאינו תלוי בו רק בדעת אחרים צריך לשאול השלום יש אל אביכם הזקן לכך קאמר הרב תיבת השלום משמע כאן כמו שם תואר כאלו נכתב השלם בלא וי"ו והדר קאמר גם אם הי' שם שייך שפיר רק שהיא דרך קצרה כמו אתה שלום. ולדעת הרי"ק הוא תואר בפלס רחוק קרוב: (כח) [ויקדו וישתחוו וגו'] נגזרת משם קדקד. ושפיר גזרתה קדה והוכפל הפ"א. ודקדוק הרב דהוה כאלו נכתב וישתחוו ויקדו. כי בטרם נעשה הקדקוד סמוך לארץ כבר השתחוו ורבים כמוהו במקרא וכבר עלה לפניך מאמר חכמינו ז"ל בסוכה אמרו עליו על רשב"ג וכו' וזו היא קידה וכו' : (כט) [יחנך. אין לו משקל] דהוה למכתב יחנך בדגש הנו"ן לגזרת חנן והוקלה. ונפל תנועת החי"ת על היו"ד. ומדקדקים חשבו מלה זו בתוך שאר המורכבים ומה שכתב הרב שנשתנה בעבור אות הגרון לא ידעתי אות הגרון מה עבידתי' : (ל) [נכמרו. בערו ויקדו וכו'] נראה שנפל טעות בחומשים וצ"ל בערו ויקדו ·ביקוד אש :

ספורנו

של אחרים : (כז) השלום. יש שלום לכם בבריאת הגוף כי אמנם הבריאות יהיה בשלום ההפכים וזה כשלא יתקומם אחד מההפכים על הפכו : אביכם הזקן אשר אמרתם וגו'. כי אמנם שלום הזקן יקרה על המעט כאמרם רז"ל שפתיהם של זקנים מתרפטות ואזניהם מתכבדות : (כח) שלום לעבדך לאבינו עודנו חי. גם לעבדך לאבינו יש שלום ולא שלום המתים כי אמנם עודנו חי : ויקדו וישתחוו. על שאלת שלום : (כט) אלהים יחנך בני. מאחר שאתה יחיד לאמך כאמרם ויותר הוא לבדו לאמו אלהים יתן לך חן שיקרבוך אחיך וזולתם : (ל) ויבך שמה. שחשב בצרת אביו ואחיו : (לב) וישימו לו לבדו. שלא ירגישו

טי"ח

ולמצרים האכלים אתו לבדם כי
לא יוכלון המצרים לאכל את־
העברים לחם כי־תועבה הוא
למצרים: לג וישבו לפניו הבכר
כבכרתו והצעיר כצערתו ויתמהו
האנשים איש אל־רעהו: לד וישא
משאת מאת פניו אלהם ותרב
משאת בנימן ממשאת כלם חמש
ידות וישתו וישכרו עמו: מד א ויצו
את־אשר על־ביתו לאמר מלא
את־אמתחת האנשים אכל כאשר
יוכלון שאת ושים כסף־איש בפי
אמתחתו: ב ואת־גביעי גביע הכסף
תשים בפי אמתחת הקטן ואת
כסף שברו ויעש כדבר יוסף אשר
דבר: ג הבקר אור והאנשים שלחו
המה וחמריהם: ד הם יצאו את־
העיר לא הרחיקו ויוסף אמר לאשר
על־ביתו קום רדף אחרי האנשים
והשגתם ואמרת אלהם למה
שלמתם רעה תחת טובה: ה הלוא

בלחודיהון ולמצראי
דאכלין עמיה בלחודיהון
ארי לא יכלין מצראי
למיכל עם עבראי לחמא
ארי בעירא דמצראי
דחלין ליה עבראי אכלין:
לג ואסחרו קדמוהי רבא
כרביותיה וזעירא
כזעירותיה ותמהו גובריא
גבר לחבריה: לד ונטל
חולקין מן קדמוהי
לקדמיהון וסגי חולקא
דבנימין מחולקי דכולהון
חמשא חולקין ושתיו
ורויאו עמיה: א ופקיד
ית די ממנא על ביתיה
למימר מלא ית טועני
גבריא עבורא כמא די
יכלין למטען ושוי כסף
גבר בפום טועניה:
ב וית כלידי כלידא
דכספא תשוי בפום
טוענא דזעירא וית כסף
זבינוהי ועבד כפתגמא
דיוסף די מליל: ג צפרא
נהר וגובריא אתפטרו
אינון וחמריהון: ד אינון
נפקו ית קרתא לא
ארחיקו ויוסף אמר לדי
ממנא על ביתיה קום
רדוף בתר גובריא
ותדביקינון ותימר להון
למא שלימתון בישתא
חלף טבתא: ה הלא דין

ת"א וישא משאת פסחים לו מציעא יג תמות יט
וישתו וישכרו שבת קלט. הבקר אור
פסחים ב תענית י ס' הזוהר פ' ויקרא.

רש"י

אפיקים רפה וכן (שם מא) אפיקי מגנים חוזק: (לב) כי תועבה הוא. דבר שנאוי הוא למצרים לאכול את העברים ואונקלוס נתן טעם לדבר: (לג) הבכור כבכורתו. מכה בגביע וקורא ראובן שמעון לוי יהודה יששכר וזבולון בני אם אחת הסבו כסדר הזה שהוא סדר תולדותיכם וכן כולם כיון שהגיע לבנימין אמר זה אין לו אם ואני אין לי אם ישב אצלי: (לד) משאת. מנות: חמש ידות. חלקו עם אחיו ומשאת יוסף ואסנת ומנשה ואפרים: וישכרו עמו. (ב"ר) ומיום שמכרוהו לא שתו יין ולא הוא שתה יין ואותו היום שתו: (ב) גביע. כוס ארוך וקורין לו מדריכ"ש

שפתי חכמים

אחים אצלם: ב דייק מדכתיב גביעי גביע כ"פ משמע דכוס ארוך הוא ואין להקשות דהיאך לא היה מתירא שיאמרו שלנו הוא י"ל

and for the Egyptians who ate with him separately, because the Egyptians could not eat food with the Hebrews, because it is an abomination to the Egyptians. 33. They sat before him, the firstborn according to his age, and the youngest according to his youth, and the men looked at each other in astonishment. 34. And he had portions brought to them from before him, and Benjamin's portion was five times as large as the portions of any of them, and they drank and became intoxicated with him.

44

1. Then he commanded the overseer of his house, saying, "Fill the men's sacks with food as much as they can carry, and put each man's money into the mouth of his sack. 2. And my goblet, the silver goblet, put into the mouth of the sack of the youngest, and his purchase money." And he did according to Joseph's word, which he had spoken. 3. The morning became light, and the men were sent [on their way]—they and their donkeys. 4. They had exited the city, but had not gone far, when Joseph said to the overseer of his house, "Get up, pursue the men, and when you overtake them, say to them, 'Why have you repaid good with evil? 5. Is not

30. **for his mercy was stirred**— He (Joseph) *asked him* (Benjamin), *"Have you a brother from your mother?" He replied, "I had a brother, but I do not know where he is." "Have you any sons?" He replied, "I have ten." He asked, "And what are their names?" He replied, "Bela and Becher, etc." He asked, "What is the significance of these names?" He replied, "All of them are connected to my brother and the troubles that befell him. [My first son was named] Bela because he* (my brother) *was swallowed up* (נִבְלַע)

among the nations. [My second son was named] Becher because he (my brother) *was the firstborn* (בְּכוֹר) *of my mother. [My third son was named] Ashbel because God put him* (my brother) *into captivity* (שְׁבָאוֹ אֵל). [My fourth son was named] Gera *because he* (my brother) *was a stranger* (נִתְגֵּיר) *in a lodging place. And [my fifth son was named] Na'aman because he* (my brother) *was very pleasant [to look upon]* (נָעִים). *[My sixth and seventh sons were named] Ehi and Rosh because he was my brother* (אָחִי), *and he was my superior* (רֹאשִׁי). [My eighth son was named] *Muppim because he* (my brother) *learned from the mouth of* (מִפִּי) *my father.* [My ninth son was named] *Huppim because he* (my brother) *did not see my wedding* (חֻפָּתִי), *neither did I see his wedding* (חֻפָּתוֹ). *And* [my tenth son was named] *Ard because he* (my brother) *descended* (יָרַד) *among the nations."* *This is as stated in Tractate Sotah* (36b). *Immediately, his* (Joseph's) *mercy was stirred.—*[Rashi]

was stirred—Heb. נִכְמְרוּ, *was heated. In the language of the Mishnah, "on a heating* (כְּמֶר) *vessel of olives"* (B.M. 74a), *and in Aramaic, "because of the heating* (מִכְמַר) *of the meat"* (Pes. 58a), *and in the Scriptures, "Our skin is parched* (נִכְמְרוּ) *because of the heat of hunger"* (Lam. 5:10). *So is the way of all skin; when it is heated, it shrivels and shrinks.—*[Rashi from *Lam. Rabbah* 5:10] According to *Rabbenu Avraham ben HaRambam*, he experienced warmth in his heart.

into the room—The *targumim* render, into the bedroom.

It may also mean into the inner chambers.—[Nethinah Lager]

31. and he restrained himself—Heb. וַיִּתְאַפַּק, *and he strengthened himself.* וַיִּתְאַפַּק *is an expression of "the strong* (אֲפִיקֵי) *shields"* (Job 41:7), [meaning] *strength, and similarly, "and loosens the belt of the strong* (אֲפִיקִים)*"* (ibid. 12:21).—[Rashi]

32. because it is an abomination to the Egyptians—*It is a hateful thing for the Egyptians to eat with the Hebrews, and Onkelos gave the*

reason for the matter.—[Rashi] Onkelos paraphrases: for the Hebrews eat the animal that the Egyptians revere (i.e., sheep). See *Rashi* on Gen. 46:34.

Rashbam explains that it was deemed a disgrace for the Egyptians to dine with people from the other side of the river. These people were repugnant in their eyes because the Egyptians were haughty and snobbish, as the prophet states: "They are haughty, idlers" (Isa. 30:7).

33. the firstborn according to his age—*He knocked his goblet and announced, "Reuben, Simeon, Levi, Judah, Issachar, and Zebulun, sons of one mother, sit in this order, which is the order of your births," and so* [did he order] *all of them. When he reached Benjamin, he said, "This one has no mother, and I have no mother. Let him sit beside me."—*[Rashi from *Gen. Rabbah* 93:7]

and the men looked at each other in astonishment—[According to *Rashi*, their astonishment was due to Joseph's apparently supernatural knowledge of their pedigrees.]

Targum Jonathan also paraphrases: And they sat before him, the oldest according to his age and the youngest according to his youth, and he (Joseph) took the silver goblet in his hand and knocked it as if divining. The sons of Leah he arranged on one side, the sons of Zilpah on another side, and the sons of Bilhah on a third side. Benjamin the son of Rachel he placed at his own side. And the brothers looked at each other in astonishment. [According to *Rashi* and *Targum Jonathan*, the brothers'

ולהון בלחודיהון ולמצראי דאכלין עמיה בלחודיהון ארום לא כשרין מצראי למיכול עם יהודאי לחמא ארום בעירא דמצראי דחלין ליה יהודאי אכלין: לג ואחזרו קדמוי רבא כהלכת רבנותיה וזעירא כהלכת זעירותיה והוה נקיט כסא דכספא בידיה ומקשקש כמנחש בנהא דלאה סדר מציטרא חדא ובנהא דזלפה מציטרא חדא ובנהא דבלהה מציטרא חדא ובנימין בר רחל סדר לציטריה ותמהו גובריא איניש בחבריה: לד ונטל חולקין מעל פתוריה ושדרינון מן קדמוי לקדמיהון וסגא חולקא דבנימין מן חולקי כלהון חמשא חולקין חולק חד חולקיה וחולק חד מן דיליה וחולק חד מן אנתתיה ותרין חולקין מן תרין בנוי ושתיו ורויו עמיה דמן יומא דאיתפרשו מניה לא שתו חמרא לא הוא ולא הינון עד יומא ההוא: א ופקיד ית מנשה דממנא אפיטרופוס על ביתיה למימר מלי ית דיסקיי גובריא עיבורא היכמא דאינון יכלין לסוברא ושוי כסף גבר בפום טוניה: ב וית אוגביני אוגבין דכספא שוי בפום טונא דזעירא וית כסף זבינוי ועבד כפתגמא דיוסף דמליל: ג צפרא נהיר וגבריא איתפטרו הינון וחמריהון: ד הינון נפקו מן קרתא לא ארחיקו ויוסף אמר למנשה די ממנא אפיטרופוס על ביתיה קום רדף בתר גובריא ותדביקינון ותימר להום למה שלימתון בישתא חולף טבתא: ה הלא דין דהוה שתי רבוני ביה

פי' יונתן

מרחמן שהוא נענוע ונדנוד כי כן דרך הרוצה לבכות וק"ל: (לב) דחלין וכו' פירוש כי אלהים המה יראתם ע"ז שלהם וכן ת"א ודייקו מלת תועבה וק"ל:

(ב) אוגביני אוגבין מלת גביעי מתרגמו אוגב ולפעמים מכנה ומתרגם כלידא כמו שת"א כאן וכפרשת תרומה בגביע דמנורה והגאון מוהר"ד רוצה לגנות

בעל הטורים

ושמון ליסודים: והצעיר. ב' במס' והצעיר כצעירתו והצעיר לגוי עצום בנימין שהיה צעיר עשאו גדול מכולם כדכתיב ותרב משאת בנימין ממשאות כולם: משאת ב' במס' וישא משאת. משאות שוא ומדוחים. כדאיתא במדרש שהיה מכה בגביע ואומר פלוני ופלוני מאם אחת ישבו ביחד ואני אין לי אח מאמי ובנימין אין לו אח מאמו ישב ביחד וזה היה משאות שוא ומדוחים:

רשב"ם

כמו שמצינו בשמעי בן גרא יצא יצוא ויסקל. קילל דוד וסיקל בעפר דרך בזיון: (לג) וישבו לפניו. צוה יוסף להושיבם כך: ויתמהו שהרי כולם נולדו בשבע שנים ואין להבחין איזה קודם לזה: (לד) ותרב כמו ותרבה נתרבתה מתנתו. וכן ותכל כל עבודת משכן אהל מועד. נשתלמה: (ג) הבקר אור. האיר כמו ראו נא כי אורו עיני לשעבר. וכן מה טובו אוהליך יעקב: (ד) יצאו את העיר. כמו עברו וסבו את העיר וכן כצאתי את העיר כמו בני יצאוני יצאו ממני:

דעת זקנים מבעלי התוספות

(לג) ויתמהו האנשים. לא קשיא הך תמיהא הושבו לפניו הבכור כבכורתו דהא לא קאמר וישיבו אלא וישבו דמשמע הם מעצמם אלא קשי' אדלעיל דכתיב וישימו לו לבדו ולהם לבדם ולמצרים האוכלים אתו לבדם ועל דבר זה תמהו אמרו מה טיבו של זה אינו לא מצרי ולא עברי מדהוא אוכל לבדו: (ד) הם יצאו את העיר. אמר יוסף אם ירחיקו מן העיר אין כל בריה יכולה לעמוד בפניהם לפי שנמשלו לחיות גור

אבן עזרא

ויקדו וכן עורנו כתנור נכמרו: (לד) וישא משאת. דורון: ידות. חלקים: ממשאות כלם. מדורון כל א' מהם. כי רחוק לתת לו חמש ידות על כל חלק וחלק: (ב) גביעי.

רמב"ן

ובאוצרות הנמכרים מרוב מהומות העם: (א) כאשר יוכלון שאת יותר מן המגיע להם בכסף אשר הביאו לו: ושים כסף איש בפי אמתחתו. לדעתם. כי אמר להם ידע אדני כי עשה לכם חמס ויבקש להיטיב לכם שאם עשה זה בפעם הראשונה שלא לדעתם היה להם התנצלות בגביע שנעשה בו כאשר נעשה בכסף אבל היה לדעתם וידעו בכסף כאשר ידעו במשא כי הכירו כי נתן להם כאשר יוכלון שאת ואם היה שלא לדעתם אולי טען עליהם כי היה הכסף גם בפעם הזאת מטמון ולא יתכן כן בגביע ומי יוכל לדין עם שתקיף ממנו. ודע כי בעבור היות השוברים רבים מאד בכל מצרים ומאומות רבות בתוכם היו הבאים נותנין שקיהם למשביר והוא מודד להם לפי הכסף הנמצא בהם והם לוקחים הנתן להם כאשר דבר מלך שלטון ועוד כי באמונה הוא עושה ועל כן לקחו בפעם הראשונה שקיהם סגורים ולא ידעו מה בתוכם גם בשנית: (ה) הלא זה אשר ישתה אדני בו. לא הזכיר להם הגביע אבל דבר עמהם כאלו בידוע שהם לקחו

אור החיים

קלת כוחותיו כפי הטבע יאמר עליו שלום לו: הלא וגו' ואת גביעי וגו'. נל"ד טעם יוסף בענייניו אלו ואם לצערם הלא מעשיו מוכיחי' כי גמר בלבו השלו' ואכל ושתה עמהם והראה להם שלום ואולי כי נתכוין לג' דברים הא' כדי שיכופר להם עון הגניבה שגנבוהו היה עשה להם דברי חסד כדי שיהיה הבושת על מין העון עצמו של יוסף ויכופר עונם והב' לראות אם יתנו נפשם על בנימין ובאמצעות זה יכיר כי מודדין מדידת אחוה עם אחיו ויכפר להם עונם הג' לרמז להם ענין הגניבה אולי יתחילו להרגיש כי יש מי שמכיר מעשיהם בבית הלז וכן מצינו לו שהיה רומז להם הדבר בפרטי' אחרים דכתיב וישבו לפניו הבכור כבכורתו וגו' וכאלה רבות: הלא זה וגו'. לא הוצרך להזכירו להיות האיש הלז הוא הנותן הגביע באמתחת בנימין לזה לא היה צריך להזכירו ומובן אצלו הדבר שעל הגביע הוא מדבר וכוונת דבריו הוא הודעת טעם הרגשתם בגניבה תיכף ומיד כי זה יגיד שהדברים מעשה ידיהם אשר כוננו לזה אמרו הלא זה אשר ישתה אדוני בו פי' בתמידות ומלבד זה הוא דבר הרגיל להשתמש בו ומזה ידעו תכף לגניבתו ואומרו והוא נחש ינחש בא לתת טעם לדבריו בדרך זה בפשיטות שהם גנבוהו ולא חשד בזולת לזה אמר נחש ינחש פי' נחש

כלי יקר

וישא משאת מאת פניו וגומר. האחים סברו שלכך הוא נותן להם מתנות ומכבדם כדי לפייסם מה שחשדם במרגלים ואין בהם ותרב משאת בנימין לפי שעל ידי חשד זה הביאו בסכנת הדרך בחנם. אבל האמת הוא שיש כאן רמז על שעתיד כי כן פירש רש"י לקמן ויפול על צוארי בנימין אחיו שבכה על בית המקדש שיבנה בחלקו ועתיד ליחרב. ולפי מדרש זה טעם לומר שלכך תרב משאת בנימין חמש ידות רמז לדורות שיבנה בית המקדש בחלקו ויהיו בו חמשה דברים יתר שאת והם שכינה וארון ואורים ותומים ונבואה ואש מן השמים והם חסרו בבית שני. רמז לדבר חמש פעמים יד עולה למספר ע' רמז למקדש עין הארץ ושם ישיבת שבעים סנהדרין ושם מקריבים שבעים פרים כנגד שבעים אומות ועל זה אמר אלהים יחנך בני כי המקדש יש בו לוית חן כמו שנא' והוציא את אבן הראש' תשואות חן חן לה:

ספורנו

אחיו שהוא עברי: כי לא יוכלון המצרים. לפיכך לא אכל הוא עם אחיו ולא הוא ולא אחיו עם המצרים: (לד) ותרב משאת בנימין. לראות אם יקנאו בו: חמש ידות. שעם כל חלק שהיה שולח לכל שנים מהם כמנהג היה שולח חלק לבנימין להראות חשיבותו על כולם: וישכרו עמו. במיני יין מלכות רב שנתן לפניהם שלא היו מורגלים בהם ולא השגיחו שלא לשתות כל צרכם מן הראשון כאשר ראוי לעשות לכל סועד עם הגדולים כאמרו כי תשב ללחום את מושל בין תבין את אשר לפניך: (א) ושים כסף איש בפי אמתחתו. בידיעתם שתאמר להם שחפצתי לשלם להם טובה תמורת הצער שצערתים: (ב) תשים בפי אמתחת הקטן. לראות איך ימסרו עצמם עליו כדי להצילו: (ה) הלא זה אשר ישתה אדוני בו. היה דברו עמהם כחושב

שיהיו

astonishment was due to Joseph's uncanny knowledge of their pedigree, and also to the mystery of his placing Benjamin beside him.]

Rashbam explains simply: They sat before him according to their age because Joseph commanded them to be seated in that order.

and the men looked at each other in astonishment—Since they had all been born inside of seven years, their birth order was not visibly discernible.

Da'ath Zekenim comments: The men's astonishment was not due to the seating arrangement, because the text does not say that Joseph seated them but that they sat, meaning that they assumed this seating order by themselves. Rather, their astonishment was due to what is written in the previous verse: "And they set for him separately and for them separately, and for the Egyptians who ate with him separately." They wondered who this ruler was. Since he ate alone, with neither the Egyptians nor with the Hebrews, they assumed he could be neither an Egyptian nor a Hebrew.

34. **portions**—Heb. מַשְׂאֹת, meaning *portions*.—[*Rashi* from *Targum Onkelos*]

five times as large—*His portion with his brothers, Joseph's portion, and those of Asenath, Manasseh, and Ephraim.*—[*Rashi* from *Gen. Rabbah 92:5, Targum Jonathan*]

First Joseph gave Benjamin the same portion that he had given all his brothers. Then Joseph gave him his own portion. Asenath, Manasseh, and Ephraim followed suit, thus giving Benjamin a total of five portions.

The brothers thought that Joseph favored Benjamin because he had come at his behest.—[*Tosafoth Hashalem* from *Rabbenu Joseph Bechor Shor*]

and they drank and became intoxicated with him—*Since the day that they had sold him, neither they nor he had drunk wine, but on that day they drank.*—[*Rashi* from *Gen. Rabbah 92:5*] Joseph drank the wine because he had become reunited with his brother Benjamin, and his brothers drank because their brother Simeon had been rescued. Since they had grown unaccustomed to drinking alcohol during the years of their separation from Joseph, they easily became intoxicated.—[*Tosafoth Hashalem*]

While intoxicated, they paid no heed to what was being done to their sacks, although they had already met misfortune in that manner. In the morning, they were sent away, and thus even on the next day, they did not have time to check their provisions.—[*Paneach Raza*]

44

1. **as much as they can carry**—More than the amount that would be commensurate with the sum of money they had brought.—[*Ramban*]

and put each man's money into the mouth of his sack—with their knowledge. Joseph's servant said to them, "My master knows that he has mistreated you, and he wants to make amends. For this reason, he has returned your money." Had he returned the money without their knowledge, they would have been able to excuse the goblet's presence, by saying that just as the money had been secreted in their sacks, so too had the goblet been secretly placed in Benjamin's sack. Thus, their money was actually returned with their knowledge, and they were also aware of the extra grain they were given. If we interpret the verse to mean that the money was returned without their knowledge, Joseph's servant could argue on their behalf that their God had given them a treasure in their sacks, as is explained above (43:23), but this could *not* have happened in the case of the goblet because the goblet obviously belonged to Joseph. Now who can argue with one more powerful than he?—[*Ramban*]

Ramban proceeds to explain that because of the multitude of purchasers from the entire land of Egypt and the confusion accompanying the sales, the customers gave the salesman their sacks and their money, and the salesman measured the grain according to the sum of money found in the sacks. Customers agreed to this procedure because they could not contest the king's ruling, and also because they trusted him. Therefore, both the first and second time the brothers came to purchase grain, they took back their sacks closed, unconcerned with and thus unaware of their entire contents.

Abarbanel explains that Joseph's intention was to test his brothers, to see if they hated Benjamin because he was the son of Jacob's favorite wife, Rachel. Therefore, Joseph contrived a pretext upon which to arrest Benjamin by placing the goblet in his sack, to see whether his brothers would defend him. To avoid any hint that Benjamin was involved in the theft of the goblet, thus giving the brothers reason not to defend him, Joseph made sure that their money was also returned to their sacks to make it absolutely clear to them that just as they had not stolen the money, neither had Benjamin stolen the goblet.

Chizkuni explains that Joseph did not recognize Benjamin since he had not seen him since he was much younger, and Benjamin had since grown a beard. Joseph thought that perhaps his brothers had taken a foundling and presented him as Benjamin. Therefore, he wanted to see what they would do if Benjamin were accused of theft and detained as a slave.

2. **goblet**—Heb. גְּבִיעַ, *a tall cup, called maderine (a long, narrow goblet).*—[*Rashi*] Rabbenu Avraham ben HaRambam describes גְּבִיעַ as "a cup similar to those glass cups in the land of Israel that have a beautiful round base upon which they rest, and widen from the base to the mouth, which is larger than their base. It is to this shape that the Torah alludes in the statement: 'three goblets (גְּבִעִים)' (Exod. 25:33), i.e., goblet-shaped decorations, as tradition dictates."

This is also found in *Men.* 28b, where the גְּבִעִים of the menorah are described as being like Alexandrian goblets, which *Rashi* defines as being tall and narrow. In this way, גְּבִעִים differ from כּוֹסוֹת, which are shorter and have uniform tops and bottoms. See *Mizrachi* and *Gur Aryeh*.

4. **They had exited the city, but had not gone far**—Joseph said, "If

זֶה אֲשֶׁר יִשְׁתֶּה אֲדֹנִי בּוֹ וְהוּא נַחֵשׁ
יְנַחֵשׁ בּוֹ הֲרֵעֹתֶם אֲשֶׁר עֲשִׂיתֶם׃
ו וַיַּשִּׂגֵם וַיְדַבֵּר אֲלֵהֶם אֶת־הַדְּבָרִים
הָאֵלֶּה׃ ז וַיֹּאמְרוּ אֵלָיו לָמָּה יְדַבֵּר
אֲדֹנִי כַּדְּבָרִים הָאֵלֶּה חָלִילָה
לַעֲבָדֶיךָ מֵעֲשׂוֹת כַּדָּבָר הַזֶּה׃ ח הֵן
כֶּסֶף אֲשֶׁר מָצָאנוּ בְּפִי אַמְתְּחֹתֵינוּ
הֱשִׁיבֹנוּ אֵלֶיךָ מֵאֶרֶץ כְּנָעַן וְאֵיךְ
נִגְנֹב מִבֵּית אֲדֹנֶיךָ כֶּסֶף אוֹ זָהָב׃
ט אֲשֶׁר יִמָּצֵא אִתּוֹ מֵעֲבָדֶיךָ וָמֵת
וְגַם־אֲנַחְנוּ נִהְיֶה לַאדֹנִי לַעֲבָדִים׃
י וַיֹּאמֶר גַּם־עַתָּה כְדִבְרֵיכֶם כֶּן־הוּא
אֲשֶׁר יִמָּצֵא אִתּוֹ יִהְיֶה־לִּי עָבֶד
וְאַתֶּם תִּהְיוּ נְקִיִּם׃ יא וַיְמַהֲרוּ וַיּוֹרִדוּ

דִּי שָׁתֵי רִבּוֹנִי בֵּיהּ וְהוּא
בַּדָּקָא מְבַדֵּיק בֵּיהּ
אַבְאֵשְׁתּוּן דִּי עֲבַדְתּוּן׃
ו וְאַדְבֵּיקִינוּן וּמַלֵּיל
עִמְּהוֹן יַת פִּתְגָּמַיָּא
הָאִלֵּין׃ ז וַאֲמָרוּ לֵיהּ
לְמָא יְמַלֵּיל רִבּוֹנִי
כְּפִתְגָּמַיָּא הָאִלֵּין חַס
לְעַבְדָּךְ מִלְּמֶעְבַּד
כְּפִתְגָּמָא הָדֵין׃ ח הָא
כַּסְפָּא דִּי אַשְׁכַּחְנָא בְּפוּם
טוֹעֲנָנָא אֲתֵיבְנָא לָךְ
מֵאַרְעָא דִּכְנַעַן וְאֵיכְדֵין
נִגְנוֹב מִבֵּית רִבּוֹנָךְ מָנִין
דִּכְסַף אוֹ מָנִין דִּדְהַב׃
ט דִּי יִשְׁתְּכַח עִמֵּיהּ
מֵעַבְדָּךְ יִתְקְטֵיל וְאַף
אֲנַחְנָא נְהֵי לְרִבּוֹנִי
לְעַבְדִין׃ י וַאֲמַר אַף כְּעַן
כְּפִתְגָּמֵיכוֹן כֵּן הוּא דִּי
יִשְׁתְּכַח עִמֵּיהּ יְהֵא לִי
עַבְדָּא וְאַתּוּן תְּהוֹן זַכָּאִין׃
יא וְאוֹחִיאוּ וְאַחִיתוּ גְּבַר

שפתי חכמים

כיון דמנחשי' בו ודאי של יוסף הוא כי לא נחש בבית יעקב וק"ל נ"ל: ל הקשה הרא"ם לעיל בפ' ויגש בפסוק חליל' לך מעשות כדבר הזה תרגם קושטא ותי' מפני שלא יפול אלא השם לשון חס כי אינו נופל בו שירחמו עליו: מ פי' שמאמר כדבריכם כן הוא אינו שב על אשר ימצא אתו מעבדיך ומת כי עשרה שנמצא גניבה אלא אחד מהם כולם שוים בעונש יהיה מה שיהיה לכן אמר הרב שכלכם חייבים ומה שאמרו הם אשר ימצא אתו מעבדיך ומת היה ע"ד גוזמא מרוב מרירותן ומפני שיודן

רש"י

מדריג"ש (רעמר): (ז) חלילה לעבדיך. חולין הוא לנו ל' גנאי. ותרגום חס לעבדך חס מאת הקב"ה יהי עלינו ל מעשות זאת והרבה יש בגמ' חס ושלום: (ח) הן כסף וגו'. זה אחד מעשרה ק"ו האמורים בתורה. וכולן מנויין בב"ר: (י) גם עתה כדבריכם. אף זו מן הדין אמת מ כדבריכם כן הוא שכולכם חייבים בדבר עשרה שנמלאת גניבה ביד אחד מהם כולם נתפסים. אבל אני אעשה לכם לפנים משורת הדין אשר ימלא אתו יהיה לי

רמב"ן

הגביע ולכך אמר הלא זה שלקחתם הוא אשר ישתה אדני בו גם הם ענו כאילו אינם יודעים מה מבקש: ואיך נגנב מבית אדוניך כסף או זהב. ואמרו אשר ימצא אתו מעבדיך כסף או זהב נגנוב ומת: וטעם אשר ישתה אדני בו. עלילה להגדיל עליהם האשם כי הגונב כוס המלך ישתה בו בחה המלכות ולא יועיל כי ירבה שחד ותשלומין: והוא נחש ינחש בו. כי איננו רוצה שיהי' הכוס שלו לאחרים וישאל למנחשים עליו וזהו שאמר אוש אשר כמוני. וכוונתו לומר כי על פי המנחשים ידע שהם גנבוהו. ולכך רדף אחריהם יותר מכל הבאים בביתו וכל זה להתנכר בענין כאשר התנכר בחפשו שהחל בגדול ובקטן כלה: (י) גם עתה כדבריכם כן הוא. אף זו מן הדין אמת כדבריכם כן הוא שכלכם חייבין בדבר עשרה שנמצאת גנבה ביד אחד מהן כלן נתפשין אבל אני אעשה לכם לפנים מן השורה אשר ימצא אתו בלבד יהיה לי עבד לשון רש"י ואין לשון גם עתה נופל יפה על הפירוש הזה ואולי יאמר גם עתה שכדבריכם כן הוא המשפט. אשר ימצא אתו יהיה לי עבד בלבד אבל יוסף אמר חלילה לי מעשות זאת ויורה כי אין משפטם שיהיו כלם נתפשין בגנבה. ולכן אמר חלילה לי כי שופט כל הארץ אני וחלילה לי מעשות לכם חמס כי אין חיוב בעשרה בהמצא גנבה ביד אחד מהם בלתי אם נועדו בה בהוסדם יחד ללכת לגנוב ולקח אחד מהם את הגנבה לדעת

אבן עזרא

כוס: (ה) והוא נחש ינחש בו. הוא נסה אתכם בו לדעת אם אתם גנבים. כמו נחשתי. וכן כי נחש ינחש. וטעמו למה לא פחדתם כי לנסותכם שמתי גביע הכסף לפניכם והעלמתי עיני עד שתקחוהו. ויאמר ר' יונה כי פי' בו בעבורו וכן הוא טעמו והוא ישאל למנחשים בעבורו. גם כי נחש ינחש כי איש כמוני יש לו מנחשים וי"א כי הגביע היה מלוייר ובו היה מסתכל לפני אחיו ואומר זה הוא

ספורנו

שיהיו כולם יודעים הדבר: (ז) למה ידבר אדוני כדברים האלה. כמו חושד את כולנו: (י) גם עתה כדבריכם כן הוא. אע"פ שעתה בזה הענין כן הוא הדין כמו שאמרתם בהיות הגביע גביע השלים אשר שלם לכם טובה להשיב כספכם איש אל שקו מכל מקום האיש אשר ימצא אתו הוא יהי' לי עבד ולא כולכ וגם הוא לא ימות כמו שהיה מן הדין: ואתם תהיו נקיים. מעבדות ומכל עונש

אחר

this the one my master drinks from? Why, he even divines with it! You have done evil by the way you have acted.' " 6. He overtook them, and he said these words to them. 7. And they said to him, "Why should my master say such words as these? Far be it from your servants to do a thing like this! 8. Behold, the money we found in the mouth of our sacks we returned to you from the land of Canaan; so how could we steal from your master's house silver or gold? 9. Whichever one of your servants with whom it is found shall die, and also we will be slaves to my master." 10. And he said, "Now indeed, so it is as you have spoken. [But] the one with whom it is found shall be my slave, and you shall be cleared."
11. So they hastened, and each one lowered

they go any considerable distance from the city, no one will be able to stand against them, because they are compared to wild beasts: 'Judah is a lion's cub' (Gen. 49:9); 'Dan shall be a serpent on the road' (ibid. verse 17); 'Naphtali is a gazelle-like messenger' (ibid. verse 21). Get up and chase them while they are still overawed by the city!"—[Da'ath Zekenim]

5. Is not this the one my master drinks from?—He did not explicitly mention the goblet, but he spoke to them as if they knew that they had taken the goblet: "Isn't this thing that you have taken what my lord drinks from?" They replied as if they did not know what he wanted: "...so how could we steal from your master's house silver or gold? Whichever one of your servants with whom it—silver or gold—is found, shall die" (verses 8-9). The official mentioned that his lord drinks from it and divines with it. This was meant

to magnify the crime.—[Ramban]

Other commentators question this verse, since apparently the official is saying that his master can discover the whereabouts of the goblet through divination. Now if he divines by means of the goblet, yet it is not currently in his possession, how can he possibly divine its whereabouts?

Therefore, Da'ath Zekenim explains the verse as follows: How dare you steal it? Were you not aware that my master needs the goblet since he always drinks from it, and it is dear to him? [Indeed, you saw him drink from it at lunch.] When he notices that it is missing, he will divine by himself, for he knows how to divine even without the aid of the goblet. He can also command others to divine about it in order to find out who stole it. [Thus, they render: "and he divines by himself," or "and he divines concerning it."] The latter interpretation is shared by Rashbam and Rabbi Jonah, quoted by Ibn Ezra.

Ibn Ezra suggests also that נַחֵשׁ
יְנַחֵשׁ means that "he tested you with
it to determine whether or not you
were thieves. I placed it before you
to see if you would take it, and I
pretended not to be aware of it until
you took it."

7. **Far be it from your ser-
vants**—Heb. חָלִילָה, *it is profane for
us* (חֻלִּין), *an expression of disgrace.
The Targum renders:* חַס לְעַבְדָּךְ, *may
your servants be spared,* [i.e.,] *may
the Holy One, blessed be He, spare
us from doing this.* [May He never
allow us to do such a thing!] *There
are many such expressions in the
Talmud:* חַס וְשָׁלוֹם, *God forbid.—*
[*Rashi*]

8. **Behold, the money, etc.**—*This
is one of the ten* a fortiori *conclusions*
(deductions from minor to major)
*mentioned in the Torah, and they are
all enumerated in Gen. Rabbah*
(92:7).—[*Rashi*] [What is meant here
is: If we took the trouble to return
money that we did not steal (the
minor) then why would we now take
something that is not ours altogether
(the major)?!]

10. **And he said, "Now indeed. . ."**
—*Indeed, according to the law, it is
as you have spoken, that you are all
liable in this matter. I.e.,* [if there
are] *ten people,* [and] *in the posses-
sion of one a stolen article is found,
they are all imprisoned. I will not
treat you according to the strict letter
of the law, however.* [Instead, only]
"*the one with whom it* (the goblet) *is
found shall be my slave.*"—[*Rashi*

from *Gen. Rabbah* 92:7]

Ramban suggests that *Rashi*
means: Even now, when the judg-
ment will be indeed as you have
stated, only the person with whom it
is found shall be my slave. *Ramban*
himself, however, presents two
different interpretations of this verse.
The first is that initially Joseph
accused all of them. They, in turn,
sought to exonerate themselves by
saying that only the one with whom
the goblet is actually found is the
thief. Although they knew they were
not involved in the theft, they
imposed punishment upon themselves
by submitting to slavery. Therefore,
the overseer said, "Even now," that
you are united and found together,
"so it is as you have spoken, that the
one with whom the goblet is found—
he" is the thief, and he alone deserves
punishment, and he "shall be my
slave," for I am more interested in the
payment than in the thief's death,
"but you shall be cleared," for I am
giving you the benefit of the doubt,
and perhaps you really were not
aware of the theft, as you stated.

Ramban's second interpretation is
that כֵּן הוּא means "so be it." Even
now, when the law is not as you have
stated, namely that you should be
enslaved only as a self-inflicted
punishment, you do in fact deserve to
be incarcerated until it is determined
whether or not you are innocent. But
if it shall be as you say, namely that
you were not involved in the theft,
you will not be detained at all.

וְהוּא מְטַיְירָא הֲוָה מְטַיֵיר בֵּיהּ אַבְאַשְׁתּוּן מַה דַעֲבַדְתּוּן : ו וְאַדְבִּיקִינוּן וּמַלֵיל עִמְהוֹן יַת כָּל פִּתְגָמַיָא הָאִילֵין : ז וַאֲמָרוּ לֵיהּ לְמָא יְמַלֵיל רִבּוֹנִי כְּפִתְגָמַיָא הָאִילֵין חַס לְעַבְדָךְ מִלְמֶעֱבַד כְּפִתְגָמַיָא הָדֵין : ח הָא כַסְפָּא דְאַשְׁכַּחְנָא בְּפוּם טוּנָנָא אַתִיבְנֵיהּ לָךְ מֵאַרְעָא דִכְנַעַן וְהֵיכְדֵין נִיגְנוּב מִבֵּית רִבּוֹנָךְ מָנִין דִכְסַף או מָנִין דִדְהַב : ט דִי יִשְׁתְּכַח עִמֵיהּ מֵעַבְדָךְ יְהֵי חַיָיב קְטוֹל וְאוּף אֲנַן נְהֵי לְרִבּוֹנִי לְעַבְדִין : י וַאֲמַר אוּף כְּדֵין הֵי כְּפִתְגָמֵיכוֹן כֵּן יְהֵי דְיִשְׁתְּכַח עִמֵיהּ יְהֵי לִי עַבְדָא וְאַתּוּן תְּהוֹן זַכָּאִין : יא וְאוֹחִיאוּ וְאַחִיתוּ גְבַר

פי' יונתן

אם סממו כבינוי דתיקא כאשר כתב בעצמו ע"כ לא העתקנוס וע"ש : (ה) מטייר' מטייר ככר פירשנוס ועוד איפא בפסיקתא מאי מטייר אסטרלוג כיו שהיו

רשב"ם

(ה) וחוא נחש ינחש בו. יש לומר שהיה מראה עצמו לעיניהם כיודע ענינים על ידי קסם ויש מפרשים חכם בכותי ינחש על ידי הכוס מי גנבו ממני לפי שכתוב לפנינו כי נחש ינחש איש אשר כמוני ואין כתיב שם ינחש בו :

(י) כדבריכם כן הוא. שהרי כולכם שותפים וכן מנהג סוחרים ללקות זה על זה אבל איני חפץ אלא הוא לבדו יהיה לי עבד :

דעת זקנים מבעלי התוספות

אריס יהודה. יהי דן נחש עלי דרך. נפתלי אילה שלוחה. קום רדוף עד שאימת העיר עליהם. הלא זה אשר ישתה וגו' פירש עלם בדעת' לגנבו הלא ידעתם שהגביע שאדוני שותה בו לריך הוא לו כל שעה וחביב עליו ומיד שלא ימלאנו נחש ינחש הוא בעצמו שיודע לנחש או ילוה לאחרים עליו לדעת מי גנבו : (י) גם עתה כדבריכם כן הוא וגו'. תימה והלא אין זה כדבריכם כי הם חייבו את מי שימלא הגביע בידו מיתה והם עצמן לעבדים לכן נראה לומר כדבריכם אשר גזרתם על עצמכם כן הוא דינו של אותו שנמלא אתו. ועוד ארויח לכם שאתם תהיו נקיים. ד"א כדבריכם שאמרתם שאתם נאמנים כן הוא שהרי הכסף אשר מצאתם החזרתם אותו אמנם אחיכם הקטן שלא ראיתי

אור החיים

מה שלפניו ינחש מה שעתיד להיות וכו נחש וידע כי הם יגנבוהו ואולי כי לטעם זה נתנו לב עליו אחר הליכתם : **הרעותם** אשר עשיתם. קשה אחר שאמר למה שלמתם רעה תחת טובה מה מקום לומר הרעותם וגו'. הלא אין לך רעה בעולם כמשלם רעה תחת טובה ואולי שנתכוין לסתור הוכחת ההפכיות ממה שהחזירו הכסף השכוח באמתחתם כי זה האיש אשר אליו גלוי שהשיבו מאהם כסף הנמלא אתם וא"כ יעשה ק"ו הן כסף וגו' ואיך יגנבו כמו שהשיבוהו אח"כ לזה אמר הרעותם אשר עשיתם כי בזה סתרתם לאותה חזקה שהחזקתי אתכם בכשרות במעשה אשר עשיתם בהשבת הכסף והורעה חזקתם כי לא אנשי אמת הם ותולה אני המעשה בדרך מקרה והוא מהמקרים אשר יעשו גם הגנבים ולא ממוסר השכל. ועוד ירלה באומרו הרעות' אשר עשית' פי' בהשב' הכסף כי באמלעות דבר זה גילו אדעתם כי מה שהחזירו הכסף זה אדרבא מהרשע עשו כן להחזיק אותם באנשים בעלי אמונה שבאמלעות זה יאמינו בהם וימלאו מקום לגנוב דברים יקרים וחשוב מכסף המושב כי מחזיק הגביע ליקר הערך מהכסף שהשיבו עמהם : **למה** ידבר וגו' כדברים וגו'. פי' מה מקום יש לו לדברים לא מבעיא הדברים עלמם אלא אפילו הדומה להם אין ראוי לו לדבר כל דדומה לכיעור זה חלילה לעבדיך לעשות אפי' דומה לזה והוא אומרו כדברים האלה ואומרו הן כסף וגו' והוא כבר סתר ק"ו זה כמו שפירשתי נתכוונו לסתור טענתו בין מה שפי' כי כוונתו לומר כי סתרו לחזקת השבה כי אינה לגד אמונתם אלא דבר מקרה אמרו כי הן אמת כי יהיה דבר זה דרך מקרה באיש גזלן לעשות כדברים האלה אבל לא בסדר זה שאחר שזכה בו והוליכו למקום רחוק ימים רבים אפילו לאיש נאמן קשה הוא אללו להשיב גזל הנאכל ואנו השבנוהו אליך מארץ כנען אחר שזכינו בו למרחוק מליאות זה לא ימלא אלא בבחינת הנאמן גמור וכנגד מה שנתחכם לומר כי למרמה נתכוונו בהשבת הכסף הן אמת כי דבריו ילדקו אם היה הגביע נחשב אללם לפעולתו לנחש יהיו הדברים כטענתו אבל כפי האמת הוא אללם כשאר כסף בעלמא כי לא ינחשו וגם לא ידעו לנחש בו ואינו אללם אלא כשאר כסף והוא אומרו איך נגנוב וגו' כסף וגו' פי' אינו אללינו הגביע אלא בגדר כסף. ומה שאמרו או זהב נתכוונו לו' שאינם יודעים הגביע שהוא טוען עליו אם הוא כסף או זהב וזה יגיד שאין להם ידיעה בו כל עיקר : **אשר** ימלא וגו'. פירוש כמשפט בן נח שנהרג על הגניבה וגם אנחנו מחייבין עלמינו להיות עבדים : **ויאמר** גם עתה וגו'. צל"ד אומרו גם מה נתחדש עתה לענין הדין ועוד קשה אומרו כדבריכם כן הוא ורואני שהוא הפך דבריהם כי הם אמרו אשר ימלא אתו ומת והוא אמר יהיה עבד ואולי שנתכוין להשיב על מה שאמרו הן כסף אשר מלאנו וגו' ואמר גם עתה אחר שנחשדו בדבר ואני מלדיק דבריכם שלא גנבתם ועומדים אתם בחזקת אמונה ראשונה אבל אינכם יכולין להלדיק כל אחד ואחד מכם כי אפשר שימלא בהם אה לא לאמונה עשה ואותו נטל הגביע ואין טענתי אלא על אחד מכם ומשפטו הוא

כלי יקר

ויאמר גם עתה כדבריכם כן הוא. איך אמר כדבריכם כן הוא הלא המה אמרו שהגנב בן מות והמה יהיו לעבדי' והוא לא כן אמר אלא אשר ימלא אתו יהי' לי עבד ואתם תהיו נקיים ופירושו של רש"י אינו כפי דקדוק הלשון. ועוד איך אמר השליח יהי' לי עבד הי' לו לומר יהי' עבד לאדוני כי הוא עצמו עבד וא"כ עשה אותם עבד לעבדים. ועוד הוא אמר ואתם תהיו נקיים ויוסף אמר ואתם עלו לשלום אל אביכם ומהו לשון תהיו נקיים הוה ליה למימר ואתם נקיים. גם לשון גם אנחנו גם אשר נמלא הגביע בידו לריך ביאור ובעקידס פירש שאמרו יודעים אנחנו שעון זה אין בנו זולת שהאלהים מלא עון עבדך ועון אחר גרם לנו מכשול זה והיינו עון מכירת יוסף שלא היה לבנימין חלק בזה ע"כ אמרו לא זו אנחנו פשיטא שדין עלינו להיות עבדים בעון שמכרנו אחינו לעבד אלא אפי' גם זה אשר נמלא הגביע בידו שאין לו חלק באותו עון מ"מ גם הוא יהיה עבד ולפירושו קשה א"כ המושל לא ידע ולא יבין דבריהם ומה לא זו אף זו יש כאן כי בלי ספק לא גלו לו מכירת אחיהם. על כן לריך אני לפרש לא זו אף זו בענין שהבינו גם המושל. וזה כי ארבע חלוקות ודעות היו כאן כי מתחילה הפריזו האחים על המדה לומר שהגנב עלמו בן מות והמתחברים אליו ראוי להקל בעונשם על כן יהיו עבדים כי שיה להם להיות עומד על המשמר כי ודאי גנב עתיקא הוא מאחר שלא יכול להתאפק מלגנוב אפי' משלחן המושל ושלוחו של יוסף אמר כי בדיננו אין הגנב בן מות ואין דין מיתה על גניבת ממון כ"א עבדות ולפי זה דין הוא שתהיו כלכם עבדים אך לפי שחרפה לכם להשוות אתכם בדין אחד עם הגנב עלמו כדי שלא יאמרו שגם אתם גנבים כמותו על כן אעשה חלוקה שניה וגם לפי חלוקה זו יהיה כדבריכם שלא תהיו שוים אל הגנב עלמו כי הוא יהי' לי עבד דהיינו עבד לעבדים ואתם תהיו ג"כ עבדים אבל לא לי כ"א אל המושל עלמו דהיינו עבדות בדרך נקיה לכך אמר תהיו נקיים שיהי' הויה גם לעבדותכם אמנם בדרך נקיה קלה ורמז להם שיהיו נקיים מנכסיהם כי מה שקנה עבד קנה רבו כמו שפירש"י על פסוק ובעל השור נקי ילא פלוני נקי מנכסיו כך רמז להם שיהיה להם ג"כ עבדות אבל לא יהיה להם מיני הגנות התלוין בעבדות רק זה לבד שיהיו נקיים מנכסיהם ולא יהיו בני חורין. אבל הגנב עלמו זולת זה יש לו עוד הרב' מיני גנאי התלויין במה שיהיה עבד לעבדים ועל שלא השוה גם לפי סברתו האחים אל הגנב עלמו אמר גם עתה לפי סברתי כדבריכם כן הוא. והאחים בבוא' לפני יוסף אמרו הננו עבדים לאדוני כאשר פסק עבדך עלינו אך מה שפסק שהגנב יהיה עבד לעבדים זהו גנות גדול ועל זה בקשו מן המושל להקל מעליהם ודרך פשרה החמירו על עלמם להשוות את עלמם אליו ויהיו כולם עבדים אל המושל כי אין לחוש שיחזור ויגנוב כי אנחנו נעמוד על המשמר ואמרו דרך לא זו אף זו גם אנחנו לא זו אנחנו פשיטא שדין הוא שלא נהיה עבד לעבדים כי אין אנו חשודים בעיניך שהרי כסף אשר מלאנו בפי אמתחותינו השיבונו אליך ואיך נגנוב מבית אדוני. אלא אפי' גם אשר נמלא הגביע בידו מבקשים אנו לעשות לו חסד שיהיה עבד לאדוני ולא עבד לעבדים. ויוסף אמר הלי"ל לי מלהשוות אתכם אל הגנב אלא הוא יהיה לי לעלמי עבד כאשר בקשתם וא"כ בהכרח הוא שאתם תעלו בשלום אל אביכם :

אִישׁ אֶת־אַמְתַּחְתּוֹ אָרְצָה וַיִּפְתְּחוּ
אִישׁ אַמְתַּחְתּוֹ׃ יב וַיְחַפֵּשׂ בַּגָּדוֹל
הֵחֵל וּבַקָּטֹן כִּלָּה וַיִּמָּצֵא הַגָּבִיעַ
בְּאַמְתַּחַת בִּנְיָמִן׃ יג וַיִּקְרְעוּ
שִׂמְלֹתָם וַיַּעֲמֹס אִישׁ עַל־חֲמֹרוֹ
וַיָּשֻׁבוּ הָעִירָה׃ מפטיר יד וַיָּבֹא יְהוּדָה
וְאֶחָיו בֵּיתָה יוֹסֵף וְהוּא עוֹדֶנּוּ שָׁם
וַיִּפְּלוּ לְפָנָיו אָרְצָה׃ טו וַיֹּאמֶר לָהֶם
יוֹסֵף מָה־הַמַּעֲשֶׂה הַזֶּה אֲשֶׁר
עֲשִׂיתֶם הֲלוֹא יְדַעְתֶּם כִּי־נַחֵשׁ
יְנַחֵשׁ אִישׁ אֲשֶׁר כָּמֹנִי׃ טז וַיֹּאמֶר
יְהוּדָה מַה־נֹּאמַר לַאדֹנִי מַה־נְּדַבֵּר
וּמַה־נִּצְטַדָּק הָאֱלֹהִים מָצָא אֶת־עֲוֹן
עֲבָדֶיךָ הִנֶּנּוּ עֲבָדִים לַאדֹנִי גַּם־
אֲנַחְנוּ גַּם אֲשֶׁר־נִמְצָא הַגָּבִיעַ בְּיָדוֹ׃
יז וַיֹּאמֶר חָלִילָה לִּי מֵעֲשׂוֹת זֹאת
הָאִישׁ אֲשֶׁר נִמְצָא הַגָּבִיעַ בְּיָדוֹ הוּא
יִהְיֶה־לִּי עָבֶד וְאַתֶּם עֲלוּ לְשָׁלוֹם אֶל־אֲבִיכֶם׃ ססס

ית טועניה לארעא
ופתחו גבר טועניה:
יב ובלש ברבא שרי
ובזעירא שיצי ואשתכח
כלידא בטוענא דבנימן:
יג ובזעו לבושיהון ורמו
גבר על חמריה ותבו
לקרתא: יד ועאל יהודה
ואחוהי לבית יוסף והוא
עד כען תמן ונפלו
קדמוהי לארעא: טו ואמר
להון יוסף מה עובדא
הדין די עבדתון הלא
ידעתון ארי בדקא
מבדיק גברא די כותי:
טז ואמר יהודה מה נימר
לרבוני מה נמליל ומה
נזכי מן קדם יי אשתכח
ית חובא דעבדך הא
אנחנא עבדין לרבוני אף
אנחנא אף די משתכח
כלידא בידיה: יז ואמר
חס לי מלמעבד דא
גברא די אשתכח כלידא
בידיה הוא יהי לי עבדא
ואתון סקו לשלם לות
אבוכון: ססס

ת"א ויחפש בגדול פסחים ז ח: מה נדבר ומה שבת קה: חלילה לי עקידה שער כז:

קמ"ו. יחזקיהו אמליה יהיה לי עב"ד סי' ותיבות אלפים כ"ה:

שפתי חכמים

שאשר ימלא אתו מעבדיך ומת הוא ביאור כדבריכם כן הוא וגו' ואין הדבר כן שהרי הם לא אמרו כן לפיכך הולך הרב להוסיף אבל אני אעשה לכם לפנים משורת הדין הוא לבדו יהיה לי עבד וכו' שאינו מן הדין רק לפנים משורת הדין: נ כלו' אע"ם שנגנבתם הכום שאני מנחש בו וא"כ מהיכן יש לי לידע שאתם גנבתם אפ"ה מסברא הי' לכם לידע זה כי איש כמוני וכו' וק"ל:

חסלת פרשת מקץ

רש"י

עבד: (יב) בגדול החל. שלא ירגישו שהיה יודע היכן הוא: (יג) ויעמס איש על חמורו. בעלי זרוע היו ולא הוצרכו לסייע זה את זה לטעון: וישבו העירה. מטרפולין היתה והוא אומר העירה העיר כל שהוא אלא שלא היתה חשובה בעיניהם אלא כעיר בינונית של עשרה בני אדם לענין המלחמה: (יד) עודנו שם. שהיה ממתין להם: (טו) הלא ידעתם כי נחש ינחש וגו'. הלא ידעתם כי איש חשוב כמוני יודע לנחש ולדעת מדעת ומסברא ובינה נ כי אתם גנבתם הגביע: (טז) האלהים מצא. יודעים אנו שלא סרחנו אבל מאת המקום נהיתה להביא לנו זאת מצא בעל חוב מקום לגבות שטר חובו: ומה נצטדק לשון צדק וכן כל תיבה שתחלת יסודה צד"י והיא באה לדבר בל' מתפעל או נתפעל נותן טי"ת במקום תי"ו ואינה נתנת לפני אות ראשונה של יסוד התיבה אלא באמצע אותיות העיקר כגון נצטדק מגזירת צדק ויצטבע מגזרת צבע ויצטירו מגזרת ציר אמונים הצטיידנו מגזרת צדה לדרך. ותיבה שתחלתה סמ"ך או שי"ן כשהיא מתפעלת התי"ו מפרדת את אותיות העיקר כגון (קהלת יב) ויסתבל החגב מגזרת סבל (דניאל ז) מסתכל הוית בקרניא מגזרת סכל. (מיכה ו) וישתמר חקות עמרי מגזרת שמר. (ישעיה נט) וסר מרע משתולל מגזרת (איוב יז) מוליך יועצים שולל (שמות טז) מסתולל בעמי מגזרת (ירמיה יח) דרך לא סלולה: חסלת פרשת מקץ

his sack to the ground, and each one opened his sack. 12. He searched; he started with the eldest and finished with the youngest, and the goblet was found in Benjamin's sack. 13. So they rent their garments, and each one loaded his donkey, and they returned to the city. 14. And Judah and his brothers came to Joseph's house, and he was still there, and they fell before him upon the ground. 15. And Joseph said to them, "What is this deed that you have committed? Don't you know that a person like me practices divination?" 16. And Judah said, "What shall we say to my master? What shall we speak, and how shall we exonerate ourselves? God has found your servants' iniquity—both we and the one in whose possession the goblet has been found." 17. But he said, "Far be it from me to do this! The man in whose possession the goblet was found—he shall be my slave, but as for you—go up in peace to your father."

---

12. he started with the eldest—*so that they would not detect that he knew where it was.*—[*Rashi* from *Gen. Rabbah* 92:8]

Ramban explains that originally the official blamed them all, saying, "Why have you repaid good with evil?" They defended themselves saying, "Whichever one of your servants with whom it is found, shall die," for he is the thief, "and also" those who are innocent "will be slaves to my master." They meant that they truly knew nothing about the goblet, and if it was found in anyone's possession, that person would be the only one privy to the theft, and it is he who should be put to death. The others, although innocent of any involvement in the crime, desired to demonstrate how certain they were that they had not stolen the goblet, and thus they imposed a penalty upon themselves that they should all be detained as slaves. The official replied that although it is the law that the thief should be put to death, he would gain nothing from this and preferred that the thief become a slave. As far as the others were concerned, he would not accept their self-inflicted penalty, but would free them all.

13. and each one loaded his donkey—*They were very strong men, and they did not have to assist each other to load* [the donkeys].—[*Rashi* from *Midrash Tanchuma, Mikeitz* 10]

and they returned to the city—*It was* [in fact] *a* [major] *metropolis. So why does the Torah say, "to the city," meaning a city of any size? Because it was of no more importance to them* (the brothers) *than an* average-sized city (village) *of ten people as regards* [to fighting a] *war.*—[*Rashi* from *Gen. Rabbah* 92:8] [I.e., they would be able to conquer it in battle just as they would be able to crush a small town that consisted of only ten inhabitants.]

14. **and he was still there**—*for he was waiting for them.*—[*Rashi* from *Midrash Tanchuma, Mikeitz* 10]

Maskil l'David notes that *Rashi* alludes to this *midrash*, which states that Joseph usually went to court to judge, but on that day he did not go out. He said, "I will not embarrass my brothers before the Egyptians."

15. **Don't you know that a person like me practices divination?**—*Don't you know that a person as esteemed as I knows how to test and ascertain through knowledge, reason, and discernment that you stole the goblet?*—[*Rashi* from *Targum Onkelos*] According to *Onkelos*, this is not actually divination, because he did not have the goblet with which to divine, but he could deduce from the circumstances that they had stolen the goblet.—[*Sifthei Chachamim*] *Ibn Ezra* explains: a man like me has diviners.

16. **God has found**—*We know that we have not sinned, but this has come from the Omnipresent to bring this upon us. The Creditor has found a place to collect His debt.*—[*Rashi* from *Gen. Rabbah* 92:9]

We are not being punished because of *this*, for we did not sin in this matter at all. God wishes to punish us, and to exact retribution upon us through you, because of a sin that we committed previously, in the vein of

"From the wicked comes forth wickedness" (I Sam. 24:14).—[*Sforno*]

and how shall we exonerate ourselves—Heb. נִצְטַדָּק, *an expression of justice* (צֶדֶק). *Similarly, every word whose radical begins with a "zaddi," and is to be used in the form of "hithpa'el" or "nithpa'el" (the reflexive voice), a "teth" is substituted for the "tav"* [of the "hithpa'el"] *and it is not placed before the first letter of the radical but in the middle of the radical letters. E.g., "shall we exonerate ourselves (נִצְטַדָּק),"* from the root צדק, *justice; "was drenched (יִצְטַבַּע)"* (Dan. 4:30), *from the root* צבע, *to drench; "and disguised as ambassadors (וַיִּצְטַיָּרוּ)"* (Josh. 9:4), *from the root of "a faithful emissary (צִיר)"* (Prov. 13:17); *"we took...for our provision (הִצְטַיַּדְנוּ)"* (Josh. 9:12) *from the root of "provisions (צֵידָה) for the way"* (Gen. 42:25). [In contrast, in the case of] *a word whose radical begins with a "sammech" or "sin," when it is used in the "hith-pa'el," [it is] a "tav" [that] separates the letters of the radical, e.g., "and the grasshopper will drag itself along (וְיִסְתַּבֵּל)"* (Eccl. 12:5), *from the root* סבל; *"I looked (מִסְתַּכֵּל)*[1] *at these horns"* (Dan. 7:8), *from the root* סכל; *"And the statutes of Omri shall be observed (וְיִשְׁתַּמֵּר)"* (Micah 6:16), *from the root* שמר; *"and he who turns away from evil is considered mad (מִשְׁתּוֹלֵל)"* (Isa. 59:15), *from the root of "He leads counselors away with madness (שׁוֹלָל)"* (Job 12:17); *"tread (מִסְתּוֹלֵל) upon My people"* (Exod. 9:17), *from the root of "a way that is not trodden (סְלוּלָה)"* (Jer. 18:15).— [*Rashi*]

טוּנֵיהּ לְאַרְעָא וּפְתָחוּ גְּבַר טוּנֵיהּ: יב וּפַשְׁפֵּשׁ בִּרְאוּבֵן שָׁרִי וּבְבִנְיָמִין פְּסַק וְאִשְׁתְּכַח יב וּפַשְׁפֵּשׁ :
אוּגְבִין בְּטוּנָא דְבִנְיָמִין : יג וּבְזָעוּ לְבוּשֵׁיהוֹן וְאִתְיְהַב לְהוֹן כֹּחַ גְּבוּרְתָּא וְטָעֲנוּ גְּבַר עַל חַמְרֵיהּ וְתָבוּ לְקַרְתָּא :
יד וְעַל יְהוּדָה וְאַחוֹהִי לְבֵית יוֹסֵף וְהוּא עוֹד כְּדוֹן תַּמָּן וְנָפְלוּ קֳדָמוֹי עַל אַרְעָא: טו וַאֲמַר לְהוֹם יוֹסֵף מַה
עוֹבָדָא הָדֵין דַּעֲבַדְתּוּן הֲלָא יְדַעְתּוּן אֲרוּם מְטַיְּירָא יְטַיֵּיר גְּבַר דִּכְוָותִי: טו וְהוּא מְטַיְּירֵיהּ מְטַיֵּיר בֵּיהּ :
טז וַאֲמַר יְהוּדָה מַה נֵימַר לְרִבּוֹנִי עַל כַּסְפָּא קַדְמָאָה וּמַה נְמַלֵּל עַל כַּסְפָּא בַּתְרָאָה וּמַה נִזְדַּכֵּי עַל אוּגְבִין
מִן קֳדָם יְיָ אִשְׁתְּכַח חוֹבָא עַל עַבְדָּךְ הָא אֲנַחְנָא עַבְדִין לְרִבּוֹנִי אוּף אֲנַן אוּף מַאן דְּאִשְׁתְּכַח כַּלִּידָא בִּידֵיהּ :
יז וַאֲמַר חַס לִי מִלְּמֶעְבַּד דָּא גַבְרָא דְּאִשְׁתְּכַח כַּלִּידָא בִּידֵיהּ הוּא יְהֵי לִי עַבְדָּא וְאַתּוּן סוּקוּ לִשְׁלָם לְוַת אֲבוּכוֹן:

פי׳ יונתן

יודעים במזלות: (יב) ברחובן שרי ובבנימין פסק דלא תפרש בגדול ביהודה מלשון גדולה לכן כתב שכוא כמשמעו :

רשב"ם

(טו) איש אשר כמוני. כי דרך השרים לקסום קסם כמו שמצינו כי עמד מלך בבל על אם הדרך לקסום קסם והנני יודע מי גונב ממוני :

דעת זקנים מבעלי התוספות

באמונתו הוא גנבו שלא מדעתכם ולכן אותו אשר נמצא הגביע בידו יהיה לי עבד ואתם תהיו נקיים: הוא יהיה לי עבד. תימה דהיה לו לומר יהיה עבד לאדוני. וי"ל אני צריך לשלם לאדוני משלי שהיה בשמירתי א"כ נמצא שהוחזק אצלי ודין הוא שהגנב יהיה לי עבד : (טו) כי נחש ינחש איש וגו׳. כלומר איש השוב כמוני אינו חסר לדעת חכמת נחשים או הוא או אנשיו כדי לברר כל ספק שילא לו על אודותיו ולדעת כל גנבים שיגנבו לו ביד מי הוא: חסלת פרשת מקץ

אבן עזרא

הגדול וזה נולד אחריו : (טז) טי"ת נלטדק . תחת תי"ו התפעל בעבור הלד"י : האלהים מלא . על דרך משל . כי עון היה לנו וכאילו נשכח ואיננו והיום נמלא . או יהיה פי׳ עון עבדיך כמו גדול עוני מנשוא:

רמב"ן

כלם אז יתחייבו . והנכון כי מתחלה היה מאשים את כלם למה שלמתם רעה תחת טובה הרעותם אשר עשיתם והם פטרו עצמם באמרם אשר ימצא אתו ומת כי הוא הגנב וגם אנחנו הנקיים מן הגניבה נהיה לעבדים הנה דעתם לומר שהגנב אשר ימצא אתו הוא לבדו היודע בגנבה כי אם היו כלם בגנבה למה ימות זה ויחיו הם ראוי שימותו כלם או יהיו כלם עבדים כי הדין בהם שוה אבל הם טוענים שלא ידעו האחרים בגנבה רק קנסו את עצמם שיהיו גם הם לעבדים ולכן אמר להם גם עתה שאתם נועדים ונמצאים יחדיו כדבריכם כן הוא אשר ימצא אתו הוא הגנב והוא לבדו הראוי להענש ויהי׳ לי עבד כי בתשלומין אני חפץ יותר ממיתתו ואתם תהיו נקיים כי אולי לא ידעתם בגנבה כאשר אמרתם. או טעם כן הוא . כן יהיה . גם עתה שאין כן המשפט כדבריכם. כן יהיה. וכמוהו ותאמר כדבריכם כן הוא ותשלחם וילכו. טעמו כן יהיה והוא הנכון בעיני והוא דברי רבותינו בב"ר שאמרו עשרה בני אדם שנמצאו בגנבה אין כלם בסירה. אני איני עושה כן וכו׳ נתכוונו למה שפירשתי לא כדברי רש"י ונוכל לתקן לדעת הרב שאמר יוסף חלילה לי מעשות זאת שאהיה לכם אני רע מאשר על ביתי שפטר אתכם מתחלה ואמר לכם ואתם תהיו נקיים כי אני אקיים דברי עבדי ועצת מלאכי אשלים : חסלת פרשת מקץ

אור החיים

הוא יהיה לי עבד והגם שחייב מיתה הדבר תלוי בידי לשעבדו עד עת אשר אחפוץ להמיתו . או ירצה שטען שאין בפיהם נכונה שאמרו ומת כי אין חיוב מיתה אלא אם יש עדות על הגניבה שראוהו שנטלו אבל מציאות זה אינו אלא אומדנא ולא נתחייב אלא מדינא דמלכותא וגו׳ ואתם תהיו נקיים כי בחזק׳ כשרות עומדים ולא יתפשו מדין י׳ שנמצאת ביד א׳ מהם הגניבה כיון שאין עדות עליהם שנועדו יחד וגנבו :

הלא ידעתם כי נחש וגו׳ . בזה נתכוון לסתור ג"כ טענתם שיאמרו מי גילה לכם סוד זה כי אנו הגנבים זולת אם נאמר כי מעשה ידיהם המה והוא עשה הדבר לזה אמר הלא ידעתם כי נחש וגו׳ ומזה ידע . ואומר איש אשר כמוני פי׳ מן הסתם כל אדם גדול כמני ינחש לדעת נסתרות אשר יוכל השיג וא"כ יתגלה הדבר אלי והיה לכם לחוש על הדבר שלא יפלא ממני :

מה נאמר לאדוני . פי׳ אמירה בדרך רילוי מה נדבר פי׳ דיבור קושי בדרך מלחמה מה נלטדק פי׳ במשפט אם נבוא לפני דיינים כי אין מפלט להם בכולן ואין זה אלא מעשה אלהים המה להפרע מהם עונם כשמלא לגנבות חובו ולזד כי העון שבידם הוא לכלם יחד הננו עבדים לאדוני וגו׳ . עוד ירצה באומרו מה נלטדק כי מעתה כשנמצאת הגביע באמתחת בנימין אין עוד מקום לק"ו האמו׳ בדבריה׳ הן כסף וגו׳ כי בנימין לא היה מהמחזירים כסף השב : גם אנחנו . פי׳ הגם שלא נמצא בידינו הגניבה ואומרו גם אשר וגו׳ פירוש לצד שהעון שהוכר אצלם אין בנימין בכלל העון לזה אמרו גם אשר נמצא וגו׳ ע"ד או׳ ב׳ עלים יבשים וחד רטוב וכו׳ וכיון שכולם נלכדו בעונם והוא היה עמהם נלכד בשחיתותם . או ירצה שלא יבין שעודם בדעת ראשון שאמרו אשר ימצא אתו ומת וגם אנהנו לזה גמרו אומר כי אין הסכמת מות ביניהם אלא גם אשר נמצא משפט עבדות יש לו ולא משפט מות ומטעם שאין עדים על הגניבה ויוכל לומר לא ידעתי מי שם וגו׳ :

חלילה לי וגו׳ . פי׳ אם ה׳ מצא לכם עון אני לא אדון על הדבר אלא על מה שנתגלה לי מהמשפט הצדק ועל חטא זה אני שופט האיש אשר נמצא וגו׳ יהי׳ לי עבד וגו׳ ואתם עלו לשלום ובזה נחה דעתי במה שראינו שדבר יהודה כדברים האלה שזה יגיד כי כלו לו דברי פיוס וקבל המשפט ואיך תוך כדי דיבור ויגש אליו ודבר דברי׳ עתיקים ולדבריגו צדקו הדברים כי מקודם השב כי מה׳ יצא הדבר כי מצא האלהים עונם וכשראו שלא קבל יוסף אלא בנימין לבד אמר הרי זה לך לאות כי לא על עון נתפסו ומעתה עמד הדבר לצד בחירת הבחירי לזה ויגש אליו יהודה :

אבי עזר

(טז) [טי"ת נלטדק וכו׳] התפעל מגזרת לדק נהפך התי"ו לטי"ת ודוחקת עלמה בין פ"א לעי"ן . וכן שינתם מקומה התי"ו של השתמר ותי"ו של ויסתבל החגב. כי כן מלאנוה :

ספורנו

אחר : (טו) מה המעשה הזה. שהיה בו רשע עם סכלות שהיה לכם לחשוב שלא יעלה זה בידכם: (טז) מה נאמר לאדוני . להשיב על דבריך כשאמרת מה המעשה הזה כי אמנם מה נדבר להכחיש שלא עשינו זאת אע"פ שהדין עמנו : ומה נצטדק . להוכית במישור שהיה הכל תתבולה להתעולל: האלהים מצא את עון עבדיך. לא בשביל זה אנו נענשים שלא חטאנו בזה כלל אלא בשביל עון שעשינו לימים ראשוני׳ רצה האל להענישנו להפרע ממנו על ידך על דרך מרשעים יצא רשע כמאמר לוליינוס ופפוס (באיכה רבתי) באמרם אנו הרבה נתחייבנו מיתה למקום אלא הרבה שלוחים למקום נמרים ואריות שפוגעים בנו ולא נפרע ממנו אלא על ידך שעתיד לתבוע דמנו מידך : (יז) חלילה לי מעשות זאת . שאהיה אני השליח להפרע מכם מעונותיכם הקודמים כענין מרשעים יצא רשע וידי לא תהיה בך לא אקח לעבד ולא אעניש זולתי החוטא אלי עתה בזה החטא בלבד : חסלת פרשת מקץ

וַיִּקַץ שְׁלֹמֹה וְהִנֵּה חֲלוֹם וַיָּבוֹא יְרוּשָׁלַ͏ִם וַיַּעֲמֹד ׀ לִפְנֵי ׀ אֲרוֹן בְּרִית־אֲדֹנָי וַיַּעַל עֹלוֹת
וַיַּעַשׂ שְׁלָמִים וַיַּעַשׂ מִשְׁתֶּה לְכָל־עֲבָדָיו׃ אָז תָּבֹאנָה שְׁתַּיִם נָשִׁים זֹנוֹת אֶל־
הַמֶּלֶךְ וַתַּעֲמֹדְנָה לְפָנָיו׃ וַתֹּאמֶר הָאִשָּׁה הָאַחַת בִּי אֲדֹנִי אֲנִי וְהָאִשָּׁה הַזֹּאת יֹשְׁבֹת
בְּבַיִת אֶחָד וָאֵלֵד עִמָּהּ בַּבָּיִת׃ וַיְהִי בַּיּוֹם הַשְּׁלִישִׁי לְלִדְתִּי וַתֵּלֶד גַּם־הָאִשָּׁה הַזֹּאת
וַאֲנַחְנוּ יַחְדָּו אֵין־זָר אִתָּנוּ בַּבַּיִת זוּלָתִי שְׁתַּיִם־אֲנַחְנוּ בַּבָּיִת׃ וַיָּמָת בֶּן־הָאִשָּׁה הַזֹּאת
לָיְלָה אֲשֶׁר שָׁכְבָה עָלָיו׃ וַתָּקָם בְּתוֹךְ הַלַּיְלָה וַתִּקַּח אֶת־בְּנִי מֵאֶצְלִי וַאֲמָתְךָ יְשֵׁנָה
וַתַּשְׁכִּיבֵהוּ בְּחֵיקָהּ וְאֶת־בְּנָהּ הַמֵּת הִשְׁכִּיבָה בְחֵיקִי׃ וָאָקֻם בַּבֹּקֶר לְהֵינִיק אֶת־בְּנִי
וְהִנֵּה־מֵת וָאֶתְבּוֹנֵן אֵלָיו בַּבֹּקֶר וְהִנֵּה לֹא־הָיָה בְנִי אֲשֶׁר יָלָדְתִּי׃ וַתֹּאמֶר הָאִשָּׁה
הָאַחֶרֶת לֹא כִי בְּנִי הַחַי וּבְנֵךְ הַמֵּת וְזֹאת אֹמֶרֶת לֹא כִי בְּנֵךְ הַמֵּת וּבְנִי הֶחָי וַתְּדַבֵּרְנָה

פירוש מהגאון מלבים

ויקץ שלמה והנה חלום. ר"ל כי עד עתה נדמה לו הכל כאילו נעשה בהקיץ, עד שכהעירו משנתו ראה כי היה זה בחלום הנבואיי וכבר האריך מהרי"א לבאר שזו היתה מראה גמורה נבואיית, לא כדעת הרמב"ם במורה שכתב שלמה לא השיג בנבואה, עיי"ש באורך, וכן בארתי זאת בפירוש שיר השירים שעל המראה הזאת הושר השיר הראשון, שמצייר בו איך נפש שלמה דרשה את החכמה בדרך העיון, ותבקש להשיג דרכיה בדרך הנבואיי שמשיג מן הקודש אל המאוחר השגה פתאומיות שעז"א ישקני מנשיקות פיהו משכני אחריך נרוצה, וה' מלא שאלתו כמ"ש הביאני אל בית היין: **אז תבאנה,** הקרה ה' לפניו משפט שיתברר ממנו כי מלא ה' שאלתו והחזיון אמת: **ואנחנו יחדו** ר"ל בל תחשוב שאנו יושבות בבית אחד כל אחד בחדר בפני עצמו כי אנחנו יחדו **ואין זר אתנו** בחדר שאנו שם, מוסיף **זולתי שתים אנחנו בבל הבית** לא דר בו איש זולתנו אף ביתר החדרים: **ותקח את בני מאצלי** גם זה לה לראיה כי אין בנה המת כי אחר שמיתת הילד היה על ידי ששכבה עליו אמו, (כי כן הכירה בו שזה סבת מיתתו), ובנה לא היה מונח בחיקה רק **אצלה,** ורק היא **השכיבתו בחיקה** כדי שתטעה שהמיתה אותו: **ואקום בבקר, ואתבונן אליו בבקר** ר"ל שתיכף בבקר התבוננה שלא היה בנה, בל תאמר שנשתנה מחמת מיתה כי ראתה תיכף והוסיפה והנה **לא היה בני אשר ילדתי,** א] שהכירה שאינו בנה, ב] אשר ילדתי כי בנה נולד שלשה ימים קודם, והכירה שזה המת הוא נולד עתה שכבר יוכר הנולד עתה מן בן שלשה ימים, והנה עקר טענתה סמכה ע"מ שאמרה שהכירה שהמת אינו בנה, ולא אמרה גם כן שמכרת שהחי הוא בנה, כי ע"ז י"ל אולי שניהם היו דומים בפרצופיהם, אבל ממה שהכירה שהמת משונה מבנה החי מבואר שהחי הוא בנה, כי מי עשה לה זה להחליף את בנה אם לא חברתה אחר שאין זר אתם בכל הבית, וגם א"ל שבא גנב מבחוץ והחליף, כי לא ידע איש מן החוץ שילדו שע"ז הקדימה וכפלה דבריה **ואלד עמה בבית, ויהי ביום השלישי ותלד גם האשה הזאת ואנחנו יחדו** ר"ל שלא בא לשם איש מן החוץ ולא ידע אדם בדבר: **ותאמר האשה האחרת לא כי בני החי ובנך המת וזאת אומרת לא כי בנך**

אברבנאל

ויקץ שלמה וגו' כבר כתבתי שהיה שלמה בחלומו כל כך עסוק שהיה נדמה לו כאלו כל הדברים ההם הי' בהקיץ ולא ידע ולא הכיר אותם בחלום כי אם בהקיצו. והרמב"ן פירש וייקץ פרעה והנה חלום. שעמד על מטתו מקיץ מחשב במה שראה ולא חלם עוד ואמר זה להעיר על מה שנכתב בספר השינה כי חלום שיחלום אחריו חלום אחד מענין אחר בתוך שנתו אינו מתקיים ולכן אמר כי כאשר הקיץ נהיה החלום ועמד עד הבקר משתאה מחריש על מה שראה לפי שלא היה עדיין יודע אופן הנבואה כמו שנזכר בשמואל הנביא או שהגיד הכתוב שלא שכח דבר מכל מה שראה אבל כאשר הקיץ היה החלום הנבואיי לפניו בשלימותו ותמותו ואז בדעתו שהוא החלום נבואיי בא אל אהל ה' ויעמד לפני ארון הברית ויעל עולות ויעש שלמים להודות ולשבח למהולל בתשבחות על אשר הגדיל לעשות עמו מהחסד בהשפיעו עליו רוח נבואתו והשלימו בכל מיני הידיעות והחכמות ועשה משתה לכל עבדיו בשמחה ובטוב לבב מה שלא עשה בעת המלכתו ולפי שהיתה מעלת החכמה אשר קנה בעיניו דבר גדול מהמלכות אשר ירש מאביו ולהעיר על שפע חכמתו ספר הכתוב שמיד באותו היום קרה שבאו שתי נשים זונות אל המלך לפי שהקרה השם לפני' הנסיון הזה להורות על חכמתו כי הן היו נשים זונות אשר אין בהן בושה וכלימה ומצח אשה זונה היה לכל אחת מהן והיו מעזות פניהן באמור כל אחת מהן בני החי ובנך המת ועכ"ז ירד המלך לתוכן הענין והכיר אמתת הדבר מתוך דבריהן ולאמת הוציא משפט. וספר הכתוב שהמה באו אל המלך ותעמודנה לפניו ר"ל שעם היות שהיה ראוי אליהן שתלכנה לפני בתי דינין שרי האלף אשר להן והם אחר החקירה יביאו הדבר הקשה לפני המלך או לפני בית דין הגדול כמו שצותה התורה. הנה הנשים האלה לא עשו כן אבל מיד בתהילה באו לפני המלך ותעמודנה לפניו ולא לפני ב"ד אחר שבעבור זה היה יותר נקל למלך להכשל בדבר המשפט לפי שלא נעשה עדיין עליו חקירה ודרישה ואעפ"י כן הכיר תעלומות לבחן. והנה האשה אם הילד החי תבעה ראשונה ואמרה לפני המלך בי אדוני אני והאשה וגו' ואין פי' בי אדוני מלשון תחינה כמו שפירשו המפרשים אבל ענינו כי ראוי שתשים לב לשמוע טענותי אדוני כי נפשי מרה לי על בני שזאת רצתה ללקחו בערמה והנה אמר שהיו שתיהן בבית אחד ושילדה היא ראשונה בבית שלשה ימים. ואז ילדה האשה אחרת ולא הי' שם עדים כי אין זר עמהן בבית. לפי שחשבה שאולי המלך בחכמתו יכיר בפני הילדים מי הוא אשר נולד ראשונה שלשה ימים ובזה יתגלה האמת אחר שלא היו משם עדים להגידו גם אמרה שמת בן האשה האחרת לילה שאמו מכובד שנתה שכבה עליו והמיתהו בלילה פתאום ולא קדמו חולי כי אילו קדמהו חולי מה הי' באות הנשים לבקרו והיו מכירות וז"ש אשר שכבה עליו ר"ל מפני שהאשה ההיא מכובד השינה השקועה אשר הי' בה שכבה על הילד בנה והעמיסה עליו והמיתו וכאשר הרגישה במיתת ילדה קמה בעוד לילה אם הילד המת ולקחה את הילד החי מאצל אמו בהיותה ישנה ולא הרגישה בדבר והשכיבה הבן המת בחיקה וכאשר התעוררה להניק את בנה מצאתהו מת וכאשר התבוננה בבקר בצורתו הכירה שלא היה בנה. ולכן היתה שאלתה ובקשתה מאת המלך שיתן לה את הבן החי שהוא בנה. וסיפר הכתוב שהאשה הנתבעת לא רצתה להרבות בדברים פן תכשל בדבריה ויהיה מחתה לה ואמרה בלבד לא כי בני החי ובנך המת. ולא חששה לספר ספורים אחרים כמו שעשתה האחרת כי אם לטעון בעצם הדין בלבד ובזה דברו שתיהן לפני המלך. ושנו ושלשו טענותיהן כמנהג בעלי הדינים

If this is the Sabbath of Chanukah, even if it falls on Rosh Chodesh or on the day preceding Rosh Chodesh, the Haftarah is Zechariah 2:14-4:7 (p. 653). If it is the second Sabbath of Chanukah, the Haftarah is I Kings 7:40-50) (p. 656).

I KINGS 3:15-4:1

3:15. And Solomon awoke, and behold [it was] a dream. And he came to Jerusalem and stood before the Ark of the Covenant of the Lord and offered up burnt offerings and made peace offerings, and he made a feast for all his servants. 16. Then came two women, harlots, to the king, and stood before him. 17. The one woman said, "O, my lord, I and this woman dwell in one house, and I gave birth to a child with her in the house. 18. And it came to pass on the third day after I had given birth, that this woman also gave birth, and we [were] together; there was no stranger with us in the house, besides us two in the house. 19. Now this woman's son died at night because she had lain on him. 20. And she arose in the middle of the night and took my son from beside me while your handmaid slept, and she laid him in her bosom, and her dead son she laid by my bosom. 21. And I rose in the morning to nurse my son, and behold he was dead; so I looked closely at him in the morning, and behold, he was not my son whom I had borne." 22. And the other woman said, "Not so, my son is the live one, and your son is the dead one." And this one said, "Not so, your son is the dead one, and my son is the live one." Thus they spoke

Unless otherwise specified, the commentary on the Haftarah is that of Malbim.

This selection is preceded by Solomon's dream in Gibeon, in which God proclaimed that He had given him "a wise and understanding heart." In the following judgment, Solomon demonstrates how God has indeed given him this.

3:15. And Solomon awoke, and behold [it was] a dream—Up to then, it seemed to him that all this had

taken place while he was awake, until, when he actually woke up, he realized that it had transpired in a prophetic dream. *Abarbanel* dwells on this matter at great length to prove that this was a real prophetic vision, disagreeing with *Rambam* who wrote in his *Guide to the Perplexed* that Solomon did not attain prophecy. See *Abarbanel*'s commentary. I, too, explained this in my commentary on the Song of Songs, where I wrote that the first song of the *Song of Songs* deals with Solomon's vision. It depicts how Solomon's soul had sought wisdom through speculation, and now it sought its ways through prophecy, which achieves knowledge immediately from basic premises to further results. Concerning this, he says, "Let him kiss me with the kisses of his mouth...Draw me, we will run after you" (1:2,4), and God fulfilled his request, as it is written: "He brought me to the banquet hall" (2:4). ["The kisses of his mouth" alludes to the direct message from the mouth of God. "We will run after you" alludes to the immediate knowledge achieved by the prophet, without speculation or deduction. God conceded and brought Solomon's soul into "the banquet hall," where the spiritual "wine" abounds, bringing joy to the soul.]

16. **Then came**—God prepared a judgment through which it would be made clear that He had fulfilled Solomon's request and that the vision was true.

18. **and we [were] together**—Do not think that although we were living in one house, each of us had a separate room. In fact, we were together in one room.

there was no stranger with us—in the room in which we lived.

besides us two in the house—No one besides us lived in any of the other rooms of the house.

20. **and took my son from beside me**—This too was evidence that the dead child was not hers, because since the child's death had been caused by his mother lying on him (for she recognized it was that that

caused his death), and her son was not lying in her bosom but beside her, whereas *she* had

laid him in her bosom—so that she inadvertently killed him.

21. **And I rose in the morning... so I looked closely at him in the morning**—Immediately in the morning, she discerned that it was not her son. Lest she would say that he had changed because of death, she emphasizes that she saw *immediately*, and she continued—

and behold, he was not my son whom I had borne—She recognized that he was not her son, for her son had been born three days earlier, whereas this child had just been born, and one can recognize a newborn child from one who is three days old. Her main argument was that she recognized that the dead child was not hers, but she did not say that she recognized that the living child was hers. Perhaps they resembled each other. Therefore, she could not prove the identity of the living child as hers except through her recognition of the dead child as not resembling her son. Since the dead child was surely not her son, it follows that the live child was hers, for no one else could have exchanged a dead child for hers except her neighbor, since there was no stranger with them in the house. It was also impossible for a thief to enter and switch them because nobody outside knew that they had given birth. For that reason, she said first and then repeated, "and I gave birth to a child with her in the house. And it came to pass on the third day after I had given birth, that this woman gave birth also, and we [were] together." She meant to say that no one had come from the outside, and no one knew that she had given birth.

22. **And the other woman said, "Not so, my son is the live one, and your son is the dead one." And this one said, "Not so, your son is the dead one, and my son is the live one."**—Scripture relates that when they spoke, the defendant worded her defense in the following sequence, "My son is the live one, and your son is the dead one," and the plaintiff worded her claim in the opposite order, "Your son is the dead one, and my son is the live one." It is a rule in rhetoric that first one states the main argument and only afterwards the incidental one, the one of lesser importance. Accordingly, logic dictates that the aim of the woman who was careful to state first, "My son is the live one," is that the live child should be her son. But the aim of the one who was careful to state first, "The dead one is your son," is that the dead one should be considered the son of her neighbor, and *not* that the live one should be her son. From this alone, Solomon could have decided who the mother of the live child was. There could, however, be another reason for the order of their arguments, i.e., that each woman stated first the main evidence upon

which she based her claim. The plaintiff's evidence is from the fact that she recognized that the dead child was not hers. From this she deduced that the live child was hers. The defendant's main evidence was that the live child was hers, and thus she deduced that the dead child was the son of her neighbor. Thus, each one stated first her main evidence and the proof of her claim. Nevertheless, Solomon wisely understood that the one who stated first, "The dead one is your son," did so because that was her aim, for if she did so only because that was her main evidence, it would have sufficed to word it in that manner the first time, but she constantly repeated her argument in this order, as Scripture states:

Thus they spoke before the king—meaning that they repeatedly spoke in this manner, and each time the plaintiff said, "Your son is the dead one, and my son is the live one," Solojmon understood that her intention was only that neither she nor her neighbor should have the live child. Therefore, she consistently emphasized that argument. As far as the evidence was concerned, it was necessary to state this first only the first time, but afterwards each woman should have first stated her aim and her main desire, what she expected to gain from the judgment. Therefore, Solomon announced, before the king. 23. And the king said, "This one says, 'This is my son—the live one, and your son is the dead one,' and this one says, 'Not so; your son is the dead one, and my son is the live one.' " 24. [Then] the king said, "Fetch me a sword," and they brought the sword before the king. 25. And the king said, "Cut the living child in two and give half to one and half to the other." 26. And the woman whose son was the live one spoke to the king, because her compassion was aroused for her son, and she said, "O, my lord, give her the living child, but by no means slay him." But the other said, "Let it be neither mine nor yours, divide [it]."

23. **"This one says, 'This is my son—the live one...' and this one says, 'Not so; your son is the dead one...' "**—He did not first mention the plaintiff's argument, but commenced with the defendant's argument. Afterwards he mentioned what the plaintiff answered her and said first, "Your son is the dead one," before saying, "My son is the living one." That was because he based his finding on this. He meant to say that she repeatedly spoke in this manner, as evidenced by the fact that she spoke this way in reply to the defendant. In her first argument, it was appropriate to first state that her neighbor's child was the dead one, because that was the stronger argument, but after her neighbor answered, "This is my son who lives," as if showing with her finger that she recognized and knew that her son was the live child, she should have answered, "Not so, my son is the live one," meaning that she knew that her son was the living child, for that is what she wanted to gain from the judgment. It is customary for litigants to first present their proof, and after the trial progresses, reveal individual claims and expectations. Consequently, at the end of her argument, since she still stated first, "Your son is the dead one," this proved that that was her aim. In order to clarify this, Solomon said,

24. **"Fetch me a sword"**—In this way, the matter of who wished the child to live and who was willing to let him die would be clarified. And so it was.

26. **And the woman whose son was the live one**—This was the defendant, who first stated in her argument, "My son is the live one." She begged the king that he should not put the child to death but rather give him to her neighbor, *not* because she admitted that her neighbor was right, but

because her compassion was aroused for her son...But the other said—I.e., the plaintiff, who stated first, "Your son is the dead one, said,

Let it be neither mine nor yours—Since the child's maternity

לִפְנֵי הַמֶּלֶךְ׃ וַיֹּאמֶר הַמֶּלֶךְ זֹאת אֹמֶרֶת זֶה־בְּנִי הַחַי וּבְנֵךְ הַמֵּת וְזֹאת אֹמֶרֶת לֹא כִי
בְּנֵךְ הַמֵּת וּבְנִי הֶחָי׃ וַיֹּאמֶר הַמֶּלֶךְ קְחוּ־לִי חָרֶב וַיָּבִאוּ הַחֶרֶב לִפְנֵי הַמֶּלֶךְ׃ וַיֹּאמֶר
הַמֶּלֶךְ גִּזְרוּ אֶת־הַיֶּלֶד הַחַי לִשְׁנָיִם וּתְנוּ אֶת־הַחֲצִי לְאַחַת וְאֶת־הַחֲצִי לְאֶחָת׃ וַתֹּאמֶר
הָאִשָּׁה אֲשֶׁר־בְּנָהּ הַחַי אֶל־הַמֶּלֶךְ כִּי־נִכְמְרוּ רַחֲמֶיהָ עַל־בְּנָהּ וַתֹּאמֶר ׀ בִּי אֲדֹנִי תְּנוּ־
לָהּ אֶת־הַיָּלוּד הַחַי וְהָמֵת אַל־תְּמִיתֻהוּ וְזֹאת אֹמֶרֶת גַּם־לִי גַם־לָךְ לֹא יִהְיֶה גְּזֹרוּ׃

ויען

אברבנאל

הדינים. והמלך אמר זאת אומרת זה בני החי ובנך המת וזאת אומרת לא כי בנך המת ובני החי ובזה לא חדש דבר עליהן ואחז"ל מכאן שצריך לדיין שישנה טענות הבעלי דינין כדי שיראו אם הבין טענותיהם ועליהם ישפוט ולפ"ז שינה המלך הדברים לא לחדש דבר כי אם כדי שיראו שהבין דבריהם ואפשר לומר שלפי שהאשה אשר דברה ראשונה ספרה דברים הרבה באמרה שהאשה האחרת שכבה על הילד ותמיתהו ותקם בעוד לילה ותקח הבן החי והסיפורים האלה לא הי' לה עדים לאמתם לכן אמר המלך להאשה מה לנו בכל הדברים אשר ספרת אחרי שלא תביא עליהם עדים ולא נשאר בזה א"כ כ"א שאת תאמר שבנך החי ולא המת והאשה האחרת אומרת שבנה החי ובנך המת וכל שאר הדברים יפלו כי אין ראיה ולא הכרה לזאת על זאת כלל ושתיהן שוות בדינן ואז צוה קחו לי חרב. וכתבו המפרשים שעשה זה לראות מי משתיהן תחמול על הילד כי בזה יודע באמת שהיא אמו כאשר יכמרו רחמיה עליו כפי האהבה הטבעית אשר לנקיבה עם ולדה וכן היה שאם הילד החי נכמרו רחמיה על הילד ואמרה בי אדוני תנו לה את הילד החי והמת לא תמיתוהו והאחרת אמרה באכזריות גזורו ושמזה הכיר שלמה למי היה הילד החי. ואם היה כדבריחם היה הדבר מבואר ולא היה לשלמה בזה חכמה רבה ולא לישראל שייראו מפניו מפני זה כמו שיזכיר הכתוב אחר זה ואחרים אמרו ששלמה כאשר שמע שהאשה אחת שכבה על בנה והמיתו חשב שתהיה האשה ההיא מטבע מאדים אשר יעשה מכת חרב והרג ואבדון ולכן אמר קחו חרב ואמר גזורו את הילד החי ובראותו שהאשה החשודה אמרה גם לי גם לך לא יהיה גזורו התאמת אצלו שהיא היתה מטבע מאדים ולכן תחפוץ בחרב ובגזירת הילד והוא המורה שהיא המיתה את הנער בשכבה עליו כי הדברים כלם ממין א' מורים זה על זה ומכאן התבאר אצלו מי היתה אם הילד החי וצוה לתתו לה. וכבר כתבתי למעלה בשער השני אמיתת הענין הזה לדעתי. והוא ששלמה השיג אמיתת הדבר הזה קודם הנסיון והבחינה הזאת כי מהכרת פני הנשים הזונות ופרצופיהן כשעיין בהם ואופן דבריהם כששמע אותן השיג מצפוני לבותן וירד לאמת הענין וגלה ליושבים לפניו תוכן הענין ואמיתו כפי מה שהשיג בחכמתו מפרצופי הנשים ואותיות דבריהן ותנועותיהן האמנם עשה הבחינה ההיא בם שהרואים היושבים ראשונה במלכות יכירו חכמתו ויתאמתו אליהם דבריו וגזירתו וידעו שהוא עושה משפט וצדקה בזה והנה אמרה אם הילד החי בי אדוני תנו לה את הילד החי וגו' כלומר בי אדוני העון והכזב או בי יהיה העונש ותנו לה את הילד החי. אמנם האשה האחרת אמרה באכזריות גדולה כנגדה גם לי גם לך לא יהיה ואמרה כנגד שליח בית דין האוחז בילד גוורו ר"ל גזרו אותו רמצות המלך והנה לא רצתה עוד שיתנו לה עוד הילד החי אחרי אשר אמו היתה חפצה בשיתנו אותו אליה: ואמרת שיגזרו אותו לפי שחשבה שהמלך לא יתנו אותו אליה וגם הילד אחרי כן תמיד יספיק בהיותו בנה מפני זה המחלוקת אשר התפרסם ולא היתה חפצה לגדלו ואחרי כן ילך לו ותהיה קורא דגר לא ילד בחצי ימיו תעזבנו ובאחריתו יהיה נבל וגם אין ספק שלא היתה לה אהבה עמו כי לא היה בנה ומפני זה לא רצתה בו ותחפוץ יותר שימות להנקם מחברתה. וחז"ל אמרו שיצאת בת קול ואמרה היא אמו ומסכים הב"ד העליון עם משפט שלמה והנה לא היו ישראל כלם תמהים כ"כ מהמשפט הזה אם היה כפי פשוטו שמתוך הבחינה השיג שלמה אמיתת הדבר ולא

יאמרי

פירוש מהגאון מלבים

המת ובני החי, ספר הכתוב כי בדברם, אמרה הנתבעת בלשון בני החי ובנך המת והתובעת אמרה בהפך בנך המת ובני החי, וכלל בלשון שהאדם יקדים תמיד מה שהוא העקר ויאחר את הטפל, ולפי זה הסברא נותנת שהאשה שדקדקה להקדים בלשונה בני החי קודם, עקר מגמתה שיהיה החי בנה, והמקדמת בלשונה בנך המת עקר מגמתה שיהיה המת בן חברתה, לא שיהיה החי בנה, ומזה כבר היה יכול להבין ולהכריע מי אמו, אמנם יש סברא שכל א' מקדמת מה שהוא עקר אצלה בטענה וראיה, כי התובעת עקר ראייתה היה ממה שהמת אינו בנה שמזה תכריח שהחי הוא בנה כנ"ל, והנתבעת עקר ראייתה הוא ממה שהחי הוא בנה, שמזה מכרחת שהמת הוא בן חברתה, וכ"א הקדימה מה שהוא עקר הראיה וההוכחה לדבריה, אמנם בכל זאת הבין שלמה בחכמתו שהאומרת ומקדמת בנך המת הוא מצד שזה עקר מגמתה, כי הגם שבפעם הראשון שבררה ראיותיה היתה צריכה להקדים שבן חברתה הוא המת שזה עקר הראיה, בכ"ז אחר שחזרה זאת כ"פ כמ"ש והדברנה לפני המלך ר"ל שכן דברו כמה פעמים, ובכל פעם הקדימה התובעת בנך המת ובני החי, מזה השכיל שעקר מגמתה הוא רק שגם לה גם לחברתה לא יהיה, ולכן מקדמת זאת תמיד, כי הבאת הראיה היא רק בפעם הראשון, לא כן בדברים אח"כ יקדים כ"א מה שהוא עקר ברצונו ובלבבו ומה שרוצה לזכות במשפט, וז"ש: **ויאמר המלך זאת אומרת זה בני החי** וכו' **וזאת אומרת לא כי בנך המת**, הנה לא הזכיר דברי התובעת ראשונה, רק התחיל בדברי הנתבעת ואחריו מה שהשיבה התובעת שנית והקדימה בנך המת לבני החי, שע"ז בנה יסודו, כי בטענתה הראשונה נכון מה שהקדימה שבן חברתה הוא המת שזה ראיה יותר כנ"ל, אבל אחר שהשיבה חברתה זה בני החי, כמראה באצבע שמכרת ויודעת שבנה החי, היה לה להשיב לא כי בני החי, ר"ל שהיא יודעת זאת, כי זאת עקר מה שתרצה לזכות במשפט. ודרך הבעלי דינים שבתחלת טענותיהם כ"א מציע ראיותיו, ואחר כך כשיתעצמו בדין, מפרש כ"א מה שהוא רוצה לזכות בדין, וא"כ כיון שבסוף דבריה הקדימה גם כן בנך המת לבני החי, מבואר שזה הוא מה שהיא רוצה לזכות, שיהיה המת בן חברתה, ולברר זאת אמר קחו לי חרב, כי בזה יבורר מי הרוצה שיחיה ומי שתרצה שימות, וכן היה: **ותאמר האשה אשר בנה החי** היא הנתבעת שהקדימה בדבריה בני החי, היא בקשה לבל ימיתוהו, ושיתנו הילוד לחברתה, ולא מצד שהודית לדברי חברתה רק מצד שנכמרו **רחמיה על בנה**, **וזאת אומרת** היא התובעת שהקדימה בדבריה בנך המת, אמרה **גם לי גם לך לא יהיה**, ר"ל אחר שכבר עמד ערעור על הילד ויהיה תמיד בספק מי אמו, עד שלא יהיה לשניהם כבירור, ולכן גזרו, ובזה בררה שמה שהקדימה תמיד בנך המת הוא מצד כי זה היה עקר חפצה

וַיַּעַן הַמֶּלֶךְ וַיֹּאמֶר תְּנוּ־לָהּ אֶת־הַיָּלוּד הַחַי וְהָמֵת לֹא תְמִיתֻהוּ הִיא אִמּוֹ׃ וַיִּשְׁמְעוּ כָל־
ישראל

פירוש מהגאון מלבים

חפלה: ויען המלך ויאמר, ובזה ברר מ"ש בתחלת דבריו, להכריע מתוך סדר דבריהם מי ההפך בילד ומי לא, ובזה הרן המשפט כי היא אמו: וישמעו כל ישראל את המשפט אשר שפט. שמעו איכות משפטו ובאיזה אופן הבין מתחלה עם מי הצדק, ויראו מפניו

אברבנאל

יאמרו על זה כי חכמת אלהים בקרבו אבל הוא כמו שזכרתי ששלמה מיד כשראה הנשים השאננות ועיין בפניהם ושמע דבריהן השיג והיכר אמיתת הענין ואמר לירשבים לפניו תוכן הענין וכדי לאמתו להם עשת הבחינה והנסיון ההוא עד שהם כלם הסכימו עליו ועל זה אמר וישמעו כל ישראל את המשפט אשר שפט המלך

בראשית מד ויגש

יח וַיִּגַּשׁ אֵלָיו יְהוּדָה וַיֹּאמֶר בִּי אֲדֹנִי יְדַבֶּר־נָא עַבְדְּךָ דָבָר בְּאָזְנֵי

אונקלוס

יח וּקְרֵיב לְוָתֵיהּ יְהוּדָה וַאֲמַר בְּבָעוּ רִבּוֹנִי יְמַלֵּיל כְּעַן עַבְדָּךְ

שפתי חכמים

א דהא לא היו מדברים עם יוסף אלא ע"י מליץ ולא היו יודעין שמבין לשון עברי וא"כ איך יוכל לדבר עם יוסף בעלמו

רש"י

(יח) ויגש אליו. דבר באזני אדני. [כ"ר] יכנסו דברי א באזניך: ואל יחר אפך. מכאן אתה למד שדבר אליו

רמב"ן

(יח) ויגש אליו. טעם ידבר נא עבדך דבר. לאמר כי דברים מועטים ידבר ואל יהיו עליו לטורח והנכון בעיני כי

כלי יקר

ויגש אליו יהודה ויאמר בי אדוני. לפי שכבר אמרו לו האחים האלהים מלא עון עבדיך רולה לומר מלא לו בעל חוב מקום לגבות את חובו ורמזו לו שכל זה עלילות דברים הוא והאלהים אנה ליד' כל הקורות הללו מחמת עון אחר שעשו והוא מה שעשו לאחיהם יוסף כמו שאמרו אבל אשמים אנחנו על אחינו וגומר. ועל אותו עון אמר יהודה כמתודה על חטאיו ואמר בי אדוני אותו עון אחר אשר אנו חושבים שהוא סבב לנו כל הקורות תלוי בי יותר מבכל אחי ע"כ אני מוכרח ליכנס בעובי הקור' ולדבר בפניך יותר מכולם והאמת כן הוא כמו שנאמר וירד יהודה מאת אחיו פירש רש"י אחיו הורידוהו מגדולתו ואמרו אתה אמרת לנו למוכרו ואלו אמרת לנו להשיבו היינו שומעים. ומחמת שני טעמים אמר יהודה ליוסף בי אדוני אותו עון תלוי בי האחד הוא מחמת שבא לתרץ למה אני נגש לדבר לפניך יותר מכולם לפי שאני חבתי בכל אותן הגלגולים שעברו עליהם מחמת אותו עון ואע"פ שרש"י פי' על מה שאמר כי עבדך ערב וגו' למה אני נכנס לתגר יותר משאר אחי כו' לפי שנתקשרתי בקשר חזק להיות מנודה בשני עולמות כו' מ"מ היא גופא קשיא למה הוא קבל עליו נדוי יותר משאר אחיו אלא לפי שהרגיש בעלמו שה:א היה חייב באותו עון אשר סבב להם עלילת מרגלים אתם ושלא יוכלו להפטר ממנו כ"א על ידי שיביאו את בנימין על כן הולרך הוא לקבל עליו הנדוי כדי שיתן את בנימין על ידו ושיוליא את אחיו מן העלילה אשר סבב הוא להם על ידי שאמר להם למכור את יוסף. ועוד שיעקב אמר להם לא ירד בני עמכם כי אחיו מת והוא לבדו נשאר וגו' שמע מיניה שאם לא היה יעקב יכול לטעון עליהם טענ' זו היה שולח את בנימין מיד ונמלא שיהודה מלד שלוה למכור את יוסף סבב לשלא רלה יעקב לשלח את בנימין ובעבור זה הולרך ליכנס בעובי הקור' ולקבל עליו הנדוי ועל זה אמר בי אדוני. הטעם השני הוא לפי שרלה לו' ישב נא עבדך עבד תחת הנער וגו' ויטעון עליו המושל למה ילא החייב זכאי והזכאי ילא חייב ליכנס בעול העבדו' חנם ע"כ אמר בי אדוני באמת שאותו עון הגורם לכולם שיהיו עבדי' תלוי בי יותר מבכול' ע"כ דין הוא שעונש העבדו' הנפסק על בנימין יחול עלי והאמת כן הוא כי הוא גרם שלעבד נמכר יוסף אבל לשאר אחיו אין האשמה גדול' כ"כ וכ"ש בנימין שאין לו חלק כלל באותו עון:
ידבר נא עבדך דבר באזני אדוני. לפי שרלה לדבר אליו שכל ענין הגביע הוא עלילה על כן נגש אליו ללחוש באזניו שלא יתביים

אור החיים

ויגש אליו. צל"ד למה הולרך לומר ויגש אחר שקרוב אליו היה ומדבר עמו עד עתה ורז"ל דרשו יעויין ש"ד ונל"ד פשט הכתוב. עוד לא היה לריך לומר תיבת אלא ומובן הדבר עוד צל"ד אומרו בי אדוני לא נודע הרילוי למה ואם לבל יחר אפו היה לו לאומרו סמוך לואל יחר וגו' עוד צל"ד או' באזני אדוני ורז"ל אמרו שיכנסו דבריו באזניו וזה דרך דרש עוד צל"ד כוונת אומר כי כמוך כי לא נודע נתינת טעם זה להיכן חוזרת ואדרבא לצד שהוא גדול כפרעה יקפיד על מיעוט הנהגת כבוד וגדולה. אכן פשט הכתוב הוא כי דבר ידוע הוא כי מנהג המלכים ישבו לפניהם גדולי המלכות ושריהם ויועליהם והיה אם בא איש על דרך משפט או דבר מאת המלך לא יעמוד בהפסק בין המלך ושריו היושבים ראשונה במלכות וחוץ לעגול יעמוד ושם ידבר וכמו כן היה מדבר יהודה עד עתה ואח"כ ויגש אליו פי' שנכנס לפני' ממחילתו ועמד בין המלך ובין השרים כדי שלא ישמעו דבריו לזולת המלך ועיין מ"ש מהר"מ אלשקר בשינוי תיבת לו לתיבת אליו וחילה פני המלך שיתרלה לו לדבר ביחוד אליו והוא אומרו בי אדוני ידבר נא עבדך דבר באזני אדוני באין שומע זולתך וזה לא יתכן אם לא באזניו וחילה פניו שלא ימהר להתכעס על אשר שואל כזה ואינו מהמוסר והוא אומרו ואל יחר אפך בעבדך פי' כי דרך זה יעשוהו גדולים השוים בגדר גדולה זה לזה לא עבד לאדונו והוא אומרו בעבדך וטעם הדבר כי כמוך כפרעה פי' ע"ד מעשה שהובא בגמרא של קטיעא בר שלום שאמרו לו נלחת למלכא וכל דנלח למלכא וכו' ע"כ לזה אם היה נולח יהודה ליוסף בפני השומעים יכנס בסכנת מות מדין נולח למלך וכל יטעון כי המלך הוא פרעה לזה
אמר כי כמוך כפרעה ודינם שוה אשר ע"כ מבקש על נפשו לדבר באזנו ובזה הגס שיגלהו בטענות אין בזוי

ספורנו

(יח) ויגש אליו. ידבר נא עבדך דבר. מאחר שאמרת חלילה לי מעשות זאת שלא תחפוץ שתהיה תקלה על ידך אפילו לחייבים:
ידבר

27. And the king answered and said, "Give her the living newborn child and by no means slay him; she is his mother." 28. And all Israel heard

was contested, and he would never know definitely who his mother is,

divide [it]—With this statement, she made clear that the reason she had always stated first "Your son is the dead one," is that was all she wanted to prove.

27. **And the king answered and**

said—With this, he clarified what he had said at the beginning of his speech, to discern from the order of their words who wanted the child and who did not, and with this, he issued his verdict that **she is his mother.**

28. **And all Israel heard of the judgment that the king had**

GENESIS 44 VAYIGASH

18. Then Judah approached him and said, "Please, my lord, let now your servant speak something into my lord's ears,

18. **Then...approached him... something into my lord's ears**—*Let my words enter your ears.*—[*Rashi* from *Gen. Rabbah* 93:6] Judah could not have literally requested to whisper anything into Joseph's ears since he believed that Joseph did not understand Hebrew and required an interpreter.—[*Sifthei Chachamim*]

Mizrachi and *Gur Aryeh* explain that it is impolite to speak directly into the ears of a ruler. Therefore, Judah could mean this only figuratively. He really meant that he wished to say something to him.

Gur Aryeh adds that Judah could not have meant this literally because one whispers into one ear, not two. Therefore, the expression "into my lord's *ears*" would be inexact. We know, consequently, that Judah did not ask to whisper into Joseph's ears but to speak before him.

Targum Jonathan and *Targum Yerushalmi* render: now let your servant speak a word within earshot of my lord. This apparently coincides with *Targum Onkelos*, which renders: before my lord. *The Pentateuch with Rashi Hashalem* identifies this interpretation with that of *Mizrachi* and *Gur Aryeh*.

Maharzav quotes *Midrash Tanchuma* (*Vayigash* 5), which states that Judah should have said, "Now let your servant speak a word before my lord." Since he used the expression, "into my lord's ears," we deduce that he did not request an audience. This was probably unnecessary. He requested rather that his words would enter Joseph's ears, meaning that he should be impressed by them. *Tanchuma* states that Judah spoke in this manner because he intended to say some mild words and some stern of the judgment that the king had judged, and they feared the king, for they saw that the wisdom of God [was] in him to do judgment.

4:1. And king Solomon was king over all Israel.

judged—They discerned the quality of his judgment and how he understood from the beginning who was right,

and they feared the king for they saw that the wisdom of God [was] in him—to know what was in the hearts of the litigants.

GENESIS 44 VAYIGASH

words. Judah beseeched Joseph to listen to the warnings and accusations he was ready to level against him, to believe them and not disregard them.

Therefore, Judah prefaced his speech with the request that the harsh words that he was preparing to say should enter Joseph's ears.—[*Etz Yosef*] This interpretation is shared by *Nachalath Ya'akov* and *Be'er Basadeh*.

Chizkuni explains: Please now allow your servant to speak to my lord in private.

Maskil l'David notes that *Rashi*'s problem is only that the word דָּבָר, *something,* is superfluous. He therefore concludes that *Rashi* means the following: Now let your servant say something. That something is: Let my words enter your ears.

Levush Ha'orah offers a unique interpretation that exactly matches the wording of the verse. Judah was not referring to himself as "your servant," but actually to Joseph's servant. Judah is hinting here that the finding of the goblet in Benjamin's sack was the result of a plot, which Joseph was behind. Judah said to Joseph, "Why do you question us about the goblet? Ask your servant who is appointed over the storehouses and fills up the sacks, and he will whisper into your ear and tell you the whole story of the goblet, including who placed it into Benjamin's sack, for he surely did as you yourself commanded him! *Zedah Laderech* brings this identical interpretation in the name of *Rabbi Eliezer Ashkenazi*, who adds: And let your wrath not be kindled against your servant—do not be angry with Benjamin, whom it seems you have designated as your servant because the goblet was found in his sack.

The author of *Zedah Laderech* himself suggests that the entire verse refers to Benjamin. Judah beseeched Joseph not to be angry with Benjamin, but to permit him to speak in his own defense.

something—*Ramban* explains that Judah meant that he intended to say only a few words and that they would thus not be a bother to Joseph. *Ramban* continues to say that, in fact, Judah wished to express only one point, namely that he would stay in Egypt instead of Benjamin. The rest of his speech was merely to placate Joseph and to eloquently express his request.

יִשְׂרָאֵל אֶת־הַמִּשְׁפָּט אֲשֶׁר שָׁפַט הַמֶּלֶךְ וַיִּרְאוּ מִפְּנֵי הַמֶּלֶךְ כִּי רָאוּ כִּי־חָכְמַת אֱלֹהִים
בְּקִרְבּוֹ לַעֲשׂוֹת מִשְׁפָּט׃ וַיְהִי הַמֶּלֶךְ שְׁלֹמֹה מֶלֶךְ עַל־כָּל־יִשְׂרָאֵל׃

אברבנאל

המלך וייראו מפני המלך כי ראו כי חכמת אלהים בקרבו ר"ל שחכמת האלהים המיוחדת אליו ית' והיא לבחון לב ולחקור כליות היה בקרב שלמה ולזה היו יראים ממנו בחשבם שלא יוכל אדם לחשוב מחשבה בלבו שיסתר מן המלך :

פירוש מהגאון מלבים

מפניו באשר ראו כי חכמת אלהים בקרבו לדעת אשר בלב הבע"ד :

יונתן בן עוזיאל

יח ויגש וקריב לותיה יהודה ואמר במטו ריבוני ימלל במטו עבדך פתגמא במשמעיה דרבוני ולא יתקיף רוגזך בעבדך ארום מן שעתא דאתינן לותך הות אמר לן מן קדם יי אנא דחיל ובדון חזרון דיניך למהוי מדמיין לריבנוי דפרעה:

רבוני

ירושלמי

יח וקריב לותיה יהודה ואמר בבעו מינך רבוני ימלל כען עבדך פתגם במשמעיה דריבוני ולא יתקף רוגזך בעבדך הלא מן זימנא קדמיא דנחתנן לותך למצרים הויתא אמר לן מן קדם יי אנא דחיל וכדו חזרו דינך למהוי מדמיין לריבנוי דפרעה רבך דאת יימי ביה ארום יקיר אנא כוותך ואבא יקיר כוות פרעה רבך דאת יימי ביה הלא אנא משתבע בחיי רישיה דאבא ולית אנא משקר דאין שליף אנא חרבי מן גו תיקא לית אנא מחזיר יתה לתיקא עד זמן דנימלי כל ארעא דמצרים קטולין לית אנא מחזיר יתה לתיקא עד זמן דנעביד כל ארעא דמצרים צדון מן דיוור מינך קדמוי אנא מישרי ומפרעה רבך אנא מחסיל על מנת מיעבד על כורחיה דאבא או דילמא דלא אשתמע לך ולא אתני לך מה דעבדו תרין אחוי שמעון ולוי דעלו לכרכא דשכם דהוה יתיב בשלוה וקטלו כל דכורא לפתגם דחרב על ידי דסאיבו לדינה אחתהון דלא הויא מתמניא בשבטיא ולא מקבלא חולקא ואחסנא עמן בפילוג ארעא על חד כמה וכמה דבנימין אחונן מתמני עמן בשיבטיא ומקביל חולק ואחסנא עמן בפילוג ארעא ואנא דחילי קשי מדידהון דערבית לטליא מן ידוי דאבא ואמרית ליה אין לא אייתית יתיה לותך ואקימית יתיה קדמך נהוי חטי לך ומרחיק מן שאילת שלמך כל יומיא או דילמא דלא אשתמע לך ולא אתני לך ארום מלכין ושלטונין אנן כוותך בארעא דכנען:

בעל הטורים

ויגש אליו יהודה. בגי' זכו להלחם עם יוסף ובגימ' גם נכנם לפיום דלשלשה דברים נכנם (ועבש"י): ויגש אליו יהודה ס"ת שוה שאמר לו אני שוה לך שכמו שאתה מלך גם אני מלך וע"ז דורש במדרש כי הנה המלכים נועדו: בי אדני. פי' בי עשה מה שתרצה

פי' ירושלמי

(יח) הלא מן זמנ' קדמי' דנחתנן לוותך וכו' כל זה ברבה ובילקוט ומדויק לפי זה בשלמא מבטיח ואינו עושה הי' כמו שהבטיח ואמר אשימה עיני עליו ולא רצה לקיים אך גוזר ואינו מקיים היכן מצינו ביוסף לכן מתרגם שמזמן קדום אמר וגזר על עצמו להיות ירא אלהים שאמר את האלהים אני ירא ותזר בו להיות כפרעה: יקיר אני כוותך ואבא יקיר כוות פרעה רבך וכו' פירוש לפ"ז כי כמוך אני ואבי כפרעה וגם שלא מצינו זה שהיה יעקב מלך הכוונה שהוא נכבד אחד

ודבריו נשמעים כי ידעו שאלהים עמו וכן לשון מנחומא כשם שאתה ופרעה גדולים במקומיכם כן אני ואני גדולים במקומינו: לדון וכו' פי' הרכים מאין יושב:
פינך קדמוי אנא משרי פירוש ממך אנא מתחיל: מחסיל מסיים זהו כי כמוך כפרעה להשוותכם בהריגה: דערבית לטליא כדכתיב לקמן כי עבדך ערב את הנער: דלמא דלא אשתמע לך ולא אתני לך ארום מלכין וכו' פירוש וכי לא סופר לך שמלכים אנו ולכן השגלותי על שאני מדבר באזניך בלי מליץ כי יאה למלך

דעת זקנים מבעלי התוספות

(יח) ויגש אליו בי אדני. ־נוהג שבעולם מי שלוקח עבד ונמצא גנב מחזירו וזה שנמצא גנב אתה מבקש לעבד:

אור החיים

למלך ולא יכנס בדין נולה למלך שחייב כיון שהוא בינו לבין המלך. עוד ירלה כי כמוך וגו' ע"ד אומרו לב מלך ביד ה' ואם ידבר בדרך שתשמע מלתו לכל הנמלאים שם יעשו למלך הפך דעתו ורלונו של מלך ונמלא המלך שעשה דבר שלא כאשר שם ה' בלבו ויעוותו יועליו את לבו לזה אל יחר אפו על כניסתו לפנים ממחילתו לדבר באזני המלך גם בזה הגיד לו כי הוא איש חסד ודוקא רואי פניו נכנסו בחסד דבר תקלה ב"מ: ובדרך דרש יתבאר אומרו ויגש אליו ע"ד או' כמים הפנים לפנים כן לב האדם לאדם ולזה נתחכם יהודה להטות לב יוסף עליו לרחמים והקריב דעתו ורלונו אליו לאהבו ולחבבו כדי שתתקרב דעתו של יוסף אליו לקבל דבריו ופיוסו והוכרח לעשות כן לגד שמן הטבע לא יתחבבו בני יעקב עע"ז כי לא ינוח שבט הרשע על גורל הלדיקים וממזג נפשם לשנוא להמלרים אשר בשר חמורים בשרם לזה הולרך לפי שעה להפך המוטבע ולהגישו בלבבו ולהשיבו בתאוי דליביה. עוד ירלה כי לא נגש יהודה לדבר אלא למה שאליו פי' למה שהבינו כי הגזירה לא מאת ה' באה כמו שפירשתי בפרשה הקודמת בפ' חלילה וכיון שאין הענין בא אלא מיוסף ואליו הם הדברים מסורים לאשר יחפוץ עשות לזה ויגש. עוד ירלה לומר כי לטובתו של יוסף הוא נגש כי בכל פרטי הנאות אשר יעשה העבד יהודה יעשה יותר מבנימין והוא אומרו ויגש אליו פי' לטעון טענה שהיא לטובת המלך והוא ישב נא וגו'. עוד ירלה באומרו אליו לבל יאמר האומר איך סותר יהודה דברי עלמו הנה עבדים גם אנחנו לז"א כי מה שנגש לדבר דברים האמורים בענין ישב נא עבדך וגומר והנער יעל עם אחיו הוא אליו פי' לדברי יוסף הוא שמלא ליכנס לדבר כדברים האלה שאמר חלילה וגו' אבל למה שאמר יהודה אין מענה בלשונו לדבר מה שאמר בענין:
ואומרו בי אדני נתכוין לג' דברים הא' לבל יאמר אליו יוסף למה ידבר הוא לבד מכולם ומה גם במה שקדם שהכיר יוסף כי ראובן הבכור דכתיב וישבו לפניו הבכור וגו' וא"כ יאמר למה ידבר כ"כ הוא ולא אחיו לזה אמר כי נוגע הדבר כמו שביאר לו לבסוף ולהיות שאם לו להתכעס קודם הגעת הדבר אליו לזה קדם תכף והודיעו והוא אומרו כי נוגע הדבר אדוני והב' שנתכוין לטעון טענה הנשמעת להליל בנימין והוא בי אדוני פי' אני גנבתי הגביע והנחתיו באמתחת בנימין ומעתה תורת הדין תתן כי הוא ילכד

אֲדֹנִי וְאַל־יִחַר אַפְּךָ בְּעַבְדֶּךָ כִּי
כָמוֹךָ כְּפַרְעֹה: יט אֲדֹנִי שָׁאַל אֶת־
עֲבָדָיו לֵאמֹר הֲיֵשׁ־לָכֶם אָב אוֹ־אָח:
כ וַנֹּאמֶר אֶל־אֲדֹנִי יֶשׁ־לָנוּ אָב זָקֵן
וְיֶלֶד זְקֻנִים קָטָן וְאָחִיו מֵת וַיִּוָּתֵר הוּא
לְבַדּוֹ לְאִמּוֹ וְאָבִיו אֲהֵבוֹ: כא וַתֹּאמֶר
אֶל־עֲבָדֶיךָ הוֹרִדֻהוּ אֵלָי וְאָשִׂימָה
עֵינִי עָלָיו: כב וַנֹּאמֶר אֶל־אֲדֹנִי לֹא־

אונקלוס

פִּתְגָמָא קֳדָם רִבּוֹנִי וְלָא
יִתְקַף רוּגְזָךְ בְּעַבְדָּךְ אֲרֵי
כְּפַרְעֹה כֵּן אַתְּ: יט רִבּוֹנִי
שְׁאֵיל יָת עַבְדוֹהִי לְמֵימַר
הַאִית לְכוֹן אַבָּא אוֹ אָחָא:
כ וַאֲמַרְנָא לְרִבּוֹנִי אִית
לָנָא אַבָּא סָבָא וּבַר
סִיבְתִּין זְעֵיר וַאֲחוּהִי מִית
וְאִשְׁתְּאַר הוּא בִּלְחוֹדוֹהִי
לְאִמֵּיהּ וַאֲבוּהִי רָחֵים
לֵיהּ: כא וַאֲמַרְתְּ לְעַבְדָּךְ
אַחֲתוּהִי לְוָתִי וְאֲשַׁוֵּי עֵינִי
עֲלוֹהִי: כב וַאֲמַרְנָא

רש"י

ב קשות: **כי כמוך כפרעה.** חשוב אתה בעיני כמלך ג זהו פשוטו. ומדרשו ד סופך ללקות עליו בצרעת כמו שלקה פרעה ה ע"י זקנתי שרה על לילה אחת שעכבה [ב"ר]. ד"א מה פרעה ו גוזר ואינו מקיים מבטיח ואינו עושה אף אתה כן. וכי זו היא שימת עין שאמרת לשום עינך עליו. ד"א כי כמוך כפרעה אם תקניטני אהרוג אותך ז ואת אדוניך (ב"ר): **(יט) אדני שאל את עבדיו.** (ב"ר) מתחלה בעלילה באת עלינו ח למה היה לך לשאול כל אלה בתך היינו מבקשים או אחותנו אתה ט מבקש ואעפ"כ ונאמר אל אדוני י לא כחדנו ממך דבר: **(כ) ואחיו מת.** מפני היראה היה מוציא דבר שקר מפיו אמר אם אומר לו שהוא קיים כ יאמר הביאוהו אלי: **לבדו לאמו.** מאותו האם

שפתי חכמים

וק"ל. פי' דאין כבוד למלך שאדם שפל ילחוש לו באוזן רא"ם: ב ולא בלשון רך ובשפה רפה כדרך המדברים עם המלך דא"כ למה יכעס: ג דכי כמוך כפרעה נתינת טעם הוא אמה שאמר לו בי אדוני שהוצרכתי לחלות פניך ולבקש בל' בקשה ותחנונים ויוסף לא היה מלך לכך צ"ל כי כמוך לפרעה חשוב אתה בעיני כמלך. אבל אין לומר שהוא נתינת טעם למאמר ואל יחר הסמוך לו משום דאדרבה היא הנותנת שכיון שהוא חשוב כמלך לא היה לו לדבר אליו קשות: ד המדרש לא רצה לפרש שהיה מדבר עמו דברים רכים רק שהיה מדבר אתו קשות מ"ה דרשו סופך וכו' ולמדרשו קשה דהל"ל כי אתה תהיה כפרעה לכ"פ ד"א מה פרעה וכו' כלומר שלעת הזאת דומה אתה לפרעה ולפי' זה קשה אתה כפרעה הל"ל לכך צריך שני פירושים ולכל הפירושים קשה הל"ל כפרעה כמוך כיון שהוא מדמה יוסף לפרעה ל"פ ד"א אם תקניטני וכו' שהיה מדמה לענין הריגה פרעה ליוסף וטעם זה לבדו א"א דא"כ איך אמר אל יחר אפך כי היך לא יחר אפו שהוא אומר שיהרגהו לכך צריך ג"כ לטעמים דלעיל מהרש"ל: ה ולפי פי' זה צ"ל דכי כמוך כפרעה קאי אמה שאמר לו ידבר נא עבדך דבר באזני אדוני ומהו הדבר שאדבר לך כי כמוך כפרעה כלומר שסופך ללקות וכו': ו פי' שהרי כתב בפנקסו שאין עבד מולך ולא לובש בגדי משי ולא קיים שהרי המליך אותך שאתה היית עבד ומבטיח ואינו עושה כלומר ומה הגזרה שגזר שאין בה חסרון כיס אפ"ה לא קיים מכ"ש הבטחה שיש בה חסרון כיס שאינו מקיים אף אתה כן שמבטיח ואינו עושה וכי זו וכו' אבל אינו קאי אגוזר ואינו מקיים כי לא מצינו שיוסף גזר שום דבר ולא קיים וכן לא מצינו שפרעה הבטיח בשום דבר ולא קיים הבטחתו הרא"ם. וקשה מה היה לו עם פרעה ומפני מה זלזל הוא את המלך וי"ל שכך אמר יהודה ליוסף על מה אתה בוטח על פרעה אתה תולה בטחון שלך הרי פרעה עצמו גוזר ואינו מקיים שהרי כתב בנימוסי מצרים שלא יהיה עבד מולך ולא קיים. מהרש"ל: ז וי"ל לפי פירוש זה קאי כי כמוך אואל יחר פי' שלכך בקשתיך שאל יחר אפך שאם יחר אפך אהרוג אותך ואת אדוניך: ח דק"ל למה א"ל היאך דיבר לו יוסף וכי לא ידע יוסף מה שדיבר ומתרץ דלכך חזר הדברים לומר לו מתחלה בעלילה וכו': ט משום דאין דרך לשאול על הבנים ועל הבנות ועל האבות ועל האמהות אלא בחתון. וא"ת למה נקט רש"י גבי יוסף בתך וגבי אחיו אחותנו ולא נקט איפכא דהא הם היו זקנים יותר מיוסף. וי"ל משום דיוסף היה חשוב בעיניהם כמלך לכך היו אומרים בתך היינו מבקשים דדרך של חתן לנהוג כבוד בחמיו וכן אחותינו אתה מבקש וצריכים אנו לנהוג בו כבוד כדי שייטיב לאחותינו. אבל איפכא היה גנאי ליוסף דאז היה יוסף צריך לנהוג כבוד בהם: י רצונו לפ' שלא תאמר הואיל ויודע היה יהודה שביקש עלילה למה השיבו יש לנו אב זקן וגו' ומתרץ דה"ק אעפ"כ וגו': כ וא"ת אדרבה בזה היה מכחיש א"ע דהא בפ' מקץ כתיב כשבאו אל יוסף א"ל שעדיין חי אלא שנשבר שנאמר והא' איננו. וי"ל דבירידה ראשונה אמרו הא'

רמב"ן

הדבר הוא התמורה אשר יחלה פניו להחליף בנימין אחיו בו כי לא יבקש ממנו דבר אחר ושאר דבריו פיוס ובקשה לזה: ואל יחר אפך בעבדך כי כמוך כפרעה. יאמר אל יחר אפך בי על דברי לפניך: כי כמוך כפרעה. יאמר אל יחר אפך בי כי על מורא גדול אני מדבר לפניך כאלו אני מדבר לפני פרעה: (יט) אדני שאל את עבדיו. לא ידעתי טעם לאריכות דברי יהודה בספור מה שהיה כבר ביניהם ומה שאמרו ז"ל וכי זו היא שימת עין שאמרת לשום עינך עליו אינה טענה כי המושל שיצוה להביא אדם לפניו לא יעשה על מנת לפטור אותו מן הרעות שיעשה וכ"ש על הגנבה

אבן עזרא

(יח) ויגש וגו'. כי כמוך כפרעה. אתה כמלך והמלך כמוך. וכן כל שני כפי"ן שהן זה אחר זה. כמו כעמי כעמך. והיא דרך קצרה: (כ) אב זקן. כי הגדול שבכולם הוא בן מ"ה שנים ויתכן להיות אביהם בחור: (כא) ואשימה עיני עליו. שאראה אותו: (כב) ועזב את

כלי יקר

ועל ידי זה יבא לידי חרון אף: כי כמוך כפרעה. כמו שראוי לחלוק כבוד למלכות ושאין לדבר קשות בפני המלך כי חמת המלך מלאכי מות כך אין נכון לדבר גבוהה להוציא עתק מפיו נגד כל השומעים וממנו למדו זה כי יוסף אמר קום רדוף אחרי האנשים והשגתם דוקא כשתשיגם ותהיה סמוך להם תדבר באזנם ענין הגביע ולא תצעק עליה' מרחוק להכריז עליהם הגנב אלא צריך לבינם תדבר להם שלא ידעו המצרים דבר מזה על כן גם בויכוח זה רצה יהודה ללחוש באזניו וקולו לא ישמע אל המצרים. ואמר ואל יחר אפך בעבדך כי כל כעס מביא לידי טעות ויגרום שלא יכנסו טענותי באזניך אף אם יהיו נכוחים למבין כי הכעס יגרום שלא תוכל לשפוט בצדק. ואם תאמר ומה בכך כי אם לפעמים איזו שר ומושל יטעה בדבר המשפט יש גבוה מעל גבוה והוא המלך שלוקחין המשפט אל המלך והוא יתקן מה שקלקל המושל על זה אמר כי כמוך כפרעה ואצלך הגמר דין כמו אצל פרעה ואין ניקח המשפט ממך אל המלך ומלפניך משפטי יצא מכל וכל על כן אני מבקש

and let not your wrath be kindled against your servant, for you are
like Pharaoh. 19. My lord asked his servants, saying, 'Have you a
father or a brother?' 20. And we said to my lord, 'We have an old
father and a young child of his old age, and his brother is dead,
and he is left alone of his mother, and his father loves him.'
21. And you said to your servants, 'Bring him down to me, and I
will set my eye[s] upon him.' 22. And we said to my lord, 'The
boy

Da'ath Zekenim explains: Cus-
tomarily, if one purchases a slave and
discovers him to be a thief, he returns
him. Why would Joseph wish to take
as a slave a man whom he found to
be a thief?

Sforno explains that Judah
reasoned with Joseph as follows:
You previously stated that you did
not want to exact retribution even
upon the guilty. Therefore, you really
want to punish only the one who took
the goblet, not those guilty of other
sins. Let me say a word to inform
you of the misfortune that will result
from this act. [I.e., let me tell you
how you will indirectly punish an
innocent party.]

**and let your wrath not be
kindled**—*From here you learn that
he spoke to him harshly.*—[*Rashi*]
I.e., Judah spoke to Joseph harshly
and not gently or courteously, as
befits one addressing a monarch.
Otherwise, why would Joseph
become angry with him?—[*Sifthei
Chachamim*]

for you are like Pharaoh—*You
are esteemed in my eyes like the king.*
[Therefore, I speak to you with
supplication and say, "Please, my
lord." (*Sifthei Chachamim*)] *This is*

*its simple meaning. Its midrashic
meaning is, however: You will
ultimately be punished with* צָרַעַת
*because of him, just as Pharaoh was
punished because of my great-
grandmother Sarah for the one night
that he detained her* (Gen. 12:17).
*Another explanation: Just as
Pharaoh issues decrees and does not
carry them out, makes promises and
does not fulfill them, so do you. Now,
is this the "setting of an eye,"
concerning which you said* [that you
wanted] *"to set your eye upon him"?*
[See verse 21.] *Another explanation:
For like you, so is Pharaoh—if you
provoke me, I will kill you and your
master.*—[*Rashi* from *Gen. Rabbah*
93:6]

Because of the intimation that
Judah spoke harshly to Joseph, the
Midrash rejects the simple meaning
of the passage, namely that Judah
spoke to Joseph with respect, but
interprets on the contrary that he
spoke harshly to him. Hence, these
three midrashic interpretations.—
[*Sifthei Chachamim*]

Sifthei Chachamim, in the name of
Maharshal, explains that Judah
alluded to the decree that Pharaoh
issued, namely that a slave may

neither rule nor wear royal raiment (see above on 41:12). With Joseph's rule, this decree was abrogated. [It was probably well-known throughout Egypt that Joseph had been a slave. Thus Judah probably knew this.] Now, if Pharaoh did not keep to this decree, which did not involve any expense to him, he would surely not keep a promise that would involve expense. Judah accuses Joseph of being guilty of the same unreliability.

Note that the final interpretation, that Judah threatened to kill Joseph and Pharaoh, is based on the order of the words כִּי כָמוֹךָ כְּפַרְעֹה, which apparently means: like you, so is Pharaoh. Therefore, the Midrash explains that Judah threatened to kill Pharaoh just as he would kill Joseph. —[Sifthei Chachamim] According to the midrashim, there was a confrontation between Judah and Joseph, and the brothers threatened to destroy Egypt.

Ibn Ezra explains that the expression כִּי כָמוֹךָ כְּפַרְעֹה means: you are like the king, and the king is like you. Hence, the two "kaff(s)." It is an elliptical form. [Accordingly, the Midrash finds all these meanings couched in this brief expression.]

Ramban explains: Let your wrath not be kindled against your servant because I speak before you with great trepidation, as if I were speaking before Pharaoh.

19. **My lord asked his servants** —*From the beginning, you came upon us with a pretext. Why did you have to ask all these* [questions]? *Were we looking to* [marry] *your daughter, or were you looking to*

[marry] *our sister? Nonetheless, "we said to my lord"* (verse 20). *We did not conceal anything.*—[Rashi from Gen. Rabbah 93:8]

Rashbam explains: You caused us to bring him here, and it is not fitting for you to detain him.

20. **an old father**—Since the eldest brother was forty-five years old, their father could have been a young man. Therefore, he intentionally stated that they had an *old* father.—[Ibn Ezra]

and his brother is dead—*Out of fear, he made a false statement. He said* [to himself], *"If I tell him that he is alive, he will say, 'Bring him to me.'"*—[Rashi from Gen. Rabbah 93:8]

Although they had previously stated that their brother was missing and they were not sure whether or not he was dead, that was during their first trip to Egypt. On their second visit they said that they had since discovered that their brother was dead. Although it is not stated above that Joseph asked them about their missing brother, the second time they went to Egypt, they told Joseph that their brother was dead.— [Sifthei Chachamim]

alone of his mother—*From that mother, he has no other brother.*— [Rashi from Targum Jonathan ben Uzziel] Since his mother was no longer alive, the verse cannot be interpreted literally, namely that his mother is alone with this one son because she has no other children left.—[Sifthei Chachamim]

21. **and I will set my eye[s] upon him**—*Ibn Ezra* explains: I will see him. *Ramban* maintains that this

יט רבוני שאיל ית עבדוי למימר האית לכון אבא או אחא: כ ואמרנא לריבוני אית לן אבא סבא ובר סיבתין קליל ואחוי מית ואשתאר הוא בלחודוי מן אמיה ואבוי בגין כן רחים ליה: כא ואמרת לעבדך אחתוהי לותי ואשוי עינוי לטבתא עלוי: כב ואמרנא לרבוני לית אפשר לטליא למשבוק ית אבוי דאין

יט כד חמא יוסף הדהבא ויקירא דסליקת גבורתיה דיהודה אחוי ונפקין שערתיה דלביה וזעו לבושיה ביה בשעתא רמז יוסף למנשה בוכריה ורפס במסאניה ורעדת כל פלטין דיוסף ביה בשעתא אמר יהודה אילולי דהוה עלע מן בית אבא לא הוה כשר למתעבדא בן בכדין שרי יהודה מרכיך במילוי ואמר רבוני שאיל ית עבדוי למימר האית לכון אב או אח: כא מחום עיני עלוי:

פי' ירושלמי

מדיין עם מלך וזהו כי כמוך אני וק"ל: (יט) כד חמא יוסף כו' ק"ל שעתה היה בתוקף הרוגז ודברים קשות שדיבר לו כי כמוך כפרעה וכו' ואומר לו בלשון אדני אלא דברים נכרים ראה והכיר בו וק"ל: ורפס ובעט ברגלו: עלע תרגום של צלע ככר פירשנו: (כא) מחום. מלה זו משמעה לתרי אנפין אחד לשון חם ותרגום כלומר לרחם ולחנן עליו ואחד לשון מרירות דאחז"ל בפסחים דעולשין ותמכא וחזרת מאי חמא וכו' וכאן הפירוש ע"ד הדרש נהפך השימות עין לשימת עין וק"ל:

בעל הטורים

והנער ימל עם אחיו: ואל יחר. ב' במס' הכא ואידך ואל יחר בעיניכם כי מכרתם אותי הנה כי למחיה שלחני אלהים לפניכם ודרשינן מלמד שנשתנו פניהם כשולי הקדירה כי על מי היה להם לחרות ה"נ אמר לו יהודה אל ישתנו פניך לריך אני לדבר מעט: כמוך כפרעה. בגי' בך אתחיל: היש לכם אב או אח. ועל אמם לא שאל כי ידע שכבר מתה: וילד. ב' במסורה הכא ואידך כי איש הרגתי לפצעי וילד לחבורתי שאם נגיע לבנימין כאן הרי כאלו הרגתי איש דהיינו יעקב לפצעי וילד לחבורתי דהיינו בנימין כי א"א להם לחיות זה בלא זה: וילד זקנים. חסר שמסר לו כל מה שלמד מזקנים דהיינו שם ועבר: ויותר. ב' במס' הכא ואידך ויותר יעקב לבדו מה התם מלחמה דכתיב ויאבק איש עמו אף הכא הכין עלמו למלחמה

רשב"ם

(יח) ויגש. כי כמוך כפרעה. הרי אתה כמלך ויראתי מחרון אפך: (יט) אדני שאל. אתה גרמת לנו להביאו הנה וחולין הוא לך לעכבו: ואשימה עיני עליו. אפילו פשע גנאי הוא למושל הארץ להפרות

דעת זקנים מבעלי התוספות

כי כמוך כפרעה. כשם שפרעה חמד שרה אמנו בשביל יופיה כך אתה חומד בנימין לעבד בשביל יופיו. ד"א כי כמוך כפרעה כמו שאתם גדולים במקומכם כך אנו גדולים במקומנו: (כא) ואשימה עיני עליו. פירש"י וכי זו היא שימת עין שאמרת לשום עיק עליו ולכך נראה לפרש ואשימה עיני עליו שלא תעשה לו רעה:

רמב"ן

שיגנוב מבית המלך הגביע אשר ישתה בו ומתחלה כבר שם עינו עליו לטובה וקרא לו לשלום וכבוד אלהים יחנך בני ועשה לכלם לכבודו משתה לפניו בבית המלכות והרבה משאתו ונתן להם בר כאשר יוכלון שאת יותר מן הכסף שהביאו לו כאשר פירשתי ומה לעשות לו ואשר יראה לי על דרך הפשט שאינם רק תחנונים להעיר רחמיו כי חשב יהודה כי האלהים הוא ירא כאשר אמר לו וכאשר נהג עמהם חמלה כירא חטא לנחם אותם על הצער שעשה להם וזה ענין הספור אמר לו אנחנו באונס הגדנו באחינו זה מפני שאלת אדני ולא הודינו גם כן להורידו לפניך במצותיך הראשונה רק אמרנו כי לא יוכל הנער לעזוב את אביו אבל בנפשנו נביא אותו מפני זלעפות רעב כי אמרת לא תוסיפון לראות פני ולא רצה אבינו לשמוע עד היותינו כלנו בסכנה לשוב לשבר מעט אכל ואז הודה בפחד ובדאגה ועתה כראותו כי אין הנער ימות בנפש מרה ולכן תפול נא תחנתי לפניך לרחם עלינו ועל הזקן וקח אותי תחת הנער לעבד עולם כי טוב אני ממנו ולך תהיה צדקה וזה טעם כל הפרשה ויתכן שיהיה והורידו עבדיך את שיבת עבדך אבינו כנוי לכבוד. והורדת את שיבת עבדך אבינו. וכן וחטאת עמך. ויש לומר עוד על דרך רבותינו שאמרו זו היא השימת עין. יאמר כי כמוך כפרעה ראוי שתעמוד בדבורך ובתיורך כי על פיך הביאונו אותו באונס גדול כאשר יזכיר ופחד לפר' לו יותר אבל יש בסתר דבריו שהי' מעשה הגביע תחבולה מאתו להעלילה כי למה יבקש לראותו על כרחם וכך אמרו בב"ר אמר לו יהודה תדע לך שבעלילה באת עלינו כמה מדינות ירדו ליקח אוכל כלום שאלת אותם כמו ששאלת לנו שמא בתך אנו מבקשי' או אחותנו אתה מבקש יאמרו כי היה זה נרמז בדבריו: (כא) ואשימה עיני עליו. אמר ר"א הטעם שאראה אותו ולא מצאתי בכתוב שימת עין על הראיה בלבד ושמתי עיני עליהם לטובה. קחנו ועינך שים עליו ואל תעש לו מאומה רע כי לא צוה אותם שיראנו אחר שיקחנו אלא שישמור אותו וייטיב לו אבל נדר להם יוסף לחמול עליו ולשמרו ואם לא נזכר בפירוש כאשר יקצר שם בכל הדברים האלה אשר ספר יהודה בפניו ולא הזכיר מאסר שמעון ועלילת מרגלים ואתם דרך מוסר או אימת מלכות: (כב) ועזב את אביו ומת. פירש ר"א ומת אביו וא"כ היה אומר לא יוכל אבינו לעזוב את בנו ועזב את בנו ומת. או לא נוכל

אור החיים

ילכד כי בנימין מכחיש ויהודה מודה הוא יהיה עבד הג' רמז הכתוב כי השררה אליו היא נתינה וזה שיעור הדברי' בי תלוי כינוי תיבת אדוני כי הוא המלך ואו' ידבר נא פי' ידבר עתה בכינוי עבדות לפי שעה אבל אין הדבר עומד כן כי יהודה הוא המלך וכסאו יכון עולם. עוד ירמוז הכתוב באומרו בי אדוני פי' באמצעותי השגת זה כי הוא הסובב ליוסף אדנות שאמר לכו ונמכרנו לישמעאלים שמזה נתגלגל הדבר והשיג יוסף האדנות:

אדוני שאל וגו' לאמר. טעם הצעת הדברים לומר כי לצד ההכרה לקחו בנימין מאת אביו ואם לא יראהו עמהם ימות אביו מדאגתו והתחיל לומר אדני שאל את עבדיו פי' לא היתה שאלת אדם לכיולא בו שיוכל למנוע התשובה ממנו אלא כי היתה מאת אדוני לעבדיו וכיון שכן בהכרה לאמר לך אמיתתן של דברים. עוד ירצה באומרו לאמר כי מלבד השאלה עשית לנו דבר המחייב אותנו לאמר לך בלא העלמה כי עשה אותם כמרגלים והוצרכו לאמת דבריהם כמשפט בדיקת האנשים הנחשדים ברוגל שנבדקים בכל הפרטים הגם שאינן נוגעים בענין הריגול ואם העלם

כלי יקר

מבקש שעיניך תחזינה מישרים ואל יחר אפך ואז לא תבא לידי טעות. ויש לדקדק למה אמר בלשון נסתר ידבר נא עבדך דבר. ומוכל לו' לפי שרלה לומר ישב נא עבדך תחת הנער לכל דבר אני מעולה ממנו לגבורה ולמלחמה ולשמש הזכיר כאן עוד ענין אחד כי כל עבד לריך לידע לדבר בפני המלכים ולסדר דבריו שיכנסו באזניהם כשיהיו בהשכל ובסדר נכון אבל העבד שאינו יודע לסדר דבריו אינו ראוי להיות עבד אל המושל החשוב כמלך לכך אמר כלפי מה שאמר יוסף דרך ספק האיש אשר נמלא הגביע בידו יהיה לי עבד והרי עודו נער ואינו ראוי אפי' לדבר בפניך ועל זה אמר תגשה ונתבונן וידבר נא עבדך אשר בחרת לך דבר באזני אדוני באופן שאל יחר אפך בעבדך ותמלא כי בודאי יחר אפך שהרי כמוך כפרעה ונדבר לפני איש כערכך לריך איש חכם ונבון לא נער ובער כמוהו אבל בי אדוני תמלא כל מה אשר אתה מבקש ולא בו כי אפי' הדיבור אינו בו וכל שכן שאינו יודע שאר הכסיסי מלכות. ויש אומרים שאמר ידבר נא עבדך אשר עשה מעשה הגביע ונתנו באמתחת בנימין והוא יגיד על כל הקורות והכל זה עלילות דברים:

ואשימה עיני עליו. למאי נפקא מינה אמר שיורידוהו אליו והרלונו לשום עין השגחתו עליו. ועוד קשה שלא מלינו שיוסף אמר ואשימה עיני עליו בשלמ' מה שאמר לו אדוני שאל את עבדיו

ספורנו

ידבר נא עבדך. להודיעך התקלה שתארע על ידך אם תעשה זאת: ואל יחר אפך. באמרי אליך שאתה גרמת זאת התקלה על כרחנו: כי כמוך כפרעה. כי מה שאפיח דברים כנגדך לא יהיה מהיותי בלתי מחשיב אותך כי אמנם אתה חשוב בעיני כמו פרעה שהוא המלך: (כ) ואביו אהבו. יותר מכלנו ולכן לא הניחו בראשונה לבא עמנו וזאת היתה הסבה שלא היה עמנו אז לא ששלחנוהו לרגל כאשר חשבת: (כא) ואשימה עיני עליו. ואין צריך שידאג אביו לשלחו: (כב) לא יוכל הנער לעזוב את אביו. כי מאז שיעזיב את נענועי אביו והסברת פניו יתעצב ונפל למשכב ואז ימות: ועזב את אבוו ומת. ועם זה אביו ימות

בלי

יוּכַל הַנַּעַר לַעֲזֹב אֶת־אָבִיו וְעָזַב
אֶת־אָבִיו וָמֵת׃ כג וַתֹּאמֶר אֶל־
עֲבָדֶיךָ אִם־לֹא יֵרֵד אֲחִיכֶם הַקָּטֹן
אִתְּכֶם לֹא תֹסִפוּן לִרְאוֹת פָּנָי׃
כד וַיְהִי כִּי עָלִינוּ אֶל־עַבְדְּךָ אָבִי וַנַּגֶּד־
לוֹ אֵת דִּבְרֵי אֲדֹנִי׃ כה וַיֹּאמֶר אָבִינוּ
שֻׁבוּ שִׁבְרוּ־לָנוּ מְעַט־אֹכֶל׃ כו וַנֹּאמֶר
לֹא נוּכַל לָרֶדֶת אִם־יֵשׁ אָחִינוּ הַקָּטֹן
אִתָּנוּ וְיָרַדְנוּ כִּי־לֹא נוּכַל לִרְאוֹת פְּנֵי
הָאִישׁ וְאָחִינוּ הַקָּטֹן אֵינֶנּוּ אִתָּנוּ׃
כז וַיֹּאמֶר עַבְדְּךָ אָבִי אֵלֵינוּ אַתֶּם
יְדַעְתֶּם כִּי שְׁנַיִם יָלְדָה־לִּי אִשְׁתִּי׃
כח וַיֵּצֵא הָאֶחָד מֵאִתִּי וָאֹמַר אַךְ
טָרֹף טֹרָף וְלֹא רְאִיתִיו עַד־הֵנָּה׃
כט וּלְקַחְתֶּם גַּם־אֶת־זֶה מֵעִם פָּנַי
וְקָרָהוּ אָסוֹן וְהוֹרַדְתֶּם אֶת־שֵׂיבָתִי
בְּרָעָה שְׁאֹלָה׃ ל וְעַתָּה כְּבֹאִי אֶל־
עַבְדְּךָ אָבִי וְהַנַּעַר אֵינֶנּוּ אִתָּנוּ
וְנַפְשׁוֹ קְשׁוּרָה בְנַפְשׁוֹ׃ שני לא וְהָיָה
כִּרְאוֹתוֹ כִּי־אֵין הַנַּעַר וָמֵת וְהוֹרִידוּ
עֲבָדֶיךָ אֶת־שֵׂיבַת עַבְדְּךָ אָבִינוּ

לְרִבּוֹנִי לָא יִיכוֹל עוּלֵימָא
לְמִשְׁבַּק יָת אֲבוּהִי וְאִם
יִשְׁבּוֹק יָת אֲבוּהִי וּמִית׃
כג וַאֲמַרְתְּ לְעַבְדָךְ אִם
לָא יֵחוֹת אֲחוּכוֹן זְעֵירָא
עִמְּכוֹן לָא תוֹסְפוּן לְמֶחֱזֵי
אַפָּי׃ כד וַהֲוָה כַּד סְלֵיקְנָא
לְוָת עַבְדָךְ אַבָּא וְחַוֵּינָא
לֵיהּ יָת פִּתְגָּמֵי רִבּוֹנִי׃
כה וַאֲמַר אֲבוּנָא תּוּבוּ
זְבוּנוּ לָנָא זְעֵיר עֲבוּרָא׃
כו וַאֲמַרְנָא לָא נִיכוֹל
לְמֵיחַת אִם אִית אֲחוּנָא
זְעֵירָא עִמָּנָא וְנֵיחוּת אֲרֵי
לָא נִיכוֹל לְמֶחֱזֵי אַפֵּי
גַּבְרָא וַאֲחוּנָא זְעֵירָא
לֵיתוֹהִי עִמָּנָא׃ כז וַאֲמַר
עַבְדָךְ אַבָּא לָנָא אַתּוּן
יְדַעְתּוּן אֲרֵי תְרֵין יְלֵידַת
לִי אִתְּתִי׃ כח וּנְפַק חַד
מִלְּוָתִי וַאֲמָרִית בְּרַם
מִקְטַל קְטִיל וְלָא חֲזֵיתֵיהּ
עַד כְּעָן׃ כט וְתִדְבְּרוּן אַף
יָת דֵּין מִן קֳדָמַי
וִיעָרְעִנֵּיהּ מוֹתָא וְתַחֲתוּן
יָת שֵׂיבְתִי בְּבִישְׁתָא
לִשְׁאוֹל׃ ל וּכְעַן כְּמֵיתִי
לְוָת עַבְדָךְ אַבָּא
וְעוּלֵימָא לֵיתוֹהִי עִמָּנָא
וְנַפְשֵׁיהּ חֲבִיבָא לֵיהּ
כְּנַפְשֵׁיהּ׃ לא וִיהֵי כַּד יֶחֱזֵי
אֲרֵי לֵית עוּלֵימָא וִימוּת
וְיַחֲתוּן עַבְדָךְ יָת שֵׂיבַת
עַבְדָךְ אֲבוּנָא בִּדְווֹנָא
לִשְׁאוֹל

רמב"ן

שיעזוב הנער את אביו כי לא יתלו החמלה על אביהם בנער כי הם יחזיקוהו כילד לא ידע בין טוב לרע. אבל פירוש לא יוכל הנער לעזוב את אביו מפני נערותו והיותו ילד שעשועי' בחיק אביו אשר אהבו ואם יעזבנו ויבא בדרך ימות הנער: (כד) כי עלינו אל עבדך אבי ונגד לו את דברי אדוני. אמרו כי בביאם אליו מיד הגידו לו שלא יוסיפו לראות פניו בלא אחיהם הקטן ולא אבה לשלחו והיה מניח לו שמעון במאסרו וזה טעם ויאמר אבינו שובו שברו לנו מעט אוכל כי לא רצה להודות לשלחו בכל אשר אמרנו עד שדחקו הרעב: (כז) אתם ידעתם כי שנים ילדה לי אשתי. אם יאמר שהוא יחיד לאמו מה טעם בזה שתרד שיבתי ברעה שאולה אחרי שיש לו כמה בנים רבים ובני בנים ואמו כבר מתה לא תבכה עליו בפניו אבל הטעם כי יעקב לא לקח אשה מדעתו רק רחל וזה טעם ילדה לי אשתי כי לא נולדו לי מאשה אשר היא אשתי ברצוני רק שנים ושמתי אהבתי בהם כאלו הם יחידים לי והשאר כבני פילגשים הם אלי ואחיו מת וזה לבדו בני יחידי אשר אהבתי ולכן יקדים הכתוב רחל ללאה כרחל וכלאה אשר בנו שתיהם

cannot leave his father, for if he leaves his father, he will die.'
23. And you said to your servants, 'If your youngest brother does
not come down with you, you will not see my face again.'
24. And it came to pass when we went up to your servant, my
father, and we told him the words of my lord, 25. that our father
said, 'Go back, buy us a little food.' 26. But we said, 'We cannot
go down; [only] if our youngest brother is with us will we go
down, for we cannot see the man's face if our youngest brother is
not with us.' 27. And your servant, my father, said to us, 'You
know that my wife bore me two [children]. 28. The one went
away from me, and I said, "He has surely been torn to pieces, and
I have not seen him since." 29. Now if you take this one too away
from me, and misfortune befalls him, you will bring down my
hoary head in misery to the grave.' 30. And now, when I come to
your servant, my father, and the boy is not with us—[since] his
soul is attached to his (the boy's) soul, 31. it will come to pass,
when he sees that the boy is gone, he will die, and your servants
will have brought down the hoary head of your servant,
our father,

expression means, to watch a person and take care of him. *Da'ath Zekenim* too deduces (from *Rashi* on verse 18) that it means that he would not harm Benjamin. *Targum Jonathan* paraphrases: and I will set my eyes for good upon him. *Sforno* inserts: and his father need not worry about sending him. [This proves that Joseph had also promised to take care of Benjamin, as opposed to merely wishing to see him.]

Rashbam and *Ramban* comment that even if Benjamin *had* committed a crime, it is a disgrace for the ruler of a country to go back on his word.

This is all according to the Midrash quoted by *Rashi* on verse 18, concerning Judah's argument with Joseph. According to the simple meaning of the passage, *Ramban* explains that Judah pleaded with Joseph to release Benjamin because he had brought Benjamin against his father's wishes, and his father had permitted him to do so only because they were starving. Now if Benjamin were to be detained, his father would be in danger of dying from the shock. Judah therefore begged Joseph to allow him to stay in Egypt instead of Benjamin.

22. for if he leaves his father, he will die—*If he leaves his father, we*

are worried lest he die on the way,
for his mother died on the way.—
[*Rashi* after *Targum Jonathan ben Uzziel*]

Ibn Ezra and *Rashbam* explain that Judah argued that his *father* would die. *Ramban*, however, questions this interpretation, because were that the case, Judah should have said, "for if he leaves the boy, he will die," or "We cannot allow him to leave his father," but since it reads: "The boy cannot leave his father," it appears that the inability to survive is the boy's. Since Benjamin is young, and pampered by his father, he cannot leave his father. If he does, the journey could prove too much for him, and due to his frailty he could die.

27. **You know that my wife bore me two [children]**—If he means that Benjamin was the only son left from his mother, how is this related to his fear that Benjamin's detention would bring Jacob's hoary head down to the grave in misery? After all, Jacob had many children and grandchildren, and Benjamin's mother, no longer living, could not weep in Jacob's presence [thus increasing his sorrow to an unbearable degree]. The meaning is, however, that the only wife that Jacob married of his own accord was Rachel. By saying "my wife bore me two [children]," Jacob means that only these two children were born from the wife who was *his wife* by his own desire, and he loved them as if they were his only children, all the others being like children of concubines. Since Benjamin's brother is dead, he is

now Jacob's only son and the only one he loves.

It is for this reason that Scripture places Rachel before Leah in many places, e.g. "like Rachel and like Leah, both of whom built up the house of Israel" (Ruth 4:11); "So Jacob sent and called Rachel and Leah to the field, to his flocks" (Gen. 31:4), for Rachel preceded Leah in his thoughts. The commentators note that this is why Scripture states later in this section (46:19), "the sons of Rachel, Jacob's wife," because Rachel was truly Jacob's wife without deceit [as opposed to Leah, whom he married as a result of Laban's deceit]. I, however, believe that in Gen. 46:19 Rachel is given the appellation ["Jacob's wife"] because she is mentioned among the maidservants [and, in contrast to them, she is called "Jacob's wife"].
—[*Ramban*]

28. **He has surely been torn to pieces**—as is evidenced by the fact that I have not seen him since.—[*Ibn Ezra*]

29. **and misfortune befalls him**—*For Satan accuses at the time of danger.*—[*Rashi* from *Gen. Rabbah* 91:9]

you will bring down my hoary head in misery, etc.—*Now that he is with me, I comfort myself over* [the loss of] *his mother and over* [the loss of] *his brother, but if this one* [too] *dies, it will seem to me as if the three of them died in one day.*—[*Rashi* from *Gen. Rabbah* 93:8]

30. **[since] his soul is attached to his (the boy's) soul**—Therefore, when he sees that the boy

שְׁבִיק יַת אָבוּי מַיִית הוּא: כג וַאֲמַרְתְּ לְעַבְדָךְ אִין לָא יֵיחוּת אֲחוּכוֹן זְעֵירָא עִמְכוֹן לָא תוֹסְפוּן לְמִיחְמֵי
סְבַר אַפִּי: כד וַהֲוָה כַּד סְלִיקְנָא לְעַבְדָךְ אַבָּא וּתְנֵינָא לֵיהּ יַת פִּתְגָמֵי רִבּוֹנִי: כה וַאֲמַר אֲבוּנָא תוּבוּ זְבוּנוּ
לָנָא קְלִיל עִיבּוּרָא: כו וַאֲמַרְנָא לֵית אֶפְשַׁר לָנָא לְמֵיחוּת אִין אִית אֲחוּנָא זְעֵירָא עִמָּנָא וְנֵיחוּת אֲרוּם לֵית
אֶפְשַׁר לָנָא לְמֵיחְמֵי סְבַר אַפֵּי גַּבְרָא וְאָחוּנָא זְעֵירָא לֵיתוֹי עִמָּנָא: כז וַאֲמַר עַבְדָךְ אַבָּא לָנָא אַתּוּן יְדַעְתּוּן
אֲרוּם תְּרֵין בְּנִין יְלֵידַת לִי אִנְתְּתִי: כח וּנְפַק חַד מִלְוָתִי וַאֲמָרִית בְּרַם מִיקְטַל קְטִיל וְלָא חֲמִיתֵיהּ עַד
כְּדוּן: כט וְתִדְבְּרוּן אוּף יַת דֵּין מִן קֳדָמַי וִיאַרְעִינֵיהּ מוּתָא וְתַחְתּוּן יַת סֵיבְתִי בִּדְווֹי לְבֵי קְבוּרְתָּא:
ל וּכְעַן בְּמֵיתִי לְוַת עַבְדָךְ אַבָּא וְטַלְיָא לֵיתוֹהִי עִמָּנָא וְנַפְשֵׁיהּ חֲבִיבָא לֵיהּ כְּנַפְשֵׁיהּ: לא וִיהֵי כַּד יֶחֱזֵי אֲרֵי

בעל הטורים

לא תוסיפון לראות פני. ב' במס' הכא ואידך לא תוסיפון לשוב בדרך הזה עוד באמר להם לא די שלא תראו עוד את פני אלא בכל הדרך לא תוסיפו לשוב עוד: והורדתם. ב' במס' דין ואידך והורדתם את אבי הנה משל לפרה שאינה רוצה ליכנס לשחיטה הכניסו את ולדם והיא נכנסת כך יעקב לא רצה לירד למצרים וכששמע שיוסף שם נכנס מיד: קשורה. ב' במסו' הכא ואידך אולת קשורה בלב נער שהוא נער

רשב"ם

דבריו: (כב) ועזב את אביו ומת. אביו ימות: (ל) ונפשו קשורה בנפשו

רש"י

ל אין לו עוד אח: (כב) ועזב את אביו ומת. אם יעזוב את אביו דואגים אנו שמא ימות בדרך שהרי אמו מ בדרך מתה: (כט) וקרהו אסון. [ב"ר] שהשטן מקטרג בשעת הסכנה: והורדתם את שיבתי וגו'. עכשיו כשהוא אצלי אני נ מתנחם בו על אמו ם ועל אחיו ואם ימות זה דומה עלי שכלשתן ע מתו ביום אחד: (לא) והיה כראותו כי

שפתי חכמים

אינו אבל בירידה שניה היו אומרים לו שמת וכאן מיירי בירידה שניה ואף שלא נכתב בהדיא ששאל לו על אחיו שנאבד מה היה בו מ"מ יכולנו לומר ששאל לו דבלא"ה אנו מוכרחים לומר כן דהא כתיב הכא איך שיוסף אמר להם הורידוהו אלי ואשימה עיני עליו ולא מצינו שיוסף היה אומר להם כן אע"כ צ"ל דהיה אומר להם כן אע"פ שלא נכתב לעיל מידי א"כ ה"נ צריכין אנו לפרש כן שבירידה שניה כששאל על אביהם שאל נמי על אחיהם שנאבד ואז השיבו לו שמת מפני יראה כיון שראו שלוה להם להביא את בנימין שמא ילוה להם שיחפשו אחר הנאבד ויביאו לו ומש"ה השיבו לו שבאה להם השמועה אחר ההיפוש שהוא מת וק"ל: ל ר"ל דהאי לאמו פירושו מאמו שלא יתכן לומר לאמו אלא בהיות אמו קיימת אבל לאחר מיתתה צריך לומר שנשאר הוא מאמו: מ [נח"י] וקשה דא"כ למה תלה בעזיבת אביו שהרי גם אם אביו ירד עמו לא ינצל מפני סכנת הדרך שהרי רחל מת' על פני יעקב. וע"ק למה הזכיר יהודה עזיבת אביו ויעקב אמר פן יקראנו אסון: נ דקשה לרש"י דכאן כתיב בשביל בנימין והורדתם את שיבתי ברעה שאולה ולעיל בפ' מקן כתב כן בשביל יוסף דכתיב כי ארד אל בני אבל שאולה ומתרץ דודאי כבר בשביל יוסף הורידו שיבתו ברעה שאולה אלא עכשיו כשהוא וכו' א"כ דק"ל למה היה מצטער על בנימין יותר מרחל או יוסף או שמעון: ס הואיל וכתיב בקרא שנים ילדה לי אשתי וגו'. ול"צ מדכתיב והורדתם את שיבתי ברעה שאולה ובפ' מקן כתיב ביגון שאולה י"ל דה"ק כבר הייתי מתנחם על אמו ועתה לא יהי' לי נחומין על אמו ואירד ברעה שאולה וכמו שאחז"ל השרוי בלא אשה שרוי בלא טובה וממילא הוא שורה ברעה. מהרש"ל: ע וא"ת מנ"ל לרש"י שקאי ג"כ ארחל דהא רחל לא נזכרה בקרא וי"ל מדכתיב לעיל שנים ילדה לי אשתי הכי פירושו שני' ילדה לי והיא אשתי ר"ל המיוחדת לי לפי שעיקר דירתו היה אצל רחל מש"ה היה מתאבל על רחל וע"י יוסף היה מתנחם וכשמת יוסף ונשאר בנימין הייתי מתנחם בו על אמו ועל אחיו ואם ימות זה דומה עלי כאילו שלשתן מתו ביום אחד

אבן עזרא

אביו ומת. ולמה לא הביא המזכיר החמשה שאין להם הכרע כמו וישלוף נעלו וזה עמהם: (כח) אך טרף טרף. והעד

רמב"ן

שתיהם את בית ישראל. ויקרא לרחל וללאה השדה כי היא הקודמת במחשבתו ואמרו המפרשים כי לכך יאמר בסדר הזה בני רחל אשת יעקב כי היא תקרא אשתו באמת בלא מרמה ולדעתי היה זה מפני שהזכיר' שם בין השפחות וכבר הזכרתי כן: (כט) וקרהו אסון והורדתם את שיבתי. אם יקראהו אסון כאחיו תורידו את שיבתי ברעה שאולה. או וקרהו אסון שיקראנו כן מפני היותו נער ורך לא נסה ללכת בדרך וכמו שאמר למעלה פן

אור החיים

יעלימו דבר יכתנו בקולר לזה הכריחם לאמר ותאמר אל עבדיך הורידוהו פי' לא הספיק לך לאמת הדבר בדברינו או ע"י בירור אחר זולת להורידו אליך ותוסף לחזק עלינו לבל נראה פניך זולתו והודענו הדבר לאבינו ולא הועיל לשלוח אותו עד אשר כלתה התבואה וגו' והוצרכנו להורידו:

אך טרוף וגו'. רמז באומרו אך כי מעט טרוף טורף כי אינו לא בצרת עבדות ולא בצרת משמר ולזה גמר אומר ולא ראיתיו עד הנה הרי זו מגיד כי ישנו בנמצא אלא שעדיין לא ראהו עד עתה. עוד ירצה באו' אך טרוף וגו' פירוש אך מיעוט דוקא בטריפות אבל במה שאמר חי' רעה אכלתהו שאמרו ז"ל שנתכוין אל אשת פוטיפר בזה אין מיעוט כי כבר בעונות היה מה שהי' שגרמ' לו לאבד י' בנים שעתיד היה להעמיד י"ב שבטים כאומר' ז"ל ובאמצעות הרשעה נשרו ממנו י' טיפות ולא יצאו ממנו אלא ב':

אבי עזר

(כב) (ולמה לא הביא המזכיר החמשה שאין להם הכרע). הלא תדע גמרא ערוכה יומא נ"ב חמש מקראות שאין להם הכרע שאת משוקדים מחר ארור וקם. שאלני חד מן חבריא על דברי הרב לאמר בגאוה ובגודל לבב דברי הרב להקשות ולמה לא הביא וכו'. גם הקשה הלא גם וישלוף נעלו לא הביא איסי בן יהודה בגמרא שם ואני השבתי לו הלא ידעת מקרא מלא דברי חכמים בנחת נשמעים. קריא מקרא בניחותא ויאמנו דברי הרב. שהרב מתרץ מדוע לא חשיב איסי בן יהודא ועזב את אביו. ומתרץ מאותו טעם דלא קחשיב וישלוף נעלו. לא קחשיב ג"כ ועזב וזה שכתב ולמה לא הביא וכו' וישלוף נעלו שאין לו הכרע אם הגואל שלף נעלו או בועז

כלי יקר

לאמר היש לכם אב או אח אע"פ שלא מצינו שיוסף שאלם ע"ז מ"מ מכח התירוץ אנו למידין מה עלה על דעת המקש' כי מאחר שהוצרכו לתרץ את עצמם מעלילת מרגלים אתם ולומרים לנו אב זקן וגו' כמו שאמרו והנה הקטן את אבינו היום וגו' היה דומה להם כאילו שאלם בהדיא על זה כי וודאי ידעת שאין אנחנו מרגלים אלא שבאת לחקור על ידי זה אם יש לנו אב או אח על כן ונאמר אל אדוני וכו' לפי שהבננו כוונתך ועל פי זה השבנו ולא כחדנו דבר. אבל מאמר ואשימה עיני עליו לא מצינו שדבר יוסף זה כלל אפי' ברמז. ונראה לפרש שאמרו שימת עין זה אינו שימת עין השגחתו אלא לפי שיוסף אמר להם שעל ידי בנימין הוא רוצה לבחון דבריהם כמו שנאמר בזאת תבחנו וגו' ואם כן היה רצונו לשום עיניו עליו ולראות על ידו אם דבריהם כנים או לא. והמפרשים אמרו שמתחל' נאמר שם ויבחנו דבריכם ואחר שהיו במאסר אמר להם ויאמנו דבריכם כי השכיל' היינו דרישה וחקירה כקטן מסיח לפי תומו ולא נתרצו האחים לזה כי אמרו פן ילמדוהו לדבר תועה ובחרו לישב במאסר ואחר כך הוציא' מן המאסר ואמר להם ויאמנו דבריכם בלא דריש' וחקירה ולזה נתרצו להביאו ועל כן אמר לו כאן שאתה אמרת ואשימה עיני עליו כי בהבאתו לבד תראה שדברינו נאמנו מאוד ואיך נהפכת עליו כרגע להתגולל ולהתנפל עליו:

ספורנו

בלי ספק: (כג) אם לא ירד. אע"פ ששמעת טענותינו האמתיות גזרת עלינו ברצון פשוט ובקנס שנביאהו: (כד) ונגד לו את דברי אדוני. ואעפ"כ לא שמע לשלחו אז: (כה) שובו שברו לנו. ובהכרח הרעב הכרחנוהו לשלחו ובכל זאת העיד בנו שאולי לא נביאהו אליו ונהיה סבת מיתתו ביגון: (ל) ועתה כבואי והורידו עבדיך. מאחר שהעיד בנו הנה כאשר יהיה כן לא ייוחס זה אל המקרה אבל ראוי שייוחס לנו שעשינו זאת התקלה בידים כענין בטרם

ביגון שאלה: לב כי עבדך ערב את־
הנער מעם אבי לאמר אם־לא
אביאנו אליך וחטאתי לאבי כל־
הימים: לג ועתה ישב־נא עבדך
תחת הנער עבד לאדני והנער יעל
עם־אחיו: לד כי־איך אעלה אל־אבי
והנער איננו אתי פן אראה ברע
אשר ימצא את־אבי: מה א ולא־
יכל יוסף להתאפק לכל הנצבים
עליו ויקרא הוציאו כל־איש מעלי
ולא־עמד איש אתו בהתודע יוסף
אל־אחיו: ב ויתן את־קלו בבכי
וישמעו מצרים וישמע בית פרעה:
ג ויאמר יוסף אל־אחיו אני יוסף
העוד אבי חי ולא־יכלו אחיו לענות
אתו כי נבהלו מפניו: ד ויאמר יוסף

אונקלוס

לשאול: לב ארי עבדך
מערב בעולימא מן אבא
למימר אם לא איתיניה
לך ואהי חטי לאבא כל
יומיא: לג וכען יתיב
כען עבדך חלף עולימא
עבדא לרבוני ועולימא
יסק עם אחוהי: לד ארי
איכדין אסק לות אבא
ועולימא ליתוהי עמי
דלמא אחזי בבישתא די
תשכח ית אבא: א ולא
יכיל יוסף לאתחסנא לכל
דקימין עלוהי וקרא
אפיקו כל אנש מעלוי
ולא קם אנש עמיה כד
אתידע יוסף לאחוהי:
ב ויהב ית קליה בבכיתא
ושמעו מצראי ואשתמע
לאינש בית פרעה:
ג ואמר יוסף לאחוהי אנא
יוסף העד כען אבא קיים
ולא יכילו אחוהי לאתבא
יתיה פתגם ארי
אתבהילו מן קדמוהי:
ד ואמר יוסף לאחוהי

תו"א ולא יכלו אחיו לענות חגיגה ד'.

רש"י

אין הנער ומת. אביו מצרתו: (לב) כי עבדך ערב את הנער. וא"ת למה אני נכנס לתגר יותר משאר אחי. הם כולם מבחוץ ואני נתקשרתי בקשר חזק להיות מנודה פ בב' עולמות: (לג) ישב נא עבדך וגו'. [ב"ר] לכל דבר אני מעולה ממנו לגבורה צ ולמלחמה ולשמש: (א) ולא יכול יוסף להתאפק לכל הנצבים. לא היה יכול לסבול שיהיו מצרים נצבים עליו ושומעין שאחיו ק מתביישין בהודעו להם: (ב) וישמע בית פרעה. ביתו של פרעה כלומר עבדיו ובני ביתו. ואין זה לשון בית ממש ר אלא כמו בית ישראל. בית יהודה מיסנ"ה בלעז: (ג) נבהלו מפניו. מפני

אבן עזרא

כי לא ראיתיו עד הנה: (א) להתאפק. לסבול: לכל הנצבים עליו. טעמו עד שיצאו כל הנצבים עליו. והוצרך לקרוא להוציאם: (ב) בבכי. במקום הפסקה. וכמוהו

שפתי חכמים

פ וא"ת והא פירש"י לעיל וחטאתי לך כל הימים בעוה"ב והכא פי' בב' עולמות וי"ל דהא יהודה בכאן היה מספר הדברים שדבר עם יעקב וא"כ כך היה לו לומר וחטאתי לך כל הימים אלא ע"כ צ"ל וחטאתי לאבי הוא בעוה"ז בהיות אבי קיים וגם לעולם שכולו יום דהיינו בעוה"ב וא"ל ולמה צריך יהודה עתה להתגלגל א"ע איך שקשר א"ע בנדוי שני עולמות וי"ל משום דסבר שמא יוסף אינו מאמין בעונש עוה"ב מש"ה הוצרך לו לומר גם עונש עוה"ז משא"כ גבי יעקב שמאמין בעונש עוה"ב וק"ל: צ קשה ממ"נ מהו גבורה אם הוא גבור למלחמ' הרי כתב אח"כ למלחמה ואם הוא לשימוש הרי ג"כ כתב לשימוש ול"ל למכתב גבורה וי"ל למלחמה ולשימוש הוא פי' של לגבורה כלו' למה אני גבור למלחמה ולשימוש: ק והכי משמע הפסוק ולא יכול יוסף לסבול שיהיו אחיו מתביישין לכל העם הנצבים עליו ר"ל עד כל העם לפיכך צוה להוציאם דאל"כ למה הוציאם: ר דאל"כ היה לו לנקוד וישמע בקמץ תחת

רמב"ן

יקראהו אסון כי פי' אסון מות מקרית כמתים בידי אדם וחיה רעה או בשנוי האויר בדרך: (לב) כי עבדך ערב את הנער. יאמר כי ירד ביגון שאולה עליו כי גם בכל זה שאמרנו לו לא רצה הזקן לשלחו עד שנעשיתי לו ערב עליו ובטח בי ועל כן ישב נא עבדך תחתיו ואם יהיה פי' והורידו עבדיך כפשוטו יאמר אנחנו הגורמים מיתת הזקן ברעה כי אני ערבתי בו: (לד) ואמר כי איך אעלה אל אבי. להודיעו כי יבחר להיות עבד עולם מעלותו אל אביו בלתי הנער שלא יוכל לראות ברעתו כי יבכה תמיד ויתאונן עליו כל היום והזכיר זה שלא יחשוד אותו שיעשה מרמת בעבור שהוא יודע לברוח יותר מן הנער: (א) ולא יכול יוסף להתאפק לכל הנצבים עליו. לא יכול לסבול שיהיו המצריים נצבים

in grief to the grave. 32. For your servant assumed responsibility for the boy from my father, saying, 'If I do not bring him to you, I will have sinned against my father forever.' 33. So now, please let your servant stay instead of the boy as a slave to my lord, and may the boy go up with his brothers. 34. For how will I go up to my father if the boy is not with me? Let me not see the misery that will befall my father!"

45

1. Now Joseph could not bear all those standing beside him, and he called out, "Take everyone away from me!" So no one stood with him when Joseph made himself known to his brothers. 2. And he wept out loud, so the Egyptians heard, and the house of Pharaoh heard. 3. And Joseph said to his brothers, "I am Joseph. Is my father still alive?" but his brothers could not answer him because they were startled by his presence. 4. Then Joseph said

is not with us, he will die.— [Rashbam]

31. **it will come to pass, when he sees that the boy is not here, he will die**—*His father* [will die] *because of his calamity* [of the loss of a son].— [Rashi]

32. **For your servant assumed responsibility for the boy**—*Now if you ask why I enter the fray more than my other brothers,* [I will reply that] *they are all* [standing] *from the outside* [without commitment], *while I have bound myself with a strong bond to be an outcast in both worlds.*—[Rashi from Gen. Rabbah 93:8] The Talmud (B.K. 92a. Mak. 11b) relates that although Judah brought Benjamin back to his father, this curse took its toll, and Judah's bones were rolling in his coffin when

his sons took him out of Egypt and carried him through the desert. Judah was also excluded from the heavenly yeshiva until Moses prayed for him. Rashi alludes to this passage below (47:2).

33. **please let your servant stay**—*I am superior to him in all respects: in strength, in battle, and in service.*—[Rashi from Gen. Rabbah 93:8]

Sifthei Chachamim questions the meaning of "in strength." If it is strength in battle, it says later, "in battle." If it is strength in service, it says later, "in service." He replies that "in battle" and "in service" explain the meaning of "in strength." I am superior to him in strength, both for battle and for service. *Maskil l'David* rejects this interpretation because of the conjunction "and," which indicates that "in strength" is independent of the others. Moreover, service does not always require strength. Also, *Gen. Rabbah* reads: If for battle, I am superior; if to serve, I am superior; if to chop wood, I am superior. This does not coincide with *Sifthei Chachamim's* interpretation of *Rashi*.

Maskil l'David therefore explains *Rashi* as follows: In matters that require strength, such as waging battle against enemies or chopping wood, as the Midrash gives as an example, I am superior. In planning battle strategies, which does not require strength, I am superior; in service, which does not [necessarily] require strength, I am also superior.

45

1. Now Joseph could not bear all those standing—*He could not bear that Egyptians would stand beside him and hear his brothers being embarrassed when he would make himself known to them.*—[*Rashi* from *Tanchuma Vayigash* 5]

Similarly, *Ibn Ezra* renders: Now Joseph could not bear [the situation] until all those standing near him went out. Therefore, it was necessary to call to have them taken out.

Ramban maintains that לְהִתְאַפֵּק means to restrain oneself. Many of the people standing there were overcome with compassion for Benjamin, and they beseeched Joseph to pardon him. Joseph could no longer restrain himself; so he ordered that all strangers be evacuated from the hall so that he would be able to speak privately with

Benjamin and his family.

Similarly, *Rashbam* explains: And Joseph could no longer restrain himself. Until now, he had done everything with emotional restraint, as above (43:31), "and he restrained himself and said, 'Serve the food.'"

bear all those standing beside him—Hebrew לְכֹל, equivalent to בִּפְנֵי. In the presence of all those standing beside him, Joseph could not restrain himself; so he called to his servants, "Take all those standing beside me out of the house." This is the correct simple interpretation.—[*Rashbam*]

Ohr Hachayim explains that Joseph could not restrain himself long enough for all those standing beside him to leave by themselves. So he called out in a loud voice, "Take everyone away from me!" That is, physically rush them out. Do not *tell* them to leave because then they will walk out slowly. Joseph could not tolerate waiting for them to leave. As soon as he issued the order to have them removed, they were all quickly evacuated from the hall.

2. And he wept out loud—until both the Egyptians and Pharaoh's household heard him weeping.—[*Tos. Hashalem* from *Rivash*]

so the Egyptians heard—I.e., the people of the city heard, and afterwards Pharaoh's household.—[*Rashbam*] The Egyptians heard the weeping, and they were afraid to enter without Joseph's permission.—[*Tos. Hashalem*]

and the house of Pharaoh heard—Heb. בֵּית פַּרְעֹה, *the house of*

ית טַלְיָא וִימוּת וְיַחֲתוּן עַבְדָךְ יַת סֵיבַת עַבְדָךְ אֲבוּנָא בִּדְווֹי לְבֵי קְבוּרְתָּא: לב אֲרוּם עַבְדָךְ מְעָרֵב בְּטַלְיָא מִן אַבָּא לְמֵימַר אִין לָא אַיְיתִינֵיהּ לְוָתָךְ וְנִתְחַיֵּיב קֳדָם אַבָּא כָּל יוֹמַיָּא: לג וּכְדוּן יְתִיב בְּבָעוּ עַבְדָךְ חוּלַף טַלְיָא עַבְדָא לְרִיבּוֹנִי וְטַלְיָא יִסַּק עִם אָחוֹהִי: לד אֲרוּם הֵיכְדֵין אֶסַּק לְוַת אַבָּא וְטַלְיָא לֵיתוֹי עִמִּי דִּלְמָא אֶחְמֵי בְּבִישְׁתָּא דְּתִתְבְּרֵי יַת אַבָּא: א וְלָא יָכִיל יוֹסֵף לְמִסוֹבְרָא דְּלָא לְמִבְכֵּי מִן בְּגַלַל כָּל מִן דְּקַיְימִין קֳדָמוֹי וַאֲמַר הַנְפִּיקוּ כָּל אֱינַשׁ מִן קֳדָמַי וְלָא קָם אֱינַשׁ עִמֵּיהּ כַּד אִשְׁתְּמוֹדַע יוֹסֵף לְאָחוֹי: ב וַאֲרֵים יַת קָלֵיהּ בִּבְכוּתָא וּשְׁמָעוּ מִצְרָאֵי וּשְׁמַע אֱינַשׁ בֵּית פַּרְעֹה: ג וַאֲמַר יוֹסֵף לְאָחוֹי אֲנָא הוּא יוֹסֵף הַעוֹד כְּדוּן אַבָּא קַיָּים וְלָא יָכִילוּ אָחוֹי לְאַתָבָא לֵיהּ פִּתְגָם אֲרוּם אִתְבְּהִילוּ מִן קֳדָמוֹי: ד וַאֲמַר יוֹסֵף

פי' יונתן

(לד) דמיכרו י"מ שניקב אותו והוא לשון רז"ל דסנהדרין פ"ד מיתות ואימא דמבריז כריז ופי' לשון דקירה ונעילה ומהר"ד רולה להגיה בשני אופנים דמכדן פי' שיהא נידון בו או דמתרוי לשון מתרווזות של דגים פ"ש והאשון עפי' נ"ל

רשב"ם

אביו ולכך בראותו כי אין הנער ומת: (לב) כי עבדך. לכך אני מדבר יותר מכל אחי. ואהיה עבד תחתיו: (א) ולא יכול יוסף להתאפק. עוד. כי עד עתה היה עושה כל מעשיו ע"י שהיה מתאפק בלבו כמ"ש למעלה ויתאפק ויאמר שימו לחם: לכל הנצבים עליו. בפני כל הנצבים עליו ולא יכול עוד להתאפק. ויקרא למשרתיו הוציאו כל הנצבים עלי מן הבית. כך עיקר פשוטו: (ב) וישמעו מצרים אנשי העיר. ואח"כ וישמע בית פרעה:

דעת זקנים מבעלי התוספות

(ג) ולא יכלו אחיו לענות אותו. פי' שכיון קרא מאמינים ואינם מאמינים. מאמינים שהרי הזכיר שמו יוסף ואינם מאמינים לשעבר לעבד

רמב"ן

נצבים עליו ושומעין שאחיו מתביישין בהודעו להם ל' רש"י. ורבי אברהם אמר להתאפק לסבול לכל הנצבים עליו טעמו עד שיצאו כל הנצבים עליו והוצרך לקרוא להוציאם אבל אונקלוס תרגם לאיתחסנא להתחזק וכן ואתאפק ואעלה העולה וכן כל לשון התאפקות בכל מקום הזוק. והנכון בעיני שהיו שם מבית פרעה ומן המצריים אנשים רבים יחלו פניו למחול לבנימין כי נכמרו רחמיהם על תחנוני יהודה ולא יכול יוסף להתחזק לכלם ויקרא לעבדיו הוציאו כל איש נכרי מעלי כי אדבר עמהם ויצאו מעליו ובצאתם מעליו נתן את קולו בבכי וישמעו מצרים ואנשי בית פרעה היוצאים מעליו כי עודם בחצר החיצונה. ויתכן כי פי' הנצבים עליו משרתיו העומדי' לפניו כמו הנער הנצב על הקוצרי' שרי הנצבים להתיצב על ה': וטעם ויקרא. שהרים קולו בכעס ואמר למשרתיו הוציאו כל איש מעלי בלתי האנשים האלה. וטעם בהוצאה שהוציאם משם כדי שלא ישמעו בהזכיר להם המכירה כי תהיה להם לחרפה וגם אליו למכשול שיאמרו עבדי פרעה ומצרים עליהם אלו אנשי בוגדות לא יגורו בארצנו ולא

אור החיים

ישב נא עבדך. והגם שאמר והצגתיו לפניך שלוחו של אדם כמותו: כי איך אעלה וגו'. פי' בלא טעם האמור שאמר והטאתי וגו' איך אעלה וגו' ועוד אולי שנותן טעם למה שאמר בתחלה הננו עבדים גם אנחנו וגו' כי איך אעלה וגו' פן אראה ברע וכשלא יעלו כולן לא יראו וגו'. עוד יכוין להשיב לטענת אשה חכמה שלא יואב לדוד כי קמה המשפח' להרוג את מכה אחיו ותמיתהו בנפש אחיו וגו' והנה הוא הנדון שלפנינו כי כשיגיד יהודה לאביו כי אנוס הוא ואינו יכול להציל בנימין מיד המלך פשיטא שלא יתאכזר יעקב וישכל גם שניהם יהודה ובנימין ויתיר לנידויו של יהודה לזה אמר טענה שנית כי איך אעלה וגו' כי הושם לסכנת מות אביו:

ולא יכול יוסף להתאפק. פי' שלא עצר כח להמתין עד שיצאו כל הנצבים מעלמן וקרא בקול גדול הוציאו כל איש פי' במהרה לא שיאמרו להם לצאת כי כשיצאו מעלמן יצאו במתון ולא סבל אורך זמן ההוצאה ואמר ולא עמד פי' לא נתעכב איש אלא במהרה תיכף יצאו יחד:

בהתודע יוסף וגו'. פי' בשביל התודעותו אל אחיו פי' הכרת דבר כדי שיכירו ויצדיקו כי הוא יוסף ודבר זה צריך להזכירם במכירתו ולא רצה לזלזל באחיו שיחזיקו אותם בדבר נבלה כזו למכור אחיהם ואמר בסמוך ויתן את קולו בבכי וישמעו מצרים וגו' הרי זה מגיד כי מה שמנע הזולת בהתודעו לאחיו לא לצדו כי הוא קרא בקול ושמעו כל העיר את הדבר אלא לצד בושת אחיו הוא שעשה מטעם הנזכר:

ויאמר יוסף וגו' גשו נא וגו'. טעם ההגשה לצד שרצה לומר להם ענין המכירה לזה לא רצה לומר להם אלא בלחישה לזה אמר גשו ואחר שנגשו אמר להם וגו' אשר מכרתם אותי וגו' והגם שאמר הוציאו כל איש וגו' ולא

כלי יקר

העוד אבי חי וגו'. אף על פי שכבר אמרו לו שהוא חי כמובן מכל דברי יהודה מכל מקום חשב יוסף אולי אמרו כן כדי שיכמרו רחמיו על הזקן ולא יגרום לו מיתה כי נפשו קשורה בנפשו על כן שאלם שנית העוד אבי חי ולבבם לא כן ידמה והשבו שלא נתכוון לשאול אם הוא חי או לא אלא שבא להזכיר עונם על כן אמר העוד אבי חי לו' שאביו הוא ולא אביכם כי לא חסתם על לערו כאילו אינו אביכם על כן נבהלו ולא יכלו לענות דבר. ועוד טעם אחר על בהלה זו לפי שאמר אני יוסף ולא הזכיר אחיכם על כן נבהלו נחפזו שם רעדה אחזתם כי אמרו פן יבקש להיות אויב ומתנקם והסיע את עלמו מן האחוה כאשר עשו המה לו שהסיעו את עלמם מן האחוה כמו שפי' רש"י על פסוק נסעו מזה. על כן אמר להם שנית אני יוסף אחיכם אשר מכרתם אותי מלרימה אע"פ שלפחות היה לכם למכור אותי לאיזה אומה אחרת שאינן שטופי זמה כל כך מכל מקום אחיכם אני ואל יחר בעיניכם אשר מכרתם אותי הנה למלרים כי למחי' שלחני אלהים כי רואה אני שנתגלגל הדבר שבאתי בין שטוף זימה וקרה לי תקרה באשת פוטיפר שכבשתי את ילרי ועל ידי זה זכיתי להיות רועה ישראל זן ומפרנס כמו שנאמר ותשב באיתן קשתו וגו' משם רועה אבן ישראל ורבותינו ז"ל הסכימו לזה שאמרו כל הבא על אשת איש לסוף מבקש ככר לחם ואינו מולא וכו'. ואילו לא הייתי בין שטופי זמה אולי היה נבחר איש אחר לתיקון שני הרעב אבל מאחר שנזדמן לי שנמכרתי לעם שטופי זימה לא זכה שום אחד מהם לתקן הרעב כי אם אני וא"כ המכירה להנה למלרים גרמה לי כי למחיה שלחני אלהים לפניכם. ורבותינו ז"ל אמרו שמבהל' זו יוקח לימוד על יום הדין כדאמר רבי אלעזר ווי לנו מיום הדין ווי לנו מיום תוכחה ומה יוסף כשאמר לאחיו אני יוסף לא יכלו לענות אותו כשהקב"ה עומד לדין על אחת כמה וכמה שנאמר ומה תעשה ליום פקוד' וגו' כי האחים סברו שיוסף הזכיר עונם בדרך שנתבאר ומה יעשה האדם ליום פקודה כי יפקד מושבו ומשאו ומתנו וכיד כל אדם יחתום לומר לאי דרכך מה עשית. ודעת רבי אלעזר שלכך כתבה לנו התורה שאחיו נבהלו כדי שהמשכיל יתן אל לבו חרדת יום הדין וללמוד קל וחומר מאחי יוסף:

אבי עזר

כופז. רק טעמא דגמרא דלא חשיב רק אותן שיש לספק בהן אם נדרשים ומפורשים למעלה או למטה כמו וקם וכדומה אבל אותן שיש בהן ספק בפרושם לא קחשיב. לפי שמלינו כן למאות במקרא ולכן לא קחשיב ג"כ ועזב וזה שכתב הרב בקילור נמרן וזה עמסם. ואף דמתרן הגמרא דלא קחשיב וישלוף נעלו משום דלא כתיבי באורייתא. אבל באמת אף אם היה נכתב באורייתא לא חשיב להו איסי בן

ספורנו

תבא השמעתיך פן תאמר עצבי עשם: (לב) כי עבדך ערב. והטעם שימות בראותו כי אין הנער מבלתי שישאל מה היה לו הוא מפני שעבדך ערב ומאחר שלא אביאנו יחשוב שאבד בלי ספק ושבשביל זה לא יכולתי לקיים נדרי: (לג) ועתה ישב נא עבדך תחת הנער. לפיכך אני מבקש להיות עבד תחתיו כדי שלא אחטא לאבי כל הימים כמו שקבלתי עלי: (לד) כי איך אעלה. אע"פ שחשבתי שיצטער עלי טוב לי שלא אראנו באותו הצער:

(א) להתאפק לכל הנצבים עליו. להתאפק התאפקות מספיק לברר עסקי כל הנצבים עליו: (ג) העוד אבי חי. אי אפשר שלא מת

אֶל־אֶחָיו גְּשׁוּ־נָא אֵלַי וַיִּגָּשׁוּ וַיֹּאמֶר
אֲנִי יוֹסֵף אֲחִיכֶם אֲשֶׁר־מְכַרְתֶּם
אֹתִי מִצְרָיְמָה׃ ה וְעַתָּה ׀ אַל־תֵּעָצְבוּ
וְאַל־יִחַר בְּעֵינֵיכֶם כִּי־מְכַרְתֶּם אֹתִי
הֵנָּה כִּי לְמִחְיָה שְׁלָחַנִי אֱלֹהִים
לִפְנֵיכֶם׃ ו כִּי־זֶה שְׁנָתַיִם הָרָעָב
בְּקֶרֶב הָאָרֶץ וְעוֹד חָמֵשׁ שָׁנִים
אֲשֶׁר אֵין־חָרִישׁ וְקָצִיר׃ ז וַיִּשְׁלָחֵנִי
אֱלֹהִים לִפְנֵיכֶם לָשׂוּם לָכֶם שְׁאֵרִית
בָּאָרֶץ וּלְהַחֲיוֹת לָכֶם לִפְלֵיטָה
גְּדֹלָה׃ שלישי ח וְעַתָּה לֹא־אַתֶּם
שְׁלַחְתֶּם אֹתִי הֵנָּה כִּי הָאֱלֹהִים
וַיְשִׂימֵנִי לְאָב לְפַרְעֹה וּלְאָדוֹן לְכָל־
בֵּיתוֹ וּמֹשֵׁל בְּכָל־אֶרֶץ מִצְרָיִם׃
ט מַהֲרוּ וַעֲלוּ אֶל־אָבִי וַאֲמַרְתֶּם אֵלָיו
כֹּה אָמַר בִּנְךָ יוֹסֵף שָׂמַנִי אֱלֹהִים
לְאָדוֹן לְכָל־מִצְרָיִם רְדָה אֵלַי אַל־
תַּעֲמֹד׃ י וְיָשַׁבְתָּ בְאֶרֶץ־גֹּשֶׁן וְהָיִיתָ
קָרוֹב אֵלַי אַתָּה וּבָנֶיךָ וּבְנֵי בָנֶיךָ

אונקלוס

קְרִיבוּ כְעַן לְוָתִי וּקְרִיבוּ
וַאֲמַר אֲנָא יוֹסֵף אֲחוּכוֹן
דִי זַבֵּינְתּוּן יָתִי לְמִצְרָיִם
ה וּכְעַן לָא תִתְנַסְסוּן וְלָא
יִתְקוֹף בְּעֵינֵיכוֹן אֲרֵי
זַבֵּינְתּוּן יָתִי הָלְכָא אֲרֵי
לְקַיָּמָא שַׁלְחַנִי יְיָ
לְקָדָמֵיכוֹן׃ ו אֲרֵי דְנַן
תַּרְתֵּין שְׁנִין כַּפְנָא בְּגוֹ
אַרְעָא וְעוֹד חֲמֵשׁ שְׁנִין דִי
לֵית זְרוֹעָא וַחֲצָדָא
ז וְשַׁלְחַנִי יְיָ קֳדָמֵיכוֹן
לְשַׁוָּאָה לְכוֹן שְׁאָרָא
בְּאַרְעָא וּלְקַיָּמָא לְכוֹן
לְשֵׁיזָבָא רַבְּתָא׃ ח וּכְעַן
לָא אַתּוּן שְׁלַחְתּוּן יָתִי
הָלְכָא אֱלָהֵין מִן קֳדָם יְיָ
וְשַׁוְיַנִי לְאַבָּא לְפַרְעֹה
וּלְרִבּוֹן לְכָל אֱנָשׁ בֵּיתֵיהּ
וְשַׁלִּיט בְּכָל אַרְעָא
דְמִצְרָיִם׃ ט אוֹחוּ וְסַקוּ
לְוַת אַבָּא וְתֵימְרוּן לֵיהּ
כִּדְנַן אֲמַר בְּרָךְ יוֹסֵף
שַׁוְיַנִי יְיָ לְרִבּוֹן לְכָל
מִצְרָאֵי חוּת לְוָתִי לָא
תִתְעַכַּב׃ י וְתֵיתֵב
בְּאַרְעָא דְגֹשֶׁן וּתְהֵי קָרִיב
לִי אַתְּ וּבְנָךְ וּבְנֵי בְנָךְ

תו"א כי זה שנתים פ"א ס.

רשב"ם

(ה) כי למחיה שלחני. הקב"ה עשה כל זאת לטובתכם: (ח) כי האלהים. אלא האלהים.

אור החיים

עמד שם אדם אף על פי כן חש לאזני' לקיר ודבר באזניהם:
אני יוסף אחיכם וגו'. טעם שחזר לומר פ"ב אני יוסף לצד שראה שלא ענוהו חשש לב' דברים. האחד שפחדו ממנו ולא יכלו להשיב כבושת גנב כי ימצא והב' שלא האמינוהו שהוא יוסף לזה אמר כנגד צד היראה שאתם יראים ונבהלתם לא תחושו לדבר כי אני יוסף אחיכם פי' מתנהג עמכם במדת האחוה וכאלו לא היה הדבר ההוא גם סמך לומר אחיכם אשר מכרתם לומר שאפי' בזמן המכר לא כהתה עין האחוה ממני וכנגד צד הצדקת הדבר שהוא יוסף אמר להם דבר שבו יצדיקו בסי' מובהק כי הוא זה באומרו אשר מכרתם אותי מצרימה ודבר זה לא ידעו אדם ואפילו נביא אם לא שתאמר ודאי גמור כי הוא זה יוסף:
ועתה אל תעצבו וגו'. צ"ל א' אומרו ועתה מה בא לשלול ב' למה כפל לומר אל תעצבו ואל יחר ועוד הם ב' דברים הפכיים העצבון יורה על שברון הלב וחרון אף יגיד על הגאוה עוד צ"ל למה דקדק לומר תיבת הנה. אכן פי' של דברי' הוא עז"ה יודע אני כי אתם נעצבים על המכר וכמו שגילו דעתם באומרם אבל אשמים אנחנו גם לפי המדרש שאמרו שירדו לפדותו בדמים יקרים לזה אמר להם ועתה פי' כיון שמבוקשם מצוי להם בהודעה זו תסירו העצבון ונתכוין ג"כ בזה לרמוז להם ולהודיעם כי
יודע

to his brothers, "Please come closer to me," and they drew closer. And he said, "I am your brother Joseph, whom you sold into Egypt. 5. But now do not be sad, and let it not trouble you that you sold me here, for it was to preserve life that God sent me before you. 6. For already two years of famine [have passed] in the midst of the land, and [for] another five years, there will be neither plowing nor harvest. 7. And God sent me before you to make for you a remnant in the land, and to preserve [it] for you for a great deliverance. 8. And now, *you* did not send me here, but God, and He made me a father to Pharaoh, a lord over all his household, and a ruler over the entire land of Egypt. 9. Hasten and go up to my father, and say to him, 'So said your son, Joseph: "God has made me a lord over all the Egyptians. Come down to me, do not tarry. 10. And you shall dwell in the land of Goshen, and you shall be near to me, you and your children and your grandchildren,

---

Pharaoh, namely his servants and the members of his household. This does not literally mean a house, but it is like "the house of Israel" (Ps. 115:12), "the house of Judah" (I Kings 12:21), *mesnede in Old French, household.*—[*Rashi* from *Targum Onkelos*]

Since this is worded in the active voice, it cannot refer to the house, since the house itself cannot hear. Verse 16, however, is worded in the passive voice. Therefore, that verse is interpreted, "And the voice was heard [in] Pharaoh's house," referring literally to the house itself.—[*Mizrachi, Gur Aryeh*]

3. Is my father still alive?—It is not impossible that he has died out of concern for me.—[*Sforno*] [Judging from the way his father treated him in his youth, Joseph knew that his father had to have been very concerned at his disappearance.]

they were startled by his presence—*Because of embarrassment.*—[*Rashi* from *Tanchuma Vayigash* 5] They were startled because they were embarrassed over how they had sinned against him, but they were not frightened. Since Joseph had ordered everyone to leave the hall to spare them embarrassment, and since he had burst into tears, they realized that he loved them and would not take revenge upon them.—[*Mizrachi*]

4. Please come closer—Heb. גְּשׁוּ. This translation follows *Targum Jonathan*, and probably *Rashi*. *Onkelos* renders: *Now* come closer.

He saw them drawing backwards. He said, "Now my brothers are embarrassed" (Tanchuma Vayigash 5). *He called them tenderly and pleadingly and showed them that he was circumcised (Gen. Rabbah 93:10).*—[*Rashi*]

Although Joseph had decreed that all Egyptian men have themselves circumcised, as *Rashi* mentions above (41:55), perhaps the brothers were unaware of this. It is also possible that circumcision was indeed a valid sign of Joseph's identity because the decree of circumcision had applied only to the general populace, who relied on the government for food, but the ruler himself was not compelled to comply with this rule. Since Joseph was circumcised, this would surely prove that he was a Hebrew. Another solution is that the Egyptians performed only the rite of מִילָה, *circumcision*, that is, severing the foreskin. The Hebrews, however, also performed the rite of פְּרִיעָה, drawing back the inner skin and uncovering the corona. Hence, Joseph could be identified as a Hebrew.—[*Tos. Hashalem*]

Da'ath Zekenim quotes a midrash which states that after Joseph sent out the Egyptians, they stood with their ears to the wall and listened to Joseph's conversation with his brothers. Joseph was aware of this, but as long as he said, "I am Joseph," he had no objection to their eavesdropping. When he was ready to say, "I am your brother Joseph, whom you sold into Egypt," however, he did not want them to hear this. Since he intended to settle his brothers in Egypt, he did not want the Egyptians to think that his brothers were wicked people, and if they knew that his brothers had sold their own brother, the Egyptians might fear that the

brothers would do harm to them as well. Therefore, he asked his brothers to draw near him so that he could tell them this privately. Another explanation is that Joseph did not want Benjamin to know that his brothers had sold him (Joseph) and then report it to their father. Therefore, Joseph separated them and told only his ten older brothers that he was Joseph, whom they had sold into Egypt.

whom you sold into Egypt— With this, you will surely understand that I am Joseph, because no one except us knows that you had sold me and that you are my brothers. Even the buyers were unaware when they bought me that I was your brother.—[*Sforno*]

5. **to preserve life**—Heb. לְמִחְיָה, *to be to you a preserver of life.*— [*Rashi* from *Targum Jonathan*] The Holy One, blessed be He, did it all for your benefit.—[*Rashbam*]

6. **For already two years of famine**—*have passed of the* [total] *years of the famine.*—[*Rashi*]

Although the brothers knew that two years of famine had passed, Joseph reminded them of this. He did so to point out that since two years of famine had already passed and they had eaten all their rations, and prices had risen considerably, over the next five years they would be unable to cope with rising prices and would become completely destitute.— [*Ramban*]

8. **but God**—sent me.—[*Ibn Ezra*]

a father—*A colleague and a protector.*—[*Rashi* from *Gen. Rabbah* 93:10] *Heidenheim's* reading is:

לְאַחוֹי קְרִיבוּ בְּבָעוּ לְוָתִי וְחָמוּן גְזֵירַת מְהוּלְתִּי וּקְרִיבוּ וַאֲמַר אֲנָא יוֹסֵף אֲחוּכוֹן דִי זַבִּינְתּוּן יָתִי לְמִצְרָיִם: ה וּכְדוּן לָא תִתְנַסְסוּן וְלָא יִתְקוּף בְּעֵינֵיכוֹן אֲרוּם זַבִּינְתּוּן יָתִי הַלְכָא אֲרוּם לְקַיְימָא יַתְכוֹן שַׁדְרַנִי יְיָ קֳדָמֵיכוֹן: ו אֲרוּם דֵין תַּרְתֵּין שְׁנִין כַּפְנָא בְּגוֹ אַרְעָא וְעוֹד חָמֵשׁ שְׁנִין דְלָא רַדְיָין וְלָא חַצְדִין: ז וְשַׁדְרַנִי יְיָ קֳדָמֵיכוֹן לְשַׁוָאָה לְכוֹן שְׁיוּרָא בְּאַרְעָא וּלְקַיְימָא לְכוֹן לְשֵׁיזָבָא רַבָּא: ח וּכְדוּן לָא אַתּוּן שְׁדַרְתּוּן יָתִי הַלְכָא אֱלָהֵן מִן קֳדָם יְיָ אִסְתַּקַף פִּתְגָמָא וְשַׁוְיַינִי לְרַב לְפַרְעֹה וּלְרַב עַל כָּל בֵּיתֵיהּ וְשַׁלִּיט בְּכָל אַרְעָא דְמִצְרָיִם: ט אוֹחוּ וּסְקוּ לְוַת אַבָּא וְתֵימְרוּן לֵיהּ כִּדְנַן אֲמַר בְּרָךְ יוֹסֵף שַׁוְיַינִי יְיָ לְרַב לְכָל מִצְרָאֵי חוּת לְוָתִי לָא תִתְעַכַּב: י וְתִתֵּיב בְּאַרְעָא דְגֹשֶׁן וּתְהֵי קָרִיב לְוָתִי אַנְתְּ וּבְנָךְ וּבְנֵי בְנָךְ וְעָנָךְ וְתוֹרָךְ וְכָל דִילָךְ:

בעל הטורים

ואף אם לקח הגביע הוא מפני אולתו הקשורה בו א"כ מפני שאולתו קשורה בו לריך שתהא נפשו קשורה בנפשו של אביו לחנכו: וקציר. ב' במס' הכא ואידך עוד כל ימי הארץ זרע וקציר ודאי לא בא יוסף לבטל גזירת המקום זרע וקציר כי ודאי לא ישבותו ע"כ אמר אשר אין חריש וקציר לא ישבותו זרע וקציר וכשיזרעו יקצרו וכאן לא רצו לזרוע שאמרו מוטב שנאכל מה שבידנו ממה שנזרע אותו ואולי לא נחיה עד שנקצור ע"כ אמר חריש וקציר ולא אמר זרע וקציר: כדה.

פי' יונתן

פיקר: (ד) וחמון גזירת מהולתי וכן פירש"י ודיוקו ממלת גשו וק"ל והלא איתא במדרש שנולד מהול וי"ל א"כ מה סימן היה זה ושמא י"ל ניכרים דברי אמת שהיה מכיר בלשון הקודש: (ו) דדיין ותלדין. פירוש תרגום של חריש' רדי' וכו'

רש"י

הבושה: (ד) גשו נא אלי. ראה אותם נסוגים לאחור אמר עכשיו אחי נכלמים קרא להם בלשון רכה ותחנונים והראה להם ש שהוא מהול (ב"ר): (ה) למחיה. להיות לכם למחיה: (ו) כי זה שנתים הרעב. עברו משני הרעב: (ח) לאב. לחבר ולפטרון [לוס בשיטלער. פאטראן]: ועלו

שפתי חכמים

הסי"ן (וגם נלטרך לומר שבית כמו בבית). מהרש"ל: ש וא"ת מנ"ל לרש"י משום דהראה להם המילה היה אומר להם גשו שמא משום שראה אותם נסוגים לאחור היה אומר להם גשו. וי"ל דרש"י דייק מדכתי' גשו ולא כתיב קרבו אלי אלא מדכתיב ל' הגשה משמע הגש' קרובה ולמה היו לריכין ליגש כ"כ קרוב לו אלא שהראה להם המילה וא"ל מנ"ל שראה אותם נסוגים אחור דילמא מ"ש להם גשו אינו אלא משום שהראה להם שהוא מהול דא"כ לא למ"ל בשלמא אי ראה אותם שנסוגים אחור מ"ש הולך לומר מלת נא לדבר עמהם בל' רכה כדי שלא יתביישו אבל אם עמדו על מקומם למה דבר עמהם בל' תחנונים

דעת זקנים מבעלי התוספות

נמכר יוסף בכבל ענו רגלו ועכשיו הוא מושל בכל ארץ מלרים: (ד) גשו נא אלי ויגשו. מדרש לפי שאמר למעלה הוליאו כל איש מעלי והמלרים היו עומדים בחוץ ומטין אזניהם מה הם מדברים ולכך כשאמר אני יוסף אחיכם העוד אבי חי לא חשש אם הם שומעין אבל כשרלה לומר אשר מכרתם אותי לא רלה שישמעו לפי שהיה בדעתו להושיב אחיו במלרים ואולי היו שומעין שמכרו אחיהם יאמרו אנשים רעים הם מאד שאפי' לאחיהם מכרו כל שכן שיעשו עמנו רעה אם ישבו אתנו ולכך אמר להם גשו נא אלי ואומר לכם בחשאי. ד"א מתחלה אמר להם יוסף אני יוסף אחיכם העוד אבי חי ולא רלה להזכיר מכירתו מפני בנימין אחיו שלא יתביישו ממנו ושלא יגיד לאביו והפליגן לגד אחר ואמר להם גשו נא אלי הפרידן מבנימין ויאמר אני יוסף אחיכם אשר מכרתם אותי:

אבן עזרא

ראה עני: (ח) כי האלהים. שלחני: לאב טעמו למורה לאב לפרעה. יועץ למלך: ולאדון לכל ביתו. ממונה על הבית: ומושל בכל ארץ מצרים. להנהיג עניני העמים: (ט) מהרו. שלא

רמב"ן

ידרכו בארמנותינו. באחיהם גם באביהם בגדו מה יעשו במלך ובעמו וגם ביוסף לא יאמינו עוד: (ו) כי זה שנתים הרעב בקרב הארץ. הזכיר להם מה שעבר וידעו גם הם לומר כי הארץ עברו עליה שתי שנים ברעב ואכלו כל מה שהיה בידם ונתיקר השער מאד ועוד יעברו עליהם חמש שנים לא היתה לכם בה מחיה כלל אם לא שלהני השם לפניכם: (י) וישבת בארץ גושן. היה יוסף יודע באביו שלא ירצה לעמוד בארץ מצרים אשר שם הבירה למלכות על כן שלח לו מעתה כי בארץ גשן יושיבנו. וטעם אתה

אור החיים

יודע בהם שדעתם קרובה אללו והם נעלבים עליו עד עתה ובזה ילדיקו כי לבו נכון עמם ואומרו אל יחר בעיניכ' פי' לטעם שמכרתם אותי הנה שגרמתם לעלמיכם כל התגלגלות העניינים ההשתחויות אשר בשבילם נתהכמת' למכור דכתיב ונראה מה יהיו וגו' ודבר זה יסובב הכעס כאדם שבא לתקן דבר ונמלא מקלקל ויחר אפו על אשר גרם לעלמו ונתן טעם לזה כי אדרבא מעשיהם גרמו להם טובה גדולה כי למחיה שלחני אלהים לפניכם כי זה וגו' לשום לכם שארית וגו' ומעתה לא יחר בעיניכם על הדבר: ועתה לא אתם וגו'. פי' לתת טעם להסיר מלבם הששש הבנאה לבל יחשבו כי יוסף ישטום אותם וישנאם על אשר נתאכזרו עליו ויהיה בעיניהם דבר רחוק שיהיה לב יוסף נכון עמם לזה אמר להם הן אמת כי בשעת מעשה אשר מכרוהו היו הדברים זרים בעיניו איך יהיה כל האכזריות בלב אחים על אחיהם וראוי' הם להיות שנואים אללו. אכן עתה אחר ראותו כל הנמשך מירידתו למלרים ידע כי המעשה הי' מאת ה' והם שליחותו ית' עשו ולא שליחות עלמם ובזה אין מקום לשמור להם איבה ולא להרחיק מדת אחוה מהם. ואולי כי בזה הי' להם פנים לעמוד לפני אביהם כשנגלה הדבר כי הם הגורמים לו אבל ובכי כ"ב שנה ועשו המעשה המופלא במכר אחיהם ורואני שגם בוש לא יבושו מאביהם והי' נראה לומר כי יעקב לא

כלי יקר

גשו נא אלי ויגשו. הראה להם שהוא מהול רלה בזה להראות לדקתו שהיה בין שטופי זמה ולא נכשל בעריות כי הבועל ארמית משכה עללתי' ומלינו שישראל נגאלו ממלרים בזכות ארבע דברים שלא שנו את שמם ולא שנו את לשונם ולא היו בהם בעלי לשון הרע והיו גדורים מעריות. וטעמו של דבר יתבאר בפרשת שמות בעזרת השם יתברך וכמו כן כאן שלח יוסף אחר אביו ואחיו הודיע להם באיזה זכות יעלו משם ורמז להם ארבע אלו שהיה יוסף שלם בכולם. שלא שנה שמו שאמר להם אני יוסף אע"פ שפרעה קרא שמו לפנת פענח מ"מ אני יוסף זה שמי לעולם. ושלא שינה לשונו שאמר כי פי המדבר אליכם בלשון הקודש. ולא היה פריץ בעריות שנאמר גשו אלי שראה להם שהוא מהול. ושלא היה בעל לשון הרע שנאמר גשו אלי כי לא רלה שישמע בנימין אחיו ענין המכירה ואפי' לאביו לא הגיד כלום כי אילו היה מגלה לו ודאי היה מלוה לו קודם מותו שא נא פשע אחיך. ורמז להם יוסף כי בעון המכירה ישלמו שטר חוב כי גר יהיה זרעך וגו' כמו שנאמר ועתה אל תעלבו דוקא עתה אבל לעתיד תעלבו על כן רמז להם גם הגאולה והדברים המסבבים הגאולה. וי"א ועתה רמז לעשרה הרוגי מלכות שלעתיד יעלבו על המכירה:

אבי עזר

יהודה משום טמאה דרב דא"כ יהרגו החשבון למאות. ומלבד זאת אין לורך לחשב ועזב כיון דלא נפקא לן מידי לפיסוק טעמים וק"ל. ולהיפי באהל יוסף שטרח עלמו בפלפול וסברא בדברי הרב. והדברים פשוטים כמו שכתבתי ולכן לא קחשיב ג"כ כי לין בפיו ורב יעבוד לעיר:

ספורנו

מת מדאגתו עלי: (ד) גשו נא אלי. שלא ישמעו שומעי הבכי את מכירתו: אשר מכרתם. ובזה תדעו שאני יוסף בלי ספק שלא ידע איש במכירתי ושאני אחיכם זולתנו כי הקונים לא ידעו שאני אחיכם: (ח) ועתה לא אתם שלחתם. הנה בראותכם תכלית אלהי שלא היה מושג בזולת אלה הסבות הקודמות אין ספק שהסבות הקודמות היו גם כן ברצון אלהי לסבב זה התכלית:

וְצֹאנְךָ֥ וּבְקָרְךָ֖ וְכָל־אֲשֶׁר־לָֽךְ׃
יא וְכִלְכַּלְתִּ֤י אֹֽתְךָ֙ שָׁ֔ם כִּי־ע֛וֹד חָמֵ֥שׁ
שָׁנִ֖ים רָעָ֑ב פֶּן־תִּוָּרֵ֛שׁ אַתָּ֥ה וּבֵיתְךָ֖
וְכָל־אֲשֶׁר־לָֽךְ׃ יב וְהִנֵּ֤ה עֵֽינֵיכֶם֙
רֹא֔וֹת וְעֵינֵ֖י אָחִ֣י בִנְיָמִ֑ין כִּי־פִ֖י
הַֽמְדַבֵּ֥ר אֲלֵיכֶֽם׃ יג וְהִגַּדְתֶּ֣ם לְאָבִ֗י
אֶת־כָּל־כְּבוֹדִי֙ בְּמִצְרַ֔יִם וְאֵ֖ת כָּל־
אֲשֶׁ֣ר רְאִיתֶ֑ם וּמִהַרְתֶּ֛ם וְהוֹרַדְתֶּ֥ם
אֶת־אָבִ֖י הֵֽנָּה׃ יד וַיִּפֹּ֛ל עַל־צַוְּארֵ֥י
בִנְיָמִן־אָחִ֖יו וַיֵּ֑בְךְּ וּבִנְיָמִ֔ן בָּכָ֖ה עַל־
צַוָּארָֽיו׃ טו וַיְנַשֵּׁ֥ק לְכָל־אֶחָ֖יו וַיֵּ֣בְךְּ
עֲלֵהֶ֑ם וְאַחֲרֵ֣י כֵ֔ן דִּבְּר֥וּ אֶחָ֖יו אִתּֽוֹ׃
טז וְהַקֹּ֣ל נִשְׁמַ֗ע בֵּ֤ית פַּרְעֹה֙ לֵאמֹ֔ר
בָּ֖אוּ אֲחֵ֣י יוֹסֵ֑ף וַיִּיטַב֙ בְּעֵינֵ֣י פַרְעֹ֔ה
וּבְעֵינֵ֖י עֲבָדָֽיו׃ יז וַיֹּ֤אמֶר פַּרְעֹה֙ אֶל־
יוֹסֵ֔ף אֱמֹ֥ר אֶל־אַחֶ֖יךָ זֹ֣את עֲשׂ֑וּ טַעֲנוּ֙
אֶת־בְּעִירְכֶ֔ם וּלְכוּ־בֹ֖אוּ אַ֥רְצָה

אונקלוס

וְעָנָךְ וְתוֹרָךְ וְכָל דִי לָךְ׃
יא וַאֲזוּן יָתָךְ תַּמָּן אֲרֵי
עוֹד חָמֵשׁ שְׁנִין כַּפְנָא
דִלְמָא תִתְמַסְכַּן אַתְּ
וֶאֱנָשׁ בֵּיתָךְ וְכָל דִי לָךְ׃
יב וְהָא עֵינֵיכוֹן חָזְיָן וְעֵינֵי
אָחִי בִנְיָמִין אֲרֵי
בְּלִישַׁנְכוֹן אֲנָא מְמַלֵּיל
עִמְּכוֹן׃ יג וּתְחַוּוֹן לְאַבָּא
יָת כָּל יְקָרִי בְּמִצְרַיִם וְיָת
כָּל דִי חֲזֵיתוּן וְתוֹחוּן
וְתַחֲתוּן יָת אַבָּא הָלְכָא׃
יד וּנְפַל עַל צַוְּארֵי
דְבִנְיָמִין אֲחוּהִי וּבְכָא
וּבִנְיָמִין בְּכָא עַל
צַוְּארֵיהּ׃ טו וּנְשֵׁיק לְכָל
אֲחוּהִי וּבְכָא עֲלֵיהוֹן
וּבָתַר כֵּן מַלִּילוּ אֲחוּהִי
עִמֵּיהּ׃ טז וְקָלָא אִשְׁתְּמַע
בֵּית פַּרְעֹה לְמֵימַר אֲתוֹ
אֲחֵי יוֹסֵף וּשְׁפַר בְּעֵינֵי
פַּרְעֹה וּבְעֵינֵי עַבְדוֹהִי׃
יז וַאֲמַר פַּרְעֹה לְיוֹסֵף אֵמַר
לְאָחָךְ דָּא עֲבִידוּ טְעוּנוּ
יָת בְּעִירְכוֹן וְאֱזִילוּ
אוֹבִילוּ לְאַרְעָא דִכְנָעַן׃

תו"א והנה עיניכם מגילה טז. ויפול על צוארי בנימין מגילה שם.

רש"י

אל אבי. ארץ ישראל גבוה מכל הארצות: (יא) פן תורש. דלמא תתמסכן לשון מוריש ת ומעשיר: (יב) והנה עיניכם רואות. בכבודי ושאני אחיכם שאני מהול ככם. ועוד כי פי המדבר אליכם בלשון הקודש (בכ"ר): ועיני אחי בנימין. [מגילה יז] השוה את כולם יחד לו' שכשם שאין לי שנאה על בנימין א אחי שהרי לא הי' במכירתי כך אין בלבי שנאה עליכם: (יד) ויפל על צוארי בנימין אחיו ויבך. על שני מקדשות ב שעתידין להיות בחלקו של בנימין וסופן ליחרב: ובנימין בכה על צואריו. על משכן שילה ג שעתיד להיות בחלקו של יוסף וסופו ליחרב. [ולע"ד דיוקו של רש"י דביוסף כתיב ויפול ויבך תרתי משמע אשני מקדשות ולכך עשה ב' פעולות ע"ז הרמז. משא"כ בנימין דלא כתיב רק ובנימין בכה פעולה אחת שלא רמז רק על חורבן אחד. ועיין בביאור ת"י שגם הוא בדרך דרש]: (טו) ואחרי כן. מאחר שראוהו בוכה ולבו שלם עמהם: דברו אחיו אתו. שמתחלה היו בושים ממנו: (טז) והקול נשמע בית פרעה. כמו בבית פרעה וזהו לשון בית ד ממש: (יז) טענו את בעירכם. ה תבואה.
את

שפתי חכמים

וק"ל: ת ולא מלשון הכרת ושלוח כמו אכנו בדבר ואורישנו כי לא יתכן זה שהרי היה ליוסף להאכיל לכל העם בשבע שני הרעב: א [נח"י] ותימה לי מאי קישור יהיה לזה עם כי פי המדבר אליכם בלשון הקודש: ב מדכתיב כאן צוארי ולא כתיב צואריו ונאמר בשיר השירים צוארך כמגדל השן מה להלן מקדש אף כאן מקדש: ג וא"ת דלמא כפשוטו בשלמא מה שפי' לעיל גבי יוסף משום דכתיב צוארי דהוא ל' רבים ולא כתיב צואריו אבל כאן כתיב צואריו דלמא כפשוטו. [נח"י] הרא"ם האריך בזה. גם במתנות כהונה כתב צואריו ל' יחיד ולא ראו הגמ' בפ"ק דמגיל' ואיתא נמי התם כמה צוארים הוי ליה לבנימין ופירש"י דל"ג ליה שכן דרך הכתוב לקרות צואר ל' רבים וכו' וכל מה שטרח הרא"ם הוא לריק ול"נ דשנוי ל' קא דריש מדכתיב גבי אחיו ויבך עליהם ואלו גבי יוסף ובנימין הזכיר ל' צואר ש"מ לדרשה קאתי לרמז על ב"ה שנקרא צוארך כנ"ל ומה שדרשו גבי בנימין שני מקדשות וגבי יוסף אחד לפי שהאמת היה כך ולא מלשון רבים ויחיד דרשו כן: ד עיין לעיל פסוק ב' מש"ש: ה והוא פועל יוצא לשלישי כלומר שיטענו הבהמות בתבואה לאפוקי שלא תפרש טענו את בעירכם כלומר שיאכילו את בהמתם דא"כ נפקא ליה מיניה (רא"ם):

and your flocks and your cattle and all that is yours. 11. And I will sustain you there—for there are still five years of famine—lest you become impoverished, you and your household and all that is yours."' 12. And behold, your eyes see, as well as the eyes of my brother Benjamin, that it is my mouth speaking to you. 13. And you shall tell my father [of] all my honor in Egypt and all that you have seen, and you shall hasten and bring my father down here." 14. And he fell on his brother Benjamin's neck and wept, and Benjamin wept on his neck. 15. And he kissed all his brothers and wept over them, and afterwards his brothers spoke with him. 16. And the voice was heard [in] Pharaoh's house, saying, "Joseph's brothers have come!" And it pleased Pharaoh and his servants. 17. And Pharaoh said to Joseph, "Tell your brothers, 'Do this—load up your beasts and go, enter the land of

Not as a colleague but as a protector. [This gives Joseph superiority over Pharaoh.] *Targum Jonathan* also renders: a lord over Pharaoh. *Ibn Ezra* renders: a guide.

9. and go up to my father—*The land of Israel is higher than all [other] lands.*—[*Rashi* from *Kidd.* 69a, b]

10. And you shall dwell in the land of Goshen—Joseph knew that his father would not want to live in the capital city of Egypt. Therefore, he meant here to inform Jacob that he would settle him in the land of Goshen.—[*Ramban*]

you and your children and your grandchildren—This is connected with the preceding verse and is to be understood as: "Come down to me, you and your children and your grandchildren, and your flocks and your cattle and all that is yours."—[*Ramban*]

11. lest you become impoverished—Heb. פֶּן-תִּוָּרֵשׁ, [which *Onkelos* renders:] דִּלְמָא תִתְמַסְכַּן, *lest you become impoverished,* [which is] *an expression similar to "impoverishes* (מוֹרִישׁ) *and makes rich"* (I Sam. 2:7).—[*Rashi*]

The expression פֶּן-תִּוָּרֵשׁ may also be rendered: lest you be cut off, as *Ibn Ezra* renders, or: lest you be driven out [because of the famine], as *Rashbam* renders. *Rashi* rejects these definitions because even in Canaan, Joseph could support his father's family just as he was supporting the neighboring nations. They would, however, have to spend all their money on food. Consequently, they would become impoverished.—[*Mizrachi*] See *Ramban* below. Although the children and the livestock did not have money, if their owner spent all his money on food and because he had little left, gave them meager rations, they would also be thought of as impoverished.— [*Gur Aryeh*]

Sefer Hazikkaron explains that there is another reading of *Targum Onkelos* found in early editions and manuscripts, namely דִּלְמָא תִשְׁתֵּיצֵי, *lest you be destroyed. Rashi* rejects this on the grounds that it is discourteous to send such words to one's father.

Ramban too explains that Joseph sent this message to his father in respectable language. Whereas he said to his brothers, "And God sent me before you to make for you a remnant in the land, and to preserve [it] for you for a great deliverance" (verse 7), implying that if they remained in Canaan, they would die and not have a remnant, he did not want to say this to his father. Instead, he sent a message to Jacob telling him merely that if he would not come to Egypt, he would become impoverished. Joseph would be unable to send huge amounts of food to the land of his birthplace because Pharaoh might suspect that Joseph was selling food in Canaan and accumulating for himself treasures, in anticipation of returning home. If Jacob and his sons migrated to Egypt, however, Joseph could obtain Pharaoh's permission to give them food.

12. **And behold, your eyes see—** *my glory and that I am your brother, for I am circumcised, and moreover, that it is my mouth that is speaking to you in the holy tongue* (*Gen. Rabbah* 93:10).—[*Rashi*] I.e., I am speaking to you directly, without using an interpreter.—[*Ibn Ezra, Rashbam*]

Rashbam adds: The true simple meaning is: You should tell my father that this is not hearsay, something that you heard from others, for you saw me with your own eyes, and you recognize that I am your brother Joseph, speaking to you. Therefore, you shall tell of all my glory in Egypt and all that you have seen.

as well as the eyes of my brother Benjamin— *He compared them all together, saying that "just as I harbor no hatred against my brother Benjamin, for he did not participate in selling me, neither do I have any hatred in my heart against you."—* [*Rashi* from *Meg.* 16b]

13. **all my honor—** My father should not be concerned about coming here because I have the power to benefit him.—[*Rashbam*]

14. **And he fell on his brother Benjamin's neck and wept—** *for the two sanctuaries which were destined to be in Benjamin's territory and would ultimately be destroyed.—* [*Rashi* from *Meg.* 16b]

and Benjamin wept on his neck— *for the Tabernacle of Shiloh, which was destined to be in Joseph's territory yet would ultimately be destroyed.—*[*Rashi* from *Meg.* 16b, *Gen. Rabbah* 93:12]

[There are three obvious problems in this comment: 1) Why does *Rashi* interpret the verse homiletically instead of according to its simple meaning as he is accustomed to doing? 2) Where, indeed, is the allusion to the sanctuaries and the Tabernacle? and 3) Where is the allusion to *two* sanctuaries in

יא וְאֵיזוּן יָתָךְ תַּמָּן אֲרוּם עַד כְּדוּן חָמֵשׁ שְׁנִין כַּפְנָא דִילְמָא תִתְמַסְכַּן אַנְתְּ וֶאֱנָשׁ בֵּיתָךְ וְכָל דִּילָךְ׃
יב וְהָא עֵינֵיכוֹן חָמְיָין וְעֵינֵי אָחִי בִנְיָמִין אֲרוּם פּוּמִי בְּלִישָׁן בֵּית קוּדְשָׁא מְמַלֵּל עִמְּכוֹן׃ יג וּתְחַוּוּן לְאַבָּא יַת
כָּל אִיקָר דְּאִית לִי בְּמִצְרַיִם וְיַת כָּל רְבוּתִי דַּחֲמִיתוּן וְתוֹחֲתוּן יַת אַבָּא הַלְכָא׃ יד וְאִתְרְכִין עַל פְּרִיקַת
צַוְורֵי דְּבִנְיָמִין אָחוּי וּבְכָא דְּעָתִיד בֵּית מוּקְדְשָׁא לְמֶהֱוֵי מִתְבְּנֵי בְּחוּלְקֵיהּ דְּבִנְיָמִין וְעָתִיד לְמֶחֱרוּב תַּרְתֵּין
זִמְנִין וּבִנְיָמִין בְּכָא עַל פְּרִיקַת צַוְורֵיהּ דְּיוֹסֵף דְּחָמָא מַשְׁכְּנָא דְּשִׁילֹה דְּעָתִיד לְמֶהֱוֵי בְּחוּלְקֵיהּ דְּיוֹסֵף וְעָתִיד
לְמֶחֱרָב׃ טו וּנְשִׁיק לְכָל אָחוּי וּבְכָא עֲלֵיהוֹן דְּחָמָא דְּמִשְׁתַּעְבְּדִין לְבֵינֵי עַמְמַיָּא וּמִן בָּתַר כְּדֵין מַלִּילוּ אָחוּי
עִמֵּיהּ׃ טז וְקָלָא אִשְׁתְּמַע בֵּית מַלְכוּתָא דְּפַרְעֹה לְמֵימַר אֲתוֹ אֲחֵי יוֹסֵף וּשְׁפַר פִּתְגָמָא בְּעֵינֵי פַּרְעֹה
וּבְעֵינֵי עַבְדוֹי׃ יז וַאֲמַר פַּרְעֹה לְיוֹסֵף אֵימַר לְאָחָךְ דָּא עִיבִידוּ טְעִינוּ יַת בְּעִירְכוֹן וְטַיִילוּ אוֹבִילוּ לְאַרְעָא

פי' יונתן

בגמרא בב"ק דובין לרדי' ופירש"י לחריש' : (יב) ארום פומי בלישן בית קודשא . העיקר כמו שכתבתי שזה היה סימן מובהק שבמילתו לא היה ראיה נכונה : (יד) ובכא וכו' ועתיד למחרב תרתין זמנין וכן פירש"י ועיין במזרחי מ"ש מהיכן דיוקו של רש"י ולפי דבריו צריכים להגיה ובנימין בכה על צוארו ותימא בעיני דלא נמצא בכל ס"ת שבעולם ונראה דדיוקו וגם סברת רש"י שאין כאן מקום הבכיה והנפילה על הצואר כי מיד כשנתודע להם ואמר אל תעצבו וגומר או קינה ע"ל כדרך הקרובים הנמצאים לעתים רחוקים וכן היה ביעקב ועשו וביוסף ויעקב ולא עתה אחרי שהוצרך בהורדת אביו למצרים וכו' לכן פירש שענין בכיה היה על חורבן בית המקדש והיה זה כאן לפי שהזכיר ירידתם למצרים וכדמתרגם בפסוק שאחריו דחמא דמשתעבדו במצרים כי ירידתם רמז לגליותינו האחרון ע"כ כשהזכיר על ירידת בית אביו למצרים זכר הגלות הג' ובכה על שני חרבנות אבל ג"כ בנימין בכה נגדו ואע"פ שבשניהם כתיב צוארי לשון רבים בא הרמז כמו שכתוב מצאתי

בעל הטורים

ב' במס' הכא ואידך לדם והשכבה את ערלים גבי כ"נ כשירד לגיהנם לומר לך ששקול הגלות כנגד גיהנם: פן תורש. ב' במס' הכא ואידך אל תאהב שנה פן תורש זש"ה וקרעים תלביש נומה ללמדך כל הישן בבית המדרש תורתו נעשית קרעים קרעים וזהו אל תאהב שנה בב"ה פן תורש מלמודך וכן אמר יוסף ליעקב מוטב שתבא לכאן אף ללכת גולה כאן פן תורש מתורה כי לא תוכל ללמוד שם מפני הרעב : עיניכם רואות. בגימ' והראיתי לכם המילה: כי פי המדבר אליכם. בגי' בעגלה ערופה שסימן זה מסר להם לאביו שפירש ממנו בעגלה ערופה :

רשב"ם

(יא) פן תורש. תתגרש מן הארץ ע"י רעבון. כמו והורשתם והאבדתם מהר. מגזרת ירש יאמר תורש. מן יקש יאמר תוקש בו : (יב) כי פי המדבר אליכם. ועד עתה ע"י מליץ. לפי עיקר פשוטו. בשורה שתאמרו לאבי לא מפי שמועה ששמעתם מאחרים שהרי אתם בעיניכם רואים ומכירים כי אני יוסף מדבר אליכם ולפיכך והגדתם את כל כבודי במצרים ואת כל אשר ראיתם:(יג) את כל כבודי. לא ידאג לבא כי יש לי כח ויכולת בידי להטיב לו :

אבן עזרא

וכן אבי כל תופש : (יא) פן תורש . כמו תכרת . וכן להוריש גוים : (יב) כי פי . ידוע כי פה מוכרת וכאשר יהיה סמוך ישוב הה"א הנעלם ליו"ד נעלם כמו כי פי לדיק גם כן לשון רבים ופי רשעים . וכהתחבר זה היו"ד עם יו"ד סימן המדבר חסרו האחד . כמו כי פי המדבר . והטעם שהיה מדבר בלשונם עמם בלא מליץ : (יד) צוארי . ימלא לשון רבים ויחיד . ועם תוספות ט"ן אכן האל"ף לא נעדר : (יז) טענו . שימו משא . ומטועני חרב קרוב ממנו :

רמב"ן

ובניך מחובר בפסוק העליון רדה אלי אתה ובניך ובני בניך וצאנך ובקרך וכל אשר לך : (יא) ואמר פן תורש אתה וביתך . דרך כבוד כי לאחיו אמר כי למחיה שלחני אלהים לפניכם ולשום לכם שארית שהיו מתים ולא ישאר להם שארית אבל לאביו לא רצה לאמר כן ואמר שאם תתעכב בארץ כנען תורש כי אני לא אוכל לשלוח לך לארץ כנען לחם רב מגנזי המלך כי יחשדו אותי שאני מוכרו שם לעשות לי שם אוצרות כסף ולשוב אל ארצי ואל מולדתי ובבואכם וידעו כי אתם אבי ואחי יתן לי המלך רשות : (יב) כי פי המדבר אליכ'. בלשון הקדש בלי מליץ זה דעת המפרשי' והוא תרגום אונקלוס . ויתכן שאמר להם כך לאמתלא ולפיום כי איננה ראיה שידבר אדם אחד במצרים בלשון הקדש כי על דעתי הוא שפת כנען ורבים במצרים יודעים אותו כי קרוב הוא ואף כי המושל שדרך המלכים והמושלים לדעת הלשונות וכמו שתראה בנבוכדנצר שאמר בלשון הקדש חלום חלמתי ותתפעם רוחי לדעת את החלום בעבור שהיו שם חרטומים ואשפים ומכשפים וכשדים מלשונות רבים ומישראל וכלם יבינו אותו. והם ענו לו בארמית וידברו הכשדים למלך ארמית כי הם היו הקרובים אליו היושבים ראשונה במלכות ולהם היה הרשות לדבר אל המלך. ועוד כי כאשר בא יוסף משם למצרים יבאו רבים ויותר היה להם ראיה בהזכירו שמו וענין המכירה אני יוסף אחיכם אשר מכרתם אותי מצרימה. והנכון בעיני כי יאמר והנה עיניכם ועיני אחי בנימין רואות כי אני המושל והאדון לכל מצרים המגיד לכם מפי כי אני אחיכם ומצוה להוריד אבי אלי לכלכלו א"כ תגידו לאבי את כל הכבוד ואת כל אשר ראיתם כאן בעיניכם ותמהרי להורידו אלי כי הדברים אמת ויש בי כח להצילו ולהחיותו ברעב והוא כמו כי פי אני דברתי ובגמרא במסכ' מגילה אמרו כפי כן לבי:(טז) וטעם באו אחי יוסף. כי היה יוסף מגיד לבית פרעה כי יש

אור החיים

ידע גוף המעשה וזה דרך רחוק כי פשיטא שלא ימנע מחקור זאת היאך נתגלגלו הדברים עד שירד יוסף למצרים וגם מעשה כתונת הפסים המובא אליו מוטבל בדם אלא ודאי כי בטענת לא אתם שלחתם וגו' שאמר יוסף הוכר הדבר כי מאת ה' היתה זאת ואין להרהר אחר מדותיו והוא אומרם ז"ל ראוי היה יעקב לירד בשלשלאות וכו' :

ויבך עליהם ואחרי כן דברו וגו'. פי' אחר שראו שבכה עליהם אז סמך לבם ודברו אתו כי כל הדברים שהיה אומר אפשר שהיה אומר להם כן להסיר מהם הבושה ולעולם לבו ימר עליהם מצד המעשה אכן כשראו שחבק אותם ובכה על פרידת' הכירו במדת טובו כי אח נאמן הוא ודברו אתו והגם שבכה מקודם אין הוכחה מזה כי אפשר זכר צרתו ובכה עליה משא"כ בכי זה שבכה עליהם גם בכי הראשון יש מקום לתלות שבכה על פרידת בנימין משא"כ כשבכה עליהם בפרטות זה יגיד אחוה בלב :

והקול נשמע וגו' לאמר וגו'. פירוש להיות שכבר הודיע הכתוב למעלה כי שמעו מצרים ובית פרעה בכי יוסף דכתיב וישמעו מצרים וגו' עתה מודיע הכתוב כי הקול ששמעו בית פרעה האמור למעלה לא ידעו מה הוא ועל מה היה ועתה אמרו להם כי זה היה לצד ביאת אחיו של יוסף : וייטב בעיני וגו'. פי' כי קודם היתה להם חרפה כי עבד מולך וכביאת אחיו וייטב בעיניו כי הוכר שאינו עבד :

זאת עשו. פי' דבר זה אינכם צריכין לעשותו ברשות אבל

אבי עזר

(יא) (פן תורש כמו תכרת וגו'). ושרשו ירש מגזרת יירש הצלצל אכלו בדבר ואורישנו. הוראתו כריתה. ובנין נפעל וזמנו עתיד. תימא על הרב וגם על הרשב"ם שלא הלכו בעקבות התרגום דפירש דלמא תתמסכן הלא מקרא מלא הוא משלי למ"ד פן אורש וגו' : (יד) (צוארי ימלא לשון רבים וכו'). כי ימלא עד צואר יגיעו וגם נמלא באחת ענק מצורניך. ורש"י כתב במשלי הטעם דצואר

ספורנו

שלא יצטער יותר : (יא) פן תורש. לחסרון מרעה הצאן כאמרם אחר כך כי אין מרעה לצאן: (יב) ועיני אחי בנימין. שלא ידע במכירתי: כי פי המדבר אליכם. בלתי מליץ והנה במכירתי לא היה איש מדבר בלשוננו זולתנו כי הקונים היו ישמעאלים ומדינים: (יג) ומהרתם והורדתם את אבי הנה. למען ישמח לראות : (טז) וייטב בעיני פרעה. שחשב שמכאן ואילך תהיה השגחת יוסף על הארץ לא כהשגחת גר מנהיג אבל בהשגחת אזרח הושב לשבת בארץ הוא וזרעו ולזה ישגיח בכל לב להטיב לארץ וליושביה : (יז) אמור אל אחיך זאת עשו. שזאת היא הכוונה

Benjamin's territory and only *one* in Joseph's territory? If we say that the plural form of צַוְּארֵי, used in connection with Benjamin, alludes to two sanctuaries, so should צַוְּארָיו, also plural, be used in connection with Joseph.

Since these problems have been so widely discussed by commentators on the Talmud, the Midrash, and *Rashi*, it is impossible to mention all the solutions given, and we will therefore quote only a few.]

A copyist or printer inserted the following into the *Rashi* text in brackets:

[*Rashi's deduction regarding Joseph,* [as] *it is written, "And he fell...and wept," alludes to the duality, viz. to the two sanctuaries destined to be built in Benjamin's territory, which would ultimately be destroyed. Therefore, Joseph performed two acts to hint to these two destructions. Regarding Benjamin, however, it is written only, "and Benjamin wept,"* [meaning] *that he performed only one act, thus alluding to only one destruction. See the commentary on Targum Jonathan, which explains it homiletically.*]

According to *Yalkut Shimoni,* followed by *Mizrachi* and others, the allusion is based on the final word צַוְּארָיו, which, according to them, is spelled צַוְּארוֹ, which is the singular form. Many commentators object to this, however, because this spelling does not match that of the Masoretic text.

Sifthei Chachamim suggests: Since the term צַוְּאר, *neck,* is used in connection with Joseph's and

Benjamin's weeping, yet in the following verse, regarding the other brothers, it does not appear, the Rabbis interpret it as an allusion to the sanctuaries, similar to "Your neck (צַוָּארֵךְ) is like an ivory tower" (Song 7:5), interpreted by the Rabbis as referring to the Temple, which is the strength of Israel, just as the neck is the strength of a human being. In fact, there is no way to deduce from this verse that there would be two sanctuaries in Benjamin's territory and one in Joseph's, but that was what actually transpired.

Heidenheim asserts that the plural form of צַוְּארָיו is the usual Hebrew form used for "his neck." There would be no reason to see this as signifying the plural. The word צַוְּארֵי, however, is not the construct state of the plural form, צַוָּארִים, but of the dual form, צַוָּארַיִם. Since this is irregular, the Rabbis interpret it as an allusion to the two sanctuaries in Benjamin's territory.

15. And he kissed all his brothers—to express to them that he bore no grudge against them.—[*Tosafoth Hashalem*]

and wept over them—Heb. עֲלֵהֶם, spelled without a "yud," alluding to the exile of the Ten Tribes. [Since "yud" equals 10, the absence of the "yud" denotes the absence of the Ten Tribes.]—[*Tosafoth Hashalem*]

and afterwards—*after they saw him weeping and that he was wholehearted with them.*—[*Rashi*]

his brothers spoke with him—*whereas previously they had felt shame before him.*—[*Rashi from Tanchuma Vayigash 5*]

Perhaps they entreated Joseph not to reveal to Jacob that they had sold him, lest Jacob curse them and make them outcasts in his eyes. The proof that Jacob never discovered what they had done is that it is written: "So they commanded [to be messengers] to Joseph, to say, 'Your father commanded before his death, saying, "So shall you say to Joseph, 'Please, forgive now your brothers' transgression and their sin...' (Gen. 50:16, 17). If Jacob had known of the sale, he would have personally entreated Joseph to forgive them, as *Ramban* writes on those verses. For that very reason, Joseph did not inform his father of that incident during his entire stay in Egypt, so that he would not curse them or excommunicate them. Some say that he did not inform his father because of the *cherem* that was pronounced at the time of the sale that no one divulge the secret of the sale. This *cherem* applied to Joseph as well, although he was originally unaware of it.—[*Tosafoth Hashalem*]

16. **And the voice was heard [in] Pharaoh's house**—Heb. בֵּית פַּרְעֹה, *equivalent to* בְּבֵית פַּרְעֹה, *and this is an expression* [denoting] *an actual house.*—[*Rashi* from *Targum Onkelos*] See above on verse 2.

Since the preposition בְּ must be inserted, we could just as well insert the preposition לְ and interpret the passage as: "And the voice was heard [by] Pharaoh's household." *Rashi*, however, rejects that interpretation because that would mean that only Pharaoh's household heard the voice, and Pharaoh himself did not hear at all. This is, however, untrue because the verse continues: "And it pleased Pharaoh."—[*Tosafoth Hashalem*]

We are told above (verse 2) that both the Egyptians and those in Pharaoh's household had heard Joseph's weeping; we are now told that they did not know the reason for his weeping, but then learned that it was due to the arrival of Joseph's brothers.—[*Ohr Hachayim*]

And it pleased Pharaoh and his servants—Prior to this, they had felt disgraced that a slave was governing them. Now they were pleased to learn that Joseph was not a slave, but the scion of an aristocratic family.—[*Ramban, Ohr Hachayim*]

A similar interpretation is offered by *Rivosh, Lekach Tov,* and *Sechel Tov.* Until now, Joseph had not ever revealed his nationality or his birthplace. His brothers had made him promise at the time of the sale never to reveal these facts, lest their father learn that they had sold him. Pharaoh's court, however, believed that Joseph did not ever reveal facts about his background because he was descended from a low family, or because he was a fugitive from justice and sought to conceal his whereabouts. They were therefore somewhat distressed that their ruler was a person of such low caliber that he tried to hide his origins. After they heard that his brothers had come, and that he was descended from men of high esteem, they were pleased.

17. **load up your beasts**—*with grain.*—[*Rashi*]

כְּנָעַן: יח וּקְחוּ אֶת־אֲבִיכֶם וְאֶת־
בָּתֵּיכֶם וּבֹאוּ אֵלָי וְאֶתְּנָה לָכֶם אֶת־
טוּב אֶרֶץ מִצְרַיִם וְאִכְלוּ אֶת־חֵלֶב
הָאָרֶץ: רביעי יט וְאַתָּה צֻוֵּיתָה זֹאת
עֲשׂוּ קְחוּ־לָכֶם מֵאֶרֶץ מִצְרַיִם עֲגָלוֹת
לְטַפְּכֶם וְלִנְשֵׁיכֶם וּנְשָׂאתֶם אֶת־
אֲבִיכֶם וּבָאתֶם: כ וְעֵינְכֶם אַל־תָּחֹס
עַל־כְּלֵיכֶם כִּי־טוּב כָּל־אֶרֶץ מִצְרַיִם
לָכֶם הוּא: כא וַיַּעֲשׂוּ־כֵן בְּנֵי יִשְׂרָאֵל
וַיִּתֵּן לָהֶם יוֹסֵף עֲגָלוֹת עַל־פִּי פַרְעֹה
וַיִּתֵּן לָהֶם צֵדָה לַדָּרֶךְ: כב לְכֻלָּם נָתַן
לָאִישׁ חֲלִפוֹת שְׂמָלֹת וּלְבִנְיָמִן נָתַן
שְׁלֹשׁ מֵאוֹת כֶּסֶף וְחָמֵשׁ חֲלִפֹת
שְׂמָלֹת: כג וּלְאָבִיו שָׁלַח כְּזֹאת
עֲשָׂרָה חֲמֹרִים נֹשְׂאִים מִטּוּב
מִצְרָיִם וְעֶשֶׂר אֲתֹנֹת נֹשְׂאֹת בָּר
וָלֶחֶם וּמָזוֹן לְאָבִיו לַדָּרֶךְ: כד וַיְשַׁלַּח
אֶת־אֶחָיו וַיֵּלֵכוּ וַיֹּאמֶר אֲלֵהֶם אַל־

יח וּדְבָרוּ יָת אֲבוּכוֹן וְיָת
אֱנָשׁ בָּתֵּיכוֹן וְאָתוֹ לְוָתִי
וְאֶתֵּן לְכוֹן יָת טוּב אַרְעָא
דְמִצְרַיִם וְתֵיכְלוּן יָת
טוּבָא דְאַרְעָא: יט וְאַתְּ
מְפַקַּד דָּא עֱבִידוּ סַבוּ
לְכוֹן מֵאַרְעָא דְמִצְרַיִם
עֲגָלָן לְטַפְלֵיכוֹן וְלִנְשֵׁיכוֹן
וְתִטְּלוּן יָת אֲבוּכוֹן
וְתֵיתוּן: כ וְעֵינְכוֹן לָא
תְחוּס עַל מָנֵיכוֹן אֲרֵי טוּב
כָּל אַרְעָא דְמִצְרַיִם
דִּילְכוֹן הוּא: כא וַעֲבַדוּ
כֵּן בְּנֵי יִשְׂרָאֵל וִיהַב לְהוֹן
יוֹסֵף עֲגָלָן עַל מֵימְרָא
דְפַרְעֹה וִיהַב לְהוֹן
זְוָדִין לְאָרְחָא:
כב לְכוּלְּהוֹן יְהַב לִגְבַר
אִצְטְלָוָן דִּלְבוּשִׁין
וּלְבִנְיָמִין יְהַב תְּלַת מְאָה
סִלְעִין דִּכְסַף וְחַמְשָׁא
אִצְטְלָוָן דִּלְבוּשִׁין:
כג וְלַאֲבוּהִי שְׁלַח כְּדֵין
עַשְׂרָא חֲמָרִין טְעִינִין
מִטּוּב מִצְרַיִם וַעֲשַׂר
אַתְנָן טְעִינָן עֲבוּר וּלְחֵם
וּזְוָדִין לַאֲבוּהִי לְאָרְחָא:
כד וְשַׁלַּח יָת אֲחוֹהִי וַאֲזָלוּ
וַאֲמַר לְהוֹן לָא תִתְנַצּוּן

ת"א ולבנימן נתן שלש מאות מגילה יו: ולאביו שלח כזאת: אל תרגזו תענית י

שפתי חכמים

ו פי' דהמים עמוקים אין דגים בעומק' אלא למעלה הולכים: ז דק"ל למה לא כתיב מי לוה לו כן וע"ק למה כתיב אחריו זאת עשו בל' רבים הל"ל זאת עשה שהרי גם לעיל נאמר בל' יחיד ואתה לויתה ל"פ מפי וכו': ח כתב מהרש"ל מדלא כתיב בקרא מהו הטוב ששלח לו ש"מ שהוא דבר שאינו חשוב ולמה שלח לו לפי שליעקב היה טוב ל"פ שהוא יין ישן שזה אינו דבר חשוב כל כך וליעקב היה דבר חשוב מפני שדעת זקנים נוחה הימנו וכו' עכ"ל: ט פי' אם אתם עוסקים בדבר הלכה לריכים אתם לעיין בו יותר ואין דעתיכם על הדרך ומתוך כך טועה אתכם הדרך כלומר תתעו. רש"י פ"ק דתענית. ודוקא שלא לעיין ולעסוק לוה להם אבל שלא למגרס לא לוה להם דהא אמרו רז"ל שנים שהיו מהלכים בדרך ואין ביניהם ד"ת וכו': י כתב מהרש"ל פי' הראשון הוא אליבא דחד מ"ד בגמ' ושוב פירש"י ד"א אליבא דבריית' ופי' ג"כ שתכנסו בחמה לעיר ושני פי' פירשם

רש"י

(יח) את טוב ארץ מצרים. ארץ גושן. ניבא ואינו יודע מה ניבא סופה לעשותה כמצולה שאין ו בה דגים: חלב הארץ. כל חלב ל' מיטב הוא: (יט) ואתה צויתה. מפי ז לומר להם: זאת עשו. כך אמור להם שברשותי הוא: (כג) שלח כזאת. כחשבון הזה ומהו החשבון י' חמורים וגו'. [רלונו שמלת כזאת המיותרת וככ"ף הדמיון מורה על כי מעולם לא שלח לו י' חמורים וי' אתונות רק ה"ק קרא ולאביו שלח בעגלו' כזאת וגו' כלומ' כחשבון הזה שהוא משא י' חמורים וי' אתונות והשתא אתי שפיר דלא מלינו נכתב אלא וירא את העגלות ולא שום חמורים ואתונות וק"ל. בשם הגאון מהרש"ל]: מטוב מצרים. מלינו בגמרא ששלח לו יין ישן שדעת זקנים ח נוחה הימנו. ומ"א גריסין של פול: בר ולחם. כתרגומו: ומזון. ליפתן [כך גירסת רא"ס]: (כד) אל תרגזו בדרך. אל תתעסקו בדבר הלכה ט שלא תרגז עליכם הדרך. ד"א אל תפסיעו פסיעה י גסה ותכנסו

Canaan. 18. And take your father and your households and come
to me, and I will give you the best of the land of Egypt, and [you
will] eat the fat of the land.' 19. And you [Joseph] have been
commanded [to tell them], 'Do this: take yourselves wagons from
the land of Egypt for your young children and for your wives, and
you shall carry your father and come. 20. And let your eye not be
concerned about your utensils, for the best of all the land of Egypt
is yours.'" 21. And the sons of Israel did so, and Joseph gave them
wagons by Pharaoh's orders, and he gave them provisions for the
way. 22. He gave them all, to each one [several] changes of
clothes, and to Benjamin he gave three hundred [pieces of] silver
and five changes of clothes. 23. And to his father he sent the
following: ten he-donkeys carrying of the best of Egypt, and ten
she-donkeys carrying grain, bread, and [other] food, for his father
for the way. 24. And he sent off his brothers, and they went, and
he said to them, "Do not

18. **the best of the land of
Egypt**—[I.e.,] *the land of Goshen.
He prophesied but did not know
what he was prophesying. They* (the
Israelites) *would eventually make it*
(Egypt) *like the depths of the sea,
which have no fish.*—[*Rashi* from
Avoth d'Rabbi Nathan, second
version, ch. 43; *Ber.* 9b] *Avoth
d'Rabbi Nathan* lists Joseph as one
of ten who prophesied without
knowing that they were pro-
phesying; i.e., God put into their
mouths words with prophetic
meanings, of which they themselves
were unaware. Here, Joseph tells his
brothers that "the best of all the land
of Egypt is yours." Although he was
referring to Goshen, the hidden
prophetic meaning was that when
they would be freed from Egyptian

bondage, they would empty out the
land, as in Exodus 12:36, וַיְנַצְּלוּ אֶת
מִצְרָיִם. The Rabbis (*Ber.* 9b) interpret
וַיְנַצְּלוּ with a play on words as
related to מְצֻלָה, *the depths of the
sea*, where no fish are found, since
fish swim near the shore where they
can find food, not in the depths,
where no food is found. See *Rashi*
on *Ber.* 9b.

the fat of the land—Heb. חֵלֶב
הָאָרֶץ. *Every* [instance of] חֵלֶב *is an
expression meaning the best.*—
[*Rashi* from *Targum Onkelos*]

19. **And you [Joseph] have been
commanded**—*by me to say to
them.*—[*Rashi* from *Targum Jon-
athan*]

Do this—*So shall you say to
them, that it is in my power* [to
provide for you].—[*Rashi*]

Pharaoh said to Joseph, "I command you to take wagons and animals to draw them," for no one was permitted to take a wagon [drawn by animals] out of the kingdom without Pharaoh's sanction. We find a similar instance in the Talmud: "No cow or sow was permitted to leave Egypt unless its womb was removed" (*Mishnah Bechoroth* 4:4).—[*Rashbam*] *Rashbam* deduces from here that there were officials appointed over the export of animals from Egypt.—[*Rosin*]

23. **he sent the following**—Heb. כְּזֹאת, lit., like this, [meaning:] *according to this amount. And what is the amount? Ten he-donkeys, etc.*—[*Rashi*]

A copyist inserted the following comment from the *Gaon Maharshal*:

[*Rashi means that the word* כְּזֹאת, *which is superfluous, and* [the fact that it includes] *the comparative particle "kaff," denotes that he did not* [actually] *send him ten he-donkeys and ten she-donkeys. The verse means that he sent his father* [an amount] *in the wagons "like this," etc., meaning that he sent the amount that could be carried by ten he-donkeys and ten she-donkeys. Now we understand why we find written only that Jacob saw the wagons* (verse 27), *but no he-donkeys or she-donkeys.*]

Ramban explains that *Rashi* meant that Joseph actually sent his father the following gift, the "kaff" being superfluous.

Ibn Ezra, Sforno, and others explain that Joseph sent to his father "like this," meaning that Joseph sent

him clothing just as he had given to his brothers.

Rashbam's rendering is similar to that of *Ramban*, but he adds that Joseph sent ten he-donkeys for his ten brothers, and although Benjamin was with them, making eleven, he did not want to trouble him.

of the best of Egypt—*We find in the Talmud (Meg.* 16b) *that he sent him aged wine because elderly people find contentment with it.* [I.e., the fact that wine improves with age often affords contentment to the elderly.] *According to the Midrash Aggadah* (*Gen. Rabbah* 94:2 on verse 18), *however, this refers to pounded beans* [which have a soothing effect on a troubled spirit].—[*Rashi*]

grain, bread—*As the Targum renders.*—[*Rashi*]

and [other] food—*Things eaten with bread.*—[*Rashi*]

Food that nourishes and sustains a person was already mentioned. Therefore *Rashi*, based on *Onkelos*, who renders מָזוֹן as זְוָדִין, *provisions*, explains מָזוֹן to mean other provisions, that is, things eaten with bread, which are eaten for enjoyment but not necessarily for their nutritional value.—[*Be'er Yitzchak*]

24. **And he sent off his brothers**—Heb. וַיְשַׁלַּח. This translation follows the *targumim*. *Sforno* renders: And he dismissed them. *Rashbam* renders: And he escorted them.

Do not quarrel on the way—Heb. אַל-תִּרְגְּזוּ בַּדָּרֶךְ. *Do not engage in a halachic discussion lest the way cause you to stray. Another explanation:*

דכנען: יח ודברו ית אבוכון וית אינש בתיכון ואיתו לותי ואיתן לכון ית שפר ארג ארעא דמצרים
ותיכלון ית שמנוניתא דארעא: יט ואנת יוסף מפקיד באיקר אבך בגין כן אימר לאחך דא עיבידו סיבו
לכון מארעא דמצרים סדני דמינגדן בתורתי לסוברא בהון ית טפליכון וית נשיכון ותיטלון ית אבוכון
ותיתון: כ ועיניכון לא תיחוס על מניכון ארום שפר ארג כל ארעא דמצרים דילכון הוא: כא ועבדו כן
בני ישראל ויהב להום יוסף סדני על מימרא דפרעה ויהב להון זוודין לארחא: כב לכלהון יהב לגברא
אסטלוי דלבוש ולבנימין יהב תלת מאה סלעין דכסף וחמש איסטולי דלבושין: כג ולאבוי שדר דורון
כדין עשרא חמרין טעינין חמרא ומטובא דמצרים ועשר אתנן טעינן עיבור ולחם וזוודין לאבוי לארחא:
כד ושדר ית אחוי ועיילו ואמר להום לא תתנצון על עיסק זבנתי דלמא ירגזון בכון עברי אורחא:

פי' יונתן

בספר יפה תואר: (כד) לא תתנצון כו' הוא מפרש לפי פשוטו כדמבואר רש"י ופי' שלא תסכסכו לכם רוגז בדרך דהיינו דאשי לאנצויי וק"ל:

בעל הטורים

ומזון. ב' במס' הכא ואידך ומזון לכולא די' אע"פ שאמר ומזון לאביו ומזון לכולא די' ששלח מזון לפרנס כולם: י"מ אל תרגזו. אל תסמכו עלי לומר אחינו גדול האכן לעשות פול לשום אדם אלא אל תרגזו לשום אדם בדרך לילך על שדה זרועה ד"א אמר להם אל תתעסקו בדבר הלכה: אלהם אל תרגזו. בגי' זהו אל תדברו בהלכה: אלהם אל

רשב"ם

(יט) ואתה צויתה. עתה אני מצוה אותך לקחת עגלות ובהמות למשוך: כי לא היה אדם יכול להוציא מן המלכות עגלה כי אם ע"פ פרעה. ודוגמא זו בתלמוד. אין פרת וחזירה יוצאה ממצרים אלא אם כן נטלה האם שלה: (כג) כזאת. כמו כן: עשרה חמורים. לעשרה אחיו ואע"פ שבנימין חזר עמהם לא רצה להפריחו אמרי' בתלמוד קללת חכם אפי' על תנאי והשלים התנאי היא באה מנלן מיהודה שאע"פ שהחזיר את בנימין לאביו היו עצמותיו מגולגלין בארון וכו': (כד) וישלח את אחיו. כל לשון לויה משקל דגוש ל' שליחות תעזר משקל רפי: אל תרגזו אל תיראו כלום בדרך מפני ליסטים כי שלום מכל צד. וכן רגזו ואל תחטאו. היו יראים מן הקב"ה ולא תחטאו:

דעת זקנים מבעלי התוספות

(יט) קחו לכם מארץ מצרים עגלות. פי' קחו לכם עגלות לטפכם ולנשיכם ונשאתם את אביכם על כתפותיכם ובאתם. וכן מוכיח הפסוק שלפניו וישאו בני ישראל את יעקב אביהם ואת טפם ואת נשיהם בעגלות: (כ) ועיניכם אל תחום על כליכם. לפי שהיה יודע באביו שהיה קפדן על כליו וחס עליהם כמו שאמרו חז"ל ויותר יעקב לבדו שחזר על פכים קטנים לכך הזהירם על כך. כך מפרש הרב יעקב ז"ל: (כד) אל תרגזו בדרך. אל תפחדו מסכנת הדרך כי אני מושל בכל הארץ והוא כמו רגזו ואל תחטאו וכמו לב רגז דמתרגמינן דחיל:

אבן עזרא

בעירכם. בהמתכם. וכן אנחנו ובעירנו: (יח) חלב הארץ. כמו שומן: (כב) חליפות שמלות. מלבושים אין זה כמו זה. והפחות שתים: (כג) וטעם כזאת. מחליפות שמלות מהטובות שהיו במצרים: בר. דגן: ולחם. כמשמעו: ומזון אפונים ופול ועדשים ודוחן וכסמין ותאנים ואמוקים ותמרים כי אלה לבדם הם מזון חוץ מדגן ושעורה: (כד) וטעם אל תרגזו. שיכעוס איש על אחיו בעבור

רמב"ן

לו אחים נכבדים בארץ העברים כי גנב גונב משם ועתה שמעו כי באו אחי יוסף כאשר אמר וייטב בעיני פרעה ובעיני עבדיו כי היה הדבר להם לחרפ' שימשול בהם איש נכרי עבד מבית האסורים יצא למלוך. ועתה בבא אליו אחים נכבדים ונודע כי הוא הגון להתיצב לפני מלכים ישמחו כלם בדבר: (יט) ואתה צויתה זאת עשו. אמר הדבר בצואה לו מדעתו מוסר יוסף כי איננו שולח יד בהון המלך ולא ידעו אתו מאומה ע"כ חשב פרעה אולי לא ירצ' לשלוח לאביו דבר ע"כ אמר לו אני מצוה אותך שיעשו זאת על כל פנים: (כג) ולאביו שלה כזאת. כחשבון הזה ומהו החשבון עשרה חמורים וגו' ל' רש"י ואיננו נכון שירמת על החשבון. אבל יתכן שיאמר כזאת המנחה. ויהיה שעורו ולאביו שלח זאת המנחה עשרה חמורים וגו'. והכ"ף כאלו יתירה רק דרך הלשון לדבר כן כמו ותדבר אליו כדברים האלה עשה לי עבדך או יאמר ולאביו שלח צידה כציד' הזאת אשר נתן לאחיו ולא להשוותן רק כאשר נתן להם צדה לדרך בלכתם כן שלח לאביו בר ולחם ומזון לדרך בבואו והוא הנכון. והזכיר חמורים ואתונו' כי המשא ונושאי המשא הכל שלח לו והמנהג לשלוח זכרים ונקבות כאשר עשה אביו: (כד) אל תרגזו בדרך. רגז לשון רתת

אור החיים

העגלות אינכם יכולין לעשות כי אם ברשות ואפי' רשות מיוסף לא תועיל אלא לריך שיאמר שהוא עושה ברשות פרעה והוא אומרו ואתה צויתה וגו' וכן הוא אומר ויתן להם וגו' עגלות על פי פרעה וזה היה מנימוסי מצרי'. עוד ירצה באומרו זאת עשו פי' כי הוא רצוי להם לא שמתרצה לבד לעשות עמהם חסד אלא שהוא חפץ בדבר ואומר זאת עשו ומה' יצא הדבר כדי שירדו אבותינו למצרים:

ולאביו שלח כזאת וגו'. טעם אומרו כזאת ולא הספיק המפורש להיות שאמר נושאים מטוב מצרים ולא נודע מה הוא טוב מצרים לזה הקדים לומר כזאת לומר כמין הנזכר בסמוך שמלות וכלי כסף מהמובחר הנמצא ממין זה במצרים ולדברי רז"ל שאמרו טוב מצרים יין ישן ולמ"ד גריסין של פול יהיה הכתוב חסר ו' וכאלו אמר כזאת ועשרה וגו' והכוונה באומרו כזאת כמו שפירשנו ועוד עשרה וגו': ועשר וגו'. טעם שחזר לומר פעם ב' לאביו נתכוין לומר כי לא שלחם אליו בגדר שליחות הסמוכה לה אלא נתנם לאחיו ואמר להם שהם לאביו לדרך: וישלח את אחיו. פי' כולן ובנימין עמהם וכן הוא אומר בדברי יוסף מהרו ועלו אל אבי וגו' והנה עיניכם וגו'

כלי יקר

אל תרגזו בדרך. פירש"י אל תתעסקו בדבר הלכה. דבר אחר אל תפסיעו פסיעה גסה והכניסו חמה לעיר גירסא זו היא במסכת תענית פרק א' אמר רבי אליעזר אמר יוסף לאחיו על תתעסקו בדבר הלכה שמא תרגז עליכם הדרך פי' רש"י תתעו איני והאמר רבי אילעי שני תלמידי חכמים שמהלכין בדרך ואין ביניהם דברי תורה ראוין לישרף כו' לא קשיא הא למיגרס הא לעיוני פירש"י למיגרס מבעי ליה באורחא ולא לעיוני במתניתא תנא אל תפסיעו פסיעה גסה והכניסו חמה לעיר כו' ותלמוד שלנו חולק על הברייתא רבה כי הם מסיק אל תפסיעו פסיעה גסה ואל תעמידו עצמכם מדברי תורה והכניסו חמה לעיר והנה מקום אתי לייסב שני מדרשים אלו שאין מחלוקת ביניהם כי הגירסא היינו הדיבור בפה בדברים פשוטים שדינם מבואר בתורה ואנו יקראים דברי תורה שידבר מן עיקרי הדינין של תורה אבל העיון נקרא דבר הלכה כי כל התורה נקראת

אבי עזר

נקרא לפעמים בלשון רבים מפני שהגרגרת עשוי טבעות הרבה: (כג) (בר דגן ולחם כמשמעו וכו'). שאר מינים נקראו מזון. כי לרוב מבשלין או מטגנין אותם לאפוקי דגן ושעורים שנאכלין כשהן אפויין בתנור או דכו במדוכה ועשו דייסא אלו אין נקראים

ספורנו

הכוונה שתעשו שתקחו את אביכם ואת בתיכם: (יט) ואתה צויתה. ואמור להם גם כן שאתה צוית עליהם: זאת עשו. ולהשיג זה המכוון שלא ימאן אביכם מבא: קחו לכם מארץ מצרים עגלות. כי כשיראה העגלות מוכנות שלוחות מאתנו לא ימצא כל כך מקום לדחות ולמאן וכן הי' אחר כך באמרו וירא את העגלות אשר שלח יוסף לשאת אותו ויאמר ישראל אלכה ואראנו: (כ) ועינכם אל תחום על כליכם. שלא תאחרו וירבה הנזק במקנה ברב האיחור: (כג) ולאביו שלח כזאת. כמו מתנת בנימין ועם זה שלח עשרה חמורים ועשר אתונות כי ברבים תהיה הוא"ו בסוף במו יששכר זבולן ובנימין: (כד) וישלח את אחיו. פטרן ונתן להם רשות. כמו שלחני כי עלה השחר. שלחוני ואלכה לאדוני:

ויפג

תרגזו בדרך: כה ויעלו ממצרים
ויבאו ארץ כנען אל־יעקב אביהם:
כו ויגדו לו לאמר עוד יוסף חי וכי־
הוא משל בכל־ארץ מצרים ויפג
לבו כי לא־האמין להם: כז וידברו
אליו את כל־דברי יוסף אשר דבר
אלהם וירא את־העגלות אשר־

באורחא: כה וסליקו
ממצרים ואתו לארעא
דכנען לות יעקב אבוהון:
כו וחויאו ליה למימר עד
כען יוסף קיים וארי הוא
שליט בכל ארעא
דמצרים והוו מליא פיגן
על לביה ארי לא הימין
להון: כז ומלילו עמיה ית
כל פתגמי יוסף די מליל
עמהון וחזא ית עגלתא

רש"י

ותכנסו בחמה לעיר. ולפי פשוטו של מקרא יש לומר לפי שהיו נכלמים היה דואג שמא יריבו בדרך על דבר מכירתו להתווכח זה עם זה ולו' על ידך נמכר אתה ספרת לה"ר עליו וגרמת לנו לשנאתו: (כו) וכי הוא מושל. ואשר הוא ב מושל: ויפג לבו. נחלף לבו והלך מלהאמין לא היה לבו פונה אל הדברים ל לשון מפיגין טעמן בלשון משנה וכמו [איכה ג] מאין הפוגות [ירמי' מה] וריחו לא נמר מתרגמינן וריחיה לא פג: (כז) את כל דברי יוסף. סימן מסר להם במה היה עוסק מ כשפירש ממנו בפרשת עגלה ערופה זהו שנאמר וירא את העגלות אשר שלח יוסף

שפתי חכמים

שכרייתא לפי שהשכרייתא ס"ל שפי' אל תרגזו הוא ל' התגברות הליכה ולא ידעה הברייתא אם הוא הליכה שאדם פוסע פסיעה גסה או כשאדם מהלך זמן ארוך כלומר עד הליל' ל"פ אלו שני הפירושים א' של פסיע' וא' של תכנסו בחמה לעיר ר"ל כשאדם רוגז פוסע פסיעות גסות ואמר מר פסיעה גסה נוטלת א' מת"ק ממאור עיניו של אדם: כ לפי שפי' כל כי הוא אם ואם הוא אשר. מהרש"ל: ל (נח"י) דק"ל למה לא האמין שהוא חי והלא הוא עצמו היה חושדן שמא מכרוהו ועכ"פ מכיון שאמרו שהוא מושל וזה אין הדעת סובלת נהאמין שאיש נכרי ימשול וכ"ש במצרים שאין עבד מולך מדהא ליתא הא נמי ליתא לכן אמר לא היה לבו פונה אל הדברים ודו"ק: מ דק"ל דכתיב וידברו אליו וגו' דברי יוסף אחר כי לא האמין להם דמשמע שבאו לדבר אליו ולהוכיח לו שיאמנו דבריהם ומה היא ההוכחה שהוכיחו אלא סימן מסר להם כו' בפרשת עגלה ערופה ור"ל העגלות דכתיב בקרא קרינן עגלות בסגו"ל תחת העי"ן ושו"א תחת הג'. וי"ל כשיוסף פי' מיעקב היה יעקב מלוה אותו עד עמק חברון כדפירש"י לעיל בפסוק וישלחהו מעמק חברון ויוסף א"ל חזור בך א"ל יעקב איני רשאי לחזור שחייב אדם ללוות חבירו כדכתיב בפרשת עגלה ערופה

רמב"ן

ותנועה ויאמר בבאו מן הפחד על הרוב לב רגז ורגזו וחלו. ותחתי ארגז ומיפיך ברגזה ובדאגה תשתה. ולכן הנכון בעיני בפסוק הזה שאמר להם יוסף אל תפחדו בדרך והענין כי בעבור לשאת בר ולחם ומזון וטוב מצרים בימי הבצרות יפחדו אולי בדרך בלכתם יבואו עליהם ליסטים וכ"ש בשובם עם כל רכושם ולא ימהרו לדבר ולכן אמר להם שילכו בזריזות וימהרו לבא כמו שנאמר מהרו ועלו אל אבי ואל יפחדו כלל בדרך כי שמו עליה' שהוא המושל בכל ארץ מצרים וחיי כל הארצות ההם בידו וממוראו ייראו הכל וילכו ויבאו לשלום: (כו) ויפג לבו. נחלף לבו והלך מלהאמין לא היה לבו פונה אל הדברים לשון מפיגין טעמן בלשון משנה וכמו מאין

אבן עזרא

מכירתו: (כו) ויפג לבו. מגזרת אל תתני פוגת לך. והטעם שעמד לבו ודמם. כטעם וימת לבו כי לא האמין. ויהי כראות העגלות ותחי רוחו. ואל תתמה על מלת ויפג כי כן דרך הנביאים לדבר כמו ונשמה לא נשארה בי:

כלי יקר

דרך כמ"ש ההולכים בתורת ה' וההליכה זו הוא ההעתק ממקום למקום וזה תלוי בעיון חכמת התורה שהמעיין בה נעתק ממדרגה למדרגה מחכמה לבינה ומבינה לדיעה ולפי זה נוכל לתרץ מה שמסיק בבראשית רבה ואל תעמידו עצמכם מדברי תורה היינו למגרס דיני התורה לדבר בם בלכתו בדרך. ומה שכתוב בגמרא אל תתעסקו בדבר הלכה היינו לעיוני כי זה נקרא הלכה שהמעיין הולך ונעתק ממדרגה למדרגה. ומקשה מר' אלעי שאמר שני תלמידי חכמים המהלכין בדרך ואין ביניהם דברי תורה כו' כי לא אסיק אדעתי' עדיין לחלק בין נשון דבר הלכה לדברי תורה. עד שתירץ לו הא למיגרס הא לעיוני ודקדוק הלשון מסייע אל התרוץ כאמור ולא פליגי כי אם במשמעות הכתוב אל תרגזו בדרך אם הכוונה בו שלא יפסידו העיון ויטעו בו ע"י טורח הדרך או לספק שלא יפסידו שתם דרך על ידי שלא יעסקו בתור'. כי דעת רבי אליעזר הוא שיוסף הזהירם שלא יתעסקו בדבר הלכ' הצריך עיון ולילותא כיומא דאסתנא כי יש לחוש שמא ירגז עליכם הדרך כי מחמת טורח הדרך יהי' לכם לב רגז ובלתי מיושב ועל ידי זה תבואו לידי טעות בעיון בדברים אלהים וזהו שפירש רש"י תטעו רוצה לו' תבואו לידי טעות בעיון החכמות. אבל בבראשית רבה רצה לפרש אדרב' שיוסף בא להזהירם שיתעסקו בתור' בדרך בדברים פשוטים כדי שלא יתעו בשתם דרך כי התורה

אור החיים

ועיני אחי בנימין הרי כי מצדיק הדברים בלב יעקב מעדות בנימין הרואה ומעתה לא נתלה לומר טעם שהיו עצמותיו של יהודה מתגלגלין הוא לצד שלא קיים דברו אלא לצד שנידוי על תנאי צריך התרה כאומרם ז"ל:

ויגידו לו לאמר. טעם אומרו ויגידו שהלשון יגיד על הקושי להיות שנזמרו דברים שהם קשים אצלם לאומרם כי סוף סוף תגלה רעתם אללו אשר עשו ואשר גרמו לאביהם כל הצער והבכי וכפ"ז אמר ויגידו למה שנוגע להם. או לצד שבשורה זו גורמת ירידת מצרים והשעבוד הקשה אשר מררו את חיי ישראל במצרים וכן תמצא שהיה ירא מירידת מצרים עד שאמר לו ה' אל תירא מרדה מצרימה:

ספורנו

(כו) ויפג לבו. נתעלף וחסרה קצת דפיקת לבו ורוחו ממה שהיה קודם כמנהג בעלוף מדאגת לבו בהזכירם את יוסף: כי לא האמין להם. לפיכך ותחי רוח יעקב ולא אבדה רוחו אחר כך כשהאמין כמו שיקרה בעת השמחה הפתאומות הממית בצאת הרות החיוני אל החוץ כי אמנם נכנסה לפנים בעת הדאגה הקודמת כשלא האמין: (כז) וידברו אליו את כל דברי יוסף. שאמר ועוד חמש שנים אשר אין חריש וקציר כדי לערב בדבר הבשורה איזה דאגה

אבי עזר

מזון. ועיין בפ' חיי שרה כתב הרב על פסוק ומספוא לחמורים שהשעורים בכלל מספוא. וגם מטעם זה הוציא שעורים מכלל מזון. ואהל יוסף אוקמ' לדברי הרב בדרך רחוקה. ואם אנחנו ידענו שרב מוהב לפרש בפשיטות. מדוע נפרש אנחנו דבריו חוץ מגדרו:

quarrel on the way." 25. So they went up from Egypt, and they came to the land of Canaan, to their father, Jacob. 26. And they told him, saying, "Joseph is still alive," and [they told him] that he ruled over the entire land of Egypt, and his heart changed, for he did not believe them. 27. And they told him all of Joseph's words that he had said to them, and he saw the wagons that

---

Do not walk with large steps, and enter the city while the sun is shining (Ta'anith 10b). According to the simple meaning of the verse, we can say that since they were ashamed, he (Joseph) *was concerned that they would perhaps quarrel on the way about his being sold, debating with one another, and saying, "Because of you he was sold. You slandered him and caused us to hate him."* —[*Rashi*]

The midrashic interpretations are based on the understanding of the expression as: "Do not be angry with the way." This is obviously figurative, and is interpreted by the Talmud in several divergent ways. The first is that Joseph warned them not to engage in halachic discussion, lest the way be angry with them and cause them to stray. I.e., if they become engrossed in discussion, they may forget to make a turn or they may take a wrong turn and go astray. Consequently, they would be angry with "the way" because it caused them to stray. The second is that Joseph warned them not to walk with large steps, as the Talmud explains, namely that large steps take away 1/500 of a person's vision. He meant, do not be angry with the way, considering it a burden and attempting to shorten the trip by taking huge

strides, because according to the Talmud, large strides harm a person's vision. Joseph also warned them to enter the city in daylight. He meant, do not attempt to shorten the way by traveling at night, even continuing after nightfall before lodging and then starting out before dawn, because at night the roads are fraught with wild beasts and bandits. Joseph feared that his brothers, after witnessing his honor in Egypt, would rush home to report this to their father. Therefore, he warned them to take these precautions.—[*Be'er Yitzchak*]

Ibn Ezra explains: Do not be angry with one another over having sold me. *Rashbam* and *Da'ath Zekenim* explain תִּרְגְּזוּ as an expression of fear: Do not be afraid of robbers on the way because all our neighbors are peaceful (*Rashbam*); or, do not be afraid, because I reign over the entire land (*Da'ath Zekenim*).

26. **and [they told him] that he ruled**—Heb. וְכִי הוּא מֹשֵׁל, *and that he rules.*—[*Rashi*] The word כִּי is synonymous with אִם, which sometimes bears the meaning of אֲשֶׁר, *that.*—[*Sifthei Chachamim* from *Rashal*] Compare *Rashi* on Gen. 43:7.

Since he rules over all Egypt, you

need not fear to come to him.—
[*Rashbam*]

and his heart changed—Heb. וַיָּפָג
לִבּוֹ *His heart changed and went
away from believing. His heart did
not turn to* [believe] *these words.*
[וַיָּפָג is] *a term similar to "their taste
changes"* (מְפִיגִין טַעְמָן) *in the lan-
guage of the Mishnah* (*Bezah* 14a),
and "without respite (הֲפֻגוֹת)*"* (Lam.
3:49). *Also "and its bouquet did not
change"* (Jer. 48:11) *is translated*
[into Aramaic] *as* וְרֵיחֵיהּ לֹא פָג.—
[*Rashi*] Jacob had previously
believed that Joseph still lived. He
even suspected his sons of selling
Joseph. Since he had not heard from
him for so long, however, he no
longer entertained that belief.—
[*Be'er Basadeh*]

Sifthei Chachamim theorizes that
Jacob did believe that Joseph was
alive, but when he was told that
Joseph ruled over all Egypt, that
seemed impossible, and since he did
not believe this, he did not believe
any part of the story.

Ramban explains that Jacob's
heart became faint from the sudden
shock, and he lay as if dead for a
long time because he did not believe
them. After they shouted into his ears
all of Joseph's words, he gradually
became accustomed to the idea that
Joseph was still alive, and he
regained consciousness.

27. **all of Joseph's words**—*He
(Joseph) gave them a sign, viz., in
what topic he was engaged when he
(Joseph) separated from him* (Jacob).
[That was] *the section dealing with
the heifer that was to be beheaded*
(עֶגְלָה עֲרוּפָה) (Deut. 21)*, and this is*
what [Scripture] *says, "and he saw
the wagons that Joseph had sent,"
and it* (Scripture) *does not say, "that
Pharaoh had sent."*—[*Rashi* from
Gen. Rabbah 94:3]

Da'ath Zekenim and others
explain that when Joseph left the
valley of Hebron for Shechem (Gen.
37:12-14), his father escorted him.
Not understanding the reason for
this, Joseph asked his father to
return. Jacob replied that the Torah,
which was destined to be given to the
Jewish people, contained a chapter
dealing with someone found killed
whose murderer is unknown. In such
a case, the Torah mandates that the
elders of the city nearest the murder
victim take a heifer to a valley that
had never been tilled or sown and
decapitate the heifer. The rite
concludes: "And all the elders of that
city who are nearest to the corpse
shall wash their hands over the heifer
that was beheaded in the valley. And
they shall speak up and say, 'Our
hands did not shed this blood...' "
The Rabbis ask, "Would you imagine
that the elders of the tribunal are
murderers?" They reply that the
announcement means, "We did not
see him and send him off without
food. We did not see him and send
him off without an escort" (*Sotah*
38b). Thus we learn the importance
of escorting a wayfarer, for by
neglecting to do so he may fall prey
to murderers.

There is a problem with this
midrash, however, for Scripture here
is not dealing with heifers but with
the wagons that Joseph sent. Some
say that heifers were drawing

כה וּסְלִיקוּ מִמִּצְרַיִם וְאָתוּ לְאַרְעָא דִכְנַעַן לְוַת יַעֲקֹב אֲבוּהוֹן: כו וְתַנִּיאוּ לֵיהּ לְמֵימָר עַד כְּדוֹן יוֹסֵף קַיָּים וַאֲרוּם הוּא שַׁלִּיט בְּכָל אַרְעָא דְמִצְרַיִם וּפְלֵיג לִבֵּיהּ אֲרוּם לָא הֵימִין לְהוֹם: כו וְאַפְלֵג לִבֵּיהּ: כז וּמַלִּילוּ עִמֵּיהּ יַת כָּל פִּתְגָמֵי יוֹסֵף דְּמַלֵּיל עִמְּהוֹן וַחֲמָא יַת סְדַנַיָּא דְשָׁדַר יוֹסֵף לְמִיטוֹל יָתֵיהּ וּשְׁרַת רוּחַ

בעל הטורים

תרגזו בדרך. בגי' זהו אל תפסעו פסיעה גסה: ויגדו לו. חסר יו"ד שלא הגידו לו עד שהתירו החרם שהחרימו בעשרה: ד"פ כתיב עגלות בפ' וד"פ כתיב עגלה ערופה בפ' שופטים שפירש ממנו בפ' עגלה ערופה: וירא את העגלות. בגי' ראה בהלכות עגלה ערופה:

רשב"ם

וכן ונתן ה' לך לב רגז. דחיל כתרגום. וכן ריגזון יריעות. לשון נענוע מארם המתיירא. וכן רגזה בוטחות. המרגז ארץ ממקומה. אבל רגזה [רגזה] של תרגום של דניאל ושל עזרא לשון כעס. פרגב"ל לע"ז של רוגז של כ"ד ספרים: (כו) וכי הוא מושל. ואל תירא מלבוא אליו: ויפג לבו. החליף לבו לומר אין זה אמת כי לא האמין להם. כמו אל תתני פוגת לך. וריחו לא נמר מתורגם וריחו לא פג: (כז) את כל דברי יוסף. שאר דברים שדיבר אליהם הכתובים למעלה שבכה על צוואריהם והכירו בודאי שהוא אחיהם. וגם ראה את העגלות אשר שלח יוסף ע"פ פרעה. ותחי רוח יעקב כי שמר את הדבר שסוף יוסף להיות מושל כי אינן יוצאות ממצרים כי אם ע"פ מושל כמו שפירשתי למעלה:

דעת זקנים מבעלי התוספות

(כז) וידברו אליו את כל דברי יוסף. פירש"י סימן מסר להם כשפירש ממנו היה עוסק בפרשת עגלה ערופה. וצריך פי' לפי' והכי רוצה לומר כי כשפירש מאביו היה מלוה אותו כדכתי' וישלחהו שהוא לשון לויה כמו וישלחו דכתיב גבי אברהם דמתרגמינן ואלויאו.. ואמר לו יוסף חזור בך ואמר לו יעקב בני גדול' לויה שעליה נתוספה פרשה אחת בתורה דכתיב ידינו לא שפכה. וכי תעלה על דעתך שב"ד שופכי דמים אלא לא ראינוהו ופטרנוהו בלא לויה הא אם ראוהו ולא לווהו מעלה עליהם כאלו שפכו דמים והיינו פרשת עגלה ערופה שהיה עסוק בה. ויש אומרים שהיה עוסק בעגלה שמושכת בקרון וקשה לשני הפירושים לפרש עגלות לשון עגלה לכן נראה לפ' בפרשת עגלות שמשכן דכתיב שש עגלות צב: וירא את העגלות ותחי רוח יעקב אביהם. פי' כשראה העגלות חיתה רוחו והאמין כי קודם לכן לזה יוסף לבל יוליאו עגלות

רמב"ן

הפוגות וריחו לא נמר מתורגם וריחיה לא פג ל' רש"י ואיננו נכון כי לשון פוגה שביתה וביטול כמו אל תתני פוגת לך וכן עיני נגרה ולא תדמה מאין הפוגות שנגרה תמיד מאין שביתה והפסק. וכן על כן תפוג תורה תבטל ותפסק וגם זה ויפג לבו נתבטל לבו ופסקה נשימתו כי פסקה תנועת הלב והיה כמת וזה הענין ידוע בבא השמחה פתאום והוזכר בספרי הרפואות כי לא יסבלו זה הזקנים וחלושי הכח שיתעלפו רבים מהם בבא להם שמחה בפתע פתאום כי יהיה הלב נרחב ונפתח פתאום והחום התולדי יוצא ומתפזר בחיצוני הגוף ויאפס הלב בהתקררו והנה נפל הזקן כמת ואמר כי לא האמין להם להגיד שעמד זמן גדול מן היום והוא שוכב דומם בעבור שלא האמין להם כי הידוע בעלוף הזה שיצעקו לו וירגילו אותו בשמחה ההיא עד שתקבע בו בנחת רוח חה טעם וידברו אליו את כל דברי יוסף אשר דבר אליהם וירא את העגלות כי היו צועקים באזניו דברי יוסף ומביאים לפניו העגלות ואז שבה רוחו אליו וחזרה נשימתו וחיה חזר ותחי רוח יעקב אביהם ואונקלוס תרגם ושרת רוח נבואה בעבור שהדבר אמת הוסיף זה ודרש כן במלת רוח שלא אמר ויחי יעקב אביהם ועשאו מענין רוח ה' אלהים עלי ועתה ה' אלהים שלחני ורוחו. איש אשר רוח בו. וכן מפיגין טעמן שמפזרין אותו ומתבטל: (כז) וידברו אליו את כל דברי יוסף. נראה לי על דרך הפשט שלא הוגד ליעקב כל ימיו כי אחיו מכרו את יוסף אבל חשב כי היה תועה בשדה והמוצאי' אותו לקחוהו ומכרו אותו אל מצרים

אור החיים

וטעם אומרו לאמר נתחכמו לבשרו בדרך שלא יסתכן יעקב כי דבר ידוע היא כי בשורה טובה כשתהיה על יגון ומה גם כשתהיה מופלאת לרוב השמחה יסוכן האדם ויהלם ויגוע פתע פתאום אשר ע"כ חששו על הדבר ונתחכמו לדבר אליו בדרך שלא תארע תקלה והוא אומרו ויגידו לו לאמר פי' אמרו לו שיש להם בשורה לאמר לו ובזה תתרחב נפשו וישמח לבו ואח"כ אמרו לו עוד יוסף חי ולא נסתכן כי הוכן בלבו הכנת קבלת בשורה טובה. או יתבאר שיעור הכתוב עז"ה ויגידו לו לאמר עוד פירוש מלבד שבאו שלמים שמעון ובנימין עמהם עוד יש להם לאמר לו ואחר שהכין דעתו לדבר טוב הודיעוהו יוסף חי והוסיפו עוד לומר וכי הוא מושל בשורה אחר בשורה לטעם הנזכר:

וראיתי לתת לב בענין יוסף איך לא חש על צער אביו כמה שנים והן אמת בימי עבדותו נוכל לומר כי עשה ולא הצליח אלא אחר שעלה לגדולה למה לא כתב אגרת לאביו להפיג צערו כי יודע היה יוסף גודל הפלגת חיבת יעקב בו ויתאבל עליו ימים רבים ולמה לא שלח לבשרו ותגדל עוד הקושיא על ימי הרעב שהיו עוברים ושבים מארץ מצרים לארץ כנען ולא חש על צערו ועוד מי התיר לו אחר שבאו אחיו להאריך לו ימי צרה שלא להודיעו תכף ומיד:

והן אמת כי למה שנתגלגל בעניינים שגזר הגוזר רבים הם שהיו צריכין להיות כן הא' לשלם ליעקב כ"ב שנים שלא שמש אביו וכמו כן היה הוא בצער כ"ב שנים וגם למספר רד"ו שגזר ה' שיהיו במצרים וגם לירד יעקב בכבוד גדול מה שלא היה כן אם היה יורד קודם וכמה פרטים שנמשכו אלא לצד יוסף צריכין לתת טעם בדבר:

כלי יקר

שעוסקין בה בדרך תנחמו אל מחוז חפצו לשלום פמו שנא' בהתהלכך תנחה אותך וגו' וביאור הכתוב אל תרגזו אל תפחדו מלשון שמעו עמים ירגזון וענינו הפחד ורוצה לומר אם תעסקו בתורה אז לא תצטרכו לפחד לא מן הלסטים ולא מן הטעות בדרך כי התורה תנח' אתכם ותציל אתכם מכל פחד וטעות כאילו אמר נכם הזכרו בדבר שמציל אתכם מן רוגז ופחד המצוי בדרך והיינו התורה שבעידנא דעסיק בה מגינא ומצלא. דבר אחר שדעת הכראשית רבה סוא לפרש אל תרגזו לשון רוגז וכעם ממש אך שקש' לו וכי בדרך אל ירגזו ובביתם ירגזו אלא ודאי שכוונתו שבדרך אתם צריכין להיות נזהר ביותר בתלמיד תורה שלא תעמידו עצמכם מדברי תורה אפי' שעה אחת כדי להציל אתכם מכל פורעניות המתרגשות ובאות בדרך והרוגז מפסיד הלימוד כי כל כעם מביא לידי טעות ואם תרגזו אז בהכרח תצטרכו להפסיק מדברי תור' פן תבואו לידי טעות ע"י הרוגז לפיכך אל תרגזו בדרך כדי שלא תצטרכו להעמיד אתכם מדברי תורה ולהפסיק בשעת הכעם ולפי שבמקום הסכנ' ביותר האדם צריך זירוז על כן נקט בדרך אבל בבית אין כל כך קפידא אף ע"פ שבאמת הרוגז מזיק בכל מקום. ויש מפרשים אל תתעסקו בדבר הלכ' מלשון רבותינו זכרונם לברכה מתעסק בקדשי' פסול והוא מדבר במי שאינו לומד בעיון אלא כמתעסק בעלמא בלא כוונה ואולי כוונתם לומר שהרוגז יביאם לידי זה ויהיו קרובים אל הטעות אמנם במתניתא תנא אל תפסיעו פסיעה גסה והכניסו חמה לעיר דעתם לפ' הרוגז שעניינו המהירות והחפז' מלשון פחז כמים המדבר בחפזון של רוגז לפי שיוסף אמר להם מהרו ועלו אל אבי רוצה לומר תמהרו לילך מכאן ואל תעמדו פה והחש אולי יבינו מלשון מהרו שגם בדרך לא ילכו במתון כ"א בחפז' כדי למהר הבשורה אל אביהם וע"י זה יפסיעו פסיעות גסות יותר מן הנהוג וילכו עד הערב ממש אחר שקיעת החמה ע"כ אמר להם אל תרגזו בדרך דוקא מכאן מהרו ועלו אבל בדרך עצמו אל תרגזו אלא תלכו במתון בפסיעות בינונית והכנסו לעיר בעוד החמה זורחת כי לעולם יכנס בכי טוב. וי"א לפי שנאמר אף חכמתי עמדה לי מה שלמדתי באף ובכעם ועל זה אמר אל תרגזו בדרך ללמוד החכמה באף ואולי כוונו לדבר הצריך עיון רב כאמור ואני מוסיף לקח טוב טעם ודעת לפי שכל כעם מביא לידי טעות ואמרו רבותינו זכרונם לברכה אין אדם עומד על דבר הלכה אלא א"כ נכשל בה תחילה ע"כ אמרו שהחכמ' שלמדתי באף ובכעם אשר הביאני לידי טעות היא שעמדה לי כי הטוע' בדבר פעם אחד או ביותר הוא נשמר ממנו להבא:

וירא את העגלות אשר שלח יוסף וגו'. פירש"י סי' מסר להם במה הי' עוסק כשפירש ממנו בפרשת עגלה ערופה לפיכך וירא את העגלות אשר שלח יוסף ולא אמר שלח פרעה. ופירושו רחוק מאוד וכי דרכו של רש"י להוציא המקרא מפשוטו לגמרי שהרי הכתוב אומר אשר שלח יוסף לשאת אותו ועוד עגלות ל"ל די בעגלה אחת. ע"כ אומר אני שגם רש"י הבין עגלות פשוטו אך מה שנא' אשר שלח יוסף ולא

שָׁלַח יוֹסֵף לָשֵׂאת אֹתוֹ וַתְּחִי רוּחַ יַעֲקֹב אֲבִיהֶם׃ חמישי כח וַיֹּאמֶר יִשְׂרָאֵל רַב עוֹד־יוֹסֵף בְּנִי חָי אֵלְכָה וְאֶרְאֶנּוּ בְּטֶרֶם אָמוּת׃ מו א וַיִּסַּע יִשְׂרָאֵל וְכָל־אֲשֶׁר־לוֹ וַיָּבֹא בְּאֵרָה שָּׁבַע

דִּי שְׁלַח יוֹסֵף לְמִטַּל יָתֵיהּ וּשְׁרָת רוּחַ קוּדְשָׁא עַל יַעֲקֹב אֲבוּהוֹן׃ כח וַאֲמַר יִשְׂרָאֵל סַגִּי לִי חֶדְוָא עַד כְּעַן יוֹסֵף בְּרִי קַיָּם אֵיזֵיל וְאֶחֱזֵינֵיהּ עַד לָא אֵימוּת׃ א וּנְטַל יִשְׂרָאֵל וְכָל דִּי לֵיהּ וַאֲתָא לִבְאֵר שָׁבַע

שפתי חכמים

בפסוק וידינו לא שפכה לא פטרנוהו בלא לויה כדפירש"י שם ומתוך כך למדו פרשת עגלה ערופה ויהיה פי' וירא את העגלות ל' הבנה שהגידו לו פ' עגלה ערופה אז התבונן שאמת הוא: נ ר"ל דרוח היינו נבואה כדכתיב ורוח לבשה את עמשי: ם דק"ל דהל"ל לאלהי

רש"י

ולא נאמר אשר שלח פרעה: ותחי רוח יעקב. שרתה עליו שכינה נ שפירשה ממנו: (כח) רב עוד. רב לי עוד שמחה וחדוה הואיל ועוד יוסף בני חי: (א) בארה שבע. כמו לבאר שבע ה"א בסוף תיבה במקום למ"ד בתחלתה: לאלהי אביו יצחק. חייב אדם בכבוד אביו יותר מבכבוד ם זקנו לפיכך תלה ביצחק ולא באברהם:

אבן עזרא

(כח) רב עוד יוסף. רב לי זאת השמחה:

רמב"ן

כי אחיו לא רצו להגיד לו חטאתם אף כי יראו לנפשם פן יקצוף ויקלל' כאשר עשה בראובן ושמעון ולוי. ויוסף במוסרו הטוב לא רצה להגיד לו ולכך נאמר ויצוו אל יוסף לאמר אביך צוה לפני מותו לאמר וגו' ואלו ידע יעקב בענין הזה היה ראוי להם שיחלו פני אביהם במותו לצוות את יוסף מפיו כי ישא פניו ולא ימרה את דברו ולא היו בסכנה ולא יצטרכו לבדות מלבם דברים: (א) ויזבח זבחים לאלהי אביו יצחק. חייב אדם בכבוד אביו יותר מבכבוד זקנו לפיכך תלה ביצחק ולא באברהם ל' רש"י ואיננו מספיק שהראוי לומר לאלהי אבותיו בלי שייחד אדם. כמו שאמר האלהים אשר התהלכו אבותי לפניו אברהם ויצחק. ובתפלתו אמר אלהי אבי אברהם ואלהי אבי יצחק או יאמר ויזבח זבחים לה' כמו שאומר באברהם ויבן מזבח לה' ומה צורך לפרש בו יותר. אבל הפסוק הזה יש בו סוד יגלו לנו אותו שם בב"ר כי כאשר בא יעקב לרדת מצרים ראה כי הגלות יתחיל בו ובזרעו ופחד ממנו וזבח זבחים רבים לפחד אביו יצחק שלא תהא מדת הדין מתוחה כנגדו ועשה זה בבאר שבע שהוא בית תפלה לאבותיו ומשם נטל רשות בלכתו לחרן ואמר הכתוב זבחים להודיע שלא היו עולות כאבותיו כי אברהם עולות הקריב. ורבותינו אמרו לא הקריבו בני נח שלמים. עולות הקריבו. ובנח כתוב מפורש ויעל עולות במזבח אבל יעקב מפני פחד ה' הקריב שלמים להשלים אליו כל המדות כמו שדרשו שלמים שמטילין שלום בעולם והנה היתה תחלת כונתו במדת הגבור' שהיא הקרובה אליו וזהו הטעם

כלי יקר

ולא נאמר אשר שלח פרעה הבין רש"י מזה ששלח פירושו לויה שיוסף עשה לויה לאותן עגלות אשר שלח שכן נאמר וישלח את אחיו וילכו ואין שילוח זה אלא לוי' ויוסף למד דין הלויה מן יעקב שכן נאמר לכה ואשלחך אליהם וכי אחר שילך ישלחו ומה הי' המקרא חסר אם הי' אומר לכה אליהם אלא שאמר ללותו ויעקב למד דין הלויה מן אברהם שנאמר ואברהם הולך עמם לשלחם פירש"י ללותם וזהו שאמר וישלחהו מעמק חברון בשלוח זה היינו לויה ולמד דין הלויה מעמק אותו צדיק הקבור בחברון כי אברהם התחיל בלויה ויטע אשל נוטריקון אכילה שתיה לויה. וכשליוה יעקב את יוסף מסתמא הגיד לו מצות הלויה שמקור' מן פרשת עגלה ערופה שיאמרו זקני העיר ידינו לא שפכה את הדם הזה שלא פטרנוהו בלא לויה. וכן עשה גם יוסף כשליוה את אחיו מסתמא הי' נפטר מהם מתוך דברי הלכה הליכות עולם להגיד להם דין הלויה אשר בה הי' עסוק. וכתיב וידברו אליו את כל דברי יוסף אשר דבר אליהם וכללו בזה כל הדברים הן הדברים שדבר להם בביתו הן הדברים אשר דבר אליהם כשליוה אותם ושם דבר עמהם דין פרשת עגלה ערופה. וירא את העגלות ראיה זו ענין התבוננות כי התבונן יעקב במה שספרו לו כי יוסף עשה הלכה למעש' וליוה אותן העגלות בזה ידע יעקב כי הוא יוסף כי אין בכל האומות עושה טוב אין גם אחד שומרי משמרת ה' לפיכך ותחי רוח יעקב אביהם אבל מן הדברים אשר שם יוסף בפיהם אין ראיה כי שמא יוסף למד דין זה לאחרים אך מן המעש' לקח ראיה. ומה שתלה הלויה בעגלות ובודאי שלצורך אחיו עשה הלויה ולא לצורך העגלות והי' לו לומר וירא כי שלח את אחיו. ביאור הדבר כך הוא כי מהידוע שמה שאמרנו לא פטרנוהו בלא לויה אין זה הלכתא בלא טעמא כי מה ענין הלויה אל ידינו לא שפכה את הדם הזה וטעמו של דבר הוא שכל ההולך בלא לויה מן העיר יש לחוש שמא יראו הלסטים שהוא הולך לבדו ויחשבו שאין לו גואל וקרוב כי אין פרידתו קשה על שום אדם כי אין לו גואל הדם גם בן ואח אין לו לפיכך כל מוצאו יהרגהו כחשבו שאין מי אשר ידרוש דמו מידו. ואפי' הלסטים אשר לא ראוהו יוצא מן העיר מ"מ לפחות הצלה פורתא מיהא הוי הלויה שמצלת מן הלסטים הרואים שמלוין אותו ויש לו גואלים אז הם מפחדים לפגוע בו ולהמיתו פן ידרשו ויחקרו אחריו קרוביו או אוהביו ודורש דמים אותם כי ימצא ודמו מידם ידרוש. גם קרוב לומר שהם לסטים אינן פוגעי' בו כ"א אחר החקיר' והדריש' אם ליוהו אדם או לא. ועל פי טעם זה יש מקום לומר שמצו' זו מן המושכלות וא"כ אין ראי' מן הלויה שליוה יוסף את אחיו כי הוא יוסף שמא מושל הארץ ההוא איש צדיק ועשה הלויה להם מצד שהוא דבר שהשכל מחייב' כי מי שאינו מלוה דומה לשופך דמים ע"כ ראוי לעשות כן לכל הולך בדרך. אבל כשרא' יעקב את העגלות אשר שלח וליוה אז אמר יעקב אכן נודע הדבר כי זה האיש קיים הלויה מצד דת התורה ולא מצד שהשכל מחייב דבר זה. לפי שבכל מצרי' אין העגלות נתונות כ"א על פי פרעה לפי שהעגלות מטכסיסי מלכות המה כמו שנאמר ויתן להם וגו' על פי פרעה נראה מזה שהעגלות היו מיוחדים למרכבתו של מלך וההולך עם אותן העגלות הנכרות וידועות שמבית המלך המה אינו צריך אל הלויה להצילו מן הלסטים כי בלאו הכי מורא מלכות עליהם הן בארץ מצרים הן בארץ כנען כי הכל היו צריכין למצרים דחיטא בשני רעבון. וא"כ למאי נפקא מיניה ליוה המושל את האחים שהלכו עם מרכבת המשנ' אשר למלך כי מי האדם שיבא אחרי המלך או אחרי הרכב והמשנ' שלו. אלא ודאי שאותו איש עשה הלויה מצד דין תורה כי גזירת הכתוב הוא ולא פליג בין לויה אחת לחבירת' לפיכך כאשר ראה והתבונן את העגלות אשר שלח וליוה יוסף וידע כי מצד מצות הש"י עשה כן ואין בכל האומות שומרי משמרת ה' כ"א זרע יעקב לפיכך ותחי רוח יעקב אביהם ובחיבורי עוללות אפרים מאמר תקל"ג בארתי כי למד מן פרשת עגלה ערופה שיוסף חי כי כמו שמודדין מדידה גשמית לראות לאיזו עיר קרוב החלל ולתלות העון באות' עיר כך מודדין השער' ומדיד' שכלית באיזו עון מת זה אם בעון עצמו אם בעון קרוביו או בעון בני עירו ומי שהוא קרוב ביותר אל החלל לתלות בו הוא צריך כפרה. ע"כ שלח לו יוסף פ' עגלה ערופה כדי שמתוכ' יתבונן יעקב איזו חטא גרם לו ליעקב להיות בצער כל הימים הללו ויחפש וימצא שזהו החטא שגרם לו שלא קיים מצות כיבוד אב ואם כ"ב שנה גרם לו להיות בצער זה כ"ב שנה שלא יהי' מכובד גם הוא מבנו החביב עליו ביותר ומזה התבונן בוודאי יוסף חי כי אילו הי' מת א"כ יהי' יעקב בצער זה יותר מן כ"ב שנה ויסבול יסור על מה שחטא ולא יהי' העונש מדה כנגד מדה

ספורנו

דאגה: ותחי רוח יעקב. נרפא מן העלוף הקודם בהדרגת השמחה עם הדאגה: (כח) רב אלכה ואראנו. לא שאגור שם כדבריו:

לאלהי

Joseph had sent to carry him, and the spirit of their father Jacob was revived. 28. And Israel said, "Enough! My son Joseph is still alive. I will go and see him before I die."

46

1. And Israel and all that was his set out and came to Beer-sheba,

the wagons, and Jacob was impressed by the heifers, which reminded him of his final moments with Joseph before he disappeared.—[*Tos. Hashalem*] Accordingly, we may comment as does *Gur Aryeh* that Joseph did not actually tell his brothers to relay this sign to their father, because that would suggest that if Jacob had not escorted him, his brothers might have killed him. Instead, he merely alluded to it by sending wagons. [Since עֲגָלוֹת means either the wagons or heifers, the wagons Joseph sent alluded to heifers.]

Mizrachi appears to explain that Joseph sent neither wagons nor heifers. He merely sent a message concerning the heifers, which Jacob saw, i.e., he understood. [Perhaps "to carry him" is interpreted to mean, "to influence him to go."] *Da'ath Zekenim* and *Rashi* on *Genesis Rabbah* had a different text of the midrash that said that when Jacob saw Joseph off, they had been studying the section of the Torah (Num 7:1-11) dealing with the wagons of the Tabernacle. The wagons that Joseph sent reminded Jacob of that occasion, and thus he believed the report his sons had brought from Egypt.

Rashbam explains that the brothers recounted to Jacob all the other things related above, namely that Joseph wept on their necks and

that they recognized that he was their brother. Jacob also saw the wagons that Joseph had sent with Pharaoh's consent.

and the spirit of...Jacob was revived—*The Shechinah, which had separated from him* [because of his grief], *rested upon him* [once again].—[*Rashi* from *Avoth d'Rabbi Nathan*, ch. 30, *Targum Onkelos*, *Targum Jonathan*]

Ramban, according to his interpretation of verse 26, explains very simply that Jacob was revived from unconsciousness.

Rashbam writes: His spirit was revived because he had waited for Joseph to become a ruler (as portended in Joseph's dreams), and [as soon as he saw the wagons] he realized that it had come about, because wagons were not permitted to leave Egypt except with the ruler's sanction.

28. Enough! My son Joseph is still alive—*I have enough happiness and joy, since my son Joseph is still alive.*—[*Rashi* from *Targum Onkelos*, *Targum Jonathan*]

Rashbam explains: I have had enough disbelief. Surely, my son Joseph is still alive.

A copyist added in the margin of *Rashbam*: You say that Joseph is alive and rules over all Egypt. For me it is enough that he is still alive.

Da'ath Zekenim quotes two interpretations:

1) רַב is the term used for the wagon driver, like רַב הַחֹבֵל, *the captain* (Jonah 1:6). Jacob called out, "Wagon driver, is my son Joseph still alive? I believe you more than I believe them!"

2) His sons were talking at length and relating to him Joseph's greatness. He cut them short by announcing, "Enough! Just tell me whether my son Joseph is still alive. Then I will go see him before I die."

46

1. **to Beer-sheba**—Heb. בְּאֵרָה שֶׁבַע, *like* לִבְאֵר שֶׁבַע, *to Beer-sheba. The "hey" at the end of the word takes the place of the "lammed" at its beginning.*—[*Rashi* from *Yeb.* 13b] A similar observation is found in *Rashi* on Gen. 28:2 and 32:4.

to the God of his father Isaac— *One is required to honor his father more than he is required to honor his grandfather. Therefore, the sacrifices are associated with Isaac and not with Abraham.*—[*Rashi* from *Gen. Rabbah* 94:5]

Ramban and *Rabbenu Bechaye* comment that this solution is inadequate, because the text could have read: "and he slaughtered sacrifices to the God of his fathers," without specifying any name. They proceed to explain that when Jacob was ready to go down to Egypt, he knew that the exile was to begin with him and his children, and he feared it. Therefore, he offered up many sacrifices to God, Who was known as "the Fear of Isaac," so that the divine Standard of Justice would not be directed against

him. Isaac's service to God was characterized by the attribute of Power (גְּבוּרָה), related to the divine Standard of Justice, in contrast to Abraham, whose service was characterized by the attribute of Kindness (חֶסֶד). Hence, the "honor of the father" (in *Rashi*) is an allusion to the attribute of Power, which was closer to Jacob than the attribute of Kindness, known as the "honor of the grandfather."

I.e., in this instance, the attribute of Power was closer, because Jacob sought to mitigate it in order to make the exile easier.—[*Levush*]

Mizrachi explains that *Rashi* is not questioning whether Jacob should have bestowed the honor upon Abraham, who was older and more revered than Isaac. If that were the case, *Ramban* would be correct in arguing that even after *Rashi*'s answer, we can ask why Jacob did not choose to honor both his father and his grandfather. *Rashi* questions only Jacob's mention of God in conjunction with Isaac, for he believes it would have been more proper to mention Abraham, the pioneer in disseminating the knowledge of God in the world, and not Isaac, who received his knowledge from Abraham.

Rashi answers that, indeed, the name of God should have been mentioned in conjunction with Abraham, but since this would have honored him and one is required to honor one's father more than one's grandfather, Jacob mentioned Isaac.

Rashbam accounts for the expression, "the God of his father Isaac," by recalling that Isaac had built an altar in Beer-sheba when the

נבואה דאיסתלקת מניה בעידן דזבינו ית יוסף ותבת עלוי יעקב אבוהון: כח ואמר ישראל סגין טבוון עבד עמי יי שיזבני מן ידוי דעשו ומן ידוי דלבן ומן ידוי דכנענאי דרדפו בתראי וסגיין נחמן חמית וסכיתי למחמי ולדא לא סכית דעד כדון יוסף ברי קיים איזיל כדון ואחמיניה קדם דאמית: א ונטל

כח ואמר ישראל סגיין טבן ונחמן סכיית למחמי והדא לא סכית דהא עד כדון יוסף בחיין גיזיל ונחמי יתה עד לא נמות:

רשב"ם

(כח) רב. די בפונת לבי שלא האמנתי אלא ודאי עוד יוסף בני חי. פשטות אחרים של ערמומיות אומרים והנם הבל. ואני תצעיר שמעתי רב עוד יוסף בני חי אתם אומרים עוד יוסף חי וכי הוא מושל רב לי במה שהוא עדיין חי אפילו אינו מושל. אלכה ואראנו בטרם אמות וגו':

פי' ירושלמי

(כח) סגיין סכן ונחמן סכיים למחמי פירוש הרבה נחמו' קויתי לראות כי תרגום קויתי סכיתי:

דעת זקנים מבעלי התוספות

מארץ מצרים ועכשיו אמר פרעה ואתה צויתה זאת עשו קחו עגלות מה שאין אחרים רשאין להוציא ולכך כשראה העגלות האמין אמר בודאי מפי מלך הוא זה: (כח) רב עוד יוסף בני חי. פי' יעקב קרא רב למביא העגלות כמו רב החובל ושאל לו עוד יוסף בני חי כי אותך אני מאמין יותר מהם. ד"א בניו היו מאריכים בדברים ומספרים לו גדולתו של יוסף לכך אמר להם רב לכם לספר בזה אך אמרו אם בני חי

רמב"ן

שהזכירו בבראשית רבה שחייב אדם בכבוד אביו יותר מבכבוד זקנו. והוא הטעם שאמרו שם בל' אחר בתחלה שואלין בשלום התלמיד ואחר כך שואלין בשלום הרב. וראיתי במדרשו של ר' נהוניא בן הקנה בלשון הזה וישבע יעקב בפחד אביו יצחק וכי יש אדם שנשבע כך באמונת פחד אביו אלא עדיין לא נתן ליעקב כח ונשבע בכה שנתן לאביו שנאמר וישבע יעקב בפחד אביו יצחק ומאי ניהו הוא דכתיב ביה ותפול אש מאת ה' ותאכל את העולה וכתיב כי ה' אלהיך אש אוכלה הוא וגו' ע"כ במדרש. ומדבריהם נלמוד שמפני כן לא אמר ויזבח זבחים לה' לפי שעתה כבר זכה יעקב בחלקו שנאמר תתן אמת ליעקב חסד לאברהם אשר נשבעת לאבותינו מימי קדם. והוצרך לפרש עתה והנה בזכות הקרבנו' נראה אליו אלהי יצחק אביו במראות הלילה במדת הדין רפה זהו שאמר אלהים במראות הלילה והיא מה שאמר אנכי האל אלהי אביך כי הוא האל בית אל אשר אמר לו בחרן אנכי האל בית אל אשר משחת שם מצבה והוא אלהי אביך הוא השם והיא המדה והבטיחו שלא יירא במצרים כי יזכה בדינו ויגאל אחר הענוי. וזהו טעם ואנכי אעלך גם עלה. וכתב הרב בפרק כ"ז בחלק הראשון במורה הנבוכים כי תרגום אנכי ארד עמך מצרימה ואנכי אעלך גם עלה אנא אחות עמך ואנא אסקינ.דונפלא הרב בזה על דעת אונקלוס ואמר כי אונקלוס שם כל מאודו להרחיק הגשמות בכל ספור אשר בתורה וכל אשר ימצאו מאלו השמות המורים על מין ממיני התנועה ישים ענין התנועה לכבוד נברא או לשמירה מהאל ומתרגם וירד ה' ואיתגלי ה'. ארדה נא ואראה איתגלי כען ואיחזי. ואם כן למה תרגם כאן אנא אחות. ופירש הרב כי בעבור שאמר בתחלת הענין ויאמר אלהים לישראל במראות הליל' כי הוא ספור אמירה לא ספור מעשה לא היה קשה לאונקלוס לספר המאמר כאשר נאמר במראות הלילה כי הוא ספור אמירה לא ספור מעשה שהיה. כי יש הפרש גדול בין מה שיאמר בחלום או במראה הלילה. ובין מה שיאמר במחזה ובמראה ובין מה שיאמר בדבר מוהלט ויהי דבר ה' אלי לאמר. או ויאמר יי אלי לאמר אלו דבריו. וכן אמר שהרחיק אונקלוס השמיעה בכל מקום וישים פירושה הגעת הדבר ההוא לבורא או קבול תפלה ויתרגם שמיע קדם י"י וקבלא אקביל קבילתיה. ואם כן הדבר כדברי הרב למה יברח אונקלוס מן התנועה וירחיק השמיעה גם כן מיראתו שתורה על גשמות ולא יברח מן האמירה והדבור ולא מן הקריאה בשום מקום בין בחלום בין במראה בין במאמר מוחלט כי בכלם יתרגם ואמר י"י ומליל י"י וקרא י"י למשה והיא גם היא תורה על גשמות. והיה לו לתרגם ויתאמר מן קדם י"י או יאמר יקרא די"י או ויתרעי י"י כפי הראוי בענין כמו שפי' הרב בדיבור ובאמירה ולמה ירחיק השמיעה ולא ירחיק הראיה שתרגם אותה וחזא י"י. ואשר אמר הרב כי יורה על ענין השגת שכל כאשר יורה על השגת העין כש"כ שהוא זה בשמיעה כי היא תאמר על ההשגה בשכל וברצון ברוב מקומות כגון וישמע אברם לקול שרי. שמע קול תחנוני. גם כי תרבו תפלה אינני שומע. הנה שמוע מזבח טוב. והיה אם שמוע תשמעו לקול י"י אלהיך. וכן לב שומע. וכן רבים והנה אונקלוס לא היה לו לירא מן השמיעה שלא תורה רק על קבלת הדבר והרצון בו ולא ברח מן הראיה בשום מקום. אבל תרגם אותה כפשוטה בכל מקום שהדבר מושג בראיה בלבד אבל כאשר איננו מושג בראיה בלבד והוא צריך השגחה והתבוננו' יתרגם כפי הראוי בו כאשר אמר כי ראה י"י בעניי ראה ראיתי את עני עמי. וירא אלהים את בני ישראל. שאין הראיה בהם שיראה את גופם אבל שישגיח בעניגם וידע אותם וזה דרכו בכל התורה לא כטעם שעלה בדעת הרב רצה בזה למה שאמר פמ"ח וירא י"י כי רבה רעת. והשני מקומות האחרים שתרגם אותם וחזא אליו ולא השלים אותו ובלשון העברה כנה אונקלוס ותרגם ויעבר י"י על פניו ואעבר ה' שכינתיה על אפוהי שיהיה הדבר העובר נברא לדעתו ולא יזכיר לשון תנועה בבורא כפי מה שהזכיר הרב ואם כן איך תרגם ה' אלהיך הוא עובר לפניך ה' אלהיך הוא עבר קדמך והנה זה מין תנועה בספור מעשה ולא יירא ממנו אונקלוס וכן בפסוק וירא ישראל את היד הגדולה תרגם בו וחזא ישראל ית גב ר ידא רבתא נופל בו הגבורה מפני לשון אשר עשה והשאיר בו ידא רבתא ולא היה ירא ומתפחד מן היד ולא יכנה אותה כלל וכן נהג בתרגום כתובים באצבע אלהים. באצבעא די"י. ומה שתירץ בו הרב כי ישים אונקלוס האצבע כלי נברא אשר פתח הלוחות בחפץ הבורא איננו אמת כי הנה מימינו אש דת למו כתב ימיניה ולא פחד מן הימין הכותבת שתורה על גשמות. וכן מן האצבע. ועוד תרגם אריםת ימינך ואמר ימינך ה' תברת שנאה ותרגם ידך החזקה ית ידך תקיפא ואמר בידא תקיפא ובאדרעא מרממא וכן ותאחז במשפט ידי ותתקיף בדינא ידי. וכן תרגם תדירא עיני ה' אלהיך בה מרישא דשתא. והנה ביעקב כתוב בתחלת הענין ויחלום והנה סולם מוצב ארצה וגו' ופחד אונקלוס ממנו ותרגם והא יקרא די"י מעתד עלוהי. ולא תרגם והא ה' בעבור שהוא בחלום ותרגם והנה אנכי עמך והא מימרי בסעדך ולא אמר והא אנא עמך כמו שתרגם אנא אחות עמך ואף על פי שהוא ספור דבר שנאמר בחלום כמוהו בשוה ותרגם ואנכי אהיה עם פיך ואנא אהי עם פומך ואמר כי ויאמר כי אהיה עמך וזה לך האות ארי יהא מימרי עמך. ועוד נוהר אונקלוס בחלומות ותרגם ויבא אלהים אל אבימלך בחלום הלילה ויבא אלהים אל לבן בחלום ואתא מימר מן קדם ה'. ואם תאמר שחשש שלא תהא הביאה קודמת לחלום ויחשב בה שהיא ממש תנה בשלמה כתוב בגבעון נראה ה' אל שלמה בחלום.

אור החיים

ונראה כי טעמו של יוסף טעם לשבח והוא כי מעת ירידתו למצרים עד עת בוא דברו ית' והוציאו מבית האסורים למלוך אין סיפק בידו להודיע לאביו ואפי' שיונח שהיה סיפק בידו חש על נפשו שידעו אחיו בדבר ולצד בושתם וכלימתם מאביהם ימסרו עצמם עליו לאבדו מן העולם לבל תגיע להם בושת מאביהם וגם אפשר כי יקללם וימותו כולם ומצד זה יבקשו לקעקעו מהעולם ולזה חש על נפשו שידעו אחיו בדבר וימנע מבא בדמי נפשו ואחר צאתו ממאסר ונעשה שר וגדול והלכה לה חששא ראשונה אעפ"כ נמנע מהודיע לאביו והוא ע"ד אומר' ז"ל מוטב שיפיל אדם עצמו לכבשן האש ואל ילבין פני חבירו וחש על כבוד האחים מלביישם לפני יעקב ויצחק וכל זרע יעקב וסכל שישאר אביו בצערו מלביישם ועוד אף כי אחר שעלה

כלי יקר

לכך כשראה העגלות ונזכר לפרשת עגלה ערופה מיד ותחי רוח יעקב אביהם:

רב עוד יוסף בני חי. לפי שהבטיחו הקב"ה שאם לא ימות אחד מן בניו בחייו לא יראה פני גיהנם ויזכ' למה שנא' מה רב טובך אשר צפנת ליריאך ע"כ אמר כאן רב מעתה אזכ' לשכר העולם הבא הנקרא רב כי הוא עולם שכולו ארוך משא"כ בחיי העולם הזה שהם מעט ורעים כי לא הרבה יזכור ימי חייו. ועוד שבשכר קבל עונש של ביטול מצות כיבוד אביו בעולם הזה ומעתה יקבל שכרו משלם לעולם הבא לכך נאמר ויזבח זבחים לאלהי אביו יצחק ולא הזכיר גם את אברהם אלא שרצה לתקן במה שקלקל וחזר לנהוג כבוד באביו יצחק. דבר אחר רב עוד יוסף בני חי מה זה אתם אומרים לי כי הוא מושל בכל ארץ מצרים רב ודי לי שהוא חי די לי קורת רוח בזה ואין אני מקפיד אם הוא מושל או לא:

וַיִּזְבַּח זְבָחִים לֵאלֹהֵי אָבִיו יִצְחָק׃
ב וַיֹּאמֶר אֱלֹהִים ׀ לְיִשְׂרָאֵל בְּמַרְאֹת
הַלַּיְלָה וַיֹּאמֶר יַעֲקֹב ׀ יַעֲקֹב וַיֹּאמֶר
הִנֵּנִי׃ ג וַיֹּאמֶר אָנֹכִי הָאֵל אֱלֹהֵי
אָבִיךָ אַל־תִּירָא מֵרְדָה מִצְרַיְמָה
כִּי־לְגוֹי גָּדוֹל אֲשִׂימְךָ שָׁם׃ ד אָנֹכִי
אֵרֵד עִמְּךָ מִצְרַיְמָה וְאָנֹכִי אַעַלְךָ

וְדַבַּח דִּבְחִין לֵאלָהָא
דַאֲבוּהִי יִצְחָק׃ ב וַאֲמַר יְיָ
לְיִשְׂרָאֵל בְּחֶזְוָא דְלֵילְיָא
וַאֲמַר יַעֲקֹב יַעֲקֹב וַאֲמַר
הָא אֲנָא׃ ג וַאֲמַר אֲנָא אֵל
אֱלָהָא דַאֲבוּךְ לָא תִדְחַל
מִלְּמֵיחַת לְמִצְרַיִם אֲרֵי
לְעַם סַגִּי אֲשַׁוֵּינָךְ תַּמָּן׃
ד אֲנָא אֵיחוּת עִמָּךְ
לְמִצְרַיִם וַאֲנָא אַסֵּקִנָּךְ

תו"א ויאמר אלהים ברכות יג. אנכי ארד ברכות ו שבת פט.

רש"י

(ב) יעקב יעקב. לשון חיבה: (ג) אל תירא מרדה מצרימה. לפי שהיה מיצר על שנזקק לצאת לחוצה לארץ: (ד) ואנכי אעלך. הבטיחו להיות נקבר בארץ:

שפתי חכמים

אבותיו או לאלהי אברהם דהא הוא היה העיקר בפרסום אלהות ולא כן יצחק שקבל מאברהם: ע דייק מדכתיב אעלך משמע לא"י שהיא

אבן עזרא

(ג) מרדה. מקור והוא חסר הפ"א כמו אשר תנה הודך:
(ד) וטעם אעלך גם עלה. שיקבר בארץ ישראל:

רמב"ן

הלילה ותרגם אותו יונתן אתגלי ה' לשלמה ואם הדבר נאמר בחלום יספרו אותו כאשר נאמר בחלום ההוא ואל יקשה עליהם אף על פי שהוא מאמר יורה על הגשמות כי היותו בחלום יתרץ להם שאינו ממש גם כן הדבר שיאמר כי הוא נראה בחלום ראוי שיספרו אותו כאשר הוא כי מה שנאמר בו שהוא בחלום הלילה ילמד שאינו ממש אבל הוא חלום שנדמה לו ממנו כן. ואל תחשוב שהיה זה ליונתן ב"ע מפני שלא יאמר בארמית לשון ראיה בחלומות כי וארא בחלומי מתורגם וחזית ובנבוכדנצר חזה הוית. וכן תרגום אונקלוס לא עלינו תלונותיכם כי על ה' אלהין על מימרא די"י ואין כאן יראה ופחד מן הגשמות. וכן וידבר העם באלהים ובמשה ואיתרע' עמא על מימרא די"י וכן ביני וביניכם ובין אלהים ובין כל נפש חיה בין מימרי ומימרא די"י וכיוצא בהן הרבה. וכן תרגם יצף ה' יסך מימרא די"י. אלהים עד מימרא

אור החיים

שעלה לגדולה חשב יוסף בלבו מיחוש ההשמט' ממנו ויתיעצו עליו לעקרו מהעול' וכמו כן תמצא שאמרו ז"ל שרצו לעוקרו אפילו בימי גדולתו ובא גבריאל ופזרן והגם שאמרו ז"ל שירדו אחריו למצרים לפדותו בדמים יקרי' ישתנה הדבר אם יפדוהו הם שאז יכר באחוותם וזולת זה עברתו שמרה נצח ולא ישכח את אשר עשו לו ויקדמו הם להורגו הנך רואה כי אם היה מודיע מקודם ליעקב כי הוא חי היו מתאזרים ובאים ומאבדים אותו מהעולם וגם אחר שבאו לפניו בשנת רעב לא רצה לגלות עצמו תיכף להם ולא לאביו כי עודנו בסכנת מיחוש כנז' עד שנתחכם והאכילם והשקם ונתן להם דמים והראה להם כי הוא עמהם בלב שלם גם נגלה הדבר כי מה' יצא וידעו ודאי כי לא שומר הוא להם איבה וגם באמצעות כן הוסרה בושה מאביהם כי יאמרו אליו כי כן גזר הגוזר וכמו שפירשתי בפסוק לא אתם וגו' ואז גילה להם ואעפ"כ הוצרך ה' לשלוח מלאך להצילו מידם כמאמרם ז"ל ואולי כי הוא יוסף לא ידע בדבר או אפשר שידע שהצילו מלאך ואין להקשות עליו שהי' לו להודיע לאביו קודם ולא יחוש אל האחים כי המלאך הגואל אותו עתה יגאלנו ג"כ קודם כי אין סומכין על הנס ובזה אין להאשימו ליוסף על הדבר ונכון:

אל תירא וגו' כי לגוי וגו'. צ"ל מה הוא המורא שהיה ליעקב בירידת מצרים ואם מורא הגלות א"כ מה הוא כוונת ה' באומרו אל תירא במה מסיר ממנו המורא ואם כוונתו שלא יהיה גלות שם מלינו שלא כן היה כי שם נשתעבדו בניו בעינוי ועבודה קשה עוד קשה אומרו כי לגוי גדול מה נתינת טעם זה להסרת המורא עוד צ"ל אומרו לגוי גדול אשימך שם ולמה לא ישימהו גוי גדול במקום אחר עוד צ"ל למה אמר לגוי ולא אמר כי גוי גדול אשימך וגו' אכן כוונת הכתוב הוא לצד מה שקדם מההודע' להאבות כי נגזרה גזירת הגלות עליהם דכתיב כי גר יהי' זרעך וגו' ומן הסתם יגיד אברהם לבניו וכן הוא מפורש בדבריהם ז"ל אשר ע"כ כשראה יעקב שבר במצרים כי שם יסבלו בניו הגלות לזה כשירד ירא לנפשו כי יתחיל הגלות ממנו גם ירא היה שמא יקבר שם בארץ טמאה אשר ע"כ נגלה אליו ה' ואמר לו אנכי אלהי אביך נתכוון באמירה זו כי כשם שאביך לא טעם טעם שעבוד ועינוי כמו כן אתה אל תירא הגם שאתה יורד מצרימה ולצד שיחשוב יעקב לחזור ולעלות ממצרים כשימצא שעת הכושר והוא אחר עבור שנת רעב והבטחתו יתברך שאומר לו אל תירא היא על זמן מועט שיהיה שם לזה גמר אומר כי לגוי גדול אשימך שם פירוש רוצה אני לשום אותך שם לצורך גוי גדול. ולהשכיל על דבר אקדים אמרי קדוש הוא הרשב"י ואנשי סודו שאמרו כי טעם הגליות הוא לברר חלקי הקדושה המפוזרים בענפי הקליפה וכי במצרים להיותה מצאה גלולי' ושם תוקף הטומאה שם הוא שביית חלקי הקדושה הרבים והעצומים כי לערך גודל הטומאה יהיה בקרבה חלקי הקדושה וזה

ספורנו

(א) לאלהי אביו יצחק. שאמר ליצחק אל תרד מצרימה: (ב) ויאמר אלהים לישראל. מה שאמר לו עתה היה בשביל היותו ישראל שיצטרכו בניו להשתרר על אויביהם בכנען: (ג) אנכי האל אלהי אביך. אני הוא שאמרתי לאביך אל תרד מצרימה אני הוא שאומר אליך אל תירא מרדה מצרימה אתה חה כי לגוי גדול אשימך שם כי אמנם אם היו בניך יושבים פה היו מתחתני' בכנעני' ומתערבים עמהם אבל במצרים לא יקרה זה כי לא יוכלון המצרי' לאכול את העברים לחם כאמרם רז"ל ויהי שם לגוי מלמד שהיו מצויינים שם: (ד) אעלך גם עלה. אחר שאעלך ואוציאך משם תוסיף בעלה על מה שהיה לך קודם רדתך שם כאמרו ולהעלותו

מן

and he slaughtered sacrifices to the God of his father Isaac. 2. And God said to Israel in visions of the night, and He said, "Jacob, Jacob!" And he said, "Here I am." 3. And He said, "I am God, the God of your father. Do not be afraid of going down to Egypt, for there I will make you into a great nation. 4. I will go down with you to Egypt, and I will

Holy One, blessed be He, appeared to him, as is related in *Parashath Toledoth* (Gen. 26:25). Jacob too offered up sacrifices there, as his father had done.

Sforno explains: to the God of his father—Who had said to Isaac, "Do not go down to Egypt" (Gen. 26:2).

Jacob brought זְבָחִים, the word used for peace offerings (שְׁלָמִים) rather than burnt offerings (עוֹלוֹת), as his forefathers had done, in order to bring all the divine attributes into accord in his favor, as the Rabbis say: They are called שְׁלָמִים because they bring peace (שָׁלוֹם) into the world (*Sifra, Vayikra* 16:1).—[*Ramban*]

Rabbenu Avraham ben HaRambam states that these זְבָחִים were thanksgiving offerings (תּוֹדוֹת). Jacob offered them up to thank God for reuniting him with Joseph.

2. **in visions of the night**—In a prophecy at night.—[*Targum Jonathan ben Uzziel*]

"Jacob, Jacob!"—*An expression of affection.*—[*Rashi* from *Sifra, Vayikra* 1, *Tosefta Ber.* 1:15] [The repetition of his name is an expression of affection.]

Ramban comments that since God said to Jacob, "Your name shall no longer be called Jacob, but Israel shall be your name" (Gen. 35:10), it would

have been more appropriate to call him by his honored name, Israel. Here God calls him Jacob to imply that he would not "have commanding power with an angel of God or with men," as that name connotes (loc. cit.) but at this time he would remain in a house of bondage until God liberated him, because with him the exile would commence. See *Ramban*'s comment on verse 8.

3. **I am God, the God of your father**—I am He Who said to your father, "Do not go down to Egypt." I am He Who is saying to you, "You should not be afraid of going down to Egypt." The reason is that there I will make you into a great nation. Were your children to remain here [in Canaan], they would intermarry with the Canaanites and mingle with them. In Egypt, however, this will not happen, because the Egyptians cannot [even] eat with the Hebrews, [let alone intermarry with them]. The Rabbis comment [on the verse], "And there they became a nation" (Deut. 26:5)—this teaches us that they stood out in Egypt (*Sifré*).—[*Sforno*]

Do not be afraid of going down to Egypt—[God encouraged him] *because he was troubled at being compelled to leave the Holy Land.*—[*Rashi* from *Pirké d'Rabbi Eliezer*, ch. 39]

This midrash reads as follows: Jacob heard that Joseph was still alive, and he thought, "How will I leave the land of my ancestors, the land of my birth, the land in the midst of which rests the *Shechinah* of the Holy One, blessed be He, and go to an unclean land, amidst slaves, (i.e., those condemned to slavery by Noah's curse in Gen. 9:25-27) the sons of Ham, a land in which there is no fear of Heaven?" The Holy One, blessed be He, said to him, "Jacob, do not be afraid…I will go down with you to Egypt, and I will also bring you up."

Ohr Hachayim asks: What fear did Jacob have about going down to Egypt? If it was fear of the exile, what did God mean by saying, "Do not be afraid"? How does He allay his fear? He could not have meant that there would be no exile there, since this was not the case, for his children were destined to affliction and hard labor. Another difficulty is understanding how God's statement, "for I will make you into a great nation" would alleviate Jacob's fear. Moreover, why does God say, "I will make you *into* a great nation"? Why not, "I will make you a great nation"?

The solution is that the Patriarchs had already been informed that exile was decreed upon them, as it is written: "You shall surely know that your seed will be strangers in a land that is not theirs" (Gen. 15:13), and we assume that Abraham revealed this prophecy to his sons. In fact, the Sages state this explicitly in *Gen. Rabbah* 82:13. Based on this knowledge, when Jacob saw that grain (שֶׁבֶר) was being sold in Egypt,

he realized that his children would suffer in exile (*Gen. Rabbah* 91:6). [The Rabbis interpret שֶׁבֶר as an expression of breaking (from the root שבר), meaning that in Egypt they would be *broken* by the harsh slavery destined to be imposed upon them.] For this reason, when Jacob contemplated going to Egypt, he was afraid that the exile would commence with him. He feared also that he would be interred there, in an unclean land. Therefore, God appeared to him and said, "I am God, the God of your father." Just as your father did not experience subjugation and affliction, neither will you. So do not fear that you must go down to Egypt.

Jacob may have thought that he would be able to return to the Holy Land as soon as the opportunity presented itself, namely after the famine, and that this was what God meant, that he should not be afraid because he would be there only a short time. Therefore, God continued, "for there I will make you into a great nation." That is, I want you to be there for the purpose of becoming a great nation. This is the meaning of "for… a great nation." [Compare with our translation.]

4. **I will go down…and I will also bring you up**—When they went down to Egypt, God Himself was counted with them, for we find in verses 8-27 exactly 69 souls, and the text represents them as 70. That is because God Himself is counted among them, and He completes the number to 70. Also, when they went out of Egypt, the Israelites were one

יִשְׂרָאֵל וְכָל דִּילֵיהּ וְאָתָא לִבְאֵר שֶׁבַע וְדַבַּח דִּבְחִין לֵאלָהָא דַּאֲבוּי יִצְחָק : ב וַאֲמַר יְיָ לְיִשְׂרָאֵל בִּנְבוּאָה בְּלֵילְיָא וַאֲמַר יַעֲקֹב יַעֲקֹב וַאֲמַר הָא נָא : ג וַאֲמַר אֲנָא הוּא אֵל אֱלָהֵיהּ דַּאֲבוּךְ לָא תִּדְחַל מִלְּמֵיחוֹת לְמִצְרַיִם עַל עֵיסַק שַׁעֲבּוּדָא דִּי פְּסָקִית עִם אַבְרָהָם אֲרוּם לְעַם סַגִּי אֲשַׁוִּינָךְ תַּמָּן : ד אֲנָא הוּא דִּבְמֵימְרִי אֵיחוֹת עִמָּךְ לְמִצְרַיִם וְאֵיחְמֵי סִיגוּפֵיהוֹן דִּבְנָךְ וּמֵימְרִי יַעֲלִינָךְ תַּמָּן אוּף אַפֵּיק יָת בְּנָךְ מִתַּמָּן וּבְרַם יוֹסֵף

פי' יונתן

(ג) פסק שעבודא י"ל דדייק מלת מרדה ל' רדו בדגת הים ופי' כבוש ושעבוד : די פסקית עם אברהם באומרו כי גר יהיה זרעך בארץ לא להם א"נ י"ל דיוקו מדאמר אנכי ארד אל תירא משמע דהיראה היא מחמת הבטחת אביו אברהם על

רשב"ם

(א) לאלהי אביו יצחק. שעשה שם יצחק מזבח בבאר שבע כשנגלה לו הקב"ה כמה שנאמר בפרשת אלה תולדות יצחק ועשה גם הוא שם זבחים כמו שעשה אביו : (ד) אעלך גם עלה. כלומר ארד עמך וגם עלה אעלך. כמו וברכתם

בעל הטורים

לישראל במראות הלילה. ז' תגין בשי"ן ע"ש כי שבע יפול צדיק וקם שבאו עליו ז' צרות ואלו הם עשו לבן מלאך דינה יוסף שמעון בנימין :

דעת זקנים מבעלי התוספות

באמת ואם אמת אלכם ואראנו וגו' : ד אנכי ארד עמך מצרימה ואנכי אעלך גם עלה. ירדו למצרים נמנה הקב"ה עמהם בעצמו ובכבודו שהרי כשירדו לא תמצא רק ס"ט וכתיב בשבעים נפש וגו' הרי שנמנה הקב"ה עמהם והיו שבעים וגם בעלותם עלו ששים רבוא חסר אחד ונמנה הקב"ה עמהם ועלה והיו שלמים. ד"א ואנכי אעלך גם עלה. לא תעלה על דעתך שתהיה שם ירוד כי אם גדול ומעולה תהיה שם :

רמב"ן

די"י סהיד ואין לו בחן יראת הגשמות וגם אין למימרא ענין בכאן שיאמר בו שיצפה ויעיד וכן השבעה לי באלהים קיים לי במימרא די"י. וכן הנשבעים מזכירין אני נשבע במאמר אלהים וכיוצא באלו רבים לאונקלוס וסודם ידוע למשכילים. וגם בלשון עמידה אמר הרב ששם יונתן ב"ע כונתו לפרש בו קיום ולכך תרגם ועמדו רגליו ואתגלי גבורתיה וכן תרגם כל דבר עסק ותנועה גבורתא והנה אונקלוס לא יתירא מלשון עמידה ותרגם הנני עומד לפניך שם על הצור הא אנא קאים קדמך תמן על טינרא ומה שאמר הרב כי אונקלוס ישים ענין התנועה גלוי השכינה והראות כבוד נברא הנה אונקלוס מן הכבוד יברח מלתת בו כלשונות האלה ויתרגם וירא כבוד י"י אל כל העדה ואיתגלי יקרא די"י כמו שיאמר ויתגלי י"י ולא יתרגם ואיתחזי יקרא די"י וכן יתרגם במלאכי' ויתגלי ואם ידבר אונקלוס במלאכים ובכבוד נברא בעניני הגשמות כמו שאמר הרב היה ראוי שלא יתירא מן הראיה שיראה האדם ויתרגם בהם ואתחזי כמו שעשה כי ראיתי אלהים פנים אל פנים ארי חזיתי מלאכא די"י. וחס ושלום שיהיה הדבר הנקרא שכינה או כבוד נברא חוץ מהשם הנכבד יתברך כאשר חשב הרב כאן ובפרקים רבים מספרו והוא תרגם אם אין פניך הולכים אם לית שכינתך מהלכא ביננא ומשה לא יחפוץ בלכת עמו כבוד נברא חוץ מהשם הנכבד יתברך שכבר אמר לו הקדוש ברוך הוא הנה מלאכי ילך לפניך ולא היה מתרצה בכך אבל היה מבקש שילך עמו האל בעצמו ובכבודו וכן אחר ששמע השם בקולו ואמר לו גם את הדבר הזה אשר דברת אעשה אמר משה ילך נא אדני בקרבנו תהך כען שכינתא די"י ביננא. וכן תרגם לא תוכל לראות את פני לא תוכל למחזי אפי שכינתי ארי לא יחזינני אינשא ואמר יונתן ב"ע בריך יקרא די"י מאתר בית שכינתיה ואם הכבוד הזה ירצה בו הכתוב עצם הבורא ואמתו ויהיה כמו הראני נא את כבודך שפירש בו הרב כן הנה הזכיר בו אתר בית שכינתיה ואם יאמר שהוא כבוד נברא כדעתו של הרב בפסוק וכבוד י"י מלא את המשכן וזולתו איך יקבעו בו ברוך והמברך והמתפלל לכבוד נברא כעובד עבודה זרה ובדברי רבותינו דברים רבים יורה על שם השכינה שהוא האל יתברך. אבל הענינים האלה לאונקלוס ויונתן ב"ע דברים ידועים בקבלה יסודם ליודעי חן ובמעמד הר סיני יתרגם אונקלוס כל מלת אלהים הנזכר בפרשה יקרא או מימרא די"י וכאשר הזכיר הפרשה השם המיוחד לא יאמר כן והכל בהשגחה ובחכמה ממנו ועוד אזכיר זה בע"ה יתברך ומה שתרגם אונקלוס וידבר אלהים את כל הדברים האלה ומליל י"י טעמו בזה משום שנאמר פנים בפנים דבר י"י אל כל קהלכם והמשכיל יבין. אבל מה שאמר כאן אנא אחות עמך. רצה לרמוז בו מה שאמרו גלו למצרים שכינה עמהם שנאמר אנכי ארד עמך מצרימה. גלו לעילם שכינה עמהם שנאמר ושמתי כסאי בעילם והנה האמירה והירידה שוים כמו שפירשתי למעלה ולא היה יכול לתרגם אלא כן בשום פנים כאשר רמזתי אבל שם ביעקב לא יתכן לתרגם והא אנא עמך בעבור כי שם כתוב והנה י"י נצב עליו והמשכיל יבין. ומפני שמצא אונקלוס שאינו כפשוטו ממש ברח ממנו ועשאו ענין עזר בלבד ואמר מימרי בסעדך ולא אמר מימרי עמך כמו שאמר במשה והאל יראנו מתורתו נפלאות : (ב) ויאמר יעקב יעקב. אחר שאמר לו השם לא יקרא שמך עוד יעקב כי אם ישראל יהיה שמך היה ראוי שיקראנו בשם הנכבד ההוא וכן הוא נזכר בפרשה הזאת שלשה פעמים אבל קראו יעקב לרמוז כי עתה לא ישור עם אלהים ועם אנשים ויוכל אבל יהיה בבית עבדים עד שיעלנו גם עלה כי מעתה הגלות תתחיל בו וזה טעם ואלה שמות בני ישראל הבאים מצרימה יעקב ובניו כי בשם בני ישראל יבאו:

אור החיים

היה מיום שחטא אדם הראשון שלטה שפחה רעה בניצוצי הקדושה ועיני כל ישראל על זה בכל הגליות ובפרט בגלות מצרים והוסיפו לומר ז"ל כי עם היוצא מארץ מצרים העומד על הר סיני הוא העם שהיה שבוי בתוך קליפת מצרים ואליו אמר משה נביא ה' ומי גוי גדול וגו' ולזה עצמו יכוין ה' בדברו עם יעקב טעם שמסכים על ישיבת יעקב במצרים הוא לסיבת גוי גדול אשר הוא אבוד שם בקליפת מצרים וצריך הוא להוציאו משם וזולת ירידת יעקב אין תקוה לזה כי בעוצ' קדושתו ישאב כל ענפי הקדושה אשר שם מה שאין זולתו יכול עשוהו ולזה תמצא שאמרו ז"ל שלא מת יעקב אבינו עד שראה ס' ריבוי יוצא חלציו ואותם ס' ריבוי נתענו שם אח"כ ונצטרפו בכור הברזל בעוני מצרים ויצאו מזוקקי' וממוצא דבר הרגיש יעקב כי רצונו יתברך לשבת שם יעקב ובהבטחה כי לא ירא מעבור עליו שעבוד ועינוי ועודנו בצער קבורת הארץ לז"א אנכי ארד עמך וגו' ואנכי אעלך וגו'. עוד יכוין לו' לו טעם אשר חפץ הוא שיתקיים השעבוד והעינוי במצרים שבזה יהיה הדבר כבד על בניו כי לגוי גדול וגו' שהוא שם ומוכרח הדבר להיות כן :

אנכי ארד עמך מצרימה וגו'. מהכתוב משמע כי ירדה עמו שכינה וקשה לדבריהם ז"ל שאמרו כי מצרים להיותה מלאה גלולים לא היתה שכינה שם ולזה היה משה צריך לצאת חוץ לעיר להתפלל דכתיב כצאתי את העיר :

כלי יקר

אנכי ארד עמך מצרימה ואנכי אעלך גם עלה. כל הסבות והגלגולים האלו היו להורידם מצרימה. כדי לפרוע חוב כי גר יהיו זרעך וזו היא העצ' העמוקה של אותו צדיק הקבור בחברון אשר יען ואשר ביצר לו המלכיות לירד לארצות העמים העמוקים מן ארץ כנען במקום עומק שאול הגיהנם וילקוט מביא מדרש הדורש על יוסף פסוק מים עמוקים עצה בלב איש ואיש תבונות ידלנ' ול"נ לפ' שגם יוסף נתכוין לזה לסבב ירידתם למצרים למקום מים עמוקים מים הזדונים וזו היא העצה היעוצה אשר בלב יוסף ואין אדם יכול לעמוד על דעתו כ"א יסוד' איש תבונות ירד לסוף דעתו וידלנ' להוציא לאור מחשבתו אשר חשב על היהודים להורידם לארצות העמים וע"כ נראה ה' אל יעקב במראות הליל' כדרך שמצינו כשיעד לאברהם כי גר יהי' זרעך נראה אליו בזמן שהשמש שוקעת בנפול התרדמה על אנשים כמו שנא' ויהי השמש לבא ותרדמה נפלה על אברם כך נראה ה' אל יעקב במראות הליל' כי כל זה רמז אל חשכת הגלות ועל כן הי' יעקב מתירא לירד למקום חושך ענן וערפל עד שאמר לו הקב"ה אל תירא מרדה מצרימה כי לגוי גדול אשימך שם וזהו על ידי העינוי שאמרו פן ירבה והקב"ה אמר כן ירבה והעינוי הי' סיב' לעצומם לגוי גדול כמ"ש וכאשר יענו אותו כן ירבה. ובזה מדוקדק הלשון שאמר לו ה' אנכי ארד עמך הקדים ירידת השכינ' לירידתו כי אנכי ארד היינו ירידת השכינה. עמך היינו ירידת יעקב. ובעליה נאמר בהפך זה ממש ואנכי אעלך היינו עלית יעקב תחילה ואח"כ גם עלה היינו עלית השכינה. המשל בזה למי שמוליך את חבירו למים עמוקים וחבירו ירא לרדת שמה פן יטבע בהם לרוב עומקם ע"כ איני יורד לתוך המים עד שירד שמה תחלה זה המוליכו והוא אחריו אבל בעלי' אינו רוצ' שילך מוליכו תחילה והוא ישאר במים לבדו אלא הוא העולה

ואולי

גַּם־עָלֹה וְיוֹסֵף יָשִׁית יָדוֹ עַל־עֵינֶיךָ׃
ה וַיָּקָם יַעֲקֹב מִבְּאֵר שָׁבַע וַיִּשְׂאוּ
בְנֵי־יִשְׂרָאֵל אֶת־יַעֲקֹב אֲבִיהֶם
וְאֶת־טַפָּם וְאֶת־נְשֵׁיהֶם בָּעֲגָלוֹת
אֲשֶׁר־שָׁלַח פַּרְעֹה לָשֵׂאת אֹתוֹ׃
ו וַיִּקְחוּ אֶת־מִקְנֵיהֶם וְאֶת־רְכוּשָׁם
אֲשֶׁר רָכְשׁוּ בְּאֶרֶץ כְּנַעַן וַיָּבֹאוּ
מִצְרָיְמָה יַעֲקֹב וְכָל־זַרְעוֹ אִתּוֹ׃
ז בָּנָיו וּבְנֵי בָנָיו אִתּוֹ בְּנֹתָיו וּבְנוֹת
בָּנָיו וְכָל־זַרְעוֹ הֵבִיא אִתּוֹ מִצְרָיְמָה׃
ס ח וְאֵלֶּה שְׁמוֹת בְּנֵי־יִשְׂרָאֵל הַבָּאִים
מִצְרַיְמָה יַעֲקֹב וּבָנָיו בְּכֹר יַעֲקֹב
רְאוּבֵן׃ ט וּבְנֵי רְאוּבֵן חֲנוֹךְ וּפַלּוּא

אונקלוס

אַף אַסָּקָא וְיוֹסֵף יְשַׁוֵי
יְדוֹהִי עַל עֵינָךְ׃
ה וְקָם
יַעֲקֹב מִבְּאֵר שָׁבַע וּנְטָלוּ
בְּנֵי יִשְׂרָאֵל יָת יַעֲקֹב
אֲבוּהוֹן וְיָת טַפְלְהוֹן וְיָת
נְשֵׁיהוֹן בַּעֲגָלָתָא דִי שְׁלַח
פַּרְעֹה לְמִטַּל יָתֵיהּ׃
ו וּדְבָרוּ יָת גֵּיתֵיהוֹן וְיָת
קִנְיָנֵיהוֹן דִּי קְנוֹ בְּאַרְעָא
דִכְנָעַן נַאֲתוֹ לְמִצְרָיִם
יַעֲקֹב וְכָל בְּנוֹהִי עִמֵּיהּ׃
ז בְּנוֹהִי וּבְנֵי בְנוֹהִי עִמֵּיהּ
בְּנָתֵיהּ וּבְנַת בְּנוֹהִי וְכָל
זַרְעֵיהּ אַיְתֵי עִמֵּיהּ
לְמִצְרָיִם׃
ח וְאִלֵּין שְׁמָהָת
בְּנֵי יִשְׂרָאֵל דְּעָאלוּ
לְמִצְרַיִם יַעֲקֹב וּבְנוֹהִי
בּוּכְרָא דְיַעֲקֹב רְאוּבֵן׃
ט וּבְנֵי רְאוּבֵן חֲנוֹךְ וּפַלּוּא

תו"א ישים ידו על ס' הזוהר פ' שלח לך.

רשב"ם

גם אותי. גם עלה שנקבר עם אבותין במערת המכפלה: ישית ידו על עיניך. על עניינך וצרכיך ישתדל לעשותם כדכתיב ישית ידו על שנינו: (ה) יעקב ובניו. יעקב מחשבון

רש"י

(ו) אשר רכשו בארץ כנען. אבל מה שרכש בפדן ארם נתן הכל לעשו בשביל חלקו במערת המכפלה אמר נכסי חוצה לארץ אינן כדאי לי וזהו אשר כריתי לי העמיד לו צבורין של זהב וכסף כמין כרי ואמר לו טול את אלו: (ז) ובנות בניו. סרח בת אשר ויוכבד פ בת לוי: (ח) הבאים מצרימה. על שם השעה קורא להם הכתוב

שפתי חכמים

גבוה מכל המרגלות וק"ל: פ וא"ת והרי גם כתיב בטפיו ל' רבים והרי לא הי"ל רק דינה ואין לומר כרבי יהודה דאמר אחיות תאומות נולדו עם כל שבט ובאלוס דהא לפני ירידתן מתו כדפירש"י בסמוך וגם א"ל כרבי נחמיה דאמר כנעניות היו ומהו בנותיו כלותיו שאין

רמב"ן

שמה כי יפרו הבנים וירבו ויגדל שמם וכבודם אבל יעקב הוא עתה ברדתו שם. והזכיר הכתוב ער ואונן עם שמות בני ישראל הבאים מצרימה לסוד ידוע מדברינו שכתבנו כבר והמשכיל יבין זה. וטעם כל הפסוק וכן הזכירם בפקודי בני יהודה ער ואונן וימת ער ואונן בארץ כנען ויהיו בני יהודה למשפחותם ובדברי הימים מנאם במספר אמר בני יהורה ער ואונן ושלה נולדו לו מבת שוע הכנענית ותמר כלתו ילדה לו את פרץ ואת זרח כל בני יהודה חמשה: (ז) ובנות בניו. סרח בת אשר ויוכבד בת לוי ל' רש"י ומה ירבה בבנותיו אבל דרך הכתוב כשידבר ביחוסי

אבן עזרא

ויוסף ישית ידו על עיניך. במותך כן מנהג החיים עם המתים: (ז) בנותיו. היא דינה לבד' ויתכן שהיו לדינה שפחות קטנות גדלו עמה ובעבור בתו קראם הכתוב בנות

כלי יקר

תחילה ומוליכו אחריו כדי שבין בירידה ובין בעלי' לא ישאר הוא לבדו רגע אחת במים. כך לא רצה הקב"ה שיהיו ישראל בגלות רגע אחד בלא השכינה ע"כ הקדים בירידה ירידת השכי' ובעליה הקדים עלית יעקב וזה ענין נכון ויקר. דבר אחר בעליה הזכיר השכינה פנים ואחור כי אמר ואנכי היינו השכי'. אעלך היינו עלית יעקב באמצע. גם עלה זו השכינה אך לפי שהיו במצרים רעים וחטאים כדאיתא בנבואת יחזקאל על כן לא נתקיים בהם יעוד זה כי לא הלכה השכינה כ"א לפניהם שנא' וה' הולך לפניהם ע"כ מסיק במדרש הס"ד ואכלתם אותו בחפזון זה חפזון שכינה פירוש הדבר הוא לפי שלא היתה השכינה כ"א לפניהם ע"כ הוצרכו לאכול בחפזון כדי למהר הליכתם אחרי השכינה כמי שהולך אחרי איזו אדם המוליכו צריך לילך אחריו ובמהירות שלא יתרחק מן ההולך לפניו. אבל מ"מ דבר אלהינו יקום לעולם ויתקיים יעוד זה לעתיד שלא יצטרכו לילך בחפזון כי יהיו מסובבים מן השכינה פנים ואחור כמו שנא' כי לא בחפזון תצאו ובמנוסה לא תלכון כי הולך לפניכם ה' ומאספכם אלהי ישראל דהיינו פנים ואחור וזהו היעוד הנאמר כאן ואנכי אעלך גם עלה:

אור החיים

ואולי שכוונת דברי ה' הוא ע"ד אומרו עמו אנכי בצרה שרמז לו כי כביכול יסבול עמו הצרה והוא אומרו אנכי ארד עמך מצרימה פי' לשון מצר וכמו שמצינו שנגלה למשה בסנה להראותו כי שוכן בסנה מקום קוצים לצד צער ישראל ולעולם לא ירדה שכינה למצרים מקום המטונף אלא שראיתי שאמרו ז"ל בכמה מקומות כי שכינה עמהם במצרים כאומרם גלו למצרים שכינה עמהם וכן אמרו וישתחו ישראל על ראש המטה לשכינה שהיתה וגו' ואמרו עוד כי השכינה השלימה מנין שבעים נפש שירדו למצרים כי בפרטן אינם אלא ס"ט הרי כי שכינה ירדה למצרים אכן

also bring you up, and Joseph will place his hand on your eyes. 5. And Jacob arose from Beer-sheba, and the sons of Israel carried their father Jacob and their young children and their wives, in the wagons Pharaoh had sent to carry him. 6. And they took their livestock and their possessions that they had acquired in the land of Canaan, and they came to Egypt, Jacob and all his descendants with him. 7. His sons and his sons' sons with him, his daughters and his sons' daughters and all his descendants he brought with him to Egypt. 8. And these are the names of the children of Israel who were coming to Egypt: Jacob and his sons—Jacob's firstborn was Reuben. 9. And the sons of Reuben were Hanoch and Pallu,

short of 600,000. Again, God Himself was counted with them to complete the number.—[Da'ath Zekenim from Pirké d'Rabbi Eliezer, ch. 39] See on verse 15, where other views are discussed.

and I will also bring you up—He promised him (Jacob) that he would be interred in the [Holy] Land— [Rashi, Ibn Ezra from Yerushalmi Sotah 1:10] Since the land of Israel is on a higher spiritual plane than all other lands, going there is always referred to as going up.—[Sifthei Chachamim]

Da'ath Zekenim explains: I will cause you to be held in high esteem.

and Joseph will place his hand on your eyes—when you die, for so is the custom of the living with the dead.—[Ibn Ezra from Midrash Lekach Tov] This custom is found in the Talmud (Shab. 151b). Akedah also explains the verse in this manner. Chizkuni states: Customarily the living close their relatives' eyes shortly after they die. The Holy One promised Jacob that Joseph would be

present when he died and that Joseph would also help to take him out from Egypt and bear him to the Cave of Machpelah.

Redak parallels this verse with "And Joseph fell on his father's face, and he wept over him and kissed him" (Gen. 50:1). God informed Jacob that Joseph would survive him in order to support his children and grandchildren all the years that he lived after him.

Ohr Hachayim follows this interpretation and explains that since Jacob had mentioned Joseph's death many times, and had also said, "I will descend on account of my son as a mourner to the grave" (Gen. 37:35), God now reassured him that his statements would have no effect, that they would not be "like an error that goes forth from before the ruler" (Eccl. 10:5). He also meant to convey to Jacob that his ascent from Egypt would not occur during his lifetime, but after his death, as He told him, "and Joseph will place his hand on your eyes." From this statement Jacob also knew that in order for the word of God to be realized, i.e., that Joseph would place his hand on his eyes, he could not leave Egypt.

Sforno explains: You will not have to "open your eyes" to obtain your needs, for Joseph will obtain them for you without any necessity of your concerning yourself with them. Neither will you have to associate with the Egyptians, who do not deserve to come near you.

Rashbam interprets עֵינֶיךָ like עִנְיָנֶיךָ, *your affairs.* Joseph will place his hand upon your affairs and your necessities, i.e., he will strive to accomplish them.

5. and the sons of Israel carried their father Jacob—See below on verse 8.

6. that they had acquired in the land of Canaan—*But of what he had acquired in Padan-Aram he gave everything to Esau* [in payment] *for his share in the Cave of Machpelah. He said, "Possessions* [acquired] *outside the Land* (of Israel) *are inappropriate for me." This is the meaning of "which I acquired for myself with heaps* (כָּרִיתִי)*"* (Gen. 50:5). *He placed before him stacks of gold and silver like a heap* [of grain] (כְּרִי) *and said to him, "Take these."*—[*Rashi* from *Tanchuma Buber, Vayishlach* 11]

7. his daughters—That is, Dinah alone. It is possible that Dinah had young maidservants who had grown up with her in the same house, and the text refers to them all as Jacob's daughters because of this, just as "sons of Michal" (II Sam. 21:8) [refers to the sons that Michal *raised*], and similarly "and his sons' daughters," for there was, in fact, only one.—[*Ibn Ezra*]

[*Ibn Ezra* means that there was only one granddaughter, Serah the daughter of Asher. Therefore, "his sons' daughters" alludes to those maidservants raised in his sons' households.]

his sons' daughters—*Serah the daughter of Asher and Jochebed the daughter of Levi.*—[*Rashi*]

[On verse 26 we will discuss the tradition that Jochebed was born "between the walls" of Egypt, just when the Israelites were entering. As stated there, *Ibn Ezra* does not accept this view. Therefore, in order to account for the plural "daughters," he must say that the maidservants raised in his sons' households were considered their daughters.]

Ramban ponders how *Rashi*, who interprets the verse literally, would account for the plural form of "his daughters." We know that Jacob had only one daughter, Dinah. We cannot include Jochebed or Serah because they are referred to as "his sons' daughters." Therefore, *Ramban* concludes that sometimes the plural form is used even if the singular is meant, e.g., "And the sons of Dan: Hushim" (below, verse 23), "And the sons of Pallu: Eliab" (Num. 26:8). Consequently, the text refers to Dinah, Jacob's only daughter, and to Serah, Asher's daughter, his only granddaughter. Jochebed, however, is not mentioned except by an allusion, for she is not counted among the sixty-six souls that went down to Egypt. [This will be explained on verse 15.]

8. the children of Israel...Jacob and his sons—As mentioned above

יְשַׁוֵי יְדֵיהּ עַל עֵינָךְ: ח וְקָם יַעֲקֹב מִבֵּירָא דְשָׁבַע וּנְטָלוּ בְּנֵי יִשְׂרָאֵל יַת יַעֲקֹב אֲבוּהוֹן וְיַת טַפְלְהוֹן וְיַת
נְשֵׁיהוֹן בִּסְדָנֵי דְשַׁדַּר פַּרְעֹה לְמִיטַל יָתֵיהּ: ו וְדַבָּרוּ יַת קִנְיָנֵיהוֹן וְיַת נִכְסֵיהוֹן דִי קְנוּ בְּאַרְעָא דִכְנַעַן וְאָתוּ
לְמִצְרַיִם יַעֲקֹב וְכָל בְּנוֹי עִמֵיהּ: ז בְּנוֹי וּבְנֵי בְנוֹי עִמֵיהּ בְּנָתֵיהּ וּבְנַת בְּנוֹי וְכָל זַרְעֵיהּ אַיְתֵי עִמֵיהּ לְמִצְרָיִם:
ח וְאִלֵין שְׁמָהַת בְּנֵי יִשְׂרָאֵל דְעָלוּ לְמִצְרַיִם יַעֲקֹב וּבְנוֹי בּוּכְרָא דְיַעֲקֹב רְאוּבֵן: ט וּבְנוֹי דִרְאוּבֵן חֲנוֹךְ

בעל הטורים

גם עלה. ב' בגי' רמז לאחר ב' דורות יעקב לוי קהת עמרם משה: ויוסף ישית ידו על עיניך. יעלים עיניך כשתמות הבטיחו שלא ימות בחייו:

דעת זקנים מבעלי התוספות

(ז) בנותיו ובנות בניו. פירש"י בנות בניו זו שרח בת אשר ויוכבד בת לוי. וקשיא דבניו מיהא אלא בנותיו מאן נינהו שהרי לא נכנסו עבמותיו למצרים כי אם דינה שהתאומות מתו. ושמא י"ל דכלותיו קרי בנותיו. אך קשיא לי מאי דכתיב כל נפש בניו ובנותיו שלשים ושלש דהשם ליכא למימר כלותיו שהרי לא נמנו כדכתיב מלבד נשי בני יעקב ושמא ר"ל דינה ובת לוי ובנות בנים הרי הם כבנות קך נ"ל וכן משמע למבין מתוך פירש"י:

אור החיים

אכן אשכילך כי הדרגות אור השכינה רבים המה הלא תמצא שעשרה שיושבים ועוסקים בתורה שנו רבותינו כי שכינה שרויה ביניהם ואפילו ב' ואחד אמרו ז"ל כי מצוי' שכינה ומצינו שלא ירדה שכינה ביניהם של ישראל אלא אחר שעשו משכן ואחר כמה הכנות האמורי' ובירידתם ראו מעשה ה' וכבוד ה' מלא המשכן מה שאין הרגש כן ולא כיוצא בו בשעה שעוסקים בתורה אפילו אלף אלא ודאי יש הדרגות אין מספר להם להשראת שכינה בסוד כי גבוה מעל גבוה שומר ויתרב' האור בהשראתו כפי בחי' הסובב השראת השכינה וצא ולמד השראת השכינה בהר סיני ולמטה ממנה השראתו בבית המקדש ולמטה ממנו השראת שכינה על הנביא ובית הכנסת ובית המדרש ובין עשרה שעוסקים בתורה ולמטה בהדרגת המנין ובזה נתישבו דבריהם ז"ל כי לא ירדה שכינה שהיא בחינת אור הגבוה ביותר שהוא המגבא ולזה אמר משה כצאתי את העיר אבל בחי' אור המצוי אצל לומדי תורה וכיוצא ירד עם יעקב אבינו ושם היה עד יום צאת ישראל ממצרים והגם שבאורו ית' לא יודק לעשות הפרש זה אמת כי באלהותו ית' הוא אור שוה אבל באור המבהיק ממנו הוא שיתיחם אליו בחי' ההדרגות וזה ג"כ ימצא בבחינות הנשמות שהם אור מאור כסא כבודו ית' יש ביניהם הפרשות מופלאות והבן ובזה מצאנו ג"כ נחת רוח במה שאמר הכ' ואנכי אעלך שכפל לומר פ"ב ואנכי ולא הספיק במה שכתב בתחלה אנכי ארד וגו' שנתכוין לומר על בחינה העליונה אעלך וגו' והוא סוד אומרו אנכי ה' אלהיך והיא בחי' שכינה העליונה שנת היובל שנת המ"ם והוא סוד מ"ם פעמים שנזכרה יציאת מצרים בתורה. עוד יכוון באומרו ואנכי פ"ב רמז לו שהגאלה תהיה על ידו ית' והוא ע"ד אומרו ויוציאנו ה' וגו' לא על ידי מלאך ולא וגו' אלא הקב"ה בכבודו וגו' והוא אומרו ואנכי בכבודי אעלך וגו'. וטעם כפל אעלך גם עלה רמז לב' עליות האחד יציאת מצרים והב' שיעלהו משם לקבר יקבר בארץ מצרים שהוא המורא שהיה ירא כמו שכתבנו למעלה ואמר תיבת גם לרמוז תוספ' הריבוי שיעלו בו ממצרים בין בבחינת המעלה בין בבחינת הברורים שיבררו שמה ניצולי הקדושה לאין קץ. או ירצה גם עלה לרמוז אל חלק הרוחני היורד עמו מצרים ועיין בזוהר פי' פסוק יצאו כל צבאות ה':

ויוסף ישית ידו וגו'. נתכוון להבטיחו שלא ימות בחייו גם לצד שכמה פעמים הזכיר יעקב זכרון המות על יוסף ואמר ג"כ כי ארד אל בני וגו' לזה חזר להבטיחו שלא יחוש לשגגה היוצאה וגו'. עוד נתכוון לו' אליו כי העליה של יעקב לא תהיה בחיים חיותו אלא לאחר מיתה והוא אומרו ויוסף וגו' גם מזה ידע כי אין לו רשות לצאת ממצרים בחיים חיותו כדי שיקוים דבר ה' שישית יוסף ידו על עיניו ואם יצא אין הדבר יכול להתקיים:

ויקחו את מקניהם וגו'. טעם שלא אמר כן בתחילת הנסיע' כשאמר ויסע וגו' אולי כי מקודם לא נסעו אלא ללוות יעקב גם לראו' פני יוסף אך אחר מראה הנבוא' נתגלה להם כי מסכים אל עליון שיגורו שם במצרי' עד יום שירצה להעלותם משם וכמו שפירשתי בפסוק אנכי ארד ואנכי וגו' בזה הסכימו להוליך עמם כל מקניהם ורכושם. גם הודיע הכ' כי הגם שידעו כי שם צוה ה' הגלות לא הקשו ערפם ולא נמנעו ח"ו מלקיים שטר חוב הגלות אלא נשאו טפם וגו' ויבואו מצרימה:

בניו ובני וגו'. אחר שאמר בסמוך יעקב וכל זרעו לא הי' צריך לומר פ"ב בניו ובני וגו'. עוד צל"ד למה הפסיק בין בניו ובני בניו לבין בנותיו ובנות בניו וכל זרעו בתיבת אתו ולא הספיק במה שאמר לבסוף הביא אתו מצרימה. אכן כוונת הכ' הוא שבא להודיע כי יש הפרש בין בני יעקב בירידתם למצרים כי יש מהם שבאו ברצונם לקבל גזירת מלך בלב שלם ויש מהם שהיו חוככים להתעכב מרדת לכור הברזל וליינם הכ' מי ומי ההולכים לפרוע שטר חוב הגלות מרצונם ואמר בניו ובני בניו אתו פי' אלו לא הוצרך להביאם הוא אלא גם מעצמם באו אתו בדומה לו ואח"כ סדר אותם שלא באו מרצונם עד שהוצרך יעקב להורידם בעל כרחם והוא אומרו בנותיו ובנות בניו וכל זרעו פי' בני בני בניו אלו הביא אתו מצרימה פי' הוא הביאם לא לרצונם באו. וראיתי לתת לב לדבריהם ז"ל שאמרו שכל זמן שאחד מיורדי מצרים קיים לא התחיל השעבוד דכתיב וימת יוסף וגו' וכל הדור ההוא פי' שירדו מצרים אז התחיל השעבוד כי אולי שזה היה להם לתשלום קבלת גזירת מלך ברצון פקע מהם השעבוד כי סמא דיסורי קבולי והעד הנאמן לזה ג"כ כי יוכבד ושרח בת אשר היו מיורדי מצרים ובימיהם היה השעבוד והטעם הוא לצד שהביאם יעקב ולא מרצונם ועיין בדברי הזוהר בפי' פסוק אשרי שאל יעקב בעזרו שברו על ה':

ואלה שמות וגו'. יש להעיר בפי' מספר זה א' למה הוצרך לומר יעקב ובניו גם אין לה משמעות בהרדפת הענין ב' אומרו כל נפש בניו וגו' שלשים ושלש ובפרטן אינם כי אם ל"ב ורז"ל הרגישו מזה ואמרו שהיא יוכבד שנולדה בין החומות ודבריהם ז"ל יקובלו מפיהם ולא מפי זולתם כי אין ראיה לזה מהכ' גם מהם אמרו כי שכינתו ית' היא המשלמ' ע' ולדבריהם ז"ל אין כאן יוכבד במנין שא"כ שלמים הם במספר הע' ודבריהם ז"ל יולדקו בייטוב פסוק

ספורנו

מן הארץ ההיא אל ארץ טובה: ישית ידו על עיניך. לא תצטרך לפקוח עיניך להשיג חפציך כי יוסף יגיעם אליך בזולת השגחתך ולא תצטרך אתה להתעסק עם המצרי' הבלתי ראוים לקרוב אליך: (ה) וישאו בני ישראל. שהיו צריכים מכאן ואילך להיותם עם בני ישראל להשתרר עם אלהים ועם אנשים: את יעקב אביהם שבלכתו אל שמחתו זאת אשר אין אחריה תוגה אחר שעברו עליו כל הצרות שעברו הורה מה שיקרא לו בעקב ובאחרית הימים כאמור רנו ליעקב שמחה: (ח) ואלה שמות יעקב ובניו. הראוי' בכל אלה שיהיה נחשב כל אחד מהם ונודע בשם אישיי הם יעקב ובניו בלבד כאמרו ונשא אחרן את שמותם לפני ה' אבל שאר

שבעים

וְחֶצְרוֹן וְכַרְמִי: י וּבְנֵי שִׁמְעוֹן יְמוּאֵל
וְיָמִין וְאֹהַד וְיָכִין וְצֹחַר וְשָׁאוּל בֶּן
הַכְּנַעֲנִית: יא וּבְנֵי לֵוִי גֵּרְשׁוֹן קְהָת
וּמְרָרִי: יב וּבְנֵי יְהוּדָה עֵר וְאוֹנָן וְשֵׁלָה
וָפֶרֶץ וָזָרַח וַיָּמָת עֵר וְאוֹנָן בְּאֶרֶץ
כְּנַעַן וַיִּהְיוּ בְנֵי־פֶרֶץ חֶצְרוֹן וְחָמוּל:
יג וּבְנֵי יִשָּׂשכָר תּוֹלָע וּפֻוָּה וְיוֹב
וְשִׁמְרוֹן: יד וּבְנֵי זְבֻלוּן סֶרֶד וְאֵלוֹן
וְיַחְלְאֵל: טו אֵלֶּה ׀ בְּנֵי לֵאָה אֲשֶׁר
יָלְדָה לְיַעֲקֹב בְּפַדַּן אֲרָם וְאֵת דִּינָה
בִתּוֹ כָּל־נֶפֶשׁ בָּנָיו וּבְנוֹתָיו שְׁלֹשִׁים
וְשָׁלֹשׁ: טז וּבְנֵי גָד צִפְיוֹן וְחַגִּי שׁוּנִי
וְאֶצְבֹּן עֵרִי וַאֲרוֹדִי וְאַרְאֵלִי: יז וּבְנֵי
אָשֵׁר יִמְנָה וְיִשְׁוָה וְיִשְׁוִי וּבְרִיעָה

אונקלוס

וְחֶצְרוֹן וְכַרְמִי: י וּבְנֵי
שִׁמְעוֹן יְמוּאֵל וְיָמִין וְאֹהַד
וְיָכִין וְצֹחַר וְשָׁאוּל בַּר
כְּנַעֲנִיתָא: יא וּבְנֵי לֵוִי
גֵּרְשׁוֹן קְהָת וּמְרָרִי: יב וּבְנֵי
יְהוּדָה עֵר וְאוֹנָן וְשֵׁלָה
וָפֶרֶץ וָזָרַח וּמִית עֵר וְאוֹנָן
בְּאַרְעָא דִכְנָעַן וַהֲווֹ בְנֵי
פֶרֶץ חֶצְרוֹן וְחָמוּל:
יג וּבְנֵי יִשָּׂשכָר תּוֹלָע וּפֻוָּה
וְיוֹב וְשִׁמְרוֹן: יד וּבְנֵי
זְבוּלוּן סֶרֶד וְאֵילוֹן
וְיַחְלְאֵל: טו אִלֵּין בְּנֵי לֵאָה
דִילֵידַת לְיַעֲקֹב בְּפַדַּן
אֲרָם וְיַת דִּינָה בְרַתֵּיהּ כָּל
נְפַשׁ בְּנוֹהִי וּבְנָתֵיהּ תְּלָתִין
וּתְלָת: טז וּבְנֵי גָד צִפְיוֹן
וְחַגִּי שׁוּנִי וְאֶצְבּוֹן עֵרִי
וַאֲרוֹדִי וְאַרְאֵלִי: יז וּבְנֵי
אָשֵׁר יִמְנָה וְיִשְׁוָה וְיִשְׁוִי

וימת ער ואונן סוטה יג. ואת דינה בבא בתרא קכג נדה לח.

רמב"ן

הרבים יאמר ביחיד לשון רבים ובני דן חושים ובני פלוא אליאב וכן בנותיו דינה ובנות בניו סרח בת אשר אבל יוכבד לא יזכירנה הכתוב כמו שאמר כל נפש ששים ושש אבל ירמוז אליה כדעת רבותינו: (טו) שלשים ושלש. ובפרטן אי אתה מוצא אלא שלשים ושתים אלא זו יוכבד שנולדה בכניסתן לעיר שנא' אשר ילדה אותה ללוי במצרים לידתה במצרים ואין הורתה במצרים זו היא שיטת רבותינו ורבי אברהם חשיב ואמר כי זה תמה א"כ למה לא הזכיר הכתוב הפלא שנעשה עמה שהולידה משה והיא בת מאה ושלשים שנה ולמה הזכיר דבר שרה שהיתה בת תשעי'

אבן עזרא

יעקב בעבור שגדלו בביתו כמו בני מיכל. וכן ובנות בניו כי אחת היא: (י) בן הכנענית. לעד כי נשי השבטים היו ארמיות ומצריות ואדומיות ומדיניות והזכיר זו לבדה בעבור שעשה שמעון שלא כהוגן לקחת כנענית. ועל זה הדבר הזכיר מות ער ואונן בעבור

אור החיים

הבא באחרונה כל הנפש הבאה וגו' שבעים לא בפסוק זה כי למה יצטרף לבני לאה לבד וא"כ מה יענה בל"ג שאינם אלא ל"ב ולמדרש שאמר זו יוכבד וכו' ודאי שיחלוק על מדרש הנזכר וקשה לי גם עליו כי לפי דבריו שאמר שיוכבד נולד' ובה נשלמו ל"ג בני לאה א"כ למה כשחזר הכ' לכלול כל פרטי המניינים בסמוך אמר כל הנפש הבאה ליעקב וגו' ששים ושש ואם נולדה יוכבד יהיה החשבון ששים ושבע כיצד ל"ג של לאה ששה עשר של בני זלפה הרי ארבעי' ותשע אחד עשר של בני רחל מלבד יוסף ושני בניו שהיו במצרים הרי ששים ושבעה של בני בלהה הרי ס"ז ולמה יכחיש הכ' עצמו ויאמר כל הנפש וגו' ששים ושש ובפרטן הוא מונה ששים ושבע עוד יש לתמוה כי חזר באחרונה וצירף יוסף ובניו וגו' ואמר כל הנפש וגו' שבעים ואינו כן הן אמת לדברי המדרש שצירף ה' עמהם שכינתו יתיישב פסוק זה וקשה לדבריו פסוק ראשון. והנכון בפשט הכתובים הוא כי ב' מניינים מונה הכתוב בא' מונה יעקב ובא' מונה זרע יעקב ולזה כשכולל יעקב ובניו הנה הם שבעים וכשמפרט בניו מבלעדי יעקב אינם אלא ס"ט גם בזה ידוייקו הכתובי' במה שהערנו בהם כי בתחלה הראנו באצבע כי מכניס יעקב במנין הראשון של בני לאה והוא או' יעקב ובניו פי' כי מכניסו בכלל מנין זה ולזה אמר לבסוף כל נפש בניו ובנותיו שלשים ושלש פי' כל נפש האמורים בפרשה זו בצירוף בניו ובנותיו והוא עמהם בצירוף החשבון ולא הוצרך להזכירו וסמך על מה שפירש בתחילת הענין יעקב ובניו ואולי כי לזה אמר תיבת כל לכלול האב עם הבנים במספר זה ותמצא שבצירוף בני זלפה שאמר בסמוך אמר ותלד וגו' שש עשרה נפש ולא אמר כל והגם שבמספר בני רחל אמר כל להיות שרצה לכלול בני יוסף שבהם עולה החשבון לסכום הרשום ומה שאמר כל בבני בלהה נתכוין לומר שאין בכולן אלא שבע חשבון קטן. עוד תמצא שבכל שלשת האמהות אמר זכרון הלידה בזלפה אמר ותלד את אלה וגו' ברחל אמר אשר יולד ליעקב בבלהה אמר ותלד את אלה וגו'

Hezron and Carmi. 10. And the sons of Simeon were Jemuel, Jamin, Ohad, Jachin, and Zohar, and Saul the son of the Canaanitess. 11. And the sons of Levi were Gershon, Kehath, and Merari. 12. And the sons of Judah were Er, Onan, Shelah, Perez, and Zerah. Now Er and Onan had died in the land of Canaan; and the sons of Perez were Hezron and Hamul. 13. And the sons of Issachar were Tola, Puvvah, Iob, and Shimron. 14. And the sons of Zebulun were Sered, Elon, and Jahleel. 15. These are the sons of Leah, that she bore to Jacob in Padan-Aram, and Dinah his daughter. All the souls of his sons and daughters were thirty-three. 16. And the sons of Gad were Ziphion, Haggi, Shuni, and Ezbon, Eri, Arodi, and Areli. 17. And the sons of Asher were Imnah, Ishvah, Ishvi, and Briah,

(verse 2), Israel is the more honored name, the name denoting ruling power. Jacob's descendants are given that appellation because in Egypt, they flourished and multiplied. Jacob himself, however, is called by his original, humble name because in Egypt he did not exert any ruling power but was in exile.—[Ramban]

who were coming to Egypt—Heb. הַבָּאִים. Relative to that time [when they were migrating to Egypt, the text] calls them "coming" [in the present tense], and [therefore] there is no reason to wonder why it is not written: "who came" (אֲשֶׁר בָּאוּ).—[Rashi]

Jacob and his sons—Jacob himself was counted in the seventy souls, as is proven further on, according to the simple meaning of the text.—[Rashbam] (See on verse 15.)

10. **the son of the Canaanitess**—The son of Dinah, who had been possessed by a Canaanite. When they killed Shechem, Dinah did not want

to leave until Simeon swore to her that he would marry her [Gen. Rabbah (80:11)].—[Rashi]

Ibn Ezra interprets the text according to its simple meaning, that Saul was the son of a Canaanite woman. He writes: This is proof that the wives of the progenitors of the tribes were Arameans, Egyptians, Edomites, and Midianites. This one alone is mentioned because Simeon acted improperly by marrying a Canaanitess. For this same reason, the deaths of Er and Onan are mentioned here, because their mother was also a Canaanitess.

Redak also writes: It appears that they all observed their great grandfather Abraham's mandate not to take a wife from the daughters of Canaan. Simeon, too, had another wife, but after he had married his first wife and had children with her, he took another wife, a Canaanitess, who gave birth to Saul. Therefore, the Torah singled him out by recording his marriage.

15. **These are the sons of Leah ...and Dinah his daughter.** —*The males are attributed to Leah and the females to Jacob, to teach you that if the woman emits seed first, she gives birth to a male, but if the male emits seed first, she (the woman) gives birth to a female.*—[Rashi from Niddah 31a]

thirty-three—*But if you count them individually, you find only thirty-two. This [missing one] is Jochebed, who was born between the walls when they entered the city, as it is said: "whom she bore to Levi in Egypt" (Num. 26:59). Her birth was in Egypt, but her conception was not in Egypt.*—[Rashi from Num. Rabbah 13:20]

Rashbam and *Ibn Ezra* count Jacob in the number. They render this verse: All the souls of his sons and daughters, *including himself*, were thirty-three.

Ibn Ezra strongly questions the Rabbinic statement that Jochebed was born when they entered Egypt, because if she had, she would have been 130 years old when she gave birth to Moses. [We derive this figure from the following calculation:] Since the Israelites were in Egypt for 210 years, (see Rashi on Gen. 42:2, Exod. 12:40) and Moses was 80 years old when he spoke to Pharaoh, then Moses was born when the Israelites had already been in Egypt for 130 years. If Jochebed had been born upon the Israelites' entry into Egypt, she would have been 130 years old at Moses' birth. But if the Torah recounts the miracle of Isaac's birth to Sarah at age

90, it should surely tell us about the still greater miracle of Moses' birth to Jochebed at age 130.

Ramban, in defense of the traditional Rabbinic view, confutes *Ibn Ezra*. He reasons that, in any case, with Jochebed's birth there was surely a miracle greater than the hidden miracles upon which the Torah is based. As is evidenced by "And the name of Amram's wife was Jochebed the daughter of Levi, whom she (Levi's wife) bore to Levi in Egypt" (Num. 26:59), Jochebed was actually Levi's daughter, *not* his granddaughter. Also, we read: "And Amram took to himself his aunt Jochebed for a wife" (Exod. 6:20). Since Amram was the son of Kehath the son of Levi, we must conclude that Jochebed was also the daughter of Levi. Now let us consider all the possibilities concerning when she might have been born.

If we assume that Levi begot Jochebed in his youth, as he had begot his other children, and that she was born shortly after his descent to Egypt, she would be very old when she gave birth to Moses, either as old as our Sages make her or nearly so. If we assume that he begot her long after he had settled in Egypt, say, 57 years later, he would have been 100 years old, because upon entering Egypt, he was 43 years old. There would have then been two miracles, that Levi would be as old when he fathered Jochebed as Abraham was when Isaac was born, and that Jochebed would be 73 when she gave birth to Moses. If we delay the birth of Jochebed to the end of Levi's lifetime, it would be an even greater miracle than that of

ופלוא וחצרון וכרמי : י ובנוי דשמעון ימואל וימין ואוהד ויכין וצוחר ושאול הוא זמרי דעבד עובדא
דכנענאי בשטים : יא ובנוי דלוי גרשון וקהת ומררי : יב ובנוי דיהודה ער ואונן ושלה ופרץ וזרח ומית
ער ואונן על עיסק עובדהון בישיא בארעא דכנען ושלה וזרח לא אולידו בנין בארעא דכנען והוו בני
פרץ דנחתו למצרים חצרון וחמול : יג ובנוי דיששכר חכימין ומרי חושבנא ושומהון תולע ופוה ויוב
ושמרון : יד ובנוי דזבולון תגרין מרי פרקמטיא מפרנסין ית אחוהון בני יששכר ומקבלין אגר כותהון
ושומהון סרד ואילון ויחלאל : טו אלין בני לאה דילידת ליעקב בפדן דארם וית דינה ברתיה כל נפשת
בנוי וברתיה תלתין ותלת : טז ובנוי דגד צפיון וחגי שוני ואצבון ערי וארודי ואראלי : יז ובנוי דאשר
ימנה וישוה וישוי ובריעה ושרח אחתהון דאידברית כד היא קיימא לגינוניתא על דבשרת ליעקב דיוסף

פי' יונתן

השעבוד וק"ל : (י) ושאול הוא זמרי ותימא מנ"ל גם איך האריך ימים כל כך ועיין בסנהדרין פ"ט אמר ר"י ה' שמות כו' וכן ברש"י כאן : (יג) ובנוי דיששכר חכימין וק"ל דכאן כתיב יוב ובפ' פנחס כתיב ישוב אלא משום ישובה בלמוד תורה שנ' ומבני יששכר יודעי בינה לעתים וק"ל : (יד) מרי פרקמטיא פי' בעלי סחורה : ומקבלי אגר כוותהון כענין שמעון אחי עזריה ומדתרגמו פה בא להורות אף שירדו בתוך גילולי מצרים מ"מ לא נמנעו אלו מלמודם ואלו מעסקיהם : (יז) דאידברים זכו' פי' נלקחה בחיים : לגינינוסא לג"ע שהיא אחת מט' שנכנסו בחייהם לג"ע :

רשב"ם

שבעים נפש כמו שהוכח לפנינו לפי הפשט : (טו) כל נפש בניו ובנותיו. של יעקב ולאה הכל ל"ג עם יעקב. ורבותינו פירשו זו יוכבד שנולדת בין החומות:

רש"י

צ באות ואין לתמוה על אשר לא כתב אשר באו : (י) בן הכנענית. בן דינה שנבעלה לכנעני כשהרגו את שכם לא היתה דינה רוצה לצאת עד שנשבע לה שמעון שישאנה [ב"ר] : (טו) **אלה בני לאה ואת דינה בתו**. הזכרים תלה בלאה והנקבות תלה ביעקב ללמדך אשה מזרעת תחלה יולדת זכר איש מזריע תחלה יולדת נקבה : **שלשים ושלש** ובפרטן אי אתה מוצא אלא ל"ב אלא זו יוכבד

שפתי חכמים

אדם נמנע מלקרות לאחתו בנו ולכלתו בתו (הובא ברש"י פרשת ויחי פ"ס ויקומו כל בניו כו') דהא יוצאי ירכו קחשיב כאן. (נח"י) ול"נ ליישב שדרך הכתוב כשמדבר ביחוסי הרבים יאמר ביחיד ל' רבים כמו ובני דן חושים ובני פלוא אליאב וע"מ אע"ג דבנותיו קאי אדינה לחוד אפ"ה היכא דאיכא לרבויי מרבינן ולא שבקינן פשיטיה דקרא ולכן פי' סרח ויוכבד וכ"מ בב"ב דף קכ"ג. ואין להקשות איפכא בפסוק ויקומו לנחמו מנ"ל לרש"י לומר תאומות ונר"ל כלותיו דלמא דינה לבדה היתה כמו הכא דה"ה דכתיב וכל בנותיו א"כ ש"מ דאיכא יתומי דרבים כנ"ל: צ דק"ל הא משה רבינו כתב לנו את התורה ובימיו כבר באו וא"כ הל"ל באו ועז"פ ע"ש וכו' : ק דק"ל דהל"ל בכולן בני כנעניות למ"ד דכנעניות היו ולמה כתיב גבי שאול הכנענית יותר מכולן. ולמ"ד שפס כל אחד נולדה תאומה עמו ואותן אחיות היו

רמב"ן

ולא די לנו זה הצער עד שעשו הפייטנים פיוטים ביום שמחת תורה יוכבד אמי אחרי התנחמי והנה היא בת מאתים וחמשים שנה וכי אחיה השילוני חיה כך וכך שנים דרך הגדה או דברי יחיד אלו דבריו והנה פן יהיה חכם בעיניו בסתירת דברי רבותינו אני צריך לענות אליו ואומר כי על כל פנים יהיה בדבר יוכבד פלא גדול מן הנסים הנסתרים שהם יסוד התורה כי היא בת לוי עצמו לא מתיחסת אליו כמו שכתוב אשר ילדה אותה ללוי במצרי' ועוד כתוב את יוכבד דודתו. והנה אם נאמר כי הוליד אותה בבחרותו כאשר הוליד כל בניו והיתה לידתה אחר רדתו למצרי' מעם הנה היא בלדת משה זקנת מאד כענין שאמרו רבותינו או קרוב לו. ואם נאמר שנולדה לו אחר שבתו במצרים ימי' רבים והנה נחשוב שהוליד אותה אחר רדתו למצרים חמשים ושבע שנה והוא יהיה בן מאה שנה כי ברדתו הי' בן מ"ג שנים והנה יהיו בזה שני פלאים שיהיה הוא זקן כאברהם אשר הזכיר הכתוב הלבן מאה שנה יולד וכתיב ואדני זקן ותהיה היא זקנה בלדת משה בת ע"ג. ואם נאחר עוד לידתה לסוף ימי לוי הנה יהיה פלא גדול משל אברהם. אבל אומר לך דבר שהוא אמת וברור בתורה כי הנסים הנעשים על ידי נביא שיתנבא כן מתחלה או מלאך נגלה במלאכות השם יזכירם הכתוב והנעשים מאליהן לעזור צדיק או להכרית רשע לא יזכירו בתורה או בנביאים. וזהו זהב רותח יוצק בפי החכם הזה ממה שהשיב על רבותינו בענין פנחס חולתו במקומות הרבה ולמה יזכירם הכתוב כל יסודות התורה בנסים נסתרים הם ועם התורה אין בכל ענינו רק נסים לא טבע ומנהג שהרי יעודי התורה כלם אותות ומופתים כי לא יכרת וימות בטבע הבא על אחת מן העריות או האוכל חלב. ולא יהיו השמים כברזל בטבעם מפני זרעו בשנה השביעית וכן כל יעודי התורה בטובות ההם וכל הצלחת הצדיקים בצדקתם וכל תפלות דוד מלכנו וכל תפלותינו נסים ונפלאות אלא שאין בהם שנוי מפורסם בטבעו של עולם כאשר הזכרתי זה כבר ועוד אפרשנו בע"ה. והנה אתן לך עד נאמן על מה שאמרתי ידענו כי מעת בא ישראל לארץ עד לדת אדוננו דוד היה כשלש מאות ושבעים שנה והימים האלה יתחלקו לארבע דורות שלמון ובועז ועובד וישי ויגיע לכל אחד מהם צ"ג שנה והנה כלם זקנים קרוב לאברהם והיו מולידים כל אחד בשנת מותו שלא כדרך כל הארץ

אור החיים

וגו' מה שלא אמר כן בבני לאה ולדרכינו נתכוון הכ' להעיר כי לא כל הל"ג הם נולדים ולזה אם הי' אומר ותלד את אלה ליעקב שלשים ושלש היה הנשמע כי שלשים ושלש ילדה ולא כן הוא שלא ילדה אלא ל"ב בצירוף אביהם עם בניו ובנותיו ל"ג ואשר ע"כ כשצירף באחרונה הצריך כי חשבון הבנים ובנות בפני עצמן לבד מיעקב אינו כן והוא אומרו בצירוף פרטי החשבון כל הנפש הבאה ליעקב הרי הוציאו מכלל החשבון ודקדק לומר יוצאי ירך יעקב ששים ושש ולא תקשה קושייתנו ששים ושבע כי שם כלל יעקב וכאן לא כללו ובצירוף מספר הכל לבסוף אמר כל הנפש לבית יעקב פי' הוא ובניו שבאו מצרימה שבעים. גם נתחכם הכ' להעירך למה שפירשנו במה שדקדק לשנות דבריו בב' כתובים הבאים כאחד בב' הצירופים באחד דקדק לומר כל הנפש הבאה ליעקב הקדים הביאה להזכרת יעקב ובפסוק ב' אמר כל הנפש לבית יעקב הבאה הקדים הזכרת יעקב להזכרת הביאה נתכוון בזה לומר כי בצירוף חשבון ראשון אין יעקב בכלל ולזה אמר הבאה ליעקב פי' הבא לו הא למדת כי הוא אינו בכלל ובצירוף חשבון ב' אמר כל הנפש שיש לבית יעקב שבאו מצרימה וגו' הא למדת כי יעקב לא יצא מהכלל. וכדי שלא לסתור ח"ו דברי רז"ל שאמרו יוכבד נולדה בין החומות אולי שרמזה הכתוב באומרו כל נפש וגו' ובנותיו ולא מצינו לו אלא בת אחת אלא זו יוכבד שנולדה בין החומות אבל לא כללה בחשבון כי יעקב הוא המשלים כמו שכתבתי. ויש עוד טעם בדבר שלא תכלל בחשבון כ"א נולדה בין החומות וצריכה ל' יום כדי שתצא מכלל נפל ולא היתה ראוי' לימנות בכניסתם ולא יקשה בעיניך שיהיה פירושינו הפך דברי חז"ל כי כבר הודעתיך כי בפשטי התורה שאין הלכה יוצאת מהם רשות נתונה לתלמיד ותיק לחדש ועליה' נאמר הכו ממתקים וכולו מחמדים ויש ליישב מה שהקשינו לדבריהם ז"ל והוא דחוק והפשט כראי מוצק והדרשה תדרש :

ובני יהודה ער ואונן וגו'. צריך לדעת לאיזה ענין הזכיר אותם שכבר מתו גם אין חידוש בהודעת מיתתם גם צריך לדקדק אומרו ויהיו בני פרץ וגו' שהיה לו לומר ובני פרץ וגו' כאומרו אח"ז ובני בריעה מה היא כוונתו באומרו ויהיו וגו' ואפשר כי לפי מה שקדם אצלנו במצות יבום כי יבוא

וְשֶׂרַח אֲחֹתָם וּבְנֵי בְרִיעָה חֶבֶר
וּמַלְכִּיאֵל׃ יח אֵלֶּה בְּנֵי זִלְפָּה אֲשֶׁר־
נָתַן לָבָן לְלֵאָה בִתּוֹ וַתֵּלֶד אֶת־אֵלֶּה
לְיַעֲקֹב שֵׁשׁ עֶשְׂרֵה נָפֶשׁ׃ יט בְּנֵי רָחֵל
אֵשֶׁת יַעֲקֹב יוֹסֵף וּבִנְיָמִן׃ כ וַיִּוָּלֵד
לְיוֹסֵף בְּאֶרֶץ מִצְרַיִם אֲשֶׁר יָלְדָה־לּוֹ
אָסְנַת בַּת־פּוֹטִי פֶרַע כֹּהֵן אֹן אֶת־
מְנַשֶּׁה וְאֶת־אֶפְרָיִם׃ כא וּבְנֵי בִנְיָמִן
בֶּלַע וָבֶכֶר וְאַשְׁבֵּל גֵּרָא וְנַעֲמָן אֵחִי
וָרֹאשׁ מֻפִּים וְחֻפִּים וָאָרְדְּ׃ כב אֵלֶּה
בְּנֵי רָחֵל אֲשֶׁר יֻלַּד לְיַעֲקֹב כָּל־נֶפֶשׁ
אַרְבָּעָה עָשָׂר׃ כג וּבְנֵי־דָן חֻשִׁים׃
כד וּבְנֵי נַפְתָּלִי יַחְצְאֵל וְגוּנִי וְיֵצֶר
וְשִׁלֵּם׃ כה אֵלֶּה בְּנֵי בִלְהָה אֲשֶׁר־
נָתַן לָבָן לְרָחֵל בִּתּוֹ וַתֵּלֶד אֶת־אֵלֶּה
לְיַעֲקֹב כָּל־נֶפֶשׁ שִׁבְעָה׃ כו כָּל־
הַנֶּפֶשׁ הַבָּאָה לְיַעֲקֹב מִצְרַיְמָה יֹצְאֵי

אונקלוס

וּבְרִיעָה וְשֶׂרַח אֲחָתְהוֹן
וּבְנֵי בְרִיעָה חֶבֶר
וּמַלְכִּיאֵל׃ יח אִלֵּין בְּנֵי
זִלְפָּה דִּי יְהַב לָבָן לְלֵאָה
בְרַתֵּיהּ וִילֵידַת יָת אִלֵּין
לְיַעֲקֹב שִׁתָּא עֲשַׂר נַפְשָׁן׃
יט בְּנֵי רָחֵל אִתַּת יַעֲקֹב
יוֹסֵף וּבִנְיָמִין׃ כ וְאִתְיְלִידוּ
לְיוֹסֵף בְּאַרְעָא דְמִצְרַיִם
דִּילֵידַת לֵיהּ אָסְנַת בַּת
פּוֹטִי פֶרַע רַבָּא דְאוֹן יָת
מְנַשֶּׁה וְיָת אֶפְרָיִם׃ כא וּבְנֵי
בִנְיָמִין בֶּלַע וָבֶכֶר וְאַשְׁבֵּל
גֵּרָא וְנַעֲמָן אֵחִי וְרֹאשׁ
מוּפִּים וְחוּפִּים וָאָרְדְּ׃
כב אִלֵּין בְּנֵי רָחֵל דִּי
אִתְיְלִידוּ לְיַעֲקֹב כָּל
נַפְשָׁתָא אַרְבְּעַת עֲשַׂר׃
כג וּבְנֵי דָן חוּשִׁים׃ כד וּבְנֵי
נַפְתָּלִי יַחְצְאֵל וְגוּנִי וְיֵצֶר
וְשִׁלֵּם׃ כה אִלֵּין בְּנֵי
בִלְהָה דִּי יְהַב לָבָן לְרָחֵל
בְּרַתֵּיהּ וִילֵידַת יָת אִלֵּין
לְיַעֲקֹב כָּל נַפְשָׁתָא
שִׁבְעָה׃ כו כָּל נַפְשָׁתָא
דְּעָלָא לְיַעֲקֹב לְמִצְרַיִם

תו"א ובני בנימין בלע ובכר סוטה לו.

רשב"ם

(כו) יוצאי ירכו. הבאים מצרימה כל נפש ששים ושש. כי יעקב שהוא מחשבון של שלשים ושלש של לאה אינן בכלל יוצאי

רש"י

שנולדה בין החומות בכניסתן לעיר שנ' אשר ילדה אותה ללוי במצרים לידתה במצרים ואין הורתה במצרים: (יט) בני רחל אשת יעקב. ובכולן לא נאמר בהן אשת אלא שהיתה עיקרו של בית: (כו) כל הנפש הבאה ליעקב. שילאו מארץ כנען לבוא למצרים ואין הבאה זו לשון עבר אלא לשון הווה כמו [אסתר ב] בערב היא באה וכמו והנה רחל בתו באה עם הצאן לפיכך טעמו למטה בצל"ף לפי שכשילאו לבוא מארץ כנען לא היו אלא ששים ושש. והשני כל הנפש לבית יעקב הבאה מצרימה שבעים הוא לשון עבר לפיכך טעמו למעלה בבי"ת לפי שמשבאו שם היו שבעים שמצאו שם יוסף ושני בניו ונתוספ' להם יוכבד בין החומות. [ועיין בביאור לת"י ומשם תמצא לרוות למאוכך ברש"י].

כלי יקר

כל הנפש הבאה ליעקב. אע"פ שהם נפשות רבות מ"מ קראם כולם נפש לפי שקודם זה היו האחים מתקנאים ביוסף והיו נפשות חלוקות ועכשיו נעשו לאחדי' סרה קנאתם וגם יוסף לא הי' לו לב עליהם על כן הודיע לנו הכתוב שהיו כולם נפש אחת להעיד על לדקתו של יוסף ועל לדקת האחים לכך אמר תחילה כל הנפש הבאה לבית יעקב מלרימה להעיד על לדקת האחים ואח"כ חזר ואמר ובני יוסף וגו' כל הנפש לבית יעקב הבאה מלרימה שבעים להעיד על לדקת יוסף:

אור החיים

יבוא נפש המת ובמליאות שלפנינו לגד שמתו ער ואונן בלא בנים ויולרך המיבם להביאם והנה נעשה יהודה מיבם בעד שלה והביא ב' הנפשות עלמן והודיע הכ' כי ער ואונן במקומן עומדי' שנכנסו במקומן חלרון וחמול וזה הוא שיעור הכ' ובני יהוד' ה' בנים ער ואונן וגו' וימת וגו' ולגד זה היו ער ואונן חזרו להיות בני פרץ חלרון וחמול כי הזרו לעולם מעוברים בסוד נפש מת והיו חלרון וחמול. ובדרך פשט יכוין הכ' בהזכרת ער ואונן ללמד עליהם זכות כי טעם מיתת ער ואונן היה לגד שהיו בארץ כנען על דרך אומרו כמעשה ארץ מלרים

and Serah, their sister; and the sons of Briah were Heber and
Malkiel. 18. These are the sons of Zilpah, whom Laban gave to his
daughter Leah, and she bore these to Jacob, sixteen souls. 19. The
sons of Rachel, Jacob's wife, were Joseph and Benjamin. 20. And
to Joseph were born in the land of Egypt, whom Asenath, the
daughter of Potiphera, the governor of On, bore to him: Manasseh
and Ephraim. 21. And the sons of Benjamin were Bela, Becher,
Ashbel, Gera, Na'aman, Ehi, and Rosh, Muppim, Huppim, and
Ard. 22. These the sons of Rachel, who were born to Jacob: all the
souls were fourteen. 23. And the sons of Dan: Hushim. 24. And
the sons of Naphtali were Jahzeel, Guni, Jezer, and Shillem.
25. These are the sons of Bilhah, whom Laban had given to his
daughter Rachel, and she bore these to Jacob, all the souls were
four. 26. All the souls coming to Egypt with Jacob, those
descended

Abraham. Therefore, since we must
concede that either Jochebed's or
Moses' birth was miraculous, there is
nothing more unusual in the age
given to her by the Rabbis than in
any other age we could possibly
attribute to her. The reason this
miracle is not recorded in the Torah
is that only the miracles performed
by a prophet who prophesies their
occurrence beforehand, or those
performed by an angel who reveals
himself on God's mission, are
mentioned in Scripture. Those that
occur spontaneously to assist a
righteous man or to destroy a wicked
man, however, are mentioned neither
in the Torah nor in the Prophets.

17. and Serah, their sister—
According to *Sefer Hayashar*, Serah
was not really Asher's daughter, but
his wife's daughter, whom he

adopted. *Ramban*, on Numbers
26:46, quotes *Targum Onkelos* as
reading: And the daughter of Asher's
wife was Serah. She was known as a
righteous and pious woman. *Sefer
Hayashar* relates that when the tribes
returned from Egypt with the news
that Joseph was still alive, they did
not know how to break the news to
their father, because they feared that
he would not believe them. As they
were nearing their houses, they came
upon Asher's daughter Serah coming
to greet them. She was a very clever
child, adept at playing the harp. They
gave her a harp and said to her,
"Please go to our father and sit down
before him and play the harp, singing
the following words." So she took
the harp, went ahead of them and sat
down beside Jacob. As she played
the harp, she sang, "My uncle Joseph

is alive, and he is the ruler of the whole land of Egypt—he did not die." She continued to sing these words, and Jacob heard and was pleased. Hearing her sing them over and over, he became overjoyed, and the spirit of God returned to rest upon him, and he knew that her words were true. He blessed her and said, "My child, may death never come upon you, for you have revived my spirit." While he was speaking to her, his sons arrived with horses, chariots, and royal attire, with servants running before them. Jacob rose to greet them and he noticed the royal attire and all the good things that Joseph had sent him, and they informed him of all that had happened.

18.-19. **These are the sons of Zilpah...The sons of Rachel, Jacob's wife...**—The usual order is first to count the sons of the wives and then the sons of the maidservants, as in *Vayishlach* (Gen. 35:22-26) and in *Shemoth* (Exod. 1:2-4), or according to their ages, as in their blessings (below, 49:1-27). Here, however, in counting the seventy souls, they are counted according to their numbers, i.e., the woman with the highest number of offspring first, and so on. Therefore, Rachel's children are counted among those of the maidservants, and consequently, she must be mentioned with honor and given the appellation, "Jacob's wife."—[*Ramban*]

The sons of Rachel, Jacob's wife—*Concerning none of them does it say* [Jacob's] *"wife," but* [the meaning is] *that she was the mainstay of the household.*—[*Rashi*]

from *Gen. Rabbah* 73:2] Cf. Gen 31:33.

26. **All the souls coming...with Jacob**—*Who left the land of Canaan to come to Egypt. Now this* [word] הַבָּאָה *is not the past tense but the present tense, similar to "In the evening she would come* (בָּאָה)*"* (Esther 2:14), *and like "and behold, his daughter Rachel is coming* (בָּאָה) *with the sheep"* (Gen. 29:6). *Therefore, its accent is below* (i.e., at the end of the word), *on the "aleph," because when they left to come from the land of Canaan, they were only 66* [excluding Jochebed, Joseph, and his two sons]. *The second* [instance of הַבָּאָה, however,] *"all the souls of the house of Jacob who came* (הַבָּאָה) *to Egypt were seventy," is in the past tense; therefore, its accent is above* (i.e., on an earlier syllable), *on the "beth," because when they came there they were seventy, for there they found Joseph and his two sons, and Jochebed was added to them between the walls.* [*See the commentary on Targum Jonathan, and from there you will find material with which to quench your thirst in understanding Rashi.*] *According to the one who says that twin sisters were born with* [each of the progenitors of] *the tribes* (37:35), *we must say that they died before their descent to Egypt, for they were not counted here. I found in Leviticus Rabbah* (4:6): *Esau had sixteen souls* [in his family], *and the text calls them* נְפָשׁוֹת בֵּיתוֹ, *"the souls of his household"* (Gen. 36:6) *in the plural, because they worshipped many gods*

קיים היא שיזיבת ליתבי אבל מדין קטול ביומי יואב ובנוי דבריעה דנחתו למצרים חבר ומלכיאל:
יח אלין בני זלפה דיהב לבן ללאה ברתיה וילידת ית אילין ליעקב שיתסר נפשין: יט בנוי רחל איתת
יעקב יוסף ובנימין: כ ואתיליד ליוסף בנין בארעא דמצרים דילידת ליה אסנת בת דינה ורבת בבית
פוטיפרע רבא דטניס ית מנשה וית אפרים: כא ובנוי דבנימין עשרא ושומהון על פרישותא דיוסף אחוי.
בלע דאתבלע מיניה. ובכר. דהוא בוכרא דאמיה. ואשבל דהליך בשבייתא. גרא דאיתגר בארעא
נוכראה. ונעמן. דהוה נעים ויקיר. אחי. דהוא אחוי בר אימיה. וראש. דהוה ריש בבית אבוי.
מפים. דאזדבן במוף. חפים. דבזמן דאתפרש מיניה הוה בר תמניסר שנין וחזי לכילת הילולא.
וארד דנחת למצרים: כב אלין בני רחל דאיתילידו ליעקב כל נפשתא ארבסרי: כג ובנוי דדן זריזין
ואמפורין ולית סכום למניניהום: כד ובנוי דנפתלי יחצאל וגוני ויצר ושלם: כה אלין בני בלהה דיהב
לבן לרחל ברתיה וילידת ית אלין ליעקב כל נפשתא שובעא: כו כל נפשתא דעלא עם יעקב למצרים

בעל הטורים

וראש. ב' במס' סכה ואידך זכר עניי ומרודי לענה וראש כדאי' במדרש שקרא בנימין לכל בניו ע"ש הגלות שאירעו ליוסף וזהו וראש ע"ש זכור עניי ומרודי לענה וראש: חושים. ב' במס' מתרי לישני ובני דן חשים ואכתו נחלן חשים דאמרי' בפ' מי שמת שהיו בני דן כחשים של קנה פי' מלמטה הוא אחד מלמעלה הוא מתפצל לכמה קנים שמבן אחד שהי"ל יצאו רבים וכן נמי נחלן חושים שדרך הנלחמים

פי' יונתן

(כא) ושומהון על פירושות' דיוסף כל זה ברבה ובפ"ק דסוטה מביאו ג"כ ומהם בסגנון אחר וע"ש בכלל ובפרט: מופים וחופים מפרש הת"י בענין אחר והדין עמו לפי המדרש שדרש מופים שהיה יפה מאד בכל דבר וזהו כבר מרומז בנעמן גם מה שדרש שכל ההלכות שמסרו שם ועבר ליעקב מסרן לו איך נרמז מופים על זה גם כי התוס' דוחקים לישבו בסוטה ע"ש מ"מ עדיפא מיניה דרש הת"י שנמכר במוף גם חופים שלפי המדרש שכל אחד מהם לא ראה בחופת אחיו וכתבו התוס' לכן נרמז חופים ל' רבים אבל קשה ליה לת"י דלפ"ז עיקר חסר והיה לקרותו לא חופים לכן תרגם בזמן דאתפרש וכו' היה בר י"ח שלפי רז"ל ראוים באותו פרק כל בני אדם לעלות לחופה ויפה תרגם: (כג) זריזין וכו' מתרגם מלת חושים ענין מהירות וזריזות פי' אומנים וקשה ליה למה לא הזכיר בפסוק בני דן כמו שהזכיר בשאר משפחות השבטים לכן תרגם לית סכום כי שבט דן היה מרובה באוכלסין כדפירש"י וגובריין ל' כלל לכך לא הזכירן בפרט:

דעת זקנים מבעלי התוספות

(כז) הבאה מצרימה שבעים. פי' עם יעקב וראש הענין מוכיח כך דכתיב אלה שמות וכו'. להודיע שיעקב מן המנין עם בניו ונכלל עם בני לאה שאין בפרטן אלא ל"ב והכתוב מונה אותן ל"ג עם יעקב לפי שהוא מן המנין הראשון וממנו התחיל למנות מנין השבעים והכי פשטיה דקרא כל הנפש לבית יעקב הבאה מצרימה אם תרצה לידע מניינם מנה עם יעקב ותמצאם שבעים ולפי מה שפירשתי למעלה אין צריך לומר

אבן עזרא

היותם בני כנענית: (כא) ונעמן. הוא בן בנימין. כי יש נעמן שהוא בן בנו: (כג) ובני דן חשים. יתכן שהיו שנים ומת אחד מהם ולא הזכירו הכתוב כי כן דרך הלשון. יש אומר כי מספר שבעים בעבור שהוא סך חשבון כי ששים ותשע היו. וזה המפרש טעה בעבור שמצאנו כל נפש בניו ובנותיו שלשים ושלש. והם שלשים ושתים וכדרש כי יוכבד נולדה בין החומות. גם זה תמה למה לא הזכיר הכתוב הפלא שנעשה עמה שהולדת משה והיא בת ק"ל שנה ולמה הזכיר דבר שרה שהיתה בת תשעים. ולא די לנו זה הצער עד שעשו פייטנים פיוטים ביום שמחת תורה. יוכבד אמי אחרי התנחמי והיא בת ר"נ שנה וכי אחיה חי כן וכך שנים דרך אגדה או דברי יחיד. והנכון בעיני שיעקב בחשבון וממנו יחל כאילו אמר כל נפש בניו ובנותיו עם נפשו שלשים ושלש. והראיה על זה שאמר בתחלה יעקב ובניו. ואם טען טוען ויאמר כי הנה כתוב ויהי כל נפש יוצאי ירך יעקב שבעים נפש. דע כי הכתוב לא חשש להוציא אחד משבעים. כאשר אמר אשר יולד לו בפדן ארם ולא נולד לו בנימין שם. כי גם בזו הפרשה שנים עדים האחד שאמר ואלה שמות בני ישראל הבאים מצרימה יעקב ובניו. והנה הזכיר כי יעקב מבני ישראל. כי לא הלך הכתוב כי אם אחר הרוב. והעד השני כל הנפש לבית יעקב הבאה מצרימה שבעים ומנשה ואפרים לא באו אל מצרים כי שם היו ושם נולדו וכתוב אחריו בשבעים נפש ירדו אבותיך מצרימה ואלה שניהם לא ירדו ג"כ זה הכתוב לעד כי יעקב

רמב"ן

כי אין החיים בזמנם מאה שנה ואם הוליד אחד מהם בבחרותו כמנהג יהיו האחרים זקנים מאד יותר מאברה' ויהיה בהם הפלא גדול יותר מאד כי ימי האדם בדור אברהם ארוכים ובשנות דוד חזרו למחצית' ואולי חיו יותר כי אפשר שהיו לשלמון ימים רבים בבואם לארץ. ולכן נתנו אנשי הקבלה והם חכמי אמת לעובד ימים רבים והוא נס נסתר נעשה לאבי המלוכה בן הצדקת הבאת לחסות תחת כנפי השכינה. וכן יזכירו באמו ארך ימים רבים וכבר פירשתי כי הפלא באברה' איננו כאשר יחשוב החכ' הנזכר וזולתו מבעלי המקרא כי אברהם הוליד את יצחק טרם מותו שבעים וחמש שנה והנה לא עברו עליו שני חלקים בימיו והאנשי' בכל דור אין הזקנה בהם עד עבור עליהם שלשת חלקי ימותם כאשר יחשבו הרופאים הילדות והבחרות והאישות והזקנה ובדורות האלה אשר הימים בהם כשבעים שנה לא יחשבו לו הרופאים זוקן עד אחרי ששים. ועוד כי אברהם הוליד בנים רבים אחרי ארבעים שנה מלדת יצחק ויהיה הפלא כפלי כפלים ואם נאמר שהחזירו האל לימי בחורותיו יקשה עליו כי לא הזכיר הכתוב הפלא הגדול הזה והוא נס גלוי ומפורסם בהיפך מן הטבע. ומן הידוע כי האנשים בדור הזה מהם שיולידו בזקנתם עד מלאת שבעים שנה או שמונים שנה ויותר כפי התקומם בהם הלחות לפי טבעם וגם הנשים אין להם זמן וכל עוד היות להן הארת תלדנה רק התימה באברהם ושרה כאשר פירשתי שם מפני שלא הולידו בנעוריהם ועתה הולידו זה מזה. ועוד בשרה היא פלא כי חדל ממנה ארח כנשים ואחרי כן לא תלדנה והנה אם יהיו ימי יוכבד כימי אביה ותתקיים בה הלחות עד קרוב לזקנתה כמשפט הנשים איננו פלא אם תוליד בזמן אשר נתנו לה רבותינו מפני שרצה האלהים לגאול את ישראל על ידי האחים האלה ולא הגיע הקץ אחר לידתם ימים רבים עד כי זקנה אמם ולא יפלא מה' דבר. כתב רבינו שלמה ולדברי האומר תאומות נולדו עם השבטים צריכים אנו לומר שמתו קודם ירידתם למצרים שהרי לא נמנו כאן ואין צריך לזה שהרי אמרו רבי יהודה אומר לאחיותיהם נשאו השבטים והנה היו אלה התאומות נשי בניו והכתוב אמר עליהם מלבד נשי בני יעקב. ורבי יהודה מזה הכתוב אמר כן כי מה טעם לאמר מלבד נשי בני יעקב חכנעניות אחרי שאמר יוצאי ירכו רק בעבור היות נשי בניו גם הן מיוצאי ירכו יאמר כן אבל לא פרסם אותן בכאן כאשר לא הזכירן בעת לדתן עם השבטים ועוד כי לא הזכיר הנה רק אשר יולידו ויתרבו במצרים להודיע הנס הגדול הנעשה ברבוי העצום אשר רבו במצרים והם בזה שבעים נפש ונשיהם לא ימנו כי האיש עם אשתו הוא אחד: (יח) אלה בני זלפה וגו'. בני רחל אשת יעקב וגו' דרך הכתוב למנות בני הגבירות יחד בתחלה כמו שאמר בסדר וישלח יעקב ובסדר ואלה שמות בני ישראל או למנותם כתולדותם הבכור כבכורתו והצעיר כצעירתו כאשר עשה בברכתם בסדר ויחי יעקב. אבל בכאן מפני שבא למנות מספרם כי בשבעים נפש ירדו מצרימה הקדים המרובה בנפשות. ולכך הזכיר רחל בתוך הלחינות והוצרך להזכירה בכבוד ואמר אשת יעקב כאשר הזכרתי למעלה:

ספורנו

שבעים נפש אע"פ שהיו צדיקים לא עלו למעלת אלה: (יט) בני רחל אשת יעקב. שהיתה עיקר כוונתו וכן ממנה נולדו יוסף ובנימין. שהיו מעולים בשבטים כאמרם רז"ל (סוטה פרק אלו נאמרים) ראוי היה יוסף שיצאו ממנו שנים עשר שבטים כיעקב וכאמרם רז"ל (שבת פרק האשה) על בנימין שמת בעטיו של נחש וכן העיד באמרו לפני אפרים ובנימין ומנשה עוררה את גבורתך: להורות

יֹצְאֵי יְרֵכוֹ מִלְּבַד נְשֵׁי בְנֵי־יַעֲקֹב כָּל־נֶפֶשׁ
שִׁשִּׁים וָשֵׁשׁ׃ כז וּבְנֵי יוֹסֵף אֲשֶׁר־יֻלַּד־
לוֹ בְמִצְרַיִם נֶפֶשׁ שְׁנָיִם כָּל־הַנֶּפֶשׁ
לְבֵית־יַעֲקֹב הַבָּאָה מִצְרַיְמָה
שִׁבְעִים׃ ס ששי כח וְאֶת־יְהוּדָה שָׁלַח
לְפָנָיו אֶל־יוֹסֵף לְהוֹרֹת לְפָנָיו גֹּשְׁנָה
וַיָּבֹאוּ אַרְצָה גֹּשֶׁן׃ כט וַיֶּאְסֹר יוֹסֵף
מֶרְכַּבְתּוֹ וַיַּעַל לִקְרַאת־יִשְׂרָאֵל
אָבִיו גֹּשְׁנָה וַיֵּרָא אֵלָיו וַיִּפֹּל עַל־
צַוָּארָיו וַיֵּבְךְּ עַל־צַוָּארָיו עוֹד׃
ל וַיֹּאמֶר יִשְׂרָאֵל אֶל־יוֹסֵף אָמוּתָה
הַפָּעַם אַחֲרֵי רְאוֹתִי אֶת־פָּנֶיךָ כִּי
עוֹדְךָ חָי׃ לא וַיֹּאמֶר יוֹסֵף אֶל־אֶחָיו
וְאֶל־בֵּית אָבִיו אֶעֱלֶה וְאַגִּידָה
לְפַרְעֹה וְאֹמְרָה אֵלָיו אַחַי וּבֵית־אָבִי
אֲשֶׁר בְּאֶרֶץ־כְּנַעַן בָּאוּ אֵלָי׃

נָפְקֵי יַרְכֵּיהּ בַּר מִנְּשֵׁי בְּנֵי
יַעֲקֹב כָּל נַפְשָׁתָא שִׁתִּין
וְשִׁית׃ כז וּבְנֵי יוֹסֵף דִּי
אִתְילִידוּ לֵיהּ בְּמִצְרַיִם
נַפְשָׁתָא תַּרְתֵּין כָּל
נַפְשָׁתָא לְבֵית יַעֲקֹב
דְּעָלָא לְמִצְרַיִם שַׁבְעִין׃
כח וְיָת יְהוּדָה שְׁלַח
קֳדָמוֹהִי לְוָת יוֹסֵף לְפַנָּאָה
קֳדָמוֹהִי לְגוֹשֶׁן וַאֲתוֹ
לְאַרְעָא דְגֹשֶׁן׃ כט וְטַקֵּים
יוֹסֵף רְתִיכוֹהִי וּסְלֵיק
לְקַדָּמוּת יִשְׂרָאֵל אֲבוּהִי
לְגֹשֶׁן וְאִתְחֲזֵי לֵיהּ וּנְפַל עַל
צַוְּרֵיהּ וּבְכָא עַל צַוְּרֵיהּ
עוֹד׃ ל וַאֲמַר יִשְׂרָאֵל
לְיוֹסֵף אִלּוּ אֲנָא מָאִית
זִמְנָא הָדָא מְנַחַם אֲנָא
בָּתַר דַּחֲזֵיתִינוּן לְאַפָּךְ אֲרֵי
עַד כְּעַן קַיָּים אַתְּ׃ לא וַאֲמַר
יוֹסֵף לַאֲחוֹהִי וּלְבֵית
אֲבוּהִי אֶסַּק וַאֲחַוֵּי
לְפַרְעֹה וְאֵימַר לֵיהּ אַחַי
וּבֵית אַבָּא דִּי בְּאַרְעָא
דִּכְנַעַן אֲתוֹ לְוָתִי׃

רמב"ן

(כט) וירא אליו . יוסף . נראה אל אביו ויפל על צוארו עוד לשון הרביית בכיה אבל יעקב לא נפל על צואר יוסף בנו ולא נשקו ואמרו רבותינו שהיה קורא קריאת שמע ל' רש"י ולא ידעתי טעם בוירא אליו כי בידוע שנתראו כאשר נפל על צוארו. ועוד כי איננו דרך כבוד שיפול יוסף על צוארי אביו אבל שישתחוה לו או שינשק ידיו וכתיב ויוצא יוסף אותם מעם ברכיו וישתחו לאפיו והשעה הזו ראויה יותר להשתחות לו. וכן כל עוד בכתוב תוספת על עקר הוא איננו כמו הרבה לא על איש ישים עוד שישים עליו כפי חטאיו ולא יותר. והנכון בעיני כי כבר היו עיני ישראל כבדים קצת מזוקן וכשבא יוסף במרכבת המשנה ועל פניו המצנפת כדרך מלכי מצרים ולא היה ניכר לאביו וגם אחיו לא הכירוהו לפיכך הזכיר הכתוב כי כאשר נתראה אל אביו שהביט בו והכירו נפל אביו על צוארו ובכה עליו עוד כאשר יבכה עליו תמיד עד היום הזה כשלא ראהו ואח"כ אמר אמותה הפעם אחרי ראותי את פניך ודבר ידוע הוא מי דמעתו מצויה אם האב הזקן המוצא את בנו חי לאחר היאוש והאבל או הבן הבחור המולך. ואל תחוש בעבור אמרו ויאמר ישראל כי ממנו ידבר ויחזור ויזכיר שמו וכן ויקבוץ את כל אכל שבע שנים וגו' ויצבור

אבן עזרא

נכנס בחשבון כי נפש יש לו והוא העיקר : (כט) ויאסר יוסף

אור החיים

מצרים וכמעשה ארץ כנען וגו' ואמרו ז"ל השוה הכ' מעש' ארץ מצרי' וכו' ולצד שהי'שם ער ואונן למדו ממעשיהם וזולת זה בניו של אותו צדיק אין שורשם רע ומר ח"ו ותמלא שילו האל ישראל לכל ילמדו מהם דכתי' כמעשה וגו'. וטעם אומרו ויהיו רמז כי לאלה יקרא הויה ואין כמותם לצד כי מהם יצא חוטר לישי משיחנו ומלכנו אשר יהיה לנס עמים אליו גוים ידרושו :

ויאמר וגו' אמותה הפעם וגו' . טעם אומרו הפעם פי' להיות שאמר כי ארד אל בני אבל שאולה עתה אמר לא אראה השחת . עוד נראה לו' בדקדוק אומרו כי עודך חי ולא הספיק לו' אחרי ראותי פניך והדבר מובן כי חי הוא גם צריך לדעת למה לא אמר יעקב כן כשבשרוהו האחים כי יוסף חי ומליצו שהאמין כשראה העגלות ותחי רוח וגו' ומה דבר חדש ראה . אכן כוונת דברי יעקב הם כי הגם שנתבשר כי עודנו חי זה הועיל לדעת שישנו במציאות אבל עדיין לבו דוי עליו לצד היותו בין האומות שפל עבד מושלים אם עודנו בצדקותו ולא כהתה עינו ולא נס ליחו או לצד היותו מובדל ממנו ונותן תוך הקליפות ובפרט טומאת מצרים

from him, excluding the wives of Jacob's sons, all the souls were sixty-six. 27. And Joseph's sons, who were born to him in Egypt, two souls; all the souls of the house of Jacob who came to Egypt were seventy. 28. He sent Judah ahead of him to Joseph, to direct him to Goshen, and they came to the land of Goshen. 29. And Joseph harnessed his chariot, and he went up to meet Israel his father, to Goshen, and he appeared to him, and he fell on his neck, and he wept on his neck for a long time. 30. And Israel said to Joseph, "I will die this time, since I have seen your face, that you are still alive." 31. Joseph said to his brothers and to his father's household, "I will go up and tell Pharaoh, and I will say to him, 'My brothers and my father's household who were in the land of Canaan have come to me.

[in his family, each his or her own deity]. *Jacob had seventy* (souls)*, but the text calls them* נֶפֶשׁ [in the singular] *because they* [all] *worshipped one God.*—[*Rashi*]

The commentary on *Targum Jonathan* states: The source of the belief that Jochebed was born between the walls is, as stated by *Rashi*, "whom she bore to Levi in Egypt" (Num. 26:59), implying that only her birth was in Egypt, but during her mother's pregnancy she was at no time in Egypt. As her mother entered the walls of Egypt, she gave birth to Jochebed.

Maskil l'David explains that there were two walls surrounding Egypt, and Jochebed was born once they entered the outer wall. Had she been born before they had entered the wall, she would have been listed by name among those entering Egypt. However, had she been born after they had

entered Egypt, she would not have been counted at all, because she would then have been considered as having been born after the Israelites had entered Egypt. Since she was born between Egypt's two walls, however, she was born neither before their entry nor after their entry. *Rashbam* on *Baba Bathra* 120a, however, states that she was born within the walls, meaning: within Egypt.

Ramban rejects *Rashi*'s assertion that the twin sisters of the progenitors of the tribes died before the descent to Egypt. He maintains that since the text states, "those descended from him, excluding the wives of Jacob's sons," this can exclude only those who were also descended from Jacob, not foreign wives, who were not descended from him. *Ramban* therefore believes that the twin sisters did go down to Egypt, but were not counted.

27. who came to Egypt were seventy—I.e., who came with Jacob. The beginning of the section proves it, for it is written: "And these are the names of the children of Israel who were coming to Egypt: Jacob and his sons" (verse 8). From here we understand that Jacob is included together with his sons, and he is included with the sons of Leah, who add up to 32, but the text counts them as 33. This figure thus includes Jacob, for he is the first of their number, and from him the text commences to count the number of the members of the tribes. This is the simple meaning of the verse: "all the souls of the house of Jacob who came to Egypt." If you wish to know their number, count them together "with Jacob," and you will find the total to be 70. According to what I explained above (on verse 4), it is unnecessary to say that Jacob is counted with them because the Holy One, blessed be He, is counted with them, and He completes their number.—[Da'ath Zekenim]

As mentioned above, *Rashbam* also believes that Jacob was included in the total of seventy souls. He points out here that the 66 souls include only "those descended from him," excluding Jacob himself, for his descendants were only 69 [including Joseph and his two sons]. Moses too states: "With seventy souls your forefathers went down to Egypt" (Deut. 10:22), for Jacob together with his children numbered seventy.

28. to direct him—Heb. לְהוֹרֹת לְפָנָיו, as the Targum renders (לְפָנָאָה

קְדָמוֹהִי), to clear a place for him and to show him how to settle in it.— [Rashi]

him—Lit., ahead of him. *Before he would arrive there. The Aggadic interpretation* [of לְהוֹרֹת] *is* [that there should be teaching]: *to establish for him a house of study, from which teaching would emanate.*—[*Rashi* from *Tanchuma Vayigash* 11] [Note that Jacob made sure that even before they had arrived a house of study was already established, so that as soon as they arrived, they would be able to study the Torah.]

29. And Joseph harnessed his chariot—*He personally harnessed the horses to the chariot to hasten to honor his father*—[*Rashi* from *Mechilta, Beshallach* section 1] *Ibn Ezra* explains that he did so by delegating this task to his servants.

and he went up to meet Israel his father—This expression denotes that he was elevated spiritually because he went to meet his father to honor him. Another explanation: Goshen is higher than Egypt, because it is situated on the border of *Eretz Yisrael*, as it is said: "And Goshen and Holon and Giloh" (Josh. 15:51). Since Judah went to Joseph on his father's behalf, to direct Jacob to Goshen, he merited that it fall into his territory. Pharaoh had given Goshen to our mother Sarah (*Pirké d'Rabbi Eliezer*, ch. 26), and therefore the people of Israel chose it, and it fell into their territory, uncontested by Egypt.—[*Da'ath Zekenim*] See Joshua 11:16 (Judaica Press Books of the Prophets, Commentary Digest).

נפקי ירכיה בר מנשי דבני יעקב כל נפשתא שיתין ושית: כז ובנוי דיוסף דאתילידו ליה במצרים נפשתא תרין ויוסף דהוה במצרים ויוכבד ברת לוי דאתילידת במעלהון למצרים ביני טוריא סכום כל נפשתא לבית יעקב דעלא למצרים שובעין: כח וית יהודה שדר קדמוי לות יוסף למחויא קדמוי ארחא ולמכבשא ית עמודיא דארעא ולאתקנא קדמוי בית מישרוי כח לאתקנא ליה אתר בית מישרוי לגושנא: בגושנא ואתו לארעא דגשן: כט וטקים יוסף ארתיכיה וסליק לקדמות ישראל אבוי לגשן וקדם דאשתמודעיה אבוי סגד ליה ואתחייב למיהוי שנוי קטיען ותהא ואתחמי ליה ורכן על פריקת צווריה ובכא על צווריה תוב על דסגד ליה: ל ואמר ישראל ליוסף אין מייתנא בהדא זמנא מתנחם אנא די במיתותא דמייתין בה צדיקיא אנא מיית בתר דחמית סבר אפך ארום עד כדון אנת קיים: לא ואמר יוסף לאחוי ולבית אבוי איסק ואתני לפרעה ואימר ליה אחי ובית אבא דבארעא דכנען אתו לותי:

פי' יונתן

(כז) ויוכבד וכו' דאתילידת במעלהון למצרים בין טוריא פי' בין החומות כדפירש"י ודיוקו מאשר ילדה במצרים הכתוב בפ' פנחס משמע שנולדה בין החומות משם דה"ק לידתה במצרים אבל אין הורתה במצרים כלל אפי' שום שעה מזמן הריון לא עברה במצרים כי כל ימי עיבור הי' חוץ למצרים והלידה היא במצרים וזה א"א אלא שנולדה בין החומות משם באותה רגע שנכנס' בין החומות היה לה עת לידתה וכך משמע קצת מל' הרא"ם בפ' פנחס וכן כאן דייק מכל' הכתוב הבאה מצרימה היינו כשבאה למצרים נחשב נפש אלא כן מקודם שהיה עובר וק"ל: (כח) למחויא וכו' ולמכבש' הכל מרומז בלהורו' ית עמודי' דארעא ר"ל שעל גושן אפשר לו' שהוא עמוד של ארץ מצרים שנאמר מטוב מצרים והוא גושן א"נ ה"ע לכבוש לפניו השומרים שבארץ והם שרים ושלטונים שיראה להם שברשות פרעה באים לגור וכן מ"א בפסוק גד גדוד יגודנו עמודי דארעא פי' ראשים שעליו גייסות ההולכים בדרכים לשמור וכן עיקר · (כט) וקדם דאשתמודעיה פי' בטרם שניכר והודיע לו שהוא בא לא הכירו אביו והשתחו' לו וע"ז נתחייב להיות שנותיו קטועי' פי' נכרתי' כי כן כתוב כבד וגו' למען יאריכון ימיך וגו': ותהא כמו תוהא על הראשונות: ורכן על צואריו תרגום של נטה ידך ארכן ידיך: ובכא וכו' די סגיד ליה פי' נצטער ובכה על שאביו השתחוה לו ובזה מיושב שיעקב לא נפל על צואריו כדפרש"י וק"ל: (ל) במיתותא דמייתין בה צדיקיא פי' ימות

רשב"ם

יוצאי יריכו כי יוצאים יריכו לא היו כי אם ששים ותשע וכן משה אמר בשבעים נפש ירדו אבותיך מצרימה שיעקב ובניו היו שבעים: (כט) עוד. הרבה. כדכתיב כי

רש"י

ולדברי האומר תאומות נולדו עם השבטי' צריכים אנו לומר שמתו ר לפני ירידתן למצרים שהרי לא נמנו כאן. מצאתי בויקרא רבה עשו שש נפשות ש היו לו והכתוב קורא אותן נפשות ביתו לשון רבים לפי שהיו עובדין לאלהות הרבה יעקב שבעים היו לו והכתוב קורא אותן נפש לפי שהיו עובדים לאל אחד: (כח) להורות לפניו. כתרגומו לפנות לו מקום ולהורות האיך יתיישב בה: לפניו. קודם שיגיע לשם. ומ"א להורות לפניו לתקן לו בית תלמוד ת שמשם תצא הוראה: (כט) ויאסור יוסף מרכבתו. הוא עצמו אסר את הסוסים למרכבה א להזדרז לכבוד אביו: וירא אליו. יוסף נראה ב אל אביו: ויבך על צואריו עוד. לשון הרבות בכיה וכן [איוב לד] כי לא על איש ישים עוד לשון רבוי הוא אינו שם עליו עלילות נוספות על חטאיו ג אף כאן הרבה והוסיף בבכי יותר על הרגיל אבל יעקב לא נפל על צוארי יוסף ולא נשקו ואמרו רבותינו שהי' קורא ד את שמע: (ל) אמותה הפעם. פשוטו כתרגומו ה ומדרשו סבור הייתי למות שתי מיתות בעוה"ז ולעוה"ב שנסתלקה ממני שכינה והייתי אומר שיתבעני הקב"ה מיתתך עכשיו שעודך חי לא אמות אלא פעם אחת: (לא) ואמרה אליו אחי וגו'. ועוד אומר לו ו והאנשים רועי צאן וגו':

שפתי חכמים

נושאין א"כ לא הל"ל כנענית כלל ומתרץ בן דינה וכו' והשתא מתורץ לתרווייהו: ר (מהרש"ל) דאל"כ למה לא חשב אותן בחשבון שאר בנים ולכך אמר שמתו ואלו נשים נכריות הם דאינן בכלל יוצאי ירך יעקב והכתוב מפרש מעצמו הטעם: ש כדכתיב בפ' וישלח ויקח עשו וגו' ואת כל נפשות ביתו. וצ"ל דטעות יש ברש"י דהא נפשות עשו לא היו אלא חמשה ומהמדרש מביא ששה וצ"ע: ת ר"ל מדכתיב להורת חסר וי"ו שהיה יש בו אותיות תורה: א דאל"כ וירכב במרכבתו מבעי"ל: ב [מהרש"ל] דאין שייך לומר שיעקב נראה ליוסף שהרי יעקב לא הלך להראות לו אלא לראותו הלך ועוד שהלך למצרים לגור שם אבל יוסף הלך לקראתו להראו' לו לאביו: ג רש"י מפרש הפסוק שהביא כי לא על איש ישים עוד דפסוק זה קאי כשהקב"ה נפרע מן הרשעים אינו נפרע מהם יותר ממה שחטאו דהיינו אינו שם עליו וכו': ד מקשים העולם דלמא היה עומד ומתפלל. וי"ל דהא אמרו רז"ל אסור לעבור לפני המתפלל כדי שלא יבטל כוונתו וכ"ש יוסף איך נפל על צואריו שמא יבטל כוונת יעקב וכו' אבל ק"ש עיקר הכוונה הוא בפסוק ראשון דהוא עיקר קבלת עול מלכות שמים והוא נפל עליו לאחר שקרא פסוק ראשון. וא"ת יוסף למה לא קרא ג"כ את שמע. וי"ל דיוסף היה עוסק במצות כבוד אביו ועוסק במצוה פטור מן המצוה. ועי"ל דיוסף היה פוטר עצמו בפסוק ראשון מפני שהיה טרוד כדאמרינן שמע ישראל וגו' זו היא ק"ש של רבי יהודה הנשיא מפני שהיה טרוד בגירסא עם התלמידים: ה כלומר לא שביקש למות מאחר שזכה לראות פניו כפי המובן ממנו דאדרבה מאחר שזכה לראות פניו ראוי להתפלל שיחיה כדי לשמוח עם בנו כימי עניין: ו דעתו של רש"י שלא תאמר הואיל וכתיב והאנשים רועי צאן וגו' שדבר באנפי נפשיה הוא ולאחיו אמר כן והאנשים וגו' ר"ל אנשים אחרים אבל לא

דעת זקנים מבעלי התוספות

שיהא יעקב מן המנין כי הקב"ה נמנה עמהם ומשלים המנין: (כט) ויעל לקראת ישראל. פי' עליה היתה לו על שהלך לקראת אביו לכבדו. ד"א לכך נאמ' ויעל לפי שארץ גשן גבוה מארץ מצרים לפי שהיא עומדת בגבו לארץ ישראל שנאמר גשן וחולון וגילה. ולפי שהלך יהודה בשביל אביו אצל יוסף להורות לפניו גשנה זכה ונפלה בחלקו וגשן נתן פרעה לשרה אמנו ולכך בחרו בה ישראל ונפלה בחלקם ולא ערערו בה מצרים: (לא) אעלה ואגידה לפרעה. וכי ארץ מצרים עומדת בהר שאמר אעלה אלא עד עכשיו כשהיה מדבר עם אביו ירד מן המרכבה

אור החיים

מצרים ומה גם לצד מה שעברו מרוה"ק שאמר טרוף טורף יוסף חיה רעה אכלתהו ודבר ידוע הוא כי הצדיקים יותר יחפצו בהעדר הבן בהיותו בן מביש ומה גם יעקב הצדיק אשר ע"כ לא היתה שמחתו שלימה מספק זה עד וירא אליו והכיר בו בפניו כי הכרת הפנים תענה בהם וכמו כן מצינו לצדיקים שלמים וכן רבים שהכירו ברושם הפנים מעשה אדם ומכ"ש יעקב אבינו שיכיר לזה כשהכיר בו אמר אליו אמותה הפעם פי' הפעם הזאת בראייתך ולא מקוד' כשנתבשרתי והטעם אחרי ראותי פניך והכרתי בהם שעודך חי פי' צדיק כמקודם ולא נשתנה דיוקנך מכמות שהיה אלא עודך חי כי הצדיקים קרויים חיים ונכון:

כלי יקר

אמותה הפעם. לפי שקודם זה היו חייו חיי צער והי' החשוב כמת בחייו כאילו כבר מת ועבר ובטל מן העולם אבל עכשיו שכ' ותחי רוח יעקב הביאם שנעש' איש חי מעת' יהי' מעותד אל המית' ורק פעם אחת ולא אל הרב' מיתות כי החשוב כמת מחמת חיי צער דומה כאילו בכל יום הוא מת וכן נאמר ויחי יעקב בארץ מצרים שבע עשרה שנה ויהי ימי חייו קמ"ז שנה כי ע"י חיי שלום שהי' לו באותן י"ז שנים הי' דומה למפרע כאילו חיה כל קמ"ז שנים חיים נעימים הקרוין חיים באמת:

ספורנו

(כח) להורות לפניו גושנה. למען יורה יהודה איך יתוקן בית דירה לפני בוא יעקב לגושן: (כט) וירא אליו. מתוך עבדיו הסובבים אותו ולא המתין שיבא אביו אליו אל המרכבה: (ל) **אמותה הפעם**. מצרות אחרות נושעתי ואחר התשועה מהם אפפו עלי רעות עתה בזאת הפעם שנושעתי מצרתך אחרי ראותי את פניך יהי רצון שאמות בזאת התשועה ולא יוסיף עצב עמה: (לא) אעלה ואגידה. שמלאכתכם היא מרעה הצאן מבלתי שאשאל ממנו אז שיתן לכם ארץ גושן כדי שיאמין כשתאמרו לו שזאת מלאכתכם

and he appeared to him—*Joseph presented himself to his father.*— [*Rashi*]

Since the Torah states further: "Now Israel's eyes had become heavy with age [to the extent that] he could not see" (48:10), it tells us here "and he appeared to him," meaning that at this time he could still see well, and he took pleasure in gazing upon Joseph and his features. (Cf. *Ramban* below.)

This could not mean that Jacob appeared to Joseph because the subject of the beginning of the verse is Joseph. It should therefore have said, "and Joseph saw him."— [*Tosafoth Hashalem*]

and he wept on his neck for a long time—Heb. עוֹד...וַיֵּבְךְ, *an expression of profuse weeping, and likewise, "For He will not place additional [guilt] on a man" (Job 34:23), an expression of profusion. He* (God) *does not place upon him additional accusations over* [and above] *his sins. Here too he wept greatly and continuously, more than was usual. Jacob, however, neither fell on Joseph's neck nor kissed him. Our Sages said that he was reciting the Shema.*—[*Rashi* from *Derech Eretz Zuta* 1:10, ed. Hager, p. 62; quoted in *Bereishith Zuta*; *Yichusé Tannaim va'Amoraim*, p. 180, *Teshuvoth Hageonim*, ch. 45]

Tosafoth Hashalem comments that Jacob's recitation of the *Shema* is intimated by the words לִקְרַאת יִשְׂרָאֵל, *to meet Israel,* which is interpreted midrashically as לִקְרִיאַת יִשְׂרָאֵל, *to Israel's reciting.* If Jacob was reciting the *Shema*, why was Joseph not doing the same? The answer: Since Joseph was engaged in fulfilling the commandment of honoring his father, he was exempt from the commandment of reciting the *Shema*.

In connection to the midrash stating that Jacob was reciting the *Shema*, *Tosafoth Hashalem* quotes a commentator who explains this verse in transposed order. First, Joseph went to meet his father and found him reciting the *Shema*. Thinking that Jacob did not notice him, he sent his servants to harness his chariot, and then he returned and appeared to his father, attired in regal garments as valuable and ornate as those worn by Pharaoh. Then he wept over his father's neck just as he had wept over his brothers. That is the meaning of עוֹד, *again.*

Ramban explains that when Joseph arrived in his royal chariot and kingly attire, with a headdress similar to the kings of Egypt, Jacob, whose vision was impaired because of his advanced age, did not recognize him, just like his brothers had not recognized him. When Jacob finally recognized Joseph, he fell on his neck and wept. *Ramban* proceeds to explain that an elderly father who has not seen his son for twenty-two years and now sees him after all that time of despairing for his life, will surely weep more than his son who is now grown up and also a ruler.

Tosafoth Hashalem interprets עוֹד as "again." One interpretation is "he wept again and again." Another is that Jacob first wept for Joseph when he disappeared years before, now

Jacob wept again over Joseph when he was reunited with him.

30. **I will die this time**—*Its simple meaning is as the Targum renders.* [If I should die this time, I would be consoled.] *Its midrashic interpretation is, however: I thought that I would die two deaths, in this world and in the next world, because the Shechinah had left me, and I thought that the Holy One, blessed be He, would hold me responsible for your death. Now that you are still alive, I will die but once.*—[Rashi from *Tanchuma Vayigash* 9]

According to the Midrash, Jacob did not wish to die. On the contrary, since he was reunited with Joseph, he prayed to live with him and to enjoy his presence.—[*Sifthei Chachamim*] [Accordingly, the meaning of הַפָּעַם is "once."] Jacob thought he would be held responsible for Joseph's death because it was Jacob who had sent Joseph to Shechem, where he thought Joseph had been killed.—[*Pardes Shammai*]

Tosafoth Hashalem writes in the name of *Rivash*: Jacob surrendered himself to death. He said, "Now I do not care if I die, since the Holy One, blessed be He, has granted me my heart's desire, namely that I have seen you alive." *Onkelos* renders similarly. [Note that this differs slightly from *Rashi*.]

Tosafoth Hashalem presents another interpretation: I do not care if I die now, because I have seen your face, I have seen that you are still alive and lively, performing *mitzvoth*

with alacrity, just as you had before.

Jacob knew that he would die only once because he was assured that if none of his children died during his lifetime, he would not see *Gehinnom*. This is according to the midrash quoted by *Rashi* in Gen. 37:35.

Tosafoth Hashalem asks how Jacob knew that none of them would die before him. He answers that Jacob was afraid only that one of his sons would die before reaching the age of 20, the age when the heavenly tribunal punishes a person for his sins. If any one of them died before that age, Jacob would know that it was because of his (Jacob's) sins. As long as Joseph, who disappeared at 17, was missing, that fear constantly plagued him. Now that he knew Joseph was still alive, he was no longer afraid that any of his children would die, because they were all over twenty years old, and if anyone did die, it would be because of his own sins, and not his father's sins.

31. **I will go up and tell Pharaoh**—When Joseph spoke to his father, he had descended from his chariot. Now he tells his father that he will mount his chariot and go to give this message to Pharaoh. — [*Da'ath Zekenim*]

and I will say to him, 'My brothers, etc.'—*and I will further say to him, 'The men are shepherds, etc.'*—[Rashi]

That is to say that the following verse is connected to this verse, and does not indicate that he told his brothers about other men who were shepherds.—[*Sifthei Chachamim*]

לב והאנשים רעי צאן כי־אנשי
מקנה היו וצאנם ובקרם וכל־אשר
להם הביאו: לג והיה כי־יקרא לכם
פרעה ואמר מה־מעשיכם:
לד ואמרתם אנשי מקנה היו עבדיך
מנעורינו ועד־עתה גם־אנחנו גם־
אבתינו בעבור תשבו בארץ גשן
כי־תועבת מצרים כל־רעה צאן:
מז א ויבא יוסף ויגד לפרעה ויאמר
אבי ואחי וצאנם ובקרם וכל־אשר
להם באו מארץ כנען והנם בארץ
גשן: ב ומקצה אחיו לקח חמשה
אנשים ויצגם לפני פרעה: ג ויאמר
פרעה אל־אחיו מה־מעשיכם
ויאמרו אל־פרעה רעה צאן עבדיך
גם־אנחנו גם־אבותינו: ד ויאמרו
אל־פרעה לגור בארץ באנו כי־אין
מרעה לצאן אשר לעבדיך כי־כבד
הרעב בארץ כנען ועתה ישבו־נא
עבדיך בארץ גשן: ה ויאמר פרעה
אל־יוסף לאמר אביך ואחיך באו
אליך: ו ארץ מצרים לפניך הוא

לב וגבריא רעי ענא ארי
גבריא מרי גיתין הוו
ועאנהון ותוריהון וכל די
להון איתיאו: לג ויהי
ארי יקרי לכון פרעה
ויימר מה עובדיכון:
לד ותימרון גברי מרי גיתי
הוו עבדך מזעירנא ועד
כען אף אנחנא
אף אבהתנא בדיל
דתיתבון בארעא דגשן
ארי מרחקין מצראי כל
רעי ענא: א ואתא
יוסף וחוי לפרעה ואמר
אבא ואחי ועאנהון
ותוריהון וכל די להון
אתו מארעא דכנען והא
אינון בארעא דגשן:
ב ומקצת אחוהי דבר
חמשא גוברין ואקימינון
קדם פרעה: ג ואמר
פרעה לאחוהי מה
עובדיכון ואמרו לפרעה
רעי ענא עבדך אף
אנחנא אף אבהתנא:
ד ואמרו לפרעה
לאתותבא בארעא
אתינא ארי לית רעיא
לענא די לעבדך ארי
תקיף כפנא בארעא
דכנען וכען יתבון כען
עבדך בארעא דגשן:
ה ואמר פרעה ליוסף
למימר אבוך ואחך אתו
לותך: ו ארעא דמצרים

תולדות אהרן

ואמרתם אכ'י ספר הזוהר פ' פנחס:
ומקצה אחיו בבא קמא לב.

שפתי חכמים

לפרעה לכך פירש ועוד אומר לו דבר זה והאנשים וגו' ודייק מכפל ל'
ואגידם ואומרם: ז לפי שהם יודעים שהרועים רועי הצאן יודעין

רש"י

(לד) בעבור תשבו בארץ גשן. והיא צריכה לכם שהיא ארץ מרעה וכשתאמרו לו שאין אתם בקיאין במלאכה אחרת ירחיקכם מעליו ויושיבכם שם: כי תועבת מצרים וגו'. לפי שהם להם ז אלהות: (ב) ומקצה אחיו. מן הפחותים שבהם לגבורה שאין נראים גבורים שאם יראה אותם גבורים יעשה אותם אנשי מלחמתו. ואלה הם ראובן שמעון לוי יששכר ובנימין

32. The men are shepherds, for they were [always] owners of livestock, and their flocks and their cattle and all they have they have brought.' 33. And if it comes to pass that Pharaoh calls you and asks, 'What is your occupation?' 34. You shall say, 'Your servants have been owners of livestock from our youth until now, both we and our ancestors,' so that you may dwell in the land of Goshen, because all shepherds are abhorrent to the Egyptians."

47

1. Joseph came and told Pharaoh, and he said, "My father and my brothers and their flocks and their cattle and all that is theirs, have come from the land of Canaan, and behold, they are in the land of Goshen." 2. And from among his brothers he took five men, and he presented them before Pharaoh. 3. And Pharaoh said to his brothers, "What is your occupation?" And they said to Pharaoh, "Your servants are shepherds, both we and our forefathers." 4. And they said to Pharaoh, "We have come to sojourn in the land, for your servants' flocks have no pasture, for the famine is severe in the land of Canaan. Now, please let your servants dwell in the land of Goshen." 5. And Pharaoh spoke to Joseph, saying, "Your father and your brothers have come to you. 6. The land of Egypt is [open] before you;

32. **The men are shepherds, for they were [always] owners of livestock**—Joseph said that he would tell Pharaoh that they were shepherds, but not that they personally pastured sheep belonging to others, for they had workers and household members to tend and pasture their own flocks. Instead, Joseph would tell Pharaoh that the brothers' great wealth was due to their livestock, which they owned. His intention was to build them up in Pharaoh's

eyes.—[Ramban]

34. **so that you may dwell in the land of Goshen**—*which you need, for it is a land of pasture, and when you tell him that you are not skilled at any other work, he will send you away from him and settle you there.* —[Rashi]

are abhorrent to the Egyptians —*because they* (the sheep) *are their gods.*—[Rashi]

Since shepherds are constantly with sheep and know that they have no divinity, the Egyptians abhor shepherds. Alternatively, the word תּוֹעֵבָה ("abhorrent") in the Torah is a pejorative for pagan gods. Thus the Egyptians honor shepherds because they care for their gods, and they consider them as great as their gods themselves. Therefore, they settled them in the best of the land.—[*Sifthei Chachamim*]

Ibn Ezra takes this verse as an indication that in those days the Egyptians abstained from eating meat, and would not permit anyone to slaughter sheep, just as Hindus do today. A shepherd was abhorrent to them because he drank sheep's milk, and to this very day, Hindus neither eat nor drink anything derived from any living creature that has feelings.

Rashbam explains the Egyptians' attitude towards shepherds in the opposite manner, namely that the animals were abhorrent to the Egyptians, and consequently, all those who engaged in raising them were likewise considered abhorrent.

47

1. **and behold, they are in the land of Goshen**—This is a preface to Joseph's request that Pharaoh allow them to remain in the land of Goshen.—[*Rav Samuel ben Hofni Gaon*]

2. **And from among his brothers** —*From the most inferior of them in regards to physical strength,* [i.e., those] *who did not appear strong, for if he* [Pharaoh] *recognized them as being strong, he would make them his warriors. They are the following: Reuben, Simeon, Levi, Issachar, and*

Benjamin, those whose names Moses did not double when he blessed them (Deut. 33), *but the names of the strong ones he doubled,* [as follows:] *"And this is for Judah...Hear, O Lord, the voice of Judah"* (Deut. 33:7). *"And regarding Gad he said, 'Blessed be He Who granted space to Gad'"* (ibid. 20). *"And regarding Naphtali he said, 'Naphtali's wishes shall be well satisfied'"* (ibid. 23). *"And regarding Dan, he said, 'Dan is a young lion'"* (ibid. 22). *And so on for Zebulun* (ibid. 18), *and for Asher* (ibid. 24). *This is a quotation from Genesis Rabbah* (95:4), *which is the Aggadah of Eretz Yisrael. In our Babylonian Talmud, however, we find that those whose names Moses doubled were the weak ones, and it was they whom he brought before Pharaoh. As for Judah* (the sixth one), *whose name was doubled, however, it was not doubled because of weakness, but there is a*[nother] *reason for it, as is stated in Baba Kamma* (92a). *In the Baraitha of Sifré, in "Vezoth Haberachah"* (354) *we learn as in our Talmud.* [I.e., the Sifré identifies the five brothers as does the Talmud, namely that the five brothers were Gad, Naphtali, Dan, Zebulun, and Asher.]—[*Rashi*]

The Rabbis derive this from the use of the word מִקְצֵה rather than מִמִּקְצָת, *part of* or *some of.* The word מִקְצֵה, means lit., "and from the end," denoting inferiority because the ends (i.e., the edges) of any object are weaker than the middle, which is thicker.—[*Be'er Yitzchak*]

The Talmud and the *Sifré* state that Moses doubled the names of the

לב וְגוּבְרַיָא רַעֲיָין דְעָאן אֲרוּם גוּבְרֵי מָרֵי גֵיתֵי הֲווֹ וְעָנֵהוֹן וְתוֹרֵיהוֹן וְכָל דִילְהוֹן אַיְיתִיאוּ : לג וִיהֵי אֲרוּם
יִקְרֵי לְכוֹם פַּרְעֹה וְיֵימַר תְּנוֹן לִי מַה עוֹבָדֵיכוֹן : לד וְתֵימְרוּן מָרֵי גֵיתֵי הֲווֹ עַבְדָךְ מִטַלְיוּתָנָא וְעַד כְּדוֹן
בְּגִין דְתֵיתְבוּן בְּאַרְעָא דְגשֶׁן אֲרוּם מְרַחֲקִין מִצְרָאֵי כָּל רָעֵי עָנָא : א וְאָתָא יוֹסֵף וְתַנֵי לְפַרְעֹה וַאֲמַר אַבָּא
וְאַחַי וְעָנֵהוֹן וְתוֹרֵיהוֹן וְכָל דִלְהוֹן אָתוֹ מֵאַרְעָא דִכְנַעַן וְהָא אִינוּן בְּאַרְעָא דְגשֶׁן : ב וּמִקְצַת אָחוּי דְבַר
חַמְשָׁא גוּבְרִין זְבוּלוּן דָן וְנַפְתָּלִי גָד וְאָשֵׁר וַאֲקִימִינוּן קֳדָם פַּרְעֹה : ג וַאֲמַר פַּרְעֹה לְאָחוּי דְיוֹסֵף מַה
עוֹבָדֵיכוֹן וַאֲמָרוּ לְפַרְעֹה רָעֵי עָנָא הֲווֹ עַבְדָךְ אוּף אֲנַן אוּף אֲבָהָתָן : ד וַאֲמָרוּ לְפַרְעֹה לְאִיתוֹתָבָא בְּאַרְעָא
אָתֵינָא אֲרוּם לֵית אֲתַר בֵּית רַעְיָא לְעָנָא דִלְעַבְדָךְ אֲרוּם תַּקִיף כַּפְנָא בְּאַרְעָא דִכְנַעַן וּכְדוֹן יִתְבוּן כְּעַן
עַבְדָךְ בְּאַרְעָא דְגשֶׁן : ה וַאֲמַר פַּרְעֹה לְיוֹסֵף לְמֵימַר אֲבוּךְ וְאַחָךְ אָתוֹ לְוָתָךְ : ו אַרְעָא דְמִצְרַיִם קֳדָמָךְ

פי' יונתן

פיהם עכ"ז ולא מיחת עוה"ב כדפירש"י וק"ל : (ב) חמשא גוברין עיין ברש"י וכן הוא ברכה ובגמרא פ' החובל ודיוקו מדאמר מקלה אחיו דליתא ומאחיו אלא

בעל הטורים

לסדכק אלו עם אלו שלא יפרידו אותם השוכים : ומקלס אחיו לקח .

רשב"ם

לא על איש ישים עוד: (לב) והאנשים רועי צאן . כל זה אמר יוסף לפרעה: (לד) כי תועבת מצרים . נבזים היו בעיניהם כל רועי הצאן כי מאוסה צאן בעיניהם בין לאבילה בין לזבח כדכתיב הן נזבח את תועבת מצרים וגו' : (ד) לגור בארץ . ולא מתוך חוסר מזון אלא בשביל מרעה לצאננו . כל זה אמרו שלא יאמר

רש"י

ובנימין . אותם שלא כפל משה שמותם כשברכם . אבל שמות הגבורים כפל וזאת ליהודה ויאמר שמע ה' קול יהודה ולגד אמר ברוך מרחיב גד . ולנפתלי אמר נפתלי . ולדן אמר דן . וכן לזבולן וכן לאשר זה לשון ב"ר שהיא אגדת א"י אבל בגמרא בבלית שלנו [ב"ק צ"ב] מצינו שאותם שכפל משה שמותם הם החלשים ואותן הביא לפני פרעה ויהודה

דעת זקנים מבעלי התוספות

לכבודו ובכשיו אמר אעלה על המרכבה שלי ואלך ואגידה לפרעה: (לד) כי תועבת מצרים וכו'. מאוסים היו רועי צאן בעיניהם כי הצאן היה דבר מאוס לאכילה כמו שמאוסין העזים לאכילה בהרבה מקומות. וכן לא יוכלון לאכול את העברים לחם כי תועבה היא למצרים מאוסין היו אנשי עבר הנהר בעיניהם ולכן קשה להם לאכול עמהם וכן הן נזבח את תועבת מצרים לעיניהם הזבח בפניהם מה שהוא מאוס להם ולא יסקלונו יסרגונו לא נאמר אלא יסקלונו. ד"א שמעתי כי תועבת מצרים כל רעה וזן עצמו מן הצאן ואוכל אותם כי היא ע"ז שלהם ידועה מלשון הרעה אותי דמתרגמינן דזן יתי: (ב) ומקצה אחיו לקח חמשה אנשים פירש"י מן הפחותי' שבהם. וכן ה' אנשים בגימטריא חלשי"ם

אבן עזרא

על ידי לוי כמו ויבן שלמה את הבית: (לד) כי תועבת מצרים כל רועה צאן. לאות כי בימים ההם לא היו המצרים אוכלים בשר. ולא יעזבו אדם שיזבח צאן כאשר יעשו היום אנשי הודו. ומי שהוא רועה צאן תועבה היא שהוא שותה החלב. ואנשי הודו לא יאכלו ולא ישתו כל אשר יצא מחי מרגים עד היום הזה: (א) בארץ גשן. כלל. בארץ רעמסס פרט והעי"ן נח. ולפי דעתי כי רעמסס

רמב"ן

יוסף וגו' וליוסף יולד שני בנים וכן במקומות רבים תמיד בתורה ובמקרא: (לב) והאנשים רועי צאן כי אנשי מקנה היו. אמר להם שהם רועים אבל לא שירעו בהמות של אחרים כי גם בשל עצמם יש להם עבדים ובני בית ירעו אותם אלא שעשרם במקנת וזה טעם כי אנשי מקנה היו והיה להם עושר ועבודה רבה מאוד במקנה רב אשר להם כי לא רצה להזכיר רק לכבוד: (ד) לגור בארץ באנו כי אין מרעה לצאן אשר לעבדיך. אני תמה בטעם הזה שאמרו לו כי גם במצרים אין מרעה כי כבד הרעב בארץ מצרים כמו בארץ כנען אי יותר כי עליה היתה עקר הגזרה. ואולי אמרו כי בארץ כנען מפני כובד הרעב יאכלו האנשי' עשב השדה ולא ישאירו מחיה לבהמה אבל בארץ מצרים יש בה שבר יחיו בה האנשים ותשאר בה מרעה מעט ויתכן שהיה בארץ מצרים מרעה מעט באחו מפני היאורים והאגמים: (ה) אביך ואחיך באו אליך. הכנסת דברים כאמור הנה שמעתי כי אביך ואחיך באו וארץ

אור החיים

אבי ואחי וגו'. פי' כאשר צוית עליהם עשות והנם בארץ גושן כמו שאמרת ואתנ' לכם את טוב ארץ מצרים וארץ גושן בערך מרעה המקנה היא טוב ארץ מצרים אבל האחים בדברם לפני פרעה לא באו בטענה כאשר אמרת אלא כמתחנן על דבר טוב ואמרו לגור וגו' כי אין מרעה וגו' ועיין בסמוך:

ויאמר פרעה וגו' לאמר וגו'. צל"ד כוונת אומרו לאמר גם קשה אומרו אחיך וגו' באו אליך הרי זה בא ללמד ונמצא למד בדבר עצמו שלימד. אכן תמצא כי פרעה בדברו אל יוסף ענין אחיו שיקחו את אביהם ויבואו אמר אמור אל אחיך זאת עשו וגו' וקחו את אביכם וגו' ובואו אלי ודבר זה יש בו ב' משמעות. הא' כי ידבר אליהם משם פרעה כי הוא המצוה דבר. והב' כי יוסף יאמר להם כן מפי עצמו ופי' זה הוא יותר צודק ממה שמצינו שאמר אח"כ ואתה צויתה וגו' ואם הכל הוא דברי פרעה לא יצטרך צו' שנטל רשיון מפרעה הלא הכל הוא דברי פרעה והלא תמצא כשדבר יוסף אל אחיו קודם שידבר לפרעה אמר להם אעלה ואגידה לפרעה וגו' אחי וגו' באו אלי הרי גילה דעתו כי הוא המצוה אותם לבא אצלו והנה באו אליו האנשים וזה הצדיק פי' ב' וכאשר דבר אל פרעה לא דקדק לומר באו אלי אלא סתם אחי וגו' באו מארץ כנען וגו' זה יגיד כי ביאתם היא לפרעה ולזה מודיע לו' קיימו דבריך וכמו שפי' בפסוק

כלי יקר

והאנשים רועי צאן כי אנשי מקנה היו. יש לדקדק למה הולך ליתן טעם לדבריו כי אנשי מקנה היו יהיו אנשי מקנה או לא סוף סוף רועי צאן המה. ועוד שאמר כי יקרא אליכם פרעה ואמר מה מעשיכם ואמרתם אנשי מקנה היו עבדיך יותר הי' נכון שיאמרו רועי צאן היו עבדיך כי דווקא רועי צאן תועבת מצרים המה אבל לא אנשי מקנה וכי פרעה לא היו לו מקנה. ועוד קשה כי המה שינו ולא אמרו כאשר צוה להם יוסף כי השיבו לפרעה רועי צאן היו עבדיך ועוד גם אבותינו מיותר וכי שאלם על מעשה אבותיהם. ונראה סדבר הוא שתכלית כל הדברים הללו הי' כדי שירחיק' פרעה מעליו ויושיבם בארץ גשן אע"פ שגם לפרעה הי' צאן ובקר ורועים מ"מ היו רועי מצרים נוהגין כבוד במין הצאן לכבוד מזל טלה אשר בו שמו כסלם והכבוד הוא לרעות אותם במרעה שמן וטוב כל נרחב ושלא להכות' במקלות אבל שאר אומות אין נזהרים בזה ע"כ תועבת מצרים כל רועי צאן. לפיכך כשאמר יוסף לפרעה והאנשים רועי צאן כדי שירחיקם מעליו הולך ליתן טעם של התגללות שלא יחשוד אות' שלכך בחרו אומנות הרעיה כדי להקהות שיני כל המאמינים במזל טלה ברצות' הצאן אשר יעבור תחת השבט מוכה ומטול'. ע"כ נתן טעם כי אנשי מקנה היו שכך קרה להם שכל עיקר רכושם הי' המקנה ע"כ בחרו להם אומנות הרעיה:

והיה כי יקרא לכם פרעה. יש לחוש שלכך הוא קורא אתכם כדי לבחור בכם אנשים למלחמתו לפיכך כשישאל לכם מה מעשיכם ואמרתם אנשי מקנה היו עבדיך ולא תאמרו לו בפירו' שאתם

ספורנו

מלאכתכם ולא יחשוב שתאמרו כן כדי שיתן לכם ארץ גושן : (ב) ומקצה אחיו לקח. כדי שיבין פרעה מדבריהם ומעניניהם שהם

בְּמֵיטַב הָאָרֶץ הוֹשֵׁב אֶת־אָבִיךָ
וְאֶת־אַחֶיךָ יֵשְׁבוּ בְּאֶרֶץ גֹּשֶׁן וְאִם־
יָדַעְתָּ וְיֶשׁ־בָּם אַנְשֵׁי־חַיִל וְשַׂמְתָּם
שָׂרֵי מִקְנֶה עַל־אֲשֶׁר־לִי׃ ז וַיָּבֵא יוֹסֵף
אֶת־יַעֲקֹב אָבִיו וַיַּעֲמִדֵהוּ לִפְנֵי
פַרְעֹה וַיְבָרֶךְ יַעֲקֹב אֶת־פַּרְעֹה׃
ח וַיֹּאמֶר פַּרְעֹה אֶל־יַעֲקֹב כַּמָּה יְמֵי
שְׁנֵי חַיֶּיךָ׃ ט וַיֹּאמֶר יַעֲקֹב אֶל־פַּרְעֹה
יְמֵי שְׁנֵי מְגוּרַי שְׁלֹשִׁים וּמְאַת שָׁנָה
מְעַט וְרָעִים הָיוּ יְמֵי שְׁנֵי חַיַּי וְלֹא
הִשִּׂיגוּ אֶת־יְמֵי שְׁנֵי חַיֵּי אֲבֹתַי בִּימֵי
מְגוּרֵיהֶם׃ י וַיְבָרֶךְ יַעֲקֹב אֶת־פַּרְעֹה
וַיֵּצֵא מִלִּפְנֵי פַרְעֹה׃ שביעי יא וַיּוֹשֵׁב

אונקלוס

קֳדָמָךְ הִיא בִּדְשַׁפִּיר
בְּאַרְעָא אוֹתֵיב יַת אֲבוּךְ
וְיַת אֲחָךְ יִתְּבוּן בְּאַרְעָא
דְגֹשֶׁן וְאִם יְדַעְתְּ וְאִית
בְּהוֹן גּוּבְרִין דְחֵילָא
וּתְמַנִינוּן רַבָּנֵי גֵיתָא עַל
דִי לִי׃ ז וְאַיְתֵי יוֹסֵף יַת
יַעֲקֹב אֲבוּהִי וַאֲקִימִנֵיהּ
קֳדָם פַּרְעֹה וּבְרִיךְ יַעֲקֹב
יַת פַּרְעֹה׃ ח וַאֲמַר פַּרְעֹה
לְיַעֲקֹב כַּמָּה יוֹמֵי שְׁנֵי
חַיָּיךְ׃ ט וַאֲמַר יַעֲקֹב
לְפַרְעֹה יוֹמֵי שְׁנֵי
תּוֹתָבוּתִי מְאָה וּתְלָתִין
שְׁנִין זְעִירִין וּבִישִׁין הֲווֹ
יוֹמֵי שְׁנֵי חַיַּי וְלָא אַדְבִּיקוּ
יַת יוֹמֵי שְׁנֵי חַיֵּי אַבְהָתִי
בְּיוֹמָא תּוֹתָבוּתְהוֹן׃
י וּבְרִיךְ יַעֲקֹב יַת פַּרְעֹה
וּנְפַק מִן קֳדָם פַּרְעֹה׃
יא וְאוֹתֵיב יוֹסֵף יַת אֲבוּהִי

תו"א ויאמר פרעה אל יעקב מגילה יז. ויאמר יעקב אל פרעה שם:

רש"י

שהוכפל שמו לא הוכפל משום הלשון אלא טעם יש בדבר ח כדאיתא בב"ק ובברייתא דספרי שנינו בוזאת הברכה כמו בגמרא שלנו: (ו) אנשי חיל. בקיאין באומנותן ט לרעות צאן: על אשר לי. על צאן י שלי: (ז) ויברך יעקב. היא שאילת שלום כדרך כל הנראים לפני המלכים לפרקים שלודי"ר בלעז [גריסטן]: (ט) שני מגורי. ימי גרותי כל ימי הייתי גר בארץ: ולא השיגו. בטובה: (י) ויברך יעקב. כדרך כל הנפטרים מלפני

שפתי חכמים

סווייתן לפי ששם תמיד אצלן הלכך יודעין שאין בהם ממש הלכך שונאים כל רועי צאן. א"נ ל' תועבה שבקרא סוא ל' עבודת אלילים כלומר שהמצרים נוהגים כבוד גדול ברועי צאן והם נחשבים בעיניהם כעבודת אלילים עלמה מ"ה יושיב אותם במיטב הארץ: ח כל אותן מ' שנה שהיו ישראל במדבר היו עצמותיו של יהודה מגולגלין בארון וכו' והביאו רש"י בזאת הברכה: ט ר"ל אין חיל זה ל' חסידות או לשון ממון: י מדכתיב רועה צאן עבדיך וכיון שלא אמרו לפרעה אלא

אור החיים

הסמוך לזה אשר ע"כ השיב פרעה ליוסף לאמר אביך ואחיך באו אליך פי' שתאמר שביאת אחיך באו אליך כי אין כונתי באומרי אמור אל אחיך זאת עשו בשליחותי תדבר אליהם כי איני המצוה אלא הרשיתי אותך שתדבר אליהם משמך שיבואו אליך וכבר הרשיתי אותך שתתן להם טוב ארץ מצרי' וא"כ ארץ מצרים לפניך היא במיטב הארץ וגו' וההפרש שבין אם יהיה הדבר במצות פרעה או על פי יוסף יש בזה לו' לד גנאי ולד שבח לד גנאי שכלל החיוב ממנו אליהם ועוד כי מנימוסי המלכות כשיתן מלך גדולה או הנאה לאדם אחד הוא לו מתנת עולמים ולזה אם יהיו הדברים הנאמרי' מפי פרעה הנה הם באים למאמר המלך וחיוב על המלך לסבול עולם ומיטב הארץ יתן להם נצחי במלכותו ולזה הקפיד פרעה שלא יהיה הדבר ממנו אלא מיוסף והחיוב אליו הוא ולא על פרעה ובזה אין מתנתו עולמית כי אינו אלא שליט בארץ מצרים ואין לו שם מלכות ומתנתו תהי' קיימת כ"ז שיחפוץ המלך בה ובזה נתכוון שלא יחשוב יוסף כי הוא צריך להם ולצורך המלכות שלא אחריהם להיותם גבורי חיל להיות חיל והומה למלכותו לז"א אליו כי הוא אין לו צורך בהם. ולד השבח הוא כי למה יצטרך להודיעו הדבר כאיש אשר אין כח בידו לעשות דבר עד שיקח רשות מאת המלך הלא כבר ניתן לו רשות בכל ועשה יעשה והוא אומרו באו אליך ראוי אתה שיבואו בשבילך ובכח מאמרך ארץ מצרים לפניך היא במיטב הארץ וגו' מבלי צורך קחת רשות ממני ולדרך זה תתפרש עוד לאמר שנתן לו רשות לו' הדברים הנאמרים אליו והוא ע"ד אומר' בפ"א ממסכת יומא וז"ל אמר רבי מנשיא מנין לאומר דבר לחבירו שהוא בבל יאמר עד שיאמר לו אמור דכתיב וידבר ה' וגו' לאמר ע"כ ולזה הוצרך פרעה להרשותו כי כל יקר וגדולה נאמר לו מפי פרעה והגם שיגיעו קלת פחיתות ערך פרעה באמצעות הדברים אין בכך כלום. עוד ירמוז בתיבת אליו לאמר לו כי טעם הדבר שלוה להם שיבואו אינו אלא למה שנוגע לכבודו של יוסף כדי שתוכר משפחתו במצרים שלא יהיה נחשב לשפל אנשים והגם שהוכרו אחיו ביום שהתודע אליהם עודנו בחשד שראה כת של בחורים וכינה עצמו עליהם כאמור בדבריהם ז"ל

בפסוק

in the best of the land settle your father and your brothers. Let them dwell in the land of Goshen, and if you know that there are capable men among them, make them livestock officers over what is mine." 7. So Joseph brought his father Jacob and stood him before Pharaoh, and Jacob greeted Pharaoh. 8. And Pharaoh said to Jacob, "How many are the days of the years of your life?" 9. And Jacob said to Pharaoh, "The days of the years of my sojournings are one hundred thirty years. The days of the years of my life have been few and miserable, and they have not reached the days of the years of the lives of my forefathers in the days of their sojournings." 10. So Jacob blessed Pharaoh and left Pharaoh's presence. 11. Joseph settled

weak tribes as a prayer that God strengthen them. The *Midrash Rabbah* notes that the ones whose names were doubled were the mighty ones, who required protection from the evil eye. The doubling of their names was a prayer for protection.— [*Maskil l'David*]

4. **We have come to sojourn in the land, for your servants' flocks have no pasture**—In Canaan, because of the severity of the famine, human beings ate the grass of the fields, leaving nothing for the livestock. In Egypt, however, people ate the grain that had been stored away during the years of plenty, leaving the grass of the fields for the livestock.—[*Ramban*]

We have come not because we have no money, but because we need pasture for our flocks. They said this to prevent Pharaoh from saying that they came to take money from Joseph.—[*Rashbam*]

5. **Your father and your broth-**ers have come to you—Pharaoh said this to Joseph as an introduction, as if to say, "I have heard that your father and your brothers have come, and the land of Egypt is open before you." I believe that the correct rendering is that Pharaoh said, "Your father and your brothers have come because they heard of your glory, and they have cast their burden upon you. See that you treat them well, for it is incumbent upon you, and you have the power to do so."—[*Ramban*]

6. **capable men**—*Skillful in their occupation of pasturing sheep.*— [*Rashi*]

livestock officers—[I.e., officers over flocks of sheep.]

over what is mine—*Over my flocks.*—[*Rashi*]

Since Joseph's brothers mentioned to Pharaoh only that they were shepherds, the livestock referred to here also means sheep.—[*Sifthei Chachamim*]

Ibn Ezra explains this to mean livestock officers over such animals as horses and mules.

7. and stood him before Pharaoh—Perhaps Joseph stood him in the place that Pharaoh had designated for him when he said, "Only [with] the throne will I be greater than you" (41:40). The Torah thus informs us that Joseph stood his father in the most honorable place before Pharaoh. It could also mean that Joseph placed Jacob facing Pharaoh, similar to the way people stand to give blessings. Alternatively, it could be that Joseph had to position Jacob directly in front of Pharaoh because Pharaoh was a dwarf and thus he had to point Pharaoh out, so that Jacob would know who Pharaoh was. Only then did Joseph introduce his father to Pharaoh.—[*Ohr Hachayim*]

and Jacob greeted—Heb. וַיְבָרֶךְ. *This is a greeting, as is customary for all who occasionally present themselves before monarchs, saluder in Old French.*—[*Rashi* from *Tanchuma Nasso* 26]

[Since the text states in verse 10, "So Jacob blessed Pharaoh and left Pharaoh's presence," there would be no need to bless him when he entered. Therefore, *Rashi* explains that when Jacob entered, he greeted Pharaoh, and when he left, he blessed him.]

Ramban argues that it is inappropriate for a commoner to greet the king, as the Rabbis say: "Is there a servant who greets his master?" Thus he says that this was indeed a blessing, for it is customary for aged and pious men appearing before monarchs to bless them with wealth, possessions, honor, and the advancement of their kingdom, as we find in Scripture, "May my lord, King David, live forever!" (I Kings 1:31). When Jacob left, he blessed Pharaoh again to take his leave. Our Rabbis said that Jacob blessed him that the Nile should rise at his approach (*Tanchuma Nasso* 26). See *Rashi* on verse 10. *Mizrachi* answers *Ramban*'s question by stating that *Rashi* does not mean that Jacob literally greeted Pharaoh as one greets a friend, but that he showed him the proper respect due a monarch upon coming before him, such as rising and giving him honor, which is the greeting one typically bestows upon a monarch.

8. "How many are the days of the years of your life?"—Since Jacob appeared very old, with his hair and beard white from old age, Pharaoh was astonished at his old age and asked him, "How many are the days of the years of your life? I have never seen anyone as old as you in my entire kingdom!"—[*Ramban, Da'ath Zekenim, Rashbam*]

9. the years of my sojournings—*The days of my being a stranger. All my days, I have been a stranger in the land.*—[*Rashi*]

and they have not reached—*in goodness.*—[*Rashi*]

Ramban, Rashbam, and *Da'ath Zekenim* explain that Jacob answered Pharaoh that he was 130 years old. He added that Pharaoh should not wonder about his years, for they were few in comparison to the years of his

הוּא בְּבֵית שְׁפַר אַרְעָא אוֹתֵיב יַת אֲבוּךְ וְיַת אֲחָךְ יִתְבוּן בְּאַרְעָא דְגשֶׁן וְאִין חַכִּימְתָּא דְאִית בְּהוֹם גוּבְרִין
דְחֵילָא וּתְמַנִינוּן רַבָּנֵי גֵיתַי עַל דִידִי : ז וְאַיְיתֵי יוֹסֵף יַת יַעֲקֹב אֲבוּי וַאֲקִימֵיהּ קֳדָם פַּרְעֹה וּבָרִיךְ יַעֲקֹב
יַת פַּרְעֹה וַאֲמַר יְהֵי רַעֲוָא דְיִתְמְלוּן מוֹי דְנִילוּס וְיַעֲדֵי כַּפְנָא מִן עָלְמָא בְּיוֹמָךְ : ח וַאֲמַר פַּרְעֹה לְיַעֲקֹב כְּמָה
אִינוּן יוֹמֵי שְׁנֵי חַיָּךְ : ט וַאֲמַר יַעֲקֹב לְפַרְעֹה יוֹמֵי שְׁנֵי תוֹתָבוּתַיי מְאָה וּתְלָתִין שְׁנִין קְלִילִין וּבִישִׁין הֲווֹ
יוֹמֵי שְׁנֵי חַיַי דְמִן טַלְיוּתִי עֲרָקִית מִן קֳדָם עֵשָׂו אָחִי וְאִיתוֹתָבִית בְּאַרְעָא דְלָא דִידִי וּכְדוֹן בְּעִידָן סֵיבָתִי
נַחְתִית לְאִיתוֹתָבָא הָכָא וְלָא אַדְבִּיקוּ יוֹמַי יַת יוֹמֵי שְׁנֵי חַיֵי אֲבָהָתִי בְּיוֹמֵי תוֹתָבוּתְהוֹן : י וּבָרִיךְ יַעֲקֹב יַת
פַּרְעֹה וּנְפַק מִן קֳדָם פַּרְעֹה : יא וְאוֹתֵיב יוֹסֵף יַת אֲבוּי וְיַת אָחוֹי וִיהַב לְהוֹן אַחְסָנָא

יא ופלוסם

פי׳ יונתן

תורה שלא היו גבורים דמשמע לגריעותא כמו ואוכל בקלה המחנה ורבים כאלה : (ו) שפר ארעא פי׳ מן העדיות שבמצרים והוא לי״ג פ״ק דב״מ אמר שמואל שבח שפר ושעבוד וכו׳ וכן ת״י לעיל פ׳ מ״ה פסוק י״ח : (ז) יהא רעוא דיתמלון מוי דנילוס וכו׳ מסתברא דעתו להפך מדעת רש״י וס״ל ויברך השני מפרש הפסוק ויצא מלפניו שלא היה הברכה אלא כדרך יוצאים מלפני המלכים אמנם ויברך הראשון ודאי היתה ברכה כפשוטו שאין דרך הבא לפני מלך שלא ראהו מימיו

בעל הטורים

בגימ׳ זה השלשים : במיטב הארץ. בגי׳ גושן : ושמתם. ב׳ במסרה הכא ואידך ושמתם בארון מלמד שהיו ממונים ושרים על ראשי החיילים והיו שמם כתובי׳ ומונחי׳ בארגז המלך וזה הוא ושמתם בארון : ויעמדהו. ב׳ במס׳ הכא ואידך ויעמדהו לפני אלעזר הכהן ושניהם חסרים לפי שיעקב היה זקן והיו צריכין לסומכו כדי שיוכל לעמוד וגם יהושע היה מתביים שנעשה מנהיג לפני משה והיה ירא ממשה שמא יענישהו והיו

רשב״ם

פרעה ליקח משל יוסף באו : (ו) אנשי חיל. ראוים לגבורה ולשררה כמו אשת חיל את. ואני הצעיר מצאתי תרגום שרי מקנה רבני חילא כפי׳ רבינו: (ט) מעט ורעים. לפי שנראה יעקב בעיניו זקן יותר מדאי ששאל לו כמה ימי שני חייך השיב לו יעקב מעט הם אבל רעים הם ולכך אני נראה בעיניך

דעת זקנים מבעלי התוספות

שבס״ן תס״ר את״ד : (ח) כמה ימי שני חייך. פשט לפי שראהו זקן מאד ושערות ראשו וזקנו לבנות מרוב הזקנה שאל כן והוא נכנס ימי מגורי שלשים ומאת שנה מעט ורעים כלומר מעטים הם שנותי אלא מתוך רעות שהיה לי קפצה עלי זקנה. מדרש בשעה שאמר יעקב מעט

אבן עזרא

פתוח העין אינגה שהיו דריס שם ישראל כי מערי מסכנות פרעה היתה : (ו) שרי מקנה. כסוס וכפרד :

רמב״ן

מצרי׳ לפניך היא. והנכון בעיני שיאמר אביך ואחיך אליך באו לשמוע כבודך ועליך השליכו יהבם ראה שתעשה עמהם טובה כי עליך הדבר ויש לאל ידך : (ז) ויברך יעקב את פרעה. היא שאלת שלום כדרך כל הנראין לפני מלכים לפרקי׳ ל׳ רש״י ואינו נראה כן שאין מדרך מוסר המלוכה שישאל אדם בשלום המלך וכמו שאמרו כלום יש עבד שנותן שלום לרבו אבל היה ברכה ממש שדרך הזקנים והחסידים הבאים לפני המלכים לברך אותם בעושר ונכסים וכבוד והתנשא מלכותם וכענין שאמר הכתוב יחי אדוננו המלך דוד לעולם ובצאתו מלפניו חזר וברך אותו ליטול רשות מלפניו ואמרו רבותינו שיעל׳ נילום לרגלו : (ט) מעט ורעים היו ימי שני חיי. לא ידעתי טעם הזקן אבינו מה מוסר הוא שיתאונן אל המלך ומה טעם לאמר לא השיגו את ימי שני חיי אבותי כי אולי עוד ישיגם ויחיה יותר מהם ונראה לי כי יעקב אבינו זרקה בו שיבה והיה נראה זקן מאד ופרעה תמה על זקנותו כי אין רוב אנשי זמנו מאריכים ימים כל כך שכבר קצרו שנותם. ולכן שאל לו כמה ימי שני חייך כי לא ראיתי כמותך זקן בכל מלכותי אז ענה יעקב כי ימיו שלשים ומאת שנה ואל יתמה בהם כי מעט הם כנגד שנות אבותיו שחיו יותר אבל מפני היותם רעים בעמל ואנחה זרקה בו שיבה ונראה זקן מאד: (יא) וטעם ויושב יוסף ויתן להם אחוזה. שהושיב אותם במיטב הארץ ובאחוז׳ שנתן להם כי לא רצה שיהיו כגרים בארץ וקנה להם בתים ונחלת

אור החיים

בפסוק ויכחס אותם וידבר על לבם וכביאת אביו ואחיו יאמן הדבר והוא אומרו באו אליך לצורכך ולכבודך היא ביאתם: במיטב הארץ וגו׳ ישבו בארץ גושן. הנה חש לומר במיטב הארץ לבד לגד שיוסף רמז בדבריו כי חפץ בארץ גושן יחשוב כי אינו חפץ שישבו בארץ גושן ממה שלא הסכים על דבריו ואם היה אומר ישבו בארץ גושן יהיה נשמע שהוא כמסתפק להם בנתינת ארץ גושן לבד ולא בטוב ממנה אם יכשר בעיני יוסף וזה סותר מה שקדם בדבריו ואתנה לכם את טוב ארץ מצרים לז״א במיטב וגו׳ בארץ וזה שיעור דבריו במיטב הארץ הושב וגו׳ ואני מודיעך כי ארץ גושן היא המיטב ומצינו שכן העיד הכתוב דכתיב ויושב יוסף וגו׳ במיטב הארץ בארץ רעמסס וגו׳. או יהיה שיעור הכ׳ עז״ה במיטב וגו׳ ואם בחרו להם ארץ גושן ישבו בה ובזה אין החלט לו׳ כי היא זה מקומם אלא עודם בשער הרצון אם ייטב בעיניהם מקום אחר הרשות בידם לשבת במיטב הארץ :

ויעמדהו לפני פרעה. טעם או׳ ויעמדהו וגו׳ אולי שהעמידו במקומו של יוסף ששם לו פרעה מקומו לפני כסאו

כלי יקר

רועי צאן כי תועבת מצרים כל רועי צאן ואין מדרך המוסר לדבר דבר שהוא נתעב בעיני המלך והם להזכיר לפניו בפירו׳ דבר שהוא כנגד דתו דאל״כ למה לא נתן יוסף טעם זה על דברי עצמו שאמר שהם רועי צאן וטעמו כי תועבת מצרים כו׳ אלא אדרב׳ שזה נתינת טעם על שלא צוה להם לומר שהם רועי צאן אמנם המלך יבין מעצמו מאחר שאנשי מקנה. אתם וודאי כולכם רועי צאן וכדי שלא יבקש מכם להחליף מלאכת הרעיה באומנות דבר אחר ע״כ תאמרו מנעורינו ועד עתה לא הורגלנו בשום אומנות אחרת כ״א בזה וכדי שלא יאמר שמנעוריכם בחרתם באומנות זו להכחיש דעת המאמינים במזל טלה ע״כ תאמרו גם אבותינו מעולם קודם שנתפשטה אמונה זו בעולם. אבל יוסף רצה לומר בפירו׳ אל פרעה כי המה רועי צאן כי כך אמר תחילה שהוא רוצה לומר לפניו והאנשי׳ רועי צאן כי אליו יתכן לומר בפי׳ כן כדי שירחיק אתכם מעליו אבל לכם לא יתכן לומר בפירו׳ לפניו דבר שיגרום הרחק׳ אלא הוא יבין זה מכלל דבריכם. ולסוף הוחלפ׳ השיט׳ שיוסף לא אמר לפני פרעה כי המה רועי צאן ואחיו אמרו בפירו׳ רועי צאן עבדיך לפי שראה שפרעה לא שלא אחריהם לקרא אותם ולא הי׳ חושש פן יקח מהם הגבורים למלחמתו ע״כ לא הוצרך הוא להזכיר כי רועי צאן המה והמה אמרו בפירוש רועי צאן עבדיך כדי שירחיק׳ מעל גבולו כאמור כי כך התנ׳ יוסף שאחד מהם יאמר בפי׳ כי המה רועי צאן והאחד יאמר שהם אנשי מקנה או הוא או אחיו דאל״כ למאי נפקא מינה הגיד יוסף לאחיו מה שרוצ׳ לדבר בפני פרעה אלא כך אמר יוסף לאחיו אם אני אדבר בפי׳ שרועי צאן אתם אזי די כשתאמרו אתם אנשי מקנה כי איש מדרך המוסר להזכיר שני פעמים רועה צאן כי הוא נגד דתו ואם אני לא אומר בפירוש רועה צאן אז אתם תאמרו בפירוש וכך הי׳ לסוף ובזה הותרו כל הספיקות :

כמה ימי שני חייך. לפי שהוגד לפרעה שכאשר בא יעקב הי׳ הנילוס עולה לרגליו והי׳ פרעה שמח על זה מאוד וחשב שכל זמן שיעקב חי יעלה הנילוס לרגליו לעולם וישקה את פני האדמה. וכאשר ראה את יעקב והנה הוא דל וכחוש ורקות בשר כמשפט

אבי עזר

(ו) (שרי מקנה כסוס כפרד). כי מקנה סובל דברים הנקנים בכסף כמו לאברהם למקנה. עושה מקנה וקנין. ספר המקנה. וגם

ספורנו

שהם בעלי מלאכת מרעה הצאן בלבד : (ח) כמה ימי שני חייך תמה כי לא היה דבר מצוי במצרים שיאריך אדם ימים כל כך שיגיע לפרק שהיה אז יעקב בו וגם שיבה זרקה בו : (ט) מעט ורעים היו ימי שני חיי. על מה שאמרת כמה ימי שני חייך אני אומר כי שני חיי היו מעט ורעים ברב טרדת מזונות ודאגות הקורות כי הימים אשר בם יהיה האדם בצרת לא יקראו ימי שני חיים אבל ימי שני מגוריהיו בין הכל מאה ושלשים שנה : ולא השיגו ימי שני חיי אבותי בימי מגוריהם. כי אבותי אע״פ שהיו גם הם גרים בארץ לא להם מ״מ היו להם ימי חיים רבים בלתי צרות

יוֹסֵף֮ אֶת־אָבִ֣יו וְאֶת־אֶחָיו֒ וַיִּתֵּ֨ן לָהֶ֤ם
אֲחֻזָּה֙ בְּאֶ֣רֶץ מִצְרַ֔יִם בְּמֵיטַ֥ב הָאָ֖רֶץ
בְּאֶ֣רֶץ רַעְמְסֵ֑ס כַּאֲשֶׁ֖ר צִוָּ֥ה פַרְעֹֽה׃
יב וַיְכַלְכֵּ֤ל יוֹסֵף֙ אֶת־אָבִ֣יו וְאֶת־אֶחָ֔יו
וְאֵ֖ת כָּל־בֵּ֣ית אָבִ֑יו לֶ֖חֶם לְפִ֥י הַטָּֽף׃
יג וְלֶ֤חֶם אֵין֙ בְּכָל־הָאָ֔רֶץ כִּֽי־כָבֵ֥ד
הָרָעָ֖ב מְאֹ֑ד וַתֵּ֜לַהּ אֶ֤רֶץ מִצְרַ֙יִם֙
וְאֶ֣רֶץ כְּנַ֔עַן מִפְּנֵ֖י הָרָעָֽב׃ יד וַיְלַקֵּ֣ט
יוֹסֵ֗ף אֶת־כָּל־הַכֶּ֙סֶף֙ הַנִּמְצָ֤א בְאֶֽרֶץ־
מִצְרַ֙יִם֙ וּבְאֶ֣רֶץ כְּנַ֔עַן בַּשֶּׁ֖בֶר אֲשֶׁר־
הֵ֣ם שֹׁבְרִ֑ים וַיָּבֵ֥א יוֹסֵ֛ף אֶת־הַכֶּ֖סֶף
בֵּ֥יתָה פַרְעֹֽה׃ טו וַיִּתֹּ֣ם הַכֶּ֗סֶף מֵאֶ֣רֶץ
מִצְרַיִם֮ וּמֵאֶ֣רֶץ כְּנַעַן֒ וַיָּבֹ֣אוּ כָל־
מִצְרַ֣יִם אֶל־יוֹסֵ֤ף לֵאמֹר֙ הָֽבָה־לָּ֣נוּ
לֶ֔חֶם וְלָ֥מָּה נָמ֖וּת נֶגְדֶּ֑ךָ כִּ֥י אָפֵ֖ס
כָּֽסֶף׃ טז וַיֹּ֤אמֶר יוֹסֵף֙ הָב֣וּ מִקְנֵיכֶ֔ם
וְאֶתְּנָ֥ה לָכֶ֖ם בְּמִקְנֵיכֶ֑ם אִם־אָפֵ֖ס
כָּֽסֶף׃ יז וַיָּבִ֣יאוּ אֶת־מִקְנֵיהֶם֮ אֶל־
יוֹסֵף֒ וַיִּתֵּ֣ן לָהֶם֩ יוֹסֵ֨ף לֶ֜חֶם בַּסּוּסִ֗ים
וּבְמִקְנֵ֥ה הַצֹּ֛אן וּבְמִקְנֵ֥ה הַבָּקָ֖ר
וּבַחֲמֹרִ֑ים וַיְנַהֲלֵ֤ם בַּלֶּ֙חֶם֙ בְּכָל־

וְיָת אֲחוֹהִי וִיהַב לְהוֹן
אַחְסָנָא בְּאַרְעָא דְמִצְרַיִם
בִּדְשְׁפַר בְּאַרְעָא בְּאַרַע
רַעְמְסֵס כְּמָא דִי פַקֵּיד
פַּרְעֹה׃ יב וְזָן יוֹסֵף יָת
אֲבוּהִי וְיָת אֲחוֹהִי וְיָת כָּל
בֵּית אֲבוּהִי לַחְמָא לְפוּם
טַפְלָא׃ יג וְלַחְמָא לֵית
בְּכָל אַרְעָא אֲרֵי תַקִּיף
כַּפְנָא לַחֲדָא וְאִשְׁתַּלְהִי
עַמָּא דְאַרְעָא דְמִצְרַיִם
וְעַמָּא דְאַרְעָא דִכְנַעַן מִן
קֳדָם כַּפְנָא׃ יד וּלְקַט
יוֹסֵף יָת כָּל כַּסְפָּא
דְאִשְׁתְּכַח בְּאַרְעָא
דְמִצְרַיִם וּבְאַרְעָא דִכְנַעַן
בְּעִבוּרָא דִי אִנּוּן זָבְנִין
וְאַיְתִי יוֹסֵף יָת כַּסְפָּא
לְבֵית פַּרְעֹה׃ טו וּשְׁלִים
כַּסְפָּא מֵאַרְעָא דְמִצְרַיִם
וּמֵאַרְעָא דִכְנַעַן וַאֲתוֹ כָל
מִצְרָאֵי לְוָת יוֹסֵף לְמֵימַר
הַב לָנָא לַחְמָא וּלְמָא
נְמוּת לָקֳבְלָךְ אֲרֵי שְׁלִים
כַּסְפָּא׃ טז וַאֲמַר יוֹסֵף
הַבוּ גֵיתֵיכוֹן וְאֶתֵּן לְכוֹן
בְּגֵיתֵיכוֹן אִם שְׁלִים
כַּסְפָּא׃ יז וְאַיְתִיאוּ יָת
גֵיתֵיהוֹן לְוָת יוֹסֵף וִיהַב
לְהוֹן יוֹסֵף לַחְמָא
בְּסוּסָוָתָא וּבְגֵיתֵי עָנָא
וּבְגֵיתֵי תוֹרֵי וּבַחֲמָרֵי
וְזָנִינוּן בְּלַחְמָא בְּכָל

תולדות אהרן

ויכלכל יוסף נזיר ג וילקט יוסף פסחים קיט

אור החיים

כשאמר לו רק הכסא אגדל ממך והודיע הכ' כי יוסף העמיד אביו לפני פרעה במקום המעול' קרוב למלך. עוד ירצה שהעמידו למול פניו כדרך המברכין ויברך יעקב וגו' עוד ירצה להודיע כי הוצרך להעמידו לפניו לצד היות פרעה שפל אנשים צעיר קומה הוצרך להכירנו לו והעמידו לפניו לומר כי הוא זה:

ולחם אין וגו' כי כבד וגו'. פי' ולצד כובד הרעב היו אוכלים דבר מופלא וכילו הלחם והלא לראות עינינו דאבה נפשינו בשני רעב שהי' במערב שהי' אדם א' אוכל שיעור מאכל י' בני אדם ועודנו רעב בבטנו רחל"ן: וילקט וגו'. אמר לשון לקיטה פי' שלא נשאר מהכסף בידם ולא כלום כי לא הניח אחריו לקט:

ולמה

his father and his brothers, and he gave them property in the land of Egypt, in the best of the land, in the land of Rameses, as Pharaoh had mandated. 12. And Joseph sustained his father and his brothers and his father's entire household [with] bread according to the young children. 13. Now there was no food in the entire land, for the famine had grown exceedingly severe, and the land of Egypt and the land of Canaan were exhausted because of the famine. 14. And Joseph collected all the money that was found in the land of Egypt and in the land of Canaan with the grain that they were buying, and Joseph brought the money into Pharaoh's house. 15. Now the money was depleted from the land of Egypt and from the land of Canaan, and all the Egyptians came to Joseph, saying, "Give us food; why should we die in your presence, since the money has been used up?" 16. And Joseph said, "Give [me] your livestock, and I will give you [food in return] for your livestock, if the money has been used up." 17. So they brought their livestock to Joseph, and Joseph gave them food [in return] for the horses and for the livestock in flocks and in cattle and in donkeys, and he provided them with food [in return] for all

forefathers. But because they were miserable with toil and sighing, however, he aged prematurely and therefore appeared unusually old.

Da'ath Zekenim proceeds to quote a midrash that states: When Jacob said, "The days of the years of my life have been few and miserable," the Holy One, blessed be He, said to him, "I rescued you from Esau and from Laban, I restored Dinah and Joseph to you, and you complain that your days were few and miserable? I swear by your life that just as the number of words from 'And Pharaoh said' (verse 8) to 'in the days of their sojournings,'

are 33, so will you live 33 years less than your father Isaac. He lived 180 years, and you will live [only] 147."

10. **So Jacob blessed**—*according to the custom of all those who leave the presence of princes, that they bless them and take their leave. Now what blessing did he bless him? That the Nile should rise at his approach, because Egypt does not drink rain water, but the Nile rises and waters it, and since Jacob's blessing, Pharaoh would come to the Nile, and it would rise to greet him and water the land.*—[*Rashi* from *Tanchuma, Nasso* 26]

11. **Joseph settled his father and his brothers, and he gave them property**—Joseph settled them in the best of the land in the property that he granted them, for he did not want them to be like strangers in the land. Thus he bought them houses and gave them an inheritance of fields and vineyards. All this was done with Pharaoh's approval, for they said, "We have come to sojourn in the land," meaning—not to live there; when the famine is over, we will return to our land. Pharaoh, however, said to Joseph, "...settle your father and your brothers," meaning that Joseph should settle them as [permanent] inhabitants of the land of Goshen.—[*Ramban*]

Rameses—*That is* [part] *of the land of Goshen.*—[*Rashi*]

Since they requested permission to live in Goshen (verse 4), and Pharaoh replied that they should live there (verse 6), Joseph obviously complied with Pharaoh's order. If so, the land of Rameses, which was the best of the land, was surely part of Goshen.— [*Tosafoth Hashalem*] *Rav Samuel ben Hofni Gaon* refers us to "Only in the land of Goshen, where the children of Israel were, there was no hail" (Exod. 9:26). This too proves that the children of Israel lived in Goshen. *Ibn Ezra* and *Rabbenu Avraham ben HaRambam* also write that Rameses was part of Goshen. In addition, *Ibn Ezra* (verse 1) points out that Rameses, where the Israelites lived, is distinct from Raamses, the city that they built for Pharaoh (Exodus 1:11), where no Israelites actually lived, but which was a store city. *Targum*

Jonathan (Gen. 47:11, Exod. 1:11), however, identifies both these cities as Pelusium, a city at the extreme northeast of the Nile delta. According to *Sefer Hazikkaron* (Exod. 1:11), *Rashi* agrees with *Targum Jonathan*'s comment that Rameses and Raamses are identical.

12. **[with] bread according to the young children**—*According to what was required for all the members of their household.*—[*Rashi*]

Young children usually crumble bread unnecessarily. The text states that Joseph gave them food even according to the great quantity needed for young children. He surely also gave them enough food for all the other members of their households.—[*Sifthei Chachamim*]

13. **Now there was no food in the entire land**—*It* (Scripture) *returns to the earlier topic, to the beginning of the famine years.*—[*Rashi* from Gen. Rabbah 89:9]

I.e., to the first year of the famine, for, as soon as Jacob came down to Egypt, the famine was over, as below on verse 19.—[*Sifthei Chachamim*]

were exhausted—Heb. וַתֵּלַהּ, like וְתִלְאֶה, an expression of exhaustion, as the Targum renders (וְאִשְׁתַּלְהֵי), and similar to this is "Like one who wearies himself (כְּמִתְלַהְלֵהַּ) shooting firebrands" (Prov. 26:18).—[*Rashi*]

14. **And Joseph collected all the money**—The text informs us of this fact and the other events of this section to demonstrate Joseph's wisdom, understanding, and knowledge, and to show that he was trustworthy. He brought money into Pharaoh's house and neither accumulated

בארעא דמצרים בבית שפר ארעא בארעא דפילוסין היכמא דפקיד פרעה: יב וזן יוסף ית אבוהי וית
אחוי וית כל בית אבוי לחמא לפום דמצטרך לטפלייא: יג ולחמא לית בכל ארעא ארום תקיף כפנא
לחדא ואשתלהון דיירי ארעא דמצרים ודיירי ארעא דכנען מן קדם כפנא: יד ולקיט יוסף ית כל כספא
דאישתכח בארעא דמצרים ובארעא דכנען בעיבורא דהינון זבנין ואייתי יוסף ית כספא בבית היפתיקא
דפרעה: טו ושלים כספא מארעא דמצרים ומארעא דכנען ואתו מצראי לות יוסף טו וחסיל
למימר הב לנא לחמא ולמא נמות כל קבלך ארום שלים כספא: טז ואמר יוסף הבו גיתיכון ואתן
לכון מזון בגיתיכון אין פסד כספא: יז ואייתיו ית גיתיהון ליוסף ויהב להון יוסף לחמא בסוסון ובגיתי

פי' יונתן

ויברכנו וק"ל: (יד) היפתיקא הוא אוצרו של מלך:

פי' ירושלמי

(טו) ותסיל פי' אפיסה והשלמה מלשון חסל סדור:

בעל הטורים

צריכין לסומכו ולכן הסמיכו שלא היתה עמידתן שלימה: ביתה פרעה. ב' במסורה הכא ואידך ערוב כבד ביתה פרעה. בשביל שלא זכר הטובות שעשה לו יוסף והביא כל הכסף לביתו ע"ז בא הערוב תחילה ביתה פרעה ד"א לומר כמו שמכניסין הכסף חדר בחדר כך בא הערוב בחדר פרעה שהיה לפנים חדר בחדר. ביתה תרגום מלגו:

רשב"ם

זקן יותר מדאי: (יג) ותלה. כמו ותכה מכעס עיני. הה"א עיקר לפיכך מפיק ה"א וכן גנה אור: ארץ מצרים וארץ כנען. אבל הרחוקות יותר מארץ כנען לא היו באים לארץ מצרים כי רחוקות יותר מדאי או שמא לא היה שם

רש"י

שהיו מברכים אותם ונוטלים רשות ומה ברכה ברכו שיעלה ב נילוס לרגליו לפי שאין ארץ מצרים שותה מי גשמים אלא נילוס עולה ומשקה ומברכתו של יעקב ואילך היה פרעה בא אל נילוס והוא עולה לקראתו ומשקה את הארץ [תנחומא]: (יא) רעמסס. מארץ גושן היא: (יב) לפי הטף. לפי הצריך לכל בני ביתם: (יג) ולחם אין בכל הארץ. חוזר לענין הראשון מ לתחלת שני הרעב: ותלה. כמו ותלאה לשון עייפות כתרגומו ודומה לו [משלי כו] כמתלהלה נ היורה זקים: (יד) בשבר אשר הם שוברים. נותנין לום את הכסף: (טו) אפס. כתרגומו שלים: (יז) וינהלם. כמו וינהגם ודומה לו [ישעיה נא] אין מנהל לה [תהלים

שפתי חכמים

שהם רוצי לאן ודאי מקנה דכתיב בקרא ג"כ קאי על לאן: כ זה הוא במדרש תנחומא והוא כמו ד"א שויברך הוא ברכה ממש כמו שמשיק בסוף דלפי' ראשון לאו ברכה ממש הוא אלא כדפי' כל הנפטרים נוטלים רשות ומ"ם פריך ומה ברכה ברכו א"נ הכל פי' אחד הוא דברכה ממש הוא דדרך כל הנפטרים מלפני השרים מברכין אותן ר"ל ברכה ממש וע"ז קאי ומה ברכה ברכו: ל כלומר דרך הטף הוא לפרר הלחם שלא נלורך ואמר שאף לפי לורך הטף שדרכן לפרר שהוא יותר מכדי לרכן כלכל אותן ר"ש שכלכל לפי הלורך לבני ביתם: מ דהיינו שנה ראשונה דהא משבא יעקב למצרים כלה הרעב כדפירש"י בסמוך וע"כ דחוזר אתחילת שני הרעב שהיה קודם שבא יעקב למלרים: נ שהה"א הוא תמורת האל"ף כי אותיות אהו"י מתחלפים: ס ר"ל שלא תאמר דשבר הוא ל' מכירה דאי ל' מכירה הוא הי' לו לכתוב בשבר אשר הוא שובר ואז היה קאי על יוסף שמכר להם אבל עכשיו דכתיב בשבר אשר הם שוברים קאי על העם שקונים התבואה

דעת זקנים מבעלי התוספות

ורעים היו אמר לו הקב"ה אני מלטתיך מעשו ומלבן והחזרתי לך דינה גם יוסף ואתה מתרעם על חייך שהם מעט ורעים חייך שנמנין התיבות הים מן ויאמר עד בימי מגורי כך יחסרו משנותיך שלא תחיה כחיי יצחק אביך והם ל"ג תיבות וכמנין זה נחסרו מחייו שהרי יצחק חי ק"פ שנה ויעקב לא חי אלא קמ"ז:

אבן עזרא

(יג) ותלה. על משקל ותתע. כמתלהלה כמו כמתעתע. וטעמו כאדם שלא ידע מה יעשה: (טו) ויתם. מפעלי הכפל כמו וידם השמש: (טז) הבו. היה הה"א ראוי להיותו נע בפתח וחטף. אפס כסף. פועל עבר. כמו כי

רמב"ן

שדה וכרם ונתן להם וזה מרשות פרעה כי הם אמרו לגור בארץ באנו לא לדור כי בעבור הרעב נשוב לארצנו ופרעה אמר ליוסף הושב את אביך שיושיבם כאנשי הארץ התושבים בארץ גשן: (יד) וילקט יוסף את כל הכסף וגו'. ספר הכתוב זה וגמר הענין בכל הפרשה להודיע מעלת יוסף בחכמה בתבונה ובדעת וכי היה איש אמונים שהביא כל הכסף בית פרעה ולא עשה לעצמו אוצרות כסף וממוני מסתרים בארץ מצרים או לשלחו לארץ כנען אבל נתן למלך הבוטח בו כל הכסף וקנה לו את האדמה גם התנופות ומצא בזה חן ג"כ בעיני העם כי השם הוא המצליח את יראיו: (טו) ויתום הכסף מארץ מצרי' ומארץ כנען ויבואו כל מצרים אל יוסף וגו'. הזכיר כי תם הכסף מארץ כנען בעבור כי מצרים בבואם אל יוסף יזכירו לו זה כי אמרו אחרי שתם הכסף גם מארץ כנען

אור החיים

ולמה נמות וגו' כי אפס כסף וגו'. פי' להיות שלא היה חפץ לקחת בשכר התבואה כ"א הכסף ולא פרעון אחר ואשר מלד זה לקט כל הכסף הנמלא ועתה באו בטענ' לו' למה וגו' לטעם שתם הכסף שהרי יכולין המה לפרוע התבוא' בשוה כסף ולזה השיבם יוסף שנתרלה לקחת מקניהם בעד הלחם כיון שתם הכסף ודקדק בדבריו לומר אם אפס כסף וזולת זה לא יתן להם כל עוד שיש להם לפרעו בכסף וטעמו להעני מלרים כדי שלא יהיו אחיו דלים בפני עשירים ולזה נתחכם שיקנו ממנו בכסף שכל עוד שהמקנה בידם מזונותם עליהם ויצטרכו לקנות לחם להם ומזונות המקנה כי מן השתא אין דשא ואין עשב וצריכין לתת שעורים מאכל לבהמות לזה הניח לורכי המקנה עליהם וישבור להם בכסף שבזה לא נשלמה שנה ראשונה עד שהרקו ונעשו כלי ריק מכל וכשבאו אחיו היו עשירים לפני עניים והיו לכבוד

כלי יקר

הזקנים השב פרעה שוודאי הוא מופלג בזקנ' והיה או מחר ימות וא"כ במאי שמחו המצרים כי במותו יחזור הנילוס למקומו ע"כ שאלו כמה ימי שני חייך והשיב לו ימי שני מגורי מעט ורעים הזכיר ל' מגורי לומר שלא מחמת רוב ימים הוא כל כך כחוש ורזה כ"א מחמת פחד ותגור מסביב כי את אשר יגרתי יבא לי וכמה צרות לצרות באמתחותי עלי היו כלנה כל משך זמן שלשים ומאת שנה מעט ורעים היו ימי חיי ולא הגיעו את שני חיי אבותי ויש לי עוד תקוה להגיע לפרק אבא שהי' חי ק"פ שנה אע"פ שגם המה הי' להם מגור מסביב מ"מ האריכו ימים לכך נקט לשון מגוריהם גם כלפי אבותיו:

אבי עזר

הורלתו לאן ובקר וסוס וחמור. וקאמר הרב שאל תמהם לומר. דפירש שהי מקנה על קנין שמלך לקנות תבואה באולרותיו. כי כל תבואת מלרים היה ביד יוסף. וגם רחוק שיעשה שרים לקנות בגדים וכל לרכי מילואיו. ואשר נכתב בפסוק על אשר לי מוכח דלא קאי על מקנה לאן כי למלך אין לאן ומתוורתא דקאי על סוס וחמור הלריכים למלחמה ושייך שהיר ואם יש בם אנשי חיל. ואשל יוסף פירש באופן קרוב לזה אולי מחשבת הרב על שני הפירושים יחד כי שניהם כאחד טובים: (יג) (ותלה על משקל ותתע וכו'). ונגזרה תמה כמו אל תתע בנתיבותיה. וכן נגזרה כאן לאה או להה: (טז) (הבו וגו').

ספורנו

צרות אבל שני חיי לא השיגו לשני חיי אבותי שהיו להם בימי מגוריהם: (יב) לחם לפי הטף. אע"פ שהי' בידו להרבו' להם מזון נתן להם במדה מספקת כאמר' רז"ל (פ"ק דתעניו') בזמן שהצבור שרוי בצער אל יאמר אדם אלך אני אוכל ואשתה ושלום עליך נפשי: (יד) ויבא יוסף את הכסף ביתה פרעה. שלא הורה לעצמו היתר בכל עמלו לקחת דבר לעצמו: (יז) וינהלם בלחם. נהלם

כי

מִקְנֵהֶם בַּשָּׁנָה הַהִוא: יח וַתִּתֹּם
הַשָּׁנָה הַהִוא וַיָּבֹאוּ אֵלָיו בַּשָּׁנָה
הַשֵּׁנִית וַיֹּאמְרוּ לוֹ לֹא־נְכַחֵד מֵאֲדֹנִי
כִּי אִם־תַּם הַכֶּסֶף וּמִקְנֵה הַבְּהֵמָה
אֶל־אֲדֹנִי לֹא נִשְׁאַר לִפְנֵי אֲדֹנִי בִּלְתִּי
אִם־גְּוִיָּתֵנוּ וְאַדְמָתֵנוּ: יט לָמָּה נָמוּת
לְעֵינֶיךָ גַּם־אֲנַחְנוּ גַּם־אַדְמָתֵנוּ קְנֵה־
אֹתָנוּ וְאֶת־אַדְמָתֵנוּ בַּלָּחֶם וְנִהְיֶה
אֲנַחְנוּ וְאַדְמָתֵנוּ עֲבָדִים לְפַרְעֹה
וְתֶן־זֶרַע וְנִחְיֶה וְלֹא נָמוּת וְהָאֲדָמָה
לֹא תֵשָׁם: כ וַיִּקֶן יוֹסֵף אֶת־כָּל־
אַדְמַת מִצְרַיִם לְפַרְעֹה כִּי־מָכְרוּ
מִצְרַיִם אִישׁ שָׂדֵהוּ כִּי־חָזַק עֲלֵהֶם
הָרָעָב וַתְּהִי הָאָרֶץ לְפַרְעֹה:
כא וְאֶת־הָעָם הֶעֱבִיר אֹתוֹ לֶעָרִים

גֵיתֵיהוֹן בְּשַׁתָּא הַהִיא:
יח וּשְׁלִימַת שַׁתָּא הַהִיא
וַאֲתוֹ לְוָתֵיהּ בְּשַׁתָּא
תִּנְיֵיתָא וַאֲמַרוּ לֵיהּ לָא
נְכַסֵּי מִן רִבּוֹנִי אֱלָהֵין
שְׁלִים כַּסְפָּא וְגֵיתֵי
בְעִירָא לְוָת רִבּוֹנִי לָא
אִשְׁתְּאַר קֳדָם רִבּוֹנִי
אֱלָהֵין גְוִיָּתָנָא וְאַרְעָנָא:
יט לְמָה נְמוּת לְעֵינָךְ אַף
אֲנַחְנָא אַף אַרְעָנָא קְנֵי
יָתָנָא וְיָת אַרְעָנָא בְּלַחְמָא
וּנְהֵי אֲנַחְנָא וְאַרְעָנָא
עַבְדִּין לְפַרְעֹה וְהַב בַּר
זְרַע וְנֵיחֵי וְלָא נְמוּת
וְאַרְעָא לָא תְבוּר: כ וּקְנָא
יוֹסֵף יָת כָּל אַרְעָא
דְמִצְרַיִם לְפַרְעֹה אֲרֵי
זַבִּינוּ מִצְרָאֵי גְּבַר חַקְלֵהּ
אֲרֵי תְקֵיף עֲלֵיהוֹן כַּפְנָא
וַהֲוַת אַרְעָא לְפַרְעֹה:
כא וְיָת עַמָּא אַעְבַּר יָתֵיהּ
מִקְרֵי לְקִרֵי מִסּוֹף תְּחוּם

רשב"ם

רעב גדול כל כך: (כא) העביר אותו לערים. כמו שעשה סנחריב כדכתיב אל ארץ כארצכם כדי שלא יטענו בה חזקה איש איש בארצו לאחר מכירה:

תו"א ואת העם חולין ס.

שפתי חכמים

מיוסף: ע הוסיף מלת אשר במקום אם מפני שמלת אם מורה על התנאי ואין ענין תנאי נופל כאן והוסיף מלות ובא הכל מפני שנראה מפשוטו שתם הכסף מיוסף לכן הוסיף מלות ובא הכל ליד אדוני כלומר כי כל הכסף שהיה לנו לא הוצאנו אותו לשום דבר כי הכל בא ליד אדונינו: פ דבלתי זה א"א לפרשו לשון אלא וגם לשון לא שהרי לא נתחבר עמו מלת אם ל"פ דלעולם לשון לא הוא ומקרא מסורס הוא אם לא גויתנו וזהו שנקט רש"י אם לא גויתנו היינו בלתי ופירושו אלא גויתנו: צ דאל"כ ותן לחם או בר מבע"ל: ק וא"ת א"כ יאמרו שיוסף בדאי הוא שהרי הוא אמר ז' שנים יהיה רעב. וי"ל דלא כלה הרעב רק במצרים אבל לא בשאר ארצות וכראותם שהנילוס עולה לקראתו ידעו שע"י ברכתו של יעקב הוא: ר פי' ולא תחת ממשלתו שגם קודם זה כן היה: ש שלא תאמר פרעה הסמוך לו כי הקונ' והמעביר והנותן

רש"י

כן] על מי מנוחות ינהלני: (יח) בשנה השנית. שנית לשני הרעב: כי אם תם הכסף וגו'. כי אשר תם הכסף והמקנה ע ובא הכל אל יד אדוני: בלתי אם גויתנו. כמו אם לא פ גויתנו: (יט) ותן זרע. לזרוע האדמה צ ואע"פ שאמר יוסף ועוד חמש שנים אשר אין חריש וקציר מכיון שבא יעקב למצרים באה ברכה לרגליו והתחילו לזרוע וכלה הרעב ק וכן שנינו בתוספתא דסוטה: לא תשם. לא תהא שממה. לא תבור לשון שדה בור שאינו חרוש: (כ) ותהי הארץ לפרעה. קנויה ר לו: (כא) ואת העם העביר. יוסף מעיר לעיר ש לזכרון שאין להם עוד חלק בארץ והושיב של עיר זו בחברתה. ולא הוצרך הכתוב לכתוב זאת אלא להודיעך שבחו של יוסף שנתכוון להסיר חרפה

רמב"ן

ולא יבאו עוד אליך לשבר למה נמות נגדך כי אפס כסף ותמיתנו חנם ותשאר התבואה בידך ואין קונה: (יח) ויבאו אליו בשנה השנית. לשני הרעב ואע"פ שאמר יוסף ועוד חמש שנים אשר אין חריש וקציר מכיון שבא יעקב למצרים באתה ברכה לרגלו והתחילו לזרוע וכלת הרעב וכן שנינו בתוספתא דסוטה ל' רש"י וכך הזכר בב"ר אמר רבי יוסי ברבי חנינא שתי שנים עשה רעב כיון שירד יעקב אבינו למצרים כלה הרעב ואימתי חזר בימי יחזקאל וכו' וא"כ לא נתקיימו דברי יוסף כפתרונו ויבא הענין לחשוד אותו בחכמתו ואולי נאמר שהיה הרעב בארץ כנען כדבר יוסף אבל במצרים ירד יעקב אבינו אל היאור לעיני פרעה ולעיני כל מצרים וראו כל עמו שעלה נילוס לקראתו וידעו כי ברכת ה' היא לרגלי הנביא ואם כן יהיה ויכלכל יוסף את אביו ואת אחיו לחם לפי הטף בשבע שני הרעב וכל ימי חיות אביו כי גם אחרי מות אביו אמר אנכי אכלכל אתכם ואת טפכם ועם כל זה אני תמה שא"כ לא היה החלום אמת כי הראו לו את הגזרה ולא הענין הנהיה והנעשה בהם. וראיתי שם בתוספתא דסוטה אמר ר' יוסי כיון שמת יעקב אבינו חזר הרעב ליושנו וגו'. ועוד שנינו בספרי ויברך יעקב את פרעה במה ברכו שנמנעו שני הרעב אעפ"כ שלמו אחר מיתתו שנאמר ועתה אל תיראו אנכי אכלכל אתכם מה כלכול האמור להלן בשני רעבון הכתוב מדבר אף כלכול האמור כאן בשני רעבון הכתוב מדבר רבי שמעון אומר אין זה קידוש השם שדברי צדיקים קיימין לחייהם ונשלין לאחר מיתתן

their livestock in that year. 18. That year ended, and they came to him in the second year, and they said to him, "We will not hide from my lord, for insofar as the money and the property in animals have been forfeited to my lord, nothing remains before my lord, except our bodies and our farmland. 19. Why should we die before your eyes, both we and our farmland? Buy us and our farmland for food, so that we and our farmland will be slaves to Pharaoh, and give [us] seed, so that we live and not die, and the soil will not lie fallow." 20. So Joseph bought all the farmland of the Egyptians for Pharaoh, for the Egyptians sold, each one his field, for the famine had become too strong for them, and the land became Pharaoh's.

21. And he transferred the populace to the cities,

money and hidden riches for himself in Egypt, nor did he send it to the land of Canaan, but instead he gave all the money to the monarch who trusted him, and he purchased on Pharaoh's behalf all the land and the people. Through this, he found favor also in the eyes of the people, for it is God Who makes those who fear Him prosper. [Therefore, God gave Joseph favor in the eyes of the people although he had enslaved them.]—[Ramban]

with the grain that they were buying—*they gave him the money.*—[Rashi]

15. **Now the money was depleted from the land of Egypt and from the land of Canaan, and all the Egyptians came to Joseph, saying, etc.**—Scripture mentions that the money was depleted both from Egypt and from Canaan because when the Egyptians came to Joseph, they told him this. They pleaded, "Since there is no more money even in Canaan,

and the Canaanites will no longer come here to purchase grain, why should we die in your presence? The money has been used up, and you will allow us to die needlessly, for the grain will remain in your hands with no one to buy it."—[Ramban]

has been used up—Heb. אָפֵס, *as the Targum renders:* שְׁלִים, [meaning] *is ended.*—[Rashi]

17. **and he provided them**—Heb. וַיְנַהֲלֵם, *similar to* וַיְנַהֲגֵם, *and he guided them, and similar to this is* "She has no guide (מְנַהֵל)" (Isa. 51:18), "He leads me (יְנַהֲלֵנִי) beside still waters" (Ps. 23:2).—[Rashi]

18. **in the second year**—*The second of the famine years.*—[Rashi] [Not the second year following Jacob's arrival, because the famine had ended with Jacob's arrival, as *Rashi* states below on verse 19. What is intended here is the second year of the famine, prior to Jacob's arrival. It appears that in *Ramban's Rashi* text, this explanation that "the second

year" means the second year of the famine, is on verse 18.]

for insofar as the money and the property in animals have been forfeited, etc.—Heb. כִּי אִם. *For insofar as the money and the property have been forfeited and everything has come into my lord's possession.*—[Rashi]

We cannot interpret אִם as "if," because there is no implication of doubt here. The meaning thus is that insofar as everything now belongs to Pharaoh, why should we die before your eyes?—[Gur Aryeh]

except our bodies—Heb. בִּלְתִּי, *like* אִם לֹא גְוִיָתֵנוּ, *if not our bodies.*— [Rashi] [Accordingly, Rashi renders: Nothing is left...if not our bodies and farmland. I.e., if you do not count our bodies and our farmland.]

19. **Buy us and our farmland for food**—The people asked Joseph to also buy them to be Pharaoh's slaves, but Scripture states further: "So Joseph bought all the farmland of the Egyptians for Pharaoh, for the Egyptians sold, each one his field," and it does not state that he bought *them*, only that he bought the farmland. This means that they asked Joseph to buy them as slaves to work for the king, in whatever capacity he wished. Joseph, however, wanted to buy only the farmland, and he stipulated that they work the land as family sharecroppers to Pharaoh. Then he said to them, "Behold, I have bought you today and your farmland for Pharaoh," meaning that he bought them not as slaves but as serfs, attached to the land. Joseph told them that since the king is the landlord, the king should rightfully take four-fifths of the crops, and they should take one-fifth. Joseph would, however, be kind to them and allow them to take what rightfully belonged to Pharaoh, and he would take what rightfully belonged to the tenant farmer. They *would* be bought by Pharaoh insofar as they would not be able to leave the farmland. This is what the people meant when they said, "and the soil will not lie fallow," meaning that it would never be left untilled. Therefore, they said: "Let us find favor in my lord's eyes," for you have made it easier for us, allowing us to take four-fifths of the crop, thus enabling us to survive. We will be slaves to Pharaoh as we promised, to till the soil as he wishes.—[Ramban]

and give [us] seed—[with which] *to sow the soil. Although Joseph said, "and [for] another five years there will be neither plowing nor harvest"* (Gen. 45:6), *as soon as Jacob came to Egypt, blessing came with his arrival, and they started to sow, and the famine ended. So we learned in the Tosefta of Sotah* (10:1-3).—[Rashi]

Ibn Ezra believes that the text follows chronological order, and that the two years mentioned here (verse 18) are the two years following Jacob's arrival, thus equaling four years of famine. After these four years, the famine during the remaining three years was milder.

will not lie fallow—Heb. לֹא תֵשָׁם, *will not be desolate,* [and *Onkelos* renders:] לָא תְבוּר, *an expression denoting a fallow field* (שָׂדֶה בוּר),

ענא ובגיתי תורי ובחמרא וזנינון בלחמא בכל גיתיהון בשתא ההוא: יח ושלימת שתא ההוא ואתו כל מצראי לותיה בשתא תנייתא ואמרו ליה לא נכסי מן רבוני ארום אין שלים כספא וגיתי בעירא לרבוני לא אשתייר לנא קדם רבוני אלהן גופנין וארען: יט למא נמות ועינך חמן אוף אנן אוף ארען קני יתן וית ארען בלחמא ונהי אנן וארען עבדין לפרעה והב בר זרעא וניחי ולא נמות וארעא לא תשתומם: כ וקנא יוסף ית כל ארעא דמצראי לפרעה ארום זבינו מצראי גבר חקליה ארום תקיף עליהון כפנא והות ארעא חליטא לפרעה: כא וית עמא דמדינתא אעבר יתהון לקורייתא ועמא דקורייתא אעבר למדינתא מן בגלל אחוי דיוסף דלא יתקרון גלוולאי

כא וית עמא דהוון שרון במדינתא אעבר בקרייתא וית עמא דהוון שרין בקרייתא אעבר במדינתא דלא יהוון מונין לבנוי דיעקב ואמרין להון אכסני גילולאי:

פי' יונתן

(כ) חליטא פי' הארץ שיהא לחלוטין לפרעה: (כא) מן בגלל אחוי דיוסף דייק כפול בפסוק ואת העם העביר אותם ודרש את הפסוק העביר בשביל אותם המוכרים

פי' ירושלמי

(כא) דלא יהוון מונין פי' שלא יונו אותם כדברים ל' אונאת דברים וכן פירש"י בפ' מקץ נכרים מונין את ישראל הוא ג"כ מל' וגר לא תונה:

אבן עזרא

ירא לשבת בצוער. ואל תתמה שיאמר לשון מות על האדמה כי הפך זה ואתה מחיה את כלם: (יט) תשם. מגזרת והבמות תישמנה. ומשקלו תדע. מצאנו בדרש כי נסתלק הרעב בזכות יעקב. ויתכן שהיה הרעב שלש שנים ולא היו כמו הד' שעברו: (כא) ואת העם העביר. העתיק כל אחד ממקומו. ויש אומרים כי על אנשי כרך מצרים דבר הכתוב שהעבירם מהמדינה לערים כדי לעבוד את

רמב"ן

מיתתן אמר רבי אלעזר בר' שמעון רואה אני את דברי רבי יוסי מדברי אבא שזה קידוש השם שכל זמן שהצדיקים בעולם ברכה לעולם נסתלקו מן העולם נסתלקה ברכה מן העולם ע"כ. והנה השלים הרעב חמש השנים הנותרות ודעת ר' אברהם שהיו אלו שתי השנים לאחר בוא יעקב למצרים וכך כתב מצינו במדרש כי נסתלק הרעב בזכות יעקב. גם יתכן שהיה רעב שלש שנים ולא היה כמו ד' שעברו ואין דבריו נכונים כלל כי מספר החלום ושברו ישוה כל השבע שנים ואלו היה כן יזכיר הכתוב ענינם של השנים האלה אבל על דרך הפשט לקט יוסף את כל הכסף הנמצא בארץ מצרים ובארץ כנען בחמש שנים והביא אותו אל פרעה כי איך יתכן שיתום הכסף והמקנה בשנה אחת אבל הכסף הספיק להם לכל חמש שנים כי כן הדבר במנהגו של עולם ובעבור שלא נתחדש ונשתנה דבר אחד בכל אלה השנים לא ספר בהם הכתוב רק וילקט יוסף את כל הכסף וגו'. ואחרי שתם הכסף ספר שבאו אל יוסף והיה זה בשנה הששי' ונתן להם במקניהם לחם רק נהלם בו שיאכלו לפי חיותם ולא לשבעה ותתם השנה ההיא אשר נדר להם לנהלם בלחם בכל מקניהם והיא השנה הששית ויבאו אליו בשנה השנית ואמרו לו שיקנה אותם ואת אדמתם בלחם שיאכילם בשנה הזאת השביעית ואחר שתהיה הארץ לפרעה יתן להם זרע שלא תשם האדמה כי ידעו כי כלו שבע שני הרעב ויהיה להם זרע וקציר וזה טעם ויכלכל יוסף לחם לפי הטף שנתן להם בשנות הרעב כדי צרכם לחם כי לפי הטף ירמוז כן: (יט) קנה אותנו ואת אדמתנו. הנה אמרו לו שגם גופם יקנה לעבדים לפרעה וכן אמר הן קניתי אתכם ואת אדמתכם אבל אמר ויקן יוסף את כל אדמת מצרים ולא אמר שקנה רק האדמה. והטעם כי הם אמרו לו שיקנה אותם לעבדים עושי מלאכת המלך כרצונו והוא לא רצה רק לקנות את האדמה והתנה עמהם שיעבדו אותה לעולם ויהיו בה אריסי בתי אבות לפרעה ואחרי כן אמר להם הן קניתי אתכם ואת אדמתכם לפרעה לא לעבדים כאשר אמרתם לי רק עם האדמה תהיו לו והנה ראוי שיטול המלך שהוא אדון הקרקע ארבע הידות ואתם החמישית אבל אני אתחסד עמכם שתטלו אתם חלק בעל הקרקע ופרעה יטול החלק הראוי לאריס אבל תהיו קנוים לו שלא תוכלו לעזוב את השדות וזה טעם מה שנדרו לו: והאדמה לא

אור החיים

ולתפארת מה שלא היה כן אם היה מקדים לקחת מהם המקנה עוד נראה שיכוונו לומר שיש להם כסף אלא שאינו בנמצא להם אז וזה הוא דבר הרגיל שבני אדם לא יהי' להם מצוי תמיד כסף כי ישלחו בארץ מרחקי' והוא אומרו אפס ל' מגיע' ולזה טענו למה ימותו עד שכספם במקום אחר והשיבם כי יתנו מקניהם אם נמנע מהם הכסף וכוונתו היא אם אמת דבריה' שיש להם כסף אלא שאינו מצוי וזה יורה שאינו מצדיק דבריהם ואמר להם שיתנו לו מקנה הבהמה משכון בעד הכסף עד שיגיע לפרק התקבל ואז יחזיר להם המקנה:

לא נכחד מאדוני וגו'. קשה מה כוונת' באומר' לא נכחד והאיך יכולין לכחד בדבר שעומד להתברר שאם יאמרו כי לא תם צריכין להביאו ומה היא אמנה זו שאומרים לו שלא יכחדו את הדבר עוד צריך לדעת אומרם כי אם שאין להם משמעות עוד הלא כבר אמרו לו בשנה ראשונה אפס כסף. עוד צריך לדעת כוונת אומרם ומקנה וגו' אל אדוני. ואולי שנתכוונו לומר עז"ה לא נכחד וגו' פי' אין לנו כסף ואנו מכחידים אותו מאדוני כי אם האמת מה שהוא תם הכסף וכוונתם לבל יחשדו אותם כי הטמו עצמם ובאו לבקש בתורת צדקה ואומ' ומקנה הבהמה אל אדוני פי' כל מה שיש ממקנה הבהמה הוא של אדוני כי הוא לא עשה גזול

כלי יקר

ואת העם העביר לערים. פירש"י להסיר חרפה מעל אחיו שלא יאמרו גולים הם ורחוק הוא שבעבור תועלת קטן זה יבלבל יוסף כל הארץ ועוד שלא יקרא גולה וזורה כ"א מי שהי' לו נחלה שדה וכרם וגלה משם אבל יעקב לא הי' תושב בשום מקום וכל האבות היו גרים כי כבר התחיל הגרות משנולד יצחק ולא מצינו שחששו האבות לזה. ויותר נכון לפרש כל הבלבול הזה לפי שנא' ואהבתם את הגר כי גרים הייתם בארץ מצרים כי כל מי שלא הי' גר מימיו אינו מרגיש בצערו של הגר ואינו חס על נפש הגר. אבל מי שהי' בעצמו גר יודע בצערו של הגר וכל דעלי' סני לחבריה לא יעבד ע"כ העביר יוסף העם לערים כדי שיהיו כולם גרים בארץ לא להם כמו שנא' כי גר יהי' זרעך בארץ לא להם כי התושבי' יהיו בארץ לא להם כדי שירגישו בצערו של הגר ויכול להיות שגם רש"י נתכוון לזה כי זו היא החרפה שיחרפו' לומר גולים אתם ולא תפן ה' בסוכתכם למה אתם גולים וא"כ מותר להרע לכם ע"כ העביר אותם יוסף לערי' כדי שיוכלו להשיב להם גם אתם הגלית' כמונו. ד"א לכך העביר אותם יוסף לערים כי ראה שיעקב ובניו נתישבו בארץ גושן ויאחזו בה להיות להם אחוזה ונחלה בארץ ויש לחוש כי ברוב הימי' יקום מלך עריץ וידרוש מעל ספר דברי הימים של כל עיר ויושביה אשר עליו כתוב זכרון כל קרקע של מי היא ולא ימצא לישראל שום זכות שהי' לאבותם בנחלאות ואין אחד מהם יכול לטעון קרקע זו של אבותי הית' ויגרשום ממנה ע"כ העביר כולם לערים עד שום אחד מהם לא ישב על אחזת אבותיו ויהיו ישראל כאחד מהם כי כולם ישבו בלא חזקה:

אבי עזר

כי גזרתה יסב וגם הא לא ידע לבד ועיין פ' שמות הבה נתחכמה: (יט) (תשם מגזרת והבמות תישמנה וכו') הנה הרב אסף גזרת תישמנה וגזרת ישימון יחד לדעתו שמתו מגזרת ישם. וכן

ספורנו

לאט. כענין עלות ינהל. נתן להם הלחם מעט מעט אכול ולא לשבעה כראוי בשני רעבון כאמרם (שם) המרעיב עצמו בשני רעבון נצול ממיתה משונה וכבר אמרו חכמי הרפואה שהשובע אחר הרעב גורם חולי ממית: בשנה ההיא. אחר שאפס כסף והיא היתה השנה הששית לשני הרעב: (יח) בשנה השנית. והשנית מזמן שתם הכסף והיא היתה השנה השביעית לשני הרעב: לא נכחד מאדוני. שיש לנו עוד מקנה. כי אם תם הכסף ומקנה הבהמה: למה נמות לעיניך. כי אפילו היה זה אמת שכבר תם הכסף ומקנה הבהמה והיה הכל בא לידך לא הי' ראוי שתניחנו למות ברעב: (כא) העביר אותו לערים. העבירם עמו שיאמרו

מִקְצֵה גְבוּל־מִצְרַיִם וְעַד־קָצֵהוּ׃
כב רַק אַדְמַת הַכֹּהֲנִים לֹא קָנָה כִּי
חֹק לַכֹּהֲנִים מֵאֵת פַּרְעֹה וְאָכְלוּ
אֶת־חֻקָּם אֲשֶׁר נָתַן לָהֶם פַּרְעֹה עַל־
כֵּן לֹא מָכְרוּ אֶת־אַדְמָתָם׃ כג וַיֹּאמֶר
יוֹסֵף אֶל־הָעָם הֵן קָנִיתִי אֶתְכֶם הַיּוֹם
וְאֶת־אַדְמַתְכֶם לְפַרְעֹה הֵא־לָכֶם
זֶרַע וּזְרַעְתֶּם אֶת־הָאֲדָמָה׃ כד וְהָיָה
בַּתְּבוּאֹת וּנְתַתֶּם חֲמִישִׁית לְפַרְעֹה
וְאַרְבַּע הַיָּדֹת יִהְיֶה לָכֶם לְזֶרַע
הַשָּׂדֶה וּלְאָכְלְכֶם וְלַאֲשֶׁר בְּבָתֵּיכֶם
וְלֶאֱכֹל לְטַפְּכֶם׃ מפטיר כה וַיֹּאמְרוּ
הֶחֱיִתָנוּ נִמְצָא־חֵן בְּעֵינֵי אֲדֹנִי וְהָיִינוּ
עֲבָדִים לְפַרְעֹה׃ כו וַיָּשֶׂם אֹתָהּ יוֹסֵף
לְחֹק עַד־הַיּוֹם הַזֶּה עַל־אַדְמַת
מִצְרַיִם לְפַרְעֹה לַחֹמֶשׁ רַק אַדְמַת
הַכֹּהֲנִים לְבַדָּם לֹא הָיְתָה לְפַרְעֹה׃
כז וַיֵּשֶׁב יִשְׂרָאֵל בְּאֶרֶץ מִצְרַיִם בְּאֶרֶץ

מִצְרַיִם וְעַד סוֹפֵיהּ׃
כב לְחוֹד אַרְעָא דְכוּמְרַיָא
לָא קְנָא אֲרֵי חוּלָקָא
לְכוּמְרַיָא מִן קֳדָם פַּרְעֹה
וְאָכְלִין יָת חוּלָקְהוֹן דִּי
יְהַב לְהוֹן פַּרְעֹה עַל כֵּן
לָא זַבִּינוּ יָת אַרְעֲהוֹן׃
כג וַאֲמַר יוֹסֵף לְעַמָּא הָא
קְנֵיתִי יָתְכוֹן יוֹמָא דֵין
וְיָת אַרְעֲכוֹן לְפַרְעֹה הָא
לְכוֹן בַּר זְרַע וְתִזְרְעוּן יָת
אַרְעָא׃ כד וִיהֵי בְּאַעֲלָלֵי
עֲלַלְתָּא וְתִתְּנוּן חַד מִן
חַמְשָׁא לְפַרְעֹה וְאַרְבַּע
חוּלָקִין יְהוֹן לְכוֹן לְבַר
זְרַע חַקְלָא וּלְמֵיכַלְכוֹן
וְלֶאֱנָשׁ בָּתֵּיכוֹן וּלְמֵיכַל
לְטַפְלְכוֹן׃ כה וַאֲמַרוּ
קַיֶּמְתָּנָא נִשְׁכַּח רַחֲמִין
בְּעֵינֵי רִבּוֹנִי וּנְהֵי עַבְדִין
לְפַרְעֹה׃ כו וְשַׁוִּי יָתַהּ
יוֹסֵף לִגְזֵירָא עַד יוֹמָא
הָדֵין עַל אַרְעָא דְמִצְרַיִם
דִּיהוֹן יָהֲבִין חַד מִן
חַמְשָׁא לְפַרְעֹה לְחוֹד
אַרְעָא דְכוּמְרַיָא
בִּלְחוֹדֵיהוֹן לָא הֲוָת
לְפַרְעֹה׃ כז וִיתִיב יִשְׂרָאֵל
בְּאַרְעָא דְמִצְרַיִם

תו"א ואכלו את ביצה טו . וישב ישראל בארץ מצרים סנהדרין קו :

אור החיים

למקנ' אלא בדרך כלל קנה הכל כאו' וינהלם בכל מקניהם לזה אמרו כי לא הוצרכו לו' לא נכחד אלא בכסף שהוא דבר שיכול להטמן אבל מקנה הבהמה כל מה שיש להם הוא של אדוני בכל מקום שהם שלו הם ואומרם לא נשאר וגו'. לומר שאין להם לא כסף ולא שוה כסף. ולפי מה שפירשתי בפ' כי אפס כסף בדרך ב' כי טענו שיש להם אלא שאינו מצוי בידם יתיישב הכ' ע"כ כי באו ואמרו לו לא יכחדו דבר ממנו כפעם ראשונה שטענו שקר שהיה להם אלא שמנע מהם לא כן הוא כי אם תם ממש פי' נשלם ואין להם עוד כסף ובזה ידוייק למה בפעם ראשונה אמרו אפס ובפעם ב' אמרו תם ואומרים ומקנה הבהמה אל אדוני פי' מקנה הבהמה אשר היה עד עתה לבטחון עד שיזדמן הכסף מעתה יהיה מוחלט לך והוא אומרם אל אדוני :

הן קניתי אתכם היום. טעם אומרו היום גם הטיל תיבת היום בין קנייתם לקניית האדמה כי קנייתם הוא ע"י משיכה כדין קניית עבדים ובמעשה שעשה שהעביר העם לערים מקצה וגו'. זו היא קנייתם לזה אמר הן קניתי אתכם היו' פי' במה שהעבירם אז להערים אבל האדמה אין זה דרך קנינה וכשהזכיר למעלה ויקן יוסף את אדמת מצרים שם נרמז כי קנאה בא' מדרכי קנין האדמה ויש להעיר בדבר אחר שקנה אותם מה צורך לקניית אדמתם הלא מה שקנה עבד קנה רבו ואולי כי לצד שלא היה קניינם כקנין עבדים אלא לפרע זה לעבוד את האדמה וגו'. לתת חמישית לפרעה אין זה אלא כקנין שכיר שלא קנה קניינו ולזה הוצרך לקנות האדמה וקנה אותה בקנין גמור כמו שגילה הכתוב באומרו ויקן יוסף את כל אדמת מצרים וגו'. כי מכרו מצרים

from [one] end of the boundary of Egypt to its [other] end. 22. Only the farmland of the priests he did not buy, for the priests had an allotment from Pharaoh, and they ate their allotment that Pharaoh had given them; therefore, they did not sell their farmland. 23. Joseph said to the people, "Behold, I have bought you and your farmland today for Pharaoh. Behold, you have seed, so sow the soil. 24. And it shall be concerning the crops, that you shall give a fifth to Pharaoh, and the [remaining] four parts shall be yours: for seed for [your] field[s], for your food, for those in your houses, and for your young children to eat." 25. They replied, "You have saved our lives! Let us find favor in my lord's eyes, and we will be slaves to Pharaoh." 26. So Joseph made it a statute to this day concerning the farmland of Egypt for the one-fifth. Only the farmland of the priests alone did not become Pharaoh's. 27. And Israel dwelt in the land of Egypt in the land of

---

which is not plowed.—[Rashi]

20. **and the land became Pharaoh's**—*I.e., it was acquired by him.*—[Rashi]

The land had already been under Pharaoh's rule. Scripture tells us here that since he had purchased the land, he now actually owned it.—[Sifthei Chachamim]

21. **And he transferred the populace**—*Joseph* [transferred them] *from city to city so that they would remember that they have no more share in the land, and he settled those of one city in another (Targum Onkelos). Scripture did not have to write this except to let you know Joseph's praise, that he intended to remove the stigma from his brothers, so that they* (the Egyptians) *would not call them exiles.*—[Rashi from Gen.

Rabbah 89:9, Chul. 60b] *Targum Jonathan* paraphrases: And the people of the city Joseph transferred to the towns, and the people of the towns he transferred to the cities, for the sake of his brothers, so that they would not be called exiles. *Targum Yerushalmi* concludes: so that they (the Egyptians) would not taunt Jacob's sons and say to them, "Guests! Exiles!" [Since the Egyptians themselves were expatriated, they would not stigmatize the Hebrews as exiles.]

Rashbam finds a parallel in Sennacherib, who offered to bring the Judeans "to a land like your land" (II Kings 18:32, Isa. 36:17). If they were to remain on their own lands, they would continue to claim ownership of the land they had owned before selling it.

Ibn Ezra quotes exegetes who explain that this verse refers only to the inhabitants of Egypt's capital city. Joseph transferred them to smaller towns to till the soil.

from [one] end of the boundary of Egypt, etc.—*So he did with all the cities in the kingdom of Egypt, from one end of its boundary to the other end of its boundary.*—[*Rashi*]

Rashi explains that the phrase, "from [one] end of the boundary of Egypt to its [other] end," does not refer to "transferred," meaning that Joseph transferred them from one end of the country to the other, but to "the populace," signifying that Joseph transferred all the people living in the entire land from one end of Egypt to the other, to different cities.—[*Be'er Yitzchak*] Following *Ibn Ezra*'s comment that only those living in the capital were expatriated, the verse must mean that Joseph transferred the people of the capital city to distant places throughout the entire kingdom in order to till the soil. *Targum Jonathan*, although he explains Joseph's motive similarly to *Rashi*, also concludes: For this reason (to till the soil), he moved them from one end of the boundary of Egypt to the other end.

22. the priests—Heb. הַכֹּהֲנִים, *the priests. Every instance of* כֹּהֵן *means a minister to deities, except those that are an expression of high rank, like "the governor* (כֹּהֵן) *of Midian"* (Exod. 2:16), *"the governor* (כֹּהֵן) *of On"* (Gen. 41:45).—[*Rashi* from

targumim]

Targum Jonathan paraphrases: Only the farmland of the priests he did not buy, because they (the priests) had found a defense for Joseph when his master (Poti-phera) wished to have him put to death, and they saved him from the death sentence, and so he decreed that an allotment be given them from Pharaoh.

the priests had an allotment—*An allotment of so much bread per day.*—[*Rashi*]

23. Behold—Heb. הֵא, *equivalent to* הִנֵּה, *as in: "behold* (הֵא) *I have laid your way on [your] head"* (Ezek. 16:43).—[*Rashi* from *targumim*]

24. for seed for [your] field[s]—*every year.*—[*Rashi*]

I.e., not only for the first year, but for every year.—[*Sifthei Chachamim*]

for those in your houses—*For food for the manservants and maidservants who are in your houses.*—[*Rashi*]

your young children—Heb. טַפְּכֶם, *young children.*—[*Rashi*]

25. Let us find favor—*that you should do this for us, as you have said.*—[*Rashi*]

and we will be slaves to Pharaoh—*to pay him this tribute every year as a statute that will not be repealed.*—[*Rashi*]

27. And Israel dwelt in the land of Egypt—*Where? In the land of Goshen, which is* [part] *of the land of Egypt.*—[*Rashi*]

בגין כן טלטלינון מסיפיה תחום מצרים עד סופיה: כב לחוד ארעא דכומרניא לא זבן מן בגלל דחמון ליה זכותא בזמן דבעא רבוניה למקטליה ושיזבוהי מן דין קטול וברם ארום חולקא אמר למיתיהבא להום מלות פרעה ואכלין ית חולקהון דיהב להון פרעה בגין כן לא זבינו ית ארעהון: כג ואמר יוסף לעמא הא קניתי יתכון יומא דין וית ארעכון לפרעה הא לכון בר זרעא ותזרעון ית ארעא: כד ויהי באישוניה במכנוש עללתא ותתנון חומשא לפרעה וארבע חולקין יהי לכון לבר זרעא דארעא ולמיכליכון ולפרנוס בתיכון ולמיכול לטפלכון: כה ואמרו קיימתנא נשכח רחמין בעיני רבוני ונהי עבדין לפרעה: כו ושוי יוסף לגזירא עד יומא הדין על ארעא דמצרים לפרעה למיתב חומשא מן עללתא לחוד ארעא דכומרניא בלחודיהון לא הות לפרעה: כז ויתיב ישראל בארעא דמצרים ובנו להון בתי מדרשין ופלטין

בעל הטורים

הא. ג' במס' הא לכם זרע על שם ונתתם חמישית לפרעה וחדא ביחזקאל הא דרכך בראש נתתי ע"ש ואל תחמול על זקן ובחור ובתולה וטף ונשים הרי חמשה וחדא בדניאל הא כדי פרזלא דהבא כספא חספא ונחשא הרי חמשה דברים:

פי' יונתן

לעיל והיינו אחיו: (כב) בגלל דחמון ליה זכותא כבר כתבתי לעיל פרשת וישב שמצאו לו זכות בהמרם שלובן בילה היתה ובדקו שסולד מן האור ולכן חס על הכומרים: (כז) בתי מדרשין י"ל דדרש מלת וישב מלשון ישיבה שבנו בתי מדרשות ופלטין להחזיק ישיבה:

רש"י

מעל אחיו שלא יהיו קורין אותם גולים (חולין ס): מקצה גבול מצרים וגו'. כן עשה לכל הערים אשר במלכות מצרים מקצה גבולה ועד קצה גבולה: (כב) הכהנים. הכומרים כל לשון כהן משרת לאלהות הוא א חוץ מאותן שהם לשון גדולה כמו כהן מדין כהן און: חוק לכהנים. חק כך וכך להם ליום: (כג) הא. כמו הנה כמו [יחזקאל טז] וגם אני הא דרכך בראש נתתי: (כד) לזרע השדה. שבכל ב שנה: ולאשר בבתיכם. ולאכול העבדים והשפחות ג אשר בבתיכם: טפכם. בנים קטנים: (כה) נמצא חן. לעשות לנו זאת ד כמו שאמרת: והיינו עבדים לפרעה. להעלות לו המס הזה בכל שנה ה לחק שלא יעבור: (כז) וישב ישראל בארץ מצרים. והיכן

שפתי חכמים

זרע הכל יוסף היה: ת פי' שלא תאמר דוקא מקצה זה היה מחליף לקצה האחר אבל באמצע המדינה לא היה מחליף לכך אמר כל הערים וכו': א (נח"י) דכ"מ שנאמר כהן סתם ולא פי' לאיזה דבר הוא כהן מסתמא הוא כהן לאלהות וכ"ש כשפירש כהן להשם או כהן לעכו"ם אבל כהן מדין כהן און שמזכיר שם המדינה או שם העיר שם שר ונשיא שלהם הוא ולכך ת"א בכהן כומרי' ואלו כהן און וכהן מדין תרגם רבא דאון רבא דמדין: ב לא בשנה ראשונה לבדה. הקשה הרא"ם למה לא פי' זה לעיל גבי והיה בתבואות שבכל שנה שאז היה שב לכל הכתובים שאחריו. (נח"י) י"ל דכאן מוכח שפיר דקאי אכל השנים דעל שנה זו כבר אמר הא לכם זרע וכו' וא"כ לזרע השדה ל"ל אלא ע"כ דלא עשה חוק זה לשנה ראשונה בלבד ובשאר השנים לא יצטרכו ליתן החומש דא"כ מה איכפת לי' אם יזרעו או לא אע"כ שהחוק היה לכל שנה וא"כ הוצרך להזהיר שיזרעו כדי שלא יגרע החומש: ג משום דכתיב אח"כ בהדיא לטפכם דהיינו בנים קטנים: ד לא שהוא התחלת ענין שהיו מבקשים למצוא חן מעתה כי אין לו טעם במקום הזה רא"ם: ה לא שיהיו עבדים קנוים לו קנין הגוף. דהא כתיב לעיל ויקן יוסף את כל אדמת מצרים לפרעה הרי שלא קנה רק אדמתם ולא אותם לעבדים:

אבן עזרא

האדמה: (כו) הכהנים הם כדברי המתרגם ארמית:

רמב"ן

תשם. שלא תשם לעולם. ולכך אמרו לו נמצא חן בעיני אדוני שהקלת עלינו ליטול ארבע הידות שנוכל לחיות בהם והיינו עבדים לפרעה כאשר נדרנו שנעבוד את האדמה לרצונו: חסלת פרשת ויגש

אור החיים

מצרים איש שדהו ואם ירצה פרעה להביא פועלים ולעבוד האדמה לזכותו ולאחריותו עשה יעשה מה שאין כן גופם של מצרים לא אמר שקנה קנין גמור. והגם שאמר הן קניתי אתכם פי' כקנין שכיר לדבר המוזכר בדברי יוסף הא לכם זרע וגו' וטעמו של יוסף כי מה יועיל באדמה אם אין עובד לזה נתחכם לקנותם לחייבם על העבודה:

חמישית לפרעה וגו'. נתחכם לומר כי קודם כל דבר יטול פרעה החמישית הזרע ומשכחת לה שישאר בד' הידות שיעור המספיק לזרע השדה והם יצאו נקיים אעפ"כ לא יגרע מהחמישית לפרעה אחר כך ולזרע השדה ויקדימו זרע השדה ואח"כ יטלו המה כל הנשאר אם מעט ואם הרבה וטעם אומרו ולאכול לטפכם ולא כללם לאשר בבתיכם להיות שהטף מנתם מרובה כנגד חלק העודף אמר ולאשר לטפכם: והיינו עבדי' לפרעה. דקדקו לשלול כי עבדותם לפרעה ולא ליוסף. עוד יכוונו לו' ע"ד מה שפי' למעלה כי לא קנאם אלא לפרע עבודת האדמה לזה אמרו והיינו עבדים בהחלט העבדות לפרעה ולא לעבודת האדמה לבד ואולי כי לזה נתכוונו כשדברו מצרים עם פרעה על ישראל ואמרו הנה עם בנ"י רב וגו' ממנו פי' כי אין לו שם עבדות ככולן שהיו עבדים לפרעה: וישב ישראל בארץ מצרים וגו'. צ"ל למה כפל לומר בארץ מצרים בארץ גושן. עוד מה קשר ושייכות לויפרו וגו'

כלי יקר

הא לכם זרע. נתן להם זרע על המס שנים אשר היו ראוין להיות שני רעב ופסק הרעב בזכות יעקב ע"כ אמר הא לכם זרע היינו על ה' שני' והמקובלי' אמרו שמן ה"א אחרונ' שבשם נמשכו כל התולדות וכל דבר עושה פרי וכדי להיות הדבר לזכרון צוה להם שיתנו החומש לפרעה וארבע ידות יהי' להם. ויש עוד רמז בכל זה היה בזכות יעקב וכמו שיעקב לא אכל מכל אשר לו כ"א ארבע ידות וחלק חמישי הפרים לגבוה שנ' וכל אשר תתן לי עשר אעשרנו לך שני מעשרות ועישורא בתרא כי עישורא קמא דמי והיינו החומש כך כל האוכלים בזמתו הטיל עליהם נתינה זו שיאכלו רק ארבע ידות ויפרישו החומש וכן בתחילת הרעב נאמר וחמש את ארץ מצרים שלקח מכולם חלק חמישי כי שם צוה ה' את הברכ' כמ"ש עשר תעשר שני מעשרות ובו מותר לנסות את ה' שנא' ובחנוני נא בזאת וגו': וישב ישראל בארץ גושן וגו'. כל פסוק זה בהשמת בני ישראל הוא

אבי עזר

הסכימו חשובי מדקדקים אחרונים. אבל בספר מאיר נתיב חלקום לשני גזרות ישימון שם בגזרת ישם. ותשם בגזרת שמם. גם דעת כמה מדקדקים ותשם שרשה אשם. ועיין במכלול כי משפטם (תאשם) וכן כתב הרב בפ' ויחי ובקהלם לא תחד מגזרת אחד. והנכון לדעתי להוראת שממה שני פעלים נרדפים ישם ושמם כי גם ישימון לו הוראת שממה:

ספורנו

שיאמרו לו לך חזק וקנה ויחזיק בהם ובקרקע בפניהם ובהסכמת שכנים: (כג) הן קניתי אתכם היום ואת אדמתכם לפרעה. ואם כן אתם עבדיו וחייבים לעבוד את האדמה שקניתי לו והוא חייב לתת מזונותיכם והזרע לזרוע. ובזה האופן תהיה מן הדין כל תבואת מצרים שלו: הא לכם זרע וזרעתם. אתם עבדיו עבדו את האדמה שהיא שלו: (כד) והיה בתבואות. שהם שלו: ונתתם חמישית לפרעה. כי זה הוא הראוי לו מהם אחר שיפרעכם את המוטל עליו לפרוע: וארבע הידות יהיה לכם לזרע השדה. שהוא חייב לתת לכם כמו בעל השדה: ולאכלכם. ובשביל מזונותיכם שהוא חייב לתת לכם ובכן נשאר בדין החומש שלו: (כו) וישם אותה יוסף לחוק. אחר שהראה להם שהדין כך ושאינו מקים מכם חדש דרך גזל שם את הדבר בנימוסי מצרים:

גֹּשֶׁן וַיֵּאָחֲזוּ בָהּ וַיִּפְרוּ וַיִּרְבּוּ מְאֹד׃

בְּאַרְעָא דְגֹשֶׁן וְאַחְסִינוּ בַהּ וּנְפִישׁוּ וּסְגִיאוּ לַחֲדָא׃

בס״ת אין כאן פיסקא כלל כי אם ריוח אות א׳ :

ק״ו פסוקים יהללא״ל סימן : ומפטירין ביחזקאל בסי׳ ל״ז ואתה בן אדם קח לך עץ :

שפתי חכמים

ו (ג״א) שלא תאמר שישבו בשתי ארצות במצרים ובגושן :
חסלת פרשת ויגש

רש״י

בארץ גושן ו שהיא מארץ מצרים : ויאחזו בה . לשון אחוזה : חסלת פרשת ויגש

אבן עזרא

(כז) ויאחזו בה . שקנו שם אחזה : חסלת פרשת ויגש

כלי יקר

הוא מדבר כי הקב״ה גזר עליהם כי גר יהי׳ זרעך והמה בקשו להיות תושבים במקום שנגזר עליהם גרות וכמו שדרשו אלל יעקב וישב יעקב ביקש לישב בשלום קפלה עליו רגזו של יוסף כו׳ כך הפסוק מאשימם על ישיבה זו שבקשו אחוזה בארץ לא להם ולא כך אמרו אל פרעה לגור בארץ באנו מלמד שבתחילה לא ירדו להשתקע שמה אלא לגור כמדייק בי דיירא ועכשיו חזרו מדבריהם וכל כך נשתקעו שמה עד שלא רלו ללאת ממלרים עד שהולרך הקב״ה להוליאם משם ביד חזקה ואותן שלא רלו ללאת מתו בשלש׳ ימי אפילה. ואמר ויפרו וירבו מאוד וסמיך ליה ויחי יעקב רמז בסמיכות זה למה שאחז״ל יעקב לא מת ומקש׳ וכי בכדי חנטו חנטיא כו׳

הפטרת ויגש ביחזקאל סימן ל״ז פ׳ ט״ו

וַיְהִי דְבַר־יְהוָה אֵלַי לֵאמֹר׃ וְאַתָּה בֶן־אָדָם קַח־לְךָ עֵץ אֶחָד וּכְתֹב עָלָיו לִיהוּדָה וְלִבְנֵי יִשְׂרָאֵל חֲבֵרָו וּלְקַח עֵץ אֶחָד וּכְתוֹב עָלָיו לְיוֹסֵף עֵץ אֶפְרַיִם וְכָל־בֵּית יִשְׂרָאֵל חֲבֵרָו׃ וְקָרַב אֹתָם אֶחָד אֶל־אֶחָד לְךָ לְעֵץ אֶחָד וְהָיוּ לַאֲחָדִים בְּיָדֶךָ׃ וְכַאֲשֶׁר יֹאמְרוּ אֵלֶיךָ בְּנֵי עַמְּךָ לֵאמֹר הֲלוֹא־תַגִּיד לָנוּ מָה־אֵלֶּה לָּךְ׃ דַּבֵּר אֲלֵהֶם כֹּה־אָמַר אֲדֹנָי יְהוִה הִנֵּה אֲנִי לֹקֵחַ אֶת־עֵץ יוֹסֵף אֲשֶׁר בְּיַד־אֶפְרַיִם וְשִׁבְטֵי יִשְׂרָאֵל חֲבֵרָו וְנָתַתִּי

°°°חבריו קרי

פירוש מהגאון מלבים

ויהי דבר ה׳, אחר שהראהו ה׳ איך יהיו העלמות היבשות ותבא בם הרוח, הראהו איך יתנהג הגוף הכללי הזה העומד בתחייה באופן שלא ימות עוד, היינו איך יהיה הנהגת המלוכה שהוא רוח המחיה את הגוף הכללי ואיך ישובו אל ה׳ ע״י שמירת תורתו ומלותיו שזה בנפש המשכלת בגויה הכללית : **ואתה**. לוה לו שיקח עץ אחד, ויכתב עליו אלה המלות, ליהודה ולבני ישראל חבריו, היינו שהוא אות ליהודה ולהמתחברים עמו מבני ישראל כמו שבט בנימין, ומבני לוי ויתר העם שהתחברו ליהודה, ויקח עוד עץ אחד ויכתב עליו אלה המלות, ליוסף עץ אפרים וכל בית ישראל חבריו, ר״ל שהוא אות ליוסף שהוא ראש השבט וממנו נלמח מלכות אפרים שהתחיל מירבעם, ולכן קראו עץ אפרים, וכל בית ישראל כי אליו התחברו כל ישראל שהם עשרת השבטים : **וקרב** עוד לוה שיקרב שני העצים אשר התאחד כל אחד בעלמו, אל האחד השני, עד שיהיו לך לעץ אחד ע״י אחיזת היד, ואז יתהוה ע״פ נס שיהיו לאחדים בידך ר״ל שיתאחדו בפועל ע״פ נס ויהיו אחד באמת : **וכאשר יאמרו בני עמך**, ור״ל ואם תיכף כשיראו הנס הזה ישאלו מה אלה לך ע״מ מורה הנס הזה, וכלל סימן העלים ? **דבר אליהם וכו׳ הנה אני לקח**, מקבלת חז״ל שתחלה יעמוד משיח בן יוסף והוא מלך מעשרת השבטים והוא ילחם מלחמות ויתאספו כל ישראל תחת דגלו, עד שאח״כ יבא בן דוד והוא ימלוך עליהם, והיה המשל הראשון תחלה על התאחדות ישראל תחת דגל משיח בן יוסף, ולזה שיקח עץ אחד ויכתב ליהודה ולבני ישראל חבריו, כי תחל׳ התחברו יהודה ובנימין שגלו בבית ראשון והתקבלו תחת זרובבל בימי כורש ונעשו גוי אחד בימי בית שני, ואף אחר חורבן הבית שנתפזרו בכ״ז הם מאוחדים בכלל ומיחלי׳ על הגאול, ובאחרית הימים יתקבלו עשרת השבטים האובדים והנדחים, תחת דגל יוסף שהוא משיח בן יוסף אשר יאסוף נדחים, שזה היה משל העץ השני ליוסף עץ אפרים ולכל בית ישראל שיתחברו עליו בעת קץ, ואח״כ יתאחדו גם בני יהודה הנקבצים כבר, להיות תחת שבטו וממשלתו, ויתהוו לגוי אחד ע״פ נסי ה׳ ונפלאותיו, וז״ש במשל שאח״כ יקח עץ ויכתוב עליו ליוסף עץ אפרים שזה התאחדו׳ עשרת השבטים באחרית הימים, ואח״כ יקרב אותם אחד אל אחד והיה הקירוב הראשון שהתקרבו בני יהודה אל בני יוסף תחת משיח בן יוסף, וז״ש **הנה אני לוקח את עץ יוסף ושבטי ישראל חבריו ונתתי אותם עליו** ר״ל
תחלה

אברבנאל

ויהי. אחרי שבנבואה הקודמת ביאר ענין תחית המתים העתידה בא להודיע בנבואה הזאת שקודם התחיה וסמוך אליה יהיה קבוץ הגליות ויתאחדו מלכיות יהודה וישראל ולפי שהאדם עץ השדה לקח לו בזה משל העצים שצוה לנביא : קח לך עץ אחד וכתוב עליו ליהודה ולבני ישראל חבריו. רוצה לומר שיכתוב על העץ ההוא שהוא עץ יהודה ובנימן ובני לוי שנלוו אליהם ועל אלה שהיו ממלכות יהודה אמר ולבני ישראל חברו וקרי חבריו וטעם הכתוב חברו לרמוז לבנימין שהוא היה השבט הנלוה ליהודה בכללותו מיום שנחלקו המלכיות. אמנם שגם כן נכנסו במלכות יהודה קצת מבני שמעון וגם קצת משאר השבטים שבחורבן שמרון ברחו ונכנסו במלכות יהודה לא השבטים בכללותם כי אם אנשים מהם לכן בקרי עשו חבריו. וצוה גם כן שיקח עץ אחד לכתוב עליו : ליוסף עץ אפרים וכל בית ישראל חבריו כי מפני שבחילוק המלכיות מלך ירבעם שהיה משבט אפרים לכן נתיחס המלכות כולו לאפרים האמנם לפי שיעקב אבינו בברכותיו נתן הבכורה ליוסף וישם את אפרים לפני מנשה לכן אמר כאן ליוסף עץ אפרים כי עשה אב המלכות יוסף כי הוא הבכור ואפרים שבחר בו השם על אחיו ולפי שהיה במלכות אפרים שאר שבטי ישראל בכללותם לכן אמר בו וכל בית ישראל חבריו. אמנם יהודה שלא נספלו אליו בשבטים בכללותם אלא אנשים מפוזרים מהם לא אמר בו וכל בית ישראל גם כי היו במלכות אפרים עשרה שבטים ולכן אמר בו וכל בית ישראל אמנם במלכות יהודה שלא היו בו כי אם שני שבטים לא אמר וכל בית ישראל. וצוה השם לנביא שיקרב אותם שני עצים אחד לאחד ר״ל זה לזה וכל כך יהיו מתדבקים עד שבידו יהיו כעץ אחד והוא אומרו והיו לאחדים בידך והרד״ק בשם אביו פירש וקרב אותם אחד אל אחד שהנביא יקרבם זה לזה ויחברם יחד והשם יתברך בדרך נס יעשה שיתאחדו יהיו לאחדים בהיותם בידו וצוהו שכאשר יאמרו בני עמו וישאלוהו על מה מורה המשל ההוא שהיה עושה מהעצים והכתיבה ההמה שיגיד להם ענין הנמשל והוא הנה אני לוקח את עץ יוסף אשר ביד אפרים שהוא הכולל אותו

Goshen, and they acquired property in it, and they were prolific and multiplied greatly.

and they acquired property in it—Heb. וַיֵּאָחֲזוּ בָהּ, [which is] *an expression of* אֲחֻזָּה, *holding.*— [*Rashi*] *Ibn Ezra* renders: and they bought property in it.

Keli Yekar comments that this final verse is a critique of the Israelites' behavior in Egypt. Although it was decreed upon them "that your seed will be strangers in a

---

HAFTARAH VAYIGASH
EZEKIEL **37**:15-28

37:15. And the word of the Lord came to me, saying: 16. And you, son of man, take for yourself one stick and write upon it, "For Judah and for the children of Israel his companions," and take another stick and write upon it, "For Joseph, the stick of Ephraim, and all the house of Israel, his companions." 17. And bring them close to one another, like one stick, and they shall be one in your hand. 18. And when the children of your people speak to you, saying, "Will you not tell us what these are to you?" 19. speak to them, "So says the Lord God, 'Behold! I will take the stick of Joseph, which is in Ephraim's hand and of the tribes of Israel his companions, and I will place

Unless otherwise specified, the commentary on the Haftarah is that of Malbim.

15. And the word of the Lord came—After the Lord had demonstrated to Ezekiel how the dry bones came to life, and how the spirit entered them (Ezek. 37:1-14), He showed him how this communal body, which will rise by resurrection, will behave so that it will no longer die. That is, he showed how the kingdom, which is the spirit that keeps the communal body alive, will behave, and how the children of Israel will return to the Lord by keeping His Torah and

keeping His commandments, which is the communal body's spirit of intelligence.

16. **And you**—He commanded him to

take...one stick and write upon it—the following words:

"For Judah and for the children of Israel his companions"—This will symbolize Judah and the children of Israel who were his allies, namely the tribe of Benjamin, some of the Levites, and the rest of the people who had joined Judah.

Abarbanel writes that this also includes some of the Simeonites and some individuals of the other tribes who fled from Samaria when that country was destroyed and joined the kingdom of Judah. Hence, the plural reading of חֲבֵרָיו, *his companions*, meaning individuals, not whole tribes.

and take another stick and write upon it—the following words:

"For Joseph, the stick of Ephraim, and all the house of Israel, his companions"—This stick symbolizes Joseph, the progenitor of the tribe, from which grew the kingdom of Ephraim, whose first king was Jeroboam. Therefore, he calls it "the stick of Ephraim."

Abarbanel adds: Because Jacob, in his blessings, gave the birthright to Joseph and placed Ephraim before Manasseh (Gen. 48:20). Therefore, God says, "For Joseph, the stick of Ephraim," because He made Joseph the father of the kingdom, and because God chose Ephraim over his brother. Since the other tribes in their entirety were in the kingdom of Ephraim, He says, "and *all* the house of Israel, his companions." Concerning the kingdom of Judah, however, since all the tribes did not join it, but only scattered individuals, Scripture does not say, "*all* the children of Israel, his companions," but only "the children of Israel, his companions." Another reason is that concerning the kingdom of Ephraim, which consisted of ten tribes, Scripture says, "and *all* the house of Israel, his companions," whereas, concerning the kingdom of Judah, which consisted of only two tribes, Scripture says, "the children of Israel, his companions."

and all the house of Israel— Because all of Israel, namely the Ten Tribes, joined him.

17. **And bring them close**—He further commanded him to bring the two sticks near to each other.

to one—The one stick, which was united in itself,

another—which also was a unit, until they turn

like one stick—by holding them close together in his hand, and then, miraculously,

they shall be one in your hand— They shall be miraculously joined and become one.

Rabbi Chayim Joseph David Azulai in his work on the *Haftaroth*, known as *Nachal Sorek*, quotes the renowned kabbalist, *Rabbi Isaac Luria*, known as *Arizal*, who explains why Ezekiel is often addressed as "son of man." He says that Ezekiel was a reincarnation of Cain, who was the son of Adam. Therefore, he is called "son of Adam." Cain, who murdered his brother Abel, was weak in his fear of God, but he was strengthened. Perhaps for this reason he says, "And the word of the Lord came to me…," meaning that the word concerned "me," namely the prophet personally. Because of envy, Cain murdered his brother, Abel. This prophecy discusses unity and peace and therefore concerns him because he had to rectify what Cain spoiled.

18. **And when the children of your people speak**—And if, immediately when they witness this miracle, they ask you

"…what these are to you?"— What does this miracle symbolize? What is the general symbolism of the sticks?

19. **Speak to them…'Behold! I will take**—According to the tradition of the Sages, first the Messiah, the son of Joseph, will arise. He will be the king of the Ten Tribes, and he will wage wars, and all of Israel will rally under his banner, until the Messiah, the son of David, arrives and takes over the rulership. The former allegory represents the unification of Israel under the banner of the Messiah, the son of Joseph. God commanded the prophet to take one stick and write on it, "For Judah and for the children of Israel his companions." This was because, in the beginning, Judah and Benjamin were exiled together after the destruction of the first Temple and then gathered together under Zerubbabel during the reign of Cyrus, until they became one nation during the days of the second Temple. Even after the destruction of the Temple, when the tribes are scattered, Judah and Benjamin are still united and hope for the redemption. At the end of days, the Ten Tribes, which are lost and exiled, will gather under the banner of the Messiah, the son of Joseph, who will gather the exiles, symbolized by the second stick, "For Joseph, the stick of Ephraim, and for all the house of Israel, who will join him at the time of the End. Then, the sons of Judah, who are already gathered, will unite to be under his staff and his rule, and they will become one nation through God's miracles and wonders. The meaning of the allegory is that afterwards Ezekiel will take a stick and write on it, "For Joseph, the stick of Ephraim," which is the unification of the Ten Tribes at the end of days, and afterwards Ezekiel should draw one closer to the other, and the first drawing close will be the unification of the sons of Judah to the sons of Joseph under the Messiah, the son of Joseph. This is the meaning of

Behold! I will take the stick of Joseph, which is in Ephraim's hand and of the tribes of Israel his companions, and I will place them with him—First He will place them with him, meaning that He will place the tribes of Israel on the stick of Joseph. They will gather under the banner of the Messiah, the son of Joseph. He will also place the stick of Judah with Joseph, so that Judah too will stand under his banner. And thereby, land that is not theirs" (Gen. 15:13), they nevertheless sought to become citizens, even where it had been decreed upon them to remain strangers, as our Sages expounded upon the verse, "Jacob dwelt in the land of his father's sojournings" (Gen. 37:1): When Jacob sought to dwell in tranquility, the troubles of Joseph sprang upon him. So too this verse criticizes them for attempting to become permanent residents, and for seeking property in a land that was

not theirs. This was not what they had requested of Pharaoh—"We have come to sojourn in the land"—which teaches us that originally they had come to Egypt with no intention of settling there, but intended merely to stay temporarily. Now, however, they had become so entrenched there that they did not want to leave until God took them out with a mighty hand. Those who did not wish to leave died during the three days of darkness. See *Rashi* on Exodus 10:22.

HAFTARAH VAYIGASH

them with him [together] with the stick of Judah, and I will make them into one stick, and they shall become one in my hand.'" 20. And the sticks upon which you shall write shall be in your hand before their eyes. 21. And speak to them, "So says the Lord God, 'Behold! I will take the children of Israel from among the nations where they have gone, and I will gather them from all around, and I will bring them to their land. 22. And I will make them into one nation in the land upon the mountains of Israel, and one king shall be to them all as a king; and they shall no longer be two nations, neither shall they again be divided into two kingdoms anymore. 23. And they shall no longer defile themselves with their idols and with their detestable things or with all their transgressions, and I will save them from all their habitations where they have sinned,

I will make them into one stick, and they shall become one in my hand—through a miracle. God commands Ezekiel further that even afterwards,

20. **And the sticks upon which you shall write shall be in your hand before their eyes**—that

Ezekiel should not let the sticks out of his hand, and he should not erase the script, but

the sticks upon which you shall write—for he needed them for one more thing, namely the symbolism that afterwards they would join together under the banner of the

בְּאַרְעָא דְגֹשֶׁן וְאַחְסִינוּ בָהּ אַחְסָנַת חַקְלִין וּכְרָמִין וּנְפִישׁוּ וּסְגִיאוּ לַחֲדָא :

פי' יונתן

אחסנת חקלין וכו' דייק מלשון אחוזה שאינו שייך אלא גבי שדות וכרמים וק"ל :

אור החיים

עם וישב ישראל. אכן יתבאר הכתוב על פי מה שכתבנו בפ' כי לגוי גדול וגו' כי סיבת ירידת מצרי' היא להעלו' ניצוצות הקדושה אשר נתפזרו ובאו שמה והוא אומרו וישב ישראל בארץ מצרים פירוש שהיא מקום קליפ' המזוהמת בארץ גושן מל' הגשה כי שמה הוגשו כל ניצוצי הקדושה באמצעות ענף הקדושה שהוא ישראל שהוא בבחינת אבן השואבת לדומה לו ואמר לשון יחיד רמז אל היותם בלב מיוחד כולם ואין ביניהם פירוד ובאמצעות כך ויאחזו בה פי' אחזו דבר בה והם הניצוצות הנזכרים ובזה ויפרו וירבו כי כשיתרבו הנפשות יתרבו הנולדים ועיין מה שפירש המגיד למהרי"ק בפירוש פסוק וימת יוסף וגו' ובני ישראל פרו וישרצו וירבו ותמצא עזר לדברינו דברי אלהים חיים :

כלי יקר

ומתרץ מקרא אני דורש אל תירא יעקב וגו' ושב זרעו מארץ שבים מקיש הוא לזרעו מה זרעו בחיים וכו' ומקשים כאן שלא תירץ לנו כלום על וכי בכדי חנטו חנטיא וכו'. ונראה' הדבר כך הוא שכל מי שמניח בנים דומה כאילו אינו מת לפי שעובר ירך אמו הוא וכרעיה דאבוה הוא וחלק מן האב כלול בבן וכשהבן בחיים אז גם חלק מן אביו הכלול בו בחיים ודווקא יעקב שכל מטתו שלימה וכולם צדיקים כמ"ש כל המעמיד בן צדיק כאילו אינו מת דווקא בן צדיק אבל בן רשע שחשוב בחייו כמת כשל עוזר ונפל עזור ואין ברא כזה מזכי אבא לפיכך אמרו דווקא יעקב לא מת אע"פ שחנטו חנטיא מ"מ כשזרעו בחיים אז גם הוא חלק ממנו בחיים ודבר זה נרמז בסמיכות זה כי על ידי ויפרו וירבו מאד והיה זרעו בחיים לפיכך ויחי יעקב שגם הוא בחיים :

הפטרת ויגש

אוֹתָם עָלָיו אֶת־עֵץ יְהוּדָה וַעֲשִׂיתִם לְעֵץ אֶחָד וְהָיוּ אֶחָד בְּיָדִי׃ וְהָיוּ הָעֵצִים אֲשֶׁר
תִּכְתֹּב עֲלֵיהֶם בְּיָדְךָ לְעֵינֵיהֶם׃ וְדַבֵּר אֲלֵיהֶם כֹּה־אָמַר אֲדֹנָי יֱהוִֹה הִנֵּה אֲנִי לֹקֵחַ אֶת־
בְּנֵי יִשְׂרָאֵל מִבֵּין הַגּוֹיִם אֲשֶׁר הָלְכוּ־שָׁם וְקִבַּצְתִּי אֹתָם מִסָּבִיב וְהֵבֵאתִי אוֹתָם אֶל־
אַדְמָתָם׃ וְעָשִׂיתִי אֹתָם לְגוֹי אֶחָד בָּאָרֶץ בְּהָרֵי יִשְׂרָאֵל וּמֶלֶךְ אֶחָד יִהְיֶה לְכֻלָּם לְמֶלֶךְ
וְלֹא °יִהְיֶה־עוֹד לִשְׁנֵי גוֹיִם וְלֹא יֵחָצוּ עוֹד לִשְׁתֵּי מַמְלָכוֹת עוֹד׃ וְלֹא יִטַּמְּאוּ עוֹד
בְּגִלּוּלֵיהֶם וּבְשִׁקּוּצֵיהֶם וּבְכֹל פִּשְׁעֵיהֶם וְהוֹשַׁעְתִּי אֹתָם מִכֹּל מוֹשְׁבֹתֵיהֶם אֲשֶׁר חָטְאוּ

°יהיו קרי

אברבנאל

ואת שבטי ישראל חבריו וגו' ונראה לי שהיו הייעודים בנבואה הזאת שנים. הראשונה על משיח בן יוסף שיקום תחלה ללחום מלחמות ה' והוא יהיה מלך על בני ישראל ועל בני יהודה הנמצאים שמה ועל זה אמר הנה אני לוקח את עץ יוסף אשר ביד אפרים ושבטי ישראל חבריו ונתתי אותם עליו רוצה לומר על אפרים כי הוא יהיה הראש ושיתאחדו בזה גם כן בני יהודה כי הוא ימלוך על כולם ולא יהיה ביניהם חלוק כלל ולזה אמר ונתתי אותם עליו את עץ יהודה ר"ל עם עץ יהודה ועשיתים לעץ אחד והיו אחד בידי שכלם יתאחדו וידבקו תחת ממשלת משיח בן יוסף הנה התבאר למה זכר בזה מלכות אפרים ראשונה שהוא מפני משיח בן יוסף שימלוך ראשונה על כל ישראל ולמה אמר ונתתי אותם עליו את עץ יהודה רוצה לומר שיתן כל השבטים עם עץ יהודה על משיח בן יוסף : ובזה אמר השם לנביא שאחרי שיאמר זה לישראל חשואלים אותו לא יסיר את העצים מנגד עיניהם אבל יתמידם שמה עד שידבר אליהם הייעוד חשני והוא מתשלמת קיבוץ הגליות והמלכת בית דוד עליהם כלם ועל זה בא הדבור השני באומרו ודבר אליהם כה אמר ה' אלהים הנה אני לוקח את ב"י מבין הגוים אשר הלכו שם וגו' והבאתי אותם על אדמתם וזה כולל למלכות יהודה ומלכות ישראל שישתלם קבוצם ואחרי היותם בארץ אעשה אותם לגוי אחד ומלך אחד יהיה לכולם ולא יהיו עוד שני גוים ולא יחצו עוד לשתי ממלכות ר"ל שלא יהיה עוד בישראל חילוק מלכיות מלכות יהודה ומלכות ישראל ולא תהיה ביניהם איבה ושנאה כאשר היה בהיותם על אדמתם ועל זה אמר שלא יהיו עוד לשני גוים רוצה לומר ישראל ויהודה שונאים ונלחמים זה בזה מפאת שנאת העמים ולא יחצו עוד לשתי ממלכות מפאת המלכים המתקוטטים זה בזה הנה התבאר למה אמר והיו העצים אשר תכתוב עליהם בידך לעיניהם שפירושו ההתמדה שיתמידו העצים להיות לעיניהם ולמה בא הדבור השני הנה אני לוקח את בני ישראל וגו' שהוא להודיע מלכות מלך המשיח שימלוך מבית דוד אחרי מות משיח בן יוסף ולפי שכמו שאמרו רז"ל כשפרקו ישראל מעליהם עול מלכות דוד פרקו גם כן מעליהם עול מלכות שמים הוצרך לאמר אחרי שייעד על חזרת מלכות בית דוד שכן יחזור עליהם מלכות שמים ועז"א ולא יטמאו עוד בגלוליהם ובשקוציהם ובכל פשעיהם שזה היה סבה לחילוק הגוים וחילוק המלכיות ואומרו והושעתי אותם מכל מושבותיהם אשר חטאו

פירוש מהגאון מלבים

תחלה יתן אותם עליו , היינו שיתן שבטי ישראל על עץ יוסף , היינו שיתקבצו תחת דגל משיח בן יוסף . וגם את עץ יהודה יתן עליו שיהודה יעמוד ג"כ תחת דגלו , וזה ועשיתים לעץ אחד , והיו אחד בידי עפ"י נס : והיו , לזה לו עוד שגם אחר כך העצים אשר תכתוב עליהם ישארו עוד בידך לעיניהם שלא יעזבם מידו , ולא ימחוק הכתב רק שיהיו העצים שיכתוב עליהם , כי עוד צריך לעשות בם דבר , והוא משל על שאח"כ יתחברו שנית תחת דגל מלכות בית דוד , שבזה נשאר הכתב מצד זה שיתהפך שיתקרבו עשרת השבטים ועץ יוסף אל עץ יהודה , וזה ג"כ ע"י יד הנביא וכנס : ודבר אליהם עתה מפרש הדברים בפרטות , הנה אני לקח וכו' זה כמ"ש למעלה ולקחתי אתכם מן הגוים שלשם גלו אותם , ומשם נפזרו אח"כ מן הגוים אל הארצות סביב בפיזור , ועז"א וקבצתם אתם מסביב : ועשיתי אותם בעת שהיו בארץ יהיו גוי אחד , ויהיה מלך אחד על כולם שתחלה ימלוך משיח בן יוסף על כולם , כמ"ש ונתתי אותם עליו את עץ יהודה , ולא יהיו עוד כי תחלה היו לשני גוים ע"י שעשרת השבטים עבדו עכו"ם ועזבו את מקדש ה' , זה לא יהי' עוד כי כולם יעבדו את ה' וגם תחלה היו לשני ממלכות ע"י חילוק המלכות בין בימי איש בושת בין בימי ירבעם ואילך , עז"א ולא יחצו עוד , כי בין בעת שימלוך משיח בן יוסף ימשוך יהודה אחר אפרים , ובין אח"כ שימלוך בן דוד ימשכו כולם אחר בית דוד , ועז"א שני פעמים עוד : ולא יטמאו , תחלה נטמאו י' השבטים בגלוליהם ובשקוציהם ושבט יהודה נטמאו בכל פשעיהם , וכן בימי בית ראשון נטמאו בגלולים ועכו"ם ובימי בית שני נטמאו בכל פשעיהם , עז"א ולא יטמאו עוד וכו' , ואח"כ בימי גלות אדום חטאו ע"י מושבותיהם שגרו בין העכו"ם וע"י מושבותיהם ביניהם חטאו , עז"א והושעתי אותם מכל מושבתיהם אשר חטאו בהם , ואח"כ

kingdom of the House of David. For this reason, the script would remain for this purpose, to symbolize that it will change insofar as the Ten Tribes and the stick of Joseph will move nearer to Judah's stick. This will also transpire through the prophet and by means of a miracle.

21. **And speak to them**—Now he explains the matter in detail.

Behold, I will take, etc.—This is as he said above. I will take the children of Israel from the nations who exiled them, and scattered them from these nations to the surrounding countries. Concerning this, God says, **"and I will gather them from all around."**

22. **and I will make them**—when they will be in the land,

into one nation...and one king shall be to them all as a king—In the beginning, the Messiah, the son of Joseph, will reign over them all, as is stated above, "and I will place them with him with the stick of Judah."

and they shall no longer be two nations—as they were originally, for the Ten Tribes worshipped idols and forsook the Sanctuary of the Lord. This will no longer be, for they will all worship the Lord. Also, in the beginning, they were two kingdoms through the division of the kingdom, both in the days of Ish-bosheth and in the days of Jeroboam and his successors. Concerning this, he says,

neither shall they again be divided into two kingdoms anymore—For, during the reign of the Messiah, the son of Joseph, Judah will follow Ephraim, and later,

during the reign of the Messiah, the son of David, they will all follow the House of David. Hence the repetition of the word עוֹד, *again, anymore*.

23. **And they shall no longer defile themselves**—At the beginning, the Ten Tribes defiled themselves **with their idols and with their detestable things**, and the people of the tribe of Judah were defiled **with all their transgressions**.

Similarly, in the time of the first Temple, the tribes were defiled with detestable things and with idolatry, and in the time of the second Temple, with all their transgressions. Therefore, the prophet states: And they shall no longer defile themselves with their idols and with their detestable things or with all their transgressions. Afterwards, in the Edomite exile they sin because of their environment, for they dwell among the Gentiles, and through their living among them, they sinned. Therefore, God says:

and I will save them from all their habitations where they have sinned.—And afterwards, **I will purify them**—to the extent that

they shall be My people, and I will be their God—to behave toward them with a miraculous Providence, and then,

Abarbanel comments: The Rabbis state that when Israel cast off the yoke of the Davidic dynasty, they also cast off the yoke of the kingdom of Heaven. Therefore, after the prophet predicted the restoration of the Davidic dynasty, he also had to say, "And they shall no longer defile themselves with their idols and with their detestable things and with all their transgressions," because that was the cause of their split into two nations and two kingdoms.

and I will save them from all their habitations where they sinned—*Abarbanel* quotes commentators who explain this as a reference to Dan and Beth-el, where Israel worshipped the golden calves. *Abarbanel*, however, feels that it is more likely that this refers to the lands of Israel's exile, where they sinned, as Moses states: "And there you will serve their gods whom neither you nor your fathers have known: wood and stone" (Deut. 28:54). Since Israel became defiled and contaminated there with their sins, He says, "and I will purify them," meaning that He will purify them from all sin and transgression, so that they will cleave to God and to His worship. The meaning of "and they shall be My people, and I will be their God," is that just as they broke off the two kingdoms—the kingdom of the House of David and the kingdom of Heaven—He mentions that both will be restored. Concerning the kingdom of Heaven, He says, "and they shall be My people, and I will be their God."

24. My servant David shall be king over them—Then the kingdom will return to the house of David, as regards conducting the affairs of the country and religious affairs,

one shepherd shall be for them all—for they all

shall walk in My ordinances—and there will be no distinction between them in religious matters. Thereby,

Abarbanel explains that in reference to the restoration of the Davidic dynasty, God says, "And My servant David shall be king over them, and one shepherd shall be from them all." This is the King Messiah, called David since he will be descended from him, and he will follow David's ways, and his behavior. This is similar to the Egyptian monarchs who were all at one time called Pharaoh, and later called Ptolemy. Thus will the King Messiah and his descendants be called David to attest to the fact that one of David's descendants, a God-fearing man who shuns evil, will always occupy his throne. The Prophet states also that the kings and the shepherds and all Israel, will follow His judgments and keep His ordinances.

בָּהֶם וְטִהַרְתִּי אוֹתָם וְהָיוּ־לִי לְעָם וַאֲנִי אֶהְיֶה לָהֶם לֵאלֹהִים: וְעַבְדִּי דָוִד מֶלֶךְ עֲלֵיהֶם וְרוֹעֶה אֶחָד יִהְיֶה לְכֻלָּם וּבְמִשְׁפָּטַי יֵלֵכוּ וְחֻקֹּתַי יִשְׁמְרוּ וְעָשׂוּ אוֹתָם: וְיָשְׁבוּ עַל־הָאָרֶץ אֲשֶׁר נָתַתִּי לְעַבְדִּי לְיַעֲקֹב אֲשֶׁר יָשְׁבוּ־בָהּ אֲבוֹתֵיכֶם וְיָשְׁבוּ עָלֶיהָ הֵמָּה וּבְנֵיהֶם וּבְנֵי בְנֵיהֶם עַד־עוֹלָם וְדָוִד עַבְדִּי נָשִׂיא לָהֶם לְעוֹלָם: וְכָרַתִּי לָהֶם בְּרִית שָׁלוֹם בְּרִית

פירוש מהגאון מלבים

ואח"כ וטהרתי אותם עד שיהיו לי לעם ואני אהיה להם לאלהים להתנהג בהשגחה נסיית, ואז. ועבדי דוד מלך עליהם, אז ישוב המלוכה לבית דוד בין מלך הנהגת המלכות, וכן מלך הנהגת הדת אמר ורועה אחד יהיה לכלם כי כולם במשפטי ילכו ולא יהיה חילוק ביניהם בענין הדת. ועי"כ. וישבו על הארץ ישבו בישיבת קבע בענין שיהיה להם לאחוזה, ואמר אשר נתתי לעבדי ליעקב ר"ל שיהיה להם בין הארץ שניתן ליעקב שהיא נחלה בלא מצרים בין אשר ישבו בה אבותיכם בגבול הקדש, כי גבול העתיד ימשך יותר מגבול שהיה להם תחלה, כמ"ש בנבואת יחזקאל לקמן (סי' מ"ז), וגם תפס אשר נתתי ליעקב כי ליעקב הראה הנס הזה שהתאחדו האבנים לאבן אחד כמו שהתאחדו העצים לעץ אחד, והיה ג"כ סימן אל שיתאחדו ישראל לגוי אחד באחרית הימים, ואז יירשו נחלה בלא מצרים, ודוד עבדי מבטיח להם כי ג' דברים יהיו מתמידים לעולם, א] נחלת הארץ שעז"א וישבו עליה המה וכו' עד עולם, ב] מלכות בית דוד שעלן זה אמר ודוד עבדי נשיא להם לעולם, ג] שהברית שבין ה' ובינם לא יפסוק, שעז"א. (כו. כז. כח). וכרתי להם ברית שלום זה כולל את השלום שבין ה' ובין ישראל, שלא יחטאו עוד ולא יסתיר פנים מהם, את השלום בין העם, את השלום לכ"א בגוף ובנפש ובנכסים,

אברבנאל

בהם פירשו המפרשים שיושיעם מחטוא עוד בדן ובבית אל אשר חטאו שם בעגלי' בית ישראל ויותר נכון לפרש מכל מושבותיהם אשר חטאו בהם על ארצות הגלות שהי מושבותיהם בארצות מגוריהם וחטאו בהם כמו שאמר אדוננו משה ועבדתם שם אלהים אחרים וגו' ומפני ששם נגואלו ונטמאו בחטאתיהם לכן אמר וטהרתי אותם שיטהרם מכל חטא ופשע באופן שיתדבקו בו יתברך ובעבודתו וזהו והיו לי לעם ואנכי אהיה להם לאלהים כי כמו שפרקו מעליהם שתי מלכיות מלכות בית דוד ומלכות שמים כן זכר שיחזרו שתיהם, ועל מלכות שמים אמר והמה יהיו לי לעם ואנכי אהיה להם לאלהים ועל מלכות דוד אמר ודוד עבדי מלך עליהם ורועה אחד יהיה לכולם כי הנה מלך המשיח יקרא דוד להיותו מזרעו והולך בדרכיו ונוהג כמנהגו כי כמו שכל מלכי מצרים נקראו זמן רב בשם פרעה ואחר כך נקראו בשם תלמי זמן רב כן יקרא מלך המשיח וכל זרעו בשם דוד לעדות שיהיה מזרעו יושב על כסא ירא אלהים וסר מרע כדוד. וזכר שהמלכים והרועים הם וישראל כלו גם כן במשפטיו ילכו ואת הקותיו ישמרו ועשו אותם ואז לא תבואם רע לא צרות ולא מלחמות ולא גלות אחרת וזהו וישבו על הארץ אשר נתתי לעבדי ליעקב כי לפי שאברהם הוליד את ישמעאל ובני קטורה ויצחק הוליד את עשו לכן לא זכר במתנה אברהם ויצחק כי אם יעקב לפי שניתנה לו ולזרעו בלבד עד עולם וזהו וישבו עליה הם ובניהם ובני בניהם עד עולם וכמו שהאומה תהיה נצחית בארץ כן מלכות בית דוד תהיה גם כן נצחי ביניהם ולכן ליעד על הנצחיות חזר לומר ודוד עבדי נשיא להם לעולם שתמיד ימלוך איש מזרעו וממשפחתו וכבר הודעתיך למעלה דעת המקובלים בזה והתבונן אומרו עד עולם או לעולם כי הנה אמר זה לפי שהיה מקובל אצל הנביאים והחכמים הראשונים שהיה העולם עתיד לכלות וליפסד ולכן אמר כאן שיתמידו ישראל בארצם ובנחלתם וזרע דוד במלכותו עד שיתום העולם ויכלה החלד ואמר שגם לא יהיה להם קטטה ומלחמה עם שכניהם מסביב ולא בינם לבין עצמם כי אכרות להם ברית שלום ברית עולם וברית שלום הוא מהאויבים אבל ברית עולם הוא אמה שבטבע שיביא גשמיהם בעתם ונתנה הארץ יבולה ועץ השדה יתן פריו כי זה הוא הנכלל באומרו ברית עולם יהיה אותם ואמנם אומרו ונתתים והרביתי אותם פירשו.

בראשית מז ויחי

כח וַיְחִי יַעֲקֹב בְּאֶרֶץ מִצְרַיִם שְׁבַע עֶשְׂרֵה שָׁנָה וַיְהִי יְמֵי־יַעֲקֹב שְׁנֵי

אונקלוס

כח וַחֲיָא יַעֲקֹב בְּאַרְעָא דְמִצְרַיִם שְׁבַע עַשְׂרֵי שְׁנִין וַהֲווֹ יוֹמֵי יַעֲקֹב שְׁנֵי

שפתי חכמים

א כלומר קבלה הוא בידינו מעזרא ע"ס שפ' ויחי הוא תחלת פסקא ולא חדא פרשה היא עם וישב ישראל כו' ודרך

רש"י

(כח) ויחי יעקב. למה פרשה זו סתומה א לפי שכיון שנפטר יעקב אבינו נסתמו עיניהם ולבם של

כלי יקר

ויחי יעקב בארץ מצרים וגו'. למה פרש' זו סתומה. אלא כיון שנפטר יעקב התחיל השעבוד. ד"א שבקש לגלות הקץ ונסתם ממנו. ד"א שנסתמו ממנו כל צרות שבעול'. כך היא הנוסחא בב"ר. כפי הנרא' שאין סמך מן המקרא לכל הדרשות האלו וכולם כמתנבאים. ואפשר כ"ל בזה לפי שמצינו כאן סתימ' שלא כדרך הפרשיות הסתומות שבתור' שיש בהם ריוח לפחות כשיעור פרש' סתומ' וכאן אין ריוח כלל וודאי שכוונת עזרא הסופר להסמיך פסוק ויחי יעקב לפסוק שלפניו וישב ישראל בארץ גושן ויאחזו בה ויפרו וירבו מאד ויחי יעקב וגו' כאילו היה הכל פסוק אחד ע"כ נחלקו ג' לשונות אלו במשמעות דורשין. כי לגשון ראשון שדורש שכיון שנפטר יעקב התחיל השעבוד יהיה קישור שני פסוקי' אלו על זה האופן כי מתחיל' אמר וישב ישראל בארץ גושן הור' בלשון ישיב' שהיה להם ישיב' של שלוה ומנוח'. ויאחזו שהיה להם גם אחוזה בארץ ויפרו וירבו מאוד וכל זה היה בזמן ויחי יעקב כי בחייו עמד להם זכות יעקב שזכו לכל אלה מכלל שבמותו

אור החיים

ויחי יעקב. טעם קריאת שמו יעקב אחר אשר אמר אליו ה' לא יקרא וגו'. לא יעקב יאמר עוד שמך כבר כתבתי בפ' וישלח בפי' פסוק לא יקרא וגו'. כי לצד שם נפשו הקבוע בו' אשר שמה יעקב כידוע מדבריהם שפירשו בפסוק אשר שם שמות בארץ ולצד שעודנה באיב' לזה לא יעקר שמה וב' שמות יקראו לו אלא שיש לנו לחקור זאת במה יבחר ה' לזמנים יקרא לו יעקב ולזמנים ישראל הן אמת כי בעדת ישראל מצינו שישתנה להם השם כפי מעשיהם כשעושים רצונו של מקום בשם ישראל יכנה אותם ולהפך יקרא שמם יעקב וכן הוא רמוז בדבריהם וטעם זה לא יולדק ביעקב כי ישר פעולתו בתמידות. אכן להיות שענף המושכל אשר נתעלם יעקב להשיגו שבאמצעותו בשם ישראל יתכנה הוא בחינת קדושה עליונה ותמצא כי המין המאושר ההוא ימאס לבחינת הדאגה והעצבון והשפלות כי ממקום השמחה והמנוחה והגדולה

and I will purify them, and they shall be My people, and I will be their God. 24. And My servant David shall be king over them, and one shepherd shall be for them all, and they shall walk in My ordinances and observe My statutes and perform them. 25. And they shall dwell on the land that I have given My servant Jacob, where your forefathers lived; and they shall dwell upon it, they and their children and their children's children, forever; and My servant David shall be their prince forever. 26. And I will form a covenant of peace for them; an everlasting covenant

25. **they shall dwell on the land**— They shall dwell permanently so that it will be their holding. He states further:

that I have given My servant Jacob—Both the land that was given to Jacob, which is an inheritance without limits, both the land

where your forefathers lived— I.e., the original boundaries of *Eretz Yisrael*, for the future boundaries will extend farther than the original boundaries, as is delineated in Ezekiel 47. Another reason Ezekiel mentions Jacob is that God showed Jacob a miracle when the many stones grouped around his head were transformed into one stone, just as the sticks in the prophet's hand turn into one stick. This too symbolized that at the end of days Israel would become one nation, and then inherit an inheritance without limits.

and My servant David—He promises them that three things will persist until eternity: 1) the inheritance of the land, concerning which the prophet says:

and they shall dwell upon it, they and their children and their children's children, forever—2) The

---

GENESIS 47 VAYECHI

28. And Jacob lived in the land of Egypt for seventeen years, and Jacob's days, the years of

28. **And Jacob lived**—*Why is this section* [completely] *closed? Because, as soon as our father Jacob passed away, the eyes and the heart of Israel were "closed,"* (i.e., it became "dark" for them) *because of the misery of the slavery, for they* (the Egyptians) *commenced to subjugate them. Another explanation: That he* (Jacob) *attempted to reveal the End* [of the exile] *to his sons, but it was "closed off"* (concealed) *from him.* [This appears] *in Gen. Rabbah (91:1).—* [*Rashi*]

Since we have a tradition from Ezra that *Vayechi* begins a *sidrah*, a section of the Torah to be read in the synagogue on an individual Sabbath, and it is not a continuation of *Vayigash*, there should be a minimum shall be with them, and I will give [it to] them, and I will cause them to multiply, and I will place My Sanctuary in their midst forever. 27. And My Dwelling-Place shall be over them, and I will be their God, and they shall be My people. 28. And the nations shall know that I am the Lord, Who sanctifies Israel, when My Sanctuary is in their midst forever.' "

kingdom of the house of David, concerning which God promises:

and My servant David shall be their prince forever—3) The covenant between them and God will not end. Concerning this, Ezekiel says:

26. **And I will form a covenant of peace for them**—This includes both peace between God and Israel, meaning that Israel will no longer sin against Him, and He will no longer hide His countenance from them. This covenant also includes peace among the people, and the peace that each individual will enjoy, in his body, in his soul, and in his property. This covenant will be

an everlasting covenant.

and I will give [it to] them—I will give them the covenant of peace, as it is written: "Behold, I give him My covenant of peace" (Num. 25:12). There is a difference between a covenant that is formed and a covenant that is given. A covenant that is formed is bilateral, whereas a covenant that is given is unilateral, imposing obligations only upon the giver, who must fulfill the covenant unconditionally. Therefore, regarding Phinehas the Chumash states: "And it shall be for him and for his seed after him a covenant of eternal priesthood" (ibid. 13), and thereby,

I will cause them to multiply, and I will place my Sanctuary in their midst.

GENESIS 47 VAYECHI

space the length of nine letters between this verse and the preceding verse, as in all other cases. In the Sefer Torah, however, there is no space here at all. Hence the question of why this section is completely closed, distinct from every other section of the Torah.—[*Sifthei Chachamim*]

The first solution quoted by *Rashi* presents a difficulty, for on Exodus 6:16 he writes that the bondage did not commence until Levi, the last of

the tribes, had passed away. This problem is addressed by all super-commentaries on *Rashi*. *The Pentateuch with Rashi Hashalem* sums up the three general solutions given by the supercommentaries, as follows:

1) The Egyptians did not forcefully enslave the Israelites until all the tribes had passed away, but they *did* persuade them to work. In addition, until Levi's death, the Egyptians paid the Israelites for their work. This persuasion is described

עוֹלָם יִהְיֶה אוֹתָם וּנְתַתִּים וְהִרְבֵּיתִי אוֹתָם וְנָתַתִּי אֶת־מִקְדָּשִׁי בְּתוֹכָם לְעוֹלָם: וְהָיָה מִשְׁכָּנִי עֲלֵיהֶם וְהָיִיתִי לָהֶם לֵאלֹהִים וְהֵמָּה יִהְיוּ־לִי לְעָם: וְיָדְעוּ הַגּוֹיִם כִּי אֲנִי יְהוָה מְקַדֵּשׁ אֶת־יִשְׂרָאֵל בִּהְיוֹת מִקְדָּשִׁי בְּתוֹכָם לְעוֹלָם:

אברבנאל

המפרשים ונתתים בארצי או בברכתי ולא נזכר זה בכתוב ויותר נכון לפרש על הברית שלום והברית עולם שזכר שיתן אותם הבריתות בינו וביניהם וירבה אותם ואחרי שייעדם והבטיחם בטובות הגשמיות הבטיחם בטובות הרוחניות וע"ז אמר ונתתי מקדשי בתוכם לעולם והיה משכני עליהם רוצה לומר שיבנה המקדש ולא יתמיד ארבע מאות ועשר שנים או ד' מאות ועשרים שנה כמו שהתמידו בית ראשון ובית שני כי אני אתן את מקדשי לעולם רוצה לומר כל הזמן שיתמיד העולם ולא יפסד והיה משכני עליהם כלומר שלא תסתלק עוד מביניהם השכינה והנבואה ושאר הקדושו' שנסתלקו בחורבן בית ראשון ולא שבו בבית שני כי כולם ישובו בזמן גאולתם ויתמידו ביניה' ועל זה אמר גם כן ונתתי מקדשי בתוכם שאמר מקדשי על כל הקדושות שכינה נבואה רוח הקדש אש מן השמים אורים ותומים שמן המשחה וכל המעלות שהיו בבית ראשון וחסרו בבית שני ואפשר לפרש והיה משכני עליהם על השגחתו ושמירתו העליונה שתשכון עליהם על דרך והי' עיני ולבי שם כל הימים ויהיה כל זה לפי שבזמן ההוא אהיה להם לאלהים והמה יהיו לי לעם ותהיה קדושתם של ישראל כל כך עד שתתפשט גם בכל הגוים שיבאו לקבל האמונה האלהית באמצעותם ועל זה אמר וידעו הגוים כי אני ד' מקדש את ישראל בהיות מקדשי בתוכם לעולם שהקדושות ההמה אשר בתוכם יעידו על מעלתם והתדבקם בו יתברך הנה התבארו בנבואה הזאת מלבד קבוץ הגליות ותשועת ישראל דברים גדולים בגאולה העתידה: הראשון. שישובו עשרת השבטים ולא תמצא בכל הנבואות העיקר הזה כל כך מבואר ומפורש כאשר הוא במקום הזה באומרו הנה אני לוקח את עץ יוסף אשר ביד אפרים ושבטי ישראל חבריו. השני שימלוך מלך מבית דוד על יהודה וישראל יחד ולא יהיו עוד לשני גוים ולא יחצו לשתי ממלכות וגם זה ביארו יחזקאל יותר ממה שביארו נביא אחר. השלישי, שתשוב השכינה והנבואה ושאר הקדושות אשר בבית ח' כימים הראשונים וכמו שאמר ונתתי מקדשי בתוכם לעולם ונתתי משכני עליהם. הרביעי, שגם האומות יקבלו אמונת השם יתברך ויכירו וידעו אלהותו וכמו שאמר וידעו הגוים כי אני ה' מקדש ישראל בהיות מקדשי בתוכ' לעול' הלא אלה השרשי' ביארם הנביא יחזקאל כאן בביאור גדול מלבד שאר השרשים שזכר כמו שזכרום נביאים אחרים:

פירוש מהגאון מלבים

וברית הזה יהיה ברית עולם. ונתתים, ר"ל ונתתי להם את הברית שלום, כמ"ש הנני נותן לו את בריתי שלום, שיש הבדל בין הברית הנכרת. ובין הברית הניתן, הברית הנכרת החיוב הוא משני הצדדים, והברית הניתן החיוב הוא רק מצד הנותן שיקיים הברית בכל אופן ובלי שום תנאי, שעז"א בפנחס והיתה לו ולזרעו אחריו ברית כהונת עולם, ועי"כ והרביתי אותם ונתתי את מקדשי בתוכם. והוא ע"ד מ"ש בירמיה (סי' ג') והיה כי תרבו ופריתם בארץ בימים ההמה לא יאמרו עוד ארון ברית ה' וכו' ביום ההוא יקראו לירושלים כסא ה', כי ברבות ישראל ברבוי מופלגת תהיה השכינה על ישראל ולא יצטרכו לקדושת הארון והמקדש, והנה קדושת המקדש שמצייר שה' ושכינתו מצמצם א"ע בתוך נקודה מצומצם בין שני בדי הארון מורה האהבה שבינו עם ישראל כמ"ש כד רחימתין עזיזא וכו', אמנם שתהיה שכינת ה' על ישראל עד שהם יהיו המרכבה לשכינתו מציין גודל מעלת ישראל, וז"ש ונתתי מקדשי בתוכם והיה משכני עליהם שיהיה שני הדברים המקדש בתוך ושכינת ה' עליהם על כל ישראל, עד שהם בפ"ע לא יצטרכו לקדושת המקדש שהם בעצמם יהיו הבדים והארון והקדש והמקדש שישכון ה' עליהם בקדש והמקדש שיהיה בתוך בין נחלת השבטים (כמ"ש ביחזקאל סי' מ"ח) יהיה רק שידעו הגוים שה' מקדש ישראל במה שיהיה מקדשי בתוכם, והנה המשכן עליהם הוא מצד כחם ואיתערותא דלתתא בלי עזר אלהי, והמקדש בתוכם הוא מצד עזר אלהי שמקדש אותם, וידעו הגוים כי אני ה' מקדש את ישראל ע"י המקדש שבתוכם, והבן:

יונתן בן עוזיאל

כח וִיחִי וַחֲיָא יַעֲקֹב בְּאַרְעָא דְמִצְרַיִם שְׁבַסְרֵי שְׁנִין וַהֲווֹ יוֹמֵי יַעֲקֹב סְכוּם יוֹמֵי חַיּוֹי מְאָה וְאַרְבְּעִין שְׁבַע

בעל הטורים

ויחי. וירבו מאד ויחי יעקב. בגי' לאחר ס' ריבוא וזהו שנאמר כראותו ילדיו כראותו אותיות רבואות. ילדיו. עולה ס'. לומר שראה ס' רבוא מילדיו. ד"א וירבו מאד ויחי יעקב מלמד שראה ל' רבוא דלקמן קאמר במאד מאד והוא ס' רבוא והכא לא כתיב אלא חד מאד דהיינו החצי וכן כתיב לקמן ו' לשונות והם פרו וישרצו וירבו ויעצמו במאד מאד והכא לא כתיבי אלא תלתא ויפרו וירבו מאד ולהכי לישנא דרוש הכי כי כראותו ילדיו כ"י עולה ל' שראה ל' רבואות מילדיו. ד"א ויחי יעקב בארץ שלא היה ימים טובים בלא צער אלא כמנין ויחי י"ז שנה משנולד יוסף עד שנמכר וי"ז שנה במצרים. ד"א ויחי יעקב בארץ מצרים י"ז שנה שהראשונים לא היו חיים שהרי אמר כי ארד אל בני אבל שאולה: שבע עשרה שנה. כנגד י"ז שנה שגדל הוא ליוסף כלכלו י"ז שנה: ויהי ימי יעקב בכ"מ שנאמר ויהי ימי לא הגיע ליתי

דעת זקנים מבעלי התוספות

(כח) ויחי יעקב. פרש"י למה פרשה זו סתומה וכו' ותימה שהרי יוסף מלך אחר פטירתו של יעקב וי"ל שמיד שנפטר יעקב התחילו לשעבד בהם מעט. ועוד פרש"י שבקש לגלות הקץ ונסתם ממנו. וא"ת מהיכן ידע הקץ י"ל ממעלות הסולם שחלם שראה שרו של עשו

אור החיים

והגדולה באה והיה לאות בין עיניך יום שבת למנוחה אשר צוה ה' את בני ישראל והוא לטעם נשמה יתירה ולצד שממקום עליון בא יצו ה' להרחיק היגון והכעס ולקרא לשבת עונג והן הדברים עצמם נאמרים ביעקב בהשגתו שם עליון השם יגיד כי צוה ה' אתו את הנשמה העליונה בעלת שם זה של ישראל ומשכנה בו הוא כל זמן שאין שם עצבון וענף הנגדי קצת לשמחה ולשלימות הקדושה והטהרה ובהעדר כן וינפש יוצאה ממנו כיציאת נשמה יתירה של יום שבת ובאותו זמן לא יקרא לו ישראל כי בעלת השם הלכה לה ואינה אז ויקרא שמו יעקב ותשוב עוד הנשמ' ההיא באמצעו' הכנת והצעת המוכן כהשבת נשמה יתירה בכל שבת ושבת באמצעות הכנת יום המקודש וכזה תלך לבטח ולהשכיל טעם בכל מקום אשר בשם יעקב יתכנה הוא לסיבה אשר יארע שום דבר מכאי' העצב והיגון וארשום לך קצת מהמקומות להעיר לך וזה יצא ראשונה תחלת דבר טוב ה' בפ' וישלח אמר אליו שמך יעקב פי' אז יהיה שמו יעקב לצד שהיה אז באבילות אמו כמאמרם ז"ל שאמרו כי אומרו ויברך אותו יכוין על ברכת אבלים ולצד זה יקרא שמו יעקב ולזה תמצא שבכל אותו פרשה קרא ה' שמו יעקב וגם בזמן מיתת רחל נקרא שמו יעקב דכתיב ויצב יעקב מצבה על קבורתה ואחר שצלמו ימי האבל קרא ה' שמו ישראל דכתיב ויסע ישראל בשכון ישראל והגם שאמ' שם ויהיו בני יעקב יש לך לדעת כי כשיהיו הבני' במדריגה פחות' ולצד מעשיה' הגם שהאב יתכנה בשם ישראל הם יתכנו בשם יעקב ובמה שלפנינו לצד מעשה שהי' מעשה

ראובן

חַיָּיו שֶׁבַע שָׁנִים וְאַרְבָּעִים וּמְאַת שָׁנָה׃ כט וַיִּקְרְבוּ יְמֵי־יִשְׂרָאֵל לָמוּת

חַיּוֹהִי מְאָה וְאַרְבְּעִין וּשְׁבַע שְׁנִין׃ כט וּקְרִיבוּ יוֹמֵי יִשְׂרָאֵל לִמְמָת וּקְרָא

תו"א ויקרבו ימי סנהדרין קז:

רש"י

ישראל מצרת השעבוד ב שהתחילו לשעבדם. ד"א שבקש לגלות את הקץ ג לבניו ונסתם ממנו בב"ר: (כט) ויקרבו ימי ישראל למות. [ב"ר] כל מי שנאמר בו קריבה ד למות לא הגיע לימי אבותיו | יצחק חי ק"פ ויעקב קמ"ז בדוד

שפתי חכמים

פרשה סתומה שיעורה ריוח ט' אותיות וזכה כולה סתומה ואין בה ריוח כלל: ב ר"ל שלא היה להם שעבוד ממש אלא צרת השעבוד שהיה מבקש מהם שיעבדו לו כדאמרינן במס' סוטה בפרק כשה כך שהיו מעבידים אותם מתחלה בפה רך וכו': ג וא"ת לפי פי' א' הי"ל לסתום לקמן בפסוק שנכתב בו שמת יעקב ולד"א הי"ל לסתום בפסוק האספו ואגידה לכם. וי"ל דבאמצע הסדרה אינו ניכר אם נסתמה שדרכו להיות נסתם ולא הייתי יודע שדרשות סללו וכאן הוא מונה כל שנותיו והוי מקום מיתתו וכן לענין גלוי הקץ דמסתמא לא היה מגלה להם הקץ אלא סמוך למיתתו וכאן הוא מקום מיתתו כדפירש"י לכן מוכח שפיר מיניה. ומהרש"ל כתב דלטעם א' קשה הי"ל לסתום פ' שמות שסרי בפ' זו לא הזכיר השעבוד לכן פי' ד"א ולד"א ק' הי"ל לסתום סס' של ויקרא יעקב אל בניו וכו' לכן צריך גם לטעם א': ד דקשה למה נאמר ויקרבו ימי בל' רבים וגם למה נאמר ימי דמשמע דקריבה

אור החיים

ראובן קרא להם שם בני יעקב ומה שאמר עוד שם ויבא יעקב אל יצחק אביו לצד שהיה לפני יצחק אביו לא נהג בו הכתוב השררה והגדולה הנרמז' בשם ישראל וכן תמצא שאמרו במדרש תהלים ילקוט סי' תתפ"ה וז"ל אילו היה אברהם קיים היאך היה יצחק מנהיג שררה וכן כל האבות והצדיקים וכו' ע"כ הנך רואה כי תסתלק השררה לפני אביו ולטעם זה קרא שמו יעקב וכן מה שקרא לו שם יעקב בפ' וישב יודיע הכתוב כי כל זמן שהיה יעקב אז בארץ כנען היה ביגון ואנחה ובמדריגת שם יעקב זולתי בזמנים מועטים אשר רשם הכתוב בהם שם ישראל כאומרו וישראל אהב וגו' אז היה שמח והוכן בלי עצב לקרות לו שם ישראל ותמצא כי משנמכר יוסף לא נקרא שמו ישראל זולת שלשה פעמים ויאמר ישראל למה הרעותם וגו' ויאמר יהודה אל ישראל אביו ויאמר אליהם ישראל אביהם וצריכין להדרש כי דבר אליהם דרך שררה לצד ההכרח שראה שלא חשו לצערו ונשתרר עליהם ורמז כי לא ימחול להם לצד שהוא אביהם גם שיקבלו דבריו ומעת התבשרו ביוסף ותחי רוח יעקב ונחה עליו רוח ה' ותיכף אמר הכתוב ויאמר ישראל ויסע ישראל ויאמר אלהים לישראל עד שנתבשר בגלות וקבל עליו השבר חזר ליקרא יעקב זולת בעת אשר נגלה אליו יוסף לרוב השמחה הגדולה כינה ה' אותו בשם ישראל דכתיב ויעל לקראת ישראל אביו ויאמר ישראל אמותה הפעם ומשם ואילך לא נקרא עוד שם ישראל כל ימי היותו בארץ מצרים עד יום שהגיע עת לכתו לעולמו ומה שאמר וישב ישראל בארץ מצרים יכוין אל כללות בניו שיתיחס אליהם שם ישראל כשיהיו בדרך יושר וגדול כח הבנים מכח אביהם כי הבנים כל אשר ייטיבו דרכם יקרא להם שם ישראל להיותם רבים משא"כ יעקב ודקדק בקריאת שמו לרמוז בקריאתו זמן מצבו ולא נקרא בשם ישראל כל זמן היותו בארץ מצרים עד עת שקרבו ימיו למות אז נקרא שמו ישראל לצד תוסף רוחם והוא סוד הגדל' נפש אדם בעת מיתתו לזה אמר ויקרבו ימי ישראל וישתחו ישראל וכלך לדרך זה להשכיל בכל מקום אשר יקרא לו שם הוא שמו לסיבה אשר תשכיל שמה ועיין בדברי הזוהר ותמצא סעד לדברינו וכל זה הוא דרך פשט ויש דברים בגו כפי רוחניות הדברי' והמשכיל יבין:

א"י ויחי יעקב בארץ מצרים וגו'. צל"ד למה הוצרך לו' מה שחיה בארץ מצרים ועוד קשה לא היה צ"ל אלא ויהי ימי יעקב וגו' קמ"ז וגו' ואני יודע לפי החשבון כי שבע עשרה שנה חיה בארץ מצרים למה שקדם בהודעה בפ' ויגש דכתיב שני מגורי שלשים ומאת שנה עוד למה הוצרך לומר שני חייו ולא הספיק לומר ויהי ימי יעקב ואולי כי לצד שכל ימי יעקב לא נח ולא שקט כי משנולד נולד שטנו ועדיין לא שקטה שמשו עמד לבן ואלה מוסיף לרע לו ואחריו הוקם על צערה של דינ' ועוד לו ויבא רוגז אבידת יוסף הוא שאמר הכתוב ויחי יעקב בארץ מצרים י"ז שנה אלו היו חייו ולא קודם וסמך לזה אומרו ויהי ימי יעקב שני חייו לרמוז שהן הנה היו ימיו שהיה לו בהם חיות והוא אומרו ויהי ימי יעקב פי' אותם י"ז שנה שני חייו פי' שהי' לו בהם חיים ונמשכת ימי יעקב עם מה שלמטה ממנה ימי יעקב וגו' שבע וגו'. עוד ירצה ע"ד או' ז"ל כל מי שסוף ימיו בטובה כאלו כל ימיו בטובה והוא טעם והיה ראשיתך וגו' ואחריתך ישגה מאוד גם אומרו טוב אחרית דבר וגו' והוא אומרו ויחי יעקב חיים של שלוה באמת"ל בזה היה בעיניו שהיו ימי יעקב שני חייו פי' שנים של חיים כל ימיו שהם ז' שנים וגו' וטעם אומרו ויהי לשון צער יכוין לומר שהגם שהיו ימיו בצער אעפ"כ חזרו בעיניו להיות כולם של חיים. ויש לנו לחקור זאת למה שינה הכתוב סדר מספר שנותיו של יעקב מסדר הלקוח במספר שני הצדיקים שמקדים מספר גדול למספר קטן באברהם כתיב מאת שנה ושבעים שנה וגו' ביצחק כתיב מאת שנה ושמנים שנה בשרה כתיב מאה שנה ועשרים וגו' ואולי כי הקדים מנין המועט שהוא האחרון שבו היה בשלוה וחיים טובי'. עוד יכוין הכתוב באופן אחר כי ימים שהיה יעקב לבו נכון ומאויו שלמים בכל הייו הם ימים שבע וארבעים שנה והטעם הוא כאומר' ז"ל כי את רחל אהב והיא בת זוגו אשר בחר יעקב בה ובבניה אשר תוליד כאומרו אהב את יוסף מכל וגו' ויש בזה ג"כ סוד עתיק והיה לך לאות כי כל זמן שלא היה יוסף וישם שק על מתניו ולכשתצרף מנין הימים שהיה בחברת רחל גם שנים שהיה יוסף עמו תמצא מ"א שנים כי עשרים שנה עשה בבית לבן לא מהם שבע עד שנשא רחל נשארו י"ג ובהם נבלעו משני יוסף שש שנים כי כשנולד התחיל יעקב לעבוד בצאנו של לבן דכתיב ושש שנים בצאנך וכשמכרוהו היה בן י"ז שנה צא מהם ו' נשארו י"א וי"ג הרי כ"ד וי"ז במצרים הרי מ"א ושש שנים שהיה יעקב בפעוטות שהם ימים שהלב שמח וריקם מיגון הרי מ"ז והוא או' ויהי ימי יעקב שני חייו שהיו לו חיים שבע שנים וארבעי' ולזה בחר להקדים פרט המועט להודיע זה. וטעם אומרו ויהי לדרך זה יכוין להודיע כי לא השלים יעקב אבינו כל ימי חייו החרוצים והוא מאמרם ז"ל כי לצד שאמר לא יחיה והכרית חיי רחל נחסרו לו ימיו ממנין שני יצחק שהיו ק"פ ל"ג שנה כמנין יחיה לזה רמזה התורה צער חסרון שני הצדיק בתיבת ויהי:

ונשאר לתת טעם הכתוב למה ימנה חשבון שני יעקב קודם שהגיע זמנו ליפטר כי הנך רואה כי אחר שמנה הכתו' ויהי ימי יעקב אמר אחריו מעש' השבעת יוסף ואח"כ אמר ויהי אחרי הדברים ויאמר ליוסף וגו' ומן הראוי לא היה להזכיר סכום ימיו עד יום מותו ואולי כי נתכוין להודיע דבר שממנו הרגיש יעקב שקרבו ימיו למות שמצד זה קרא לבנו ליוסף וגו' ואמר ויהי ימי יעקב שני חייו וגו' פי' לצד

מה

his life, were a hundred and forty-seven years. 29. When the time drew near for Israel to die,

by the Midrash (*Exod. Rabbah* 1:11) as בְּפֶה רַךְ, with a "soft" mouth (a play on בְּפָרֶךְ, Ex. 1:14), meaning that the Egyptians spoke gently to them to persuade them to work for the state.

2) Although there was no actual bondage while the tribes were still living, the Egyptians' attitude toward the Israelites changed with Jacob's death.

3) After Jacob died, the Israelites began to fear the impending bondage, already prophesied by Abraham (Gen 15:43).

Keli Yekar explains that the absence of any space between this *sidrah* and the preceding one indicates that this verse is to be understood together with the final verse of *Vayigash*: "And Israel dwelt in the land of Egypt in the land of Goshen, and they acquired property in it, and they were prolific and multiplied greatly, and Jacob lived in the land of Egypt seventeen years, etc." The Israelites dwelt in peace and tranquility in the land of Goshen and they even had property there, and were prolific and multiplied greatly. All this was during the time that "Jacob lived in the land of Egypt." It was in Jacob's merit that they enjoyed this prosperity, but after he died, his merit no longer served them, and all this prosperity ceased. They no longer lived in tranquility. They no longer kept their property there, because slaves cannot own land in the territory of their bondage.

Moreover, they no longer multiplied as they had previously, because the Egyptians afflicted them, as stated in Exodus 1:10. Accordingly, Jacob's death was the cause of their slavery.

It is also possible that their impending slavery was the cause of Jacob's death, allowing him to be spared witnessing the troubles that were to befall his children.

In reference to the second interpretation, *Da'ath Zekenim* asks how Jacob knew when the End would come. He replies that from the vision of the ladder that he experienced on his way from Beer-sheba, he was able to determine the length of the Edomite exile which is the present exile, commencing when Rome, known in Rabbinic literature as Edom, destroyed the Second Temple. According to *Midrash Tanchuma Vayetze* 1, he saw all the heavenly princes [i.e., the angels designated to represent the nations in heaven (see Dan. 10)] of the nations ascend the ladder and then descend. The number of rungs each one ascended denoted the number of years of his rule. From the number of rungs the prince of Edom ascended, Jacob could determine how many years the Jews would be under Esau's rule.

Keli Yekar points out that knowledge of the End can be detrimental to earlier generations, who would know that the redemption would not occur in their days. They would despair of the redemption, settle tranquilly in the lands of their exile, and seek to become permanent residents. Since the Israelites knew the duration of their exile, they sought to dwell in Egypt on a permanent basis and bought property in the land of Goshen, as is stated at the end of the preceding section. Since the Edomite exile was to be much longer than the Egyptian exile, it was decreed that the End should not be revealed. For this reason, the Holy Spirit, the presence of which Jacob had enjoyed in his early years and which was restored to him when he learned that Joseph was still alive, was again taken from him after he went to Egypt and was ready to die, as he said, "I will die this time" (Gen. 46:30). Therefore, the Torah states: "And Jacob lived in the land of Egypt for seventeen years," that is, *only* Jacob, not his spirit, as in Gen. 45:27: "and the spirit of their father Jacob was revived." This withdrawal of the *Shechinah* was caused by the attitude taken by the children of Israel in Egypt, who knew how long their exile would last and allowed themselves to become permanent citizens of Egypt. For this reason, there is no space between the final verse of *Vayigash* and the initial verse of *Vayechi*, to imply that since the children of Israel considered themselves permanent residents of Egypt, Jacob's spirit was not with him all the seventeen years that he spent in Egypt. Thus he would not reveal the End, lest the same thing happened to the Jews during the Edomite exile, namely that they would despair of being redeemed and

consider themselves permanent citizens of the lands of the Diaspora, as happened to the children of Israel in Egypt.

29. **When the time drew near for Israel to die**—*Everyone of whom it is stated* [that his days] *drew near to die, did not attain the life span of his forefathers. [Isaac lived 180 years, and Jacob lived only 147 years. In connection with David, the expression of drawing near is mentioned* (I Kings 2:1). *His father lived 400 years, and he lived 70.]*—[*Rashi* from *Gen. Rabbah* 96:4]

I.e., his days drew near and were shortened.—[*Mizrachi*]

Some editions read: His father lived 80 years, and he lived 70. This bracketed material does not appear in any early edition of *Rashi*, however, and in the text of *Genesis Rabbah* we find the following statement: Boaz, Obed, and Jesse—the Sages say: Over 400 years was his life.

It is unclear to whom this statement refers. *Mattenoth Kehunnah* understands it as referring to Jesse, namely that *he* lived more than 400 years. In *Midrash Tanchuma* and in *Yalkut Shimoni* on Kings, we read: Obed—our Sages say that he lived more than 400 years. Another theory is that *Genesis Rabbah* means that the three of them together lived a total of more than 400 years. *Anaf Yosef* on *Midrash Tanchuma* reasons that it is impossible that Jesse lived to such an advanced age. According to *Yalkut Shimoni* on II Sam. sec. 147 and *Numbers Rabbah* 14, Jesse was killed before David had assumed the throne, when David was not yet

שְׁנִין : כט וּקְרִיבוּ יוֹמֵי יִשְׂרָאֵל לִמְמַת וּקְרָא לִבְרֵיהּ לְיוֹסֵף וַאֲמַר לֵיהּ אִין כְּדוֹן אַשְׁכָּחִית רַחֲמִין קֳדָמָךְ שַׁוִּי

בעל הטורים

אבותיו ויהי ימי חנוך ויהי ימי למך וכן כל"מ שנאמר בו קריבה : שבע שנים וארבעים ומאת שנה. מנה המועט תחלה מה שלא עשה כן באברהם וילחק בשביל שהיו ימיו מעטים ורעים הזכיר המועט תחלה וחיה ל"ג שנה פחות מאביו משום דכתיב קללת חנם לו תבא על שקלל רחל ואמר עם אשר תמלא את אלהיך לא יחיה חסרו לו מנין יח"ה שהוא ל"ג משנותיו: ויקרבו ימי. ב' במס' הכא ואידך גבי דוד איתא במד' אמר הקב"ה אתה עשית קמ"ז מזמורי' (חוץ מאסף והימן וידותן) כמנין שנות יעקב שזכה כשותו מה הוא וכמו מלכו ביחד אף אתה ימלוך שלמה בנך בחייך. ד"א מה יעקב לא הגיע לימי אבותיו אף דוד כן דכתיב

רשב"ם

(כט) ויחי יעקב. ויקרבו ימי ישראל למות. כל מקום שאדם חפץ לצוות את בניו צריך לאמר ויקרבו. וכן ויהי כי זקן יצחק וגו'. ויקרא את עשו וגו' לא ידעתי יום מותי. וכן ויקרבו ימי דוד למות ויצו את שלמה בנו. ועיקר התחלת פרשת זו מן וישב ישראל בארץ מצרים וגו' כי עליו מחובר ויחי יעקב אלא שלא רצו הקהלות לסיים פרשה ויגש בותהי הארץ לפרעה וסיימוה

דעת זקנים מבעלי התוספות

עולה במעלות כדפרש"י בפרשת וילא. ויחי יעקב בארץ מלרים למה הזכיר הכתוב סך חייו בארץ מלרים לפי שמלינו שיוסף הי' עם אביו קודם מכירתו י"ז שנה וכשם שפרנס יעקב ליוסף י"ז שנה כך יוסף פרנסו וכלכלו י"ז שנה כנגדן הה"ד אלה תולדת יעקב יוסף בן שבע עשרה שנה : (כט) ויקרבו ימי ישראל למות. כל מקום שנאמר קריבה לא הגיע לימי אבותיו וכן ויקרבו ימי דוד לא הגיע לימי בעז ועובד וישי

רמב"ן

(כט) ויקרבו ימי ישרא' למו'. פתרונו כאשר קרבו ימי ישרא' למו' קרא לבנו ליוסף והוא בשנה האחרונה לימיו ועניג: כיהרגיש בעצמו אפיסת הכחות ויתרון החולשה ואיננו חולה אבל ידע כי לא יאריך ימים ולכן קרא לבנו ליוסף ואחרי שוב יוסף למצרים חלה והוגד ליוסף ובא לפניו עם שני בניו כדי שיברכם וכן (כמו) ויקרבו ימי דוד למות ושם נאמר אנכי הולך בדרך כל

אור החיים

מה שקדם אליו מידיעת היי ילחק שהיו ק"פ שנה גם שהרגיש הלדיק בשגגתו אשר שגג בקללת לא יחי' וידע בענשו כי האבות נביאים היו ורוח הקודש לובשתם ולזה כשעשה חשבון שני אביו והוליא מהם ל"ג הם לביאת יומו שקרב ויקרא לבנו וגו' :

ובדרך רמז יתבאר הכתוב למה שהודיע אלהים בבחינת יוסף כי הוא המשביר והוא שזן והחייה עם רב כמאמרו להחיות עם רב ובחינה זו תשלול היות' בעלת חוב לזולתה בבחינת ההשפע' לה וללד שיעקב זן ופרנס את יוסף י"ז שנה דכתיב בן י"ז וגו' לזה שלם הבחינה הלז והשפיע הוא ליעקב במדת תשלומי כפל כמה מדות מרובות י"ז שנה והוא שרמז ויחי יעקב בארץ מלרים שבע עשרה שנה שבזה שלמו ימים שפרנס הוא יוסף המפרנס לכל הארץ ובזה ויהי ימי יעקב וגו' וזולת זה אפשר שהיו שלמים ימיו קודם לכן אלא לשלם יוסף טובת הסד שקבל ממנו ולזה טובי"ס השני' מהאחד כי כל אחד הטיב מספר טו"ב שנים ונכון לשלם זה לזה ותמלא שאמרו ז"ל כי יוסף הוא בבחינת וא"ו מילוי וא"ו כידוע ליודעי נסתרות לה' אלהינו :

ויקרבו ימי וגו'. כבר כתבתי בסמוך מנין ידע ורמב"ן כתב שידע מהרגשת אפיסת כחותיו ואין דבריו ז"ל נראים כי כמה ימים יהיה אדם אחר שיתחיל להחלש. עוד י"ל כי הרגיש מהדברים אשר יארע לאדם קודם מותו ע"ד אומרם ז"ל בס' הזוהר כי שלשים יום קודם מותו מעבירין ממנו הללם ומעשה הובא שם שראה רשב"י ר"י שעבר ללמו ממנו והגם כי ידיעה זו מושללת מבני אדם הלדיקים מרגישים ויודעים כל דבר רוחני. עוד יתבאר הענין בדקדוק עוד אומרו ויקרבו ימי וכי בימים שייך לו' לשון קריבה. אכן כוונת הכתוב היא ע"פ מ"ש איש אלהים קדוש ה"ה האר"י לוריא זלוק"ל ומלאת כי תדרשנו בס' קהלת יעקב וז"ל ואמנם ידעת מהתחלקות הנשמות לכמה נילולות ובכל גלגול באים קלת מהם וכפי מספר הנילולות של הללם כך מספר ימי הייו והימים שעושה בהם המלות נתקן נילוץ אחד של הללם ההוא כנגד היום ההוא והיום שאין עושה בו מלוה נשאר פגום נילוץ ההוא של הללם ההוא כנגד היום ההוא וכן עז"ה וכו' ע"כ ומה מאוד האירה הקדמה זו עיני משכיל בכמה פרטי החקירות הא' האיר' עינינו בסוד השינה כי היא לעלו' נילוץ שכנגד היום ההוא והוא סוד אומר' כי השינה א' מס' מהמיתה ואין יליאת הנילוץ בהחלט מוכרת מהנשמה אלא

כלי יקר

פסק זכותו ופסק הכל כי לא היה להם עוד ישיב' של שלום מלד השעבוד וכל שכן שלא היה להם אחוזה בארץ כי עבדים המה וכן לא ניתן להם לפרות ולרבות כי בקשו להמעיט' ע"י העינוי באמרם פן ירבה ולפי זה הית' מיתת יעקב סבת השעבוד. ונוכל לומר בהפך זה שהתחלת השעבוד היה סבת מיתתו כי קילר הקב"ה שנותיו שלא הגיע לימי אבותיו שלא יראה' בשעבוד בניו כי בא הזמן של ועבדום וענו אותם. לכך נאמר ויקרבו ימי ישראל למות וארז"ל כל מי שנ' בו קריבה לא הגיע לימי אבותיו ובדרך זה יהיה הסמיכות מבואר ג"כ כמו בדרך ראשון ומספר י"ז שנה דנקט לו' שמכירתו של יוסף שהיה בן י"ז שנה גרם להם שלא ישבו בשלוה במלרים כ"א י"ז שנה. וללשון שלישי הדורש לפי שנסתמו ממנו כל לרות שבעולם יאמר הכתוב אע"פ שהיה כל ימיו בלרה וגרות כמ"ש ימי מגורי ק"ל שנה מעט ורעים מ"מ לגודל השלו' שהיה לו תוך י"ז שנים שראה ישיבת בניו בשלו' ויאחזו בארץ ויפרו וירבו נשכחו ממנו כל הלרות הראשונות שעברו עליו והיו כלא היו לכך נאמר ויהי ימי יעקב שני חייו קמ"ז שנה כי אותן ק"ל שנים לא היו נחשבי' מכלל ימי חייו כי לא היו חייו חיים לגודל לרותיו ועכשיו למפרע נחשבו כולם שני חייו וזה לפי שנסתמו ממנו כל הלרות שעברו וכאילו הי' חי חיים נעימים ועריבים בכל שנותיו שהרי באמת יוסף היה חי לכך סמך ויחי יעקב אל הפסוק הקודם. ומה שהשמיט רש"י לשון זה לפי שנראה לו שהיינו הך הלשון הראשון כאשר הוא מבואר למבין בהתבוננות מעט. ואולם הלשון השני הדורש שבקש לגלות הקן ונסתלק' ממנו השכינ' לפי שבא לתרץ מהו שאמר ויחי יעקב בארץ מלרים י"ז מאי קמ"ל וכי עדיין לא ידענו שהיה במלרים י"ז שנה שהרי בבואו לפני פרעה אמר ימי מגורי ק"ל שנה וא"כ למה הולרך לומר שהיה חי במלרים י"ז שנה. ועוד למה לא הזכיר לשון זה באברהם וילחק או באמהות אלא וודאי שבא להורות שפרש' השכינה ממנו לפי שנ' נתענה ותחי רוח יעקב אביהם שפירושו ששרתה עליו השכינ' מדקאמר רוח יעקב וסד"א ששרתה עליו רוח הקדש כל הימים עד יום מותו קמ"ל ויחי יעקב בארץ מלרים כי בבואו למלרים ויחי יעקב אבל לא רוח יעקב שנסתלק' ממנו השכינ' מיד לפי שאמ' אמותה הפעם אחרי ראותי את פניך וא"כ מיד היה מוכן אל הלווא' ללאת מחמ' מית' והיה חושש הקב"ה פן יגלה הקן ע"כ נסתלק' ממנו השכינה. ועדיין לא ידענו מאיזו טעם נסתלקה שכינ' ממנו ע"כ באה פרשה זו סתומה לסמכה לפסוק וישב ישראל בארץ גושן לפי שמהידוע שימשך נזק גדול מן ידיעת הקן כי הדורות הקודמים היודעים שהגאולה לא תהיה בימיהם לא ידרשו את פני ה' לבקש על הגאולה ועל התמורה וכן פי' בעקידה על המדרש האומר כשבקש יעקב לגלות הקן אמר הקב"ה ולא אותי קראת יעקב ר"ל שלא היית חס על כבודי כי מידיעה זו ימשך נזק זה שלא יקראו אותי ולא יבקשו פני הדורות הקודמים ויבקשו לישב ישיבה של קבע בארלות העמים להיות להם אחוזה בארלותם כתושבים וכמתיאשים מן הגאולה ע"כ סתם וחתם ה' הקן האחרון כדי שבכל דור ודור יבקשו את פני ה' ואת דוד מלכם ולא יבקשו להיות תושבים בארלות העמים ויהיו מחכים קן ישועתו תמיד כאשר בעונינו מדה זו מלויה בינינו אפי' בזמן שאין הקן נודע מכל מקום רבים המה עמי הארץ המתישבים בארלות העמים ובונין להם בתים ספונים וחשובים ושל אבנים בנין הקיום ובסב' זו לעולם אינן דורשין את פני ה' בכל לב להביאם אל ארלם וע"כ הקב"ה מניחם שמה. ולסגת' זו פסוק וישב ישראל בארץ גושן מדבר באשמת ישראל שבקשו להיות תושבים ולהיות להם אחוזה בארץ לא להם ונזק זה בא להם לפי שקן גלות מלרים היה נודע להם ע"כ הדורות הראשונים אשר ידעו בבירור כי לא בימיהם תהיה הגאול' היא בקשו להם ישיב' של קבע ואחוז' בארץ מלרים ע"כ סמך לפסוק זה פסוק ויחי יעקב להורות שנזק זה הנמשך לאותן הדורות מחמת שהיה קלם נודע גורם לויחי יעקב אבל לא רוח יעקב כ"א יעקב לבדו היה חי כדי שלא יגלה הקן האחרון ושלא יתפשט נזק זה לדורות :

ויקרבו ימי ישראל למות. במדרש אמרו הימים מתים והם אינן מתים כי כל זמן שהלדיק בעולם נמלאו ימי השלוה בעולם ובמותו בטלים אותן ימי השלום ובטולם היינו מיתת' וכמ"ש כל זמן שיעקב חי לא התחיל השעבוד. אבל יעקב עלמו ארז"ל שלא מת ואע"פ

שכל

וַיִּקְרָ֣א ׀ לִבְנ֣וֹ לְיוֹסֵ֗ף וַיֹּ֤אמֶר לוֹ֙ אִם־נָ֨א מָצָ֤אתִי חֵן֙ בְּעֵינֶ֔יךָ שִֽׂים־נָ֥א יָדְךָ֖ תַּ֣חַת יְרֵכִ֑י וְעָשִׂ֤יתָ עִמָּדִי֙ חֶ֣סֶד

אונקלוס

לִבְרֵיהּ לְיוֹסֵף וַאֲמַר לֵיהּ אִם כְּעַן אַשְׁכַּחִית רַחֲמִין בְּעֵינָךְ שַׁוִּי כְּעַן יְדָךְ תְּחוֹת יַרְכִּי וְתַעְבֵּיד עִמִּי טֵיבוּ

שפתי חכמים

קאי איומים הל"ל ויקרב ישראל למות ומפרש דהאמת הוא דקריבה קאי איומים ופי' נתקרבו ונתקלקלו היומים: ה דעת רש"י שלא תאמר דשימת יד הוא השבועה והוכחתו מדכתיב גבי אברהם בפ' חיי שרה שים נא ידך תחת ירכי וכתיב אחריו ואשביעך בה' אלא הכוונה

כלי יקר

שכל צדיק נקרא חי במיתתו מ"מ נקט יעקב דוקא לפי שדרשו עליו מקיש הוא לזרעו מה זרעו בחיים אף הוא בחיים כי הבן יש בו חלק מן אביו וכל עובר ירך אמו ואביו הוא ובהיות זרעו בחיים אז דומ' כאילו גם הוא בחיים ר"ל חלק ממנו ודוקא יעקב שמטתו שלימה וכולם זרע חי רב פעלים אבל המוליד בן רשע הקרוי בחייו מת אז אין ברא מזכי אבא כי דיו לבא מן הדין להיות כנדון והוא עצמו קרוי מת בחייו ואיך יקרא חלק אביו חי וזהו שדרשו על פסוק והדד שמע כי שכב דוד עם אבותיו וכי מת יואב למה הזכיר בדוד שכיבה וביואב מית' לפי שדוד הניח בן צדיק כמותו משא"כ יואב ומטעם זה נאמר' שכיב' ביעקב והמיתה נאמרה דוקא על הימים:

ועשית עמדי חסד ואמת וגו'. יש כאן בקש' על צד האמת. ועל צד החסד על צד האמת היינו דבר שאינו מצפה לתשלום גמול ועל צד החסד היינו דבר המצפה לתשלום גמול כי בקשה שבקש ממנו לקוברו זהו דבר המצפה לתשלום גמול כדמסיק בפרק ואלו מגלחין דקבר יקברוניה כו' אבל מה שבקש ממנו לקברו דייקא בארץ כנען זהו חסד שאינו מצפה לתשלום גמול. ד"א מה שבקש שלא יקברנו במצרים שלא יעשוהו ע"ז זהו מצד האמת חייבו לעשות כן להרים מכשול מן המצרים. אבל מה שבקש שיקבור אותו דוקא בארץ כנען זהו על צד החסד ומה שפירש"י שלשה טעמים בדבר נרא' לפ' שכולן צריכין זה לזה כי הטעם שלא יעשוהו ע"ז ושלא ישלטו הכינים על קברו הכל חד טעמא הוא כי למה יעשוהו ע"ז ומה גבר מגוברין אלא לפי שירצו שכל עפר הארץ כינים חוץ מקברו ע"כ יטעו אחריו ואם יהיו הכינים גם על קברו אז ילטער בהם וטעם של כינים לבד אינו מספיק כי יקשה והלא הרב' ריוח והצלה לפניו ית' להצילו מן הכינים שהרי ארז"ל פרק השותפין ז' לא שלטו בהם רמה ויעקב אחד מהם ואם רמה לא שלטה בו ק"ו הכינים אלא שאמר שאם לא יהיו הכינים על קברו יעשוהו ע"ז, ובשני טעמים אלו לא סגי דא"כ למה לוה שיקברהו דוקא בארץ כנען ולא בשאר ארץ אלא בעבור צער גלגול מחילות. ובטעם של גלגול מחילות לבד לא סגי דא"כ למה אמר אל תקברני במצרים די לו במה שאמר וקברתני בקברתם אלא כך אמר מבקש אני ממך שתקברני בקברות אבותי ואם תבא לידך איזו סבה ומניעה שלא תוכל לקברני בארץ כנען אז תקברני באיזו ארץ שיהיה חוץ מארץ מצרים שאל תקברני שמה כלל וכל כך למה אלא ודאי משום חשש ע"ז או כינים כאמור:

ויאמר

רש"י

נא' קריבה אביו חי ת' שנים והוא חי ע']: **ויקרא לבנו ליוסף**. (ב"ר) למי שהיה יכולת בידו לעשות: **שים נא ידך**. ה והשבע: **חסד ואמת**. חסד שעושין עם המתים

אור החיים

שנפרד מהכל ועודנו נסרך ונסבך בנפש וזה מחסד אל שכל נילון שזכה ביומו הנה הוא רחוק מההפסד הגם שירשיע אדם אחריו ונילון אשר יעל' פגום הנה הוא יכול ליתקן ע"י תשוב' ישוב הנילון ויתקן גם זה מחסדי המתחסד הוא אלהינו יתעלה שמו:

גם האיר למול עינינו תשובות תרעומות גם בני אדם גם בני איש מה זאת עשה לנו אלהים מה נשתנו דורותינו מדורות הראשונים אשר שבעו חיים תשע מאות שנה ושלשים שנה לאדם וכן בניו ובני בניו שמנה מאות ושבע מאות ואנחנו המפליא בחיי' לא יגיע למאה שנה וע"פ ההקדמה הלז נחה דעת כל אדם והמשל בזה למלך שחלק אבנים טובות הבאים מהמחצב לאומנים לתקנם בתכלית היופי וההכנה ולעשות להם משבצות זהב כדרך סגולות המלכים וגזר אומר כי האיש הזריז והמשתדל לעשות התיקון בכל ההשתדלות ובכל התיקון והיופי כאשר צוה המלך והיו לו האבנים הטובות לו לחלקו ונחלתו להשתעשע ולהתנאות בהם ונתן האבנים במספר הרבה מאוד לכל איש ואיש לא' נתן שלש מאות אלף ולא' שלש מאות וחמשים אלף הן חסר הן יתר וקבע להם הזמן אשר יספיק למלאכ' יום אחד לכל אבן ואבן ובמלאת הימים ישלח המלך לקחת האבנים הטובות ויהי כי שלמו ימי המלאכה פקד המלך אומניו העושים במלאכת האבנים והנה יחד אוספו והמציאו לפני המלך פקדונו ולא די שלא עשו בהם מלאכת התיקון והיופי אלא עוד להם קלקלו אותם ולכלכו אותם והחזירום כשהם מקולקלים וכעס המלך על הדבר והלית אש בכל העבדים ההמה ואת בניהם הקים תחתם וירא את אשר פרץ באבות' פרץ עז"ה וילום ויאזרם לבל עשות כמעשה אבות וימלך לבלתי הרבות להם המלאכה והקיל מעליהם הדבר ויתן להם שלשים אלף עד ארבעים אלף וזה היה לבחירת ההטבה לעבדיו אולי יוכלו הכין גם לצד אמצעות היות פקודת המלך קרובה יתנו לב:

הן הנה הדברים האמרים במלך ישראל אלהי עולם ב"ה אשר חלק אבנים טובות הם הנשמות הנקראים אבנים יקרות והוא סוד אומרו משם רועה אבן ישראל שבאמצעות הכלים וההכנה אשר הכין בידינו היא התורה ומצותיו ית' להאיר אותם ולעשותם בתיקון אשר יאות עשות ע"ד אומר' ז"ל כי באמצעות התעצמות האדם בעשות טוב וריחוק הרע ע"פ התורה יעשה לנשמתו מעלה עליונ' ויאיר אורה מאור תורה ויכין לה כסא והוא בחינת המשבצות אשר כתבנו במשל גם יקנה לה כתר מלכות ולראשונים התחיל ה' להרבות להם המלאכה ונתן להם נשמות גדולות שבכל אחת יש בה חלקים רבים והגביל לכל חלק מלאכתו יום א' זהו סוד דבר יום ביומו כי הענף יקרא יום ונתן להם ימים רבים כנגד חלקים אשר בנפשותם לאדם נתן יותר משלש מאות אלף הלקים שהם מספר ימיו תתק"ל כשיעור זה הן חסר הן יתיר לדורות ההמ' וכשקלקלו ופרץ ה' בהם פרץ ואת בניהם הקים תחתם נח ובניו משם והלאה הקיל ה' מתת רוב הטורח ההוא כדי שתהיה הפקידה קרובה ויתחלחלו האנשים מעת הפקידה וכשראה כי לא יכלו לעמוד היה מחסר והולך להקל והן היום בעונותינו ימי שנותינו הם ע' שנה שהם בקירוב חמשה ועשרים אלף יום ורבים מבני עמינו לא עמדו בעבודה קלה כזו. גם בזה הרוחנו מה שאנו רואים כי כשיזקין האדם תתמעט הבנתו ואפי' איש הכם לא יוכל לצאת ולבא במלחמתה של תורה ויתמעטו הרגשותיו הגם שארז"ל זקני תורה דעתם מתיישבת עליהם דקדקו לומר מתישבת לשלול דעתם של זקני ע"ה שמטרפת ולעול' כח השכליי והתבוניי יאפס. ולפי ההקדמה האיר ה' עין בדבר זה כי לצד שנסתלקו כל חלקי הנפש אין כח במועט הנשאר לעשות כשיעור הכל גם לא תעמוד הגוף ויכבד קלתו על קלתו לצד מיעוט המניק והזן שהיא הנפש וישוב כדעת קטן. גם בהקדמה זו הרוחנו כוונת. מאמר רז"ל שאמרו מה בין מיתת זקנים למיתת נערים מיתת זקנים וכו' יפה לנר ויפה לפתילה וכו' ע"כ המשילו מיתת הזקן לנר וכשם שהנר הולך ומתמעט גם הזקן כבר הלכו

he called his son Joseph and said to him, "If I have now found favor in your eyes, now place your hand beneath my thigh, and you shall deal with me with lovingkindness

thirty. If so, Jesse was 370 when David was born. This is, however, impossible, because even if we figure the time from Obed's birth until David became king, this would not equal four hundred years, because as soon as Ruth conceived, Boaz died, as stated in *Mid. Zuta* (Ruth 4:13) and in *Yalkut Shimoni* (Ruth, sec. 428). Boaz was identical with the judge Ibzan (Jud. 12:8), and according to *Seder Hadoroth*, Ibzan died in the year 2693, and David reigned in 2884, 191 years later. *Anaf Yosef* concludes that perhaps these are divergent midrashim, and the midrash that asserts that Jesse lived more than 400 years does not hold that he was killed before David assumed the throne.

Keli Yekar points out that this expression implies that Jacob should have lived longer, but his days drew to an end prematurely. This corroborates *Keli Yekar*'s theory that Jacob died prematurely so that he would avoid witnessing the Egyptian bondage which his children were destined to endure.

Rashbam explains this verse according to its simple meaning. He also explains the absence of any space between this section and the preceding, writing: Wherever a person gives his final commands to his children, Scripture states, "And his days drew near [to die]." Similarly, we find: "It came to pass when Isaac

was old...that he called Esau...'I do not know the day of my death.'" Similarly, "When the time drew near for David to die, he charged Solomon, his son." The actual beginning of this section is: "And Israel dwelt in the land of Egypt..." (verse 27), but congregations did not want to end *Vayigash* with "and the land became Pharaoh's" (verse 20). (I.e., they did not want to end *Vayigash* with the narrative of how the land became Pharaoh's, which commences with verse 20 and concludes with verse 26.—[*Rosin*]) They therefore concluded with "And Israel dwelt."

[*Rashbam* probably means that the space was omitted here in order to allow congregations to commence wherever they wished. Otherwise, there would be a space between verses 26 and 27, in which case we would not be allowed to conclude one verse after the space.]

Ramban writes: This verse means that *when* the time drew near for Israel to die, he called his son Joseph. This was in the last year of his life, when he felt himself weakening. He was not ill, but he realized that he had only a short time to live. Therefore, he called Joseph.

Similarly we find: "When the time drew near for David to die, he charged Solomon his son, saying, 'I am going the way of all the earth,'" (I Kings 2:1) meaning that he felt himself nearing death.

he called his son Joseph—*The
one who had the ability to do it.*—
[*Rashi* from *Gen. Rabbah* 96:5]

The Midrash asks whether Jacob
should have called Reuben, the
firstborn, or Judah, the king. [Among
the tribes, Judah was the ruler. See
above on 38:24.] He called Joseph,
however, because he was the viceroy
of Egypt and had the ability to
execute his father's wish that he be
buried in the Holy Land.

**now place your hand beneath
my thigh**—*and swear.*—[*Rashi* from
Pirké d'Rabbi Eliezer ch. 39] As
explained in the narrative of
Abraham and Eliezer (Gen. 24:2), he
meant that Joseph should swear by
the covenant of circumcision.

Sifthei Chachamim, quoting
Mizrachi, states that *Rashi* wants to
point out that placing the hand
beneath the thigh was not the oath
itself but a preliminary to the oath.
He proves this from the narrative of
Abraham and Eliezer (Gen. 24:2f),
where both acts are mentioned, i.e.,
placing the hand under the thigh and
the oath.

See *Rashbam* and *Ibn Ezra* ad loc.

lovingkindness and truth—
*Lovingkindness that is done with the
dead is true lovingkindness, for one
does not expect any payment or
reward.*—[*Rashi* from *Gen. Rabbah*
96:5]

Paneach Raza and *Riva* note that,
later Jacob promises to give Joseph
the city of Shechem, in which case
this was lovingkindness that was
rewarded. *Paneach Raza* explains
that although in this particular case
the kindness was to be rewarded,
such kindness is not usually
rewarded. It is therefore referred to
as "true loving-kindness."

Riva explains in the name of
Rabbenu Tam that at the time of his
request, Jacob had not yet planned to
give Joseph the city of Shechem. It
was only later, immediately before
his death, that he made the decision.
This is mentioned also by *Sifthei
Chachamim*.

Mahari Katz, in his glosses on
Paneach Raza, explains that Joseph
was unaware of his father's plan to
give him Shechem, and his oath to
fulfill his father's wishes was
therefore not motivated by the
promise of reward. Afterwards, even
when Joseph was informed of it, he
complied with his father's wishes
without thought of reward, but "as
servants who serve their master not
on the condition to receive reward"
(Aboth 1:3).

Redak and *Hadar Zekenim* explain
that "truth" denotes the requirement
to bury him, because a person is
obligated to bury his father. "Loving-
kindness" refers to burying him in
the Holy Land, which was not
obligatory, but only Jacob's wish.

כְּדוֹן אֵידָךְ בִּגְזֵירַת מְהוּלְתִּי וְתַעֲבֵיד כְּדוֹן עִמִּי טִיבוּ וּקְשׁוֹט לָא כְדוֹן תִּקְבְּרִינַנִי בְּמִצְרָיִם :

אבן עזרא

(כט) ויחי . שים נא ידך . מפורש בדברי אליעזר . גם

רשב"ם

בוישב ישראל : שים נא ידך . כבר פירשתיו אצל עבד אברהם :

אור החיים

הלכו להם חלקי הנפש חלק האחרון שנשאר בו ביציאתו יהיה נדמה לו כאדם הישן שלא ירגיש ביציאת החלק ממנו והבן . גם בזה הרוחנו פי׳ מה שאמר הכתוב תוסף רוחם יגועון שאין כוונת הכתוב ידועה גם לא אמר תוסף ברוחם וכפי ההקדמה יאיר אור הכתוב כאור השמש שיתכוון לומר כי כשיגיע קץ האדם פקידת נפשו יתוספו בו כל חלקי הנפש שנדו והלכו מידי לילה ולילה והוא אומרו תוסף רוחם פי׳ הרוח עצמה שלהם וכבר אמרנו שהגם שהולכת אינה נעקרת בהחלט אלא הרי היא כיציאת הנשמה בלילה בעת שינה שמאיר אורה בגוף למטה והיא למעלה וזה לך האות בהעיר אדם את הישן ירגיש חלק המתעורר וירגיש גם חלק אשר עלה והבן . גם הרוחנו דעת כי אותם חלקי הנשמה נקראים ימים . ובזה האיר משמעות הכ׳ שבאנו עליו שאמר ויקרבו ימי ישראל למות פי׳ חלקי הנשמה שעלו ממנו דבר יום ביומו הן עתה קרבו כמאמר הכתוב תוסף רוחם והוא אומרו למות והרגיש יעקב אבינו בתום׳ המרובה כי באו ימי השילוס ויקרא. לבנו ליוסף וגו׳ :

ויקרא לבנו ליוסף וגו׳ . טעם שלא קרא אלא ליוסף יש טעם פשוט בדבר לפי שיש בידו יכולת אלא צריך לדעת טעם אומרו לבנו ולא הספיק לומר ליוסף ואין לנו יוסף אחר לטעות גם הוסיף למ״ד ליוסף ולא הספיק לומר לבנו יוסף נראה כי בא הכתוב לתת טעם לקריאה איך יקרא הדיוט למלך והלא מצינו שכבוד מלכות עדיף מכבוד רבו שנסתפקו במסכת קידושין בבעיא בנו והוא רבו ואמר שם הש״ס כשרצה לפשט מימרת ריב״ל שאמר אני איני כדאי לעמוד בפני בני אלא משום כבוד בי נשיאה וכבר הארכתי בסוגיא זו כיד ה׳ הטובה עלי בחיבור ב׳ שחיברתי על י״ד בסי׳ ר״מ ס״ז יעש״ד ועכ״פ מדברי התלמוד מוכח בפי׳ כי גדול חיוב כבוד בי נשיאה על אביו ואפי׳ לא היה בנו עצמו נשיא אלא חתניה דבי נשיאה וא״כ איך יעשה יעקב הדבר לשלוח לקרוא למלך לבא אצלו לזה אמר הכתוב ב׳ טעמים בדבר האחד היותו בנו והב׳ היותו יוסף ובא׳ מהנה לא יספיק לקרותו אם לא היה בנו הגם שיהיה צדיק וחביב ואוהב אותו אין כח ביעקב לעשות כדבר הזה משום כבוד מלך ואם היה בנו ולא היה צדיק ג״כ לא היה קורא אותו אלא לצד היותו בנו והוא אומר לבנו גם להיותו יוסף הידוע בצדקות הידוע בהפלגת אהבת האב לו והוא לאביו לטעם זה הוא שלא לקרא לו שידע שימחול על כבודו והגם שאמרו ז״ל מלך שמחל על כבודו אין כבודו מחול דוקא מלך ישראל שנמשח ומלך על ישראל אבל מלך כזה במציאות זה יכול למחול על כבודו לעשות רצון אביו גם במציאות שאין אביו יכול הלוך אליו :

אם נא מצאתי חן . אומרו נא תתפרש לשון בקשה ולשון עתה לשון בקשה לשאול המציאות חן שאינה לצד מה שקדם אליו מהחיוב ממנו ולשון עתה נתכוון לרמוז לו כי כבר ידע יעקב כי מצא חן בעיני יוסף וזה לך האות ויכלכל יוסף את אביו וגו׳ ומעתה אם היה אומר אליו יעקב אם מצאתי חן זה יגיד כי לא הוכר אצלו דבר זה שמצא חן בעיניו לזה אמר עתה פי׳ מה שמבקש ממנו מציאות חן הוא על מה שבעתה או ירצה לצד שהגיע הערב שמשו הרי זה כלה צורך החסד הרגיל עד עתה מיוסף אליו לזה אמר אליו אם עתה עדיין רוצה להתמיד בהנהגת מציאות חן שים וגו׳. עוד בדרך רמז נתכוון לרמוז לו להיות שכל החסד שעשה עמו עד עתה היה דן בו ב׳ צדדין הא׳ שעושה לצד שמצא יעקב חן בעיניו לא לתכלית סיבה וזה יהיה מצד האהבה הנכונה ומתיחסת למציאות חן והב׳ כי עשה לצד החיוב שהוא מחויב לזון אביו כדרך כל הארץ וחרפ׳ הוא לו להטיל אביו ואחיו על הזולת ולראות׳ חסרי לחם ומזון לזה אמר אליו כי הדבר שהוא בספק מה היתה כוונתו יתברר הספק במה ששואל ממנו עתה אם עתה יעשה לו חפצו ורצונו נודע הדבר למפרע כי מה שעשה עמו מהטובות הוא לצד שמצא חן בעיניו באהבה ורצון הלב כי דבר ששואל ממנו הפעם הזאת אינו דבר שיצטרך לעשותו זולת אם אהבתו נכונ׳ ושלימה ויחפוץ להטיבו וזה הוא גילוי על העבר כי מצאתי חן בעיניך ואם לאו יתברר הדבר כי טעם החסד העובר הוא לצד הב׳ שכתבנו ובזה ידוייק אומרו מצאתי ל׳ עבר :

שים נא . תתפרש ל׳ זמן ול׳ בקשה לשון בקשה מלבד מה שאמר לשון בקשה בסמוך על המעשה הזר לומר בקשה פ״ב כי מלבד שיסכים על החסד ויאמר לו לעשות כן עוד מפייסו להשבע לו על החסד לקיימו ותתפרש לשון עתה שנתכוון לשלול ממנו תשובת עוד היום שבו יעשה דבר זה כי לא היה זמן המות כמו שתמצא שאמר אחר זה ויהי אחרי הדברים האלה וגו׳ הא למדת שלא היה אז בפרק הנסיעה לזה אמר אליו שים עתה מבלי טענה עד עת בוא דבר מלך שלטון גם חש יעקב למסירת מודעה על הדבר ויקדים שבועה לבטל שבועה זו וישבע לו שבועה שאין בה סמיכות דעת ומה גם לדבריה׳ ז״ל שאמרו שאמר לו יעקב אם לא ישבע לו הרי הוא מת מדאגה ורמוזה באומרו ושכבתי עם וגו׳ א״כ יוסף לצד הכרח הדברים ישבע אחר שיקדים שבוע׳ לשבועתו לזה אמר אליו שים נא פי׳ עתה תכף ומיד ומנע ממנו הזמן שבו ימסר מודע׳ לבטל שבועה זו :

ועשית עמדי חסד ואמת. אמר ועשית בתוס׳ ו׳ לצד שקדם בקשת מעשה השבועה אמר ועשית בתוס׳ ו׳ ואומרו חסד ואמת רז״ל אמרו כי חסד העשוי עם המתים קרוי חסד של אמת וקשה לי הלא מצינו לו ליעקב שילם לו חסד זה שנאמר ואני נתתי לך שכם אחד וגו׳ ופירש״י אתה טורח בשביל קבורתי ואני נתתי וגומר גם מאומרו נתתי לשון עבר יגיד כי הודיעו הדבר בשעת מעשה כשקבל עליו הטורח והגם שלא נאמר כן יעקב מיהא היה בדעתו להטיבו שכר טורחו ולא היה לו לו׳ ואמת :

ואולי כי נתכוון כי יוסף יעשה הדבר בדרך זה או אפשר כי בערך המעשה לא יוכר הפרעון שתנתן לו שכם אחד או לצד שבקש ממנו ב׳ דברים האחת שלא יקברנו במצרים וישתדל בהוצאתו מעיר גילולים והב׳ שיעלה הוא ויקברהו בארץ כנען ואמר חסד של אמת על בחינת העלי׳ מארץ מצרים והוא שאמר סמוך לאומרו חסד ואמת אל נא תקברני במצרים והנה מהראוי לו להקדים השכיבה ואח״כ הקבורה וכאן הקדים להזכיר הקבורה קודם אומרו ושכבתי אלא הרי זה מראה באצבע כי על פרט זה היא ההשבעה ודבר זה אין לו פרעון לא עתה ולא אחר זמן ומה שנתן לו שכם אחד היא על הטורח שיעלה עמו מארץ מצרים לארץ כנען ויקברהו שם. עוד יתבאר הכתוב עז״ה ועשית וגו׳ פי׳ מה שכבר עשית עמדי יהיה של אמת פי׳ חסד הגמול כי מה שנותן לו שכם הוא למה שעתיד לעשות לטרוח בקבורתו לא לתגמול הטובה ובזה ידוייק גם כן תיבת ועשית בתוספת ו׳ גם לשון עבר תוספת ו׳ שיוסיף להטיב עמו במה שיחשוב החסד הוא שכבר עשה שהוא של אמת ולא יקבל הטובה ממנו בעדו ובזה תהיה ההטבה הבאה מושלמת מהמשביע והוא

וֶאֱמֶת אַל־נָא תִקְבְּרֵנִי בְּמִצְרָיִם׃
ל וְשָׁכַבְתִּי עִם־אֲבֹתַי וּנְשָׂאתַנִי
מִמִּצְרַיִם וּקְבַרְתַּנִי בִּקְבֻרָתָם
וַיֹּאמַר אָנֹכִי אֶעֱשֶׂה כִדְבָרֶךָ׃
לא וַיֹּאמֶר הִשָּׁבְעָה לִי וַיִּשָּׁבַע לוֹ
וַיִּשְׁתַּחוּ יִשְׂרָאֵל עַל־רֹאשׁ הַמִּטָּה׃
פ מח א וַיְהִי אַחֲרֵי הַדְּבָרִים הָאֵלֶּה
וַיֹּאמֶר לְיוֹסֵף הִנֵּה אָבִיךָ חֹלֶה וַיִּקַּח

אונקלוס

וּקְשׁוֹט לָא כְעַן תִּקְבְּרִנַּנִי בְּמִצְרָיִם: ל וְאֶשְׁכּוֹב עִם אֲבָהָתַי וְתִטְּלִינַּנִי מִמִּצְרַיִם וְתִקְבְּרִינַּנִי בִּקְבוּרַתְהוֹן וַאֲמַר אֲנָא אַעְבֵּיד כְּפִתְגָמָךְ: לא וַאֲמַר קַיֵּים לִי וְקַיֵּים לֵיהּ וּסְגִיד יִשְׂרָאֵל עַל רֵישׁ עַרְסָא: א וַהֲוָה בָּתַר פִּתְגָמַיָּא הָאִלֵּין וַאֲמַר לְיוֹסֵף הָא אֲבוּךְ שְׁכִיב מְרַע וּדְבַר יָת תְּרֵין

תו"א ונשאתני כתובות קי"א נזיר סה: וישתחו מגילה יז סנהדרין ק"ז: ויאמר ליוסף מציעא פז.

רש"י

הוא חסד של אמת שאינו מצפה ו לתשלום גמול: **אל נא תקברני במצרים**. סופה להיות עפרה כנים (ומרחשין תחת גופי) ושאין מתי חוצה לארץ חיים אלא בצער גלגול מחילות ושלא יעשוני מצרים ז ע"א כ"ר: (ל) **ושכבתי עם אבותי**. וי"ו זו מחובר למעלה לתחילת המקרא ח שים נא ידך תחת ירכי והשבע לי ואני סופי לשכב עם אבותי ואתה תשאני ממצרים. ואין לומר ושכבתי עם אבותי השכיבני עם אבותי במערה ט שהרי כתיב אחריו ונשאתני ממצרים וקברתני בקבורתם י ועוד מצינו בכ"מ ל' שכיב' עם אבותיו היא הגויעה ולא הקבורה כמו [מ"א ב] וישכב דוד עם אבותיו ואח"כ ויקבר כ בעיר דוד: (לא) **וישתחו ישראל**. תעלא בעידניה ל סגיד ליה: **על ראש המטה**. הפך עצמו לצד השכינ' מ מכאן אמרו שהשכינה למעל' מראשותיו של נ חולה [שבת י נדרים מ]. ד"א ס על ראש המטה על שהיתה מטתו שלימה ולא היה בה רשע שהרי יוסף מלך הוא ועוד שנשבה לבין הגוים והרי הוא עומד בצדקו: (א) **ויאמר ליוסף**. אחד מן המגידים ע והרי זה מקרא קצר וי"א אפרים היה רגיל לפני יעקב בתלמוד פ וכשחלה יעקב בארץ גושן הלך אפרים אצל אביו למצרים להגיד לו: **ויקח את**

שפתי חכמים

שיהיה תפס מלוה בידו בשעה שנשבע ואע"פ שאצלו לא היתה מלוה ראשונה נמשך המנהג כן מאברהם. רא"ם: ו לאו דוקא נקט רש"י חסד שעושין עם המתים אלא ר"ל כל היכא דאינו מצפה לתשלום גמול אע"ג שהוא חי שייך ביה חסד ואמת והנה אליעזר א"ל שיתנו לו רבקה בחנם ואל יצפו לשום תשלום גמול לא ממנו שיתן להם מתנות וכ"ש שאברהם לא יתן להם מתנות כיון שהוא רחוק מהם. וא"ת למה לא פירש"י לעיל גבי אליעזר שהוא חסד של אמת וי"ל שהרי מצינו שמשלם יעקב ליוסף על מה שנשבע לו להוליכו לא"י שא"ל ואני נתתי לך שכם א' וגו' כמו שפירש"י לקמן לכן פרש"י כאן לומר עכ"ז בשעה שביקש יעקב מיוסף שיקבור אותו בא"י לא הבטיחו ליתן לו כלום וגם לא היה בדעתו ליתן לו שכם ומש"ה נאמר כאן חסד ואמת: ז (מהרש"ל) י"ל דצריך לג' טעמים הללו דאי משום כנים לחוד הי"ל לצוות לעשות ארון מברזל לכך פי' גלגול מחילות ואי משום הני תרי טעמים לחוד א"כ עדיין למה יטריח אותו להעלותו לא"י מיד יצוה להם שיעלו עצמותיו עמהם כשיצאו מארץ מצרים כמו שצוה יוסף לכ"פ הטעם שלא יעשוני ע"א ולטעם ע"א לחוד קשה למה צוה להעלותו לא"י הי"ל לצוות להשליכו אל נילוס לכן צריך לטעם גלגול מחילות ולהני תרי טעמי לחוד הי"ל להשביעו כמו שהשביע יוסף אחיו לכן צריך לטעם עפרה כנים: ח משום דרש"י פי' בסמוך ושכבתי היא הגויעה הול"ל מקודם ושכבתי שהיא המיתה ואח"כ הל"ל אל נא תקברני ל"פ וי"ו זו וכו': ט שהוא ל' קבורה ממש ומפני שושכבתי מורה ע"י עצמו וקבורתו היא ע"י אחרים הוכרח לפרש ושכבתי כמו השכיבני ולכך הוסיף נמי מלת במערה כיון שושכבתי עם אבותי הוא ל' קבורה ממש שפיר מפורש עם אבותי שה"ק השכיבני עם אבותי במערה: י ר"ל דשני סתירות הם חדא דהל"ל בתחלה ונשאתני ממצרים ואח"כ ושכבתי דהא מתחלה צריך לישא אותו ואח"כ קוברין אותו ועוד דכפל ל' הוא דהא כתיב אחריו וקברתני בקבורתם: כ ע"כ שכיבה דגבי דוד הוא מיתה דאי שכיבה הוא קבורה א"כ הוה משמע דקברו אותו אצל אביו דהיינו בבית לחם שהיה דר שם אביו של דוד ואח"כ כתיב ויקבר בעיר דוד משמע בציון שהיא עיר דוד אע"כ צ"ל דשכיבה הוא גויעה דהיינו מיתה: ל (קצ"מ) מצאתי בספר שיש חדש א' שהשועל הוא מלך על החיות ועל אותו חדש אמר תעלא בעידניה: מ וא"ת והא בסמוך פי' תעלא בעידניה סגיד ליה משמע שהשתחוה ליוסף וי"ל דאי לא השתחוה אלא בשביל יוסף למה דוקא על ראש המטה ואי לא השתחוה אלא בשביל שכינה הי"ל וישתחו ישראל אל ה' או אל אלהים אלא על כרחך דבשביל שכינה ובשביל יוסף היה משתחוה: נ אף על פי שלא היה עדיין חולה מ"מ תשש כחו והיה כחולה דאל"כ למה בקש מקום קבורתו: ס [מהרש"ל] דא"ל לצד השכינה לחוד א"כ הי"ל לראש המטה אלא היה משתחוה גם ליוסף רק שהוא דוחק לפרש הקרא שהשתחוה ליוסף והפך לצד השכינה לכ"פ ד"א על שהיתה וכו' וזה לבד לא יתכן דא"כ למ"ל על ראש לכן צריך גם לטעם ראשון עכ"ל: ע שפי' ויאמר כמו ויגד כי על החדשות נופל ל' הגדה ולא ל' אמירה כי מה שהיה יעקב חולה קודם מיתה היה חידוש בעולם כי עד שלא בא יעקב לא היה חולשה בעולם והא דלא כתיב ויגד כי אצל המגיד לא היה כ"כ חידוש כי מסתמא היה המגיד אחד מבני ביתו והיה רגיל אצל יעקב וראה בחליו: פ ולפ"ז אין זה מקרא קצר רא"ם. וצ"ל שראייתם מדכתיב לקמן וישלח ישראל את ימינו וגו' שכל את ידיו הול"ל הפך את

אור החיים

נשבע על דעת חבירו בשביל טובה שעשה לו שאין לו התרה ונתחכם יעקב לבל יתיר יוסף השבוע' אחר מותו והגם שלא מצינו שהזכיר יעקב ההטבה של שכם אחד אז הכתוב גילה במקום אחר שהזכיר לו כבר דכתיב נתתי לך ומן הסתם מקום זכרונה הוא כשאמר לו השבעה לי לחזק השבועה לבל יתיר נתן לו שכם אחד וזולת זה במה יסמוך דעתו של יעקב בשבועה זו כיון שיכול להתיר אח"כ וכמו שהארכנו בפרש זה בפ' תולדו' בשבוע' יצחק לאבימלך ומה שאמרו ז"ל שאמר יוסף לפרעה אם אני מתיר שבועת אבי אתיר ג"כ שבועתך אין סתירה מזה או לצד שלדבריו של פרעה השיבו או גם שבועתו לפרעה היתה בשביל טובה שעשה לו שאין טובה כמותה גדולה וכבוד ועושר :

אל נא תקברני וגו' · פירוש אל נא לשון זמן שאפי' לפי שעה לא יקברוהו על סמך שישתדל אח"כ להעלותו אלא תיכף ומיד

and truth; do not bury me now in Egypt. 30. I will lie with my forefathers, and you shall carry me out of Egypt, and you shall bury me in their grave." And he said, "I will do as you say." 31. And he said, "Swear to me." So he swore to him, and Israel prostrated himself on the head of the bed.

48

1. Now it came to pass after these incidents that [someone] said to Joseph, "Behold, your father is ill." So he took

do not bury me now in Egypt— [Because] *its soil is destined to become lice (which will crawl under my body), and because those who die outside the* [Holy] *Land will not be resurrected except with the pain of rolling through underground passages.* [Also] *so that the Egyptians will not deify me.*—[*Rashi* from *Gen. Rabbah* 96:5, *Keth.* 111a]

Jacob emphasized, "Do not bury me *now* in Egypt," meaning not even temporarily until the Exodus.—[*Ohr Hachayim*]

Sifthei Chachamim in the name of *Maharshal* explains why *Rashi* states all these three reasons. If Jacob was particular only about the earth turning into lice, he would not have to order Joseph to bury him in Canaan. He could ask to be interred in a metal coffin and remain in Egypt. Therefore, *Rashi* explains that Jacob was also afraid of the pain of rolling through underground passages. But if these two things were his only objections, he could have commanded his children to carry his bones with them when they left Egypt, as Joseph later commanded them. Therefore, *Rashi* states that

Jacob feared also that the Egyptians would deify him. If that were his sole concern, however, he could have ordered that they cast him into the Nile, where he would not be visible. Therefore, *Rashi* states that Jacob did not want to be buried in Egypt because its earth was destined to become lice.

Gur Aryeh quotes similar reasoning, but states that all this discussion is unnecessary. *Rashi* states these three reasons because they are all alluded to by Jacob's command:

"Do not bury me now in Egypt"— because its earth is destined to become lice.

"And you shall carry me out of Egypt" (verse 30)—lest they deify me.

"And you shall bury me in their grave" (ibid.)—so that I should not suffer rolling through underground passages.

30. **I will lie with my forefathers**—Heb. וְשָׁכַבְתִּי, lit., and I will lie. *This "vav" (of* וְשָׁכַבְתִּי*) is connected to the beginning of the previous verse: "Place now your hand beneath my thigh and swear to*

me, for I am destined to lie with my forefathers, and you shall carry me out of Egypt." We cannot say, however, that "I will lie with my forefathers" means: Lay me to rest with my forefathers in the cave, because afterwards it is written: "and you shall carry me out of Egypt, and you shall bury me in their grave." Moreover, we find every-where that the expression "lying with one's forefathers" denotes expiration, not burial, as in "And David lay with his forefathers," and afterwards, "and he was buried in the city of David" (I Kings 2:10).—[Rashi]

Ibn Ezra too defines "lying with one's forefathers" as death. He suggests also that it may mean burial, and thus the verse would then be explained: Lay me to rest with my forefathers. How will this be accomplished? Carry me out of Egypt and bury me in their grave.

And he said, "I will do as you say."—Since he was Jacob's son, he did not place his hand [under his thigh], but he [simply] said, "I will do as you say."—[Targum Jonathan]

Just as you command me, so will I command my brothers at the time of my death to bring me up from here. And so we find that he said to his brothers, "God will surely remember you, and you shall take up my bones from here" (Gen. 50:25).—[Da'ath Zekenim from Tanchuma Buber, Shemoth 21, Mechilta Beshallach 2]

31. **And he said, "Swear to me." So he swore to him**—Halachoth Gedoloth writes: One may not enter the bathhouse with one's father.

Rabbi Joshua says: Because they expose their private parts to each other [which is to be avoided], as it is written: "and they covered their father's nakedness" (Gen. 9:23). So when Jacob said to Joseph, "now place your hand beneath my thigh," Joseph did not do so. So Jacob said to him, "If so, swear to me." So he swore to him.—[Tos. Hashalem]

Jacob did not suspect that his beloved righteous son would disobey him and not keep his promise, but he insisted on an oath so that Pharaoh would appreciate the importance of the matter. Were Joseph not to swear, Pharaoh might not allow him to leave, instead ordering him to send his brothers and his servants to take Jacob's remains to Canaan for burial. Pharaoh might even insist on the honor and merit of having Jacob, known for his saintliness, buried in Egypt. Therefore, Jacob adjured him, for it would be improper for Pharaoh to cause Joseph to transgress his oath. Moreover, because of the oath, Joseph himself would put greater effort into this undertaking. Indeed, the result was that Pharaoh said, "Go up and bury your father as he adjured you" (Gen. 50:6).—[Ramban]

and Israel prostrated himself—[Although the lion is king] *when it is the time of the fox, bow down to him.*—[Rashi from Meg. 16b]

Sifthei Chachamim quotes *Kitzur Mizrachi*: I found in a book that there is one month of the year when the fox is king of the beasts. This is the meaning of "a fox in his time." Even the fox, the lowest of the beasts—one bows down to when one needs him.

ל וְאֶשְׁכּוּב עִם אֲבָהָתַי וְתִטְלִינַנִי מִמִּצְרַיִם וְתִקְבְּרִינַנִי בִּקְבוּרַתְהוֹן וּמִן בִּגְלַל דְהוּא בְּרֵיהּ לָא שַׁוֵי יְדֵיהּ אֱלָהֵן
אָמַר אֲנָא אַעֲבֵיד כְּפִתְגָמָךְ: לא וַאֲמַר קַיֵים לִי וְקַיֵים לֵיהּ מִן יַד אִתְגְלֵי לא וְשַׁבַּח יִשְׂרָאֵל עַל רֵישׁ דַרְגוּשָׁה:
עֲלוֹי יְקַר שְׁכִינְתָּא דַיְיָ וּסְגִיד יִשְׂרָאֵל עַל רֵישׁ דַרְגְשָׁא: א וַהֲוָה בָּתַר פִּתְגָמַיָא הָאִלֵין וְאִתְאֲמַר לְיוֹסֵף

בעל הטורים

כיה וכמלך דוד זקן בא בימים וגו': נא ידך. בגי' מילה: חסד ואמת. פרש"י חסד שעושין עם המתים זהו אמת. אמת נוטריקון ארון מטה תכריכין: וישתחו. בגי' מודים על בשורה טובה:

פי' יונתן

(ל) בגלל דהוא ברי' פי' בשביל שהוא בנו והז"ל אסרו לכנוס אל מרחץ עם אביו כדכתב הסמ"ג בל"ת מצוה קכ"ז ומכ"ש מהאי טעמא לשום ידו תחת ירך אביו וליגע במילת אביו לא רצה יוסף ודייק הכא מדלא כתיב וישם כדכתיב גבי אליעזר ואברהם ועוד למה לו למימר אנכי אעשה כדברך לימא כן אעשה ועוד נמה ליעקב לחזור ולומר השבעה לי והרי כבר שאל ממנו השבועה אלא ודאי שיוסף מחמת מורא וכיבוד אב מיאן לשום ידו תחת ירכו ולכן דקדק באומר אנכי אעשה כדברך בכ"ף הדמיון שזהו השבועה שלא היתה בפירוש בדבריו שהוא שימת יד אלא נשבע במילת אביו כאשר צוהו ולכך השיבו אביו שנתרצה להסתפק בשבועה לבד בלי שימת ידו וזהו דכתיב ויאמר השבעה לי ולא שים ידך וישבע לו לבד שפרט בזיו שנשבע במצות מילה ודוק. ואל תשיבני ממ"ש המרדכי פרק מקום שנהגו בשם תשובת

רשב"ם

(לא) וישתחו ישראל. ליוסף ממקום שהיה על המטה: (א) ויאמר ליוסף. אדם אחד אמר וכן ויגד המגיד ליעקב:

דעת זקנים מבעלי התוספות

שחיו יותר מד' מאות שנה ודוד לא חיה כי אם ע' שנה: ועשית עמדי חסד ואמת. כלו' אמרת שאתה חייב לקברני בארץ כנען לכך אני מפייס אותך שתעשה עמי חסד ואמת ותטרח לקברני לשם: אל נא תקברני במצרים. מה שפרש"י לפי שעתיד להיות עפר ארץ מצרים כנים לא נהיר' לי דמזה לא היה לו לירא דהשתא בנימין בנו לא שלשה בו למה כל שכן אביו אם לא נאמר שזה לא היה יעקב יודע. ואומר ר"ת שהיה ירא שלא יגלגלו מצרים מעשר מכות בעבורו אם יקבר במצרים שהרי נקרא ישראל שה פזורה ומצרים נקראים חמורים שנאמר אשר בשר חמורים בשרם וכתיב פטר חמור תפדה בשה: (ל) אנכי אעשה כדבריך. מדרש כשם שאתה מצוני כך אני מצוה לאחי בשעת מיתתי לסעלותי מכאן וכן מצינו שאמר לאחיו פקד יפקד אלהים אתכם וכו'. וכ"ל דלהא ניחא הא דפרש"י בואלה שמות שסימן זה מסור בידם מיעקב ומיוסף שבלשון זה דפקוד יפקוד יסיו גאולים שהרי מצינו שיוסף אמר כפי' פקוד יפקוד אלהים אתכם ואמר הכא שיוסף אמר שישמע סדברי יעקב ואם כן גם יעקב אמר בלשון פקוד יפקוד אלהים אתכם: (א) ויאמר ליוסף. אז"ל זה אפרים ואומר הרב משה זכר לדבר כי אותיות ויאמר כאותיות אפרים בהתחלף וא"ו בפ"א דו"ו מתחלפת בפ"א באלפא ביתא דא"ת ב"ש ומשמע שלא היה יוסף רגיל אצל יעקב כמו שמצינו נמי ויקרא לבנו ליוסף ושמעתי מפי הרב ר' שמואל ז"ל הטעם לפי שהיה ירא שישאל לו הענין היאך הורד למצרים ויגיד לו שמכרוהו אחיו ויקלל' יעקב ונמצא מחריב את העולם כולו שהרי רחל אמו שקלל שלא מדעת ואמר עם אשר תמצא נתקיימ'

אבן עזרא

חסד ואמת: (ל) ושכבתי עם אבותי. כנוי למיתה. או יהיה פירושו אל נא תקברני במצרים ואשכב עם אבותי. ואיך יהיה זה שתשאני ממצרים ותקברני בקבורתם: (לא) וישתחו ישראל. שהלך כבוד למלכות. והנכון בעיני שנתן שבח לשם. ואין זה כהשתחויות אברהם כי שם מפורש לבני חת: (א) ויאמר. האומר ליוסף. וכן אשר ילדה

רמב"ן

הארץ כי ידע בנפשו כן: (לא) השבעה לי וישבע לו. לא היה יעקב חושד בנו הצדיק האהוב לו שימרה על מצות אביו ועל הדבר אשר הבטיחו ואמר אנכי אעשה כדברך אבל עשה כן לחזק הענין בעיני פרעה אולי לא יתן לו רשות להפרד ממנו ויאמר

אור החיים

ומיד יעלהו והוא אומרו בסמוך ושכבתי וגו' ונשאתני וגו' וטעם הקדמת אל נא תקברני במצרים לאומרו ושכבתי פירשתי בפסוק ועשית עמדי וגו' לא' מהדרכים שישבתי הכתוב ולשאר הדרכים יתבא' לפי מה שקדם לנו כי יעקב ויוסף היו בחינת נפש אחת והוא סוד וא"ו מלאה שיש לה ב' ווי"ן ולא יתפרדו ואשר ע"כ הם יעקב שאחר שיאסף לא יתרצ' יוסף להפרד ממנו גם במותו ומה גם לדבריהם ז"ל שאמרו יע"א לא מת והוא בחיים לזה שלל דבר זה מדעתו והודיעו כי כשישכב פי' כשיפטר הנה הוא נפרד בהכרח ממנו ויסמך עם אבותיו ולזה ונשאתני וגו' וקברתני וגו': ויאמר אנכי אעשה וגו'. צל"ד למה הוצרך לומר לו כן והיה לו לעשות המעשה בפועל זאת הוא תשובתו וכמו שמצינו גם כן לאליעזר עבד אברהם כשאמ' לו אברהם שים נא ידך וגומר התשובה היתה וישם העבד את ידו וגו'. אכן הכונ' היא שאמר לו תשוב' שאינו צריך לישבע לו והנה הוא מוכן לעשות כדבריו. או ירצה שכפי הדין הוא מחוייב לעשות כדבריו או לצד שהוא בנו והוא אומרו אנכי אעשה או לצד שהוא מצו' מחמת מיתה והוא אומרו כדבריך ואינו צריך שבוע' ובזה הודיע יוסף ע"ה לדקותו כי חפץ חסד הוא לעשות דבר מצוה מרצונו הפשוט: ויאמר השבעה לי. הוצרך לומר לו פ"ב השבעה ולא הספיק במה שענהו לעשות כדבריו לפי מה שפירשנו בפסוק אנכי אעש' וגו' יבא על נכון כי משיבו למה שאמר שאינו צריך שבועה כי מצדיק הוא דבריו אלא לעשות רצונו הוא מבקש ממנו לישבע והוא אומרו השבעה לי פירוש להפיס דעתי או לטעם הכמוס עמי והכוונה הושם לזולת שיהיה מונע אותו וכמו שכן היה שאמר לו פרעה שיתיר שבועתו כאומרם ז"ל ולזה תכף נשבע לו. או יאמר השבעה לי לדעתי כדי שלא יבטל השבועה בלבו ועשה יעקב כן לבטחון לכל צדדי הספק שיהיה בדבר:

כלי יקר

ויאמר השבעה לי. לא היה יוסף חשוד בעיניו שלא יקיים מצות אביו אלא השביעו כדי שיהיה לו התנצלות לפני פרעה כמו שפירש"י על פסוק כאשר השביעך שאם לא בשביל השבועה לא הייתי מניחך כו' ומה שנאמר לשון לי ולו השבעה לי וישבע לו נראה לפרש שהיה מתירא פן יאמר לו פרעה שיתיר שבועתו ע"כ אמר השבעה לי היינו על דעתי והנשבע על דעת חבירו אין לו התרה בלא דעת חבירו כדאיתא בטור יורה דיעה סימן רכ"ז ע"כ נאמר לי לדעתי וישבע לו. ד"א לפי שיוסף אמר אנכי אעשה כדבריך ואמרו במדרש שיוסף אמר גם אנכי אעשה כן כמו שאתה עושה ואצוה לבני ואחי שיקברוני בארץ כנען. ואמר יעקב השבעה לי שתעשה לי כן כי אין אני משביעך שתצוה גם אתה לבניך כן ואלו לא נאמר לשון לי הייתי אומר שהיה משביעו על כל דבריו אפי' על אנכי אעשה כדבריך. ד"א שהיה יעקב רוצה לכפות השבועה מפני העומדים כי אמר לו שים ידך תחת ירכי ר"ל והשבע לי אמר לו יוסף אנכי אעשה כדבריך בלא שבועה כי נאמן אני כדבורי ויאמר השבעה לי היינו לי לבדי בסוד שלא ידע מזה שום אדם כי חרפה היא לו ליוסף לומר שאביו לא היה מאמין לו והוצרך להשביעו לכך נאמר וישבע לו לבדו. ד"א שמתחילה אמר לו שים נא ידך תחת ירכי כי רצה להשביעו בנקיטת חפץ ואמר לו אנכי אעשה כדבריך בלא שבועה וחשב יעקב כי היה חרה ליוסף שבקש להשביעו שבועה חמורה ויאמר השבע' לי בלא נקיטת החפץ וישבע לו ולכך לא נאמר כאן וישם ידו תחת ירך אביו כדרך שנאמר באליעזר עבד אברהם:

ספורנו

(כט) ויחי יעקב. אל נא תקברני במצרים. אפי' בארון כענין ויישם בארון במצרים. שאם תעשה כן אפי' לשעה לא יניחוך להוליכני למערה שיאמרו שזה מספיק כמו שהי' המנהג אצלם: (ל) ושכבתי עם אבותי. ענין שכיבת המת עם אבותיו הוא הנחת מטת המת במקום המספד וסבוב הסופדים ולכן נכתב זה הלשון בכל המלכים צדיקים ורשעים שמתו על מטתם בספר מלכים: ונשאתני ממצרים. וכאשר תעשה באופן זה תוכל לשאת אותי ממצרים כי כאשר ימלאו ימי השכיבה יסור יגוני מלבם כענין ויעברו ימי בכיתו ולא ימחו בך אם תשאני אל ארץ אחר': אנכי אעשה כדברך. אנכי מצד עצמי אעשה כדברך בכל כחי: (לא) השבעה לי. למען יהיה לך פתחון פה נגדם אם ירצו לטחות: וישתחו ישראל. להודות לקונו על שחננו להשיג זה מאת בנו

כענין

Therefore, Jacob bowed down to his son Joseph because he needed him, *not* because he was a king and required honor. Were that the case, he would have immediately prostrated himself before Joseph, and would not have waited until the conclusion of his request and Joseph's subsequent oath of agreement.

on the head of the bed—*He turned around to the side of the Shechinah* (Gen. Rabbah, Vatican ms. no. 60). *From here* [the Sages] *deduced that the Shechinah is at the head of a sick person* (Shab. 12b). *Another explanation:* עַל רֹאשׁ הַמִּטָּה— [He prostrated himself to God] *because his offspring were perfect, insofar as not one of them was wicked, as is evidenced by the fact that Joseph was a king, and furthermore, that* [even though] *he was captured among the heathens, he remained steadfast in his righteousness.*—[Rashi from Sifré Va'ethannan 31, Sifré Ha'azinu 334]

The problem with this verse is that when someone is sitting in bed, he faces the foot of the bed, not its head. Why then did Jacob prostrate himself toward the head of the bed? The Rabbis therefore deduce that Jacob intentionally turned around, facing the head of the bed, and prostrated himself toward the *Shechinah*, which manifests itself at the head of a sick person's bed. Although Jacob prostrated himself to Joseph because he needed him, as discussed in *Kitzur Mizrachi*'s note to *Rashi*'s previous comment, he turned himself in the direction of the *Shechinah*. Had he meant to prostrate himself to the

Shechinah, however, the Torah would have stated, "and Jacob prostrated himself to the Lord." Although Jacob was not yet ill, he was already quite feeble and was bedridden. Therefore, the *Shechinah* honored him by manifesting itself at the head of his bed.—[Mizrachi]

According to the second interpretation, עַל רֹאשׁ הַמִּטָּה is understood in the following way: because of the eminence of the children, symbolized by the conjugal bed. He prostrated himself to God to thank Him for his exceptional family, in which all his children were flawless.—[Mizrachi]

Ibn Ezra suggests one explanation according to which Jacob did in fact prostrate himself in honor of the kingdom. He, however, prefers to believe that he did so to praise God, discounting the suggestion that this is similar to Abraham's prostration to the sons of Heth (Gen. 23:7, 12), where the Torah states explicitly that he prostrated himself *before the sons of Heth*.

Targum Yerushalmi, too, renders: and Jacob praised.

48

1. **that [someone] said to Joseph** —*One of the tellers, and this is an elliptical verse. Some say, however, that Ephraim was accustomed to study with Jacob, and when Jacob became ill in the land of Goshen, Ephraim went to his father to Egypt to tell him.*—[Rashi]

Rashi's first interpretation is explained by *Mizrachi* and others to mean that some unknown person who happened to be with Jacob went to Joseph and informed him of his father's illness. *Rashi* uses the expression "one of the tellers" rather than "one of the sayers," which would follow the text, because the expression of "telling" is more appropriate for reporting news. Since illness was unknown at that time, (c.f. *B.M.* 87a), *Rashi* uses the expression "telling" to indicate Jacob's illness was "news" to Joseph.—[*Sifthei Chachamim*]

According to the Talmudic passage cited above, no one ever became ill until the time of Jacob. Consequently, people would die suddenly without giving final instructions to their families. Jacob prayed that people would become ill before their death so that they would be able to instruct their family.

This coincides with the commentaries of *Ibn Ezra*, *Rashbam*, and *Redak*.

The *Pentateuch with Rashi Hashalem*, however, quotes *Pesikta Rabbathi* (ch. 3), which states: Who told Joseph that his father was ill? Some say that he saw this through the *Shechinah*. Some say that Bilhah told him, because she was taking care of Jacob, and went to tell Joseph as soon as Jacob became ill. Others say that Benjamin informed him, and still others say that he (Joseph) had stationed agents in (Jacob's) palace (sic). As soon as they noticed that Jacob was ill, they went to report this to Joseph.

Rashi is probably alluding to the last view in the *Pesikta*, but it is also possible that by "tellers" he alludes to any one of the others mentioned by the Rabbis in *Pesikta Rabbathi*.

Rashi's second interpretation, namely that Ephraim informed Joseph of Jacob's illness, is found in *Midrash Tanchuma* (*Vayechi* 6). *Da'ath Zekenim* writes that this view is derived from the word וַיֹּאמֶר, which has the same letters as תאֶפְרַיִם except that the "vav" must be converted to a "pay" by means of the אַ״ת בַּ״שׁ alphabet, where the "vav" coincides with the "pay." [אַ״ת בַּ״שׁ associates the final letter of the Hebrew alphabet with the first, the penultimate with the second, the third from the end with the third, etc. Consequently, the "pay," which is the sixth Hebrew letter from the end, is associated with the "vav," the sixth from the beginning.] *Gur Aryeh* explains that the *Tanchuma* believes that it was unusual for just anyone to come to Joseph from Jacob. Therefore, the assumption is that it was someone usually in Jacob's presence. Since Ephraim was the more esteemed of Joseph's two sons, he was likely the one. See *The Pentateuch with Rashi Hashalem* for other derivations.

According to this view, the verse is not elliptical.—[*Mizrachi*]

אֶת־שְׁנֵי בָנָיו עִמּוֹ אֶת־מְנַשֶּׁה וְאֶת־
אֶפְרָיִם: ב וַיַּגֵּד לְיַעֲקֹב וַיֹּאמֶר הִנֵּה
בִּנְךָ יוֹסֵף בָּא אֵלֶיךָ וַיִּתְחַזֵּק יִשְׂרָאֵל
וַיֵּשֶׁב עַל־הַמִּטָּה: ג וַיֹּאמֶר יַעֲקֹב
אֶל־יוֹסֵף אֵל שַׁדַּי נִרְאָה־אֵלַי בְּלוּז
בְּאֶרֶץ כְּנָעַן וַיְבָרֶךְ אֹתִי: ד וַיֹּאמֶר
אֵלַי הִנְנִי מַפְרְךָ וְהִרְבִּיתִךָ וּנְתַתִּיךָ
לִקְהַל עַמִּים וְנָתַתִּי אֶת־הָאָרֶץ
הַזֹּאת לְזַרְעֲךָ אַחֲרֶיךָ אֲחֻזַּת עוֹלָם:
ה וְעַתָּה שְׁנֵי־בָנֶיךָ הַנּוֹלָדִים לְךָ
בְּאֶרֶץ מִצְרַיִם עַד־בֹּאִי אֵלֶיךָ
מִצְרַיְמָה לִי־הֵם אֶפְרַיִם וּמְנַשֶּׁה
כִּרְאוּבֵן וְשִׁמְעוֹן יִהְיוּ־לִי: ו וּמוֹלַדְתְּךָ
אֲשֶׁר־הוֹלַדְתָּ אַחֲרֵיהֶם לְךָ יִהְיוּ עַל

אונקלוס

בְּנוֹהִי עִמֵּיהּ יָת מְנַשֶּׁה
וְיָת אֶפְרָיִם: ב וְחַוִּי
לְיַעֲקֹב וַאֲמַר הָא בְּרָךְ
יוֹסֵף אָתֵי לְוָתָךְ וְאִתַּקַּף
יִשְׂרָאֵל וִיתֵיב עַל עַרְסָא:
ג וַאֲמַר יַעֲקֹב לְיוֹסֵף אֵל
שַׁדַּי אִתְגְּלִי לִי בְּלוּז
בְּאַרְעָא דִכְנַעַן וּבָרֵיךְ
יָתִי: ד וַאֲמַר לִי הָא אֲנָא
מַפֵּישִׁנָךְ וְאַסְגֵּינָךְ
וְאֶתְּנִינָךְ לִכְנִשַׁת שִׁבְטִין
וְאֶתֵּן יָת אַרְעָא הָדָא
לִבְנָךְ בָּתְרָךְ אַחְסָנַת
עָלָם: ה וּכְעַן תְּרֵין בְּנָךְ
דִּי אִתְיְלִידוּ לָךְ בְּאַרְעָא
דְמִצְרַיִם עַד מֵיתִי לְוָתָךְ
לְמִצְרַיִם דִּי לִי אִנּוּן
אֶפְרַיִם וּמְנַשֶּׁה כִּרְאוּבֵן
וְשִׁמְעוֹן יְהוֹן קֳדָמָי:
ו וּבְנִין דִּי תוֹלִיד
בָּתְרֵיהוֹן דִּילָךְ יְהוֹן עַל

תו"א הנני מפרך הוריות ו: ועתה שני נדרים ל: אפרים ומנשה בתרא קנג כתובות עב על שם יבמות כד הוריות ו:

רש"י

שני בניו עמו. כדי שיברכם צ יעקב לפני ק מותו: (ב) ויגד. המגיד ליעקב ולא פי' מי והרבה מקראות ר קצרי לשון: ויתחזק ישראל. אמר אע"פ שהוא בני מלך הוא אחלק לו כבוד מכאן שחולקין כבוד למלכות ש וכן משה חלק כבוד למלכות וירדו כל עבדיך אלה אלי [שמות יא] ת וכן אליהו וישנס מתניו וגו' [מ"א יח]: (ד) ונתתיך לקהל עמים. בשרני שעתידים לצאת ממני עוד קהל ועמים ואע"פ שאמר לי גוי וקהל גוים גוי אמר לי על בנימין קהל גוים הרי שנים לבד מבנימין ושוב לא נולד לי בן למדני שעתיד אחד משבטי ליחלק א ועתה אותה מתנה אני נותן לך: (ה) הנולדים לך עד באי אליך. לפני בואי אליך ב כלומר שנולדו משפרשת ממני עד שבאתי אצלך: לי הם. בחשבון שאר בני הם ליטול חלק בארץ איש כנגדו: (ו) ומולדתך וגו'. אם תוליד עוד ג לא יהיו במנין בני אלא בתוך שבטי אפרים ומנשה יהיו נכללי' ולא יהא להם

שפתי חכמים

ידיו אלא רמז לו בזה משום שאפרים היה בעל תורה והשכיל יותר ממנשה מ"ה השכיל ג"כ את ידיו ומנין ידע יעקב זה אלא משום שאפרים היה רגיל וכו' וק"ל: צ דאל"כ מה לורך להזכיר זה רא"ם: ק דהיה יודע שאם כחו של יעקב (פ"ל אות כ') ועכשיו הגידו לו שהוא חולה אמר יוסף בלבו בודאי הגיע יום מותו ולכן לקח בניו עמו כדי כו' רא"ם: ר הכא לא מלי רש"י לפרש דהאפרים היה דהא ויקח את שני בניו עמו משמע דהיה אצל יוסף והלך עמו אל יעקב: ש שהרי יוסף היה לריך ליעקב ואעפ"כ השתחוה לו אבל לעיל פירש"י תעלא בעידניה וכו' לפי שיעקב היה לריך ליוסף: ת ובאמת משה ידע שגם פרעה ירד כמו שאירע בסוף אלא משום כבוד מלכות אמר כן: א כלומר ונלוקו לשנים נחשב כאלו נולדו שני בנים אחרים כי כל אחד מהם אשר בם נחלק השבט אינו השבט הנחלק. רא"ם: ב לא עד בואי כמשמעו דהא כתיב וליוסף יולד שני בנים בטרם תבא שנת הרעב ושבא יעקב ליוסף היו כבר שני שנים של רעב עוברים: ג דמל' אשר משמע דודאי הוא שיוליד לכן פי' אם

אור החיים

שני בניו עמו את וגו'. טעם שלא הספיק באומרו שני בניו ואני יודע כי הם מנשה ואפרים או לו' מנשה ואפרים ואני יודע כי הם בניו הרשומים בפ' מקץ גם הפסיק בין הזכרת הבנים והודעת שמם בתיבת עמו גם אומרו את פ"ב אולי כי יודיע הכתוב טעם יוסף בלקיחתם שהיתה לקחת כל אחד ברכתו בפני עצמו מלבד מה שיגיע אותם בברכת אביהם והוא אומרו את שני בניו עמו זה מה שנוגע לחלק שיהיה נוגע להם בברכתו גם את מנש' שיבורך בפני עצמו ואת אפרים וגו'. או ירצה כי ראויים הם לברכה מב' צדדין לצד שהם בניו ולצד שכל אחד מהם ראוי לברכה מצד עצמו ולזה אמר בניו עמו גם לצד היות' מנשה ואפרים צדיקים ואמר עמו להפסיק שלא תבין שמפ' מי הם הבני' ואמר את ואת לו' שכל א' חשוב בפני עצמו: הנני מפרך וגו'. כפל לומר מפרך והרביתיך כנגד ב' בנים שיהיו לו עוד כמו שפי' הדברים יעקב בא' ועתה ואומרו ונתתיך לקהל עמים פי' שיהיו ב' הבנים כל א' לקהל ועם:

ועתה

his two sons with him, Manasseh and Ephraim. 2. And
[someone] told Jacob and said, "Behold, your son Joseph is
coming to you." And Israel summoned his strength and sat up on
the bed. 3. And Jacob said to Joseph, "Almighty God appeared to
me in Luz, in the land of Canaan, and He blessed me. 4. And He
said to me, 'Behold, I will make you fruitful and cause you to
multiply, and I will make you into a congregation of peoples, and
I will give this land to your seed after you for an everlasting
inheritance.' 5. And now, [as for] your two sons, who were born
to you in the land of Egypt, until I came to you, to the land of
Egypt—they are mine. Ephraim and Manasseh shall be mine like
Reuben and Simeon. 6. But your children, if you beget [any]
after them, shall be yours; by

**So he took his two sons with
him**—*so that Jacob should bless
them before his death.*—[*Rashi* from
Tanchuma Vayechi 5]

Otherwise, Scripture would not
have to tell us that he brought his
sons. Joseph already knew that Jacob
was feeble, as is mentioned on Gen.
47:31. Now that he had become ill,
Joseph realized that his death was
approaching.—[*Mizrachi*]

2. And [someone] told—*The
teller* [told] *Jacob, but* [the text] *does
not specify who* [it was], *and many*
[Scriptural] *verses are elliptical.*—
[*Rashi*]

Here *Rashi* does not suggest that it
was Ephraim, because Ephraim was
with Joseph until Joseph brought him
before Jacob.—[*Mizrachi*]

**And Israel summoned his
strength**—*He said, "Although he is
my son, he is a king;* [therefore,] *I will
bestow honor upon him"* [*Midrash
Tanchuma Vayechi* 6]. *From here*

[we learn] *that we must bestow honor
upon royalty, as Moses bestowed
honor upon royalty,* [as it is written,
that Moses said to Pharaoh,] *"Then
all these servants of yours will come
down to me"* (Exod. 11:8), [rather
than "You will come down to me"].
And so Elijah [also bestowed honor
upon royalty, as it is written]: *"And
he girded his loins* [and ran before
Ahab until coming to Jezreel]*"* (I
Kings 18:46).—[*Rashi* from *Mechilta
Beshallach* Section 13]

and sat up on the bed—His feet
were resting on the ground. There-
fore, Scripture states below: "And
Joseph took them out from upon his
[Jacob's] knees" (verse 12).—
[*Rashbam*]

Da'ath Zekenim writes that Jacob
did not want to bless Joseph and his
sons while lying in bed, lest they think
that he was no longer in full
possession of his faculties, and that his
blessing would thus have little value.

4. and I will make you into a congregation of peoples—*He announced to me that another congregation of peoples was to be descended from me. Although he said to me, "A nation and a congregation of nations* [shall come into existence from you]*"* (Gen 35:11) [meaning three nations], *by "a nation," He promised me* [the birth of] *Benjamin. "A congregation of nations" means two in addition to Benjamin, but no other son was born to me. Thus I learned that one of my tribes was destined to be divided* [in two]. *So now, I am giving you that gift.*—[*Rashi* from *Pesikta Rabbathi* ch. 3] [Note that there are other versions of the *Rashi* text, but this appears to be the simplest and most accurate. See *The Pentateuch with Rashi Hashalem.*]

5. who were born to you...until I came to you—*Before I came to you, i.e., those who were born since you left me* [and] *I came to you.*—[*Rashi*]

they are mine—*They are counted with the rest of my sons, to take a share in the land, each one exactly as each* [of my other sons].—[*Rashi* from *Baba Bathra* 122b-123a]

6. But your children—*If you have any more* [children], *they will not be counted among my sons, but will be included among the tribes of Ephraim and Manasseh, and they will not have a* [separate] *name like* [each of] *the* [other] *tribes as regards the inheritance. Now, although the land* [of Israel] *was divided according to their heads* (the population of each tribe), *as it is written: "To the large* [tribe] *you shall increase its inheritance"*

(Num. 26:54); *and each man received an equal share, except for the firstborn. Nevertheless, only these* (Ephraim and Manasseh) *were called tribes* [regarding the ability] [*to cast a lot in the land according to the number of names of the tribes and* [regarding having] *a prince for each tribe, and groups* [of tribes in the desert] *for this one and for that one*].—[*Rashi*] See Numbers 2, where a prince is appointed over each tribe, and each tribe is assigned to a דֶּגֶל, interpreted by some commentators as a banner and by others as a grouping. Thus, Ephraim and Manasseh each have their own prince, and they are considered separate tribes in the groupings.

According to *Mizrachi* and *Gur Aryeh*, the words אֲשֶׁר הוֹלַדְתָּ as interpreted by *Rashi* mean: *if you beget.* Joseph, however, did not have any more sons. Jacob wanted to clarify to Joseph that the privilege of being singled out as individual tribes was limited to Ephraim and Manasseh, and did not include subsequent sons, should there be any, lest Joseph marry more women in order to take advantage of Jacob's blessing.

Ramban (on verse 15), however, maintains that the word of the prophet (Jacob) could not be in vain. Therefore, Joseph must have fathered additional sons. He renders אֲשֶׁר הוֹלַדְתָּ: *whom you will beget,* following *Targum Onkelos.* These children of Joseph are not mentioned because they were of no consequence.

[Note that the bracketed material does not appear in early editions of *Rashi*.]

[ל]מֵימַר אֲבוּךְ שְׁכִיב מְרַע וּדְבַר יַת תְּרֵין בְּנוֹי עִמֵּיהּ יַת מְנַשֶּׁה וְיַת אֶפְרַיִם: ב וְתַנִיאוּ לְיַעֲקֹב לְמֵימַר הָא [ב]רָךְ יוֹסֵף אָתֵי לְוָתָךְ וְאִתְקֵף יִשְׂרָאֵל וִיתֵיב עַל דַּרְגְּשָׁא: ג וַאֲמַר יַעֲקֹב לְיוֹסֵף אֵל שַׁדַּי אִתְגְּלֵי לִי בְּלוּז [בְּ]אַרְעָא דִכְנַעַן וּבְרִיךְ יָתִי: ד וַאֲמַר לִי הָא נָא מַפִּישׁ לָךְ וּמַסְגֵּי לָךְ וְאִיתְנִינָךְ לְכִנְשַׁת שִׁבְטִין וְאֶתֵּן יַת [אַ]רְעָא הָדָא לִבְנָךְ בַּתְרָךְ אַחְסָנַת עָלַם: ה וּכְדוֹן תְּרֵין בְּנָךְ דְּאִתְיְלִידוּ לָךְ בְּאַרְעָא דְמִצְרַיִם עַד דְּאָתֵית [לְ]וָתָךְ לְמִצְרַיִם דִּילִי אִינוּן אֶפְרַיִם וּמְנַשֶּׁה כִּרְאוּבֵן וְשִׁמְעוֹן מִתְחַשְׁבִין לִי: ו וּבְנָךְ דִּי תוֹלִיד בַּתְרֵיהוֹן דִּילָךְ

בעל הטורים

[ע]ל המטה. ב' במס' וישב על המטה והמן נופל על המטה [ה]צדיקים אפי' כשהן חלשים מתחזקים שנאמר ויתחזק ישראל וישב [ע]ל המטה והרשעים אפילו בתוקפן הם נופלים שנאמר והמן נופל על המטה: אפרים ומנשה. בגי' ראובן ושמעון:

רשב"ם

(ב) וישב על המטה. היו רגליו למטה לארץ ולכך כתוב לפנינו ויוצא יוסף אותם מעם ברכיו וגם להגיד חוזקו של יעקב שכל דברי צוואתו עשה בישיבה ורגליו על הארץ עד שסיים כל דבריו ואח"כ ויאסוף רגליו אל המטה הכניסם אל המטה כמו ואספתו אל תוך ביתך. ואין איש מאסף אותם הביתה: (ג) נראה אלי בלוז. בשובי מפדן ארם. וכתיב [א]ני אל שדי פרה ורבה: (ה) ועתה שני בניך וגו'. כלומר מאחר שנתן לי הקב"ה את ארץ כנען הרי ברשותי לעשותך בכור ליטול פי שני שבטים ולכך שני בניך [י]היו [א]לו כנגד ראובן ושמעון: עד באי. לפני בואי. כדכתיב וליוסף יולד שני בנים בטרם תבא שנת הרעב כלומר קודם שבאתי מצרימה: (ו) ומולדתך. בניך [א]ו בני בניך שנולדו לך אחרי באי באלו שבע עשרה שנה שהייתי כאן על שם אחיהם יקראו ולא יהיו שבטים כי אם בתי אבות כי כל שבעים נפש שהיו בשעת [ב]יאת יעקב בין בנים בין בני בנים היו בתי אבות ולהם נחלקה הארץ כדאמרינן בבבא בתרא וכדכתיב בפנחס אפילו בבני פרץ. לחצרון משפחת [ה]חצרוני לחמול משפחת החמולי. וכן בבני בלע ארד ונעמן וגו' וכתיב לבסוף לאלה תחלק הארץ בנחלה וגו' לשמות מטות אבותם ינחלו וכן בני בניו של

דעת זקנים מבעלי התוספות

[ק]ללתו ומתה בדרך אפרת הא אם יקללם מדעת לא כל שכן: (ב) ויתחזק ישראל ולא רצה לברכם כשהוא כמטה שלא יאמר מהג' שכיב מרע היתה ברכתו ולא היה מיושב בדעתו: (ה) אפרים ומנשה. אפרים ומנשה עולין בגימט' ראובן ושמעון אחד יותר:

אבן עזרא

[א]ותה ללוי במצרים: (ב) ויגד המגיד ליעקב או האומר יוסף או היה שליח מיעקב: (ד) וטעם הנני מפרך. על [ד]עת הגאון שאמר לי השם הנני מפרך וכן לא נולד לי רק [א]תה רחל. ועתה ידעתי כי בעבור בניך הנולדים לך אמר [ה]נני מפרך. וזה הפירוש אין לו טעם וריח כי מה הפרש [ב]ין בני יוסף ובין בני ראובן ועוד כי בנימין נולד לו אחר זו [ה]נבואה. והנכון בעיני. שאמר השם אמר לי כי ארץ כנען תהיה לזרעי אחוזת עולם. ואני אתן לך בנחלת הארץ

רמב"ן

לו שלח את אחיך ואת עבדיך ויעלוהו שם או שיחפוץ פרעה שיקברו הנביא בארצו לכבוד להם ולזכות ולכן השביעו כי לא יהיה נכון להעבירו על שבועתו וגם יוסף יצטרך יותר להשתדל בענין מפני השבוע' וכן היה הדבר כמו שאמר עלה וקבור את אביך כאשר השביעך: (ו) ומולדתך אשר הולדת אחריהם. אם תוליד עוד לא יהיו במנין בני אלא בתוך שבטי אפרים ומנשה יהיו נכללין ולא יהא להם שם בשאר השבטים לענין הנחלה ואע"פ שנתחלק' ארץ ישראל למנין גולגלותם כדכתי' לרב תרבה נחלתו וכל איש נטל בשוה חוץ מן הבכידו' מכל מקום לא נקראו שבטים אלא אלו לשון רש"י וזה איננו נכון. שאם כן אין הבכורה ליוסף אלא לענין הכבוד בלבד שיקראו בניו שבטים והכתוב אומר [כראובן ושמעון יהיו לי כ]נחלתם. ובגמרא אמרו לנחלה הקשתים לראובן ושמעון ולא לדבר אחר וכו' כדאיתא בהוריות והזכירו רבותינו בכל מקום

אור החיים

[ו]עתה שני בניך וגו'. פי' עתה שראיתי שלא הי' לי בנים עוד מלד אותה ברכה אני יודע למפרע כי ב' בניך הנולדים לך וגו' לי הם שאמר לי ה' מפרך והרביתיך והוא שאמר לו ה' בבית אל פרה ורבה כראובן ושמעון יהיו לי ועיין מ"ש בסמוך:

ומולדתך אשר וגו'. פי' שלא ימנה יוסף במקום ג' שבטים אלא במקום ב' וכפי זה לא יקרא עוד שבט יוסף במנין השבטים זולת שבט אפרים ושבט מנשה וכמו כן מצינו שכן הוא. ויש לנו לחקור זאת למה הוציא יעקב את יוסף ממנין השבטים כמו שמצינו שלא נמנה בכלל השבטים כי אם אפרים ומנשה ולמה לא ימנה הוא ג"כ ויהיו י"ד שבטים עם לוי כי ה' אמר אליו שיהיו ממנו ב' שבטים נוספים לא שיעקר שם יוסף. גם צריך לדעת מי אמר ליעקב כי ב' הגוים שאמר לו ה' שיהיו ממנו הם בני יוסף ולא בני שאר בניו ויותר היה לו לתלות ולומ' שהם פרץ וזרח שהם ביותר מעולים כפי האמת שהם שלשלת המלוכה ואולי כי בני יהודה נרמזו במה שאמר לו עוד שם ה' ומלכים מחלציך יצאו אלא מי יאמר שכוונת ה' באומרו ומלכי' מחלציך וגו' היא זאת. ועוד אחרת דלמא הם הם גוי וקהל גוים הם הם המלכים ועוד מי יאמר שאין הדברים נאמרים על בני שאר האחים אכן כמה שנשכיל על דבר הבכורה שאמ' אליו בנבוא' גוי וקהל גוים יהיה ממך ומלכים מחלציך יצאו פשט הדברים יגיד

כלי יקר

ויאמר אלי הנני מפרך והרביתך וגו'. למה שינה יעקב הלשון כי שם נאמר ויאמר לו אלהים אני אל שדי פרה ורבה גוי וקהל גוים יהיה ממך והנה במקום פרה ורבה אמר מפרך והרביתך שלא דבר הוא. והענין הוא לפי שלשון פרה ורבה משמע שהוא ציווי אל יעקב שיעסוק בפרי' ורביה וע"י זה יצאו ממנו גוי וקהל גוים וכאן על כרחך אין הפירוש כן שהרי לא נולד לו שום בן אחר בביאה זו ומבנימן היתה כבר מעוברת והנה גוי אמר על בנימן וקהל גוים על שעתיד שבט אחד ליחלק לשנים וכל זה אינו תלוי בפעולתו ע"י שיעסוק בפריה ורביה. ע"כ אמר במקום פרה ורבה הנני מפרך והרביתך לומר שזה אינו ציווי אליו שיעסוק הוא בפריה ורביה אלא הקב"ה מפרה ומרבה אותן הנולדים כבר ואין לומר שברכה זו שיפרו וירבו הנולדים כבר לא שיחלק שבט אחד לשנים וא"כ למה אמר פרה ורבה שפירושו מפרך הול"ל מפרך אלא שאמר מפרך בלשון פרה לומר לך שאותו שבט שעתיד ליחלק לשני' יהיו דומי בכל ענייני' כאילו אתה הולדתם ר"ל יהיו על שמך יקראו כאילו אתה הולדתם כמ"ש ועתה שני בניך וגו' לי הם ומזה למד יעקב שמאמ' פרה ורב' אינו ציווי אליו שיעסוק בפרי' ורבי' וע"י זה יהי' לגוי וקהל גוים שהרי מאותה נבואה והלאה לא נולד לו בן ע"י שעסק בפרי' ורבי'. אלא ודאי שפסוק זה ברכ' ומתנה ליעקב להפרות ולהרבו' הנולדים כבר וע"כ אמר שפירושו מפרך ומרבך ואין הפירוש שתהא ברכה להפרות זרעי דא"כ למה לא אמר לי בפירוש מפרך והרביתיך אלא וודאי בתלה כי הדבר שאותו רבוי דומה כאלו אני הולדתים ולמאי נפקא מיניה יהיו דומים כאילו אני הולדתים אלא ודאי לענין שיקראו על שמי להיות כל אחד שבט בפני עצמו וזה מתנה הוא ולא על צד החיוב ע"כ אמר יעקב ונתתיך לקהל עמים אע"פ שלשון זה לא נאמר שם מ"מ יובן כל זה משם. ומה שקרא בני יוסף קהל יותר מאחר

אבי עזר

(ב) ויגד (המגיד ליעקב וכו') כי בתחלה נכתב ויאמר ליוסף. צריך ג"כ לפרש האומר. או היה שליח מיעקב. ששלח לו ליוסף לבוא אליו. ואותו השליח בא אח"כ אל יעקב. וזה שנכתב ויגד ליעקב על כללות התשובה לאמור באתי עד הלום עשיתי שליחותך. ואח"כ ויאמר הנה בנך יוסף בא. וזה נאות בדקדוק הלשון:

ספורנו

בענין ויהי כאשר שמע עבד אברהם את דבריהם וישתחו ארצה לה': (ב) וישב על המטה. לחלוק כבוד למלכות כפי האפשר לו אז. וההפך ולא קם ולא זע ממנו: (ד) ונתתיך לקהל עמים ונתתי את הארץ. הנה אז כבר נולדו כל השבטים חוץ מבנימן וכבר אמר לי בצאתי מחרן הארץ אשר אתה שוכב עליה לך אתננה ולזרעך. אם כן היתה הכונ' שיתן לי קהל של עמים בענין ירושת הארץ. ואין לחשוב שאמר זה אלא עליך שיתן לי אותך ואת שני בניך יחדו: (ה) ועתה שני בניך כו' לי הם. שאותם לבדם נתן לי יחדו עמך כענין ראה פניך לא פללתי והנה הראה אותי אלהים גם את זרעך: (ו) ומולדתך אשר הולדת אחריהם. שהם בני בניך הנקראים מולדתך באמת: לך יהיו. יקראו בית יוסף ויתברכו בברכותיך: על שם אחיהם יקראו בנחלתם. כל אחד מבני מנשה יקרא כאחיו על שם מנשה לנחול עמם בנחלתו וכן כל אחד מבני אפרים יקרא כאחיו על שם אפרים לנחול עמם בנחלת

אפרים

שֵׁם אֲחֵיהֶם יִקָּרְאוּ בְּנַחֲלָתָם: ז וַאֲנִי
בְּבֹאִי מִפַּדָּן מֵתָה עָלַי רָחֵל בְּאֶרֶץ
כְּנַעַן בַּדֶּרֶךְ בְּעוֹד כִּבְרַת־אֶרֶץ
לָבֹא אֶפְרָתָה וָאֶקְבְּרֶהָ שָּׁם בְּדֶרֶךְ
אֶפְרָת הִוא בֵּית לָחֶם: ח וַיַּרְא
יִשְׂרָאֵל אֶת־בְּנֵי יוֹסֵף וַיֹּאמֶר מִי־
אֵלֶּה: ט וַיֹּאמֶר יוֹסֵף אֶל־אָבִיו בָּנַי

אונקלוס

שׁוּם אֲחוּהוֹן יִתְקְרוֹן
בְּאַחְסַנְתְּהוֹן: ז וַאֲנָא
בְּמֵיתִי מִפַּדַּן מִיתַת עֲלַי
רָחֵל בְּאַרְעָא דִכְנָעַן
בְּאָרְחָא בְּעוֹד כְּרוּב
אַרְעָא לְמֵיעַל לְאֶפְרָת
וּקְבַרְתַּהּ תַּמָּן בְּאוֹרַח
אֶפְרָת הִיא בֵּית לָחֶם:
ח וַחֲזָא יִשְׂרָאֵל יָת בְּנֵי
יוֹסֵף וַאֲמַר מַן אִלֵּין:
ט וַאֲמַר יוֹסֵף לַאֲבוּהִי

תו"א ואני בבאי סנהדרין כב:

שפתי חכמים

תוליד דאשר הוא אם הואיל ומלינו דאם הוא אשר כדפירש"י בפ' חיי שרה גם אשר הוא אם: ד דאותה נחלה שירשו השבטים היו נקראים על שמם כמו נחלת ראובן או נחלת שמעון וכן כולם וגם לנחלת מנשה ואפרים יקרא הנחלה על שמם נחלת מנשה נחלת אפרים כלומ' כל אחד ואחד תחום לעצמו כמו שיטול כל א' מן השבטים ולא יקרא נחלת יוסף וזהו שנקט רש"י לעיל ולא יהי' להם שם בשבטים ה"ל ולא יקרא הנחלה על שמם: ה ואע"פ שפי' כברת מל' תדם מ"מ מדאפקיה בלשון כברת ש"מ תרתי: ו וא"ת והא בפסוק בהדיא כתיב שנקברה בא"י דכתיב מתה עלי רחל בארץ כנען וכנען הוא א"י. וי"ל דהא ודאי שנקברה בא"י אלא לארץ פירושו בעיר שבני אדם יושבים כמו ארץ נושבת: ז וקשה והא בפ' וישב פירש"י בשביל שזלזלה במשכב הצדיק לא זכתה ליקבר עמו וי"ל שאותו דבר היה גורם לה שלא נקברה עמו במערת המכפלה אבל עדיין קשה למה לא זכתה לילך ולהקבר בעיר ולא בשדה אלא כדי שתהא לעזרה וגו' וא"ל דזה הטעם לבד גרם ולא מפום שזלזלה דא"כ למה רחל לא נקברה עם יעקב יותר משאר אמהות אע"כ דתרווייהו גרמו ואין להקשות למה לא א"ל יעקב מזה עד עכשיו שעל פי הדבור היה כי לא רצה לגלות לו הצרות שעתידים לבא עד עת הסכנה דאם לא עכשיו אימתי (ג"א): ח פי' חורש ושונה: ט דק"ל מה זה דכתיב מי אלה וכי יעקב לא היה מכירן. א"כ דק"ל וירא ישראל והא בסמוך

רש"י

שם בשבטים לענין הנחלה ואע"פ שנתחלקה הארץ למנין גולגלותם כדכתיב לרב תרבו נחלתו וכל איש ואיש נטל בשוה חוץ מן הבכורי' מ"מ לא נקראו ד שבטים אלא אלו [להטיל גורל הארץ למנין שמות השבטים ונשיא לכל שבט ושבט ודגלים לזה ולזה]: (ז) ואני בבאי מפדן וגו'. ואע"פ שאני מטריח עליך להוליכני להקבר בארץ כנען ולא כך עשיתי לאמך שהרי מתה סמוך לבית לחם: כברת ארץ. מדת ארץ והם אלפים אמה כמדת תחום שבת כדברי ר' משה הדרשן ולא תאמר שעכבו עלי גשמים מלהוליכ' ולקברה בחברון עת הגריד הי' שהארץ חלולה ומנוקבת ה ככברה: ואקברה שם. ולא הולכתי אפי' לבית לחם להכניס' לארץ ו וידעתי שיש בלבך עלי אבל דע לך שע"פ הדבור קברתיה שם שתהא לעזרה ז לבניה כשיגלה אותם נבוזראדן והיו עוברי' דרך שם יצאת רחל על קבר' ובוכה ומבקשת עליהם רחמי' שנא' [ירמי' לא] קול ברמה נשמע וגו' והקב"ה משיבה יש שכר לפעולתך נאם ה' וגו' ושבו בנים לגבולם. ואונקלוס תרגם כרוב ארעא כדי שיעור הרישת יום [ס"א ארץ] ואומר אני שהיה להם קצב שהיו קורין אותו כדי מחרישה אחת קוריאד"א בלעז כדאמרי' כרוב ותני ח כמה דמסיק תעלא מבי כרבא: (ח) וירא ישראל את בני יוסף. בקש לברכם ונסתלקה שכינה ממנו ט לפי שעתיד ירבעם ואחאב לצאת מאפרים ויהוא ובניו ממנשה: ויאמר מי אלה. מהיכן יצאו אלו שאינן ראוין לברכה: (ט) בזה.

רמב"ן

היה יוסף בכור לנחלה וירש פי שנים כאחד כמשפט כל בכור ולא היתה בכורתו להקרא שבטים בלבד כדברי חרב ומזה נלמוד עוד שלא חלקו הארץ לכל שבטי ישראל לגולגלותם שאם כן מה הבכורה הזאת בירושה ואם נאמר שנתנו לכל אחד ואחד מבני יוסף פי שנים כאחד מכל אישי שאר השבטים לא הוזכר זה בכתוב כלל ולא מצינו ביעקב שיתן בכורה ליוסף אלא שאמר בכאן כראובן ושמעון יהיו לי ומזה אמר הכתוב נתנה בכורתו ליוסף בן ישראל א"כ היו לגמרי כשני שבטים והיא בכורתו וכך הם דברי חכמים בכל

אבן עזרא

הבכורה ויקחו אפרים מנשה חלקם בארץ כאשר יקח ראובן ושמעון שהם הגדולים מבני ואשר תוליד אחרי אפרים ומנשה יקראו על שם אחיהם הנזכרים שירשו עמם בנחלתם והמפרש שאמר ומולדתך על בני מכיר שיולדו על ברכי יוסף לא ישרו בעיני דבריו. כי מה טעם על שם אחיהם. ואם יטעון טוען כי לא מצאנו ליוסף בנים אחרים. גם זו איננה טענה כי יתכן שהיו ובעבור שירשו עם אחיהם לא הזכירם הכתוב ורבים כאלה: (ז) וטעם ואני בבואי מפדן. שמתה רחל פתאום ולא יכולתי להוליכה לקברה במערה כאשר קברתי לאה. ואמר זה ליוסף שלא יחר לך שאבקש מאתך מה שלא עשיתי לכבוד אמך: (ח) ואחר שאמר וירא ישראל את בני יוסף איך יאמר לא יוכל לראות. רק טעמו

אור החיים

שעל יעקב הוא אומר שממנו יצאו לא מבניו אלא יש לדעת מאמ' רז"ל כי יוסף הוא בחינת נפש יעקב והוא שרמז הכתוב באומרו אלה תולדו' יעקב יוסף והוא אומרו בני יעקב ויוסף ורמזו חכמי אמת כי הוא בחינת מילוי הוא"ו שהמילוי כאות עצמו ועל פי הקדמה זו יתיישבו כל הדקדוקים כי יוסף הוא בחינת יעקב ובמדרג' אב לשבטים יקרא כרשום ג"כ באומרו בני יעקב ויוסף וכפ"ז כשאמ' ה' ליעקב שיצאו ממנו עוד בנים זה יעקב זה יוסף ולזה לא הלביש הנבואה בשאר בניו ולזה דקדק לומר ב' בניך וגו' לי הם פי' במדרג' בני יעקב לא במדרג' בני בניו ולזה הוסיף לבאר ואמר כראובן ושמעון ומעתה הרי יוסף במדרגת אב כיעקב ואין האב נמנה עם הבנים בגדר אחד כמו שאין יעקב נמנה עם השבטים: ואני בבואי מפדן וגו'. כתוב זה אין לו קשר עם מה שלמעלה ממנו. גם אין ידוע כוונת הודע' זו ומה שפירשו

their brothers' names they shall be called in their inheritance. 7. As for me, when I came from Padan, Rachel died to me in the land of Canaan on the way, when there was still a stretch of land to come to Ephrath, and I buried her there on the way to Ephrath, which is Bethlehem." 8. Then Israel saw Joseph's sons, and he said, "Who are these?" 9. Joseph said to his father, "They are my sons,

Ramban also suggests that the land of Israel was divided into twelve equal parts, and each tribe, large or small, received one of these parts. Consequently, small tribes such as Ephraim and Manasseh literally received shares equivalent to those of Reuben and Simeon. The verse quoted from Numbers (26:54) does not indicate that the big tribes were to receive larger territories than the smaller tribes. It means only that the territory of each tribe was divided among the fathers' houses, or clans (the father being the one who migrated to Egypt with Jacob); the father's house with a larger population would receive a larger share than the father's house having a smaller population.

Rashbam explains that Joseph's sons and grandsons born after Jacob's descent to Egypt would not be the progenitors of individual tribes, but father's houses (i.e., clans), as were the seventy souls that came down to Egypt.

7. As for me, when I came from Padan, etc.—*Although I burden you to take me to be buried in the land of Canaan, and I did not do so to your mother, for she died close to Bethlehem.*—[Rashi from Targum Jonathan ben Uzziel]

a stretch of land—Heb. כִּבְרַת-אֶרֶץ, *a measure of land, which is two thousand cubits, equivalent to the measure of the Sabbath boundary* (the distance a person may walk on the Sabbath),[1] *according to the statement of Rabbi Moshe Hadarshan.* [The preceding material should be considered parenthetic. The following is Jacob's explanation of why he did not bury Rachel in the cave of Machpelah.]

You should not say that the rains prevented me from transporting her and burying her in Hebron, [for] *it was the dry season, when the earth is riddled and full of holes like a sieve* (כִּבְרָה).—[Rashi]

and I buried her there—*and I did not take her even to Bethlehem to bring her into the Land* (i.e., into the inhabited region of the Holy Land—[Sifthei Chachamim]), *and I know that you hold it against me; but you should know that I buried her there by divine command, so that she would be of assistance to her children. When Nebuzaradan exiles them* (the Israelites), *and they pass by there, Rachel will emerge from her grave and weep and beg mercy for* *them, as it is said: "A voice is heard on high, [lamentation, bitter weeping, Rachel is weeping for her children]"* (Jer. 31:14). *And the Holy One, blessed be He, answers her, "'There is reward for your work,' says the Lord,...'and the children shall return to their own border'"* (ibid. verses 15, 16) (*Pesikta Rabbathi* ch. 3). *Onkelos, however, renders* [כְּבְרַת-אֶרֶץ *as*] כְּרוּב אַרְעָא, [meaning:] *the measure of plowing in a day [Other editions:* [a measure of plowing] *of land], and I say that they* (people in Biblical times) *had a measurement called one full furrow, caruede in Old French,* [which is] *a land measure, plowed land, as we say: "He plows* (כָּרִיב) *and plows again"* (*B.M.* 107a); *"As much as a fox picks up* [on its feet] *from a plowed field* (מִבֵּי כַּרְבָּא)*"* (*Yoma* 43b).—[*Rashi*] [Thus, כְּבְרַת is derived from the same root as כְּרוּב, with the letters transposed.]

Be'er Basadeh explains: Based on *Rashi*'s belief that Rachel died *near* Ephrath (only 2,000 cubits away), and since the earth was dry (making travel easy), Jacob had no apparent reason to bury her on the road. Therefore, Jacob excused himself by telling Joseph that he buried Rachel there because of a divine command. According to *Onkelos*, however, she died *some distance* from the town of Ephrath. That itself was his reason for not bringing her into the inhabited part of the land (the journey was simply too long). *Rashi* places *Onkelos*'s translation and his interpretation of it at the end, after

the heading: **and I buried her there**, rather than under the heading **a stretch of land**, because *Rashi* believed that *Onkelos*'s translation is not relevant to his explanation for the burial.

8. **Then Israel saw Joseph's sons**—*He attempted to bless them, but the Shechinah withdrew from him because of Jeroboam and Ahab, who were destined to be born from Ephraim, and Jehu and his sons,* [who were destined to be born] *from Manasseh.*—[*Rashi* from *Tanchuma Vayechi* 6] [Jeroboam the son of Nebat, the first king of the Northern Kingdom, and Ahab the son of Omri were notorious idolaters.]

and he said, "Who are these?" —*Where did these come from* [meaning: From whom were they born]*, that they are unworthy of a blessing?*—[*Rashi* from *Tanchuma Vayechi* 6]

The *Midrash Tanchuma* reasons that the verse cannot be interpreted literally, because Jacob surely knew Ephraim and Manasseh. They had sat before him daily to learn Torah. Jacob's question was rather as *Rashi* interprets it below (on verse 9): Since the *Shechinah* had withdrawn from him and he could not bless them, he wanted to know their origin (whether they were born within a proper "Jewish" marriage).

Rashbam and *Ibn Ezra* ask how it is possible that Jacob saw them when the Torah informs us in verse 10 that Jacob could not see. They answer that he could make out their forms, but he could not recognize their faces.

יְהוֹן עַל שׁוּם אֲחֵיהוֹן יִתְקְרוּן בְּאַחְסַנְתְּהוֹן : ז וַאֲנָא דְבָעֵיתִי מִינָךְ לְמִקְבְּרִי עִם אֲבָהָתִי מִיתַת עֲלַי רָחֵל
בִּתְכֵיף בְּאַרְעָא דִכְנַעַן בְּאוֹרְחָא בְּעוֹד סוֹגְעֵי אַרְעָא לְמֵיעוֹל לְאֶפְרָת וְלָא יְכֵילִית לְסוֹבְרוּתַהּ לְמִקְבְּרָהּ
בִּמְעָרַת כְּפֵילְתָא וּקְבַרְתַּהּ תַּמָן בְּאוֹרַח אֶפְרָת הִיא בֵּית לָחֶם : ח וַחֲמָא יִשְׂרָאֵל יַת בְּנוֹי דְיוֹסֵף וַאֲמַר מַן
מַאן אִתְיְלִידוּ לָךְ אִלֵּין : ט וַאֲמַר יוֹסֵף לְאָבוּי בְּנַיי הִינוּן דִיהַב לִי מֵימְרָא דַיְיָ כְּדֵין כְּתָבָא דְעָלֶיהָ נְסֵיבִית

פי' יונתן

מהר"ם דהא מ"מ הורה לאיסור וכ"ש בנדון דידן לאחוז במילת אביו וק"ל : (ז) סוגעי ארעא כבר פרשנו בפרשת וישלח ועיין כאן ברש"י : לסוברותה פי' לשאת אותה כי ת"י של ישא סובר והוא פשוט : (ט) כדין כתבא דעלי' נסיבים וכו' כדפרש"י דייק מדשאל מי אלה משמע שהי' יעקב מסופק שמא לקח יוסף מצרים

בעל הטורים

יקראו. ב' במסורה הכא ואידך בניו יקראו על שבט הלוי כמו שבכאן נקראו בנחלתם על שם אחיהם שהיו להם ערי המגרש מכל

רשב"ם

יוסף שנולדו אחרי כן יקראו על שם אחיהם בנחלתם והיו בתי אבות כדכתיב בפרשת פנחס : (ז) ואני בבאי מפדן. באותו הדרך לאחר שברכני הקב"ה מתה רחל באותו הדרך בעוד הרבה דרך עד היישוב לכן קברתיה בדרך כי לא היה פנאי לקבורה אצל לאה במערת המכפלה ושלא יפשיעהו יוסף על אמו הוצרך לומר כן : (ח) וירא ישראל. אע"פ שכתוב לפנינו ולא יוכל לראות. יש רואה

רמב"ן

מקום אבל הענין איננו כמו שאמר הרב שארץ ישראל לשבטים נתחלקה שנים עשר חלקים שוים עשו ממנה ונטל שבט שמעון הממועט שבהם כשבט יהודה שמרובה באוכלוסין ונטלו אפרים ומנשה כראובן ושמעון בשוה וכך העלו בגמ' פ' יש נוחלין כתוב תתנחלו את הארץ לשני עשר שבטי ישראל ליוסף כפלים וכן אמר אונקלוס (על בנות צעדה עלי שור) תרין שבטין יפקון מבנוהי יקבלון חולקא ואחסנתא שיהיו שני' בקבלת הנחלה וטעם חולקא חלק בכור ואחסנתא ירושת הפשוט. ומה שאמר הכתוב לרב תרבה נחלתו ולמעט תמעיט לענין בתי אבות הנזכרים בפרשה דבר הכתוב שהשבט מחלק חלקו לבתי אבות של יוצאי מצרים ובית אב מרובה נותנין לו חלק גדול ובית אב ממועט נותנין לו חלק קטן ומתים יורשים החיים כמפורש בספרי ורש"י הזכירו בפרשת פנחס. והכלל בענין יוסף שהיה בכור לנחלה ואם חלקו ישראל הארץ לשבטים בשוה כמוזכר בגמרא נתנו לו כראובן ושמעון בשוה ואם אולי נאמר שחלקוהו לגלגלות' כנגלה מן הכתוב נתנו להם כפלים במספרם חלק פשוט כדין שאר האנשים וחלק שני בכורה לו ויתיה טעם כראובן ושמעון כפלים במספרם אבל שיהי' יוסף כשאר השבטים בנחלה ותהיה הבכורה להקרא שני שבטים כמאמר הרב זה דבר שאי אפשר בשום פנים : (ז) ואקברה שם. כתוב בפי' רש"י ולא הולכתי' אפי' לבית לחם להכניס' לארץ ולא ידעתי מהו וכי בחוצה לארץ נקברה חס ושלום שהרי בארץ מתה ושם נקבר' כמו שנא' כאן בפי' מתה עלי רחל בארץ כנען ושם כתוב עוד מפורש ויבא יעקב לוזה אשר בארץ כנען היא בית אל וכתיב ויסעו מבית אל ויהי עוד כברת הארץ לבא אפרתה ומתה בדרך בין בית אל ובין בית לחם בארץ ישראל וידעתי שיש בלבך עלי אבל דע לך שעל פי הדבור קברתיה שם שתהא לעזרה לבניה כשיגלם נבוזראדן והיו עוברים דרך שם יצאת על קברה ובקשה רחמים עליהם שנאמר קול ברמה נשמע רחל מבכה על בניה והקב"ה משיבה יש שכר לפעולתך וגו' ושבו בנים לגבולם ל' רש"י. וצריך על כל פנים שיהיה רמז במקרא לטעם הזה שאמר באגדה זו. ושמא זהו מה שאמר הכתוב מתה עלי רחל בדרך ואקברה שם בדרך כלומר בדרך אשר יעברו בה בניה מתה ושם קברתיה לטובתה כי היא לא מתה בדרך רק ברמה שהיא עיר בארץ בנימן ושם נקברה אבל בדרך של עתיד מתה והכתוב לא יפרש בעתידות רק ירמוז בהם. ועל דרך הפשט ג"כ אמר לו כן כמתנצל שלא יחר ליוסף בראות חפצו בקבורת המערה על שלא קבר אמו שם וכאשר קבר שם את לאה. ולכך אמר לו כי מתה בארץ כנען ולא נקברה בחוצה לארץ כאשר תהיה קבורת מצרים ליעקב ומתה בדרך בפתע פתאום ולא יכול לקברה שם כי איך יעזוב את בניו ואת מקנהו בדרך וילך מהרה עמה למערת המכפלה ואיה הרופאים והרפואות לחנט אותה וזה טעם עלי. ואף ע"פ שמערת המכפלה אינה רחוקה משם רק כחצי יום היה יעקב כבד מאד במקנה הגדול ובני בית ולא יגיעו שם רק בימים רבי' וכן עשה בדרך ההוא ימים רבי' עד בואו אל אביו ושנו חכמים ולא של נשים לעולם מפני הכבוד. ואני סבור שהיו אלו דברי התנצלות וגם יוסף יודע שמתה בדרך ונקבר' בארץ וכבוד עשה לה במותה. אבל הכוונה ליעקב שלא הוליך אותה

אור החיים

שפירשו ז"ל כי כונתו היה אע"פ שהטרחתיך להוליכני ליקבר בארץ כנען ולא כך עשיתי וכו' עד כאן לפי דבריהם לא כאן הוא מקום הדברים אלא למעלה כשאמר לו ונשאתני ממצרים וקברתני וגו' סמוך לזה היה לו לומר ואני בבואי וגו'. עוד מה כוונתו באומרו תיבת עלי. אכן לפי מה שפירשתי כי מודיעו שהבנים המובטח בהם שיצאו ממנו הם אלו נתכוון באומרו ואני בבואי וגו' כי הוא סיבה שלא יצאו ממנו ממש לצד שהוא גרם שתמות רחל והוא אומרו מתה עלי פירו' על סיבתי כאומר' ז"ל שהיה כדרו או לצד הקלל' שקלל באומרו עם אשר תמצא את אלהיך לא יחיה ואלו היתה קיימת רחל היו יוצאים ממנו ועכשיו יצאו מיוסף שהוא בחינת יעקב גם בחינת רחל. עוד אפש' שנתכוון יעקב לרצות את יוסף על אשר סיבב מיתת אמו קודם זמנה ואמר כי טעם אשר השיב ב' בניו כראובן ושמעון לצד כי מתה עליו רחל וקרב מיתתה וטעם מה שהצריך לומר עוד בעוד כברת ארץ וגו' נתכוון לומר מה שדרשו ז"ל שנתכוין לומר אע"פ שלא כן עשה לאמו וכו' :

וירא ישראל וגו'. קשה והלא י"ז שנה היו יושבים לפניו ללמוד תורה ואיך שואל עליהם ורז"ל אמרו כי ראה בהם ראיי' שכליית שעתיד לצאת מהם רשעים וזה דרך דרש וצריך לפרש הכתוב כפי פשוטו והוא כי גילה לנו הכתוב שיעקב כבדו עיניו מזוקן שלא היה יכול לראות ולהכיר ולצד זה הגם שרא' ב' בני אדם עומדים לפניו לבד יוסף שעמו היה מדבר והכירו לצד שהודיעוהו שאמרו לו הנה בנך יוסף כאמור למעלה והבנים לא הכיר' לזה שאל שאל עליהם מי אלה. עוד אפשר שנתכוון יעקב לעורר אהבת האב על הבן קודם שיברכ' כדי שתהיה הברכ' בתגבור' האהב' והחיבה

כלי יקר

השבטים לפי שלשון קהל מורה על היות הרבה אנשים נקהלים למקום אחד ובמקום שיש הקהל הגדול העין הרע מלוי בו ביותר ע"כ נמנעים מלהקהל חוץ משבט יוסף שאין הקהל מזיק להם לפי שאין העין הרע מזיק להם כמו שלמדו מן פסוק בן פרת יוסף בן פרת עלי עין קרי ביה עולי עין ומהרי"א פירש שעשה סי' מן הנני מפרך על אפרים שיהיה גם הוא לראש כי מנשה שבכור היה בלאו הכי לראש שבט ולא הולרך לבקש סי' כ"א על אפרים גם הביא סימן על זה שקרה מקרה שנקברה רחל בדרך אפרת כי אפרת מורה על שם אפרים וסימנא מילתא היא שגם אפרים יהיה לראש שבט :

בני הם אשר נתן לי אלהים בזה. נקט בזה לפי ששאלו מי אלה שאינן ראוין לברכה כי אמר מבטן מי יצאו אלה ר"ל שיאמרו אלה אלהיך על העגל שעשה ירבעם. והשיב יוסף בני הם מ"מ הם בני ומלדי הם ראוין לברכה ומה שיצאו מהם אחאב וירבעם לפי שנתן לי אלהים אותם בזה פה במצרים ואמם מצרית בת פוטיפרע כהן און דהיינו כהן לע"ז ע"כ יצאו ממנה לעתיד בנים כאלו עובדי ע"ז אבל מלדי ראוים הם לברכה דאל"כ למה ברך ה' את יצחק והלא יצאו ממנו עשו ויעקב מלד שהית' רבקה בת בתואל הארמי אלא ודאי שאין הקב"ה חושש אל זרע המקולקל וברכו בעבור

ספורנו

אפרים : (ז) ואני. שמא תאמר כשאמר אלי האל יתברך ונתתיך לקהל עמים היתה הכוונה שאוליד עוד בנים אלא שגרם החטא זהלא יתכן : כי בבואי מפדן. כשנגלה אלי אז האל יתברך : מתה עלי רחל. כאמר' רז"ל אין אשה מתה אלא לבעלה : בדרך בעוד כברת ארץ לבא אפרתה. תכף כשנסעתי מאותו המקום שהיה דבר האל יתברך אלי בעודי בדרך אפרת. וכל כך גברת עלי טרדתי ואבלותי שלא עצרתי כח להוליכ' לבית קברות בית לחם ואין ספק כי מאז היה לבי חלל בקרבי ולא שלט עוד בי יצר הרע ונחלשה תאותי ולא נשאר בי כח להוליד בנים : (ח) וירא ישראל את בני יוסף. ראה שהם בני אדם אבל לא הכיר מי הם : (ט) בני הם

הֵם אֲשֶׁר־נָתַן־לִי אֱלֹהִים בָּזֶה
וַיֹּאמַר קָחֶם־נָא אֵלַי וַאֲבָרְכֵם׃ שני
י וְעֵינֵי יִשְׂרָאֵל כָּבְדוּ מִזֹּקֶן לֹא יוּכַל
לִרְאוֹת וַיַּגֵּשׁ אֹתָם אֵלָיו וַיִּשַּׁק לָהֶם
וַיְחַבֵּק לָהֶם׃ יא וַיֹּאמֶר יִשְׂרָאֵל אֶל־
יוֹסֵף רְאֹה פָנֶיךָ לֹא פִלָּלְתִּי וְהִנֵּה
הֶרְאָה אֹתִי אֱלֹהִים גַּם אֶת־זַרְעֶךָ׃
יב וַיּוֹצֵא יוֹסֵף אֹתָם מֵעִם בִּרְכָּיו
וַיִּשְׁתַּחוּ לְאַפָּיו אָרְצָה׃ יג וַיִּקַּח יוֹסֵף
אֶת־שְׁנֵיהֶם אֶת־אֶפְרַיִם בִּימִינוֹ
מִשְּׂמֹאל יִשְׂרָאֵל וְאֶת־מְנַשֶּׁה
בִשְׂמֹאלוֹ מִימִין יִשְׂרָאֵל וַיַּגֵּשׁ אֵלָיו׃
יד וַיִּשְׁלַח יִשְׂרָאֵל אֶת־יְמִינוֹ וַיָּשֶׁת
עַל־רֹאשׁ אֶפְרַיִם וְהוּא הַצָּעִיר וְאֶת־
שְׂמֹאלוֹ עַל־רֹאשׁ מְנַשֶּׁה שִׂכֵּל אֶת־
יָדָיו כִּי מְנַשֶּׁה הַבְּכוֹר׃ טו וַיְבָרֶךְ אֶת־

אונקלוס

בְּנַי אִינוּן דִּי יְהַב לִי יְיָ
הָכָא וַאֲמַר קָרֵיבִינוּן כְּעַן
לְוָתִי וַאֲבָרְכִינוּן׃ י וְעֵינֵי
יִשְׂרָאֵל יְקָרָן מִסֵּיבוּ
לָא יָכִיל לְמֶחֱזֵי וְקָרֵיב
יָתְהוֹן לְוָתֵיהּ וּנְשֵׁיק לְהוֹן
וְגַפֵּיף לְהוֹן׃ יא וַאֲמַר
יִשְׂרָאֵל לְיוֹסֵף לְמֶחֱזֵי
אַפָּךְ לָא סְבָרִית וְהָא
אַחֲזֵי יָתִי יְיָ אַף יַת בְּנָךְ׃
יב וְאַפֵּיק יוֹסֵף יָתְהוֹן מִן
קֳדָמוֹהִי וּסְגִיד עַל אַפּוֹהִי
עַל אַרְעָא׃ יג וּדְבַר
יוֹסֵף יַת תַּרְוֵיהוֹן יַת
אֶפְרַיִם בִּימִינֵיהּ
מִסְּמָאלָא דְיִשְׂרָאֵל וְיַת
מְנַשֶּׁה בִּסְמָאלֵיהּ
מִימִינָא דְיִשְׂרָאֵל וְקָרֵיב
לְוָתֵיהּ׃ יד וְאוֹשֵׁיט
יִשְׂרָאֵל יַת יְמִינֵיהּ וְשַׁוִּי
עַל רֵישָׁא דְאֶפְרַיִם וְהוּא
זְעֵירָא וְיַת סְמָאלֵיהּ עַל
רֵישָׁא דִמְנַשֶּׁה אַחְכְּמִינוּן
לִידוֹהִי אֲרֵי מְנַשֶּׁה
בּוּכְרָא׃ טו וּבָרֵיךְ יַת

תו"א ועיני ישראל יומא נח: שכל את מנחות לו:

רש"י

י הראה לו שטר אירוסין ושטר כתובה. ובקש יוסף רחמים על הדבר ונחה עליו רוח הקודש: ויאמר קחם נא אלי ואברכם. זהו שאמר הכתוב [הושע יא] ואנכי תרגלתי לאפרים קחם על זרועותיו. תרגלתי רוחי ביעקב בשביל אפרים עד שלקחן על זרועותיו: (יא) לא פללתי. לא מלאני לבי לחשוב מחשבה שאראה פניך ב עוד. פללתי. ל' מחשבה כמו (ישעיה טז) הביאי עצה עשי פלילה: (יב) ויוצא יוסף אתם. לאחר שנשקם הוציאם יוסף מעם ברכיו כדי ליטלם זה לימין וזה לשמאל לסמוך ידיו עליהם ולברכם: וישתחו לאפיו. כשחזר לאחוריו ל מלפני אביו: (יג) את אפרים בימינו משמאל ישראל. הבא לקראת חברו ימינו כנגד שמאל חברו וכיון שהוא הבכור מיומן לברכה: (יד) שכל את ידיו. כתרגומו אחכמינון בהשכל וחכמה השכיל את ידיו לכך ומדעת כי יודע היה כי מנשה הבכור

שפתי חכמים

כתיב ועיני ישראל כבדו מזוקן לא יוכל לראות ועז"פ בקש לברכם וכו' וע"כ קשה ויראה ברוה"ק קאמר כמו וירא יעקב כי יש שבר במצרים: י וקשה למה הראה לו שטר אירוסין ואח"כ בקש רחמים ולמה לא עשה להיפך וי"ל שמתחלה היה סבור דמ"ה אינו רוצה לברך אותם משום שסובר שאינם בני קידושין והם ממזרים לכך הראה לו שטר וכו' שאינם ממזרים וכיון שראה שעדיין לא בירך אותם אמר בודאי נסתלק ממנו רוה"ק ובקש רחמים. מהרש"ל: כ דק"ל פשיטא כיון שסבור שטרוף טורף איך יחשוב מחשבה לראות אותו ועז"פ לא מלאני לבי כלו' לא עלתה על דעתי מחשבה אחרת ולומר שמא לא נטרף ואראה אותך חי: ל [נח"י] נ"ל דאזיל לטעמיה שפי' בפ' מקץ דכל השתחואה שבמקרא הוא פשוט ידים ורגלים וממילא בעודו עומד

אור החיים

ולזה שאל מי אלה כדי שישמע מפי בנו החביב אצלו לו' בני הם ויהמו מעיו להם והוא סוד מדי דברי בו וגו' רחם ארחמנו וגו':

אשר נתן לי וגו'. דרך הצדיקים כשזוכרים הטוב אשר הגיעם חולקים כבוד לה' כי הוא הנותן כאומרו הילדים אשר חנן אלהים וגו' ואו' בזה כפי הפשט כי אפי' בימי גלותו בארץ נכריה חננו ה' גם רמז למאמרם ז"ל כי עתיד היה יוסף להוליד י"ב שבטי' וע"י מעשה אשת פוטיפר נזובו מבין צפורני ידיו י' טיפות ולא נשארו אלא ב' והוא שרמז באומרו בזה זה בגי' י"ב במקום י"ב נתנו לו אלהים ב'

ודקדק

whom God gave me here." So he said, "Now bring them near to
me, so that I may bless them." 10. Now Israel's eyes had become
heavy with age, [to the extent that] he could not see. So he drew
them near to him, and he kissed them and embraced them. 11. And
Israel said to Joseph, "I had not expected to see [even] *your* face,
and behold, God has shown me your children too." 12. And Joseph
took them out from upon his [Jacob's] knees, and he prostrated
himself to the ground. 13. And Joseph took them both, Ephraim at
his right, from Israel's left, and Manasseh at his left, from Israel's
right, and he brought [them] near to him. 14. But Israel stretched
out his right hand and placed [it] on Ephraim's head, although he
was the younger, and his left hand [he placed] on Manasseh's
head. He guided his hands deliberately, for Manasseh was the
firstborn. 15. And he blessed

9. **here**—Heb. בָּזֶה, lit., *in this*, or
with this. He (Joseph) *showed him*
(Jacob) *the document of betrothal
and the kethubah, and Joseph prayed
for mercy concerning the matter, and
the Holy Spirit* [returned and] *rested
upon him* (Jacob).—[*Rashi* from
Kallah Rabbathi 3:19]

At first, Joseph thought that his
father refused to bless his sons because
he feared they were illegitimate. He
therefore showed Jacob his marriage
documents. When Jacob still did not
bless them, Joseph realized that the
Shechinah had withdrawn from him,
and thus he prayed for its restora-
tion.—[*Maharshal*, quoted by *Sifthei
Chachamim*]

Targum Jonathan ben Uzziel
paraphrases: These are my sons,
whom the Word of God has given me
with this writ, with which I married
Asenath, the daughter of your
daughter Dinah.

Onkelos renders: here. *Rashbam*,
following *Onkelos*, explains בָּזֶה to
mean: in this kingdom. [This follows
Rashbam's interpretation of Jacob's
question, namely that he did not
recognize Joseph's sons and asked
him who they were; Joseph replied
that they were his sons born to him in
Egypt.]

Ramban explains בָּזֶה as: in this
manner, as you said, "until I came to
you" (verse 5), and they are the ones
concerning whom you said, "they are
mine" (ibid.).

**So he said, "Now bring them
near to me, so that I may bless
them."**—*This is what Scripture* [is
referring to when it] *states: "And I*
(the Holy One) *trained it into
Ephraim; he took them on his arms"*
(Hosea 11:3). *I trained My spirit into
Jacob for Ephraim's sake, and he
took them upon his arms.*—[*Rashi*
from *Tanchuma Vayechi* 7]

11. **I had not expected**—Heb. לֹא פִלָּלְתִּי. *I dared not entertain the thought that I would see your face again.* פִלָּלְתִּי *is a word meaning thought, similar to "Bring counsel, deliberate thought* (פְּלִילָה)*"* (Isa. 16:3).—[*Rashi*]

12. **And Joseph took them out from upon his [Jacob's] knees**—*After he* (Jacob) *had kissed them, Joseph took them off his* (Jacob's) *knees to sit them down, this one to the right and this one to the left,* [to make it easier for his father] *to lay his hands upon them and bless them.*—[*Rashi*]

Jacob was sitting on the bed, and Ephraim and Manasseh were sitting on his knees. Therefore, Joseph lifted them from Jacob's knees.—[*Ibn Ezra*]

and he prostrated himself to the ground—*when he moved backward from before his father.*—[*Rashi*] *He did this in honor of his father.*—[*Rashi*, Guadalajara ed.]

13. **And Joseph took them both**—He had actually done this before he took them off his father's knees, after Jacob had kissed them; hence, this verse belongs after verse 9.—[*Ibn Ezra* as explained by *Yahel Ohr*]

Ephraim at his right, from Israel's left—*If one comes toward his friend, his right is opposite his friend's left. Since he* (Manasseh) *is the firstborn, he should be placed on the right for the blessing.*—[*Rashi* from *Pesikta Rabbathi* ch. 3]

14. **He guided his hands deliberately**—Heb. שִׂכֵּל. *As the Targum renders:* אַחְכְּמִנּוּן, *he put wisdom into them. Deliberately and with wisdom, he guided his hands for that purpose,* and with knowledge, for he knew [full well] *that Manasseh was the firstborn, but he nevertheless did not place his right hand upon him.*—[*Rashi*]

Ibn Ezra too explains that it was as though his hands understood what he wanted to do. He differs from *Rashi* in that he renders כִּי מְנַשֶּׁה הַבְּכוֹר as: *although* Manasseh was the firstborn.

The *targumim* render: He switched his hands. *Rashbam* renders: He moved his hands with apparent foolishness, for Manasseh was the firstborn. He derives שִׂכֵּל from שָׂכָל, identical with סָכָל, *fool.*

15. **And he blessed Joseph**—Out of love for Joseph, he wished to bless him. In order to bless him, he blessed his sons. [People derive the greatest pleasure when they have, colloquially, *nachas fun die kinder*, gratification from their children.]

Since Jacob did not bless any other children of Joseph, this indicates that Joseph had no other children, and the only blessing he received was through the blessing of these youths. It is also possible that his other sons were called by the name of their brothers, as in verse 6, and thus were included in their blessing.—[*Ramban*]

Ramban prefers the latter interpretation because Jacob prophesied that Joseph would have other children, who would be counted in the tribes of their brothers, and his words could not have been in vain. As stated above (on verse 6), these other sons did not become significant, and it was therefore

ית אסנת ברת דינה ברתך לאינתו ואמר קרבינון כדון לותי ואיבריכינון: י ועיני ישראל יקרן מן סיבו
ולא יכיל למיחמי וקריב יתהון לותיה ונשק להון וגפיף להון: יא ואמר ישראל ליוסף מיחמי סבר אפך
לא חשיבית והא אחמי יתי יי אוף ית בנך: יב ואפיק יוסף יתהון מלות רכובוי וסגיד על אפוי על
ארעא: יג ודבר יוסף ית תרויהום ית אפרים מן צטר ימיניה דהוא שמאליה דישראל וית מנשה מן צטר
שמאליה דהוא ימינא דישראל וקריב לותיה: יד ואושיט ישראל ית ימיניה ושוי על רישא דאפרים
והוא זעירא וית שמאליה על רישא דמנשה פרג ית ידוי ארום מנשה בוכרא: יד פרג ית ידוי:
טו ובריך ית יוסף ואמר יי די פלחו אבהתי קדמוי אברהם ויצחק יי דאיזן יתי מדאיתני עד יומא הדין:

פי' יונתן

והוליד בנים עמה ואינם ראוים לברכה לכן הוצרך להשיב יחוסם ושמם מאסנת בת דינה וכתב אלה בגוארה כל מי שדבק בזו הרי זה מזרע יעקב: (יג) לטר כמו סטר: (יד) פרג ית ידוי ארום מנשה הרגוס של לא ימיר לא יפרג וכן כאן פי' החליף את ידיו ומפרש כי ארום ולא כרש"י שמפרשו בלשון א"פ ולדידיה

בעל הטורים

שבטי ישראל: קחם נא אלי ואברכם. קחם לית וחד קחם בקמ"ץ תרגלתי לאפרים קחם פי' תרגלתי לאפרים השריתי שכינתי עמו בשביל אפרים אימתי בשעה שנתברך מפי יעקב וקחם על זרועו שנאמר קחם נא אלי ואברכם: מזקן. כתיב חסר ע"ש ויהי כי זקן יצחק ותכהין עיניו מראות כשם שרימה יעקב לאביו בברכתו כשכהו עיניו כך עשה לו בנו בברכו אותם שהחליף לו יוסף מנשה באפרים: והוא הצעיר. בגי' הוא הקטין עצמו לכך זכה ויצא ממנו

רשב"ם

דמות אדם ואין מכיר דמות פניו. וכן לא יראני האדם וכתיב ראיתי (נ"א ואראה) את ה': (ט) בזה. במלכות הזאת: (יא) ראה. כמו ראות וכן עשת ביום חזה: לא פללתי לא דנתי בלבי כל פילל לשון דין וכן ויעמוד פנחס ויפלל עשה נקמה. כדכתיב ויקם מתוך העדה ויקח רומח בידו וגו' לשון נקמת דין: (יג) את אפרים בימינו. להושיבו אצל שמאלו של ישראל: (יד) שכל את ידיו. כמו שכל שהוא לשון אדם מעוקם ונפתל: כי מנשה הבכור. יודע היה יעקב שיוסף בנו הביאם שיהא מנשה ליכינו של יעקב ואפרים לשמאלו והוא רצה לתת ימינו על ראש הצעיר ושמאלו על ראש הבכור: (טו) ויברך

דעת זקנים מבעלי התוספות

(יב) ויוצא יוסף אותם מעם ברכיו. לפי שהיו דבוקים לו כשחבקן ונשקן ועכשיו רצה יוסף לסדר כדי שיניח ידו עליה' לכך הוצרך להוציא' מעם ברכיו ולהרחיק' מעט לשום אותם האחד לידו האחת והאחר לידו האחרת: (יד) שכל את ידיו. פי' מתוך מעשה ידיו של יוסף שנתן מנשה לשמאלו שהוא ימין ישראל שכל יעקב את ידיו כי מנשה הבכור ואעפ"כ שם ימינו על ראש אפרים ודומה לו לה' אלהינו הרחמים

אבן עזרא

לראות היטב שיכירם: (יב) ויוצא יוסף אותם מעם ברכיו. מאוחר צריך להיות. וטעם מעם ברכיו כי הוא יושב על המטה. וטעם לא פללתי. לא דנתי בלבי. מגזרת פלילים: (יג) ויקח יוסף. וכבר לקח וכבר הראיתיך רבים כאלה: (יד) שכל את ידיו. כאלו ידיו השכילו מה שהוא רוצה לעשו': כי מנשה הבכור. אע"פ שמנשה הוא הבכור. וכן כי עם קשה עורף ורבי' כן. וטעם המלאך הגואל אותי תמצ' בפרשת

רמב"ן

למערה כדי שלא יקביר שם שתי אחיות כי יבוש מאבותיו ולאה היא הנשאת לו ראשונ' בהיתר ורחל באהבתו אותה בנדר אשר נדר לה לקחה: (ט) אשר נתן לי אלהי' בזה. לא היה יוסף צריך להודיע לאביו כי במצרים נולדו לו שהרי כשפירש ממנו לא הי' לו אשה ובנים והוא אמר לו כבר שני בניך הנולדים לך בארץ מצרים. ונראה לי כי פי' הזה בענין הזה שאמרת שנתנם לי השם קודם בואך אלי מצרימה והם אשר אמרת עליהם שהם לך. וכן ובזה הנערה באה אל המלך. ואמר נתן לי אלהים שעשה לי השם נסים עד שנתן לי המלך האשה והיו לי הבנים האלה ממנה: (טו) ויברך את יוסף ויאמר. הטעם כי לברך את יוסף באהבתו אותו ברך את בניו ויגיד כי לא הי' ליוסף זרע אחר והיתה כל ברכתו בברכת אלה הנערים. או שיקראו שאר בניו על שם אחיהם

אור החיים

ודקדק לו' אלהים שיורה על המשפט:

ועיני ישראל וגו'. צריך לדעת למה כתיב הודע' זו במקום זה ומה קשר ושייכות לדבר זה עם הסמוך לו וישק להם ויחבק להם. עוד צריך לדעת אומרו להם שהיל"ל וישק אותם ואולי ששני דקדוקי' אלו כל א' מתורלת בחברת' כי לצד שכבדו עיניו מזוקן היה מחבק שלא במקום החיבוק ומנשק שלא במקום הנישוק ולזה אמר להם ולא אמר אותם והבן:

שכל את ידיו כי וגו'. אמר תיבת כי והוא טעם להפך יש שפי' עז"ה כי מנשה הבכור ואף עפ"כ וגומר והנכון בעיני הוא לפי מה שקדם הכ' להודיע כי עיני ישראל כבדו מזוקן לא יוכל להכיר מי הוא הבכור ומי הוא הצעיר לזה כשרצה לברך דן בדעתו כי המסדר יסדרם בדרך מוסרי לעשות הבכור לימינו של המברך ובזה ידע מקום כל אחד מהם ועשה מה שעלה על מחשבתו עשות וזה הוא שיעור הכ' שכל את ידיו וא"ת מנין ידע והכיר מקומו של כל אחד לזה אמר כי מנשה הבכור ומזה ידע כי אותו יהי' לימין ולזה שכל ידיו:

ויברך את יוסף. לא ראינו ברכה ליוסף כאן ורמב"ן פי' כי ברכת הבנים היא ברכת יוסף וכו' ואין הדעת נוחה

אבי עזר

(יד) (שכל את ידיו וגו'). כיון שמלת את מורה על הפעול וגם בנין פועל רגיל לבאת. לכן מפרש הרב כאילו ידיו וכו':

כלי יקר

זרע הקדוש הראוי לברכ' כך תברכם גם אתה שהרי מלדי ראוים הם לברכ' כי באשר הוא שם כולם זרע ברך ה': ויאמר קחם נא אלי. נקט לשון אלי להורות שראוי ללמוד ממני שהרי בעבורי נתברך אבי ולא חם הקב"ה אל עשו ור"ל יהיו המתברכים כמוני לפיכך קחם אלי. ובמלת נא הורה על הזמן ההוה כמו הנה נא ידעתי שפירושו לשון עתה. ור"ל הנני מברכם כפי הזמן של עכשיו שהרי עכשיו כולם לדיקים ולא אחוש אל העתיד: ויברכם ביום ההוא לאמר. כפי מה שהיו ביום ההוא ולא היה חושש אל העתיד מה שיבא מזרעם כי אין דנין את האדם כ"א לפי מעשיו של עכשיו. ד"א נקט אלי לומר הכי הם מתיחסים אלי כי משפחת האב עיקר אבל משפחת האם אינה קרויה משפחה:

שכל את ידיו כי מנשה הבכור. יש מקשים למה שתק יוסף עד אחר שבירך אותם ואח"כ ויתמוך יד אביו להסיר אותה מעל ראש אפרים למה לא עשה זה קודם שברכם. אולי לפי שיוסף חשב שהשמאל חשוב מן הימין לפי שהלב מקור השכל מונח ביד שמאל והכבד מקור הנפש המתאוה שבימין וחשב יוסף לפי שמנשה הבכור ע"כ רוצה לברכו בברכות שכליות ליתן לו המדע והחכמה ביתר שאת ואת אפרים רוצה לברך בברכות גשמיות. ואחר שבירך ברכה אחת לשניהם אז ראה יוסף שלא זו הדרך ולא נתכוין אביו לזה ואולי טעה בין בכור לפשוט או לא ידע בין ימין לשמאל ע"כ וירע בעיניו ויאמר לא כן אבי. ויש מקשים וכי לא ראה שאביו שכל את ידיו בכוונה ובוודאי ידע את אשר עשה ולמה ירע בעיני יוסף והיה לו לשאול לאביו על מה זה

ספורנו

הם אשר נתן לי אלהים בזה. בני הם ולא בני בני אבל הם אותם הבנים אשר נתן לי אלהים בזה בעודי לבדי פה כאמרך הנולדים לך בארץ מצרים עד בואי אליך מצרימה ואמרת ליהם: (י) לא יוכל לראות. היטב כדי שתחול עליו ברכתו בראותו אותם כענין אשר תראנו משם. וכענין ויראהו ה' את כל הארץ כדי שיברך אותם. וכן באלישע ויפן אחריו ויראם: וישק להם ויחבק להם. כדי שתדבק נפשו בהם ותחול עליהם ברכתו: (יא) גם את זרעך. ועליהם אמר קהל עמים וזה אמר אלי כשברכני בירושת הארץ כאמרו למעלה ויברך אותי א"כ ראוי שאותה הברכה תחול עליהם ולכך ברך אז את יוסף ואת בניו: (יב) מעם ברכיו. של אביו שחבק אותם: (יד) שכל את ידיו. השכיל והבין במשוש ידיו בלא ראות: (טו) ויברך את יוסף. ולא הוצרך בזה לראיה ולא לחבוק ולא לנשיקה ולא הזכיר מה היתה הברכה: ויאמר. אחר שברך

יוסף ויאמר האלהים אשר התהלכו
אבתי לפניו אברהם ויצחק
האלהים הרעה אתי מעודי עד-
היום הזה: טז המלאך הגאל אתי
מכל-רע יברך את-הנערים ויקרא
בהם שמי ושם אבתי אברהם
ויצחק וידגו לרב בקרב הארץ:
שלישי יז וירא יוסף כי-ישית אביו יד-
ימינו על-ראש אפרים וירע בעיניו
ויתמך יד-אביו להסיר אתה מעל
ראש-אפרים על-ראש מנשה:
יח ויאמר יוסף אל-אביו לא-כן אבי

אונקלוס

יוסף ואמר יי די פלחו
אבהתי קדמוהי אברהם
ויצחק יי דזן יתי
מדאיתני עד יומא הדין:
טז מלאכא די פרק יתי
מכל בישא יברך ית
עולימיא ויתקרי בהון
שמי ושום אבהתי
אברהם ויצחק וכנוני
ימא יסגון בגו בני
אנשא על ארעא:
יז וחזא יוסף ארי שוי
אבוהי יד ימיניה על
רישא דאפרים ובאיש
בעינוהי וסעד ידא
דאבוהי לאעדאה יתה
מעל רישא דאפרים
לאנחותה על רישא
דמנשה: יח ואמר יוסף

תו"א האלהים פסחים קיח: המלאך שם: וידגו לרב ברכות כ סוטה לו מציעא פד בתרא קיח וירא יוסף מנחות לג:

שפתי חכמים

לפני אביו לא היה יכול להשתטח אלא ודאי כשחזר וכו': מ דק"ל דלל כי שבמקרא היא נתינת טעם אלמעלה ולפי' התרגום דמפרש שכל ל' חכמה אין זה נתינת טעם ועז"פ אע"פ כלומר אע"פ שהיה יודע כי מנשה הבכור וכו' והיינו חכמה כמו שמפ' הפסוק בסמוך כי יודע וכו'. וכתב מהרש"ל רבים פירשו כי כמו אע"פ אבל אין נ"ל אלא כך הוא המיבור שכל את ידיו ונתן טעם למה שכל ולמה לא אמר לו שיהפוך שיעמיד אפרים מימינו: מנשה משמאלו כי מנשה הבכור ר"ל בשביל שהי' מנשה הבכור לא היה רוצה לביים אותו: נ שאין למלאך כח לגאול שום אדם בלא רשו' הקב"ה: ס הולכך לפרש זה שלא תאמר דע"כ לאו מנשה ואפרים הוא דהא כתיב בסמוך ויברכם ביום ההוא וגו' ומה לריך לו לברך פעם אחרת וה"א דנערים הם בנים קטנים של יוסף לכ"פ דעכ"ז ע"כ מנשה ואפרים הם דהא לא היו לו בנים אחרים והא דבירך אותם ב"פ י"ל דהכא כתיב ויברך את יוסף וכלל אותם בברכתו של יוסף אבל לא בירך אותם בפ"ע ואח"כ ייחס להם ברכה בפ"ע (קל"מ). ולענ"ד נראה מפני שבכתוב הנערים בה"א הידיע' הנזכרים לעיל ולא נזכרו כי אם מנשה ואפרים גם לא נולד ליוסף שאר נערים דהא פי' לעיל אשר הולדת הם תלד:

רש"י

ואעפ"כ מ לא שת ימינו עליו: (טז) המלאך הגאל אתי. מלאך הרגיל להשתלח נ אלי בצרתי כענין שנא' ויאמר אלי מלאך האלהים בחלום יעקב וגו' אנכי האל בית אל: יברך את הנערים. מנשה ס ואפרים: וידגו. כדגים הללו שפרים ורבים ואין עין הרע שולטת בהם: (יז) ויתמך יד

רמב"ן

ומברכתם יבורכו גם הם והוא הנכון בעיני. כי הנביא אמר ומולדתך אשר הולדת אחריה' לך יהיו ודברו לא יהיה לריק אבל הוליד אחרי כן בנים כדעת אונקלוס שאמר ובנין דתוליד בתריהון. ויהיה אשר הולדת עבר במקו' עתיד כמו אשר לקחתי מיד האמורי ורבים מלבדו כי על דרך הפשט יראה שכבר היו לו בנים שהוליד אחרי בואו אליו מצרים' ממה שהוצרך להאריך ולא אמר ועתה שני בניך הנולדים לך אפרים ומנשה כראובן ושמעון יהיו לי ומולדתך אשר תוליד לך יהיו. וזה טעם מה שאמר וליוסף יולד שני בנים בטרם תבא שנת הרעב כי אחרי הרעב נולדו לו עוד בנים אחרים והכתוב לא יזכיר אותם כי אין בהם צורך: האלהים אשר התהלכו אבתי לפניו אברהם ויצחק. יקרא הנביא אל אלהי אבותיו אשר לו הגדולה והגבורה ועשה עמהם את הגדולות ואת הנוראות ויקרא לאלהי האמת אשר הוא רועה אותו מעודו. ויתכן שיהיה הרועה אותי מגזרת רעך וריע אביך אל תעזוב כי במדה ההיא שלום ורעות והמלאך הגואל הוא העונה אותו בעת צרתו ושאמר לו אנכי האל בית אל והוא שנאמר עליו כי שמי בקרבו ולכך אמר בקרב הארץ והרי זה מבואר למשכיל ואל יקשה עליו מעודי עד היום הזה עם מה שכתבנו בפסוק ויזבח זבחים לאלהי אביו יצחק כי מעודו ינחהו בדרך אמת אבל לא נתיחד לו המדה עד שובו לארץ אבותיו מפני היותו בחוצה לארץ גם בעבור

אבן עזרא

ואלה שמות: (טז) ויקרא בהם שמי. כי הנה כל ישראל יקראו אפרים. גם יוסף. גם אמר הכתוב רחל מבכה על בניה. כי היא היתה עקר מחשבתו. על כן אמר הכתוב בני רחל אשת יעקב. וכאשר ילדה רחל מיד אמר ללבן שלחני גם נתן לו הבכורה כי הוא ראשית מחשבתו. ואחר שלא היה ראובן ראוי לבכורה היה יוסף שהוא פטר רחם. ולא דן וגד כי הם בני השפחות. והימין נכבד מהשמאל ויותר תקיף:

ספורנו

שברך את יוסף: האלהים אשר התהלכו אבותי לפניו. אתה אלהי' אשר אתה הוא שהתהלכו אבותי לפני' עשה בזכותם: האלהים הרועה אותי. אתה שעשית עמדי חסד: (טז) המלאך הגואל אותי מכל רע יברך. צוה שהמלאך הגואל אותי יברך את הנערים אם אינם ראוים לברכתך בלתי אמצעי: ויקרא בהם שמי ושם אבותי אברהם ויצחק. לא שם תרח ונחור כי הצדיקים לא יקרא עליהם שם אבותיהם הרשעים וכן בהיפך כאמרו רז"ל (סנהדרין פרק אלו הן הנחנקין) דקרינן לרשיעא אפילו בר צדיקא רשיעא בר רשיעא שלא יתיחס לאביו הצדיק אבל יתיחס לאיזה מאבותיו הרשעים ולכן התפלל עליהם שיהיו מוכנים ונעזרים לעבודת האל

יתברך

Joseph and said, "God, before Whom my fathers, Abraham and Isaac, walked, God Who sustained me as long as I am alive, until this day, 16. may the angel who redeemed me from all harm bless the youths, and may they be called by my name and the name of my fathers, Abraham and Isaac, and may they multiply abundantly like fish, in the midst of the land." 17. And Joseph saw that his father was placing his right hand on Ephraim's head, and it displeased him. So he held up his father's hand to remove it from upon Ephraim's head [to place it] on Manasseh's head. 18. And Joseph said to his father, "Not so, Father,

unnecessary to mention them.

Ohr Hachayim disagrees with *Ramban*. He argues that Jacob could have blessed Joseph with matters relevant to him personally. He concludes therefore that Jacob blessed Joseph that he himself would always enjoy a blessed existence. Alternatively, this verse alludes to the Rabbinic maxim that the "key" of blessings was in the hands of Abraham, who gave it over to Isaac, who, in turn, transferred it to Jacob. The Torah reveals here that Jacob bequeathed the "key" of blessings to Joseph, i.e., the power to bestow blessings upon people.

God, before Whom my fathers, Abraham and Isaac, walked—First Jacob invokes the God of his fathers, Who has the greatness and the power to perform many awesome wonders for him. Then he invokes Him as the God of truth, Who has been his shepherd all his life. This expression, הָרֹעֶה אֹתִי, may also mean: He was friendly toward me. This denotes peace and friendship.—[*Ramban*]

16. the angel who redeemed me

—*The angel who was usually sent to me in my distress, as the matter is stated: "And an angel of God said to me in a dream, 'Jacob!...I am the God of Bethel'"* (Gen. 31:11-13).— [*Rashi* after *Targum Jonathan ben Uzziel*]

Rashi emphasizes that the angel was sent by God, for no angel has the power or the right to do anything without being sent on his mission by God.—[*Sifthei Chachamim*]

bless the youths—Manasseh and Ephraim.—[*Rashi*]

and may they be called by my name—*Ibn Ezra* writes that all Israel is called by the name of Ephraim (Jer. 31:19) and Joseph (Ps. 80:2), just as they are known as the seed of Abraham, Isaac, and Jacob. *Ramban*, however, disagrees, because the Torah says, "and may *they* be called," in the plural, yet we never find that Israel is called Manasseh. Therefore, he concludes that Jacob blessed them that their descendants would exist eternally, so that they would always be called the seed of Abraham, Isaac, and Jacob.

and may they multiply...like fish—[Just] *like fish, which proliferate and multiply, and are unaffected by the evil eye.*—[*Rashi* from *Onkelos* and *Gen. Rabbah* 97:3]

in the midst of the land—He should have said, "and may they multiply abundantly like fish, in the land." What is the meaning of "in the midst of the land"? It appears that this may be explained along the lines of the Rabbinic maxim in *Sotah* 11b. Here it is written that not long after the Pharaoh had issued a decree that all the newborn Hebrew children be killed, he sent soldiers to find them, and a miracle was wrought for the infants—they were swallowed up in the earth. The Egyptians then brought oxen and plowed over them...After the Egyptians went away, the Hebrew children sprouted like the grass of the field...and when the children grew up, they went home in droves.

Accordingly, the infants actually multiplied *in the midst of the land.* This miracle was performed for them only so that the evil eye of the Egyptians would not affect them. Therefore, they were covered with earth just as fish are covered by the water. The result was that since they were in the midst of the land, they became as numerous as fish. This blessing was given to Joseph because his name denotes procreation. See Gen. 30:24.—[*Keli Yekar*]

17. **was placing**—Before Jacob blessed them, Joseph noticed that he had switched his hands.—[*Rashbam*]

and it displeased him—Perhaps Joseph was displeased because he loved Manasseh his firstborn more

than Ephraim. It is more likely, however, that he thought that his father had erred, and believed that if the blessing were given unintentionally, it would be ineffectual as it would not be properly inspired by the *Shechinah*. Therefore, when Jacob told him, "I know" (verse 19), Joseph was satisfied.—[*Ramban*]

So he held up his father's hand—*He lifted it off his son's head and held it up with his* [own] *hand.*—[*Rashi*]

to remove it from upon Ephraim's head [to place it] on Manasseh's head—*Rashbam* notes that every expression of removing or turning away is elliptical, e.g. "turn in to me (סוּרָה אֵלַי), fear not" (Jud. 4:18), which really means: turn away from there to turn to me; "and they turned in to him (וַיָּסֻרוּ אֵלָיו)" (Gen. 19:3), which means: they turned from there to come to him.

Rashbam explains the following two verses as follows:

18. **And Joseph said to his father, "Not so, Father..."**—Joseph could not mean: You are not doing right, because [to show proper respect] Joseph would have asked his father, "Why are you doing this?" Rather, he told Jacob, "My sons are not arranged as you think, that I was not careful when I presented them, to do so, according to *your* right hand and *your* left hand, and that I instead mistakenly took the firstborn in *my* right hand and the younger one in *my* left hand. It is not so, Father (that I was not careful), but I in fact presented the firstborn on *your* right and the younger one on *your* left."

טז יְהֵי רַעֲוָא קֳדָמָךְ דְמַלְאָכָא דְזַמִינְתָּא לִי לְמִפְרַק יָתִי מִכָּל בִּישָׁא יְבָרֵךְ יַת טַלְיָיא וְיִתְקְרֵי בְהוֹן שְׁמִי וְשׁוּם אֲבָהָתַי אַבְרָהָם וְיִצְחָק וְהֵיכְמָא דְכַוְורֵי יַמָא סַגֵי מִסְתַּגֵי בְמַיָא כְּדֵין בְּנוֹי דְיוֹסֵף יִתְקְפוּן לְסַגֵי בְּגוֹ אַרְעָא: יז וַחֲמָא יוֹסֵף אֲרוּם מְשַׁוֵי אָבוּי יַת יַד יְמִינֵיהּ עַל רֵישָׁא דְאֶפְרַיִם וּבְאִישׁ קֳדָמוֹי וְסַעֲדָא לִידָא דְאָבוּי לְאַעֲדָאָה יָתָהּ מֵעַל רֵישָׁא דְאֶפְרַיִם לְאַנְחוּתֵיהּ עַל רֵישָׁא דִמְנַשֶּׁה: יח וַאֲמַר יוֹסֵף לְאָבוּי לָא כְדֵין

פי' יונתן

ר"ל בעבור שהי' הבכור שכל את ידיו נולי כן היה מספך להדי' ולכן נקט הפסוק התליף בלשון שכל זדוק: (טז) והיכמא דכוורי כו' פי' כמו דגי הים הגדול ונפקא

בעל הטורים

יהושע שהוא מלא חכמה: ויקרא. ב' במסור' ויקרא בהם שמי. ויקרא שמו בישראל לומר שכל שבטי ישראל יקראו ע"ש יוסף כדכתיב

רשב"ם

את יוסף. ברכת הבנים היא ברכת האב: (כז) ויקרא בהם שמי. שיהיה זרעם וזרע זרעם: וידגו. מגזרת חסופי למד פעל של ה"א כמו מן בכה ויבכו מן שבה וישבו: (יז) כי ישית. קודם שיברכם וראה יוסף ששיכל את ידיו ויאמר יוסף לאביו לא כן אבי. אין לפרש ולומר לא יפה אתה עושה הלא היה לו לשאול לאביו מדוע אתה עושה כן. אלא כך אמר יוסף ליעקב לא כך סדורים הבנים כמו שאתה סבור שלא דקדקתי להביאם בסדר לפי ימינך ושמאלך לתת הבכור לימינך והצעיר לשמאלך אלא בימיני לקחתי הבכור והצעיר בשמאלי לכך אתה מעקם ידיך להבאתי להסיר אותה מעל ראש אפרים כדי לשימה על ראש מנשה וכן כל לשון הסרה כתובים בקוצר. סורה אלי אל תירא. סורו משם לפנות אלי. ויסורו אליו סרו משם לבא אליו: (יח) לא כן אבי. לא עשיתי כן אלא הבכור הבאתי לימינך והצעיר לשמאלך. אמר לו יעקב ידעתי בני

דעת זקנים מבעלי התוספות

והסליחות כי מרדנו בו: (טז) וירע בעיניו. מפי רבי ילחק לוי שלכך הרע בעיני יוסף שאמר בלבו אבי מחזיק אותי כשוטה שלא סדרתי אותם כהוגן ואני סדרתי אותם כסדר: (יז) ויקרא בהם שמי ושם אבותי. על שאר השבטים הנקראים בני יעקב שיהיו נקראים שבטים כשאר בני:

רמב"ן

שהוצרך להתנהג עם לבן בדרך פתלתול ואיננו דרך האמת: (טז) וטעם ויקרא בהם שמי. אמר ר"א שנקראו ישראל על שם אפרים כאשר הם נקראים זרע אברהם יצחק ויעקב. ואיננו נכון כי הכתוב אמר בהם. והנה לא נקראו על שם מנשה. ואולי בעבור שיקראו בית יוסף והנכון שיעמוד זרעם ושמם ויהיה שם אברהם יצחק ויעקב נזכר בהם לעולם: (יז) וירע בעיניו. אולי

אור החיים

בזה כי למה לא יתברך יוסף עלמו בדברים הנוגעים אליו בפרטות והנכון בעיני כי בתיבת ויברך רמז הכתוב כי בירך ליוסף שיהיה תמיד מבורך. עוד יתבאר ע"פ דבריהם שאמרו שמפתח הברכו' היה ביד אברה' ומסרו ליצחק ויצחק מסרו ליעקב ויעקב מסרו ליוסף והוא אומרו ויברך וגו' פי' מסר בידו מפתח הברכות:

ויאמר האלהים וגו'. התחיל לעורר האהבה של הקדמונים כסדר שמתפללין תפלת י"ח שמתחילין בזכרון אבות ואמר האלהים אשר וגו' אברהם וילחק והזכיר גם כן זכותו בהלנע ואמר האלהים הרוע' אותי וכאן רמז זכותו עז"ה כי הוא יעקב היה מתהלך לרצונו יתברך כשה לפני רועה הרוע' אותה ואחר שסדר זכות אבות התחיל להתפלל המלאך וגו':

המלאך הגואל וגו'. פירוש מאמר ה' אשר ילו ה' את ידידיו אליו יקרא שם מלאך כי קול ה' חולב להבות אש והוא כוונתו באומרו המלאך וגו' פי' שיהיה מימרא ד' בסעדם ויברך אותם:

ויקרא בהם שמי וגו'. פי' שיהיו בהדרגת שלשה אבות וכשם שאין אדם בעול' יכול לנתקאו לקלקל בא' מג' אבות ואנ"ל בכולן יחד כמו כן הם. עוד ירלה לשון יקר וגדולה פי' שיגיע באמלעות' יקר לשם אבות והוא ע"ד אומרו גיל יגיל אבי לדיק וכן הוא אומר עטרת זקנים בני בנים וזה יהיה באמלעות הכנתם ההגונה ודרכם הישר עד שיגיע יקר לאבות אבותם עוד ירמוז כי יהיה להם היבוב הזכרת שמם לפני ה' כחיבוב הזכרת שם אברהם ילחק ויעקב וכמו כן תמלא שאמר הנביא הבן יקיר לי אפרים וגו' כי מדי דברי בו וגו' הרי כי שמו של אפרים נתייקר בעיני ה' ומזכירו בחשק וחבה יתירה:

וידגו לרוב וגו'. הכוונה ע"ד מה שפירשתי בפ' בראשית בפ' ויברך אותם וגו' האמור בדגים כי הולרך ה' לברכם לצד שמקום דירתם הוא נגדיי בקלה האחרון לבחי' הלידה לזה הגדיל בהם כח המוליד להוליד אפי' במים וכאן אמר יעקב שידגו כדגים בריבוי הלידה ויהי להם גדר זה בארץ וכפ"ז תהי' ברכתם גדולה מברכת הדגים להיותם

כלי יקר

שכל ידיו ונראה שיוסף חשב כי יעקב סבר שיוסף לקח הבכור ביד ימין שלו ואפרים בשמאל שלו ואז הבכור כנגד השמאל של יעקב ע"כ שכל ידיו כדי שיהיה הבכור בימין יעקב לפיכך וירע בעיניו ששרי באמת לקח יוסף את אפרים בימינו:

האלהים אשר התהלכו אבותי לפניו. לא רלה לכלול את עלמו עמהם ולומר האלהים אשר התהלכתי אני ואבותי לפניו כי לא רלה להחזיק את עלמו ללדיק גמור ומי שאינו לדיק גמור אין לומר לפניו כי אם עמו שלריך סעד לתומכו כמו נח שנאמר בו את האלהים התהלך נח והזכיר שני פעמים האלהים ובשלישי הזכיר המלאך לפי ששני' הראשוני' אינם נאותים בלתי לה' לבדו כי ההתהלכות לפני האלהים היינו העבודה כתרגומו די פלחו אבהתי קדמוי וכן האלהים הרועה אותי מעודי והיינו הפרנסה כי היא מן ארבע מפתחות שלא נמסרו לשליח ודורשי רשומות אמרו מעודי עולה למספר ק"ל היינו אותן ק"ל שנים שכלכלו ה' קודם בואו למלרים. עד היום הזה מלת הזה עולה למספ' י"ז היינו אותן י"ז שנים שהיה חי במלרים ור"ל אע"פ שנרא' כאילו היה יוסף מפרנסו אותן י"ז שנים מ"מ תלה אותם באותן ק"ל שנים כשם שהם היו ודאי תאת ה' כך י"ז שנים אלו. אבל בענין השמירה מכל רע שנעשה ע"י שליח אמר המלאך הגואל אותי מכל רע כי תמיד מלאכיו ילוה לשמרו בכל דרכיו: ויקרא בהם שמי ושם אבותי. שיקרא להם כל מה שמורה עליו שמי ושם אבותי. כי שם ישראל על שם כי שרית עם אלהים ואנשים כך יהיה לדיק מושל בירא' ה'. ויעקב על שם עקב רב טוב הלפון ללדיקים כי תמיד ראשיתם מלער ואחריתם ישגא מאוד. ואברהם על שם אב המון גוים כך יהיו ראש לכל האומות. וילחק תרגומו וחדי כך תהיה תמיד השמח' במעונם:

וידגו לרוב בקרב הארץ. הי"ל לומר בארץ מהו בקרב הארץ ונרא' לפר' על דרך שארז"ל מסכת סוטה שהיו המלרים חורשי' על גבם ונעשה להם נס ונבלעו בקרקע כו' ואח"כ חוזרין ומלבלבים והולכים לביתם עדרים כו' ולפי זה היו פרים ורבים בקרב הארץ ממש כי לא לחנם נעשה להם נס זה שהיו נבלעים בקרקע ודאי לכדי שלא תשלוט בהם עין הרע של המלרים על כן נתכסו בקרקע כדגים המכוסים במים ובסיבת היות' בקרב הארץ ממש נעשו רבים כדגים כי לא שלט' בהם עינא בישא וע"ז נאמר ותמלא הארץ אותם. ונתן ברכת הריבוי דוקא ליוסף כי שמו מורה על התוספות והרבוי כמ"ש יוסף ה' לי בן אחר וכמ"ש יוסף ה' עליכם ככם אלף פעמים. והית' ברכה זו ראויה ביותר אל אפרים על שם כי הפרני אלהים על כן נתן ימינו על ראש אפרים כי חשב יעקב ששמו מסייע לו לקבל' ברכ' זו. ויוסף חשב שיותר ראוי לתלות ברכת הריבוי בבן הבכור כי אליו פי שנים כפלים בירוש' על כן גם ברכת הריבוי לו יאתה ביותר. והשיב יעקב ידעתי בני ידעתי הזכיר שני פעמי' ידעתי כנגד ברכת פי שנים של הבכור ואמר גם הוא יגדל וגם הוא יהיה· לפס הזכיר שני גם לרמוז על הכפל כאילו אמר ידעתי מן

במים והכן ודקדק לו' בקרב רמז שיהיו נהבאים בפני' ע"ד מ"ש להם יהושע בזמן שנתקיימ' ברכת יעקב בהם לכו החביאו עלמיכם ביערים כי יהושע פי' הכתוב כפירושינו ויש דרשה בזה שהמשילם לדגים שאין עין הרע שולטת בהם וכפ"ז אומרו בקרב הארץ פי' הגם שיהיו בקרב הארץ ובזה הם נגדר עליון מהדגים:

ויאמר יוסף וגו' לא כן אבי. טעם שהאריך כל אלה הדברים לא כן אבי כי זה הבכור וחזר עוד לו' שים ימינך וגו': הנה נסתפק יוסף בא' מב' דרכים הא' הוא שחשב יעקב כי הבנים היו לקוחים ביד יוסף בשעת ברכה וידוע

הדבר

כִּֽי־זֶ֣ה הַבְּכֹ֔ר שִׂ֥ים יְמִֽינְךָ֖ עַל־רֹאשֽׁוֹ׃
יט וַיְמָאֵ֣ן אָבִ֗יו וַיֹּ֙אמֶר֙ יָדַ֤עְתִּֽי בְנִי֙
יָדַ֔עְתִּי גַּם־ה֥וּא יִֽהְיֶה־לְּעָ֖ם וְגַם־ה֣וּא
יִגְדָּ֑ל וְאוּלָ֗ם אָחִ֤יו הַקָּטֹן֙ יִגְדַּ֣ל מִמֶּ֔נּוּ
וְזַרְע֖וֹ יִהְיֶ֥ה מְלֹֽא־הַגּוֹיִֽם׃ כ וַיְבָ֨רְכֵ֜ם
בַּיּ֣וֹם הַהוּא֮ לֵאמוֹר֒ בְּךָ֞ יְבָרֵ֤ךְ יִשְׂרָאֵל֙
לֵאמֹ֔ר יְשִֽׂמְךָ֣ אֱלֹהִ֔ים כְּאֶפְרַ֖יִם
וְכִמְנַשֶּׁ֑ה וַיָּ֥שֶׂם אֶת־אֶפְרַ֖יִם לִפְנֵ֥י
מְנַשֶּֽׁה׃ כא וַיֹּ֤אמֶר יִשְׂרָאֵל֙ אֶל־יוֹסֵ֔ף
הִנֵּ֥ה אָנֹכִ֖י מֵ֑ת וְהָיָ֤ה אֱלֹהִים֙ עִמָּכֶ֔ם
וְהֵשִׁ֣יב אֶתְכֶ֔ם אֶל־אֶ֖רֶץ אֲבֹתֵיכֶֽם׃
כב וַאֲנִ֞י נָתַ֧תִּי לְךָ֛ שְׁכֶ֥ם אַחַ֖ד עַל־

אונקלוס

לַאֲבוּהִי לָא כֵן אַבָּא אֲרֵי
דֵין בּוּכְרָא שַׁו יְמִינָךְ עַל
רֵישֵׁיהּ: יט וְסָרֵיב
אֲבוּהִי וַאֲמַר יְדַעְנָא בְּרִי
יְדַעְנָא אַף הוּא יְהֵי
לְעַמָּא וְאַף הוּא יִסְגֵי
וּבְרַם אֲחוּהִי זְעֵירָא יִסְגֵי
מִנֵּיהּ וּבְנוֹהִי יְהוֹן שַׁלִּיטִין
בְּעַמְמַיָּא: כ וּבָרְכִינוּן
בְּיוֹמָא הַהוּא לְמֵימָר בָּךְ
יְבָרֵךְ יִשְׂרָאֵל לְמֵימָר
יְשַׁוֵינָךְ יְיָ כְּאֶפְרַיִם
וְכִמְנַשֶּׁה וְשַׁוִי יַת אֶפְרַיִם
קֳדָם מְנַשֶּׁה: כא וַאֲמַר
יִשְׂרָאֵל לְיוֹסֵף הָא אֲנָא
מָאִית וִיהֵא מֵימְרָא דַייָ
בְּסַעֲדְכוֹן וְיָתֵיב יַתְכוֹן
לְאַרְעָא דַאֲבָהָתְכוֹן:
כב וַאֲנָא יְהָבִית לָךְ חוּלַק

תו"א וזרעו יהיה עבודת כוכבים כה: ואני נתתי בתרא קנג.

רש"י

אביו הרימה מעל ראש בנו ע ותמכה בידו: (יט) ידעתי בני ידעתי. שהוא פ הבכור: גם הוא יהיה לעם וגו'. שעתיד גדעון לצאת ממנו שהקב"ה עושה נס על ידו: ואולם אחיו הקטן יגדל ממנו. שעתיד יהושע לצאת ממנו שינחיל את הארץ וילמד תורה לישראל: וזרעו יהיה מלא הגוים. כל העולם יתמלא בצאת צ שמעו ושמו כשיעמיד חמה בגבעון וירח בעמק אילון: בך יברך ישראל. הבא לברך את בניו יברכם בברכתם ויאמר איש לבנו ק ישימך אלהים כאפרים וכמנשה: וישם את אפרים. בברכתו לפני מנשה ר להקדימו בדגלים ובחנוכת הנשיאים: (כב) ואני נתתי לך. לפי שאתה טורח להתעסק ש בקבורתי וגם אני נתתי לך ת נחלה שתקבר בה ואיזו זו שכם שנאמר [יהושע כד] ואת עצמות יוסף אשר העלו בנ"י ממצרים קברו בשכם: שכם אחד על אחיך. שכם ממש

שפתי חכמים

ע הולך לפי' כן מפני שהרמה שהיא הסרה ומלת ויתמוך שמורה על הסמיכה הם שני הפכים: פ הולך לפרש שלא תאמר ידעתי בני ידעתי דגם הוא יהיה לעם והיה משמע שגם יוסף היה יודע שמנשה יהיה לעם רק שיוסף חשב שיעקב אבינו אינו יודע ומ"ה קאמר לו יעקב שגם הוא יודע כמוהו שיגדל וגם יהיה לעם זה לא מפורש בקרא כי יוסף לא קאמר אלא כי מנשה הוא הבכור ולז"פ ידעתי בני ידעתי כמותך כי הוא הבכור ועוד יודע אני מה שאין אתה יודע שגם הוא יהי' לעם שגם זאת אני יודע שיגדל: צ דק"ל דוזרעו יהיה מלא הגוים משמע שזרעו יהיו נפוצים בכל העולם ואדרבה זה קללה הוא ועז"פ שמעו כו' ר"ל שם שלו כאלו אמר ושם זרעו יהי' בכל העולם דהיינו ע"י ירח וחמה שנראין בכל העולם: ק כי מאמר ישראל הוא כלל ישראל והוא ל' רבים ואיך אמר ישימך שהוא לשון יחיד לכן הוסיף ויאמר איש לבנו וכו': ר שהשימה הזאת אינה ממשיות שלא נקח את אפרים ושם אותו לפני מנשה אלא השימה הזאת היא שימת מעלה שהוא קודם במעל' לדגלי' וכו': ש הולך לומר שאתה טורח וכו' מפני שבל"ז אין לפסוק זה שום קישור למעלה: ת פי' נתתי לך כבר לפי שבאותן ברכות שברכו

רמב"ן

יוסף היה אוהב את מנשה יותר בעבור היותו בכור לכן חרה לו. והנכון בעיני כי חשב ששעה אביו בהם ואם היתה ברכתו בבלי דעת לא תבא ברכתו עליהם כי איננה ברוח הקדש כראוי. וכאשר אמר לו ידעתי נתפיים: (כ) ויברכם ביום ההוא. טעם ביום ההוא בעבור שיוסף יפצר בו לשום מנשה ראשון הגיד כי לא רצה להסיר יד ימינו מראש אפרים על ראש מנשה. ולא עוד אלא שחזר ויזמר בפירוש במעמד ההוא בפני יוסף בברכו אותם כאפרים וכמנשה: וישם את אפרים לפני מנשה. בכל ברכותיו. וטעם בך יברך ישראל אל יוסף ידבר. כי בזרעך יברך עם ישראל ויאמר למתברך ישימך אלהים כאפרים וכמנשה: (כב) ואני נתתי לך שכם אחד על אחיך. אחרי שבירך את בני יוסף ועשאם שני שבטים חזר על יוסף ואמר לו הנה אנכי מת והיה אלהים עמכם בגלות להציל אתכם מכל צרה ותפרו ותרבו מאד וישיב אתכם אל ארץ אבותיכ' לנחול אותה ואני כבר נתתי לך בארץ ההיא החלק האחד אשר

כלי יקר

פי שנים של הבכור אשר מזה הצד היה מן הראוי ליתן לו ביותר חלק בברכת הרבוי לצרף הויות להדדי. אבל מ"מ אחיו הקטן יגדל ממנו כי הקב"ה בוחר ביותר בקטנים וכל אדם שיש בו צד קטנות אז ביותר הקב"ה מגביהו לשיתו לאלפי רבבה כמ"ש לא מרבכם מכל העמים חשק ה' בכם כי אתם המעט וכתיב הקטן יהיה לאלף והצעיר לגוי עצום. וקרה זה לכל זרע אברהם כי ישמעאל בכור לאברהם נפסל ישמעאל ונבחר יצחק עשו בכור ליצחק נפסל עשו ונבחר יעקב ראובן בכור ליעקב נפסל ראובן ונבחר יוסף מנשה בכור ליוסף נבחר אפרים ביותר ורמז זה סלה דבר הוא והמשכילים יבינו:

אור החיים

הדבר כי יקח בימינו הבכור ובשמאלו הצעיר וכפ"ז יהיו לפני יעקב הבכור לשמאלו והצעיר לימינו ואמר ע"כ שכל את ידיו כי מנשה הבכור ואותו ישים אביו ביד ימינו ודרך ב' שכוונת המכוון שכל את ידיו לשום ימינו על ראש הצעיר לזה אמר לו בתחל' אם כוונתו הוא לחושבו כי לקחם אביהם

for this one is the firstborn; put your right hand on *his* head."
19. But his father refused, and he said, "I know, my son, I know;
he too will become a people, and he too will be great. But his
younger brother will be greater than he, and his children['s fame]
will fill the nations." 20. So he blessed them on that day, saying,
"With you, Israel will bless, saying, 'May God make you like
Ephraim and like Manasseh,'" and he placed Ephraim before
Manasseh. 21. And Israel said to Joseph, "Behold, I am going to
die, and God will be with you, and He will return you to the land
of your forefathers. 22. And I have given you one portion over

19. **and he said, "I know, my son, I know**—that you are wise and that you presented them so that the firstborn should be at my right hand and the younger one at my left, but I have intentionally placed my right hand on the head of the younger son, who is at your right hand."

I know, my son, I know—*that he is the firstborn.*—[*Rashi*]

he too will become a people, etc.—*for Gideon is destined to be descended from him.* [Gideon] *through whom the Holy One, blessed be He, will perform a miracle.*—[*Rashi* from *Midrash Tanchuma Vayechi* 7]

We have presented the *Rashi* according to the version of most editions and most commentaries, namely that just like Ephraim, Manasseh too will become a nation. According to *Gur Aryeh* and early editions, however, there is no new heading, but the preceding comment continues: *and he will also become a people for Gideon.* Accordingly, the verse means: In addition to his being the firstborn, he will also become a people.

But his younger brother will be greater than he—*for Joshua is destined to be descended from him,* [and Joshua is] *the one who will distribute the inheritances of the land and teach Torah to Israel.*—[*Rashi* from *Midrash Tanchuma Vayechi* 7]

and his children['s fame] will fill the nations—*The whole world will be filled when his fame and his name are spread when he stops the sun in Gibeon and the moon in the Valley of Ajalon.*—[*Rashi* from *Abodah Zarah* 25a]

Ibn Ezra explains this to mean that many nations will emanate from him. [This probably means that their descendants will be numerous.]

20. **So he blessed them on that day**—Since Joseph had urged Jacob to give Manasseh precedence, the Torah indicates with the phrase "on that day" that Jacob did not want to remove his right hand from Ephraim's head to place it on Manasseh's. Furthermore, he expressly repeated [his intention] in Joseph's presence, when he blessed them, "Like Ephraim and like Manasseh."—[*Ramban*]

Ohr Hachayim renders: So he blessed them on that day to say, "With you, Israel will bless..." This means that he blessed them with such abundant, copious blessings that they would have the highest blessing conceivable, to the degree that everyone will say, "It is fit for Israel to bless with you." I.e., since you are so blessed, it is fitting that Israelites should bless their children to be like you.

With you, Israel will bless— *Whoever wishes to bless his sons, will bless them with their blessing* (with a blessing related to them), *and a man will say to his son, "May God make you like Ephraim and like Manasseh."*—[*Rashi* from *Sifré Nasso* 18]

I.e., each individual Israelite will bless his children with you.—[*Ibn Ezra*]

When he said, "With you," he was addressing Joseph, and he told him that the people of Israel would bless with his children, meaning that each one would say to the one he wished to bless, "May God make you like Ephraim and like Manasseh."—[*Ramban*]

and he placed Ephraim—*before Manasseh in his blessing, to give him precedence in the groupings* [of the tribes in the desert] *and* [also] *at the dedication of* [the Tabernacle by] *the* [tribal] *princes.*—[*Rashi* from *Gen. Rabbah* 97:5]

Ramban explains that after this moment Ephraim would always be placed before Manasseh in all future blessings.

Ohr Hachayim explains that with this statement, Jacob gave Ephraim permanent precedence over Manasseh in all matters. No Israelite will ever deviate from Jacob's formula and bless his children, saying, "May God make you like Manasseh and Ephraim."

21. **And Israel said to Joseph, "Behold, I am going to die, and God will be with you..."**—I am going to die, and I know that after my death God will be with you, and after four hundred years He will return you to the land of your fathers as He promised Abraham.—[*Rashbam*]

Ohr Hachayim explains: Although I am going to die, the *Shechinah* will not withdraw from you, but God will still be with you. [Accordingly, we should render: Behold, I am going to die, but God will be with you.]

22. **And I have given you**—*Since you are taking the trouble to occupy yourself with my burial, I have given you an inheritance where you will be buried. And which is this? This is Shechem, as it is said: "And Joseph's bones, which the children of Israel had brought up out of Egypt, they buried in Shechem"* (Josh. 24:32).—[*Rashi*]

one portion over your brothers—Heb. שְׁכֶם אַחַד עַל אַחֶיךָ, *the actual* [city of] *Shechem, which will be for you one share over your brothers.* [Accordingly, we render: Shechem, [which is] one [share] over your brothers.]—[*Rashi* from *Gen. Rabbah* 97:6]

Another explanation: "One portion" refers to the birthright, and indicates that his (Joseph's) *sons*

אבא ארום דין בוכרא שוי יד ימינך על רישיה: יט וסרב אבוי ואמר ידענא ברי ידענא דהוא בוכרא אוף חכימנא דאוף הוא יהי לעם רב ואוף הוא יסגי וברם אחוי קלילא יסגי יתיר מניה ובנוי יהון סגיאין בעממיא: כ ובריכינון ביומא ההוא למימר בך יוסף ברי יברכון בית ישראל ית ינוקא ביומא דמהולתא למימר ישוינך יי כאפרים וכמנשה ובמנין שבטיא יתמני רבא דאפרים קדם רבא דמנשה ומני ית אפרים דיהי קדם מנשה: כא ואמר ישראל ליוסף הא אנא מטא סופי לממת ויהי מימרא דיי בסעדכון ויתיב יתכון לארעא דאבהתכון: כב ואנא הא יהבית לך כב ואנא הא יהבית לך חולק חד יתיר על אחך לבושיה

פי' יונתן

ליה מלשון וידגו כדפירש רש"י: (כ) ית ינוק' ביומ' דמהולת' פי' כשמברכים את הילד ביום המילה וז"ל הגאון מהר"ד שמברכים הקטן גדול יהיה כמו שאפרים היה מוקדם לברכה משום דכתיב ואחיו הקטן יגדל כך זה הקטן יגדל ג"כ עכ"ל מ"מ עדיין לא נודע דיוקו מתוך הפסוק ושמעתי מהגאון מהר"ר זעליגמן חד מב"י דק"ק שדיוקו מביום ההוא משמע ליה ביום דמהולתא שהוא יום מיוחד ולפד"נ דדייק מלת ישראל הוא מיותר דהל"ל בך יברך סתם ובודאי יהיו ישראל ולא נכרים גם הו"ל למימר כן יברכו ישראל אלא דקאי אחינוק ביום המיל' א"כ א"ש דאמר בלשון יחיד ומיושב נמי שאמר ישראל פר"ל ביום המילה שאז נעשה ישראל בהכניסו

בעל הטורים

גאלת בזרוע עמך בני יעקב ויוסף סלה: ידעתי. בגי' חמשה מלכים שס' מלכים יצאו ממנשה: וזרעו יהיה מלא. בגי' יהושע: ביום ההוא לאמור וגו' ישימך אלהי' כאפרי' וכמנשה. לאמור מלא ו' שבו' מקומו' סקדים אפרים למנשה כנגד ששה צדיקים השופטים שיעמדו ממני ועל כן משול תמשל בנו מלא וי"ו הבל המלך תמלך עלינו חסר וי"ו שבל המלכים שעמדו ממנו היו רשעים: אפרים לפני. בגי' דגלים בנשיאים: שכם אחד. בגי' בחלק בכורה:

רשב"ם

ידעתי כי חכם אתה והביאתם בסדר לפי ימיני ושמאלי מפני שאתה סבור שאשים ימיני על הבכור אבל אני מתכוין לתת ימיני על הצעיר שהוא לימינך:(יט)ואולם. ואלא: (כ) בך יברך ישראל. איש איש את בנו: וישם את אפרים לפני מנשה. באומרו ישימך אלהים כאפרים ובמנשה. וכן לשון שימה נופל בדברים ואלה המשפטים אשר תשים לפניהם. וזאת התורה אשר שם משה. שימה בפיהם: (כא) הנה אנכי מת. ויודע אני שאחרי מותי יהיה אלהים עמכם והשיב אתכם אל ארץ אבותיכם לאחר ד' מאות שנה שנאמר לאברהם:(כב) ואני. באותה הארץ נתתי לך חלק אחד יותר על אחיך שמנשה ואפרים כראובן ושמעון יהיו לי לקחת שני חלקים בארץ אשר אני ובני עתידים לקחת מיד האמורי בחרבי ובקשתי במלחמת יהושע. ואף על פי שכתוב ביהושע לא בחרבך ולא בקשתך אותו פסוק בשני מלכי האמורי מדבר וכמו שאמרו חכמים צרעה לא עברה את

דעת זקנים מבעלי התוספות

(כ) וישם את אפרים לפני מנשה. ואימתי נתקיימה ברכתו בחנכת הנשיאים שאפרים הקריב ביום שביעי ומנשה ביום שמיני לקיים מה שנאמר מקים דבר עבדו: (כב) ואני הנה נתתי לך. הקשה הרב רבי משה והלא מטיל קנאה ביניהם והוא היה יודע שבשביל משקל

אבן עזרא

(יט) מלא הגוים. גוים רבים יצאו ממנו: (כ) בך יברך ישראל. כל בני ישראל: וישם את אפרים. בדבור הברכה: (כב) שכם אחד. יש אומרים כי על עיר שכם רמז שגם היא היתה לבני יוסף. וטעם בחרבי ובקשתי על הפסח. כאשר אמר דוד מגיני וקרן ישעי. והנכון בעיני שפי' שכם

רמב"ן

בידי לתת והוא חלק הבכורה להיותך בו יותר על אחיך ליום שלקחתי אותו מיד האמורי בחרבי ובקשתי וזה כלו פיוס ליוסף ואהבתו אותו כי הודיעו שנתן לו הבכורה להיות בניו מעתה מתברכי' להעשות שני שבטים גם בדגלי המדבר וחנוכת הנשיאי' וגם החלק אשר לו בנחלה נתן לו שיזכה בו כאשר יכבשו הארץ בחרב ובקשת ובמלחמה והנה אמר לו עשיתי עמך כל הטובה שיכלתי לעשות לך לעת שהייתי יכול לעשותה כי אין ברשות יעקב בארץ רק שכם אחד שאין בידו לגזול מאחד מבניו את נחלתו רק הבכורה היתה לו לתת אותה לטוב בעיניו והנה נתן

אור החיים

בידו הבכור לימינו של יוסף אמר לא כן אבי כמו שאתה חושב כי זה הבכור ואם אתה יודע כי סדורים הבכור לימינך וגו' אלא שאתה מונע ימינך מהבכור לזה אמר שים ימינך על ראשו פי' למה תמנע הטובה מבעלי' וכבר ידעת מה שגרם דבר זה:

וימאן אביו ויאמר ידעתי וגו'. אומרו וימאן לצד שהי' רוצה לסמוך יד אביו להסיר אותה וכפל לומר ידעתי בני ידעתי נתכוון להשיבו לב' דברים שאמר כמו שפירשנו כנגד מה שאמרת לא כן אבי כי זה הבכור ולא כמו שאני חושב שסדורים בהפך ידעתי בני ורמז באומרו בני פי' ומן הסתם לא תחשוב ימינך לפני ימיני ולא תסדרם אלא הבכור לימיני ולא לימינך וכנגד מה שהורתני לעשו' משפט הבכורה באומרך שים ימינך על ראשו ידעתי גם זה בכלל ידיעה זו נכנסה גם ידיעת המסובב מדבר זה בעשות כן ליוסף ואמר גם הוא יגדל פי' לא תחשוב שהוא במדרג' שפלה אלא יגדל ויהיה לעם ואולם וגו' פי' לא לצד ברכתי אלא לצד מה שיצא ממנו וזרעו יהיה מלא הגוים לזה הגם שבזמן זה זה הבכור לעתיד יהי' הקטן יותר גדול כאומרם ז"ל שזה יצא ממנו גדעון וזה יצא ממנו יהושע ומן הסתם שלשלת זו הית' בשורש נשמת השבט מבלי ברכת יעקב ואשר ע"כ אני מקדימו לבכור. או ירצה עז"ה ידעתי כל טענותיך ומה שרמזת כי זה גורם לא זה גורם אלא בני פי' בני הוא שגרם לכל העובר בחלומותיך ודבריך ואומרו ידעתי פ"ב נמשכת עם למטה ממנה גם הוא וגו' ואולם וגו' פי' שידע בנבוא' שהקטן יגדל מהגדול ואינו יכול לעשות הפך מהחזון אשר דימה בידו האדון ב"ה:

ויברכם ביום ההוא לאמר וגו'. פי' בירך אותם כ"כ ברכות עד גדר שאין ברכה למעלה ממנה עד שהכל אומרים בך ראוי לברך ישראל ואומרו וישם את אפרים וגו' פי' באמצעות דיבור זה קבע מקום למעלה לצעיר קודם למנשה כי מי הוא זה מבני ישראל אשר ישנה מטבע יעקב אבינו ויאמר לבנו ישימך אלהים כמנשה וכאפרים והיה מאמר זה לאות כי אפרים קודם מנשה לכל דבר:

ויאמר ישראל וגו' והיה אלהים וגו'. כוונת אומרו אנכי מת וגו' פי' שלא יחשבו כי במות יעקב תסתלק השכינה מביניהם אלא אפי' ימות יהיה אלהים עמהם ואו' והשיב וגו' הודיעו שיהיו נפקדים לשוב שבותם באין ספק בדבר ודקדק לו' ארץ אבותיכם כי הארץ לאבות נתנה והם זכו בה לא ליוצאי מצרים ומעתה יש בידי לתת לך שכם אחד וגו' כי בזה תולדק הנתינה ממנו אליו והוא אומרו ואני נתתי

אבי עזר

(יט) (מלא הגוים) עיין ס' בא ומלאו בתיך. ועיין פרשת בלק מלא ביתו כסף וזהב. ואז יכונו דברי הרב בפיך: שם (וישם את אפרים. בדבור הברכה). כי גזרת שום נופל על התתנות כטעם שום תשים עליך מלך. ונופל על ברכה ולנון. כמו הן גביר שמתיו לך. אף כאן לא שם יעקב את אפרים בפקודתו. רק בברכתו שמהו לראש וע' ס' תולדות בפסוק הן גביר שמתיו לך:

ספורנו

יתברך באופן שיהיו ראוים להתיחס לאברהם וליצחק על דרך יחד לבבי ליראה את שמך: (יח) כי זה הבכור שים ימינך על ראשו. כי אמנם הסמיכה ביד תכוין הנפש אל מה שנסמך עליו כענין ויסמוך את ידיו עליו וכח הימין חזק מכח השמאל ותכוין יותר סמיכת הימין אל הימין ממה שתכוין אותה סמיכ' השמאל אל השמאל: (כא) הנה אנכי מת. הנני מצוה בשעת מיתה ומקיים המתנה שנתתי: והשיב אתכם אל ארץ. ושם תתקיים מתנתו: (כב) ואני הנה נתתי לך. ואני הנה אמנם לא עברתי נחלה כלל כשנתתי לך שכם אחד על אחיך בארץ אף על פי שהיא ארץ אבותיכם בלעדי כי נתתי לך מה שלקחתי מאחי כשקניתי הבכורה ממנו כי לולא זה לא היה לאחיך בירושת האבות כ"כ

חלק

אַחֶיךָ אֲשֶׁר לָקַחְתִּי מִיַּד הָאֱמֹרִי
בְּחַרְבִּי וּבְקַשְׁתִּי: פ רביעי מט א וַיִּקְרָא
יַעֲקֹב אֶל־בָּנָיו וַיֹּאמֶר הֵאָסְפוּ
וְאַגִּידָה לָכֶם אֵת אֲשֶׁר־יִקְרָא
אֶתְכֶם בְּאַחֲרִית הַיָּמִים: ב הִקָּבְצוּ
וְשִׁמְעוּ בְּנֵי יַעֲקֹב וְשִׁמְעוּ אֶל־
יִשְׂרָאֵל אֲבִיכֶם: ג רְאוּבֵן בְּכֹרִי אַתָּה

אונקלוס

חַד יַתִּיר עַל אֲחָךְ דִּי
נְסֵיבִית מִידָא דֶאֱמוֹרָאָה
בִּצְלוֹתִי וּבְבָעוּתִי:
א וּקְרָא יַעֲקֹב לִבְנוֹהִי
וַאֲמַר אִתְכַּנָשׁוּ וַאֲחַוֵי
לְכוֹן יַת דִּי יְעָרַע יַתְכוֹן
בְּסוֹף יוֹמַיָא: ב אִתְכַּנָשׁוּ
וּשְׁמָעוּ בְּנֵי יַעֲקֹב וְקַבִּילוּ
אוּלְפַן מִן יִשְׂרָאֵל אֲבוּכוֹן:
ג רְאוּבֵן בּוּכְרִי אַתְּ חֵילִי

תולדות אהרן

ויקרא יעקב פסחים נו:

שפתי חכמים

אח"כ יהיו הכל שוין בו לכך א"ל בזו נתתי ר"ל נתתי לך ולא יהיה בכלל אותן ברכות. מהרש"ל: א [מהרש"ל] דק"ל דאם שכם הוא שם העיר למה כתיב א' ל' זכר אע"כ א' לאו אעיר קאי לכ"פ העיר שכם תהיה לך חלק אחד: ב הוא פי' על כי תשיתמו שכם: ג ולפי טעם זה ק' למה דמהו דוקא לאמורי לכ"פ ד"א ולד"א קשה הי"ל אמרי ולא אמורי לכן צריך לב' טעמים. מהרש"ל: ד ר"ל בחרבי היינו חכמה כמו שחרב מציל את בעלה כך החכמה מצילה את בעלה כענין שנאמר החכמה תחיה את בעליה ובקשתי הוא לשון בקשה ותפלה: ה הואיל דהאספו והקבצו ב' לשונות רמז לקץ דכתיב ונפוצות יהודה יקבץ וכתיב

רש"י

היא תהיה לך א חלק אחד יתירה על אחיך: בחרבי ובקשתי. כשהרגו שמעון ולוי את אנשי שכם נתכנסו כל סביבותיהם להזדווג להם וחגר יעקב כלי מלחמה כנגדן. ד"א שכם א' הוא הבכורה שיטלו בניו שני חלקים ושכם ל' חלק הוא כתרגומו והרבה יש לו דומים במקרא [תהלים כא] כי תשיתמו שכם תשית שונאי לפני ב לחלקים [שם ס] אחלקה שכם [הושע ו] דרך ירצחו שכמה איש חלקו (צפניה ג') לעבדו שכם אחד: אשר לקחתי מיד האמורי. מיד עשו שעשה מעשה ג אמורי. ד"א שהי' לד אביו באמרי פיו: בחרבי ובקשתי. היא חכמתו ד ותפלתו (ועיין ברא"ס שכתב דא"א לפרש על חרבם של שמעון ולוי דהא לא עשו מדעתו שהרי כעס עליהם ע"ז ולענד"נ בלא"ה א"א לפרש עליהם דמה נתינת טעם יהיה על שנתנו ליוסף מפני שלקחוהו שמעון ולוי בחרבם ובקשתם והלא אדרבה מזה הטעם ראוי שינתן לשמעון ולוי ולא ליוסף ודו"ק): (א) ואגידה לכם. (ב"ר) בקש לגלות את הקץ ה ונסתלקה ממנו שכינה והתחיל אומר דברים

רמב"ן

אותה אליו וטעם מיד האמורי כי ישראל לקחו הארץ תחלה מיד האמורי כי סיחון ועוג שני מלכי האמורי היו והמלחמה הראשונה והגדולה שהיתה להם בכבוש הארץ היתה לבניו של יוסף עם האמורי היא מלחמת יהושע עמם ובם נעש' הנס הגדול כדכתי' אז ידבר יהושע לה' ביו' תת ה' את האמורי לפני בני ישראל וגו' ומיד האמורי הי' חלק ונחלה לבני יוסף כמו שכתו' וילכו בני מכיר בן מנשה גלעדה וילכדוה ויורש את האמורי אשר בה וגם בני אפרי' נחלו בגבול האמורי כמ"ש ויואל האמורי לשבת בהר חרס באילון ובשעלבי' ותכבד יד בית יוסף ויהיו למס: וטעם בחרבי ובקשתי. כי הארץ לא תכבש להם רק בחרב ובקשת ירמוז למה שאמר הכ' (יהושע יא) לא היתה עיר אשר השלימ' אל בני ישראל בלתי החוי יושבי גבעון את הכל לקחו במלחמה כי מאת ה' היתה לחזק את לבם לקרא' המלחמ' את ישראל למען החרימ' וייחס החרב והקש' אליו כי זכותו היא העושה עמם מלחמה והוא הנלחם להם לא הם עצמם וכענין שאמר הכתוב כי לא בחרבם ירשו ארץ חרועם לא הושיעה למו כי ימינך וזרועך ואור פניך כי רציתם וזהו בזכות האבות כי על דרך האמת ימינך לאברהם וזרועך ליצחק ואור הפנים ליעקב וקרוב אלי עוד שעשה יעקב כדרך שיעשו הנביאים נטה ידו בחרב כנגד ארץ האמורי וזרק שם חצי' להיותה נכבשת לבניו כענין שעשה אלישע וישם ידיו ע"י המלך ויאמר אלישע ירה ויור ואף ע"פ שלא ספר הכתוב כן ירמזנו בפסוק הזה. ויתכן שזה טעם אמרו לקחתי כי מאז לקחתי הארץ לפניו: (א) באחרית הימים. הם ימות המשיח כי יעקב ירמוז אליו בדבריו כמו שאמר עד כי יבא שילה ולו יקהת עמים ורבותינו אמרו שבקש לגלות את הקץ ונסתלקה ממנו שכינה כי לדברי הכל אחרית הימים ימות המשיח הם: (ג) ראובן בכרי אתה. שיעור הפסוק הזה ראובן אתה בכורי וכחי וראשית אוני יתר שאת ויתר

אבן עזרא

אחד חלק אחד. והוא ממשפחת על שכמס. ולעבדו שכם אחד: על אחיך. נוסף על אחיך. וטעם אשר לקחתי. אשר יקחו ישראל בחרבם ובקשתם. והזכיר האמורי בעבור שאין בשבע' גוים חזק כמוהו. הלא תראה אחר שנהרגו שני מלכי האמורי הגדולים אמר יהושע לתת אותנו ביד האמורי. ואל תתמה על מלת לקחתי. כי לאחר שהשם נתנה בפה לאברהם הם יחשבו שהוא שלהם. וכן נאמר ליעקב לך אתננה ולזרעך: (א) את אשר יקרא אתכם. דבר הנביא לעתיד. ותעו האומרים שהם ברכות בעבור שמלא בסוף ויברך אותם ואיה ברכת ראובן ושמעון ולוי. ועל דרך הנבואה אמר וזאת אשר דבר להם אביהם. ואחר כן ברך אותם ולא הזכיר הכתוב הברכות: (ג) ראובן בכורי אתה כחי. בך נראה בתחלה כחי והבכור יקרא ראשית און. וכמוהו

כלי יקר

האספו ואגידה לכם וגו' ואח"כ הזכיר ל' קיבוץ הקבצו ושמעו וגו' לפי שארז"ל בקש לגלות הקץ ונסתם ממנו והנה לשון אסיפה שייך למי שעומד בחוץ במקום מגול' ונאסף לתוך הבית למקום צנוע כמו ואספתו אל תוך ביתך ואין מאסף אותי הביתה וכן רבים אבל לשון קיבוץ מורה על אנשים מפוזרים שיתקבצו למקום אחד אפי' שיהיה במקום מגולה ובקעו בו רבים. לך מתחלה בקש לגלות סוד הקץ ואין ראוי לגלות דבר סוד ברשות הרבים פן ישמע מי שאינו הגון כי סוד ה' ליראיו דוקא על כן אמר האספו ואגידה לכם עוד למה כפל לו' כחי ולא הספיק לו' ראשית אוני. עוד צריך לדעת כוונת אומרו יתר שאת ויתר עז ורז"ל אמרו שאת זו כהונה

אור החיים

לך וגו' וגם לדברי רז"ל כי שכם זו כמשמעו שבאו בני יעקב על חלליהם אעפ"כ זולת זכות אבות בארץ לא יזכה בה יעקב ולא בניו:

ראובן בכורי אתה וגו'. יש להעיר מה חידוש מודיע יעקב לראובן כי הוא הבכור. עוד אומרו כחי וראשית אוני מה היא דעתו בזה ורז"ל אמרו כי הודיעו בזה כי הוא טיפה ראשונ' ועדיין צל"ד מה היא כוונת הודעה זו לראובן.

your brothers, which I took from the hand of the Amorite with my
sword and with my bow."

49

1. Jacob called for his sons and said, "Gather and I will tell you
what will happen to you at the end of days. 2. Gather and listen,
sons of Jacob, and listen to Israel, your father. 3. Reuben, you are
my firstborn,

should take two shares. שְׁכֶם *is a
word meaning "a portion," as the
Targum renders. There are many
similar instances in Scripture: "For
You shall place them as a portion
(שְׁכֶם)" (Ps. 21:13), You shall place
my enemies before me as portions;
"I will divide a portion (שְׁכֶם)" (ibid.
60:8); "...murder on the way, שֶׁכְמָה"
(Hos. 6:9), [meaning:] each his
share; "to worship Him of one
accord (שְׁכֶם אֶחָד)" (Zeph. 3:9),
[meaning: in one group].—[Rashi]*

**which I took from the hand of the
Amorite**—*From the hand of Esau,
who behaved like an Amorite (Gen.
Rabbah 97:6). Another explanation [of
why Esau is called אֱמֹרִי]: who
deceived his father with the sayings
(אִמְרֵי) of his mouth.—[Rashi]*

**with my sword and with my
bow**—*When Simeon and Levi slew
the men of Shechem, all those
[nations] around them (Jacob's sons)
assembled to attack them, and Jacob
girded weapons of war against
them.—[Rashi from Gen. Rabbah
97:6, Targum Jonathan ben Uzziel]
The battles between Jacob's sons and
the nations surrounding Shechem are
presented very graphically in Sefer
Hayashar.*

**with my sword and with my
bow**—*I.e., his cleverness and his
prayer.—[Rashi]* [Obviously, Jacob
did not take the birthright from Esau
with his sword and his bow.
Therefore, *Rashi* explains the
expression figuratively, as "his
cleverness and his prayer."] The
sword denotes wisdom, for just as a
sword can save its owner from death,
so can wisdom save the one
possessing it, as it is stated: "Wisdom
gives life to its possessor" (Eccl.
7:12). The word וּבְקַשְׁתִּי is an expres-
sion of בַּקָּשָׁה, request and prayer.—
[Sifthei Chachamim]

The following was inserted by a
copyist:

[See Mizrachi, who wrote that this
sword cannot be the sword of Simeon
and Levi, because they did not act
with his (Jacob's) knowledge, as
evidenced by the fact that he was
angry with them because of it. I
personally believe that even without
this reason it is impossible to explain
it ("my sword" and "my bow") as
referring to them, because how can
Simeon and Levi's capture of
Shechem be a reason for his giving it
(Shechem) to Joseph? On the
contrary, it is because of this reason

that it is fitting to give it to Simeon and Levi, and not to Joseph.] [Therefore, *Rashi* seeks other ways of interpreting this expression.]

Rashbam, Ibn Ezra, and *Ramban* explain this passage as referring to the future conquest of Canaan in the time of Moses and Joshua. Jacob tells Joseph that he has given him the birthright, and that his sons will become two tribes, receiving two shares, one portion more than his brothers, in the land they will capture from the Amorites. He calls Joseph's sons' power "my sword" and "my bow" because they will conquer the land through his merit. The past tense "which I took" is used because the land had already been given to Abraham. [Therefore, he considers it already in his possession.]

Rashbam and *Ramban* find a problem in reconciling this interpretation with the account given by the Psalmist: "For not by their sword did they inherit the land, neither did their arm save them, but Your right hand and Your arm and the light of Your countenance [saved them], for You favored them" (Ps. 44:4). We find also, "And I sent the hornet before you, and it drove them out from before you, even the two kings of the Amorites; not with your sword nor with your bow [were they driven out]" (Jos. 24:12). These verses imply that their conquest was completely miraculous and that no weapons were needed.

To solve this problem, *Rashbam* distinguishes between the battles of Moses' time, when the Israelites conquered Sihon and Og on the eastern bank of the Jordan, and the battles of Joshua's time. The former were waged miraculously by the hornets, which did not cross the Jordan (*Sotah* 36a). The battles against the kings on the western bank of the Jordan, however, were waged with weapons, and the Israelites were victorious through the merit of Jacob.

Ramban explains that these two verses indicate that although they fought against the Canaanites with their swords and bows, they were victorious only by the power of God, not by their own power.

He conjectures further that Jacob may have stretched out a sword toward the land of the Amorites and also shot arrows in that direction, as the later prophets did, so that it would fall to his descendents, as Elisha did with Joash, king of Israel (II Kings 13:16f). Perhaps it is for this reason that Jacob said "I took," because by this symbolic act the land had already been taken for his sons. The fact that the Torah does not directly mention this act does not prove that it did not happen, for this verse alludes to it.

49

1. **Jacob called for his sons**—I.e., he sent for them—[*Rashbam*] [We should not misconstrue the verse to mean that his sons were standing within hearing distance and he called to them. Since he ordered them to gather, they must have been a considerable distance away.]

Gather—The seventy souls [that had originally descended to Egypt] had grown during the seventeen

ית קרתא דשכם חולק חד למתנא יתיר על אחך די נסיבית מידיהון דאמוראי בעידן די עלתון לגווה וקמית וסייעית יתכון בסייפי ובקשתי: א וקרא יעקב לבנוי ואמר להום אדכו מסואבותא ואחוי לכון רזייא סתימיא קיציא גניזיא ומתן אגרהון דצדיקייא ופורענותהון דרשיעיא וטלניתא דעדן מה היא כחדא מתכנשין תריסר שבטי ישראל מקפין דרגשא דדהבא דרביע עלה מן דאיתגלי איקר שכינתא דיי קיצא דעתיד מלכא משיחא למיתי איתכסי מיניה ובכן אמר איתו ואיתני לכון מה דיארע יתכון בסוף יומיא: ב איתכנשו ושמעו בני יעקב וקבילו אולפן מן ישראל אבוכון: ג ראובן בוכרי אנת ריש חיל שמושי ושירוי קריות הרהורי

דאדם קדמאה נסיב יתיה אברהם אבוי דאבא מן ידוי דנמרוד רשיעא ויהב יתיה ליצחק אבא ויצחק אבא יהב יתיה לעשו ואנא נסבית יתיה מן ידוי דעשו אחי לא בחרבי ולא בקשתי אלהין בזכותי ובעובדי טביא: א וקרא אבונן יעקב לבנוי ואמר להון אתכנישו ואתני לכון קיצא גניזא רזיא טמיריא ומיתן אגריא דצדיקיא ופורענותהון דרשיעיא וטליותיה דעדן מה הוא כחדא אתכנשו תרי עשרתי שבטיא דיעקב ומקפין לדרגשא דדהבא דהוה אבונן יעקב רביע בגווה בעיין די יתני להון קץ ברכתא ונחמתא מן די איתגלי ליה רזא אתכסי מניה מן די אפתח ליה תרעא איטרד מניה חזר אבונן יעקב ובריך לבנוי גבר כעובדוי טביא בריך יתהון: מן דאתכנשו תרי עשרתי שבטוי דיעקב ואקיפו דרגשא דדהבא דהוה אבונן יעקב רביע בגווה סברין דהוא גלי להון סדרי ברכתא ונחמתא ואתכסי מיניה: ענא אבונן יעקב ואמר להון אברהם אבוי דאבא קם מיניה פיסול ישמעאל וכל בני קטורה ויצחק אבא קם מיניה פיסול עשו אחי ואנא דחיל דלא יהי ביניכון גבר לביה פליג על אחוי למיזל למפלח קדם טעוון אוחרניין ענין תרי עשרתי שבטוי דיעקב כולהון כחדא ואמרין שמע מינן ישראל אבונן יי אלהנא יי חד ענין יעקב אבונן ואמר יהא שמיה רבא מברך לעלמי עלמין: ג ראובן בוכרי את חילי ושירוי צערי חמי הוה לך ראובן ברי למיסב תלתא חולקין יתיר על אחך בכורותא

פי' יונתן

לברית יברך וכו' וק"ל: (א) אדכו מסואבות' פי' הטהרו מטומאתכם דייק כדאיתא ברכה מהו האספו הטהרו מטומאה' כמו ותסגר מרים ואחר תאסף. ואחוי לכון וכו' פי' אגלה לכם סודות סתומות: קציא גניזי' פי' קלים נעלמים. וטלנית' דעדן פי' היאך הצדיקים מטיילים בג"ע וכו' כולו מפור' בירושלמי: (ג) ריש חיל שמושי פי' ראשית כח תשמישי ושירוי קריות הרהורי פי' תחלת ראיות קרי שלא ראה קרי מימיו ולא הרהר על אשה:

פי' ירושלמי

(כב) לבושיה דאדם קדמאה וכו' כבר פירשנו שלקחם עשו מנמרוד ועיין בילקוט ואמר יעקב אין הרשע ראוי ללבוש בגדים הללו ודייק מדכתיב מיד האמורי זה עשו שעשה מעשה אמורי ושכם לשון חלק לפי זה: (א) מן דאפתא ליה תרעא וכו' פי' מה שנפתחו לו שערי בינה ופתחי חכמה נסתמו מיניה כמבואר: רביע פי' שכב עלה אבונן יעקב כו' כל זה מבואר ופי' בילקוט: (ג) ושירוי צערי פי' תחלת צערי ודייק מלת אוני ל' צער כמו בן אוני:

בעל הטורים

ויקרא יעקב לבניו. שרצה לגלות להם הקץ ונסתם ממנו אמר יעקב שמא יש בכם חטא אמרו לו תדקדק בשמותינו ולא תמצא בהם אותיות חט ואמר להם גם אין בהם אותיות קץ: ושמעו. אותיות שמע ו' שאמר להם שמע ישראל שיש בו ו' תיבות: ושמעו בני יעקב. ושמעו. בגי' הוא ביקש לגלות הקץ: ושמעו אל ישראל. בגי' זהו קצו של מלך המשיח: ראובן. בגי' לא בכור. יוסף במלואו בגי' בכורה:

רשב"ם

הירדן וכתיב ביהושע ואשלח לפניכם את הצרע'. ותגרש אותם מפניכם שני מלכי האמורי אשר בעבר הירדן לא בחרבך ולא בקשתך זכותו של יעקב גרם להם: (א) ויקרא יעקב. שלח בשבילם: האספו. כי שבעים נפש הגדילו באלו שבע עשרה שנה ונעשה עם רב ובדברי רבותינו (לשש) מאות אלף: את אשר יקרא

דעת זקנים מבעלי התוספות

שני שלטים מלת שהוסיף לו על אחיו נתגלגל הדבר וירדו למצרים. וגם על יוסף יש תימה שנתן לבנימין שלש מאות כסף וחמש חליפות שמלות ולאחרים לא נתן אלא חליפות שמלות. ותירץ כי מה שנתן יעקב ליוסף כתונת פסים וקנאו בזה היו מתקנאים בו כי היה נראה להם שלא היה לו לכבדו יותר מפני שהם גדולים ממנו אבל עכשיו שהיה מלך לא היו מתקנאים שהדין לכבדו מפני כבוד המלכות, וגם שנתקיימו החלומות והיו צריכים לו וגם מה שהיה יוסף מכבד לבנימין יותר מהם לא היו מתקנאים כי אמרו הדין עמו לפי שהוא בן אמו. אמנם מה שריבה משאות בנימין קשיא לי כי אז היו סבורין שלא יהא מכיר אותו והלא היה משיל קנאה בסעוד' ביניהם וי"ל שגם מזה היו סבורין שהדין עמו לפי שאמ' להם להביאו ויש לו לחבבו יותר מן האחרים. ועוד נ"ל כי מאותה שעה היה דעתו של יוסף להתגלו' לאחיו וכשידעו שהוא בן אמו לא יתקנאו בו. ויש מפרשים שכם אחד היינו קבר שבשכם כדכתיב ואת עצמות יוסף קברו בשכם משל לגנבים שגנבו חבית מלאה יין ומלאם בעל החבית אמר להם כשהסדכם לאחר שתשתו היין החזירו החבית למקומה כך יוסף בשכם גנבוהו ובשכם החזירוהו בעצמות: (א) האספו ואגידה לכם. וכתיב הקבצו ושמעו כאן רמז להם שילכו בגלות שני פעמים ויאספו בשניהם: את אשר יקרא אתכם. פי' בסוף ד' מאות ושלשים שנה של גלות מצרים דהימים מכריחנו לפרש כן דאי לא הוה ליה למכתב באחרית ימים בסוף ימי העולם ושמעתי באחרית הימים של הקב"ה דהיינו בסוף חמשת אלפים ובקש יעקב לגלות הקץ ונסתלקה ממנו שכינה ותמה ואמר למה אלו אין ראויים לגלות להן הקץ והלא אין בהם חטא כלו' אין בכל שמות השבטים לא חי"ת ולא טי"ת השיבו רוח הקדש גם אין בכל אותיות שמות השבטים לא קו"ף ולא צד"י אם כן אינן ראויין לגלות הקץ ועל אשר קראת לבניך להם אתה קורא לי אין אתה קורא כד"א ולא אותי קראת יעקב כי יגעת בי ישראל אין המדה זו שלך הולך רכיל מגלה סוד וגו' כשראה יעקב כך הפליגן בדברים ואמר ראובן בכורי אתה: (ג) ראובן בכורי אתה. וראוי היית ליטול פי שנים בבכורה וגם הכהונה היתה ראויה להיות לך לפי שהעבודה בבכורות וגם המלכות כי המלכות ראוי

אור החיים

כהונה עז זה מלכות וכו' וצל"ד למה לא אמר חלק פי שנים אחר שירד לפרט פרטי המושג לבן בכור ואונקלוס הוסיף להזכירה בתרגומו ואמר תלת חולקין וכו' עוד צל"ד כוונת אומרו פחז כמים אל תותר ורש"י ז"ל פי' על אשר פחזת כמים לזה אל תותר לא יהיה לך היתרון ומה הוא הפחז כי עלית משכבי וגו' ועדיין צריכין אנו למודעי למה לא הספיק לומר אל תותר כי עלית אחר שהפחזות הוא כינוי לעון היה לו להזכיר העון לבד ומה לי עשאו בחפזון או שלא בחפזון. עוד למה הפסיק בעוכם באמצע הודעת העון שהיל"ל עז"ה אל תותר פחז כמים כי עלי' או ע"ז הדרך פחז כמי' כי עלי' וגו' אל תותר. עוד צל"ד כוונת אומרו עלית משכבי אביך ל'

כלי יקר

את אשר יקרא אתכם באחרית הימים לעת קץ. ומיד הרגיש בעצמו שנסתם ממנו הקץ על כן חזר מלשון אסיפה ואמר הקבצו בני יעקב לשמוע דברים שאין בהם סוד ויכול לדבר ממנו ברבים והזכיר ב' פעמים ושמעו כי לקצתם היה מדבר דברי כבושים ותוכחות כמו לראובן שמעון ולוי ועל זה אמר ושמעו בני יעקב. ולקצתם היה מגיד עתידות ועל זה אמר ושמעו אל ישראל אביכם כי הגדת העתידות תלוי ברוח הקדש שעליו המיוחס לשם ישראל כי שם זה רוחני וזה פי' יקר:

ראובן בכורי אתה וגו'. תרגומו חזי לך למיסב תלתא חולקין בכירותא כהונתא ומלכותא רלה לפרש הפסוק ראובן בכורי אתה ראוי אתה לבכורה לפי שכחי וראשית אוני אתה. וראוי אתה גם

ספורנו

חלק בארץ: בחרבי ובקשתי. בחכמתי ובינתי שהם חרבם וקשתם של צדיקים כאמרו חגור חרבך על ירך גבור וכבר בארו רז"ל ההוא בד"ת הוא דכתיב וכענין על הפך זה שניהם חנית וחצים ולשונם חרב חדה וכענין וידרכו את לשונם קשתם שקר: (א) באחרית הימים. לקץ הימין בבוא גואל וכן הנביאים באמרם והיה באחרית הימים יהיה הר בית ה' נכון בראש ההרים וזה הגיד יעקב בזה באמרו כי יבא שילה ולו יקהת עמים אוסרי לגפן עירה וכו': (ב) ושמעו אל ישראל אביכם. קבלו את הדרך שהורה לכם כל ימיו אשר בה תהיו בני ישראל והוא אביכם כי תשתררו עם אלהים ואנשים ולא יאבד מכם הטוב העתיד לבא:

יתר

years, and had become a great nation; according to our Sages, 600,000. [Consequently, they were spread out and had to be assembled.]— [Rashbam]

and I will tell you, etc.—*He attempted to reveal the End, but the Shechinah withdrew from him. So he began to say other things.*—[*Rashi from Pesachim 56a Gen. Rabbah 89:5*]

The apparent problem is that Jacob first promises to tell them what will happen to them "at the end of days," and then proceeds to bless each of his sons with the blessing that the tribe bearing his name will receive during the period preceding the Babylonian Exile, but he tells them nothing about "the end of days." Therefore, the Rabbis (in *Pesachim* 56a) deduce that at first Jacob wished to reveal to his sons the time the Messiah would come, but the *Shechinah* withdrew from him to prevent him from revealing that secret. So he commenced to bless each one with his own individual blessing.

According to *Zeror Hamor*, the "other things" were what Jacob said to his sons prior to blessing them, for the Rabbis tell us that when the *Shechinah* withdrew from Jacob, he said, "Perhaps, God forbid, one of my children is unfit. Perhaps I am like Abraham, who had a son Ishmael, or like my father Isaac, who had a son Esau." His sons replied, "Hear, O Israel, the Lord is our God; the Lord is one. Just as you have but one in your heart, so do we have but one in our heart." Thereupon, Jacob commenced to speak and said, "Blessed be He

Whose glorious Kingdom is forever and ever." This *aggadah* is found in *Pes.* 56a, and there is a similar account in *Targum Yerushalmi*. For a complete set of references, see *The Pentateuch with Rashi Hashalem*.

Ramban too identifies "the end of days" as the Messianic era. He points out that the clause "until Shiloh comes, and nations gather to him" (verse 10), alludes to the coming of the Messiah. Hence, Jacob did, indeed, speak later about the coming of the Messiah.

Da'ath Zekenim writes that when Jacob attempted to reveal the End and the *Shechinah* withdrew from him, he was bewildered, and he asked, "Why are my sons undeserving that the End be revealed to them? In all their names, we do not find the letters 'cheth' or 'teth,' which denote sin (חְטָא)." The holy spirit replied, "Neither do we find the letters 'kuf' or 'tzaddi,' which denote the End (קֵץ). Therefore, they do not deserve to know when the End will be." God also criticized Jacob for calling his sons and not calling Him [to request permission to reveal the End]. Consequently, Jacob changed the subject and gave his sons their blessings.

Da'ath Zekenim brings another interpretation, namely that Jacob wanted to reveal what would happen to his children after the 430 years of the Egyptian exile.

Rashbam comments that Jacob wanted to reveal to his sons what their strength and their inheritance would be [in the future].

2. **Gather and listen**—The

repetition of "Gather," alludes to the two exiles from which Israel will be gathered.—[*Da'ath Zekenim* from *Mid. Tanchuma Vayechi* 8]

According to *Maharzav* on *Gen. Rabbah* 98:3, verses 1 and 2 are out of sequence chronologically. He deduces this from the difference in grammatical style between them. Whereas verse 1 speaks in the first person, "I will tell you," verse 2 speaks in the third person, "...sons of Jacob, and listen to Israel...." According to the midrash on verse 2, Jacob called his sons through either an angel or the holy spirit. The angel or the holy spirit addressed Jacob's sons and commanded them, "Gather and listen, sons of Jacob, and listen to Israel, your father." When they came together and were within hearing distance, he called to them and said, "Gather and I will tell you what will happen to you at the end of days."

Alshich explains that there is a difference between הֵאָסְפוּ and הִקָּבְצוּ. The former denotes gathering from a short distance, whereas the latter denotes gathering from far away. Jacob felt that his sons were very near him spiritually, so he called them to draw near him, as one calls one's friends to come close in order to whisper a secret. He spoke to them this way because he wanted to reveal a matter that was to be kept secret, namely when the end of the exile would take place. Therefore, he said, "Gather (הֵאָסְפוּ) and I will tell you what will happen to you at the end of days." Since he did not think there was anyone unfit among them, he called them without giving them the title of "sons of Jacob," which would denote low spiritual status, or "sons of Israel," which would denote high spiritual status, as in Gen. 32:29.

When he saw that the end was hidden from him, however, he repeated his command, "Gather and listen, sons of Jacob," this time using the expression הִקָּבְצוּ, as if to say, "Perhaps you are spiritually distant from me and from each other. Some brothers are very dissimilar, like Esau and me, who could not be further apart in character." Because of this fear that his sons had fallen to a low spiritual status, he said, "Gather," (הִקָּבְצוּ) come near to me and hear what is appropriate for "sons of Jacob." He calls them "sons of Jacob," because he believed them to be of low spiritual status, thus causing the *Shechinah* to leave him. When they heard him call them "sons of Jacob," they immediately replied, "Hear, O Israel..." Their father then replied, "You say that I, whose name is Israel, should hear that the Lord is our God. You too shall listen to Israel your father, to whatever I say to you in these blessings, for now your father will be called Israel, not Jacob."

Malbim explains that the "sons of Jacob" are the Ten Tribes, and "Israel" denotes the tribes of Judah and Benjamin.

The Ten Tribes are located in one place, but they are lost to us. Therefore, the term הֵאָסְפוּ, meaning "to gather in," is used. Judah and Benjamin are scattered, but they are not lost. Therefore the term הִקָּבְצוּ, meaning "to gather scattered people or things," is used.

כֹּחִי וְרֵאשִׁית אוֹנִי יֶתֶר שְׂאֵת וְיֶתֶר

וְרֵישׁ תּוּקְפִּי לָךְ הֲוָה חָזֵי לְמִסַּב תְּלָתָא חוּלָקִין

תו"א כחי וראשית יבמות עו :

שפתי חכמים

הכהנים יקבץ שהוא רמז לגלות אחרון . ועי"ל מדכתיב באחרית הימים נ"ל אלא רמז לקץ הימין שיהיה באחרית הימים : ו דמלת אוני יתיר הוא שהרי ככל כתיב כחי ואוני היינו נמי כחי כדפירש"י ואע"פ דאין

רש"י

אחרים : (ג) וראשית אוני . היא טפה ראשונה שלו שלא ראה ו קרי מימיו [ב"ר] : אוני . כחי כמו [הושע יב] מצאתי און לי (ישעיה מ) מרוב אונים . ולאין אונים : יתר שאת . ראוי היית להיות יתר על אחיך בכהונה לשון נשיאות כפים : ויתר עז . במלכות כמו [ש"א ב] ויתן עז

רמב"ן

עז ועניינו אתה בכור כחי וראשית אוני בהיותו ביתרון שאת ומעלה בלשון הלא שאתו תבעת אתכם משאתו יגורו אלים . רוממות

אבן עזרא

ראשית אונים : יתר שאת . ראוי היית ליתרון על הכל שתהיה נשא : ויתר עז . כפול בטעם כדרך כל הנבואות

כלי יקר

לכהונה דהיינו יתר שאת כי העבוד' בבכורות וראוי אתה גם למלכות יתר עז . אמנם פחז כמים אל תותר כי מלך במשפט יעמיד ארץ וכל שופט צריך להיות מתון בדבר המשפט . ואתה פחזת כמים בכל ענייך והפחז היינו המהירות ע' כן אין אתה ראוי לקבל יתרון המלוכה וכי עלית משכבי אביך על כן אינך ראוי לכהונ' כי הכהונ' עניינ' להשרות השכינה בבית המקדש שנקרא משכבי אביך שבשמים כמו שפירש"י על פסוק הנה מטתו שלשלמה ועל פסוק בין שדי ילין וכארז"ל כד הוי רחימתין עזיזא אפותיא דספסירא הוינא שכיבן כו' ואתה גרמת סילוק השכינה על ידי מעשה בלהה ע"כ אינך ראוי לכהונה . ונקט משכבי לשון רבים כי ג' מקדשים היו לעתיד און משכן . אז חללת יצועי עלה באותו פעם חללת גם יצועי דהיינו מטה שלי כדי שלא אוליד עוד בנים ממנה ועשית זה בעבור חמדת הממון שיהיה לך חלק גדול בירוש' וכן פי' הרמב"ן על כן אני קונס אותך ממון לבלתי היות לך משפט הבכור' ליקח פי שנים ותהיה ליוסף בעל עין יפה שפרנס את אביו ואחיו כמ"ש ובחללו יצועי אביו נתנה בכורתו ליוסף :

יתר שאת ויתר עז. הקשו המפרשים שכפי משמעות הפרש' לא בירך אותו כלל והכתוב אומר איש כברכתו בירך אותו . ואומר אני שברכו יעקב מעין ברכותיו של משה שנאמר יחי ראובן ואל ימות ויהי מתיו מספר ופי' מהר"יא לפי שראובן הי' מוכרח לילך בראש החלוץ למלחמה ועל הרוב המתים במלחמה הם הראשונים על כן ברכו יחי ראובן ואל ימות . ולי נראה שברכו בענין העז והגבור' שיהיה גבור בארץ ויתן עז ותעצומות לעם כי ההולכים בראש החלוץ צריכים להיות גבורים וכל גבור נקרא איש חי רב פעלים לאפוקי' החלוש חשוב כמת לכך נאמר יחי ראובן . ומה שנא' ויהי מתיו מספר נראה לפרש כי נצחון האויבים בדרך הטבע תלוי בשני דברים או ברבוי עם או באנשים בעלי כח וגבורה ושניהם כאחד טובים ויען כי ראובן גרם ליעקב סילוק השכינה וקרוב הדבר להיות עונשו מדה כנגד מדה שבמלחמותיו תסתלק השכינ' ממנו ויצטרך לעשות מלחמות בדרך הטבע על כן הוצרך לשני ברכות אלו שיהיו אנשיו גבורים ועל זה אמר יחי ראובן ואל ימות . ויהיו גם כן רבים עד שיצטרכו למספר כי עם מועט נקראו מתי מספר שמספרם ידוע לרבים אבל עם רב צריכים לספרם ועל זה ויהי מתיו מספר כי לשון ויהי מורה שיהיו רבים צריכין למספר . וכן יעקב ברכו בשני ברכות אלו ונתן לו השאת והעז . השאת היינו המספר וזהו בעלם ברכת ויהי מתיו מספר . והעז היינו הכח והגבורה נרמוז בברכת יחי ראובן ואל ימות. ויותר מתיישב ענין המספר לפירש"י שפי' ויהי מתיו מספר שיהיה נמנה עם שאר השבטים ומדקאמר מתיו משמע שמדבר בגבורים הרבה שיהיו נמנים עם ישראל כשיהיו כל ישראל נמנים לאיזו צורך ואמר יעקב הנני נותן לך השאת והעז כי השאת עניינו המספר כמ"ש כי תשא את ראש שאו את ראש וכן בכל מקום נזכר המספר בלשון שאת . ואמר יעקב אע"פ שמן הדין היית ראוי ליתר שאת ועז ר"ל שיהיה לך יתרון על כל השבטים פי שנים כפלים כענין השאת והעז כי ראוי שיהיו ממך מתי מספר פי שנים על זולתך . וכן יתר עז היה מן הראוי ליתן לך עז ותעצומות יותר מכל השבטים ליקח פי שנים בשאת ועז. אך לפי שפחזת כמים בחטא של בלהה על כן אל תותר להיות לך יתרון על אחיך בשאת ועז אבל מכל מקום גוף השאת והעז אני נותן לך במתנ' כי מן הדין היה שהחטא יגרום שלא יהיה לך שום שאת ועז אפילו שוה לאחיך לא היה לך להיות מכל מקום הנני נותן לך ברכתי שלום שיהיה לך שאת ועז שוה לאחיך אך אל תותר ליקח יתר על אחיך מצד שהעון גורם לך . ונוכל לפרש ענין השאת היינו שיהיה נמנ' במנין שאר השבטים כמו שפי' רש"י על ויהיו בני יעקב שנים עשר וכן בפסוק ויהי מתיו מספר והכל מבואר בדרך אחד :

אור החיים

רבים . עוד מה כוונת אומרו אז חללת כי משמע שעשה ב' דברי' בזמנים מחולקי' ולזה אמר אז וגו' פי' כי צלד שההילול היה בזמן נפרד מזמן שעלה יצועי אביו לזה אמר אז חללת ולצ"ד מה היא החילול שעשה זולת עלית משכבי וגו' ואם הכונה היא שבאמצעות עליתו חלל וגו' הול"ל עלית וגו' חללת וגו'והדבר מובן שאז בעלותו חלל יצועי ולא היה צ"ל אז וקודם נבא לביאור הכתובי' יש לנו להקור הקירה אחת והוא איך עשה יעקב הפך מה שכתוב בתורה לא יוכל לבכר את בן האהובה על פני בן השנוא' הבכור והוא בכור יוסף בן רחל האהובה אצלו על פני ראובן בן לאה השנואה וקודם צריך לתת לב אם האבות היה עליהם חיוב קיום כל התורה כי הלא מצינו שיעקב נשא ב' אחיות ואברהם לא מל עד שהיה זקן וכן כמה פרטים ומעתה מה מקום לקושיא זו שבכור בן האהובה תהיה זוכערל' של אברהם קודם שנצטווה וכנשיאת ב' אחיות ליעקב וראיתי לרמב"ן שנתן טעם ליעקב שנשא ב' אחיות כי לא הי' בארץ עד כאן ואין דבריו חזקי' בסמוכות כי מי גילה לו סוד זה שלא היה שומר תורה אלא בארץ ואחר שאין הפרש בין בארץ לח"ל באותן פרטי המצו' שלא שמרו האבו' והנכון בעיני הוא כי האבות קבלו התורה מסם שקבל מנח שקבל מחנוך שקבל מאדם הראשון אשר למדה מפי הגבורה דכתיב אז ראה וגו' ויאמר לאדם ושבאמצעותה לוהו לעבוד ג"ע וכמו שפירשתי בפ' לעבדה ולשמרה אך לא נצטוה אלא ז' מצות שאם יעבור עליהם יהרג אבל שאר התורה קרוב לשכר אם יעשה ורחוק מן ההפסד אם לא יקיים וכדרך שיש לנו גם אחר נתינת התורה שיש מצות שאם יעשה אותם האדם יטול שכר ואם לאו אין לו עונש עליהם כמו כן היה מיום ברא אלהים אדם בכל התורה חוץ מז' מצות והאבו' לצד חביבותם בה' וחשקם באוצר עליון קיימו הכל כאומרו עקב אשר שמע וגו' וארז"ל קיים אברהם אבינו אפילו עירובי תבשילין ואת בניו הקים תחתיו להרויח תועל' המצוה ועסק התורה אבל במקום שהיו רואים תועלת דבר ההצלחה להם כמו שתאמר יעקב כשהרגיש בהצלחתו בנישואי שתי האחיות העלים עין מריוח הנמשך מקיום המצוה ההיא כיון שאין לו עונש אם לא יקימנה כל עוד שלא נתנה תורה ומה גם אם נאמר שהיו עושים ע"פ הדיבור כי האבות נביאים היו וה' אמר להם לעשות כן ודבר זה דומה למה שכתב רמב"ם בהלכות דיעות כי נביא שאמר לעבור על איסור מאיסורי התורה לפי שעה שומעין לו כאליהו בהר הכרמל וגו' גם יאמין יעקב שעשה מעשה על פי נבואתו שיכול לישא ב' אחיות לפי שעה לא שיעקר איסור ב' אחיות ומה גם בזמן שלא היה להם עונש על הדבר אלא הקרבת התועלת אם יקיימו כנזכר גם יהודה על ידי מלאך הורש' לקחת תמר כאומרם ז"ל למה שנמשך ממנה מהאצלת נשמות הקדושות ולפ"ז נאמר כי יעקב נראה

ספורנו

(ג) יתר שאת ויתר עז. פחז כמים אל תותר. אתה פחז כמים אל תותר על אחיך בענין יתר שאת שהיא מעלת שאת וקבלת חלק יתר בכהונה ובבכורה. אע"פ שאתה ראשית אוני והיית ראוי לך משפט הבכורה כאמרו כי הוא ראשית אונו וכו': ויתר

עז

my strength and the first of my might. [You should have been]
superior in rank and superior

3. and the first of my might—
That is, his first drop [of semen], *for he had never experienced a nocturnal emission.*—[*Rashi* from *Yeb.* 76a][1]

my might—Heb. אוֹנִי, *my strength, similar to: "I have found power* (אוֹן) *for myself"* (Hos. 12:9); *"because of His great might* (אוֹנִים)*"* (Isa. 40:26); *"and to him who has no strength* (אוֹנִים)*"* (ibid. 29).—[*Rashi* from *Targum Onkelos*]

superior in rank—Heb. יֶתֶר שְׂאֵת. *You were fit to be superior over your brothers with the priesthood, an expression of raising up the hands* (נְשִׂיאוּת כַּפַּיִם) [to recite the priestly blessing].—[*Rashi* from *Gen. Rabbah* 99:6]

and superior in power—Heb. וְיֶתֶר עָז, [i.e. superior] *with kingship, like "And He will grant strength* (עֹז) *to His king"* (I Sam. 2:10).—[*Rashi* from *Gen. Rabbah* 99:6]

Targum Onkelos paraphrases the verse: You deserved to take three shares—the birthright, the priesthood, and the throne.

Since you are the firstborn, you should have taken a double share in the inheritance. You should also have received the priesthood because the sacrificial service was then performed by the firstborn. In addition, you should have received the kingship, because that too belongs to the firstborn, as it is written: "But the kingdom he gave to Jehoram because

he was the firstborn" (II Chron. 21:3). But you did not merit the birthright, and so it was given to Joseph. The priesthood was then given to Levi, and the kingship was given to Judah, as it is written: "And the sons of Reuben, the firstborn of Israel, for he was the firstborn, but when he defiled his father's bed, his birthright was given to the sons of Joseph, but not to be reckoned in the genealogy as firstborn. Because Judah prevailed over his brothers, [was greater than they], the one appointed as prince was to be from him, but the birthright belonged to Joseph" (I Chron. 5:1f.).—[*Da'ath Zekenim*]

Keli Yekar explains this verse in the same manner as *Da'ath Zekenim*. only elaborating on the connection between Reuben's restlessness and his loss of these three superior positions. He explains that "a king establishes the land with justice" (Prov. 29:4), and every judge must be deliberate in deciding the law. Consequently, Reuben, who was restless in all his affairs (and restlessness signifies haste), was unworthy to occupy the throne.

Keli Yekar proceeds to explain why the priesthood was taken away from Reuben. He explains as follows: The purpose of the priesthood is to cause the *Shechinah* to rest in the holy Temple, which is called "your father's bed," i.e., the bed of your Father in heaven, as *Rashi* explains on Song of Songs 1:13, 3:7. The Rabbis, too, compare the resting of the *Shechinah* in Israel to a bed: When our love was strong, we could lie on the broadside of a sword, but now that our love is not strong, a bed of sixty cubits does not suffice us (*Sanh.* 7a). Since, through the incident of Bilhah, Reuben caused the *Shechinah* to withdraw, he did not deserve the priesthood. The word מִשְׁכְּבֵי is in the plural form, alluding to the future three sanctuaries, in addition to the Tabernacle.

According to *Ramban*, Reuben *moved* Bilhah's bed to prevent Jacob from fathering any more children. He did this so that he would not have to share his inheritance with any more heirs than were already in existence at that time. Therefore, he was deprived of the birthright, the double share of the estate to which he was entitled as firstborn. This was given to Joseph, who sustained his father and brothers generously.

Rashbam explains that first Jacob refers to the birthright and then to the throne. He interprets כֹּחִי and אוֹנִי as synonymous with חֵילִי, which is often used to mean "my riches," or "my possessions." Jacob says to Reuben, "You are my firstborn. You should receive the first share of my possessions."

superior in rank and superior in power—You should have been exalted over your brothers, and should have had more power to reign over them, were it not for the restlessness and haste that you displayed, which are like water that is poured out. Therefore, you shall retain neither the birthright nor the throne. And so it is written in (I) Chronicles (5:1f).

Moshav Zekenim and *Imrei No'am* ask how Jacob could deprive Reuben of the birthright when it is stated explicitly: "he will be unable to declare the son of the beloved wife the firstborn" (Deut. 21:16). They quote *Ramban*, who asserts that Jacob had received a Divine command to take the birthright from Reuben and give it to Joseph.— [*Tosafoth Hashalem*]

In *Tosafoth Hashalem* we find another solution. Namely that a father may not deprive his firstborn of his birthright with an expression of inheritance, i. e., by declaring that another son should *inherit* what rightfully belongs to the firstborn. He may, however, declare that he is *giving* that share to another son.

Others interpret this verse more positively for Reuben. They comment that he in fact was given more strength and power than other tribes. The tribe of Reuben were the advance guard when going to war. They hastened to accept the stipulation Moses made with them, to give them the Transjordan if they would go to war against the nations of Canaan before the other tribes did. Accordingly, Reuben's haste was a positive factor, rather than a negative one. In the following verse, Jacob gives the reason for Reuben's superior power. "You have the restlessness of water [in your immediate acceptance of Moses' stipulation]; you will not leave [anyone at home]."

חֲמֵי הֲוֵי לָךְ בְּכוּרוּתָא וּרְבוּת כְּהוּנְתָא וּמַלְכוּתָא וְעַל דִי חַטֵיתָ בְּרִי אִתְיְהִיבַת בְּכֵירוּתָא לְיוֹסֵף וּמַלְכוּתָא

כְּהוּנְתָא מַלְכוּתָא וְעַל דְחַטֵית רְאוּבֵן בְּרִי אִתְיְהִיבַת בְּכוּרוּתָא לְיוֹסֵף וּמַלְכוּתָא לִיהוּדָה וּכְהוּנְתָא רַבְּתָא לְשִׁבְטָא לֵוִי :

פי' יונתן

חמי הוי לך הבכור' פי' ראוי לך הבכור'. והיינו דקאמר בכורי אתה: ורבות כהונתא דייק מדלא שאת כמד"א וישא אהרן את ידיו. ויתר עז היינו מלכות

רשב"ם

אתכם ענין גבורתם ונחלתם: (ג) כחי וראשית אוני יתר שאת ויתר עז. דיבור אחד הוא. דרך המקראות לכפול את דבריהם כחי כמו חילי וחילי ממוני. וגם אוני ממוני הוא כדכתיב מצאתי און לי וידיו תשבנה אונו כלומר בבורי אתה ומתוך כך חילי וראשית ממוני יתר על אחיך היה לך לשאת ויתר עז היה לך למלוך על אחיך אבל פחזוה ובהלה היה לך כמים הנשפכין לכן אל

דעת זקנים מבעלי התוספות

לבכור כדאמר ואת הממלכה נתן ליהורם כי הוא הבכור ולא זכית להיות הבכורה לך ונתנה ליוסף והכהונה ללוי והמלכות ליהודה הס"ד ובחללו יצועי אביו נתנה בכורתו ליוסף ומי גרם לך זה לפי שפחזת כמים כקיתון הנשפך ולא הותר לך כלום רק המנין שמתחיל לעולם מראובן ולכך נאמר כמים שהם דבר לח ונשאר מהם קלח בכלי ולא כדבר יבש שאין נשאר כלום ובמס' שבת בפרק במה בהמה מסיק כתנאי פחז ר' אליעזר אומר פזת"ם חבת"ם זלת"ם ר' יהושע אומר "פסעתה על דת "חטאת "זנית. ר"ג אומר "פללתה "חללת "זרחה תפלתך ר' אלעזר המודעי אומר הפוך ודורשה "זעזעת "הרתעתה "פרחה חטא ממך רבא אמר "זכרת עונשו של דבר "חלית עצמך חולי גדול "פרשת מלחטוא. כמים אל תותר הנשפכין מן הכלי שאין נשאר בו כלום ולא כשמן הנשאר מן הכלי כשנשפך:

אור החיים

בעיניו להעניש ראובן על אשר חלל יצועו ונטל ממנו הבכורה או שכן נאמר לו בנבואה וכמו שכן אמר הכתוב בדברי הימים ראובן בכור ישראל כי הוא הבכור ובחללו יצועי אביו נתנה בכורתו לבני יוסף ועדיין אין הדבר מספיק כי למה לא ניתנה אלא ליוסף ולא ליהודה או לשאר אחים הגדולים ובס' הזוהר פ' וישלח דף קע"ו כתב טעם הדבר וז"ל בשעתא דעאל לגבה דלאה כל ההוא ליליא רעותי' ולבי' הוה ברחל דחשיב דרחל איהי וכו' אהדר עובדא לאתרי' וכו' בכורתי' אהדרת ליוסף וכו' ע"כ הנה טעם זה מספיק לנטילת בכורה מראובן ותעמוד ביוסף כי הוא כפי האמת שעלה במחשבה ראשונה בביאה ראשונה כשהטיל זרעו יעקב חשב באמו אלא קשה למה הוצרך הכתוב לומר ובחללו יצועי אביו וגו' הלא אפי' אם לא היה ראובן מחלל יצועי אביו הבכורה ליוסף נוגעת כנזכר וליישב הענין דבר ידוע היא כי כל רוחניות שבעולם מתחלק לג' בחי' א' קדושה וא' חול וא' חלק רע וכל אחת מהשלשה תוציא ענפיה ותתאוה לבחינתה חלק הקדושה יפריח ענפי הטוב והאושר הנצחי ותתאוה למושכלים חלק החול יתאו' לאכול הערב לפה ונחמד לעין ויבנה בתי אבנים ועפר ויכונן מלבושים והכנות כדמי' חלק הרע יתאוה לכל תיעוב ויעשה כל אשר שנא ה' ויבחר לגזול ולרמות ולשקר ולאכול חלק הטומאה נבילות וטריפות שקצים וכו' ויערב לנפשו לחבק בשר טמא נדה גויה א"א וזכר המורחקים מבחי' הקדוש' ומג' אלה ישנו כל הווה וכל נמצא בין מחלקי הטוב והטהר' בין בחלקי הממוצע והוא שאנו קוראים חול בין בחלקי הרע והטומאה וצוה ה' לעם ישראל כי לצד שהם בחי' הקדושה לבל יטעמו מחלק הרע לא במאכל ולא במשתה ולא בדיבור ולא במחשבה ולא בראיה ולא בשמיע' ולא בריח. מאכל לבל יאכל ב"ח טמאים וטריפות ונבילו' ושקצים וכו' ולא ישתה יין נסך ויין ערלה וכדומה. דיבור שלא ידבר שקר ורכילות ונבלות הפה ול"ה וכדומה מחשבה לבל יחשוב בע"ז ולא בזנות ולא יתגאה בדעתו ולא יחרוש און. ראיה לבל יביט ביופי אשה האסורה כאומרו אל תפנו אל האלילים וגו' ולא יביט בדברים האסורים לראות. שמיעה שלא ישמע דברים המשקצים ולא קול אשה האסור' וכדומה. ריח שלא יריח ריח דברים האסורים וכנגד כל בחי' ובחינה יש חלק החול וחלק הקדושה וגזר ה' שיהיה חלק הקדושה מצוה לעשות כן וחלק החול רשות ובעת אשר ידבק האדם בבחינ' אחת מהם כמו כן תדבק נפשו בשורש ההוא אם לטוב אם להפכו ומעתה הגם שתהיה נפש אדם טהורה זכה וברה באמצעות אשר יכנים לפנימיותו מחלק הרע תהיה הנפש ההיא מעורבת מב' בחינות טוב ורע זה יסובב לנפש ההיא טעימת המר להתייסר או גוף ונפש בעה"ז או נפש לבד לאחר מותו והוא סוד הכביסה שאמרו בשלהי שבת ינתנו לכובס ויש לך לדעת כי כפי בחי' הרעה שנדבקה בנפש מהרע כמו כן תתאוה נפשו כמו שתאמר אם נפשו נהנא' מטומאת הניאוף תתאוה נפשו לבחינ' זו כפי מה שהקדמנו כי כל בחי' תתאוה לכיוצא בה וכי ירבה האדם להלעיט נפשו מחלקי הרע תגדל בה חשק הרע ויבדל ויתרחק מבחינת הטוב תקח כלל זה בידך כי אין לך דבר מעשה בעולם ולא נדנוד דבר שאין לו יסוד ברוחניות וכל דבר איסור שהודיע ה' כי הוא זה אסור כל הנדבק בו הרי הוא מושך לנפשו חלק רע וצא ולמד מ"ש בספר הישר שחיבר ר"ת בהנהגת הנפש לדעת אדם נפשו מה טיבה ותמצא שיש אדם שאין נפשו משיאתו עשו' ניאוף ויש נפש אדם שמשיאתו על הדבר ודבר זה גורם אם הוא דבוק בנפשו מבחינת הרע אות' בחינ' אינה יכולה להפך טבעה הרע לשנוא כיוצא בו והוא ג"כ סוד אומרם ז"ל אבר קטן יש באדם משביעו רעב מרעיבו שבע גם יש לגלות הבחנ' אחת בזה כי יש אדם כי יולד יהיה טבעו להוט אחר עשות רע ויגדל עשות רשע ויש אדם טבעו בלא שום טורח יחדל מבחי' הרע ובנקל יחזור לאחור אם יחפוץ דבר זה ימשך מההרכב' בשעת זריעה אם נפש אדם הזורע' חושבת בחשק המעשה לצד המעשה כי יערב לו ואצ"ל אם יתן עינו בכוס אחר או יחשוב במחשבות שלא במינו הטהור וצא ולמד מבני חזקיה ע"ה שיצאו ב' עע"ז לצד מחשבות המוליד בע"ז כי המחשב' באותו מצב בונה הבנין בנולד וזה לך עיקר גדול כי המזריעי' הם הבונים לנפש הנולד ואם תזרע בנקיון וטוהר קדיש משמיא נחית ואם תולד בו כל שהוא מחלק הרע דרך שם תכנס בחינת הרע ותעל צחנתו ובאשו זה הכלל לא יתאוו לבחי' הרע אלא מינו וכל שאין בו מין רע כל עיקר לא תתאוה לדבר ואם לקהך אדם לו' והרי אדם מושלל מחלק הרע היה ואיך חטא ועבר על דברי ה' אמור לו שוגג היה גם לא בחינת הרע גמור היה עץ הדעת והראי' כי נטוע בגן אלהים מקום שאין רע גם אמרו ז"ל שאם היה ממתין עד עש"ק היה מקדש על גפן למ"ד גפן היה הא למדת שלא היה בחינ' הרע אלא כדבר חול בערך קודש והוא סוד. וא"ת איך אברהם ילד ישמעאל ויצחק עשו יש לך לדעת כי הם חלקי הרע שזרע בהם האב תרח אבי אברהם עע"ז הי' וכשיצתה נפש אברהם יצאה דבוק' מבחי' הרע אלא שגבר עליו חסד אברהם וכפה בחינת הרע עד שהפרידה ומסר' בישמעאל ועדיין היה צילולי הרע דבקים עד שבא יצחק והפריד' ברתיחת הקדושה והוא אומר' ז"ל כי יעקב יצא נקי ובר וכו' ומעתה נשקיף במעשה יעקב כי בעת הזרעת ראובן היתה מחשבתו לא שלימה בבחינת הטוב בפרט זה שלא עשה מעשה במקום המחשב' ובחי' זו אינה במדרג' הטוב כמו שתמצ' שחשבו ז"ל בדומה לזה בני תמורה והגם כי ישתנה מעשה יעקב לצד כי מחשבתו וידיעתו שלימה פי' כי היה חושב ברחל גם היה בדעתו ובידיעתו כי היא זאת רחל לא שהיה יודע שהיא לאה וחשב ברחל שלזה יקרא בני תמורה אעפ"כ הדבר הוא כל שהוא מבחינת לא טהור וצא ולמד מה שיצא מזה כי יצא ראובן ובלבל יצועי אביו הרי שעשה פעולתו מעשה הבלתי טהור מה שלא עשה

כן

עָז׃ ד פַּחַז כַּמַּיִם אַל־תּוֹתַר כִּי עָלִיתָ מִשְׁכְּבֵי אָבִיךָ אָז חִלַּלְתָּ יְצוּעִי עָלָה׃ פ ה שִׁמְעוֹן וְלֵוִי אַחִים כְּלֵי חָמָס
מכרתיהם

תו"א פחז כמים שבת נד: חללת שם:

אונקלוס

בְּבֵירוּתָא כְּהוּנְתָא וּמַלְכוּתָא: ד עַל דַּאֲזַלְתְּ לְקֳבֵיל אַפָּךְ הָא כְמַיָּא בְּרַם לָא אַהֲנֵיתָא חוּלָק יַתִּיר לָא תִסַּב אֲרֵי סְלֵיקְתָּא בֵּית מִשְׁכְּבֵי אָבוּךְ בְּכֵן אַחֶלְתָּא לְשִׁוּוּיֵ בְּרֵי סְלֵיקְתָּא: ה שִׁמְעוֹן וְלֵוִי אַחִין גַּבְרִין

רש"י

למלכו. ומי גרם לך להפסיד כל אלה: (ד) פחז כמים. הפחז והבהלה אשר מהרת להראות כעסך כמים הללו הממהרים למרוצתם. לכך: אל תותר. אל תרבה ליטול כל היתרות הללו שהיו ראויות לך. ומהו הפחז אשר פחזת: כי עלית משכבי אביך אז חללת. אותו שם ש עלה על יצועי והיא השכינה שהיה דרכה להיות עולה על יצועי: פחז. שם דבר הוא לפיכך טעמו למעלה וכולו נקוד פת"ח ואלו הי' לשון עבר היה נקוד חציו קמ"ץ וחציו פת"ח וטעמו למט': יצועי ל' משכב ע"ש שמציעים אותו ע"י לבדין וסדינין והרבה דומים לו [תהלים סג] אם זכרתיך על יצועי (שם קלב) אם אעלה על ערש יצועי: (ה) שמעון ולוי אחים. בעצה אחת על שכם ועל יוסף ויאמרו איש אל אחיו וגו' ועתה לכו ונהרגהו מי הם א"ת ראובן או יהודה הרי לא הסכימו בהריגתו א"ת בני השפחות הרי לא היתה שנאתן שלימה ח שנ' והוא נער את בני בלהה ואת בני זלפה וגו' יששכר וזבולן לא היו מדברים בפני אחיהם הגדולים מהם ט על כרחך שמעון ולוי הם שקראם אביהם אחים: כלי חמס. אומנות זו של רציחה חמס הוא בידכם מברכת עשו היא זו

שפתי חכמים

אשה מתעברת מביאה ראשונה אפשר דלאה מוכת עץ היתה. והרא"ם תי' שמטכה באצבע ויש עוד תירוצים אחרים ע"ש (נח"י) ולולא דבריהם הייתי מפרש שלא נתעבר' מטיפה ראשונה אלא שכל הטיפות של יעקב הי"ל לראובן שלא ראה קרי מחמת הרהור ע"ש מ"ש: ז דחלול קאי על השם דשייך לומר חילול על הקב"ה כמו חילול השם אבל לא שייך לשון חילול על המטה והמפרשו כך טועה: ח לא אמר הטעם משום שלא היו מדברים לפני אחיהם שגדולים מהם מפני שכיון שאמר לאביהם שהיו קורין לבני השפחות עבדים א"כ הוא הוליא שם רע עליהם והיה להם פתחון פה שהרי יוסף קרא אותם עבדים לכך נתן טעם ברור כו' (מהרש"ל): ט וא"ת והיאך היו מדברים שמעון ולוי בפני ראובן ותי' מהרש"ל שלא היה

רמב"ן

וגדולה ובהייתו יתרון עז למלחמה כמו ויתן עז למלכו ועזוז מלחמה: (ד) פחז כמים אל תותר. פחז שם דבר מן אנשים רקים ופוחזים ונמהרים קלי הדעת ורבותינו משתמשים בו תדיר נסתכלתי בבואה שלי ופחז יצרי עלי כלומר קפץ יצרי עלי. ואמרו עוד אפיחזיהו הוא דקא מגלי כלומר קלות דעתם עמא פחיזא דאקדמי' פומי' לאודניה עדיין בפחזותיכו קימיתו נמהרי' קלי דעת. ויתכן שהוא הפוך מן חפזון יאמר שטף הבא כמים אל תותר בו כי עלית משכבי אביך בפחזותך וקלות דעתך: אז חללת. אותה כאשר יצועי עלה. הפחז שלך שהוא כמים העולים ושוטפים. וזה כלשון הכתוב במים הנה ה' מעלה עליכם את מי הנהר העצומים והרבים ועלה על כל אפיקיו והלך על כל גדותיו וחלף ביהודה ושטף ועבר ורבותינו אמרו אז חללת יצועי עלה שכינה שדרכ' לעלות על יצועי והכ' אומר ובחללו יצועי אביו שהיצוע הוא המחולל. ואולי יכנה אותו שם ואם בדרך כנוי יתכן שיהיה העולה יעקב עצמו. כלשון אם אעלה על ערש יצועי ויאמר אז חללת אותי רק דבר בנסת' דרך כבו' וכן ובחללו יצועי אביו כנוי בחללו העול' על יצועי אביו. ומן הכ' הזה כפי פשוטו נראה כמו שפירשתי בסדר וישלח כי ראובן נתכוון לפסול את בלהה מאביו כדי שלא תלד לו עוד בנים וימעטו בכורתו ע"כ א"ל שהוא פחיתו' וקלות דעת שיחשוב להרויח בוולא יבא לו ממנו יתרון רק הפסד: (ה) שמעון ולוי אחים. יאמר שהם בעלי אחוה כי יחם לבם על אחותם

אבן עזרא

ופי' עז תקיף: (ד) פחז. בעבור שפחזת כמים: אל תותר. לא יהיה לך יתרון. והיה ראוי להיות אל תותר בשורק הוי"ו ואחרים אמרו רק אתה פחזת כמים הנשפכים ולא הותרת כלום. רק על דעתי שלא תמצא מלת אל רק במקום לווי. ואע"פ שנמצא ודרך נתיבה אל מות ואיננו לווי ופי' אל תבקש יתרון אפי' פחז כמים. ויהיה משקל תותר וזכור מלחמה אל תוסף. והגאון אמר אפי' דבר רק כמים לא יהי' לך יתרון. ופחז מגזרת אנשים רקים ופוחזים · ואין פוחזים הפוך: אז חללת. מיום שחללת נסתלק יצועי כאילו אמר עלה מעלי. גם תמצא מלת עלה כרת. כמו אומר אלי אל תעלני בחצי ימי. וזאת הפרשה מפורשת בדברי הימים ובחללו יצועי אביו ואמר על יהודה שהוא הנגיד והבכורה ליוסף. וי"מ ולא להתייחס לבכורה שיהא תחלת המספר מראובן: (ה) שמעון ולוי אחים. בעבור מעשה שכם:

כלי יקר

שמעון ולוי אחים. שניהם כאח נצרה והתחיל בשכם כדרך שנא' ויקחו שמעון ולוי אחי דינה פירש"י לפי שמסרו עצמם עליה נקראו אחי דינה וזה באמת שבח להם שנכנסו בעובי הקורה בעבור אחותם אך שלא יפה עשו מה שגזלו כל העיר כי זה כלי חמס הוא ואין

אור החיים

כן אחד מכל השבטים ואפי' ע"י נסיון של יוסף והגם שאמרו רבנן כל האומר ראובן חטא אינו אלא טועה עכ"ז הכתוב העלה עליו החטא או לצד שעשאו או לצד שראוי ליקרא עליו. ומה שתמצא שיהודה שכב עם תמר ב' תשובות בדבר הא' כי לא ידעה וגם מלאך אנסו כאומרם ז"ל כפ' לדקה ממני שילתה בת קול ואמר' ממני יצאו הדברים משא"כ ראובן דאדרבא התורה העידה כי עשה מעשה בלתי הגון ומה שראיתי להרב המופל' הר"י ראזנים זצוק"ל שהלין בעדו כי בלהה היתה מפותת אביו ודייק תיבת פלגש שאינה בקידושין וכו' יע"ש אין דבריו נראים כי ודאי שבקידושין היו וכמו שפי' שם במקומו

ספורנו

עז. גם כן לא תותר במעלת העוז שהוא המלך שהוא יותר עוז ותקיף מכל אחר זולתו במלכותו כאמרם רז"ל אין עוז אלא מלכות וזה גם כן יאות לבכור כאמרו ואת המלוכה נתן ליורם כי הוא הבכור: (ד) אז חללת יצועי עלה. אז חללת כבוד אביך או כבוד שכינה שכבר עלה על יצועי וכנגד זה יחולל כבודך ולא יהיה במדרגתו הראשונה: (ה) אחים. והיה הכבוד הראוי לראובן

אבי עזר

(ד) (פחז בעבור שפחזת וכו'). ומלת תותר מבנין הנוסף שלא נזכר שם פעלו והומרו השורק בחולם כמו ברלונם עקרו שור. ולפי פירוש אחרים אל תותר מבנין הפעול, ובא בפתח על דקדוק אם למ"ד פעל אות אהה"ע וטעמו תלאה במלרע ומשיג הרב על אחרים. לפי שלא מלינו מלת אל רק במקום לווי. ודרך נתיבה הוא זר וילא מן הכלל. ואחר כך חוזר הרב לענינו הראשון דלא כדעת אחרים רק אל תותר מבנין הפעל. וזה יהיה ענינו על שפחז כמים בהשתדלות יהיה זריז ונפסד ולא יהיה לו יתרון. ודעת הגאון שפחז לשון רק ופוחז. כן לדידן פירושו חפז. אבל באמת גם לדידן אין פוחזים הפוך. כי תיבה פחז הוא שם המשותף. ועיין בספר מאיר נתיב בלתב היראת פוחזים נמהרי לב כמו פחז. ובעל אהל יוסף קלר במקום

in power. 4. [You have] the restlessness of water; [therefore,] you shall not have superiority, for you ascended upon your father's couch; then you profaned [Him Who] ascended upon my bed. 5. Simeon and Levi are brothers; stolen instruments

4. [You have] the restlessness of water—*The restlessness and the haste with which you hastened to display your anger, similar to water which hastens on its course. Therefore*—

you shall not have superiority—*You shall no longer receive all these superior positions that were fit for you. Now what was the restlessness that you exhibited?*

the restlessness—Heb. פַּחַז. *This is a noun; therefore, it is accented on the first syllable, and the entire word is vowelized with the "pattach." [I.e., each syllable is vowelized with a "pattach."] If it were a* [verb in] *past tense,* [meaning: he was restless,] *it would be vowelized* פָּחַז, *half with a "kamatz" and half with a "pattach," and it would be accented on the latter syllable* (פָּחַז).—[*Rashi*]

for you ascended upon your father's couch; then you profaned —*that Name that ascended my couch. That is the Shechinah, which was accustomed to going up on my bed.*—[*Rashi from Shab.* 55b]

This refers to Reuben's sin with Bilhah, as narrated in Genesis 35:22, which the Rabbis explain (*Shab.* 55b) to mean that Reuben rearranged Jacob's bed. That is, when Rachel died, Jacob placed his bed in Bilhah's tent. Reuben felt that his mother Leah had been humiliated. In protest, he rearranged the bed and

moved it to Leah's tent. The Torah considers this hasty deed tantamount to Reuben lying with Bilhah.

Some Rabbis (also in *Shab.* 55b) say that Reuben rearranged two beds, that of Jacob and that of the *Shechinah. Rashi* explains that Jacob had set up a bed for the *Shechinah* in each of his wives' tents. Wherever he saw the *Shechinah* manifest itself, he would enter that tent and spend the night there. Reuben, in his haste, removed both his father's bed and that of the *Shechinah*. He is therefore considered as having profaned the *Shechinah*, which was wont to ascend on that bed which Jacob had set up for it. Another explanation is that prior to the building of the Mishkan, the *Shechinah*'s seat was in the tents of the righteous. [Therefore, even without setting up a special bed for it, the *Shechinah* was in Jacob's tent, and by moving Jacob's bed out of the tent, Reuben profaned the *Shechinah*.]

my bed—Heb. יְצוּעִי, *a term denoting a bed, because it is spread* (מַצִּיעִים) *with mattresses and sheets. There are many similar occurrences: "I shall not go up on the bed that was spread for me* (יְצוּעָי)*" (Ps. 132:3); "when I remember You on my couch* (בִּיצוּעָי)*" (ibid. 63:7).*— [*Rashi from Targum Onkelos*]

Gra explains verses 3-4 as follows:

[3] **[You should have been] superior in rank and superior in power**—but the rank and the power [4] **are as restless as water; therefore, they will not remain with you**—just as water hastens to flow away from the vessel in which it was originally stored, leaving no trace. In contrast, if one pours oil out of a vessel, some of it adheres to the vessel. If one pours wine out of a vessel, the aroma remains. If one empties water from a vessel, however, nothing remains of the water. So too, your rank and power are as restless as water, insofar as nothing will remain of them. [See *Gen. Rabbah* 99:6.]

for you ascended upon your father's bed—This is figurative of his wife, who is as a pillow to her husband, as in *Er.* 100b.

then you profaned [Him who] ascended upon my bed—This too is figurative of his wife.—[*Addereth Eliyahu*]

5. **Simeon and Levi are brothers**—[They were] *of one* [accord in their] *plot against Shechem and against Joseph: "So they said one to the other, '...So now, let us kill him...'"* (Gen. 37:19f). *Who were "they"? If you say* [that it was] *Reuben or Judah,* [that cannot be because] *they did not agree to kill him. If you say* [that it was] *the sons of the maidservants,* [that cannot be because] *their hatred* [toward him] *was not* [so] *unmitigated* [that they would want to kill him], *for it is stated: "and he was a lad* [and was] *with the sons of Bilhah"* (Gen. 37:2). [It could not have been] *Issachar and*

Zebulun [because they] *would not have spoken before their older brothers.* [Thus,] *by necessity* [we must say that] *they were Simeon and Levi, whom their father called "brothers."*—[*Rashi* from *Gen. Rabbah, Shitah Chadashah*]

Ramban explains: They exhibited brotherhood in their plot against Shechem, for their heart was inflamed concerning their sister. Jacob is speaking in their defense, that they did what they did out of brotherly zeal. Otherwise, they would deserve severe punishment, and their sin would be unforgivable, because it consisted of violence.

The correct interpretation is that Simeon and Levi were real brothers, that is, united in both counsel and deed. I already explained that Jacob was angry with Simeon and Levi when they massacred the people of Shechem, because this was a violent act, particularly in view of the fact that the people of the city had not sinned against them. In fact, Jacob's sons had made a covenant with them and the people of Shechem had circumcised themselves. This enabled the people of Shechem to repent and become members of the household of Abraham, just like those Abraham had proselytized in Haran (see Gen. 12:5). Therefore, Jacob was angry with Simeon and Levi for massacring the people of Shechem.

stolen instruments—*This craft of murder is in their hands wrongfully,* [for] *it is* [part] *of Esau's blessing. It is his craft, and you* (Simeon and Levi) *have stolen it from him.*—[*Rashi* from *Tanchuma Vayechi* 9]

ליהודה וכהונתא ללוי: ד מדמינא לך לגינא קלילא דעלון לגווה נחלין מוחין מתגברין ולא יכילת למסובלא יהון ואסתחיפת כן איתרעת ראובן ברי די חטית לא תוסיף ועל די חטית ישתביק לך ארום אתחשב לך כאילו עלתה לאיתא דשמש עמה אבוך בעידן דבלבילתא שוויי דסליקת עלה: ה שמעון ולוי אחין הלאמין מאני זיינא שנינא למחטוב הוא

ד מדמי אנא לך ברי ראובן לגנא זעירא דעלו בגנה נחלין שטפין דלא יכלת לסוברא יתהון ואתרעת מן קדמיהון כן אתרעת ראובן ברי בעובדך טביא דחטיית לא תוסיף למיחטי ועל דחטיית ישתבק לך: ה שמעון ולוי אחין תלמין גברין מרי זיינא שנינא עבדו קרב מן טליותהון בארעא בעלי דבביהון

פי' יונתן

כד"א ויתן עוז למלכו: (ד) מדמינא וכו' פי' מדמה אני אותך לגן קטן שפולי' לתוכו נחלים: מוחין. תרגם של מהר שהמים רצים במהרה ומתגברים ולא יכלת לסובלם כו' ומהר"ד מגיה מוהין בה"א פי' נחלי מים ואתה תכחד: ואסתחיפת פי' להיות הגן קטן והמים רצים נתקלקל הגן ונמל' בגמ' נסתחפה שדהו: אתרע' של' אתרע מזליה: אתחשב וכו' דבלבלת' שויי פי' נחשב כאלו בלבלת מטתי ובאמת אינו כמ"ש לעיל: (ה) הלאמין מלשון גמר' גבוהים

בעל הטורים

שמעון ולוי אחים. בגימטרי' אין להם חלק כאהרן:

רשב"ם

תותר לא הבכורה ולא המלכות: (ד) כי עלית משכבי אביך. וכן כתוב בדברי הימים ובחללו יצועי אביו נתנה בכורתו לבני יוסף בן ישראל ולא להתייחס לבכורה כי יהודה גבר באחיו ולנגיד ממנו והבכורה ליוסף: יצועי עלה כלומר יצועי היתה עולה. הרבה לשון פעל מתפרשים לשון פועל כמו נתתי

דעת זקנים מבעלי התוספות

(ד) כי עלית משכבי אביך. עלית משכבו ואימתי בשעת דודאים שנאמר שם לכן ישכב עמך הלילה תחת דודאי בנך: חללת יצועי עלה. תמה מרוחק עד שיבא משה עליו השלום שנאמר בו ומשה עלה והוא יקרבך שנאמר יחי ראובן ואל ימות. ד"א אז חללת יצועי עלה חללת יצועי שנתעלה יותר משל אבותי שבהן היה פסול ובמטתי לא נמצא פסול ואתה חללתו ד"א חללת יצועי עלה חללת אותו שעלה על יצועי דהיינו אביך זה וכמו שאמר משכבי אביך כמספר על אחר כך אמר יצועי עלה כמספר על אחר: (ה) שמעון ולוי אחים כלי חמס.

אור החיים

וכמו שכתוב בקונטרס הראיות ומה שאמר הכ' פלגש אולי שהיא סברת ראובן שבה שגג או רמז הכתוב טעם בלבולו יצועי אביו שאמר לו די זלזול אמו בפני רחל הגביר' אלא עוד תתזלזל בפני הפלגש ולעולם אשת יעקב היתה והכ' העלה עליו שכב עמה ומעתה תשכיל לדעת כי דברי הזוהר שאמר טעם הבכור' הוא כי המחשבה במקומה עמדה ביוסף ומה שאמר הכ' בדברי הימים ובחללו יצועי אביו וגו' הוא ענין א' כי החילול יצא מהאמצעות המחשב' שלא היתה בלא' אלא ברחל ואם היתה מחשבתו בלא' לא היה ראובן מחלל יצועי אביו ובזה נבוא לביאור הכתובים כפתור ופרח כי יעקב תחילת דברו הטוב כשרצה להסיר הבכור' מראובן עמד לנס לפניו מה שהקדמנו כי תולדות הרע בבנים התחלת' תהי' מהמוליד לזה חש יעקב שיאמר ראובן בלבו כי יעקב הוא הסובב למעשה ההיא כפי מה שהקדמנו כי המוליד יוליד שרשים בנפש הבן אם לטוב אם לרע ולצד שחטא ראובן היה בבחי' השכיבה בא להסיר חשד ממנו ואמר ראובן בכורי אתה וגו' הנה יש בעוברי עביר' בבחינת בניאוף ג' מדרגות הא' שנואפים ויולדים בנים שלא כהוגן ב' מזריעים באיסור ואינו מוליד בן מאותה ההזרעה ויש בגדר זה כמה הדרגות או שבעל אשת איש ולא ילד ממנה ממזר או ששחת בזכר או ששחת ארצ' או בהזיונות לילה במקרה ג' שמתחמם האדם וקשתו נגער באמצעות מחשבות רעות וכדומה וכל שלש אלה הם מדריגת התיעוב השנוא בעיני הקב"ה לזה אמר כנגד שלשתם בכורי וכחי וראשית אוני בכורי אתה שלא ילדתי בן קודם לך שלא בדרך כתובה וקידושין כי זה ג"כ מהבלתי נכון כחי שלא יצא ממני זרע קודם לך ראשית אוני שלא נגערה קשתי הא למדת כי יעקב מושלל מבחינ' זו של ניאוף בהחלט. גם רמז באומרו כחי וראשית אוני שנוצר מטיפ' ראשונה שיצאה מיעקב ומזה אתה למד כי לא בעל על הבתולים שא"כ לא היתה מתעברה מביאה ראשונה אלא הוציא בתולים באצבע כדי שלא תפסד הטיפה הא למדת כי גם בשעת מעשה לא הגביר תאוות הגופיית ומעשיהו היה לתכלית דבר קדושה ומעתה אין מקום לחשוד ביעקב ממעשה ראובן כי הוא הסובב וזו היא תכלית כונתו ולא לשבח עצמו נתכוין ואומרו יתר שאת וגו' פי' כי נטילת פי שנים רמז הוא באו' בכורי אתה וסתם בכור נוטל פי שנים אלא הגדול' והכהונה הוא מהלכות ד"א ולפעמי' תתהפך המעלה למי שראוי לה הגם שיהי' קטן לפני בכור לזה אמר ויש לך יתרון עוד ליטול הכהונה והמלכות או ירצה כי לו נאה ליטול ביתרון בחינת הכהונה וביתרון בחינת המלכות יותר מכל הבכורות כי כל הבכורות לא ישוו לבחי' בכורתו של ראובן מהטעמי' שאמר יעקב. ועד עתה הרי החזיק עצמו במושלל מבחינת הרע והחזיק הבכורה כי לו לראובן נאה ולו יאה ואח"כ בא לתת טעם לב' דברים בין למה שנוגע לגדול' שהוסרה ממנו בין למה שנוגע לבחי' מעשה בלתי הגון מבטן מי יצא הקרח ואמר כנגד מה שנוגע לבכורה וגדולתי' אמר. פחז כמים וגו'. פי' אתה פחזת לבלבל יצועי ולא כבשת יצרך אלא שמהרת כאיש הפוחז ולא עכבת עצמך לגלות ניצוץ הרע שנשרש בך לזה לא יהי' לך יתרון מכל הג' יתרונות ונעשה פשוט עוד רמז באומרו אל תותר שהפחיזות שנהג לעשות דבר בלתי הגון לא נהג לעשותו בדבר שיש בו יתרון כי לענין תשו' לא קדם הוא לעשו' תשו' כאו' ז"ל מי גרם לראובן שיודה יהודה והגם שאמרו ז"ל וז"ל לא היה אדם שפתח בתשובה עד שבא ראובן וכו' ע"כ עכ"ז וידוי לא אמר עד שבא יהודה ואמר צדקה ממני באות' שעה קפץ ראובן ואמר אני בלבלתי מיטת אבי כך הוא במדרש שכך קבל' ביד' ולדבריה' אלו יש לנו לו' כי לטעם זה נתנה מלכותו של ראובן ליהודה בעד גמר ההודא' אשר גרמו לראובן להודות והכהונ' שנתנה ללוי נראה כי לא זכה בה אלא באמצעות מעשיו אח"כ כאומרו לאיש חסידך אשר נסיתו במס' וגו' ואז הוא שנתנה ללוי כהונה ועכ"פ מימי יעקב ניטלו כל המעלו' מראובן כאומרו אל תותר ונתן יעקב ב' מעלות א' ליוסף וא' ליהודה והג' תלוי' ועומדת עד שנתנה הקב"ה לראוי לה אשר ניסהו וגו'. וכנגדן מה שנוגע למעשה בנין שורשו אמר כי עלית וגו' פי' טעם עשותך כן הוא כי בעת שזרעו ועלה בבטן אמו הי' בלבול בעליתו כי עלה בב' משכבות לאה ורחל א' במעשה וא' במחשבה כי במעשה היתה לאה ובמחשב' חשב יעקב כי היא רחל והוא אומרו משכבי אביך וזה היה סיבה שאז חללת יצועי עלה כי בחי' הרע תוליד בדמות' כשם שעלה בבלבול כמו כן בלבל יצועי אביו ולזה דקדק לו' אז לרמוז כי לא על זמן שעלה משכבי אביו הוא או' שחלל יצועי כי הם ב' זמנים שזמן שעלה משכב הוא זמן שעלה בבטן אמו וזמן שחלל הוא אחרי כן:

שמעון ולוי וגו'. אומרו אחים כי ישנם באחוה בטבעם ודעת אחת שוה כדעת אחים ודבר זה לא ישוה בכל אחי'. או ירצה לתת טעם למעשיהם אשר עשו במעש' שכם ובמעש' יוסף ואמר שטבעם בתגבורת יסוד האש ותמצא שאמרו ז"ל שאול באחת ועלתה לו המלוכה ממנו ודוד בכמה ולא עלתה לו והטעם הוא לצד כי שאול טבעו מזוג ודוד טבעו חם כאומרו והוא אדמוני וה' דן את האדם כפי הרכבתו

מְכֵרֹתֵיהֶם: ו בְּסֹדָם אַל־תָּבֹא נַפְשִׁי בִּקְהָלָם אַל־תֵּחַד כְּבֹדִי כִּי בְאַפָּם הָרְגוּ אִישׁ וּבִרְצֹנָם עִקְּרוּ־שׁוֹר: ז אָרוּר אַפָּם כִּי עָז וְעֶבְרָתָם כִּי

גִּבָּרִין בְּאַרַע תּוֹתָבְתְּהוֹן עֲבָדוּ גְבוּרָא: ו בְּרָזֵיהוֹן לָא הֲוָת נַפְשִׁי בְּאִתְכַּנָשֵׁיהוֹן לְמֵהַךְ לָא נַחְתִּית מִן יְקָרִי אֲרֵי בְרוּגְזֵיהוֹן קְטָלוּ קְטוֹל וּבִרְעוּתְהוֹן תְּרָעוּ שׁוּר סַנְאָה: ז לִיט רוּגְזֵיהוֹן אֲרֵי תַקִּיף וְחֵמַתְהוֹן אֲרֵי קַשְׁיָא אֲפַלְגִינוּן בְּיַעֲקֹב

תו"א בסדם אל סנהדרין קט: כי באפם מגילה ט: ארור אפם יומא כב:

רש"י

אומנות שלו היא ואתם המסתם אותה הימנו: **מכרתיהם.** לשון כלי זיין. הסייף בל' יוני מכי"ר (תנחומא). ד"א מכרתיה' (ב"ר) בארץ מגורתם י נהגו עצמן בכלי חמס כמו (יחזקאל טז) מכורותיך ומולדותיך וזה תרגום של אונקלוס: (ו) **בסודם אל תבא נפשי.** (ב"ר) זה מעשה זמרי כשנתקבצו שבטו של שמעון להביא את המדיני' לפני משה ואמרו לו זו אסורה או מותרת אם תאמר אסורה בת יתרו מי התירה כ לך אל יזכר שמי בדבר שנא' זמרי בן סלוא נשיא בית אב לשמעוני ולא כתב בן יעקב: **בקהלם.** כשיקהיל קרח שהוא משבטו של לוי את כל העדה על משה ועל אהרן: **אל תחד כבודי.** שם אל יתיחד עמהם שמי ל שנא' בן קרח בן יצהר בן קהת בן לוי ולא נא' בן יעקב אבל בדברי הימים כשנתייחסו בני קרח על הדוכן נא' (דה"א ו) בן קרח בן יצהר בן קהת בן לוי בן ישראל. **אל תחד כבודי.** כבוד ל' זכר הוא ועל כרחך אתה צריך לפרש כמדבר אל הכבוד ואומר אתה כבודי אל תתיחד מ עמהם כמו (ישעיה יד) לא תחד אתם בקבורה: **כי באפם הרגו איש.** אלו חמור ואנשי שכם ואינן חשובין כולם אלא כאיש א' וכן הוא אומר בגדעון (שופטים ו) והכית את מדין כאיש אחד. וכן במצרים סוס ורוכבו רמה בים זהו מדרשו. ופשוטו אנשים הרבה קורא איש כל אחד לעצמו באפם הרגו כל איש שכעסו עליו וכן [יחזקאל יט] וילמד לטרוף טרף אדם אכל: **וברצונם עקרו שור.** רצו לעקור את יוסף נ שנקרא שור שנא' בכור שורו הדר לו עקרו אשריטו"ר בלעז ל' (יהושע יא) את סוסיהם תעקר: (ז) **ארור אפם כי עז.** אפי' בשעת תוכחה לא קלל אלא את אפם

שפתי חכמים

כאופן באותו פרש שם שהלך לשמש את אביו: י לפי שהכ"ף במלת מכרותיהם נחלפת בגימ"ל שהם מאותיו' גיכ"ק: כ ובאמת לפורס גיורת היתה עי"ל דמשה נשאה קודם מתן תורה: ל י"ל דלכך הביא רש"י זה דאל תקשה מנ"ל לפרש כן דלמא מה שלא מנה יעקב במעשה זמרי ובקרח דאין דרך של קרא לייחס אלא עד השבטים לכך הביא זה דהא מצינו שייחס עד יעקב וא"כ למה לא יחסו גבי קרח אלא עד לוי וקשיא קראי אהדדי אע"כ צ"ל דיעקב בקש ע"ז שלא לייחסו שם ובזה נראה שיתורץ קושיית הרא"ם שהקשה אדרבה יקשה בד"ה למה הוזכר שם שמו של יעקב שלא כמנהג ועוד כתב הרא"ם אך קשה א"כ גבי זמרי בן סלוא נימא שמה שלא נא' לשמעוני בן יעקב הוא מפני שראשי המשפחות אין תולין רק עד השבטים ונראה כיון שמצינו גבי קרח שלא יחסו אותו עד יעקב מפני תפלתו כמו שכתבתי דאל"כ הוה קשיא קראי אהדדי א"כ גבי זמרי נמי נימא שמפני תפלתו של יעקב הוא דהא גבי אהדדי נקטי להו דכתיב בסודם וגו' וק"ל: מ כי נכח לזכר הוא נסתר לנקבה כמו הכא דמלת תחד הוא לשון נסתר לנקבה וג"כ נכח לזכר וק"ל: נ לא שעקרוהו

כלי יקר

הנקמה תלוי בזה ועל שהמתיקו סוד יחד ונקהלו על כל העיר אמר בסודם אל תבא נפשי ובקהלם אל תחד כבודי כי באפם הרגו איש זהו טעם על שהתחיל בשבח לומר שלבשו קנא' בעבור אחותם והרגו את כולם כאיש אחד וברצונ' עקרו שור היינו החומ' כתרגומו וזהו טעם על שמסיים בגנות ואמר כלי חמס מכרותיהם כי דבר זה אינו תלוי באף ובנקמ' אלא מרצונם הטוב עקרו החומ' לקעקע כל העיר ולחמוס כל אשר להם: ארור אפם כי עז. מצינו בכל מקום לשון עזות על הפנים ולשון קשיות על העורף שהוא מעבר השני אל הפנים ובשקלל לא קלל אלא אפם וקשיות ערפם ואמר ארור אפם ואימתי כי עז כשהוא עז. ועברתם היינו עבר השני של אפם דהיינו הפנים ומעבר לשני הוא העורף ועל העבר השני דהיינו העורף אמר כי קשתה. ואמר יעקב שאם ישאר דבק בשני שבטים אלו קנין של העזות פנים וקשיות העורף מי יוכל לעמוד בפניהם וגם המה יהיו בתכלית הרע על כן אחלקם ביעקב ואפיצם בישראל ר"ל החלק הגדול ממדת העזות פנים וממדת קשי עורף שיש בטבע שני אחים אלו אחלק ואפיץ בכל ישראל כי היכא דלימטי לכל חד שיבא מכשורא ר"ל כשיתפשט בכל ישראל לא יגיע לכל אחד מישראל כי אם חלק קטן והיינו הך שקרא משה לכל ישראל עם קשה עורף שנאמר כי עם קשה עורף הוא ורז"ל אמרו שלשה עזים הם ישראל באומות כו' לפי שקבלו טבע העזות והקשיות עורף מן שמעון ולוי כי חלק אותם יעקב לכל בניו ד"א אע"פ שהעזות וקשיות עורף מדה רעה מכל מקום יש בהם צד לטובה כארז"ל הוי עז כנמר כו' לעשות רצון אביך שבשמים וכן קשיות העורף אך טוב הוא לישראל כדי שיעמדו בדתם לא ישובו מפני כל לשמוע בקול זרים וזהו שאמר יעקב שאפם כי עז ועברתם דהיינו העבר השני לאפם כי קשתה וזה בודאי מדה רע וכדת מה לעשות בהם להפכ' לטובה אחלקם ביעקב ואפיצם בישראל ר"ל אחלק ואפיץ

אור החיים

הרכבתו כי מי שגובר בו יסוד האש עם היות שיתעלם בכל עולם הזריזות בעבודת ה' לא ימלט מהשגיון ובחלק מיעוט מהתעלמותו שיעשה אדם מזוג ירויח עצמו משגיאות ואמר כי שמעון ולוי אחים לשון חום ולזה קלל לאפם ועברתם כי קשתה וידוע הוא כי האף והעבר' תגדל מיסוד האש כשיתרב' ואמר כי לצד שהם בתגבורת החום לזה כלי חמס מכרותיהם ודימה מעשיהם לכלי חמס לו' כי לא ירשו כליהם משורש נפש המוליד אלא כלי חמס הם דברי' המוכרי' להם ופי' מכרותיה' לשון הכרה שלא פעל זה להם מאביהם אלא הגברת האש אבל הם מאמצעות דבר זה עשו מעשי' בלתי נכונים כמעש' יוסף. עוד ירצה באומרו כלי חמס וגו' פי' המכר שמכרו את יוסף חמס מכרוהו על מה שלא נתחייב להם בדין והגם שכל האחים מכרוהו כשתשכיל תרא' שהם היו העיקר מתחל' בביאו אמרו איש אל אחיו וגו' ואמרו ז"ל שהם שמעון ולוי הם שיעצו עליו הריגה והכל הי' מהם וכן הוא בדברי רבותינו ז"ל:

בסודם וגו'. צל"ד כוונת הכתוב ורז"ל אמרו בסודם זה מעשה זמרי בקהלם זה מעש' קרח כי באפם וגו' זה חמור ואנשי שכם וברצונם וגו' זה יוסף וכו' ע"כ ודבריהם ז"ל דרך דרש וכפי הפשט קשה למה יקדי' המאוחר ויאחר מעשה שכם ויוסף שהיו ראשוני'. עוד איך יוצדק לאמר תיבת כי על ענין בפני עצמו שאין לו שייכו' עם למעלה ממנו. עוד למה מיחס עון זמרי גם ללוי והוא אדרבא הנותן נקמות. עוד צריך לדעת כוונת אומרו וברצונם למה הזכיר הרצון בזה. אכן פשט הכתוב הוא כי כל הכתוב ידבר במעש' יוסף ואמר בסודם פי' מעת שהתחילו לשנאתו והי' הדבר ביניה' בסוד כשיערימו סוד אל תבא נפשי פי' לא הסכימ' נפש שזרעתי בהם להיות עמה' בהוסד' יחד והכווה בזה כי לא מכחו בא הרע ההוא כמו שכתבנו למעלה. עוד ירצה כי לא יענש

על

are their weapons. 6. Let my soul not enter their counsel; my
honor, you shall not join their assembly, for in their wrath they
killed a man, and with their will they hamstrung a bull. 7. Cursed
be their wrath for it is mighty, and their anger because

their weapons—Heb. מְכֵרֹתֵיהֶם, a
term denoting weapons. In Greek, the
word for sword is "machir" (Tan-
chuma Vayechi 9). Another expla-
nation: מְכֵרֹתֵיהֶם means: In the land
of their dwelling (מְגוּרָתָם) they con-
ducted themselves with implements of
violence, like "Your dwelling place
(מְכֹרֹתַיִךְ) and your birthplace
(מֹלְדֹתַיִךְ)" (Ezek. 16:3). This is
Onkelos's translation.—[Rashi from
Tanchuma Vayechi 9]

Since the "kaff" and the "gimmel"
are palatal consonants, they are
interchangeable, and מְכֵרֹתֵיהֶם is
equivalent to מְגוּרֹתֵיהֶם.—[Midrash
Lekach Tov]

6. **Let my soul not enter their
counsel**—This is the [future] incident
of Zimri [that Jacob is referring to],
when the tribe of Simeon gathered to
bring the Midianitess before Moses,
and they said to him, "Is this one
forbidden or permitted? If you say
she is forbidden, who permitted you
to marry Jethro's daughter?" Let my
name not be mentioned in connection
with that affair. [Therefore, the
Torah depicts Zimri as] "Zimri the
son of Salu, the prince of a father's
house of the Simeonites" (Num.
25:14), but [Scripture] did not write,
"the son of Jacob."—[Rashi from
Sanh. 82a, Gen. Rabbah 99:6]

my honor, you shall not join—
My name shall not join them there,
as it is said: "Korah the son of Izhar

the son of Kehath the son of Levi"
(Num. 16:1), but it does not say, "the
son of Jacob." In (I) Chronicles
(7:22f.), however, it says, "the son of
Korah the son of Izhar the son of
Kehath the son of Levi the son of
Israel."—[Rashi from Tanchuma
Vayechi 10]

my honor, you shall not join—
כָּבוֹד, honor, is a masculine noun.
[Therefore,] you must explain [this
passage] as if he (Jacob) is speaking
to the honor and saying, "You, my
honor, shall not join them," like
"You shall not join (תֵּחַד) them in
burial" (Isa. 14:20).—[Rashi] [Since
the word תֵּחַד includes a prefixed
"tav," it can be either the second
person masculine or the third person
feminine. Since כָּבוֹד is a masculine
noun, the verb must be second
person.]

Onkelos renders: My soul was not
involved in their plan [to slay the men
of Shechem], neither did my honor
descend into their assembly to go [to
Shechem].—[Targum Onkelos, as
explained by Nethina Lager] With
this statement, Jacob disclaims
responsibility for or any connection
to Simeon and Levi's massacre of
Shechem. He feared that he would be
suspected of having advised Simeon
and Levi to perpetrate the massacre,
and since he was known as a prophet,
his involvement would constitute a
chillul Hashem, a profanation of

God's name.—[*Ramban*]

their assembly—*When Korah, who is of the tribe of Levi, assembles the whole congregation against Moses and against Aaron.*—[*Rashi* from *Tanchuma Vayechi* 10]

for in their wrath they killed a man—*These are Hamor and the men of Shechem, and all of them are considered as no more than one man. And so* [Scripture] *says regarding Gideon, "And you shall smite Midian as one man"* (Jud. 6:16), *and similarly regarding the Egyptians, "a horse and its rider He cast into the sea"* (Exod. 15:1). *This is its midrashic interpretation* (*Gen. Rabbah* 99:6), *but its simple meaning is that many men are called "a man," each one individually. In their wrath they* (Simeon and Levi) *killed every man with whom they were angry. Similarly, "and he learned to attack prey; he devoured men* (אָדָם)*"* (Ezek. 19:3).—[*Rashi*]

and with their will they hamstrung a bull—*They wanted to "uproot" Joseph, who was called "bull," as it is said: "The firstborn of his bull—he has majesty"* (Deut. 33:17). עִקְּרוּ *means esjareter in Old French, to hamstring, an expression similar to "You shall hamstring their horses"* (Josh. 11:6).—[*Rashi* from *Targum Yerushalmi*] According to *Rashi*, Jacob is castigating Simeon and Levi for their plot to kill Joseph. Since they did not accomplish their goal, *Rashi* writes only that they wanted to "uproot" him from the world. Their desire to have done so, however, is considered as if they had actually uprooted him.—[*Mizrachi*]

The word עִקְּרוּ is used because the legs of an ox or a horse are its support, and severing the sinews is tantamount to pulling up its roots (עָקַר), like pulling up the roots of a plant.—[*Sefer Hazikkaron*]

7. **Cursed be their wrath for it is mighty**—*Even at the time of castigation, he cursed only their wrath. This is* [in agreement with the idea behind] *what Balaam said, "What shall I curse, which God did not curse?"* (Num. 23:8).—[*Rashi* from *Gen. Rabbah* 99:6]

Although it was Jacob and not God who cursed their wrath, Balaam meant that God did not agree to his cursing them personally, only to cursing their wrath.—[*Sefer Hazikkaron*]

It was as though only their wrath was to blame for inciting them to commit the deed, not they themselves.—[*Nachalath Ya'akov*]

Others explain that לֹא קַבֹּה אֵל in Balaam's statement means: that *Jacob* did not curse, as *Rashi* explains on Num. 23:8. This is in accordance with the Talmudic maxim quoted by *Rashi* on Gen. 33:20a, that the Holy One, blessed be He, called Jacob אֵל. See Commentary Digest on Gen. 33:20. This is *Nachalath Ya'akov*'s interpretation, suggested by *Mesiach Illmim* and accepted by *Sifthei Chachamim*. It is, however, rejected by *Sefer Hazikkaron* and *Imrei Shefer*.

Jacob's curse upon Simeon and Levi's wrath meant that they would not thereafter succeed in their plan. Therefore, Jacob cursed them that they would be separated and scattered.—[*Rashbam*]

אשתמודעותהון: ו בעטתהון לא אתרעיית נפשי ובמכנשהון לשכם למחרבה לא אתיחד יקרא ארום ברוגזיהון קטלו מלכא ושולטניה ובערעותהון פכרו שור בעלי דבביהון: ז אמר יעקב לוט הוה כרכא דשכם כד עלון לגוה למחרבה ברוגזיהון דתקיף וחמתהון על יוסף ארום קשיא אמר יעקב אין שריין

דבביהון עבדו ניצחני קרביהון: ו במצתהון לא אתרעיית נפשי ובכנישתהון לכרכא דשכם למחרבא יתיה לא חסו על יקרי ארום ברוגזיהון קטילו מלכין עם שלטונין ובערעותהון זבינו יוסף אחיהון דמתיל לתורא: ז ליט הוה כרכא דשכם דעלו לגוה שמעון ולוי למחרבה ברוגזיהון ארום תקיף הוה ובחמתהון ארום קשיא הות: אמר אבונן יעקב אין שרין הינון כחדא לית אומא ומלכו יכלא למיקם מן קמיהון אפליג

פי׳ יונתן

דסוף ברכות פי׳ מתחת דתלמיות׳ ע״ש: (ו) ובמכנשהון לשכם דייק מדכתיב בקהלם משמע שהם לבד נקהלו ולא בקשו עזרה וזהו במעשה שכם ולא נמלכו באביהם: בעלי דבביהון זה יוסף: (ז) כרכא דשכם דקשה ליה ח״ו שהיה יעקב מקלל את בניו:

בעל הטורים

תחד. ב׳ במסור׳ הכא ואידך לא תחד אתם בקבורה שבקש יעקב שאף לאחר הקבורה לא יהיו מזכירין אותו במעשה קרח וזהו בקהלם שנא׳ שם ויקהל עליהם קרח אבל כשמיחסם על הדוכן הזכירו שנאמר בן לוי בן ישראל: כי באפם הרגו איש. בגי׳ זה שכם בן חמור:

רשב״ם

כסף השדה נותן אני: (ה) מכרותיהם. אחותיהם כפל לשון של שמעון ולוי אחים כלומר שמעון ולוי אחים היו לרעה כלי חמס היתה אחותם מכרותיך ומולדתיך לשון קרובים. אבל מכרותיהם משקל דגש הוא. כמו מסיבותיהם לשון קורבה אבל הריש במקום החירק נהפכת לציר״י הוא. כמו בירך תחת ברך. איבד ושיבר וכן חרף ה׳. ושרת את אחיו כלם משקל דגש מכרותיהם לוד פרנטייש בלע״ז: (ו) בסודם אל תבא נפשי. יהי רצון שלא תהא נפשי בעצתם כי כל אל שכתורה להבא הן או קללה או בקשה או ציווי לא ימצא אל לשעבר לכן אין לפרש לא באה נפשי: כי באפם. שהרי באפם עקרו שור כמו ואת סוסיהם תעקר: (ז) ארור אפם. לא יצליחו באפם להנקם ולעשות רעה

אבן עזרא

מכרותיהם. י״א מן הכרת פניהם ואיננו נכון בדקדוק. וי״א קניניהם. כמו תכרו מאתם ואין תכרו כי אם מל׳ כירה. וי״א מלשון מכירה שמכרו עצמן כמו עם חרף נפשו למות. והנכון בעיני שהיא מגזרת מכורותיך והוא חסר בי״ת. כמו הנמצא בית ה׳. אשר לויתי מעון. והטעם על החמס שעשו. שאחר שהכניסו אנשי שכם בברית הרגום במרמה: (ו) בסודם אל תבא נפשי. אמר רב אהרן שפי׳ אל תבא נפשי כמו ובא השמש והטעם שלא ארצה להיות חוץ מעצתם. והנה פירושו הפך הדבר. כי מה טעם לכלי חמס והלא אמר לשניהם עכרתם אותי. ובאמת כי הסתכן יעקב וביתו על ידם לולי חתת אלהים היו מסבבים להשחית הכל. וכן פירוש ארור אפם. וברצונם עקרו שור ארור כי אפם עז. ואלה פירושים קרים. בסודם אל תבא נפשי א״ר משה הכהן ז״ל כי כבודי כמו ונפשי. ורבים בספר תהלות כמוהו. ויפה פי׳ כי הטעם הוא כפול כדרך הנבואות שאל אביך. מה אקוב. והנה בסודם כמו בקהלם. ותבא כמו תחד. ונפשי כמו כבודי. ויאמר רבי יהודה בן בלעם הספרדי שטעה ר׳ משה כי כבוד הנפש הוא הגוף. כמו עדי בלואר. כטעם המשביע בטוב עדיך. ורא[י]יתו וכבודי לעפר ישכן סלה. ואני אומר שר׳ יהודה טעה כי הנה הכתוב אומר למען יזמרך כבוד. לכן שמח לבי ויגל כבודי אף בשרי. שהוא הגוף. וזה כבוד לעפר הוא על דרך משל שיכניע נפשו עד העפר שאין למטה הימנו. והנה אתן לו עד נאמן והוא דבקה לעפר נפשי: תחד. מלשון יחד. ועל דעת ר׳ משה הכהן המדקדק ז״ל שהנח הנעלם תחת אלף אחד. וכן אמר על לא תאסם. וטעם בסודם. כמו בהוסדם יחד עלי. אחר שכליהם הם חמס אל תבא נפשי בסודם: הרגו איש. שם המין. כמו שור והמור והרמז על אנשי עיר שכם: שור. חומה. וכן לעדה עלי שור. וכבר באר[ת]י בספר מאזנים כי החולם והשורק יתחלפו זה בזה. ועקרו כמו סוסיהם תעקר. וזה אות כי עיר שכם גדולה היתה כי היא מוקפת חומה: (ז) ארור אפם כי עז. דרך נבואה. או דרך תפלה שיחסר אפם וטוב להם כי ארור הפך ברוך וכאשר הברכה תוספת הארירה מגרעת: ועברתם. כפול הטעם וכן אחלקם

רמב״ן

ילמד עליהם זכות בי בקנאתם אל האחוה עשו מה שעשו לומר שאין ראוים לעונש גדול ולא החטא ראוי לימחל כי הוא חמס. והנכון בעיני שאומר כי שמעון ולוי אחים גמורי׳ דומים ומתאחי׳ זה לזה בעצתם ומעשיהם וכבר פירשתי כי יעקב קצף על שמעון ולוי בהרגם אנשי העיר בעבור שעשו חמס כי הם לא חטאו להם כלל ובאו בברית ונמולו ואולי ישובו אל ה׳ ויהיו כלם בכלל אנשי בית אברהם ומן הנפש אשר עשו ועוד חרה לו שלא יאמרו כי בעצתו נעשה הדבר ויהיה חלול השם שיעשה הנביא חמס ושוד וזה טעם בסודם אל תבא נפשי התנצלות שלא היה בסודם בענותם במרמה ובקהלם לא נתיחד כשבאו על העיר והרגום ולכן יקלל אפם ועברתם וכן תרגום אונקלוס ברזיהון לא הות נפשי ובאתכנשיהון למהך וכו׳ ופירוש כלי חמס מכרותיהם על דעת אונקלוס וכן המפרשים כלי חמס מגורותיהם מן מכורותיך ומולדותיך וכן על ארץ מכורתם ואמרו כי פירושו שעשו חמס בארץ מגורותיהם וא״כ יהיה שיעור הכתוב כלי חמס להם במגורותיהם ויקרא אותה ארץ מגורותיהם שגרו בה אח״כ אבל לפי דעתי יאמר כלי חמס הם מגורותיהם חייהם כלשון ימי מגורי

אור החיים

על הדבר לצד שעשו בניו ככה או לצד שהוא גרם קנאת׳ בשנותו את בנו בין הבנים בקהלם כשנקהלו עליו להורגו דכתיב לכו ונהרגהו וגו׳ אל תחד כבודי לא יקראו על שמי בני יעקב כל עיקר באותה שעה. עוד ירצה אל תחד ל׳ חדוה כאן רמז ליגונות שעברוהו וסילוק השכינ׳ מעליו שהוא בחינת הכבוד כאומר׳ ז״ל שמעת שנאבד ממנו יוסף לא שרתה עליו שכינה מצד העצב והיגון ואומרו כי באפם וגו׳ פי׳ טעם הדבר שאני אומר אל תבוא ואל תחד וגו׳ כי בהוסדם יחד לקחת נפש זממו והוא אומרו הרגו איש והגם שמצינו שלא הרגוהו הרי הסכימו על הריגתו והטילוהו אל בור מלא נחשים וגו׳ למות שם בכמה מיני מיתות:

וברצונם וגו׳. פי׳ אפי׳ בעת שנה אפם אחר שהשליכוהו בבור וישבו לאכול לחם ודבר להם יהודה דברי רצוי ונחת רוח אעפ״כ עשו רעה שעקרוהו לשור שהוא יוסף שאמרו ז״ל שבאמצעו׳ ירידת מצרים ומקרה רע של אשת פוטיפר נעקרו מיוסף עשרה שבטים שהיה ראוי ליצא י״ב ולא נשארו אלא ב׳:

ארור אפם כי עז וגו׳. פי׳ להלק המרוב׳ בהם יותר משיעור הרגיל הוא מקלל וישאר בהם הלק הרגיל בכל אדם כדי לקבל שכר לעוה״ב על כפייתו לעבודת ה׳ שאל״כ יוצלל

אבי עזר

במקום שאמרו לאליך: (ה) (מכרתיהם וגו׳) כמו מחנותיהם. מלבד מתנותיכם. כי גם היא מחברי נו״ן ולא נכר שוא לפני דל: (ו) (תחד. מל׳ יחד וכו׳) ועיין פרשת ויגש בפסוק והאדמה לא תשם. ומלת סוד לשון עצה ומחשבה. וגזרתה יסד. כמו אשר נוסדו יחד משקלה סוד ה׳: (ז) (ארור אפם כי עז) פירש הרב על פ׳ ויברך אותם אלהים. הוא ל׳ תוספת. ולדבריו מה שנא׳ פ׳ וירא כי ברך אברכך. והרבה ארבה הוא כפול בטעם מלות שונות. כמו יתר שאת ויתר עז. אפם כי עז ועברתם כי קשתה. והיא לחות הלשון. וכמוהו ואברכך ואגדלה שמך: ולכן

ספורנו

ראוי להם בנפלו ממנו. אמנם כלי חמס מכרותיהם. וזה לא יאות למלך אשר במשפט יעמיד ארץ לכן לא יאות מלכות לשום אחד משניכם: (ז) ארור אפם. יחסר אפם בשפלות׳ וקושי מזונותיהם

קָשָׁתָה אֲחַלְּקֵם בְּיַעֲקֹב וַאֲפִיצֵם בְּיִשְׂרָאֵל׃ פ (ח) יְהוּדָה אַתָּה יוֹדוּךָ אַחֶיךָ יָדְךָ בְּעֹרֶף אֹיְבֶיךָ יִשְׁתַּחֲווּ לְךָ בְּנֵי אָבִיךָ׃ (ט) גּוּר אַרְיֵה יְהוּדָה מִטֶּרֶף בְּנִי עָלִיתָ כָּרַע רָבַץ כְּאַרְיֵה

וַאֲבַדְרִינוּן בְּיִשְׂרָאֵל׃ ח יְהוּדָה אַתְּ אוֹדֵיתָא וְלָא בְהֵיתְתָא בָּךְ יוֹדוּן אַחָיךְ יְדָךְ תִּתְקֵיף עַל בַּעֲלֵי דְבָבָךְ יִתְבַּדְּרוּן סַנְאָךְ יְהוֹן מְחַזְרִין קְדַל קֳדָמָךְ וִיהוֹן מַקְדְּמִין לְמִשְׁאַל בִּשְׁלָמָךְ בְּנֵי אֲבוּךְ׃ ט שָׁלְטוֹן יְהֵי בְּשֵׁירוּיָא וּבְסוֹפָא יִתְרַבָּא מַלְכָּא מִדְּבֵית יְהוּדָה אֲרֵי מִדִּין קְטָלָא בְּרִי נַפְשָׁךְ סַלֵּיקְתָּא יְנוּחַ יִשְׁרֵי בִתְקוֹף כְּאַרְיָא וּכְלֵיתָא וְלֵית מַלְכוּ דִּתְזַעְזְעִינֵיהּ׃

תו"א ידך בעורף מגילה יז עבודת כוכבים כה : *בראש עמוד בי"ה שמ"ו סימן

רש"י

וזהו שאמר בלעם מה אקוב לא קבה ם אל : אחלקם ביעקב. אפרידם זה מזה שלא יהא לוי במנין השבטים והרי הם חלוקים. ד"א ע אין לך עניים וסופרי' ומלמדי תינוקות אלא משמעון כדי שיהיו נפוצים. ושבטו של לוי עשאו מחזר על הגרנות לתרומות ולמעשרות נתן לו תפוצתו פ דרך כבוד : (ח) יהודה אתה יודוך אחיך. לפי שהוכיח את הראשונים בקנטורים התחיל יהודה לסוג לאחוריו [שלא יוכיחנו על מעשה תמר] וקראו יעקב בדברי רצוי יהודה לא אתה כמותם [ב"ר] : ידך בערף אויביך. בימי צ דוד [ש"ב כב] ואויבי תתה לי עורף : בני אביך. ע"ש שהיו מנשים הרבה לא אמר בני אמך כדרך שאמר יצחק : (ט) גור אריה. על דוד נתנבא בתחלה גור (ש"ב ה) בהיות שאול מלך עלינו אתה המוציא והמביא את ישראל ולבסוף אריה כשהמליכוהו עליהם. וזהו שתרגום אונקלוס שלטון יהא בשרויא בתהלתו : מטרף. ממה שחשדתיך בטרוף טורף יוסף חיה רעה אכלתהו וזהו יהודה שנמשל לאריה : בני עלית. סלקת את עצמך ואמרת מה בצע וגו'.

שפתי חכמים

שהרי יוסף מלך אלא מפני שמחשבתן היה לעקור נקראים עוקרים וכמוהו ארמי אובד אבי : ם ר"ל אל היינו יעקב כדפירש"י שם בפ' בלק : ע דלפי' א' קשה מהו ואפיצם בישראל לכן פי ד"א ואין לומר אם הד"א פי' של ואפיצם הוא א"כ מאי ד"א הא כפי' ראשון לא פי' כלום על ואפיצם. י"ל שהד"א הוא פי' גם על אחלקם וה"פ אחלקם זה מזה ובמה אחלקם ואפיצם כלומר ואפיצם הוא פי' על ואחלקם מהרש"ל : פ אחלקם ביעקב קאי אשמעון ואפיצם בישראל קאי על לוי לכן כתיב בישראל דהוא לשון חשיבות : צ דה"ל ליעקב

רמב"ן

יאמר כי כלי החמס עצמם הם מגוריהם כי בם יחיו ויזונו ודומה לזה ערבה לו לחם לנערים ובעבור זה יחלקם ביעקב שלא יוסדו ויפיצם בישראל שלא יקהלו ויהי להם כן כי נחלת שמעון בתוך בני יהודה כדכתיב כי נחלת בני שמעון בתוך נחלת בני יהודה והיו עריהם מחולקו' זו מזו בכל שבט יהודה ונחלת לוי ערי מקלט מנופצות בכל ישראל. וטעם כי באפם הרגו איש וברצונם עקרו שור שעשו החמס באפם שכעסו על שכם וברצונם שהם הפצים בו לא פשע המומתים ולא חטאתם ואמר אונקלוס כי טעם שור כמו שור בשור"ק מן בנות צעדה עלי שור ותרגום בו שור סנאה מן ותבט עיני בשורי. והטעם שעקרו עיר מוקפת חומה את טפם ואת נשיהם אחרי הרגם אנשיה ויהיה עקרו מן ועקרון תעקר (צפניה ב') ואחרים פירשו כי שור גדול בבהמות רמז לחמור ושכם בנו נשיא הארץ כמו בכור שורו הדר לו פרות הבשן אשר בהר שומרון וכן יכנו הכתובים השרים הגדולי' באילים ועתודים. והנכון בעיני שהכתו' כמשמעו אמר כי באפם הרגו כל איש באפם וברצונם אחרי ששככה חמת' בהריגת האנשים עקרו כל שור רמז למקניהם וקנינם כל אשר בבית וכל אשר בשדה והזכיר זה לומר כי בסודם לא באה נפשו בכל אלה אפילו לעקור להם מקנת

אבן עזרא

ואפיצם. והטעם שהם אלה ראויים שיפרדו ולא יתחברו יחדו והג' מלאנו כי גורל שמעון נפל בתוך נחלת בני יהודה והג' הוא ברשות אחר. וגם עריו לא היו דבקים זו לזו. רק מפוזרות בינות גורל יהודה. גם כן לוי שהיו לו שמנה וארבעים עיר והן מפוזרות בינות השבטים : (ח) יהודה אתה. כשמך וכן יודוך אחיך. וכאשר יראו כי ידך בערף איביך ישתחוו לך בני אביך כמו למלך וכן מלאנו. גור ארי' המשילו לגור אריה הקטן. שהוא במין אריה כאשר יגדל. ואין בו כ"ף הדמות כמו ועיר פרא : (ט) מטרף בני עלית. דמית לי בני לגור אריה כאשר עלית מהטרף. והטעם מטרף אחר וזהו פשוטו. ואם נפרשנו על דבר יוסף היה ראוי שיהיה תחת עלית העלית כי עלית פועל עומד. והנה הפסוק הבא

אור החיים

מהם בבחינתו אוצר המושג לנלא וראה כי תיקון לקרר עוז הרתיח' הוא לחלקם וגו' ואמר אחלקם וגו' : יהודה אתה וגו'. צל"ד למה הוצרך לו' לו אתה כיון שעמו הי' מדבר ומה בא למעט עוד למה לא אמר וידך וגו' וישתחוו וגו' כיון שהם דברי' נוספים. ונרא' שכוונת הכ' הוא עז"ה אתה יודוך פירוש אין הסררה מתחלת לעתיד כדרך שאר ברכות האמורים לשאר האחים שהם לזמנים רחוקים לכשיכנסו לארץ אלא אתה בעצמך יודוך אחיך וכן הוא אומר בדברי הימים יהודה גבר באחיו וכשיבא זמן שידך בעורף אויביך ותתגבר על האויבים אזי ישתחוו לך וגו' וימליכוך עליהם וזה הי' בימי שאול כשעש' דוד הנצחון הגדול בעורף אויביו המליכוהו ישראל עליהם : גור אריה וגו'. רז"ל אמרו מתחילה גור ואח"כ אריה וצל"ד למה הוצרך להזכיר זמן היותו גור. עוד צל"ד אומרו

ספורנו

ע"י חלוק ותפוצה אמנם הכהונה נשארה לבכורות כמאז עד שזכו בה בני לוי כאמרו בעת ההיא הבדיל ה' את שבט הלוי : (ח) יהודה אתה. אתה הוא הראוי למלכות בנפול ממנו הקודמים לך כי לא נמצא בך פגם שימאיסך ממלך : יודוך אחיך. יקבלוך למלך כי יודוך לראוי למלוך : ידך בעורף אויביך. שינוסו מפניך כענין ונתתי את כל אויביך אליך עורף : וישתחוו לך בני אביך. תמלוך על כל בני אביך עד כי יבא שילה כי אז לא על בני אביך בלבד : (ט) גור אריה יהודה. הנה יהודה אע"פ שהוא אינו אריה שאין לו מלכות הוא אמנם גור אריה גובר באחיו ועתיד למלוך : ואעפ"כ מטרף בני עלית. אתה יוסף בני עלית מטרפו שלא טרף אותך באפו להמיתך אע"פ שהיה שונאך וזה כי כרע רבץ כארי. היה אז כמו האריה הכורע ורובץ בלתי מזיק כן הוא אז לא צוה להמיתך

it is harsh. I will separate them throughout Jacob, and I will scatter them throughout Israel. 8. Judah, [as for] you, your brothers will acknowledge you. Your hand will be at the nape of your enemies, [and] your father's sons will prostrate themselves to you. 9. A cub [and] a grown lion is Judah. From the prey, my son, you withdrew. He crouched, rested like a lion,

I will separate them throughout Jacob—*I will separate them from one another so that Levi will not be numbered among the tribes; hence they are separated. Another explanation: There are no* [itinerant] *paupers, scribes, or teachers of children except from* [the tribe of] *Simeon, so that they* should *be scattered. The tribe of Levi was made to go around to the threshing floors for heave offerings and tithes; thus he caused him to be dispersed in a respectable way.*—[*Rashi* from *Gen. Rabbah* 98:5, 99:6, *Shitah Chadashah*]

Ramban explains that Jacob cursed them that they would be scattered among the other tribes, as indeed later took place. Thus Simeon's cities were within Judah's territory, and Levi was awarded the refuge cities throughout the entire land, in the territories of all the tribes.

Similarly, *Targum Jonathan* paraphrases: Jacob said, "If those two dwell together, no monarch or ruler will be able to stand up against them. I will divide the inheritance of Simeon's sons into two parts; one part will fall to them within the inheritance of Judah's sons, and one part among the other tribes of Jacob,

and I will scatter the tribe of Levi among all the tribes of Israel."

This can be explained in light of *Tanchuma Vayechi* 10 and *Gen. Rabbah* 99:7: Twenty-four thousand from the tribe of Simeon fell because of Zimri (Num. 25:9). Twenty-four thousand widows survived, and each tribe absorbed two thousand of them.—[*Karnei Ohr*]

8. **Judah, [as for] you, your brothers will acknowledge you**— *Since he reproved the first ones* (Reuben, Simeon, and Levi) *with reproach, Judah began retreating backwards* [*so that he* (Jacob) *would not reprove him for the deed involving Tamar* (Gen. 38:16ff)]. *So Jacob called him with words of appeasement, "Judah, you are not like them."*—[*Rashi* from *Shitah Chadashah*] The bracketed words do not appear in early editions but are found in a manuscript quoted by *Yosef Da'ath.* They also appear in *Shitah Chadashah,* in *Midrash Lekach Tov,* and in *Yalkut Shimoni.* They are, however, omitted in *Midrash Sechel Tov.*

Onkelos paraphrases: Judah, you confessed and were not ashamed; your brothers will therefore acknowledge you. *Targum Jonathan ben Uzziel* elaborates: Judah, you confessed the incident with Tamar. Because of this, your brothers will acknowledge you, and they will be called Jews (יְהוּדָאִין) because of your name.

Ibn Ezra renders: You are Judah, as your name implies [i.e., יוֹדוּךְ means confess, admit, for you confessed your shortcoming], and so will your brothers acknowledge you. *Rashbam* theorizes that the word יוֹדוּךְ is derived from הוֹד, *majesty*. Since Jacob had stripped Reuben of his throne and scattered Simeon and Levi, he turned to Judah and said to him, "But you, Judah, your brothers will grant you the majesty of the throne."

Your hand will be at the nape of your enemies—*In the time of David: "And of my enemies—you have given me the back of their necks"* (II Sam. 22:41).—[*Rashi* from *Gen. Rabbah* 98:9]

Onkelos paraphrases: You shall overpower your enemies; those who hate you shall scatter. They shall turn their backs to you [in flight].

When they see that your hand is at the nape of your enemies, your father's sons will prostrate themselves before you as before a king. We find that this did take place.—[*Ibn Ezra*]

[and] your father's sons will prostrate themselves to you—*Onkelos* renders: and your father's sons will come forward to greet you, which deviates from its literal meaning, that they will prostrate themselves to him. *Nethina Lager* explains that, since Judah had begun retreating backwards in anticipation

of reproach from his father, the other tribes could be expected to do the same if Jacob humiliated them by making them slaves to Judah. Therefore, *Onkelos* interprets this blessing in a figurative, mitigated vein.

your father's sons—*Since they were* [born] *from many wives, he did not say, "your mother's sons," after the manner that Isaac said* (Gen. 27:29).—[*Rashi* from *Gen. Rabbah* 98:6]

9. **A cub [and] a grown lion is Judah**—*He prophesied about David, who was at first like a cub: "When Saul was king over us, it was you who led Israel out and brought them in"* (II Sam. 5:2), *and at the end a lion, when they made him king over them. This is what Onkelos means in his translation by* שִׁלְטוֹן יְהֵא בְּשֵׁירוּיָא, *[he shall be a ruler] in his beginning.*—[*Rashi*] *Onkelos* continues: וּבְסוֹפָא יִתְרַבָּא מַלְכָּא מִדְּבֵית יְהוּדָה, *and at the end, a king shall be anointed of the house of Judah.*

Rashbam renders: Judah is a lion's cub. Since a young lion is stronger and more agile than an old lion, Jacob compares Judah to a cub.

From the prey—*From what I suspected of you, (namely) that "Joseph has surely been torn up; a wild beast has devoured him"* (Gen. 37:33). *This meant Judah, who was likened to a lion.*—[*Rashi* from *Tanchuma Vayigash* 9] [Jacob had suspected Judah of slaying Joseph. He had not articulated his suspicion, however, but couched it in a metaphor.]

my son, you withdrew—Heb. עָלִיתָ, *you withdrew yourself and said,*

הינון תריהון כחדא לית מליך ושולטן דיקום קדמיהון אפליג אחסנת בנוי דשמעון לתרין חולקין חולק חד יפוק ליה מגו אחסנת בני יהודה וחולק חד ביני שאר שבטיא דיעקב ואבדר שבטא דלוי בגו כלהון שבטיא דישראל: ח יהודה אנת אודיתא על עובדא דתמר בגין כן לך יהודון אחך ויתקרון יהודאין על שמך ידך יתפרעון לך מבעלי דבבך למפתק גירין להון כד יחזרון קדל קדמך ויהון מקדימין למישאל בשלמך בני אבוך: ט מדמי אנא לך יהודה ברי לגור בר אריון דמן קטוליה דיוסף ברי סליקתא נפשך ומדינא דתמר תהי משזיב נייח ושרי בתקוף הי כאריא והי כליתא דכד נח מן

ית שבטא דשמעון ספרין מלפי אוריתא בכנשתא דיעקב ואיבדר ית שבטא דלוי בבתי מדרשיא דבני ישראל: ח יהודה לך יודון כל אחך ועל שמך יתקרון כל יהודאי ידך יתפרעון לך מבעלי דבבך יהוון מקדמין ושאלין בשלמך כל בנוי דאבוך: ט מדמי אנא לך ברי יהודה לגור בר אריון מן קטלוי דיוסף את הויתא משיזיב מן דינא דתמר ברי את הויתא זכאי ניח ושרי בגו קרבא היך אריא והיך אריותא

פי' יונתן

(ח) למפתק גירין בערוך פי' ל' השלכ' ומבי' שם שקל קלא ופתק ביה גירא וכן בחולין דפתקי גנב' וכן נמצ' בזוהר כמה פעמים וכן כאן פירש לזרוק חיצים: כד יחזרין

בעל הטורים

יהודה. בי"ה שמו צריך להיות בראש הדף. בי"ת בראשית. יו"ד יהודה אתה יודוך. ה"א הבאים אחריהם בי"ה. שי"ן שמך לך. מ"ם מה טובו אהליך. וי"ו והעידה בם את השמים ע"ש כי בי"ה ה' צור עולמים: אחיך ידך בעורף אויביך. ר"ת בגי' דוד דכתיב ביה ואויבי תתה לי עורף: ישתחוו לך. ב' במס' הכא ואידך כל הארץ ישתחוו לך ויזמרו לך. וכן ואדונינו ב' במס' ואדונינו מכל אלהים ואדונינו דוד. ע"ש כסאו כשמש נגדי ע"ש די כרסון רמיו א' לו וא' לדוד: גור אריה יהודה. בגי' זה דוד וגם שלמה. ובגי' זה נחשון. גור אריה יהודה. ר"ת בגי' דוד: עלית ג' במס'. מטרף בני עלית. כי עלית משכבי אביך. עלית למרום. לראובן אמר עלית והיית ראוי ליקח מתנות כהונה ומלוכה דכתיב ביה ויתן עז למלכי ומי גרם לך שהפסדת אותו כי עלית משכבי אביך. וליהודה אמר אבל אתה שמטרף בני עלית

רשב"ם

ולכן איני חפץ בקהלם ובחיבורם יחד: אחלקם ביעקב. כי לוי נתפזר בשנים עשר שבטים כדכתיב ביהושע נמצא שמעון לבדו בלא לוי: (ח) יהודה אתה יודוך. המפרש ישבחוך אחיך שטות הוא בידו. אלא לפי שגינה את הראשונים ונטל מלכות מראובן ופיזר שמעון ולוי אמר ליהודה אבל אתה יתנו לך אחיך הוד מלכות כמו שמוכיח סוף הפסוק ישתחוו לך בני אביך. וכן ונתת מהודך עליו. תן לו משירותך בחייך. וכן בדניאל ולא נתנו עליו הוד מלכות וכן בשלמה כתיב הוד מלכות. ויתן עליו הוד מלכות בדברי הימים. יודוך יסליכוך. כמו יהודוך כדכתיב כי על כן עמים יהודוך וכן יושיע ה' כמו יהושיע. הוד מלכות אין הה"א עיקר אלא מגזרת תפוסי פ"א פעל של אות יו"ד הוא כמו ישב יצא. שיאמר הוציא הושיב. וכן מן ירה בים הורה. ויורו המורים. וכן איש לא הונה מגזרת לא תונו. וכן יאמר הודו לה'. יודו לה'. הונה וריעהם כלם עיקרם בראשם אות יו"ד ונופלת לפרקים ובאה אות (יוד) (צ"ל וא"ו) במקומה: וישתחוו. שתמלוך עליהם: בני אביך. לפי שמארבע אמהות היו אמר בני אביך אבל כשבירך יצחק את יעקב כתיב בני אמך: (ט) גור אריה יהודה. כמו והנה כפיר אריות. הנער קרוי גור כדכתיב בתוך כפירים רבתה גוריה. לפי שהוא קל וגבור יותר מאריה זקן ממשיל את יהודה לגור אריה: מטרף בני עלית. אתה יהודה בני לאחר שתעלה מלטרוף טרף באומות ותכרע

דעת זקנים מבעלי התוספות

אחי דינה ולא אחי יוסף שהרי מכרוהו כדפרישי': (ח) יהודה אתה יודוך. יודוך להיותך מלך עליהם כמו שמלכו בדוד. וכן יהודה עולה בגימטרי' שלשים כמנין מעלות שבמלכות כדאמריק במס' אבות והמלכות בשלשים מעלות ובסנהדרין פרק כהן גדול מונה אותן. ד"א יודוך אחיך לפי שכל ישראל נקראים יהודים על שמך ועוד שממך יצא מלך המשיח שיגאל ישראל במהרה בימינו: (ט) גור אריה יהודה. בני כל החיות נקראים גורים אבל אתה יקרא גור שהוא בן אריה המעלה מכלם ורמז לו שעתיד לצאת ממנו דוד שכן ראשי תיבות של גור אריה יהודה עולין בגימטריא דוד: מטרף בני עלית. על ידי טרף נעלית בימי דוד שבא מיהודה שעל ידי וכו' שעשה לו הקדוש

אור החיים

מטרף בני עלית ורז"ל אמרו שעל אמרו טרוף טורף הוא אומר לו בני עלית פי' סלקת עצמך ולדבריהם ז"ל תתפרש תיבת בני למעלה ולמטה עוד"ה מטרף בני פי' יוסף עלית גם עוד"ה מטרף של יוסף בני פי' אתה בני עלית ואמר תיבת בני ל' חיב' וקירוב הלב אלא שצריך ערב שיעקב חשדו ליהודה לו' עתה עליו שעלה מהחשד והדעת נותנת כי מעולם לא עלה על דעת יעקב שהאחים ישלחו יד ביוסף לחשוד א' מהם אלא שדברי רז"ל הם דברי קבלה. עוד נל"ד אומרו כרע רבץ וגו' מי יקימנו כי מלבד שאין משמעות לפשטיות הדברים למה דבר ל' נסתר ושינה מסדר שהתחיל לדבר בו בדרך נוכח כאו' אתה יודוך וגו' בני עלית. אכן יתבארו הכתובי' ע"פ הקדמ' אחת זכה וברה אשר האיר' עינינו בדברים נחמדים מאור תורתינו והוא כי אדם הראשון הוא אילן שבו היו תלויים כל הנשמות של הקדוש' שילאו לעולם מיום היות עולם ואשר עתידין לצאת וכשחטא אדם שלט חלק הרע וישב ממנו שבי לאין מספר ודרשו מעל ספר אנשי אמת מה עלמו השבויים מהקדוש' בקליפ' והן עם ה' משתדלי' מיום היותם לברר ולהוציא בולעו מפיו והולכים ומבררים ומוציאים מידו באמצעות מקור הקדושה אשר נטע ה' בתוכנו היא התורה והמצות גם לפעמים באמצעות דביקות הנפש הקדוש' בנפש הטומא' לאונסה תוציא נפש חיה למינה והוא סוד ותדבק נפשו בדינה בת יעקב שאבה נפש דינה הקדושה לנפש קדושה מינה שהיתה כתוכ' תוך שכם ואמרו ז"ל כי הוא נפש ר"ח בן תרדיון והוא רמז רחב"ת ידים ולפעמים תצא הנפש מעצמ' לעול' לצד הארת נפשות הקליפ' בעולם תצא גם היא ובצאת' תהי' מובדלת מאוצר הקליפה טבעה ותתאוה ללכת בדרך הטוב והוא סוד נשמות הגרי' המתגיירי' מעצמ' וחושקים להסתופף בצל הקדושה ובכלל דבר זה ג"כ באמצעות דבר מגונה ביות' יבחר השבאי

כלי יקר

העזות וקשיות עורף של עושי מעשה יעקב וישראל דהיינו להפך פעולתם לטוב' כאמור. ומה שכללם יעקב ומשה הפרידם לפי שכבר אמר יעקב אחלקם וגו' ע"כ לא היה משה רשאי לצרפם ומ"מ ברכם קצת מעין ברכתו של יעקב כי אמר ברך ה' חילו פי' אונקלוס על הנכסים כי לא היה ללוי חלק ונחל' כי אם המתנות הראויות לו כך אמר יעקב אחלקם ביעקב ר"ל אחלק לו בין כל יעקב כי מן כל ישראל יקחו המה חלקם ואע"פ שבעבור היות כלי חמס מכרותיהם דהיינו לגזול ממון כל העיר נותן הדין לקנס' שיהיו כולם עניים מ"מ אחלק להם ביעקב לקבל מהם מתנותם ושבט שמעון אפיץ בישראל להיות סופרים ומלמדים וע"כ רמז משה ברכה לשמעון תוך ברכת יהודה כי גם מיהוד' מושכים בשבט סופר כמ"ש ומחוקק מבין רגליו ומחוקק היינו סופר:

יהודה אתה יודוך אחיך. לפי שאתה יהוד' הודית במעש' תמר כהוראת שם יהודה ע"כ מדה כנגד מדה יודוך אחיך יודו לך על המלכות ולא יבושו כשם שאת' היית מודה ולא בוש מלהודות על האמת כך אחיך לא יבושו כי יודו על האמת שלך לבד יאתה המלוכ' כי מצינו כשהומלך דוד כתיב ויאמרו כל שבטי ישראל וגו' הנני עצמך ובשרך וגו' אתה המוציא והמביא בישראל כו'. והבט ימין ורא' כי בשלש' הזכיר ברכות' מעין שמם יהודה גד דן. יהוד' על שם יודוך אחיך. דן על שם ידין עמו. גד על שם גדוד יגודנו ושלשתן נמשלו לאריה יהודה גור אריה ומשה אמר דן גור אריה. ולגד אמר ברוך מרחיב גד כלביא שכן. לפי ששלשתן נלחמו מלחמות ה' כי יהודה ידו בעורף אויביו ודן ידין עמו פי' הרמב"ן ינקום נקמת עמו. וגד שנא' וטרף זרוע אף קדקד. ונרמזו שלשתן בפסוק והוא יגד עקב יגד ר"ת יהודה גד דן כי יגד עניינו ל' כריתה מל' גודו אילנא כי שלשתן יכריתו האויבים ולא בגבורת איש כי אם בעזר אלהי כי כמו שהשי"ת אינו נלחם כי אם בשמו ית' כמ"ש ה' איש מלחמ' ה' שמו כך אלו אין מלחמתם בכלי זיין וכן פי' רבינו בחיי שבשם יהוד' תמלא כל אותיות אלפ"א ביתא חוץ מן ז' להורות שאין מלחמתם בכלי זיין כי אם בשם ה'. וכן שלש אלו נלחמו בשמם כי כאשר שמעו האומות את שמע שמם ונוראת שמותם מיד תפול עליהם אימתה ופחד כי שם יהודה מור' שהכל יודו לו כי אליו יאתה הרוממות על כל מלכי הארץ ודן ידין וינקום נקמת עמו וגד ל' כריתה וז"ש לפי שיהוד' אתה יודוך אחיך ושמך יגרום לך שידך בעורף אויביך. גור אריה יהודה אע"פ שנמשל

שהוא

וכלביא מי יקימנו: י לא־יסור שבט מיהודה ומחקק מבין רגליו עד כי־

י לא יעדי עביד שולטן מדבית יהודה וספרא מבני בנוהי עד עלמא עד דייתי משיחא דדיליה

תו"א לא יסור סנהדרין ה' הוריות יא: עד כי יבא סנהדרין לח:

רש"י

וכן בהריגת תמר ק שהודה צדקה ממני לפיכך כרע רבץ וגו' בימי שלמה [מ"א ה] איש תחת גפנו וגו': (י) **לא יסור שבט מיהודה**. מדוד ואילך ר אלו ראשי גליות שבבבל שרודים את העם בשבט שממונים ע"פ המלכות (סנהדרין ה): **ומחקק מבין רגליו**. תלמידים אלו נשיאי א"י: **עד כי יבא שילה**. מלך המשיח שהמלוכה ש שלו. וכן ת"א. ומ"א שילו שי לו שנא' [תהלים עו] יובילו שי למורא: **ולו יקהת עמים**. אסיפת העמים שהיו"ד עיקר היא ביסוד כמו יפעתך ופעמים שנופלת ממנו וכמה אותיות משמשות בלשון זה והם נקראים עיקר נופל כגון נו"ן של נוגף ושל נושך ואל"ף [איוב יג] שבאחותי באזניכ' (יחזקאל כא) ושבאבחת חרב (והוא ל' הרג ופי' אימת הרב והוא לשון זיין) (מ"ב ד) ואסוך שמן. אף זה יקהת עמים אסיפת עמים שנא' (ישעי' יא) אליו גוים ידרשו ודומה לו (משלי ל) עין תלעג **א** לאב ותבוז ליקהת אם לקבוץ קמטים שבפניה מפני זקנתה ובגמ' דיתבי ומקהו אקהתא בשוקי ב דנהרדעא [דפומבדיתא]

שפתי חכמים

לכך אותו שתמשול בגוים או תמלוך אתה ולכך אמר ידך בעורף לרמז על דוד (מהרש"ל): ק ר"ל בני קאי על יהודה ולא על יוסף חדא דהא יהודה גם הוא בנו. ועוד דהא מטרף תמר נ"כ הלק עצמו וכמו שפירש"י וא"כ הלק עצמו משתיהן ולמה נקט בני על יוסף א"ו בני קאי על יהודה: ר דק"ל והא עד שאול לא היה מלך בישראל ועכ"פ מדוד ואילך שהוא משבט יהודה: ש [נח"י] קאי אדלעיל לא יסור שבט מושלים מיהודה ופי' בזמן שגלות שהיה להם שררה מועטת וכל זה יתנהג עד כי יבא שילה מי שהשבט שלו והרב נקט המלוכה תמורת השבט והיא היא: ת ר"ל דהוא כמי מפרש שילה קאי אגואל אבל לא מפרש שהוא ל' שילו אלא ב' תיבו' הם שי לו פי' מנחה לו: א מביא ראיה דיקהת בחד יו"ד לשון אסיפה: ב מקהילים קהלות סביבם הבאים ושומעים דבריהם

רמב"ן

וקנין ולבוז שללם כלל ועקרו מן ואת סוסיהם תעקר (יהושע י"א) אך הכל לשון אחד וענין אחד: (י) **לא יסור שבט מיהודה**. אין ענינו שלא יסור לעולם כי כתוב יולך ה' אותך ואת מלכך אשר תקים עליך אל גוי אשר לא ידעת אתה ואבותיך והנה הם ומלכם בגולה אין להם עוד מלך ושרים וימים רבים אין מלך בישראל והנביא לא יבטיח את ישראל שלא ילכו בשבי בשום ענין בעבור שימלוך עליהם יהודה אבל ענינו שלא יסור שבט מיהודה אל אחד מאחיו כי מלכות ישראל המושל עליהם ממנו יהיה ולא ימשול אחד מאחיו עליו וכן לא יסור מחוקק מבין רגליו שכל מחוקק בישראל אשר בידו טבעת המלך ממנו יהיה כי הוא ימשול ויצוה בכל ישראל ולו חותם המלכות עד כי יבא בנו ולו יקהת כל העמים לעשות בכלם כרצונו וזהו המשיח כי השבט ירמוז לדוד שהוא המלך הראשון אשר לו שבט מלכות ושילה הוא בנו אשר לו יקהת העמים ולא יתכן מאמר ר"א שאמר שיהיה שילה דוד כי לא היה ליהודה שבט קודם דוד כי אע"פ ששבטו נכבד ונוסע בתחל' אין שבט רק למלך ומושל כדכתיב שבט מישו' שבט מלכותך שבט מושלים שבט למשול והכתוב הזה רמז כי יעקב המליך שבט יהודה על אחיו והוריש ליהודה הממשלה על ישראל והוא מה שאמר דוד ויבחר ה' אלהי ישראל בי מכל בית אבי להיות למלך על ישראל לעולם כי ביהודה בחר לנגיד ובבית יהודה בית אבי ובבני אבי בי רצה להמליך על כל ישראל ואמר לא יסור לרמוז כי ימלוך שבט אחר על ישראל אבל מעת שיחל להיות ליהודה שבט מלכות לא יסור ממנו אל שבט אחר וזהו שנאמר כיה' אלהי ישראל נתן ממלכה לדוד על ישראל לו ולבניו עד עולם וענין שאול היה כי בעבור שדבר שאלת המלכות בעת ההוא נתעב אצל הקב"ה לא רצה להמליך עליהם מן השבט אשר לו המלכות שלא יסור ממנו לעולמים ונתן להם מלכות שעה ולזה רמז הכתוב שאמר אתן לך מלך באפי ואקח בעברתי שנתנו לו שלא כרצונו. ולכן לקחו בעברתו שנהרג הוא ובניו

אבן עזרא

אחריו לעד. והלא תראה ותעל אחד מגוריה. וטעם כרע רבץ כארי' שמנהג האריה אחר שטרף ישב על כרעיו וירבץ ואילו היה עובר כל מין חיות לא יקום מפניהם שיברח: (י) לא יסור שבט מיהודה. לא יסור שבט גדולה מיהודה עד שבא דוד שהוא תחלת מלכות יהודה וכן היה הלא תראה כי דגל יהודה נוסע בראשונה. גם אמר השם יהודה יעלה תחלה: ופי' מחוקק. סופר שיחוק על הספר: וטעם מבין רגליו. שכן דרך כל סופר להיות יושב בין רגלי הקצין: שילה. יש אומרים כדרך המתרגם ארמית כטעם שלו. ויש אומרים שהוא מגזרת ובשלית'. ויש מי שהוציאו מל' קדמונינו ז"ל שליל. ויש מי שפירש אותו על עיר שילה. ויפרש יבוא כמו ובא השמש. או עד כי יבוא קץ שילה. כי כן כתוב ויטוש משכן שילה · ואחר כן ויבחר בדוד עבדו גם זה איננו רחוק. או יהיה שילה כמו בנו. והה"א תחת וי"ו כמו בתוך אהלה מגזרת לא תשלה אותי שפי' לא תוליד: ומלת יקהת. כמו ליקהת אם. והיו"ד משרת לעתיד. וטעמו שיסורו גוים על משמעתו וכן היו עמים רבים תחת יד דוד ושלמה בנו. ואין טעם עד כי יבא שילה שיסור השבט ממנו בבוא שילה. רק טעמו כמו לא יחסר לפלוני לחם עד שיגיע עת שיהיו לו שדות וכרמים רבות. וכמוהו

כלי יקר

לאריה שדרכו לטרף טרף מ"מ מטרף בני עלית לא הסכמת בטרף טרף יוסף אלא עלית נסתלקת מעל אחיך שכן נאמר וירד יהודה מאת אחיו ר"ל נסתלק מהם כי לא רצה להיות אתם בחבורתם. או עלית לשון מעלה שמגד טרף בני שלא היה לך חלק בו עלית למעל' זו. לא יסור שבט מיהוד' רבו הדיעות בפי' פסוק זה והמעיין יבחר בפירוש מהרי"א כי הוא קבץ כל הדיעות וכל מה שדברו בו רוב המפרשים על כן משכתי ידי מלהעלות זכרונם על ספר כי יאריך הסיפור:

אור החיים

שהוא אדם בליעל להוציא נפש הקדושה ששבוי' בידו במקום קליפה שהיא בחינת העון שיהיה יותר מגונה וזה לך האות רות המואבי' יצתה מזנות אב ובתו ונעמה העמונית ותבחון לדעת כי רות שיצת' ממנה שלשלת מלכות בית דוד היתה ממואב שהיא בעלת עביר' בחציפות יותר ומעשיה מוכיחות עלי' כאומרם ז"ל ונעמה יצתה מעמון שלא הי' העון מזוהם כאחות' ויש לך לדעת כ"א הי' עוש' מעשה לוט אדם אחר לא היו יוצאים במציאותו ב' פרידות הטובות אלא לגד לוט שהי' גדול בבחינתו כי גם בחינת הרע יש בה הדרגות גדולות זו למעלה מזו כפי בחינת' ונא ולמד מהאומות שיש

ספורנו

להמיתך: וכלביא מי יקימנו. כן יהיה לעתיד שירבץ כלביא ולא יהיה מי שיוכל להטיל עליו אימה כדי שיקימנו ממקומו מחמת יראה: (י) **לא יסור שבט מיהודה**. (כמו שאמר וכלביא מי יקימנו) **לא יסור** שבט המלכות ממנו אל אחד משבטי ישראל באמרו והסדי לא יסור ממנו כאשר הסירותי מעם שאול אשר הסירותי מלפניך אבל כשנפלה המלכות לא היה זה מין הסרה שיסור **הדבר** ממקום למקום אבל נפסד לגמרי כי לא סר שבט ישראל ומלכותו מזה אל זה אבל אבד לגמרי ולא תפול הסרה על הבלתי נמצא כלל: **ומחוקק מבין רגליו**. שיהי' מזרעו שופט יושב על כסא ובין רגליו יהיו סופרי הדיינים כמנהגם: **עד כי יבא שילה**. הנה תיבת שילה מורכבת משרש שול ומורת שולים **ומשרש** שלה המורה שלום כלומר שלום הסוף.

אמר

and like a lion, who will rouse him? 10. The scepter shall not
depart from Judah, nor the student of the law from between his
feet, until

"What is the gain [if we slay our
brother and cover up his blood]*?"*
(Gen. 37:26) (*Gen. Rabbah* 99:8).
Similarly, [Judah withdrew] *from
killing Tamar, when he confessed,
"She is right,* [it is] *from me..."*
(Gen. 38:26) (*Aggadath Bereshith*
83). *Therefore, "he crouched, lay
down, etc."* [This was fulfilled] *in
the time of Solomon, "every man
under his vine, etc."* (I Kings 5:5)
(*Gen. Rabbah* 98:7).—[*Rashi*]

   Rashbam and *Ibn Ezra* render:

**From the prey, my son, you
withdrew. He crouched, rested like
a lion, and like a lion, who will
rouse him?**—You, Judah, my son,
when you no longer prey upon the
nations, and you crouch and rest in
your city, the enemy will be unable
to come and cause you to shudder or
make you get up from your place.

   Both these commentators object to
the interpretation of the verse as a
reference to the selling of Joseph.
Each one, however, objects for a
different reason. See original text of
Rashbam and *Ibn Ezra.*

   10. **The scepter shall not depart
from Judah**—*from David and
thereafter. These* (who bear the
scepter after the termination of the
kingdom) *are the exilarchs* (princes)
*in Babylon, who ruled over the
people with a scepter,* [and] *who
were appointed by royal mandate.*—
[*Rashi* from *Sanh.* 5a]

   According to *Rashi,* שֵׁבֶט denotes
the royal scepter, indicating that the
Babylonian Jewish community was
autonomous by royal edict. Its ruler
was the exilarch, appointed by the
king. He had the power to coerce
litigants to obey his verdicts. He also
had the right to declare property
ownerless even when it had an owner.
Moreover, the exilarch was em-
powered to ordain judges and his
ordination was accepted in *Eretz
Yisrael* as well as in Babylon. The
ordination granted in *Eretz Yisrael,*
however, was not accepted in Baby-
lon. This follows *Targum Onkelos,*
which renders: Neither shall a person
wielding ruling power depart from the
house of Judah, nor a scribe from his
descendants, etc. The Talmud (ad loc.)
also deems the authority of the
Babylonian courts superior to that of
the courts of the land of Israel because
שֵׁבֶט is superior to מְחֹקֵק, which
denotes a minor authority.

   Accordingly, the "scepter" de-
notes rulers empowered by the
throne, which were the exilarchs.
[*Rashi* on *Sanh.* 5a, *Iggereth Rav
Sherira Gaon*]

   Shitah Chadashah, however,
interprets שֵׁבֶט as a rod, with which
the judge could beat a recalcitrant
litigant who refused to follow his
verdict.

   **nor the student of the law from
between his feet**—*Students. These*

are the princes of the land of Israel.—[*Rashi* from *Sanh.* 5a]

The Talmud identifies these princes of the Sanhedrin as "the descendants of Hillel the Elder, who teach the Torah in public." Accordingly, the expression "from between his feet" refers to those descended from Judah, as *Onkelos* and *Yerushalmi* render: from his descendants, and *Jonathan* renders: from his seed. *Ibn Ezra*, however, explains that it was customary for a scribe to sit between the feet of the official dictating to him.

until Shiloh comes—[This refers to] *the King Messiah, to whom the kingdom belongs* (שִׁילוֹ), *and so did Onkelos render it:* [until the Messiah comes, to whom the kingdom belongs]. *According to the Midrash Aggadah,* ["Shiloh" is a combination of] לוֹ שַׁי, *a gift to him, as it is said: "they will bring a gift to him who is to be feared"* (Ps. 76:12).—[*Rashi* from *Gen. Rabbah* ed. Theodore Albeck p.1210] [Although all the commentators on Psalms interpret that verse to mean that they will bring a gift to God, the source *Rashi* quotes interprets it to mean that the natives will pay tribute to the King Messiah.]

Many interpretations have been given to reconcile this verse with the exile, when the house of David ceased to reign. *Targum Onkelos* inserts the words עַד עָלְמָא, *forever*, meaning that the kingdom would not be permanently curtailed, but only temporarily. *Onkelos* appears to render the word עַד twice, meaning: nor a scribe from his descendants *forever, until the Messiah comes.* A similar interpretation of עַד is given by a Tosafist named Rabbi Isaac, quoted by *Da'ath Zekenim: forever,* for the Messiah, who is of his tribe, will come. According to him, however, עַד is rendered only once. *Rabbenu Bechaye*, too, quotes his mentor, *Rabbi Solomon [ben Adereth]*, who maintains that this is the correct version of *Targum Onkelos*, and that our version [in which עַד is rendered twice] is erroneous, since when the Messiah comes, the scepter will surely not depart from Judah. According to our version, however, it means that the scepter will not depart *until* the Messiah comes, but then the scepter will depart.

Ramban and *Da'ath Zekenim* explain that Jacob means that once the power of rule is given to Judah, it will never be taken away and given to any other tribe. Before the reign of David and during the exile, when the Jews did not rule, however, this blessing did not apply. *Ramban* concludes that the kings of the Ten Tribes, who were by definition from tribes other than Judah, and the kings of the Hasmonean dynasty, who were priests, were guilty of deviating from the testament of the Patriarch. The latter were very pious men, who prevented the Torah and the commandments from being completely forgotten. Nevertheless, because of this sin, the Hasmonean kings, despite their might, fell into the hands of their enemies.

יְקִימִנֵיהּ: י לָא פָסְקִין מַלְכִין וְשַׁלִּיטִין מִדְּבֵית יְהוּדָה וְסָפְרִין מַאַלְפֵי אוֹרַיְיתָא מִזַרְעֵיהּ עַד זְמַן דִי יֵיתֵי מַלְכָּא מְשִׁיחָא זְעֵיר בְּנוֹי וּבְדִילֵיהּ יִתִּימְסוּן עַמְמַיָא:

וְלֵית אוּמָּה וּמַלְכוּ דְּתֵיקוּם לְקוּבְלָהּ: י לָא פָסְקִין מַלְכִין מִדְּבֵית יְהוּדָה אַף לָא סָפְרִין מַלְפֵי אוֹרַיְיתָא מִבְּנֵי בְנוֹי עַד זְמַן דְּיֵיתֵי מַלְכָּא מְשִׁיחָא דְּדִידֵיהּ הוּא מַלְכוּתָא וְלֵיהּ עֲתִידִין דְּיִשְׁתַּעְבְּדוּן

בעל הטורים

זכית ועלית ולקחת מתנות מלוכה: ומחקק מבין רגליו. בגי' תלמידי חכמים: מחקק. עולה רמ"ח שרמ"ח איברים באדם ע"ש

פי' יונתן

קדל פירוש כשיפנו לך ערפם וינוסו מפניך אז תוכל לזרוק בהם חצים וק"ל: (י) מלכא משיחא וכו' מרכתיב ולשורק' בני אתונו נפקא ליה לדרוש משיח ולא

רשב"ם

ותשבב בעירך לא יבא אויב להחרידך ולהקימך ממקומך. זהו עיקר פשוטו. והמפרשו במכירת יוסף לא ידע פשוטו של פסוק ולא בחילוק טעמים כלל: (י) לא יסור שבט מיהודה. המלכות שניתן לו להשתחוות לו כל אחיו שנים עשר לא תפסוק ממנו כל אותה הגדולה ולא מחוקק ושררה מזרעו עד כי יבא יהודה שילה. כלומר עד כי יבא מלך יהודה הוא רחבעם בן שלמה שבא לחדש המלוכה בשילה שזהו קרוב לשכם אבל אז יסורו עשרת השבטים ממנו וימליכו את ירבעם ולא נשאר לרחבעם בן שלמה רק יהודה ובנימין: יקהת עמים. קבוצת האומות שהיו כפופים תחת שלמה אביו כדכתיב הוא רודה בכל עבר הנהר נתקבצו שם להמליך את רחבעם כדכתיב וילך רחבעם שכמה כי שכם בא כל ישראל להמליך אותו ושכם אצל שילה כדכתיב ביהושע ויאסוף יהושע כל ישראל שכמה וכל הפרשה. ולבסוף מפרש כל אלו הדברים היה לפני ה' בשילה. וגם בשופטים הנה חג ה' בשילה במסלה העולה בית אל שכמה וגו' וגם בירמיה ויבאו אנשים משכם משילה ומשמרון וקרקע חלקה היה בשכם סביב האלה אשר עם שכם הראויה להתקבץ שם בני אדם ולכבוד משכן אשר בשילה הסמוך שם ויעקב עיקר הגדולה של יהודה שמדוד עד רחבעם פירש. אבל חוסר הגדולה לא רצה לפרש אלא מכללו של מקרא אתה

דעת זקנים מבעלי התוספות

ב"ס מן האריה ודוב שטורפין את הבהמות כדאמר גם את הארי גם את הדוב הכה עבדך נתן לב ונסמך להלחם עם גלית הפלשתי ונלחם ונתעלה על זה: (י) לא יסור שבט מיהודה. מדרש אגדה לא יסור לא יפרח כמו סורי הגפן נכריה שהוא כמו לולבי הגפן. עד כי יבא שילה עד שיחרב משכן שילה יבא לשון הרכן כמו לא יבא עוד שמשך וה"ם לא יפרח ולא יקן מלך ביהודה עד כי יטוש משכן שילה וכן הוא אומר ויטש משכן שילה וסמיך ליה ויבחר בדוד עבדו. ד"א לא יסור מלכות מבי' דוד ליתנו לאחר כמו שסר משאול עד כי יבא שילה מלך המשיח וכ"ש כשיבא משיח שהרי משיח בן דוד הוא ונמצא שלא יסור לעולם והה"ד ונאמן ביתך וממלכה עד עולם וכתיב וחסדי לא אסיר מעמו כאשר הסירותי מעם שאול ד"א לא יסור שבט מיהודה שלא ימלוך על כל ישראל עד כי יבא שילה כלומ' בשכם שנתחלקה שם המלכות ושילה ושכם היו קרובים זה לזה כדכתיב בין שילה ובין שכם ולכך נקט שילה ומ"מ ולו יקהת עמים לאחר שנתחלקה המלכות. ד"א לא יסור שבט מיהודה ומחוקק מבין רגליו עד כלומר לעולמי עד כי יבא שילה שהרי יבא משיח שהוא משכנו מהלל ר' יצחק:

רמב"ן

ונפסקה ממנו המלכות והיה כל זה מפני שהיה שמואל שופט ונביא ולוחם מלחמותיהם על פי ה' ומושיע אותם ולא היה להם לשאול מלך בימיו כמו שאמר להם וה' אלהיכם מלככם והכתוב אמר לא אותך מאסו כי אם אותי מאסו ממלוך עליהם ולפיכך לא נתן להם מלכות של קיימא ומה שאמר הכתו' נסכלת ולא שמרת את מצות ה' אלהיך אשר צוך כי עתה הכין ה' את ממלכתך על ישראל עד עולם שאם לא חטא היה לזרעו מלכות בישראל לא על כלם וזה טעם על ישראל אולי היה מולך על שבטי אמו על בנימין ואפרים ומנשה כי יהודה ואפרים כשני עממים נחשבי' בישראל או יהיה מלך תחת יד מלך יהודה ולפי דעתי היו המלכים המולכים על ישראל משאר השבטים אחרי דוד עוברים על דעת אביהם ומעבירים נחלה והם היו סומכים על דבר אחיה השילוני הנביא שמשח לירבעם ואמר ואענה את זרע דוד למען זאת אך לא כל הימי' וכאשר האריכו ישראל להמליך עליה' משאר השבטי' מלך אחר מלך ולא היו הוזרים אל מלכות יהודה עברו על צוואת הזקן ונענשו בהם וכמו שאמר הושע הם המליכו ולא ממני וזה היה עונש החשמונאים שמלכו בבית שני כי היו חסידי עליון ואלמלא הם נשתכחו התורה והמצות מישראל ואף על פי כן נענשו עונש גדול כי ארבע בני חשמונאי הזקן החסיד המולכים זה אחר זה עם כל גבורתם והצלחתם נפלו ביד אויביהם בחרב והגיע העונש בסוף למה שאמרו רז"ל כל מאן דאמר מבית חשמונאי קא אתינא עבדא הוא שנכרתו כלם בעון הזה ואף על פי שהיה בזרע שמעון עונש מן הצדוקים אבל כל זרע מתתיה חשמונאי הצדיק לא עברו אלא בעבור זה שמלכו ולא היו מזרע יהודה ומבית דוד והסירו השבט והמחוקק לגמרי והי' עונש מדה כנגד מדה שהמשיל הקדוש ברוך הוא עליהן את עבדיהם והם הכריתום. ואפשר ג"כ שהיה עליהם חטא במלכותם מפני שהיו כהנים ונצטוו תשמרו את כהונתכם לכל דבר המזבח ולמבית לפרכת ועבדתם עבודת מתנה אתן את כהונתכם ולא היה להם למלוך רק לעבוד את עבודת ה'. וראיתי בירושלמי במסכת הוריות אין מושחין מלכים כהנים אמר רבי יהודה ענתוריא על שם לא יסור שבט מיהודה אמר רבי חייא בר אבא למען יאריך ימים על ממלכתו הוא ובניו בקרב ישראל מה כתיב בתריה לא יהיה לכהנים הלוים הנה שנו בכאן שאין מושחין מלכים מן הכהנים בני אהרן. ופי' תחלה שהוא לכבוד יהודה שאין השררה סרה מן השבט ההוא ולפיכך אף על פי שישראל מקיימים עליהם מלך משאר השבטים כפי צורך השעה אין מושחין אותן שלא יהיה עליהם הוד מלכות אלא כמו שופטים ושוטרים יהיו והזכירו הכהנים שאף ע"פ שהן בעצמן ראוין למשיחה אין מושחין אותן לשם מלכות וכל שכן שאר השבטים וכמו שאמרו בגמרא שאין מושחין אלא מלכי בית דוד ורבי חייא בר אבא פירש שהוא מנוע מן התורה שלא יהיה לכהנים הלוים כל שבט לוי חלק ונחלה

אור החיים

בהם מלכים גדולים ומלכים קטני הערך ושרים וגו' והוא סוד אומרם ז"ל בעקבות משיח' כונתם בזה כי לצד שאנו מבררי' כל תפיסת הקליפ' מהקדוש' כשיגיע הבירור לסוף דבר שהוא העקב וכינו התכלית לעקביים כי הוא סוף אברי האדם ולזה תמצא כי בזמנים הראשונים היו מתבררים מהקליפ' נפשות גדולות וצא ולמד מהאדם הגדול בענקים אבינו ועטרת ראשינו הוא אברהם גר צדק ראשון שבגרים ושרה אמנו ורות המואבי' ובדורו אחרוני' שמעי' ואבטליון אונקלוס הגר והן היום הגם שמתגיירי' להיות שספו תמו ניצוצי הקדושה מתוך הקליפ' ולא נשארו כ"א בעקבות גם כח המברר בבחינ' עצמה קטנה והוא סוד אומר' ז"ל בזוהר דנגעו רגלין ברגלין כי כל בחינה תברר בחינת' וע"פ הקדמ' זו תשכיל עצת ה' אשר יעץ על יהודה ושלח מלאך והכריחו לבא אל הקדש' כי לאמצעו' היות הדבר בלתי הגון ע"פ התורה לשכב את כלתו ובאמצעות היות יהודה אנוס על פי הדיבור נעלם דבר איסור ממנו ולא ידע כי כלתו היא ובזה הוציא ממקור הטומא' ענף מופלא שבקדוש' פרץ וזרח שהיו שבוים בבחינת הרע והי' אדם בליעל רובץ עליהם לצד גודל מעלתם וצא ולמד כמה צדיקים יצאו מהם ושלשלת המלוכה של בית דוד וזולת יהודה שהוא בחי' המלוכה לא הי' אדם יכול להוציא' מידו וגם זולת דמיון מעשה הרע כי יבא אל כלתו אין מציאות להוציאם ובאמצעות דמיון הרע ה"ז נכנס למדור הרע והוציא שלל רב:

והן הנה הדברים שאמר הכתוב גור אריה יהודה פי' מתחל' קודם מעשה תמר הוא גור זה הוא שרמז בתחלת דבריו באומרו אתה יודוך אחיך מלבד מה שפירשתי במקומו כפי זה יתבא' עוד עז"ה אתה יודוך פי' לא הי' לך אלא גדולת עצמך שיהיו אחיך כפופים לך אבל לא היתה מדה זו נוהגת לדורות וצא ולמד מה גדולה היתה לבניו לבד פרץ וזרח שבאו ממעשה הרשת אשר פרש אלהים ולבסוף אריה שנתגבר ונתעלה ופי' ומנין זכה לעלות מעלה זו ואמר מטרף בני עלית פי' מאותו טרף אדם שטרף בחי' הרע מאדם הראשון נשמות המופלאות ובאמצעות מעשה תמר הרוצה אות' מזה היתה עלייתך וקנית בנים שמלכותם מלכות עולמים שזולת זה לא היה בענפי נשמתך גדולה לדורות אלא לך לבדך. ואו' כרע רבץ וגו' פי' כי אותו הטרף שממנו היתה עליתו כרע רבץ עליו אותו שנא' בו לפתח חטאת רובץ ולא היה לו מציאות להקימו מעליו ולהוציאו ממנו האבן יקרה ורמז באומרו אריה

יָבֹא שִׁילֹה וְלוֹ יִקְּהַת עַמִּים׃ יא אֹסְרִי
לַגֶּפֶן עִירֹה וְלַשֹּׂרֵקָה בְּנִי אֲתֹנוֹ כִּבֵּס
בַּיַּיִן לְבֻשׁוֹ וּבְדַם־עֲנָבִים סוּתֹה׃
יב חַכְלִילִי עֵינַיִם מִיָּיִן וּלְבֶן־שִׁנַּיִם

עירו ק׳ סותו ק׳

תו"א אסרי לגפן ברכות נז כתובות קיא: חכלילי כתובות קיא: ולבן שנים כתובות שם:

אונקלוס

הִיא מַלְכוּתָא וְלֵיהּ
יִשְׁתַּמְעוּן עַמְמַיָּא: יא יַסְחַר
יִשְׂרָאֵל לְקַרְתֵּיהּ עַמָּא
יִבְנוּן הֵיכְלֵיהּ יְהוֹן
צַדִּיקַיָּא סְחוֹר לֵיהּ
וְעָבְדֵי אוֹרַיְתָא בְּאוּלְפַן
עִמֵּיהּ יְהֵי אַרְגְּוָן טַב
לְבוּשׁוֹהִי כְּסוּתֵיהּ מֵילָא
מֵילָא צְבַע זְהוֹרֵי וְצִבְעוֹנִין: יב יַסְמְקוּן טוּרוֹהִי בְּכַרְמוֹהִי יְטוּפוּן נַעֲווֹהִי בַּחֲמַר יְחַוְּרָן

שפתי חכמים

ע"ס: ג והכי משמע הקרא אוסרי לגפן עירה יסבכון ישראל עיר ירושלים ולשורקה בני אתונו וישראל יבנון ב"ה: ד כ"ל דקאי פסוק זה את"ח לאורות פי' לבנות ת"ח שלובשים בגדים לבנים א"כ רוכבים

רש"י

במס' יבמות (דף קי) ויכול היה לומר קהיית עמים: (יא) אסרי לגפן עירה. נתנבא על ארץ יהודה שתהא מושכת יין כמעיין איש יהוד' יאסור לגפן עיר אחד ויטעננו מגפן אחת ומשורק אחד בן אתון אחד: שרקה. זמורה ארוכה קורייר"א בלעז: כבס ביין. כל זה לשון רבוי יין: סותה. לשון מין בגד הוא ואין לו דמיון במקרא. אסרי. כמו אוסר דוגמתו [תהלים קיג] מקימי מעפר דל (שם קכג) היושבי בשמים וכן בני אתונו כענין זה. ואונקלוס תרגם במלך ג המשיח. גפן הם ישראל. עירה זו ירושלים. שורקה אלו ישראל (ירמיה ב) ואנכי נטעתיך שורק. בני אתונו. יבנון היכליה ל' שער האיתון כם' (יחזקאל מ) ועוד תרגמו בפנים אחרים. גפן אלו לדיקים בני אתונו עבדי אורייתא באולפן על שם רוכבי אתונות ד לאורות. כבס ביין יהא ארגוון טב לבושוהי שליבושו דומה ליין ולבעונין הוא ל' סותה שהאשה לובשתן ומסיתה בהן את הזכר ליתן עיניו בה. ואף רבותינו פירשו בגמ' ל' הסתת שכרות במס' כתובות (דף קיד) ועל היין שמא תאמר אינו מרוה ת"ל סותה: (יב) חכלילי. ל' אודם כתרגומו וכן (משלי כג) למי חכלילות עינים שכן דרך שותי יין עיניהם מאדימין:

רמב"ן

במלכות והוא דבר ראוי והגון: ולו יקהת עמים. אסיפת העמים שנאמר אליו גוים ידרושו ודומה לו עין תלעג לאב ותבוז ליקהת אם לקבוץ קמטים שבפניה מפני זקנתה ובתלמוד דמקהו קהיאתא בשוקא דנהרדעא ויכול לומר קהית עמים ל' רש"י ואינו נראה לפרש ביקהת אם אסיפת אם. ולשון מקהו קהיאתא אינו אלא לשון פירכות וקושיות שהיו מקשין ומפרכי' בה קושיות הרבה כי המתקשה בדבר יקרא קוהה בל' חכמי' כמו שאמרו במדרש חזית כולם אהוזי חרב שהיו כלם שונים הלכה כחרב שאם בא מעשה על ידיהם לא תהא הלכה קיהה להם וכן עוד שם רבים וממנו אמרו בגמרא ר' יהושע קיהה וטהר שהקשה בו דברים רבים ושבר כל דברים המטמאים עד שטיהר בהכרח וכן מצינו בנוסחאות רבות ישנות בגמרא בבא מציעא מאן דקהי אזווא מיקרי נפש רעה שמדקדק בו ומתקשה לקבל אותו מחבירו ובעלי הדקדוק אמרו ביקהת ששרשו יקה ופי' בו לשון משמעות וקבול המצוה יקהת עמים שישמעו אליו ויעשו כל אשר יצוה עליהם תבח ליקהת אם לקבל מצותה. והנכון בעיני שהוא מל' האוכל הבוסר תקהינה שניו ושרשו קהה והיו"ד בו כיו"ד יצהר וענין כלם חחולשה והשבירה יאמר שלא יסור שבט נוגש מיהוד' עד שיבא בנו אשר לו חולשת העמים ושבירתם שיהליש את כלם לפי חרב וכן אם קהה הברזל שנחלש ואינו יכול לכרות כסכין שעמדה בלשון חכמים או שנשבר קצת ונעשו בו פגימות וכן מצאתי עוד שם במדרש חזית הופיע להם הקב"ה ריח טוב מבשמי גן עדן והיתה נפשם קוהה לאכול אמרו לו רבינו משה תן לנו מה לאכול אמר להם כך אמר לי הקב"ה כל בן נכר לא יאכל בו עמדו והפרישו הנכרים מביניהם והיתה נפשם קוהה לאכל וכו' והענין שהיתה נפשם נחלשת ומשתברת בגופם מרוב תאותם לאכול מן הפסח שנדבק בו הריח הטוב. וכן לא תהא הלכה קוהה להם נחלשת ורופפת בידם ומקהו קהיאתא מקשים קושיות מחלישות הנפש מרוב הצער והעיון או הוא לשון שמשברין ומפרכין כלשון פריך רב אהא וכך אמרו אף אתה הקהה את שניו שבר אותם או תחלישם בדבריך כי הבשר מחליש ואינו משבר אלא שהחלישות והשבירה ענין שוה והקהיה תכלול את שניהם: (יב) חכלילי עינים. אמרו המפרשים שהוא ענין אדמימות שיתאדמו עיניו מרוב שתית יין וכמוהו למי חכלילות עינים והנראה בעיני שהוא הפוך מן כחלת עיניך ונכפלה בו הלמד כמנהג רבים והוא כענין מכחול העינים הידוע ומורגל בדברי רבותינו וכן שמו בערבי אל כחול יאמר שהוא כחול העינים מן

אבן עזרא

כי לא אעזבך עד אשר אם עשיתי את אשר דברתי לך שישיבהו אל הארץ: (יא) אסרי. היו"ד נוסף כמו היושבי לסוסתי: עירה. כמו על שלשים עירים ויוד בני אתונו נוסף. או יהיה פירושו כי אסרי ישרת עצמו ואחר עמו: ולשרקה. כפול כי הוא כגפן ועיר כאתון ג"כ ובדם ענבים סותה וי"א שהוא כמו כסותו והוא חסר כ"ף. והנכון בעיני שהוא מגזרת מסוה והטעם שתרבה תבואת כרמיו עד שיסור עירה לגפן ולא יחוש אם יאכל ענבים: ותחת מים יכבס ביין לבושו. ודמהו לדם בעבור שיתאדם וזה על דרך משל כמו יטפו ההרים עסים. על שיקרא חכלילי עינים מרוב היין שהוא שותה כי החכלילות יראה בעין משכרות היין. ושניו לבנות מרוב אכלו חלב: (יב) ולבן שנים. שם התאר ונקראו שנים. על שם מערכות שנים. בעבור היותם שתי מערכות. ואמר הגאון ז"ל חכלילי עינים יותר מהיין וכן אמר מחלב. ואחרים אומרים כי לבן שנים שלא יאכל דבר טמא ולא יתור אחרי עיניו וזה דרך דרש משובש: והזכיר בתחלה

ספורנו

אמר שזה שאמר שיהי' ליהוד' שבט ומחוקק בינאהיו בלבד בעוד שבטם קיים יתאמת עד כי יבא שילה: ולו יקהת עמים. אבל כשיגלה המשיח שיהיה שלום חסוף לו תהיה גם יקהת עמים: (יא) אוסרי לגפן עירה. ומאותות אותו המשיח הוא אחד. שיגלה על עיר בן אתונות כמאמר הנביא וזה שלא יבא על סוס מוכן ליום מלחמה כי כבר תהיה נשלמת ע"י האל יתברך והוא יהי' למלך בשלום. שנית שיאסור אותו העיר אל הגפן: ולשורקה בני אתנו. שלישית מאותותיו הוא שיקשור חמורו הנזכר ויהיה משכנו בשורק שהוא מבחר הגפן וזה שיאר פניו אל צדיקים שבדור ולא לכל הגפן: כבס ביין לבושו. רביעית מאותותיו תהיה שיוכל לכבס לבושו בדם שונאיו: (יב) חכלילי עינים מיין. חמישית מאותותיו תהיה שיגדל שובע שלא כמנהגו של עולם כאמרו

אבי עזר

(יב) (ולבן שנים. שם התואר וכו') לא נפלאת היא ממך. כי כל משקל אשר ישקל בפעלם שנים. כמו ידים רחיים רגלים. פי שנים לשם. כמו רחיים יש לם שכב ורכב. וכן כולם. וזה כונת הרב. על שם מערכות שנים יתרבו בלשון שנים. ולא יתקיים על דרך בן בנים או קן קנים. ואל תפנה אל המזלג שלוש השנים. כי שאול הוא מבעלי חיים. אמר המחבר לחוק הוא שיסולה לאשי שבטי ישראל. שלא יאכלו דבר טמא. משל למלך שמקלסין אותו בכלים של כסף וכו'. ויפה נדרשת בדברי חכמינו. לא בא כפי בשר פיגול. ויפה כתב הרב שהדרש משובש. ברם אם נמצא במדרשי חכמינו ז"ל הדרנא בי. כי

Shiloh comes, and to him will be a gathering of peoples. 11. He binds
his foal to a vine, and to a tendril [he binds] his young donkey. [He
launders] his garment with wine, and with the blood of grapes binds
his raiment. 12. [He is] red-eyed from wine and white-toothed

and to him will be a gathering of peoples—Heb. יִקְהַת עַמִּים denoting *a gathering of peoples, for the "yud"* (of יִקְהַת) *is part of the root* [and not a prefix], *like "with your brightness* (יִפְעָתֶךָ)*"* (Ezek. 28:17), *and sometimes* [the "yud" is] *omitted. Many letters are subject to this rule, and they are called defective roots, like the "nun" of* נוֹגֵף (smite), נוֹשֵׁךְ (bite), *and the "aleph" of "and my speech* (אַחֲוָתִי) *in your ears"* (Job 13:17); *and* [the "aleph"] *of "the scream of* (אִבְחַת) *the sword"* (Ezek. 21:20); *and* [the "aleph"] *of "a jug* (אָסוּךְ) *of oil"* (II Kings 4:2). *This too, is* [a noun meaning] *a gathering of peoples,* [meaning: a number of nations who unite to serve God and join under the banner of the King Messiah] *as it is said: "to him shall the nations inquire"* (Isa. 11:10). *Similar to this is "The eye that mocks the father and despises the mother's wrinkles* (לִיקְהַת)*"* (Prov. 30:17), [i.e. meaning] *the gathering of wrinkles in her face, due to her old age. And in the Talmud* [we find]: *"were sitting and gathering assemblies* (וּמַקְהוּ אַקְהָתָא) *in the streets of Nehardea"* [*Pumbeditha*] *in Tractate Yebamoth* (110b).[2] *He* (Jacob) *could also have said:* קְהִית עַמִּים. [Since the "yud" of יִקְהַת is not a prefix denoting the third person masculine singular, but is a defective root, the form קְהִית עַמִּים would be just as appropriate.]—[*Rashi* from *Gen. Rabbah* 98:9] For the English translation and discussion of the copyist notes see endnotes.[3]

Ramban quotes grammarians who identify יִקְהַת as being derived from יקה, meaning "to obey." They therefore render: and he will have the obedience of the peoples. He himself identifies the root as קהה, *to weaken.* He renders: and he will have the power to weaken or break the peoples.

11. **He binds his foal to a vine**—*He prophesied concerning the land of Judah* [namely] *that wine will flow like a fountain from it. One Judahite man will bind one foal to a vine and load it from one vine, and from one tendril* [he will load] *one young donkey.*—[*Rashi* from *Gen. Rabbah* 98:9]

a tendril—*A long branch, corjède in Old French, a vine-branch.*—[*Rashi*]

[He launders]...with wine—*All this is an expression of an abundance of wine.*—[*Rashi* from *Gen. Rabbah* 99:8]

his raiment—Heb. סוּתֹה. *It is a word denoting a type of garment, and there is none like it in Scripture.*—[*Rashi*]

binds—Heb. אֹסְרִי, *equivalent to* אוֹסֵר, *as in the example: "He lifts* (מְקִימִי) *the pauper up from the dust"* (Ps. 113:7) [instead of מֵקִים]; *"You,*

Who dwell (הַיּשְׁבִי) *in heaven"* (ibid. 123:1) [instead of הַיּשֵׁב]. *Likewise, "his young donkey"* (בְּנִי אֲתֹנוֹ) [instead of בֶּן אֲתֹנוֹ] *follows this pattern. Onkelos, however, translated it* [the verse] *as referring to the King Messiah [i.e., the King Messiah will bind, etc.]. The vine represents Israel;* עִירֹה *means Jerusalem* [interpreting עִירֹה *as "his city,"* from עִיר]. *The tendril represents Israel,* [referred to as such by the prophet:] *"Yet I planted you a noble vine stock* (שׂרֵק)*"* (Jer. 2:21). בְּנִי אֲתֹנוֹ—[is translated by *Onkelos* as] *They shall build his Temple* [בְּנִי is derived from בנה, *to build.* אֲתֹנוֹ is] *an expression similar to "the entrance gate* (שַׁעַר הָאִיתוֹן)*"* in the Book of Ezekiel (40:15). [The complete Targum reads as follows: He (the Messiah) shall bring Israel around to his city, the people shall build his Temple.]

He (Onkelos) *further translates it in another manner: the vine refers to the righteous,* בְּנִי אֲתֹנוֹ *refers to those who uphold the Torah by teaching* [others], *from the idea* [expressed by the verse]: *the riders of white donkeys* (אֲתֹנוֹת)*"* (Jud. 5:10).—[*Rashi*] [*Rashi* is referring to the Talmudic interpretation of that verse (*Eruvin* 54b).] Namely, that the riders of the donkeys were traveling scholars who clarified the Torah as lucidly as the sun shines at midday, which is symbolized by the white donkeys. [The complete Targum reads: The righteous shall be around him (the Messiah), and those who uphold the Torah by their teaching shall be with him.]

[He launders]...with wine—

[*Onkelos* renders:] *"Fine purple shall be his* (the Messiah's) *garment,"* whose color resembles wine. [The complete Targum reads: Fine purple shall be his garment, his raiment fine wool, crimson and colorful clothing.] *"And colorful clothing" is expressed by the word* סוּתֹה, [a garment] *a woman wears to entice* [מְסִיתָה] *a male to cast his eyes on her. Our Rabbis also explained it in the Talmud as a term denoting the enticement of drunkenness, in Tractate Kethuboth* (11b): *And if you say about the wine, that it does not intoxicate, the Torah states:* סוּתֹה [which means enticement to drunkenness. The Rabbis, however, render the passage as follows: and with the blood of grapes that entices.].—[*Rashi*]

Rashbam explains that after they (the grape pickers) pick the grapes and tread them in the winepresses, their clothing becomes stained from the treading, as it is written: "Why is your clothing red, and your attire like [that of] one who treads in a wine press?...'and all My clothing I soiled' " (Isa. 63:2f.).

12. **red-eyed from wine**—Heb. חַכְלִילִי, *an expression of redness, as the Targum renders, and similarly, "Who has bloodshot eyes* (עֵינַיִם חַכְלִלוּת)*"* (Prov. 23:29)? *For it is common for those who drink wine to have red eyes.*—[*Rashi*]

After treading the grapes, they drink the wine. Therefore, Jacob says "red-eyed from wine."—[*Rashbam*]

Da'ath Zekenim renders: Of ruddy appearance because of wine.

Ramban renders: Painting the eyes with wine.

יא מה יאי מלכא משיחא דעתיד למיקום מדבית יהודה אסר חרצוי ונחית ומסדר סדרי קרבא בבעלי דבבוי ומקטל מלכין עם שולטניהון ולית מליך ושולטן דיקום קדמוי מסמק טווריא מן אדם קטיליהון לבושוי מעגעגין באדמא מדמא לעצור דענבין: יב מה יאין הינון עינוי דמלכא משיחא כחמרא זכיכא מן למיחמי גילוי עריין ושדיות אדם זכאי ושינוי נקיין מן חלבא דלא למיכל חטוף ואנוסא וכדין יסמקון טוורוי ומעצרתיה מן חמרא וגולמתוי

כל מלכותא דארעא: יא מה יאי הוא מלכא משיחא דעתיד למיקם מדבית יהודה אסר חרצוי ונפיק לקרבא לקביל שנאוי ומתקטלין מלכין עם שלטונין מסמק נהריא מדם קטליהון ומחור גולמתיה מן תרב גבריהון לבושוי מעגעגין באידמא והוא מדמי לרפוס עינבין: יב מה יאין אנון עינוי דמלכא משיחא למיחמי מן חמרא זכיכא מלמחמי בהין גילוי עריות ושפיכות דם זכיי שינוי בקיין כהלכה מלמיכל בהין חמסין וגזלין. יסמקון טורוי מן גופני מעצרתיה מן

פי' יונתן

אא"י וכן במס' ברכות פ' הרואה הרואה שורקה בחלום יצפה למשיח שנאמר ולשורקה בני אתונו וגם בזוהר פ' זו דרש האי ינוקא המלכה משיחא :

(יא) מפנקנין פי' יעוללו והוא ענין לביעוס וכן נרגנה ריש אחרי מות : (יב) ומעצרתיה פי' גיתו וגולמתו תרגום של גפנות וכן תרגום ירושלמי

בעל הטורים

ערוכה בכל ושמורה: יבא שילה. בגימטריא משיח. שילה בגימטריא משה דכתיב ביה ויתא ראשי עם שאז היתה יהודה לקדשו דכתיב שרי

רשב"ם

מרקדק שמשילח ואילך נתמעטה : (יא) אסרי לגפן עירה. עיר בן אתונות צריך לקשור לגפן אחת להסעינו מרוב ענבים : ולשורקה אחת בני אתונו. כפל לשון; כדכתיב בשלמה וישראל ויהודה רבים איש תחת גפנו ואיש תחת תאנתו כי משופעי' ביין היו : כבס ביין לבושו. לאחר שבצרו הענבים ודורבים אותן בגיתות מתלכלכין בגדיהם בדריכות הייגות. כדכתיב מדוע אדום ללבושך ובגדיך כדורך בגת. וכתוב שם ובל מלבושי אגאלתי. ואחר הדריכ' שותים את היין ולכך הוא אומר חכלילי עינים מיין. כדכתיב למי חכלילות עינים למאחרים על היין : סותה. ל' בגד : (יב) חכלילי. אדמות עינים קרוי כן : ולבן שנים משתיית חלב. כדכתיב שתיתי ייני עם חלבי. וכן בלא כסף ובלא

דעת זקנים מבעלי התוספות

(יב) חכלילי עינים מיין פי' אדום מראיהו מיין כלומ' מרוב יין ששתה יהיו פניו אדומים ועיני' כמו יפה עינים וטוב רואי. ולבן שנים

אור החיים

אריה ולביא כי בחי' שתקפ' בנפש הלא היא בחי' ארי ולזה צריך בחינת ארי שבקדוש' שהוא יהודה להקימ' ולהוציא' מתחת ידו ומעתה לא יסור שבט מיהודה לעולם מלכותו מלכות כל עולמים כי קנה יסוד המלוכ' עד כי יבא שילה שאליו אנו מקוים יום יום לפינו לישועה :

אוסרי לגפן וגו'. הן רבו מפרשי כתוב זה וכולן דרך דרש דרשו ואולי שיכוין עוד לו' על ביאת מלך המשיח האמור בסמוך עד כי יבא שילה וגו' ואמר ולו יקהת עמים שאליו עמים ידרושו אמר שיאסור במאסר ובתפים' לפני הגפן שהם ישראל שנמשלו לגפן דכתיב גפן ממצרים תסיע יאסר לפניהם עירה פירוש עוע"ז הנמשלים לחמור דכתיב אשר בשר חמורים בשרם וכן דרשו ז"ל בפסוק עם החמור עם המשולים לחמור ולשורק' פירוש לפני ענף אחד מהגפן הנקרא שורק יאסר ג"כ בני אתונו ודקדק לומר עיר ואתון לצד שיש בבחינ' הקליפה שהוא שורש נפשות האומות בחינת זכר ונקיבה ולבחינת זכר יקרא עיר ולבחינת נקבה יקרא אתון ואמר כנגד הגפן שהוא כללו' ישראל אוסרי עירה שהוא בחי' הזכר שהוא תוקף האומות וכנגד ענף א' מישר' אמר אתונו לומר לצד בחינת הנקבה לא יצטרך לכל ישראל אלא באמצעות ענף אחד די. או יאמר עז"ה שהכתוב מדבר בב' הגאולות המפורסמות הא' היא של מצרים והב' היא גאולה העתיד' בע"ה וכנגד גאולה הא' אמר אוסרי לגפן ע"ד אומרו גפן ממצרים תסיע שאז כפה ה' לפניהם בחינה א' הנקראת עיר והוכנע לפני הגפן וכנגד גאול' הב' בע"ה שתהי' בימינו אמר ולשורק' פי' בעת אשר ישרוק ה' דכתיב אשרק' להם ואקבצם אז בני אתונו אמר ל' רבים לו' כל בחי' האומות. כי ביציאת מצרים לא הכניע ה' לפניהם אלא ראש אומות שהם מצרים וכנען שהם ז' עממין שהם היו ראש ותגבורת לכל האומות אבל ע' אומות לא הוכנעו ולא ניתנו להם אבל לעתיד לבא בע"ה לא יניח מהאומות אומה גדול' או קטנה שלא תכתן להם והוא אומרו בני אתונו פי' מלבד עירה אלא גם בני אתונו ואולי נוכל לו' עוד ע"ד מה שאמרו בזוהר כי בסטרא אחרא הנקבה היא יותר חזק' מהזכר כי הזכר נוטל יותרת שלה ונקרא יותרת הכבד וכדבר הזה וכחזיון הזה הראוני בחלום שהאבקתי במלחמה עם הזכר ויהי נקל בעיני להכניעו והפלתי אותו בבחי ולנקב' נתאמצתי בכל כחי כמה פעמי' ואחר כמה טרחות יכולתי להשליכה כמה מעלות למטה לארץ אך לא כבעלה הזכר ולזה אמר כנגד גאולה העתידה ולשורקה עת אשר ישרוק ה' ויקבצם בני אתונו אותם שבאים מכח הנקיבה גם אותם יאסור ה' לפני בני ישראל ולא יקשה בעיניך שאנו מחלקים דברי הכתוב חלק בימי משה וחלק בימי המשיח כי הלא ידעת דברי הזוהר הקדוש כי משה הוא הגואל אשר גאל את אבותינו הוא יגאל אותנו וישיב בנים לגבולם דכתיב מה שהיה הוא שיהיה ר"ת משה ולא יקשה בעיניך דבר זה באומרך הלא מלך המשיח משבט יהודה מזרעו של דוד המע"ה וי"א דוד עצמו מלך המשיח דכתיב ועבדי דוד מלך עליהם כמשמעו וא"כ היאך אנו אומרים שהוא משה הבא משבט לוי יש לך לדעת כי בחינת נשמת משה ע"ה היא כלולה מי"ב שבטי ישראל כי כל הס' ריבוא היו ענפים ע"ה וענף שבטו של דוד במשה היא ולזה תמצאנו בארץ מדבר שהיה מלך וכהן ולוי ונביא וחכם וגבור שהיה כולל כל הענפים שבקדושה ולעתיד לבא תתגלה בעולם שורש המלכות שבמשה שהוא עצמו מלך המשיח והוא דוד והוא ינון ושילה :

כבס ביין וגו'. יתבאר ע"ד אומרם ז"ל כי גלות ד' שבו יגלה הגואל העלום צריך שתהיה ביד ישראל מצות עסק התורה וזולת זה יתעכב מבוא ולזה רמז באומרו כבס וגו' פי' כי כחו של המלך המצופ' שילה שמו הוא בחי' עסק התורה שיתעסקו ישראל ביינה של תורה וע' מה שפירשתי בפ' הביאני אל בית היין ואמר כי באמצעותה יהיה לבושו שהוא כינוי למלכות נכון אליו ללובשו ואומרו ובדם ענבי' וגו' נתכוין לומר כי אם יגיע זמן הגאול' ולא ימצא יין פי' שאין בנו תורה תהיה הגאול' באמצעות עול ותוקף הגלות אשר יצירון האומות לישראל כאומרם ז"ל כי כשיגיע קן הנחתם ולא יהי' בישראל זכות לגואלם יעמיד להם מלך קשה כהמן וכו' והוא אומרו ובדם ענבים כי באמצעות היסורין יזדככו הנפשות ויתבררו ניצוצי הקדוש' כדרך שיתבררו מאמצעות בחינת התורה אלא שזו מלאכתו נאה וזו מלאכתו בלתי נאה ואומרו ענבים כי באמצעות היסורין תגמר הכנתם כגמר בישול פרי הגפן שהם הענבים וגם רמז כי לא ישלטו האומות לשפוך דם צמור אילן או ענף או אשכול אלא ענבים פי' גרגרין ואמר סותה לרמוז מדרגה קטנה למטה מהסות כי הסות ירצה לשון כיסוי ההכרחי לשון מסוה והכוונ' בזה כי הפרש גדול יהיה בין אם תהיה הגאולה באמצעות התורה והמצות אז יגלה בגילוי מלכות עליון לאם תהיה באמצעות הנקמה אשר תהיה בישראל יהיה בבחינת עני ורוכב וגו' :

חכלילי עינים וגו'. יתכוין ע"ד אומרו מוציא אסירים בכושרו' ודרשו ז"ל בכי ושירות בכי למצרים ושירו' לישראל

מֵחָלָב׃ פ יג זְבוּלֻן לְחוֹף יַמִּים יִשְׁכֹּן
וְהוּא לְחוֹף אֳנִיֹּת וְיַרְכָתוֹ עַל־צִידֹן׃
פ יד יִשָּׂשכָר חֲמֹר גָּרֶם רֹבֵץ בֵּין
הַמִּשְׁפְּתָיִם׃ טו וַיַּרְא מְנֻחָה כִּי טוֹב
וְאֶת־הָאָרֶץ כִּי נָעֵמָה וַיֵּט שִׁכְמוֹ

תו"א זבולן לחוף פסחים ד : יששכר נדרים ג' ב"ק יז נדה לה

אונקלוס

בְּקַעְתֵיהּ בְּעִבּוּר וּבְעֶדְרֵי
עָנָא׃ יג זְבוּלֻן עַל סְפַר
יַמְמַיָּא יִשְׁרֵי וְהוּא יְכַבֵּשׁ
מְחוֹזִין בִּסְפִינָן וְטוּב יַמָּא
יֵיכוֹל וּתְחוּמֵיהּ יְהֵי מָטֵי
עַל צִידוֹן׃ יד יִשָּׂשכָר
עַתִּיר בְּנִכְסִין וְאַחֲסַנְתֵּיהּ
בֵּין תְּחוּמַיָּא׃ טו וַחֲזָא
חוּלָקָא אֲרֵי טָב וְיַת
אַרְעָא אֲרֵי מְעַבְּדָא פֵּירִין וִיכַבֵּשׁ מְחוֹזֵי עַמְמַיָּא וִישֵׁיצֵי יַת דְּיָרֵיהוֹן

שפתי חכמים

על אחוזות לבנות ממקום למקום כדי ללמוד תורה : ה דכתיב ישכן דמשמע שכונתו על חוף ימים היינו ארצו אבל הוא עצמו לחוף האניות כלומר כמקום הנמל במקום שהאניות מביאות סחורה שם יהא מצוי .

רש"י

מחלב . מרוב חלב שיהא בארצו מרעה טוב לעדרי צאן . וכן פי' המקרא אדום עינים יהא מרוב יין ולבן שנים יהא מרוב חלב ולפי תרגומו עינים ל' הרים שמשם צופים למרחוק ועוד תרגמו בפנים אחרים ל' מעינות וקילוח היקבים נעווהי יקבים שלו ול' ארמי הוא במס' ע"א (דף עד) נעוה ארתחו . יחוורן בקעתיה תרגם שנים לשון שני הסלעים : (יג) זבולן לחוף ימים . על חוף ימים ה תהיה ארצו . חוף כתרגומו

כלי יקר

זבולן לחוף ימים ישכון וגו' . לפי שזבולן היה עוסק בפרקמטיא ונותן לתוך פיו של יששכר שהיה עוסק בתורה וכן אמר משה שמח זבולן בצאתך כי הממון אין לו שלימות כי אם ע"י הוצא' וההוצא' טוב לו מהקבון אבל יששכר באהליך כי קנין הממון אינו דבק בו כקנין התור' שהוא תמיד באהליו ואינו תלוי בהוצא' כי אפי' אם נשאר הקנין באהלו יש בו שלימות. וכן פסוק זה בא לגלות השעדר הכרוך בעוסקים בקנין הממון כי מלבד מה שכל ימיהם אין להם מנוח' יש בהם עוד הסרון אחד והוא פיזור הנפש כי הוא וביתו וסחורתו מפוזרים ומפורדים זה מזה כי משכן ביתו יהיה במקום אחד והוא עצמו יהיה בדרך או באניה בלב ים וסחורתו במקום שלישי והרי נפשו מפוזר כי מחשבתו על ביתו שבמזרח ומחשבתו על סחורתו שבמערב ומחשבתו על עצמו בין שני גבולים אלו זה"ש זבולן לחוף ימים ישכון כי שם ביתו . אבל הוא לא ישכון בביתו אלא הוא לחוף אניות כי כל ימיו יהיה באניה בלב ים . וירכתו היינו סחורתו וממונו שנקרא היקום אשר ברגליו שמקימו על רגליו כירך זה המעמיד את האדם ומקימו . על צידון כי הוא מקום סחורה כמ"ש סוחר צידון עובר ים מלאוך . ועל זה אמר חכם אחד שילנו ה' מפיזור הנפש כי מחשבתו מפוזרת בהרבה מקומות והציל הנפש אל יששכר כמו שיתבאר בסמוך :
יששכר חמור גרם רובץ בין המשפתים . כחמור זה שהוא ומשאו קשורים יחד לא יתפרדו כך קנין התור' דבק בו ואינו נפרד ממנו כמו קנינו של זבולון שמלבד שהוא וביתו וקנינו נפרדים על כן הוא בעל תנוע' תמיד או לביתו או לקנינו כי על הרוב הם חוץ ממנו אבל יששכר תמיד משאו עליו משא דבר ה' והוא רובץ בין המשפתים היינו בין שני גבולים כי כל הצלחות של הגוף יסובבוהו כמ"ש אורך ימים בימינ' ובשמאלה עושר וכבוד ובכל מקום שהוא הולך או עומד תמיד הוא בין שני גבולים אלו כי הם גדלים עמו והולכים לרגל' משא"כ בהולך בשתם סחור' שאין שני גבולים אלו דבוקים בו כי לפעמים הוא הולך במקום סכנה וזה מתנגד לאריכות ימיו ועגה בדרך כחו ולפעמים יתרחק מעושרו כי לא ירד אחריו כבודו וא"כ על הרוב אינו בין המשפתים אבל העוסק בתורה ורובץ תחת משא דבר ה' תמיד הוא בין המשפתים כאמור : וירא מנח' כי טוב . כי אין קנין התור' תלוי בתנוע' כמו קנין הממון כי על הרוב ממרחק יביא לחמו אבל קנין התור' תלוי בעמל הנפש ומנוחת הגוף כי מטעם זה נתנ' התור' בשבת יום מנוחה . ואת הארץ כי נעמה . כי א"י אוירא דמחכי' הוא ויט שכמו לסבול עול תורה . ואע"פ שקנין התור' קודם במעל' לקנין סתם סחור' כי טוב סחרה מכל סחורה מכל מקום הקדים את זבולן ליששכר כי אם אין קמח אין תור' ואם לא יאכל וישתה איך יהיו איבריו חזקים אף בריאים לטרוח בתורת ה' על כן הקדים את זבולן אשר ממרחק יביא לחמו כדי שיוכל יששכר להיות יושב אוהלים וגם יששכר נותן מחלקו בתורה אל זבולן שמעלה לו מס ועובד עבודה ממש וזה"ש ויהי למס עובד :

אור החיים

לישראל והוא אומרו חכלילי עינים לשון אדמימות שהוא ענין הדינים שכל האדמימות יורה על עולם המשפט כי דמים בדמים נגעו ואמר מיין פי' ממקור הדין שהוא יין או ירמוז סיבת הנקמה היא מיין פי' מצד מה שחבלו ופשעו בני תורה מללמוד לבי לבי על דבר זה מעי מעי על אשר מנעו בני עולה אותנו מעסוק בתורת אל חי ועל זה ינקום נקם בהתעוררות תגבורת הדינים וכזמן עלמו ולבן שינים מחלב יראה לנו לובן שינים מהלב ואולי שירמוז באומרו ולבן על ישראל שקראו ה' בן דכתיב הבן יקיר לי ואומרו מחלב הוא בחינת החסד והרחמים אשר יעורר עלינו אבינו הזמן עצמו שהוא טוקס נקם והוא אומרו כימי צאתך וגו' כשם שאז היה בכי ושירות כמו כן יהיה ב"ב אמן :
יששכר וגו' . אומרו חמור גרם פי' יציאת אמו ע"י שנשכר החמור זה הי' סיב' שיששכר רובץ בין המשפתים ואינו מיושב תמיד במקומו והוא טעם שבני תורה שהם עגפי יששכר יסובבו מעיר לעיר כי המעשה הבלתי נבון יוליד ענפיו והיא לאה עשתה דבר שהוא למראית העין חוץ מדרך המוסר גם היוצא ממנה ימצאנו כדרך זה ואעפ"כ חפלים במעלה של תורה בנועם וירא מנחה כי טוב פי' מנוחה העליונה כי טוב פי' בהביט ובהתבונן האדם בכל הנאות העולם הזה הנרגשו' כמו שתאמ' תאות המאכל והמשתה אין הערבות של אותו דבר צודק מצד עצמו אלא מצד הגוף אשר הוא כלי ריק שעומד למלאות שכן הטביע בו היוצר שלא יוכל להתעכב ריקם כלל ולזה כאשר יהיה האדם שבע לא מלבד שלא יקח ערבות למאכל ההוא אשר נכספה וגם כלתה נפשו אליו באותה שעה עצמה קודם שמילא כריסו אלא שמואס בו כמואס ברע וזהו שאמר הכ' פיתך אכלת תקואנו פי' הפת של עוה"ז אם אכלת אותו אח"כ תקיאנו כי תמאס מהכניסו לתוך פיך גם בדבר אשר יחשוק בו האדם למראית העין ויתאו לבריה נעימה כאשר יחקור בטיב החקירה יראה שאותו יופי ונעימות אינו אלא מראה היולי כי בהתבונן האדם בבשר ובעור אשר מהם בטי כל יופי ותואר באדם ירא' ויסכיל בהתבונן בהם כי אין בהם נעימות ויתמאס בבשר אדם מגשת אליו ואין הכל אלא דמיון אבל הטוב האמיתי והנעימות הצודק הוא של עולם העליון ולזה אמר וירא מנוחה כי טוב פי' העולם שנקרא מנוחה שהוא טובה לשלול הטוב הנדמה בעה"ז כנזכר ואת הארץ כי נעמה כפי האמת ויט שכמו לסבול צער העוה"ז ויהי למס פי' שיהיה הוא עצמו מס עובד פי' שפונה עצמו לעבודת ה' ועשה עצמו כמס הניתן כן נתן עצמו להיות עובד עבודת הקודש הערב' והנעימה. עוד ירמוז באומרו ויהי למס עובד שכל הנבראים
יעלו

from milk. 13. Zebulun will dwell on the coast of the seas; he [will be] at the harbor of the ships, and his boundary will be at Zidon. 14. Issachar is a bony donkey, lying between the boundaries. 15. He saw a resting place, that it was good, and the land, that it was pleasant, and he bent his shoulder

[I.e. the abundance of wine will be such that just as others paint their eyes so does he paint them with wine, that is, his eyes will be painted red-eyed from the wine.]

from milk—*Due to the abundance of milk, for in his* (Judah's) *land there will be good pasture for flocks of sheep. This is the meaning of the verse: He shall be red-eyed from an abundance of wine, and he shall be white-toothed from an abundance of milk. According to the Targum, however,* עֵינַיִם *denotes mountains because from there one can see far away.* [According to the Targum: His mountains shall be red with his vineyards.] *The Targum renders it also in another manner, as an expression of fountains (as in Gen. 16:7, 24:16, 29, 30, 42, 43, 45) and the flow of the vats.* [The Targum reads further: His vats (נַעֲוֹוֹהִי) shall flow with wine.] נַעֲוֹוֹהִי *means "his vats." This is Aramaic,* [and] *in Tractate A.Z. (74b): "Vats* (נַעֲוָא) *are to be purged with boiling water."* [וּלְבֶן שְׁנַיִם he renders:] יְחַוְּרָן בִּקְעָתֵיהּ. *He renders* שְׁנַיִם *as a term denoting rocky crags.* [According to this translation then, *Onkelos* renders: his rocky crags shall be white.]

Rashi tells us that we should not interpret מֵחָלָב as "whiter than milk," but "white from milk."—[*Sefer*

Hazikkaron] *Da'ath Zekenim*, however, does interpret מֵחָלָב as whiter than milk.

Onkelos renders: His rocky crags shall be white from grain and flocks of sheep. *Nefesh Hager* associates *Onkelos* with *Sforno*, who interprets this verse as referring to the Messianic Era, when there will be unusual plenty, as the Talmud tells us (*Shab.* 30b), that the Holy Land is destined to bring forth cakes and woolen robes.

The connection between milk and grain and flocks can be explained with the interpretation of *Midrash Aggadah*: When someone stands on a high place, on a rocky crag, he sees the valley whiter than milk because of the [great abundance of] goats, sheep, and cattle in Judah. *Redak* explains: Milk will flow so abundantly from the udders of the ewes, she-goats, and cows that the rocky crags will be white from it. *Midrash Sechel Tov*, too, explains: The whiteness of the rocky crags will be from the milk that flows in abundance from the udders of Judah's flocks.

The connection between בִּקְעָתֵיהּ and "rocky crags" is obscure, because בִּקְעָה, both in Hebrew and in Aramaic, means "valley." *Be'er Mayim Chayim* explains that *Onkelos* means the valley between the two rocky crags. Cf. above quotation from *Mid. Aggadah.*

13. **Zebulun will dwell on the coast of the seas**—Heb. חוֹף. *His land will be on the seacoast.* חוֹף *is as the Targum renders:* סְפַר, *marche in Old French, borderland. He will constantly frequent the harbor of the ships, in the place of the port, where the ships bring merchandise, for Zebulun would engage in commerce and provide food for the tribe of Issachar, and they* (the tribe of Issachar) *would engage in* [the study of] *Torah. That is* [the meaning of] *what Moses said, "Rejoice, O Zebulun, in your going forth, and Issachar, in your tents"* (Deut. 33:18)—*Zebulun would go forth* [to engage] *in commerce, and Issachar would engage in* [the study of] *Torah in tents.*—[*Rashi* from *Tanchuma Vayechi* 11] *Tanchuma* concludes that because of this arrangement, Jacob blessed Zebulun before Issachar, since Zebulun's commerce enabled Issachar to engage in his Torah studies. This is found also in *Gen. Rabbah* 99:9.

Moses also blessed Zebulun before Issachar for this very reason. —[*Rashi* on Deut. 33:18]

Ships brought all types of merchandise and expensive wares to the cities along the coast. The Zebulunites took this merchandise out to sea and earned a lot of money selling it.—[*Rivash*]

Midrash Sechel Tov comments that Zebulun's territory bordered on the sea, where snails (*chillazon*) could be found. The Zebulunites manufacture blue dye (*techeleth*) from its blood, which they took out

to sea and sold for a high price.

he [will be] at the harbor of the ships—His port city will be near the harbor, so that ship captains will [be inclined to] disembark there. Some port cities are a distance from the harbor, and because of the trouble and expense [required] to transport their wares over land, ship captains hesitate to disembark there.— [*Da'ath Zekenim*]

The port city will not be perched on a high embankment, overlooking the harbor, but will be situated in a low place, where the ships land, so that the inhabitants of the city will [easily] be able to purchase the merchandise brought in by the ships.—[*Rashbam*]

The tribe of Zebulun will constantly be found at the harbor of the ships, either embarking on a voyage or disembarking.—[*Mid. Sechel Tov*]

and his boundary will be at Zidon—*The end of his boundary will be near Zidon.* יַרְכָתוֹ *means: his end, similar to "and to the end of* (וּלְיַרְכְּתֵי) *the Tabernacle"* (Exod. 26:22).— [*Rashi* from *Targum Onkelos*]

Zidon was a great commercial city during the days of the First Commonwealth, as is depicted by the prophet Isaiah (23:2, 4).—[*Rashbam*]

They would transport merchandise to Zidon, and the Zidonites would transport merchandise to them.— [*Rivash*]

14. **Issachar is a bony donkey**— Heb. חֲמֹר גָּרֶם, *a bony donkey. He bears the yoke of the Torah, like a strong donkey which is laden with a heavy burden.*—[*Rashi* from *Gen. Rabbah* 99:9]

יְחַוְורַן מִן עֲלַלְתָּא וּמִן דִּירִין דְעָאן: יג זְבוּלֻן עַל סַפְרֵי יַמָּא יִשְׁרֵי וְהוּא יְהֵא שַׁלִּיט בִּמְחוֹזִין וּמְכַבֵּשׁ הַפַּרְכֵי יַמָּא בִּסְפִינְתָּא וּתְחוּמֵיהּ יַמְטֵי עַד צִידוֹן: יד יִשָּׂשכָר חֲמִיר בְּאוֹרַיְיתָא וְשֵׁבֶט תַּקִּיף יָדַע כּוּונֵי בְּזִימְנַיָּא וְהוּא מַרְבַּע בֵּינֵי תְּחוּמֵי אֲחוֹי: טו וַחֲמָא נְיָיחָא דְעָלְמָא דְאָתֵי אֲרוּם טָב וְחוּלְקָא דְאַרְעָא דְיִשְׂרָאֵל אֲרוּם בְּסִימָא הוּא בְּגִין כֵּן אַרְכִין כַּתְפֵיהּ

חַמְרֵיהּ יְחַוְורוּן גוּלְמָתֵיהּ מִן סִיגוּי עִבּוּר וְעֶדְרִין דְעָן: יד יִשָּׂשכָר שִׁבְטָא תַּקִּיף וּתְחוּמֵיהּ יְהֶוֵי מְמַצַּע בֵּינֵי תְּרֵין תְּחוּמַיָּא: טו וַחֲזָא בֵּית מַקְדְּשָׁא דְאִתְקְרֵי מְנִיחָה אֲרוּם טָב הוּא וְיַת אַרְעָא אֲרוּם שְׁמֵינִין אִינוּן פֵּירֵיהּ וְאַרְכֵן כַּתְפֵיהּ לְמִלְעֵי בְּאוֹרַיְיתָא וַהֲוָן לֵיהּ כָּל אֲחוֹי מַסְקֵי מִיסִין:

פי' יונתן

גבי תאות עולם: דירין דעאן מלשון דיר שהצאן נכנס בו: (יד) ידע כווני בזימניה ר"ל יודע לכוין העתים כדכתיב ומבני יששכר יודעי בינה לעתים: (טו) ארכין

בעל הטורים

יהודה רגמתם: וירכתו על לידן. כתיב חסר. לידן ל' לידה שהיה מספיק מזון ליששכר: יששכר חמר גרם. קרי ביה חמור גורם ששמעה לאה קול נעקת החמור ויצאה לקראת יעקב והביאתו לאהלה: בין המשפתים. ב' במס' הכא ואידך למה ישבת בין המשפתים. כמו שהחמור נושא כל המשא כך היה יששכר נושא משאות של ישראל בתורה ורוב סנהדרין היו משל יששכר כתיב הכא רובץ בין המשפתים שהיו מרבילין תורה בישראל בלשכת הגזית שהיתה חציה בקדש וחציה בחול וכתיב התם למה ישבת בין המשפתים שהיתה נחלתו על שפת

רשב"ם

מחיר יין וחלב. ולבן כמו לבן. כשהוא דבוק יאמר ולבן. כמו מן חלב וחלב צאן: (יג) לחוף ימים. שפת הים שהים חופף שם ומתהפך. ואם תאמר מה בצע מאחר ששפת הים גבוהה מאד ואין יכולין לרדת שם לקנות סחורה לכן הוא מפ' והוא לחוף אניות במקום הנמל והשפה נמוכה ובאין האניות ובאין יושבי הארץ וקונים סחורה שבאניות: על צידן. שהוא מקום סחורה רבה כדכתיב סוחר צידון עובר ים מלאוך בישעיה וכתיב בושי צידון כי אמר ים מעוז הים וגו' ולכן אמר משה שמח זבולון בצאתך בים לסחור': (יד) יששכר חמור גרם. לא כזבולון שהולך עם עוברי ימים לסחורה אלא עובד אדמתו והיה כחמור בעל אברים חזק מצוי בין המשפתים תחומי העיר לחרוש ולעבוד את האדמה. כדכתיב על כל מים משלחי רגל השור והחמור לחרוש ולזרוע וכן אמר משה שמח זבולון בצאתך ויששכר באהלך: (טו) וירא. יששכר מנוחת האדמה כי טוב יותר מלצאת למרחקים: ואת הארץ כי נעמה. ומצלחת

רש"י

ספר מרק"א בלעז (יבמות מח) והוא יהיה מצוי תדיר על חוף אניות במקום הנמל שאניות מביאות שם פרקמטיא שהי' זבולן עוסק בפרקמטיא וממציא מזון לשבט יששכר (תנחומא) והם עוסקים בתורה הוא שאמר משה (דברים לג) שמח זבולן בצאתך ויששכר באהליך זבולן יוצא בפרקמטיא ויששכר עוסק בתורה באהלים: וירכתו על צידון. סוף גבולו יהיה סמוך לצידון. וירכתו סופו כמו ולירכתי המשכן: (יד) יששכר חמור גרם. חמור בעל עצמות סובל עול תורה כחמור חזק שמטעינין אותו משא כבד: רבץ בין המשפתים. כחמור המהלך ביום ובלילה ואין לו לינה בבית וכשהוא רוצה לנוח רובץ בין התחומין בתחומי העיירות שהוליך שם פרקמטיא: (טו) וירא מנוחה כי טוב. ראה לחלקו ארץ מבורכת וטובה להוציא פירות: ויט שכמו לסבול. עול תורה: ויהי. לכל אחיו ישראל: למס עובד. לפסוק להם הוראות של תורה וסדרי עבורין שנ' (דה"א יב) ומבני יששכר יודעי בינה לעתים לדעת

דעת זקנים מבעלי התוספות

מהלב כלומר יהיה בריא ושניו לבנים מהלב ול' מהלב כמו לאו מחלב: (יג) והוא לחוף אניות. לפי שאמר לעיל מזה לחוף ימים ישכון ויש עיירות שעומדים על נמל הים אבל העיר רחוקה קצת מן הים ויש טורח לבעלי אניות ללכת מחוף הים עד העיר דרך יבשה ולזה פעמים שנמנעים מליכנס באותו נמל ומרחיקים ללכת לעיר אחרת אע"פ שהיא רחוקה לפי שהיא קרובה תמנה לחוף הים אלא הספינות לכך הזר ואמר והוא לחוף אניות לומר שיהיו עיירותיו קרובות ממש אלא המקום שהספינות באות שם: (יד) יששכר חמור גרם. אמר במס' נדה חמור גרם לו ליששכר שיולד כי כשבא יעקב מן השדה ושמעה לאה חמורו נוער יצאה לקראתו והביאתו לאהל שלה ובאותו הלילה

אבן עזרא

השבטים כאשר נולדו רק הקדים זבולן על יששכר בעבור נפול נחלתו בין זבולן ובין דן: (יג) לחוף ימים. גם זה לאות כי זאת דרך נבואה ופי' לחוף מחוז והוא מגזרת חופף עליו כל היום כי האניות לא תעמדנה במקום מגולה לרוח: וירכתו על לידון. שיגיע ירכו על לידון: (יד) חמר גרם. דמהו להמור שיש לו עלם כבד והנ' חמור סמוך על כן רובץ: בין המשפתים. בין המערכות. ויתכן היותו מגזרת ה' תשפות שלום לנו: (טו) וירא מנוחה. כאשר ראה ארצו ומקום מנוחתו נעימים נטה שכמו לסבול כל משא כאשר ישא החמור ושב כעבד נותן מס וזה הטעם על יששכר שלא היו גבורים ולא ירצו לצאת למלחמה לעזוב מקומס. וכן אמר משה ויששכר

רמב"ן

היין כי כאשר אחרי' כוחלי' אותם בפוך שהוא אל כחול כן יכחול אותם הוא ביין וכמו שהאחרים מלבנים שניהם בתמרוקים כן ילבן אותם בהלב והמשל לרבוי היין והחלב בארצו כאשר הזכיר אונקלוס וכן למי חכלילות עינים כמו כחלילות יאמר שעיניו כחולות ביין ולא יוכל להסתיר שכרותו או יאמר למי חכלילות עינים שיצטרך לכחול עיניו תמיד למאחרים על היין כי היין יחשיך את עיניהם ויורידו דמעה ותמקנה בחוריהן ויצטרך שיהיו עיניו במכחול תדיר יספר הכתוב בגנות היין ברעית הבאו'

אבי עזר

כל דבריהם כגחלי אש: (יג) (וירכתו על לידון וגו') נכתב על תחת עד על פי המסורה. ולי נראה לפרש תיבת וירכתו ממשלתו. כמו שפירשתי בפסוק שים נא ידך תחת ירכי. וכמו שפירש אליעזר בן דורמסקאות על תיבת הברך. וזה הוא לחוף אניות וירכתו על לידון. כטעם התה בנליבין ומלודקף פרוסה על ירושלים. ונכון מלת על גם כן בדקדוק: (יד) (חמור סמוך על כן רובץ) כי אם אין חמור סמוך סובל הוראתו נמשל לחמור בתקפו. גרס כטעם לא גרמו לבוקר (צפניה ג'). ועלמותיהם יגרס ואם כן הוה ליה למכתב רכן. בלשון עבר נסתר. אבל אם חמור סמוך וגרס שם אז שייך שפיל רובץ בלשון בינוני. ואהל יוסף כתב פירוש בדברי הרב. כיון שחמור יש לו עלם כבד. על כן רובץ בין המשפתים ואין צורך להשיג דבריו.

ספורנו

כאמרו יהי פסת בר בארץ בראש הרים ירעש כלבנון פריו. וכאמרם עתידה ארץ ישראל שתוציא גלוסקאות וכלי מילת: (יג) זבולן לחוף ימים ישכון. בארצו כי יירש מקום חוף ימים והקדים זבולן העוסק בפרקמטיא לישכר העוסק בתורה וכן משה רבינו בברכתו באמרו שמח זבולן בצאתך ויששכ' באוהליך כי אמנם אי אפשר לעסוק בתורה מבלי שישיג האדם קודם די מחסורו כאמרם אם אין קמח אין תורה וכשיסייע הא' את חבירו להמציאו די מחסורו כדי שיעסוק בתורה כמו שאמרו בזבולן הנה עבודת האל ית' בהשתדלות העוסק בתורה התהיה מיוחסת לשניהם וזאת היתה כוונת התורה במתנות כהונה ולויה שיסייע כל העם לתופשי התורה שהם הכהני' והלוי' כאמרו יורו משפטיך ליעקב ויזכו כלם לחיי עולם כאמרם כל ישראל יש להם חלק לעוה"ב: והוא לחוף אניות. חוץ מארצנו הולך להוף אניות במיני סחורה כגון טרית וחלזון וזכוכית לבנה שהיו נמצאים בימים ובחול שלו כמו שהעיד עליו הכתוב באמרו כי שפע ימים יינקו ושפוני טמוני חול: (יד) יששכר חמור. בלתי מוכן למלחמה כאמרם אי סייפא לא ספרא: גרם. חמור בעל עצם חזק ובחזקו רובץ בין המשפתים. כשהוא חונה רובץ בין שתי החבילות הנתונות למשא על שני צדיו על דרך שפיתת שתי קדרות בכירים שלא תמושנה עד שישלים הפועל בהן את כונתו וזה לא יתכן זולתי לחמור חזק מאד שירבץ עם החבילות על גביו וכמו כן יששכר נושא עליו עול תורה ועול דרך ארץ והנהגת מדינות כראוי לחכם שלם במדות ובמושכלות: (טו) וירא מנוחה כי טוב. וזה ראה שהמנוחה בשלמות המושכלות אשר בו תנוח הנפש בענין ומצאו מרגוע לנפשותיכם שהוא הטוב והתכלית המכוון: ואת הארץ כי נעמה. וראה ג"כ שארצו מוכנת להת מזונו בלי טורח ולהתפרנס שלא בצער: ויט שכמו לסבול. שני מיני המשא והם עול תורה ועול צבור כאמרם רז"ל האי צורבא מרבנן דאיתי'

לסבל ויהי למס־עבד: ס טז דן ידין
עמו כאחד שבטי ישראל: יז יהי־דן
נחש עלי־דרך שפיפן עלי־ארח
הנשך עקבי־סוס ויפל רכבו אחור:
יח לישועתך קויתי יהוה: ס חמישי
יט גד גדוד יגודנו והוא יגד עקב:

אונקלוס

ודאשתארון בהון יהון ליה פלחין ומסקי מסין:
טו מדבית דן יתבחר ויקום גברא ביומוהי יתפריק עמיה ובשנוהי ינוחון כחדא שבטיא דישראל:
יז יהי גברא דיתבחר ויקום מדבית דן אימתיה תתרמי על עממיא ומחתיה תתקיף בפלשתאי כחיוי חורמן ישרי על ארחא וכפתנא יכמון על שבילא יקטל גברי משרית פלשתאי פרשין עם רגלאין יעקר סוסון ורתיכין וימגר רוכביהון לאחורא:
יח לפורקנך סברית יי:
יט מדבית גד משרית מזינין כד יעברון ית ירדנא קדם אחיהון

תו"א דן ידין פסחים ד סוטה י: יהי דן נחש סוטה ט יח: שפיפן עלי סוטה י סנהדרין קה:

רש"י

מה יעשה ישראל ראשיהם מאתים. מאתים ראשי סנהדראות העמיד וכל אחיהם על פיהם: ויט שכמו. השפיל שכמו כמו ויט שמים הטו אזניכם ואונקלוס תרגם בפנים אחרים ויט שכמו לסבול מלחמות ולכבוש מחוזות שהם יושבים על הספר ויהי' האויב כבוש תחתיו למס עובד: (טז) דן ידין עמו. ינקום נקמת עמו מפלשתים כמו כי ידין ה' עמו: כאחד שבטי ישראל. כל ישראל יהיו כאחד ו עמו ואת כולם ידין ועל שמשון נבא נבואה זו. ועוד יש לפרש כאחד שבטי ישראל כמיוחד שבשבטים הוא דוד שבא מיהודה: (יז) שפיפן. הוא נחש ואומר אני שקרוי כן על שם שהוא ז נושף כמו (בראשית ג) ואתה תשופנו עקב: הנשך עקבי סוס. כך דרכו של נחש ודמהו לנחש הנושך עקבי סוס ויפול רכבו אחור שלא נגע בו ודוגמתו מצינו בשמשון (שופטים טז) וילפת וגו' את שני עמודי התוך וגו' ושעל הגג מתו ואונקלוס תרגם כחיוי חורמן שם מין נחש שאין רפואה לנשיכתו והוא צפעוני וקרוי חורמן על שם שעושה הכל חרם. וכפיתנא כמו פתן. יכמון. יארוב: (יח) לישועתך קויתי ה'. נתנבא שינקרו פלשתים את עיניו וסופו לומר (שופטים טז) זכרני נא וחזקני נא אך הפעם: (יט) גד גדוד יגודנו.

שפתי חכמים

נח"י דחה כל זה ואמר שארץ זבולון היתה בסוף הים מקום המבדיל בין א"י ובין ארצות העמים ותמיד כל הספינות עוברים דרך ארצו ע"ש: ו כלומר כאילו הוא הפוך ופירושו כל ישראל יחד שהרי שמשון נקם נקמות של ישראל יחד ואין לפרש ידין ישפוט כי לא מצינו זה בשום מקום: ז נושף הוא כמין שריקה וכן פירש"י בפ' בראשית:

רמב"ן

לו מבחוץ במדינים ובפצעי' ושישמע בביתו אוי ואבוי ויזכי' הנזק ההוא ההוה לו ממנו בגופו במחשבת עיניו ותחלואיהם הרבים וזה פי' וענין נכון: (טז) דן ידין עמו. כמו כי ידין ה' עמו ארום ידין ה' במימריה דינא דעמיה כלשון שפטני ה' וריבה ריבי מגוי לא חסיד. ריב אלמנה יאמר כי דן יקום נקמת עמו כל שבטי ישראל כאחד. והטעם כי פלשתים הרעו לכל ישראל כמה פעמי' כי בימי שמגר בן ענת החלו ובימי יפתח כתיב וימכרם ביד פלשתים וגו' אחרי עבדון בן הלל ויתנם ה' ביד פלשתים ארבעים שנה ולא היה בשופטים מי שהכניעם או שנצחם כלל ואע"פ שכתוב בשמגר ויך את פלשתים שש מאות איש במלמד הבקר איננה נקמה כי איננה מכה רבה על כן כתיב בשמשון והוא יחל להושיע את ישראל מיד פלשתים ולקח נקמת ישראל מהם כי הרג מהם עם רב וכל סרני פלשתים המית והזכיר ידין כי היה הנוקם הזה שופט לא מלך. ואפשר שזה דעת אונקלוס שאמר ביומוהי יתפרק עמיה ויתכן שיהיה כאחד שבטי ישראל כמיוחד שבשבטים הוא יהודה שנא' בו ידך בערף איביך כי גם זה יגבר על אויביו וינצחם: (יז) שפיפון. שם לנחש שישוף עקב ונכפלה בו העין (ע"פ) ואמרו בירושלמי במסכת תרומות מין קטן הוא ושפיפון שמו ודומה לשערה ונתנה רשות לארץ ליבקע מפניו ודכת שמשון לנחש בעבור שלא היה שמשון בא על אויביו במלחמה כשאר השופטי' או המלכים רק הוא לבדו יוצא עליהם כמו צפעוני היוצא ממאורתו על הולכי דרך או המין הקטן

כלי יקר

דן ידין עמו כאחד שבטי ישראל. יאמר שאע"פ שבדגלים יהודה נוסע בראשונה ודן באחרונה מ"מ ישוה לו גם הוא שידין את עמו כאחד המיוחד שבשבטי ישראל והוא יהוד' כי שמשון שפט את ישראל בדורו כדוד בדורו וכמו שנאמר במלך המשיח שיבא מיהוד' וברוח שפתיו ימית רשע כך יהי דן נחש עלי דרך כי כל נחש ממית ברוח שפתיו. ומדקאמר ידין עמו ש"מ שמדבר ברשעי ישראל שידין אותם ויכלה הקוצים מן כרם ה' צבאות. ועל כן היה מן הסברא שיסע יהודה בראשונה ודן באחרונ' לפי שיהוד' נמשל לארי' שעיקר כחו בזנבו וא"כ כשהלך יהוד' לפני מחנה ישראל ואחוריו כלפי העם דומה כאילו זנבו פונה למחנה ישראל רמז שבו ידין עמו לשבר זרועות רמות. ודן נמשל לנחש שאין כחו אלא בפיו ע"כ דין הוא שיסע באחרונ' ופיו פונה אל מחנה ישראל כי בו ידין עמו. ולפי שכל דיין יש לו רבים הקמים עליו ע"כ אמר לא תגורו מפני איש כי לישועתך קויתי ה' ואלהים נצב בעדת אל להצילה מאנשי זרוע וי"א שדן לא הי' מחניף לשבטו אלא הי' דן כאחד שבטי ישראל כשאר שבטים כי הקרוב ורחוק היו שוים בעיניו. ומה שמצינו שמשה המשיל את דן לגור אריה ויעקב המשילו לנחש רמז שכל דיין יש לו מלחמ' פנים ואחור יש מעיזים בפניו לו' לו מוסיף אני עליך דיינים כמ"ש טרחכם ומשאכם וריבכם ויש מרנן אחריו אבל לא בפניו ע"כ צריך להיות בעל כח ואמיץ רוח ללחום פנים ואחור ולא יתן את לבו לכל הדברים אשר ידבר בין בפניו בין אחוריו אלא יהי' כארי' ונחש זה כחו באחוריו וזה כחו בפניו וזה רמז נכון:

גד גדוד יגודנו. הרבה גדודים יבאו עליו למלחמ' ובתחלת המלחמה יכה בהם מכה רבה כמ"ש וטרף זרוע אף קדקד כי טור בעד טור וכשמכה בחרב אז המוכה מרים ידו להגין על ראשו על כן הגבור טורף תחיל' זרוע ומוסיף לשנים עד שיעבור החרב אל הקדקד. ויעקב מדבר בסוף מלחמה

אור החיים

יעלו לו מס לפרנסתו ויעבדוהו לבן תורה וכמו שמצינו ליששכר עצמו שהיה זבולן עובד אותו וכן בכל דור ודור:

דן ידין וגו'. אולי כי לצד שאמר שמשון תמות נפשי עם פלשתים לזה אמר יעקב כי ישנו בגדר עם שופטי ישראל המיוחדים למעלה באין הפרש ולא יגרע מצדיק עינו והוא אומרו כאחד שבטי ישראל פי' כאחד המיוחד שבכל שבט ושבט מישראל כי כל השבטים היו בהם שופטים לישראל:

גד גדוד וגו'. מבליע ברכתו בשמו פי' גד לשון גדוד פי' מחנה ולשון גדייה ולשון משיכה ולשון היקף שכולם

to bear [burdens], and he became an indentured laborer. 16. Dan will avenge his people, like one, the tribes of Israel. 17. Dan will be a serpent on the road, a viper on the path, which bites the horse's heels, so its rider falls backwards. 18. For Your salvation, I hope, O Lord! 19. [As for] Gad, a troop will troop forth from him, and it will troop back in its tracks.

lying between the boundaries— *like a donkey, which travels day and night and does not lodge in a house, but when it lies down to rest, it lies between the boundaries, in the boundaries of the towns where it transports merchandise.*—[Rashi from Zohar vol. 1, 242a]

15. He saw a resting place, that it was good—*He saw that his territory was a blessed and good land for producing fruits.*—[Rashi from Targum Onkelos, Bereshith Rabbathi]

and he bent his shoulder to bear [burdens]—[I.e., *the yoke of Torah.*]—[Rashi from Gen. Rabbah 98:12]

and he became—*for all his brothers, the Israelites*—

an indentured laborer—*to decide for them instructions of Torah* [law] *and the sequence of leap years, as it is said: "And of the sons of Issachar, those who had an understanding of the times, to know what Israel should do: their chiefs were two hundred" (I Chron 12:33). He* (Issachar) *provided two hundred heads of Sanhedrin. "And all their brethren obeyed their word" (ibid. 12:32).*—[Rashi from Gen. Rabbah 98:12]

and he bent his shoulder—Heb.

וַיֵּט, *he lowered his shoulder, similar to "And He bent* (וַיֵּט) *the heavens"* (II Sam. 22:10, Ps. 18:10), *"Incline your ear* (הַטּוּ)*"* (Ps. 78:1). *Onkelos, however, rendered it in a different manner: and he bent his shoulder to bear wars and to conquer regions, for they dwelled on the border; the enemy will be vanquished under him as an indentured laborer.*—[Rashi]

Rashbam explains:

14. Issachar is a bony donkey— Unlike Zebulun, who travels with the seafarers on business, Issachar will till the soil like a strong donkey that has husky limbs and is constantly between the boundaries of the city, plowing and tilling the soil, as it is said:' "Fortunate are you who sow by all waters, those who send forth the feet of the ox and the donkey" (Isa. 32:20), to plow and to sow. Moses, too, blessed Issachar and Zebulun in this manner: " Rejoice, O Zebulun, in your going forth, and Issachar, in your tents" (Deut. 33:18).

15. He (Issachar) **saw that rest** —on the soil—**was good**—preferable to going forth on long voyages.

and the land, that it was pleasant—and prosperous, as it is written: "to the rest and to the inheritance" (Deut. 12:9).

and he bent his shoulder to bear [burdens]—I.e., the yoke of the kings of Israel.

and he became an indentured laborer—to give the kings the tithe of his produce, as it is written: "And he (your king) will tithe your grain crops" (sic) (I Sam. 8:14-15). This is the correct simple meaning, and it is a promise of wealth for Issachar. [Note that *Rashbam*'s quotation from Samuel is incorrect. It is a combination of two verses.]

16. **Dan will avenge his people**—Heb. יָדִין, *will avenge his people from the Philistines, like "When the Lord avenges* (יָדִין) *His people"* (Deut. 32:36).—[*Rashi* from *Targum Onkelos*]

Ramban comments that Samson is singled out from among all the judges who waged war against the Philistines because he was the only one who defeated them. The Philistines harmed all Israel many times, yet no one conquered or defeated them. In the days of Shamgar the son of Anath they began to do so (Jud. 3:31), and concerning the days of Jephthah, it is written: "And He delivered them over into the hand[s] of the Philistines" (ibid. 10:7). Also, after the death of Abdon the son of Hillel, it says: "and the Lord delivered them over into the hand[s] of the Philistines forty years" (ibid. 13:1). Among the judges, there were none who conquered or defeated them. Although Scripture says of Shamgar: "and he killed the Philistines six hundred men with an ox-goad" (ibid. 3:31), this was not considered vengeance because it was not a great blow. Therefore, Scripture says of Samson:

"and he will begin to save Israel from the hand[s] of the Philistines" (ibid. 13:5). Samson avenged Israel of the Philistines, for he slew many of them, and he put the Philistine chieftains to death. The word יָדִין, which denotes judgment, is used because this avenger (Samson) was a judge, not a king. Perhaps this is what *Onkelos* means by "in his days, his people will be saved."—[*Ramban*]

like one, the tribes of Israel—*All Israel will be like one with him, and he will avenge them all. Concerning Samson he uttered this prophecy. We can also explain* כְּאַחַד שִׁבְטֵי יִשְׂרָאֵל [as follows]: *like the special one of the tribes, namely David, who came from Judah.*—[*Rashi* from *Targum Onkelos, Sotah* 10a, *Gen. Rabbah* 99:11]

Ramban conjectures that the verse means: like the *special* one of the tribes, meaning Judah, who was blessed with "Your hand will be at the nape of your enemies" (verse 8). Similarly, Dan too was destined to overpower his enemies and defeat them.

Ohr Hachayim writes: Since Samson said, "Let my soul die with the Philistines" (Jud. 16:30), Jacob categorically states that Samson is equal to the other judges, the special ones of all the aforementioned tribes, and there is no distinction between them, and "He does not withdraw His eyes from the righteous" (Job 36:7). This is what he means by "like the *one* of the tribes of Israel," i.e., like the judges chosen from all the tribes, for each tribe contributed a judge to the nation of Israel.

למלעי באורייתא והוו ליה אחוי מסקי דורונין :
טו מדבית דן עתיד דייקום גברא דידון ית עמיה דינין דקשוט כחדא ישתמעון ליה שבטיא דישראל:
יז יהי גברא דיתבחר ויקום מדבית דן מדמי לחורמנא דרביע על פרשת אורחא ולרישיה חיויין דכמין על שבילא דנכית סוסיא בעיקביה ונציל מן אימתיה רכביה מתפרקיד לאחוריה היכדין יקטיל שמשון בר מנוח ית כל גברי פלשתאי לפרשיא ולרגלאי ויעקר סוסותהון ומגר רכביהון לאחורא :
יח אמר יעקב כד חמא ית גדעון בר יואש וית שמשון בר מנוח דקיימין לפרוקין לא לפורקניה דגדעון אנא מסכי ולא לפורקניה דשמשון אנא מודיק דפורקנהון פורקן דשעתא אלהין לפורקנך סכית ואודיקית יי דפורקנך פורקן עלמין :

יז יהוי פרוקא דעתיד למיקם יתקף ויתגאה על כל מלכוותא והוא יהוי מדמי לחיויא דרביע באורחא ולחורמנא דכמין בפרשת אורחתא דמחא לסוסא בעיקביה ומן אימתיה מסתבר רוכביה לאיתהפיך לאחוריה והוא שמשון בר מנוח דאימתיה על בעלי דבבוי ודחלתיה על שנאוי ומקטיל מלכין עם שלטונין : יח אמר אבונן יעקב לא לפורקניה דגדעון בר יואש סכיית נפשי דהוא שעה ולא לפורקניה דשמשון דהוא פורקן עביר אלא לפורקנא דאמרת במימרך למיתי לעמך בני ישראל ליה לפורקנך סכיית נפשי :
יט מדבית גד יפקון משירין מטכסין זיינין ואינון יעברון ית ישראל ית ירדנא ואינון יחסנון יתהון ית ארעא דכנען ובתר כן יחזרון בשלם למשכנהון :

(נ"א אלא לפורקניה דמשיח בן דוד דהוא עתיד לפרוקיה ית בני ישראל ולאפקותהון מגלותא ולפורקנא סכיאת נפשי) :
יט שבטא דגד יעברון מזיינין עם שאר שבטיא ית נחלי ארנונא והינון יכבשון קדמיהון ית עמודייא

פי' יונתן

הוא ל' נטייה וכן בויגע ומארכן על גוארייה וכו' : (יז) רכביה פי' רכב שלו הרוכב מהסוס. מתפרקיד ל' אפרקדון וכדפי' הראשון. דבכיהון פי' מכת פחד יפלו אויביו: (יח) מסכי ומודיק שניה' ל' ראי' והכונה כדפירשנו כמה פעמי' שהו' ל' השקפה ונמצ' בגמ' דכ"מ ואודיק חזיתן: (יט) ויעברון בשליות' פי' ינותו בשלום מעבר לירדן. נחלי

בעל הטורים

הים בין ים ליבשה כדמתרגמינן ואחסנתיה בין תחומיא : למס עובד. ג' במס' הכא ואידך ביהושע אשר לא הוריש וגו' ויתנם למס עובד. ויעלה שלמה למס עובד. לומר לא די שלימד תורה לכל ישראל אלא שהעלה להם מס מממונו שהיה מספיק לכל מי שיבא ללמוד : כאחד שבטי ישראל. פי' כדוד ולכן אותיות של ראשי פסוקים דן יהי לישועתך. בגי' כדויד : יגודנו. ב' במס' הכא ואידך

רשב"ם

כדכתיב אל המנוחה ואל הנחלה : ויט שכמו לסבול. עול של מלכי ישראל : ויהי למס עובד. לתת למלכי' עישור תבואותיו כדכתיב ואת שדותיכם יעשר זהו עיקר הפשט. ובשורת עושר הוא לשבט יששכר : (טז) דן ידין עמו. המפרש על שמשון לא ידע בעוסק פשוטו של מקרא כלל. וכי יעקב בא להתנבאות על אדם שנפל ביד פלשתים ויקרו את עיניו ומת עם פלשתים בענין רע. חלילה חלילה. אך על שבטו של דן נתנבא שהוא מאסף לכל המחנות וגם ביהושע כתיב והמאסף הולך אחר הארון ולפי שהיה הולך כל הימים בין בימי משה בין בימי יהושע אחר כל הדגלים והיה צריך להלחם עם כל האומות הרודפים אחריהם לזנב כל הנחשלים אחריהם בדרך ולהנקם מן האומות כי גבורים היו. לכך אמר יעקב דן ידין עמו. ינקום נקמת עמו באחד כל שבטי ישראל היה נוקם נקמתם ומשמרם מרודפיהם כמו כי ידין ה' את עמו וגו'. ודם עבדיו יקום ונקם ישיב לצריו. וכמו ידין בגוים מלא גויות מחץ ראש על ארץ רבה : (יז) יהי. שבטו של דן נחש עלי דרך להרוג את האומות : ויפול רוכבו. האויבים נופלים לפניו : (יח) לישועתך דן קויתי ה'. שיושיע אותך וישגבך על האומות : (יט) גד גדוד. גדוד ישראל יגודו אחריו כשיהיו הולכים למלחמת יהושע. וכדכתיב חלוצים תעברו לפני אחיכם ובשוב

דעת זקנים מבעלי התוספות

נתעכרה מישהכר : (יח) לישועתך קויתי ה'. כיון שראה יעקב אבינו גבורת שמשון אמר אע"פ שזה גבור נולח אין נכון להתהלל בגבורתו וכן מלינו בשעה שנתהלל אמר בלחי החמור הכתי אלף איש מיד וילמא מאוד עד שהודה ואמר ה' אתה נתת ביד עבדך את התשועה וגו' שהודה שאין הגבורה רק מתמתש לבדו והה"ד יהי דן נחש עלי דרך ואפי' הגבורה והגלות להקב"ה כדכתיב לישועתך קויתי ה' : (יט) גד גדוד יגודנו. וא"ת כיון שיהיו לו חיילות כמה יפרנסם שהרי צריך עושר גדול על כן כתיב אחריו מאשר שמנה לחמו שיהא עשיר

אבן עזרא

באהליך. והיו נותנים מס למלך ישראל שלא יצאו (או) לגוים שלא יבאו להלחם עליהם : (טז) דן ידין עמו. רמז שיהיה בעל דגל כאחד בני הגבירות. והנה היה כקלין על כל עם מהשפחות : (יז) ודמהו ברוב גבורתו לנחש. גם יתכן להיות פי' שפיפון מגזרת הוא ישופך ראש וטעם כפול : (יח) וטעם לישועתך קויתי ה'. בעבור שהוא נושך עקבי סוס יפחד מרוכב הסוס שלא ישוף ראשו בהרגו על כן אמר הנביא לישועתך קויתי ה' והכ"ף לנכח דן. ופי' קויתי השם להיות ישועתך. או בא שם תחת שם הפעל והטעם להושיעך. וכן נרננה בישועתך. אם הכ"ף לנכח דוד או המשיח בנו. ויאמר הנגיד כי תחסר מלת ויאמר וכן ראוי להיות ויאמר לישועתך קויתי ה'. ורבי יצחק אמר כאשר ראה הנביא בנו דן בדמות נחש בדרך הנבואה מיד פחד יעקב ואמר הושיעני השם : (יט) גד. התנבא שיבא עליו גדוד והוא ינצחנו באחרונה : יגודנו. כמו לעם יגודנו. גם יגוד מפעלי הכפל

רמב"ן

שבנחשים שאינו נכיר כלל להולכי ארח וטעם הנושך עקבי סוס רמז לשני העמודי' אשר הבית נכון עליהם וכשלשת אלפים אשר על הגג הם הרוכב הנופל אחור כאשר ישוך הנחש בעקבי הסוס ויגביה הסוס ראשו ורגליו הראשונים ויפול רוכבו אחור : (יח) לישועתך קויתי ה'. לא היה בכל שופטי ישראל מי שנפל ביד אויביו זולתי שמשון שהוא הנחש הזה כדכתיב והיה ה' עם השופט והושיעם מיד אויביהם כל ימי השופט והוא הי' האחרון לשופטים כי שמואל נביא היה ולא נלחם להם ובימיו מלכו המלכים וכאשר ראה הנביא תשועת שמשון כי נפסקה אמר לישועתך קויתי ה' לא לישועת נחש ושפיפן כי בך אושע לא בשופט כי תשועתך תשועת עולמים : (יט) גד גדוד יגודנו.

ספורנו

במתא כל מילי דמתא עליה : ויהי למס עובד. וההמון העובד כל מלאכת עבודה בעסקי חיי שעה היה לו למס כאמרם רז"ל (יומא פרק בא לו) שבני עירו היו מצוים לעשות מלאכתו : (יז) יהי דן נחש. הוא ממין הנחש הרע בתכלית והוא הנקרא צפעוני ואצל רופאי הערב נקרא חורמן כי אמנם צפעוני אחד ימית רבים יחדו בהבטתו ובקולו שישלח על אדם רב. וכן שמשון המית הוא לבדו רבים במעט רגע : שפיפון. הוא נחש דק. כאמרם כחוט השערה הוא ושפיפון שמו ועליו ספרו הרופאים שהוא נחבא באילנות לירות בעצמו כחץ על יתר בעלי חיים. וכן שמשון בהיותו נלחם לבדו היה בלתי נראה בחיל הרוגיו : (יט) גד גדוד יגודנו. אחר שאמר שדן נלחם כנחש ומפיל סוס ורוכבו אמר על גד שילחם דרך גדוד שיגוד ויכרות סוס ורוכבו על דרך וטרף זרוע אף קדקוד : והוא יגוד עקב. וכשיכרות סוס ורוכבו יכרות את עקבם

אבי עזר

כי הם מושגים מעלמם : (יח) (וטעם לישועתך קויתי ה' וגו') הנה סקירא אשר יניח דברי הרב הל פיהו ילחק בקלבו לאמר דבריו אין להם המשך כלל. וכי בכל הברכות אשר ברכם לא ירא עד שהגיע אל ויפול רוכבו אחור ולא כן ירא על נפשו באומרו ידך בעורף אויביך אולם לאמר העיון ראיתי דבריו במישור נאמרים. וזה שדבר בלחות לשונו. שלא ישוף ראשו. כדי להעמידך על הענין הפותח מתט סדקים. כיון שאמר הקב"ה לנחש הוא ישופך ראש ואתה תשופנו עקב. וידוע כי קללת נחש מרמזת על כמה ענינים גדולים. על עניני ילר הרע. ועל הכובי מלחמות כנאמר כהתימן שודד תושד ככלותך לבגוד וגומר ועתה בכך יעקב שישוך עקבי סוס לשונאו. אל תאמר שיהיה חלילה להיפך. ושונאיו ישופו ראשו. לכן אמר ויפול רכבו אחור. אף כי דברי הרב מעטים. אולם איכותם גדלה במאד. איך יעקב בתפלתו ובברכתו תקן כמה וכמה תלאות וגדופים מן בני ישראל. ואנכי אמרתי בדרך דרוש על טעם גולת עלית וגולת תחתית. שאם יגביר על שונאו מלמטה. יפול השר למעלה. על דרך דרכת בים סוסיך כי תרכב על סוסיך (חבקוק ג') וכן ועקבותיך לא נודעו. וזה שהבטיח הנביא.

אל

Ohr Yakar explains that *Yalkut HaYisraeli* quotes a view that Samson has no share in the world to come because when he said, "Let my soul die with the Philistines," that statement meant that his soul should die with theirs, and he should have no share in the world to come, along with them. [I.e., by making such an irresponsible statement, he inadvertently forfeited his share in the world to come.] *Ohr Hachayim* rejects this view, explaining that Samson was simply ready to die physically with the Philistines.

The complete *Targum Onkelos* reads: From the house of Dan a man will be chosen and will arise [in power]; in his days, his people will be saved, and in his years the tribes of Israel will rest as one.

17. a viper—Heb. שְׁפִיפֹן. *This is a snake, and I say that it is given this appellation because it bites, "and you will bite* (תְּשׁוּפֶנּוּ) *his heel"* (Gen. 3:15).—[*Rashi*]

Midrash Sechel Tov brings *Rashi*'s explanation and notes also that some say that the snake is given this appellation because it rubs (שָׁף) on the ground with its belly.

which bites the horse's heels—*So is the habit of a snake. He* (Jacob) *compares him* (Dan) *to a snake, which bites a horse's heels, and* [causes] *its rider to fall backwards, although it does not touch him. We find something similar in* [the story of] *Samson: "And Samson grasped the two pillars of the center, etc."* (Jud. 16:29), *and those on the roof died. Onkelos renders* [נָחָשׁ] *as* כְּחִוֵּי חוּרְמָן, *the name of a species of snake whose*

bite has no antidote, and that is the צִפְעֹנִי (adder). *It is called* חוּרְמָן *because it destroys* (חֵרֶם) *everything.* [*Onkelos* renders] וּכְפִתְנָא, *and like a viper, like* פֶּתֶן (Isa. 11:8, Ps. 58:5) [and he renders] יִכְמוֹן, [as] *he will lie in wait.*—[*Rashi*]

18. For Your salvation, I hope, O Lord!—*He* (Jacob) *prophesied that the Philistines would gouge out his* (Samson's) *eyes, and he* (Samson) *would ultimately say, "O Lord God, remember me now and strengthen me now only this once, etc."* (Jud. 16:28).—[*Rashi* from *Num. Rabbah* 14:9]

Rashbam writes:

16. Dan will avenge his people—Whoever interprets this as referring to Samson does not at all understand the profundity of the simple meaning of the verse. Did Jacob come to prophesy about one man who fell into Philistine hands, had his eyes gouged out by them and then died in a miserable way? God forbid! Rather, he prophesied about the tribe of Dan, which was "the rear guard of all the camps" (Num. 10:25). In Joshua, too, it is written: "And the rear guard came after the Ark" (6:9). The tribe of Dan followed the groupings of the tribes through the days of Moses and Joshua, and their role was to fight with the nations that pursued the tribes, seeking to massacre any stragglers on the way. Since the tribe of Dan was composed of mighty warriors, it was responsible for taking revenge on those nations. Jacob thus says, "Dan will avenge his people, all together, all the tribes of Israel." He would avenge them and guard them from their attackers.

17. **Dan will be a serpent on the road**—to kill the attacking nations.

and its rider falls backwards—The enemies will fall before them.

18. **For Your salvation, I hope, O Lord!**—I hope to the Lord that He will save you (Dan) and give you the advantage over the nations.

Ibn Ezra also understands this verse as referring to the tribe of Dan. He explains that Jacob is alluding to Dan's position as the head of his grouping. Although Dan was the son of Zilpah, Leah's maidservant, under his leadership his tribe had the same importance as the tribes descended from the sons of the Matriarchs. Thus, Dan ruled over all the tribes descended from the maidservants.

19. **[As for] Gad, a troop will troop forth from him**—Heb. גָּד גְּדוּד יְגוּדֶנּוּ. All [these words] *are expressions of a troop* (גְּדוּד) as Menachem (*Machbereth Menachem* p. 52) *classified it. If you ask* [why] *there is no* [expression of] גְּדוּד *without two "daleths," we answer that* [indeed] *the noun* גְּדוּד *requires two "daleths," for that is the rule of a word with a root of two letters* [in this case גד], *to double the final letter, but its root* [remains] *only two letters.* Similarly, [Scripture] *says: "Like a wandering* (לָנוּד) *sparrow"* (Prov. 26:2), *which is a derivative of* [the same root as] *"And I was sated with restlessness* (נְדֻדִים)*"* (Job 7:4); *"there he fell down dead* (שָׁדוּד)*"* [lit., robbed] (Jud. 5:27), *which is a derivative of* [the same root as] *"that ravages* (יָשׁוּד) *at noon"* (Ps. 91:6). *Also,* יְגוּדֶנּוּ, יָגֻד, *and* גְּדוּד *are from the same root. When the root is used in the* יִפְעַל *form* (the future tense

of the קַל *conjugation*), *it* (the final letter) *is not doubled, like* יָנוּד, יָגוּד, יָשׁוּב, יָשׁוּד, יָרוּם, *but when it is reflexive* (מִתְפַּעֵל) *or causative* (מַפְעִיל), *it is doubled, like* יִתְבּוֹלֵל, יִתְרוֹמֵם, יִתְגּוֹדֵד, יִתְעוֹדֵד, *or causative* (מַפְעִיל), [like] *"He strengthens* (יְעוֹדֵד) *the orphan and the widow"* (ibid. 146:9); *"to bring Jacob back* (לְשׁוֹבֵב) *to Him"* (Isa. 49:5); *restorer* (מְשׁוֹבֵב) *of the paths"* (ibid. 58:12). *Also,* יְגוּדֶנּוּ *stated here is not an expression meaning that others will cause him to do,* [because then the "daleth" would be doubled,] *but it is like* יָגוּד הֵימֶנּוּ, *will troop forth from him, similar to "my children have left me* (יְצָאֻנִי)*",* (Jer. 10:20), [which is equivalent to] יָצְאוּ מִמֶּנִּי, *they went forth from me.* [Hence, this form is not the causative, but the simple conjugation, which does not require the doubling of the final letter.]

גָּד גְּדוּד יְגוּדֶנּוּ [means]: *troops will troop forth from him—they will cross the Jordan with their brothers to war, every armed man, until the land is conquered.*—[Rashi]

and it will troop back in its tracks—*All his troops will return in their tracks to the territory that they took on the other side of the Jordan, and no one will be missing from them.*—[Rashi from *Targum Yerushalmi*]

in its tracks—Heb. עָקֵב. *In their way and in their paths upon which they went they will return, equivalent to "and your steps* (וְעִקְּבוֹתֶיךָ) *were not known"* (Ps. 77:20), *and similarly, "in the footsteps of* (בְּעִקְבֵי) *the flocks"* (Song of Songs 1:8); *in French, traces,* [meaning] *tracks or footsteps.*—[Rashi]

ס כ מֵאָשֵׁר שְׁמֵנָה לַחְמוֹ וְהוּא יִתֵּן
מַעֲדַנֵּי־מֶלֶךְ: ס כא נַפְתָּלִי אַיָּלָה שְׁלֻחָה
הַנֹּתֵן אִמְרֵי־שָׁפֶר: ס כב בֵּן פֹּרָת

ת"א נפתלי סוטה יח יג: בן פרת ברכות כא כט סוטה ל' ב"ק י"ז מליעה כד בתרא קיח זבחים קיח:

אונקלוס: לִקְרָבָא וּבְנִכְסִין סַגִּיאִין יְתוּבוּן לְאַרְעֲהוֹן: כ דְּאָשֵׁר טָבָא אַרְעֵיהּ וְהוּא מְרַבְיָא בְּתַפְנוּקֵי מַלְכִין: כא נַפְתָּלִי בְּאַרְעָא טָבָא יִתְרְמֵי עַדְבֵיהּ וְאַחְסַנְתֵּיהּ תְּהֵי מַעְבְּדָא פֵּירִין יְהוֹן מוֹדִין וּמְבָרְכִין עֲלֵיהוֹן: כב בְּרִי דִּסְגֵי יוֹסֵף בְּרִי

רש"י

כולם ל' גדוד הם וכך חברו מנחם וא"ת אין גדוד בלא בי"ת דלתי"ן י"ל גדוד שם דבר צריך שני דלתי"ן שכן דרך תיב' בת שתי אותיו' להכפל בסוף' ואין יסוד' אלא שתי אותיות וכן אמר (משלי כו) כצפור לנוד מגזרת (איוב ז) ושבעתי נדודים (שופטים ה) שם נפל שדוד מגזרת ישוד צהרים אף יגוד יגודנו וגדוד מגזרה אחת הם וכשהוא מדבר בלשון יפעל אינו כפול כמו יגוד ינוד ירום ישוד ישוב וכשהוא מתפעל או מפעיל אחרים הוא כפול כמו יתגודד יתרומם יתבולל יתעודד. וכל' מפעיל (תהלים קמו) יתום ואלמנה יעודד (ישעיה מט) לשובב יעקב אליו (שם כה) משובב נתיבות. אף יגודנו האמור כאן אין לשון שיפעילוהו אחרים אלא כמו יגוד הימנו כמו (ירמיה י) בני יצאוני ילאו ממני גד גדוד יגודנו. גדודים יגודו הימנו שיעברו הירדן עם אחיהם למלחמה כל הלוץ עד שנכבש' הארץ: והוא יגוד עקב. כל גדודיו ישובו על עקבם לנחלת' שלקחו בעבר הירדן ולא יפקד מהם איש: עקב. בדרכן ובמסילותם שהלכו ישובו כמו (תהלים עז) ועקבותיך לא נודעו וכן (שה"ש א) בעקבי הצאן בל' לעז טרציא"ס: (כ) מאשר שמנה לחמו. מאכל

רמב"ן

פירשו רש"י על דרך אונקלוס יתנבא כי גדוד יגוד ממנו ואותו הגדוד יגוד עקב על עקבו שיחזור לדרך אשר בא בו לשלום אל ארצו והנכון שיהיה כמו לעלות לעם יגודנו יאמר כי גדוד יגודנו תמיד שיהיו מלחמות רבות ופשט גדוד עליו בארצו והוא יגוד אותו על עקיבו שיתגבר עליו וירדוף אותו והם ישובו על עקב בשתם שבה אותם בגבורה ונצות כל הבאים עליהם למלחמה וזה כענין ברכת משה רבינו בהם ברוך מרחיב גד כלביא שכן בעבור שירש ארץ רחבת ידים וגדולה מאד והיא בעבר הירדן היו באים עליהם תמיד גדודי עמון ומואב שכניו הרעים התובעים בנחלה ופושטים עליהם והוא כלביא שכן על טרפו. מקולם לא יירא. ומהמונם לא יחת. וזה פירוש נאה למדתיו מן הירושלמי שאמרו במסכת סוטה גד גדוד יגודנו גייסא אתי מגיסתא והוא מגיים לה. לומר כי הגיים יבא לאסוף חיל ולגיים עליו והוא יגוד עליהם ויביא גדודיו בארצם. ואולי ירמוז הנביא על מלחמת יפתח הגלעדי עם בני עמון כי בני גד ירשו כל ערי הגלעד וחצי ארץ בני עמון והיו בני עמון תמיד נלחמים באנשי גלעד והוא כמעט עבר עליהם והכה אותן ואת עריהן מכה גדולה מאד והיה הענין ההוא גם גדול הזכירו הנביא כאשר הזכיר דבר שמשון: (כא) נפתלי אילה שלוחה. מנהג במושלי ארץ לשלוח זה לזה האילים וכך הענין כי האילות שנולדו בארץ מלך הצפון יגדל אותן בהיכלי מלך הנגב ויקשרו כתב הבשורה בקרני' והיא תרוץ מהר ותשוב למעונה ויתבשרו בהן. וזה טעם אמרי שפר כלומר אילה שלוחה מבשר בשורות טובו' והענין הזה ידוע והוא מוזכר בירושלמי במסכת שביעית אמרו אין אזלין לון חזרין ואי בעית למבדקיה אייתו טביין וישלחון לארע רחיקא בסוף אינון חזרין. עבד כן ואייתי טביין וחפי קרניהון בכסף ושלחון לאפריקי ובסוף תלת עשרה שנין חזרין לאתריהון שהתירום לאחר י"ג שנה ומיד חזרו והמשל כי נפתלי שבע רצון ומלא כל טוב וממנו תבא בשורה לכל ישראל כי עשתה ארצו פירות לשבעה כמו שהזכירו רבותינו בפירות גנוסר: (כב) בן פורת יוסף. בן חן והוא לשון ארמי.

אבן עזרא

והשורק תחת הולם. כמו ירון ושמה. ואנחנו לא נדע היום כל התלאות העוברות על אבותינו: (כ) מאשר. יש אומרים כי המ"ם נוסף. והנכון בעיני שמארץ אשר יבא להם שמן. ופה לחם לשון נקבה. וכן בית. ומקום. ויד. ואש. ועין. ורוח. וארץ. וארון. ועם: וטעם מעדני מלך. ידוע וכן אמר משה וטובל בשמן רגלו: (כא) נפתלי אילה שלוחה. על דרך דורון. והמקבל הדורון נותן אמרי שפר. וי"א שאילה רמז לדבורה. הנותן אמרי שפר רמז לשירת ברק עמה. ואמר נפתלי בעבור נהלתו: (כב) בן פורת יוסף. בן כמו סעיף והוא לשון נקבה. וכן ועל בן אמלת לך. ודקדוק

כלי יקר

מלחמ' שאויביו יתנו לו עורף ויברחו והרי עקיבו של הנרדף סמוך אל הרודף וביותר כשהוא נופל ונכשל בנפיל' ואז יכרית ויגד עקיביו זה"ש והוא יגד עקב כי יגד היינו כריתה מלשון גודו אילנא:

מאשר שמנה לחמו. לפי שאשר הי' מספיק שמן לב"ה למנחות ולשאר צרכי המקדש וידוע שכל השפע והשובע בא לעולם מן המקדש על כן אמר שמאשר לחמו של ישראל שמנה תחת שמן והוא יתן מעדני מלך כי הוא יתן למקדש והמקדש יתן אל כל העולם כמלך כעס. או ניכה שאשר יסי' בעל לדק' ולפיכך הכל ישבחוהו בנים ובנות כמ"ש כי אשרוני בנות ומשה אמר ברוך מבנים אשר וגו' והוא יתן לעני להם שמן ומעדני מלך לא מן הפחות כהוא שהאכיל לעני פטומות וכמ"ש אם אכלתי פת לבדי אפי' פתי פת נקיה המיוחד לי לא אכלתי לבדי:

נפתלי אילה שלוחה. י"א נפתלי נופת לי כי נופת תטופנה שפתותיו מור עובר ע"י בשורת טובות שהי' מבשר לישראל ויש מפרשים על פירותיו שממהרים להתבשל ונותן אמרי שפר ע"י מקרא ביכורים או ברכת הפירות. וקרוב בעיני לומר שאמרי שפר היינו התורה ועל כן המשילו לאילה כדמסיק מסכת עירובין אילת אהבים

אור החיים

במשמעות גד ועיין בערוך בפי' תיב' גד ואמר גד גדוד אויביו יסובבוהו על גדותיו והוא יגוד פי' יכרות אותם עקב פי' עד כלה עוד ירצה גדוד פי' ל' מחנה שיתרבו גדודיו ויהיה מהנהו משוך והולך והוא אומרו יגודנו ואומרו והוא יגוד פי' יקיף לכל מחנה ישראל וילחם בעדם עקב פי' עד שינחלו כל נחלתם:

מאשר שמנה וגו'. אולי שיכוין לומר כי השג' זו מאמלעותו השיג אותהוהוא אומרו מאשר וגו' פי' מצדו או מצד זכותו או מצד השתדלותו:

בן פורת יוסף. טעם הכפל הוא לו' כי לב' צדדין ראוי הוא לפרות הא' לצד מה שהוא יוסף כאומר' ז"ל ראוי היה

ספורנו

כי יברחו ממנו כענין ונתתי את כל אויביך אליך עורף: (כב) בן פורת יוסף. הנה יוסף הוא בן גפן פורת ענף של גפן פוריה

אבי עזר

אל תירא בהלהמך עם שונאיך מן הגבורים אשר על ראשיהם. סננו מבטיחך שיפול רכבו אחור. וזה לישועתך קויתי ה'. גם סובל המקרא לפרש על מה דכתיב לעיל דן ידין וגומר. והזהירם אפילו בדברים קטנים שאדם דש בעקב ידין דינו. עלי דרך. יקוב הדין את ההר. ואף אם יגיע ממנו היזק גדול לו או לאוהביו. וזה הנושך עקבי סוס ולא יחוש אם יפול רכבו אחור. כי לישועתך קויתי ה' ובמשפטך דבקתי: (כא) נפתלי אילה שלוחה. על דרך דורון) כטעם ויתן שלוחים לבתו. וסוראתו נפתלי יהיה חביב בעיני רואיו. וכל רואיו יברכו אותו כאשר מברכים מי שנותן מתנה וכן דרך הפסוק כבכורה בתאנה בראשיתה:

בני

20. From Asher will come rich food, and he will yield regal delicacies. 21. Naphtali is a swift gazelle; [he is one] who utters beautiful words. 22. A charming son

20. **From Asher will come rich food**—*The food from Asher's territory will be rich, for there will be many olive trees in his territory, so that oil will flow like a fountain. And thus did Moses bless him, "and dip his foot in oil"* (Deut. 33:24), *as we learned in Menachoth* (85b): *The people of Laodicea once needed oil.* [So they appointed themselves a Gentile messenger (according to *Rashi*, or a Gentile official, according to *Rashi* ms. and *Rabbenu Gershom*, ad loc.). They said to him, "Go and bring us oil worth a million (coins)." The messenger went to Jerusalem, where they told him, "Go to Tyre." So the messenger went to Tyre, where they told him, "Go to Giscala (a town in the territory of Asher)." The messenger went to Giscala, where they told him, "Go to so-and-so, to that field." He went to the field and he found a man breaking up the earth around his olive trees. The messenger asked him, "Do you have a million (coins) worth of oil?" The man replied, "Yes, but wait for me until I finish my work." The messenger waited. After the man finished working, he cast his tools over his shoulder and went on his way, removing the stones from the path as he walked. The messenger thought to himself, "Has this man really a million (coins) worth of oil? I think the Jews have played a trick on me." As soon as the man arrived at his town, his maidservant brought him a kettle of hot water, and the man washed his hands and feet with it. She then brought him a golden cup full of oil, and he dipped his hands and feet in it, to fulfill what is stated: "and dip his foot in oil." After they had dined, the man measured out for the messenger oil (worth) a million (coins). He asked the messenger, "Don't you need more?" "Yes," the messenger replied, "but I have no money." The man said, "If you want to buy, buy, and I will come with you and collect the money for it." The man then measured out additional oil for one hundred eighty thousand (coins). It was said that the messenger hired all the horses, mules, camels, and donkeys that he could find in the land of Israel. As soon as the messenger arrived in his home town, the townspeople came out to praise him. He said to them, "Don't praise me! Praise this man who measured out for me oil for a million (coins), and I still owe him a hundred eighty thousand (coins)." This illustrates the verse: "There is one who feigns riches but has nothing; one who feigns poverty but has great wealth" (Prov. 13:7).]— [*Rashi*]

21. **a swift gazelle**—*This is the valley of Gennesar, which ripens its fruits swiftly, like the gazelle, which runs swiftly.* אַיָּלָה שְׁלֻחָה *means a gazelle that runs swiftly.*—[*Rashi*

from *Gen. Rabbah* 99:12] Gennesar is the Aramaic form of Kinnereth, which is in the territory of Naphtali, as mentioned in Josh. 19:35.— [*Mizrachi* from *Gen. Rabbah* 99:12]

[he is one] who utters beautiful words—*As the Targum renders.* [See below.] *Another explanation:* **[a swift gazelle—]** *He* (Jacob) *prophesied concerning the war with Sisera: "and take with you ten thousand men of the men of Naphtali, etc."* (Jud. 4:6), *and they went there with alacrity. And so it is stated there with an expression of dispatching, "into the valley they rushed forth with their feet"* (ibid. 5:15).—[*Rashi*]

[he is one] who utters beautiful words—*Through them, Deborah and Barak sang a song* (*Gen. Rabbah* 98:17). [The feminine form of אַיָלָה שְׁלֻחָה alludes to Deborah, and the masculine form, הַנֹּתֵן אִמְרֵי שָׁפֶר, alludes to Barak (*Ba'al Haturim*, *Sifthei Chachamim*).]

Our Rabbis [of the Talmud], *however, interpreted it* (the entire verse) *as an allusion to the day of Jacob's burial, when Esau contested* [the ownership of] *the cave, in Tractate Sotah* (13a). [As soon as Jacob's sons reached the Cave of Machpelah, Esau came and stopped them. He said to them, "Mamre, Kiriath-arba, which is Hebron" (Gen. 35:27); Rabbi Isaac said that the name Kiriath-arba alludes to the four couples interred there: Adam and Eve, Abraham and Sarah, Isaac and Rebecca, and Jacob and Leah. Jacob buried Leah in his place, and the remaining one Esau said was his.

Jacob's sons said to Esau, "You sold it." He replied, "Although I sold my birthright, did I sell my rights as an ordinary son?" They answered, "Yes, for it is written: 'in my grave, which I bought (כָּרִיתִי) for myself' " (Gen. 50:5). Rabbi Johanan said in the name of Rabbi Simeon the son of Jehozadak, כִּירָה means nothing but sale (מְכִירָה), for in the coastal cities, sale is known as כִּירָה. Esau replied, "Give me the deed." They said to him, "The deed is in Egypt." [One asked another,] "Who should go (to get it)?" [He replied,] "Let Naphtali go because he is as fleet-footed as a gazelle, as it is written: 'Naphtali is a swift gazelle, [he is one] who utters beautiful words (אִמְרֵי שָׁפֶר).' " Do not read אִמְרֵי שָׁפֶר, but אִמְרֵי סֵפֶר, *words of a scroll*.] [I.e., it was Naphtali who brought the deed to the cave to prove that Jacob had purchased Esau's burial right there.] *The Targum renders:* יִתְרְמֵי עַדְבֵיה, *his lot will fall* [in a good land], *and he will give thanks for his territory with beautiful words and praise.*—[*Rashi*]

Sefer Hazikkaron explains that since *Rashi* presents three interpretations of the beginning of the verse: 1) dealing with the fruits of the valley of Gennesar, 2) the war with Sisera, and 3) Jacob's burial, he had to explain the end of the verse according to each of these interpretations. Since he has already discussed the verse's ending according to the second and third interpretations, he finally concludes with the *Targum*, which is the first interpretation.

[Surprisingly, *Rashi* omits the part of the *Targum* stating that they would

דְאַרְעָא וְהִינוּן יְהַדְרוּן מְזַיְינִין בְּסוֹפָא בְּנִכְסִין סַגִּיאִין
וְיִשְׁרוּן בִּשְׁלֵיוּתָא לְהָלְאָה עִיבַר יוֹרְדְנָא דְכֵדֵין
אִתְרְעוּן וַהֲוָת לְהוֹן וְאִתְקַבְּלוּ אַחְסַנְתְּהוֹן: כ טוּבוֹי
דְאָשֵׁר מִן שְׁמֵינִין הִינוּן פֵּירוֹי אַרְעֵיהּ מְרַבְּיָת בּוּשְׂמִין
וְעִיקְרֵי סַמְנִין: כא נַפְתָּלִי עַזְגַּד קְלִיל דָּמֵי לְאַיְילָא
דְרָהִיט עַל שִׁינֵי טוּרַיָּיא מְבַשֵּׂר בְּשׂוֹרָן טָבָן הוּא בַּשַּׂר
דְעַד כְּדוּן יוֹסֵף קַיָּים וְהוּא אִזְדְרַז וַאֲזַל לְמִצְרַיִם
וְאַיְיתֵי אוֹנִיתָא דַחֲקִיל כְּפֵילְתָא דְלֵית בָּהּ לְעֵשָׂו
חוּלָקָא וְכַד הֲוָה פְּתַח פּוּמֵיהּ בִּכְנִשְׁתָּא דְיִשְׂרָאֵל
לְמִשְׁבְּחָא מִבְחַר מִכָּל לִשָּׁנַיָּא: כב בְּרִי דְרָבִית יוֹסֵף בְּרִי דְרָבִית וּתְקֵיפַת וְסוֹף הֲוָה עֲלָךְ לְמִתְקַף

כ טוּבוֹי דְאָשֵׁר מַה שְׁמֵינָה הִיא אַרְעָא וְאַרְעֵיהּ תְּהֵוֵי מַסְפִּיקָא
תַּפְנוּקֵי מַלְכַיָּא דִבְנֵי יִשְׂרָאֵל: כא נַפְתָּלִי עַזְגַּד דְקָלִיל
לְמִיבַשְּׂרָא בְּשׂוֹרָן טָבָן וְהוּא בַּשַּׂר לַאֲבוּנָן יַעֲקֹב מִן שֵׁירוּיָא
דְהוּא עַד כְּדוּן יוֹסֵף בְּחַיִין וְהוּא נָחִית לְמִצְרַיִם בְּשַׁעְתָּא וְעִידָא
וְאַיְיתֵי אוֹנִיתָא דַחֲקַלָא כְּפִיל מִן פְּלָטִין דְיוֹסֵף וּכְשֶׁהוּא פָּתַח
פּוּמֵיהּ בִּכְנִישְׁתָּא דְיַעֲקֹב לִישָׁנֵיהּ חָלֵי כְּדוּבְשָׁא: כב בְּרִי
דְרַבִּיתָא יוֹסֵף בְּרִי דְרַבִּיתָא וְתַקִּיף וְיִתְחַמֵּי לָךְ לְמִתְקַף מִדַּמֵּי
אֲנָא יוֹסֵף בְּרִי לְגוּפְנָא שְׁתִילָא עַל מַבּוּעִין דְמַיִין דִשְׁלַחַת
שׁוֹרְשֵׁיהּ לִתְהוֹמַיָּא וּפַטִּית שִׁיגֵי כָּל כֵּיפַיָּא שְׁלַחַת לִמְרוֹמַיָּא
וּכְבִישַׁת כָּל אִילָנַיָּא כֵּן כַּבְשַׁת יוֹסֵף בְּרִי בְּחוּכְמָתָךְ יָת כָּל

פי' יונתן

ארגונא ר"ל נחל ארנון. עזגד פי' שליח: (כא) ואייתי אוניתא פי' שטר ל' ר"ל וכן אם כ' עליו את אונו פירש"י שטר וכאן פי' כשבאו לקבור את יעקב במערת המכפל' שכחו השטר מכיר' ובא עשו לעורר עליו קפץ נפתלי והביאו

כדאיתא פ"ק דסוטה ותימ' דהכ' משמע שנפתלי היה מבשר ואומר שיוסף חי ובויגש משמע בדבריו שסרח בשרה בפסוק ובני אשר ע"ש ול"ע ויש קלת ישוב בדבר דלכן נקר' אילה שלוה' דהוא קדם הבשור' וכן משמע בירושלמי שכ' מן

בעל הטורים

לעלות לעם יגודנו. פי' שבני גד לקחו נחלה מעבר לירדן והיו באין עליו גדודים מהעמים שסביביו וזה פירושו גדוד יגודנו יגוד אותו והוא יגד עקב שהיו גבורים והיו נלחמים בהם ומחזירין אותם על עקבם ולא די שמחזירין אותם אלא שהיו עולים אחריהם לארצם לשלול שלל וזהו לעלות לעם יגידנו שהיו עולים אל העם אשר יגודו אותם: נפתלי אילה שלוחה. ניבא על מלחמת ברק עם סיסרא שלקח י' אלפים איש מנפתלי ואמר ל' נקבה אילה שלוחה ע"ש דבורה: הנותן אמרי שפר. ע"ש ותשר דבורה. אמרי שפר בגי' שיר ושבחה. אילה שלוחה הנותן אמרי שפר. בגי' ותשר דבורה וברק בן אבינועם ביום ההוא: בן פורת יוסף לא הזכירו בשמו כמו שעשה לאחרים שחלק לו כבוד בשביל המלכות והתחיל בשם בניו. בן פורת בגי'

רשב"ם

גד מן המלחמה ישובו של גד אחר עקיבן של ישראל שכן דרך כשיוצאין למלחמה יוצאין תחל' ובחזרתן הם אחרונים לשמור את השבטים מן המלחמ' פן ירדפו האויבים אחריהם: (כ) מאשר שמנה לחמו. כי מאשר היו מביאין שמן זית ומטגנים מאכלם בשמן. וכן אמר משה ברוך מבנים אשר. יברכוהו ישראל ויהי רצוי להם לפי שטובל בשמן רגלו: והוא יתן מעדני מלך. מה של שמן היו גובין ממנו מלכי ישראל למשוח בו לעדן את בשרם כדאמרי' במנחות אנפיקונן שמן זית שלא הביא שליש ולמה סכין אותו ששיר את השער ומעדן את הבשר. כמו היתה לי עדנה בשר חלק: (כא) אילה שלוחה. גבורים קלים כאילות כדכתיב וכצבאים על ההרים למהר: הנותן אמרי שפר בשובם מן המלחמה ממהרים מתוך קלותם לבשר בשורות משופרות של נצחון המלחמה וכדכתיב זבולון עם חרף נפשו למות ונפתלי על מרומי שדה כדרך הצבאים הרצים על מרומי הרים: (כב) בן פורת יוסף בן פורת עלי עין. הרי פסוק זה דוגמת לחצאים בראש המקרא אלא שמזכיר במי הוא מדבר וחוזר וכופל חצי ראש המקרא ומסיים דבורו. כמו נשאו נהרות ה' נשאו נהרות קולם. כי הנה אויביך ה' כי הנה אויביך יאבדו עד מתי רשעים ה' עד מתי רשעים יעלוזו הבל הבלים אמר קהלת הבל הבלים הבל הבל: ימינך ה' נאדרי

רש"י

הבא מהלקו של אשר יהא שמן שיהיו זיתים מרובים בחלקו והוא מושך שמן כמעין. וכן ברכו ח משה וטובל בשמן רגלו כמו ששנינו במנחות (דף פה) פעם א' הוצרכו אנשי לודקיא לשמן וכו': (כא) אילה שלחה. זו בקעת גינוסר שהיא קלה לבשל פירותיה כאילה זו שהיא קלה לרוץ. אילה שלוחה אילה משולחת לרוץ: הנותן אמרי שפר. כתרגומו ד"א על מלחמת סיסרא נתנבא (שופטים ד) ולקחת עמך עשרת אלפים איש מבני נפתלי וגו' והלכו שם בזריזות וכן נאמר שם ל' שלוח בעמק שולח ברגליו. הנותן אמרי שפר. על ידם שרו דבורה וברק ש שירה ורבותינו דרשוהו על יום קבורת יעקב כשערער עשו על המערה במסכת סוטה [דף וח] ותרגומו יתרמי עדביה י יפול הבלו והוא יודה על חלקו אמרים נאים ושבח: (כב) בן פרת. בן חן והוא ל' ארמי

שפתי חכמים

ח י"ל דלכך מביא על הפסוק זה ראיה ממשה רבינו שאל תקשה ליה מנ"ל נפרש דשמנה דכתיב כאן הוא ל' שמן דלמא מאכל שלו יהיה טוב ושמן לכך מביא ראיה ממשרע"ה וזה פשיטא היא דבענין זה שבירכן יעקב ברכן מרע"ה והתם כתיב בהדיא וטובל בשמן רגלו יק"ל: ט כתיב אילה שלוחה שהיא ל' נקבה ואח"כ כתי' הנותן שהוא ל' זכר ועז"פ דבורה וברק: י ר"ל התרגום מתרגם כן על פסוק

דעת זקנים מבעלי התוספות

יותר מאשר ויוכל להספיק מזון לכל חיילותיו וכי תימא ואשר עצמו מנלן שיהא עשיר ת"ל והוא יתן מעדני מלך שיהא כל כך עשיר שיתן פל בלתנו כל מעדני מלך וגם מצינו שפעם אחת שנצטרכו אנשי לודקיא לשמן זית ובא לודקי אחד ונטל ששים רבוא דינרין והלך לארץ ישראל לקנות שמן זית כשבא לשם שאל לאנשי המקום יש כאן אדם שימכור לי בבת אחת שמן בששים רבוא אמרו לו לך בגוש חלב ושם תמצא יהודי שיוכל למכור יותר ויותר הלך לשם ומצא אותו יהודי בשדה חורש וסלו בידו כפועל עני תמה אותו עכו"ם ואמר זהו שאומרים עליו שיוכל למכור שמן בהון רב שבידי הלך לו לעיר ומ"מ חזר לו לערב בבית אותו יהודי ומצאו שהיו עבדיו רוחצין כ' רגליו בשמן בשני ספלי זהב לקיים מה שנאמר וטובל בשמן רגלו שאל לו יש לך למכור שמן בששים רבוא דינר אמר לו הן מדד לו אותו שמן לאחר שמדד לו אמר לו אם אתה רוצה לקנות יותר אמכור לך אמר לו אין בידי מעות אמר לו אני אקיפך ואלך עמך עד מקומך קנה לו עוד ממנו בק"כ ריביא דינרים אמרו עליו שלא הניח לו לא סוס ולא פרד לשכור שלא שכר להביא השמן שקנה ממנו כשבא למקומו שבחוהו על שהביא שמן לספק כל ארצן אמר להם לא תשבחו כי אם ליהודי זה שמכר לי כל זה ועוד אני חייב לו הדמים ועל שניהם נאמר יש מתעשר ואין כל מתרושש והון רב: (כא) נפתלי אילה שלוחה. כי ארץ נפתלי קלה לבשל פירותיה כאילה זו שנלודה ובורחת מתוך המלודה והיא משולחת עתה שאז היא רצה ביותר. הנותן אמרי שפר לקונו על שהצילו מן המות ועתה הנה קרא אותו בלשון זכר וטעמא הוא מדמה אותו גם לאיל והוא בכל לשון. ד"א הנותן אמרי שפר מוסב על נפתלי שנותן אמרי שפר לקונו על חלקו שנתן לו כאילה זו שמודה לקונה על שברחה מן המלודה. ד"א נפתלי ארץ נפתלי דומה לאילה שהופשטה שאין עורה מחזיק בשרה. ולשון שלוחה הפשטה כדמתרגמינן והפשיט כך ארץ נפתלי אינה מחזקת רוב פירות שבה וזה הפי' הולך על דרך הדרש שדרשו חז"ל למה נקראת ארץ ישראל צבי לומר לך מה צבי זה אין עורו מחזיק את בשרו אף ארץ ישראל אינה מחזקת פירותיה. ד"א נפתלי אילה שלוחה ארץ נפתלי היא ארץ רכין שהיא קלה לבשל ולשון אילה כמו אילות ולשון שלוחה כמו שלחיך פרדס רמונים. הנותן אמרי שפר פי' ענפים יפים ולשון אמרי כמו שנים שלשה גרגרים בראש אמיר: (כב) בן פורת יוסף. פי' ארץ יוסף פרה ורבה כען על עין מים. בנות צעדה עלי שור פי' כל כך היא מגדלת תבואתה והפירות עד

כלי יקר

למה נמשלו ד"ת לאילה לומר לך מה אילה רחמה צר וחביבה על בעלה כל שעה כשע' ראשונה אף דברי תורה חביבין על בעלי' כל שעה כשעה ראשונה ואולי שעל זה דרשו נופת לי כי ד"ת מתוקים מדבש ונופת צופים. ור"ל לפי שנקרא נפתלי על שם שד"ת מתוקים כנופת צופים לפיו ע"כ יזכה להיות כאילה שחביב' על בעלה כל שעה כשעה ראשונ' ויתן אמרי שפר שאפי' ד"ת שנתישנו בפיו הרי הם אמרי שפר כי שפר מורה על דבר חדש שהוא בשופרו ויופיו: בן פרת יוסף בן פרת עלי עין. אמר יעקב כי יוסף מלך עלמו הוא

בן פרת לשון פריה ורביה כי יוסף לשון הוספה כמו יוסף ה' עליכם ככם אלף פעמים ואמר בן פרת עלי עין מלד שהוא בעל חן ע"ד שנאמר נושאת חן בעיני כל רואיה ע"כ יהי' עלי עין שאין עין הרע בולט במי שנושא חן בעיני כל רואיו והמופ' ע"ז שסרי בנות צעדה עלי שור להסתכל ביופיו ואעפ"כ לא ניזק מלד עין הרע ואע"פ שבמקום שהרבוי מצוי אזי ביותר העין הרע מצוי מ"מ יהי' יוסף בן פרת שיפר' וירב' כדגים הללו ואעפ"כ יהי' בן פרת חנו נטוי עלי עין הרואה לבל יזיקו. ואמר שהזכיר נזק של עין הרע של
כל

יוֹסֵף בֵּן פֹּרָת עֲלֵי־עָיִן בָּנוֹת צָעֲדָה עֲלֵי־שׁוּר׃ כג וַיְמָרֲרֻהוּ וָרֹבּוּ וַיִּשְׂטְמֻהוּ בַּעֲלֵי חִצִּים׃ כד וַתֵּשֶׁב בְּאֵיתָן

תו"א ותשב סוטה לו :

דְּיִתְבָּרַךְ כְּגוּפַן דִּנְצִיב עַל עֵינָא דְמַיָּא תְּרֵין שִׁבְטִין יִפְּקוּן מִבְּנוֹהִי יְקַבְּלוּן חוּלָקָא וְאַחֲסַנְתָּא׃ כג וְאִתְמַרְרוּ יָתֵיהּ וְנַקְמוּהִי וְאָעִיקוּ לֵיהּ גֻּבְרִין גִּבָּרִין בַּעֲלֵי פַּלְגּוּתָא׃ כד וְתָבַת בְּהוֹן נְבִיאוּתֵיהּ עַל דְּקַיֵּים אוֹרַיְתָא בְּסִתְרָא וְשַׁוִּי בְּתוּקְפָּא רוּחֲצָנֵיהּ בְּכֵן יִתְרְמָא דְהַב עַל דְּרָעוֹהִי

שפתי חכמים

זה ולפי התרגום פי' כן מה שאמר הכותן אמרי שפר ר"ל על חלקו הוא יודה אמרי שפר ומ"ש רש"י לעיל הנותן אמרי שפר כתרגומו ל"ל לפי פירוש דלעיל שפי' אילה שלוחה על פירות גנוסר אז פירש אמרי שפר לפי התרגום שהיו מברכים ברכה הראויה להם ודו"ק : ב דק"ל דבנות משמע שהיו הרבה בנות ולעדה משמע אחת היתה ועז"ש בנות וכו' כאו"א : ל כלומר לא תי"ו הנקיבה כי על הזכר הוא מדבר : מ דק"ל מנ"ל לתרגם כן ועל זה פירש פורת לשון פריה ורביה. ושרבב פירוש והגדיל : נ מדכתיב בסיפא דקרא בעלי חצים מל' ותהי המחלה אותן הראויין לחלוק עמו נחלה : ס דא"ל דקאי

רש"י

אפריון נמטייה לרבי שמעון בסוף ב"מ [דף קיח] : בן פרת עלי עין. חנו נטוי על העין הרואה אותו : בנות צעדה עלי שור. בנות מצרים היו צועדות על החומה להסתכל ביופיו ובנות הרבה צעדה כל אחת ואחת ב במקום שתוכל לראותו משם (ד"א כנ"ל. כי לפירוש ראשון הוא שור חומה וק"ל). עלי שור. על ראייתו כמו (במדבר כד) אשורנו ולא קרוב. ומ"א יש רבים וזה נוטה ליישוב המקרא : פרת. תי"ו שבו הוא תקון ל הלשון כמו [קהלת ג] על דברת בני האדם. שור. כמו לשור. עלי שור. בשביל לשור. ותרגום של אונקלוס בנות צעדה עלי שור תרין שבטין יפקון מבנוהי וכו' וכתב בנות על שם בנות מנשה בנות צלפחד שנטלו חלק בשני עברי הירדן. ברי דיסגי יוסף פורת ל' פריה מ ורביה. ויש מ"א בו המתיישבים על הלשון בשעה שבא עשו לקראת יעקב בכולן קדמו האמהות ללכת לפני בניהם להשתחוות וברחל כתיב נגש יוסף ורחל וישתחוו. אמר יוסף רשע הזה עינו רמה שמא יתן עיניו באמי יצא לפניה ושרבב קומתו לכסותה והוא שברכו אביו בן פורת הגדלת עצמך יוסף עלי עין של עשו לפיכך זכית לגדולה: בנות צעדה עלי שור. להסתכל בך כצאתך על מצרים. ועוד דרשוהו לענין שלא ישלוט בזרעו עין הרע. ואף כשברך מנשה ואפרים ברכם כדגים שאין עין הרע שולטת בהם: (כג) וימררהו ורבו. וימררוהו נ אחיו וימררוהו פוטיפר ואשתו ם לאסרו ל' וימררו את חייהם : ורבו. נעשו לו אחיו אנשי ריב ואין הלשון הזה לשון פעלו שא"כ היה לו לינקד ורבו כמו המה מי מריבה אשר רבו וגו' ואף אם ל' רביית חצים הוא כן היה לו לינקד ואינו אלא לשון פועלו כמו שמו שמים (ירמי' ב) שהוא ל' הושמו וכן רמו מעט שהוא ל' הורמו אלא שלשון הורמו והושמו ע"י אחרים ול' שמו רמו רבו מאליהם הם משוממים את עצמם נתרוממו מעצמם נעשו אנשי ריב. וכן דומו יושבי אי כמו נדמו. וכן תרגם אונקלוס ונקמוהי : בעלי חצים. שלשונם כחץ ותרגומו מרי פלגותא לשון ותהי המחלה אותן שהיו ראוים לחלוק עמו נחלה: (כד) ותשב באיתן קשתו.

רמב"ן

אפריון נמטיה לרבי שמעון בן פרת עלי עין חנו נטוי על העין הרואה אותו לשון רש"י ורחוק הוא מאד לסמכו אל הלשון ההוא שלשונות כאלה בתלמוד יוני או פרסי ושאר לשונות אין להם הבר בלשון הקדוש ועוד כי לפי הנמצא ממנו איננו רק לשון ברכה ושבח והנר"ן בו שרש וכן בבראשית רבה ויברכו את רבקה דויין כשפופין ולא היו מפרנין אלא בפה ודומה לי שהוא ממה שאמר פורנא ליתמי שפי' השבח שהשביחו הוא ליתומים וקראו עוד הכתובה פורנא אשה נובה פורנא מהם הכתובה שהיא שבח בית אביה וכמו שאמרו מהר פראנון. אבל בן פורת או כדעת אונקלוס מלשון פוריה ועניפה. או כדברי בעלי הדקדוק שעשו פורת מלשון ותארכנה פארותיו והם אמרו כי בן כמו נטע והביאו לו דומה וכנה אשר נטעה ימינך ועל בן אמצתה לך. והענין כאלו אמר נטע שבו פארות רבות יוסף. ועל דעתי בן כמשמעו יאמר יוסף כי הוא בן שהוא כמו פארות אילן שתול על המעין אשר לא יכזבו מימיו ועשתה בנות צעדה אותן על החומות הגבוהות בשמים והנה הבדים אשר תצאנה מן פארה כבנות כי הן בנות לפארות הגדולות והוא דרך צחות לבן פורת ולא נסמך בן אל פורת אבל הוא כמו אשור ארז בלבנון. נפתלי אילה שלוחה בנימין זאב ולפיכך נקוד בצרי כי אלו היה פי' נטע שיש לו פארות משפטו בסגול ואמר כן דרך הבוב כמו מטרף בני עלית. ועל הכלל ראוי שיפרש בברכת יוסף שיהיה בה זכר לשני השבטים היוצאי' ממנו והוא לשון פורת ובנות אבל מפני שהזכיר לוי ושבטי ישראל אינם אלא שנים עשר לא יעשה ממנו כן בברכתו שנים שבטים חלוקים אבל ירמוז להם וכן במשה רבינו בברכתו דמה אותו לשור ולראם והזכיר בו הקרנים כי כל אחד מהם גוף אחד שממנו יתחלקו קרנים ובעבור ששם לא הזכיר שמעון אמר בפירוש והם רבבות אפרים והם אלפי מנשה :

אבן עזרא

פורת פועלת כי על שני דרכים ימלא הפועל. כמו אויביה גם אויבתי וכן פורה ופורת מלשון פריה. ויש מי שפירש אותה מלשון ומשלח פארות. והזכיר בן פורת פעמים כדרך אנשי לשון הקדש. כי הנה אויביך ה' כי הנה אויביך והטעם פעם אחר פעם תמיד. ועל הפי' השני יהיה התי"ו תחת ה"א. כתי"ו ושבת לנשיא. וטעם בנות צעדה עלי שור. שיוסף היה כבן פרת ועשה בנות. צעדה כל אחת ואחת מהן על החומ'. והטעם שגבהו מאד על החומות הבצורות : בנות צעדה על דרך זבובי מות : (כג) וימררהו. אמר הנגיד שפירושו שמו מררתו כמו מטרה. ואח"כ יורו בעלי חצים וככה השמיעו אל בבל רבים : וכטעם וימררהו יסבו עליו רביו. בסוף ישפוך לארץ מררתו : וישטמוהו. מוקדם קדם וימררוהו. כאילו אמר וכבר שטמוהו וזה רמז על אחיו שמכרוהו : (כד) ותשב באיתן. במקום איתן קשתו : ויפוזו · ויתחזקו והקרוב אלי מפוז. ויש מפרשים אותו מפז ואין טעם לו : והטעם ששטמוהו בעלי חצים והתחברו לשפוך מררתו וקשתו היתה חזקה ופחדו ממנו ולא יכלו לו כי היו

ספורנו

העושה צל לרבים כדרך הגפן כאמרו כסו הרים צלה וזה כי בצלו חי יעקב ובניו במצרים : בן פרת עלי עין בנות. וענינו היה כענין ענף של גפן פוריה סמוך למעין שהיא פורת ומגדלת בנות שהן ענפים : צעדה עלי שור. באופן שאותה הגפן צעדה על החומה או הגדר אשר לפני העין באופן שקודם לכן לא היתה נראית מצד השני לחומה והיתה בלתי נודעת לגמרי ליושבים שם ואחר שצעדה על החומה נודעה היא ובנותיה. וכן קרה ליעקב בענין יוסף ובניו שלא היה יודע מציאות יוסף וכמו רגע נגלו אליו הוא ובניו כענין ראה פניך לא פללתי וכו': (כג) וישטמוהו בעלי חצים. בעלי לה"ר כענין חץ שחוט לשונם מהם היה שר המשקים

is Joseph, a son charming to the eye; [of the] women, [each one] strode along to see him. 23. They heaped bitterness upon him and became quarrelsome; yea, archers despised him. 24. But his bow was strongly established,

thank and praise God for the fruits of their land. Perhaps, as *Nethinah Lager* notes, *Targum Onkelos* combines two interpretations of the beginning of the verse: 1) that Naphtali's lot will fall in good land, and 2) that his territory will produce fruits. *Rashi* quoted the latter interpretation from *Genesis Rabbah*, and alluded to the Targum of the end of the verse, that they would thank God and praise him for the fruits. Now he quotes *Targum Onkelos*, and applies the conclusion of the Targum to that interpretation.]

Nefesh Hager asks why one must recite a blessing for any fruit one eats, not only for the famous sweet fruits of Gennesar. He replies that, according to the Talmud (*Ber.* 44a), if one eats fruit with bread, one must recite the blessing over the bread only. If one eats the fruits of Gennesar with bread, one recites the blessing over the fruits and need not recite a blessing for the bread. This is very unusual, and it applies only to the luscious fruits of Gennesar. Hence, Jacob blessed Naphtali that in his territory there would be fruits more important than bread, thus requiring a blessing that would free the eater from reciting a blessing over the bread.

Rashbam explains: **Naphtali is a swift gazelle**—That is, the male members of the tribe of Naphtali are

mighty men, as swift as gazelles, as it is written: "as swift as gazelles on the mountains" (I Chron. 12:8).

[he is one] who utters beautiful words—*Rashbam* says that when the men of Zebulun return from battle, because of their swiftness, they could hasten to bring the favorable reports of victory, as it is written: "Zebulun is a people that jeopardized its life to die, [as did] Naphtali, upon the high places of the field" (Jud. 5:18). [They are] like gazelles, which run upon the mountains.

Similar to *Rashbam*, *Targum Jonathan* and *Targum Yerushalmi* interpret this verse as alluding to Naphtali's report to Jacob that Joseph was still alive. Since Naphtali was the swiftest of the brothers, he was chosen to bring the joyful tidings to their father.

22. **A charming son is Joseph**—Heb. בֵּן פֹּרָת, *a charming son. This is an Aramaism, similar to* [the word used in the expression] "*Let us express our favor* (אַפְּרִיוֹן) *to Rabbi Simeon,*" [found] *at the end of Baba Mezia* (119a).—[*Rashi*]

a son charming to the eye—*His charm attracts the eye that beholds him.*—[*Rashi*]

[of the] women, [each one] strode along to see him—Heb. עֲלֵי שׁוּר. *The women of Egypt strode out on the wall to gaze upon his beauty. Of the women, each one strode to a* place from which she could catch a glimpse of him. [*Rashi* seeks to reconcile the plural form בְּנוֹת with the singular form עֲלֵי שׁוּר צָעֲדָה.] *for the purpose of looking at him, similar to "I behold him (אֲשׁוּרֶנּוּ), but not near"* (Num. 24:17). *There are many midrashic interpretations, but this is the closest to the literal sense of the verse.*—[*Rashi*]

[The words "on the wall," hint that *Rashi* interprets שׁוּר in the sense of "wall," as it appears in II Sam. 22:30 and Ps. 18:30: "I scale a wall (שׁוּר)." This meaning is inconsistent with the closing of *Rashi*'s comment, namely that שׁוּר means "for the purpose of looking at him." To reconcile this, a copyist inserted the following before *Rashi*'s explanation of עֲלֵי שׁוּר: (*Another explanation: This is how it should read, because according to the first interpretation,* שׁוּר *means "a wall."*)]

Indeed, in the Reggio edition, we find these words, but in the other early editions, the words "on the wall" are omitted, hence unifying *Rashi*'s comment. *Sefer Hazikkaron* asserts that the words "on the wall" are an erroneous addition. The author argues that even if we add the words "another explanation," the account of the Egyptian women climbing the wall to catch a glimpse of Joseph appears to indicate that עֲלֵי שׁוּר is, in *Rashi*'s view, connected with seeing, *not* with a wall.

In *Bereshith Rabbathi*, p. 248, however, the following appears:

[of the] women, [each one] strode along to see him—These are the Egyptian women, who strode

upon the wall when Joseph rode in the chariot of second rank (second only to Pharaoh) (Gen. 41:43). They threw golden rings at him, so that perhaps *he would gaze* at them and their beauty. This is the meaning of עֲלֵי שׁוּר, *for the sake of seeing,* as it is written: "I behold him (אֲשׁוּרֶנּוּ)" (Num. 24:17). (He, however, did not raise his eye at any of them.)

Note the difference between *Bereshith Rabbathi* and *Rashi*. The former interprets עֲלֵי שׁוּר to mean that the women climbed the wall so that Joseph would see them, whereas *Rashi* interprets it to mean that they *wanted* to see him. Although *Bereshith Rabbathi* explains עֲלֵי שׁוּר as related to seeing, and not meaning "upon the wall," it nevertheless states that the women walked on the wall. The same may be true of *Rashi*, that, although *Rashi* interprets עֲלֵי שׁוּר to mean that they climbed to a place from which they could see him, he nevertheless wrote that they climbed on the wall.

charming—Heb. פֹּרָת. *The "tav" in it is* [added merely] *to enhance the language, similar to "because of* (עַל דִּבְרַת) *the children of men"* (Ecc. 3:18), (lit., concerning the matter of).—[*Rashi*]

Ibn Ezra renders: a fruitful bough is Joseph. *Onkelos* and *Rashbam* render: a fruitful son. *Ramban* quotes grammarians who render: A sapling with many branches is Joseph, a sapling with many branches, planted near a fountain (which does not dry up). It produces boughs that require support on high walls.

The *Tur al Hatorah* explains that

דכבשת יצרך בעובדא דרבונתך ובעובדא דאחך מדמי אנא לך לגופן שתילא על מבועין דמיין דשלחת שורשהא והברת שיני כיפיא ובעובדתהא כבשת כל אילני סרקא כן כבשתא יוסף ברי בחכמתך ובעובדך טביא כל חרשי מצראי וכד הוו מקלסין קדמך הוו בנתהון דשלטוניא מהלכן על טורייא ושדיין לקמך שירין וקטלאין דדהבא מן בגלל דתתלי עינך בהן ולא תליתא עינך בחדא מנהון למתחייבא בהון ליום דינא רבא: כג וממרירו ליה ונצו ליה כל חרשי מצראי ואוף אכלו קורצוי קדם פרעה סברין למחתא יתיה מן יקריה אמרין עלוי לישן תליתאי דקשי הי כגירין: כד והדרת למתב לקדמותא תקוף איבריה דלא למשמשא עם רבונתיה ואתבדרו ידוי מן הרהורא זרעא וכבש יצריה מן אולפן תקיף דקביל מן יעקב ומתמן זכא למהוי פרנסא ולאיתחברא בגלוף שמהן על אבניא

חרשיהון דמצראי וית כל חכימיהון דהוו בזימנא דארגיבו יתך בארתיכא תנינא דהוה לפרעה והוו מכריזין קדמך ואמרין דין הוא אבוי דמלכא יחי ויתקיים אבא דמלכא דרב בחוכמתא וזעיר בשניא והוו בנתהון דמלכיא ובנתיהון דשלטוניא מרקדן עלך על כוויא ומציתן עלך מן חרכיא והוו מזרקן קדמך שירין עזקין קטילין מניכין וכל מני דהב סבירין דאת תלי עינך ומסתכל בחדא מנהון חס לך יוסף ברי דלא תליתא עינך בחדא מנהון והוון בנתיהון דמלכיא ובנתיהון דשלטוניא אמרין אלין לאלין דין הוא גברא חסידא יוסף דלא הלך בתר חיזו עינו ולא בתר הירהור לביה ארום חיזו עינוי והרהור לביה מובדין בר נשא מגו עלמא בגין כדון יקום מינך תרין שבטיא מנשה ואפרים ויקבלון חולק ואחסנא עם אחיהון בפילוג ארעא: כג אמרו לקובליה ולא יכלו ליה כל חרשיהון דמצרים וכל חכימין אמרו בישתיה קדם ריבוניה אכלו קרצוהי קדם פרעה מלכא דמצרים מן בגלל למנחתא יתיה מן יקריה אמרו עלוי לישן תליתאי בפטרין דפרעה דהוה קשי עלוי היך גיריא: כד ואשרי תוקפא רוחצניה בשני ידוי ודרעוי ובעא רחמין מן תקיפא דאבוי דיעקב דמתחות אדרע גבורתיה מדברין ואתיין שבטיא

פי' יונתן

שרוי' וק"ל: (כב) שינו כיפיי' פי' שברה ומחה דרך שיני הסלעים ונקבה אותם: בעיברתהא ל' העבר' ויש מפרשים וענפי'. קטלאין דדהב נזמים וטבעת ל"ג בכוטה: מן בגלל דתתלי עיניך בהן כדאית' בילקוט ור"ל שעשו בנות המצרים כן כדי שיסתכל בהן והוא לא תלה עיניו באחת מהן וק"ל: (כג) והכלו קרצוהי הלשינו עליו וכן בגיטין והוא ידוע: לישן תליתאי כבר פירשנו כמה פעמים וע' בבראשית. הי כגירין פי' ל' הרע נמשל לחץ דכתיב חץ שחוט לשונם או יכול להיות קשין כגידין: (כד) איבריה פי' של קשתו על שהזרע וכו': בגלוף שמהן פי' בפיתוח תרגום ופתחת ותגלף:

בעל הטורים

מנשה ואפרים. ד"א בן פורת בן פותר ע"ש פתרון חלומות: בנות צעדה עלי שור. ניבא על מלחמת יהושע ביריחו שיורו לו בחצים מן החומה: ותשב באיתן קשתו. שנתחזק כנגדן:

רשב"ם

בבח ימינך ה' תרעץ אויב. אף כאן בן פורת יוסף בן הפורה וגדל יוסף ועל מה הוא גדל בן פורת עלי עין. גדל ורבה על עין להסתכל למעלה מן העין בקומתו וביופיו. בנות מצרים צעדה כל אחת ואחת עלי שור ל' ראייה. כפל לשון של עלי עין. כמו ומגבעות אשורנו שהיו בנות מצרים צועדות והולכות לראותו כמו אשת פוטיפר וחברותיה. ומתוך כך וימררוהו ורובו מתוך שנתנה אשת פוטיפר עיניה בו השליכוהו בבית האסורים: (כג) ורבו. כפל ל' של חצים שבפסוק כמו יסבו עליו רביו. חציו. ולכן הוא נדגש. אבל בגזירת מריבה יאמר אשר רבו בני ישראל. כמו מן קם קמו מן שב שבו כך יאמר מן הרב רב עם ישראל רבו וסדמה הפסוק לשון הרע של פוטיפר לחצים כדכתיב חץ שחוט לשונם מרמה דבר. וידרכו את לשונם קשתם שקר. ורבו מגזרת רבב. כמו סבו מן סבב צהלי ורוני מן רנן. רבו שיטרו"ם בלע"ז: (כד) ותשב באיתן קשתו. הקשת החזק שקורין אלבלסרא מושיבין אותו על עץ איתן וחזק שקורין פורקא והמושך בקשת ההוא אם הוא אדם חזק מאד מושך את חבל הקשת בזרועיו ונכפפין זרועיו עד גופו ויורה החץ למרחוק. ואם הוא חלש אינו יכול למשוך החבל. וכן פירוש המקראות מצרים ירו בו חצים ונתנוהו בבית הסוהר וענו בכבל רגלו והוא יצא ומלך

דעת זקנים מבעלי התוספות

שלעדה עד הבנות עד העיירות בנות לשון ובנותיה עלי שור עד קלה החומה היא מגדלת פירותיה כלומר אין מקום פנוי שאין מגדלת פירות מהרב ר' דוד ז"ל:

אור החיים

יוסף להעמיד י"ב שבטים והב' בן פורת עלי עין על אשר לא זנה אחרי עיניו ואו' בנות צעדה יתבאר ע"ד אומרם ז"ל שאשת פוטיפר קראה כל נשי השרים והגדולים והכניסם ליוסף לשרת לפניה' וקבולס והקפס היה כאלעד' זו עלי שור כדי להביט בו אעפ"כ רוה"ק מעידה עליו שלא הביט און בשם שהוא לא הסתכל בהם כמו כן לא תשלוט עין הרע בו: וימררוהו ורובו וגו'. פי' מתחלה חשבו להרגו דכתיב לכו ונהרגהו או ע"ד אומרם ז"ל כי קודם השליכוהו לבור כשהפשיטוהו חבלו בו כמה חבלו' והצרו לו וכנגד זה אמר וימררוהו ואחר כך נתיעצו עליו להשליכו לבור ולמוכרו לנכרים וכנגד הלוקות אלו אמר ורבו פי' הרבו להצר וישטמוהו בעלי חצים היא אשת פוטיפר וחברותיה המוסבות במסיבתם שבקשו ממנו הילו שהוא זרע היורה כחץ או אולי יכוין כל הכתוב על פרט זה וימררוהו הם כחי' הרע המפת' לעשות רע וזה היה לו סיבה שיפוזו זרועי ידיו לצד שנכנס בגופו הילה"ר וכמעשה רב עמרם חסידא והנה כחי' הקליפה יתיחס לה שם מרה לזה אמר וימררוהו כוחו' הרע ורבו ע"י שרבו כוחות הרע עליו ואנסוהו על העבירה ורבו על המונע וישטמוהו בעלי חצים הם הקליפות אשר מחטיאים את האדם להוציא זרע לבטלה היורה כחץ ואמר לשון משטמה כי הכוחות הרע יחשבוהו לרעה כמשטמי' לקדוש' להשחי' המד' ואעפ"כ נתגבר כארי ולא ירה הצו אלא ויפוזו זרועי ידיו ואומר מידי אביר יעקב פי' כי ה' עזרו ע"ד אומרו ה' לא יעזבנו בידו ונתן לו אבירו' כנגדם כי ה' הוא העוזר נגד הממית והמדיח ואומר משם רועה אבן ישראל כאן רמז אבן מאסו הבונים יוסף באמצעות צדקי אשר שמר ברי' קודש

כלי יקר

כל רואיו שניצול ממנו חזר להזכיר ענין שני בדומ' לו כי גם אחיו נתקנאו בו ונתנו בו עיניהם וניצול גם מהם וזה"ש וימררוהו ורבו וישטמהו בעלי חצים וענין ורבו כמו רבה קשת כי המה רצו להמיתו ע"י חץ שנא' ובטרם יקרב אליהם ויתנכלו אותו להמיתו והינו ע"י חץ לפי שחשבוהו למוציא דבה אשר חץ שחוט לשונו ע"כ רצו לעשות בו מדה כנגד מדה וישטמהו בעלי חצים הם בעצמם היו בעלי חצים אשר חץ שחוט לשונם שהרי הם הוציאו דבה על בני השפחות לקרותן עבדים ויבא יוסף את דבתם רעה שהוציאו הם על בני בלהה וזלפה אל אביהם לפיכך ותשב באיתן קשתו של יוסף שהרי מותר לומר לשון הרע על בעלי המחלוקת ולפי זה קשתו של יוסף ירה על פי הדין אבל האחים ראוים לקרותם בעלי חצים וחציו של יוסף נחתו בהם בדין ויפוזו זרועי ידיו כי רועה זונות יאבד הון והוא לא הי' רועה זונות באשת פוטיפר ע"כ זכה להון עתיק וזכה להיות רועה ישראל: ברכת אביך גברו על ברכת הורי. היינו כמו חדר הורתי כי הברכות שקבלתי ע"י אמי היו בעקבה ורמי' וכמילת' דטמירת' מפני עשו. אבל ברכת אביך שנטל הבכור' מן האחים ונתנה לך היינו נתיב' גלויים ומפורסמת עד תאות גבעות עולם כי בכל ארבע רוחות העולם יכול אתה להתפאר בהם: תהיין לראש יוסף וגו'. יהיו כדבר המונח על הראש והקדקד אע"פ שהבכור' נזיר אחיו ר"ל לקוחים ומופרשים מן שאר אחיו הגדולים ע"י הברכות ומ"מ יכול אתה להתפאר בהם כדבר המונח במקום גבוה על הראש הנרא' לכל. לאפוקי ברכת הורי שהכרחתי להכחישם ולומר לא נתקיימו בי ולילך בהחבא מפני עשו אחי:

ספורנו

באמרו נער עברי עבד ומהם קצת עבדי פרעה שאמרו רז"ל (סוטה פרק אלו נאמרין) שאמרו למלך עבד שקנה אותו רבו בעשרים כסף ימשול עלינו: (כד) ותשב באיתן קשתו. אמנם קשתו של יוסף לירות חץ על מספרי לה"ר ישבה באיתן והוא המלך באמרו

אל

the boughs will be so heavily laden with fruit that they will require a strong wall to support them so that they would not break.

There are several midrashic interpretations of בֵּן פֹּרָת. One is בֵּן פֹּתֵר, *a son who interpreted.* Joseph reached his exalted postion by virtue of his dream interpretations.— [*Aggadath Bereishith* 83:6]

Another is: בֵּן פְּרָת, *a son exalted because he interpreted Pharaoh's dream about cows.*— [*Mid. Tanchuma, Vayechi* 13]

שׁוּר *is the equivalent of* לָשׁוּר, *to see.* [Thus the meaning of] עֲלֵי שׁוּר [is] *in order to see. Onkelos, however, renders* שׁוּר עֲלֵי צָעֲדָה בְּנוֹת: *Two tribes will emerge from his children. They will* [each] *receive a share and an inheritance.* [Scripture] *writes* בְּנוֹת, *alluding to the daughters of Manasseh,* [i.e.,] *the daughters of Zelophehad, who received a share* [*of the land*] *on both sides of the Jordan.* בֵּן פֹּרָת יוֹסֵף [is rendered] *my son, who will multiply, is Joseph.* פֹּרָת *is an expression of procreation* (פִּרְיָה וְרִבְיָה). *There are midrashic interpretations that fit the language* [of the verse, as follows]: *When Esau came toward Jacob, all the other mothers went out ahead of their children to prostrate themselves. Concerning Rachel, however, it is written: "and afterwards, Joseph and Rachel drew near and prostrated themselves"* (Gen. 33:7), [*denoting that Joseph preceded Rachel*]. *Joseph said, "This scoundrel has a haughty eye. Perhaps he will take a fancy to my mother." So he went ahead of her, stretching his height to conceal her.*

His father was referring to this when he blessed him as בֵּן פֹּרָת, *a son who grew,* [meaning] *you raised yourself over Esau's eye. Therefore, you have attained greatness.*—[*Rashi* from Gen. Rabbah 78:10] [The Midrash interprets פֹּרָת to mean growing like a fruit.]

[of the] women, [each one] strode along to see him—*to gaze at you when you went forth through Egypt* (Gen. Rabbah 98:18). *They* [the Rabbis] *interpreted it* (עֲלֵי שׁוּר) *further as referring to the idea that the evil eye should have no influence over his descendants. Also, when he* (Jacob) *blessed Manasseh and Ephraim, he blessed them* [that they should be] *like fish, over which the evil eye has no influence.*—[*Rashi* from *Ber.* 20a]

23. **They heaped bitterness upon him and became quarrelsome**— Heb. וַיְמָרֲרֻהוּ. *His brothers heaped bitterness upon him* (Joseph), [and] *Potiphar and his wife heaped bitterness upon him by having him imprisoned.* [This is] *an expression similar to "And they embittered* (וַיְמָרֲרוּ) *their lives"* (Exod. 1:14). — [*Rashi* from Gen. Rabbah 98:19]

Midrash Bereshith Rabbathi, p. 270, and *Zeror Hamor*, quoting an obscure midrash, draw an analogy between the bitterness inflicted by the Egyptians in their enslavement of the Israelites and the bitterness mentioned here. They conclude that just as the bitterness inflicted by the Egyptians enslaved the Israelites, so too was Joseph enslaved. That is, Joseph's brothers sold him into slavery and Potiphar and his wife had him imprisoned, an act tantamount to enslaving him. *The Pentateuch with Rashi Hashalem* (fn. 114) conjectures that *Rashi* means to draw the same parallel.

and became quarrelsome—Heb. וָרֹבּוּ. *His brothers became his antagonists,* (lit., men of quarrel). *This verb form* (וָרֹבּוּ) *is not a form of* פָּעֲלוּ, [the simple active קַל conjugation], *for if it were, it should have been vowelized like* רָבוּ *in "They are the waters of Meribah, where the children of Israel quarreled* (רָבוּ), *etc."* (Num. 20:13). *Even if it* (וָרֹבּוּ) *denotes the shooting of* (רְבִית) *arrows, it would be vowelized the same way. It is* [therefore] *only a form of* פֻּעֲלוּ, *the passive form, as in "The heavens were devastated* (שֹׁמּוּ)*"* (Jer. 2:12), *which is* [equivalent to] הוּשַׁמּוּ. *Likewise, "They are taken away* (רוֹמּוּ) *in a second"* (Job 24:24), *is an expression like* הוּרְמוּ, *except that the expressions of* הוּשַׁמּוּ *and* הוּרְמוּ *mean* [to be devastated and taken away] *by others, whereas the expressions* שֹׁמּוּ, רוֹמּוּ, [and] רֹבּוּ *denote actions caused by themselves: they devastate themselves, they were taken away by themselves, they became quarrelsome. Similarly, "The island dwellers have been silenced* (דֹּמּוּ)*"* (Isa. 23:2) *is like* נִדְמוּ. *Onkelos also renders* וְנַקְמוּהִי, *and they took revenge from him.*—[*Rashi*]

The Pentateuch with Rashi Hashalem (fn. 115) explains that *Rashi* proves from *Targum Onkelos* that וָרֹבּוּ means quarreling. This point is clearer in *Targum Jonathan ben Uzziel*, which renders וְנָצוּ לֵיהּ, meaning: and they quarreled with him. There is, however, no proof from the *targumim* that וָרֹבּוּ is the passive form. This does not accord with *Genesis Rabbah* and *Bereshith Rabbathi*, both of which interpret it as an expression of aggrandizement, *they aggrandized themselves. Redak* and *Rashbam* render it as an expression of shooting arrows, *they shot arrows.*

archers—Heb. בַּעֲלֵי חִצִּים, [called this because their] *tongues were like arrows* (חִצִּים) (*Gen. Rabbah* 98:19). *The Targum, however, renders it as* מָרֵי פַּלְגּוּתָא, *an expression similar to "And the half* (הַמֶּחֱצָה) *was"* (Num. 31:36), [meaning] *those who were fit to share the inheritance with him,* [viz., his brothers].—[*Rashi*] [I.e., *Onkelos* interprets בַּעֲלֵי חִצִּים as *those who should take half.*]

Gen. Rabbah explains that Jacob "compares slander to arrows rather than to other weapons because other weapons strike in their place, while arrows strike a distance away. So too is the evil report; it is spoken in Rome, and it strikes in Syria." [*Gen. Rabbah* and *Onkelos* interpret the verse as referring to Joseph's brothers, whereas *Targum Jonathan ben Uzziel* identifies these "archers" as the Egyptian sorcerers, who sought to have him demoted from his honorable position. We do not find this elsewhere.]

24. **But his bow was strongly established**—*It became strongly established.*—[*Rashi*]

his bow—Heb. קַשְׁתּוֹ, *his strength.* —[*Rashi*]

קַשְׁתּוֹ וַיָּפֹזּוּ זְרֹעֵי יָדָיו מִידֵי אֲבִיר
יַעֲקֹב מִשָּׁם רֹעֶה אֶבֶן יִשְׂרָאֵל׃
כה מֵאֵל אָבִיךָ וְיַעְזְרֶךָּ וְאֵת שַׁדַּי
וִיבָרְכֶךָּ בִּרְכֹת שָׁמַיִם מֵעָל בִּרְכֹת
תְּהוֹם רֹבֶצֶת תָּחַת בִּרְכֹת שָׁדַיִם
וָרָחַם׃ כו בִּרְכֹת אָבִיךָ גָּבְרוּ עַל־
בִּרְכֹת הוֹרַי עַד־תַּאֲוַת גִּבְעֹת עוֹלָם
תִּהְיֶיןָ לְרֹאשׁ יוֹסֵף וּלְקָדְקֹד נְזִיר

תו"א ולקדקד שבת קלט :

אונקלוס

וְאַחְסִין מַלְכוּתָא וּתְקֵיף
דָּא הֲוָת לֵיהּ מִן קֳדָם אֵל
תַּקִּיפָא דְּיַעֲקֹב דִּי
בְּמֵימְרֵיהּ זָן אֲבָהָן וּבְנִין
זַרְעָא דְּיִשְׂרָאֵל׃ כה מֵימַר
אֱלָהָא דַּאֲבוּךְ יְהֵי
בְּסַעֲדָךְ וְיָת שַׁדַּי
וִיבָרְכִינָךְ בִּרְכָן דְּנַחְתָּן
מִטְּלָא דִּשְׁמַיָּא מִלְּעֵילָא
בִּרְכָן דְּנָגְדָן מִמַּעֲמַקֵּי
אַרְעָא מִלְּרַע בִּרְכְתָא
דַּאֲבוּךְ וּדְאִמָּךְ׃
כו בִּרְכָתָא דַּאֲבוּךְ
יִתּוֹסְפוּן עַל בִּרְכָתָא דִּי
לִי בָּרִיכוּ אֲבָהָתַי דְּחַמִּידוּ לְהֶן רַבְרְבַיָּא דְּמִן עָלְמָא יְהֶוְיָן כָּל אִלֵּין לְרֵישָׁא דְּיוֹסֵף

שפתי חכמים

על אחיו לאחוד דסיל"ל ורבו וימררו דאין למרר תחלה ואח"כ לריב א"ו דקאי גם אפוטיפר ואשתו: ע ר"ל שהתרגום הוסיף על הקרא: פ ר"ל התרגום מתרגם על אבן אב ובנין ומנ"ל לתרגם כן ועז"פ ל' נוטריקון אב ובן: צ ר"ל שיאך הוא מלת שדים ל' אב: ק רלה לפ' שיאך שייך מלת הורי לנ' אב: ר ר"ל דזיין ולד"י מתחלפין בכמה מקומות כמו זעקת שהוא כמו צעקת: ש וכן פי' הפסוק עד תאות גבעות עולם פירוש ברכות שברכני אבא גברו כלומר עודים על הברכות שבירך את הורי לפי שהברכות שלי חמדו גדולי עולם

רש"י

נתישבה בחוזק. קשתו. חזקו: ויפזו זרועי ידיו. זו היא נתינת טבעת על ידו ל' זהב מופז. זאת היתה לו מידי הקב"ה שהוא אביר יעקב ומשם עלה להיות רועה אבן ישראל עקרן של ישראל ל' אבן הראשה ל' מלכות. ואונקלוס אף הוא כך תרגמו. ותשב. ותבת בהון נביאותיה ההלומות אשר חלם להם על דקיים אורייתא בסתרא תוספת הוא ע ולא מל' עברי שבמקרא ושוי בתוקפא רוחצניה תרגום של באיתן קשתו וכך לשון התרגום על העברי ותשב נבואתו בשביל שאיתנו של הקב"ה היתה לו לקשת ולמבטח בכן יתרמא דהב על דרעוהי לכך ויפוזו זרועי ידיו לשון פז: **אבן ישראל.** ל' נוטריקון אב ובן אבהן ובנין פ יעקב ובניו: (כה) **מאל אביך.** היתה לך זאת והוא יעזרך: **ואת שדי.** ועם הקב"ה הי' לבך כשלא שמעת לדברי אדונתך והוא יברכך: **ברכות שדים ורחם.** ברכתא דאבא ודאמא. כלומר יתברכו המולידים והיולדות שיהיו הזכרים מזריעין טיפה הראויה להריון והנקבות לא ישכלו את רחם שלהן להפיל עובריהן: **שדים.** ירה יירה מתרגמינן אישתדאי ישתדי אף שדים כאן צ ע"ש שהזרע יורה כחץ: (כו) **ברכות אביך גברו וגו'.** הברכות שברכני הקב"ה גברו והלכו על הברכות שבירך את הורי: **עד תאות גבעות עולם.** לפי שהברכות שלי גברו עד סוף גבולי גבעות עולם שנתן לי ברכה פרוצה בלי מצרים מגעת עד ד' קצות העולם שנאמר ופרצת ימה וקדמה וגו' מה שלא אמר לאברהם אבינו וליצחק לאברהם א"ל שא עיניך וראה וגו' כי את כל הארץ אשר אתה רואה לך אתננה ולא הראהו אלא ארץ ישראל בלבד ליצחק אמר לו כי לך ולזרעך אתן את כל הארצות האל והקימותי את השבועה וגו' זהו שאמר ישעיה (ישעיה נח) והאכלתיך נחלת יעקב אביך ולא אמר נחלת אברהם: **תאות.** אשמול"ן כך חברו מנחם בן סרוק: **הורי.** ל' הריון שהורוני במעי אמי ק כמו הורה גבר [איוב ג]: **עד תאות.** עד קצות כמו [במדבר לד] והתאויתם לכם לגבול קדמה [שם ח] תתאו לבוא חמת: **תהיין.** כולם לראש יוסף: **נזיר אחיו.** פרישא דאחוהי שנבדל מאחיו כמו וינזרו מקדשי בני ישראל. נזורו אחור. ור"ד ותשב באיתן קשתו על כבישת יצרו באשת אדוניו וקוראו קשת ע"ש שהזרע יורה כחץ. ויפוזו זרועי ידיו כמו ויפוצו ר שיצא הזרע מבין אצבעות ידיו: **מידי אביר יעקב.** שנראתה לו דמות דיוקנו של אביו וכו' כדאי' בסוטה [דף לו] ואונקלוס תרגם תאות עולם ל' תאוה וחמדה ש וגבעות ל' מלוקי ארץ (והם

ספורנו

אל עבדיו הנמצא כזה איש אשר רוח אלהים בו. ובאמרו אין נבון וחכם כמוך: **ויפזו זרעי ידיו.** בנתינת טבעת פרעה על ידו: מידי אביר יעקב. אמנם זאת ההצלה וההצלחה היתה לך מידי אביר של יעקב שמקיים את בניו. וכן קיים אותך והצילך מבעלי החצים אשר שטמוך וימררו ורבו: משם. ומדרך טובו זה: רועה אבן ישראל. הוא רועה ישראל המתקיימים כמו אבן יקרה או בלתי יקרה המתקיימת כענין התגזרת אבן די לא בידין כו': (כה) מאל אביך. וגם כן היה לך זה כאת האל יתברך באשר הוא אל אביך שאמר לי שהנהגתו תהיה לזרעי אחר השפלות כאמרו והיה זרעך כעפר הארץ ופרצת: ויעזרך. שלא תפול עוד: ואת שדי. וכאת אל שדי שאמר לי אני אל שדי פרה ורבה גוי וקהל גוים יהיה ממך מאתו היתה לך זאת המעלה: ויברכך. בלתי אמצעי לא כברכתו למנשה ולאפרים שהיתה ע"י המלאך הגואל ולא כברכת יצחק אבי וברכת משה לבאי הארץ שהיתה כפי אדם אבל הוא יהיה המברך כמו שאמר יצחק ליעקב ואל שדי יברך אותך. וכן משה לישראל קודם חטאם במרגלים כאמרו ויברך אתכם כאשר דבר לכם: ברכות שמים מעל. באופן שמספר ימיך ימלא: ברכות תהום רובצת תחת. והם ברכות במזונות ובממון: ברכות שדים ורחם. והם ברכות בבנים על הפך רחם משכיל ושדים צומקים: (כו) ברכות אביך. ויברכך גם כן ברכות אביך והם כאמרו ופרצת ימה וקדמה וצפונה ונגבה שהוא נחלה בלא מצרים וכאמרו ונברכו בך כל משפחות האדמה ובזרעך. והוא אשר עתיד לשרידים אשר ה' קורא כאמרו כעת יאמר ליעקב ולישראל מה פעל אל. וכאמרו ואתם כהני ה' תקראו: גברו על ברכות הורי. ואמרתי ברכות אביך כי גברו על הברכות שקבלו הורי: עד תאות גבעות עולם. שברכותי התפשטו עד גבול שני צדי חלק הגלגל של מהלך השמש היוצא מרכז המגבילים את היבשה שהם שתי קצות עולם הזמניים ונפסדים. וקרא גבעות עולם את ב' חלקיו המגבילים את היבשה מפני גבהם ממרכז הארץ על תמונת גבעה. וברכותיו אלה היו כשנאמר לו ופרצת

ונברכו

and his arms were gilded from the hands of the Mighty One of Jacob; from there he sustained the rock of Israel, 25. from the God of your father, and He will help you, and with the Almighty, and He will bless you [with] the blessings of the heavens above, the blessings of the deep, lying below, the blessings of father and mother. 26. The blessings of your father surpassed the blessings of my parents, the ends of the everlasting hills. May they come to Joseph's head and to the crown (of the head) of the one who was separated

and his arms were gilded—Heb. וַיָּפֹזּוּ. *This refers to the placing of the signet ring on his* (Joseph's) *hand, an expression similar to "glittering gold* (זָהָב מוּפָז)*"* (I Kings 10:18). *This* [elevation] *came to him from the hands of the Holy One, blessed be He, who is the Mighty One of Jacob. From there he* (Joseph) *was elevated to be the sustainer of the rock of Israel, the mainstay of Israel,* [*Be'er Yiyzchak*] *an expression of "the initial stone* (הָאֶבֶן הָרֹאשָׁה)*"* (Zech. 4:7), [which is] *an expression of royalty.* [Jacob, the Patriarch, was considered a royal personality.] *Onkelos, too, rendered it in this way,* [i.e., that וַיָּפֹזּוּ is derived from פָּז, fine gold]. *He rendered* וַתֵּשֶׁב *as* וְתָבַת בְּהוֹן נְבִיאוּתֵיהּ, [meaning] *his prophecy returned* [and was fulfilled] *upon them* [thus rendering וַתֵּשֶׁב as "returning" rather than as "being established." This refers to] *the dreams he dreamed about them,* עַל דְּקַיֵּים אוֹרַיְתָא בְּסִתְרָא, *because he observed the Torah in secret. This is an addendum, and is not derived from the Hebrew of the verse.* וְשַׁוִּי בְּתוּקְפָא רוּחֲצָנֵיהּ, *and he placed his trust in the Mighty One.* [This is] *the Aramaic translation of* בְּאֵיתָן וַתֵּשֶׁב קַשְׁתּוֹ, *and this is how the language of the Targum follows the Hebrew: His prophecy returned because the might of the Holy One, blessed be He, was his bow and his trust.* בְּכֵן יִתְרְמָא דְּהַב עַל דְּרָעוֹהִי; *therefore, "his arms were gilded* (וַיָּפֹזּוּ)*," an expression of "fine gold* (פָּז)*."*—[*Rashi*]

Maskil L'David finds several problems with *Rashi*'s assertion that no Hebrew words in the text correspond to the words of *Onkelos*; עַל דְּקַיֵּים אוֹרַיְתָא בְּסִתְרָא, *because he observed the Torah in secret.* He believes that it is unlikely that *Onkelos* added a passage to which there is no allusion whatsoever in the text.

Maskil L'David, therefore, concludes as *Rashi* does on verse 11, that *Onkelos* translates the words וַתֵּשֶׁב בְּאֵיתָן קַשְׁתּוֹ in two ways. He first translates בְּאֵיתָן as "the strength of his righteousness," אֵיתָן meaning strength. The word אֵיתָן alludes to the Torah, as in the word תַּנְיָא, *it was taught.* Thus, the *strength* of his righteousness was the Torah he learned even while hidden among the heathens in Egypt. In his merit, this prophecy came true, קַשְׁתּוֹ meaning "his prophecy." Then *Onkelos* translates וַתֵּשֶׁב בְּאֵיתָן קַשְׁתּוֹ as: And he placed his trust in the Mighty One.

Onkelos translates the second segment of the verse in two ways: וַיָּפֹזּוּ זְרֹעֵי יָדָיו, *and his arms were gilded*, first rendering זְרֹעֵי יָדָיו literally, as "his arms," and וַיָּפֹזּו, referring to the golden signet ring placed on his finger. Then he translates וַיָּפֹזּו to mean "a golden crown," and זְרֹעֵי יָדָיו as denoting strength. Thus, *Onkelos* renders: and he acquired the kingdom and became strong.

אֶבֶן יִשְׂרָאֵל—*A contraction of* אָב *and* בֵּן, *father and son,* [which *Onkelos* renders as אַבְהָן וּבְנִין], *fathers and sons, Jacob and his sons.*—[Rashi]

Rashbam renders בַּעֲלֵי חִצִּים וַיְמָרְרֻהוּ וָרֹבּוּ וַיִּשְׂטְמֻהוּ as archers heaped bitterness upon him, shot at him, and hated him. Jacob compares the slander of Potiphar's wife to the arrows shot by archers, as in Jeremiah 9:7: "Their tongue is a deadly arrow."

Rashbam explains:

24. **But his bow was set with strength, and his arms were bent**—In ancient times a bow was bent by inserting a strong stick. A powerful archer would then pull the bowstring by drawing his arms close to his body, [releasing] the bowstring, and shooting the arrow a long distance. A weak person would be unable to pull the bowstring.

Jacob depicts Joseph as an archer. Although the Egyptians shot "arrows" at him and had him imprisoned, his "bow" was stronger, and he ultimately imprisoned them, as the Psalmist states: "To bind up his princes at will" (Ps. 105:22).

from the hands of the Mighty One of Jacob—Through the Holy One, blessed be He, he attained this victory and ruling power.

Sforno also interprets this verse as referring to Joseph's "bow" with which he defended himself against the "archers," the slanderers, who sought his downfall. He renders:

But his bow was established upon the mighty one—This is the king, who said, "Will we find [anyone] like this? A man in whom there is the spirit of God" (Gen. 41:38) and who said, "there is no one as understanding and wise as you."

and his arms were gilded—with Pharaoh's signet ring, which was placed on his hand.

from the hands of the Mighty One of Jacob—This rescue came to you from the hands of the Mighty One of Jacob, Who ensures the survival of His children among the nations. So did He ensure your survival and rescue you from the "archers," who hated you, heaped bitterness upon you, and became quarrelsome.

25. **from the God of your father**—*This befell you, and He will help you.*—[Rashi]

and with the Almighty—*And your heart was with the Holy One, blessed be He, when you did not heed your mistress's orders, and [because of this] He shall bless you.*—[Rashi]

the blessings of the heavens above—Blessings that descend

דְיִשְׂרָאֵל: כה מִמֵימַר אֱלָהָא דְאָבוּךְ יְהֵי סִיוּעָךְ וּמִן דְמִתְקְרֵי שַׁדַי יְבָרְכִינָךְ בִּרְכָן דְנַחְתַּן מִטְלָא דִשְׁמַיָא מִלְעֵילָא וּמְטוּב בִּרְכָן מַבּוּעֵי תְהוֹמָא דְסָלְקָן וּמְרַבְּיָן צִמְחִין מִלְרַע בְּרִיכִין יְהוֹיָין תַדְיָיא דְיָנְקְתָּא מִנְהוֹן וּמְעַיָיא דִרְבָעַת בְּהוֹן: כו בִּרְכָתָא דְאָבוּךְ יִתּוֹסְפָן עַל בִּרְכָתָא דְבָרִיכַן יָתִי אֲבָהָתוֹי אַבְרָהָם וְיִצְחָק דְחַמִידוּ לְהֵין רַבְרְבָנֵי עָלְמָא יִשְׁמָעֵאל וְעֵשָׂו וְכָל בְּנָהָא דִקְטוּרָא יִתְכַּנְשָׁן כָּל אִלֵין בִּרְכָתָא וְיִתְעַבְדָן כְּלִיל

דְיִשְׂרָאֵל: כה בִּירְכָן תַדְיָין דְיָנְקַת מִנְהוֹן וּמְעַיָא דִי רְבַעַת בְּהוֹן: כו בִּרְכָתָא דְאָבוּךְ יִתּוֹסְפָן עֲלָךְ עַל בִּרְכָתָא דְבָרִיכוּ יָתָךְ אַבְהָתָךְ אַבְרָהָם וְיִצְחָק מְתוּלִין לְטוּרַיָא וּמִן בִּרְכָתָא אַרְבַּעְתֵּי אִמְהָתָא דִמְתִילִין כְּגוּלְמְתָא שָׂרָה רִבְקָה רָחֵל וְלֵאָה יֵיתוּן כָּל בִּרְכָתָא אִלֵין וְיִתְעַבְדוּן כְּלִיל דְרָבוּ עַל רֵישָׁא דְיוֹסֵף וּלְקָדְקָדָא דְגַבְרָא דַהֲוָה רַב וְשַׁלִיט בְּאַרְעָא דְמִצְרַיִם וְזָהִיר בִּיקָרֵיהוֹן

פי' יונתן

(כה) חדייא תרגום של שדים:

פי' ירושלמי

(כו) כגולמת'. פי' גבעה: כליל דרבוי פי' כתר של גדולה:

בעל הטורים

מטל, ג' במסו' ברכות שמים מטל מטל השמים מטל יקרא אל השמים מטל ואל הארץ לדין עמו. פי' כי לדין עמים קרא אל השמים למנוע טל ומטר ואל הארץ למנוע לתת יבולה כדכתיב כי הם ידין עמים: רובצת. ג' במס' הכא ואידך נמי ביוסף ומתהום רובצת תחת והאם רובצת היינו דאמרינן בפרק ג' דתעניות אין לך טיפה שיורדת מלמעלה שאין טפיים עולה מלמטה מן התהום והיינו ומתהום רובצת תחת והאם רובצת יליף רובצת רובצת מתהום רובצת. לאשמעי' שסגולה קן כיס שחייב בשילוחם: ברכות שדים. הם השמים שיריקו מטר וכהם. היא הארץ שמולדת פירות:

רשב"ם

עליהם כי קשת שלו היה חזק ואיתן משלהם ואסרם כדכתיב לאסור שריו בנפשו: ויפוזו זרועי ידיו. נכפפו זרועיו במושכו חבל הקשת וזרק חיציו עליהם כי איש חזק היה למשוך איתן הקשת שקורין פורקא וכן מצינו זרוע אצל דריכת קשת. כדכתיב ונחתה קשת נחושה זרועתי והלשון דריכת קשת ובן כי חציך נחתו בי. ותנחת עלי ידיך: ויפוזו נכפפו. כמו ויהי דוד מפזז ומכרכר. פיזוז בידים. כירכור ברגלים: ויפוזו מן פזז. כמו יסובו מן סבב: מידי אביר יעקב. ע"י הקב"ה בא לו זה הנצחון והממשלה. אביר יעקב כפל לשון רועה אבן ישראל. וכן אביר הרועים אשר לשאול וגם הרועים קרואים אבירים על הבקר והשוורים הקרואים אבירים כדכתיב עדת אבירים בעגלי עמים. וכן סבבוני פרים רבים אבירי בשן כתרוני. מידי אביר יעקב מי גרם לך זאת הקב"ה שהוא אביר יעקב. האלהים הרועה אותי עד היום הזה. שע"י גדולתך זן אותי במצרים. משם הקב"ה גרם להיות רועה אבן ישראל משפחת ישראל שכלכל יוסף את אביו ואת אחיו. אבן לשון אב ומשפחה. נו"ן יתירה כמו בו"ן של שגעון ועורון. וס"ם של ריקם. ותהי הכנם: (כה) מאל אביך. בא לך כל זה. והוא יעזרך ברכות תהום. שהתהום עולה ומשקה את הארץ: ברכות שדים. שלא יהא השדים צומקים ולא ימותו הילדים מחוסר חלב: ורחם ואף בתוך הרחם לא ימותו העוברים ולעניין הקללה כתיב לספרע תן להם רחם משכיל ואפילו כשיגדלו יהיו השדים צומקים. ולא זו אף זו: (כו) ברכות אביך גברו על ברכות הורי. ברכות אביך יעקב שבירכני הקב"ה כדכתיב והנה ה' נצב עליו וגו' גברו על ברכות חרים כדכתיב שם ופרצת ימה וקדמה וגו' נחלה טובה ובלא מצרים העולה מכל הרי עולם: עד תאות עד סוף גבעות עולם. לשון והתאויתם. תתאו לבא חמת. וברכות משה מוכיחין על פסוק זה. כי הורי לשון כפל של גבעות עולם דכתיב שם ומראש הררי

דעת זקנים מבעלי התוספות

(כה) ברכות שדים. פי' שתהיין כשיזרע יוסף מתברכות בהרבה חלב להניק בניהן ושתהא להם בנים הרבה מרחם שלהם ולא תהיה משכלם ועקרה בהן מהרב ר' משה ז"ל: (כו) עד תאות. פרש"י שחמדתן אמו והזקיקתו ליעקב לקבלן על ידי המטעמים שעשתה:

אבן עזרא

ידיו חזקים: מידי אביר יעקב משם. רמז אביר יעקב שהוא השם מאותו הכח יכול והיה רועה אבן ישראל וכן היה ויכלכל יוסף וטעם אביר יעקב שהוא ידע אהבתו את יוסף. וטעם אבן כטעם הדבר. וי"א כי משם כמו מאז וכזה לא מצאנוהו בכל המקרא. גם אבן ישראל שמת לבו והיה כאבן ושב לראות. והטעם להיות במאכל וזאת דרך רחוקה: (כה) מאל אביך. על דעתי שהוא דבק עם הפסוק שהוא למעלה. והטעם זה הכח שהיה בידך מאל אביך היה. והוא יעזרך. ומ"ם מאל משרת עצמו ואחר עמו. כמו באל שדי ושמי ה'. והנה הטעם כפול ומאת שדי והוא יברך אותך. והגאון פירש אשאל מאל אביך. ויתכן היות ברכת שמים דבק עם מאל אביך. והטעם יתברר במלת תהיין. ברכות תהום. כאשר אמר משה וממגד ארץ. גם תהום לשון נקבה. וכן תהום רוממתהו. וכן טעמו שירדו גשמים ממעל בארצו וירבו המעיינות והנחלי' מהתהום שהיא רובצת מתחת לארץ: ברכות שדים ורחם. דמה השדים לשמים והרחם לתהום והטעם שירבו בניו. והפך זה רחם משכיל ושדים צומקים: (כו) ברכות אביך. אלה הברכות שברכתיך עצומים הם ויתחברו עם ברכות הורי שברכוני. והורי כמו יולדי. וכן ותהר את מרים הורה גבר: תאות.

רמב"ן

(כד) מידי אביר יעקב. זאת היתה לו מאת הקב"ה שהוא אביר יעקב ומשם זכה להיות רועה אבן ישראל עיקרן של ישראל לשון האבן הראשה ולשון רש"י מאל אביך היתה זאת לך והוא יעזרך ועם הקב"ה היה לבך כשלא שמעת לדברי אדונתך והוא יברכך גם זה לשונו ור"א אמר כי מ"ם מאל אביך נמשך למאת שדי והוא יברכך ועל דרך האמת הברכה הזאת דומה לברכה אשר ברך למעלה את הנערים כי אביר יעקב הוא אלהי אמת ולא בא בכתוב אביר אברהם או יצחק וזולתם רק אביר יעקב או אביר ישראל הוא יעקב והנה מידי אביר יעקב הגדולה והגבורה משם. מידי אביר יעקב רועה אבן ישראל היה האבן הראשה שהיתה לראש פינה מאת ה' ונקרא אבן ישראל כמו שאמרו הכמים כנסת ישראל היא האבן הראשה וטעם אבן שהוא בנין משלים הכל. וענין רועה כי העוז בגבורה מתעלה בימינו של הקב"ה כדכתיב וקרנים מידו לו ושם חביון עזו. כלומר ושם בימינו חביון העז. וחביון הוא הכח המתעלה הנחבא במקום אצילותו וזהו שנאמר וכנה אשר נטעה ימינך. מאל אביך האלהים הרועה אותי מעודי. ואל שדי ויברכך. ודעת הברכה כי מידי אביר יעקב מחסד שרועה אבן ישראל ומאלהי אביו יפיק רצונו יבא עזרו ועם שדי תהיה ברכתו והנה הוא מבורך בשמים ובארץ וזה טעם ברכות אביך גברו על ברכות הורי כי הבנין שלם בו כך העליתי הענין הזה

אור החיים

זכה באבן הראש' והוא סוד צדיק יסוד עולם הנקרא רועה אבן ישראל והבן ומשלו נתנו לו:

מאל אביך וגו'. פי' כי מאלהי אביו הוא שהשיג המושג אליו ורמז כי בזכות אביו היה הדבר והתפלל שכמו כן תמיד יהיה בעזרו והוא אומרו ויעזרך ואמרו ואת שדי פי' גם שם שדי שהוא השם שבשעד בחי' נפש יוסף כידוע למביני סודי התורה גם זה היה בעזרו להצילו מבת אל נכר וברכו בו. עוד ירצה באומרו ויעזרך ויברכך עז"ה שהגם שאל עזרו ושדי שגבו להנצל מן החטא אעפ"כ מחזיקים לו טובה על הדבר והם בעזרו ומברכין אותו כאלו ממנו היה הדבר ולך נא ראה מה שפירשתי בפ' ה' לא יעזבנו בידו ולא ירשיענו בהשפטו ובדרך רמז ירמוז הכתוב ע"ד אומרם ז"ל התולה בזכו' אחרים תולין לו בזכות עצמו והוא אומרו מאל אביך תחלת ההטב' המושגת לך שהיא מזכות אביך בזה ויעזרך פי' יתכנה העזר לך בזכותך. עוד ירמוז ע"ד או' ז"ל אין עושין נס אלא למי שעתיד לעמוד בצדקו והוא או' מאל אביך היה לך דבר זה ומעת' ויעזרך לבל תכשל בדבר כיעור להעמיד ניסו במקום נאמן:

ספורנו

ונברכו בך שהיא ברכת אושר נצחי אשר בה יתברך כל המין האנושי: תהיין לראש יוסף. מפי עליון שישלח ממרום ברכותיו לראש יוסף בלתי אמצעי. וכן אמר משה רבינו אחר שאמר ורצון שוכני סנה שהוא אלהי מרום וברכותיו ממרום תבואתה לראש יוסף: ולקדקד נזיר אחיו. וזה כי בהיותו נזיר מוטעד בנזר שלים בין אחיו העידו מעשיו שהוא ראוי לקבל ברכות מאת האל ית' בלתי אמצעי וכן היה זרעו במעלה קרוב לשבט המלכות כאמרו כדבר אפרים רתת נשיא הוא בישראל וממנו הי' ראשון לשופטים ונבחר

from the dew of the heavens above.—[*Targum Onkelos* and *Targum Jonathan*]

the blessings of the deep, lying below—Blessings that flow from the depths of the earth below.—[*Targum Onkelos*]

Jonathan renders: blessings from the fountains of the deep, which come up and cover the plants from below. *Rashbam* too explains that the waters of the deep will come up and irrigate the earth.

the blessings of father and mother—Heb. בִּרְכֹת שָׁדַיִם וָרָחַם. [*Onkelos* renders:] בִּרְכָתָא דְאַבָּא וְאִמָּא, blessings of father and mother. That is to say that the ones who beget the children and the ones who bear the children will be blessed. The males will impregnate with a drop of sperm that is fit for conception, and the females will not lose what is in their womb and miscarry their fetuses.—[*Rashi*]

father—Heb. שָׁדָיִם. [How does שָׁדַיִם come to mean father?] "*He shall be cast down* (יָרֹה יִיָרֶה)" (Exod. 19:13) *is translated by the Targum as* אִשְׁתְּדָאָה יִשְׁתְּדֵי. *Here too,* [שָׁדַיִם means the father] *because semen shoots* (יוֹרֶה) *like an arrow.*—[*Rashi*]

Note that *Rashi*'s interpretation of the Targum does not coincide with our version of the Targum, which reads: בִּרְכָתָא דְאָבוּךְ וּדְאִמָּךְ, *blessings of your father and your mother.*—[*Maskil l'David*]

The simple meaning is: blessings of the breasts and the womb, as *Jonathan* and *Yerushalmi* render: Blessed be the breasts from which you were fed and the womb in which

you lay. *Rashbam* too explains that Jacob is blessing Joseph that his children shall not die from lack of milk if their mothers' breasts suddenly dry up, neither will they die in the womb before birth.

26. **The blessings of your father surpassed, etc.**—*The blessings the Holy One, blessed be He, have blessed me, surpassed the blessings He had blessed my parents.*—[*Rashi from Bereshith Rabbathi*]

to the ends of the everlasting hills—*Because my blessings extended until the ends of the boundaries of the everlasting hills, for He gave me a limitless blessing, without boundaries, reaching the four corners of the earth, as it is said: "and you shall spread out westward and eastward, etc." (Gen. 28:14), which He did not say to our father Abraham or to Isaac. To Abraham He said, "Please raise your eyes and see...For all the land that you see I will give to you" (Gen. 13:14f), and He showed him only the Land of Israel. To Isaac He said, "for to you and to your seed will I give all these lands, and I will establish the oath [that I swore to Abraham, your father]" (Gen. 26:3). This is what Isaiah said, "and I will provide you with the heritage of Jacob, your father" (Isa. 58:14), but he did not say, "the heritage of Abraham."*—[*Rashi from Shab. 118a*]

the ends—Heb. תַּאֲוַת, *assomalz in Old French, the ends, bounds. Menachem ben Saruk classified it exactly the same way* (*Machbereth Menachem* p. 183).—[*Rashi*]

my parents—Heb. הוֹרַי, *an expression of conception* (הֵרָיוֹן), [meaning] *that they caused me to be conceived* (הוֹרוּנִי) *in my mother's womb, similar to "A man has impregnated* (הֹרָה)*"* (Job 3:2).—[*Rashi*]

to the ends—Heb. עַד תַּאֲוַת, *until the ends, like "And you shall demarcate* (הִתְאַוִּיתֶם) *as your eastern border"* (Num. 34:10); [and] *"you shall draw a line* (תְּתָאוּ) *extending to the road leading to Hamath"* (ibid. 34:8).—[*Rashi*]

May they come—*all of them to Joseph's head*—[*Rashi* from *Targum Onkelos*] I.e., both the blessings he received and those his parents had received.—[*Sefer Hazikkaron*]

the one who was separated from his brothers—Heb. נְזִיר אֶחָיו. [*Onkelos* renders:] פְּרִישָׁא דַאֲחוֹהִי, *who was separated from his brothers, similar to "and they shall separate* (וְיִנָּזְרוּ) *from the holy things of the children of Israel"* (Lev. 22:2); [and] *"they drew* (נָזֹרוּ) *backwards"* (Isa. 1:4).—[*Rashi* from *Sifra Emor* 4:1]

[Returning to verse 24, *Rashi* continues:] *Our Rabbis, however, interpreted "But his bow was strongly established" as referring to his* (Joseph's) *overcoming his temptation with his master's wife. He calls it a bow because semen shoots like an arrow.*—[*Rashi* from *Sotah* 36b]

וַיָּפֹזּוּ זְרֹעֵי יָדָיו—[וַיָּפֹזּוּ is] *equivalent to* וַיָּפֹצוּ, *scattered, that the semen came out from between his fingers.*—[*Rashi* from *Sotah* 36b]

[In the Talmud it appears that the meaning is that to overcome his temptation for Potiphar's wife, Joseph held himself in his fingers to cause himself pain, in order to be distracted from his desire. Although he subsequently experienced an emission, he did not sin with his master's wife. This is depicted figuratively as "the semen came out from between his fingers." זְרֹעֵי is interpreted as זֶרַע, *semen.*]

מִידֵי אֲבִיר יַעֲקֹב—[According to this interpretation, this phrase is rendered: by the hand of the might of Jacob. He was able to overcome his temptation] *because his father's image appeared to him, etc., as related in Sotah* (36b).—[*Rashi*] See above on 39:11. The end of the verse is explained as follows:

מִשָּׁם רֹעֶה אֶבֶן יִשְׂרָאֵל—From there he merited to be the shepherd of Israel and to have a stone among the stones of the tribes of Israel [on the breastplate of the High Priest.]—[*Rashi* ad loc.]

[Now *Rashi* returns to verse 26. He wishes to clarify *Targum Onkelos*, which renders the verse as follows: Your father's blessings shall be added to the blessings that my fathers blessed me, which the greats of old [the righteous] desired for themselves.]

Onkelos, however, renders תַּאֲוַת גִּבְעֹת עוֹלָם *as an expression of desire and longing, and* גִּבְעֹת, *hills, as an expression of "the pillars of the earth"* (I Sam. 2:8), (meaning the righteous, in whose merit the world exists). *(These are the blessings) his mother longed for and forced him to accept.*—[*Rashi*]

אֶחָיו׃ פ ששי כז בִּנְיָמִין֙ זְאֵ֣ב יִטְרָ֔ף
בַּבֹּ֖קֶר יֹ֣אכַל עַ֑ד וְלָעֶ֖רֶב יְחַלֵּ֥ק שָׁלָֽל׃
כח כָּל־אֵ֛לֶּה שִׁבְטֵ֥י יִשְׂרָאֵ֖ל שְׁנֵ֣ים
עָשָׂ֑ר וְ֠זֹאת אֲשֶׁר־דִּבֶּ֨ר לָהֶ֤ם אֲבִיהֶם֙
וַיְבָ֣רֶךְ אוֹתָ֔ם אִ֛ישׁ אֲשֶׁ֥ר כְּבִרְכָת֖וֹ
בֵּרַ֥ךְ אֹתָֽם׃ כט וַיְצַ֣ו אוֹתָ֗ם וַיֹּ֤אמֶר
אֲלֵהֶם֙ אֲנִי֙ נֶאֱסָ֣ף אֶל־עַמִּ֔י קִבְר֥וּ
אֹתִ֖י אֶל־אֲבֹתָ֑י אֶל־הַ֨מְּעָרָ֔ה אֲשֶׁ֥ר
בִּשְׂדֵ֖ה עֶפְר֥וֹן הַחִתִּֽי׃ ל בַּמְּעָרָ֞ה
אֲשֶׁ֨ר בִּשְׂדֵ֧ה הַמַּכְפֵּלָ֛ה אֲשֶׁר־עַל־

אונקלוס

וּלְגַבְרָא פְּרִישָׁא דַאֲחוֹהִי:
כז בְּנְיָמִין בְּאַרְעֵיהּ תִּשְׁרֵי
שְׁכִינְתָא וּבְאַחֲסַנְתֵּיהּ
יִתְבְּנֵי מַקְדְּשָׁא בְּצַפְרָא
וּבְפַנְיָא יְהוֹן מְקָרְבִין
כַּהֲנַיָא קֻרְבָּנַיָא וּבְעִידַן
רַמְשָׁא יְהוֹן מְפַלְגִין מוֹתַר
חוּלַקְהוֹן מִשְׁאָר קוּדְשַׁיָא:
כח כָּל אִלֵּין שִׁבְטַיָא
דְיִשְׂרָאֵל תְּרֵין עֲשַׂר וְדָא
דִי מַלֵּיל לְהוֹן אֲבוּהוֹן
וּבְרִיךְ יַתְהוֹן גְּבַר דִי
כְּבִרְכָתֵיהּ בְּרִיךְ יַתְהוֹן:
כט וּפַקֵּיד יַתְהוֹן וַאֲמַר
לְהוֹן אֲנָא מִתְכְּנֵישׁ לְעַמִּי
קְבַרוּ יָתִי לְוַת אֲבָהָתַי
בִּמְעַרְתָּא דִי בַחֲקַל
עֶפְרוֹן חִתָּאָה: ל בִּמְעַרְתָּא דִי בַחֲקַל כְּפֶלְתָּא דִי־עַל אַפֵּי מַמְרֵא בְּאַרְעָא דִכְנָעַן

תו"א בנימין זאב סוטה ית זבחים נד:

רש"י

הברכות) שחמדתן ת אמו והזקיקתו לקבלם: (כז) בנימין זאב יטרף. זאב הוא אשר יטרף א נבא על שיהיו עתידין להיות חטפנין (שופטים כא) והטפתם לכם איש אשתו כפלגש בגבעה ונבא על שאול שיהיה נולח באויביו סביב שנאמר [ש"א יד] ושאול לכד המלוכה וילחם במואב ובאדום וגו' ובכל אשר יפנה ירשיע: בבקר יאכל עד. לשון ביזה ושלל המתורגם עדאה. ועוד יש לו דומה בלשון עברית (ישעיה לג) אז חולק עד שלל ועל שאול הוא אומר שעמד בתחלת בוקרן (ס"א פריחתן) וזריחתן של ישראל: ולערב יחלק שלל. אף משתשקע שמשן של ישראל ע"י נבוכדנצר שיגלם לבבל. יחלק שלל. מרדכי ואסתר שהם מבנימין יחלקו את שלל המן שנאמר הנה בית המן נתתי לאסתר. ואונקלוס תרגם על שלל הכהנים בקדשי המקדש: (כח) וזאת אשר דבר להם אביהם ויברך אותם. והלא יש מהם שלא ברכם אלא קנטרן אלא כך פירושו וזאת אשר דבר להם אביהם ב מה שנא' בענין. יכול שלא ברך לראובן שמעון ולוי ת"ל ויברך אותם ג כולם במשמע: איש אשר כברכתו. ברכה העתידה לבא על כל אחד ואחד: ברך אותם. לא היה לו לומר אלא איש אשר כברכתו ברך אותו מה ת"ל ברך אותם לפי שנתן ליהודה גבורת ארי ולבנימין הטיפתו של זאב ולנפתלי קלותו של אילה יכול שלא כללן כולם בכל הברכות ת"ל ברך אותם: (כט) נאסף אל עמי. על שם שמכניסין

שפתי חכמים

ומפרש רש"י מי חמדו שחמדתן אמו וכו' מלאתי: ת דק"ל לפי התרגום דמפרש תאות ל' חמדה א"כ מה שכתוב בתחלה ברכות אביך גברו וגו' שפירושו הברכות שלי שנתן לי הקב"ה גברו יותר מברכות שבירך את אבותי כדפירש"י לעיל א"כ לפי התרגום היאך מיושב מה שכתוב אחריו עד תאות גבעות עולם ועז"פ שחמדתן אמו וכו' ר"ל לפי התרגום קאי תאות על רבקה שהיא אמו של יעקב שהיא חמדה להותן ברכות והזקיקה את יעקב לקבלן ולכן הלבישה את יעקב בגדי עשו החמודות בשביל שיקבל יעקב הברכות: א ויטרף אינו דבק עם זאב שכל זאב טורף אלא טורף שב על בנימין ור"ל בנימין זאב הוא מפני שטורף כמוהו. ומהרש"ל פי' דמקרא משמע שבנימין יטרוף את הזאב ואין שייך באדם לשון טרף לכן פירש זאב הוא וכו': ב (מהרש"ן) ואי לאו קרא דוזאת אשר דבר להם אביהם ה"א דיעקב ניחם על דבריו לגמרי וחזר ממה שקנטר שכן ויברך אותם כולם במשמע לכך הוצרך לומר וזאת אשר וכו' להודיע שמה שאמר בענין יהא עומד בהזקתו אלא שחזר וכללם וכו': ג לא מלאתי זה בשום מדרש וגם תמוה בעיני היכן מצינו זה שבירך לראובן שמעון ולוי

כלי יקר

בנימין זאב יטרף בבוקר יאכל עד ולערב יחלק שלל. לריך עיון מה זה שינן מלא' הערב והבוקר ולמה קראו פעם שלל ופעם עד וכאן נאמר לשון יאכל ואח"כ יחלק. וזה כי מהידוע שכל דבר שהאדם שואל כהוגן ניתן לו בפנים מאירות דהיינו בבקר וכל דבר שהאדם שואל שלא כהוגן ניתן לו בערב בפנים חשוכות כמו שפרש"י על פסוק בתת ה' לכם בשר בערב לאכול ולחם בבקר לשבוע וכל דבר שהוא הכרחי לאדם דהיינו כדי אכילתו להביא שבר רעבון ביתו הוא הדבר הניתן בפנים מאירות ולא יחסר לחמו לעד ולנלח.

אור החיים

בנימין זאב יטרף. נתכוין אל שאול שעשה מעשה זאב שטורף במהירות כי מנהג הזאב הוא שאינו מתעכב

ספורנו

ונבחר ראשון למלך כאשר נחלקה מלכות בית דוד: (כז) זאב יטרף. תוקף הזאב וטרפו הוא בבקר ובערב עם מעוט האור כאמרו וחדו מזאבי ערב. וכן היה ענין בנימין כי היתה מלכותו בתחלת זריחת מלכות אחיו בימי שאול ואחר אבדן מלכותו בימי מרדכי ואסתר כי אמנם מלכות בית שני היה כמו רגע ועם שעבוד על הרוב: (כח) כל אלה שבטי ישראל. אלה שהזכיר יעקב כאן הם הי"ב שבטים באמת אשר נכתבו על החשן והאפוד לזכרון לפני ה' והיו בברית הר גריזים והר עיבל וכנגדם הקים משה שתי' עשרה מצבה ויהושע הקי' אבני' בירדן ובגלגל ואליהו הקי' אבנים במזבח אבל מנשה ואפרים לא היו במנין השבטים זולתי בענין ירושת הארץ והנמשך אליה בהעד' שבט לוי: ויברך אותם. בזולת מה שאמר למעלה: איש אשר כברכתו ברך אותם. לכל אחד מהם נתן ברכה צריכה לו ביחוד כנון ליהודה בענין המלכות ולישכר בענין התורה וללוי בענין העבודה: (ל) אשר קנה אברהם. מפני שישבו בארץ אחרת ימים ושנים הודיעם את קנין אברהם לאחזת קבר מאת עפרון ומאת בני חת ושכבר קברו שם הוא

from his brothers. 27. Benjamin is a wolf, he will prey; in the
morning he will devour plunder, and in the evening he will divide
the spoil." 28. All these are the twelve tribes of Israel, and this is
what their father spoke to them and blessed them; each man,
according to his blessing, he blessed them. 29. And he commanded
them and said to them, "I will be brought in to my people; bury me
with my fathers, in the cave that is in the field of Ephron the Hittite,
30. in the cave that is in the field of Machpelah, which is before

27. **Benjamin is a wolf, he will
prey**—*He is a wolf for he will prey.*
[This translation follows *Mizrachi*.
According to *Maharshal*, we render:
Benjamin is a wolf, which preys.
Rashi means merely to insert the
word אֲשֶׁר, *which*, lest we render:
Benjamin will prey on a wolf.]

He (Jacob) *prophesied that they
were destined to be "grabbers":
"and you shall grab for yourselves
each man his wife"* (Jud. 21:21), *in
[the episode of] the concubine* [who
happened to be] *in Gibeah* (ibid., chs.
19-21); *and he prophesied about
Saul, that he would be victorious
over his enemies all around, as it is
said: "And Saul took the kingdom...
and he waged war...against Moab,
and against the children of Ammon,
and against Edom, etc., and
wherever he turned, he caused them
to tremble"* (I Sam. 14:47).—[*Rashi*
from *Shitah Chadashah* and *Gen.
Rabbah* 98:3]

Rashbam too interprets this verse
as referring to Saul. He adds that
Benjamin also joined the righteous
kings of Judah who were victorious
over their enemies, as is written
regarding Asa, Jehoshaphat, and
Hezekiah.

**in the morning he will devour
plunder**—Heb. עַד, *an expression of
plunder and spoil, translated into
Aramaic as* עֲדָאָה. *There is another
example of its use in Hebrew: "Then
plunder and booty* (עַד שָׁלָל) *were
divided"* (Isa. 33:23). *He* (Jacob) *is
referring to Saul, who arose at the
beginning of the "morning (other
editions:* עַד *is the blossoming) and
sunrise" of Israel.*—[*Rashi* from
Esther Rabbah 10:13]

**and in the evening he will divide
the spoil**—*Even when the sun will
set for Israel through Nebuchad-
nezzar, who will exile them to
Babylon, he* (Benjamin) *will divide
the spoil. Mordecai and Esther, who
were of* [the tribe of] *Benjamin, will
divide the spoils of Haman, as it is
said: "Behold, the house of Haman I
have given to Esther"* (Esther 8:7)
(*Esther Rabbah* 10:13). *Onkelos,
however, rendered it as regarding
the "spoils" of the priests, i.e., the
holy things of the Temple,* [namely
the priests' share of the sacrifices].—
[*Rashi*]

Rashbam explains that this is the
custom of the wolf, as it is written:
"A wolf of the evenings spoils (עֲרָגוֹת
זְאַב) them" (Jer. 5:6) (Cf. Comm.

Digest ad loc.); and "Wolves of the evening (זְאֵבֵי עֶרֶב). They did not leave over the bones for morning" (Zeph. 3:3).

28. and this is what their father spoke to them and blessed them—*Now is it not so that some of them he did not bless, but* [in fact] *chided? Rather, this is what is intended: And this is what their father spoke to them—what is related in this section. One might think that he did not bless Reuben, Simeon, and Levi. Therefore, Scripture states: and he blessed them, meaning all of them.—[Rashi from Pesikta Rabbathi 7]*

according to his blessing—*With the blessing destined to befall each of them.—[Rashi]*

he blessed them—*Scripture should have said, "each man, according to his blessing, he blessed him." Why does Scripture say, "he blessed them"? Since he (Jacob) bestowed upon Judah the might of a lion, and upon Benjamin the power to seize like a wolf, and upon Naphtali the fleetness of a gazelle, I might think that he did not include all of them in all the blessings. Therefore, Scripture states: "he blessed them."—[Rashi from Tanchuma Vayechi 16]*

29. I will be brought in to my people—Heb. נֶאֱסָף. [The term נֶאֱסָף is utilized] *because they brought souls into the place where they are concealed. There are instances of* אֲסִיפָה *in Hebrew that mean bringing in, e.g. "but no one brought them* (מְאַסֵּף) *home"* (Jud. 19:15); *"you shall take it* (וַאֲסַפְתּוֹ) *into your*

house" (Deut. 22:2); [and] *"when you bring in* (בְּאָסְפְּכֶם) *the produce of the land"* (Lev. 23:39). *It is* [the produce] *brought into the house because of the rains.* [Another instance is:] *"When you bring in* (בְּאָסְפְּךָ) *your labors"* (Exod. 23:16). *Likewise, every instance of* אֲסִיפָה *mentioned in connection with death is also an expression of "bringing in."—[Rashi]* [Rashi means that in this case נֶאֱסָף does not have its usual connotation of gathering, but of bringing in. He cites several instances of that use. See also on verse 33.]

with my fathers—Heb. אֶל, lit., to my fathers. [Here it means] *with my fathers.—[Rashi]*

Ramban suggests that this is elliptical, meaning: Bury me and carry me *to* my fathers. He suggests further that אֶל may have several definitions, as we see it used twice in this verse, each instance bearing a different meaning. Bury me *with* my fathers, *in* the cave, etc.

Would it not suffice that he be buried somewhere else in the Holy Land? The answer is that he heard that spirits converse with one another, and the righteous are happy when no wicked person is buried between them. Moreover, it is bothersome to bring the souls of the righteous together. Therefore, he wanted to lie next to them.—[Tosafoth Hashalem]

30. which field Abraham bought from Ephron the Hittite for burial property—and they will not be able to contest your right to bury me there.—[Rashbam]

דרבו לריש יוסף ולקדקדיה דגברא דהוה רב ושליט במצרים וזהיר ביקרא דאחוי: כז בנימין שבט תקיף כדיבא טרפיה בארעיה תשרי שכינת מרי עלמא ובאחסנתיה יתבני בית מוקדשא בצפרא יהון כהניא מקרבין אימר תדירא עד ארבע שעין וביני שמשתא יקרבון אימר תניין וברמשא יהון מפלגין מותר שאר קורבניא ואכלין גבר חולקיה: כח כל אלין שבטיא דישראל תריסר כולהון צדיקין כחדא והא דמליל להון אבוהון ובריך יתהון אינש הי כברכתיה בריך יתהון: כט ופקיד יתהון ואמר להון אנא מתכניש לעמי קברו יתי לות אבהתי למערתא די בחקל עפרון חתאה: ל במערתא די בחקל כפילתא דעל אפי ממרא בארעא דכנען דזבן אברהם ית חקלא

ביקריהון דאחוי: כז בנימין מדמי ליה לדוב חטוף בתחומיה יתבני מקדשא ובאחסנתיה תשרי איקר שכינתא דיי בצפרא יהוון כהניא מקרבין אימר תמידא ומנחתיה ועם מטמעי שמשא יהוון כהניא מקרבין אימר תמידא ומנחתיה וברמשא יהוון מפלגין קורבניא דבני ישראל:

פי' יונתן

(כז) כדיבא הוא תרגום של זאב וכן ברבה פרשה צ"ט:

פי' ירושלמי

(כז) ועם מטמעי עם שקיעת החמה:

בעל הטורים

ולערב יחלק שלל. בגי' והם הקרבנות. התחלת התיבות שאחר שמותן כגון בכורי אחיס אתה להוף חמור ידין גדוד שמנה אילה בן זאב עולה לחשבון שס"ה כמנין ימות החמה ואותיות האחרונות של הברכות כגון עלה דישראל מחלב לידון עוכד יסיס עקב מלך שפר אחיו שלל עולה שנ"ד כמנין ימות הלבנה וזהו שנא' כה אמר ה' נותן שמש לאור יומם חקות ירח וכוכבים לאור לילה וגו' אם ימושו החקים האלה מלפני נאם ה' גם זרע ישראל ישבתו מהיות גוי לפני כל הימים. יעקב הקדים דן לגד כסדר תולדותם משה הקדים גד לדן לפי שסוף קבור בחלקו: וזאת אשר דבר להם אביהם. סיים בזאת וכו כל' פתח משה וברכם וזאת

רשב"ם

קדם ומסגד גבעות עולם. ואותן ברכות תהיינה לראש יוסף: נזיר אחיו. מלך על אחיו: (כז) בנימין זאב יטרף. על שאול שהיה מלך ראשון נתנבא שפשט בכל סביבותיו בכל האומות וכתב שם בכל אשר יפנה ירשיע. שחבל בכל האומות וגם בנימין היה עם מלכי יהודה הצדיקים אשר גברו על האומות כדכתיב באסא וביהושפט וביחזקיהו: ולערב יחלק שלל. שכן מנהגו של זאב. זאב ערבות ישדדם. כזאבי ערב לא גרמו לבקר: (כח) אשר כברכתו. חשתיד לבא כמו שאמור למעלה אשר יקרא אתכם באחרית הימים: (ל) לאחוזת

דעת זקנים מבעלי התוספות

(ל) במערה. פשט קברו אותו במערה וא"ת הרבה שדות והרבה מערות היו ולא תדע באי זו לכך נאמר אשר בשדה המכפלה. וא"ת שמא ימחו בידכם ת"ל אשר קנה אברהם. וא"ת שמא לא קנאה מאדם שיסיה כח בידו למכרה ת"ל מאת עפרן החתי

אבן עזרא

מגזרת והתאויתם והטעם שתגבהנה הברכות: נזיר אחיו. מגזרת נזר. והוא סמוך כמו נדיב לב: (כז) בנימין. דמהו לזאב כי גבור היה. והאות אנשי הגבעה: עד. תרגום שלל. וכן אז חלק עד שלל. ליוס קומי לעד. בגד עדים. ולערב יחלק הטרף שלל לבניו וישועה אמר כי זה רמז לשאול שנלח את עמלק. וטעם בבוקר בתחלת המלכות. ולערב בגלות' על דבר מרדכי. וזהו דרך דרש ודעת המתרגם ארמית ידוע: (כח) איש אשר כברכתו. כאשר באה לכל אחד מהברכות כן ברך אותם כטעם איש כפתרון חלומו: (כט) ויצו אותם. שילכו כולם עם יוסף לקברו:

רמב"ן

ממדרש של רבי נחוניא בן הקנה. והמשכיל יבין: (כט) קברו אותי אל אבותי. עם אבותי ל' רש"י ולא פי' אל המערה ואיננו עם ויתכן שיהיה ל' המקרא הזה קצר קברו אותי ושאוני אל אבותי אל המערה. כי כן אמר ונשאתני ממצרים וישאו אותו בניו. שישמש אל בפנים רבים. קברו אותי עם אבותי כמו ואשה אל אחותה לא תקח עם אחותה. אל המערה במערה. כמו ואל הארון תתן את העדות הנה הוא נחבא אל הכלים. וכן ואחרי כן קבר אברהם אל מערת. ואמר ר"א כי טעם קברו אותי אל אבותי שילכו עם יוסף ולא היה יעקב צריך לכך אבל צוה לכולם

אור החיים

בטריפתו אלא כ"כ הוא ממהר וטורף כמו כן עשה הוא ולא המתין לזמן שקבע לו שמואל אלא מהר לטרוף עמלק ומזה היה סיבה שלא אכל אלא בבקר ונפסק' מלכותו ואומרו ולערב פי' לעת ערב מלכותו יחלק שיאמרו הכה שאול וגו' ודוד ברבבותיו. או ירמוז שבאמצעו' סיבתו תתחלק מלכות בית דוד ע"ד אז"ל כשאמר דוד אתה וציבא תחלקו השדה יצתה בת קול ואמר' רחבעם וירבעם יחלקו המלכות ומאז העריב שמשן של ישראל בעונות:

כל אלה שבטי וגו'. צל"ד מנין זה של י"ב אם לוי בכלל א"כ אין הכתוב מונה ליוסף אלא בא' ויעקב אמר אליו אפרים ומנש' כראובן ושמעון ואם אין לוי בכלל כמו שמצינו שהכתוב לא מנאו בחומש הפקודים בחשבון י"ב שבטים שבדגלים ג' בכל דגל קשה למה יגרע לוי מברכת אביו ואם נלד שלא מצינו לו אלא קנטור ולא אמר אלא המבורכים א"כ לא יבא במנין גם ראובן ושמעון. ואולי כי לא התחיל הכתוב למנות אפרים ומנשה במנין שנים עד אחר יציאת מצרים וכאן מנה הכתוב יוסף וזה דוחק והנראה לי' בזה הוא כי צלד שאמר הכתוב איש אשר כברכתו ברך וגו' ומצינו שיעקב כלל שמעון ולוי בכלל אחד לזה מנה שניהם כאחד: אשר דבר וגו' ויברך וגו'. הגם שראינו שלא ברך ראובן ולא שמעון ולא לוי יגיד הכתוב כי דבורו הקשה להם היא ברכתם והוא אומרו אשר דיבר וגו' ויברך וגו' ומה שאמר לראובן דברי קנטור שם צוה את הברכה ע"ד אז"ל עתיד' עבוד' שתחזור לבכורות וכפ"ז כיון שקבע לו שם הבכורה עתיד הוא לעמוד לשרש לעתיד לבא ותמצ' שהצדיקי' צופים ומביטים על העתיד ולטעם זה השתדל יעקב לקנו' הבכורה מעשו לבל יהיה לו חלק בעבודה לעתיד לבא והגם שנתנה העבודה ללוים שקולי' הם ויבאו שניהם לעבוד עבוד' הקודש כי מעלין בקודש ולא מורידין וגם שמעון ולוי ברכם במה שאמר ארור אפם זו היא ברכתם שקלל לתגבורת המקלל ומריע גם מה שחלקם והפילם הוא להשגת תכלית האושר גם כן:

אשר כברכתו. פי' הראוי לו כפי בחינת נשמתו וכפי מעשיו כי יש לך לדעת כי הנפשות כל אחת יש לה בחינת המעלה יש שמעלתה כהונה ויש מלכות ויש כתר תורה ויש גבור' ויש עושר ויש הצלחה ונתכוין יעקב בנבואה לברך כל א' כפי ברכתו הראוי לו המלך במלכות והכהן בכהונה וכן עז"ה ולא הפך המסילות:

ברך אותם וגו'. אמר אותם ל' רבי' להיות כי ברכ' כל א' וא' תועיל לעצמו ולכל אחיו כמו שתאמר כשיברך למלך שידו בעורף אויביו הנה מגיע הטוב לכל אחיו וכן שירבה מעלת א' ושפעו והדרגתו לכל אחיו יגיע ג"כ מקלת דבר לזה אמר איש אשר כברכתו ברך אותם:

ויצו אותם וגו'. להיות שמקודם קרא לבנו ליוסף והשביעו להתטפל בקבורתו שלא יחשבו שלא חייב אלא יוסף בלבד ולא הם לזה צוה לכולם יחד כי כולן יתעסקו בו ולא הוצרך להשביעם כי הם יעשו כדבריו כמו שפירשתי בדברי יוסף שאמר ליעקב אנכי אעשה כדבריך:

פְּנֵי מַמְרֵא בְּאֶרֶץ כְּנָעַן אֲשֶׁר קָנָה
אַבְרָהָם אֶת־הַשָּׂדֶה מֵאֵת עֶפְרֹן
הַחִתִּי לַאֲחֻזַּת־קָבֶר׃ לא שָׁמָּה קָבְרוּ
אֶת־אַבְרָהָם וְאֵת שָׂרָה אִשְׁתּוֹ
שָׁמָּה קָבְרוּ אֶת־יִצְחָק וְאֵת רִבְקָה
אִשְׁתּוֹ וְשָׁמָּה קָבַרְתִּי אֶת־לֵאָה׃
לב מִקְנֵה הַשָּׂדֶה וְהַמְּעָרָה אֲשֶׁר־בּוֹ
מֵאֵת בְּנֵי־חֵת׃ לג וַיְכַל יַעֲקֹב לְצַוֺּת
אֶת־בָּנָיו וַיֶּאֱסֹף רַגְלָיו אֶל־הַמִּטָּה
וַיִּגְוַע וַיֵּאָסֶף אֶל־עַמָּיו׃ נ א וַיִּפֹּל יוֹסֵף
עַל־פְּנֵי אָבִיו וַיֵּבְךְּ עָלָיו וַיִּשַּׁק־לוֹ׃
ב וַיְצַו יוֹסֵף אֶת־עֲבָדָיו אֶת־הָרֹפְאִים
לַחֲנֹט אֶת־אָבִיו וַיַּחַנְטוּ הָרֹפְאִים

אונקלוס

דִּי זְבַן אַבְרָהָם יַת חַקְלָא
מִן עֶפְרוֹן חִתָּאָה
לְאַחֲסָנַת קְבוּרָא׃ לא תַּמָּן
קְבָרוּ יַת אַבְרָהָם וְיַת
שָׂרָה אִתְּתֵיהּ תַּמָּן קְבָרוּ
יַת יִצְחָק וְיַת רִבְקָה
אִתְּתֵיהּ וְתַמָּן קְבָרִית יַת
לֵאָה׃ לב זְבִינֵי חַקְלָא
וּמְעַרְתָּא דִּי בֵיהּ מִן בְּנֵי
חִתָּאָה׃ לג וִישֵׁיצֵי יַעֲקֹב
לְפַקָּדָא יַת בְּנוֹהִי וּכְנַשׁ
רַגְלוֹהִי לְעַרְסָא וְאִתְנְגִיד
וְאִתְכְּנֵישׁ לְעַמֵּיהּ׃ א וּנְפַל
יוֹסֵף עַל אַפֵּי אֲבוּהִי וּבְכָא
עֲלוֹהִי וּנְשֵׁיק לֵיהּ׃
ב וּפַקִּיד יוֹסֵף יַת עַבְדוֹהִי
יַת אַסְוָתָא לְמֶחֱנַט יַת
אֲבוּהִי וַחֲנִיטוּ אַסְוָתָא

רשב"ם

קבר. ולא יוכלו לערער סלקוברני׃ (לג) ויאסוף רגליו. הכניסן במטתו כי עד עתה היה יושב כדכתיב וישב על המטה. ויוצא אותם יוסף מעם ברכיו. להגיד כח חזקתו של יעקב שנתן הקב"ה בו כח עד עת גויעה׃ (ב) לחנוט. פתרונו לפי ענייננו ומנחם פירשו מגזרת חנטה פגיה׃

שפתי חכמים

א) משום שכלם כולם בברכה אחת שלא זה למדנו מברך אותם א"כ ויברך אותם ל"ל: ד בגמרא מקשה ושלא חנטו אותו הרופאים וכתיב נמי בסמוך שנשאוהו ממצרים וקברוהו בארץ כנען י"ל לא טעם טעם מיתה היינו שלא היה לו צער מיתה ועוד נאמרו בזה

רש"י

הנפשות אל מקום גניזתן שים אסיפ' בל' עברי שהיא ל' הכנסה כגון (שופטים יט) ואין איש מאסף אותם הביתה [דברים כ] ואספתו אל תוך ביתך (ויקרא כג) באספכם את תבואת הארץ הכנסתם לבית מפני הגשמים. באספכם את מעשיכם. וכל אסיפה האמורה במיתה אף היא ל' הכנסה: אל אבותי. עם אבותי: (לג) ויאסף רגליו. הכניס רגליו: ויגוע ויאסף. ומיתה לא נאמרה בו ואמרו רז"ל יעקב אבינו לא מת (תענית ה): (ב) לחנט את

רמב"ן

עתה שיקברו אותו אל המערה כאשר השביע ליוסף כי פחד אולי לא יתן פרעה רשות ליוסף לצאת מן הארץ שלא יתעכב בארצו והלא תראה שהוצרך יוסף לחלו' פני בית פרעה שיבקשו עליו מפרעה שילך והוא ענה כאשר השביעך כי בעבור השבועה יתרצה בוה: (לא) וטעם שמה קברו את יצחק. שלא אמר קברתי בעבור היות עשו עמו בקבורת אביהם ולא ירצה עתה להזכירו. ועוד שלא יצטרך עתה להאריך לאמר שמה קברנו את יצחק ושמה קברו את רבקה אשתו כי לא היה הוא בקבורת אמו והזכיר להם בצוואתו המערה והנקברים בה לגודל המקום כדי שיזדרזו לקברו שם ואמר אשר קנה אברהם לאחוזת קבר להודיע כי אברהם צוה שיהיה המקום ההוא בית הקברות להם לאחוזת עולם אבל למטה כשאמר ויקברו אותו בניו אל מערת שדה המכפלה אשר קנה אברהם לאחוזת קבר נכתב הכתוב לרמוז כי ביעקב נשלמה כוונת הצדיק כי לשלשתם קנאה ולא יקברו בה עוד איש ועל כן לא צוה יוסף שיקברו אותו במערת עם אבותיו וראיתי במכילתא לר"ש בן יוחאי שאמר להם יוסף וכשאתם מעלין אותי קברו אותי בכל מקום שתרצו. מקובל אני שאיני נכנס לקבורת אבותי שאין נכנס לקבר אבות אלא שלשה אבות ושלש אמהות שנאמר שמה קברו את אברהם וגו' ואומ' בקברי אשר כריתי לי כי הוא פוסק ויתכן שרמז להם באמרו ושמה קברתי את לאה שכבר החזיק הוא במערה ואמר זה בנגד עשו שלא יערער הוא או בניו בקבורתו לטעון שהמערה שלו כי הוא הבכור והוא הראוי להקבר עם אבותיו. ואע"פ שהלך אל ארץ אחרת והיו נושאים אותו משם כאשר ישאו בניו את יעקב כי ירצה להקבר עם אבותיו הקדושים ליחד אתם בקבורה ואם יקבר שם עשו לא יקבר שם יעקב כי אין לשתי משפחות בית קבורה אחד. וזהו ג"כ מה שאמר בקברי אשר כריתי לי שכבר כרה לו וחקבר להחזיק בו. וזה טעם ויעל עמו גם רכב גם פרשים כי ידע זדון עשו ובניו. וכן היה מעשה כי מצינו בספר ד"ה ליוסף בן גוריון וזולתו מספרי הקדמוני' כי בא צפו בן אליפז בן עשו ועשה עמהם קטטה על זה עד שערכו מלחמת ותגבר יד יוסף ותפשום עם מבחר גבוריו והביאום למצרים ועמד שם בתפיס' כל ימי יוסף וברח משם במותו והלך לארץ כאנפנייא ומלך על מדינת כתים ברומא ובסוף המליך על ארץ איטלייא והוא אשר מלך ראשון על רומא והוא אשר בנה ההיכל הראשון והגדול מאשר נבנו ברומא. וגם רבותינו הזכירו מזה הענין מקטטת עשו במערה והכתוב שאמר בכאן וישב יוסף מצרימה היא ואחיו וכל העולים אתו לקבור את אביו אחרי קברו את אביו בא לרמוז שלא מת אחד מכלם במלחמה ולא בדרך. שעמד להם זכות הנביא וזכות יוסף שעלו עמו. ולא צוה יוסף כאשר צוה אביו לשאת אותו לקברו בארץ עתה כי לא יניחוהו בית פרעה כי לכבוד הוא להם. ועוד שאם ילכו עמו אחיו ובית אביו יגזלו ויגנבו אנשי הארץ את כל אשר להם ואיננו דרך כבוד שיוליכוהו שם אחרים. ואמר יוסף אל אחיו אנכי מת כי אחיו חיים היו כי ארכו ימים יותר ממנו כאשר אתה רואה בלוי. ואמר וישבע יוסף את בני ישראל כי בראותו שאחיו זקנים השביע כל בניהם וכל בני בית אביו שיצוו גם את בניהם לעת הגאולה כי כלם יודעים הגלות: (לג) ויגוע ויאסף. ומיתה לא נאמרה בו

נאמרו

Mamre in the land of Canaan, which field Abraham bought from Ephron the Hittite for burial property. 31. There they buried Abraham and his wife Sarah, there they buried Isaac and his wife Rebecca, and there I buried Leah. 32. The purchase of the field and the cave therein was from the sons of Heth." 33. And Jacob concluded commanding his sons, and he drew his legs [up] into the bed, and expired and was brought in to his people.

50

1. Joseph fell on his father's face, and he wept over him and kissed him. 2. And Joseph commanded his servants, the physicians, to embalm his father, and the physicians embalmed

31. **there they buried Isaac**— According to *Ramban*, he did not say, "There *I* buried Isaac," because Esau participated with him in the burial, nor did he desire to mention Esau now. Moreover, he did not want to prolong his speech and say, "There *I* buried Isaac, and there *they* buried his wife Rebecca," because he was not present at his mother's burial. In his final testament, he mentioned those interred in the cave to emphasize the exalted nature of the place, so that they (his sons) would go about his burial with alacrity. His mention of Abraham's purchase of the field to be used as burial property was to inform them that Abraham had commanded that this place be a graveyard for them as an eternal possession. Below (50:13), however, when Scripture states: "and they buried him in the cave of the field of Machpelah, which field Abraham had bought for burial property," Scripture intends to intimate that with Jacob, Abraham's original intention was fulfilled, for he had bought it only for the three Patriarchs [and Matriarchs], and no one else was to be buried there. Therefore, Joseph did not ask to be buried there.

To support this assertion, *Ramban* continues:

And I found in the *Mechilta* of *Rabbi Simeon ben Yochai* that Joseph said to them, "When you bring me up, bury me wherever you wish. I know from tradition that I will not enter the tomb of my fathers, for only three Patriarchs and three Matriarchs were to be interred in the tomb of the Patriarchs," as it is said, "There they buried Abraham, etc.," and Scripture says further, "In my grave, which I dug *for myself*," for he [with his burial] concluded the burial practice.

and there I buried Leah— Perhaps Jacob meant to say that he had already taken possession of the cave. He said this for Esau's benefit, so that Esau and his sons would not contest his burial, claiming that the cave is his because he is the firstborn, and deserves to be buried with his forefathers. Although Esau had moved to another land, they could bring Esau there just as Jacob's sons transported Jacob, for Esau wanted to be buried with his sainted ancestors. Jacob did not want Esau to be buried there because two families cannot occupy one tomb. [It was not accepted practice at that time.] For that same reason, he said, "In my grave, which I dug *for myself*," meaning that he had taken possession of the tomb. For fear of Esau, chariots and horsemen went along with Jacob's burial procession (50:9). In fact, we read in *Josippon* that Zepho the son of Esau did come and contest Joseph's right to bury Jacob in the cave, and a battle ensued. Also in the Talmud we find that Esau contested the burial.—[*Ramban*] See above on verse 21.

33. and he drew his legs—Heb. וַיֶּאֱסֹף רַגְלָיו, *he drew in his legs.*—[*Rashi*] Until now, he was seated upright, as it is written: "and sat up on the bed" (Gen 48:2), also "And Joseph took them out from upon his knees" (Ibid. 48:12). Scripture is informing us how great God's love was for Jacob, that He gave him strength to sit upright until the time of his expiration.—[*Rashbam*]

and expired and was brought in—*But no mention is made of death in his regard, and our Rabbis of blessed memory said: Our father Jacob did not die.*—[*Rashi from Ta'anith 5b*]

This is not to be taken literally, that Jacob was still alive, but only

that his body had a certain spiritual life that others do not possess. Exactly what was Jacob's status of life after his expiration, in comparison with other holy people, is hinted at by *Ramban* and discussed at length by other kabbalists in later generations. See Chavel's Hebrew edition of *Ramban* on this verse.

Rabbenu Bechaye explains that although Jacob died, he did not experience the pain of death. He suggests also that although Jacob died, his soul continued to hover over his body, and at times, it would re-enter his body. Similarly, Rabbi Judah the Prince, after his demise, would return home on Friday evenings. He stopped coming when the neighbors discovered his presence, as he did not wish to imply any reproach to the righteous men of earlier generations (*Keth.* 103a).

50

1. Joseph fell on his father's face—*Targum Jonathan ben Uzziel* and *Targum Yerushalmi* render: Joseph bent over his father's face.

2. to embalm his father—*This involves compounding aromatic spices.*—[*Rashi from Targum Jonathan and Targum Yerushalmi*]

Da'ath Zekenim and *Rashbam*, following *Menachem* (*Machbereth Menachem*, p. 91), draw an analogy between the use of the word חָנַט and the use of it in Song of Songs 2:13: "The fig tree has put forth (חָנְטָה) its green figs." חָנְטָה here denotes the sweetening of the fruits. After treating Jacob's body with bitter substances, to remove the waste matter in his intestines, the physicians

מִן עֶפְרוֹן חִתָּאָה לְאַחְסָנַת קְבוּרְתָּא: לא תַּמָן קְבָרוּ יַת אַבְרָהָם וְיַת שָׂרָה אִנְתְּתֵיהּ תַּמָן קְבָרוּ יַת יִצְחָק וְיַת רִבְקָה אִנְתְּתֵיהּ וְתַמָּן קְבָרִית יַת לֵאָה: לב זְבִינֵי חַקְלָא וּמְעַרְתָּא דְבֵיהּ מִן בְּנֵי חִתָּאָה: לג וּפְסַק יַעֲקֹב לְפַקְדָא יַת בְּנוֹי וּכְנֵישׁ רִגְלוֹי לְגוֹ דַרְגְּשָׁא וְאִתְנְגִיד וְאִתְכְּנֵישׁ לְעַמֵּיהּ:

א וַאֲרְבַּע יוֹסֵף יַת אָבוֹי בְּעָרָם דְשַׁנְדְפִין מְחַפְיָא דְהַב טַב מְקַבְּעָא אַבְנִין טָבִין וּמְחַזְקָא בְּעִיטוּנֵי דְבוּץ תַּמָן הֲווֹ שַׁדְיַין חַמְרִין רְתִיחִין וְתַמָּן מוֹקְדִין רֵישֵׁי בּוּסְמָנִין תַּמָן הֲווּ קַיְימִין גִּבָּרִין מִן דְבֵית עֵשָׂו וְגִבָּרִין מִן דְבֵית יִשְׂרָאֵל תַּמָן הֲוָה קָאִים אַרְיָא יְהוּדָה גִּבַּרֵיהוֹן דְאָחוֹי עָנָא וַאֲמַר לְאָחוֹי אָתוֹן וְנִבְנֵי עַל אֲבוּנָן אַרְזָא רָמָא דְרֵישֵׁיהּ מָטֵי עַד צֵית שְׁמַיָא בְּרַם עַנְפוֹי מַטְלָן עַל כָּל דַיְירֵי אַרְעָא וְשָׁרְשׁוֹי מָטְיַן עַד אַרְעַת תְּהוֹמָא מְנֵיהּ קָמוּ תְּרֵיסַר שִׁבְטִין מְנֵיהּ עָתִיד לְמֵיקוּם מַלְכִין וְשַׁלִּיטִין וְכַהֲנַיָא בִּפְלוּגָתְהוֹן לְקָרְבָא קוּרְבָּנִין וּמְנֵיהּ לֵיוָאֵי בְּמַחְלוּקָתְהוֹן לְזַמְרָא הָא בְּכֵן אִתְרְכִין יוֹסֵף עַל אַנְפֵּי אָבוּי וּבְכָא עֲלוֹי וּנְשֵׁיק לֵיהּ: ב וּפְקַד יוֹסֵף

א וַאֲרְבַּע יוֹסֵף בְּעָרָם דְשִׁינְדְפִין דִמְחַפְיָא דְהַב וּמְקַבְּעָא מַרְגָּלִין וּמְחוּקָא בְּמָאנֵי בוּצָא וְאַרְגְּוָנָא תַּמָן שָׁפְכִין חַמְרִין וְרֵחֲנִין טָבִין תַּמָן מוֹקְדִין בּוּסְמָנִין תַּמָן קַיְימִין גּוּבְרִין מִן בְּנוֹי דְעֵשָׂו תַּמָן קַיְימִין שִׁלְטוֹנִין מִן בְּנוֹי דְיִשְׁמָעֵאל תַּמָן קָאִים אַרְיֵה יְהוּדָה גִבָּרֵיהוֹן דְאָחוֹי עָנֵי יְהוּדָה וַאֲמַר לְאָחוֹי אִיתוּ נִבְנֵי לַאֲבוּנָן אַרְזָא רָמָא דְרֵישׁוֹי מָטֵי עַד צֵית שְׁמַיָא בְּרַם שׁוֹרְשׁוֹי עַד דָרֵי עָלְמָא דְמִנֵּיהּ קָמוּ תְּרֵי עֲשַׂרְתֵּי שִׁבְטִין דְמִינֵיהּ קָמוּ כַּהֲנַיָא בְּחַצוֹצְרָתֵיהוֹן וְלֵוָאֵי בְּכִנָּרֵיהוֹן וּבְכֵין אַרְכִין יוֹסֵף בְּאַפּוֹי דְאָבוֹי וּבְכָא עֲלוֹי וּנְשֵׁיק יָתֵיהּ:

פי' יונתן

(א) וארבע יוסף ל' לא תרביע. פי' השכיב את אביו: ומחוקא פי' קבועין וכן ראוי יותר טוב להיות כירושלמי. ומחוקא בשני בוצא וארי יש ליישב ומחוקא ע"י גיקרילט: שדיין פי' נשפכין: חמרין רתיחין פי' יינות חזקות: מוקדין רישי בוסמין פי' היו שורפים שם ראשי בשמים כדי שיעלה הריח: מ"ב שרין דיוקו מספור החלוס דכתיב שבה פעמים שבע שהוא מ"ב וע' ברכה פ' נ"ס:

דעת זקנים מבעלי התוספות

שהיה נשיא הארץ וא"ת ושמא לזרוע שם מכרה ולא יניחו לעשות שם בית הקברות ת"ל לאחוזת קבר וא"ת שמא אותה קנייה לא היה בה חוזק כי לא החזיקו בה ת"ל שמה קברו את אברהם. וא"ת שמא לפי שמכרה עפרון שהיה נשיא הארץ לא יכלו העם למחות בידו אמנם שלא ברצונם מכרה ושמא עתה ימחו בידינו ת"ל מאת בני חת: (לג) ויאסוף רגליו אל המטה. לפי שהוציא לחוץ כשרצה לברך בני יוסף כדכתיב ויתחזק ישראל וישב על המטה וכאשר כלה לברכן הכניסן אל המטה: (ב) ויחנטו. שמתיקו גופו לאחר שהשליכו בו סמים סמרים כדי להוציא טנף שבמעיו וכדי שלא יסרח השליכו בתוכו אחרי כן סמים מתוקים לסריח ריח טוב ודומה לו שהאנה חנטה פגיה

אבן עזרא

(לג) ויאסף רגליו אל המטה. כי בתחלה ישב על המטה ורגליו תלויות כמנהג ארץ אדום היום ולא כן מטות הישמעאלים: (ב) ויחנטו. כדמות אבק ויתכן רק על דרך רחוקה מעט

רמב"ן

ואמרו רבותינו יעקב אבינו לא מת לשון רש"י. ולדעת רבותינו הרי יעקב הזכיר מיתה בעצמו הנה אנכי מת והיה אלהים עמכם. ואולי לא ידע בנפשו או שלא רצה לתת כבוד לשמו. וכן ויראו אחי יוסף כי מת אביהם כי להם מת הוא. או שלא ידעו הם בזה כלל. וענין המדרש הזה כי נפשות הצדיקים צרורות בצרור החיים וזו תתחופף עליו כל היום לובשת לבושה השני שלא יפשטנה ערומה . כיעקב. או תתלבש לעתים מזומנות. ויובן הענין הזה

אור החיים

שמה קברו וגו'. להיות שהמערה בעלה הראשון היה עפרון לזה אמר שמה קברו את אברהם ואת שרה הרי נתמעטו בעלי' הראשונים ועמדו יורשי אברהם שהם יצחק וישמעאל שמה קברו את יצחק וגו' נתכוין למעט חלק ישמעאל ועמדה ליורשי יצחק שהם יעקב ועשו שמה קברתי את לאה בא למעט עשו והעד בקברי אשר כריתי לי ודרשו רז"ל וכו':

מקנה השדה וגו'. אחר שרמז להם הקנאת זכות המערה לו לבדו חזר על פרט א' שישנו בערעור על המערה והם בני חת שיכולין לערער מדינא דבר מצרא ויוציאו' מיד' והגם שכפי הדין אין דין המצר בלוקח מן הגוי זה דוקא אם המערער ישראל והטעם כמו שאמרו בש"ס דא"ל אריא אברחי לך ממצרך אבל במציאות שלפנינו אין טעם זה לודק והגוים יטענו דין המצר להוצי' מיד בני יעקב ולערך טענת מצר לא יספיק מה שקבר אברהם ושרה ויצחק ורבקה וכו' וכמו שכ' רמב"ם בפ' י"ג מה' שכנים שבין בנה בין חפר וקלקל הרי הוא כשליח ומנכה לו אם קלקל לז"א מקנה השדה מאת בני חת באופן שאין להם דין בר מצר' וע' מה שכתבתי בפ' חיי שרה וטעם שלא סדר הכ' פרט זה סמוך לקנייה מעפרון כי אין קנייתו מבני חת בגדר ושיעור קנייתו מעפרון כי עפרון הוא בעלים הראשונים שקנה מידו אברהם ובני חת אינם אלא כת שיש בהם מיחוש ערעור מדין ב"מ לזה בא דבריהם באחרונה:

ויכל יעקב לצוות וגו'. הא למדת שלא על יעקב נא' ואין שלטון ביום המות שהיה הדבר ברצונו וברשותו עד שכלה לצוות לבניו כרצונו ואז ויאסוף רגליו וגו' והוא מאמר רז"ל יעקב אבינו לא מת שאילו שלט בו המות לא היתה לו שליטה עד עת יחפוץ לאסוף רגליו ולא ולמד מה שאמרו ז"ל בפי' פסוק ואין שלטון שאין מי שיתלה אינקלומא וכו':

וישק לו. פי' לו נשק אבל אין נכון לעשות כן למת אחר כי המת גדוש בטומא' וטומאתו בוקעת ועולה עד לרקיע ותפגם הנפש הנושקת אלא לו ליעקב כי חי הוא אלא דורמיטא קראתו כישן ונרדם:

ויחנטו הרופאים. עשה כן יוסף משום כבוד אביו כי כן משפט הנכבדים ומכ"ש גדולי המלכות או כדי שלא

כלי יקר

וכל המותרות שהאדם שואל יותר מכדי אכילתו לסוף יעזוב לאחרים חילו ויחלק לאחרים ואולי לגופא אלמנתו והוא עצמו משולל ומרוחק מן אותן שמותרות הנפסים לו בערב. לכך נאמר בבקר היינו סדבר שניתן לו בפנים מאירות זהו סדבר אשר יאכל כי כדי אכילתו לבד יתן לו בפנים מאירות ניתן לו עד אע"פ שעד הוא ג"כ לשון שלל מ"מ הזכירו בלשון עד שמורה על הגלאיות ולערב מה שניתן לו בפנים חשוכות סוא סדבר אשר יחלק לאחרים והוא משולל ממנו כי יש במשמעות לשון שלל ענין הסרה כמו ונשל הברזל לשון שלילה והסרה. וסמך ענין זה לברכת זאב יטרף להוכיח גם את שופטי ישראל שלא יטרפו במלחמה יותר מכדי שלורך כמ"ש שופטיה זאבי ערב לא גרמו לבקר מאסים אותם הגביא במה שטרפו יותר מן ההכרחי ע"כ קראם זאבי ערב. ואמר לא גרמו לבוקר כי לא בקשו ההכרחי הניתן בבוקר. וכן מאסים את שאול שהי' מן בנימין ותפש אל השלל כי לא זכר ברכת יעקב לבנימין אבל באברהם נאמר בלעדי אשר אכלו הנערים וגו' דוקא כדי אכילתם לקח ולא נחלק להם שלל מותרי ובזה נשא המשל מן הזאב הטורף לצורך מאכלו ולפעמים הוא טורף ומשחית ללא תועלת וזה פי' יקר. ובבעל הטורים מסיק שר"ת של התחלת ברכת כל השבטים עולה שס"ה כמנין ימות החמה וסופי תיבות עול' שנ"ד כמנין ימות הלבנ' לפי שבעה"ז כל ממשלתם דומה ללבנה פעמים נכנת' פעמים נסרל' כך לפעמים הם חסרים מן המלכות אבל בזמן סילין לין ולמה לדיק שמו של משיח שקדם לעולם אז כתיב כשאו כשמם

ספורנו

הוא ושני דורות קודמים באופן שלא יוכל אדם לערער: (ב) ויחנטו הרופאים את ישראל. ויבכו אותו מצרים. לא בלבד לכבוד יוסף ובמצותו

את־ישראל: ג וימלאו־לו ארבעים
יום כי כן ימלאו ימי החנטים ויבכו
אתו מצרים שבעים יום: ד ויעברו
ימי בכיתו וידבר יוסף אל־בית
פרעה לאמר אם־נא מצאתי חן
בעיניכם דברו־נא באזני פרעה
לאמר: ה אבי השביעני לאמר הנה
אנכי מת בקברי אשר כריתי לי
בארץ כנען שמה תקברני ועתה
אעלה־נא ואקברה את־אבי
ואשובה: ו ויאמר פרעה עלה וקבר
את־אביך כאשר השביעך: ז ויעל
יוסף לקבר את־אביו ויעלו אתו כל־
עבדי פרעה זקני ביתו וכל זקני
ארץ־מצרים: ח וכל בית יוסף ואחיו
ובית אביו רק טפם וצאנם ובקרם
עזבו בארץ גשן: ט ויעל עמו גם־
רכב גם־פרשים ויהי המחנה כבד
מאד: י ויבאו עד־גרן האטד אשר

ית ישראל: ג ושלימו
ליה ארבעין יומין ארי
כן שלימו יומי חניטיא
ובכו יתיה מצראי
שבעין יומין: ד ועברו
יומי בכיתיה ומליל יוסף
עם בית פרעה למימר
אם כען אשכחית
רחמין בעיניכון מלילו
כען קדם פרעה למימר:
ה אבא קיים עלי למימר
הא אנא מאית בקברי די
אתקנית לי בארעא
דכנען תמן תקברינני
וכען אסק כען ואקבר
ית אבא ואיתוב: ו ואמר
פרעה סק וקבור ית
אבוך כמא דקיים עלך:
ז וסליק יוסף למקבר ית
אבוהי וסליקו עמיה כל
עבדי פרעה סבי ביתיה
וכל סבי ארעא דמצרים:
ח וכל בית יוסף ואחוהי
ובית אבוהי לחוד
טפלהון ועןהון ותוריהון
שבקו בארעא דגשן:
ט וסליקו עמיה אף
רתיכין אף פרשין והוה
משריתא סגיאה לחדא:
י ואתו עד בית אידרי

תו"א אבי השביעני סוטה לו: אשר כריתי ר"ה כו סוטה יג. חולין נב: עלה וקבר סוטה לג: ויעל יוסף סוטה טו יג: וכל בית סוטה יט: ויעל עמו שם ט: ויבאו עד שם יג:

אור החיים

יספו בו כשלא יחנטוהו שלא מת או שמת ולא הסריח ויעשוהו אלוה כי הוא פלא בעמים המזוהמים וסובב לבלתי יעלהו לארץ קבורתו ואם לא הי' טעמים הנזכרים הדבר פשוט כי בלא חניט' לא הי' מסריח ולא ולמד ממעשה ר"א ברשב"י כאמור בש"ס או אפשר לו' כי לצד שישראל שעמדו על הר סיני פסק' זוהמתן ולזה צדיקי ישראל מאז והלאה לא היו מסריחין אחר מותם ואפי' עיפוש הנשאר בבטן יבש ויהיה לעפר כי זוהמת הגוף היא המסרחת אוכל שבמעי' מה שא"כ קודם לכן והגם שנאמר שגופו של יעקב לא יסריח כי לא מת אבל עכ"פ עיפוש המאכל אשר ישאר בגוף האדם כנוס כי ירבו לו הימים יתעפש ויסריח ולזה שם יוסף וצוה לחנוט.

או אפשר כי יוסף לא ידע מסוד זה וצוה לחנוט:

אל בית פרעה לאמר. פי' שגם סדר דברו אליה' יאמרו אל פרעה כי הוא חילה פניה' בסדר זה ויש בזה קיצו בעיני פרעה. או יאמר ע"ד אומרם ז"ל מנין לאומר לחבירו דבר שהוא בבל תאמר עד שיאמר לו אמור. דכתיב וידבר ה' וגו' לאמר כמו כן במה שלפנינו הרשם שיאמרו סדר הדיבור אשר דיבר להם בדרך זה לבית פרעה: אם נא מצאתי. פי' נא לשון בקשה וזמן כי אין מציאות להראות ליוסף חיבה וחינות כ"א בעת ובעונה הזאת כי לא היה צריך להם שום דבר:

דברו נא. פי' עתה תכף ומיד כי היה ירא לאחר קיום השבועה

Israel. 3. And forty days were completed for him—for so are the days of embalming completed—and the Egyptians wept over him for seventy days. 4. When the days of his weeping had passed, Joseph spoke to Pharaoh's household, saying, "If now I have found favor in your eyes, speak now in Pharaoh's ears, saying, 5. 'My father adjured me, saying, "Behold, I am going to die. In my grave, which I dug for myself in the land of Canaan, there you shall bury me." So now, please let me go up and bury my father and return.' " 6. And Pharaoh said, "Go up and bury your father as he adjured you." 7. So Joseph went up to bury his father, and all Pharaoh's servants, the elders of his house, and all the elders of the land of Egypt went up with him, 8. and Joseph's entire household and his brothers and his father's household; only their young children and their flocks and cattle did they leave in the land of Goshen. 9. And chariots and horsemen also went up with him, and the camp was very numerous. 10. And they came to the threshing floor of the thornbushes, which is

sprayed aromatic spices on his body to give it a sweet smell. For a thorough discussion of what may have constituted the process of embalming, see *The Pentateuch with Rashi Hashalem*, pp. 287, 288.

Ohr Hachayim comments: Joseph embalmed Jacob's body to honor him, as it was customary in those days for all important people to be embalmed, especially government officials. Alternatively, he may have done it so that the Egyptians would not discover that Jacob was not really dead and that he did not putrify. [See 49:33.] The Egyptians would then surely deify him and insist that he be interred in Egypt instead of *Eretz Yisrael*.

3. And forty days were completed for him—*They completed for*

him the days of his embalming, when forty days were completed for him.— [*Rashi*]

and the Egyptians wept over him for seventy days—*Forty* [days] *for embalming and thirty for weeping, because a blessing had come to them when he arrived—the famine ended and the waters of the Nile increased.*—[*Rashi* from *Bereshith Rabbathi, Targum Jonathan*]

Otherwise, why would they weep? Surely not in honor of Joseph, because weeping is involuntary, a spontaneous result of emotions a person feels. Therefore, we must conclude that with Jacob's death, they felt that they had experienced a great loss and were moved to weep.—[*Sifthei Chachamim*]

4. Joseph spoke to Pharaoh's household—He did not speak directly to Pharaoh, because he was in mourning, and so he wore torn clothing and sackcloth. As we learn in Esther (3:2), it is improper to enter a king's gate clothed in sackcloth.— [*Sforno, Tosafoth Hashalem*]

Gen. Rabbah 100:4 states merely that a mourner may not enter the king's palace. Perhaps it means the same as the above sources, as appears in *Midrash Sechel Tov.*

Chizkuni writes that Joseph was ashamed to directly request this of Pharaoh, because Pharaoh would wonder why Joseph, the viceroy of Egypt, would want to bury his father outside the country. Moreover, Pharaoh would fear that Joseph intended to stay in Canaan and that many Egyptians would be influenced to follow him.

Rabbenu Avraham ben HaRambam explains that royal etiquette dictated that whoever had a request to be made to the king would not present it to him personally but would go through an intercessor.

Zeror Hamon writes that out of respect for his father, Joseph did not want to leave him, but instead spoke to Pharaoh's household. *Zeror Hamon* suggests also that Joseph was afraid that Pharaoh's household would advise Pharaoh not to allow Joseph to bury his father in the Holy Land. Once he honored them by requesting that they be his agents, he thought they would intercede on his behalf and advise Pharaoh to allow him to go bury his father.

to Pharaoh's household—To the officials of Pharaoh's household.— [*Targum Jonathan ben Uzziel*]

Gen. Rabbah 100:4 states that Joseph spoke to the hairdresser, who in turn spoke to the queen, who in turn spoke to the king.

5. which I dug for myself—Heb. כָּרִיתִי. *According to its simple meaning, it* (כָּרִיתִי) *is similar to "If a man digs* (יִכְרֶה)" (Exod. 21:33) (*Targum Jonathan ben Uzziel*). *Its midrashic interpretation also fits the language* [of the text here] [viz., that it is] *like* קָנִיתִי, *I bought. Rabbi Akiva said, "When I went to* [some] *cities by the sea, they called selling* (מְכִירָה) כִּירָה" (*Rosh Hashanah* 26a). [Similarly, it may have been used for "buying."] *Another midrashic interpretation is that it is a term derived from* כְּרִי, *a stack,* [meaning] *that Jacob took all the silver and gold that he had brought from Laban's house and made it into a stack. He said to Esau, "Take this for your share in the cave"* (*Tanchuma Buber, Vayishlach* 11; *Gen. Rabbah* 100:5).—[*Rashi*] See *Rashi* on 46:6.

and return—Pharaoh need not fear that I will leave Egypt completely.—[*Rashbam*]

6. as he adjured you—*But were it not for the oath, I would not permit you* [to go]. *He* (Pharaoh) *was afraid to tell him* (Joseph) *to transgress the oath, however, lest he say, "If so, I will transgress the oath that I swore to you that I would not reveal that I understand the holy tongue* (Hebrew) *in addition to seventy languages of the nations of the world, but you do not understand it* (Hebrew)," *as is found in Tractate Sotah* (36b).—[*Rashi*]

ית עבדוי ית אסוותא לבסמא ית אבוי ובסימו אסוותא ית ישראל: ג ושלימו ליה מן דאתבסם ארבעין
יומין ארום כדין שלמין יומי בסימיא ובכון יתיה מצראי שובעין יומין אמרין אלין לאלין איתו נבכי
על יעקב חסידא דבזכותיה עדת כפנא מן ארעא דמצרים דהוות גזירתא למהוי כפנא ארבעין ותרתין
שנין ובזכותיה דיעקב אתמנען ארבעין שנין מן מצרים ולא הוה כפנא אלהן תרתין שנין בלחודיהון:
ד ועברו יומי בכיתיה ומליל יוסף עם רבוני בית פרעה למימר אין בבעו אשכחנא רחמין בעיניכון
מלילו כדון במשמעיה דפרעה למימר: ה אבא קיים עלי למימר הא אנא מיית בקברי דחפרית לי
בארעא דכנען תמן תקברינני וכדון איסק כדון ואיקבור ית אבא ואיתוב: ו ואמר פרעה סק וקבור
ית אבוך היכמא דקיים עלך: ז וסליק יוסף למקבר ית אבוי וסליקו עמיה כל עבדוי דפרעה סבי
ביתיה וכל סבי ארעא דמצרים: ח וכל אנש ביתא דיוסף ואחוי ובית אבוי לחוד טפלהון וענהון
ותוריהון שבקו בארעא דגושן: ט וסליקו עמיה אוף ארתכין אוף פרשין והות משיריתא סגיאה
לחדא: י ואתו עד בית אידרי דאטד די בעיברא דיורדנא וספדו תמן מספד רב ותקיף לחדא ועבד

בעל הטורים

הברכה וזהו מזקנים אתבונן : וימלאו . ב' במסו' וימלאו לו ארבעים יום וימלאו ימיה ללדת רמז לסוף מ' יום הולד נולד : אנכי מת . ג' במס' הכא ביעקב ואידך במשה ואידך ביוסף . אע"פ שאמרו יעקב לא מת כיון שאמר משה אנכי מת אמר אותו גם הוא ובלשון שאמר יעקב אמר גם יוסף : וכל זקני . ג' במסר' וכל זקני פרעה ויבא אהרן וכל זקני ישראל לאכול לחם וכל זקני העיר ההיא גבי עגלה ערופה וזהו שדרשו לא שפכה שלא פטרנוהו בלי מזון דהיינו וכל זקני ישראל לאכול וגו' ולא פטרנוהו בלא לויה דהיינו וכל זקני פרעה שלוו לארונו

רשב"ם

(ח) ואשובה . אל ידאג שאני מניח את ארצו לגמרי : (ט) ויעל עמו . העלה יוסף עמו גם רכב גם וגו' . כמו ויעל עולות . לשון מפעיל :

רש"י

אביו . ענין מרקחת בשמים הוא : וימלאו לו . השלימו לו ימי חניטתו עד ה שמלאו לו ארבעים יום : ויבכו אותו וגו' . ארבעים לחניטה ושלשים לבכיה ו לפי שבאה להם ברכה לרגלו ז שכלה הרעב והיו מי נילוס מתברכין : (ה) אשר כריתי לי . כפשוטו כמו (שמות כא) כי יכרה איש . ומדרשו עוד מתיישב על הלשון כמו אשר קניתי . אר"ע כשהלכתי לכרכי הים היו קורין למכירה כירה (ב"ר) ועוד מדרשו ל' כרי דגור ח שנטל יעקב כל כסף וזהב שהביא מבית לבן ועשה אותו כרי ואמר לעשו טול זה בשביל חלקך במערה : (ו) כאשר השביעך . ואם לא בשביל השבועה לא הייתי מניחך אבל ירא לומר עבור על השבועה שלא יאמר א"כ אעבור על השבועה שנשבעתי לך שלא אגלה על לה"ק שאני מכיר עודף על שבעים ל' ט ואתה אינך מכיר בו כדאי' במס' סוטה (דף לו) : (י) גרן האטד . מוקף אטדין הי' . ור"ד (סוטה יג) על שם המאורע שבאו כל מלכי כנען ונשיאי ישמעאל למלחמה וכיון שראו כתרו של יוסף תלוי

שפתי חכמים

דמים וכו': ח רל"ת כי לא תכא לשון מלוי רק על מספר שהלוך מתחלה כמו את מספר ימיך אמלא כלו' ימים ההלוכים לו וימלאו ימיה ללדת כלומר ימים ההלוכים לימי לידתם וכן רבים במקרא וכאן לא היה מספר הלוך מתחלה לכך הוצרך הרב לומר השלימו לו ימי חניטתו מפני שימי החניטה הם ימים ההלוכים להם כלומר לחניטות מ' יום וזהו אמרו עד שמלאו מ' יום ואמר השלמה במקום וימלאו להודיע שזה המילוי הוא מענין השלמה לא מהמילוי שהוא הפוך הריקות הרא"ם : ו לאפוקי שלא תפרש וימלאו לו מ' יום ואח"כ ויבכו אותו עוד שבעים יום : ז דאל"כ למה בכו וא"ל משום כבוד יוסף כי הבכי אינו פועל רצוני עד שיבכה בשילגה : ח כרי הוא ל' עברי ודגור הוא ל' ארמי : ט (רא"ם) ויש לתמוה א"כ איך הורשה לדבר עם אחיו בלה"ק וכדפירש"י ע"פ כי פי המדבר אליכם י"ל שהתנה עמו שלא ידבר עם המצריים דוקא וכשדבר יוסף עם אחיו לא היה שום אדם אתו בבית ולא יודע שדבר בלה"ק . (נח"י) אי קשיא הא קשיא והא כל דברי המליץ היה בלה"ק ושם היו הרבה מצריים וע"ק מדידיה אדידיה דבפסוק כי פי המדבר כ' שהרבה ממצרים היו יודעים אותו וא"כ מה תועלת בשבועה שיוסף לא ידבר בו והרבה

אבן עזרא

להיות כמוה התאנה חנטה פגיה : (ה) אשר כריתי . חפרתי כמו כי יכרה איש : (ז) ויעלו אתו כל עבדי פרעה . כל אנשי מצרים לבד מיוסף עבדי פרעה יקראו : (י) ויעש לאביו אבל . אחר שקברוהו כאשר אמרו קדמונינו ז"ל :

רמב"ן

במסכת שבת ובמסכת כתובות : ונשלם ספר בראשית . בספור דברי האבות . להגיד ראשונות וחדשות . בטרם תצמחנה בלבבות . וליוצר כל ראשית . רוכב ערבות . תהלות רבות . והודאות לרבבות . ולו נתכנו עלילות וסבות . מגלה עמוקות . ודעות נשגבו' . ומוציא לאור המחשבו' המוליך אותי בדרך צדקה בתוך נתיבות . הגומל לחייבים טובות:

אור החיים

השבועה : באזני פרעה לאמר . טעם אומרו לאמר נתכוון שהם יאמרו ג"כ מעצמם לרצות פרעה על הדבר לעשותו : השביעני לאמר . רז"ל דרשו וא"ת נתיר שבוע' גם שבועתך היא בהתר' וכפי הפשט או' לאמר כי לא היתה השבועה בל' עצמו האמור בדברי יוסף להם אלא כונת השבועה לז"א תיבת לאמר לומר שכונת מה שאמר בשבועה היא וגו' ובדרך דרש אפשר שנתכון לשלול טענת פרעה כי יאמר אליו למה לא נמלך עמו קודם השבועה ועשה דבר חוץ מהמלכות המלך לזה אמר לו כי לא היה לו זמן להמלך כי אמירת השבוע' היתה סמוך למיתת אביו והוא אומרו השביעני לאמר הנה אנכי מת פי' בשע' שהשביעני לא נתן לי זמן אלא אמר לי הנה אנכי וגו' וכן היה כמו שפי' בפ' שים נא ידך וגו' שלא נתן לו זמן ארוך ואמת יהגה חכו של יוסף:

כלי יקר

עדי שיהי' מלכות' נלחי כשמש וע"כ נרמזו השמש בראשי תיבות רמז לשמו של משיח שקדם לעולם וזהו סוד זרח ושכן שדרשו על חמה ולבנה וזהו מראה הערב והבקר שהזכר כאן בבניתין:

ויבאו עד גורן האטד . שהי' מוקף קוצים ואם דרכו של כל גורן להיות מוקף קוצים למה נקרא זה גורן האטד יותר משאר הגרנות וכי לא הי' בעולם שום גורן מוקף קוצים זולת זה . וע"ק מה שנאמר וירא יושב הארץ הכנעני את האבל בגורן האטד ויאמרו אבל כבד זה למצרים בגורן האטד למה לי כי משמעותו כאילו גורן האטד גרם האבל ועוד למה הספידו המצרים וכי היו בניו או קרוביו שהספידו עליו כל כך בלב שלם או אם היו לדיקים כל כך שהיה חם לבם בקרבם וצר להם פטירת הצדיק . ועוד לשון כבד אינו מתיישב על האבל . ונראה מכאן ראיה למה שאמרו רז"ל שבזכות יעקב פסק הרעב וכאשר מת יעקב חזר הרעב למקומו . ועל כן עשו המצרים אבל כבד בעבור כי כבד הרעב כבראשונה כי הרגישו המצריים דבר זה שיחזור הרעב לקדמותו ע"י גם זה שקרה להם בדרך כי פתאום נזדמן להם גורן אחד שהיה מוקף קוצים מכל צד עד שלא היה נשאר פתח או דרך לבא אל הגורן . ומזה הבינו שזכות הצדיק גרם להם בחייו שהיה להם דרך ילך אל הגורן ולאכול מגרנו ומיקבו . ובמותו יעכבו עליו הרשעים שנמשלו לקוצים שלא יהיה להם עוד דרך אל הגורן כאשר היה להם

ספורנו

ובמצותו אבל מצד ישראל שהיה ראוי לשררה : (ד) וידבר יוסף אל בית פרעה . כי אין לבא אל שער המלך בלבוש שק : (ז) ויעלו אתו . בלתי מצותו : זקני ביתו וכל זקני ארץ מצרים . להיות נחשב לחכם בעיני חכמי הדור באמרו וזקניו יחכם: (ט) גם רכב

The narrative in the Talmud is as follows:

Rabbi Chiyya bar Abba said: When Pharaoh said to Joseph, "...and besides you, no one may lift his hand or his foot in the entire land of Egypt" (Gen. 41:44), Pharaoh's astrologers asked, "Will you give a slave whose master bought him for twenty pieces of silver dominion over us?" Pharaoh replied, "I see kingly characteristics in him." They retorted, "If so, he should know seventy languages." The angel Gabriel came and taught Joseph seventy languages, but he did not grasp them. Gabriel added to Joseph's name one of the letters of the name of the Holy One, blessed be He, and he then miraculously grasped all seventy languages, as it is said: "He ordained it as a testimony for Jehoseph (יְהוֹסֵף) when he went out over the land of Egypt (when he said, 'I understood a language that I had not known')" (Ps. 81:6). [Note the peculiarity in the spelling of "Jehoseph," which includes the letter ה of the tetragrammaton.] On the morrow, every language that Pharaoh spoke Joseph answered. When Joseph spoke Hebrew, however, Pharaoh did not understand what he was saying. Pharaoh said to him, "Teach me." Joseph taught him, but he did not grasp it. Pharaoh said to him, "Swear to me that you will not reveal this." Joseph swore to him. Then, when Joseph said, "My father adjured me," Pharaoh said to him, "Go, ask for an annulment of your oath." Joseph replied, "I will go and ask for an annulment of my oath to

you as well." Although Pharaoh did not want to let Joseph go, he finally said to him, "Go up and bury your father as he adjured you."

7. and all Pharaoh's servants— All the people of Egypt, except Joseph, are called Pharaoh's servants.—[*Ibn Ezra*]

and all the elders of the land of Egypt—Because the wise men of that generation deemed Jacob a wise man, as the Psalmist states: "and he made his elders wise" (105:22).— [*Sforno*] [I.e., Joseph taught wisdom to the servants of Egypt.]

Abarbanel suggests that perhaps the elders of Egypt as well as Pharaoh's officers accompanied Jacob's bier in order to make sure that Joseph returned with them. Pharaoh was afraid that Jacob's sons would attempt to stay in the Holy Land and not return to Egypt. Pharaoh particularly thought this after the brothers witnessed their father's burning desire to return to the Holy Land, if not during his lifetime, at least after his death. *Abarbanel* believes that the Hebrews did indeed wish to return to their homeland, but the Egyptians did not permit them to do so. For this reason, they had to leave their wives, children, and livestock in Goshen as hostages until they returned.

9. And chariots and horsemen also went up with him—Heb. וַיַּעַל. According to the *targumim*, the verb is in the קַל conjugation and is singular, agreeing with רֶכֶב, the first noun in the subject. Therefore we render: went up with him. *Rashbam*, however, interprets וַיַּעַל as a הִפְעִיל conjugation, the causative, meaning: he brought up with him.

According to *Ramban* (on Gen. 49:31), Joseph took this escort with him for protection, in case Esau's family contested the burial. Indeed, according to the Talmud (*Sotah* 13a), Esau did come to contest Jacob's ownership of the cave (see above on 49:21). As delineated there, Esau was killed. According to *Josippon* and *Sefer Hayashar*, Esau arrived with his armies, and Joseph captured Zepho the son of Eliphaz the son of Esau and fifty of his men, who had come to wage war with them, and Joseph put them all in irons. Then Joseph delivered them all into the hands of his servants, who moved them to Egypt. When Jacob's sons captured Zepho and his men, the survivors of Esau's men grew frightened lest they too be captured. They fled with Eliphaz the son of Esau and his men, and they carried Esau's body and went on their way to Mount Seir. They went to Mount Seir and buried him in Seir, but without Esau's head, which was left on the battlefield in Hebron.

Esau's sons fled from Jacob's sons, who pursued them to the border of Seir but did not slay any of them out of respect for Esau's body, which his sons carried with them when they fled.

After this battle, Zepho the son of Eliphaz remained a captive until Joseph's death.

Sforno explains that the military considered Joseph a military man. Therefore, they honored him by escorting him to Canaan.

[Grammatically, *Sforno* agrees with the *targumim*, because he believes that the military went up with Joseph spontaneously, without his orders. *Ramban*, however, seems to follow *Rashbam*, who said that Joseph brought them up.]

and the camp was very numerous—This indicates the honor and pomp given to the *Shechinah*, which accompanied Jacob, as it is written: "and I will also bring you up" (Gen. 46:4).—[*Zeror Hamor*]

Tosafoth Hashalem quotes *Pirké d'Rabbi Eliezer*, who commented that 100,000 people came to pay their last respects to Jacob. In our editions we do not find this, but we do find (ch. 39) that those who came to honor Jacob were the people of Canaan who were sustained by Joseph during the famine.

Another view is that they were angels, who had come to eulogize Jacob.

10. **the threshing floor of the thornbushes**—*It was surrounded by thornbushes. Our Rabbis, however, interpreted it* [that it was called the threshing floor of the thornbushes] *to commemorate the event, when all the people of Canaan and the princes of Ishmael came to* [fight a] *war. When they saw Joseph's crown hanging on Jacob's coffin, they all stood up and hung their own crowns on it and surrounded it with crowns, like a threshing floor surrounded by a fence of thorns.*—[*Rashi* from *Sotah* 13a]

Jacob's sons had dwelt at this site on the side of the Jordan toward Egypt prior to their migration to Egypt. Now they found it completely overgrown with thorns.—[*Tosafoth Hashalem*]

בְּעֵבֶר הַיַּרְדֵּן וַיִּסְפְּדוּ־שָׁם מִסְפֵּד
גָּדוֹל וְכָבֵד מְאֹד וַיַּעַשׂ לְאָבִיו אֵבֶל
שִׁבְעַת יָמִים׃ יא וַיַּרְא יוֹשֵׁב הָאָרֶץ
הַכְּנַעֲנִי אֶת־הָאֵבֶל בְּגֹרֶן הָאָטָד
וַיֹּאמְרוּ אֵבֶל־כָּבֵד זֶה לְמִצְרָיִם עַל־
כֵּן קָרָא שְׁמָהּ אָבֵל מִצְרַיִם אֲשֶׁר
בְּעֵבֶר הַיַּרְדֵּן׃ יב וַיַּעֲשׂוּ בָנָיו לוֹ כֵּן
כַּאֲשֶׁר צִוָּם׃ יג וַיִּשְׂאוּ אֹתוֹ בָנָיו
אַרְצָה כְּנַעַן וַיִּקְבְּרוּ אֹתוֹ בִּמְעָרַת
שְׂדֵה הַמַּכְפֵּלָה אֲשֶׁר קָנָה אַבְרָהָם
אֶת־הַשָּׂדֶה לַאֲחֻזַּת־קֶבֶר מֵאֵת
עֶפְרֹן הַחִתִּי עַל־פְּנֵי מַמְרֵא׃ יד וַיָּשָׁב
יוֹסֵף מִצְרַיְמָה הוּא וְאֶחָיו וְכָל־
הָעֹלִים אִתּוֹ לִקְבֹּר אֶת־אָבִיו אַחֲרֵי
קָבְרוֹ אֶת־אָבִיו׃ טו וַיִּרְאוּ אֲחֵי־יוֹסֵף
כִּי־מֵת אֲבִיהֶם וַיֹּאמְרוּ לוּ יִשְׂטְמֵנוּ
יוֹסֵף וְהָשֵׁב יָשִׁיב לָנוּ אֵת כָּל־הָרָעָה
אֲשֶׁר גָּמַלְנוּ אֹתוֹ׃ טז וַיְצַוּוּ אֶל־יוֹסֵף

דְּאָטָד דִּי בְּעִבְרָא
דְּיַרְדְּנָא וּסְפַדוּ תַמָּן
מִסְפַּד רַב וְתַקִּיף לַחֲדָא
וַעֲבַד לַאֲבוּהִי אֶבְלָא
שִׁבְעָא יוֹמִין׃ יא וַחֲזָא
יָתֵיב אַרְעָא כְּנַעֲנָאָה יָת
אֶבְלָא בְּבֵית אִידְרֵי
דְאָטָד וַאֲמָרוּ אֵבֶל תַּקִּיף
דֵּין לְמִצְרָאֵי עַל כֵּן קְרָא
שְׁמַהּ אָבֵל מִצְרַיִם דִּי
בְּעִבְרָא דְיַרְדְּנָא׃
יב וַעֲבַדוּ בְּנוֹהִי לֵיהּ כֵּן
כְּמָא דִּי פַקְּדִינּוּן׃
יג וּנְטַלוּ יָתֵיהּ בְּנוֹהִי
לְאַרְעָא דִכְנַעַן וּקְבַרוּ
יָתֵיהּ בִּמְעָרַת חֲקַל
כְּפֶלְתָּא דִּי זְבַן אַבְרָהָם
יָת חַקְלָא לְאַחֲסָנַת
קְבוּרָא מִן עֶפְרוֹן חִתָּאָה
עַל אַפֵּי מַמְרֵא׃ יד וְתַב
יוֹסֵף לְמִצְרַיִם הוּא
וַאֲחוֹהִי וְכָל דִּסְלִיקוּ
עִמֵּיהּ לְמִקְבַּר יָת אֲבוּהִי
בָּתַר דִּי קְבַר יָת אֲבוּהִי׃
טו וַחֲזוֹ אֲחֵי יוֹסֵף אֲרֵי מִית
אֲבוּהוֹן וַאֲמָרוּ דִּלְמָא
יִטַּר לָנָא דְבָבוּ יוֹסֵף
וַאֲתָבָא יָתֵיב לָנָא יָת כָּל
בִּישְׁתָּא דִּגְמַלְנָא יָתֵיהּ׃
טז וּפַקִּידוּ לְוָת יוֹסֵף

תו"א ויספדו שם שם: ויעש שבת קנב: וישאו אותו סוטה יג חולין קא: וישב יוסף סוטה יג:

רש"י

בארונו של יעקב עמדו כולן ותלו בו כתריהם והקיפוהו כתרים כגורן המוקף סייג של קוצים: (יב) כאשר צום. מהו אשר צום: (יג) וישאו אתו בניו. ולא בני בניו שכך צום אל ישא מטתי לא איש מצרי ולא אחד מבניכם שהם מבנות כנען אלא אתם (ב"ר) וקבע להם מקום ג' למזרח וכן לד' רוחות וכסדרן למסע מחנה של דגלים נקבעו כאן. לוי לא ישא שהוא עתיד לשאת את הארון ויוסף לא ישא שהוא מלך. מנשה ואפרים יהיו תחתיהם וזהו איש על דגלו באותות באותות שמסר להם אביהם לישא מטתו: (יד) הוא ואחיו וכל העולים אתו. בחזרתן כאן הקדים אחיו למצרים העולים אתו ובהליכתן הקדים מצרים לאחיו שנאמר ויעלו אתו כל עבדי פרעה וגו' ואח"כ כל בית יוסף ואחיו אלא לפי שראו הכבוד שעשו מלכי כנען שתלו כתריהם בארונו של יעקב נהגו בהם כבוד: (טו) ויראו אחי יוסף כי מת אביהם. מהו ויראו הכירו במיתתו אצל יוסף שהיו רגילים לסעוד על שולחנו של יוסף והיה מקרבן בשביל כבוד אביו

כלי יקר

נפגים כי סר צלם מעליהם ובפרשת שמות בפסוק ויקצו מפני בני ישראל יתבאר בע"ה שהמצריים נמשלו לקוצים בערך כלם ה' לבאות בית ישראל. על כן נרמז להם שבעבור רשעת המצרים יחזור הרשע לקדמותו. ועל דרך שארז"ל אין הפורענות בא לעולם כ"א בעבו' הרשעים ואינו מתחיל כ"א בצדיקי' שנא' כי תצא אש ומצאה קוצים אלו הרשעי' ונאכל גדיש שכבר נאכל. הנך רוא' שקוצים וגדיש שהזכיר כאן היינו גורן האטד כי הגורן היינו גדיש והקוצים היינו האטד. וקרא לצדיק גדיש לפי שכול' אוכלי' בזכותו כמו שאמ' כל העול' ניזון בשביל חנינא בני כו' וכמ"ש לנפש לא יטמא כ"א לשארו היינו לצדיק שהכל קרוביו ונקרא שארו בעבור הקורבה ובעבור שהוא מפרנסו כי שאר היינו

on the other side of the Jordan, and there they conducted a very great and impressive eulogy, and he made for his father a mourning of seven days. 11. The Canaanite[s], the inhabitant[s] of the land, saw the mourning at the threshing floor of the thornbushes, and they said, "This is an intense mourning for the Egyptians." Therefore, they named it Abel Mizraim (Egypt mourns), which is on the other side of the Jordan. 12. And his sons did to him just as he had commanded them. 13. And his sons carried him to the land of Canaan, and they buried him in the cave of the field of Machpelah, which field Abraham had bought for burial property from Ephron the Hittite before Mamre. 14. And Joseph returned to Egypt, he and his brothers, and all who had gone up with him to bury his father, after he had buried his father. 15. Now Joseph's brothers saw that their father had died, and they said, "Perhaps Joseph will hate us and return to us all the evil that we did to him." 16. So they commanded [messengers to go] to Joseph, to say,

12. **as he had commanded them**—*What was it that he had commanded them?*—[What the Torah elaborates in the following verse.]

13. **And his sons carried him**—*but not his grandsons, for so he had commanded them: "Neither shall any Egyptian carry my coffin nor any of your sons, for they are born of the daughters of Canaan, but you [alone]." He designated a position for them [by his coffin], [so that] three [of them would carry] on the east, and so on for [all] four directions. [This was] similar to their arrangement in the traveling of the camp [in the desert] of the groupings [of the tribes as] they were designated here. [He also ordered,] "Levi shall not carry it because he (i.e., his*

tribe) *is destined to carry the Ark. Joseph shall not carry it because he is a king. Manasseh and Ephraim shall carry it instead of them." That is the meaning of "Each one according to his group with signs"* (Num. 2:2), *according to the sign that their father gave them to carry his coffin.*—[Rashi from *Tanchuma Bamidbar* 12]

Ibn Ezra explains simply that Jacob's sons did as he had commanded them—they carried him and buried him where he had commanded them to do so.

14. **he and his brothers, and all who had gone up with him**—*Here, when they returned,* [Scripture] *places his brothers before the Egyptians who had gone up with him, whereas when they left,* [Scripture]

places the Egyptians before his brothers, as it is said: "and all Pharaoh's servants...went up with him" (verse 7), *and afterwards, "And Joseph's entire household and his brothers"* (verse 8). *But because they* (the Egyptians) *saw the honor that the kings of Canaan had bestowed,* (i.e.,) *that they hung their crowns on Jacob's coffin, they treated them* (Joseph's brothers) *with respect.—*[*Rashi* from *Sotah* 13b]

15. **Now Joseph's brothers saw that their father had died**—*What does it mean that they saw? They recognized his* (Jacob's) *death in Joseph, for they were accustomed to dine at Joseph's table, and he was friendly toward them out of respect for his father, but as soon as Jacob died, he was no longer friendly toward them.—*[*Rashi* from *Targum Jonathan ben Uzziel*; *Tanchuma Buber, Shemoth* 2]

Gen. Rabbah (10:8) states: [The brothers feared that he hated them] because he did not invite them to dine with him. But Joseph's motive [in not inviting them] was noble. He reasoned: My father placed me above Judah, a king, and above Reuben, the firstborn; it is not right for me to sit above them.

Perhaps Joseph will hate us—Heb. לוּ. [The word] לוּ *has many different meanings.* לוּ *is used as an expression of request or to denote "if only," * [as in these examples:] *"If only* (לוּ) *it would be as you say"* (Gen. 30:34); *"If only* (לוּ) *you would listen to me"* (ibid. 23:13); *"If only* (לוּ) *we had been content"* (Josh.

7:7); *"If only* (לוּ) *we had died"* (Num. 14:2). לוּ *sometimes means "if"* (אִם) *or "perhaps"* (אוּלַי), *e.g., "If* (לוּ) *they had been wise"* (Deut. 32:29); *"Had* (לוּא) *you hearkened to My commandments"* (Isa. 48:18); *"And even if* (וְלוּ) *I should weigh on my palms"* (II Sam. 18:12). לוּ *sometimes serves as an expression of "perhaps," * [as in] *"Perhaps* (לוּ) *will hate us"* (Gen. 50:15). *And there is no similar use* [of this word] *in Scriptures. It is* [used as] *an expression of "perhaps"* (אוּלַי), *like "Perhaps* (אוּלַי) *the woman will not follow me"* (Gen. 24:39), *which denotes "perhaps." There is also an example of* אוּלַי [used as] *an expression of a request, e.g., "If only* (אוּלַי) *the Lord will see* [the tears of] *my eye"* (II Sam. 16:12); *"If only* (אוּלַי) *the Lord will be with me"* (Josh. 14:12). *This is similar to "If only* (לוּ) *it would be as you say"* (Gen. 30:34). *Sometimes* אוּלַי *is an expression of "if": "If* (אוּלַי) *there are fifty righteous men"* (Gen. 18:24).—[*Rashi* from *Targum Onkelos*]

16. **they commanded [messengers to go] to Joseph**—*Like "and He commanded them to the children of Israel"* (Exod. 6:13). [That is,] *he commanded Moses and Aaron to be messengers to the children of Israel. In this case, too, they* (the brothers) *commanded their messenger to be a messenger to Joseph to say this to him. Whom did they command? Bilhah's sons who were frequently with him, as it is said: "and he was a lad* [and was] *with the sons of Bilhah"* (Gen. 37:2).—[*Rashi* from *Targum Yerushalmi* as quoted by *Chizkuni*]

לאבוי אובלא שבעא יומין: יא וחמא יתבי ארעא כנענאי אובלא בבית אדרי דאטד ושרין קטורי חרצהון בגין איקר דיעקב והוו מחוין בידיהון ואמרין אבל תקיף דין למצרים בגין כן קרא שמא דאתר אבל מצרים די בעיברא דיורדנא: יב ועבדו בנוי ליה היכדין כמא דפקדינון: יג ונטלו יתיה בנוי לארעא דכנען ושמיע פתגמא לעשו רשיעא ונטל מן טורא דגבלא בלגיונין סגיאין ואתא לחברון ולא הוה שביק ליוסף למיקבור ית אבוי במערת כפילתא מן יד אזל נפתלי ורהט ונחת למצרים ואתא בההוא יומא ואייתי אוגיתא דכתב עשו ליעקב אחוי על פלגות מערת כפילתא ומן יד רמז לחושים בר דן ונטל סייפא וקטע רישיה דעשו רשיעא והוה רישיה דעשו מתגלגל עד דעל לגו מערתא ואתנח בגו עיטפיה דיצחק אבוי וגופיה קברו בנו דעשו בחקל כפילתא ובתר כן קברו יתיה בנוי ליעקב במערת חקל כפילתא דיזבן אברהם ית חקלא לאחסנת קבורתא מן עפרון חתאה על אנפי ממרא: יד ותב יוסף למצרים הוא ואחוהי וכל דסליקו עמיה למקבור ית אבוי בתר דקבר ית אבוי: טו וחמו אחי יוסף ארום מית אבוהון ולא הוה מסתחר עמהון כחדא למיכול לחדא ואמר מה דילמא נטר לנא סנא יוסף ואתבא יתיב לנא ית כל בישא דגמלנא יתיה: טז ופקידו ית בלהה למימר ליוסף אבוך פקיד קדם מותיה

טז ופקידו שבטיא ית בלהה אמתא דרחל למימר אבוך פקיד קדם עד לא יתכניש למימר:

פי' יונתן

(יא) קטורי חרצין פי' שהשליכו כלי זיינם החגור במתניהם: (יג) מטורי דגבלא פי' מהר שעיר: בלגיונין פי' בחיילות רבים: בעטפיה פי' חיקו וכן ת"א כשמות וישב ידו אל חיקו והוא סוד גדול בספר קול בוכים פירושי דפסוק בעטפת של יצחק וע' שם באורך: (טז) בלהה פ' ברש"י:

בעל הטורים

של יעקב: צום. ג' במס' ויעשו בניו לו כן כאשר צום. ואידך הקים את דברי יונדב אשר צום. פן תאמרו עצבי עשם ופסלי ונסכי צום. לאמר מה זה בע"א מדבר ופסלי ונסכי צום אף יונדב צוה לבניו שלא יעבדו ע"א וכן יעקב כשבקש לגלות את הקץ לבניו ונעלם ממני אמר שמא יש בכם עובדי ע"ז א"ל שמע ישראל: לו ישטמנו יוסף. כשחזרו מלקבור את אביהם עבר יוסף על הבור שהשליכוהו בו ובירך ואמר ברוך שעשה לי נס במקום הזה אמרו עדיין הוא זוכר מה שעשינו לו. י"מ לו ישטמנו יוסף הלואי ישטמנו יוסף בלבו ולא יעשה לנו מעשה ואם תפן לעשות ישיב לנו כל הרעה שגמלנוהו כי מה עשינו לו גרמנו שנעשה מלך מחמת שמכרנוהו ונתגלגל הדבר שנעשה מלך במצרים

רשב"ם

(יא) יושב הארץ הכנעני. כלומר וירא הכנעני יושב הארץ ההיא: (טז) ויצוו אל יוסף לאמר. ויצוו לפני צנועים לאמר אל יוסף:

דעת זקנים מבעלי התוספות

שמתיקה פירותיה: (יד) הוא ואחיו וכל העולים אתו. וכאשר עלו ממצרים תמלא שממצרים קדמו. ונראה כי לאחר שראו שמצרים שחלקו כבוד כל המלכים לארונו של יעקב חלקו כל המצרים כבוד לבניו והוליכום לפניהם: (טז) ויצוו אל יוסף. ובחיי אביהם למה לא צוו אלא אמרו מה לנו לעורר השנאה שהרי כבר שכחה והלכה לה כיון שחזרו מלקבור אביהם ועבר יוסף על הבור שהשליכוהו אחיו אמר ברוך שעשה לי נס במקום הזה אמרו עדיין יש שנאה טמונה בלבו מיד ויצוו אל יוסף כי התחת אלהים אני כי נשבר לבי וירא אלהים אני התחת

אבן עזרא

(יב) ויעשו בניו. פירוש והנה עשו בניו כאשר צום. שנשאוהו וקברוהו במקום שצוה: (טו) לו ישטמנו. שמא יטור לנו

אור החיים

וכל העולים וגו' אחרי קברו וגו'. או' כל העולים לו' שלא נעדר מהם איש מכל המחנה הכבד גם רכב גם פרשים ונתן הטעם כי כולן הלכו לדבר מצוה לקבור את אביו ולא חזר אחד מהם עד שקבר יוסף את אביו והוא אומרו וישב וגו' וכל העולים וגו' כולן שבו והטעם אחרי קברו שכלם היתה הליכתם לדבר מצוה ושלוחי מצוה אין ניזוקים לא בהליכתם ולא בחזרתם או ירצה עז"ה וישב יוסף וגו' וכל העולים ותדע באיזה עולים אני מדבר הכל שלא נעדר מהם איש אותם שהיתה כוונת עלייתם לקבור את אביו ובמה יהיו ניכרי' אלו מאלו לזה גמר או' אחרי קברו את אביו אלו שנתעכבו עד אחר קברו וגומר מחשבתם ניכרת מתוך מעשיהם כי לשם מצוה באו ואותם לא מת מהם עד אחד אבל העולים לסיב' אחרת אינם בכלל הדבר:

לו ישטמנו וגו'. פי' דלמא אלא שאין חבר לה בכל התור' וצל"ד למה ידבר הכ' לשון זה שמשמעותו הרגיל הוא הפך הכונ' והגם שאין מקום לטעות להבין בו זולת דלמא אעפ"כ הי' לו לומר לשון נודק פן או אולי ונרא' כי הכתוב דברי עצמו קאמר לו והכוונה בזה שהם יראו על דברו שהלואי שיהיה כן שיהי' משיב להם והוא אמרו ישיב לנו את כל הרעה והיו מצטערים השבטים כשיעור שנצטער יוסף מצדם ובזה לא היו מתחייבי' לבסוף מהגליות ומהצרות בעד חטא זה כאומרם ז"ל גלות מצרים וגם בגלות האחרון לא ולמד מה הי' לעשרה עמודי עולם: **ויצוו אל יוסף וגו'**. צל"ד טעם אומרו לאמר ואם הכונ' לאמר ליוסף היה לו לומר לאמר אל יוסף ואולי שנתכוונו שלא יאמר לו האו' כי האחים שלחוהו על הדבר אלא יאמר שהוא שמע מאביו מצוה להאחים לומר אליו הדברים האמורים וזה הוא אומרו פ"ב לאמר והבן:

כלי יקר

היינו מזון ז"ש ואינו מתחיל כ"א בצדיקים ר"ל זהו התחלת הפורענו' שהקב"ה לוקח מן הדור החוטא את הצדיק שהי' זן ומפרנס את הדור בזכותו ועיקר הפורענו' בא בעבור מציאת הרשעים שנמשלו לקוצים והם גורמי' שכבר נאכל גדיש כי אין להם עוד פה לאכלו והקוצים מעכבים את הדרך אל הגדיש. וכשראו המצרים שנעש' להם גם זה פתאום שהקרה ה' לפניהם גורן אחד מוקף קוצים מכל צד שלא כדרך העולם מיד הרגישו שגדר ה' בעדם לבלתי תת להם מבוא אל הגורן עוד על כן הספידו המצרים אבל כבד ר"ל על כובד הרעב ובזה מיושב למה הספידו דווקא בגורן האטד ולא קודם לכן. וכאשר ראה הכנעני אבל זה בגורן האטד והי' קשה לו למה לא עשו אבל זה קודם בואם למקום זה אלא וודאי שאבל כבד זה למצרי' היא כי כבדות הרעב יחזור למקומו על כן הוא דווקא למצרים ולא לבני יעקב וזה רמז נכון ויקר. ובזה נרא' לי ליישב מה שנ' ויראו אחי יוסף כי מת אביהם מה ראו. ועוד קשה למה לא בקשו מאביהם שיצוה לו באמת כן ועוד קשה מה שאמ' יוסף אנכי אכלכל אתכם מי בקש זאת מידו הלא לא בקשו כ"א שלא ירע להם אלא וודאי שיוסף לא הי' חשוד בעיניהם שיעש' עמהם רעה ממש אך שכאשר ראו כי מת יעקב ובמותו חזר הרעב לקדמותו היו יראים שאם יוסף לא יעשה להם רעה מ"מ יש לחוש שמא גם טוב' לא יעש' להם ולא יכלכלם בשני הרעב והשב ישיב לנו את הרע' אשר גמלנו אותו לא בקום ועש' כ"א בשב ואל תעשה על כן הוצרך יוסף לומ' להם ועתה אל תיראו אנכי אכלכל אתכם ואת טפכ' אתכ' בעבור טפכם כי הטף למה באים אל העונש והלא לא חטאו כלום:

שא נא פשע אחיך וחטאתם כי רעה גמלוך. הי"ל לומר שא נא פשע וחטאת אחיך ולמה הכניס אחיך בין הדבקים ומה נתינת טעם הוא שאמר כי רעה גמלוך. ונרא' שהי' כאן פשע וחטאת. הפשע הוא שרצו להורגו בידים והוא אינו חייב מיתה בידי אדם אפי' לפי דבריהם שחשבוהו למוציא דבה. החטאת הוא מה שמכרוהו לעבד ויש להם קצת התנצלות על זה לומר לפי שהביא דבתם לומר שקוראין לבני השפחות

ספורנו

רכב גם פרשים. שהיה נחשב לאיש חיל בעיני אנשי המלחמה: (טז) ויצוו אל יוסף. צוו לעבדי יעקב או זולתם על אודות יוסף כמו

לֵאמֹר אָבִיךָ צִוָּה לִפְנֵי מוֹתוֹ לֵאמֹר׃
יז כֹּה־תֹאמְרוּ לְיוֹסֵף אָנָּא שָׂא נָא
פֶּשַׁע אַחֶיךָ וְחַטָּאתָם כִּי־רָעָה
גְמָלוּךָ וְעַתָּה שָׂא נָא לְפֶשַׁע עַבְדֵי
אֱלֹהֵי אָבִיךָ וַיֵּבְךְּ יוֹסֵף בְּדַבְּרָם
אֵלָיו׃ יח וַיֵּלְכוּ גַּם־אֶחָיו וַיִּפְּלוּ לְפָנָיו
וַיֹּאמְרוּ הִנֶּנּוּ לְךָ לַעֲבָדִים׃ יט וַיֹּאמֶר
אֲלֵהֶם יוֹסֵף אַל־תִּירָאוּ כִּי הֲתַחַת
אֱלֹהִים אָנִי׃ כ וְאַתֶּם חֲשַׁבְתֶּם עָלַי
רָעָה אֱלֹהִים חֲשָׁבָהּ לְטֹבָה לְמַעַן
עֲשֹׂה כַּיּוֹם הַזֶּה לְהַחֲיֹת עַם־רָב׃
שביעי כא וְעַתָּה אַל־תִּירָאוּ אָנֹכִי
אֲכַלְכֵּל אֶתְכֶם וְאֶת־טַפְּכֶם וַיְנַחֵם
אוֹתָם וַיְדַבֵּר עַל־לִבָּם׃ כב וַיֵּשֶׁב יוֹסֵף
בְּמִצְרַיִם הוּא וּבֵית אָבִיו וַיְחִי יוֹסֵף
מֵאָה וָעֶשֶׂר שָׁנִים׃ מפטיר כג וַיַּרְא יוֹסֵף
לְאֶפְרַיִם בְּנֵי שִׁלֵּשִׁים גַּם בְּנֵי מָכִיר
בֶּן־מְנַשֶּׁה יֻלְּדוּ עַל־בִּרְכֵּי יוֹסֵף׃
כד וַיֹּאמֶר יוֹסֵף אֶל־אֶחָיו אָנֹכִי מֵת
וֵאלֹהִים פָּקֹד יִפְקֹד אֶתְכֶם וְהֶעֱלָה
אֶתְכֶם מִן־הָאָרֶץ הַזֹּאת אֶל־הָאָרֶץ

לְמֵימַר אֲבוּךְ פַּקֵּד קֳדָם מוֹתֵיהּ לְמֵימָר׃ יז כִּדְנַן תֵּימְרוּן לְיוֹסֵף בְּבָעוּ שְׁבוֹק כְּעַן לְחוֹבָא אֲחָיךְ וְלַחֲטָאֵיהוֹן אֲרֵי בִישְׁתָא גְמָלוּךְ וּכְעַן שְׁבוֹק כְּעַן לְחוֹבָא עַבְדֵי אֱלָהָא דַאֲבוּךְ וּבְכָא יוֹסֵף בְּמַלָּלוּתְהוֹן עִמֵּיהּ׃ יח וַאֲזַלוּ אַף אֲחוֹהִי וּנְפַלוּ קֳדָמוֹהִי וַאֲמַרוּ הָא אֲנַחְנָא לָךְ לְעַבְדִין׃ יט וַאֲמַר לְהוֹן יוֹסֵף לָא תִדְחֲלוּן אֲרֵי דַחֲלָא דַיְיָ אֲנָא׃ כ וְאַתּוּן חֲשַׁבְתּוּן עָלַי בִּישָׁא מִן קֳדָם יְיָ אִתְחַשְׁבַת לְטָבָא בְּדִיל לְמֶעְבַּד כְּיוֹמָא הָדֵין לְקַיָּמָא עַם סַגִּי׃ כא וּכְעַן לָא תִדְחֲלוּן אֲנָא אֲזוּן יַתְכוֹן וְיָת טַפְלְכוֹן וְנַחֵם יַתְהוֹן וּמַלֵּיל תַּנְחוּמִין עַל לִבְּהוֹן׃ כב וִיתֵיב יוֹסֵף בְּמִצְרַיִם הוּא וּבֵית אֲבוּהִי וַחֲיָא יוֹסֵף מְאָה וַעֲסַר שְׁנִין׃ כג וַחֲזָא יוֹסֵף לְאֶפְרַיִם בְּנִין תְּלִיתָאִין אַף בְּנֵי מָכִיר בַּר מְנַשֶּׁה אִתְיְלִידוּ וְרַבִּי יוֹסֵף׃ כד וַאֲמַר יוֹסֵף לַאֲחוֹהִי אֲנָא מָאִית וַיְיָ מִדְכַּר דְּכִיר יַתְכוֹן וְיַסֵּק יַתְכוֹן מִן אַרְעָא הָדָא

תו"א אביך צוה יבמות סה: אנא שא יומא פז: יבמות סה: ועתה שא יומא פז: וילכו גם מגילה יז: וינחם אותם מגילה יז סנהד' קח

רשב"ם

(כ) אלהים חשבה לטובה. הקב"ה גרם לכם ואתם לא פשעתם כי לטובתכם נתכוין הקב"ה: (כג) גם בני מכיר. בנים שניים ומ"מ של אפרים פרו ורבו יותר כמו שאמר יעקב ואחיו הקטן יגדל ממנו: (כד) ויאמר יוסף אל אחיו אנכי מת והאלהים פקוד יפקוד וגו'. ופסוק

כלי יקר

עבדים ע"כ גמלו לו כמותו למוכרו לעבד ע"כ נאמר שא נא לפשע אחיך לפי שעל הפשע אין להם שום התנצלו' ע"כ הם מבקשי' מחילה ורחמי' אבל וחטאתם דין הוא שתמחול כי רעה גמלוך ר"ל שיש להם קצת התנצלות שגמלו לך אותה הרעה דהיינו הדבה רעה. ובזה מיושב למה הקדים הפשע לחטאת כי אין זה דרך המבקשים לבקש מחל' על הדבר הגדול ואח"כ על הקטן איפכא מבעי ליה ולהנחתינו הוא מיושב:

אור החיים

כי התחת אלהים וגו' פי' אם אתם חייבים עונש על הדבר אלהים שופט ולא אקום ולא אטור ומעתה שלא מחל להם אפשר לומר שבני נח אין הדבר תלוי במחילתם כי יחטא אדם לחבירו כמו שתאמר גזלו ומחל הנגזל אינו פטור הגזלן ממית' או אפי' ישראל אם גנב ישראל ומכרו אין ביד הנגנב לפוטרו לגנב ממות ואמר עוד להם כי יש לדון להם משפט זכות: ואתם חשבתם וגו' אלהים חשבה לטוב'. וה"ז דומה למתכוון

"Your father commanded [us] before his death, saying, 17. 'So shall you say to Joseph, "Please, forgive now your brothers' transgression and their sin, for they did evil to you. Now please forgive the transgression of the servants of the God of your father." ' " Joseph wept when they spoke to him. 18. His brothers also went and fell before him, and they said, "Behold, we are your slaves." 19. But Joseph said to them, "Don't be afraid, for am I instead of God? 20. Indeed, you intended evil against me, [but] God designed it for good, in order to bring about what is at present—to keep a great populace alive. 21. So now do not fear. I will sustain you and your small children." And he comforted them and spoke to their hearts. 22. So Joseph dwelt in Egypt, he and his father's household, and Joseph lived a hundred and ten years. 23. Joseph saw children of a third generation [born] to Ephraim; also the sons of Machir the son of Manasseh were born on Joseph's knees. 24. Joseph said to his brothers, "I am going to die; God will surely remember you and take you up out of this land to the land

Your father commanded—*They altered the facts for the sake of peace.*—[*Rashi* from *Yeb.* 65b, *Tanchuma Toledoth* 1]17.

please forgive the transgression of the servants of the God of your father—*Although your father is dead, his God is alive, and they are His servants.*—[*Rashi* from *Tanchuma Buber, Shemoth* 2]

and Joseph wept—because they suspected him.—[*Yalkut Shimoni, Gen. Rabbah* 100:8, *Tanchuma Buber, Shemoth* 2] *Bereshith Rabbathi* states: Why did Joseph weep? Because he said, "Did my father suspect me of bloodshed that he commanded me to have compassion on my brothers?"

Therefore, he wept.

18. **His brothers also went**—*in addition to sending messengers.*—[*Rashi*]

As stated above, according to *Rashi*, the messengers were Joseph's brothers, the sons of Bilhah. Consequently, the verse cannot be interpreted as: In addition to the messengers going to Joseph, his brothers also went. If that were the case, the verse would read, "And his other brothers went, too, etc." It is for this reason, that *Rashi* writes that the word גַּם, *too*, means that in addition to sending messengers, his brothers also went personally to plead with him.

The Pentateuch with Rashi Hashalem (fn. 18) quotes *Bereshith Rabbathi* (p. 259), which states: Bilhah went first and fell before him, and afterwards his brothers went and fell before him. At that moment, the dream of the sun, the moon, and the eleven stars (Gen. 37:9) was fulfilled, although his (Joseph's) mother was no longer alive. For that reason he (Jacob) rebuked him (ibid., verse 10), for he did not know that these words alluded to Bilhah, his handmaid.

19. for am I instead of God?— Heb. הֲתַחַת. *Am I perhaps in His place?* [The prefixed "hey" denotes] *wonder. If I wanted to harm you, would I be able? Did not all of you plan evil against me? The Holy One, blessed be He, however, designed it for good. So how can I alone harm you?*—[*Rashi*]

Midrash Sechel Tov, however, interprets this as a declarative sentence—Indeed, I am instead of God; I follow His ways. Just as He, forgives sin, so do I forgive sin.

20. God designed it for good— The Holy One, blessed be He, caused you to do it, and you did not sin, because the Holy One, blessed be He, intended it for good.—[*Rashbam*]

21. and spoke to their hearts— *Convincing words. Before you came down here, they* (the Egyptians) *were spreading rumors about me that I was a slave. Through you, it became known that I am a free man. Now if I kill you, what will people say? "He* (Joseph) *saw a group of young men and glorified himself through them by saying, 'They are my brothers' and at the end he killed them. Is there*

such a thing as a brother who kills his brothers" (*Gen. Rabbah* 100:9)? *Another explanation: If ten candles could not extinguish one candle,* [how can one candle extinguish ten candles?] (*Meg.* 16b).—[*Rashi*]

I.e., if the smoke from ten candles could not extinguish one candle, how can the smoke from one candle extinguish ten candles?—[*Da'ath Zekenim*]

Another explanation: Candles symbolize merits, and extinguishing them represents overshadowing the light. Joseph argued that if their merits could not overshadow his, how could his merits, those of one individual, overshadow all of theirs? He comforted his brothers by telling them that he considered them righteous and meritorious people.

23. children of a third generation [born] to Ephraim—According to *Ibn Ezra,* this means that Joseph was fortunate to see the children born to the third generation from Ephraim, in other words, the fourth generation, Ephraim's great-great-grandchildren. According to *Redak* (II Kings 10:30), it means literally those of the third generation, his great-grandchildren. See *Heidenheim.*

also the sons of Machir the son of Manasseh—This was Gilead, the great-grandfather of Zelophehad's daughters (Num. 27:1-5).

The righteous Joseph raised such righteous children who had descendants of great merit, like Zelophehad's daughters, noted for their exceptional wisdom.—[*Rabbenu Bechaye*]

on Joseph's knees—*As the Targum renders:* [were born and

למימר לך: יז כדנא תימרון ליוסף במטו שבוק כדון לחובי אחך ולחטאיהון ארום בישא גמלו יתך
וכדון שבוק בבעו לחובי עבדי אלהא דאבוך ובכא יוסף במללותהון עמיה: יח ואזלו אוף אחוי ואתרכינו
קדמוי ואמרו הא אנן לך לעבדין: יט ואמר להום יט ואמר להון יוסף לא תידחלון ארום חסלת בישא
יוסף לא תידחלון ארום לא ניגמול לכון בישתא דעבדתין לי הלא קדם יי אינון מחשבתהון דבני אנשא:
אלהן טבתא ארום דחיל ומתבר מן קדם יי אנא: כ ואתון חשבתון עלי מחשבין בישין דמא דלא
הוינא מסתחר עמכון למיכל מן בגלל דנטיר לכון בבו הוא ומימרא דיי חשבא עלי לטבתא דאבא
הוה מותיב לי ברישא ומן קדם יקריה הוינא מקביל וכדון לית אנא מקבל בגין דאיזכי למתעבדא לן
שיזבתא כיומא הדין לקיימא עם סגי מדבית יעקב: כא וכדון לא תידחלין אנא איזון יתכון וית טפלכון
ונחים יתהון ומלל תנחומין על לבהון: כב ויתיב יוסף במצרים הוא ובית אבוי וחיא יוסף מאה ועשרי
שנין: כג נחמא יוסף לאפרים בנין דרין תליתאין אוף בני מכיר בר מנשה כד אתילידו גזרינון יוסף:
כד ואמר יוסף לאחוי הא אנא מית ויי מידכר ידכר יתכון ויסק יתכון מן ארעא הדא לארעא דקיים לאברהם

בעל הטורים

כן יעשה לנו: התחת אלהים אני. ב' שהשיב יעקב לרחל כשבקשה ממנו שיבקש עליה רחמים וגער בה בו בלשון השיב לאחיו. על כן סוא ג' במס' והשלישי התחת הזאת לא יומת שמעי (ע"ש) שבאותו ל' שאמר לאחיו נפרע משמעי שאחיו למדו ממנו לדבר בלשונו: אנכי את ולנהים פקד יפקד אתכם. פי' אנכי ב"ו היום כאן ומחר בקבר אבל

פי' יונתן

(כ) דהלא הוה מותיב פי' כשהיה יעקב חי והכלו אללו ישבו לפניו הבכור כבכורתו ויוסף ישב בראש כולם ולא היה מסרב אף שהיו אחיו גדולים ממנו משום כבוד אביו ורצונו אבל עכשיו גם כי יכבדו אותו אחיו לישב בראש להם לא קיבל אותו הכבוד מפני שהם גדולים ממנו ושלא יפגע ורוצה לזכות להיות בעל הללה להחיות עם רב בזכות זה שיפרנס אחיו וטעם זה היה מחשבת יוסף ואמר לאחיו אתון לא מחשבותי מחשבותיכם כי אתון חשבתון עלי מה שאינני מקרב אתכם לאכול עמי כמקדמת דנא בחיי אבי הוא הטעם לפגם שאני נוטר

שנא' ויודע מחשבות חשבה עלי לטובה וכו': (כג) גזרינון יוסף יכול להיות שהוא דעתו כי מל אותם על ברכי הסנדק א"נ י"ל שיוסף היה הסנדק והו על ברכי

רש"י

ומשמת יעקב לא י קרבן (ב"ר): **לו ישטמנו.** שמא ישטמנו לו מתחלק לעניינים הרבה יש לו משמש בל' בקשה ולשון הלואי כגון לו יהי כדבריך לו שמעני ולו הואלנו לו מתנו ויש לו משמש בל' אם ואולי כגון לו חכמו לו הקשבת למצותי ולו אנכי שוקל על כפי ויש לו משמש בל' שמא לו ישטמנו ואין לו עוד דומה במקרא ב והוא ל' אולי כמו אולי לא תלך האשה אחרי ל' שמא הוא ויש אולי ל' בקשה ל כגון אולי יראה ה' בעניי אולי ישוב ה' אותי הרי הוא כמו לו יהי כדבריך ויש אולי ל' אם אולי יש חמשים לדיקים: (טז) **ויצוו אל יוסף.** כמו ויצום אל בני ישראל צוה למשה ולאהרן להיות שלוחים אל בני ישראל אף זה ויצוו אל שלוחם להיות שליח אל יוסף לומר לו כן. ואת מי צוו את בני בלהה מ שהיו רגילין אצלו שנא' והוא נער את בני בלהה: **אביך צוה.** (ב"ר יבמות סה) שינו בדבר מפני השלום כי לא צוה יעקב כן שלא נחשד יוסף בעיניו: (יז) **שא נא לפשע עבדי אלהי אביך.** אם אביך מת אלהיו קיים והם עבדיו: (יח) **וילכו גם אחיו.** מוסף על השליחות: (יט) **כי התחת אלהים אני.** שמא במקומו אני בתמיה אם הייתי רוצה להרע לכם כלום אני יכול והלא אתם כולכם חשבתם עלי רעה והקב"ה חשבה לטובה והיאך אני לבדי יכול להרע לכם: (כא) **וידבר על לבם.** דברים המתקבלים על הלב עד שלא ירדתם לכאן היו מרננים עלי שאני עבד ועל ידיכם נודע שאני בן חורין ואני הורג אתכם מה הבריות אומרות כת של בחורים ראה ונשתבח בהן ואמר אחי הם ולבסוף הרג אותם יש לך אח שהורג את אחיו ד"א עשרה נרות לא יכלו לכבות נ' נר אחד וכו': (כג) **על ברכי יוסף.** כתרגומו גדלן בין ברכיו:

שפתי חכמים

מהמלרייס ידכרו בו וע"ש שהאריך: י בב"ר א"ר תנחומא הוא לא נתכוין אלא לשם שמים אמר לשעבר אבא מושיב לי למעלה מיהודה שהוא מלך ולמעלה מראובן שהוא בכור עכשיו אינו בדין שאשב למעלה מהם וכו' ע"כ ולמעו' נ"ל לא היה רוצה לישב מפני כבוד המלכות: כ אע"פ שאין לו דומה במקרא מ"מ מלינו למימר דלו ל' שמא דהואיל ומלינו דלו הוא ל' אולי כמו שהביא רש"י פסוקים ע"ז ואולי מלינו נמי שהוא ל' שמא א"כ לו נמי ל' שמא דהא לו ואולי הכל ל' אחד: ל ר"ל מזה נמי נוכח דלו ואולי הכל אחד הוא דהא לו בכמה מקומות ל' בקשה ויש אולי נמי ל' בקשה וא"כ מלינו למימר שלו נמי ל' שמא כמו אולי ויש אולי ל' אם כמו שהביא רש"י לעיל א"כ לו ואולי הכל א' הוא: מ דא"ל שהיה אחר שאינו מן האחים דאז בודאי לא יאמין בדבר כי היה יודע יוסף שלא יהשוד אותו אביו על זה. (ג"א) דאין סברא שהיו מגלים סוד זה וחרפתם לנכרי שמכרו אחיהם ויותר היה ראוי להם לדבר עמו בעצמם: נ (ג"א) כי י"ב שבטים כנגד י"ב כוכבים המאירים את כל העולם ולכן א"ל עשרה נרות ר"ל אף שהיו חושבים להרוג אותו היה נילל מידם וכ"ז מפני שהיה כל א' מן השבטים דומה למזל ברקיע אשר א"א ליאבד כ"ש שהוא יחיד שלא יוכל לאבדם וכו'. אבל א"ל דאין אחד יכול להרוג עשרה דזה אין ראיה דיוסף היה מלך והיה יכול לצוות על אלף אנשים להרוג אותם:

חסלת פרשת ויחי

דעת זקנים מבעלי התוספות

כמו אל תמת: (כא) וידבר על לבם. פרש"י שנשא ק"ו מעלמו עשרה נרות לא יכלו לכבות נר אחד. פי' עשן עשרה נרות שדרכו של עשן

אבן עזרא

איבה. כמו וישטום עשו. ויש לו במקרא על דרכים רבים: (יז) אנא. לשון פיוס: (יט) ויאמר. הגאון כי התחת אלהים אני. כאילו אני במקום אלהים שנפלתם לפני ותאמרו אנחנו עבדיך: (כ) למען עשה. שם הפועל: (כג) בני שלשים. בעבור היות מלת בני סמוכה הנה יהיו הבנים רבעים: ילדו. גדלו:

אבי עזר

(כג) (בני שלשים) כי הרב סבור שהוא כדרך כל הסמוכים. שהמה תחת מלת של. כמו אהל המשכן פי' אהל של המשכן. ונזיד עדשים. ויפה תפס עליו בעל אהל יוסף. שמלינו בני רבעים ישבו לך על כסא ישראל. ולא מלכו שבניו כי אם ארבעה ע"ש אבל הסמיכות הוא מענין אחר. לקלר על הלשון. כמו ותקח יין הטוב. מלאכי רעים (תהלים ע') ורלאיתי בספר בנין שלמה שמשיג על הרב. מדכתיב אחריו גם בני מכיר בן מנשה יולדו על ברכי יוסף ע"ש ולא ידעתי מה ענין אפרים למנשה. או דלמא מזה ראה שלשים ומזה רבעים. או דלמא קא משמע לן שהמה יולדו וגדלו אללו:

ספורנו

כמו ויצום אל בני ישראל: לאמר אביך צוה. צוה שיאמרו ליוסף אביך צוה לנו שנאמר אליך מאלינו לא מצדו שאינו חושד אותך כלל אבל שאם ייראו אחיך נאמר אליך אלה הדברים: לפני מותו. באותו הפרק צוה ולא היה לנו פנאי לדבר אליך. אז: (יז) ויבך יוסף. בהזכירם את אביו ואת חבתו שלא חשדו: (יט) התחת אלהי' אני. האמנם אני דיין תחתיו שאדון ואחר גזרותיו ואעניש מי שהיה שליח מאתו לעשותם כמו בית דין המבטל דברי ב"ד חבירו. כי אמנם הייתם שלוחיו בזה בלי ספק כענין לא אתם שלחתם אותי הנה כי האלהים: (כ) ואתם חשבתם עלי רעה. הנה פעולתכם היתה בשגגה שהשבתם אותי לרודף ואם היה זה האמת היה פעולתכם בדין: אלהים חשבה לטובה. המציא בכם זאת השגגה

אֲשֶׁר נִשְׁבַּע לְאַבְרָהָם לְיִצְחָק
וּלְיַעֲקֹב׃ כה וַיַּשְׁבַּע יוֹסֵף אֶת־בְּנֵי
יִשְׂרָאֵל לֵאמֹר פָּקֹד יִפְקֹד אֱלֹהִים
אֶתְכֶם וְהַעֲלִתֶם אֶת־עַצְמֹתַי מִזֶּה׃
כו וַיָּמָת יוֹסֵף בֶּן־מֵאָה וָעֶשֶׂר שָׁנִים
וַיַּחַנְטוּ אֹתוֹ וַיִּישֶׂם בָּאָרוֹן בְּמִצְרָיִם׃

חזק

אונקלוס

לְאַרְעָא דִי קַיֵים לְאַבְרָהָם
לְיִצְחָק וּלְיַעֲקֹב׃ כה וְאוֹמֵי
יוֹסֵף יַת בְּנֵי יִשְׂרָאֵל
לְמֵימָר מִדְכַּר דְכִיר יְיָ
יַתְכוֹן וְתַסְקוּן יַת גַרְמַי
מִכָּא׃ כו וּמִית יוֹסֵף בַּר
מְאָה וַעֲשַׂר שְׁנִין וַחֲנָטוּ
יָתֵיהּ וְשָׁמוּהִי בַּאֲרוֹנָא
בְּמִצְרָיִם׃ חזק

תו"א ויצבע כתובות קיא:

פ"ה פסוקים פ"ס אל פה סימן ומפטירין במלכים א' סימן ב'

סכום פסוקי דספר בראשית אלף ותקל"ד אך לד' סימן. וחציו ועל חרבך תחיה ופרשיותיו י"ב ז"ה שמי לעולם סימן: וסדריו מ"ג ידידיה סימן: ופרקיו נ' י"י חננו לך קוינו סימן: מנין הפתוחות מ"ג. והסתומות מ"ח. הכל צ"א פרשיות צא אתה וכל העם אשר ברגליך סימן:

דעת זקנים מבעלי התוספות

לכבות את הנר: (כד) ויאמר יוסף אל אחיו וישבע יוסף וכו'. תימה למה אמר שני פעמים פקד יפקוד הכי הוה ליה למכתב אנכי מת והשבעו לי כי כאשר פקוד יפקוד אלהי' אתכם והעליתם את עצמותי וגו'. וי"ל דס"ק יעקב אבינו אמר פקוד יפקוד אלהים אתכם והעלה אתכם והעליתם את עצמותי ולכן כאשר פקוד יפקוד אלהים וכו' והס"ד אנכי אעשה כדבריך דריש גדולה: (כה) פקד יפקד אלהים. פי' במנין פקו"ד יחסר סבורא מן הגלות שלכם כלא עליהם שלא יהיו במצרים כי אם רד"ו שני' הרי לך שחסר הקב"ה מן השעבוד קן שנים כמנין פקו"ד יפקד אלהים ול' יפקוד יתפרש כמו ולא נפקד ממנו איש. אמנם קשיא לי כי מצאתי פקד חסר וי"ו ונראה דאי אמרינן יש אם למקרא ניחא:

רמב"ן

השלים הכתוב ספר בראשית שהוא ספר היצירה בחדוש העולם ויצירת כל נוצר ובמקרי האבות שהם כענין יצירה לזרעם מפני שכל מקריהם ציורי דברים לרמוז ולהודיע כל עתיד לבא להם ואחרי שהשלים היצירה התחיל ספר אחר בענין המעשה הבא מן הרמזים ההם ונתיחד ספר ואלה שמות בענין הגלות הראשון הנגזר בפי' ובגאולה ממנו ולכן חזר והתחיל בשמות יורדי מצרים ומספרם אע"פ שכבר נכתב זה בעבור כי ירידתם שם הוא ראשית הגלות כי מאז הוחל. והנה הגלות איננו נשלם עד יום שובם אל מקומם ואל מעלת אבותם ישובו. וכשיצאו ממצרים אע"פ שיצאו מבית עבדים עדיין יחשבו גולים כי היו בארץ לא להם נבוכים במדבר וכשבאו אל הר סיני ועשו המשכן ושב הקב"ה והשרה שכינתו ביניהם אז שבו אל מעלות אבותם שהיה סוד אלוה עלי אהליהם והם הם המרכבה ואז נחשבו גאולים ולכן נשלם הספר הזה בהשלימו ענין המשכן ובהיות כבוד ה' מלא אותו תמיד:

אבן עזרא

(כו) ויחנטו אותו. הרופאים: ויישם בארון. שם אותו אחר. והנה השרש ישם. על משקל וייצר. ויאמר רבי יונה המדקדק כי החירק תחת שורק והוא רחוק בעיני. וטעם בארון בקמצות הבי"ת הוא שהכין לנפשו:

חסלת פרשת ויחי

נשלם ספר בראשית בעזרת האל יתברך

הפטרת ויחי במלכים א' סימן ב' פ' א'

וַיִּקְרְבוּ יְמֵי־דָוִד לָמוּת וַיְצַו אֶת־שְׁלֹמֹה בְנוֹ לֵאמֹר׃ אָנֹכִי הֹלֵךְ בְּדֶרֶךְ כָּל־הָאָרֶץ
וְחָזַקְתָּ וְהָיִיתָ לְאִישׁ׃ וְשָׁמַרְתָּ אֶת־מִשְׁמֶרֶת ׀ יְהוָה אֱלֹהֶיךָ לָלֶכֶת בִּדְרָכָיו לִשְׁמֹר
חקותיו

פירוש מהגאון מלבים

אנכי הולך, שלמה היה בעת ההיא לדעת המפ' בן י"ב שנה, וכמ"ש (דה"א כט) שלמה בני וכו' נער ורך, ובהיות דוד חי עמד לימינו בין בהנהגת העם בין ללמדו תורה ומוסר, א"ל כי בהיותו מוכן ללכת בדרך עולם, צריך הוא להתחזק בעצמו, בין בהנהגת העם והיית לאיש, כראוי למושל ממשל רב בל יירא מפני כל: ושמרת והנהגה בדברים שבין אדם למקום יהיה בהפך, כמ"ש אם לא שויתי ודוממתי נפשי כגמול עלי אמו, יהיה כקטן אשר אמו תנהגו בכל צעדיו, כן תשמר משמרת

רלב"ג

וחזקת והיית לאיש. ר"ל שלא תהיינה פעולותיך פעולות צעיר שנים ונער אבל תהיינה פעולות איש גדול וזה אמנם יהיה עם ההתישבות ועצה: ושמרת את משמרת ה' אלהיך. ר"ל שישמור בלב מה שיצווהו הש"י לשמרו וזה אמנם יהיה בלמידת התורה ותהיה הלמידה ההיא בהתבוננות לתכלית שתלך בדרכי הש"י אשר נזכרו בתורת ולשמור כל החקים והמצות והמשפטים והעדות הכתובים בתורת

that He swore to Abraham, to Isaac, and to Jacob." 25. And Joseph adjured the children of Israel, saying, "God will surely remember you, and you shall take up my bones out of here." 26. And Joseph died at the age of one hundred ten years, and they embalmed him and he was placed into the coffin in Egypt.

Joseph raised them, i.e.,] *he raised them between his knees.*—[*Rashi*]

Ibn Ezra renders: were raised *on* Joseph's knees.

According to *Ibn Ezra*, Joseph saw four generations of Ephraim but only three generations of Manasseh, which is also *Rashbam*'s and *Rabbenu Bechaye*'s view. They point out that this was the beginning of the fulfillment of Jacob's blessing: "But his younger brother will be greater than he" (48:19).

Targum Jonathan paraphrases: When they (Manasseh's sons) were born, Joseph circumcised them. The commentary on *Jonathan* suggests

two explanations: 1) Joseph circumcised Manasseh's sons on the knees of the *sandek* (the person who holds the baby during the circumcision). 2) Joseph was the *sandek*, and someone else circumcised them on Joseph's knees. [The wording of the text appears to support the second explanation.]

He adjured his brothers' sons rather than his own, as if to say, "Return me to the place whence you took me."—[*Tos. Hashalem*]

26. **and he was placed**—Heb. וַיִּישֶׂם. *Rashbam*, following *Ibn Ganach*, defines וַיִּישֶׂם as in the passive voice. *Ibn Ezra*, however,

---

HAFTARAH VAYECHI
I KINGS 2:1-12

2:1. And the days of David drew near that he should die; and he charged Solomon, his son, saying: 2. "I am going the way of all the earth; so you must be strong and show yourself a man; 3. and you shall keep the charge of the Lord your God to walk in His ways, to keep

Unless otherwise specified, the commentary on the Haftarah is that of Malbim.

2:2. I am going—According to the commentators, Solomon was twelve years old at that time, as it is written: "My son Solomon...is young and tender" (I Chron. 29:1).

While David was still alive, Solomon stood at his right hand to assist him in governing the people and to learn from him Torah and ethics. Now David is telling Solomon that since his father is ready to go the way of all flesh, he must

be strong—both in governing the

considers it as being in the active voice. He, therefore, renders it: and one placed him.

into the coffin—that Joseph had prepared for himself.—[*Ibn Ezra*]

However Joseph was not buried, so that his body would be more accessible when the Israelites left Egypt (for they had sworn to carry it out with them). He was afraid that if they buried him with great honors,

the Egyptians would not permit his body to be taken out of the country.—[*Rivash*, quoted by *Tosafoth Hashalem*] The Talmud (*Sotah* 13a), however, states that the Egyptians placed his coffin into the Nile so that its waters would be blessed with abundance. They did so because Egypt's sole water supply is from the Nile, not from rainfall.— [*Rashi* ad loc.]

HAFTARAH VAYECHI

His statutes, His commandments, His judgments, and His testimonies, as it is written in the law of Moses, that you may prosper in all that you do, and wherever you turn; 4. that the Lord may perpetuate His word that He spoke concerning me, saying,

people, as he now commands him,

and show yourself a man—as is appropriate for a ruler over a vast empire—that he show no fear of anyone.

3. And...keep the charge—In matters between people and God, David instructs Solomon to behave in the opposite manner, as it is written: "I swear that I calmed and quieted my soul like a suckling on its mother" (Ps. 131:2). Concerning God he should be like a small child, whose mother guides him in all his steps. He commands him: So

you shall keep the charge of the Lord...as it is written in the law of Moses—and not rely on your own intellect. He proceeds to elaborate:

to walk in His ways—in matters regarding character traits, just as God is compassionate, gracious, and

patient, so should you be, for these are His ways.

to keep His statutes—Commandments that have no apparent reason,

His commandments—which *have* an apparent reason,

His judgments—Commandments dealing with the relationship between man and man,

and His testimonies—Commandments that attest to the Creation and the Exodus, such as the Sabbath and the festivals, only

as it is written in the law of Moses—without adding or subtracting, as is written: "and so that he may not turn aside from the commandment to the right or to the left" (Deut. 17:20),

that you may prosper, etc.—By doing so [strictly following them],

לְיִצְחָק וּלְיַעֲקֹב: כה וְאוֹמֵי יוֹסֵף יַת בְּנֵי יִשְׂרָאֵל לְמֵימַר לִבְנֵיהוֹן הָא אַתּוּן מִשְׁתַּעְבְּדִין בְּמִצְרַיִם וְלָא תְּהוֹדוּן לְמִיסוֹק מִמִּצְרַיִם עַד זְמַן דְּיֵיתוּן תְּרֵין פְּרוֹקִין וְיֵימְרוּן לְכוֹן מִדְכַּר דְּכִיר יְיָ יַתְכוֹן וּבְעִידָן דְּאַתּוּן סַלְקִין תַּסְקוּן יַת גַּרְמֵי מִכָּא: כו וּמִית יוֹסֵף בַּר מְאָה וַעֲשַׂר שְׁנִין כו וּבְסִימוּ יָתֵיהּ וְשָׂמוּהוּ בִּגְלוֹסְקְמָא בְּאַרְעָא דְמִצְרַיִם: חזק

וּבְסִימוּ יָתֵיהּ וְעַטְרוּן יָתֵיהּ וְשַׁוּוּן יָתֵיהּ בִּגְלוֹסְקְמָא וְשַׁקְעוּן יָתֵיהּ בְּגוֹ נִילוּס דְּמִצְרַיִם: חזק

פי' יונתן

יוסף פיו נפולים: (כה) ולא תידון וכו' תרין פרוקין כ"ה במדרש סי' מסר להם יוסף כל גואל שבא בלשון הזה הוא גואל אמת שנאמר פקוד יפקוד וכן נאמר וילך משה ואהרן הן תרין פרוקין ואמרו כך אמר הקב"ה פקוד פקדתי וכו': (כו) בגו נילוס דמצרים הכי איתא בפ"ק דסוטה ומנין היה משה יודע היכן יוסף קבור א"ל ארון של מתכת עשו לו מצרים וטבעו בנילוס כדי שיתברכו מימיו ויש לומר שדיוקו מדכתיב ויישם בארון שהוא למותר דמסתמא הושם בארון כשנקבר במצרים שהי' פטרונם ושר שלהם אלא הורה לנו כי שמוהו באופן שלא יגיעו המים אליו בתוך הארון וכדי שלא ידעו המצרים ויפשו ממנו ע"ז שקעוהו בנילוס גם אפשר לומר שדרש מלת במצרים מיותר ונוטריקון מצר ים והוא נילוס וק"ל:

בעל הטורים

הקב"ה מלך חי וקים הוא יפקד אתכם. ורמז שני פעמים פ"א פי' כשם שמלכתי פ' שנים כך יבוא לכם גואל בן שמנים שנה. א"נ יפקוד לשון חסרון כמו ולא נפקד ממנו איש כמו מנין פקיד חסר מת' ק"ן שנה וישאר כד"ו: וישבע יוסף את בני ישראל. ולא השביע לבניו אלא אמר להם משכם לקחתם אותי ולשם תחזירוני. ובמדרש יש שהשביעם שלא ידחקו את הקץ כי יוסף ידע את הקץ שיעקב גלה לו: ויחנטו. ב' בפרשה ויחנטו את ישראל ויחנטו את יוסף כדאיתא בכתובות דיספד יספדוניה דלא ידלוניה בשביל שחנט את אביו חנטוהו גם כן: ויישם בארון. כדי שיהא מלוי להם בצאתם משם:

חסלת פרשת ויחי

רשב"ם

שאחריו מוכיח שהשביעם להעלותו עמהם: (כו) ויישם כמו ויושם. וכן וייקץ נח כמו ויוקץ. מן (ישב) (נ"א שוב) ויושב. מן יצא המוצאים. תיא מוצאת. מן ירד והורד המשכן: בארון. נקבר בארון. כי עתידים היו להעלותו בארון. כשעבת מהם אף וחרון. ועברו ירד: בשמחה ורון. חבצלת השרון: ונחסל ויחי. אשפוך את שיחי. להודי ושבחי. לאמץ את כחי. השב נדחי. ואם אבר נצחי. שכבן גוחי. ירח ניחוחי. סבור רק שלחי. דברים עד תומם. הספר נחסל. ספי רב דמם. עד כי הוא סלסל. לוחות הסרופם. איש עניו פסל. ובראש אלה שמות. יסוד החכמות. לאוילים ראמות. את צור ראש אמות. ילביש כאמות. לו שארית תמות. יבנה הנשמות. חרושות כשדמות. יהיה מערמות. עפר החומות. ואבנים שלימות. כולם סתאימות. כפרת אשמות. נפשות העגומות. יבנה בחומות. בהר מקומות. ולא יעלו במות חלבי תבהמות:

אור החיים

למתכוון להשקות חבירו כוס מות והשקהו כוס יין שאינו מתחייב כלום והרי הם פטורים וזכאים גם בדיני שמים:

ספורנו

השגגה לתכלית טוב: (כז) ויחנטו אותו ויישם בארון. באותו הארון שהיתה ההנטה בו הניחו עצמותיו ולא קברוהו בקרקע ובזה נודע הארון לדורות שנא' ויקח משה את עצמות יוסף:

חסלת פרשת ויחי:

סליק ספר בראשית בעזר העושה כל בימים ששת

הפטרת ויחי

חֻקֹּתָיו מִצְוֺתָיו וּמִשְׁפָּטָיו וְעֵדְוֺתָיו כַּכָּתוּב בְּתוֹרַת מֹשֶׁה לְמַעַן תַּשְׂכִּיל אֵת כָּל־אֲשֶׁר תַּעֲשֶׂה וְאֵת כָּל־אֲשֶׁר תִּפְנֶה שָׁם: לְמַעַן יָקִים יְהוָֹה אֶת־דְּבָרוֹ אֲשֶׁר דִּבֶּר עָלַי לֵאמֹר אם

רלב"ג

בתורת משה כי בלמידה הזאת תשכיל ותדע כל מה שראוי לך לעשות בדבר דבר שיקרה לך ותהיה מפני זה מוכן להתנהג בדרכי התורה בכל מעשיך ובזה ג"כ תשכיל ותדע כל מה שראוי שתפנה שם והמשל כי אם לא ידע אדם שמחויב לשבת בסוכה בחג הסוכות לא יפנה להשתדל בעשייתה ויהיה זה סבה אל שלא יקיים זאת המצוה. או ירצה בזה כי שמירתך חקות הש"י ומצותיו ומשפטיו ועדותיו ככתוב בתורת משה יהיה סבה שתצליח את כל אשר תעשה וכל מה שתפנה אליו תגיע לך ההצלחה והוא מענין אמרו בכל אשר יפנה ישכיל, שכל דוד מכל עבדי שאול: למען יקים ה' את דברו וגו'. באר לו שכבר יגיע לו משמירת הכהונה תועלת אחר והוא התמדת המלוכה לו

פירוש מהגאון מלבים

משמרת ה' ככתוב בתורת משה, ולא תסמך על בינתך. ומפרש ללכת בדרכיו, הוא בעניני המדות מה הוא רחום וחנון ארך אפים שאלה הם דרכיו, ולשמור חוקותיו במצות שאין בהם שום טעם, מצותיו הם מצות שיש בהם טעם, ומשפטיו במצות שבין אדם לחברו, ועדותיו במצות המעידים על חידוש העולם ויל"מ כמו השבתות והמועדים וכדומה, ורק ככתוב בתורת משה בלא תוספת ומגרעת, וכמ"ש לבלתי סור מן המצוה ימין ושמאל, למען תשכיל וכו' אמר שבזה תרויח בשתים, א] מצד עצם המצוה, שע"י תשכיל את מעשיך, וככר בארנו שיש הבדל בין מצליח ובין משכיל, שהצלחה תלויה במזל, וההשכלה תלויה בטוב שכל האדם לבחור האמצעיים הטובים תמיד, וזה ילמדוך מצות התורה ומשפטיה, ויש המשכיל את אשר יעשה ולא את אשר יפנה, כי בפנותו לבקש האמצעיים ימצא הרבה מהם בלתי טובים ויעזבם, עד יבחר הטוב שבאמצעיים וילך בהם ואז ישכיל בדרכו, ויש המשכיל את כל אשר יפנה, שגם אם יבחר אמצעיים בלתי מובילים אל התכלית ישיבום בשכלו לטוב, באופן שישיג מהם את המבוקש, וז"ש שישכיל גם את כל אשר יפנה שם: למען, ב] תרויח מצד ה' המצוה שהבטיח לי מלכות קיימת לדור דורים, ותלאה בתנאי כמ"ש אם ישמרו בניך בריתי וכו' גם בניהם עדי עד ישבו לכסא לך, וכמה שתשמור מצות ה', בהכרח יקים ה' את דברו, והגם שאין לעשות המצות ע"מ לקבל שכר, הנה בזה יהיה הכונה למען יוכל ה' להקים את דברו, כי ה' רוצה בזה שיבנה כסא דוד לדור ודור, וזה עצמו רצון ה', בענין שבמה שיעשה המצות על תכלית זה הוא ג"כ על תכלית שיוכל ה' למלאות דברו, שזה רצון ה', וכמ"ש למען אשר יצוה את בניו ואת ביתו אחריו ושמרו דרך ה' וכו', למען הביא ה' על אברהם את אשר דבר עליו, ומה שכפל מלת לאמר, ירמוז בזה מ"ש חז"ל (ברכות דף ז) שכל מדה טובה שיצאה מפי הקב"ה אפי' על תנאי לא חזר בו, כי מאמרו ית' הוא המביא הדבר אל המציאות, והתנאי לא יוכל להשיב דבר שנאמר מאת ה', אמר כי פה לא יהוה כן

אִם־יִשְׁמְרוּ בָנֶיךָ אֶת־דַּרְכָּם לָלֶכֶת לְפָנַי בֶּאֱמֶת בְּכָל־לְבָבָם וּבְכָל־נַפְשָׁם לֵאמֹר לֹא־יִכָּרֵת לְךָ אִישׁ מֵעַל כִּסֵּא יִשְׂרָאֵל: וְגַם אַתָּה יָדַעְתָּ אֵת אֲשֶׁר־עָשָׂה לִי יוֹאָב בֶּן־צְרוּיָה אֲשֶׁר עָשָׂה לִשְׁנֵי־שָׂרֵי צִבְאוֹת יִשְׂרָאֵל לְאַבְנֵר בֶּן־נֵר וְלַעֲמָשָׂא בֶן־יֶתֶר וַיַּהַרְגֵם וַיָּשֶׂם דְּמֵי־מִלְחָמָה בְּשָׁלֹם וַיִּתֵּן דְּמֵי מִלְחָמָה בַּחֲגֹרָתוֹ אֲשֶׁר בְּמָתְנָיו וּבְנַעֲלוֹ אֲשֶׁר בְּרַגְלָיו: וְעָשִׂיתָ כְּחָכְמָתֶךָ וְלֹא־תוֹרֵד שֵׂיבָתוֹ בְּשָׁלֹם שְׁאֹל: וְלִבְנֵי בַרְזִלַּי הַגִּלְעָדִי תַּעֲשֶׂה־חֶסֶד וְהָיוּ בְּאֹכְלֵי שֻׁלְחָנֶךָ כִּי־כֵן קָרְבוּ אֵלַי בְּבָרְחִי מִפְּנֵי אַבְשָׁלוֹם אָחִיךָ: וְהִנֵּה עִמְּךָ שִׁמְעִי בֶן־גֵּרָא בֶן־הַיְמִינִי מִבַּחֻרִים וְהוּא קִלְלַנִי קְלָלָה נִמְרֶצֶת בְּיוֹם לֶכְתִּי מַחֲנָיִם וְהוּא־יָרַד לִקְרָאתִי הַיַּרְדֵּן וָאֶשָּׁבַע לוֹ בַיהוָה לֵאמֹר אִם־אֲמִיתְךָ בֶּחָרֶב: וְעַתָּה אַל־תְּנַקֵּהוּ כִּי אִישׁ חָכָם אָתָּה וְיָדַעְתָּ אֵת אֲשֶׁר תַּעֲשֶׂה־לּוֹ וְהוֹרַדְתָּ אֶת־שֵׂיבָתוֹ בְּדָם שְׁאוֹל: וַיִּשְׁכַּב דָּוִד עִם־אֲבֹתָיו וַיִּקָּבֵר בְּעִיר דָּוִד: וְהַיָּמִים אֲשֶׁר מָלַךְ דָּוִד עַל־יִשְׂרָאֵל אַרְבָּעִים שָׁנָה בְּחֶבְרוֹן מָלַךְ שֶׁבַע שָׁנִים וּבִירוּשָׁלַםִ מָלַךְ שְׁלֹשִׁים וְשָׁלֹשׁ שָׁנִים: וּשְׁלֹמֹה יָשַׁב עַל־כִּסֵּא דָּוִד אָבִיו וַתִּכֹּן מַלְכֻתוֹ מְאֹד:

פירוש מהגאון מלבים

כן, כי הקדים את התנאי אל המאמר, כאילו אמר **אם ישמרו בניך את דרכם וכו'**, **אז לאמר לא יכרת לך איש**, ר"ל אז יאמר ויגזור כן, אחר שיתקיים התנאי אז יהיה האמירה, בענין שאם לא יתקיים התנאי לא אמר כלל ולא יצאה מדה טובה זו מפיו: **וגם אתה ידעת**, מלת וגם נמשך אל **ועשית כחכמתך**, אחר שלוהו בל יסור מתורת משה, ולא יסמוך על חכמתו ושקול דעתו, אמר שבכ"ז יש ענינים שניתן לו הכח לעשות כחכמתו, ולא כמשפטי התורה, והם דיני המלך שמשונים מדיני התורה, שהמלך הורג בלא התראה והורג רבים ביום אחד כשהוא צורך שעה, הגם שאינו כמשפט התורה, נתן כח זה אליו לגדור גדר ולעמוד בפרץ, ובזה יעשה כפי חכמתו לבד, וגם ענין יואב היה מעין זה, כי בדין תורה לא היה חייב מיתה כי לא היה שם התראה, ולזה להרגו מדין המלכות, ולכן הגם שלא הרגו בחייו שראה שאז היה צורך שעה להחיותו, כי לא היה אחר ראוי לצבא, אמר שיעשה כחכמתו לפי צורך זמנו, ועז"א וגם שעם משפטי התורה תוכל לשפוט גם כחכמתך, ובאר מה שחטא יואב, א] **אתה ידעת את אשר עשה לי**, שחטא איזה דבר נגד דוד שהיה בסוד וידעוהו דוד וגם שלמה. וחז"ל בארו שהראה האגרת ששלח לו בדבר אוריה, ועי"כ פרסם קלון, ב] **אשר עשה לשני שרי צבאות**, ובזה הגדיל חטאו בשלשה פנים, א] ויהרגם, ב] **וישם דמי מלחמה בשלום**. כי שני שרים האלה נלחמו תחלה נגד דוד, אבנר היה אצל איש בשת, ועמשא אצל אבשלום, ואז היה יוכל להרגם בדרך מלחמה, אבל הוא הרג שניהם אחר שהשלימו עם דוד, כאילו עדיין עוסקים במלחמה, ודבר כזה הורס ענין המלוכה ונמוסי המדינות להרוג השרים שכורתים עמהם ברית אחר כלות המלחמה, וזה חטא נמוסי ונוגע בכבוד המלכות אחר שנעשה מסר לבאו שנדמה שעשאו בפקודת דוד. ג] **ויתן דמי מלחמה בחגורתו אשר במתניו**, שלא הרגם פנים אל פנים רק בדרך ערמה, ע"י החגורה שנפל החרב מתוכה וע"י שניתק שרוך נעל והטה א"ע ועמשא לא נשמר, כמו שפרש"י: ולכן **ועשית כחכמתך** אשר תראה שהוא צורך שעה להעניש באופן **שלא תורד שיבתו בשלום שאול**, לא פקד להרגו דוקא, רק שלא ירד שאול בשלום, כי יענישנו באיזה אופן שיראה בחכמתו: **ולבני ברזלי כו' כי כן קרבו אלי**, ר"ל זה יהיה מדה כנגד מדה, כי כן קרבו בשולחנם, לכן יאכלו על שולחנך, והיתה הקורבה בברחי מפני אבשלום, שאז לא היו מלפים לתשלום גמול: **והנה עמך**, פי' מהרי"א שא"ל **הנה שמעי עמך** מאנשי עצתך כי היה רבו של שלמה, (וגם מ"ש (א א) ושמעי ורעי לא היו עם אדוניהו הוא שמעי בן גרא) דע שראוי שתרחיקהו כי איש רע מעללים הוא, א] **שקללני**, ב] **שירד לקראתי הירדן** ובזה הכריחני להשבע לו כמ"ש ואני באתי היום ראשון לכל בית יוסף, שבזה די עזות וקלף: **ועתה** ר"ל אני נשבעתי ומחלתי לו **ועתה** אם יחטא לך **אל תנקהו**, **כי איש חכם אתה וידעת את אשר תעשה לו** לנסותו אם פי מלך ישמור כראוי ואם רעה תמצא בו **והורדת את שיבתו בדם שאול**, ואל תמחול לו: **והימים** כבר נז' בס' שמואל ושנה זה פה כי גם שלמה מלך כזמן הזה, וזה נכלל במ"ש **ושלמה ישב על כסא דוד אביו**, רק דוד מלך תחלה שבע שנים בחברון מלכות בלתי כוללת ושלמה **ותכון מלכותו מאד** תיכף במלכו:

רלב"ג

ולזרעו: **את אשר עשה לי יואב בן צרויה.** ר"ל ע"ד אבשלום שעבר מצותו והרגו ואח"כ דבר אל דוד קשות כמו שנזכר במה שקדם: **וישם דמי מלחמה בשלום.** ר"ל על הריגת אבנר כי הוא הרגו בעת היותו בשלום עמו מפני שהרג עשהאל אחיו במלחמה והנה היה אז אבנר בשלום עמו כי הוא בא אל המלך שהביא לו המלוכה והוא שלחו וילך בשלום: **ויתן דמי מלחמה בחגורתו אשר במתניו ובנעלו אשר ברגליו.** זה שב אל עמשא כי יואב שם כלי המלחמת בהרגו אותו בחגורתו אשר במתניו ובנעלו אשר ברגליו לפי שהוא שם תער חרבו מצומדת בחגורתו ולא שם תערה תוכה כמנהג וכאשר ראה עמשא שחה לתקן נעלו אשר ברגליו ואז בשחותו נפל החרב מתערו לארץ ולקחו יואב משם ולזה לא נשמר עמשא מן החרב אשר ביד יואב ובהיות הענין כן הנה יתאמת שיואב נתן דמי המלחמה באלו הכלים אשר אינם מוכנים לצד המלחמה כלל: **ולא תורד את שיבתו בשלום שאול.** ר"ל עשה כחכמתך באופן שלא תניחנו למות מיתת עצמו כי כבר הגדיל לעשות הרעות הנפלאות האלו ויוסרו שאר האנשים מעשות ככה וייראו ג"כ מלבעום במלכות: **והנה עמך שמעי בן גרא.** אמר זה כי הוא היה עמו בהמשחו כאמרו ושמעי ורעי והגבורים אשר לדוד לא היו עם אדניהו וידמה גם כן שנשאר עמו לעבודתו כי היה יושב בירושלים כמו שתמצא שנזכר במה שאח"ז: **והוא קללני קללה נמרצת.** חזקה וקשה וזה מבואר מדבריו לו בעת ברחו מפני אבשלום: **ועתה אל תנקהו.** ר"ל אע"פ שהוא עמך ואין לך עליו דרך ותואנה להרגו ולא על מה שחרף וקלל אותי כי כבר נשבעתי לו שלא אמיתהו הנה תעשה בדרך שלא יהיה נקי מהעונש כי איש חכם אתה ותמצא בזה דרכים יתכן בהם שתוכל להגיע עליו עונש המות באופן שתוריד את שיבתו אל הקבר בשפיכות דמים לא כמות כל האדם: **וישכב דוד עם אבותיו.** מגיד שאבותיו היו צדיקים וישרים כמוהו: **ויקבר בעיר דוד.** היא ציון: **ושלמה ישב על כסא דוד אביו.** מגיד שאחז מעשה אבותיו:

'If your children take heed in their way, to walk before Me in truth with all their heart and with all their soul,' saying, 'There shall not fail you a man on the throne of Israel.' 5. Indeed, you know what Joab the son of Zeruiah did to me, [and] what he did to the two captains of the hosts of Israel, to Abner the son of Ner and to Amasa the son of Jether, whom he slew, and He shed the blood of war in peace, and put the blood of war upon his girdle, which was about his loins, and in his shoes that were on his feet. 6. And you shall do according to your wisdom, and not let his hoary head go down to the grave in peace. 7. But show kindness to the children of Barzilai the Gileadite, and let them be among those who eat at your table, for so did they befriend me when I fled from Absalom your brother. 8. And, behold, with you is Shimei the son of Gera, the Benjamite of Bahurim. He cursed me with a grievous curse on the day when I went to Mahanaim, and he came down to meet me at the Jordan, and I swore to him by the Lord, saying, 'I will not put you to death with the sword.' 9. But now do not hold him guiltless, for you are a wise man, and you will surely know what you ought to do to him, and you shall bring his hoary head down to the grave with blood." 10. And David slept with his fathers, and was buried in the city of David. 11. And the days that David reigned over Israel were forty years: seven years he reigned in Hebron, and in Jerusalem he reigned thirty-three years. 12. And Solomon sat upon the throne of David his father, and his kingdom was firmly established.

you will profit in two ways: both 1) through the commandment itself, through which you will

prosper in all that you do—The judgments and the commandments of the Torah will always teach you to choose the proper way to arrive at your goal. Some people prosper in "what they do," but they do not prosper in "where they turn." This means that in their search for the proper way they come across many ways that are inappropriate, which they reject. They finally hit upon the best means to achieve their goal. Then they succeed. Others prosper wherever they turn; even if they sometimes adopt inappropriate means, their intellect enables them to convert them in a way that they are able to achieve their goal. This is the meaning of

that you may prosper...wherever you turn.

4. **that**—[The second way you will prosper is:] 2) you will profit through the Lord, Who issued the commandment and Who promised me a kingdom lasting throughout all generations, but made His promise contingent on "If your sons keep My covenant...also their sons will sit on your throne forever" (Ps. 132:12). Therefore, if you keep the Lord's commandments, He will

perpetuate His word—Although it is improper to perform commandments for the sake of receiving reward, in this case your intent should be to ensure that God will be able to keep His word. God desires that David's throne endure from generation to generation, and this in itself is God's wish. Consequently, practicing the commandments with this intent [of perpetuating David's throne] *equals* practicing them with the aim that God should be able to fulfill His word. This itself is God's will, as it is written: "For I have known him (Abraham) because he commands his sons and his household after him that they should keep the way of the Lord...in order that the Lord bring upon Abraham what He spoke concerning him" (Gen. 18:19).

saying—This word is repeated, alluding to the Talmudic maxim: "The Holy One, blessed be He, did not renege on any favorable promise that emanated from His mouth even [when it was said] conditionally" (*Ber.* 7). (I.e., even when the promise was made under a certain condition), for God's statement makes it a reality, and the condition cannot reverse the word spoken by God. Therefore, David says that this rule does not apply here because God placed the condition [of following God's way] before the statement. It is as if He said,

'If your children take heed in their way,' then [God will promise],

saying, 'There shall not fail you a man—Then God will say and decree this. After the condition is fulfilled [that your children take heed in their way], then the statement will be made. If the condition is not fulfilled, it is as if the statement was never made, and this favorable promise never emanated from His mouth.

5. **Indeed, you know**—This is connected with "And you shall do according to your wisdom." After David commanded Solomon not to deviate from Moses' Torah and not to rely on his own intellect, he now says that, nevertheless, in certain matters Solomon has the power to deviate from the laws of Torah and judge according to his own understanding. These are the laws regarding the king, which differ from the general laws of the Torah. That is, the king may put a sinner to death although the sinner had not been forewarned, and he may also put many condemned persons to death on the same day if he decided it was necessary. This was allowed for the

king even though according to the law of the Torah, a sinner may not be punished unless he had been warned of the consequences of his act. Similarly, the court may not execute two criminals on the same day. These rights were granted the king to enable him to erect safeguards and rectify any breaches in his people's conduct. In these matters, he may conduct himself as he sees fit. The case of Joab also fits into that category, because, according to the laws of the Torah, since Joab was given no warning, he would not be liable to be put to death. (See II Sam. 3:27, 20:8-10.) Nonetheless, David instructs Solomon to execute Joab using his power of a royal edict. Therefore, although David had not executed Joab during his own lifetime because he had needed Joab to be general of his forces, he now commands Solomon to act as he sees fit. Therefore, David says, "Indeed," indicating that although as a rule the Torah does not permit punishing sinners when they have not been forewarned, Solomon may do so according to his wisdom. Now David elaborates on Joab's sin:

1) **you know what Joab the son of Zeruiah did to me**—He committed a crime against David, by divulging a secret to which only David and Solomon were privy. Our Sages explained that Joab publicized the letter that David had sent to him concerning Uriah the Hittite, and thereby brought disgrace upon David (*Yalkut Shimoni*, I Kings 170; *Tanchuma Massei* 12);

2) **[and] what he did to the two**

captains of the hosts—thereby magnifying his crime in three ways:

1) **he slew,**

2) **he shed the blood of war in peace**—For originally, two generals had opposed David: Abner was aligned with Ish-bosheth, and Amasa with Absalom. Under these circumstances, Joab had an opportunity to kill them in war and it would have been justified in that context. Instead, he waited until after they had made peace with David to kill them. Thus, blood that should have been shed in war was shed in peace. Joab's arrogant act proved embarrassing to David in undermining both the credibility of his throne and the reliability of his treaties and promises. Joab, as captain of the army, was considered David's spokesman. By killing these generals after they had made peace, Joab was conveying that David had reneged on his commitments.

3) **and put the blood of war upon his girdle, which was about his loins**—He did not kill them face to face but stealthily, through a girdle from which the sword fell, and through a shoelace that tore. Joab turned aside and Amasa did not know to beware of him, as *Rashi* explains.[1] Therefore,

6. **You shall do according to your wisdom**—when you notice an opportunity to punish him, in a way that you will

not let his hoary head go down to the grave in peace—David did not explicitly order Solomon to kill Joab, but only indicated that he should make sure that Joab would not go to his grave in peace. He wanted Solomon to find a way to punish Joab as his wisdom dictated.

Joab was David's nephew, the son of David's sister. Therefore, although their relationship was unfriendly, David still had Joab's ultimate welfare in mind. He instructed Solomon, "Do not let him die a natural death (since this will minimize his wordly punishment) and cause him to fall into purgatory (for torturous purification)." —[*Rashi* and *Yalkut Shimoni*]

7. But show kindness to the children of Barzilai the Gileadite, …for so did they befriend me— Repay them measure for measure by inviting them to eat at your table, because they befriended me with their table. They extended this friendly gesture when I was fleeing from Absalom, during a time when they could not have expected any reward for their hospitality since my kingdom was then in jeopardy.

8. And, behold, with you is Shimei the son of Gera—*Don Isaac Abarbanel* explains: Behold, Shimei is with you; i.e., he is one of your confidants. He was, in fact, Solomon's mentor. (Also, the Shimei mentioned in I Kings ch. 1, verse 8: "…and Shimei and Rei and David's mighty men were not with Adoniahu," refers to Shimei the son of Gera.) Do not have anything to do with him because he is a scoundrel. He committed the following crimes against me:

1) **He cursed me**—and

2) **he came down to meet me at the Jordan**—By doing so, he compelled me to swear to him; therefore,

I swore to him—as it is said: "and I have come this day as the first of all the House of Joseph" (II Sam. 19:21), which revealed him to have enough audacity to deserve punishment.

David sought to prevent a repetition of his own bitter and disappointing experiences with Shimei. Since Shimei taught Solomon Torah (*Berachoth* 17a), was his close friend and adviser, and was not among the followers of Adoniahu, David feared Solomon would completely confide in Shimei. He therefore used this opportunity to warn Solomon of his suspicions of betrayal.—[*Abarbanel*].

9. But now do not hold him guiltless—Because of my oath, *I* could not personally punish him but you should not hold him guiltless,

for you are a wise man, and you will surely know what you ought to do to him—in order to test him, to determine whether or not he obeys the king's command. If he sins against you,

you shall bring his hoary head down to the grave with blood—and you shall not forgive him.

10. And David slept with his fathers—At one time David became very curious as to the exact date on which he was supposed to die, and asked the Almighty to inform him. He was answered that a heavenly decree ruled that no one is to be informed of the time of his death. When David persisted, he was told that he would die on a Sabbath. David was dissatisfied, and asked if he could die on the day after the

Sabbath. "No" came the answer, you cannot live beyond the Sabbath, since that will interfere with Solomon's kingdom. David then asked if he could die *before* the Sabbath. Again the answer was "No," although the earlier Solomon ascends to the throne the earlier the Temple will be built and many more sacrifices be offered. Nevertheless, each additional day that David lives and is immersed in the study of Torah is much more beloved and preferred by God. Thereafter, David completely dedicated every Sabbath to the study of Torah. When the predestined day of his death came, the Angel of Death found that he could not overcome David because the Torah he studied protected him. So the Angel of Death went out to the garden and shook the trees. The noise disturbed David, and he got up and went to investigate. As he stepped out, thereby interrupting his studies momentarily, the stairs gave way and he tripped and fell. He died shortly after (*Shabbos* 30a).

11. **And the days that David reigned over Israel were forty years**—This was already mentioned in the Book of Samuel (II Sam. 5:4). It is repeated here to inform us that Solomon's reign was as long as David's reign. This is included in

12. **And Solomon sat upon the throne of David his father**—The difference is that David first reigned seven years in Hebron, although he did then rule over the entire nation, whereas, concerning Solomon, Scripture says:

and his kingdom was firmly established—immediately upon his ascent to the throne.

And his kingdom was firmly established—*His kingdom proved to be a much more peaceful one than that of his father. After ridding himself of the few enemies he had inherited from his father, his kingdom was firmly established. By the right of divine wisdom he was also master and ruler of all heavenly creatures and beings.*—[*Rashi*]

ZECHARIAH 2:14-4:7

14. "Sing and rejoice, O daughter of Zion, for lo, I am coming, and I will dwell in your midst," says the Lord. 15. And many nations will attach themselves to the Lord on that day, and they will become My people, "but I will dwell in *your* midst," and you will know that the Lord of Hosts has sent me to you. 16. And the Lord will take Judah into His possession, his portion on the holy soil, and He will again choose Jerusalem. 17. Be silent, all flesh, before the Lord, when He is aroused out of His Holy Habitation. 3:1. Then He showed me Joshua, the high priest, standing before the angel of the Lord, with Satan standing on his right to accuse him. 2. And the Lord said to Satan: "The Lord rebuke you, O Satan; the Lord, Who has chosen Jerusalem, rebuke you, for is this one not a brand plucked from fire?" 3. Now Joshua was wearing soiled garments and standing before the angel. 4. And he (the angel) called out and said to those that stood before him, saying, "Take off his soiled clothes." Then he said to him, "Behold, I have removed your iniquity from upon you, now clothe yourself

---

Unless otherwise specified, the commentary on the Haftarah is that of Malbim.

14. **Sing**—After the prophet relates God's warning to the nations, namely that they should not harm Israel in exile, for He will bestow His Providence upon them (Israel), the prophet turns to address Israel, urging them to sing and rejoice over the salvation destined to come at the end of the days of God's anger, for then

I am coming—to

dwell in your midst—as it is written: "and for glory I will be in its midst" (Zech. 2:9).

15. **And many nations will attach themselves to the Lord**—They will be proselytized and adopt the true religion, but nonetheless,

I will dwell in *your* midst—I.e., in Israel's midst, as it is written: "I will walk among you" (Lev. 26:12).

and you will know that the Lord of Hosts has sent me to you—The previous mission was intended to warn the nations. This mission is intended for you, to bring you the news that there is hope.

16. **And the Lord will take Judah into His possession, his portion**—The prophet Ezekiel (chs. 45 and 48) prophesies that in the

בזכריה סימן ב' פ' י"ד

רָנִּי וְשִׂמְחִי בַּת־צִיּוֹן כִּי הִנְנִי־בָא וְשָׁכַנְתִּי בְתוֹכֵךְ נְאֻם־יְהוָה׃ וְנִלְווּ גוֹיִם רַבִּים אֶל־
יְהוָה בַּיּוֹם הַהוּא וְהָיוּ לִי לְעָם וְשָׁכַנְתִּי בְתוֹכֵךְ וְיָדַעַתְּ כִּי־יְהוָה צְבָאוֹת שְׁלָחַנִי
אֵלָיִךְ׃ וְנָחַל יְהוָה אֶת־יְהוּדָה חֶלְקוֹ עַל אַדְמַת הַקֹּדֶשׁ וּבָחַר עוֹד בִּירוּשָׁלָםִ׃ הַס כָּל־
בָּשָׂר מִפְּנֵי יְהוָה כִּי נֵעוֹר מִמְּעוֹן קָדְשׁוֹ׃ וַיַּרְאֵנִי אֶת־יְהוֹשֻׁעַ הַכֹּהֵן הַגָּדוֹל עֹמֵד לִפְנֵי
מַלְאַךְ יְהוָה וְהַשָּׂטָן עֹמֵד עַל־יְמִינוֹ לְשִׂטְנוֹ׃ וַיֹּאמֶר יְהוָה אֶל־הַשָּׂטָן יִגְעַר יְהוָה בְּךָ
הַשָּׂטָן וְיִגְעַר יְהוָה בְּךָ הַבֹּחֵר בִּירוּשָׁלָםִ הֲלוֹא זֶה אוּד מֻצָּל מֵאֵשׁ׃ וִיהוֹשֻׁעַ הָיָה לָבֻשׁ
בְּגָדִים צוֹאִים וְעֹמֵד לִפְנֵי הַמַּלְאָךְ׃ וַיַּעַן וַיֹּאמֶר אֶל־הָעֹמְדִים לְפָנָיו לֵאמֹר הָסִירוּ
הַבְּגָדִים הַצֹּאִים מֵעָלָיו וַיֹּאמֶר אֵלָיו רְאֵה הֶעֱבַרְתִּי מֵעָלֶיךָ עֲוֺנֶךָ וְהַלְבֵּשׁ אֹתְךָ
מחלצות

אבן עזרא

רני. ושכנתי על תנאי. אם התחברו ישראל מכל הגוים והנה לא עשו כן כאשר פרשתי במגלת שיר השירים וככה מראות האיפה כאשר אפרש: ונלוו. אם ישראל יבואו: ונחל. יקחנו לחלקו כמו ונחלתנו או הפועל יוצא כמו אשר ינחלו לכם: הס. על דרך ידמו כאבן ומלת נעור מבנין נפעל כמו נכון וזה הבנין יבוא בלשון הווה פעול גם בלשון עבר כמו נכונו ללצים שפטים והממלכה נכונה גם זה נעור לשון עבר והעתיד אשר יעור משנתו יבא קמץ קטן תחת גדול אולי היה כן בעבור אות הגרון והמפרש כי הוא כמו נערו כגורי אריות סברה נכונה חשב בעבור מלת הס: ויראני. השם כדרך מראות הלילה: והשטן. אויב כמו שעשה סנבלט וכאשר עשו צרי יהודה ושם כתוב כתבו שטנה והם היו שטן ליהושע כי לא ירצו שהבית יבנה ויהיה יהושע כהן גדול: ויאמר. שהשם יסיר כל שטן שוטן שלא יבנה הבית ותבנה עבודת בית המקדש שלימה וטעם הלא דרך משל די לאלה צערם שנמלטו מהגלות או איך תוכל לשטנו והאש לא הזיקו ודרך משל איך תוכל לשטנו אחרי שהוא מצל מהגלות: ויהושע. יש אומרים כי הבגדים הצואים אחד מבני בניו היה חתן לסנבלט וזה העון אינו על יהושע כי לא היה זה בימיו והנכון כי לא היה לו בגדי כבוד ותפארת כי לא היה להם רק מזבח להקריב העולות ואין להם בית ולא פרכת וכפרת ומזבח הזהב ובגדי זהב והנה הבגדים משל שאין לו כבוד והדר: ויען. זה המלאך אל העומדים לפני זה המלאך והוא שר עליהם כי יעשו מה שיצום וי"א כי לפניו שב אל יהושע וזה רחוק כי למה יעמדו אנשים לפניו ומה מעלה יש לו כי הוא לבוש בגדים צואים ודע כי לבוש פועל יוצא ובאומרו לובש הוא לובש עצמו ולבוש אחר שם עליו אלה הבגדים הצואים ומלת עונך כדרך גדול עוני מנשוא גדול עונשי וצערי על כן אמר אחריו הן גרשת אותי וגם זה עונך ככה: העברתי מעליך. עונשך וצערך וחרפתך כדרך ונקה האיש מעון וכן והאשה תשא את

פירוש מהגאון מלבים

רני, אחר שהודיע האזהרה שהזהיר ה' על ידו את האומות בל ירעו לישראל בגולה כי ה' משגיח עליהם, משים פניו אל בת ציון שתרון ותשמח על הישועה שתבא באחרית ימי הזעם שאז **אבא אליך לשכון בתוכך**, כמ"ש ולכבוד אהיה בתוכה: **ונלוו גוים רבים אל ה'** שיתגיירו ויקבלו דת האמת ובכ"ז **ושכנתי בתוכך** היינו בתוך ישראל כמ"ש והתהלכתי בתוככם, **וידעת כי ה' צבאות שלחני אליך**, כי השליחות הקודם היה להזהיר את הגוים, ושליחות זה הוא אליכם לבשר אתכם כי יש תקוה: **ונחל ה' את יהודה חלקו**, מבואר ביחזקאל (סי' מ"ה וסי' מ"ח) כי בחלוקת הארץ לעתיד ירימו תרומה את חבל הארץ שהיתה נחלת שבט יהודה ויהיה קדש ה', ששם יעמוד המקדש וסביב לו יהיה מושב הכהנים והלוים ועיר ירושלים שלעתיד שתהיה רחוקה מן המקדש מ"ה מיל והנותר ברצועה בארץ יהיה שייך אל המלך המשיח ויהיה ג"כ תרומת קדש, ויהודה יקח חלקו מצפון לתרומת הקדש, וז"ש שהחלק שהיה ליהודה בחלוקת יהושע על אדמת הקדש ינחל ה', שתהיה נחלת ה', עד שה' **ינחל את יהודה**, ר"ל יקח נחלתו שהוא **חלקו** שהיה לו **על אדמת הקדש**, **ובחר עוד בירושלים** ולא ישנה מקום המקדש הגם שעי"ז יצטרך לקחת חלקו של יהודה, כי תרומת הקדש תתרע ברוחב ע"ה מיל, כמבואר ביחזקאל שם: **הס כל בשר**, כראותו במחזה התגלות ה' לעתיד לבוא ונקמתו בצרי יהודה, אומר שכולם ישתקו מפני ה' בעת **שנעור ממעון קדשו**, וכן אמר גם חבקוק כראותו נקמת בבל: **ויראני את יהושע** הכהן הגדול, ראה בנבואה איך יהושע **עומד לפני מלאך** ה' שדן אותו על מעשיו, והשטן שהוא המקטרג **עומד על ימינו לשטנו** כי המלמד חובה נצב לשמאל המלאך השופט שהוא ימין יהושע העומד כנגדו, ומבואר פה שהיה על יהושע שני מיני דינים דין אחד על עצמו שהיה עליו איזה קטרוג, וכבר היה הקטרוג הזה בעת שהשליכוהו לכבשן האש (שזה היה בזמן קדוש) שאז עמד לדין אם הוא ראוי שיעשה לו נס ע"י המלאך ואז קטרג עליו השטן, ואז. **ויאמר ה'**, שמע שה' שהוא בעל הרחמים אמר אל השטן, שיגער בו מצד שני ענינים, א] יגער ה' בך **השטן** שיגער בו מצד שהוא ה' בעל הרחמים המטה בריותיו לזכות, ב] יגער ה' בך מצד שהוא **הבוחר בירושלים**, ומצד זה יציל את הכ"ג אשר שמשו אבותיו במקדש, ובזה הצליח הדין שראוי אל הנס שיצלל, ועז"א **הלא זה אוד מוצל מאש**, ר"ל הגם שאינו ראוי שיעשה לו נס כמו חנניה מישאל ועזריה שלא שלט האש בם כלל אף בבגדיהם כי הושע נשרפו בגדיו, ואם כן הוא אוד שלט בו האש קצת, בכ"ז הוא מוצל מאש שלא תשלט האש בגופו, הגם שתבער בבגדיו: **ויהושע**, עוד ראה שהיה עליו דין שני אם ישמש בכהונה גדולה, ופירשו חכמינו זכרונם לברכה שזה היה מפני שבניו נשאו נשים נכריות (כי מה שתמה ע"ז הראב"ע שזה היה אחר מותו, אינו תימה, שמה שנזכר בנחמיה שנמצא מבני אלישיב (מבני יהושע) שנשאו נכריות, פי' שכבר נשאו מימים רבים כקבלת הז"ל), ולכן היה **לבוש בגדים צואים**, כי מפני שהיה הדין על הבגדים מצייר שתחת בגדי כהונה לבש בגדים מורים על עונותיו, וגם תפס ציור הזה ממה שהיה בפועל שנשרפו בגדיו כי בגדיו היו נואים ולא היו ראוים לנס: **ויען ויאמר אל העמדים לפניו**, המלאך אמר אל הממונים תחתיו להעביר פשע ולכפר חטאת, **הסירו הבגדים הצואים** מעליו, ר"ל שלא ישא עונש בעון בניו, וגם י"ל שבניו גרשו נשותיהם, ובאר לו כוונת המשל **ראה העברתי מעליך עונך**, ר"ל העונות שהם עליך מבחוץ ע"י הבנים שהם

future Messianic era, the land will be divided again. The former territory of Judah will be set aside as an offering to be devoted to God. The Temple will be situated in this territory, surrounded by the dwellings of the priests, and the Levites and the future city of Jerusalem, which will be forty-five *mil* from the Temple. The rest of the strip of land of the offering (the holy part of the land) will belong to the King Messiah. It will also be a holy portion. Judah will take his share on the north of the holy portion. What Scripture means here is that the portion that fell by lot to Judah in Joshua's apportionment of the holy soil, the Lord will take as His portion, to the extent that

the Lord will take Judah into His possession—I.e., He will take Judah's territory, which was

his portion—that he had previously possessed

on the holy soil, and He will choose Jerusalem again—He will not alter the site of the Temple, although this new plan will necessitate appropriating the territory of Judah, because the width of the holy portion is seventy-five *mil*, as is delineated in Ezekiel 45 and 48.

Rashi renders: *and the Lord will take Judah into His possession as His inheritance and His share. Redak* comments that Judah shall be God's inheritance in the return to the Holy Land. Judah is mentioned because it was the ruling tribe. If the Second Commonwealth is meant, Judah was almost the only tribe to return to the Holy Land. *Kara* renders: And the Lord shall cause Judah to inherit its

share on the Holy Land.

17. **Be silent, all flesh**—When the prophet perceives in his prophetic vision that God will reveal Himself in the future and exact retribution upon Judah's adversaries, he says that "all flesh" should be silent and stand in awe before the Lord

when He is aroused out of His Holy Habitation—A similar exhortation is found in Habakkuk (2:20) when the prophet envisions the retribution exacted upon Babylon.

3:1. **Then He showed me Joshua, the high priest**—Zechariah saw in his prophetic vision that Joshua, the high priest, was

standing before the angel of the Lord—who was judging him for his deeds, and Satan, the accuser, was

standing on his right to accuse him—for [in general] the prosecutor stands to the left of the judging angel, which in this case was to the right of Joshua, who stood opposite him. It appears that Joshua had two accusations leveled against him, one personally, for his own sins, and one for the sins of his sons. Joshua was tried for his sins when he was cast into the fiery furnace, (which took place at an earlier time,) when he was judged as to whether he deserved to be miraculously saved by the angel. At that time, Satan accused him, and then

2. **the Lord said to Satan**—Zechariah heard that the Lord, Whose name is expressed by the Tetragrammaton (יהוה), which represents the divine attribute of compassion, said to Satan that He would

rebuke him for the following two reasons:

1) **The Lord rebuke you, O Satan**—since He is the All-merciful One, Who seeks to exonerate His creatures, and

2) **the Lord, Who has chosen Jerusalem, rebuke you**—He will rebuke you because He has chosen Jerusalem. He will save Joshua because his ancestors served in the Temple. For these reasons, it was decided that Joshua should be miraculously saved. Concerning this, God says,

for is this one not a brand plucked from fire?—although he was not as worthy of a miracle as Hananiah, Mishael, and Azariah (cf. Dan. 3), upon whom the fire had absolutely no effect—not even their garments were singed—unlike Joshua, whose garments were singed. Hence, he was like a brand (a burning piece of wood), but he was, nevertheless, plucked from the fire, for although it burned his garments, it did not burn his body.

3. **Now Joshua**—Now Zechariah noticed that although Joshua was saved from the fire, there was a second accusation against him for which he was in danger of being disqualified for the high priesthood. According to our Rabbis, his sons had married foreign women. [*Ibn Ezra* contends that this took place after Joshua's death, but it actually presents no problem because we find in Nehemiah (13:28) that one of the sons of Eliashib, a son of Joshua, married a foreign wife. This means that he had married her at an earlier

time, thus agreeing with the tradition of our Sages.] [*Malbim* means that the fact that we find that Joshua's grandson married a foreign wife does not mean that he did so years after his grandfather's demise, but it could mean that he married during Joshua's lifetime and not when it was discovered, which was after Joshua's death.] Therefore, he

was wearing soiled garments—Since this accusation was meant to disqualify him from wearing priestly raiment, Joshua appeared without the priestly garments. Instead, he wore soiled clothing, symbolizing his iniquities. This illustration is also appropriate since his garments were in fact burned by the fire, and were thus soiled because they did not receive a miracle.

4. **And he (the angel) called out and said to those that stood before him**—The angel commanded those appointed under Joshua to wipe away the transgressions and to atone for the iniquity,

"Take off his soiled clothes."—meaning that he should not suffer for the sins of his posterity. It is also possible that his sons had divorced their foreign wives. Now he explains the allegory and tells him,

Behold, I have removed your iniquity from upon you—The external iniquities, which are upon you from the outside—viz. through your sons, who are external to you—I have removed.

now clothe yourself with pure garments—I.e., you will be clothed with merits instead of them (the sins symbolized by the soiled clothes).

מַחֲלָצוֹת׃ וָאֹמַר יָשִׂימוּ צָנִיף טָהוֹר עַל־רֹאשׁוֹ וַיָּשִׂימוּ הַצָּנִיף הַטָּהוֹר עַל־רֹאשׁוֹ
וַיַּלְבִּשֻׁהוּ בְּגָדִים וּמַלְאַךְ יְהוָה עֹמֵד׃ וַיָּעַד מַלְאַךְ יְהוָה בִּיהוֹשֻׁעַ לֵאמֹר׃ כֹּה־אָמַר יְהוָה
צְבָאוֹת אִם־בִּדְרָכַי תֵּלֵךְ וְאִם אֶת־מִשְׁמַרְתִּי תִשְׁמֹר וְגַם־אַתָּה תָּדִין אֶת־בֵּיתִי וְגַם
תִּשְׁמֹר אֶת־חֲצֵרָי וְנָתַתִּי לְךָ מַהְלְכִים בֵּין הָעֹמְדִים הָאֵלֶּה׃ שְׁמַע־נָא יְהוֹשֻׁעַ ׀ הַכֹּהֵן
הַגָּדוֹל אַתָּה וְרֵעֶיךָ הַיֹּשְׁבִים לְפָנֶיךָ כִּי־אַנְשֵׁי מוֹפֵת הֵמָּה כִּי־הִנְנִי מֵבִיא אֶת־עַבְדִּי
צֶמַח׃ כִּי ׀ הִנֵּה הָאֶבֶן אֲשֶׁר נָתַתִּי לִפְנֵי יְהוֹשֻׁעַ עַל־אֶבֶן אַחַת שִׁבְעָה עֵינָיִם הִנְנִי

מפתח

פירוש מהגאון מלבים

שהם דמיון הבגדים שהם מבחוץ, העברתי והלבש בגדים נקים, ר"ל תלבש זכיות תחתיהם: ואומר, כאשר ראה הנביא שהועברו פשעיו, בקש בעבורו ואמר ישימו צניף טהור על ראשו, היינו שישוב אל מעלת הכהונה הגדולה וילבש את המצנפת שהיא אות הכהונה הגדולה, ונתקבלו דברי הנביא וישימו הצניף על ראשו, וגם הלבישוהו בגדים שהם יתר בגדי כ"ג: ויעד מלאך ה', אז בעת הלביש אותו בגדי כ"ג העיד והתרה בו בשם ה': אם בדרכי תלך, שיתנהג במדות ה' מה הוא רחום וחנון כמש"פ חז"ל על והלכת בדרכיו, ואם את משמרתי תשמר, הוא משמרת תורת ה' ומצותיו, וגם אתה תדין את ביתי שישגיח על עבודת הבית ודיני הקרבנות, וגם תשמר את חצרי את הצרות המקדש להשגיח על משמרת הבית בכל פרטיו, אז אני מבטיח לך ונתתי לך מהלכים בין העומדים האלה, ר"ל שהגם שהכהנים בזמן הזה הם בני אדם שוכני בתי חומר ומדרגתם יהיה שפלה ממדרגת המלאכים, יצא מתך חוטר לעתיד לבא שישמשו בבית השלישי שהם יתקדשו כמלאכים והם יהיו מהלכים בין המלאכים האלהיים העומדים לפני ה' ויתהלכו עמהם בחייהם, ונבואה זו מלבד שהיתה פרטית על יהושע כנזכר, היתה גם כן כללית ונבואה עתידה על זרעו, שמלבד זה ראה את יהושע ר"ל את זרעו שנקראו על שמו, שלפעמים יהיו עומדים במשפט והשטן יקטרג עליהם שישרפו באש, שזה היה בעת השמד בימי אנטיוכס אשר רצה לכלות כהני ה', וה' גער בהשטן והיה כאוד מוצל מאש כמו שהיה בימי החשמונאים שנצולו בנס ובהשגחת ה', וגם היה קטרוג על כהונתם וה' מחל עונם והלביש אותם מחלצות, בפרט למה שכתב הרי"א שהבגדים הצואים רומז על דור החשמונאים שלבשו בגדי מלכות שהם בגדים הבלתי נאותים לכהן גדול משרת בהיכל ה', וה' העביר אותם מעליהם בימי הורדוס, שאז סר מעליהם גאות המלוכה וגסות הרוח שזה רמז בצניף הטהור שיושם על ראשם, שהמצנפת באה לכפר על גסות הרוח, שלא יהיה עליהם עטרת המלוכה רק מצנפת הכהונה לבד, והבטיח לו שלעתיד יתן לו בנים מהלכים בין המלאכים בבית עולמים: שמע נא יהושע, עתה באר לו מתי יהיה לו בנים מהלכים בין העומדים האלהיים שזה יהיה לימות המשיח, ואל שישמע היעוד הזה העתידי הוא ורעיו היושבים לפניו, שהם הת"ח תלמידיו כי הם אנשי מופת וראוים לנבואה והכמינו זכרונם לברכה פירשו שרעיו היו חנניה מישאל ועזריה, כי הנני מביא את עבדי צמח, ר"ל שבאחרית הימים אביא את מלך המשיח, וקראו בשם צמח לרמז כי עתה נכרת חוטר מגזע ישי והוא נעלם טמון בארץ, רק הוא דומה כזרע הטמון במעמקי האדמה אשר בעתו יצמח ויתגלה ומתחתיו יצמח, וע"ז רמז שם זרובבל שנזרע בבבל, ר"ל שהיה דומה כזרע הנזרע בארץ שממנו יצמח צמח בבוא תור הגאולה: כי הנה האבן, בעת שיסדו בנין הבית ע"י זרובבל והכינו את האבן הראשה, היינו את האבן פינה שמניחים ראשונה ביסוד הבנין, מסר זרובבל את האבן ליהושע שהוא יניח אותו בהיסוד. כאשר הוא כהן לאל עליון, ויהושע חקק על האבן דמות של שבעה עינים, לרמז בזה ששבעה עיני ה' המשוטטים בארץ, שהוא השפעת שבעה כוכבי לכת שעל ידם ינהיג ה' ההנהגה הטבעיית הסדורה מן ימי בראשית להנהיג בם את עולמו ועל ידם ישגיח בעולמו, יהיו חקוקים עתה על אבן זה, דהיינו על המקדש אשר יבנו בו, שמעתה תהיה השגחת ה' ע"י המקדש אשר ישכן שם ומשם ישגיח בעולמו. והנה שבעה עינים אלה שהם המשגיחים באמצעות שבעה כוכבי לכת הם מושכים את שפעם משבעה עינים עליונים וגבוהים מהם גבוה מעל גבוה, עד שבעה ספירות הבנין משם תרד השפע וההשגחה דרך עינים התחתונים שהם שבעה כוכבים, ובמה שחקק באבן הזה שבעה עינים רמז ג"כ למשוך אל האבן הזה עינים ההשגחיים העומדים בראש, (וידוע ששבעה עינים העליונים ישפיעו אל אבן הראשה הידועה שהוא מדת מלכות שהוא אבן אשר מאסו הבונים, עז"א על אבן אחת שבעה עינים), ע"ז אמר אליו ששבעה עינים אשר חקק יהושע על האבן היסודי הם מעשה ב"ו ולא יתקיימו, כי בזה"ז מושלים עינים התחתונים שהם הכוכבים

והמערכת

אבן עזרא

את עונה: מחלצות. כמו את חליצתו חליפתו דבר שהוא נחלץ ממנו ומחלצות שחלץ אחרים תחתיהן: ואומר. אמר ר' מרינוס כי הוא תחת ויאמר וכזה לא ימצא בלשון הקדש והנכון שהנביא אמר אחר שהסירו הבגדים הצואים וילבשוהו בגדי תפארת כמה היה נאה אילו היה צניף טהור על ראשו או מלת ואומ' זה בלבי ככה חשבתי בלבי וראיתי שנתקיימה מחשבתי והנה הושם הצניף הטהור על ראשו וכבר הלבישוהו בגדים כמו וירם תולעים ויבאש וכבר באש כי כל דבר יבאש תחלה ואחר כן ירום תולעים: ויעד. נפתח העי"ן בעבור היותו מהגרון כמו וישב את כל הרכוש: כה. הטעם וגם אם היית טוב כאביך יהוצדק שהיה כהן גדול בבית ראשון וי"ו ונתתי כפ"ה רפה בלשון ישמעאל וכמוהו והאבן הזאת אשר שמתי מצבה וככה והחרמתי את עריהם והנה שכרו שיהלך בין העומדים שהם המלאכים: שמע נא. עתה ראיתי מפרש כי הכהן הגדול שב אל יהוצדק לא אל יהושע כי אמר ששמש בטנוף ולא פירש נכון כי אז הראיתי לו דברי המלאך ליהושע בפסוק הזה שקראו לעצמו הכהן הגדול. כי אנשי מופת. ראוים הם שיעשה להם מופת: צמח: הוא זרובבל כאשר יאמר צמח שמו וסוף הפרשה מוכיח לפני זרובבל ומפרשים רבים אמרו כי זה צמח הוא המשיח ונקרא זרובבל כי הוא מזרעו כמו ודוד עבדי נשיא להם לעולם גם אני עשיתי דרך דרש כי צמח בגימטריא מנחם והוא בן עמיאל: כי. זאת האבן היא אבן המשקולת כאשר

יפורש

with pure garments." 5. Then I said, "Let them set a pure miter on his head," and they set the pure miter upon his head and invested him with garments. But the angel of the Lord remained standing. 6. The angel of the Lord warned Joshua, saying: 7. "So says the Lord of Hosts: 'If you walk in My ways, and if you keep My charge, and you also judge My House, and you also guard My courtyards, then I will give you free access among those standing [here]. 8. Hear now, O Joshua the high priest! You and your companions who sit before you, who are men worthy of miracles, that behold, I will bring My servant, Zemach ("the flourishing one"). 9. For behold, the stone that I have placed before Joshua, on [this] one stone are seven eyes; behold, I will

5. **Then I said**—When the prophet saw that Joshua's sins had been expiated, he entreated the angel on his behalf, saying,

"Let them set a pure miter on his head"—meaning that the office of the high priesthood would be restored to him and he could wear the miter, the *miznefeth* (official headress), which is the symbol of that office. The prophet's request was accepted,

and they set the pure miter upon his head—and they also

invested him with garments—With the remaining garments of the high priest.

6. **The angel of the Lord warned Joshua**—When the angel dressed him in the clothing of the high priest, he warned him in the name of God.

7. **If you walk in My ways**—behaving with God's qualities, being compassionate and gracious, just as He is compassionate and gracious. This follows the Rabbinic interpretation of "and you shall walk in

His ways" (Deut. 28:9).

and if you keep My charge—The charge [observance] of God's Torah and commandments.

and you also judge My House—Meaning that Joshua supervise the Temple worship and the [adherence to the] laws of the sacrifices.

and you also guard My courtyards—Meaning guarding the courtyards of the Temple, and supervising the charge of the Temple in all its details. [If you do this] then I promise you,

I will give you free access among those standing [here]—Although the priests in these days are mortals, and are therefore in a state lower than the angels, in the future a scion will emerge from you who will serve in the Third Temple. These priests will hallow themselves like angels, and walk among the eternal angels, who stand before the Lord. Indeed, they will walk with the angels during their lifetime.

This prophecy, in addition to being directed specifically to Joshua, was meant also to be a general prophecy concerning his posterity. In this aspect, the prophet sees Joshua as representing his (Joshua's) descendants and standing in judgment before Satan, who accuses them and demands that they be burned. This took place during the religious persecution of Antiochus, who wanted to destroy the priests of God, but God rebuked Satan, and Joshua (meaning his descendants) was "a brand plucked from fire." Among those miraculously saved from annihilation were the Hasmoneans. Although there was an accusation against their priesthood, God forgave their sins and "clothed them with pure garments."

This allegory is especially appropriate in light of the comments of *Abarbanel*. He explains that the soiled garments represent the generation of the Hasmoneans, who donned royal garb. This was unbefitting a high priest, who stands and serves in the Temple. God divested them of these garments during the time of Herod, however, when the majesty of the kingdom left them along with the haughtiness represented by the pure miter, the *miznefeth*,[1] which atoned for haughtiness. The removal of the soiled garments and the donning of the miter intimated that they would be divested of the royal crown and be left with the miter of the high priest only. God also promised Joshua that in the future, He would give him sons who would walk among the angels in the eternal Temple.

8. Hear now, O Joshua—The angel now explains to Joshua that this prophecy will be fulfilled in the days of the Messiah. Then Joshua will have sons walking among the eternal angels standing there. He orders Joshua to hearken to this prophecy, he and his companions who sit before him, namely the Torah scholars, his disciples,

who are men worthy of miracles —and deserving of prophecy. Our Sages, however, identified his companions as Hananiah, Mishael, and Azariah.

Mettenoth Kehunnah in *Genesis Rabbah* (ad. loc.) explains that Hananiah, Mishael, and Azariah entered the furnace only on the condition that a miracle be performed through them. They entered the furnace either so that they would be saved by a miracle, thus hallowing God's name by demonstrating His power, or to sacrifice their lives for the hallowing of His name. This is *not* to say that they entered the furnace with the intention of being saved by a miracle, for in that case a miracle would not have been performed for them.

that behold, I will bring My servant Zemach—At the end of days, I will bring the King Messiah. He calls him Zemach because now the "flourishing one of the root of Jesse" (Isa. 11:1) has been cut off, and it is hidden in the earth like a deeply buried seed, which will eventually grow up and reveal itself. This phenomenon is hinted at by the name Zerubbabel, meaning that he was sown (שֶׁנִּזְרַע בְּבָבֶל) in Babylon.

He was like a seed sown in the ground, from which the "flourishing one" will sprout when the light of redemption arrives.

According to *Jonathan*, Zemach is the Messiah. *Redak* says, although I will bring you this salvation now, I will later bring greater salvation, that is, the coming of the Messiah. *Ibn Ezra* and *Redak* point out that the sages (*Sanh.* 98b) say that the Messiah will be named Menahem and the word צֶמַח, *the shoot*, has the same numerical value as מנחם, Menahem.

מ = 40	צ = 90
נ = 50	מ = 40
ח = 8	ח = 8
ם = 40	138
138	

Rashi interprets Zemach as a reference to Zerubbabel. He writes: *For now Zerubbabel, the governor of Judah, is insignificant in the king's court, but I will make his greatness burgeon. I will also give him favor in the eyes of the king so that he will grant* (Zerubbabel's) *request for the building of the Temple and the city, as explained in Nehemiah* (1:1): "*The words of Nehemiah, the son of Hachaliah.*" Nehemiah was identical with Zerubbabel, as we say in Sanhedrin (38a).

9. **For behold, the stone**—At the time the Jews laid the foundation for the Temple through Zerubbabel and prepared the first stone, i.e., the cornerstone, which is placed first in the foundation of the building, Zerubbabel delivered the stone to Joshua to be placed in the foundation,

since Joshua was a priest to the Most High God. Joshua then engraved on the stone a likeness of seven eyes. [The reasons he did this are complex.] They represent the "seven eyes of the Lord, which rove to and fro on the earth" (Zech. 4:10) and represent the influence of the seven planets, which draw their power from the seven supernal eyes, which are "higher than the highest" (Eccl. 5:7), as high as the seven "*Sephiroth* of the building,"[2] and from which prosperity and Providence descend through the "lower eyes," namely the seven planets.[3]

Engraving the seven eyes on the cornerstone symbolized bringing down to this stone the "eyes of God's Providence," which are, so to speak, in the head,[4] (it is known that the seven supernal eyes bestow prosperity upon the cornerstone, which is the quality of *malchuth*, kingdom, which is "the stone that the builders rejected" (Ps. 118:22).[5] The angel says, "on this one stone are seven eyes.") The angel tells Zechariah that the seven eyes that Joshua engraved on the foundation stone[6] are the work of mortal man, which will not endure. In this era [in the absence of the Temple], the "lower" eyes rule, namely the planets and the Zodiac. But when I bring My servant, Zemach, then

behold, I will engrave its engraving—Then *I* will engrave this engraving, which is the "picture" of the eyes. This is explained in the following prophecy (of the candelabrum). Then, engrave its engraving,' says the Lord of Hosts, 'and I will remove the iniquity of that land in one day. 10. On that day,' says the Lord of Hosts, '[every] man will invite his neighbor beneath [his] vine and beneath [his] fig tree.' " **4**:1. Then the angel that talked within me returned and awakened me as a man who is awakened from his sleep. 2. And he said to me, "What do you see?" And I said, "I saw, and behold, a candelabrum all of gold, with its fountain on the top of it, and its seven lamps thereon, and seven tubes each, to [every one of] the seven lamps which were upon its top. 3. And two olive trees were beside it, one to the right of the fountain, and one to its left." 4. So I answered and spoke to the angel who talked within me, saying, "What do these mean, my lord?" 5. Then the angel that talked within answered and said to me, "Do you not know what these mean?" And I said, "No, my lord." 6. Then he answered and spoke to me, saying, "This is the word of the Lord to Zerubbabel, saying, 'Neither by power nor by strength, but by My spirit,' says the Lord of Hosts. 7. Who are you,

I will remove the iniquity of that land—For then they will no longer sin, and I will forgive their past sins. Then

10. **...On that day,' says the Lord of Hosts, '[every] man will invite...'**—For at the time of the cornerstone laying, the people of Israel brought grape vines and fig trees and made a shade of honor, under which the builders and the masons stood in a multitude of celebrants. The angel goes on to say that

[every] man will invite his neighbor beneath [his] vine—at the time that I do the engraving, for then there will be peace in the world, as will be explained further.

4:1. **Then the angel...returned**— The prophet did not understand the meaning of the preceding vision, and he did not know what the engraving of the seven eyes meant. Therefore, he fell into a deep sleep, which occurs when [understanding of] the word of God is concealed. So the angel came a second time and awakened him from his sleep, and showed him another vision that would clarify the first one.

2. **What do you see?**—For with this, you will perceive the meaning of the first vision.

And I said, "I saw, and behold, a candelabrum all of gold, with its fountain on the top of it—On its top is a fountain, a large bowl, from which

מְפַתֵּחַ פִּתֻּחָהּ נְאֻם יְהוָה צְבָאוֹת וּמַשְׁתִּי אֶת־עֲוֹן הָאָרֶץ־הַהִיא בְּיוֹם אֶחָד: בַּיּוֹם הַהוּא
נְאֻם יְהוָה צְבָאוֹת תִּקְרְאוּ אִישׁ לְרֵעֵהוּ אֶל־תַּחַת גֶּפֶן וְאֶל־תַּחַת תְּאֵנָה: וַיָּשָׁב הַמַּלְאָךְ
הַדֹּבֵר בִּי וַיְעִירֵנִי כְּאִישׁ אֲשֶׁר־יֵעוֹר מִשְּׁנָתוֹ: וַיֹּאמֶר אֵלַי מָה אַתָּה רֹאֶה וָאֹמַר רָאִיתִי
וְהִנֵּה מְנוֹרַת זָהָב כֻּלָּהּ וְגֻלָּהּ עַל־רֹאשָׁהּ וְשִׁבְעָה נֵרֹתֶיהָ עָלֶיהָ שִׁבְעָה וְשִׁבְעָה מוּצָקוֹת
לַנֵּרוֹת אֲשֶׁר עַל־רֹאשָׁהּ: וּשְׁנַיִם זֵיתִים עָלֶיהָ אֶחָד מִימִין הַגֻּלָּה וְאֶחָד עַל־שְׂמֹאלָהּ:
וָאַעַן וָאֹמַר אֶל־הַמַּלְאָךְ הַדֹּבֵר בִּי לֵאמֹר מָה אֵלֶּה אֲדֹנִי: וַיַּעַן הַמַּלְאָךְ הַדֹּבֵר בִּי וַיֹּאמֶר
אֵלַי הֲלוֹא יָדַעְתָּ מָה־הֵמָּה אֵלֶּה וָאֹמַר לֹא אֲדֹנִי: וַיַּעַן וַיֹּאמֶר אֵלַי לֵאמֹר זֶה דְּבַר־
יְהוָה אֶל־זְרֻבָּבֶל לֵאמֹר לֹא בְחַיִל וְלֹא בְכֹחַ כִּי אִם־בְּרוּחִי אָמַר יְהוָה צְבָאוֹת: מִי־אַתָּה

הר

סואמר ק'

אבן עזרא

יפורש עד שתהיה ביד זרובבל בהזלו ליסוד וזאת וזה יהיה לפני יהושע וכן פי' הפסוק האבן אשר נתתי ביד זרובבל לפני יהושע: ומשתי. הנה זאת המלה מהפעלים היוצאים כמלת שב שתמצא על שנים דרכים שב הוא בעצמו גם ושם אחר כמו והשיבו ככה לא משו מקרב המחנה. ומשתי את עון הארץ. וטעם עון הענש והרע והגלות: ביום. שיוסד ההיכל אז תשכנה לבטח והנה דברי זכריה כדברי חגי הנביא: וישב. בעבור שאמר ויעירני והוא ישן וטעם יעור ולא יוער על ידי אחר רק מעצמו בלט כאילו מעצמו נעור: וגלה. כמו גלות עליות ועתה אומר לך בדרך קצרה דבר זאת המנורה כי הזכיר זה הנביא אחר כן כל דבריה היו שנים זתים אילנות מימין הגלה ומשמאלה ושבלי הזתים נופלים מהאילנים על שני צנתרות זהב ומאליהם נפלו ונדרכו ונעשה שמן זך כזהב והם מריקים אל הגלה ובגלה היו שבעה מוצקות שבעה נרות ושבעה מוצקות והנה שבעה פעם אחרת כמו אל החצר החיצונה אל העם והמלאך פירש טעם זאת המראה: לא בחיל ולא בכח. כאשר ראית השמן נעשה מאליו ודולק ככה יבנה הבית לא בכח גדול שיש לזרובבל ולא ברוב חילו כי אם ברוח השם וסיועו: ושנים. עוד יפרש מה טעם הזתים שהיו שנים: ואען. ידע הנביא כי זה במראה הנבואה על כן שאל אם יש בו טעם להבין טעם המראה: ויען. הנה דבר ד' יבנה הבית וכת"י נביא דה' מסעדין להון: מי. הנביא ידבר אל כל שר ומלך אם

אתה

פירוש מהגאון מלבים

והמערכת, אבל בעת שאביא את עבדי צמח אז הנני מפתח פתוחה, אז אפתח אני פתוחי חותם הזה וציור העינים, וכמו שיבאר זה במחזה שראה אח"ז, ואז ומשתי את עון הארץ ההיא כי אז לא יחטאו עוד ועונות הקודמי' אסלח, ואז: ביום ההוא תקראו, כי בעת הנחת היסוד הביאו עלי גפן ותאנה ועשו מהם צל שתחתיהם עמדו הבונים והמיסדים לכבוד, שפה עמדו בהמון חוגג, אומר שאז תקראו איש לרעהו אל תחת גפן, בעת שיהיה פתוח העינים על ידי שאז יהיה שלום בארץ לא עתה, וכמו שיבאר בסמוך: וישב המלאך, הנביא לא הבין את המראה הקודמת, ולא ידע הכונה מ"ש שיפתח פתוחה שבעה עינים, וע"כ נפל בשינה ותרדמה שזה יהיה בעת שיכוסה ממנו דבר ה', ולכן בא המלאך שנית והעיר אותו משנתו, ויראהו מראה אחרת שהוא פירוש המראה הראשונ': מה אתה רואה, ר"ל שבזה תראה פי' המראה הראשונה, ואומר ראיתי והנה מנורת זהב כולה וגולה על ראשה על ראשה יש מעין שהוא ספל גדול שממנו ימשך מעין השמן אל קני המנורה, וראה על המנורה שבעה נרות שהם הבזיכין שבתוכם השמן והפתילה, ולכל נר יש שבעה מוצקות, שהם צינורות שהשמן זב בהם מן הגולה אל הנר, והנה המנורה רומזת על אור ה' המאיר לעולם כולו בכבודו ובעת שיזרח כבוד ה' והלכו כולם לאורו, וראה את המנורה שהיא כולה בשלימות ושיא כולה זהב, שכבוד ה' יתגלה בהוד והדר לכבוד ולתפארת, וראה גולה על ראשה, הוא המעין העליון שמשם יריק ברכת ה' ושפעו אל שבעת הנרות, ששבעת הנרות אשר במנורה הם שבעת המדות העליונות אשר באצילות האלהות שבם ינהיג את העולם, ודרך המדות ישגיח וישפיע ויריק השמן הטוב דרך המעין העליון הידוע שהוא הנהר היוצא מעדן להשקות את הגן, והשמן יורד לכל נר דרך שבעה צינורות. כי כ"א מן המדות כלול מכולם אם להסד אם לשבט אם לרחמים, והראה לו בזה שלעתיד לא תמשול המערכת שהם ג"כ מטרה בשבעה נרות, שהם שבעה כוכבי לכת שנ"ס חנכ"ל כי מנורה זאת איננה של זהב כי היא פחותה במדרגתה, ואין הגולה על ראשה כי רחוקה היא ממנה ולכן מקורה מקור אכזב ושמן שעל ראשה יחסר המזג, אבל לעתיד תאיר המנורה הטהורה מנורת הזהב, וה' יופיע בהיכל קדשו להאיר ולהשפיע שמן הקדש, כי אז יפתח פתוחה שבעה עיני ה' שהם שבעת הנרות העליונות על האבן הראשה והארץ תאיר מכבודם: ושנים זיתים עליה, על המנורה סמוך להגולה עומדים שנים זיתים, א' מימין הגולה ואחד על שמאלה, וזה יתבאר בפסוק י"א י"ב: ואען ואומר מה אלה אדני, ר"ל שעדיין איני מבין בפרטות ע"מ זה רומז: ויען המלאך הלא ידעת מה המה אלה, ר"ל הלא גוף הדבר מה היא המנורה ושבעת הנרות הם דברים נודעים לבאים בסוד ה', שגם מנורת המקדש היתה מרמזת על דברים אלה, ואומר לא אדני, השיב לו שהגם שהוא יודע סוד המנורה אינו יודע על מה תרמוז במראה הזאת ומה ענינה בנבואתו עתה: ויען ויאמר אלי זה דבר ה' אל זרובבל, הודיע לו שבמנורה הזאת מרומז דבר ה' והבטחתו אל זרובבל שהבטיח לו לאמר לא בחיל ולא בכח, בעת יביא את עבדו צמח מזרע זרובבל אז תהיה הנהגת ה' בבלי אמצעי, לא על ידי המערכת, בע"ז צריך חיל שיתגבר בדרך הטבע, ולא על ידי המלאכים שהגם שאז ינהג בנס ולא בחיל חיצוני, בכ"ז צריך כח פנימי, כי אין הנס שורה על דבר ריקן, כמ"ש לך בכחך זה והושעת את ישראל מיד מדין, כי אם ברוחי, שרוח ה' לבדו ינהיג וימשול בהשגחתו הפרטית, שזה רמז במנורת הזהב ושבעה נרותיה וכשבעה עיני ה' אשר יפתח על אבן היסוד: מי אתה, יצייר כי ברבות הימים

עד

the fountain of oil flows to the branches of the candelabrum. He saw on the candelabrum seven lamps, which are the cups that contain the oil and the wicks.

and seven tubes each, to...the seven lamps—These tubes are pipes through which the oil flows from the fountain to the lamp. The candelabrum represents the light of the Lord, which illuminates the entire world with His glory. When the glory of the Lord shines, everyone will walk by His light. The prophet saw the candelabrum, which was perfect and made entirely of gold, signifying that the glory of God will manifest itself with beauty and majesty, for honor and glory. The prophet saw a fountain on top of the candelabrum; that is, he saw the heavenly fountain from which God's blessing and His plenty are poured out into the seven lamps. The seven lamps of the candelabrum represent the seven Supernal Qualities, which are in [the world of] Emanation (*Atziluth*) of Divinity, by which He controls the world. Through these Qualities, God supervises, provides, and empties the "good oil" through the heavenly fountain, which represents "the river coming out of Eden to water the garden" (Gen. 2:10).[7] The oil descends to each lamp by way of each of the seven conduits, for each of the Qualities [in a certain respect] comprises them all, whether it is kindness or punishment or compassion. With this, the angel showed Zechariah that in the future, the Zodiac will no longer rule. Although the Zodiac also forms a candelabrum

with seven lamps, namely the seven planets—Saturn, Jupiter, Mars, the Sun, Venus, Mercury, and the Moon—this candelabrum is not made of gold, but is of inferior status. The fountain is not on the top of this (lower) candelabrum, but far from it. Therefore, its fountain fails, and the oil is sometimes lacking. In the future, however, the pure candelabrum, made of gold, will light up, and God will appear in His Holy Temple to give light and to provide holy oil. Then He will engrave on the cornerstone the seven "eyes of God," which are the seven heavenly lamps, and the earth will be illuminated by their glory.

3. **And two olive trees were beside it**—Beside the candelabrum, close to the fountain, stood two olive trees, one on the right of the fountain and one on its left. This will be explained in verses 11 and 12.

4. **So I answered and spoke..., "What do these mean, my lord?"**—I still do not understand in detail what these represent.

5. **Then the angel...answered..., "Do you not know what these mean?"**—Namely the essence of the matter, the candelabrum and the seven lamps, are well-known to those familiar with God's mysteries, for the Temple candelabrum also symbolized these things.

And I said, "No, my lord."—He replied that although he was familiar with the secret of the candelabrum, he still did not know what it represented in this vision, and what connection it had to his present prophecy.

6. **Then he answered and spoke to me, saying, "This is the word of the Lord to Zerubbabel..."**—He informed him that this candelabrum represented the word of the Lord and the promise to Zerubbabel that He promised him, saying,

Neither by power nor by strength—When He brings his servant, Zemach, of the seed of Zerubbabel, then God will control the world without any intermediary, meaning not through the Zodiac, for with the Zodiac an intermediary would be required to control [the physical world] in a natural way. Neither will He control the world through the angels, for, although He will then control the world in a miraculous way and not through any external power, internal strength is still required because a miracle does not occur with an empty thing.[8]

but by My spirit—The spirit of God will alone control and govern with His Divine Providence, represented by the golden candelabrum and its seven lamps, and by the seven "eyes of God," which He will engrave on the foundation stone.

Rashi, in keeping with his interpretation that what is referred to in this chapter is the building of the Second Temple, comments, **This is the word of the Lord to Zerubbabel..."**—*This is a sign for you to promise Zerubbabel that just as the olives and this oil are finished by themselves in all respects, so will you not build My house with your* [own] *power or with your* [own] *strength.*

Concerning **but by My spirit,** *Rashi* says: *I will place My spirit upon Darius, and he will command you to build and to pay all the building expenses from his* [treasury]; *and* [he will] *help you with wheat, wine, oil, and wood, as is explained in Ezra* (6, 7): *They required no aid from any man.*

7. **Who are you**—Zechariah describes that at a much later time, the first stone (discussed above 3:9), which is the foundation stone, will sink to the depths of Mount Moriah, and in the future when the time comes to rebuild the Temple, this stone will be imbedded in this great mountain, and it will be impossible to extract it. In order to extract it, he commands the mountain to turn into a plain. Concerning this, he says,

הַר־הַגָּדוֹל לִפְנֵי זְרֻבָּבֶל לְמִישֹׁר וְהוֹצִיא אֶת־הָאֶבֶן הָרֹאשָׁה תְּשֻׁאוֹת חֵן חֵן לָהּ׃

פירוש מהגאון מלבים

עד הקץ יטבע האבן הראשה שהיא האבן של יסוד הבנין (שדבר ממנו סי׳ ג׳ פסוק ט׳) בעומק הר המוריה, וכהגיע זמן הבנין לעתיד יהיה האבן בלוע בהר הגדול הזה ולא יוכלו להוציא אותו, ומלוה אל ההר שיתהוה ממנו מישור, ועז״א מי אתה הר הגדול העומד לפני זרובבל ומעכב בידו מלהוציא את האבן, אני מלוך שתהיה למישור למען יוציא את האבן הראשה, ואז תשאות חן חן לה כולם ישמיעו על האבן קול חן חן, כי יהיה לחן בעיני כולם לא כמו בבנין בית שני שלא היה הבנין לחן בעיני הזקנים אשר ראו את הבית הראשון שהם בכו בכי גדול, כמ״ש בעזרא ובחגי:

אבן עזרא

אתה נחשב בעיניך כהר פלוני הגדול. למישור תשוב לפני זרובבל ובהוציאו את האבן הראשה היא האבן הבדול שתנתן ביד זרובבל והיא האמורה למעלה אשר נתתי לפני יהושע: תשואות. שאון רב יהיה לה שאון חן חן לה שהכל ישמח כמו תשואות מלאה:

הפטרה לשבת שניה של חנוכה
במלכים א׳ סימן ז׳ פ׳ מ׳

וַיַּעַשׂ חִירוֹם אֶת־הַכִּירוֹת וְאֶת־הַיָּעִים וְאֶת־הַמִּזְרָקוֹת וַיְכַל חִירָם לַעֲשׂוֹת אֶת־כָּל־
הַמְּלָאכָה אֲשֶׁר עָשָׂה לַמֶּלֶךְ שְׁלֹמֹה בֵּית יְהוָה׃ עַמֻּדִים שְׁנַיִם וְגֻלֹּת הַכֹּתָרֹת אֲשֶׁר־
עַל־רֹאשׁ הָעַמּוּדִים שְׁתָּיִם וְהַשְּׂבָכוֹת שְׁתַּיִם לְכַסּוֹת אֶת־שְׁתֵּי גֻּלּוֹת הַכֹּתָרֹת אֲשֶׁר עַל־
רֹאשׁ הָעַמּוּדִים׃ וְאֶת־הָרִמֹּנִים אַרְבַּע מֵאוֹת לִשְׁתֵּי הַשְּׂבָכוֹת שְׁנֵי־טוּרִים רִמֹּנִים
לַשְּׂבָכָה הָאֶחָת לְכַסּוֹת אֶת־שְׁתֵּי גֻּלֹּת הַכֹּתָרֹת אֲשֶׁר עַל־פְּנֵי הָעַמּוּדִים׃ וְאֶת־
הַמְּכֹנוֹת עֶשֶׂר וְאֶת־הַכִּיֹּרֹת עֲשָׂרָה עַל־הַמְּכֹנוֹת׃ וְאֶת־הַיָּם הָאֶחָד וְאֶת־הַבָּקָר שְׁנֵים־
עָשָׂר תַּחַת הַיָּם׃ וְאֶת־הַסִּירוֹת וְאֶת־הַיָּעִים וְאֶת־הַמִּזְרָקוֹת וְאֵת כָּל־הַכֵּלִים הָאהֶל האלה ק׳
אֲשֶׁר עָשָׂה חִירָם לַמֶּלֶךְ שְׁלֹמֹה בֵּית יְהוָה נְחֹשֶׁת מְמֹרָט׃ בְּכִכַּר הַיַּרְדֵּן יְצָקָם הַמֶּלֶךְ
בְּמַעֲבֵה הָאֲדָמָה בֵּין סֻכּוֹת וּבֵין צָרְתָן׃ וַיַּנַּח שְׁלֹמֹה אֶת־כָּל־הַכֵּלִים מֵרֹב מְאֹד מְאֹד

לא

פירוש מהגאון מלבים

ויעש חירום את הכירות כד״ה כתוב את הסירות וע״כ פירשו המפ׳ שמ״ש בכאן כירות היינו סירות ר״ל שהיו עשוים לדשן את האפר ככירה, מלשון ככיור אש בעלים וזה עצמו היה מעשה הסירות כמ״ש ועשית סירותיו לדשנו, ולכן סמך אליו ואת היעים וכבר הוכחתי בפי״ד ששני חירם היו, וחירם שעשה את הסירות ואת היעים היה אביו של חירם זה כמו שכתוב בפירוש בד״ה ואת הסירות וכו׳ עשה חירם אביו למלך שלמה, ולכן הזכיר פה שם חירם ר״ל חירם הראשון עשה את הכירות, ומ״ש ויכל חירם הוא חירם בנו שהוא כלה יתר המלאכה, כפי הכלל שבארתי בספרי התורה והמלוה שבמקום שכפל השם לבלי צורך יורה שהשם הנשנה אינו השם הראשון: [(מא. מב) עמודים שנים וכו׳ ואת הרמנים וכו׳ כבר נתבאר פירוש מקרא זה למעלה עיי״ש]: עמודים שנים זה מוסב על ויכל חירם, שהעמודים והמכונות והים כלה חירם השני בנו של חירם הראשון שעשה את הסירות ואת היעים, וגולות על כל עמוד היה גולה מחולקת לשתים, העליונה קרויה הגולה שעל ראש העמודים והיתה מכוסה בשבכה, והתחתונה נקראת הכתרת שעל פני העמודים והיתה מכוסה ברמונים, ועז״א: ואת הרמנים ארבע מאות שבכל שבכה היו שני טורי רמונים כל טור היה מחזיק מאה רמונים והיו תלוים בסוף השבכה, ומכסים הכותרת התחתונה שעל פני העמודים וכבר בארתי זה למעלה פסוק כ׳: ואת הסירות שהם הכירות הנזכר למעלה פסוק מ׳, אשר עשה חירם ר״ל חירם הראשון אביו של חירם זה וכד״ה מפורש אשר עשה חירם אביו, ואלה היו נחושת ממורט שהיה יקר מאד, ומלאכה זו היה יודע חירם הראשון לבד כמ״ש בדה״ב (ב׳ י״ג) שהיה יודע לעשות בזהב ובכסף וכו׳, אבל השני לא ידע רק בנחושת פשוט לא למרקו שיהיה נחושת קלל, וכד״ה כתוב נחושת מרוק: בככר הירדן מרוב יוקר הנחושת הממורט עסק המלך והשגיח על יציקתם ובחר מקום לזה בככר הירדן ששם היתה האדמה עבה ומוכשרת למלאכה זו, משא״כ הים והמכונות שהיו מנחושת פשוט נעשה מלאכתם בירושלים עצמה, (שהסברא נותנת שלא הוליכו את הים מרחק רב כזה שזה טורח רב מאד): וינח, וכד״ה ויעש שלמה ר״ל שעשאם

רלב״ג

ויעש חירום את הכירות. הרצון בו הסירות וכן אמר אח״ז ואת הסירות ואת היעים וכן כתוב בדברי הימים בשני אלו המקומות והנה ענין אלו הכירות הוא מענין אמרו והכה בכיור או בדוד והנה אלו הסירות היו משמשות לשים בהם דשן המזבח: ואת היעים. הם מגרפות של נחשת לדשן בהם את המזבח: ואת המזרקות. הם כלים יקבלו בהם הדם להזות על המזבח: ואת כל הכלים האלה. קרי וכתיב הכלים האהל והנה תרגם יונתן לפי הכתיב שאלו הכלים היו נעשים בצורה שעשאם משה באהל ומזה אמרו ואת כל הכלים האהל כאילו אמר את כל הכלים כלי האהל וכמותו רבים בלשוננו: נחשת ממרט. ר״ל צרוף ונקי מכל סיג: בככר הירדן. ר״ל במישור הירדן: במעבה האדמה. ר״ל שחפר בעובי האדמה צורת הדפוסים להתיך את כל הכלים האלה כי לא היה נכון לגדלם לעשות להם דפוסים יותכו בהם זולת זה הדרך: וינח שלמה את כל הכלים. ר״ל כי מרוב משקלם הניח שלמה מלחקור על משקלם כמה היה:

ויעש

O great mountain before Zerubbabel? Become a plain! He will take out the first stone, [amidst] shouts of 'Grace, grace,' to it."

Who are you, O great mountain —standing

before Zerubbabel—and preventing him from extracting the stone? I command you to

Become a plain!—in order that he can

take out the first stone—and

then there will be

shouts of 'Grace, grace,' to it— because it will appeal to everyone, not like at the time of the building of the Second Temple, when the elders, who had seen the First Temple, wept profusely, as in Ezra (3:12, 13) and in Haggai (2:3).

HAFTARAH FOR SECOND SABBATH OF CHANUKAH

I KINGS 7:40–50

7:40. And Hiram made the pots and the shovels and the basins. And Hiram finished doing all the work that he did for King Solomon [in] the house of the Lord: **41.** The two pillars and the two bowls of the chapiters that [were] on the top of the pillars, and the two networks to cover the two bowls of the chapiters that [were] on the top of the pillars. **42.** And the four hundred pomegranates for the two networks, two rows of pomegranates for each network, to cover the two bowls of the chapiters that [were] upon the pillars. **43.** And the ten bases, and the ten lavers on the bases. **44.** And the one sea, and the twelve oxen under the sea. **45.** And the pots and the shovels and the basins and all these vessels that Hiram made for King Solomon [in] the house of the Lord [were of] burnished copper. **46.** On the plain of the Jordan did the king cast them, in the thick clay, between Succoth and Zarethan. **47.** And Solomon put away all the vessels because [there were] very many; [therefore,]

Unless otherwise specified, the commentary on the Haftarah is that of Malbim.

7:40. And Hiram made—*Ramban* on Genesis 36:26 comments: There is no special significance in spelling his

name חִירוֹם and then חִירָם in the same sentence. **And Hiram made the pots**—Heb. הַכִּירוֹת, usually *the lavers*. In (II) Chronicles (4:11), however, it is written explicitly: (הַסִּירוֹת), *the pots*. This leads commentators to explain that the word הַכִּירוֹת, used here in Kings, also means "pots," such as those shaped like a pan to pick up ashes from a primitive oven. This word is similar to the expression "like a pan of fire (כְּכִיוֹר אֵשׁ) among wood" (Zech. 12:6). The function of the pots was to pick up ashes, as it is written: "And you shall make its pots to clear away its ashes" (Exod. 27:3). Therefore, the word is juxtaposed to "the shovels." I have proven in chapter 14 (I Kings) that there were two Hirams—the one mentioned in the preceding chapters, and his father. It was the father who made the pots and the shovels, as it is stated explicitly in (II) Chronicles (4:16): "And the pots and the forks and the shovels and all their vessels, his father Huram (a variation of Hiram) made for King Solomon." Therefore, although Hiram was already referred to above, Scripture mentions here the name Hiram, meaning that it was Hiram the *father* who made the pots; and what is stated further: "And Hiram finished doing all the work," refers to Hiram the son, who completed the remaining work. This follows the rule that I postulated in my book *Hatorah vehamitzvah*, namely that wherever a name is repeated apparently unnecessarily, it indicates that the latter name is *not* identical with the former (i.e., that is does not refer to the same person).

the shovels—*Rashi* says they are *copper shovels which they call vadil[s] in Germany. They were used to rake the ashes with them into the pots.*

the basins—*Metsudath Zion* notes that they were used to collect the blood for sprinkling.

[41-42.] **The two pillars...And the four hundred pomegranates...** —These verses have already been explained in detail above (7:15-22).]

41. **The two pillars**—This is connected with "And Hiram finished," meaning that Hiram junior, the son of Hiram senior, (who made the pots and the shovels,) completed the pillars and the bases.

bowls—On each pillar was a bowl, divided into two parts. The upper part was called "the bowl on top of the pillar," and it was covered with a network made of a screen or mesh. The bottom part was called the "chapiter (or capital of a column) that [was] upon the pillars," and it was covered with pomegranates. Concerning this, Scripture states:

42. **And the four hundred pomegranates**—At the end of each of the two networks hung two rows of pomegranates, each row comprising a hundred pomegranates. The pomegranates covered the lower chapiter, which was upon the pillars. I have already explained this on verse 20.

44. **And the one sea**—A great tub made in the form of a sea. The molten brass was poured into a form in the ground.—[*Redak* and *Mezudath David* on verse 22]

45. **And the pots**—Heb. הַסִּירוֹת. These are the כִּירוֹת already mentioned on verse 40.

and all these vessels—*Redak* says the traditional Scriptural text without vowels spells אהל, meaning tent and referring to the מוֹעֵד, the tabernacle, suggesting that these vessels were made similar to those of the tabernacle.

that Hiram made—I.e., Hiram senior, the father of this Hiram. In (II) Chronicles (4:16), it is stated explicitly: "his father Huram made for King Solomon." The pots were made of burnished copper, which was very expensive. Only Hiram senior was skilled in this work, as it is stated in (II) Chron. 2:13: "who knew how to work with gold, with silver, etc." Hiram junior, however, was skilled only in ordinary copper, and he did not know how to burnish copper so it would become "bright copper." In Chronicles the wording used is נְחֹשֶׁת מָרוּק, *burnished copper.*

of burnished copper—*Metsudath Zion* renders מְמֹרָט clear and bright, whereas *Redak*, *Ralbag* and *Metsudath David* translate מְמֹרָט as clear and pure. *Ramban* (Leviticus 13:29) says that it means smooth and shiny.

46. **On the plain of the Jordan**—Because of the value of burnished copper, the king himself engaged in this work and in addition supervised the casting of the vessels. This site was chosen because its soil was dense and especially suited for this work. The sea and the bases, however, which were made of ordinary copper, were made in Jerusalem itself (for it is logical that transporting a massive fixture such as the copper sea such a long distance—i.e., to Jerusalem—would be avoided, because it would be a task re-quiring tremendous effort).

did the king cast them—*Rashi* notes: *He melted them and poured them according to their form.* It is strange indeed, that of all the various vessels made of precious metals, none were cast by the king but were cast only by the craftsmen. Why then was this vessel attributed to the king more so than any of the other vessels? *Abarbanel* feels that the king intended to make sure that no foreign matter would be mixed into the copper so that its purity would be maintained. He therefore insisted that it be cast in his presence. This was considered as though the king cast them.

in the thick clay—*Rashi* comments that *the Targum renders* בְּעוֹבֵי גַרְגִשְׁתָּא, *as in the thickness of the clay.*

Redak comments that גַרְגִשְׁתָּא is a dust, whose quality is ideal for casting. The Jordan plain contained exactly this kind of dust as well as the space needed for casting. The forms for casting were made directly in the ground since it was impractical to do otherwise with vessels of this size.

Zarethan—In (II) Chron. (4:17) this city was called Zeredah. *Malbim* on (II) Chron. says its name was changed in the days of Ezra.

47. **put away**—In (II) Chronicles (4:18) it is written: "And Solomon made," meaning that he made many more than were needed so as to store them in the Temple treasury, ready for any future necessity.

the weight of the copper was not determined. 48. And Solomon made all the vessels that [were for] the house of the Lord; the altar of gold and the table upon which the showbread [was], of gold, 49. and the candelabra, five on the right and five on the left, before the Sanctuary, of pure gold; and the flowers and the lamps and the tongs, of gold. 50. And the pitchers and the musical instruments and the basins and the spoons and the censers, of pure gold, and the hinges for the doors of the inner house, for the Holy of Holies, [and] for the doors of the house, [that is] of the temple, of gold.

48. **that [were for] the house of the Lord**—The vessels needed for the Temple itself, not for the Temple service.

and the table—It is delineated in (II) Chronicles (4:8) that Solomon made ten tables, but since only one was the essential one, the one required by the divine commandment, Scripture refers to them in the singular. The Rabbis (*Men.* 96) differ as to whether showbread was placed on all the tables or only on the one essential one.

HAFTARAH FOR THE DAY PRECEDING ROSH CHODESH

(Eve of the New Moon)
I SAMUEL 20:18–42

20:18. And Jonathan said to him (David), "Tomorrow is the new moon, and you will be remembered, for your seat will be vacant. 19. You shall divide [the field] into three parts, you shall hide very well, and you shall come to the place where you hid on the work day, and you shall stay beside the traveler's stone. 20. And as for me, I will shoot the three arrows to the side, as though I were shooting at a mark. 21. And behold, I will send the boy, [saying,] 'Go, find

Unless otherwise specified, the commentary on the Haftarah is that of Malbim.

20:18. **And Jonathan said to him**—Jonathan details the signs that he and David made up between themselves.

Tomorrow is the new moon—*Rashi says this means it is the custom of all those who eat at the king's table to come on the festive day to table.*

לֹא נֶחְקַר מִשְׁקַל הַנְּחֹשֶׁת: וַיַּעַשׂ שְׁלֹמֹה אֵת כָּל־הַכֵּלִים אֲשֶׁר בֵּית יְהוָה אֵת מִזְבַּח הַזָּהָב וְאֶת־הַשֻּׁלְחָן אֲשֶׁר עָלָיו לֶחֶם הַפָּנִים זָהָב: וְאֶת־הַמְּנֹרוֹת חָמֵשׁ מִיָּמִין וְחָמֵשׁ מִשְּׂמֹאל לִפְנֵי הַדְּבִיר זָהָב סָגוּר וְהַפֶּרַח וְהַנֵּרֹת וְהַמֶּלְקַחַיִם זָהָב: וְהַסִּפּוֹת וְהַמְזַמְּרוֹת וְהַמִּזְרָקוֹת וְהַכַּפּוֹת וְהַמַּחְתּוֹת זָהָב סָגוּר וְהַפֹּתוֹת לְדַלְתוֹת הַבַּיִת הַפְּנִימִי לְקֹדֶשׁ הַקֳּדָשִׁים לְדַלְתֵי הַבַּיִת לַהֵיכָל זָהָב:

רלב"ג

ויעש שלמה את כל הכלים אשר בית ה'. ר"ל אשר בבית ה'. את מזבח הזהב הוא מזבח הקטרת אשר היה בהיכל: ואת השולחן אשר עליו לחם הפנים זהב. כבר נתבאר בספר דברי הימים כי שלמה עשה עשרה שולחנות ותניחם בהיכל חמשה מימין וחמשה משמאל שהיו קצת השולחנות לפאת צפון וקצתם לפאת דרום כי כבר התבאר מדברי התורה שמקום השולחן היה בצפון והמנורה היה בדרום אבל הרצון בזה שלפאת צפון שם השולחנות בשתי שורות השורה האחת לפאת ימין מהאחר' וכן ראוי שנבין מענין המכונות והנה לא זכר מעשה השולחן והמנורות לפי שכבר עשאם באופן שנזכר בתורה: לפני הדביר זהב סגור הנה מפני שהשולחנות הם גם כן לפני הדביר ולא זכר זה אלא במנורות ידענו שהמנורות יותר קרובות מקדש הקדשים מהשלחנות והם היו כנגד הארון כי לפני ה' היו כמו שהתבאר מדברי התורה ומה שאמר והפרח והנרות והמלקחים זהב אין הרצון בו שלא יהיה השאר ג"כ זהב אבל הרצון בו שעד פרחה שהיה בסוף ירכה ועד הנרות שהיו בקצה המנורה השני הכל היה זהב וכן המלקחים היו זהב כמו שהוגבל בתורה וככה אמר בתורה עד ירכה עד פרחה זהב טהור: זהב סגור. ר"ל נקי ומזוקק וידמה שזקוקו היה בשיסגרוהו תוך הכור באש עם דברים יוציאו ממנו סיגיו בעשן ולזה נקרא סגור: והספות. הם בדמיון כדים העשוים לשים בהם יין: והמזמרות. הם כלי זמר עשוים מזהב. ואפשר שהיו ג"כ הספות מינים אחרים מכלי זמר: והמזרקות. הם לקבל הדם, ואחשוב שהיו משמשים לדם קדשים אשו' יובא אל הקדש פנימה: והכפות. הם לשים בהם מלוא קומץ לבונה להקטיר: והמחתות. הם לחתות בהם גחלים להוליך ממזבח החיצוי למזבח הזהב והפותות לדלתי הבית. ר"ל מה שיכנם ציר הדלת בו שהוא מחובר לדלת. הנה זה היה בדביר ובהיכל מזהב:

פירוש מהגאון מלבים

שעשאם הרבה יותר מן הצרי רק להיות מונחים באוצר המקדש מוכנים לעת הצורך בזמן העתיד: **אשר בית ה'** הכלים הצריכים לבית עצמו, לא לצורך תשמיש עבודה, **ואת השלחן** מבואר בד"ה שהיו עשרה שולחנות ומפני שעקר היה הא' שהוא מחיוב המצוה, תפס לשון יחיד, וחז"ל (במנחות דף צ"ו) נחלקו אם הונח לה"פ על כל השולחנות: **ואת המנורות** היה מנורה של משה באמצע וחמש מנורות של שלמה היו מימין לה וחמש משמאל לה, ויל"פ שמ"ש חמש מימין מוסב גם על השולחן ור"ל ואת השולחן ואת המנורות שניהם היו חמש מימין וחמש משמאל, ר"ל מימין ומשמאל לשולחן ומנורה של משה, ובכ"ז היו השלחנות בצפון והמנורות בדרום, **והפרח** של המנורה, מפני שהדין הוא שאם המנורה אינה באה זהב א"צ גביעים כפתורים ופרחים כמ"ש במנחות (דף כ"ח) ועל ידי שבאה זהב היה שם פרח, אמנם במ"ש הנרות יש פלוגתא במנחות (דף פ"ח) ולמ"ד שהנרו' מן הככר לא ידעתי למה הזכיר נרות, ובמלקחים יש רבותא אף שהם לא היו מן הככר לכ"ע: **והספות**, עי' רש"י. **והפותות** י"מ צירי הדלתות שכ"ה בלשון המשנה:

הפטרה מחר חדש

בשמואל א' סימן כ' פ' י"ב

וַיֹּאמֶר־לוֹ יְהוֹנָתָן מָחָר חֹדֶשׁ וְנִפְקַדְתָּ כִּי יִפָּקֵד מוֹשָׁבֶךָ: וְשִׁלַּשְׁתָּ תֵּרֵד מְאֹד וּבָאתָ אֶל־הַמָּקוֹם אֲשֶׁר־נִסְתַּרְתָּ שָּׁם בְּיוֹם הַמַּעֲשֶׂה וְיָשַׁבְתָּ אֵצֶל הָאֶבֶן הָאָזֶל: וַאֲנִי שְׁלֹשֶׁת הַחִצִּים צִדָּה אוֹרֶה לְשַׁלַּח־לִי לְמַטָּרָה: וְהִנֵּה אֶשְׁלַח אֶת־הַנַּעַר לֵךְ מְצָא אֶת־הַחִצִּים

רלב"ג

ושלשת תרד מאד. ר"ל שישבו שם עד הערב השלישית כמו שאמר דוד או יהיה הרצון בזה שישב שם עד בקר היום השלישי מהחדש וכן נראה ממה שאמר אח"ז ויהי בבקר ויצא יהונתן השדה למועד דוד: תרד. מאד בעמק באופן שלא יראה אותך שום אדם: ובאת אל המקום אשר נסתרת שם ביום המעשה· שנסתרת בשדה ודברתי אל אבי עליך טובה עד שנשבע שלא ימיתך: אצל האבן האזל. לפי שהמקום ההוא היה רחב ייחד מקום מוגבל ממני והוא אצל האבן האזל ואחשוב שנקראת כן שהיתה סימן להולכי דרכים: צדה אורה. ר"ל לצד האבן אורה

פירוש מהגאון מלבים

ויאמר לו יהונתן התחיל לפרט הסימנים ששמו ביניהם. **ונפקדת** בהכרח יזכר בך המלך, אחר שיפקד ויחסר מושבך שלא תמצא שם, ולכן. **ושלשת תרד מאד** ר"ל תחלק השדה (שתסתר שם) לשלשה חלקים שבכל יום ויום תרד מאד למקום יותר נסתר מיום הקודם, והטעם, כי ביום הא' עדיין אין הסכנה גדולה כ"כ, וביום הב' שאם יכיר בו המלך ע"י שלא בא אל שולחן המלך יהיה הסכנה יותר, וביום הג' שהוא ב' דר"ח שאז אין שום אמתלא כי ביום הראשון אמר מקרה הוא כמ"ש בפכ"ו וגם שאז יחקר הזאת את אביו כמ"ש בפי"ב אז הסכנה גדולה מאד. ולכן אז תרד מאד. **ובאת אל המקום אשר נסתרת שם ביום המעשה** ר"ל ביום החול שעושים בו מלאכה (כי בר"ח לא עשו מלאכה בשדות וא"צ להתרחק מאד בשדה כמו בחול שהעם מצויים שם) **וישבת אצל האבן האזל** כי שם אמצאך: **ואני שלשת החצים** הוא מליצה על לשון הרע שנקרא חץ בכתובים, ונקרא לשנא תלתאי שהורג שלשה כדברי חז"ל בערכין, ר"ל בסימן זה יתברר לך מה פעלו אלי המלשינים בלב שאול. **צדה אורה**, ר"ל

And you will be remembered— *Rashi* notes that this means: *My father will remember you and ask where you are.*

for your seat will be vacant— *Rashi* comments: *your seat in which you sit will be vacant and so did Jonathan render: and you will be sought, for your seat will be vacant.*

Saul's son Jonathan was certain that no one would occupy David's chair since everyone respected him as the anointed king. If Saul was hostile to David, the sight of David's empty chair would be sure to arouse his ire.—*Ahavath Jonathan*

Malbim renders:

and you will be remembered— The king (Saul) will surely remember you,

for your seat will be vacant — and you will not be found there. Therefore,

19. You shall divide [the field] into three parts, you shall hide very well—The field in which you are hiding, you shall divide into three parts, and each day you shall hide in a place more obscure than where you hid the day before. The reason is that on the first day, the danger will not be as great as it will be on the second day, when the king notices that you have not come to his table. On the third day, which is the second day of the new moon, the danger will be extremely grave. Then there will be no excuse for your absence, as there was the first day, when the king said, "It is an incident" (verse 26). Moreover, on that day Jonathan was going to sound out his father, as in 20:12. Therefore, on that day you shall hide in a more obscure place.

you shall hide very well—*Rashi* explains thus: "*And you shall triple the days and then you shall descend very much, i.e., when the third day arrives you shall descend into a secret place and hide very well, for then they will seek you. And you shall come to this secret place, wherein you are hiding today, which is a day of doing work.*" And so did Jonathan render: *on the weekday, for he hid on that day, as it is stated (verse 24): "And David hid in the field immediately. And it was the new moon on the morrow."*

Malbim comments:

and you shall come to the place where you hid on the work day— I.e., on the weekday, when people work. (On the new moon, they did not work in the fields, and you will not have to go as far out into the field in order to hide yourself as you would on a weekday, when people are working there).

The day before the new moon is referred to as the day of work, in contrast to the following day, which was observed as a holiday, much as is the custom of our women nowadays. Cf. *Meg.* 22b. *Rashi* and *Tos.* ibid. *Siddur Beth Jacob* by *Rabbi Jacob Askenazi of Emden* expresses the opinion that men are also forbidden to do any heavy labor on the new moon. The *Shulchan Aruch Orach Chaim*, chapter 417:1, rejects this opinion. See *Mishnah Berurah*, ibid.

and you shall stay beside the traveler's stone—where I will find you.

the traveler's stone—*Rashi* explains: Heb. הָאָזֶל, *lit., the going stone, i.e., a stone that was a sign (or landmark) for travelers.* הָאָזֶל—*those who go on the road. And so did Jonathan render:* אֶבֶן אָתָא, *the stone that was a sign.*

20. **And as for me...the three arrows**—This is figurative of slander, which is called "arrows" in Scripture; in Rabbinic literature (*Arachin* 14b), it is called the "triple tongue," because it kills three people: the one who says it, the one who believes it, and the one about whom it was told. (The two who participate in the slander are punished and the one about whom it was told suffers from the damage inflicted upon him.) Jonathan meant that with this sign, he would know whether the arrows of the slanderers had pierced Saul's heart (whether or not he believed them).—[*Malbim*]

Redak says the three arrows refer to the arrows Jonathan plans to shoot, which correspond to the three days David is to hide. Hence, the definite article.

I will shoot...to the side—I will not shoot them straight to the place where you are hiding, because then the boy will see you. Rather, I will shoot them to the side.—[*Malbim*]

Rashi explains: *This is not a*

mappiq "hey" (aspirate "hey") צדה *is to be interpreted like* לצד, *to a side, for every word which requires a "lammed" as a prefix, the Scripture gives a "hey" as a suffix (Jeb. 13b). At the side of that stone, I shall shoot arrows to a mark, so that the youth will not understand and this sign shall be for you to divine whether you must flee.*

Redak explains צדה *like* צדה *with a mappiq to its side, meaning to the side of the rock. The accent on the second syllable supports this theory. Redak in Sefer Hashorashim quoted by Minchat Shai ibid.*

21. **And behold, I will send, etc.**—According to *Rashi*, *it is customary for one who seeks an arrow that has been shot to go to the place he sees the arrow flying but cannot ascertain exactly* [where it has landed]. *Sometimes he searches for it, and the arrow is beyond him and sometimes he goes beyond the arrow and searches for it. You shall have this sign, i.e., the following:* **If I say to the boy...take it and come**—*you yourself emerge from your hiding place, and take it, and come to me, for you have not to fear, for it is well with you. The Holy One Blessed be He, desires that you be here, and even if I have heard evil from Father."*

הַחִצִּים אִם־אָמֹר אֹמַר לַנַּעַר הִנֵּה הַחִצִּים ׀ מִמְּךָ וָהֵנָּה קָחֶנּוּ ׀ וָבֹאָה כִּי־שָׁלוֹם לְךָ וְאֵין
דָּבָר חַי־יְהוָה׃ וְאִם־כֹּה אֹמַר לָעֶלֶם הִנֵּה הַחִצִּים מִמְּךָ וָהָלְאָה לֵךְ כִּי שִׁלַּחֲךָ יְהוָה׃
וְהַדָּבָר אֲשֶׁר דִּבַּרְנוּ אֲנִי וָאָתָּה הִנֵּה יְהוָה בֵּינִי וּבֵינְךָ עַד־עוֹלָם׃ וַיִּסָּתֵר דָּוִד בַּשָּׂדֶה
וַיְהִי הַחֹדֶשׁ וַיֵּשֶׁב הַמֶּלֶךְ עַל־אל ק׳ הַלֶּחֶם לֶאֱכוֹל׃ וַיֵּשֶׁב הַמֶּלֶךְ עַל־מוֹשָׁבוֹ כְּפַעַם ׀
בְּפַעַם אֶל־מוֹשַׁב הַקִּיר וַיָּקָם יְהוֹנָתָן וַיֵּשֶׁב אַבְנֵר מִצַּד שָׁאוּל וַיִּפָּקֵד מְקוֹם דָּוִד׃ וְלֹא־
דִבֶּר שָׁאוּל מְאוּמָה בַּיּוֹם הַהוּא כִּי אָמַר מִקְרֶה הוּא בִּלְתִּי טָהוֹר הוּא כִּי־לֹא טָהוֹר׃
וַיְהִי מִמָּחֳרַת הַחֹדֶשׁ הַשֵּׁנִי וַיִּפָּקֵד מְקוֹם דָּוִד וַיֹּאמֶר שָׁאוּל אֶל־יְהוֹנָתָן בְּנוֹ מַדּוּעַ לֹא־
בָא בֶן־יִשַׁי גַּם־תְּמוֹל גַּם־הַיּוֹם אֶל־הַלָּחֶם׃ וַיַּעַן יְהוֹנָתָן אֶת־שָׁאוּל נִשְׁאֹל נִשְׁאַל דָּוִד
מֵעִמָּדִי עַד־בֵּית לָחֶם׃ וַיֹּאמֶר שַׁלְּחֵנִי נָא כִּי זֶבַח מִשְׁפָּחָה לָנוּ בָּעִיר וְהוּא צִוָּה־לִי אָחִי
וְעַתָּה אִם־מָצָאתִי חֵן בְּעֵינֶיךָ אִמָּלְטָה נָּא וְאֶרְאֶה אֶת־אֶחָי עַל־כֵּן לֹא־בָא אֶל־שֻׁלְחַן
הַמֶּלֶךְ׃ וַיִּחַר־אַף שָׁאוּל בִּיהוֹנָתָן וַיֹּאמֶר לוֹ בֶּן־נַעֲוַת הַמַּרְדּוּת הֲלוֹא יָדַעְתִּי כִּי־בֹחֵר
אַתָּה לְבֶן־יִשַׁי לְבָשְׁתְּךָ וּלְבֹשֶׁת עֶרְוַת אִמֶּךָ׃ כִּי כָל־הַיָּמִים אֲשֶׁר בֶּן־יִשַׁי חַי עַל־
האדמה

פירוש מהגאון מלבים

ר"ל לא אורה ביושר אל מקומך שאז ירוץ הנער רק אל הצד: **אם אמר אמר** נתן לו שני סימנים, א] בלשון והנה או והלאה, שאם יאמר והנה, זה סימן שהבא הנה ואם אומר **והלאה** זה סימן שתברח הלאה, ב] באם יאמר לנער או **לעלם**, כי שם עלם מורה יותר על הגבורה והזריזות משם נער, כמ"ש בכ"מ, ור"ל שבאם יורה החצים במקום קרוב, באופן שיהיה מן הנער והנה, יאמר לנער, יקראהו בשם נער, כי א"צ זירוז כ"כ למצוא החצים כשהם קרובים, והסימן אל דוד שא"צ לזרז ולברוח רק יתגלה לפניו במעמד הנער, ואם יורה החצים למקום רחוק, שאז יאמר **לעלם** שיזרו למצאם חיש, וזה סימן לדוד על הזריזות לברוח. וגם ידע כי ישמר מהתגלות במעמד הנער, כי לכן קראו עלם שיזדרז בהחצים למען ישלחנו מפה כמו שהיה, וכבר בארנו (בפסוק ז׳) שהיו ארבע אופנים, אופן אחד שימצא את שאול טוב אל דוד, ואז יהיו שני סימנים לטובה, שם נער ומלת הנה. אופן ב׳ שימצאנו ברע עמו, ואז יהיו ב׳ סימנים לרעה, שם עלם ומלת והלאה. ועוד שני אופנים שיסתפק מה בלב שאול, ואז ירמוז לו בסימן אחד. וז"ש **אם אמר אמר לנער**, וגם והנה, אז **קחנו ובאה כי שלום לך ואין דבר** אף חשש סכנה, וכן: **ואם כה אומר לעלם** וגם **והלאה** אז **לך** תיכף **כי שלחך ה׳** ר"ל אז נגלת בהשגחת ה׳ כי הסכנה מבוררת, ומובן שאם יהיה רק סימן אחד הדבר מסופק: **והדבר** ר"ל ובכל זה שתצטרך לברוח אל תסתכן להתראות עמי, כי כבר כרתנו ברית וה׳ עד לדבר עד עולם: **וישב**, מבואר שתחלה קודם שישב המלך, ישב יהונתן במקום דוד ועת **ישב המלך** על הלחם, שאז: **וישב המלך על מושבו** שהיה רגיל לישב אצל הקיר בראש הקרואים אז **ויקם יהונתן** ממקומו, כי אין דרך שישב הבן אצל אביו ולכן עמד יהונתן על רגליו, והוכרח **אבנר לישב מצד שאול** להתמצע בין שאול ויהונתן, ועי"כ **ויפקד מקום דוד**, כי תמיד היה דוד יושב ביניהם, (והיה זה מהכמת יהונתן שישב תחלה ועמד ממקומו, כדי שיזכור כי חסר דוד מן הקרואים) וכל"ז, **ולא דבר שאול מאומה** כי אמר בלבו **מקרה הוא** ר"ל שראה קרי עי"כ **בלתי טהור הוא** והם אכלו חוליהם בטהרה, והוסיף **כי לא טהור**, ובשגגתו את דוד אמר, זה בא מסבת שהוא לא טבול ומהרהר ביום ובא לידי טומאה בלילה, כן פי׳ מהרי"א: **החדש השני** שעברו אז את החדש: **ויען** השיב, א] שהלך ברשות ועז"א **נשאל נשאל**, ב] הטעם שנתן לו רשות הוא: א] **כי זבח משפחה**, ב] שאחיו הגדול צוה לו שיבא, וז"ש **והוא צוה לי אחי**, ג] שלא הלך לאכול ולשתות רק אמר **ואראה את אחי**: **בן נעות המרדות** מליץ במליצה את המרד בעצם מופשט, ודרך המרד, שימרוד עבד על אדוניו לפרוק עול או למלוך תחתיו, אבל לא שימרוד בן באביו להמליך תחתיו איש נכרי, ואם יקרה זה הוא מרד של שגעון ועוות השכל, ר"ל אתה מורד נעוות ומשוגע, **הלא ידעתי כי בחר אתה לבן ישי** על תכלית זה למרוד בי, וזכר נא כי הוא **לבשתך ולבשת ערות אמך**, שתוסר המלוכה מזרעה אל איש נכרי : **כי כל הימים אשר בן ישי חי** והגם שתמלוך

רלב"ג

אורה בדרך שתהיה האבן לי למטרה: **החצים ממך והנה.** הוא אות שישוב דוד ליהונתן ואמנם יהיה זה כשיהיה יהונתן מורה החצים בדרך שלא יגיעו עד האבן שהיתה למטרה וכאשר יאמר הלא החצי ממך והלאה היא אות שיסור דוד מעליו וזה מבואר מצד הלשון ואמנם יהיה זה כשיהיה יהונתן מורה החצים באופן שיעברו האבן שהיתה למטרה: **כי אמר מקרה הוא בלתי טהור הוא כי לא טהור.** הרצון בזה לפי מה שאחשוב שכבר אמר שאול מקרה הוא שקרה שלא בא דוד אל הלחם לא במרד ולא במעל ממנו ולא בכונה או אולי בלתי טהור הוא ששמש מטתו והוא טמא עד הערב כי דוד הוא לא טהור. ר"ל שלא נשמר מלשמש מטתו כי טבעו היה נוטה אל רבוי המשגל כמו שנתבאר מענינו ולזה נשמר מלבא אל שולחן המלך כי לא נכון שיאכלו הטמא והטהור יחדו בשלחן המלך עם שכבר אפשר שיהיו אוכלים זבחי שלמים: **והוא צוה לי אחי.** הוא על דרך אמרו והפתה ותראהו את הילד שבאר אחר הכנוי הנושא והרצון בזה שאחיו צוה לדוד שילך שם: **בן נעות המרדות.** ר"ל מעוותת המוסר כאילו יאמר שלא הוכיחתו אמו בקטנותו ולזה לא קבל מוסר כראוי ויהיה הרצון במרדות מוסר ובזה אמרו רבותינו מכת מרדות או יהיה הרצון במרדות ממשלה כענין וירד מים עד ים והוא היותר נכון וירצה בזה שהוא בן אשה שאינה ראויה לממשלה אבל היא מעוותת בדבר הממשלה כי אין מינה נאות לאדנות ובזה יאמר ביהונתן שהוא בלתי ראוי לממשלה כי הוא בוחר במה שימנעהו ממלוך על ישראל

והוא

the arrows.' If I say, 'To the boy, behold, the arrows are on this side of you,' take it and come, for it is well for you, and there is nothing [wrong], as the Lord lives. 22. But if I say thus, 'To the youth, behold, the arrows are beyond you,' go! for the Lord has sent you away. 23. And [concerning] the matter [about] which we have spoken, I and you, behold, the Lord is between me and you forever." 24. And David hid in the field; when it was the new moon, the king sat down to the meal to eat. 25. And the king sat upon his seat, as at other times, upon the seat by the wall, and Jonathan arose, and Abner sat down beside Saul, and David's place was vacant. 26. But Saul did not say anything on that day, for he thought, "It is an incident; he is not clean, for he is not clean." 27. And it was on the morrow of the second [day of the] new moon, that David's place was vacant, and Saul said to Jonathan, his son, "Why has not the son of Jesse come to the meal either yesterday or today?" 28. Jonathan answered Saul, "David took leave of me [to go] to Bethlehem. 29. And he said, 'Let me go away now, for we have a family sacrifice in town, and he, my brother, commanded me; and now, if I have found favor in your eyes, let me slip away now, and see my brothers.' Therefore, he did not come to the king's table." 30. And Saul's wrath was kindled against Jonathan, and he said to him, "[You] son of perverse rebellion! Don't I know that you choose the son of Jesse, to your shame and to the shame of your mother's nakedness? 31. For all the days that the son of Jesse is living,

If I say—He gave him two signs: 1) The different expressions "**on this side of you**" or "**beyond you**"; if he says, "**on this side of you**," it is a sign that David should come toward him, but if he says, "**beyond you**," it is a sign that David should flee.

2) Whether he refers to his servant with the wording "**to the boy**" or "**to**

the youth." The word עֶלֶם, *youth*, denotes more vigor and alacrity than the word נַעַר, *boy*, as I have illustrated in many places. Jonathan meant that if he shot the arrows to a nearby place in such a way that they would be between the boy and himself, he would say "**to the boy**"—He would call his servant a boy, because he would not require much vigor to find the arrows lying nearby. The [meaning of the] sign would be that David does not have to make a vigorous effort to flee, but he may appear before Jonathan in the lad's presence. If, however, he shot the arrows to a distant place, he would say "**to the youth**," meaning that he should make an effort to find them quickly. This would be a sign that David should hasten to flee, and also beware of revealing himself in the presence of the youth. For that reason, Jonathan calls his servant "youth," indicating that he should hurry with the arrows, in order to urge David to flee, as indeed transpired. Jonathan could have given David one of four possible answers. One possibility is that he would find Saul's attitude toward David favorable. Then the two signs would be favorable, both the word "boy" and the expression "on this side of you." The second possibility is that he would find Saul's attitude toward David hostile. Then he would use the two unfavorable signs, both the word "youth" and the expression "beyond you." There were, however, two more possibilities, if he was in doubt about Saul's attitude. In such a case he would hint to David with only one sign. This is the meaning of

If I say, 'To the boy,' and also **'behold, the arrows are on this side of you'**—then

take it and come, for it is well with you, and there is nothing [wrong]—not even a possibility of danger. Similarly,

22. **But if I say thus, 'To the youth'**—and also **'behold, the arrows are beyond you'**—Then

go!—immediately,

for the Lord has sent you away—Then you will have been saved by Divine Providence, for danger is imminent. It is therefore understood that a single sign would mean that there is no definite report.

23. **And [concerning] the matter**—I.e., if you are compelled to flee, do not endanger yourself by appearing with me, for we have already formed a covenant, and the Lord is a witness in this matter to eternity.

24. **the king sat down**—(From the text, it appears that first Jonathan sat in one place and then, when Saul sat down, he rose and sat elsewhere, when Abner sat down next to Saul, and then David's place was empty. Where did Jonathan sit originally? Why did he rise and change his seat when Saul entered, and how is it that David's seat first become vacant?) This can be explained by assuming that before the king sat down, Jonathan sat in David's place, which was next to Saul's, but when **the king sat down to the meal**—at which time

25. **the king sat upon his seat**—where he was accustomed to sit, by the wall at the head of the assembled, then

Jonathan arose—from the place where he was sitting, for it was not then customary for a son to sit next to his father. [*Malbim* probably means what *Rashi* says: people generally ate in a reclining position, and it was impolite for a son to recline beside his father.] For this reason, Jonathan rose,

and Abner sat down beside Saul—He was compelled to sit there in order to separate Saul and Jonathan. Through this [act],

David's place was vacant— for David always sat between them (Jonathan's cleverness was to first sit in David's place and then rise, so that Saul would remember that David belonged here, and that he was missing from among those attending the feast). Nevertheless,

26. **Saul did not say anything**— for he said to himself,

It is an incident—I.e., he has experienced a seminal emission. Because of this,

he is not clean—and it was customary then that people ate even their ordinary food in a state of ritual purity.

for he is not clean—Out of his hatred for David, Saul said that this came about because David was habitually unclean. He harbored erotic thoughts by day and became unclean at night. This is *Abarbanel's* interpretation.

27. **the second [day of the] new moon**—for then they had intercalated the month, i.e., they added a day to the month, thus making a two-day new moon celebration.

28. **Jonathan answered**—He

answered that 1) David had left with permission. Concerning this he says, **"David took leave."** 2) The reasons he had given him permission were 1) **for we have a family sacrifice**; 2) because his older brother had commanded him to come. That is [the meaning of] what he says, **'and he, my brother, commanded me'**; and 3) that he did not go to eat and drink, but he said, '[let me slip away now,] **and see my brothers.'**

30. **"[You] son of perverse rebellion!**—As a rule, a slave rebels against his master either to free himself from his bondage or to reign in his stead, but for a son to rebel against his father in order to crown a stranger is unheard of. Should this happen, it is a rebellion of insanity and perversity. You are a perverse and insane rebel.

Don't I know that you choose the son of Jesse—for the purpose of rebelling against me. Remember also that it is

to your shame and to the shame of your mother's nakedness—that the kingdom will be taken away from her children and given to a stranger.

31. **For all the days that the son of Jesse is living**—Even if you become king, your throne will not be established on a firm basis, because he will rebel against you.

So now, send and fetch him to me—because this is for your benefit.

you and your kingdom will not be established. So now, send and fetch him to me, for he deserves death." 32. And Jonathan answered his father Saul and said to him, "Why should he be put to death? What has he done?" 33. And Saul cast the spear at him to strike him, and Jonathan knew that it had been decided upon by his father to put David to death. 34. So Jonathan arose from the table in fierce anger, and he did not eat [any] food on the second day of the new moon, because he was grieved concerning David, although his father had put him to shame. 35. It came to pass in the morning that Jonathan went out at David's appointed time, and a small boy was with him. 36. And he said to his boy (servant), "Run now, find the arrows that I am going to shoot." The boy ran, and he shot the arrow to cause it to go beyond him. 37. When the boy came to the place of the arrow that Jonathan had shot, Jonathan called after the boy and said, "Isn't the arrow beyond you?" 38. And Jonathan called after the boy, "Quickly, hasten, do not stand!" And Jonathan's boy (servant) gathered up the arrows and came to his master. 39. But the boy knew nothing; only Jonathan and David knew [of] the matter. 40. And Jonathan gave his weapons to his boy (servant) and said to him, "Go, bring [them] to the city." 41. The boy departed, and David arose from [a place] toward the south, and he fell upon his face to the ground and prostrated himself three times. They kissed one another and wept one with the other until David [wept] loudly. 42. And Jonathan said to David, "Go in peace! What we, both of us, have sworn in the name of the Lord, saying, 'May the Lord be between me and you and between my descendants and your descendants' will be forever."

for he deserves death—because he is rebelling against the kingdom.

34. although his father had put him to shame—Although his father had put him (Jonathan) to shame, he was not grieved about this, but only about David.

35. at David's appointed time— For Jonathan had said, "I will sound out my father at this time on the third morrow" (20:12), and that was at the beginning of the day.

הָאֲדָמָה לֹא תִכּוֹן אַתָּה וּמַלְכוּתֶךָ וְעַתָּה שְׁלַח וְקַח אֹתוֹ אֵלַי כִּי בֶן־מָוֶת הוּא׃ וַיַּעַן
יְהוֹנָתָן אֶת־שָׁאוּל אָבִיו וַיֹּאמֶר אֵלָיו לָמָּה יוּמַת מֶה עָשָׂה׃ וַיָּטֶל שָׁאוּל אֶת־הַחֲנִית
עָלָיו לְהַכֹּתוֹ וַיֵּדַע יְהוֹנָתָן כִּי־כָלָה הִיא מֵעִם אָבִיו לְהָמִית אֶת־דָּוִד׃ וַיָּקָם יְהוֹנָתָן
מֵעִם הַשֻּׁלְחָן בָּחֳרִי־אָף וְלֹא־אָכַל בְּיוֹם־הַחֹדֶשׁ הַשֵּׁנִי לֶחֶם כִּי נֶעְצַב אֶל־דָּוִד כִּי הִכְלִמוֹ
אָבִיו׃ וַיְהִי בַבֹּקֶר וַיֵּצֵא יְהוֹנָתָן הַשָּׂדֶה לְמוֹעֵד דָּוִד וְנַעַר קָטֹן עִמּוֹ׃ וַיֹּאמֶר לְנַעֲרוֹ רֻץ
מְצָא־נָא אֶת־הַחִצִּים אֲשֶׁר אָנֹכִי מוֹרֶה הַנַּעַר רָץ וְהוּא־יָרָה הַחֵצִי לְהַעֲבִרוֹ׃ וַיָּבֹא
הַנַּעַר עַד־מְקוֹם הַחֵצִי אֲשֶׁר יָרָה יְהוֹנָתָן וַיִּקְרָא יְהוֹנָתָן אַחֲרֵי הַנַּעַר וַיֹּאמֶר הֲלוֹא הַחֵצִי
מִמְּךָ וָהָלְאָה׃ וַיִּקְרָא יְהוֹנָתָן אַחֲרֵי הַנַּעַר מְהֵרָה חוּשָׁה אַל־תַּעֲמֹד וַיְלַקֵּט נַעַר יְהוֹנָתָן
אֶת־הַחִצִּי החצים ק׳ וַיָּבֹא אֶל־אֲדֹנָיו׃ וְהַנַּעַר לֹא־יָדַע מְאוּמָה אַךְ יְהוֹנָתָן וְדָוִד יָדְעוּ אֶת־
הַדָּבָר׃ וַיִּתֵּן יְהוֹנָתָן אֶת־כֵּלָיו אֶל־הַנַּעַר אֲשֶׁר־לוֹ וַיֹּאמֶר לוֹ לֵךְ הָבֵיא הָעִיר׃ הַנַּעַר
בָּא וְדָוִד קָם מֵאֵצֶל הַנֶּגֶב וַיִּפֹּל לְאַפָּיו אַרְצָה וַיִּשְׁתַּחוּ שָׁלֹשׁ פְּעָמִים וַיִּשְּׁקוּ ׀ אִישׁ אֶת־
רֵעֵהוּ וַיִּבְכּוּ אִישׁ אֶת־רֵעֵהוּ עַד־דָּוִד הִגְדִּיל׃ וַיֹּאמֶר יְהוֹנָתָן לְדָוִד לֵךְ לְשָׁלוֹם אֲשֶׁר
נִשְׁבַּעְנוּ שְׁנֵינוּ אֲנַחְנוּ בְּשֵׁם יְהוָה לֵאמֹר יְהוָה יִהְיֶה ׀ בֵּינִי וּבֵינֶךָ וּבֵין זַרְעִי וּבֵין זַרְעֲךָ
עַד־עוֹלָם׃

רלב"ג

והוא דוד: כי נעצב אל דוד כי הכלימו אביו. באר בזה ששני דברים היו סבה שלא אכל יהונתן ביום החדש השני לחם, האחד כי היה נעצב אל דוד שיצטרך שיפרד ממנו מפחד אביו והיא היתה הסבה היותר חזקה ולזה הקדימה והסבה השנית היא כי הכלימו אביו במה שקרא לו בן נעות המרדות: רוץ מצא נא את החצים אשר אנכי מורה. קצר הכתוב וזה כי הוא באר לנער איזה דבר ישים לו למטרה והוא האבן האזל: והוא ירה החצים להעבירו. ר"ל שיהונתן ירה חצו בחוזק כנגד מקום אחר יותר רחוק מהאבן ההוא כדי שיעבור החץ המקום שהגביל להנער: עד מקום החצי אשר ירה יהונתן. ר"ל עד המקום שאמר לנער שישים לו למטרה והוא אבן האזל והנה עבר החץ המקום ההוא כדי שיאמר לנער הלא החצי ממך והלאה ויבין דוד כי שלחהו הש"י וימלט כאשר יוכל. והנה היה ירא יהונתן שלא יוכל לדבר עמו פנים בפנים ולזה הוצרך לזאת האות כי אולי יבאו אנשים בשדה ההוא ולא יוכל דוד לצאת אל יהונתן לדבר עמו אך אחר שראה יהונתן שלא היו שם כ"א הוא ונערו שלח נערו אל העיר והרגיש דוד כי אין שם איש. ולזה שלח יהונתן נערו וקם דוד מהמקום שהיה נסתר בו ונתן תודה ליהונתן והשתחוה לו שלש פעמים. ויבכו איש את רעהו עד דוד הגדיל. ר"ל שדוד הגדיל לבכות יותר מן הראוי לו למה שהיה בו מן הפחד מפני שאול ולזה מהר יהונתן לשלוח את דוד ונפרדו איש מעל אחיו:

פירוש מהגאון מלבים

שתמלוך לא תכון על בסיס ויסוד חזק כי ימרד בך, ועתה שלח וקח אותו אלי כי הוא לטובתך, כי בן מות הוא יען מורד במלכות: כי הכלמו ר"ל הגם שהכלימו אביו לא ע"ז נעצב רק על דוד: למועד דוד כי א"ל כעת מחר השלישית אחקור, והוא בתחלת היום: להעבירו כדי שיאמר ממך והלאה. והיו שני הסימנים הנ"ל. א] שאמר והלאה, ב] שאמר מהרה חושה, כנ"ל: עד דוד הגדיל ר"ל עד שהתחיל דוד לבכות בקול גדול ונתירא שלא ישמע לכן א"ל לך לשלום והזכירו שנית השבועה שנשבעו בשם ה' והגם שהם יתרחקו ה' קרוב אליהם, שלא יפסיק בינם המקום, וז"ש ביני ובינך, ולא הזמן וזה שאמר עד עולם:

הפטרת שבת וראש חדש

בישעיה סימן ס"ו פ' א'

כֹּה אָמַר יְהוָה הַשָּׁמַיִם כִּסְאִי וְהָאָרֶץ הֲדֹם רַגְלָי אֵי־זֶה בַיִת אֲשֶׁר תִּבְנוּ־לִי וְאֵי־זֶה
מקום

אבן עזרא

כה וגו' שב הנביא להוכיח הרשעים: השמים כסאי, ידענו כי כבוד השם מלא השמים והארץ, והטעם כי מן השמים תבאנה הגזרות על כל העולם כולו. כאשר תצאנה מלפני המלך בשבתו על כסאו: הדום רגלי. כי ברשותי הוא ושלי. ואחר שהכל שלי. אי זה בית: ואי זה

פירוש מהגאון מלבים

כה אמר ה', באמצע דבריו על ירושלים אשר תבנה ותכונן לעתיד, משיב פניו לעומת בני דורו, אשר חשבו כי המקדש מכפר על עונותיהם, וכי הורשה להם לעשות כל התועבות בלבד שירצוהו בקרבן, ושמן הנמנע כלל שיוחרב המקדש אשר בו יקריבו לפניו חלב ודם. משיב להם, דעו כי המקדש כולו ואף כי הקרבנות שמקריבים בו לה' הם נגד שכל האדם, מצד שלשה טעמים א] כי מתנאי רוחניותו שלא יתקומם במקום ולא יגבול בגבל. ואף כי שנאמר ששוכן בבית בנו לו בני האדם, ועז"א הנה השמים כסאי והארץ הדום רגלי, דמהו כמלך יושב על כסא שופט ומנהיג ומלוה, כן מניע השמים ומשפיע משם ברכתו עד סוף ההשתלשלות שהוא הארץ ששם תכלית מסובביו, וא"כ איזה בית אשר תבנו לי כענין שאמר שלמה הנה השמים ושמי השמים לא יכלכלוך אף כי הבית אשר בניתי. ב] שישכן ה' בבית מורה שהוא מתנענע והסר לו מנוחה וזה
לא

(Sabbath and New Moon)

ISAIAH 66

66:1. So says the Lord, "The heavens are My throne, and the earth is My footstool; which is the house that you will build for Me, and which is the place of My rest? 2. And all these My hand made, and [so] all these exist," says the Lord. "But to this one do I look, to one poor and of contrite spirit, who hastens [to do] My bidding. 3. Whoever slaughters a bull or strikes a man, slaughters a lamb or beheads a dog, offers up a meal-offering or swine blood, makes remembrance with frankincense or blesses violence—they, too, chose their ways, and their soul desired their abominations. 4. I, too, will choose their mockeries, and their fears I will bring to them, since I called and no one answered, I spoke and they did not hearken, but they did what was vile in My eyes, and what I did not wish they chose. 5. Hearken to the word of the Lord, those who hasten to [do] His word, your brethren who hate you, who cast you out, say, 'Through my fame, the Lord will be glorified,' but it will appear in your joy, and they will be ashamed. 6. There is a sound of stirring from the city, a sound from the Temple, the voice of the Lord recompensing His enemies. 7. Before she travails, she will have given birth; before the pang comes to her, she will have been delivered of a male child. 8. Who heard [anything] like this? Who saw

Unless otherwise specified, the commentary on the Haftarah is that of Malbim.

66:1. **So says the Lord**—In the midst of his words concerning the city of Jerusalem that will be rebuilt and reestablished in the future, the prophet turns to his contemporaries, who thought that the Temple expiated their sins and that they were permitted to do all kinds of abhorrent deeds, as long as they appeased God with a sacrifice. They believed that because of this, the Temple, in which they offered up blood and fat, could under no circumstances be destroyed. God replies that they should know that the very existence of the Temple, and surely the sacrifices offered up therein, are totally contrary to logic, for three reasons: 1) The spiritual essence of God precludes His being found in any particular place or limited by any boundary, and it

מְקוֹם מְנוּחָתִי׃ וְאֶת־כָּל־אֵלֶּה יָדִי עָשָׂתָה וַיִּהְיוּ כָל־אֵלֶּה נְאֻם־יְהוָה וְאֶל־זֶה אַבִּיט
אֶל־עָנִי וּנְכֵה־רוּחַ וְחָרֵד עַל־דְּבָרִי׃ שׁוֹחֵט הַשּׁוֹר מַכֵּה־אִישׁ זוֹבֵחַ הַשֶּׂה עֹרֵף כֶּלֶב מַעֲלֵה
מִנְחָה דַּם־חֲזִיר מַזְכִּיר לְבֹנָה מְבָרֵךְ אָוֶן גַּם־הֵמָּה בָּחֲרוּ בְּדַרְכֵיהֶם וּבְשִׁקּוּצֵיהֶם נַפְשָׁם
חָפֵצָה׃ גַּם־אֲנִי אֶבְחַר בְּתַעֲלֻלֵיהֶם וּמְגוּרֹתָם אָבִיא לָהֶם יַעַן קָרָאתִי וְאֵין עוֹנֶה
דִּבַּרְתִּי וְלֹא שָׁמֵעוּ וַיַּעֲשׂוּ הָרַע בְּעֵינַי וּבַאֲשֶׁר לֹא־חָפַצְתִּי בָּחָרוּ׃ שִׁמְעוּ דְּבַר־יְהוָה
הַחֲרֵדִים אֶל־דְּבָרוֹ אָמְרוּ אֲחֵיכֶם שֹׂנְאֵיכֶם מְנַדֵּיכֶם לְמַעַן שְׁמִי יִכְבַּד יְהוָה וְנִרְאֶה
בְשִׂמְחַתְכֶם וְהֵם יֵבֹשׁוּ׃ קוֹל שָׁאוֹן מֵעִיר קוֹל מֵהֵיכָל קוֹל יְהוָה מְשַׁלֵּם גְּמוּל לְאֹיְבָיו׃
בְּטֶרֶם תָּחִיל יָלָדָה בְּטֶרֶם יָבוֹא חֵבֶל לָהּ וְהִמְלִיטָה זָכָר׃ מִי־שָׁמַע כָּזֹאת מִי רָאָה
כָּאֵלֶּה

פירוש מהגאון מלבים

לא יצוייר בחק אלהית, ועז"א ואיזה מקום מנוחתי: **ואת**, ג] שיבנו לו בית לשבתו מורה שחסר לו דבר עד שיבקש מיציר כפיו ימלאו חסרונו ואיך יצוייר זה אצל ה' הלא **ואת כל אלה ידי עשתה** ועי"כ **ויהיו כל אלה**, בין ראשית המעשה אנכי עשיתים, בין שיתקיימו סוגיהם ומיניהם הוא רק על ידי, שעל ידי הם היו ומתקיימים. **נאם ה'** ר"ל כל זאת אמר ה'. **ואל זה אביט אל עני ונכה רוח** מי שהוא עני בחיצוניותו ונכה רוח בפנימיותו שרוחו נשברה ובכ"ז הוא **חרד על דברי** לשמוע בקולי, זה היה תכלית המקדש והקרבנות שנחת רוח הוא לפני שאמרתי ונעשה רצוני, לא הקרבן עצמו הוא המבוקש רק מלאות רצוני וההכנעה שמראה האדם לפני במה ששומע אל דברי: **שוחט**, אמנם אתם שאתם מביאים קרבנות ועודכם ברשעכם ואינכם שבים לפני, דעו כי בין מי שהוא **שוחט השור** לקרבן, או מי שהוא **מכה איש** לרצוח נפש, בין מי שהוא **זובח השה** לקרבן ובין מי שהוא **ערף כלב**. וכן בין מי שהוא **מעלה מנחה** לקרבן או כנגדו מי שהוא **מעלה דם חזיר** לע"ז, או מי שהוא מזכיר את ה' ע"י לבונה שמביא, או מי שמברך און את הע"ז. דעו כי שני אלה הקצוות שוים בעיני, כי **גם אלה** הראשונים שהם שוחט השור, זובח השה, מעלה מנחה, מזכיר לבונה, הם **בחרו בדרכיהם**, הדרכים שהם חושבים לעבוד אותי בהם, אינם עושים מצד מצותי רק מצד בחירתם, כי אנכי איני רוצה בקרבנות כאלה בלא תשובה והכנעה לפני, וכן הצד השני שהם מכה איש עורף כלב וכו' **בשקוציהם נפשם חפצה** (וכבר באר החוקר שלא יתכן לאמר שהאדם בוחר ברע רק שחפץ בו, כי הבחירה הוא בעזרת השכל, ולכן אמר בחרו בדרכיהם הטובים ובשקוציהם נפשם חפצה לא בחירה). **גם**, כמו שהם בחרו לעצמם מצות אשר לא בחרתי אנכי, כאילו הם באים רק להתלוצץ וכן **גם אני אבחר בתעלוליהם** להתלוצץ עליהם. ונגד בשקוציהם נפשם חפצה **מגורתם אביא להם**, מדה כנגד מדה, יען קראתי ולא שמעו וגם דברתי וכו' ויעשו הרע בעיני במצות ל"ת ובאשר לא חפצתי בחרו במ"ע שבדו לעצמם: **שמעו דבר ה'** הצדיקים **החרדים אל דבר ה'**, באמת, לא בהבאת קרבנות להתפאר במו כמו הצבועים, הנה אלה הצבועים שמתדמים שהם **אחיכם** במצות והם באמת **שונאיכם ומנדים אתכם**, כי בלבם ישימו ארבם על יראי ה' האמתיים, אלה אומרים לכם לאמר רק **למען שמי יכבד ה'** ע"י הקרבנות שמביא לכבוד ולשם בפרסום עי"ז יכבד ה', משיב להם הנביא **ונראה** ר"ל האמת יתראה בעת **שמחתכם**, שאז **הם יבשו**, ויראו כי לא ירצה ה' בחונף רק בעבודת הלב באמת: **קול**, מצייר כי שומע **קול שאון מן העיר** שהוא מהמון העיר אשר בירושלים, שנית מצייר ששומע **קול שאון מן ההיכל** והמקדש, שלישית מצייר **ששומע קול ה'** משלם גמול לאויביו זה דרך כלל, עתה יתחיל לבאר שלשה הקולות האלה בפרטות: **בטרם**, (מפרש מ"ש קול שאון מעיר) **בטרם**, נבא כי זמן רב לפני ביאת הגואל יתקבצו אנשים מועטים מבני הגולה ויקבעו דירתם בירושלים, ואחר שנים רבות שישבו שמה יבואו להם החבלי יולדה שהיא מלחמות גוג ומגוג ואז יתחיל הקיבוץ הגדול הכללי, אומר **בטרם תחיל ילדה** כבר יהיה לעיר ירושלים לידה קטנה בטרם תחיל, ולא לבד בטרם תחיל כי גם **בטרם יבא חבל לה**, שלא יהיה עוד העת כלל שיבא הבל לה שהם חבלי יולדה שהוא שנים רבות לפני זמן הגאולה, כבר **המליטה זכר**, כי עדן לא ילדה רבתי עם רק מתי מספר שיקבצו דירה שמה, לכן מצייר שילדה רק זכר אחד, ר"ל אנשים

מתי

אבן עזרא

מקום. כפול בטעם: ואת וגו' והנה טעם אחר כי הוא ברשותי ושלי. כי זה הכסא וההדום אני עשיתים: ויהיו כל אלה. דבק עם ידי עשתה: ואל זה אביט. הטעם אף על פי שהשמים כסאי. אביט אל עני ונכה רוח וטעם אביט אשים עיני עליו. והנה הפך אעלים עיני מכם: שוחט וגו'. הטעם כי אביט אל חרד אל דברי. לא אל המקריבים עולה. ומעשיהם רעים. והנה שוחט השור כאילו יכה איש. הטעם דם יחשב. כי אין העולה קרבן כהוגן. או יהיה מכה איש לא מכת מות רק מכת פצע ותבורה: זובח השה. לפני. כאילו הורג כלב. והנה עורף שהוא מלרע פועל. וטעם לכרות העורף וכן וערפו שם. וכאשר הוא שם הנו מלעיל: מעלה מנחה כאילו העלה דם חזיר: מזכיר לבונה. מגזרת אזכרה. כאילו מברך און. וטעם גם המה. תחסר מלת אבותיכם וכן הוא. כי אבותיכם גם המה: גם אני. בתעלוליהם מגזרת עלילות דברים. והטעם בעלילות שיבוא עליהם. או מגזרת ויתעללו בה. להתעולל: ומגורתם. יראתם. כמו ויגר מואב: מנדיכם. מרחיקים אתכם [כמו] ומתבל ינידוהו. ויש אומרים שאתם חשובים מנודים בעיניהם. וטעם אחיכם שהוא יותר קשה: יכבד ה'. אמר רבי משה הכהן כי הוא מלשון כבדות. והטעם כי הוא כבד עליו לזכרו ולשמר חוקיו. וראייתו כי לא ימצא מלשון כבוד כ"א מבנין נפעל. כמו נכבדת. והנה שכח יכבדו בניו והעד יצערו והנה על פירושו הטעם ידוע. ותחסר מלת זמן. כאילו אמר עוד אביא זמן שנראה בשמחתכם והם יבושו. והנכון כי הם דברי המנדים. וכן פירש הפסוק. אמרו אחיכם למען שמי יכבד השם מי יתן ויכבד השם מגזרת כבוד ונראה בשמחתכם ונבוש אנחנו. וזה הוא טעם והם יבושו. והטעם שיאמרו שהשם לא יוכל להראות כבודו. והנה יהיה זה הכתוב דבק עם הבא אחריו והמפרשים אמרו שאיננו לשון המנדים. ואמרו כי הוא דבר השם. כדרך נעשה אדם ואחרים אמרו השם והנביא: קול שאון מעיר. ציון: קול מהיכל. השם. הוא בית השם. או השמים כי יקראו היכל הקודש. וטעם קול שישמע בכל העולם נקמת השם בהם: לאויביו. הם המנדים: בטרם תחיל. מגזרת חיל כיולדה. הטעם שיבואו בני ציון בלא טורח. כיולדת שילדה בנים בלי טורח: והמליטה. כטעם ילדה: וכמוהו

שמה

is surely illogical to say that He dwells in a house that humans have built for Him. Concerning this, He says:

The heavens are My throne, and the earth is My footstool—The prophet compares the Deity to a monarch sitting on a throne, judging, governing, and commanding. So does He move the heavens and from there lavish His blessings until the end of the chain (linking the *En-Sof* with the earth), which is the earth, the final recipient of the blessings that come through the upper, supernal worlds. Consequently,

which is the house that you will build for Me—as Solomon said, "Behold the heaven and the heaven of heavens cannot contain You; much less this temple that I have erected" (I Kings 8:27).

2) The concept that God lives in a house indicates that He moves and that He requires rest. None of this is appropriate for divinity. Concerning this, God says, **and which is the place of My rest?**

3) That they should build Him a house for his dwelling indicates that He lacks something, to the extent that He requests of His creatures to fill his lack. Neither does this pertain to the Deity. Is it not so that

2. **all these My hand made**—and thereby,

all these exist—Both their creation and their preservation, even that of every species and every genus is only through Me, for through Me they continue to exist.

says the Lord—The Lord says all this.

But to this one do I look, to one poor and of crushed spirit—One who is poor in his exterior and of crushed spirit in his interior, that his spirit is broken, but he, nevertheless,

hastens [to do] My bidding—to obey My commandments. This is the purpose of the Temple and the sacrifices, that it is pleases Me that I commanded and My will was done, not that the sacrifice itself is what is desired, only the fulfillment of My will and the subordination that a person shows before Me by heeding My words.

3. **Whoever slaughters**—But you, who bring sacrifices and still adhere to your wickedness, and you do not repent before Me, you should know that

Whoever slaughters a bull—for a sacrifice, or whoever

strikes a man—with murderous intent, whether he

slaughters a lamb—for a sacrifice, or

beheads a dog—and similarly, whoever

offers up a meal-offering—or, at the opposite end of the spectrum, offers up

swine blood—to pagan deities, or whoever

makes remembrance with frankincense—Makes remembrance of God through the frankincense of the meal offering that he brings, or whoever

blesses violence—I.e. blesses pagan idols, referred to pejoratively as "violence." You should know that, in My eyes, these two ends of the spectrum are equal, because

they, too—The former, the one who slaughters the bull, slaughters the lamb, and the one who makes remembrance with frankincense,

chose their ways—The ways by which they believe they are serving Me, they do not follow because they want to fulfill My commandments, but only because of their own choice, for I do not desire such sacrifices without repentance and subordination before Me. Similarly, those of the opposite end of the spectrum: the one who strikes a man, beheads a dog, offers up swine blood, or blesses violence.

their soul desired their abominations—(The philosophers explain that it is inappropriate to say that a person *chooses* evil, only that he *desires* evil, because a choice is made only with the aid of the intellect. Therefore, the prophet says that the good deeds they chose, but the evil deeds their soul desired, but they did not choose them.)

4. **I, too**—Just as they chose for themselves commandments that I did not choose, as if they come just to mock Me, so will I, too

choose their mockeries—to mock them, and, corresponding to *their soul desired their abominations*,

their fears I will bring to them—measure for measure,

since I called and no one answered, I spoke and they did not hearken, but they did what was vile in My eyes—by transgressing the negative commandments,

and what I did not wish they chose—by inventing their own positive commandments.

5. **Hearken to the word of the Lord**—you righteous people,

who hasten to [do] His word—with sincerity, not by bringing sacrifices to boast of, like the hypocrites, behold, these hypocrites, who pretend to be

your brethren—in their observance of the commandments, but who are really your enemies,

who cast you out—For in their heart, they place their trap for the truly God-fearing, but they speak to you, and

say, 'Through my fame, the Lord will be glorified'—Through the sacrifices that I bring with great pomp and ceremony amidst great multitudes, the Lord will be glorified. To them the prophet responds:

but it will appear—The truth will appear at the time of

your joy—(the joy of the righteous,) for then,

they will be ashamed—(the wicked will be ashamed,) for they will see that God does not want hypocrisy, but only sincere worship.

6. **There is a sound of stirring from the city**—From the multitudes in Jerusalem. The prophet depicts that he hears

a sound—of stirring

from the Temple—and the entire Sanctuary. He depicts also that he hears a sound of

the voice of the Lord recompensing His enemies—This is the general description of what the prophet hears. Now he goes into the prophecy in detail.

[anything] like these? Can there be birth pangs for a land in one day? Is a nation born at once, that Zion both experienced birth pangs and bore her children? 9. Will I bring to the birth stool and not cause to give birth?" says the Lord. "Am I not He Who causes to give birth, now should I shut the womb?" says your God. 10. Be happy with Jerusalem and rejoice in her all those who love her; manifest your happiness with her, all who mourn over her. 11. In order that you suck and become sated from the breast of her consolations—in order that you squeeze it out and delight from the honey wafer of her glory. 12. For so says the Lord, "Behold, I will extend peace to you like a river, and like a stream flooding the wealth of the nations, and you will suck thereof; on [their] side you will be borne, and on [their] knees you will be dandled. 13. Like a man whose mother consoles him, so will I console you, and in Jerusalem you will be consoled. 14. And you will see, and your heart will rejoice, and your bones will bloom like grass, and the hand of the Lord will be known to

7. **Before**—(He proceeds to explain what he meant by *a sound of stirring from the city.*) He prophesies that long before the coming of the Messiah, a small number of exiles will gather and establish their residence in Jerusalem, and many years after they settle there, birth pangs will befall them. This is the war of Gog and Magog, and then the great, general ingathering of the exiles will come about. Concerning these events, he says:

Before she travails, she will have given birth—Jerusalem will already have experienced a mini-birth before it gives birth (to the entire people), and not only before it has travailed will it have given birth, but also

before the pang comes to her—

Long before her birth pangs are to come, many years before the Redemption,

she will have been delivered of a male child—For she will not yet have borne a large population, but only a small number of people who will establish their residence there. Therefore, the prophet symbolizes the settlement as the birth of one male child, meaning a small number of people.

8. **Who heard [anything] like this?**—He depicts that afterwards, when the time of Redemption arrives, when the woman in confinement sits on the birth stool and birth pangs come upon her, meaning the war of Gog and Magog, then her childbirth will come about

כָּאֵלֶּה הֲיוּחַל אֶרֶץ בְּיוֹם אֶחָד אִם־יִוָּלֵד גּוֹי פַּעַם אֶחָת כִּי־חָלָה גַּם־יָלְדָה צִיּוֹן אֶת־
בָּנֶיהָ: הַאֲנִי אַשְׁבִּיר וְלֹא אוֹלִיד יֹאמַר יְהוָה אִם־אֲנִי הַמּוֹלִיד וְעָצַרְתִּי אָמַר אֱלֹהָיִךְ:
שִׂמְחוּ אֶת־יְרוּשָׁלַםִ וְגִילוּ בָהּ כָּל־אֹהֲבֶיהָ שִׂישׂוּ אִתָּהּ מָשׂוֹשׂ כָּל־הַמִּתְאַבְּלִים עָלֶיהָ:
לְמַעַן תִּינְקוּ וּשְׂבַעְתֶּם מִשֹּׁד תַּנְחֻמֶיהָ לְמַעַן תָּמֹצּוּ וְהִתְעַנַּגְתֶּם מִזִּיז כְּבוֹדָהּ: כִּי־כֹה
אָמַר יְהוָה הִנְנִי נֹטֶה־אֵלֶיהָ כְּנָהָר שָׁלוֹם וּכְנַחַל שׁוֹטֵף כְּבוֹד גּוֹיִם וִינַקְתֶּם עַל־צַד
תִּנָּשֵׂאוּ וְעַל־בִּרְכַּיִם תְּשָׁעֳשָׁעוּ: כְּאִישׁ אֲשֶׁר אִמּוֹ תְּנַחֲמֶנּוּ כֵּן אָנֹכִי אֲנַחֶמְכֶם וּבִירוּשָׁלַםִ
תְּנֻחָמוּ: וּרְאִיתֶם וְשָׂשׂ לִבְּכֶם וְעַצְמוֹתֵיכֶם כַּדֶּשֶׁא תִפְרַחְנָה וְנוֹדְעָה יַד־יְהוָה אֶת־
עבדיו

אבן עזרא

שמה קננה קפוד ותטלם. ואם הם שנים בנינים. והטעם שיבואו בני ציון בלי טורח מארבע רוחות פתאום. כאילו חלה וילדה בנים ביום אחד. והוא דבר פלא: האני אשביר מגזרת במשבר בנים. הטעם שיש לי כח לעשות כאלה כאילו אני אגיע היולדה על המשבר ולא אוכל להוליד. או אני שהייתי מוליד כל העולם. ועצרתי: שמחו וגו' כל המתאבלים. בגלות. עליה: משוד. כמו ושוד מלכים תינקי. והנה הטעם שובע שמחות. כי התנחומים הפך האבלות: תמוצו. כמו מיץ חלב ואם הם שנים שרשים: מזיז כבודה. אמר יונתן בן עוזיאל מחמד. אמר רבי משה הכהן כמו וזיז שדי והוא מעט רחוק. והנכון שאין רע לו: כי וגו' כנהר אטה אל ציון שלום. וכנחל שוטף יבוא חיל גוים כמו עשה לי את החיל הזה: על צד תנשאו. בעת בואכם מהגלות: תשעשעו. כמו ושעשע יונק. ובא העין בקמץ חטף בעבור היותו סוף פסוק: כאיש וגו' לאשה רחמנות על הבן: וראיתם וששׂ לבכם. רמז לנשמה כי היא המרכבת הראשונה [ועצמותיכם] כי הם המוסדות.

וזעם

פירוש מהגאון מלבים

מתי מספר: מי שמע כזאת, מצייר כי אח"ז בבוא זמן הגאולה שאז תשב היולדת על המשבר ויגיעו לה חבלים וצירים שהוא מלחמת גוג, אז יהיה לידתה באופן מופלא, ומתמיה מאד משני פנים. א] מצד החבלי יולדה שהתפשטו בפעם אחד על כל הארץ, כאילו כל נשי הארץ אחזתם חבלי יולדה ביום אחד, מי שמע כאלה היוחל ארץ ביום אחד (והנמשל שהחבלים של גוג התפשטו על כל הארץ מקצהו). ב] מצד הלידה בעצמו שבפעם אחד נולד הגוי כולו, ועז"א מי ראה כאלה היוחל ארץ ביום אחד (והנמשל שפתאום התקבצו הגליות מארבע רוחות) ומפרש כי חלה גם ילדה ציון את בניה, והפליאה בשתים, א] כי חלה ביום אחד. ב] כי ילדה בפעם אחד, משיב להם: האני אשביר, נגד מה שיתפלאו אם יולד גוי פעם אחת, משיב אחר שאני הושבתים על המשבר, ע"י החבלים שהבאתי עליהם שזה ההכנה אל הלידה, ואיך לא אוליד ובהכרח תהיה הלידה כללית, ונגד הפליאה היוחל ארץ ביום אחד משיב אחר שאני הוא המוליד איך ועצרתי מקצתם, ובהכרח אחר שאני אפתח רחם עקרות להולידם יהיה הדבר כללי. ולכן יבואו החבלים לכלל העם כי אנכי לא אעשה מקצת הדבר רק כולו: שמחו, (נגד קול מהיכל) קול יוצא מהיכל שישמחו את ירושלים ויגילו בה כל אוהביה, ויש הבדל בין שמחה גיל משוש, ששמחה וגיל מורים השמחה שבלב, לבד ששמחה מורה על שמחה תמידית וגיל מורה השמחה הפתאומית אשר תפתח לב האדם עת יגיע לו בשורה טובה פתאום, ובזה אהבי ירושלים ישמחו בה שמחה תמידית על הצלחתה, גם יגילו בה מפקודה לפקודה גילה חדשה על הנסים שיתחדשו בה בכל עת. אולם ששון מורה על המעשים החיצונים שיעשו השמחים לאות על שמחתם כמו לבישת בגדי ששון, משוש תופים משוש כנור וכדומה, עפ"ז אומר כי כל המתאבלים עליה שהם עשו אותות חיצונים להוראת האבל כמו לבישת שק ואפר ודומיהם כן יעשו עתה אותות חיצונים להוראת הששון, כמו שאמר (למעלה ס"א) שמן ששון תחת אבל, וזה מדה כנגד מדה: למען תינקו, מדמה אותם לילדים על חיק אמותם, תחלה יינקו וישבעו מן שוד התנחומים, ואחר כך ימצו עוד במציצה, לא לשבעה רק להתענג מן זיז, שהוא עיגול של דבש, של הכבוד, כאילו אצל שוד התנחומין בולט עוד זיז קטן של הכבוד שיהיה אחר הגאולה כמו שמפרש, שזה לא יינקו רק שאחר שיינקו מהשד יתנו להם זיז ודבר בולט של דבש ומתיקה למוץ כדי להתענג ביותר שאת: כי כה אמר ה' הנני נוטה השלום והגאולה והמנוחה מן האויב יהיה דומה כנהר המתרבה מעצמו והולך בנחת, וזה הנמשל של שוד התנחומין שיתנחמו מכל צרתם הקודמים וישבעו בה מרעבונם. ואחר כך הנני נוטה כנחל שוטף כבוד גוים, כנחל השוטף כל אשר ימצא בדרכו כן ישטף כבוד עכו"ם ועשרם להביאם לירושלים, וזה הנמשל של זיז הכבוד שימוצו רק להתענג. וינקתם ר"ל מן השוד ומן הזיז שאמר. על צד תנשאו אחר שדמה אותם במציצתו לתינוק היונק מדמה שישאו אותם על צד כיונק שנושאים אותו ממקום למקום שאינו יכול ללכת בעצמו כן יביאו אתכם מן הגלות וזה מקביל עם שוד תנחומיה, ועם כנהר שלום. וגם על ברכים תשעשעו כילד שעשועים שמרוב האהבה משתעשעים עמו במה שמניחים אותו על ברכים, וזה מקביל עם זיז כבודה, ועם כנחל שוטף כבוד גוים: כאיש, כאיש המתאבל על אמו שהתרחקה ממנו וחשב שמתה, ואמו החיה עדיין שבה אליו והיא עצמה מנחמת אותו כן אנכי אנחמכם כי עלי התאבלתם, ובירושלים שגם עליה התאבלתם שם תנחמו, עד שהדברים שהתאבלתם עליהם הם עצמם ינחמו אתכם: וראיתם, עד עתה הייתם מאמינים בתקוה העתידה אבל לא ראיתם אותה בעיניכם, עתה וראיתם אותה בעיניכם. ולכן וששׂ לבכם, עד עתה ע"י הבטחון החזק היה רק שמחה צפונה בלבבכם כמ"ש כי בו ישמח לבנו כי בשם קדשו בטחנו, אבל עתה יהיה בששון גלוי (כי זה ההבדל בין ששון ושמחה) והשמחה תתפשט מן הלב אל האיברים החיצונים עד שעצמותיכם היבשים עתה בדשא תפרחנה מרב טוב ונודעה יד ה' עד עתה שלא שלם גמול לצדיקים ולא ענש לרשעים היו רבים מכחישים השכר והעונש,

אבל

in a wondrous fashion, wondrous in two respects: 1) that the pangs will spread over the land all at once, as if all the women of their homeland gave birth in one day. Concerning this, he says,

Who saw [anything] like these? Can there be birth pangs for a land in one day?—(This means that the birth pangs of Gog will spread out upon the entire land from one end to the other.)

2) It will be wondrous insofar as the birth itself is concerned, that all at once, an entire nation is born. Concerning this, he says,

Who saw [anything] like these? ...Is a nation born at once—(This means that suddenly all the exiles will be gathered from the four corners of the globe.) He explains:

that Zion both experienced birth pangs and bore her children?—The wonder will be twofold: 1) that Zion experiences birth pangs in one day, and 2) that she gives birth to the entire nation at once. God answers them as follows:

9. **Will I bring to the birth stool**—In reply to what they will wonder about a nation being born at once, He replies: Since I caused them to sit upon the birthstool through the birth pangs that I have brought upon them, which are the preparation for childbirth, how will I

not cause to give birth?—Hence, the birth will be a general one. In reply to the question of "Can there be birth pangs for a land in one day?" He replies:

Am I not He Who causes to give birth, now should I shut the

womb—of some of them. Since I will open the wombs of the barren women to give birth, it will perforce be a general childbirth. Therefore, the pangs will come to the people at large, for I will not perform part of an act, but a whole one.

10. **Be happy with Jerusalem** — (an interpretation of "a sound from the Temple"). A voice will emanate from the Temple that those who love Jerusalem will rejoice and exult with it. In this verse, there are three synonyms denoting happiness. They are שִׂמְחָה, גִּיל, and מָשׂוֹשׂ. There is a distinction between them. שִׂמְחָה and גִּיל denote joy in the heart. The difference between them is that שִׂמְחָה denotes a constant happy state, whereas גִּיל denotes sudden joy, which opens a person's heart when he suddenly hears good news. With the Redemption, those who love Jerusalem will experience a constant state of happiness over its prosperity. They will also exult from time to time with renewed joy over the new miracles occurring all the time. מָשׂוֹשׂ or שָׂשׂוֹן denotes the external acts manifesting joy, such as donning festive garments, singing, dancing, and playing musical instruments. Accordingly, the prophet says that

all who mourn over her—who manifest their mourning by external acts, such as donning sackcloth and ashes and the like, will now perform external acts to manifest their joy. This is measure for measure.

11. **In order that you suck**—He compares them to infants on their mother's bosom. First

11. **you** will **suck and become**

sated from the breast of her consolations—and afterwards,

you will **squeeze it out**—Not to be sated but to

delight from the honey wafer of her glory—As if next to the breast of consolations, a small honey wafer of glory protrudes, to suck on for great enjoyment.

12. **For so says the Lord, "Behold, I will extend peace**—and the Redemption, and the rest from the enemy will be like a river, increasing by itself and flowing slowly. This is the interpretation of the allegory of the breast of consolations, that they will be consoled of all their earlier troubles, and they will be sated of their hunger, and afterwards,

Behold, I will extend...like a stream flooding the wealth of the nations—Like a stream that floods everything found in its path, so will it flood the wealth of the nations to bring it to Jerusalem. This is the meaning of the honey wafer of glory that they will suck only for enjoyment.

and you will suck thereof—From the breast and from the honey wafer alongside it.

on [their] side you will be borne—Since the prophet compares them to a suckling, he depicts them as an infant, who cannot walk by himself, being borne from place to place. So will they bring you from exile. This corresponds to *the breast of her consolations* and to *peace like a river.*

and on [their] knees you will be dandled—Like a favorite child.

Because of the great affection people have for him, they play with him on their knees. This corresponds to *the honey wafer of her glory* and to *a stream flooding the wealth of the nations.*

13. **Like a man whose mother consoles him**—Like a man mourning for his mother who was distanced from him and who he thought had died, but who was found to be really alive, and she returned to him and personally consoled him.

so will I console you—For you have mourned over Me.

and in Jerusalem—for which you mourned also, there

you will be consoled—So that what you mourned for consoled you.

14. **And you will see**—Until now, you believed in the future hope, but you did not see it with your eyes, but now,

you will see—it with your eyes. Therefore,

your heart will rejoice—Until now, through your strong trust, the happiness was just hidden in your heart, as it is written: "For our heart will rejoice in Him, because we hoped in His holy name" (Ps. 33:21). Now, however, your heart will manifest its joy (for that is the distinction between שָׂשׂוֹן and שִׂמְחָה), and the joy will spread to the external limbs until

your bones—which are now dry—

will bloom like grass—from the abundance of goodness bestowed upon you,

and the hand of the Lord will be known—Until now, that He did

עֲבָדָיו וְזָעַם אֶת־אֹיְבָיו: כִּי־הִנֵּה יְהוָה בָּאֵשׁ יָבוֹא וְכַסּוּפָה מַרְכְּבֹתָיו לְהָשִׁיב בְּחֵמָה
אַפּוֹ וְגַעֲרָתוֹ בְּלַהֲבֵי־אֵשׁ: כִּי בָאֵשׁ יְהוָה נִשְׁפָּט וּבְחַרְבּוֹ אֶת־כָּל־בָּשָׂר וְרַבּוּ חַלְלֵי יְהוָה:
הַמִּתְקַדְּשִׁים וְהַמִּטַּהֲרִים אֶל־הַגַּנּוֹת אַחַר אַחַד° בַּתָּוֶךְ אֹכְלֵי בְּשַׂר הַחֲזִיר וְהַשֶּׁקֶץ וְהָעַכְבָּר
יַחְדָּו יָסֻפוּ נְאֻם־יְהוָה: וְאָנֹכִי מַעֲשֵׂיהֶם וּמַחְשְׁבֹתֵיהֶם בָּאָה לְקַבֵּץ אֶת־כָּל־הַגּוֹיִם וְהַלְּשֹׁנוֹת
וּבָאוּ וְרָאוּ אֶת־כְּבוֹדִי: וְשַׂמְתִּי בָהֶם אוֹת וְשִׁלַּחְתִּי מֵהֶם | פְּלֵיטִים אֶל־הַגּוֹיִם תַּרְשִׁישׁ
פּוּל וְלוּד מֹשְׁכֵי קֶשֶׁת תֻּבַל וְיָוָן הָאִיִּים הָרְחֹקִים אֲשֶׁר לֹא־שָׁמְעוּ אֶת־שִׁמְעִי וְלֹא־רָאוּ
אֶת־כְּבוֹדִי וְהִגִּידוּ אֶת־כְּבוֹדִי בַּגּוֹיִם: וְהֵבִיאוּ אֶת־כָּל־אֲחֵיכֶם | מִכָּל־הַגּוֹיִם | מִנְחָה |
לַיהוָה בַּסּוּסִים וּבָרֶכֶב וּבַצַּבִּים וּבַפְּרָדִים וּבַכִּרְכָּרוֹת עַל הַר קָדְשִׁי יְרוּשָׁלִַם אָמַר יְהוָה
כַּאֲשֶׁר יָבִיאוּ בְנֵי יִשְׂרָאֵל אֶת־הַמִּנְחָה בִּכְלִי טָהוֹר בֵּית יְהוָה: וְגַם־מֵהֶם אֶקַּח לַכֹּהֲנִים
לַלְוִיִּם אָמַר יְהוָה: כִּי כַאֲשֶׁר הַשָּׁמַיִם הַחֲדָשִׁים וְהָאָרֶץ הַחֲדָשָׁה אֲשֶׁר אֲנִי עֹשֶׂה
עֹמְדִים לְפָנַי נְאֻם־יְהוָה כֵּן יַעֲמֹד זַרְעֲכֶם וְשִׁמְכֶם: וְהָיָה מִדֵּי־חֹדֶשׁ בְּחָדְשׁוֹ וּמִדֵּי שַׁבָּת
בְּשַׁבַּתּוֹ

°אחת קרי

פירוש מהגאון מלבים

אבל עתה יודע יד ה' את עבדיו בשילום שכר הצדיקים וזעם את איביו בעונש הרשעים: כי הנה, (נגד קול ה' משלם גמול לאויביו) מצייר שה' יבא לשלם להרשעים באש, ויען שהאש יבער ויתלהב ויתפשט מהרה ע"י סופה וסערה ומדליק ברגע את כל סביבותיו, מצייר כי לא יהיה עוד כמו עתה שמאחר את העונש עד אחר המות, רק מרכבותיו מה שימהר להעניש ומרוץ במרכבתו יהיה כסופה המלהיב את האש, להשיב בחמה אפו החמה הוא הכעס הפנימי, ואף הוא העונש, אומר כי ינשב ויפיח על אפו ועונשו בסערת החמה הפנימית שהחמה תהיה כרוח המנשב על האף ואש העונש וגערתו שהוא העונש ישב ויפיח עליו בלהבי אש שיתפשטו בכל מחנה גוג: כי באש, מבואר ביחזקאל כי במלחמת גוג תהיה תחלה חרב איש באחיו ואחר כך ימטיר עליהם אש ואבני אלגביש האש יהיה משפט ה' עונש שמיימי, עז"א כי באש ה' נשפט, והחרב יהיה מהומת איש באחיו, ועל זה אמר ובחרבו את כל בשר, ועל ידי זה ורבו חללי ה': המתקדשים. הנראים כמתקדשים ומתטהרים ומתבודדים בגנות אחר אחת צורת עכו"ם העומדת בתוך אלהם, שהוא לדעתם אמצעות ממצעת באלהות: ואנכי, מעשי בעלי זאת האמונה ומחשבותיהם ואמונתם הנפסדת באה למען על ידי זה יתקבצו כל העכו"ם והלשונות ואז יראו את כבודי ויכירו אחדות ה' כי נשגב שמו לבדו: ושמתי בהם אות, במלחמת גוג כמו שכתוב בזכריה וזאת תהיה המגפה, ושלחתי מהם פליטים אל יתר הגוים וגם אל האיים הרחוקים אשר עוד עובדים ע"ז ולא שמעו את שמעי ואין יודעים מאלהי ישראל כלל וגם לא ראו את כבודי שלא היו במלחמת גוג והם יגידו את כבודי בעכו"ם. ועל ידי זה: והביאו את כל אחיכם מנחה בצבים, בכבוד גדול וגם במהירות רב שז"א בסוסים ובכרכרות כאשר יביאו את המנחה, ר"ל שגם ישראל אשר באיים הרחוקים שנטמעו בין עכו"ם ולא ישובו בעצמם לירושלים יביאו אותם בטהרה כאשר יביאו את המנחה, וכן יביאו אותם עד ירושלים כאשר יביאו את המנחה עד בית ה': וגם מהם אקח לכהנים, אף אלה שעבדו ע"ז והם מיוחסי כהונה ולויה לא יאבדו זכותם ויהיו כהנים ולוים אחר שהיה זה באונס: כי כאשר השמים החדשים שהזכיר בסימן הקודם הנני בורא שמים חדשים, שהנמצאות כולם לא יקבלו עוד שינוי והפסד, והם עמדים לפני שיהיו מנותקים שיעמדו אישיהם ולא יופסדו, כן יעמד זרעכם ושמכם, זרעכם לא יכלה על ידי הריגות וחרב, ושמכם לא יכלה על ידי שינוי דת לעבודת כו"ם, כי תשארו קיימים בין באוצר הגוף בין באוצר הנפש: והיה מדי חדש בחדשו, שבכל חדש ובכל שבת יבואו אנשים חדשים מן עכו"ם אשר ישתחוו לפני לקבל האמונה האמתית ולהשליך את עצביהם: ויצאו אל עמק יהושפט, שם יראו פגרי מחנה גוג איך

אבן עזרא

וזעם. פועל. ולעולם הפ"א קמוץ והעי"ן פתוחה. אם היה מלעיל הנו שם ושניהם פתוחים: באש [משל] לחרות האף. והטעם הגזירות ההוות פתע פתאום: וכסופה מרכבותיו. על דרך משל להשיב בחמה. כאשר יש תשובת חרון דבק עם מ"ם הוא לשבח. ועם בי"ת לגנאי: כי וגו'. דרך משל. שיבוא במשפט עמם. או הוא כמו פועל כדרך נשבע: המתקדשים. שיתקדשו ללכת לע"ז: המטהרים חסר תי"ו התפעל והוא מבלע בטי"ת: אל הגנות. כמו האשרות: אחר אחת. אשרה אחת. וכתיב אחד. והנה הוא עץ. כי כל אשרה עץ. וטעם בתוך שהיו סובבים את האשרה מפה ומפה. והנה הוא בתוך. או בתוך הגן: ואוכלי בשר החזיר. הטעם שהן יקדשו. וגופם מלא טומאה: ואנכי [מעשיהם ומחשבותיהם] כטעם על ה' ועל משיחו: באה. תחסר מלת עת והטעם כאשר יחשבו שיוסדו עלי. אז תבוא עת לקבץ כל הגוים סביב ירושלים: וראו את כבודי. שאעשה בהם דין עד שיראו כבודי בכל העולם. וזה מלחמת גוג ומגוג: ושמתי בהם אות. זה האות לגנאי כחסרון עין. והאות חדוש שלא נראה כמוהו. וטעם פלטים שימותו רובם. כאשר הוא מפורש בספר יחזקאל ובספר זכריה: והביאו. לה'. לכבוד ה' שיפחדו: ברכב. ברזל: בצבים הם העגלות. [כמו] שש עגלות צב: ובכרכרות. כמו שלחו כר. והוא מין נכבד מהגמל. והמלה כפולה: כאשר היו מביאים ישראל את המנחה שלא תתגאל: וגם. אלה שיבואו. אקח להיות כהנים לפני ולוים: החדשים. פירשתיו: עומדים לפני. שלא יבלו כקדמונים. וטעם לפני בעבור כי השם עיקר כל עמידה: כן יעמד זרעכם ושמכם. שלא ימחה. או שמכם כמו זרעכם. והטעם כפול. והטעם [כמו] כעת יאמר ליעקב ולישראל: והיה מדי. קרוב מטעם כל עת שיהיה החדש. וכמוהו מדי עברו. וחדש בחדשו כמו דבר יום ביומו. והטעם כל יום ויום בעתו. ומזה הכתוב למדו הקדמונים ז"ל שמשפט רשעים בגיהנם י"ב חדש וטעם מדי שנה (זכריה י"ד. טז). מדי

His servants, and He will be wroth with His enemies. 15. For behold, the Lord will come with fire, and like a tempest, His chariots, to return His fury upon the anger, and His rebuke with flames of fire. 16. For with fire will the Lord contend, and with His sword [will He contend] with all flesh, and those slain by the Lord will be many. 17. Those who show themselves to be sanctifying and purifying themselves to the gardens, following one [image] serving as an intermediary, those who eat the flesh of the swine and the detestable thing and the rodent, will perish together," says the Lord. 18. "And I—their deeds and their thoughts have come to gather all the nations and the tongues, and they will come and see My glory. 19. And I will place a sign upon them, and I will send from them refugees to the nations, Tarshish, Pul, and Lud, those who draw the bow, Tubal and Javan, the distant islands, who did not hear of My fame and did not see My glory; they will recount My glory among the nations. 20. And they will bring all your brethren from all the nations as a tribute to the Lord, with horses and with chariots and with covered wagons and with mules and with joyous songs upon My holy mount, Jerusalem," says the Lord," as the children of Israel bring the offering in a pure vessel to the house of the Lord. 21. And from them, too, will I take for priests and for Levites," says the Lord. 22. "For, as the new heavens and the new earth that I am making stand before Me," says the Lord, "so will your seed and your name stand. 23. And it will be from new moon to new moon and from Sabbath

not recompense the righteous nor punish the wicked, many people did not believe in reward and punishment, but now,

the hand of the Lord will be known to His servants—by rewarding the righteous,

and He will be wroth with His enemies—by punishing the wicked.

15. **For behold**—(corresponding to *the voice of the Lord recompensing His enemies*). The prophet depicts God coming to punish the wicked with fire, and the fire will burn and flame up and spread rapidly through tempest and storm and instantly ignite all its surroundings. With this allegory, he depicts the

to Sabbath, that all flesh will come to prostrate themselves before Me," says the Lord. 24. "And they will go out and see the corpses of the people who rebelled against Me, for their worm will not die, and their fire will not be quenched, and they will be an abhorrence for all flesh. And it will be from new moon to new moon and from Sabbath to Sabbath, that all flesh will come to prostrate themselves before Me," says the Lord.

future, when God will no longer postpone punishment until after a person dies, but

His chariots—His hastening to punish and to run with His chariot, will be

like a tempest—which causes the fire to flame up.

to return His fury upon the anger—Anger (חֵמָה) denotes inner wrath, and fury (אַף) denotes punishment. The prophet states that God will "blow" on His punishment with the tempest of His inner anger, and His anger will be like a wind blowing on the fury, and the fire of the punishment and His rebuke, which is the punishment, will return and blow upon it with flames of fire that will spread throughout the entire camp of Gog.

16. **For with fire**—Ezekiel (38:21, 22) prophesies that in the war of Gog, every man's sword will be against his brother, and afterwards, God will rain upon them fire and great hailstones. The fire will be God's judgment, a divine punishment. With reference to this identical prophecy, Isaiah says, "For with fire will the Lord contend." The sword mentioned here denotes the con-

fusion between a man and his brother, and in reference to this, the prophet says, "and with His sword [will He contend] with all flesh," and through this slaughter, those slain by the Lord will be many.

17. **Those who show themselves to be sanctifying...themselves**—Who appear to be making themselves holy and pure and secluding themselves in the gardens following one pagan image, which they believe to be an intermediary between them and their deity.

18. **And I**—The practices of the adherents to this faith, and their thoughts and their false beliefs have come, in order that through this, all the nations and the tongues will gather, and then they will see My glory and recognize the unity of God, that His name alone is powerful.

19. **And I will place a sign upon them**—in the war of Gog, as it is written in Zechariah (14:12): "And this will be the plague wherewith the Lord will smite all the nations who besieged Jerusalem: His flesh will waste away while he still stands on his feet, his eyes will waste away in their sockets, and his tongue will waste away in his mouth."

בְּשַׁבַּתּוֹ יָבוֹא כָל־בָּשָׂר לְהִשְׁתַּחֲוֺת לְפָנַי אָמַר יְהוָה: וְיָצְאוּ וְרָאוּ בְּפִגְרֵי הָאֲנָשִׁים הַפֹּשְׁעִים בִּי כִּי תוֹלַעְתָּם לֹא תָמוּת וְאִשָּׁם לֹא תִכְבֶּה וְהָיוּ דֵרָאוֹן לְכָל בָּשָׂר:

והיה מדי חדש בחדשו ומדי שבת בשבתו יבוא כל בשר להשתחות לפני אמר יהוה:

אבן עזרא

שנה (וטעם מדי שבת בשבתו) בפרשת ז' שבתות: ויצאו וגו'. סביב ירושלים כי שם תופת. ומזה הכתוב למדו כל החכמים שיהיה יום דין בירושלים. ורבים אמרו כי ואשם לא תכבה רמז לנשמה בהפרדה מעל גויתה. אם לא היתה זוכה לעלות אל מלאכי השם תשאר אצל גלגל האש. והקדמונים אמרו כי זה אחר תחיית המתים. וראייתם שאמר דניאל על הרשעים אחר שיקיצו. שיהיו לדראון עולם והכל אמת אמרו. ומלת לדראון כמו גדוף. ויש אומרים שהם שתי מלות. ויפרשו ראון מגזרת הוי מוראה ונגאלה. ומלת לדראון עולם יכחישם:

פירוש מהגאון מלבים

איך תולעתם לא תמות הגם שאשם לא תכבה ויתקיימו התולעים לאות ומופת לזכר רשעתם: **והיה מדי חדש בחדשו וכו':**

סימני הקריאות לר"ח ולחנוכה ולת"צ

בר"ח קורין ארבעה גברי בפ' פנחס מן את קרבני לחמי לאשי עד יעשה ונסכו ואם חל ר"ח בשבת קורא המפטיר וביום השבת ובראשי חדשיכם עד יעשה ונסכו:

בחנוכה ביום ראשון קורין ג' בני אדם בפ' נשא מן ויהי ביום כלות משה עד זה קרבן נחשון בן עמינדב ובשאר הימים קורין נשיא א' של יום וביום שאחריו. וביום השמיני קורין עד כן עשה את המנורה:

בת"צ בשחרית ובמנחה קורין ג' בני אדם בפ' כי תשא מן ויחל עד לעשות לעמו ומדלגין עד פסל לך וקורין עד אשר אני עושה עמך:

דיני ברכת ההפטרה

אלו הימים שאין קטן עולה למפטיר. ר"ח. ויוה"כ. תענית צבור שחרית ומנחה. שבת שובה. ז' דפסח. ה' דשבועות. ד' פרשיות. רק אם יש צורך מפני דרכי שלום יכולין לקרותו בפ' שקלים ופ' החודש: **כהן ולוי** יכולין לעלות למפטיר. אבל. או יא"צ. בשבוע שאחריו יש לו קדימה למפטיר: **מותר** להפסיק אפילו באמצע פרקים דק"ש בכדי לענות ברכו וקדיש (ואמנים דברכת התורה וברכת ההפטרה): **אסור** לדבר בעת אמירת ההפטרה וברכותיה כמו בקריאת ס"ת:

כל הצבור מחויבים לומר ההפטרה בלחש ועכ"פ יהיה עשרה סמוך להמפטיר שיוכלו לשמוע ממנו ויאמרו אחריו בלחש ולא ישהו ההמון באמירתם ההפטרה אחר שסיים המפטיר ומתחיל לומר הברכות: **מי** שרוצה להשלים מאה ברכות בשמיעת ברכות המפטיר משום דשומע כעונה מחויב לשמוע כל הברכות מתחלה ועד סוף **ויענה** אמן על כל ברכה וברכה אבל לא יענה ברוך הוא וב"ש משום דהוי אלו כמפסיק באמצע ברכה ומשנה ממטבע חכמים: **אם** היו יו"ד בשעה שהתחיל הברכה הראשונה ויצאו מקצתן יוכל לסיים ההפטרה עם הברכות שלאחריה: **בנוסח** סיום הברכה נאמן ורחמן אתה. נכון שלא לומר ורחמן בכדי שיהיה סמוך לחתימה מעין החתימה. אך מי שאומרו אין מזניחין אותו. בנוסח שלא יכבה וי"ג שלא תכבה אין בזה הקפדה כלל: **בששני** סדרות מחוברין יקרא הפטרה השניה חוץ מפרשת אחרי וקדושים ופ' נצבים וילך: **אין** המפטיר רשאי להתחיל הברכה עד שיגלול הגולל הס"ת: **אין** להתחיל הברכה עד שיראה מקום התחלת ההפטרה ואין לסלק ההפטרה מלפניו עד שיסיים כל הברכות שלאחריה כדי שיראה על מה הוא מברך·

אלו שמות הטעמים

פַּשְׁטָא מֻנַּח זַרְקָא מֻנַּח סֶגוֹל מֻנַּח | מֻנַּח רְבִיעִי מַהְפַּךְ פַּשְׁטָא זָקֵף קָטֹן זָקֵף־גָּדוֹל מֵרְכָא טִפְּחָא מֻנַּח אֶתְנַחְתָּא פָּזֵר תְּלִישָׁא־קְטַנָּה תְּלִישָׁא־גְדוֹלָה קַדְמָא וְאַזְלָא אַזְלָא־גֵרֵשׁ גֵּרְשַׁיִם דַּרְגָּא תְּבִיר יְתִיב פְּסִיק | סוֹף־פָּסוּק: שַׁלְשֶׁלֶת קַרְנֵי־פָרָה מֵרְכָא־כְפוּלָה יֶרַח־בֶּן־יוֹמוֹ:

NOTES

Mikeitz 44

1. [The text reads מִשְׁתַּכֵּל, but "sammech" and "sin" are considered the same letter.]

Vayechi 48

1. See *Shulchan Aruch Orach Chayim* 397:1, *Mishnah Berurah* subpar. 1.

Vayechi 49

1. Among the Tosafists, there is a controversy over whether Leah conceived from the first intercourse. Since she was a virgin, she would not naturally have immediately conceived. Therefore, some authorities believe that she first manually ruptured her hymen and consequently conceived immediately. Others believe that she miraculously conceived immediately despite her virginity. A third view is that this statement is not to be taken literally, because the Torah states: "And the Lord saw that Leah was hated, so He opened her womb" (Gen. 29:31). Jacob here means that had it been possible for Leah to conceive immediately, Reuben would have been the first of his might, because he had never experienced a nocturnal emission. See *Tos. Hashalem*.

2. See *The Pentateuch with Rashi Hashalem*, fn. 42.

3. Note that as an explanation of אִבְחַת חֶרֶב, the following was inserted by a copyist: (It is a term denoting a sword, meaning the fright of a sword, and it is a term meaning a weapon.) [This addendum appears incorrect, first because of its redundancy, stating that it is a term denoting a sword and then that it is a term meaning a weapon. Second, if it means the fright of a sword, then אִבְחַת means "fright," not "a sword." This definition would coincide with *Menachem*'s, quoted by *Rashi* on Ezek. 21:20. According to *Menachem*, however, we have no evidence of its meaning except from the context. Moreover, *Rashi* ad loc. renders: the scream of the sword, deriving it from נבח, barking or yelping. The "nun" is a defective root and is replaced by the "aleph."]

Vayechi 50

1. *The Pentateuch with Rashi Hashalem* notes that this is the only source stating that the messengers were Bilhah's sons. In other sources, we find that Bilhah herself was the messenger. These are *Targum Jonathan ben Uzziel, Tanchuma Tzav 7, Tanchuma Buber, Shemoth 2, Mishnath Rabbi Eliezer*, ch. 4 (p. 76), *Bereshith Rabbathi, Yalkut Shimoni*, and *Lekach Tov*. The author of *The Pentateuch with Rashi Hashalem* conjectures that *Rashi* selected the view of *Targum Yerushalmi* because of the plural form in verse 17: "and Joseph wept when they spoke to him." This intimates that there were at least two messengers. He goes on to state that according to *Sefer Hayashar*, all of Jacob's wives had died before the descent into Egypt. *Ramban* (on Gen. 37:10) also asserts that Jacob's

wives died before the descent, because the Torah enumerates the seventy souls that went down to Egypt, concluding, "excluding the wives of Jacob's sons" (Gen. 46:26), but it does not say, "excluding Jacob's wives." This suggests that his wives were no longer alive when he migrated to Egypt.

Haftarah Vayechi

1. David goes on to detail the treachery committed by Joab. In the case of Amasa, Joab approached him and greeted him in a most cordial and friendly manner. *He had girded his sword, attached to his loins, not in the customary manner of those girding swords, he went out to meet Amasa.* Instead of arranging the opening of the sheath upward to contain the sword, *he turned the opening downward so that it would easily fall out of the sheath to the ground, as it says "and he went out towards Amasa and it fell out"* (II Sam. 20:8) As he approached Amasa, Joab bent forward slightly, just enough for the smoothly sharpened sword to slide innocently to the ground. *As soon as it fell, Joab* (nonchalantly) *retrieved it,* and held it ready in his hand.—[*Rashi*] In the second case, as Joab bent down to tie the shoes on his feet, his sword fell out.—[*Redak*]

Vayechi Haftarah Chanukah 1

1. *Malbim* refers to *Yerushalmi Yoma* 7:3, *Lev Rabbah* 10:6: Just as sacrifices atone, so do the priestly garments atone. The *mitznefeth*, worn on the head, atones for haughtiness, holding the head high in the air.

2. The concept of the *Sephiroth*, spheres, or emanations, represent the kabbalists that it is impossible for our physical world to emanate directly from God. Known as אֵין סוֹף, the Infinite One, without other worlds, spiritual worlds intervening. The Kabbalistic works tell us of four worlds, אֲצִילוּת, *Emanation*, בְּרִיאָה, *Creation*, יְצִירָה, *Formation*, and עֲשִׂיָּה, *Making*. Each world has ten steps known as *Sephiroth*, divided into two groups, the three upper *Sephiroth*, כֶּתֶר, *Crown*, חָכְמָה, *Wisdom*, and בִּינָה, *Understanding*. The lower seven are חֶסֶד, *Kindness*, גְבוּרָה, *Power*, תִּפְאֶרֶת, *Beauty*, נֶצַח, *Victory*, הוֹד, *Glory*, יְסוֹד, *Foundation*, and מַלְכוּת, *Kingdom*. These seven are known as the "seven *Sephiroth* of the building."

3. These are the seven heavenly bodies that influence the Earth, namely Saturn, Jupiter, Mars, the Sun, Venus, Mercury, the Moon.

4. "In the head" implies that it is immediately below and influenced in the Supernal Crown (*Kether*).

5. *Malcuth* (Kingdom) was always wrongfully considered the lowest of the supernal qualities.

6. Which is the cornerstone.

7. Through which substance is conveyed to the "lower" worlds.

8. To control the world through the planets, which are in the world of *Asiyah* (Making), requires an external power, whereas controlling by the angels, which are in the world of *Atziluth* (Emanation), some internal power is still required, although it is closer to the Source. Otherwise, the chain of control would appear to be an empty thing.

BIBLIOGRAPHY

Abarbanel, Don Isaac. (1437-1509) Author of a commentary on the Chumash. Famed exegete, philosopher and one-time finance minister of Spain.

Abusula, Meir ben Shlomo. An early 14th century Talmudist and Kabbalist from Gud Alchagra, Spain, he was a disciple of Rashba (Rabbenu Shlomo ben Adereth) of Barcelona, Spain. He wrote a super-commentary on Ramban, particularly on the Kabbalistic segments, which Ramban had written for only the initiated to understand. The commentary was written in 1330, published in Warsaw in 1875, and reprinted by Eshkol, Jerusalem, in 1976.

Addereth Eliyahu. (1720-1797). Commentary on the Pentateuch by the Vilna Gaon, R' Eliyahu ben Shlomo Zalman.

Aggadath Bereishith. A midrash that encompasses the Book of Genesis, in addition to sections on the Prophets and the Holy Writings. It has been attributed by Rav P'alim to Rav (the Amora), by Gordon (Hacarmel vol. 2, no. 574) to Rabbi Meir (the Tanna), and by Salomon Buber to a later author, who compiled it from various midrashim, many of them originating from Rabbi Meir. It was published in Warsaw with commentaries by Etz Yosef and Anaf Yosef, 1876, and reprinted in Jerusalem in 1962.

Akeidah. Properly known as *Akeidath Yitzchak*, an encyclopedic philosophical commentary on the Torah and the Five Megilloth by Rabbi Isaac Aramah, noted preacher and philosopher (b. Spain c. 1420-d. Naples, Italy, 1494), who wielded great influence upon Jewish religious thought in subsequent generations.

Alshich, Rabbi Moses. (b. Adrianople, Turkey, 1508-d. Safed, Israel, 1593.) Safed Rabbinic judge, preacher, and author of a commentary on the Tanach. At that time, *semichah* (ordination) was reinstated and he was one of the four scholars receiving this ordination.

Anaf Yosef. Appendix to Eitz Yosef. See below.

Aruch. Rabbi Nathan ben Yechiel of Rome, Italy (1036-1102). Author of Talmudic lexicon containing all the Hebrew and Aramaic roots that appear in midrashim, targumim and the Talmud. Rabbi Nathan headed the Talmudical academy in Rome and was a noted commentator and halachic authority. A critical edition with ordination theories of word origins entitled *Aruch Hashalem* or *Aruch Completum* was written by Dr. Alexander Kohut in 1878.

Ashkenazi, Rabbi Eliezer. A noted Torah authority of his time (b. Turkey,

1513-d. Cracow, Poland, 1585), he authored *Ma'aseh Hashem*, a well-known work on the historic events of the Chumash.

Avoth d'Rabbi Nathan. A tractate appended to the Babylonian Talmud, traditionally attributed to Rabbi Nathan of the Later Tannaitic era.

Ba'al Haturim. Commentary on the Chumash based on *gematria* and Masoretic interpretations by noted halachist and biblical exegete Rabbi Jacob ben Asher (b. Germany, c. 1275-d. Toledo, Spain, c. 1340). Rabbi ben Asher also composed an extensive commentary on the Chumash in which he drew upon Rashbam, Ramban, and the Rosh. His *magnum opus* is his halachic codification known as *Arba'ah Turim*, comprising all the halachoth relevant in our time.

Baba Bathra. Talmud tractate in *Seder Nezikin.*

Bach. Acronym for *Bayith Chadash,* a commentary on Tur by noted halachic authority Rabbi Joel Sirkis (b. Lublin, Poland, 1561, d. Cracow, Poland, 1640). He also wrote several volumes of responsa, as well as glosses to the Talmud. He is popularly known by the acronym of the title of his magnum opus, the *Bach*, his commentary on the *Arba'ah Turim.*

Batei Midrashoth. A collection of twenty-five midrashim found in the *genizoth* (repositories for discarded holy books) in Jerusalem and Egypt. Edited by Rabbi Abraham Joseph Werthmeir, Jerusalem, 1954.

Eliezer of Beaugency. Twelfth-century French scholar who wrote a commentary on the Chumash, published in Jerusalem, 1965.

Rabbenu Bechaye ben Asher. (d. Sargossa, Spain c. 1340.) Disciple of *Rashbam* who authored an encyclopedic commentary explaining the Chumash according to its basic midrashic and Kabbalistic meanings.

Be'er Basadeh. Super-commentary to Rashi's commentary on the Chumash by Meir Menachem Benjamin Danun, Chief Rabbi of Sarajevo. Published in Jerusalem, 1846. The author defends Mizrachi against the attacks of *Nachalath Ya'akov.*

Be'er Hetev. See *Ho'il Moshe.*

Be'er Mayim Chayim. Super-commentary to Rashi's commentary on the Chumash by Rabbi Chayim ben Bezalel, noted Torah scholar and Chief Rabbi of Worms. (c. 1515-1588). Book published in Brooklyn, NY, 1965.

Be'er Yitzchak. Concise, profound super-commentary on Rashi by Rabbi Isaac Horowitz, Rabbi and Rosh Yeshivah of Yerslov, Poland (d. 1864). In this super-commentary, the author defends Rashi against Ramban's objections, sometimes agreeing with Mizrachi and sometimes offering original solutions. Published Lemberg, 1863, and Jerusalem, 1967.

Bereishith (Genesis) Rabbah. See *Midrash Rabbah.*

Bereishith Rabbathi. Midrashic interpretations of the Book of Genesis based on work of Rabbi Moshe Hadarshan. Edited by Ch. Albek, Jerusalem, 1940. Second edition, 1984.

Bereishith Zuta, or **Midrash Bereishith Zuta.** Anthologized midrashic commentary on Genesis, by Rabbi Shmuel Masnuth, 13th-century scholar, Toledo, Spain.

Berliner, Abraham. Talmudic and biblical scholar (b. Obersitzko, Germany, 1833-d. Berlin, 1915) who published the first critical edition of Rashi on the Chumash, (first edition 1866, reprinted in Jerusalem, 1962). He was also a preacher and teacher in Arnswalde and later a lecturer at the Berlin Talmudic Society, which later became the Hildesheimer Rabbinical Seminary. A noted historian as well, he wrote several books on Jewish life in Italy and Germany.

Rabbi Obadiah of Bertinoro. (b. Italy c. 1440-d. Jerusalem c. 1516.) Noted for his commentary on the *Mishnayoth*. Also composed super-commentary on the Chumash known as *Amar Nekei*. Popularly known also as "the Bartenura."

Carta's Atlas of the Bible. Maps of biblical era with illustrations of archeological discoveries of that period, by Yohanan Aharoni, Jerusalem, 1974.

Rabbenu Chaim. Noted Tosafist, c. 1170, disciple of Rabbenu Tam, and grandfather of Rabbi Moshe of Coucy.

Rabbenu Chananel. Talmudic commentator, teacher, (d. Tunisia c. 1055) author of concise commentary on sections of the Talmud and of a commentary on the Chumash quoted by Ramban, Bachya and Ibn Shuiv.

Chizkuni. Commentary on the Chumash and Rashi culled from midrashim and early commentaries by Rabbi Hezekiah ben Manoach, c. 1250, France. First printed in Venice, 1524.

Commentary of the Tur. See Ba'al Haturim.

Da'ath Zekenim. Compilation of commentaries of the Tosafists on the Chumash. First published in Leghorn, Italy, in the latter half of the 18th century as part of *Rabbothenu Ba'alei Hatosafoth,* then reprinted in Warsaw, 1876. Later incorporated into the *Mikraoth Gedoloth* of Vilna, Lithuania.

Derech Eretz Rabbah. One of the fourteen so-called Minor Tractates. A collection of *Baraithoth* dealing with marital laws, proper conduct, and ethical principles.

Derech Pikudecha. Unfinished work on the *mitzvoth* by Rabbi Zvi Elimelech of Dinov, one of the early Chasidic masters (1783-1841). He was known by the name of his opus magnus, which is *B'nei Yissosschor,* a comprehensive discussion of all the months of the year and its festivals, according to Chasidic, kabbalistic thought. He was also a noted Talmudist.

Devek Tov. Concise, popular super-commentary on Rashi's Chumash commentary by 16th-century scholar, Rabbi Shimon Oshenburg of Frankfurt.

Divré Chanoch. Footnotes to *Gan Raveh*, an anthology of comments on the Chumash by recent scholars. Compiled by Chanoch Henoch Erson of Zagyerz, Poland (d. 1925). Printed in Lodz, 1928. Reprinted in Israel, no date.

Divré David. (1586-1667). Super-commentary on Rashi's commentary on the Pentateuch by Rabbi David ben Samuel Halevi. Known as the Taz after his classic commentary on the Shulchan Aruch, Turei Zahav.

Divré Eliyahu. Compilation of the Gra's biblical and Talmudic commentaries and novelae, composed by Rabbi Yehudah Leib Farfel in collaboration with Rabbi Avrohom Dovid Bloch, no date. Third edition published by Rabbi Eliyahu Moshe Bloch, son of author, Lakewood, N.J., 1948. See Gra.

Rabbenu Eliakim. Tosafist, quoted by Riva, his disciple. See Riva.

Eliyahu Rabbah. Major part of midrash entitled *Tanna D'vei Eliyahu*, ascribed to the prophet Elijah.

Ephraim Rabbenu. Rabbi Ephraim of Regensburg (d. Regensburg, Germany, 1175). One of the Tosafists. Author of Talmudic works, no longer extant.

Eitz Yosef. Anthologized commentary on Midrash Rabbah, Midrash Tanchuma, Midrash Shemuel, Ein Ya'akov, and daily prayerbook (*Otzar Hatefilloth*), by Chanoch Zundel son of Joseph.

Feliks, Yehuda. *Nature & Man in the Bible*. Chapters on biblical ecology, Soncino Press, London, New York, 1981.

Gaon. See Saadiah Gaon.

Gra. Elijah Gaon of Vilna (1729-1797). Torah authority who composed *Addereth Eliyahu* on the Chumash. In addition, many of his comments on the Torah appear in anthologies *Kol Eliyahu* and *Divré Eliyahu*.

Greenberg, J., Foreign words in the Bible Commentary of Rashi. Definition of foreign words in Rashi's commentary according to various early editions and manuscripts, by contemporary author, Jerusalem, Israel, no date.

Gur Aryeh. Super-commentary on Rashi by Rabbi Yehudah Loew of Prague, known as the Maharal, (b. Poland 1526-d. Prague 1609). This famed Torah giant was noted for his erudite and profound works on halachah and religious thought based on Kabbalah. This commentary is mainly a comment on Mizrachi with whom the Maharal often differed in his understanding of *Rashi*. First published in Prague 1578-9; now appears together with Mizrachi and Levush Ha'orah.

Rabbi Moshe HaCohen (Gekatilia). Sephardic scholar and grammarian, quoted often by Ibn Ezra in his commentary on the Chumash.

Hadar Zekenim. Work composed of both a commentary by the Tosafists and a commentary of Rosh (Rabbenu Asher) on Chumash, first edition Leghorn,

Italy, 1840, reprinted New York, 1950.

Rabbi Moshe Hadarshan. Talmudist and author, (Narbonne, France, 11th century). Earliest known scholar from Provence whose works are cited by later authorities. Rashi quotes frequently from his work on the Chumash known as *Yesod*. The midrashic anthology on Genesis, known as *Bereishith Rabbathi* is also believed to have been authored by him. See *Bereishith Rabbathi*.

Hakethav Vehakkabalah. Modern commentary on the Chumash by Rabbi Jacob Zvi Mecklenburg, rabbi of Köenigsberg, Germany. This commentary illustrates how the Oral Law is based upon a profound, analytical interpretation of the Written Law. Originally printed in Lafsia, Germany in 1839.

Halachoth Gedoloth. One of the earliest extant works from the geonic period, including halachic decisions, chronology, and the enumeration of the 613 commandments, believed by some to have been authored by Rabbi Simon Kayyara and by others as having been authored by Rav Yehudai Gaon (c. 780).

Rabbenu Avraham ben HaRambam. (1186-1237). Philosopher, moralist, rabbinic authority, Bible commentator, and physician. Rambam's only son and his worthy successor—he succeeded his father as leader of the Egyptian Jewish community. Though his works reflect more pronounced mystical leanings, he essentially followed in his father's footsteps. He composed a commentary on the Torah, in which he quoted comments by both his father and grandfather. Published by Sassoon in London, 1959. One of his works, an ethical treatise in Arabic, has been translated into English under the title Highway to Perfection, Rosenblatt, Columbia, 1927.

Havanath Hamikra. See Heidenheim, Wolf.

Rabbi Yehuda Hechasid. See *Sefer Chasidim.*

Heidenheim, Wolf. German Jewish scholar (1757-1832) noted for his analytical commentaries on *piyutim* (liturgical hymns). Author of *Havanath Hamikra*, a super-commentary on Rashi in which he bases many of Rashi's interpretations on rules of grammar and cantillation marks. First edition Rödelheim, Germany, 1818. He also authored a commentary on most of Genesis entitled *Meforash l'Torath Elohim*, published in 1797.

Ho'il Moshe. Commentary on the Chumash and the Five Megilloth, authored by Rabbi Moshe Moth, famed Polish Rabbi (1551-1606). This work is composed of two commentaries: *Be'er Hatorah* on the text and *Be'er Hetev* on Rashi. Also authored *Matteh Moshe*, a comprehensive halachic compendium dealing with the laws of prayers, blessings, the Sabbath and Festivals, in which he quotes many of the customs of his mentor, Rabbi Solomon Luria, known as the Maharshal.

Ibn Ezra, Abraham. (b. Tudela, Spain, 1080-d. 1164) This biblical exegete, liturgical poet, and grammarian composed a commentary on the Chumash and most other Books of the Bible, adhering strictly to the literal meaning of the text according to the rules of grammar.

Ibn Ganach. See Jonah ibn Janach.

Imrei No'am. Collection of commentaries of the Tosafists, compiled by Jacob Deliskas, first printed in Costa, 1440, later in Jerusalem, 1970.

Imrei Shefer. Super-commentary on Rashi by Rabbi Nathan Ashkenazi (1490-1577), one of the first and most esteemed of Polish rabbis. He brings original interpretations of Rashi based on Rashi's commentaries on other books of the Tanach and on the Talmud. He also brings a wealth of material from other super-commentaries.

Rabbi Jacob of Orleans. Tosafist and disciple of Rabbenu Tam, who wrote a commentary on the Torah (never published), quoted in various collections of commentaries of Tosafists. Martyred London, England, 1189.

Jonah ibn Janach. (990-1055) Spanish biblical grammarian, and author of *Sefer Hashorashim*, an early lexicon of biblical roots.

Joseph Bechor Shor. Author of liturgical poems and a commentary on the Chumash (c. 1175, Orleans, France).

Josippon. Tenth-century historian, who described the period of the Second Temple. According to some, Josippon was known also as Josephus Flavius, author of *The Jewish War*.

Rabbi Judah the son of Rabbenu Asher. (b. Germany c. 1280-d. Toledo, Spain, 1349.) Noted halachic authority, brother of Rabbi Jacob Baal Haturim.

Kahana, Pesikta d'Rav. See Pesikta d'Rav Kahana.

Kara, Joseph. Famed biblical commentator who lived in Troyes, France (late 11th-early 12th century). Composed commentary on the Prophets and was a contemporary of Rashi, upon whose commentary he wrote glosses. Many of these comments were subsequently incorporated by the copyists and printers into Rashi's commentary on the Chumash.

Karnei Ohr. See *Mechokekei Yehudah*.

Karo, Rabbi Joseph. (b. Toledo, Spain, 1488-d. Safed, Israel, 1575). Noted codifier, author of *Beth Yosef*, a commentary on *Arba'ah Turim*, and *Shulchan Aruch*, both of which serve as the basis for all halachic rulings. As a child, he and his parents fled Spain during the expulsion. They went to Turkey, and in 1535, he emigrated to the Holy Land. He settled in Safed, where he studied under Rabbi Jacob bei Rav, who reinstituted the *semichah* ordination. He served on the *beth din* of Safed and later became rabbi of the city.

Kethav Sofer. Commentary on the Chumash, by Rabbi Avraham Shmuel Binyamin Sofer, Talmudic scholar, halachah authority, and rabbi of Pressburg,

Hungary (1815-1872). First printed 1883, 1890; later in Jerusalem, 1974.

Keli Yekar. Popular commentary on the Chumash composed by Rabbi Solomon Ephraim Lunshitz (c. 1550-1619). He served as Rosh Yeshivah in Lemberg, Poland, and as Rabbi of Prague from 1604 until his death in 1619. He is also the author of numerous other homiletic works.

Kimchi. See Redak.

Kitzur Mizrachi. Abridged version of the super-commentary Mizrachi, by R' Yitzhak Hakohen of Ostrava, Moravia.

Kol Eliyahu. Compilation of the Gra's biblical and Talmudic commentaries and novelae, composed by Chanoch Henach Erson of Zagyerz, Poland, noted author and anthologist, 1947.

Lekach Tov. Midrashic compilation on the Chumash and the Five Megilloth by Rabbi Toviah ben Eliezer (c. 1036-1108, Kastoria, Greece). Although this commentary is comprised mainly of midrashic and Talmudic interpretations of the text, it contains many simple interpretations and grammatical analyses. Originally, only the section dealing with Leviticus, Numbers, and Deuteronomy, was published under the title *Pesikta Zutarti*. Subsequently, the sections on Genesis and Exodus were published (Vilna, 1884). A volume on Esther was published in *Sifré d'Aggada*, and later *Lekach Tov* on the remaining *Megilloth*. The volumes on the Chumash were reprinted in Israel, 1960.

Levush. This extensive work encompassing halachah, Kabbalah, and a super-commentary on Rashi's commentary on the Chumash is by Rabbi Mordechai Yaffeh (b. Prague, 1535-d. Posen, Poland, 1612). The *Levush*, which is comprised of ten volumes, covers the same material as the *Tur* and the *Shulchan Aruch*. One volume deals with the Kabbalistic Bible commentary of Rabbi Menachem Rikanti, and another volume, known as *Levush Ha'orah*, is a super-commentary on Rashi's commentary on the Chumash, in which Rabbi Yaffeh disputes many of Gur Aryeh's interpretations. The commentary appears together with Mizrachi, Gur Aryeh, and Sifthei Chachamim.

Levush Ha'orah. (b. Prague, Czechoslovakia c. 1535-d. circa 1612). Super-commentary to Rashi of Mordecai ben Avraham Jaffe, known as the *Baal ha-levushim*, the "author" or "owner" of the *levushim* (ten commentaries on the texts of Judaism, including a work based on the Turim, similar to that of the *Shulchan Aruch*), the religious codex, but much more lengthy. This set includes also Kabbalah, philosophy, and astronomy, all of which he regarded as an integral part of rabbinic studies. He was a disciple of Rabbi Solomon Luria and Rabbi Moses Isserles and succeeded the Maharal to the rabbinate of Prague.

Likutei Ratzba. Anthology of commentaries on the Chumash and Five Megilloth, by Rabbi Zevi Hirsch Kahana, a rabbi in Balbirshok and Lodz, and later in Warsaw, Poland. *Likutei Ratzba* was first printed in Warsaw, 1867, and reprinted in Jerusalem, 1982.

Ma'aseh Hashem. (b.1513-d. Cracow, Poland, 1586). Wrote commentary to the Pentateuch of Eliezer ben Elijah Ashkenazi, rabbi and physician. Held positions in Egypt, Cyprus, Venice, Prague, and Posen.

Machbereth Menachem. Lexicon by Menachem ben Saruk (920-980), an early biblical grammarian from Spain.

Machir Rabbi ben Yehudah. (d. Mainz, Germany). Talmudist, grammarian, author of lexicon of Talmudic words, entitled Alfa-Betha d'Rabbenu Machir, quoted by Rashi.

Maggid Mishneh. The principle commentary on Yad Hachazakah of Rambam, by Rabbi Vidal of Tolosa, c. 1360.

Maharai. Acronym for *Moreinu* Rabbi Yisroel Isserlin. Noted 15th century halachic authority, famous for his responsa entitled *Terumath Hadeshen.* Wrote a super-commentary on Rashi on the Chumash.

Maharal. See Gur Aryeh.

Mahari Abo'hab. Rabbi Isaac Abohab II. (b. Toledo, Spain, 1433-d. Oporto, Portugal, 1493). Rabbi and rosh yeshivah in Toledo until the expulsion in 1492, when he and other Jewish notables entreated the king of Portugal to allow the Spanish Jews to resettle in Portugal. He resettled in Oporto, where he wrote a super-commentary on Ramban's commentary on the Torah and several other Talmudic and halachic works. He also composed a super-commentary on Rashi's commentary on the Torah, which has since been lost.

Mahari Katz. Rabbi Isaac son of Rabbi Samson Katz. Noted seventeenth-century Talmudic scholar, son-in-law of famed Maharal of Prague and father-in-law of Rabbi Meir of Lublin. He served as rabbi in Nikolsburg and in Vienna, and later succeeded his father-in-law in the Prague rabbinate. He wrote glosses on Pa'neach Raza, a commentary on the Torah by noted Tosafist Rabbi Isaac son of Rabbi Judah Halevi; he also wrote a commentary on Midrash Shocher Tov.

Maharik. Acronym for *Moreinu* Rabbi Joseph Colon (b. France, 1410-d. Italy, c. 1480). Noted halachist, author of extensive responsa and halachic commentaries. Also composed super-commentary on Rashi's commentary on the Chumash. Published in Jerusalem, 1971.

Maharsha. Acronym for *Moreinu* Rabbi Shmuel Eliyahu Eidels (b. Poland c. 1555, died Ostrog, Russia, 1632). Noted Talmudic exegete. Composed popular basic commentary on halachah and Aggadah.

Maharshal. Acronym for *Moreinu* Rabbi Shlomo Luria, (b. Brisk, Russia, c. 1510-d. Lublin, Poland, 1573). A noted halachist and Talmudist, the Maharshal composed numerous halachic works. He also wrote a super-commentary on Rashi's commentary on the Chumash with remarks on the comments of Rabbi Eliyahu Mizrachi, entitled *Yerioth Shlomo*. In addition to this work, his views are very often found interpolated into the Rashi text and often quoted by Sifthei Chachamim. Also known as *Rashal*.

Maharzav. Acronym for (*Moreinu*) Rabbi Ze'ev Wolf, author of a comprehensive commentary on *Midrash Rabbah*, Vilna, 1855. It was incorporated into the Vilna edition of *Midrash Rabbah*, 1909 and has appeared in all subsequent editions.

Maimonides' Introduction to the Talmud. Translated and annotated by Zvi Lampel, Judaica Press, 1987, New York, N.Y.

Malbim, Meir Leibush. Leading 19th-century scholar (1809-1879). Authored a commentary on the Tanach combining ancient tradition with keen insight into the nuances of meanings in the Hebrew language.

Maskil l'David. Super-commentary on Rashi on the Chumash by Rabbi David Pardo (b. Venice, 1718-d. Jerusalem, 1792), prolific author in all fields of Torah study. Served as Rabbi and teacher in Turkey and Israel. Known as one of the greatest scholars of his generation.

Mattenoth Kehunnah. Commentary on *Midrash Rabbah* by 16th-century scholar Rabbi Yissachar Ber Hakohen.

Mechilta. Tannaitic work on the Book of Exodus. Some ascribe its authorship to Rabbi Ishmael, some to Rabbi Akiva, and others to Rav, the first generation Amora. Printed with Malbim below the text of Exodus.

Mechokekei Yehudah. Super-commentary on Ibn Ezra by Yehudah Leib Krinsky, 1903, composed of two parts, one entitled *Yahel Ohr*, in which the author clarifies difficult passages in Ibn Ezra, and the other entitled *Karnei Ohr*, in which he compares Ibn Ezra's comments with statements in midrashic literature.

Meforash leTorah Elohim. See Heidenheim, Wolf.

Mekor Chayim. Super-commentary on Ibn Ezra's commentary on the Torah, by Rabbi Samuel Zarza. This is one of the classic commentaries on Ibn Ezra incorporated in Margalith Tovah.

Menachem ben Saruk. See *Macbereth Menachem*.

Mesiach Illemim. Super-commentary on Rashi on the Chumash by Rabbi Judah Keltz of Castille, Spain, written after the Spanish expulsion.

Metsudath David. Simple and concise eighteenth-century commentary on the Chumash by Rabbi Yechiel Hillel Altschuler.

Meturgeman. (Lexicon Chaldaicum). Aramaic lexicon comprising all roots found in the targumim, by Elias Levita, noted grammarian and lexicographer, 1541.

BIBLIOGRAPHY

Meyuchas, Rabbenu. Rabbenu Meyuchas ben Eliyahu, medieval Biblical exegete who lived in the Byzantine Empire. Various opinions have been given regarding his dates, ranging from the twelfth century to the fifteenth century. Prof. A.W. Greenup published his commentary on Genesis in London in 1910 and his commentary on Exodus in Budapest in 1926. His commentary on Deuteronomy was annotated by Rabbi M. Katz and published by Mosad Harav Kook in 1968. His commentary on Job was published by Philipp Feldheim, Inc., New York in 1969, annotated by Rabbi Charles B. Chavel.

Michol Yofi. A grammatical commentary on the Tanach by Shlomo ibn Melech drawing from all early Hebrew grammarians, including Redak, Ibn Ezra, Yosef Kimchi and Yonah ibn Janach. First ed. with supplement entitled *Leket Shich'chah* by Jacob Abendana published Amsterdam, 1685.

Midrash Asarah Harugei Malchuth. A midrash depicting the horrible deaths of ten tannaim, teachers of the Mishnah, martyred in the second century C.E. by the Roman emperor Hadrian during the time of the destruction of the Temple and thereafter. Although it appears from this midrash that they all lived at the same time, the truth is that one of the martyrs, Rabbi Akiva, did not live at the time of the destruction of the Temple, and the martyrdoms took place over approximately 70 years.

Midrash Avkir. A midrash named *Avkir* because each homily concludes with the words: אָמֵן בְּיָמֵינוּ כֵּן יְהִי רָצוֹן. It was never printed and was found only in fragments quoted by *Yalkut Shimoni*. These fragments were gathered by Salomon Buber in Vienna in 1883 with critical notes. It also appears in an addendum to *Rav P'alim* by Shimon Chonnes of Vilna. Printed, Warsaw, 1894. This midrash elaborates upon various events alluded to in the Talmud.

Midrash Chaseroth v'Yetheroth. A midrash expounding on the defective and plene (full) spellings of words in the Tanach, published in *Batei Midrashoth*.

Midrash Hachefetz. Multi-faceted commentary on the Chumash by Rabbi Zechariah ben Shlomo, a physician, and early 15th-century scholar from Yemen. Translated from Arabic and annotated by Dr. Meir Chavatzelet, Mossad Harav Kook, Jerusalem, 1981.

Midrash Hagadol. Commentary on the Chumash, anthologized from various midrashic and Talmudic interpretations by Rabbi David ben Amram of Aden, a 13th century scholar. Volume on Genesis, Mossad Harav Kook, Jerusalem, 1947, Mordechai Marguiles, ed.

Midrash Hane'elam. A section of the *Zohar*, Kabbalistic midrash, attributed to the Tannna, Rabbi Shimon bar Yochai.

Midrash Konen. Ancient midrash dealing with the account of creation.

BIBLIOGRAPHY

Midrash Lekach Tov. See Lekach Tov.

Midrash Rabbah. Homiletic explanation of the Chumash and Five Megilloth. Compiled by Rabbi Oshia Rabbah, late Tannaite, or by Rabbi bar Nachmani, third generation Amora. Exodus Rabbah, Numbers Rabbah, and Esther Rabbah are believed to have been composed at a later date.

Midrash Sechel Tov. Collection of midrashic material and original interpretations on Chumash and Megilloth by Rabbi Menachem ben Shlomo of Italy, 12th century. Extant today only from Gen. 15 through Exodus 19. Published in Berlin 1900, reprinted in Israel, no date.

Midrash Tadshé. Midrash composed by the Tanna, Rabbi Pinchas ben Yair, commencing with the account of the Creation.

Midrash Tanchuma. A midrash on the Chumash based on the teachings of the Amora R. Tanchuma bar Abba, (c. late fourteenth century). An earlier Midrash Tanchuma was discovered by Salomon Buber. It is evident that this is the Tanchuma usually quoted by medieval scholars. e.g. Rashi, the author of *Yalkut Shimoni*, and Abarbanel.

Midrash Yelammedenu. Ancient midrash on the Chumash quoted by early commentators. Scholars differ as to the identity of this midrash; some identify it as the Tanchuma, some as the Early Tanchuma, and others as a different midrash, which has been lost.

Midreshei Hatorah. Commentary on the Chumash, Isaiah, and Esther by Hakadosh EnShlomo Asteruk who lived in Barcelona, Spain (mid-14th century). Printed in Berlin, 1899. Reprinted in Israel, no date.

Minchath Shai. Glosses on the entire Tanach establishing the correct spelling, vowelization, and cantillation signs according to the Masorah, by Yedidiah Solomon of Norci. Written in 1626, printed in Mantua, Italy, in 1742.

Mishnath Avraham. Comprehensive compendium of the laws of the Sefer Torah by Rabbi Abraham ben Zvi. First printed after his death in 1868. Reprinted in Jerusalem, 1968.

Mishnath Rabbi Eliezer. Midrash on 32 hermeneutic (interpreting) rules by Rabbi Eliezer ben Hyrcanus, early Tanna. Annotated by H. G. Enelow, Bloch Publishing Co., New York, 1933.

Mizrachi. Classic super-commentary on Rashi by Rabbi Eliyahu Mizrachi (1450-1525, Istanbul, Turkey). A noted halachic authority of his time, he wrote the first thorough commentary on Rashi. This commentary is the basis of all later discussion of the meaning of Rashi's commentary on the Chumash.

Rabbi Jacob of Montell. A Tosafist, and early medieval rabbi.

Moshav Zekenim. Collection of comments on the Chumash, by twelfth and thirteenth-century Tosafists.

Munahei Rashi. An annotated lexicon of standard terminological definitions, exegetical norms, and grammatical rules as formulated by Rashi in his Biblical and Talmudic commentaries, by Rabbi Chaim S. Segal, published by Ariel, United Israel Institutes, Jerusalem, 1989.

Musaf He'Aruch. Supplement to the Aruch by Benjamin Mussafia (d. 1599), physician, philosopher, philologist, and physicist.

Nachalath Ya'akov. Super-commentary on Rashi's commentary on the Chumash by Rabbi Jacob Solnik, critiquing the views of Mizrachi. Considered one of the important commentaries on Rashi. First printed in Cracow in 1642.

Nefesh Hager. Commentary on *Targum Onkelos* by Mordecai Levenstein of Leboia, Kurland. Printed Pietrekov in 1906.

Nethina Lager. Commentary on *Targum Onkelos* by Rabbi Nathan Adler, nineteenth-century Chief Rabbi of Great Britain.

Netter, Rabbi Solomon. Recent author, super-commentary on Ibn Ezra.

Nezer Hakodesh. Commentary on Midrash Rabah by Rabbi Jehiel Michel ben Uzziel, noted Kabbalist.

Ohel Mishpat. Commentary on Job by Rabbi Shimon ben Zemach Duran, noted halachist, biblical exegete, 1361-1444. Venice, reprinted in Israel, 1972.

Ohr Bahir. Super-commentary on *Ohr Hachayim* by Shaye Weiss, written and published in Brooklyn, N.Y., 1973.

Ohr Hachayim. Commentary on the Chumash by Rabbi Chayim Ibn Atar (b. Sali, Morocco, 1696-d. Jerusalem, 1743). Well-known scholar who founded a yeshiva in Jerusalem. This commentary is especially popular among Chasidim because its author was revered by the Baal Shem Tov.

Ohr Yakar. Super-commentary on *Ohr Hachayim* by Rabbi Isaac Meir Hazenfritz who served as Rabbi and shochet in Arbura-Buchavina. Published posthumously by his son in Bnei Brak, Israel, 1991.

Onkelos. First-century proselyte and nephew of the Roman emperor Titus. Translated the Torah into Aramaic under the tutelage of the Tannaites, Rabbi Eliezer and Rabbi Joshua (c. 90).

Paneach Raza. Commentary on the Chumash by medieval scholar Rabbi Yitzchak ben Yehuda HaLevi. This commentary is replete with interpretations utilizing *gematria* and the initials of the words of the text.

Pardes Shammai. Contemporary commentary on the Torah and on Rashi's commentary, by Rabbi Shammai Gross (Jerusalem, 1984).

Pentateuch with Rashi Hashalem. Edition of the Chumash with Rashi's commentary and a discussion of Rashi's sources. It also includes the first three printed editions of Rashi's commentary, in addition to excerpts of Rashi's commentaries on other books of the Bible, the Talmud, and the Midrash that shed light on the text. Published in Jerusalem by Ariel, United Israel Institutes, 1986-1988.

Perush Jonathan. Commentary on Targum Jonathan.

Pesikta d'Rav Kahana. Ancient midrashic collection on certain portions of the Pentateuch as well as on the Haftaroth of the festivals and special Sabbaths, by Rav Kahana, probably the Amora Rav Kahana, the disciple of Rav (second century).

Pesikta Rabbathi. Ninth-century compilation similar to the book by the early Amora, Rav Kahana. Published, Warsaw, 1913, Jerusalem, 1969.

Pirké d'Rabbi Eliezer. First-century aggadic compilation, attributed to Rabbi Eliezer ben Hyrcanus, early Tanna of the first generation after the Second Temple's destruction. Also called *Beraitha d'Rabbi Eliezer* or *Haggadah d'Rabbi Eliezer*. An important commentary on this work by Radal (Rabbi David Luria) was published in New York: Om Publishing Co., 1946.

Ra'avad. (b. circa 1120-d. circa 1197). Acronym for R' Avraham ben David of Posquieres, France, one of the leading Torah scholars of the twelfth century, famous for his critical notes on the Mishneh Torah of Rambam, as well as many other works on Talmud and Halachah.

Radal. Acronym for Rabbi David Luria (b. 1798 in Buchov, Lithuania-d. 1853). Noted scholar in all fields of Torah study. Composed numerous works including glosses on the Talmud, extensive responsa and commentaries on the *Midrash Rabbah*, *Pirké d'Rabbi Eliezer*, *Midrash Shmuel*, and the *Zohar*.

Ralbag. Acronym for Rabbi Levi ben Gershon, also known as Gersonides (1288-1344, France). Bible commentator, Talmudist, philosopher and astronomer. Best know for his Tanach commentary, which first explains the literal meaning of the text and then sums up the philosophical ideas and moral maxims contained in each chapter. His philosophic works were sharply criticized by his contemporaries and those of the following generation because of his adherance to Aristotelian thought.

Ramban. Acronym for Rabbi Moshe ben Nachman (b. Gerona, Spain, 1194-d. Israel, 1270). Noted Talmudist, Kabbalist, and teacher. The popularity of his commentary on the Chumash is second only to Rashi's.

Rashal. See Maharshal.

Rashbam. Acronym for Rabbi Shmuel ben Meir (c. 1085-1174, France) a grandson of Rashi and a noted Talmudist and biblical commentator who stressed the literal interpretation of the text.

Rashi. Acronym for Rabbi Shlomo Yitzchaki (b. Troyes, France, 1040-d. 1105). Most important of all biblical and Talmudic commentators who composed commentaries on most of the Bible and Talmud. About two hundred super-commentaries have been written on his commentary on the Chumash, attesting to its greatness. Rashi's commentary constitutes the basis upon which Ramban and others base their interpretation of the Chumash.

Rashi Hashalem. An analytical edition on *Rashi* on the Torah with *Rashi*'s sources discussed. Published by Ariel in Jerusalem, 1988.

Raza d'Meir. Commentary on Pa'neach Raza by Rabbi Meir Horowitz of Kieltz, 1928.

Redak. Acronym for Rabbi David Kimchi (1160-1235, France). Biblical commentator and grammarian. Redak composed commentaries on Genesis, Prophets, Psalms, Proverbs, Chronicles and Job. He also wrote *Sefer Hashorashim*, a lexicon of Hebrew roots, and a Hebrew grammar book, *Machlul*.

Redal. Acronym for Rabbi David Luria (1798-1855), noted Lithuanian scholar in all fields of Torah, wrote commentaries and glosses on Pirké d'Rabbi Eliezer, Midrash Rabbah, Zohar, and other midrashim.

Reshash. Acronym for Rabbi Shmuel Shtrashun, 19th century Vilna Talmudist. Composed glosses on the Babylonian Talmud and the *Midrash Rabbah*.

Riva. Acronym for Rabbi Judah Ben Rabbi Eliezer, biblical exegete. His commentary on the Chumash was composed in 1317. It was first published in Leghorn, Italy, in the late eighteenth century, and then in Warsaw in 1876 as part of *Rabbothenu Ba'alei Hatosafoth*.

Rivash. Acronym for Rabbenu Yitzchak ben Shesheth Perfet (b. Barcelona, Spain, 1326-d. Algiers, 1407). Noted halachic authority, composed popular volume of responsa and served as leader of the Jewish community in Saragossa and later in Algiers.

Rokeach. A commentary on the Chumash and Five Megilloth, based on midrashic sources, *gematria* and the initials of words. The author was halachist and Kabbalist, Rabbi Elazar Rokeach of Worms (b. Mainz, Germany, c. 1160-d. Worms, Germany, c. 1238). His commentary on Chumash was published from manuscript by Julius Klugman, Bnei Brak, 1978.

Rosh. Acronym for Rabbenu Asher ben Yechiel (b. Germany c. 1250-d. Toledo, Spain, 1327). Noted halachic authority, Talmudic exegete and rabbi of Toledo. Also composed commentary on the Chumash, published in *Hadar Zekenim*, Leghorn, Italy, 1840; New York, 1950.

Rosin, Dr. David. Editor of Rashbam's commentary on the Chumash, this nineteenth-century German scholar (1821-1894) published his critical edition of Rashbam in Breslau, 1882. Reprinted in New York, 1946.

Saadiah Gaon. Gaon of the academy of Sura, Babylonia (892-942). Noted biblical exegete, halachic authority, and philosopher.

Samuel ben Chofni Gaon. Rosh Yeshiva in the city of Mechasia, Babylon, during the time of Rav Hai Gaon (d. 1034). Composed many books, including a commentary on the Chumash which is quoted by Ibn Ezra.

Scher, Rabbi Chayim Yitzchak Isaac. Contemporary author; Rosh Yeshiva of Slobodka and author of *Avraham Avinu*, a perspective on the Patriarch Abraham according to the view of the Mussar movement's adherents.

Seder Hadoroth. Chronology from the Creation through to the time of the author, the great sixteenth-century scholar Rabbi Yechiel of Minsk.

Seder Olam. Early Tannaitic work recording the chronology of the entire Biblical era. Composed by Rabbi Jose ben Chalafta. Published Jerusalem, 1928.

Sefer Chasidim. Book of religious ethics and various laws of behavior, by Rabbi Yehuda Hechasid, a noted Tosafist, halachic authority, and Kabbalist (b. Speyer, Germany c. 1150-d. Regensburg, Germany, 1217). *Sefer Chasidim* was first printed in Bologna, 1538 and reprinted later in various formats.

Sefer Hagaluy. Hebrew grammar book by Rabbi Joseph Kimchi (b. Spain, c. 1105-d. France, 1170), a noted Bible commentator and Hebrew grammarian. He composed several grammatical treatises and commentaries on several books of the Bible. Those extant are his commentary on Proverbs and Job. In *Sefer Hagaluy*, he defends Dunash against the decisions of Rabbenu Tam in favor of Menachem. See *Machbereth Menachem*.

Sefer Hashorashim. See Redak, Jonah ibn Janach.

Sefer Hayashar. Ancient history book containing many *aggadoth*, following the sequence of the Chumash and Joshua. According to its introduction, it was found in possession of an old man during the first Temple's destruction. *Rav P'alim* theorizes that it was composed during the forty years the Israelites wandered in the desert. *Otzar Midrashim* theorizes that it was composed during the Gaonic period.

Sefer Hazikkaron. Super-commentary on Rashi on the Chumash composed by Rabbi Abraham Bakrat, and published first in Tunis and then in Jerusalem in the fifteenth century.

Sefer Ma'asi Hashem. See Ashkenazi.

Sforno, Rabbi Obadiah. Noted sixteenth-century Biblical exegete, philosopher, and halachic authority (c. 1470-1550, Italy). Author of a commentary on the Chumash, Song of Songs and Ecclesiastes.

Shaloh. Acronym for Shenei Luchoth Habrith, a kabbalistic ethical treatise, which also includes a commentary on the Torah, authored by Rabbi Isaiah Horowitz, noted kabbalist and talmudist. (b. Prague, Bohemia, c. 1560-d. Tiberias 1630).

Shelah. Acronym of *Shnei Luchoth Habrith* ("The Two Tablets of the Covenant") by Rabbi Yeshayah Horowitz. (b. Prague, c. 1560-d. Tiberias,

1630). He was famous as a holy man, halachist, and Kabbalist. He served as rabbi in many important cities in Poland, Russia, and Germany, but is mainly noted for his rabbinate in Prague. In his later years, he migrated to the Holy Land, where he served as rabbi of the Ashkenazim in Jerusalem. While in Israel, he was exposed to the kabbalistic teachings of Ari and his disciple, Rabbi Chaim Vital. Based on these studies, he composed his *magnum opus*, *Shnei Luchoth Habrith*, a comprehensive work encompassing many aspects of Torah study and observance, mainly as explained in the light of *Kabbalah*. One section of this work is a profound commentary on the Chumash.

Shemoth Rabbah. See *Midrash Rabbah*.

Sh'iltoth d'Rav Achai. Volume on the *mitzvoth* arranged in the sequence of the Torah, containing many laws of the Talmud. Composed by Rabbi Acha of Shabcha, Babylon, who died in 741.

Shitah Chadashah. Alternate version of Genesis Rabbah on Jacob's blessings, printed first in Venice with Sefer Mishpetei Shevuoth by Rav Hai Gaon. This was apparently the version from which Rashi and the Yalkut Shim'oni draw their material on this section. It is printed at the end of Genesis Rabbah in Vilna edition.

Shtrashun, Mattathias. Lithuanian scholar (1817-1885) in Chumash, Talmud, and Midrash. Author of *Mattithyah*, emendations to *Midrash Rabbah*.

Shulchan Aruch Choshen Mishpat. Section of the Shulchan Aruch code devoted to matters of jurisprudence. See Karo, Rabbi Joseph.

Sifthei Chachamim. Super-commentary on Rashi by Shabbtai Meshorer, also known as Shabbtai Bass, well-known bibliographer, (b. Kalisch, Poland, 1641-d. Breslau, Germany, 1718).

Sifré. Tannaitic work on Numbers and Deuteronomy. Some attribute its authorship to Rav, first generation Amora. Printed along with Malbim below the text of Numbers and Deuteronomy.

Song Rabbah. See *Midrash Rabbah*.

Stern, Meir. Author of super-commentary on Rashi, quoted by Sifthei Chachamim.

Tanach. Acronym for Torah (Pentateuch), Nevi'im (Prophets), Kethuvim (Hagiographa); the Hebrew word for the entire Bible.

Tanchuma. See *Midrash Tanchuma*.

Tanna D'vei Eliyahu. A midrash attributed to the prophet Eliyahu that is thought to be the lessons taught to Rav Anan in Kethuboth 106a. It is divided into two parts known as *Seder Eliyahu Rabba* and *Seder Eliyahu Zuta*. First printed in Venice, 1598 and reprinted many times in various editions.

Targum Jonathan. Paraphrased Aramaic translation of the Chumash attributed to the early Tanna, Jonathan ben Uzziel. However, it has been proven by scholars that it was, in fact, authored by interpreters who translated the Torah portion in the synagogue during the Torah reading on Sabbaths and festivals.

Teshuvoth Hageonim. Responsa of the Geonim, the heads of the Babylonian academies of the eighth and ninth centuries. In this volume, we refer to the collection entitled Sha'arei Teshuvah, 1946.

Toldoth Yitzchak. Commentary on the Chumash by Rabbi Isaac Karo, Constantinople, Turkey, 1518.

Torah Sheleimah. Monumental multi-volume encyclopedia of all Talmudic and Midrashic sources on the Pentateuch, with explanations, scholarly notes, and essays by R' Menachem Kasher, noted Israeli Torah scholar (1895-1983). He published thirty-eight volumes, up to Parshas Beha'aloscha before his death. Torah Sheleimah is currently being completed by his disciples.

Tosafist. Name given to the French and German Talmudists who came after Rashi until Rabbi Meir of Rothenburg, who died in 1293.

Tosafoth Hashalem. Comprehensive collection of commentaries on the Bible written by the great medieval Rabbis, the Tosafists. Rabbi Jacob Gellis, ed. Ariel United Israel Institutes.

Tur al Hatorah. Commentary on the Torah based mainly on excerpts from *Ramban* by noted halachist and biblical exegete Rabbi Jacob ben Asher (b. Germany, c. 1275-d. Toledo, Spain, c. 1340). See also *Ba'al Haturim*.

Yahel Ohr. See *Mechokekei Yehudah*.

Yalkut Machiri. Talmudic and Midrashic anthology by Rabbi Machir ben Abba Mari, published in Jerusalem, 1967.

Yalkut Shimoni. Talmudic and midrashic anthology on the Tanach composed by R. Shimon Ashkenazi, thirteenth-century preacher of Frankfurt am Main. Earliest known edition, found in Bodleian Library, Oxford, is dated 1308. Sources traced by Dr. Arthur B. Hyman in *The Sources of the Yalkut Shimoni*, Jerusalem: Mossad Harav Kook, 1965. Since then incorporated into a critical edition of Yalkut Shimoni by Mossad Harav Kook.

Yefeh To'ar. Commentary on *Midrash Rabbah* on the Chumash by Rabbi Samuel Yafeh Ashkenazi (1525-1593), Rabbi of Constantinople, Turkey.

Yelammedenu. See *Midrash Yelammedenu*.

Rabbenu Yonah of Gerona. Talmudist and author of ethical writings, (1180-1263, Spain) best known for his *Sha'arei Teshuvah*, a classic work on religious ethics.

Yosef Da'ath. In this book, Joseph ben Issachar (1608), a disciple of the *Maharal* of Prague, introduces numerous emendations to *Rashi*, which have been included in many subsequent editions without attribution. He especially includes addenda from an old *Rashi* manuscript, dating from 1293. Printers added these addenda under the name יָשָׁן רַשִׁ"י, *old Rashi* , which we have presented here as *old Rashi manuscript*. Berliner, p. XIII comments that this author had only one *Rashi* manuscript and one printed edition, whereas Berliner was able to obtain many old manuscripts and printed editions of *Rashi*. Consequently, these segments originating from the so-called רָשָׁ"י יָשָׁן are deemed by scholars as addenda and are not part of the original *Rashi* commentary. See Gen. 12:2.

Yosef Hallel. Contemporary critical super-commentary on Rashi's Torah commentary, by the late Rabbi Menachem Mendel Brachfeld, Brooklyn 1987.

Zedah Laderech. Super-commentary on Rashi's commentary on the Chumash by Rabbi Issachar Ber Eilenberg (b. Poland c. 1570-d. Moravia, 1623.)

Zeror Hamor. Homiletic and Kabbalistic commentary on the Chumash by Rabbi Abraham Saba, noted halachic authority and author (b. Spain c. 1140-d. c. 1508). He fled from Spain to Portugal during the Spanish expulsion, and later to Fez, Morocco. This commentary was composed in Fez, and printed in Venice, 1522. He also composed a commentary on the Five Megilloth and other works on halachah and Kabbalah. There is a legend that he died at sea and was buried in Verona, Italy. The captain had promised to bury him in a Jewish community as payment for his having prayed for the ship's welfare during a storm.

Zikaron Lechayim. Super-commentary on *Ohr Hachayim* by Rev. E. Sultan, New York, 1942.

Zohar. Kabbalistic exposition on the Chumash. Composed by Tannaite Rabbi Shimon ben Yochai and his disciples in the third generation after the destruction of the Second Temple.

Zoth Nechamathi. Homiletic commentary on Ruth, by Shlomo Yanovsky, early nineteenth-century preacher in Pietrokov.

מקראות

בראשית

חלק ג׳

ויׁשב
מקץ
ויגש
ויחי

תורגם מחדש לאנגלית

מתורגם ומבואר עם כל דבורי רש"י
ולקט המפרשים על ידי
הרב אברהם י. ראזענבערג

הוצאת יודאיקא פרעסס
ניו יורק • תשנ"ד

וישב
מקץ
ויגש
ויחי

•

מקראות גדולות

•

VAYESHEV
MIKEITZ
VAYIGASH
VAYECHI